MANUAL DE
DIREITO
PENAL

PARTE GERAL

GUSTAVO JUNQUEIRA
PATRICIA VANZOLINI

MANUAL DE
DIREITO
PENAL

PARTE GERAL

11ª edição
2025

- Os autores deste livro e a editora empenharam seus melhores esforços para assegurar que as informações e os procedimentos apresentados no texto estejam em acordo com os padrões aceitos à época da publicação, *e todos os dados foram atualizados até a data de fechamento do livro*. Entretanto, tendo em conta a evolução das ciências, as atualizações legislativas, as mudanças regulamentares governamentais e o constante fluxo de novas informações sobre os temas que constam do livro, recomendamos enfaticamente que os leitores consultem sempre outras fontes fidedignas, de modo a se certificarem de que as informações contidas no texto estão corretas e de que não houve alterações nas recomendações ou na legislação regulamentadora.

- Data do fechamento do livro: 16/01/2025

- Os autores e a editora se empenharam para citar adequadamente e dar o devido crédito a todos os detentores de direitos autorais de qualquer material utilizado neste livro, dispondo-se a possíveis acertos posteriores caso, inadvertida e involuntariamente, a identificação de algum deles tenha sido omitida.

- Direitos exclusivos para a língua portuguesa
  Copyright ©2025 by
  Saraiva Jur, um selo da SRV Editora Ltda.
  Uma editora integrante do GEN | Grupo Editorial Nacional
  Travessa do Ouvidor, 11
  Rio de Janeiro – RJ – 20040-040

- **Atendimento ao cliente: https://www.editoradodireito.com.br/contato**

- Reservados todos os direitos. É proibida a duplicação ou reprodução deste volume, no todo ou em parte, em quaisquer formas ou por quaisquer meios (eletrônico, mecânico, gravação, fotocópia, distribuição pela Internet ou outros), sem permissão, por escrito, da **SRV Editora Ltda.**

- Capa: Aero Comunicação
  Diagramação: Edson Colobone

- **DADOS INTERNACIONAIS DE CATALOGAÇÃO NA PUBLICAÇÃO (CIP)**
  VAGNER RODOLFO DA SILVA – CRB-8/9410

J95m   Junqueira, Gustavo Octaviano Diniz

Manual de direito penal – Parte geral / Gustavo Octaviano Diniz Junqueira, Maria
   Patricia Vanzolini Figueiredo – 11. ed. – São Paulo : Saraiva Jur, 2025.
864 p.

ISBN 978-85-5362-524-6 (Impresso)

1. Direito. 2. Direito penal. I. Figueiredo, Maria Patricia Vanzolini. II. Título.

	CDD 345
2025-229	CDU 343

Índices para catálogo sistemático:
1. Direito penal   345
2. Direito penal   343

NOTA DOS AUTORES

O *Manual de Direito Penal*, de autoria dos Professores Patrícia Vanzolini e Gustavo Junqueira, busca reunir o conhecimento e a experiência dos autores, cada um com mais de vinte anos de vida docente em cursos de graduação e pós-graduação, bem como em cursos preparatórios para concursos.

A obra tem o perfil didático próprio dos cursos de graduação, permitindo introduzir o aluno na ciência penal desde logo por meio de uma leitura global e contextualizada com o cenário histórico e político. Não se olvida, no entanto, da necessidade de cativar o novel leitor com os exemplos necessários para a concretização do tema e com a apresentação organizada e didática dos temas, que facilita a compreensão e a fixação da matéria. A nova edição tem especial cuidado com a objetividade da escrita e a linguagem simples, importantes para a rápida compreensão do assunto.

A ampla pesquisa de doutrina estrangeira agrada ao estudante de pós-graduação, que encontrará a estrutura e a referência necessárias para aprofundar seu estudo. Serve também ao estudante de cursos preparatórios, pois a nova face dos concursos públicos, marcada pela "superconcorrência", já não se esgota na paráfrase da letra da lei ou no estudo das súmulas, exigindo diferenciais como o conhecimento das mais variadas posições e a capacidade para desenvolver raciocínios críticos.

Por fim, a intensa atualização permitirá a todos acompanhar o cotejo, por vezes, bastante intenso entre as pregações doutrinárias e os tribunais, fomentando discussões acadêmicas e sustentando a argumentação em provas e concursos.

SUMÁRIO

NOTA DOS AUTORES V

1 PRINCÍPIOS CONSTITUCIONAIS PENAIS... 1
    1.1 Princípio da exclusiva proteção a bens jurídicos 3
    1.2 Princípio da intervenção mínima ou da *ultima ratio* 5
    1.3 Princípio da fragmentariedade 7
    1.4 Princípio da subsidiariedade ou da necessidade 8
    1.5 Princípio da insignificância ou da bagatela 9
    1.6 Princípio da ofensividade ou da lesividade 34
    1.7 Princípio da alteridade ou da transcendência 37
    1.8 Princípio da adequação social 42
    1.9 Princípio da culpabilidade 43
    1.10 Princípio da humanidade das penas 44
        1.10.1 Pena de morte 45
        1.10.2 Penas perpétuas 45
        1.10.3 Pena de trabalhos forçados 46
        1.10.4 Pena de banimento 47
        1.10.5 Pena cruel 47
    1.11 Princípio da intranscendência, da personalidade ou da pessoalidade da pena 48
    1.12 Princípio da individualização da pena 50
    1.13 Princípio da reinserção social 51
    1.14 Princípio da coisa julgada, ou vedação ao excesso em execução 53
    1.15 Princípio da legalidade 54
        1.15.1 Origem histórica 54

1.15.2 Funções 56
1.15.3 Desdobramentos 57
1.15.4 Princípio da legalidade das penas 61
1.15.5 Norma penal em branco e princípio da legalidade 61

2 LEI PENAL NO TEMPO E PRAZOS PENAIS 65
   2.1 Tempo do crime 65
      2.1.1 Previsão legal 65
      2.1.2 Teorias 65
      2.1.3 Teoria adotada pelo ordenamento jurídico brasileiro ... 66
      2.1.4 Relevância 66
      2.1.5 Teoria da atividade em casos específicos 66
          2.1.5.1 Crime permanente 66
          2.1.5.2 Crime instantâneo de efeitos permanentes 68
          2.1.5.3 Crime plurissubsistente 68
          2.1.5.4 Crime habitual 69
          2.1.5.5 Crime continuado 69
          2.1.5.6 Crime omissivo 70
          2.1.5.7 Concurso de pessoas 71
   2.2 Conflito de leis penais no tempo 71
      2.2.1 Lei mais severa (*lex gravior*): princípio da atividade (irretroatividade e não ultra-atividade) 72
          2.2.1.1 Previsão legal 72
          2.2.1.2 Significado de atividade 72
          2.2.1.3 Modalidades de *lex gravior* 73
          2.2.1.4 *Lex gravior* e *vacatio legis* 73
          2.2.1.5 Medida de segurança mais severa 74
          2.2.1.6 Lei processual penal mais severa 74
          2.2.1.7 Lei de Execução Penal mais severa 77
          2.2.1.8 Lei interpretativa mais severa 78
          2.2.1.9 Jurisprudência mais severa 78
      2.2.2 Lei mais benéfica (*lex mitior*): extra-atividade (retroatividade e ultra-atividade) 79
          2.2.2.1 Previsão legal 79
          2.2.2.2 Significado de extra-atividade 80

			2.2.2.3	Modalidades de lei mais benéfica	80
			2.2.2.4	*Lex mitior* e *vacatio legis*	85
			2.2.2.5	Retroatividade da jurisprudência mais benéfica	86
			2.2.2.6	Competência para a aplicação da lei mais benéfica após o trânsito em julgado	86
		2.2.3	Lei intermitente		87
	2.3	Outras questões relativas à aplicação da lei no tempo			88
		2.3.1	Ponderação de leis		88
		2.3.2	Leis intermediárias (*lex intermedia*)		89
		2.3.3	Combinação de leis (*lex tertia*)		90
		2.3.4	Complemento da norma penal em branco		92
		2.3.5	Substituição da qualificadora		94
	2.4	Prazos penais			95
3	LEI PENAL NO ESPAÇO E QUANTO ÀS PESSOAS				97
	3.1	Lugar do crime			97
		3.1.1	Teoria		97
		3.1.2	Fixação de competência		98
	3.2	Conflito de leis penais no espaço			99
		3.2.1	Regra: princípio da territorialidade temperada		104
		3.2.2	Exceção: princípio da extraterritorialidade		106
			3.2.2.1	Princípio da defesa, real ou da proteção	107
			3.2.2.2	Princípio da justiça universal	108
			3.2.2.3	Princípio da personalidade	110
			3.2.2.4	Princípio da representação, da justiça supletória ou subsidiária	111
	3.3	Lei penal quanto às pessoas			111
		3.3.1	Imunidades diplomáticas		111
		3.3.2	Imunidades parlamentares		113
		3.3.3	Imunidade judiciária do advogado		118
	3.4	Homologação de sentença estrangeira			118
4	EVOLUÇÃO HISTÓRICA DA CIÊNCIA PENAL				121
	4.1	Monarquias absolutas (séculos XVI-XVII)			121
	4.2	Iluminismo e liberalismo (século XVIII)			123

4.3 Positivismo (século XIX) 125
4.4 Sistemas penais (século XX) 127
    4.4.1 Sistema clássico ou causal (ontológico: positivista-naturalista) 127
        4.4.1.1 Base filosófica: positivismo 127
    4.4.2 Principais expoentes... 128
    4.4.3 Estrutura do delito.. 128
        4.4.3.1 Ação (resultado e nexo causal) 129
        4.4.3.2 Tipicidade 130
        4.4.3.3 Ilicitude.. 131
        4.4.3.4 Culpabilidade 132
    4.4.4 Críticas... 134
4.5 Sistema neoclássico (normativista) – 1930 em diante.............. 135
    4.5.1 Base filosófica: neokantismo 135
    4.5.2 Principal expoente 136
    4.5.3 Estrutura do delito.. 136
        4.5.3.1 Ação (resultado e nexo causal) 136
        4.5.3.2 Tipo e tipicidade 137
        4.5.3.3 Ilicitude.. 137
        4.5.3.4 Culpabilidade 138
    4.5.4 Críticas... 139
4.6 Sistema finalista (ôntico-fenomenológico) – 1945 em diante... 140
    4.6.1 Base filosófica: fenomenologia/psicologia 140
    4.6.2 Principal expoente 140
    4.6.3 Estrutura do delito.. 140
        4.6.3.1 Ação (resultado e nexo causal).......................... 141
        4.6.3.2 Tipicidade... 141
        4.6.3.3 Ilicitude.. 142
        4.6.3.4 Culpabilidade 142
4.7 Sistema funcionalista (teleológico-racional) – 1970 em diante. 143
    4.7.1 Base filosófica 143
    4.7.2 Principais expoentes... 144
    4.7.3 Estrutura do delito.. 144
        4.7.3.1 Ação.. 144
        4.7.3.2 Tipicidade... 144

		4.7.3.3	Injusto	145
		4.7.3.4	Responsabilidade: culpabilidade e necessidade de pena	145
	4.8 Uma aproximação ao direito penal redutor			148

5	CONDUTA	153
	5.1 Teorias da conduta	153
	5.1.1 Modelo causal de ação: Von Liszt...............................	154
	5.1.2 Modelo social de ação (neokantismo/pós-finalismo): Schmidt, Jescheck, Wessels....................................	155
	5.1.3 Modelo final de ação (teoria finalista): Welzel	156
	5.1.4 Modelo pessoal de ação (teoria funcionalista): Roxin	159
	5.1.5 Modelo significativo de ação (teoria da ação significativa): Vives Antón	161
	5.2 Conceito...	162
	5.3 Etapas da conduta	162
	5.4 Antecipação biocibernética do resultado	163
	5.5 Funções do conceito de conduta	164
	5.6 Conduta final como base dos tipos dolosos e culposos............	164
	5.7 Conduta final como base dos tipos comissivos e omissivos	166
	5.8 Conduta final e liberdade...	167
	5.9 Ausência de conduta final	167
	5.10 Consequências da ausência de conduta na estrutura dogmática ..	171

6	OMISSÃO	173
	6.1 Poder de agir	173
	6.2 Espécies de omissão...	174
	6.2.1 Classificação bipartite	174
	6.2.2 Classificação tripartite..	177
	6.3 Omissão própria	178
	6.4 Omissão imprópria ou crimes comissivos por omissão	179
	6.4.1 Teorias relativas ao dever de garantia	180
	6.4.2 O direito de garantia na legislação brasileira...................	181
	6.5 Dolo e culpa nos crimes omissivos	188
	6.6 Resultado e imputação do resultado nos crimes omissivos	189
	6.7 Tentativa nos crimes omissivos..	190

6.8 Concurso de pessoas nos crimes omissivos 190

7 RESULTADO 191

7.1 Conceito de resultado 191

7.2 Teorias relativas ao resultado 192

7.3 Crimes sem resultado 193

7.4 Classificação dos crimes quanto à necessidade de resultado naturalístico: crimes materiais, formais e de mera conduta 193

7.5 Classificação dos crimes quanto à intensidade da lesão ao bem jurídico: crimes de dano e de perigo 195

    7.5.1 Crimes de dano *versus* crimes de perigo 195

    7.5.2 Conceito de perigo 196

    7.5.3 Resultado e crimes de perigo 196

8 IMPUTAÇÃO DO RESULTADO 199

8.1 Relação de causalidade: nexo causal 200

    8.1.1 Teorias da causalidade 200

        8.1.1.1 Teoria da equivalência (Glaser/Von Buri) 200

        8.1.1.2 Teoria da adequação (Von Kries/Von Bar) 205

    8.1.2 Concausas 206

        8.1.2.1 Concausas absolutamente independentes 206

        8.1.2.2 Concausas relativamente independentes 206

    8.1.3 O tratamento da causalidade no Brasil 208

    8.1.4 Proibição de regresso 209

    8.1.5 Causalidade na omissão 209

8.2 Imputação objetiva do resultado 210

    8.2.1 Evolução histórica 210

    8.2.2 Critérios de imputação objetiva (proposta de Roxin) 213

        8.2.2.1 Criação de um risco não permitido 214

        8.2.2.2 Realização do risco no resultado 219

        8.2.2.3 Resultado incluído no alcance do tipo 223

8.3 Critérios de imputação objetiva (proposta de Jakobs) 224

9 TIPICIDADE 227

9.1 O tipo legal de crime 227

    9.1.1 Conceito de tipo 227

9.1.2 Evolução histórica da teoria do tipo 227
9.1.3 Tipo legal/tipo de injusto/tipo garantia 229
9.1.4 Tipos legais *versus* tipos judiciais 229
9.1.5 Funções do tipo 230
9.1.6 Tipo legal e norma penal 230
9.1.7 Tipos incriminadores e tipos permissivos 231
9.1.8 Tipo objetivo e tipo subjetivo 231
9.1.9 Componentes estruturais do tipo 232
9.1.10 Classificação dos elementos do tipo 236
      9.1.10.1 Elementos objetivos 236
9.1.11 Tipo subjetivo 237
9.2 Tipicidade 237
  9.2.1 Conceito 237
  9.2.2 Evolução histórica da relação tipicidade *versus* antijuridicidade 237
  9.2.3 Teoria adotada no Brasil 239
  9.2.4 Tipicidade formal, material e conglobante 239
      9.2.4.1 Tipicidade formal 239
      9.2.4.2 Tipicidade material 239
      9.2.4.3 Tipicidade conglobante 243
  9.2.5 Tipicidade direta e indireta 246

10 TIPICIDADE DOLOSA E TIPICIDADE CULPOSA 247

10.1 Tipo doloso 247
  10.1.1 Dolo 247
      10.1.1.1 Conceito de dolo 247
      10.1.1.2 Elementos estruturais do tipo doloso 248
      10.1.1.3 Dolo e voluntariedade ou finalidade 248
      10.1.1.4 Dolo e motivação ou finalidade última 248
      10.1.1.5 Elementos do dolo 249
            10.1.1.5.1 Cognitivo ou intelectual 249
            10.1.1.5.2 Volitivo 250
      10.1.1.6 Natureza do dolo 251
      10.1.1.7 Teorias do dolo 251
      10.1.1.8 Espécies de dolo 253

10.1.1.9 Intensidade do dolo e fixação da pena 260
10.1.2 Elementos subjetivos especiais diversos do dolo 260
    10.1.2.1 Ultraintencionais (delitos de intenção ou de tendência interna transcendente).................. 261
    10.1.2.2 Particulares disposições internas.................... 261
10.2 Tipo culposo.. 265
    10.2.1 Conceito de culpa em sentido estrito 266
    10.2.2 Excepcionalidade do crime culposo............................ 267
    10.2.3 Elementos do tipo culposo.. 268
    10.2.4 Modalidades de culpa 270
    10.2.5 Espécies de culpa 272
    10.2.6 Graus de culpa.. 272
    10.2.7 Presunção de culpa (culpa *in re ipsa*)............................. 272
    10.2.8 Compensação de culpas... 273
    10.2.9 Concorrência de culpas 273
    10.2.10 Tentativa em crime culposo.. 273
    10.2.11 Concurso de agentes em crime culposo 273
    10.2.12 Excludentes de ilicitude nos crimes culposos 273
10.3 Crime preterdoloso.. 273
    10.3.1 Conceito 273
    10.3.2 Crime preterdoloso e crime qualificado pelo resultado.. 274
    10.3.3 Crime preterdoloso em sentido estrito 274
    10.3.4 Componentes 275
    10.3.5 *Versari in re illicita* 276

11 ERRO DE TIPO 277
  11.1 Erro de tipo essencial ou erro de tipo incriminador................. 280
    11.1.1 Conceito 280
    11.1.2 Erro de tipo e erro de fato 283
    11.1.3 Erro sobre elementares normativas................................ 283
    11.1.4 Erro sobre elemento normativo referido à antijuridicidade 284
    11.1.5 Erro sobre o complemento das normas penais em branco 285
    11.1.6 Consequência do erro de tipo 285
    11.1.7 Erro de tipo determinado por terceiro.......................... 286

11.2 Erro de tipo acidental 288

 11.2.1 Erro na representação do objeto material (*error in persona vel objeto*) 288

 11.2.2 Desvio no curso causal que atinge objeto material diverso (*aberratio ictus/aberratio criminis*) 290

11.3 Erro de tipo permissivo 300

12 ETAPAS DE REALIZAÇÃO DO DELITO 301

12.1 *Iter criminis* 301

 12.1.1 Cogitação 302

 12.1.2 Atos preparatórios 302

 12.1.3 Execução 302

 12.1.4 Consumação 304

 12.1.5 Exaurimento (consumação material) 306

 12.1.6 Em síntese 307

12.2 Tentativa punível 308

 12.2.1 Conceito 308

 12.2.2 Espécies 308

 12.2.3 Consequência jurídica 308

 12.2.4 Natureza jurídica 309

12.3 Tentativa inidônea, crime impossível, quase crime 310

 12.3.1 Conceito 310

 12.3.2 Espécies 310

 12.3.3 Consequências 311

 12.3.4 Natureza jurídica 311

12.4 Tentativa abandonada 311

 12.4.1 Conceito 311

 12.4.2 Espécies 311

 12.4.3 Consequência jurídica 313

 12.4.4 Natureza jurídica 313

12.5 Infrações que não admitem tentativa 313

 12.5.1 Contravenções penais 313

 12.5.2 Crimes culposos, salvo na culpa imprópria, e preterdolosos 314

 12.5.3 Crimes unissubsistentes ou de ato único 316

 12.5.4 Crimes omissivos próprios 317

12.5.5 Crimes habituais	318
12.5.6 Crimes condicionados	318
12.5.7 Crimes de atentado ou de empreendimento	318
12.6 Arrependimento posterior	318
12.6.1 Requisitos	319
12.6.2 Abrangência	320
12.6.3 Natureza e comunicabilidade	320
12.6.4 Quantificação do redutor	321
13 ILICITUDE OU ANTIJURIDICIDADE	**323**
13.1 Conceito de ilicitude	323
13.2 Distinções: ilicitude/antijuridicidade/antinormatividade/injusto	323
13.3 Evolução histórica da relação ilicitude/tipicidade	324
13.4 Ilicitude penal e ilicitude geral	325
13.5 Ilicitude formal e ilicitude material	326
13.6 Excludentes de ilicitude/causas de justificação/tipos permissivos	327
13.7 Fundamentação das causas de justificação	327
13.8 Causas de justificação *versus* causas de exculpação	329
13.9 Elementos nas causas de justificação	329
13.10 Causas de justificação legais e supralegais	330
13.11 Classificação das causas de justificação	331
13.12 Excesso nas causas de justificação	331
13.13 Causas de justificação e tipos culposos	333
13.14 Erro nas causas de justificação	333
13.14.1 Teorias do dolo	333
13.14.1.1 Teoria extrema do dolo	333
13.14.1.2 Teoria limitada do dolo	333
13.14.1.3 Teoria modificada do dolo	334
13.14.1.4 Teoria dos elementos negativos do tipo	334
13.14.2 Teorias da culpabilidade	335
13.14.2.1 Teoria extrema da culpabilidade	335
13.14.2.2 Teoria limitada da culpabilidade	335

			13.14.2.3 Teoria da culpabilidade que remete à consequência jurídica (ou teoria do erro orientada às consequências)	336
	13.15	Erro nas causas de justificação no ordenamento brasileiro ..		337
14	EXCLUDENTES DE ILICITUDE EM ESPÉCIE			339
	14.1	Estado de necessidade (*jure necessitatis*)		339
		14.1.1 Fundamento		339
		14.1.2 Requisitos		342
			14.1.2.1 Perigo	342
			14.1.2.2 Atualidade do perigo	342
			14.1.2.3 Involuntariedade do perigo	343
			14.1.2.4 Inevitabilidade do perigo	344
			14.1.2.5 Inexistência do dever de enfrentar o perigo...	345
			14.1.2.6 Direito próprio ou alheio	346
			14.1.2.7 Inexigibilidade do sacrifício do direito (ponderação dos bens jurídicos em confronto)	347
			14.1.2.8 Requisito subjetivo	349
	14.2	Espécies de estado de necessidade		349
	14.3	Legítima defesa		350
		14.3.1 Fundamento		350
		14.3.2 Requisitos		351
			14.3.2.1 Agressão	351
			14.3.2.2 A ilicitude da agressão	354
			14.3.2.3 Atualidade ou iminência da agressão	355
			14.3.2.4 Evitabilidade e previnibilidade da agressão? *Commodus discessus*	358
			14.3.2.5 Direito ameaçado, próprio ou alheio	358
			14.3.2.6 Necessidade do meio e moderação no uso ..	359
			14.3.2.7 Limitações ético-sociais do direito de legítima defesa/teoria dos limites imanentes/necessidade normativa da defesa/permissibilidade da defesa	361
			14.3.2.8 Requisito subjetivo	365
			14.3.2.9 Legítima defesa específica ou legítima defesa policial	365
		14.3.3 Modalidades		366

14.4 Estrito cumprimento do dever legal 366
    14.4.1 Fundamento 366
    14.4.2 Requisitos 367
        14.4.2.1 Dever legal 367
        14.4.2.2 Atuação nos estritos limites do dever 368
        14.4.2.3 Requisito subjetivo 368
14.5 Exercício regular de direito 368
    14.5.1 Fundamento 368
    14.5.2 Requisitos 369
        14.5.2.1 Existência de um direito 369
        14.5.2.2 Atuação regular 371
        14.5.2.3 Requisito subjetivo 371
14.6 Consentimento do ofendido 371

15 CULPABILIDADE 373
15.1 Conceito de culpabilidade 373
15.2 Distinções: culpa e culpabilidade 373
15.3 Evolução histórica do conceito de culpabilidade 373
    15.3.1 Teoria psicológica da culpabilidade (contexto: sistema causalista) 374
    15.3.2 Teoria psicológico-normativa da culpabilidade (contexto: sistema teleológico ou neokantista) 376
    15.3.3 Teoria normativa pura da culpabilidade (contexto: sistema finalista) 378
    15.3.4 Teoria da responsabilidade (contexto: sistema funcionalista teleológico – Roxin) 379
15.4 Fundamento do conceito de culpabilidade 381
15.5 Culpabilidade pelo caráter ou pela condução de vida 382
15.6 Posição da culpabilidade na teoria do crime 383
15.7 Estrutura da culpabilidade 383
15.8 Excludentes de culpabilidade/eximentes/causas de exculpação .. 384
15.9 Excludentes de culpabilidade *versus* excludentes de ilicitude ... 384
15.10 Erro sobre as excludentes de culpabilidade 384
15.11 Coculpabilidade 384
15.12 Culpabilidade e responsabilidade 385

16 ELEMENTOS DA CULPABILIDADE E RESPECTIVAS EXCLUDENTES EM ESPÉCIE ... 387

16.1 Imputabilidade ... 387

    16.1.1 Noções gerais ... 387

        16.1.1.1 Definição ... 387

        16.1.1.2 Localização: elemento ou pressuposto da culpabilidade ... 389

        16.1.1.3 Método de verificação da imputabilidade ... 389

        16.1.1.4 Objeto referência da imputabilidade ... 389

        16.1.1.5 Imputabilidade *versus* responsabilidade ... 390

    16.1.2 Excludentes de imputabilidade ... 390

        16.1.2.1 Menoridade ... 390

            16.1.2.1.1 Fundamento ... 390

            16.1.2.1.2 Conceito ... 390

            16.1.2.1.3 Momento ... 391

            16.1.2.1.4 Crime permanente ... 391

            16.1.2.1.5 Crime continuado ... 391

            16.1.2.1.6 Marco temporal ... 391

            16.1.2.1.7 Critério ... 392

            16.1.2.1.8 Redução da maioridade penal ... 392

            16.1.2.1.9 Emancipação civil ... 395

            16.1.2.1.10 Prova da maioridade ... 395

            16.1.2.1.11 Consequências do reconhecimento da menoridade ... 396

        16.1.2.2 Doença mental, desenvolvimento mental incompleto ou retardado ... 396

            16.1.2.2.1 Fundamento ... 396

            16.1.2.2.2 Conceito ... 397

            16.1.2.2.3 Hipnose e sonambulismo ... 399

            16.1.2.2.4 Critério: biopsicológico ... 399

            16.1.2.2.5 Consequência ... 400

            16.1.2.2.6 Sistema vicariante ... 402

            16.1.2.2.7 Comprovação ... 402

            16.1.2.2.8 Denúncia ... 403

        16.1.2.3 Embriaguez acidental e completa ... 404

            16.1.2.3.1 Fundamento ... 404

			16.1.2.3.2	Conceito	405
			16.1.2.3.3	Classificação quanto à causa	405
			16.1.2.3.4	Classificação quanto ao resultado	406
			16.1.2.3.5	Consequência	407
			16.1.2.3.6	Prova	409
			16.1.2.3.7	Sentença	409
			16.1.2.3.8	Critério	409
			16.1.2.3.9	*Actio libera in causa*	410
	16.1.3	Situações que não excluem a imputabilidade			413
		16.1.3.1	Embriaguez voluntária ou culposa		413
		16.1.3.2	Emoção e paixão		413
16.2	Potencial consciência da ilicitude				414
	16.2.1	Noções gerais			414
		16.2.1.1	Definição		414
		16.2.1.2	Consciência atual *versus* consciência potencial		414
		16.2.1.3	Objeto do conhecimento		415
		16.2.1.4	Posição do conhecimento da ilicitude na teoria do crime e suas consequências		415
	16.2.2	Excludente			415
		16.2.2.1	Erro de proibição		415
			16.2.2.1.1	Fundamento	415
			16.2.2.1.2	Conceito	416
			16.2.2.1.3	Erro *versus* ignorância	416
			16.2.2.1.4	Erro de proibição *versus* desconhecimento da lei	417
			16.2.2.1.5	Espécies de erro de proibição	417
			16.2.2.1.6	Erro sobre os elementos normativos do tipo	419
			16.2.2.1.7	Erro sobre elementos normativos da ilicitude contidos no tipo	419
			16.2.2.1.8	Erro de proibição e norma penal em branco	420
			16.2.2.1.9	Erro de proibição nos crimes culposos	421
			16.2.2.1.10	Erro evitável e inevitável	421
			16.2.2.1.11	Consequência	421

	16.3	Exigibilidade de conduta diversa		422
		16.3.1 Noções gerais		422
		16.3.2 Excludentes		422
			16.3.2.1 Coação moral irresistível	422
			16.3.2.1.1 Fundamento	422
			16.3.2.1.2 Conceito	423
			16.3.2.1.3 Coação moral *versus* coação física	423
			16.3.2.1.4 Consequências para o coagido	424
			16.3.2.1.5 Consequências para o coator	424
			16.3.2.2 Obediência hierárquica a uma ordem superior não manifestamente ilegal	425
			16.3.2.2.1 Fundamento	425
			16.3.2.2.2 Conceito	425
			16.3.2.2.3 Consequência para o funcionário público subordinado	427
			16.3.2.2.4 Consequência para o funcionário público superior	427
		16.3.3 Causas supralegais: inexigibilidade de conduta diversa, estado de necessidade exculpante, excesso exculpante nas excludentes de ilicitude		427
17	CONCURSO DE PESSOAS			431
	17.1	Concurso de pessoas e princípio da culpabilidade		431
	17.2	Natureza jurídica		431
	17.3	Adequação típica e concurso de pessoas		432
	17.4	Exceções à teoria monista		433
	17.5	Momento do concurso de pessoas		435
	17.6	Requisitos para o concurso de pessoas		435
	17.7	Classificação entre autoria e participação		438
	17.8	Formas de coautoria e participação		446
		17.8.1 Formas de coautoria		446
		17.8.2 Formas de participação		447
			17.8.2.1 Fundamento da punição na participação	448
			17.8.2.2 Participação de menor importância	448
			17.8.2.3 Peculiaridades da participação	449
	17.9	Cumplicidade na prática de ações neutras		449

17.10	Comunicabilidade dos dados de natureza típica....................	452
17.11	Polêmicas sobre a comunicabilidade dos dados típicos.........	453
17.12	Relevância da participação..	455
17.13	Acessoriedade..	455
17.14	Concurso de pessoas e crime culposo	456
17.15	Concurso de pessoas e crime omissivo..............................	457
17.16	Crime de multidão	460
17.17	Forma especial de autoria: autoria intelectual	460
17.18	Institutos semelhantes ao concurso de pessoas	460
	17.18.1 Autoria mediata..	460
	17.18.2 Autoria mediata em crime próprio.........................	461
	17.18.3 Autoria mediata e crime de mão própria	462
	17.18.4 Autoria por determinação....................................	462
	17.18.5 Autoria colateral...	463
	17.18.6 Autoria incerta em autoria colateral	464
	17.18.7 Autoria colateral e aproveitamento delitivo alheio para fins próprios	464

18 TEORIA DA SANÇÃO PENAL... 465

18.1	Por que punir (?) – uma decisão político-criminal	465
18.2	Modernos movimentos de política criminal	468
	18.2.1 Lei e Ordem	468
	18.2.2 Direito Penal do Inimigo	474
	18.2.3 Garantismo penal...	478
	18.2.4 Abolicionismo penal...	482
	18.2.5 Sistema penal redutor	484

19 A SANÇÃO PENAL: PENAS E MEDIDAS DE SEGURANÇA 489

19.1	Penas	489
	19.1.1 A pena deve ser um sofrimento?	491
	19.1.2 Sentido da pena e impressão da pena	491
19.2	Finalidades da pena	491
	19.2.1 Teorias absolutas/retributivas	492
	19.2.1.1 Vingança	492
	19.2.1.2 Expiação..	493

		19.2.1.3	Imperativo de justiça	494
		19.2.1.4	Retribuição jurídica	495
	19.2.2	Teorias relativas ou preventivas		496
		19.2.2.1	Prevenção geral e especial	496
		19.2.2.2	Prevenção geral negativa	497
		19.2.2.3	Prevenção geral positiva	498
		19.2.2.4	Prevenção especial	499
		19.2.2.5	Prevenção especial negativa	500
		19.2.2.6	Prevenção especial positiva	500
		19.2.2.7	Prevenção especial positiva – tratamento	501
		19.2.2.8	Prevenção especial positiva – programa máximo	502
		19.2.2.9	Prevenção especial positiva – programa mínimo	502
19.3	Teorias ecléticas ou mistas			503
	19.3.1	Teorias ecléticas ou mistas – aditivas		503
	19.3.2	Teorias mistas ou ecléticas – dialéticas		504
	19.3.3	Teorias deslegitimadoras da pena		505
		19.3.3.1	Teoria agnóstica	505
		19.3.3.2	Teoria materialista dialética	506
19.4	Espécies de pena			507
19.5	Penas privativas de liberdade			508
	19.5.1	Espécies de pena privativa de liberdade		508
	19.5.2	Espécie de pena e ordem de cumprimento das penas		509
19.6	Regimes de cumprimento de pena privativa de liberdade			509
	19.6.1	Regime fechado		509
	19.6.2	Regime semiaberto		510
	19.6.3	Regime aberto		511
19.7	Sistema progressivo			515
	19.7.1	Progressão		515
		19.7.1.1	Progressão de regime e execução provisória da pena	532
	19.7.2	Regressão		534
		19.7.2.1	Prática de crime doloso	535
		19.7.2.2	Soma de penas incompatível com o regime	536

	19.7.2.3 Descumprimento das condições do regime aberto..	536
19.8	Fixação do regime inicial de cumprimento de pena...............	537
	19.8.1 Fixação de regime inicial com penas de reclusão e detenção..	537
	19.8.2 Desconto do tempo de prisão processual....................	538
	19.8.3 Fixação de regime mais grave do que indicado pela quantidade da pena..	538
19.9	Detração	543
	19.9.1 Conceito e características	543
	19.9.2 Polêmicas envolvendo a detração................................	544
	19.9.3 Detração e medidas cautelares diversas da prisão	547
	19.9.4 Por uma nova proporcionalidade entre o tempo de prisão processual e o desconto no tempo de pena a cumprir	548
19.10	Trabalho do preso e remição	549
	19.10.1 Conceito e características...	549
	19.10.2 Trabalho externo..	550
19.11	Remição	551
	19.11.1 Conceito e características...	551
	19.11.2 Observações gerais...	551
	19.11.3 Remição pelo trabalho	552
	19.11.4 Remição pelo estudo	554
	19.11.5 Perda de dias remidos..	556
	19.11.6 Remição presumida..	558
19.12	Limite de cumprimento de pena: 40 anos	559
	19.12.1 Mudança legislativa	560
	19.12.2 Conflito de leis no tempo	560
	19.12.3 Necessidade de regulamentação da vedação de prisão perpétua..	561
	19.12.4 Unificação das penas	562
	19.12.5 Soma das penas supera 40 anos em razão de crime praticado durante o cumprimento da pena (30 anos para os crimes praticados antes de 23 de janeiro de 2020)..	563
	19.12.6 Limite de cumprimento de pena e remição	564
19.13	Penas restritivas de direitos...	564

19.13.1 Requisitos para substituição da pena privativa de liberdade em restritiva de direitos 565

19.13.2 Penas restritivas de direitos e crimes hediondos 569

19.13.3 Espécies de pena restritiva de direitos 570

    19.13.3.1 Prestação pecuniária 570

    19.13.3.2 Perda de bens e valores 571

    19.13.3.3 Prestação de serviços à comunidade ou entidades públicas 571

    19.13.3.4 Interdição temporária de direitos 572

    19.13.3.5 Limitação de final de semana 576

19.13.4 Classificação das penas restritivas de direitos 576

19.13.5 Duração da pena restritiva de direitos 576

19.13.6 Aplicação da pena restritiva de direitos 576

    19.13.6.1 Quantidade da pena substituída e pena restritiva de direitos 576

    19.13.6.2 Competência para aplicação e execução das penas restritivas de direitos 578

    19.13.6.3 A substituição da pena privativa de liberdade por restritiva de direitos como incidente na execução 579

    19.13.6.4 Conversão da pena restritiva de direito em privativa de liberdade 579

    19.13.6.5 Conversão da pena restritiva em razão de prisão processual 582

    19.13.6.6 Penas restritivas de direitos de natureza pecuniária e possibilidade de conversão em privativa de liberdade 584

    19.13.6.7 Desconto da pena restritiva de direitos cumprida no momento da conversão em pena privativa de liberdade 584

19.14 Pena de multa 586

    19.14.1 Quantidade de dias-multa 587

    19.14.2 Valor de cada dia-multa 588

    19.14.3 Espécies de multa 589

        19.14.3.1 Quanto à previsão legal 589

        19.14.3.2 Quanto à natureza 589

        19.14.3.3 Requisitos para conversão da pena privativa de liberdade em multa vicariante isolada 590

19.14.4 Cumulação de multas.. 593
19.14.5 Conversão de multa em detenção 593
19.14.6 Execução da pena de multa.. 594
19.14.7 Natureza da pena de multa 596
19.14.8 A segunda e a terceira (e atual) redação do Tema de Recursos Repetitivos 931 do STJ 599
19.14.9 Fundo penitenciário 601
19.14.10 Peculiaridades... 601

20 FIXAÇÃO DA PENA... 603
   20.1 Princípio.. 603
   20.2 Classificação das circunstâncias... 604
   20.3 Ordem de prejudicialidade das circunstâncias 604
      20.3.1 Qualificadoras 605
      20.3.2 Circunstâncias judiciais 606
         20.3.2.1 Culpabilidade 607
         20.3.2.2 Antecedentes.. 610
            20.3.2.2.1 Maus antecedentes e presunção de inocência 610
            20.3.2.2.2 Diferença entre reincidência e maus antecedentes...................................... 611
            20.3.2.2.3 Maus antecedentes e prática da infração após crime a ser julgado . 612
            20.3.2.2.4 Atos infracionais e maus antecedentes... 612
            20.3.2.2.5 Maus antecedentes e *bis in idem* . 613
            20.3.2.2.6 Prova dos maus antecedentes 614
            20.3.2.2.7 Crítica: a técnica punitivista de diferenciar maus antecedentes e reincidência... 614
         20.3.2.3 Conduta social 615
         20.3.2.4 Personalidade 617
         20.3.2.5 Motivos 619
         20.3.2.6 Circunstâncias 619
         20.3.2.7 Consequências do crime 621
         20.3.2.8 Comportamento da vítima................................. 622

	20.3.3	Circunstâncias agravantes e atenuantes	622
		20.3.3.1 Agravantes	623
		20.3.3.2 Agravantes no concurso de pessoas	630
		20.3.3.3 Circunstâncias atenuantes	632
		20.3.3.3.1 Atenuante do art. 65, III, *b, versus* desistência voluntária e arrependimento eficaz	634
		20.3.3.3.2 Atenuante do art. 65, III, *b, versus* arrependimento posterior	635
		20.3.3.3.3 Atenuante genérica (art. 66 do CP)	638
	20.3.4	Causas de aumento (majorantes) e diminuição (minorantes) de pena	638
	20.3.5	Qualificadoras	639
21	**APLICAÇÃO DA PENA**		**641**
	21.1	Sistema trifásico	641
		21.1.1 Conflito entre circunstâncias	648
		21.1.1.1 Concurso entre qualificadoras	648
		21.1.1.2 Conflito entre circunstâncias judiciais	650
		21.1.1.3 Conflito entre agravantes e atenuantes (art. 67 do CP)	651
		21.1.1.4 Concurso entre causa de aumento (majorantes)/diminuição (minorantes) da Parte Geral e outra de aumento/diminuição da Parte Especial (privilégio)	652
		21.1.1.5 Concurso ou conflito entre causas de aumento (majorantes) e diminuição (minorantes) na parte especial	653
		21.1.1.6 Concurso ou conflito entre causas de aumento (majorantes) e diminuição de pena (minorantes) da parte geral	656
		21.1.1.7 Inviabilidade de compensação entre circunstâncias de fases diferentes	657
		21.1.1.8 Desobediência ao sistema trifásico	657
		21.1.1.9 Inovação na fundamentação em grau recursal e decote de circunstâncias	658
	21.2	Reincidência	660
		21.2.1 Constitucionalidade da reincidência	662

21.2.2 Condenações que não induzem reincidência............... 663
21.2.3 Período depurador da reincidência ou prescrição da reincidência 664
21.2.4 A reincidência e o *bis in idem* na aplicação da pena.... 664
21.2.5 Prova da reincidência... 665
21.2.6 A reincidência e o porte de drogas 665
21.2.7 Momento do reconhecimento da reincidência........... 667

22. *SURSIS* E LIVRAMENTO CONDICIONAL.. 669
    22.1 *Sursis* simples 669
        22.1.1 Requisitos para o *sursis* simples................................ 669
        22.1.2 O período de prova.. 671
        22.1.3 Peculiaridades... 672
        22.1.4 Aspectos processuais 673
    22.2 *Sursis* nos crimes hediondos 674
    22.3 Condições do *sursis* 675
        22.3.1 Condições do *sursis* simples 675
        22.3.2 *Sursis* especial 676
            22.3.2.1 Condições do *sursis* especial 676
        22.3.3 *Sursis* etário 676
        22.3.4 *Sursis* humanitário 677
    22.4 Limites das condições judiciais do *sursis* 678
    22.5 Revogação do *sursis* 679
        22.5.1 Causas da revogação obrigatória 679
        22.5.2 Causas da revogação facultativa 681
    22.6 Prorrogação automática 681
        22.6.1 Condições do *sursis* durante a prorrogação............... 682
        22.6.2 Término do período de prova..................................... 683
        22.6.3 Sigilo das informações referentes ao *sursis* 683
    22.7 Livramento condicional 683
        22.7.1 Requisitos para o livramento condicional................... 684
        22.7.2 Interrupção do período aquisitivo do livramento condicional pela prática de falta grave 692
        22.7.3 Oitiva do Conselho Penitenciário 693
        22.7.4 Procedimento... 693

		22.7.5	Impugnação	693
		22.7.6	Efetivação do livramento condicional – a audiência admonitória	694
		22.7.7	Condições do livramento condicional	695
		22.7.8	Revogação do livramento	696
			22.7.8.1 Procedimento para revogação	697
			22.7.8.2 Consequências da revogação por condenação	698
			22.7.8.3 Consequências da revogação por descumprimento de condição imposta	699
	22.8	Prorrogação do período de prova		700
	22.9	Sustação do livramento condicional		700
	22.10	Peculiaridades		702
23	MEDIDA DE SEGURANÇA			703
	23.1	Conceito e natureza		703
	23.2	Sistemas de aplicação		705
	23.3	Medida de Segurança e sentença		706
	23.4	Prazos		709
		23.4.1 Prazo mínimo		709
		23.4.2 Prazo máximo		709
	23.5	Medida de Segurança decorrente de superveniência de doença mental durante o curso da pena		711
	23.6	Destino do sentenciado após o prazo máximo da Medida de Segurança		713
	23.7	Momento da aplicação da Medida de Segurança		713
	23.8	Espécies de Medida de Segurança		714
		23.8.1 A desinternação progressiva		715
	23.9	Exame de cessação da periculosidade		716
	23.10	Liberação condicional e restauração da medida		716
	23.11	Liberação ou desinternação definitiva		717
	23.12	Falta de vagas para internação		718
	23.13	Medida de Segurança e causas extintivas da punibilidade		718
	23.14	A Resolução n. 487/2023 do CNJ		719
24	CONCURSO DE CRIMES			721
	24.1	Critérios para aplicação das penas		721

24.2 Concurso material ou real 722
24.3 Concurso formal ou ideal 723
24.4 Crime continuado... 725
    24.4.1 Teorias sobre os requisitos do crime continuado........ 729
    24.4.2 Prescrição e crime continuado.. 731
    24.4.3 A Súmula 605 do STF e a continuidade delitiva nos crimes dolosos contra a vida... 732
    24.4.4 Fraude contra o INSS e crime continuado..................... 732
    24.4.5 Crime continuado e crimes contra a dignidade sexual. 733
    24.4.6 Crime continuado e habitualidade delitiva 734
    24.4.7 Possibilidade de unificação das penas na fase de execução, para o reconhecimento tardio de crime continuado e concurso formal.. 736
    24.4.8 Crime continuado e concurso formal............................ 736
    24.4.9 Crime contínuo: questões processuais 737
24.5 Concurso material benéfico.. 737
24.6 Pena de multa no concurso de crimes 738
24.7 Concurso de crimes e suspensão condicional do processo.... 739
24.8 Fixação e cumprimento de penas de reclusão e detenção..... 739
    24.8.1 Fixação de regime inicial na condenação à reclusão e detenção, no mesmo processo 739
    24.8.2 Cumprimento de penas de reclusão e detenção 739

25 EFEITOS SECUNDÁRIOS DA CONDENAÇÃO 743
25.1 Efeito secundário extrapenal previsto na Constituição 744
25.2 Efeitos extrapenais previstos no Código Penal 745
    25.2.1 Efeitos genéricos da condenação................................... 745
    25.2.2 Presunção de origem dos bens e perda dos instrumentos do crime no art. 91-A – os novos efeitos genéricos da condenação.. 748
    25.2.3 Efeitos específicos da condenação 752
25.3 Reabilitação.. 758
    25.3.1 Reabilitação e sigilo das informações 759

26 CAUSAS EXTINTIVAS DA PUNIBILIDADE 763
26.1 Morte do agente 764
26.2 *Abolitio criminis*.. 765

26.3	Anistia	766
26.4	Graça e indulto	767
	26.4.1 Conceito e justificativa	767
	26.4.2 Técnica legislativa	768
	26.4.3 Características da graça e do indulto	769
	26.4.4 Condições da graça e do indulto	769
	26.4.5 Graça e indulto nos crimes hediondos	770
	26.4.6 Indulto e medida de segurança	772
	26.4.7 Indulto e *sursis*	773
	26.4.8 A natureza declaratória do indulto e a detração	773
	26.4.9 Indulto e anulação em busca da absolvição	774
26.5	Renúncia ao direito de queixa	775
26.6	Perdão do ofendido	777
26.7	Retratação	777
26.8	Perempção	778
26.9	Decadência	779
26.10	Perdão judicial	780
26.11	Prescrição	782
	26.11.1 Prescritibilidade	782
	26.11.2 Classificação da prescrição	783
	26.11.3 Prazos prescricionais	784
	26.11.4 Prescrição da Pretensão Punitiva (PPP)	785
	26.11.4.1 Efeitos	785
	26.11.4.2 Termo inicial	788
	26.11.4.3 Causas suspensivas e interruptivas	792
	26.11.4.3.1 Causas suspensivas	792
	26.11.4.3.2 Causas interruptivas da prescrição (art. 117 do CP)	799
	26.11.4.4 Comunicabilidade da interrupção	803
	26.11.4.5 Termo final	804
	26.11.5 Espécies de prescrição da pretensão punitiva	805
	26.11.5.1 Prescrição em abstrato, tradicional ou propriamente dita	805
	26.11.5.2 Prescrição retroativa (prescrição da pretensão punitiva com base na pena em concreto retroativa)	805

26.11.6 Mudanças da Lei n. 12.234/2010 na prescrição retroativa .. 806
26.11.7 Prescrição superveniente ou intercorrente 808
26.11.8 Prescrição virtual, antecipada, projetada ou em perspectiva.. 809
26.11.9 Reconhecimento da prescrição no momento do recebimento do recurso pelo juízo a quo 810
26.11.10 Prescrição da Pretensão Executória (PPE) 810
 26.11.10.1 Consequências.. 811
 26.11.10.2 Prazo prescricional... 811
  26.11.10.2.1 Termo inicial 811
  26.11.10.2.2 Causas suspensivas 813
  26.11.10.2.3 Causas interruptivas 814
  26.11.10.2.4 Prescrição executória em caso de fuga (art. 113 do CP) 815
 26.11.10.3 Aumento do prazo da PPE no caso de reincidência 817
 26.11.10.4 Concorrência de causas que alteram o prazo prescricional 817
26.11.11 Observações gerais sobre a prescrição (referem-se tanto à prescrição da pretensão punitiva como à prescrição da pretensão executória).......................... 818
 26.11.11.1 Prescrição e pena restritiva de direitos....... 818
 26.11.11.2 Prescrição e pena de multa 818
 26.11.11.3 Prescrição e concurso de crimes 819
 26.11.11.4 Redução do prazo prescricional pela idade .. 819
 26.11.11.5 Prescrição e medida de segurança............... 820
 26.11.11.6 Momento para o reconhecimento da prescrição . 823
26.12 Extinção da punibilidade do crime-meio e do crime-fim 823

REFERÊNCIAS.. 825

PRINCÍPIOS CONSTITUCIONAIS PENAIS

A Constituição Federal é o documento que traça e fixa a **forma** do Estado brasileiro. Essa forma é, em linhas gerais, a de um "Estado Social e Democrático de Direito". A partir dessa forma é que todo o restante do ordenamento se **conforma**, inclusive e principalmente o ordenamento jurídico penal.

O Direito Penal embute em si um dramático conflito de direitos fundamentais. De um lado, a liberdade e a segurança jurídica constituem **direitos individuais** fundamentais (direitos que protegem o cidadão contra o abuso do poder do Estado, *caput* do art. 5º da Constituição). De outro lado, a segurança pública constitui um **direito social** fundamental (direitos que devem ser garantidos ao cidadão pelo Estado – *caput* do art. 6º da Constituição Federal).

Não causa surpresa, portanto, que esse ramo do direito, localizado no ponto de tensão entre duas forças aparentemente antagônicas e sujeito a constantes abalos sísmicos tenha que ser construído sobre uma extensa e sólida base de **princípios constitucionais** que delineiam seus **contornos e limites**, conferindo-lhe racionalidade e estabilidade.

Na verdade, a oposição entre direitos individuais e segurança pública, ou, colocado de outro modo, entre garantia do direito do cidadão e eficiência do poder de punir do Estado, é um falso dilema. Sem a obediência a um arcabouço firme de princípios constitucionais, o direito penal pode ser, por exemplo, manipulado pela mídia como resposta afobada para um fato noticiado de forma espetacular, ou pode ainda ser objeto de interesses políticos inconfessáveis, intolerância, censura e arbítrio.

A eficiência do Direito Penal não pode ser mensurada pelo número de condenações ou de pessoas presas. Basta o poder, a força bruta despida de legitimidade, para impor sofrimento e privar a liberdade. **O Direito Penal só pode ser tido como eficiente à medida que suas normas são respeitadas e seu objetivo é alcançado, ou ao menos maximizado.** Possível concluir que não é eficiente um Direito Penal que descumpre ou minimiza princípios constitucionais penais como a legalidade ou a culpabilidade, tampouco o que incrementa violência na sociedade, ou que é inadequado para a prometida tutela subsidiária de bens jurídicos.

Na verdade, é justamente pelo fato de que o Direito Penal é uma estratégia de controle, e, portanto, de segurança, intrinsecamente violenta, que os limites e contornos claros traçados pelos princípios são tão necessários.

Tais princípios, por sua vez, ainda que não expressos no texto da carta magna, são uma **decorrência direta do molde constitucional** sobre o qual se apoiam, vale dizer, do molde de um Estado Social e Democrático de Direito. Nas palavras de Sebastian Borges Albuquerque de Mello, "os princípios penais têm atualmente assento constitucional e estão presentes na ordem jurídica vigente, pois é a Constituição a estrutura fundamental do ordenamento jurídico, portadora dos princípios fundamentais, não só da ordem jurídica, mas também dos subsistemas que o integram" (*A matriz constitucional, e não axiomática, dos princípios implícitos de direito penal*, p. 167). Ou seja, do molde do Estado se elevam os princípios que alicerçam o Direito Penal.

De ser um **Estado Social**, que busca o maior benefício com o menor custo aos cidadãos, decorrem os princípios da **exclusiva proteção a bens jurídicos**, a **intervenção mínima**, da **fragmentariedade**, da **subsidiariedade**, da **insignificância da adequação social**.

De ser um **Estado Democrático** decorrem os princípios da **culpabilidade** e da **personalidade**.

De ser um **Estado de Direito** decorre o **princípio da legalidade** e suas consequências, como a **taxatividade**, a **anterioridade** e a **proibição da analogia**.

É importante perceber que embora possam ser pedagogicamente estudados de forma compartimentada os **princípios de limitação constitucional do *jus puniendi*** são na verdade **componentes de um mesmo sistema** e estão estreitamente ligados uns aos outros. São como pilares de uma construção que suportam em conjunto o seu peso, de modo que o enfraquecimento de qualquer um deles provoca o desgaste de todo o sistema e, ao fim e ao cabo, a sua derrocada.

Antes de passarmos a estudá-los é preciso dizer ainda que, embora a doutrina moderna geralmente concorde com os lineamentos básicos dos princípios penais, a classificação e a organização que apresentam podem variar consideravelmente. Assim, por exemplo, enquanto alguns apresentam o princípio da intervenção mínima como princípio autônomo, outros usam essa nomenclatura como sinônimo do princípio da subsidiariedade. Consideramos, no entanto, que **é mais importante compreender as ideias** que constituem esse vasto plexo de limites à atividade punitiva do Estado do que colecionar uma lista de nomes ou um organograma que se pretenda definitivo. Nessa obra, para fins didáticos, optamos por apresentar cada princípio autonomamente, para que a sua peculiaridade possa ser revelada com mais clareza.

1.1 PRINCÍPIO DA EXCLUSIVA PROTEÇÃO A BENS JURÍDICOS

É possível encontrar inúmeros interesses entre os membros de uma comunidade. Determinados interesses são tão importantes que merecem tutela jurídica, e por isso são chamados bens jurídicos. Alguns, especialmente relevantes, podem legitimar a intervenção penal e serão, então, considerados bens jurídicos penais. Ou seja: **só compete ao Direito Penal tutelar bens jurídicos penais e não meros valores morais, éticos, políticos ou religiosos, por exemplo**.

A ideia de que o Direito Penal só pode ser empregado para a proteção de interesses subjetivos é fruto do pensamento iluminista. Desenvolvida inicialmente por Feuerbach, a noção de "direito" subjetivo foi posteriormente substituída pela de **"bem"** por **Birnbaum**, em sua célebre obra a respeito da tutela da honra, publicada em 1834, razão pela qual ele é considerado o pai do conceito de bem jurídico.

A noção de bem jurídico passou a exercer então duas importantes funções: inicialmente uma função intrínseca (interna ao sistema), fornecendo um **critério para a organização e interpretação dos tipos** presentes no ordenamento. No nosso Código Penal os tipos são agrupados segundo o bem jurídico, por exemplo ("vida", "patrimônio", "dignidade sexual" etc.). Mas, posteriormente, passou a exercer uma função extrínseca (externa ao sistema) e consiste em fornecer critérios que possam definir o **conteúdo das condutas passíveis de repressão penal**, ou seja, quais comportamentos da vida merecem ser criminalizados. É nesse segundo sentido que atua o princípio da exclusiva proteção a bens jurídicos.

Bens jurídico-penais podem ser definidos, *grosso modo*, como as **condições mínimas de coexistência social** cuja importância justifica a sua tutela através do Direito Penal. Segundo o princípio da exclusiva proteção a bens jurídico-penais, o direito penal não é o meio legítimo para a persecução dos estados ótimos ou ideais para o indivíduo ou para a sociedade, mas apenas o meio para garantir os pressupostos mínimos sem os quais a vida em comunidade estaria seriamente arriscada. A fidelidade conjugal, por exemplo, pode ser considerada um estado ótimo, sob a perspectiva de um relacionamento monogâmico, mas não é uma condição mínima para a coexistência social, de modo que não é considerada um bem jurídico digno da proteção penal.

O princípio da exclusiva proteção a bens jurídico-penais tem íntima conexão com o conceito de "Estado Social e Democrático de Direito". Em um Estado em que o poder emana do povo e a dignidade da pessoa humana ocupa lugar central, só se justifica a perda da liberdade se o objetivo for a preservação de bens de mesmo quilate.

Acrescente-se a isso o fato de que, em um Estado Social e Democrático de Direito, ao lado da dignidade da pessoa humana, assoma como valor central o pluralismo do qual decorre a exclusão da legitimidade do Direito Penal para tutelar valores puramente morais, religiosos ou ideológicos (que não se possam considerar condições básicas para a vida em comum). Por isso, quanto a essas matérias o Estado deve, *a priori*, abster-se de regulamentações jurídicas.

A doutrina tem majoritariamente acolhido o princípio da exclusiva proteção a bens jurídicos entendendo que a missão do Direito Penal deve ser a proteção fragmentária e subsidiária desses bens. Tome-se, da Alemanha, a lição de Claus Roxin: "Hoje, como todo poder estatal advém do povo, já não se pode ver a sua função na realização de fins divinos ou transcendentais de qualquer tipo. Como cada indivíduo participa do poder estatal com igualdade de direitos, essa função não pode igualmente consistir em corrigir moralmente, mediante autoridade, pessoas adultas que sejam consideradas não esclarecidas intelectualmente e moralmente imaturas. A sua função limita-se, antes, a criar e garantir a um grupo reunido, interior e exteriormente, no Estado, as condições de uma existência que satisfaça as suas necessidades vitais" (*Sentido e limites da pena estatal*, p. 26).

Dentre os espanhóis é também o que prevalece, como esclarece Mir Puig, "o Direito Penal de um Estado Social só se justifica como sistema de proteção da sociedade. Dessa forma, os interesses sociais que por sua importância podem merecer a proteção do direito se denominam 'bens jurídicos'" (*Derecho penal*, p. 91).

No Brasil a maioria da doutrina reconhece que a ideia de bem jurídico deve estar na base da edificação penal, pois é ele que permite uma visão exterior (a partir de fora do ordenamento) e crítica acerca das condutas que devem ou não ser criminalizadas. Explica Regis Prado, em monografia sobre o tema: "O bem jurídico possui uma transcendência ontológica, dogmática e prática, que é basilar e, por isso, indeclinável" (*Bem jurídico penal e Constituição*, p. 23). Isso significa que o bem jurídico transcende ao sistema, ou seja, está fora do sistema, ele pertence à vida e não ao direito e recebe o qualificativo de "jurídico" justamente porque sua magnitude recomenda que seja protegido pelo direito. Saber reconhecer se há ou não um bem da vida ofendido pela conduta permite olhar criticamente para o ordenamento jurídico e depurá-lo de tipos ilegítimos, que não se prestam à proteção de tais bens.

Em suma, a teoria do bem jurídico deixa de ser apenas uma orientação para a interpretação das normas penais e passa a ser um instrumento de contenção à criação e aplicação de normas incriminadoras. O legislador não pode criar crimes sem justificá-los com o risco ou lesão a um bem jurídico. Ao aplicar a norma incriminadora, o juiz deve restringir seu alcance à verificação de risco ou lesão ao bem jurídico.

A teoria do bem jurídico, entretanto, é alvo constante de críticas e reformulações. É perceptível uma acentuada tendência moderna à chamada espiritualização ou desmaterialização do bem jurídico. Com isso quer-se dizer que a ideia de bem jurídico, na medida em que se distancia do referencial humano e individual, vai perdendo concretude e contornos definidos e se tornando cada vez mais larga, difusa e aberta. Ao lado dos bens jurídicos clássicos, como a vida e a liberdade, vão apresentando-se outros como a "segurança viária" ou a "higidez do sistema financeiro". Com isso, o conceito de bem jurídico vai perdendo o seu rendimento crítico e tornando-se uma noção vazia e de utilidade apenas retórica, usada *a posteriori,* não mais para limitar e sim para justificar a existência de tipos que o legislador, por uma ou outra razão, já havia decidido criar.

Diante desse quadro, duas grandes tendências se formam:

Primeira tendência: concepção antropocêntrica do bem jurídico penal. A primeira tendência consiste em densificar o conceito de bem jurídico, limitando o seu alcance, mas aumentando a sua importância dentro do sistema como fundamento real de legitimidade e ponto de partida crítico. Trata-se de um retorno ao paradigma iluminista e da consequente redução do direito penal ao seu âmbito clássico de tutela. Nessa linha vai a "teoria pessoal do bem jurídico", criada por Hassemer, principal representante da chamada "Escola de Frankfurt". Segundo Hassemer, somente podem ser objeto de lei penal bens que sejam precisamente descritos e que guardem estreita relação com a pessoa humana (*Linhas gerais de uma teoria pessoal do bem jurídico*, p. 19).

Segunda tendência: funcionalização radical da tutela penal. No outro extremo, a segunda tendência consiste em abandonar por completo o conceito de bem jurídico. Nessa linha, uma das mais importantes construções teóricas é a de Günther Jakobs. Para Jakobs, o Direito Penal é encarado como sistema específico, que tem por objetivo a estabilização social, pela via da restauração da confiança na vigência das normas A disfuncionalidade da infração não reside essencialmente na lesão a um bem jurídico, mas no seu significado simbólico, como negação da fidelidade ao direito. O essencial num homicídio não é a lesão ao corpo da vítima ou a destruição de sua consciência, mas a afirmação contida de modo concludente e objetivada no fato punível de não dever respeitar o corpo e a consciência da vítima como elementos de uma pessoa, mas poder tratá-los como um "entorno" indiferente. Mediante essa afirmação se questiona a norma, ou seja, a regulação entre as pessoas, portanto o delito é a desautorização da norma, ou a falta de fidelidade ao ordenamento jurídico atuada (Günther Jakobs, *¿Qué protege el derecho penal: bienes jurídicos o la vigência de la norma?*, p. 57). A conclusão categórica à qual chega o autor é de que o Direito Penal garante a vigência da norma e não a proteção de bens jurídicos.

1.2 PRINCÍPIO DA INTERVENÇÃO MÍNIMA OU DA *ULTIMA RATIO*

Embora a expressão "intervenção mínima" tenha sido empregada pela primeira vez pelo professor espanhol Francisco Muñoz Conde, a ideia que lhe subjaz remonta (tal como a de bem jurídico) ao iluminismo e já pode ser vislumbrada na célebre obra de Beccaria na qual se lê: "É melhor prevenir os crimes do que ter que puni-los; e todo legislador sábio deve procurar antes impedir o mal do que repará-lo, pois uma boa legislação não é senão a arte de proporcionar aos homens o maior bem estar possível e preservá-los de todos os sofrimentos que se lhes possam causar, segundo os cálculos dos bens e dos males desta vida" (*Dos delitos e das penas*, p. 190).

Em uma expressão mais moderna, o referido princípio significa que o Direito Penal, pela violência que lhe é imanente, deve ser reservado como última medida de controle social. Dito de outra forma, o Direito Penal deve ser o último recurso ao qual o Estado recorre para proteger determinados bens jurídicos e somente quando outras formas de controle não forem suficientes para alcançar tal resultado. Nas palavras de Bitencourt, "**a criminalização de uma conduta só é legítima se constituir meio necessário para a proteção de ataques contra bens jurídicos importantes**" (*Tratado de direito penal*, v. 1, p. 58).

Em suma, a Política Criminal (estratégias políticas de redução da violência intrassocial) não pode ficar reduzida ao Direito Penal (incriminação e sanção de condutas com emprego, majoritariamente, da pena corporal) e nem mesmo tê-lo como seu primeiro e principal recurso.

Primeiro porque, segundo a constatação já bastante consolidada pela Criminologia (ciência que, dentre outros objetos, estuda as causas sociais da violência), o fato é que o Direito Penal tem pouca eficácia na proteção de bens jurídicos, se comparado a outras estratégias, como a redução de desigualdades, educação, capacitação, informação, sanções administrativas e civis. Tome-se o seguinte exemplo: Em 2012, o Uruguai tornou-se o segundo país da América Latina a adotar o sistema de prazos, permitindo a realização do aborto, desde que respeitado o procedimento legal de assistência e aconselhamento, até a 12ª semana de gestação. No primeiro ano de vigência da lei, segundo as cifras oficiais, 6.676 abortos foram realizados licitamente, enquanto noticiou-se apenas um único caso de morte em decorrência de aborto clandestino (uma mulher morreu em decorrência de aborto autoprovocado com agulhas de tricô). Não houve aumento no número de abortos realizados em relação ao cenário anterior e, em contrapartida, o número de mortes maternas por complicações decorrentes de aborto caiu quase a zero, segundo dados oficiais publicados pelo Ministério da Saúde do Uruguai[1]. A apropriada educação sexual e reprodutiva, o acesso universal ao planejamento familiar, prática clínica competente, incorporação de contraceptivos e um procedimento em que a mulher possa falar abertamente sobre as razões que a levam desejar o aborto e em que o Estado possa ajudá-la a superar tais motivos, fornecendo-lhe apoio, alternativas e, ao fim e ao cabo, respeito à sua decisão, tudo isso se mostrou uma proteção muito mais eficiente ao bem jurídico do que a ameaça da pena.

Em segundo lugar porque, embora seja estratégia de controle da violência, o próprio Direito Penal é em si violência e nesse paradoxo reside a chave do minimalismo. Só há vantagem em empregá-lo quando a violência da conduta que ele intenta coibir for superior à violência do próprio Estado. O Direito Penal, pelo custo individual e social que implica, é um mal (ainda que, segundo a maioria, um mal necessário) de forma que não se pode admiti-lo salvo nos casos em que ele seja imprescindível.

---

[1] Disponível em: <http://www.msp.gub.uy/sites/default/files/archivos_adjuntos/conferencia%20prensa%20IVE%20FEBRERO%202014.pdf>.

Embora não seja expressamente enunciado no texto constitucional, o princípio da intervenção mínima é uma consequência lógica e necessária do tipo de Estado delineado pela Constituição brasileira. No dizer de García-Pablos de Molina, a intervenção mínima constitui um limite coerente com a lógica do Estado Social, que busca o maior bem-estar com o menor custo social (*Sobre el princípio de la intervención mínima*, p. 250). A limitação da intervenção punitiva do Estado é também corolário de um sistema constitucional erigido sobre a dignidade da pessoa humana e voltado a assegurar o máximo espaço de liberdade individual.

Ademais, conquanto não esteja expresso na Constituição Federal, o princípio da intervenção mínima vem claramente delineado na Declaração dos Direitos do Homem e do Cidadão ao estabelecer, em seu art. VIII, que "A lei apenas deve estabelecer penas estrita e evidentemente necessárias".

Boa parte da doutrina engloba, no princípio da intervenção mínima, os princípios da fragmentariedade e da subsidiariedade, que serão estudados a seguir.

1.3 PRINCÍPIO DA FRAGMENTARIEDADE[2]

Segundo o princípio da fragmentariedade, diretamente ligado ao princípio da intervenção mínima, **o Direito Penal deve proteger apenas os bens jurídicos mais relevantes contra os ataques mais violentos**. A tutela penal é, portanto, "seletiva, limitada àquela tipologia agressiva dotada de indiscutível relevância quanto à gravidade e à intensidade da ofensa" (Luiz Regis Prado, *Curso de direito penal brasileiro*, 2007, p. 120).

A característica da fragmentariedade é inicialmente apontada por **Binding**, como um defeito a ser superado, pois na opinião do autor o direito penal deveria ser muito maior, total. Hoje, ao contrário, a fragmentariedade tem *status* de princípio fundamental inerente ao Direito Penal no contexto do Estado Democrático de Direito, corolário direto do princípio da intervenção mínima.

O caráter fragmentário do Direito Penal significa, portanto, que ele não protege, nem deve proteger, qualquer lesão a qualquer bem jurídico, mas tão somente as lesões mais graves aos bens jurídicos mais relevantes. Esse princípio impõe que o Direito Penal continue a ser um arquipélago de pequenas ilhas no grande mar do penalmente indiferente. Isso quer dizer que o Direito Penal só se refere à pequena parte do sancionado pelo ordenamento jurídico, sua tutela se apresenta de maneira fragmentada, dividida ou fracionada (Luiz Regis Prado, *Curso de direito penal brasileiro*, 2007, p. 144).

---

[2] Como já se disse, para alguns doutrinadores, o princípio da fragmentariedade é tratado como uma expressão do princípio da intervenção mínima. Optamos por uma abordagem em separado apenas para que seu conteúdo específico possa ser mais claramente compreendido.

Em suma, o Direito Penal não constitui um sistema exaustivo de proteção de bens jurídicos, mas representa um sistema descontínuo de seleção de ilícitos decorrentes da necessidade de criminalizá-los ante a indispensabilidade da proteção jurídico-penal (Hans-Heinrich Jescheck, *Tratado de derecho penal*, p. 57). O patrimônio é sem dúvida um bem jurídico-penal, mas nem todas as lesões ao patrimônio podem ou dever ser criminalizadas. O inadimplemento de uma dívida, por exemplo, causa uma lesão patrimonial, mas constitui um problema civil e não um crime.

Alguns doutrinadores passaram a denominar "fragmentariedade às avessas" a situação em que condutas de diminuta ofensividade ao bem jurídico são ou permanecem sendo desnecessariamente criminalizadas. A nomenclatura, no entanto, é desnecessária e carece de sentido científico. "Fragmentariedade" é o nome de um princípio que pode ser respeitado ou não. Seria o mesmo, mal comparando, que chamar de "legalidade às avessas" às situações em que o princípio da legalidade fosse desobedecido ou denominar "presunção de inocência às avessas" a possibilidade de prisão após a condenação de 2º grau.

1.4 PRINCÍPIO DA SUBSIDIARIEDADE OU DA NECESSIDADE[3]

O princípio da subsidiariedade ou da necessidade também está umbilicalmente ligado ao da intervenção mínima e diz respeito à possibilidade da proteção do bem jurídico por intermédio de meios menos gravosos para os cidadãos do que a pena estatal. Segundo Mir Puig, "o Direito penal deixa de ser necessário para proteger a sociedade quando isto pode ser conseguido por outros meios, que serão preferíveis na medida em que forem menos lesivos aos direitos individuais" (*Derecho penal*, p. 89). Em outras palavras, **só e legítima a intervenção penal quando outros ramos do direito fracassarem na proteção do bem jurídico.**

A subsidiariedade aloca o Direito Penal como *ultima ratio* no conjunto do ordenamento jurídico. Parte da premissa, já apontada no tópico relativo à intervenção mínima, de que a pena e a medida de segurança não são os únicos meios dos quais dispõe a sociedade para a proteção de seus bens e, além do alto custo que implicam, demonstram, no mais das vezes, pouca eficácia. De fato, os interesses sociais podem receber suficiente proteção, por meio de mecanismos distintos, menos lesivos para o cidadão e normalmente mais eficazes para a proteção.

Para Roxin, **o princípio da subsidiariedade** se depreende do da proporcionalidade, este, por sua vez, é derivado do princípio constitucional do Estado de Direito. É que, como o Direito Penal possibilita as mais duras de todas as intromissões estatais na liberdade do cidadão, só se pode fazê-lo intervir quando outros meios menos duros não prometam ter êxito suficiente (*Derecho penal*, p. 66). O contrário seria, segundo Roxin,

---

[3] Determinados autores consideram que os princípios da intervenção mínima e da subsidiariedade são, na verdade, um único princípio.

uma vulneração da proibição do excesso (*Derecho penal*, p. 66). A relação entre subsidiariedade e proporcionalidade também é destacada por Figueiredo Dias, que acrescenta à necessidade da pena sua adequação, ou seja, ainda que instrumentos extrapenais não sejam suficientes para a tutela do bem jurídico, a intervenção penal só se legitima se adequada para a proteção (*Questões Fundamentais de Direito Penal Revisitadas*, p. 78-79). Acreditamos que, em face do sacrifício de direitos fundamentais do condenado, o apelo à proporcionalidade é valioso, e concluímos que a relação da subsidiariedade com a proporcionalidade impõe obediência aos três critérios de solução de colisão de direitos fundamentais: a sanção penal só será legítima se **estritamente necessária**, **adequada** e **proporcional** (em sentido estrito) no caso concreto.

Também para Luiz Regis Prado, o princípio em questão deriva da própria concepção material de Estado de Direito Democrático. Para o autor, o uso excessivo da sanção criminal não garante uma maior proteção de bens; ao contrário, condena o sistema penal a uma função meramente simbólica e negativa (*Curso de direito penal brasileiro*, 2007, p. 120).

1.5 PRINCÍPIO DA INSIGNIFICÂNCIA OU DA BAGATELA

Corolário dos princípios da intervenção mínima e da fragmentariedade, o princípio da insignificância postula que nem toda agressão merece reprimenda penal, mas **apenas aquela que afetar os bens jurídicos de forma relevante**, apta a justificar a intervenção penal. É a ideia que decorre do brocardo *minimis non curat praetor*.

O princípio da insignificância é enunciado pela primeira vez em 1964 na obra de Roxin e atua sobretudo no âmbito da criminalização secundária **permitindo excluir de plano lesões de bagatela da maioria dos tipos**. Desta forma é compreendido como um instrumento de interpretação restritiva, fundado na concepção material do tipo penal, por intermédio do qual é possível alcançar, pela via judicial e sem macular a segurança jurídica do pensamento sistemático, a proposição político-criminal da necessidade de descriminalização de condutas que, embora formalmente típicas, não atinjam de forma relevante os bens jurídicos protegidos pelo Direito Penal (Carlos Vico Mañas, *O princípio da insignificância como excludente da tipicidade penal*, p. 58).

Em nosso país, o princípio da insignificância é reconhecido desde o final da década de 1980 pela jurisprudência do Supremo Tribunal Federal. Ao julgar o **RHC 66.869**, o Ministro Relator Aldir Passarinho reconheceu a insignificância de lesão corporal ínfima (pequena equimose) decorrente de acidente de trânsito, impedindo a instauração da ação penal pelo delito de lesão corporal culposa.

Desde então, tem engendrado inúmeras discussões acerca de seu âmbito de aplicação e seus critérios norteadores.

Em linhas gerais, as críticas ao princípio residem 1) na falta de parâmetros para sua caracterização, 2) na ausência de previsão legal, e 3) na existência de tipos incriminadores que, por si sós, já punem condutas de menor lesividade e, portanto, tornariam sua aplicação desnecessária, e, por fim, 4) na sensação de ausência de tutela jurídica.

Com relação à primeira crítica, para minimizar os efeitos da insegurança jurídica, a jurisprudência vem tentando construir parâmetros mais ou menos firmes para o reconhecimento da infração bagatelar.

A partir de 2004, com o julgamento do **HC 84.412**, de relatoria do Ministro Celso de Mello, firmou-se no Supremo Tribunal Federal o entendimento de que para sua aplicação é necessária a presença de determinados vetores, quais sejam: **a) mínima ofensividade da conduta do paciente; b) ausência de periculosidade social da ação; c) reduzidíssimo grau de reprovabilidade do comportamento; d) inexpressividade da lesão jurídica provocada.**

A crítica de que o já mencionado princípio seria inaplicável por ausência de previsão legal é inconsistente. O ordenamento jurídico não se limita a um amontoado de regras positivadas. Há tempos que o tecnicismo de Arturo Rocco foi substituído por uma concepção mais ampla de Direito, que abrange não só o legislado, mas também valores constitucionais e princípios, muitos deles implícitos e tão ou mais importantes que as regras explícitas, sendo em alguns casos a *ratio essendi* e o alicerce delas.

A terceira oposição de que já haveria tipos penais punindo de forma mais branda condutas de menor lesividade também não nos parece razoável. É plenamente possível a coexistência em um ordenamento de dispositivos que punam lesões reduzidas ou de pouca monta com a insignificância. Não se deve confundir lesão de pouca ou reduzida monta com a de ínfimo, desprezível desvalor. Trata-se do caso do art. 155, § 2º, do CP, que fala em "pequeno valor". Ora, se o valor é pequeno, tem aplicação a referida norma, mas, se é insignificante, é plenamente aplicável o princípio em tela.

Por fim, resta a última crítica, a de sensação de ausência de tutela jurídica decorrente da atipicidade material e posterior afastamento do *jus puniendi* no caso em análise. O argumento não merece guarida, pois desconsidera justamente a natureza subsidiária e fragmentária do Direito Penal. O afastamento da tutela penal não significa ausência de resguardo jurídico, mas tão somente que a violência da pena se mostra desproporcional e desnecessária, não impedindo que outros mecanismos menos lesivos ao indivíduo ajam para resguardar o bem afetado.

O que ocorre é justamente o contrário. A aplicação do Direito Penal como linha de frente na sociedade, de forma desmedida, é o que torna a tutela jurídica enfraquecida e desacreditada, o que se vê frequentemente com a chamada "legislação penal simbólica" (para mais detalhes acerca do tema: *Aproximación al derecho penal contemporáneo*, p. 304 e ss., e *A expansão do direito penal*, ambos de Jesús-María Silva Sánchez). O sistema penal jamais terá condições materiais de atender toda a demanda: basta imaginar que, se todos aqueles que hoje trazem consigo droga fossem levados para as repartições policiais, as filas levariam o sistema ao colapso. A situação apenas se agrava com o aumento da criminalização.

Por fim, importa distinguir o princípio da insignificância ou da bagatela daquele que tem sido chamado de princípio da **"bagatela imprópria"** ou **"da desnecessidade da pena"** ou da **"irrelevância penal do fato"**.

Embora Roxin jamais tenha empregado a expressão "bagatela imprópria", a ideia de incorporar a necessidade de pena à estrutura do crime é desenvolvida por ele e se alinha perfeitamente à perspectiva do funcionalismo teleológico, cuja orientação fundamental é justamente fazer a política criminal penetrar na dogmática, moldando seus institutos.

Para o pensamento finalista, uma vez havido o injusto (fato típico e antijurídico), a responsabilidade do agente depende da verificação de um único elemento adicional, qual seja, a culpabilidade. Roxin propõe que, além da culpabilidade, a responsabilidade jurídico-penal passe a depender também de um outro fator, consistente na necessidade preventiva da pena no caso concreto. Assim, a culpabilidade passa a funcionar como limite da pena, mas não como seu fundamento exclusivo. Dito de outra forma, a ausência de culpabilidade impede o castigo, mas a presença de culpabilidade não é suficiente para que o Estado tenha o direito de impor a pena criminal, desde que no caso concreto fique claro que a pena seria meramente retributiva e não seria necessária desde uma ótica da prevenção geral ou especial.

Em síntese, enquanto o princípio da insignificância exclui de plano a tipicidade de condutas desde logo consideradas irrelevantes, o princípio da desnecessidade de pena (chamado por alguns, como visto, de princípio da bagatela imprópria) exclui a responsabilidade penal do agente sobre condutas típicas, ilícitas e culpáveis quando, ao fim do devido processo penal, conclui-se que a pena não cumprirá qualquer função preventiva benéfica.

No ordenamento jurídico brasileiro, a construção doutrinária, segundo a qual o juiz pode deixar de aplicar a pena quando não houver necessidade preventiva, encontra respaldo no texto do art. 59 do Código Penal brasileiro, de acordo com o qual o juiz, atendendo à culpabilidade, aos antecedentes, à conduta social, à personalidade do agente, aos motivos, às circunstâncias e consequências do crime, bem como ao comportamento da vítima, estabelecerá, conforme seja necessário e suficiente para reprovação e prevenção do crime, as penas aplicáveis. Ou seja, de acordo com o referido texto, caso não seja necessária pena alguma, o juiz poderia não a aplicar.

Na jurisprudência, entretanto, o acolhimento da tese é muito diminuto. Ressalva feita ao Tribunal de Justiça do Estado do Mato Grosso do Sul, que, nos anos de 2012 a 2016, proferiu uma série de decisões acolhendo o princípio da bagatela imprópria a casos de violência doméstica em que tivesse havido a reconciliação do casal, por entender que nesses casos a tutela penal era desnecessária, a exemplo da ementa a seguir:

> APELAÇÃO CRIMINAL – VIOLÊNCIA DOMÉSTICA – VIAS DE FATO – BAGATELA IMPRÓPRIA – APLICABILIDADE DIANTE DA PECULIARIDADE DO CASO – RECURSO PROVIDO.

> Aplicável o princípio da bagatela imprópria, considerando as circunstâncias da situação concreta, pois trata-se de contravenção penal de vias de fato e a vítima expressou em juízo, que se dependesse exclusivamente dela, não daria continuidade ao processo criminal; informou ainda que ele não voltou a novas práticas desta natureza contra ela e que convivem atualmente em harmonia. Conserva-se a condenação do recorrente, entretanto, deixo de aplicar a pena imposta em razão do princípio da bagatela imprópria (TJ-MS, APR: 00000636020128120045/MS, Rel. Des. Dorival Moreira dos Santos, 3ª Câmara Criminal, j. em 25-8-2016, Data de Publicação: 2-9-2016).

Tais decisões, no entanto, quando submetidas ao Superior Tribunal de Justiça, terminaram por ser reformadas, e, após a edição da **Súmula 589 do STJ**, em 2017, que impede a aplicação do princípio da insignificância a crimes ou contravenções penais praticados em situação de violência doméstica ou familiar contra a mulher, elas deixaram de ser proferidas.

A aplicação prática do princípio da insignificância enseja uma grande quantidade de questões específicas que serão a seguir analisadas, uma a uma:

a) *Insignificância e* oculta compensatio

Em alguns julgados, notadamente da relatoria do ex-ministro Eros Grau, o STF subordinou a aplicação do princípio da insignificância à ideia de *oculta compensatio*, ou seja, à ideia de que a sociedade tolera determinadas condutas, **desde que praticadas pelos membros das classes mais pobres, como forma de compensá-los, ocultamente, das desigualdades sociais** às quais são submetidos.

> *Habeas Corpus.* Penal. Furto. Tentativa. Princípio da insignificância. Aplicabilidade. *Oculta compensatio.* 1. A aplicação do princípio da insignificância há de ser criteriosa e casuística. **2. Princípio que se presta a beneficiar as classes subalternas, conduzindo à atipicidade da conduta de quem comete delito movido por razões análogas às que toma São Tomás de Aquino, na Suma Teológica, para justificar a** *oculta compensatio.* A conduta do paciente não excede esse modelo. 3. O paciente tentou subtrair de um estabelecimento comercial mercadorias de valores inexpressivos. O direito penal não deve se ocupar de condutas que não causem lesão significativa a bens jurídicos relevantes ou prejuízos importantes ao titular do bem tutelado, bem assim à integridade da ordem social. Ordem deferida (HC 97.189, Rel. Min. Ellen Gracie, Relator p/ acórdão: Min. Eros Grau, 2ª T., j. em 9-6-2009, *DJe* 14-8-2009).

Não é correto, no entanto, erigir a *oculta compensatio* à categoria de pressuposto de admissibilidade do princípio da insignificância, que tem origem e natureza completamente diversas, qual seja, a irrelevância social da lesão provocada, independentemente do motivo subjacente à sua prática. Fatores sociais como a miséria e a marginalização devem ser levados em conta na análise da culpabilidade, como na coculpabilidade e na culpabilidade por vulnerabilidade. A insignificância se relaciona com a tipicidade, e não pode considerar a história de vida do autor ou seus motivos subjacentes.

b) *Insignificância e reincidência ou habitualidade criminosa*

É polêmica a aplicação do princípio da insignificância, ainda que o fato objetivamente atenda aos vetores apontados, quando ou o agente é reincidente, ou delinquente contumaz.

Durante largo período o entendimento dominante nos tribunais superiores era no sentido de que os aspectos pessoais do agente, tais como a eventual reincidência ou habitualidade criminosa, deviam ser considerados quando da ponderação a respeito da insignificância. Dessa forma, ambas as cortes consideravam, *a priori*, que tais circunstâncias tornam inviável o reconhecimento da natureza bagatelar da infração.

A partir do julgamento do **HC 123.108**, em 3-8-2015, de relatoria do Min. Roberto Barroso, o Plenário do STF, contrariando a jurisprudência até então dominante na Corte, passou a aceitar a possibilidade de aplicação do princípio da insignificância mesmo em face da reincidência do agente. **Ou seja, passou a considerar que a reincidência não é motivo suficiente para afastar a aplicação do princípio da insignificância.**

O entendimento agasalhado pelo Min. Barroso vem sendo cada vez mais encampado em julgados da Suprema Corte, embora ainda não se possa considerar pacífico.

A Segunda Turma do STF, em um julgamento bastante noticiado (**HC 141.440/MG**) de relatoria do Min. Dias Toffoli, em 14-8-2018, admitiu a aplicação do princípio da insignificância, reconhecendo a atipicidade da conduta do agente, que havia furtado um galo, cinco galinhas e três quilos de feijão, avaliados em pouco mais de R$ 100,00. O paciente fora condenado pelo Tribunal de Justiça do Estado Minas Gerais pelo delito de furto qualificado, em que não se havia reconhecido a insignificância pelo fato de o agente responder a outra ação penal por fatos semelhantes, o que demonstraria habitualidade delitiva. Subsidiariamente, reconheceu-se que, ainda que não fosse o caso de furto bagatelar, seria hipótese clara de furto famélico.

A mesma Segunda Turma do STF, no **HC 232.009-SP**, de relatoria do Min. Edson Fachin, julgado em 6-9-2023, admitiu a aplicação do princípio da insignificância em crime de furto simples de duas caixas de chocolate, avaliadas em R$ 534,98. A ordem havia sido denegada anteriormente pelo STJ, mas o STF reconheceu que, mesmo sendo o agente reincidente, o princípio seria aplicável.

A Primeira Turma do STF, no **HC 174.784-MS**, de relatoria do Min. Marco Aurélio Mello, julgado em 11-2-2020, concedeu a ordem pelo furto de um carrinho de mão no valor R$ 20,00, ainda que presente a reincidência.

Ambas as turmas do STJ também têm compreendido que as circunstâncias da reincidência, maus antecedentes ou habitualidade criminosa não são *de per si* aptas a afastar a aplicação do princípio da insignificância.

A Sexta Turma do STJ, no julgamento do **AgRg no AREsp 2.137.893**, realizado em 7-6-2023, reconheceu a insignificância em um caso de furto majorado pelo repouso noturno, dando provimento ao recurso especial e absolvendo o recorrente, mesmo diante da existência de maus antecedentes:

> AGRAVO REGIMENTAL NO AGRAVO EM RECURSO ESPECIAL. FURTO MAJORADO (REPOUSO NOTURNO – ART. 155, § 1º, CP). PRINCÍPIO DA INSIGNIFICÂNCIA. EXCLUDENTE DE TIPICIDADE CONGLOBANTE. ANTECEDENTES MUITO ANTIGOS. PRODUTOS DE HIGIENE PESSOAL. BENS RESTITUÍDOS À VÍTIMA. VALOR ÍNFIMO. 1. Vislumbra-se a insignificância da conduta imputada, haja vista que os bens furtados, que são objetos de higiene pessoal, ou seja, 7 desodorantes, avaliados, à época, em R$ 75,48 (setenta e cinco reais e quarenta e oito centavos), aproximadamente, 6,8% do salário mínimo vigente ao tempo do fato ocorrido, foram restituídos à vítima, e os maus antecedentes indicados pelas instâncias ordinárias são bastante antigos, haja vista que o crime referente a este processo foi praticado em 2020 e as condenações mencionadas tratam-se de furtos tentados, em continuidade delitiva, praticados em 2001, denunciação caluniosa praticada em 2009, lesão leve em situação de violência doméstica contra a mulher praticada em 2009, e, por fim, o antecedente mais recente trata-se de um furto simples praticado em 2012 – há mais de 11 anos, tudo conforme se denota da folha de antecedentes criminais. **2. A Sexta Turma desta Corte Superior "tem admitido, excepcionalmente, a aplicação do princípio da insignificância ainda que se trate de réu reincidente, considerando as peculiaridades do caso em exame, em que evidente a inexpressividade da lesão jurídica provocada e o reduzidíssimo grau de reprovabilidade do comportamento do agente"** (AgInt no AREsp n. 948.586/RS, relatora Ministra Maria Thereza de Assis Moura, Sexta Turma, julgado em 18/8/2016, *DJe* 29/8/2016). 3. Agravo regimental provido,

para reconsiderar a decisão de fls. 399-402, e conhecer do agravo, a fim de dar provimento ao recurso especial, absolvendo o agravante pela atipicidade da conduta imputada (art. 386, inc. III, CPP).

Mas isso não significa que, na concepção (a nossa ver equivocada) do STJ e do STF, aspectos da vida pregressa do acusado não possam ser levados em conta, no caso concreto, para eventualmente inviabilizar a incidência do princípio da insignificância. Dito de forma mais direta, para as Cortes Superiores a vida pregressa deve ser considerada no exame a respeito da aplicação do princípio da reincidência, embora a mera condição de reincidência, antecedentes criminais ou habitualidade não tenha o condão de automaticamente, e sem análise do caso concreto, afastá-lo.

É o que se reconheceu, por exemplo, no julgamento do **REsp 1.957.218,** de relatoria de Olindo Menezes, na Sexta Turma do STJ, ocorrido em 23-8-2022 (vencido o Sebastião Reis Júnior). No caso, considerou-se inaplicável o princípio da insignificância a réu que praticou, em 2016, o furto de três desodorantes, no valor total de R$ 38,00, em face da multirreincidência específica, uma vez que já tinha sido condenado por dois furtos praticados em 2013 e duas tentativas de furto praticadas em 2007 e 2008.

Na mesma linha é o que se vê no voto proferido no **AgRg no REsp 1.986.729,** de relatoria do Min. Rogerio Schietti Cruz, da Sexta Turma, julgado em 28-6-2022. Ali não se reconhece a aplicação do princípio da insignificância em face dos maus antecedentes do réu, assim justificando-se:

> A simples existência de maus antecedentes penais, sem a devida e criteriosa verificação da natureza desses atos pretéritos, não pode servir de barreira automática para a invocação do princípio bagatelar. Com efeito, qual o relevo, para o reconhecimento da natureza insignificante de um furto, de se constatar que o agente, anteriormente, fora condenado por desacato à autoridade, por lesões corporais culposas, por crime contra a honra ou por outro ilícito que não apresenta nenhuma conexão comportamental com o crime sob exame? Afastar a insignificância nessas hipóteses seria desproposital. **No entanto, haverá de ser outra a conclusão, ao constatar o aplicador da lei que o agente, nos últimos anos, vem-se ocupando de cometer pequenos delitos (nomeadamente furtos).** Assim, não se admite a incidência da regra bagatelar em casos nos quais o agente é contumaz autor de pequenos desfalques ao patrimônio, ressalvadas, vale registrar, as hipóteses em que a inexpressividade da conduta ou do resultado é tão grande que, a despeito da existência de maus antecedentes, não se justifica o uso do aparato repressivo do Estado para punir o comportamento formalmente tipificado como crime. Ainda, a reincidência ou reiteração delitiva é elemento histórico objetivo, e não subjetivo, ao contrário do que o vocábulo possa sugerir. Isso porque não se avalia o agente (o que poderia resvalar em um direito penal do autor), mas, diferentemente, analisa-se, de maneira objetiva, o histórico penal desse indivíduo, que poderá indicar aspecto impeditivo da incidência da referida exclusão da punibilidade. Assinala-se que o legislador penal confere relevo ao histórico de vida pregressa do réu para outorgar-lhe a redução da pena, em forma

de causa especial de diminuição da sanção, o que evidencia, sem margem a tergiversações, que o legislador penal, máxime em crimes que afetam o patrimônio alheio, dá importância ao comportamento pretérito do agente para conceder-lhe o benefício da redução da pena.

Com o máximo respeito, não concordamos com a referida argumentação. Vincular a análise do tipo à condição pessoal do agente é confundir as instâncias da tipicidade e da culpabilidade. Não é possível que um fato idêntico seja atípico para alguns (os primários) e típico para outros (reincidentes), salvo se admitida premissa de um "direito penal do autor", segundo a qual o sujeito é punido por "ser quem é", e não pelo que "fez". Se é, inclusive, de questionável legitimidade tomar-se a reincidência, que nada tem a ver com a conduta em julgamento, como agravante da pena, fazendo-a impactar sobre a análise da culpabilidade, incluí-la como elemento da tipicidade constitui um grave equívoco conceitual. Dizer que a vida pregressa do agente consitui aspecto objetivo, pelo fato de que se trata de circunstância aferível objetivamente, também não é exato. A conduta anterior do agente é circunstância ligada à pessoa e não à conduta que se julga. O fato de o legislador levar em consideração aspectos subjetivos, dentre eles a vida pregressa, no momento da dosimetria da pena só corrobora o entendimento de que tais aspectos não integram a tipicidade, podendo impactar sobre a culpabilidade.

É exatamente nesse sentido que se manifestou, com inteira propriedade, o Min. Gilmar Mendes, relator do acórdão proferido no **HC 233.098-MG**, julgado em 9-10-2023. Pela sua clareza, oportuna a transcrição do trecho do acórdão que aborda a questão:

> Inicialmente, acerca do princípio da insignificância, é sabido que se trata de excludente da própria tipicidade. Ou fato é típico e se prossegue à análise dos demais elementos ou o fato é atípico e está encerrada a discussão.
>
> Não me parece razoável, à luz de qualquer teoria do delito, indagar, em tese, para o reconhecimento de atipicidade, se o agente é primário ou reincidente, porquanto é controvérsia relacionada à dosimetria da pena e não à tipicidade.
>
> Em que pese a ficha criminal do paciente, se o princípio da insignificância é causa de exclusão da própria tipicidade, resta, *prima facie*, irrelevante a análise da ficha de antecedentes criminais. É, em certa medida, semelhante ao ato do magistrado que, para apurar se o réu agiu em legítima defesa, manda juntar aos autos folha de antecedentes criminais, a fim de saber se ele é primário ou reincidente.
>
> Para o reconhecimento de causa de exclusão de tipicidade ou ilicitude, são irrelevantes, em tese, os dados da vida pregressa do acusado.
>
> Seja lá qual for a teoria adotada, repita-se, a primariedade/reincidência não é elemento da tipicidade, mas circunstância afeta à individualização da pena,

motivo por que não faz qualquer sentido indagar, para o reconhecimento de atipicidade, se o réu é primário.

c) **Insignificância e teoria da reiteração não cumulativa de condutas de gêneros distintos**

Mesmo para aqueles julgadores que consideram a reincidência e a habitualidade criminosa como fatores impeditivos para a aplicação do princípio da insignificância, tem sido admitida ressalva para os casos em que o **crime anterior não atinge o patrimônio e não tem vínculo com o subsequente**. Trata-se da chamada teoria da reiteração não cumulativa de condutas de gêneros distintos, segundo a qual a contumácia de infrações penais que não têm o patrimônio como bem jurídico tutelado pela norma penal não pode ser valorada, porque ausente a séria lesão à propriedade alheia (socialmente considerada), como fator impeditivo do princípio da insignificância.

A teoria da reiteração não cumulativa de condutas de gêneros distintos foi expressamente reconhecida pelo STF, em acórdão de relatoria de Teori Zavascki, no **HC 114.723** julgado em 28-8-2014, com a seguinte ementa:

> *HABEAS CORPUS*. PENAL. FURTO. PRINCÍPIO DA INSIGNIFICÂNCIA. INCIDÊNCIA. VALOR DOS BENS SUBTRAÍDOS. INEXPRESSIVIDADE DA LESÃO. CONTUMÁCIA DE INFRAÇÕES PENAIS CUJO BEM JURÍDICO TUTELADO NÃO É O PATRIMÔNIO. DESCONSIDERAÇÃO. ORDEM CONCEDIDA. 1. Segundo a jurisprudência do Supremo Tribunal Federal, para se caracterizar hipótese de aplicação do denominado "princípio da insignificância" e, assim, afastar a recriminação penal, é indispensável que a conduta do agente seja marcada por ofensividade mínima ao bem jurídico tutelado, reduzido grau de reprovabilidade, inexpressividade da lesão e nenhuma periculosidade social. 2. Nesse sentido, a aferição da insignificância como requisito negativo da tipicidade envolve um juízo de tipicidade conglobante, muito mais abrangente que a simples expressão do resultado da conduta. Importa investigar o desvalor da ação criminosa em seu sentido amplo, de modo a impedir que, a pretexto da insignificância apenas do resultado material, acabe desvirtuado o objetivo a que visou o legislador quando formulou a tipificação legal. Assim, há de se considerar que "a insignificância só pode surgir à luz da finalidade geral que dá sentido à ordem normativa" (Zaffaroni), levando em conta também que o próprio legislador já considerou hipóteses de irrelevância penal, por ele erigidas, não para excluir a tipicidade, mas para mitigar a pena ou a persecução penal. 3. Trata-se de furto de um engradado que continha vinte e três garrafas vazias de cerveja e seis cascos de refrigerante, também vazios, bens que foram avaliados em R$ 16,00 e restituídos à vítima. Consideradas tais circunstâncias, é inegável a presença dos vetores que autorizam

a incidência do princípio da insignificância. **4. À luz da teoria da reiteração não cumulativa de condutas de gêneros distintos, a contumácia de infrações penais que não têm o patrimônio como bem jurídico tutelado pela norma penal não pode ser valorada, porque ausente a séria lesão à propriedade alheia (socialmente considerada), como fator impeditivo do princípio da insignificância.** 5. Ordem concedida para restabelecer a sentença de primeiro grau, na parte em que reconheceu a aplicação do princípio da insignificância e absolveu o paciente pelo delito de furto (HC 114.723, Relator(a): Min. Teori Zavascki, Segunda Turma, j. em 26-8-2014, processo eletrônico, *DJe*-222, divulg. 11-11-2014, public. 12-11-2014).

Posteriormente, o princípio foi novamente aplicado pelo Min. Gilmar Mendes no julgamento do **HC 126.866/MG** julgado em 2-6-2015. Na oportunidade, a Segunda Turma do STF aplicou o princípio da insignificância a condenado por furto de sucata automotiva, avaliada em R$ 4,00 (quatro reais), possuidor de um antecedente criminal pelo delito de homicídio.

d) *Insignificância e regime aberto*

Em casos nos quais se julga que os aspectos pessoais do autor no caso concreto impedem a aplicação do princípio da insignificância, já se reconheceu a incidência do referido princípio ao menos para abrandar o rigor do regime de cumprimento da pena.

Imagine-se determinado réu reincidente, condenado à pena de um ano pelo delito de furto, no valor de R$ 10,00. A teor da **Súmula 269 do STJ**, a pena deveria ser iniciada em regime semiaberto. No entanto, em atenção ao princípio da insignificância seria possível fixar nesse caso o regime aberto.

Foi o que decidiu a Primeira Turma do STF, em acórdão de relatoria do Min. Alexandre de Moraes no julgamento do **HC 135.164/MT**, julgado em 23-4-2019.

Em sentido semelhante já havia sido decidido também pela Primeira Turma em outro acórdão do Min. Alexandre de Moraes, no **HC 137.217/MG**, julgado em 28-8-2018. Nesse caso, o réu, reincidente em crime patrimonial, havia praticado um furto simples no valor de R$ 31,20. Foi absolvido em primeira instância em razão do princípio da insignificância. O Ministério Público apelou e o Tribunal de Justiça de Minas Gerais deu provimento ao apelo para condenar o réu à pena de oito meses de reclusão, em regime semiaberto, afastando o princípio da insignificância em virtude da reincidência. Os Ministros Barroso e Rosa Weber votaram a favor do reconhecimento do princípio da insignificância e pela absolvição do paciente. O Min. Marco Aurélio Mello votou para denegar a ordem. O Min. Luiz Fux votou para fixar o regime aberto. O Min. Alexandre de Moraes votou para substituir a pena privativa de liberdade por restritiva de direitos, voto médio que terminou por prevalecer.

e) *Insignificância e crime de roubo*

Majoritariamente **se entende inaplicável** a bagatela nesta última hipótese, em razão da violência ou da grave ameaça existentes.

É nesse sentido uniforme a jurisprudência dos Tribunais Superiores, em ambas as Turmas Criminais do STF e do STJ (como exemplo, tome-se o **HC 97.190**, de Relatoria do Min. Dias Toffoli, julgado pela 1ª Turma do STF em 10-8-2010).

Ressalve-se que, na doutrina, há posição, ainda que minoritária, entendendo por tal possibilidade. Nesse sentido o escólio de João Paulo Orsini Martinelli:

> No caso do roubo, por exemplo, são afetados tanto o patrimônio quanto a autodeterminação da vítima, o que o torna crime complexo, já que tutela dois bens jurídicos. O cerne da questão reside na possibilidade de os bens tutelados poderem ou não ser analisados separadamente, pois em caso afirmativo **despreza-se a lesão ínfima ao patrimônio e restaria tão somente a punição pelo delito remanescente, qual seja, o constrangimento ilegal** ou a *vis corporalis* (cf. João Paulo Orsini Martinelli, *Temas de direito penal*, p. 28).

Perfilhamos a posição de Martinelli. A ausência absoluta de lesão ou ameaça patrimonial é incompatível com a ocorrência de crime contra o patrimônio, **a menos que se adotasse teoria inteiramente subjetiva que, desconsiderando o desvalor** do resultado, levasse em conta apenas o dolo do agente.

f) *Insignificância e crime de furto*

A aplicação do princípio da insignificância ao crime de furto, como regra geral, recebe por parte dos tribunais aceitação. Há, no entanto, certa celeuma quanto ao valor que se deva considerar como constituinte de uma lesão insignificante ao patrimônio da vítima. A discussão se põe, sobretudo, em face da previsão legal da figura do furto privilegiado, aplicável quando o réu for primário e a coisa furtada for de pequeno valor. O pequeno valor a atrair a incidência do privilégio, embora não previsto em lei, de há muito foi sedimentado pela jurisprudência, como o valor inferior a um salário mínimo vigente na época do fato. A partir da previsão legal da figura do furto privilegiado, caminha-se à conclusão de que o furto bagatelar deve envolver valor ainda menor do que aquele aceito para o reconhecimento do privilégio. Mas qual seria esse valor?

Na jurisprudência do STJ há certa tendência em se considerar que o limite de aplicação do princípio da insignificância deve ser o valor de 10% do salário mínimo vigente à época do fato. É o que se vê, por exemplo, do acórdão proferido no **HC 764.554**, de relatoria do Min. Joel Ilan Paciornik, julgado em 14-11-2022:

> AGRAVO REGIMENTAL NO *HABEAS CORPUS*. FURTO. ATIPICIDADE MATERIAL DA CONDUTA. PRINCÍPIO DA INSIGNIFICÂNCIA. *RES FURTIVA* QUE ULTRAPASSA 10% DO SALÁRIO MÍNIMO. REITERAÇÃO DELITIVA EM CRIMES CONTRA O PATRIMÔNIO. ACENTUADA REPROVABILIDADE NO COMPORTAMENTO DO AGENTE. EXCEPCIONALIDADE NÃO CONFIGURADA. AGRAVO

DESPROVIDO. 1. Segundo a orientação jurisprudencial desta Corte, o valor total da *res furtiva*, não é considerado ínfimo, por ultrapassar 10% do salário mínimo mínimo vigente à época dos fatos. Ademais, trata-se de agente com histórico de reiteração em delitos contra o patrimônio, circunstância que mostra-se incompatível com o princípio da insignificância. Precedentes. 2. Agravo regimental desprovido (STJ, AgRg no HC 764.554/SP, 2022/0257812-9, 5ª T., j. em 14-11-2022, *DJe* 17-11-2022).

Há acórdãos do STF que vão no mesmo sentido.

Não nos parece correto. O princípio da insignificância, como mecanismo redutor do âmbito da tipicidade no caso concreto, não coaduna com o estabelecimento de parâmetros abstratos e padronizados. É exatamente o que entendeu o Min. Edson Fachin, relator do acórdão proferido no **RHC 205.902**, julgado em 10-3-2022:

3. A aplicação do princípio da bagatela não se condiciona a nenhuma fórmula apriorística, como a que limita a sua incidência a bens com valor inferior a 10% do salário mínimo. A valia do bem deve ser aferida dentro de seu contexto de essencialidade, de forma individualizada.

g) *Insignificância e crime de furto qualificado*

Quanto ao furto e à maioria dos delitos patrimoniais sem violência ou grave ameaça, é amplamente majoritário o cabimento do referido princípio.

É controvertida, no entanto, a aplicação do princípio da insignificância em crimes patrimoniais não violentos, tais como o furto, em caso de ocorrência de circunstância qualificadora.

Há farta jurisprudência, nos Tribunais Superiores, afastando a insignificância em casos de furto qualificado, sob o argumento de que o dano ou o especial desvalor do meio ou modo inerente à qualificadora afasta a irrelevância penal. Exemplificativamente, o **HC 204.500**, em que se pedia o reconhecimento da insignificância em caso de tentativa de furto de dois chuveiros usados e uma escada, avaliados em R$ 50,00, qualificada pelo rompimento de obstáculo, escalada e concurso de pessoas, foi negado monocraticamente pelo Ministro Dias Toffoli sob argumento de que a não aplicabilidade do princípio em virtude da presença de qualificadoras constitui jurisprudência dominante na corte.

No **HC 123.734**, de relatoria do Min. Roberto Barroso, julgado em 3-8-2015, o Supremo Tribunal Federal não aplicou o princípio da insignificância a um homem que havia pulado o muro de um mercado e subtraído 15 bombons, sob o argumento de que a qualificadora da escalada seria de plano incompatível com a natureza bagatelar da infração

Não nos parece coerente com os postulados do princípio da insignificância excluir a sua aplicação em função da tipologia abstrata e não do exame do caso concreto.

A jurisprudência, mesmo que restrita aos Tribunais Superiores, está longe de ser pacífica. A título de exemplo, no **HC 553.872-SP**, de Relatoria do Min. Reynaldo Soares da Fonseca, julgado em 11-2-2020, a Quinta Turma do STJ admitiu a aplicação do princípio da insignificância e trancou ação penal instaurada para a apuração de furto qualificado. No caso, duas mulheres, primárias, respondiam criminalmente por furto qualificado pelo concurso de pessoas, em razão da subtração de produtos alimentícios no valor de R$ 62,29. A denúncia fora em um primeiro momento rejeitada com base no reconhecimento do estado de necessidade (art. 24, CP) e da atipicidade material da conduta em virtude da insignificância. O Ministério Público ingressou com recurso em sentido estrito, ao qual foi dado provimento, instaurando-se o processo. Com isso se ingressou com *Habeas Corpus*, que teve parecer favorável do Ministério Público Federal e foi ao final concedido pela Corte.

Trata-se da solução mais adequada, não apenas sob a ótica da política criminal mas também sob a ótica da dogmática. Não é, no entanto, coerente com os postulados do princípio da insignificância excluir a sua aplicação em função da tipologia abstrata e não do exame do caso concreto.

h) *Insignificância e crimes previstos no Estatuto do Desarmamento*

É admitida, em tese. A jurisprudência não vem colocando impedimentos à aplicação do princípio da insignificância aos crimes previstos na Lei n. 10.826/2003, inclusive em relação ao delito de posse ou porte de arma de fogo de uso restrito. No AgRg no **HC 638.136**, julgado dia 20-8-2021, com relatoria do Min. Olindo Menezes (Desembargador convocado do TRF da 1ª Região), a 6ª Turma do STJ concedeu a ordem para absolver o paciente, com quem havia sido apreendido um carregador marca Glock 9 mm, sem nenhuma munição, por aplicação do princípio da insignificância.

i) *Insignificância e crimes contra a Administração Pública*

Divergem as cortes superiores quanto à possibilidade de aplicação do princípio da insignificância em crimes contra a Administração Pública.

No **Superior Tribunal de Justiça prevalece atualmente, em ambas as turmas, a inaplicabilidade**, sob o argumento de que, para além do patrimônio, protege-se, com esses tipos, a moralidade administrativa cuja lesão é sempre intoleravelmente nociva para a sociedade.

Em 27-11-2017, consolidando sua posição, o STJ publicou a **Súmula 599**, segundo a qual "o princípio da insignificância é inaplicável aos crimes contra a administração pública".

Em linha com esse entendimento no julgamento do **HC 548.869-RS** de relatoria do Min. Joel Ilan Paciornik julgado em 12-5-2020, a Quinta Turma do STJ decidiu que não se admite a incidência do princípio da insignificância na prática de estelionato qualificado por ser praticado em detrimento de entidade de direito público (art. 171, § 3º, CP). No caso sob análise o paciente havia sido denunciado pelo crime em questão pois teria, por diversas vezes, registrado seu ponto em Hospital Universitário da FURG (Universidade Federal do Rio Grande) e se retirado do local descumprindo sua carga horária. O impetrante relata que o próprio procedimento Administrativo Disciplinar ao qual respondeu o paciente concluiu inexistir dano para o ente ou para o serviço prestado. A Corte não acolheu a tese defensiva, reafirmando o entendimento de que não se aplica o princípio da insignificância ao estelionato qualificado, uma vez que o delito em questão ofende não apenas o patrimônio público, mas também a moral administrativa e a fé pública, sendo altamente reprovável.

Em 9-3-2021, a 6ª Turma do STJ decidiu no mesmo sentido ao julgar o AgRg no **AREsp 1.612.006**, com relatoria do Min. Sebastião Reis Júnior, afastando o princípio da insignificância em um caso de furto de *noteboook* pertencente à Fundação Universidade de Brasília, tanto em face do valor do bem (R$ 1.300,00), que equivalia a mais de 10% do valor do salário mínimo vigente à época dos fatos, quanto em razão do entendimento de que não é aplicável o princípio da insignificância no tocante a crimes praticados contra a Administração Pública.

Já no STF encontram-se julgados em um e em outro sentido. No julgamento do **HC 85.184**, de relatoria do Min. Marco Aurélio, em 15-3-2005, a corte entendeu inaplicável o princípio da insignificância aos crimes previstos no Decreto-lei n. 201/67 sob o argumento de que eles estão voltados não apenas à proteção do patrimônio público como também da moral administrativa, pelo que não há como agasalhar a ótica do crime de bagatela. Já no **HC 112.388**, de relatoria do Min. Ricardo Lewandowski, julgado em 21-8-2012, em que se debatia ação penal proposta por peculato-furto em razão da subtração, por carcereiro, de farol de milha que guarnecia motocicleta apreendida, estimado em R$ 13,00, a corte reconheceu dano irrelevante, tanto ao patrimônio quando à probidade da Administração, aplicando o princípio da insignificância.

No **HC 120.580**, de relatoria do Min. Teori Zavascki, julgado em 30-6-2013, a corte aplicou o princípio da insignificância para reconhecer a atipicidade da conduta do paciente, processado por crime de dano contra o patrimônio público por ter quebrado o vidro da porta de centro de saúde localizado em Belo Horizonte em decorrência de chute desferido como expressão de sua insatisfação com o atendimento prestado pela unidade de saúde, ressaltando que a porta já estava em péssimo estado e que o laudo pericial sequer estimou o valor do dano.

Em caso similar, no **RHC 190.315**, de relatoria do Min. Edson Fachin, julgado em 15-12-2020, aplicou-se o princípio da insignificância para reconhecer a atipicidade da conduta do paciente, que havia sido processado e já condenado por crime de dano contra o patrimônio público ao causar avaria na estrutura externa de um aparelho de televisão antigo, da marca Semp Toshiba, que guarnecia uma autarquia federal. No acórdão o relator assevera expressamente que "a natureza pública do bem tutelado, por si só, não afasta a incidência do postulado. Há que se analisar efetivamente as circunstâncias do caso concreto para verificar a presença ou não dos vetores da insignificância".

Como se vê, portanto, essa última orientação é a que tem prevalecido, modernamente, na Suprema Corte. É também a que consideramos correta. Todo e qualquer bem jurídico (tenha ou não expressão patrimonial) está exposto a graus diversos e escalonados de violação, do mais intenso e intolerável ao mais tênue e irrisório. Mesmo a moralidade administrativa pode ser afetada de forma levíssima e que não justifique a intervenção penal (tome-se do exemplo do funcionário público que utiliza, em proveito pessoal, uma folha de papel pertencente à repartição pública em que trabalha). Some-se a isso o fato de que, especificamente nos crimes funcionais, o caráter subsidiário do Direito Penal aparece com especial relevo. É que as condutas ímprobas dos funcionários públicos podem ser castigadas no âmbito administrativo, por meio de procedimentos dos quais podem resultar inúmeras sanções e, inclusive, o afastamento do funcionário faltoso (por demissão ou aposentação), o que não ocorre com as pequenas ilegalidades praticadas entre particulares. Assim, enquanto o sujeito que subtrai pequeno valor em uma loja pode de fato ficar impune, o funcionário público, se atentar contra a Administração, ainda que levemente, receberá punição administrativa, o que torna mais flagrante a desnecessidade de intervenção penal nesse caso.

j) Insignificância e crime de porte de drogas para uso próprio

É altamente controvertida a possibilidade de aplicação do princípio da insignificância ao delito de porte de droga para consumo pessoal, quando se tratar de ínfima quantidade de droga. Atualmente prevalece nas cortes superiores o entendimento de que **não se aplica** o princípio da insignificância ao crime do art. 28 da Lei n. 11.343/2006 por tratar-se de crime de perigo abstrato em que a pequena quantidade seria inerente ao próprio tipo, como exemplifica o acórdão no **AgRg no RHC 147.158**, de relatoria do Min. Rogério Schietti Cruz, do STJ, julgado em 25-5-2021, bem como o acórdão no **HC 202.883**, de relatoria do Min. Ricardo Lewandowski, do STF, julgado em 18-8-21.

Não consideramos corretos os argumentos que sustentam essa posição. Como se lê textualmente do art. 28 da Lei n. 11.343/2006, a pequena quantidade da droga não constitui elemento do tipo em questão.

A quantidade da droga possui importância probatória indireta no âmbito da tipicidade subjetiva, por constituir um dos elementos por meio dos quais se pode demonstrar a elementar típica "para consumo pessoal". Mas no âmbito da tipicidade objetiva pouco importa se a quantidade de droga destinada ao uso pessoal é grande ou pequena. Ademais, "pequena" distingue-se de ínfima, irrisória, insignificante. Por fim, o fato de o delito ser classificado como de perigo abstrato nada tem a ver com a viabilidade ou não do princípio da insignificância. Como já explanado, mesmo os crimes de perigo abstrato necessitam de alguma perigosidade concreta ou real, sob pena de afastarem-se por completo do escopo de proteção subsidiária de bens jurídicos. Por isso, é perfeitamente possível pensar em uma quantidade tão ínfima que não coloque sequer em risco a saúde pública.

Nesse sentido, mais acertado o entendimento adotado no julgamento do **HC 110.475**, de relatoria do Min. Dias Toffoli, julgado em 14-2-2012, que admitiu a aplicação do princípio da insignificância na espécie:

> Penal. ***Habeas Corpus***. **Artigo 28 da Lei n. 11.343/2006. Porte ilegal de substância entorpecente. Ínfima quantidade. Princípio da insignificância. Aplicabilidade**. *Writ concedido*. 1. A aplicação do princípio da insignificância, de modo a tornar a conduta atípica, exige sejam preenchidos, de forma concomitante, os seguintes requisitos: (i) mínima ofensividade da conduta do agente; (ii) nenhuma periculosidade social da ação; (iii) reduzido grau de reprovabilidade do comportamento; e (iv) relativa inexpressividade da lesão jurídica. 2. O sistema jurídico há de considerar a relevantíssima circunstância de que a privação da liberdade e a restrição de direitos do indivíduo somente se justificam quando estritamente necessárias à própria proteção das pessoas, da sociedade e de outros bens jurídicos que lhes sejam essenciais, notadamente naqueles casos em que os valores penalmente tutelados se exponham a dano, efetivo ou potencial, impregnado de significativa lesividade. O Direito Penal não se deve ocupar de condutas que produzam resultado cujo desvalor – por não importar em lesão significativa a bens jurídicos relevantes – não represente, por isso mesmo, prejuízo importante, seja ao titular do bem jurídico tutelado, seja à integridade da própria ordem social. 3. Ordem concedida (HC 110.475, Rel. Min. Dias Toffoli, 1ª T., j. em 14-2-2012, *DJe* 15-3-2012).

k) *Insignificância e crime de porte de drogas para uso próprio no âmbito militar*

Quanto ao crime de porte de drogas para uso pessoal **no âmbito militar**, é hoje bastante pacífica a **inadmissibilidade de aplicação** do princípio da insignificância ao art. 290 do CPM, como exemplifica a decisão proferida no **HC 197.331**, denegado monocraticamente pelo Min. Nunes Marques em 24-2-2021. É o entendimento que vem sendo adotado pela corte desde que, em 21-10-2010, o Pleno do STF julgou o **HC 103.684**, de relatoria do Ministro Ayres Britto, resolvendo a questão.

Há, no entanto, julgados anteriores a outubro de 2010 admitindo a aplicação da insignificância à situação em que o agente possuía ínfima quantidade de droga, para uso pessoal, ainda que dentro de organização militar, como demostra a ementa a seguir, extraída do acórdão no **HC 97.131**, de relatoria do Min. Celso de Mello, julgado em 10-8-2010:

Crime militar (CPM, art. 290): Porte (ou posse) de substância entorpecente. Quantidade ínfima. Uso próprio. Delito perpetrado dentro de organização militar. Princípio da insignificância. Aplicabilidade. Identificação dos vetores cuja presença legitima o reconhecimento desse postulado de política criminal. Consequente descaracterização da tipicidade penal em seu aspecto material. Pedido deferido. **Aplica-se, ao delito castrense de porte (ou posse) de substância entorpecente, desde que em quantidade ínfima e destinada a uso próprio, ainda que cometido no interior de Organização Militar, o princípio da insignificância**, que se qualifica como fator de descaracterização material da própria tipicidade penal. Precedentes (HC 97.131, Rel. Min. Celso de Mello, 2ª T., j. em 10-8-2010, *DJe* 26-8-2010).

l) *Insignificância, crimes tributários federais e descaminho*

A aplicação do princípio da insignificância aos crimes de sonegação tributária, inclusive ao descaminho, é hoje **admitida**, mas envolve algumas questões polêmicas.

Primeira questão: qual deve ser o parâmetro para a aferição da insignificância nessa espécie delitiva?

Houve, no passado, quem defendesse que o valor deveria ser aquele previsto em lei para a extinção do crédito tributário, conforme o art. 18, § 1º, da Lei n. 10.522/2002, qual seja, R$ 100,00:

No entanto, prevaleceu entendimento diverso, segundo o qual o parâmetro é o valor estabelecido para arquivamento da execução fiscal, que na época constava do art. 20 da **Lei n. 10.522/2002**. Nesse sentido fixou-se o entendimento do STF.

Já no âmbito do STJ, durante largo período, prevaleceu o parâmetro do art. 18, § 1º, da mesma lei (R$ 100,00). No entanto, em 2009, o julgamento do **REsp 1.112.748/TO**, na Terceira Seção da Corte, com relatoria do Ministro Felix Fischer, inverteu esse posicionamento.

De sorte que, no âmbito de ambos os Tribunais Superiores, passou-se a entender como insignificante a sonegação tributária cujo montante seja inferior à quantia de R$ 10.000,00 (dez mil reais).

Ocorre que, em março de 2012, veio a lume a **Portaria n. 75**, logo depois atualizada pela **Portaria n. 130**, ambas do Ministério da Fazenda, que elevou para R$ 20.000,00 (vinte mil reais) o valor-limite para ajuizamento da execução fiscal, criando nova controvérsia.

No STF, logo se firmou posição que admite o valor de R$ 20.000,00 (vinte mil reais) como parâmetro para a insignificância no âmbito dos crimes tributários federais.

O STJ, no entanto, continuava adotando o parâmetro dos R$ 10.000 (dez mil reais) por entender que a norma editada por meio de portaria não poderia ter reflexos penais. Finalmente, em 28-2-2018, julgando os recursos repetitivos **REsp 1.688.878/SP** e **REsp**

1.709.029/MG, o STJ curvou-se ao entendimento da Suprema Corte, que passou também a adotar o parâmetro de R$ 20.000,00 (vinte mil reais).

Em síntese, quanto ao valor, terminou-se por pacificar o entendimento de que deve ser adotado o parâmetro de R$ 20.000,00 (vinte mil reais).

Segunda questão: o valor a ser considerado é aquele relacionado ao tributo originalmente devido no momento do lançamento ou é o total da dívida no momento em que o Ministério Público decide por oferecer ou não a denúncia criminal, ou seja, o valor do tributo já acrescido de multa tributária, juros de mora e correção monetária?

Só se pode considerar o valor fixado no momento da consumação do crime, ou seja, da constituição definitiva do crédito tributário, pois é essa a magnitude da lesão ao bem jurídico que fundamenta a aplicação do princípio da insignificância. É o entendimento encampado pelo STJ, como se vê no **RHC 74.756/PR**, de relatoria do Min. Ribeiro Dantas, julgado em 13-12-2016.

Terceira questão: ainda com relação, mesmo que indireta, à questão do valor do tributo, discute-se a admissibilidade do princípio da insignificância em caso de reiteração criminosa. Como se viu, a posição hoje dominante é a de que a mera condição da reincidência, antecedentes criminais ou habitualidade por si só não obsta à aplicação do princípio da insignificância. No caso de crimes tributários, no entanto, as cortes são mais rígidas quando se trata de reiteração em delitos tributários, pois, caso contrário, se permitiria o reconhecimento da bagatela em relação a grandes sonegadores que tivessem inúmeras autuações, mas inferiores a R$ 20.000,00 (vinte mil reais). Dessa forma, questiona-se: a reiteração delitiva, que, segundo os Tribunais Superiores, impediria a aplicação do princípio da insignificância, refere-se a uma multiplicidade de condutas ou a uma multiplicidade de autos de infração?

Segundo entendeu o STJ no **HC 564.208/SP**, de relatoria da Min. Laurita Vaz, julgado pela 6ª Turma do STJ em 3-8-2021, havendo um único auto de infração e uma única CDA, ainda que múltiplos tenham sido os comportamentos, não há falar em reiteração delitiva, de modo que, se o valor da dívida inscrita for inferior a R$ 20.000,00 (vinte mil reais), cabível o reconhecimento da bagatela.

Quarta questão: uma vez que as **Portarias n. 75 e 130**, que contêm previsão de não ajuizamento da ação fiscal para débitos inferiores a R$ 20.000,00 (vinte mil reais), referem-se a tributos federais, é possível reconhecer também a insignificância quando se tratar de tributo de competência de outro ente federativo?

Firmou-se o entendimento de que a aplicação da bagatela a tributos que não sejam de competência federal encontra-se subordinada à existência de norma do ente competente no mesmo sentido da norma federal. Isso significa, por um lado, que o reconhecimento da insignificância, válido para os tributos federais, não se estende, de maneira automática, aos demais entes federados (**HC 480.916/SP**, de relatoria do

Min. Antonio Saldanha Palheiro, julgado pela 6ª Turma do STJ em 11-6-2019). Mas, por outro, significa que, em havendo norma estadual equivalente ao teor das Portarias n. 75 e 130 do MF, o raciocínio que conduz ao reconhecimento da bagatela deve ser adotado. É o que se decidiu no já citado **HC 564.208/SP**, de relatoria da Min. Laurita Vaz, julgado pela 6ª Turma do STJ em 3-8-2021, cuja ementa vale ser transcrita:

> *HABEAS CORPUS*. PENAL. ART. 1º, INCISO II, DA LEI N. 8.137/1990. REITERAÇÃO OU HABITUALIDADE DELITIVAS NÃO CARACTERIZADAS. EXISTÊNCIA DE APENAS UMA AUTUAÇÃO FISCAL. APLICAÇÃO DO PRINCÍPIO DA INSIGNIFICÂNCIA. POSSIBILIDADE. TRIBUTO ESTADUAL: HIPÓTESE EM QUE TAMBÉM INCIDE A INTELIGÊNCIA DO QUE DECIDIDO POR ESTA CORTE AO APRECIAR O TEMA N. 157 DO REGIME DE RECURSOS REPETITIVOS. TESE FIRMADA NO JULGAMENTO DO HC 535.063/SP, REL. MINISTRO SEBASTIÃO REIS JÚNIOR (STJ, TERCEIRA SEÇÃO, *DJe* 25/08/2020). ORDEM DE *HABEAS CORPUS* CONCEDIDA. 1. Não se descura que na hipótese **a supressão de imposto ocorreu entre os meses de janeiro a dezembro de 2010. Ocorre que o débito de ICMS de R$ 11.670,45 corresponde ao total do ano de 2010, que foi apurado em circunstância única, nos termos do que fora consignado no Auto de Infração e Imposição de Multa n. 4.020.536-8, e gerou apenas uma certidão de dívida ativa** (CDA n. 1.110.422.935). 2. É certo que a reiteração criminosa obsta à aplicação do princípio da insignificância nos crimes tributários. Na hipótese, todavia, o entendimento adotado pela Corte de origem destoa da jurisprudência do Superior Tribunal de Justiça, fixada no sentido de que **tal condição somente se caracteriza ante a multiplicidade de procedimentos administrativos, ações penais ou inquéritos policiais em curso. No caso, fora considerada apenas uma autuação fiscal. Portanto, não está demonstrada a habitualidade delitiva**. 3. Embora trate-se de tributo estadual, incide a inteligência do que decidido pela Terceira Seção do Superior Tribunal de Justiça ao julgar o Tema Repetitivo n. 157, de que está caracterizada a atipicidade material da conduta no caso de "crimes tributários federais e de descaminho quando o débito tributário verificado não ultrapassar o limite de R$ 20.000,00 (vinte mil reais), a teor do disposto no art. 20 da Lei n. 10.522/2002, com as atualizações efetivadas pelas Portarias n. 75 e 130, ambas do Ministério da Fazenda" (REsp 1.709.029/MG, Rel. Ministro SEBASTIÃO REIS JÚNIOR, julgado em 28/02/2018, *DJe* 04/04/2018). 4. "Ainda que a incidência do princípio da insignificância aos crimes tributários federais e de descaminho, quando o débito tributário verificado não ultrapassar o limite de R$ 20.000,00, tenha aplicação somente

aos tributos de competência da União, à luz das Portarias n. 75/2012 e n. 130/2012 do Ministério da Fazenda, parece-me encontrar amparo legal a **tese da defesa quanto à possibilidade de aplicação do mesmo raciocínio ao tributo estadual, especialmente porque no Estado de São Paulo vige a Lei Estadual n. 14.272/2010, que prevê hipótese de inexigibilidade de execução fiscal para débitos que não ultrapassem 600 (seiscentas) Unidades Fiscais do Estado de São Paulo – UFESPs, podendo-se admitir a utilização de tal parâmetro para fins de insignificância**" (STJ, HC 535.063/SP, Rel. Ministro SEBASTIÃO REIS JÚNIOR, TERCEIRA SEÇÃO, julgado em 10/06/2020, *DJe* 25/08/2020). 5. Ordem de *habeas corpus* concedida, para restabelecer os efeitos da sentença que absolveu sumariamente os Acusados (HC 564.208/SP, Rel. Ministra Laurita Vaz, 6ª Turma, j. em 3-8-2021, *DJe* 18-8-2021).

Quinta questão: caso haja ato administrativo que majore o valor mínimo de cobrança do tributo deve aplicar-se retroativamente em benefício do réu, ainda que ao tempo do crime o valor fosse mais baixo? A 5ª Turma do STJ, no julgamento do AgRg no HC 920.735-SC, de relatoria da Min. Daniela Teixeira, julgado em 24-9-2024, entendeu que não. Ou seja, que vale o valor de dispensa para o ajuizamento da execução fiscal vigente à época dos fatos.

Sexta questão: a eventual aplicação do princípio da insignificância ao crime de descaminho, conducente ao reconhecimento da atipicidade material do crime do particular, também se aplicaria ao crime de facilitação ao descaminho eventualmente praticado por funcionário público? O entendimento dominante é o de que não, sob o argumento de tratar-se de crime autônomo e, ademais, formal, para o qual não importa a existência ou magnitude do resultado lesivo.

m) Insignificância e crime de contrabando

Como se sabe, o art. 334 do Código Penal contemplava dois tipos distintos: o contrabando e o descaminho.

Atualmente, o art. 334 cuida apenas do descaminho. O contrabando foi deslocado para art. 334-A, com pena maior.

A questão é saber se o princípio da insignificância, aplicável ao crime de descaminho, também o é ao crime de contrabando.

Tanto o STF quanto o STJ entendiam **não ser admitido**, pois o bem jurídico protegido pelo delito de contrabando não é somente a arrecadação tributária, mas outros interesses públicos que justificam a proibição ou o controle do ingresso de determinadas mercadorias no País.

Em linha com esse entendimento, em 7-5-2019 a Segunda Turma do STF, por maioria de votos, ao julgar o **HC 131.943/RS** considerou típica a conduta de importar arma de pressão por ação de gás comprimido, no valor de R$ 185,00 (cento e oitenta e cinco reais), por tratar-se de crime de contrabando, ao qual é inaplicável o princípio da insignificância. No caso, o réu havia sido surpreendido pela Polícia Rodoviária Federal em poder de arma de pressão importada e desacompanhada da respectiva documentação.

A discussão girou em torno da correta tipificação do delito. Para o Ministro Gilmar Mendes, a arma de pressão não constitui mercadoria proibida, haja vista a permissão contida no art. 17 do Decreto n. 3.665/2000 e do art. 16, § 1º, II, do Decreto n. 9.483/2018. Assim sendo, a importação irregular constituiria o crime de descaminho e, em face do valor do bem sobre o qual incide o tributo correspondente, deveria ser reconhecida a atipicidade da conduta pelo princípio da insignificância.

No entanto, a posição que prevaleceu foi a de que a arma de pressão constitui "produto controlado do exército" (art. 3º do Decreto n. 3.665/2000, bem como portaria 02/2010 do Ministério da Defesa). Trata-se de produto submetido a "proibição relativa" e sua introdução no país depende da autorização da autoridade competente. Sendo assim, a importação irregular configura contrabando, sendo inviável a aplicação do princípio da insignificância.

Em 2023, no entanto, houve uma guinada na posição do STJ quanto ao contrabando de cigarros. A Terceira Seção do Tribunal, ao julgar o **Tema Repetitivo 1.143** em 13-9-2023, firmou a tese de que: "O princípio da insignificância é aplicável ao crime de contrabando de cigarros quando a quantidade apreendida não ultrapassar 1.000 (mil) maços, seja pela diminuta reprovabilidade da conduta, seja pela necessidade de se dar efetividade à repressão ao contrabando de vulto, excetuada a hipótese de reiteração da conduta, circunstância apta a indicar maior reprovabilidade e periculosidade social da ação". Ao julgar o AgRg no RHC 185.605-RS em 24-6-2024, a 6ª Turma do STJ admitiu a aplicação do princípio da insignificância ao crime de contrabando de cigarros mesmo em caso de réu reincidente, desde que a reincidência ocorra por crime de natureza diversa do contrabando.

Correta a posição. O princípio da insignificância, enquanto instrumento de interpretação restritiva dos tipos penais, deve ser aferido sobre a conduta concreta e não sobre o tipo em abstrato. Mesmo o bem jurídico tutelado na espécie, qual seja, a saúde pública, pode sofrer afetação irrelevante e que não mereça a violenta intervenção do direito penal.

Merece destaque, também, a situação peculiar de um tipo especial de contrabando, previsto no art. 334-A, 1º, I (contrabando por equiparação).

Constitui "fato assimilado" mencionado pela lei a conduta prevista no art. 39 do Decreto n. 288/67, que é equiparada ao contrabando.

Ao julgar o **HC 97.541**, em 7-12-2010 (anterior, portanto, à Lei n. 13.008/2014, que separou as condutas de contrabando e descaminho em dois tipos distintos), o Relator Min. Gilmar Mendes entendeu que, nesse caso, embora a lei equipare a conduta ao contrabando, na verdade trata-se de espécie de descaminho, sendo compatível com a aplicação do princípio da insignificância:

> Porém, no caso dos autos, estou diante de um tipo especial de contrabando, no qual os produtos saídos da Zona Franca de Manaus não têm sua utilização proi-

bida em território nacional, revelando-se, em verdade, um tipo especial de contrabando assemelhado ao descaminho. (...) Por conceituação legal é considerado "contrabando a saída de mercadorias da Zona Franca sem a autorização legal expedida pelas autoridades competentes". Em outras palavras, **a lei conceituou como contrabando conduta que por sua natureza e contextura enquadrar-se-ia melhor na definição legal de descaminho**. Exatamente por sua característica de bem não proibido, seria razoável considerar a incidência do princípio da bagatela, levando-se em conta a origem lícita das mercadorias, o que aproximaria esse tipo especial de contrabando da natureza jurídica do descaminho.

Ao final, no entanto, o Ministro não concedeu a ordem por entender não estar devidamente demonstrado o valor das mercadorias apreendidas.

n) **Insignificância e crimes previdenciários**

Se a aplicação do princípio da insignificância, quanto aos crimes estritamente tributários, incluído entre eles o descaminho, é bem aceita quanto aos crimes previdenciários, as divergências são mais acentuadas, sendo hoje dominante o entendimento que **não admite** a aplicação.

Inicialmente se entendeu que a natureza tributária das contribuições previdenciárias justificaria um tratamento análogo. É o que vinha adotando o STJ, conforme se vê da seguinte ementa:

> Penal e Processual Penal. Apropriação indébita de contribuições previdenciárias (art. 168-A do Código Penal). Princípio da insignificância. Art. 20 da Lei n. 10.522/2002. Aplicabilidade. Decisão mantida pelos seus próprios fundamentos. 1. Com o julgamento pela Terceira Seção do Recurso Especial Repetitivo n. 1.112.748/TO (Relator Ministro Felix Fischer, *DJe* de 5-10-2009), restou pacificado nesta Corte o entendimento de que o princípio da insignificância no crime de descaminho incide quando o débito tributário não ultrapasse o valor de R$ 10.000,00 (dez mil reais), consoante o disposto no art. 20 da Lei n. 10.522/2002. **2. A Lei n. 11.457/2007 que criou a Secretaria da Receita Federal do Brasil considerou como dívida ativa da União os débitos decorrentes das contribuições previdenciárias. Diante disso, entende-se viável, sempre que o valor do débito não for superior a R$ 10.000,00 (dez mil reais), a aplicação do princípio da insignificância também no crime de apropriação indébita previdenciária.** 3. *In casu*, verifica-se que o valor da contribuição previdenciária não recolhida é de R$ 8.219,07 (oito mil duzentos e dezenove reais e sete centavos), razão pela qual está caracterizado na esfera penal a irrelevância da conduta. 4. A decisão agravada deve ser mantida pelos seus próprios fundamentos. 5. Agravo regimental a que se nega provimento (AgRg no REsp 1.205.495/RS, Rel. Min. Jorge Mussi, 5ª T., j. em 22-3-2011, *DJe* 4-4-2011).

No entanto, em 2019, a 3ª Seção alterou o posicionamento da corte ao julgar o **AgRg na RvCr 4.881/RJ**, de relatoria do Min. Felix Fisher, em 22-5-2019, adotando o entendimento de que os crimes previdenciários, ao contrário dos crimes estritamente tributários, atingem bem jurídico supraindividual consubstanciado não apenas pelo patrimônio da Previdência Social como também os segurados que dela dependem e que seriam os maiores prejudicados pela infração.

> PROCESSUAL PENAL. AGRAVO REGIMENTAL NA REVISÃO CRIMINAL. NÃO ENQUADRAMENTO NAS HIPÓTESES LEGAIS. DELITOS DE APROPRIAÇÃO INDÉBITA PREVIDENCIÁRIA E SONEGAÇÃO DE CONTRIBUIÇÃO PREVIDENCIÁRIA. PRINCÍPIO DA INSIGNIFICÂNCIA. INAPLICABILIDADE. BEM JURÍDICO SUPRAINDIVIDUAL. PORTARIAS NS. 75 E 130 DO MINISTÉRIO DA FAZENDA. IRRETROATIVIDADE PENAL. AGRAVO REGIMENTAL DESPROVIDO. I – O caso em questão não se enquadra em nenhuma das hipóteses previstas no art. 621, do CPP, pois a revisão criminal não pode ser utilizada para que a parte, a qualquer tempo, busque novamente rediscutir questões de mérito, por mera irresignação quanto ao provimento jurisdicional obtido. **II – Inaplicável o princípio da insignificância aos delitos de apropriação indébita previdenciária (art. 168-A, do Código Penal) e sonegação de contribuição previdenciária (art. 337-A, do Código Penal) consoante entendimento assentado do col. Supremo Tribunal Federal que conferiu caráter supraindividual ao bem jurídico tutelado, haja vista visarem proteger a subsistência financeira da Previdência Social. Precedentes.** III – As Portarias ns. 75 e 130, do Ministério da Fazenda não podem afetar fatos pretéritos à sua edição para fins de reconhecimento da insignificância do delito, por não deterem natureza penal, sob pena de atrelar a mensuração do prejuízo causado pela conduta criminosa a momento posterior à sua própria consumação. Agravo regimental desprovido (STJ, AgRg na RvCr 4881/RJ 2019/0105448-0, Rel. Min. Felix Fischer, j. em 22-5-2019, S3, Terceira Seção, DJe 28-5-2019).

É também a posição do STF, como se vê no acórdão proferido no **HC 192.526**, de relatoria do Min. Dias Toffoli, julgado em 26-4-2021.

Discordamos do posicionamento da Suprema Corte, nesse ponto. Primeiro, porque alegar que o bem jurídico é supraindividual, por si só, não é argumento idôneo para afastar a insignificância, até porque o interesse na arrecadação tributária também o é. Segundo, porque a Lei n. 11.457/2011 equiparou os créditos tributários e previdenciários, de forma que contraria não apenas a lógica, mas também a lei, instituir tratamento diverso a situações equivalentes:

o) Insignificância e crimes ambientais

A jurisprudência é cambiante. Atualmente, tanto o STF quanto o STJ vêm acolhendo, ainda que em caráter excepcional e sempre observando a situação concreta, a **admissibilidade** do princípio da insignificância quanto a crimes contra o meio ambiente, como exemplifica o acórdão proferido no **AgR HC 181.235**, de relatoria do Min. Ricardo Lewandowski, julgado em 29-5-2020, cuja ementa se transcreve em razão da peculiaridade do caso:

> AGRAVO REGIMENTAL EM *HABEAS CORPUS*. PENAL. CRIME AMBIENTAL. PESCA EM LOCAL PROIBIDO. APLICAÇÃO DO PRINCÍPIO DA INSIGNIFICÂNCIA. PRECEDENTES. ORDEM CONCEDIDA. AGRAVO REGIMENTAL A QUE SE NEGA PROVIMENTO. I – Nos termos da jurisprudência deste Tribunal, a aplicação do princípio da insignificância, de modo a tornar a ação atípica exige a satisfação de certos requisitos, de forma concomitante: a conduta minimamente ofensiva, a ausência de periculosidade social da ação, o reduzido grau de reprovabilidade do comportamento e a lesão jurídica inexpressiva. II – Paciente que sequer estava praticando a pesca e não trazia consigo nenhum peixe ou crustáceo de qualquer espécie, quanto mais aquelas que se encontravam protegidas pelo período de defeso. **III – "Hipótese excepcional a revelar a ausência do requisito da justa causa para a abertura da ação penal, especialmente pela mínima ofensividade da conduta do agente, pelo reduzido grau de reprovabilidade do comportamento e pela inexpressividade da lesão jurídica provocada"** (Inq 3.788/DF, Rel. Min. Cármen Lúcia). Precedente. IV – Agravo regimental a que se nega provimento (STF, AgR HC 181.235/SC – Santa Catarina, 0086245-27.2020.1.00.0000, Rel. Min. Ricardo Lewandowski, 2ª Turma, j. em 29-5-2020, *DJe*-161 26-6-2020).

Com acerto: o fato de o bem jurídico ser supraindividual não impede que, em determinados casos, a afetação seja mínima, justificando a aplicação da bagatela.

p) Insignificância e delitos de acumulação

Delitos de acumulação, também chamados de delitos de dano cumulativo, são crimes em que a lesão ao bem jurídico decorre da somatória de inúmeras microlesões e estão relacionados, principalmente, aos bens jurídicos supraindividuais, como o meio ambiente, o sistema financeiro etc. Em relação a eles o princípio da insignificância opera de forma distinta, sob pena de toda e qualquer conduta ser considerada atípica diante da vastidão do bem jurídico protegido. Ainda assim, prevalece que **mesmo nos delitos de acumulação é possível a aplicação da teoria da bagatela**, porém não se tomando de consideração cada conduta individualmente considerada, mas apenas como resultado da análise da somatória de condutas.

q) ***Insignificância e crime de desenvolvimento clandestino de atividade de telecomunicação***

Os tribunais superiores **não admitem** a aplicação do princípio da insignificância ao crime previsto no art. 183 da Lei n. 9.472/97 ("desenvolver clandestinamente atividade de telecomunicação"). A mera prática da conduta já é considerada de risco relevante ao bem jurídico protegido, qual seja, o regular funcionamento das atividades de telecomunicações. Esse já vinha sendo o entendimento reiterado das cortes, plasmado em 17-4-2018 na **súmula 606 do STJ**: "Não se aplica o princípio da insignificância a casos de transmissão clandestina de sinal de internet via radiofrequência, que caracteriza o fato típico previsto no art. 183 da Lei n. 9.472/1997".

r) ***Insignificância e ato infracional***

Após alguma discussão, os Tribunais Superiores têm reconhecido, acertadamente, a **possibilidade de aplicação** do princípio da bagatela aos atos infracionais. Com efeito: o fato de a medida socioeducativa possuir, alegadamente, escopo de prevenção especial por meio da educação do sujeito em formação não pode constituir motivo para que o adolescente receba tratamento mais gravoso do que receberia a mesma conduta praticada por adulto:

> *HABEAS CORPUS* SUBSTITUTIVO DE RECURSO ESPECIAL. NÃO CABIMENTO. MEDIDA SOCIOEDUCATIVA DE SEMILIBERDADE. ATO INFRACIONAL EQUIPARADO AO CRIME DE FURTO. PRINCÍPIO DA INSIGNIFICÂNCIA. ATIPICIDADE MATERIAL. CONSTRANGIMENTO ILEGAL EVIDENCIADO. ATO INFRACIONAL EQUIPARADO AO DELITO DE AMEAÇA. CRIME DE NATUREZA NÃO PATRIMONIAL. PERICULOSIDADE DA AÇÃO. INAPLICABILIDADE. *HABEAS CORPUS* NÃO CONHECIDO. ORDEM CONCEDIDA DE OFÍCIO. (...) 2. O Superior Tribunal de Justiça admite a incidência do princípio da insignificância nos processos relativos a atos infracionais praticados por crianças e adolescentes. 3. Para a incidência deste princípio, requer-se, cumulativamente, conforme estabelecido pelo Supremo Tribunal Federal (HC n. 84.412/SP, Min. Celso de Mello, SEGUNDA TURMA, *DJe* de 19-11-2004), a constatação da mínima ofensividade da conduta, do reduzido grau de reprovabilidade, da ausência de periculosidade social e da inexpressividade da lesão jurídica provocada. **4. Adequada à incidência do postulado da insignificância, porquanto a existência de mínima ofensividade pelo baixo valor da res subtraída – tentativa de furto de um frasco de desodorante marca Rexona, um frasco de tintura para cabelo marca Beauty Color, uma loção cremosa Tropical, um frasco de óleo da marca Paixão, um frasco de solução à base de acetona e uma peça de salame da marca Difricon –, não causa repulsa social. Há de se destacar, ainda, que não houve nenhum prejuízo, pois a res foi devolvida à vítima (Supermercado Maldaner).** 5. Não há que se falar em reiteração de condutas infracionais, pois os registros de atos infracionais citados pelo acórdão impugnado acon-

teceram em data posterior ao ato infracional em comento (fls. 36 e 37), havendo apenas 01 (um) ato infracional de cada paciente anterior aos fatos, e para configurar a reiteração infracional exige-se a prática anterior de mais de um ato infracional grave, o que não se verifica na espécie. 6. Inaplicável o princípio bagatelar ao delito de ameaça, porquanto além de a aplicação de tal princípio se restringir a crimes patrimoniais, a natureza de tal delito se opõe frontalmente a um dos vetores imprescindíveis à sua incidência, qual seja, nenhuma periculosidade social da ação. 7. O Tribunal *a quo* consignou que "(...) *in casu*, os indícios suficientes da prática do ato infracional análogo ao delito de ameaça restaram configurados no depoimento da vítima Volmir Dalla Rosa, prestado na Delegacia de Polícia, onde relata claramente que 'durante a apreensão das adolescentes, estas proferiram ameaças de morte, de quebrar os vidros do mercado'". 8. Infirmar tal conclusão demanda reexame fático-probatório vedado na via estreita do *writ*. 9. *Habeas corpus* não conhecido, mas, de ofício, concedida a ordem para restabelecer a decisão de 1º Grau, que reconheceu a insignificância penal do fato no que concerne ao ato infracional análogo ao furto (HC 357.845/SC, Rel. Min. Nefi Cordeiro, 6ª Turma, j. em 16-8-2016, *DJe* 26-8-2016).

s) *Insignificância e violência doméstica contra a mulher*

Em 13-9-2017, o STJ publicou a **Súmula 589**, segundo a qual "é inaplicável o princípio da insignificância nos crimes ou contravenções penais praticados contra a mulher no âmbito das relações domésticas". Note-se que a inadmissibilidade se estende não apenas aos crimes mas também às contravenções penais, desde que praticados contra vítima mulher e no âmbito descrito na Lei Maria da Penha (Lei n. 11.340/2006). Como já se viu, a vedação à posição dominante nos tribunais a partir da edição da súmula estende a aplicação de seu conteúdo ao chamado princípio da bagatela imprópria.

1.6 PRINCÍPIO DA OFENSIVIDADE OU DA LESIVIDADE

O princípio da ofensividade, também chamado por alguns de princípio da lesividade (*nullum crimen sine injuria*), significa que **não há crime sem que haja lesão ou perigo de lesão a um bem jurídico determinado**. É em virtude de tal princípio que ataques desprovidos de qualquer idoneidade lesiva, mesmo que dirigidos a importantes bens jurídicos, quedam subtraídos da esfera de tutela penal.

Dessa forma, do referido princípio é possível extrair, em linhas gerais, três importantes consequências:

Uma: **impede a incriminação de mera atitude interna**. As ideias e convicções, os desejos, as aspirações e os sentimentos dos homens não podem constituir o fundamento de um tipo penal, nem mesmo quando se orientem para a prática de um crime (Nilo Batista, *Introdução crítica ao direito penal brasileiro*, p. 92). O indivíduo tem o direito de pensar maldades, desde que não as realize. Também veda a incriminação de simples estados ou condições existenciais. O Direito Penal apenas pode incriminar condutas, mas não formas de ser ou condições inerentes ao ser humano; não é dado ao Direito Penal moldar a personalidade, mas tão somente impedir que ela se manifeste em condutas lesivas. Caso se subverta essa regra, o poder punitivo transformar-se-ia em autêntico Direito Penal do autor, rechaçado e inadmissível em um estado que se pretende social e democrático de direito. Não se pode punir alguém pelo que é ou pela sua periculosidade, mas tão somente pelo que faz.

Duas: **impede a incriminação de condutas que, mesmo que exteriorizadas, não cheguem ao ponto de colocar em risco qualquer bem jurídico, como os atos preparatórios ou as condutas que em si mesmas não tenham qualquer potencial lesivo.**

Nessa linha de raciocínio, durante determinado período a jurisprudência considerou atípico o porte de arma desmuniciada, justamente por carência de lesividade, como se vê nas ementas a seguir:

> Ação penal. Crime. Arma de fogo. Porte ilegal. **Arma desmuniciada, sem disponibilidade imediata de munição. Fato atípico. Falta de ofensividade.** Atipicidade reconhecida. Absolvição. HC concedido para esse fim. Inteligência do art. 10 da Lei n. 9.437/97. Voto vencido. Porte ilegal de arma de fogo desmuniciada, sem que o portador tenha disponibilidade imediata de munição, não configura o tipo previsto no art. 10 da Lei n. 9.437/97 (STF, HC 99.449, Rel. Min. Ellen Gracie, Rel. p/ acórdão: Min. Cezar Peluso, 2ª T., j. em 25-8-2009, *DJe* 12-2-2010).

> *Habeas Corpus*. Porte ilegal de arma de fogo. *Abolitio criminis* temporária. Inexistência. Circunstância que se circunscreve ao delito de posse ilegal de arma. Acessibilidade à munição. Tipicidade. 1. Consoante iterativa jurisprudência desta Corte, as disposições trazidas tanto na redação original dos arts. 30 e 32 da Lei de Armas quanto nas sucessivas prorrogações que se seguiram dizem respeito somente ao delito de posse ilegal de arma, não sendo aplicáveis ao crime de porte ilegal de arma de fogo e munições. **2. Na linha da orientação prevalente na Sexta Turma desta Corte, o fato de a arma de fogo estar desmuniciada afasta a tipicidade do delito de porte ilegal de arma de fogo.** 3. Embora a arma não estivesse carregada, havia munição de fácil acesso ao paciente na mesma pasta onde se encontrava acondicionada a pistola. Inviável, com efeito, o trancamento por falta de justa causa. 4. Ordem denegada (STJ, HC 210.007/SP, Rel. Min. Og Fernandes, 6ª T., j. em 4-8-2011, *DJe* 17-8-2011).

Atualmente a tese amplamente majoritária em ambos os tribunais superiores é a oposta, vale dizer, a que considera ofensiva a conduta em relação ao bem jurídico, que é consubstanciado na segurança pública:

Habeas Corpus. Constitucional. Penal. Porte ilegal de arma de fogo de uso permitido. Pretensão de extinção da punibilidade em razão da *abolitio criminis* temporária. Questão não apreciada pelo Superior Tribunal de Justiça. Impossibilidade de exame da matéria sob pena de supressão de instância. Impossibilidade de regularização. Arma desmuniciada. Tipicidade da conduta. Precedentes. Ordem parcialmente conhecida e, nessa parte, denegada. 1. Pelo que se tem no acórdão proferido pelo Superior Tribunal de Justiça, a alegação de que a conduta dos Pacientes estaria abrangida pela causa extintiva de punibilidade temporária definida nos art. 30 e 32 da Lei n. 10.826/2003 não foi submetida àquele Superior Tribunal. Impossibilidade de apreciação dessa questão, sob pena de supressão de instância. 2. Sem adentrar no mérito, mas para afastar o alegado constrangimento ilegal, não há falar em *abolitio criminis* na espécie, pois consta dos autos que as armas de posse dos Pacientes foram compradas de adolescentes, que as teriam subtraído do interior do fórum local em procedimento criminal. **3. O crime de porte ilegal de arma de fogo de uso permitido é de mera conduta e de perigo abstrato, ou seja, consuma-se independentemente da ocorrência de efetivo prejuízo para a sociedade, e a probabilidade de vir a ocorrer algum dano é presumida pelo tipo penal. Além disso, o objeto jurídico tutelado não é a incolumidade física, mas a segurança pública e a paz social, sendo irrelevante o fato de estar a arma de fogo municiada ou não. Precedentes.** 4. *Habeas corpus* conhecido em parte e, na parte conhecida, ordem denegada (STF, HC 112.762, Rel. Min. Cármen Lúcia, 2ª T., j. em 2-4-2013, *DJe* 17-4-2013).

Penal. Agravo Regimental no Recurso Especial. Porte ilegal de arma de fogo desmuniciada. Art. 14 da Lei n. 10.826/2003. Perigo abstrato. Tipicidade da conduta. Agravo desprovido. **Esta Corte Superior firmou seu entendimento no sentido de que o porte de arma desmuniciada insere-se no tipo descrito no art. 14 da Lei n. 10.826/2003, por ser delito de perigo abstrato, cujo bem jurídico é a segurança pública e a paz social, sendo irrelevante a demonstração de efetivo caráter ofensivo. Agravo regimental desprovido** (STJ, AgRg no REsp 1.360.157, Rel. Min. Marilza Maynard (Desembargadora convocada do TJSE), 5ª T., j. em 4-6-2013, *DJe* 7-6-2013).

O argumento, no entanto, parte de uma premissa equivocada. A segurança jurídica é o objetivo de toda a legislação penal, na verdade de todo o ordenamento jurídico, mas não pode ser ela mesma considerada um bem jurídico autônomo, sob pena de desmaterializar-se por completo esse conceito, de transformá-lo em uma fórmula vazia e sem conteúdo. Transformar a segurança em bem jurídico implica inclusive extinguir a distinção entre crimes de dano e crime de perigo, pois qualquer delito provoca uma lesão a esse bem. O que nos parece mais razoável – do que erigir a segurança ao *status* de bem jurídico – é considerar que os crimes de perigo abstrato devem ser interpretados como delitos de perigosidade real ou concreta (que não se confundem com crime de perigo concreto). Como explica Marina Lluch, isso significa que "são delitos nos quais não se exige um resultado de risco para um concreto objeto de proteção, porém é exigida uma conduta *ex ante* perigosa para o bem jurídico, de forma que sua aplicação requer a constatação da perigosidade real da conduta no caso concreto" (*apud* Leonardo Schmitt de Bem, p. 313). Ou seja, concordamos que o princípio da ofensividade não seja considerado incompatível com os crimes de perigo abstrato (tal qual a posição dominante na jurisprudência), mas desde que exista na conduta alguma perigosidade concreta. Ainda sobre porte de arma desmuniciada, mas em outra linha de raciocínio, caso se compreenda que tanto a incolumidade física como a liberdade individual são os bens jurídicos protegidos pelo tipo, se, no caso concreto, a arma, mesmo desmuniciada, causa perigo à liberdade alheia, poderia ser sempre considerada como típica a conduta, sob esse fundamento.

Três: **impede a incriminação de condutas condutas lesivas apenas a bem jurídico próprio,** como a autolesão, o suicídio, a prostituição, o dano à coisa própria etc. Esse desdobramento do princípio da ofensividade é chamado também de princípio da alteridade. Parte da doutrina apresenta o princípio da alteridade como inserto no princípio da ofensividade. Optamos, no entanto, por apresentá-lo em separado para que seu conteúdo possa ser mais bem compreendido.

1.7 PRINCÍPIO DA ALTERIDADE OU DA TRANSCENDÊNCIA

É o princípio segundo o qual **apenas será objeto de tutela penal a conduta que atingir bens jurídicos alheios**. Por outras palavras: para que tenha relevância penal, o ato deve transcender a esfera individual do autor, atingindo interesse de outro (*alter*).

Destarte, a ação ou omissão que não lese interesse juridicamente protegido de outro, mas tão somente de seu causador, não tem importância para o Direito Penal. Por esse motivo não são punidos a autolesão, o suicídio, a automutilação, a prostituição ou qualquer conduta que lese apenas o sujeito que a pratica.

Embora o princípio da alteridade não seja nominalmente citado no texto constitucional, ele deflui diretamente dos valores agasalhados pela Constituição e pelo Estado Democrático de Direito. O art. 5º, X, da Carta Magna considera invioláveis a intimidade e a vida privada. Tal dispositivo protege as escolhas dos indivíduos no âmbito privado, desde que não ofensivas a terceiros. Decorre dessa proteção, portanto, que determinado fato, para que possa ser definido como crime, há de lesionar bens jurídicos alheios, de modo que condutas, por lesivas que sejam, mas que se restrinjam ao âmbito privado agente, não podem ser objeto da tutela penal.

No Brasil, Paulo Queiroz explica o referido princípio da seguinte forma:

> Somente podem ser erigidos à categoria de criminosos fatos lesivos de bem jurídico alheio, e não atos que representem uma "má disposição" de direito

próprio. Nesse sentido, aliás, é o "núcleo" do Direito Penal brasileiro, visto que não se pune o suicídio tentado, a automutilação, o dano à coisa própria etc., mesmo porque semelhante intervenção seria de todo inútil, isto é, desprovida de capacidade motivadora. E é também por isso que soam claramente inconstitucionais disposições como a do art. 16 da Lei n. 6.368/76 (porte ilegal de entorpecentes) [atualmente previsto no art. 28 da Lei n. 11.343/2006] ou a contravenção de mendicância (LCP, art. 60) (Direito penal e liberdade, *Boletim IBCCrim*, p. 5).

Calha notar que, na linha do posicionamento defendido pelo citado autor, em 2009 a mendicância deixou de ser considerada contravenção penal, tendo a **Lei n. 11.983/2009** revogado o art. 60 da Lei de Contravenções Penais.

Já o crime de porte de drogas para uso pessoal continua vigente, embora a incriminação seja objeto de acalorado debate.

Considerando-se que o bem jurídico tutelado pela proibição do porte de drogas para uso pessoal é a saúde e a vida do próprio usuário, a incriminação carece de legitimidade, por ausência de alteridade. Em conformidade com o princípio da alteridade, atos que somente interfiram diretamente no âmbito da vida privada do sujeito devem quedar à margem da regulação criminal. E isso mesmo quando a conduta de terceiros a eles relacionada permanece sendo criminalizada. Tal situação (a criminalização apenas da conduta do terceiro envolvido) é comum no ordenamento jurídico e não constitui nenhuma incongruência lógica, já que o comportamento do terceiro afeta esfera alheia e a conduta do implicado afeta apenas a sua própria. Assim que, embora o suicídio e a automutilação não sejam tipificados como crimes (dentre outras razões, em respeito ao princípio da alteridade), a conduta de induzir, instigar ou auxiliar o suicídio ou a automutilação alheios o é (art. 122, CP). De igual modo, embora a prostituição não seja tipificada como crime (em respeito ao princípio da alteridade), a conduta de favorecer a prostituição o é (art. 228, CP). É verdade que sem o suicida não há o partícipe em suicídio e que sem a pessoa que se prostitui não há o facilitador da prostituição. Mas punir o suicida por sua "corresponsabilidade" em relação ao partícipe em suicídio, castigar penalmente quem se prostitui porque sua conduta é indispensável para a existência do facilitador da prostituição, trata-se de um contrassenso lógico cujo resultado é a supressão do princípio da alteridade. O mesmo se dá com a relação entre traficante e usuário. Embora ligados por um vínculo similar ao que une o facilitador da prostituição à pessoa prostituída, usuário e traficante encontram-se em lugares inteiramente distintos sob a perspectiva da alteridade: o primeiro afeta a esfera de terceiro; o segundo, somente a sua própria.

Seguindo essa linha argumentativa a Sexta Câmara Criminal do Tribunal de Justiça do Estado de São Paulo já invocou o princípio da alteridade para sustentar a inconstitucionalidade do art. 28 da Lei de Drogas:

(...) 2 – O artigo 28 da Lei n. 11. 343/2006 é inconstitucional. A criminalização primária do porte de entorpecentes para uso próprio é de indisfarçável insustentabilidade jurídico-penal, porque **não há tipificação de conduta hábil a produzir lesão que invada os limites da alteridade**, afronta os princípios da igualdade, da inviolabilidade, da intimidade e da vida privada e do respeito à diferença, corolário do princípio da dignidade, albergados pela Constituição Federal e por tratados internacionais de Direitos Humanos ratificados pelo Brasil. (...) (Ap. Criminal 0023470-50.2006.8.26.0196, Rel. José Henrique Rodrigues Torres, 6ª Câm. de Direito Criminal, j. em 15-6-2009, *DJe* 18-8-2009).

No âmbito dos tribunais superiores, a questão da constitucionalidade da incriminação da posse de droga para consumo pessoal foi objeto do **RE 635.659**, que atualmente pende de julgamento no Supremo Tribunal Federal. O caso envolvia condenação do recorrente pelo consumo de 3 gramas de maconha.

O Recurso Extraordinário foi interposto pela Defensoria Pública do Estado de São Paulo, sob o argumento de que a criminalização da posse de drogas para consumo pessoal atentaria contra o art. 5º, X, da Constituição Federal, com isso desrespeitando o princípio da alteridade. A conduta tipificada no art. 28 da Lei de Drogas pressupõe a não irradiação do fato para além da vida privada do agente (caso assim não fosse, estaria caracterizado o tráfico e não a posse para uso pessoal). Desta forma não restaria caracterizada lesividade apta a justificar a norma impugnada. Em sentido contrário, o recorrido sustenta que o bem jurídico tutelado pela norma em questão não é apenas a incolumidade física do usuário mas também a saúde e segurança públicas, na medida em que a existência do mercado consumidor sustenta a existência do comércio das drogas consideradas ilegais.

Em 9-12-2011, foi reconhecida a repercussão geral da questão constitucional suscitada **(Tema 506).**

Em 20-8-2015, votou o Ministro Gilmar Mendes, relator, dando provimento ao recurso. Segundo o entendimento estampado em seu voto, ainda que se considere que a saúde e a segurança públicas são também bens jurídicos tutelados pelo tipo em questão, a relação entre a conduta e a ofensa a tais bens jurídicos não justifica a criminalização do usuário e a proteção de tais bens está fora do âmbito de alcance do tipo (seria, nesse sentido, o mesmo que penalizar a prostituta pela existência do rufião). Conforme esclarece o Ministro: "Esses efeitos estão muito afastados da conduta em si do usuário. A ligação é excessivamente remota para atribuir a ela efeitos criminais. Logo, esse resultado está fora do âmbito de imputação penal. A relevância criminal da posse para consumo pessoal dependeria, assim, da validade da incriminação da autolesão. E a autolesão é criminalmente irrelevante".

Em 10-9-2015, votou o Ministro Roberto Barroso, também dando provimento ao recurso. No voto do Ministro Barroso lê-se: "O consumidor não deve ser tratado como um criminoso, mas como alguém que se sujeita deliberadamente a um comportamento de risco. Risco da sua escolha e do qual se torna a principal vítima. Mas o risco por si só não é fundamento para a criminalização, ou teríamos que banir diversas atividades, do alpinismo ao mergulho submarino". Trata-se novamente, pois, da ideia de alteridade, como desdobramento do princípio da lesividade, que é mencionado expressamente em outro trecho do voto: "O denominado *princípio da lesividade* exige que a conduta tipificada como crime constitua ofensa a bem jurídico alheio. De modo que, se a conduta em questão não extrapola o âmbito individual, o Estado não pode atuar pela criminalização. O principal bem jurídico lesado pelo consumo de maconha é a própria saúde individual do usuário, e não um bem jurídico alheio. Aplicando a mesma lógica, o Estado não pune a tentativa de suicídio ou a autolesão. Há quem invoque a saúde pública como bem jurídico violado. Em primeiro lugar, tratar-se-ia de uma lesão vaga, remota, provavelmente em menor escala do que, por exemplo, o álcool ou o tabaco. Em segundo lugar porque, como se procurou demonstrar, a criminalização termina por afastar o usuário do sistema de saúde, pelo risco e pelo estigma. De modo que pessoas que poderiam obter tratamento e se curar, acabam não tendo acesso a ele". De fato, segundo o Ministro, ainda que se considere que a saúde pública é também bem jurídico tutelado pela norma a criminalização do usuário não favorece, mas ao contrário, vai contra a sua promoção. Explica o Ministro em seu voto: "a criminalização de condutas relacionadas ao consumo promove a exclusão e a marginalização dos usuários, dificultando o acesso a tratamentos. Como assinalou o antropólogo Rubem César Fernandes, diretor do Viva Rio: 'O fato de o consumo de drogas ser criminalizado aproxima a população jovem do mundo do crime'. Portanto, ao contrário do que muitos creem, a criminalização não protege, mas antes compromete a saúde pública".

Votou também o Ministro Edson Fachin, dando provimento parcial ao recurso, acolhendo o pedido de reconhecimento incidental da inconstitucionalidade do art. 28 da Lei n. 11.343/2006, mas limitando as circunstâncias do caso concreto, vale dizer, ao porte de maconha para uso próprio, não extensível a outras substâncias entorpecentes. Os argumentos deduzidos vão na mesma linha de considerações dos votos anteriores.

Após os três primeiros votos, pediu vista dos autos o Ministro Teori Zavascki. Com o seu falecimento, o acervo foi transmitido ao Ministro Alexandre de Moraes.

Em 2-8-2023, votou o Min. Alexandre de Moraes. Em seu voto, ele fixou a tese de que "não tipifica o crime previsto no artigo 28 da Lei n. 11.343/2006, a conduta de adquirir, guardar, ter em depósito, transportar ou trazer consigo, para consumo pessoal, a substância entorpecente 'maconha' mesmo sem autorização ou em desacordo com determinação legal ou regulamentar", e, ainda, que, "nos termos do § 2º do artigo 28 da Lei n. 11.343/2006, será presumido usuário aquele que adquirir, guardar, tiver em depósito, transportar ou trazer consigo, uma faixa fixada entre 25,0 a 60 gramas de maconha ou seis plantas fêmeas, dependendo da escolha mais próxima do tratamento atual dados aos homens brancos, maiores de 30 anos e com nível superior".

Após o voto do Min. Alexandre de Moraes, o Min. Gilmar Mendes reajustou seu voto no sentido de restringir a declaração de inconstitucionalidade ao caso da maconha (e não a todas as drogas, de maneira geral, como havia votado anteriormente).

Em 24-8-2023, votou o Min. Cristiano Zanin contra o provimento do RE, sob o argumento de que a descriminalização do porte de drogas para uso pessoal poderia colocar em risco a vida do próprio usuário. Entendemos equivocado o argumento. Seguindo-se a lógica de que a responsabilização criminal seria forma idônea de proteger o cidadão de si mesmo, deveria, com mais razão, ser criminalizada a tentativa de suicídio e a automutilação, o que nos parece insustentável, mormente tendo-se em conta o princípio da alteridade.

Finalmente em 26-6-2024 foi julgado o recurso, fixando-se a seguinte tese:

> 1. Não comete infração penal quem adquirir, guardar, tiver em depósito, transportar ou trouxer consigo, para consumo pessoal, a substância cannabis sativa, sem prejuízo do reconhecimento da ilicitude extrapenal da conduta, com apreensão da droga e aplicação de sanções de advertência sobre os efeitos dela (art. 28, I) e medida educativa de comparecimento a programa ou curso educativo (art. 28, III); 2. As sanções estabelecidas nos incisos I e III do art. 28 da Lei 11.343/06 serão aplicadas pelo juiz em procedimento de natureza não penal, sem nenhuma repercussão criminal para a conduta; 3. Em se tratando da posse de cannabis para consumo pessoal, a autoridade policial apreenderá a substância e notificará o autor do fato para comparecer em Juízo, na forma do regulamento a ser aprovado pelo CNJ. Até que o CNJ delibere a respeito, a competência para julgar as condutas do art. 28 da Lei 11.343/06 será dos Juizados Especiais Criminais, segundo a sistemática atual, vedada a atribuição de quaisquer efeitos penais para a sentença; 4. Nos termos do § 2º do artigo 28 da Lei 11.343/2006, será presumido usuário quem, para consumo próprio, adquirir, guardar, tiver em depósito, transportar ou trouxer consigo, até 40 gramas de cannabis sativa ou seis plantas-fêmeas, até que o Congresso Nacional venha a legislar a respeito; 5. A presunção do item anterior é relativa, não estando a autoridade policial e seus agentes impedidos de realizar a prisão em flagrante por tráfico de drogas, mesmo para quantidades inferiores ao limite acima estabelecido, quando presentes elementos que indiquem intuito de mercancia, como a forma de acondicionamento da droga, as circunstâncias da apreensão, a variedade de substâncias apreendidas, a apreensão simultânea de instrumentos como balança, registros de operações comerciais e aparelho celular contendo contatos de usuários ou traficantes; 6. Nesses casos, caberá ao Delegado de Polícia consignar, no auto de prisão em flagrante, justificativa minudente para afastamento da presunção do porte para uso pessoal, sendo vedada a alusão a critérios subjetivos arbitrários; 7. Na hipótese de prisão por quantidades inferiores à fixada no item 4, deverá o juiz, na audiência de custódia, avaliar as razões invocadas para o afastamento da presunção de porte para uso próprio; 8. A apreensão de quantidades superiores aos limites ora fixados não impede o juiz de concluir que a conduta é atípica, apontando nos autos prova suficiente da condição de usuário.

1.8 PRINCÍPIO DA ADEQUAÇÃO SOCIAL

Por fim e ainda no âmbito do conteúdo da incriminação, localiza-se o princípio da adequação social.

A teoria da adequação social foi estruturada por Welzel, o expoente máximo, como se sabe, da teoria finalista da ação. Embora a perspectiva finalista tenha uma tendência a ser marcadamente ontológica, baseada em estruturas lógico-reais, Welzel admitia em certa medida a interferência de valorações sociais, e essa interferência expressava-se sobretudo na teoria da adequação social: **aquelas condutas que estão dentro do que historicamente passou a compor a ordem ético-social da vida em comunidade, e que portanto são socialmente adequadas, jamais podem se subsumir a um tipo** (Claus Roxin, *Manual*, p. 293).

A adequação social é de certo modo uma espécie de pauta para os tipos penais: representa o âmbito "normal" da liberdade de atuação social. **Por isso, ficam excluídas dos tipos penais as ações socialmente adequadas, ainda que formalmente típicas** (Hans Welzel, *Derecho penal alemán*, p. 68).

Em outras palavras, o princípio da adequação social afirma que o desenvolvimento de ações praticadas com o oportuno dever de cuidado e que estejam completamente inseridas nos referenciais normativos da vida comunitária, que se configuraram historicamente, não realiza o tipo delitivo, ainda que afetem bens jurídicos (Hans-Heinrich Jescheck, *Tratado de derecho penal*, p. 269).

Dessa forma, exemplifica Welzel, a utilização do moderno tráfego motorizado, ferroviário ou aéreo, é um agir socialmente adequado, de maneira que a conduta do sobrinho que, desejando a morte de seu tio, incentiva-o a utilizar com frequência tais meios de transporte não tem relevância penal.

Situação diferente é a do mesmo sobrinho que, sabendo da ocorrência de um atentado em um meio de transporte, aproveita-se de tal fato e incentiva seu tio a utilizá-lo. Aí, sim, há relevância penal, por não ser a conduta socialmente adequada (Hans Welzel, *O novo sistema jurídico-penal*, p. 59)[4].

Embora o princípio da adequação social seja reconhecido enquanto ideia teórica pela doutrina, na jurisprudência brasileira é raro o seu acolhimento, nos casos em que a defesa traz à baila o argumento.

Em relação ao crime de violação de direitos autorais, em 20-10-2013 o STJ aprovou a **Súmula 502** justamente para afastar a possibilidade de aplicação do princípio da adequação social que vinha sendo admitido por alguns tribunais de segunda instância: "Presentes a materialidade e a autoria, afigura-se típica, em relação ao crime previsto no art. 184, § 2º, do CP, a conduta de expor à venda CDs e DVDs piratas". O argumento pela atipicidade se batia pela tolerância da sociedade e das autoridades, mas o STJ, mes-

---

[4] Interessante analisar que tais situações têm tratamento semelhante pela Teoria da Imputação Objetiva, que retoma a ideia de adequação social (risco permitido), conferindo-lhe maior clareza e detalhamento.

mo reconhecendo a situação fática narrada, a entendeu insuficiente para a incidência do princípio da adequação social. A tolerância não se identifica, assim, com a adequação.

Em relação ao crime de escrito ou objeto obsceno, embora não haja entendimento sumulado, a jurisprudência dos tribunais superiores tem seguido a mesma linha:

> Penal. Recurso Ordinário em *Habeas Corpus*. Art. 234, § único, I, do CP. Tipicidade. Princípio da adequação social. Inaplicabilidade ao caso concreto. **I – O princípio da adequação social não pode ser usado como neutralizador,** *in genere,* **da norma inserta no art. 234 do Código Penal.** II – Verificado, *in casu*, que a recorrente vendeu a duas crianças revista com conteúdo pornográfico, não há se falar em atipicidade da conduta afastando-se, por conseguinte, o pretendido trancamento da ação penal. Recurso desprovido (STJ, RHC 15.093/SP, Rel. Min. Laurita Vaz, Rel. p/ acórdão Min. Felix Fischer, 5ª T., j. em 16-3-2006, *DJ* 12-6-2006).

No tocante ao crime de contrabando pela importação de dispositivos eletrônicos para fumar (cigarro eletrônico), proibida pela Resolução n. 46/2009 da Anvisa, o STJ não admitiu a aplicação do princípio da adequação social, em acórdão do Rel. Min. Reynaldo Soares da Fonseca, proferido nos autos do **AREsp 2.213.126**, julgado em 16-2-2023.

1.9 PRINCÍPIO DA CULPABILIDADE

O princípio da culpabilidade, *nulla poena sine culpa,* deve ser entendido sob três enfoques: culpabilidade como responsabilidade penal subjetiva atrelada ao dolo à culpa, culpabilidade como terceiro elemento do conceito analítico de crime, relacionado à reprovabilidade pessoal do agente, e, por fim, culpabilidade como fundamento e limite da imposição de pena.

Em uma primeira acepção, o princípio da culpabilidade consiste no repúdio à responsabilidade objetiva, de maneira que só se justifica a punição quando o resultado lesivo ou perigoso ao bem jurídico resultar de dolo ou culpa. Nessa primeira visão, a culpabilidade age como instrumento de exclusão do acaso (Claus Roxin, *Estudos de direito penal*, p. 135) e impõe a subjetividade da responsabilidade penal. Não cabe, em Direito Penal, responsabilidade derivada tão somente de uma associação causal entre a conduta e um resultado (Nilo Batista, *Introdução crítica ao direito penal brasileiro*, p. 104). O princípio recebeu concretização do art. 19 do Código Penal, que trata dos crimes qualificados pelo resultado, e exige ao menos culpa para a relevância penal.

Em que pese o amplo acolhimento doutrinário desse postulado, vale notar que nosso ordenamento, em algumas situações, contempla hipótese de responsabilidade objetiva. O caso da *rixa qualificada* (art. 137, parágrafo único, do CP), em que o rixoso é punido pelo resultado mais grave, pelo simples fato de participação na disputa, a punição do agente que pratica conduta em estado de embriaguez voluntária ou culposa (art. 28 do CP) decorrente da teoria da *actio libera in causa*, a *responsabilidade penal da pessoa jurídica* (art. 3º da Lei n. 9.605/98) e a punição pelo *resultado diverso do pretendido em caso de mero acidente na execução* (art. 74 do CP) são exemplos usualmente mencionados de dispositivos que abrem espaço para a intromissão da odiosa responsabilidade penal objetiva. Entendemos, no entanto, que tais figuras jurídicas devem ser submetidas à interpretação restritiva e constitucional de modo a respeitarem o princípio da culpabilidade.

Em uma segunda acepção, o princípio da culpabilidade **consiste em condicionar a punição à possibilidade de reprovação do sujeito que podia agir de outro modo, mas não o fez** (a ideia de reprovação surge com a concepção normativa da culpabilidade, que tem como precursores R. Frank, Freudenthal, Goldschmidt e, posteriormente, Mezger; para mais detalhes, ver capítulo referente à evolução da culpabilidade). Entende-se aqui culpabilidade como terceiro elemento dentro do conceito analítico de crime, relacionado especificamente à reprovabilidade do agente.

Em sua terceira acepção, a culpabilidade atua como **fundamento** (é a posição dominante no Brasil, embora não haja consenso absoluto na doutrina) e **limite** da pena (nos termos preconizados, por exemplo, pelos arts. 29 e 59 do CP), justificando a punição imposta e impedindo que esta seja além do referencial da própria culpabilidade. O mal da pena não pode superar o mal do crime.

O princípio constitucional penal da culpabilidade não está expresso na Constituição, e deriva do fundamento constitucional de proteção à dignidade da pessoa humana (art. 1º, III, da CF). Na consagrada síntese da construção kantiana, o "homem" deve ser sempre o fim de todas as coisas, e nunca um meio para um fim. As coisas são o meio para o "homem". A dignidade é imensurável, não tem preço, enquanto as coisas têm valor, que pode ser maior ou menor. A punição sem dolo ou culpa – ou mesmo a imposição de pena desproporcional ao mal do crime – trata o homem como um mero instrumento (meio) para a intimidação de terceiros (fim), ou para aplacar o clamor social de vingança, o que é inadmissível, pois ao instrumentalizá-lo viola sua dignidade. Evidente a projeção do princípio da culpabilidade a partir do fundamento de proteção à dignidade da pessoa humana.

1.10 PRINCÍPIO DA HUMANIDADE DAS PENAS

O condenado não perde sua condição humana e continua resguardado em tudo o que se relaciona à sua dignidade, bem como em todos os direitos não atingidos pela sentença condenatória, como determina o art. 3º da Lei de Execuções Penais.

Em face do princípio da humanidade das penas, **a pena não pode ser a mera imposição de um sofrimento, de um mal, com cunho absolutamente destrutivo**. Pelo contrário, a pena deve permitir ao condenado oportunidade de retomada construtiva de sua vida em sociedade após o seu cumprimento.

A pena deve ainda ser proporcional ao mal do crime, pois o sofrimento desproporcional é incompreensível, inaceitável pelo condenado e desumano.

No Brasil, a situação do sistema penitenciário está em colapso, quer pela superlotação decorrente da desatenção dos gestores do Poder Executivo, quer pela escassez de recursos, comum aos países subdesenvolvidos, quer, em especial, pela absoluta falta de responsabilidade dos operadores do sistema de Justiça Penal, que promovem um superencarceramento inconsequente, ou seja, a condenação é construída sem o mínimo cuidado para conhecer ou providenciar local para o cumprimento da pena. Sob o pretexto de cumprir a lei penal (que prevê crimes e impõe penas), são descumpridas a Constituição e as leis que regem a execução penal. Diante da referida situação de evidente colapso do sistema prisional brasileiro, o STF reconheceu um "estado de coisas inconstitucional" e concedeu liminar na **ADPF 347** para determinar a realização de audiências de custódia e liberação do saldo acumulado no Fundo Penitenciário Nacional para utilização na finalidade para a qual foi criado, proibindo a realização de novos contingenciamentos.

Ainda que já evidente a necessidade de resguardo da humanidade das penas como efeito direto do fundamento constitucional da dignidade da pessoa humana, o constituinte sentiu a necessidade de ser mais específico neste mandado e, no art. 5º, XLVII, da CF, **proibiu expressamente as penas de morte, de caráter perpétuo, de trabalhos forçados, de banimento e, por fim, as penas cruéis**.

1.10.1 Pena de morte

A pena de morte é proibida, salvo em caso de guerra declarada, pois além de ceifar o mais básico dos direitos, que é a vida, o faz com frieza inigualável, pois avisa a vítima do ato letal dos exatos dia, hora e circunstâncias da morte, o que transborda crueldade e impõe sofrimento e ansiedade capazes de ferir a dignidade.

Em caso de guerra, a execução da pena de morte é disciplinada nos arts. 707 e seguintes do Código de Processo Penal Militar (DL n. 1.002/69). O meio de execução é o fuzilamento.

Ainda sobre a pena de morte, vale lembrar que nos termos do art. 4º da CADH os países que a aboliram não poderão restabelecê-la. Os países que a conservam só poderão utilizá-la para os crimes mais graves, e não poderá ser ampliada para novos delitos, sendo proibida a pena de morte para crimes políticos e conexos, e vedada a aplicação para menores de 18 anos, maiores de 70 anos e mulheres grávidas.

1.10.2 Penas perpétuas

A pena de prisão perpétua também é proibida, eis que de nada adianta preservar o corpo e fulminar o espírito do condenado com a certeza do confinamento eterno, arrebatando-lhe toda esperança de oportunidade de livre busca de sua felicidade.

O critério quantitativo para afastar a perpetuidade da pena está previsto no art. 75 do CP, que proíbe penas superiores a trinta anos de duração para os crimes praticados antes da vigência da Lei n. 13.964/2019. Para os crimes praticados já sob vigência da nova lei, o limite é de 40 anos. Embora o art. 75 do CP trate de penas privativas de liberdade, entende-se que nenhuma outra pena poderia superar tal marca.

A vedação constitucional à sanção perpétua tem tido importantes impactos na jurisprudência. Sob esse fundamento, as cortes superiores passaram entender inaplicável o art. 97, § 1º, do Código Penal, que prevê duração indeterminada para a medida de segurança, sendo que em 2015 o STJ aprovou a **Súmula 527**, segundo a qual "O tempo de duração da medida de segurança não deve ultrapassar o limite máximo da pena abstratamente cominada ao delito praticado". Também a partir dessa premissa têm-se discutido os limites temporais dos efeitos da condenação. Acreditamos que, em decorrência do presente princípio – que deve ser maximizado –, nenhum efeito penal pode ser eterno, nem mesmo o reconhecimento de maus antecedentes. No capítulo referente à dosimetria da pena será comentado o atual entendimento do STF sobre o assunto.

Apesar da dicção constitucional proibindo a pena perpétua, há uma hipótese em que o condenado pode permanecer mais de quarenta anos ininterruptos no cárcere (trinta se o crime for praticado antes da vigência da Lei n. 13.964/2019), sem violação ao referido princípio: a prática de novo crime durante o cumprimento da pena (art. 75, § 2º, do CP).

Assim, se o sujeito foi condenado a noventa anos pela prática de vários crimes, não poderá cumpri-los integralmente diante da vedação do art. 75 do CP, e a pena deverá ser unificada (um dos sentidos da unificação de penas é estabelecer o limite de quarenta anos nos casos em que a soma das penas superar tal valor). E se, após cumpridos trinta e cinco anos, pratica novo crime e é condenado a mais quarenta anos? A nova pena deverá ser somada ao que restava da pena original, ou seja, cinco anos, resultando em mais quarenta e cinco anos. Desse modo, nova unificação de penas será feita para reduzir o valor a quarenta anos, e o condenado cumprirá novos quarenta anos a partir da data da prática do novo crime. Somando-se os novos quarenta anos aos trinta e cinco já cumpridos, podemos concluir que cumprirá ininterruptamente setenta e cinco anos, sem violação ao princípio suprarreferido, conforme regulamentação expressa no art. 75, § 1º, do CP.

A justificativa para o enfraquecimento do princípio na presente hipótese legal é que, de outra forma, seria dado "cheque em branco" para o condenado a quarenta anos, que poderia praticar crimes impunemente durante o cumprimento da pena, pois não teria piora em sua situação, e o ordenamento não pode estimular o crime. Atenção: apenas a prática de novo crime durante o cumprimento da pena é que autoriza nova unificação – a mera prática de falta grave, como a fuga, não autoriza nova unificação de penas nem consequente cumprimento de mais quarenta anos a partir da recaptura.

Parte da doutrina (Martinelli, *Lições Fundamentais de Direito Penal*, p. 637) aponta que a imposição de penas elevadas a condenados idosos deve ser evitada, para que não haja violação à vedação de penas de caráter perpétuo.

1.10.3 Pena de trabalhos forçados

A pena de trabalhos forçados também é proscrita. A Convenção 29 da OIT afasta da definição de trabalho forçado aquele imposto em virtude de condenação judiciária (art. 2º, 2.b), desde que esteja sob fiscalização de autoridade pública e não seja prestado a particular. Evidente que o emprego de tal interpretação esvaziaria o conteúdo da Constituição: se o trabalho imposto como pena não é trabalho forçado, não seria possível pena de trabalhos forçados. Assim, fica afastado o uso da Convenção da OIT como referência interpretativa.

O art. 6º da CADH assinala também que não constituem trabalhos forçados ou obrigatórios os trabalhos normalmente exigidos de pessoa reclusa em cumprimento de sentença. Mais uma vez, a convenção esvazia o sentido da vedação constitucional: se o trabalho imposto como pena não é trabalho forçado, a proteção constitucional não teria sentido, seria inócua.

Necessário, assim, encontrar um sentido para a vedação de trabalhos forçados prevista na Constituição brasileira. A interpretação hoje majoritária compreende a proibição do trabalho forçado como todo aquele prestado em condições indignas, sob vara ou constrangimento físico. Entende-se também que, no curso de pena privativa de liberdade, o trabalho deve ser remunerado para que não seja considerado forçado, como manda o art. 39 do CP.

A Lei de Execução Penal brasileira impõe o trabalho como dever do preso, não sob pena de suplícios físicos diretos, como surras ou grilhões, mas apenas considerando a desobediência injustificada como falta grave. Segundo o entendimento dominante, seria essa, portanto, a diferença entre o trabalho obrigatório (dever do preso sob pena de prática de falta grave) e o proscrito trabalho forçado (trabalho mediante castigo físico ou sob condições indignas). A jurisprudência chancela a posição de que a recusa injustificada do preso ao trabalho é falta disciplinar grave (**STJ HC 84.289**).

Discordamos do entendimento majoritário. As expressões forçado e obrigatório têm, a nosso ver (e no dicionário), o mesmo sentido, e a construção doutrinária que os distingue busca contornar a vedação constitucional. A Constituição deve ser cumprida, maximizada, e não contornada. Concordamos com Carmem Barros (A *individualização da pena na execução penal*, cit.), que considera inconstitucional mesmo o trabalho obrigatório, maximizando o princípio constitucional. Entendemos ainda que a única forma de compatibilizar a vedação aos trabalhos forçados com o dever do preso previsto na lei das execuções penais (art. 39, V) seria abolir todo tipo de castigo em razão da recusa ao trabalho, embora benefícios como remição possam ser condicionados à efetiva atividade.

1.10.4 Pena de banimento

A pena de banimento é entendida como retirada forçada de um determinado território.

A proibição da pena de banimento veda também toda sanção que imponha proibição de residir em determinado lugar ou que o mande deixar de residir no local, ou seja, as penas de degredo ou desterro (nesse sentido Gilmar Ferreira Mendes *et al.*, *Curso de direito constitucional*, p. 575).

Ainda relacionada com a proibição do banimento, há restrição absoluta à extradição do brasileiro nato e a limitação à extradição do naturalizado, ressalvada a prática de crime comum antes da naturalização ou de comprovado envolvimento em tráfico ilícito de entorpecentes e drogas afins, como previsto no art. 5º, LI, da Constituição Federal.

1.10.5 Pena cruel

Por fim, a Constituição proíbe a pena cruel, compreendida como aquela que impõe intenso e ilegal sofrimento, sendo a definição inspirada na convenção contra a tortura e outros tratamentos ou penas cruéis, desumanos e degradantes (Adotada pela Resolução n. 39/46 da Assembleia Geral das Nações Unidas, em 10 de dezembro de 1984, e ratificada pelo Brasil em 28 de setembro de 1989).

Difícil deixar de considerar o sistema prisional brasileiro, em regra, desumano e degradante. O STF foi chamado a decidir sobre reparação de danos em razão das condições desumanas do cárcere, e chama a atenção o voto do Ministro Roberto Barroso reconhecendo o direito à reparação pelos danos morais sofridos mediante remição de parte do tempo de pena. Entendeu o Ministro que a reparação de danos deve ser efetivada preferencialmente por meio não pecuniário, consistente em remição de um dia de pena por cada três a sete dias de pena cumprida em condições atentatórias à dignidade humana, a ser postulada perante o juízo da execução criminal. Se já cumprida a pena, seria fixada indenização em pecúnia (**RE 580.252**). O voto não foi acolhido, e o STF acabou fixando apenas um valor (pífio, diga-se) como indenização.

Sobre o tema, diante do número de presos em condições desumanas, a reparação pecuniária de todos seria, realmente, inviável. Acreditamos que penas ilegais não podem ser aceitas sob nenhum pretexto, ou seja, ou bem a pena é cumprida de acordo com a lei ou deve ser aguardado o momento adequado para sua efetivação, pois, além da necessária preservação do Estado de Direito, não há sentido em violar o ordenamento para impor sanção pela violação do mesmo ordenamento. Além disso, a indenização e a remição são formas de "precificar" a violação do ordenamento, ou seja, pago o "preço" da indenização ou da remição, a crueldade seria "normalizada".

No caso do Instituto Penal Plácido de Sá Carvalho, a Corte Interamericana de Direitos Humanos impôs, em Resolução de 22 de novembro de 2018, que a pena seja contada em dobro, em razão das condições degradantes de cumprimento da sanção. No **RHC 136.961** o STJ determinou a contagem em dobro, no caso, dando plena eficácia à decisão da Corte Interamericana, o que é elogiável. De fato, se o sofrimento imposto é, nas circunstâncias vividas pelo condenado, muito maior que o previsto na letra da lei, ou seja, se a intensidade (qualidade) do sofrimento é maior do que a prevista, a quantidade de pena deve ser abreviada para que o limite do sofrimento imaginado pelo legislador como castigo não seja transbordado. Trata-se de medida de equidade e humanidade, que se coaduna com o reconhecimento do Estado de Coisas Inconstitucional (**ADPF 347**) no sistema penitenciário brasileiro.

1.11 PRINCÍPIO DA INTRANSCENDÊNCIA, DA PERSONALIDADE OU DA PESSOALIDADE DA PENA

A pena não pode jamais transcender a pessoa que foi a autora ou partícipe do delito (Eugenio Raul Zaffaroni e José Henrique Pierangeli, *Manual de direito penal brasileiro*, p. 154), ou, em outras palavras, impede-se a punição por fato alheio (Luiz Regis Prado, *Curso de direito penal brasileiro*, 2007, p. 144). Trata-se de princípio que decorre da proteção à dignidade da pessoa humana, e mesmo da culpabilidade, pois não teria sentido receber sanção penal por fato de terceiro, resgatando primitiva e injustificável responsabilidade flutuante.

O referido princípio está positivado na Carta Magna, particularmente em seu art. 5º, XLV, que estatui: "nenhuma pena passará da pessoa do condenado, podendo a obrigação de reparar o dano e a decretação do perdimento de bens ser, nos termos da lei, estendidas aos sucessores e contra eles executadas, até o limite do valor do patrimônio transferido".

Da mesma forma, a Convenção Americana sobre Direitos Humanos estabelece em seu art. 5º, § 3º: "a pena não pode passar da pessoa do delinquente".

Em que pese o referido dispositivo, há de se lembrar que a pena pode, sim, causar danos e sofrimentos a terceiros (não oficialmente), como no caso da esposa que, por estar condenado e preso seu marido e chefe de família, e não tendo conseguido emprego, foi obrigada a prostituir-se para garantir a subsistência própria e dos filhos (Luiz Luisi, *Os princípios constitucionais penais*, p. 52).

Justamente atento a tais dificuldades, o legislador criou e tratou de instituições aptas a amparar a família do condenado, como se dá nos arts. 22, XVI, e 29, § 1º, da Lei de Execução Penal (Lei n. 7.210/84). Portanto, ao menos no mundo do "dever ser", verifica-se tal preocupação, que lamentavelmente não se consubstancia em realidade.

A polêmica aqui se insere no final do dispositivo constitucional, que ressalva a possibilidade de transferência aos herdeiros das dívidas civis até os limites da herança e a decretação do perdimento de bens serem, nos termos da lei, estendidas aos sucessores e contra eles executadas (art. 5º, XLV, da CF). O perdimento de bens se refere aos efeitos extrapenais da sentença condenatória, como a perda do produto do crime ou instrumentos cuja posse seja ato ilícito, ou também engloba a pena restritiva de direitos, consistente da perda de bens? Embora Mirabete tenha posição em contrário (*Manual de direito penal*, 2012, p. 376), prevalece que apenas os efeitos civis podem ser transmitidos aos herdeiros, maximizando o sentido do princípio constitucional.

A possibilidade de transmissão da pena de multa também merece menção. No julgamento da **ADIn 3.150**, o STF entendeu que, se o Ministério Público deixar de executar a multa, será ampliada a legitimidade para a Procuradoria da Fazenda, que poderia executá-la perante a vara da Fazenda Pública. Nesse cenário, no caso de morte do réu, a dívida poderia ser cobrada dos herdeiros? Não. Em primeiro lugar, é importante notar que o STF, na **ADI 3.150**, partiu da premissa de que a multa não perde sua natureza penal mesmo se cobrada na vara da Fazenda Pública pela Procuradoria, e, assim, a morte do agente extinguiria todas as penas – causa extintiva da punibilidade que é –, incluída a multa. Por outro lado, ainda que reconhecida a natureza extrapenal após os referidos 90 dias sem cobrança ministerial (nossa posição), sua origem seria a prática da infração penal, sendo razoável concluir que a extinção da punibilidade deve atingi-la, ao menos por analogia: é que as causas extintivas da punibilidade se relacionam com os objetivos da sanção penal e, no caso, com a morte do agente, queda sem sentido a cobrança dos herdeiros, e, assim, seria espécie de sanção sem objetivo, disfuncional, recomendando sua extinção sem reflexos nos herdeiros.

1.12 PRINCÍPIO DA INDIVIDUALIZAÇÃO DA PENA

Trata-se de verdadeiro consectário da isonomia, pois infrações penais e infratores desiguais devem ser tratados na medida de desigualdade. É ainda conclusão necessária do respeito à dignidade da pessoa humana, que tem como consequência o reconhecimento da individualidade e adequação do tratamento por parte do Estado, influenciado pela peculiar condição do indivíduo.

Atualmente, prevalece que **a individualização da pena deve respeitar três fases: a cominação legislativa, a aplicação da pena no momento da sentença e a execução da sanção**. Na cominação legislativa deve ser respeitada a proporcionalidade entre a gravidade do crime e a pena prevista, ou seja, crimes mais graves devem sofrer sanções mais severas. Na aplicação da pena, o juiz deve obedecer ao critério trifásico e utilizar os limites do preceito secundário para diferenciar, em cada caso concreto, a pena para fatos que incidam no mesmo tipo penal.

Na terceira fase da individualização, ou seja, na execução da pena, que tem a finalidade preponderante de reinserção social (art. 1º da LEP), a pena deve ser cumprida em local adequado às peculiares circunstâncias do condenado, e privilégios e castigos devem variar de acordo com o comportamento do reeducando.

Dentre os dispositivos constitucionais que tratam da individualização da pena na execução penal, podemos destacar os seguintes incisos do art. 5º da CF:

> XLVI – a lei regulará a individualização da pena e adotará, entre outras, as seguintes: (...)
> XLVIII – a pena será cumprida em estabelecimentos distintos, de acordo com a natureza do delito, a idade e o sexo do apenado; (...)
> L – às presidiárias serão asseguradas condições para que possam permanecer com seus filhos durante o período de amamentação;

Dentre os dispositivos legais que tratam da individualização do cumprimento da pena durante a execução penal merecem destaque:

> Art. 5º Os condenados serão classificados, segundo os seus antecedentes e personalidade, para orientar a individualização da execução penal.
>
> Art. 6º A classificação será feita por Comissão Técnica de Classificação que elaborará o programa individualizador da pena privativa de liberdade adequada ao condenado ou preso provisório.
> (...)
>
> Art. 8º O condenado ao cumprimento de pena privativa de liberdade, em regime fechado, será submetido a exame criminológico para a obtenção dos elementos necessários a uma adequada classificação e com vistas à individualização da execução.

1.13 PRINCÍPIO DA REINSERÇÃO SOCIAL[5]

Com previsão legal expressa no art. 1º da Lei de Execução Penal, a **finalidade de integração social do condenado** é reconhecida pelos Tribunais Superiores como princípio orientador vinculante na fixação e execução da pena, como consectário da própria humanidade das penas, visto que a dessocialização ou impedir a livre e produtiva construção do sujeito quando do término de sua pena e de seu retorno ao meio social seria algo desumano.

No sentido da insustentabilidade de decisões que prejudiquem a integração social do condenado:

> Anotou-se que tal decisão também afronta os princípios que norteiam a própria política criminal no país, notadamente o efeito ressocializante da pena ou medida socioeducativa (...) (RMS 8.609/BA, *DJ* 9-11-1998; RMS 1.881/RS, *DJ* 23-5-1994; REsp 48.278/DF, *DJ* 21-10-1996; RMS 18.613/MG, Rel. Min. Laurita Vaz, j. em 27-9-2005).

Cabe aqui breve comentário sobre a Lei n. 15.035, de 27 de novembro de 2024, que, em nossa visão, colide frontalmente com o princípio da reinserção, sobretudo pelo teor de seu art. 2º. Explicamos:

Em outubro de 2020, a Lei n. 14.069 criou o Cadastro Nacional de Pessoas Condenadas por Crime de Estupro estabelecendo que esse cadastro conterá, no mínimo, as características físicas e dados de identificação datiloscópica, identificação do perfil genético, fotos, local de moradia e atividade laboral desenvolvida, nos últimos 3 (três) anos, em caso de concessão de livramento condicional. E também que um instrumento de cooperação celebrado entre a União e os entes federados definirá o acesso às informações constantes da base de dados do Cadastro de que trata esta Lei. Ou seja, a normativa anterior criou o cadastro mantendo, no entanto, seu acesso restrito.

Em 28-11-2024 entrou em vigor a Lei n. 15.035, que, dentre outras providências, acrescentou um art. 2º-A à Lei n. 14.069 determinando a criação do chamado "Cadastro Nacional de Pedófilos e Predadores Sexuais", sistema desenvolvido a partir dos dados constantes do Cadastro Nacional de Pessoas Condenadas por Crime de Estupro, que permitirá a consulta pública do nome completo e do número de inscrição no Cadastro de Pessoas Físicas (CPF) das pessoas condenadas por esse crime. Ou seja, segundo a lei, cria-se uma cadastro do qual consta o nome e o CPF da pessoa condenada por estupro, cujo acesso é público.

O texto da nova legislação suscita de plano inúmeras dúvidas, a começar pela terminologia empregada. O termo "pedófilo" designa uma parafilia sexual e não é uti-

---

[5] As críticas às expressões (re)inserção social e (re)integração social serão feitas nos comentários à finalidade da pena de prevenção especial positiva, à qual remetemos o leitor.

lizado pela legislação penal, seja pelo Código Penal, seja pelo Estatuto da Criança e do Adolescente ou qualquer outra lei extravagante. O pedófilo, em sentido técnico, nem sequer estaria submetido à punição, na medida em que a pedofilia constitui espécie de transtorno mental, passível de medida de segurança. Já o termo "predador sexual" é absolutamente estranho ao universo jurídico e carece de qualquer definição. Sendo assim, indaga-se: todas as pessoas contantes do "Cadastro Nacional de Pessoas Condenadas por Crime de Estupro" constarão do "Cadastro Nacional de Pedófilos e Predadores Sexuais", de acesso público? Em caso afirmativo, o que diferencia os dois cadastros é apenas o tipo de dado que os compõe (informações pessoais mais detalhadas no primeiro cadastro e nome e CPF no segundo)? Em caso negativo, como e quem então definirá o que são os pedófilos e os predadores sexuais? Trata-se de norma penal em branco a exigir normativa que defina esses dois termos?

Para além de todas essas dúvidas, o certo é que essa medida, ainda que sob o pretexto de supostas (e não comprovadas) razões de segurança, nos parece inviabilizar por completo a integração social da pessoa cujos nome e CPF constem do referido cadastro. Frise-se ao leitor que o alvo do cadastro não é aquele que padece de compulsão sexual, já que este deverá ser absolvido de forma imprópria, com aplicação de medida de segurança. Fala-se aqui do agente imputável, condenado criminalmente, o que pode ocorrer em um sem número de situações diversas, como, por exemplo, a do rapaz de 18 anos que pratica atos libidinosos consensuais com pessoa de 13 anos e que, uma vez condenado por estupro de vulnerável, terá seu nome e CPF publicizado no "Cadastro Nacional de Pedófilos e Predadores Sexuais", com consequências extremas para sua vida pessoal e profissional, e que podem atingir inclusive seus familiares.

Pior ainda o fato de que a lei não estipula prazo para a manutenção do nome e do CPF no cadastro público, situação que prolonga e aprofunda o impedimento à ressocialização, constituindo espécie de pena perpétua, em sentido amplo.

Por tudo o quanto o exposto consideramos que o dispositivo em comento deve ser declarado inconstitucional por violar o princípio da humanidade das penas, da proibição de penas perpétuas (art. 5º, XLVII, da CF) e da vedação de qualquer forma de discriminação (art. 3º, IV). Caso não o seja, que seja interpretado de forma restritiva e minimamente conforme a Carta Constitucional, incluindo-se: (i) interpretação restritiva quanto ao âmbito de aplicação, de modo que haja definição expressa dos conceitos de "pedófilo" e "predador sexual", que parta da premissa da condenação pelo crime de estupro, mas não seja extensível a toda pessoa condenada por esse delito; (ii) interpretação restritiva quanto ao prazo, considerando-se inclusão do nome no "Cadastro Nacional de Pedófilos e Predadores Sexuais" como efeito da condenação passível de ser afastado pela reabilitação criminal desde que preenchidos os seus requisitos.

1.14 PRINCÍPIO DA COISA JULGADA, OU VEDAÇÃO AO EXCESSO EM EXECUÇÃO

O provimento jurisdicional executório não pode suplantar as forças do título executivo, ou seja, a execução não pode ultrapassar os limites fixados na decisão condenatória definitiva em qualidade ou quantidade.

Há afronta ao princípio quanto à quantidade da pena nos casos em que, imposta determinada duração de castigo, este é postergado por prazo superior ao previsto, ou seja, o sujeito é condenado a 3 anos de reclusão, e a pena privativa de liberdade acaba por perdurar, de fato, por prazo maior. Infelizmente, tais casos ainda são encontrados nos estabelecimentos carcerários brasileiros, em que sentenciados com penas "vencidas" continuam privados de sua liberdade por tempo superior ao que consta da lei. É comum ainda que, mesmo expedido o alvará de soltura pelo cumprimento da pena, o sentenciado permaneça no cárcere por alguns dias até que sua situação processual seja regularizada ou conferida, o que também afronta o ora estudado princípio.

Violação muito mais comum ao princípio da coisa julgada ocorre na qualidade da pena, ou seja, a pena é executada com intensidade de restrição de direitos maior que a permitida ou fixada na sentença condenatória. Assim, o condenado é obrigado a cumprir pena em regime mais gravoso que o fixado na sentença, ou em estabelecimento totalmente divorciado dos parâmetros previstos na Lei de Execução Penal.

Atualmente, prevalece nos Tribunais Superiores ser ilegal e passível de imediata correção a violação de liberdade do condenado acima do admitido na decisão condenatória ou das decisões em sede de execução penal (como a que defere progressão de regime de cumprimento de pena), em observação à execução ao referido princípio do respeito à coisa julgada/vedação ao excesso de execução:

> (...) O inadimplemento, por parte do Estado, das obrigações que lhe foram impostas pela Lei de Execução Penal não pode repercutir, de modo negativo, na esfera jurídica do sentenciado, frustrando-lhe, injustamente, o exercício de direitos subjetivos a ele assegurados pelo ordenamento positivo ou reconhecidos em sentença emanada de órgão judiciário competente, sob pena de configurar-se, se e quando ocorrente tal situação, excesso de execução (LEP, art. 185). (...) Consequente inadmissibilidade de o condenado ter de aguardar, em regime fechado, a superveniência de vagas em colônia penal agrícola e/ou industrial, embora a ele já reconhecido o direito de cumprir a pena em regime semiaberto (STF, HC 93.596/SP, Rel. Min. Celso de Mello, 2ª T., j. em 8-4-2008, *DJe* 7-5-2010).

Em 29-6-2016, o Supremo Tribunal Federal aprovou em sessão plenária a **Súmula Vinculante n. 56**, com a seguinte redação:

> A falta de estabelecimento penal adequado não autoriza a manutenção do condenado em regime prisional mais gravoso, devendo-se observar, nessa hipótese, os parâmetros fixados no RE 641.320/RS.

Os parâmetros referidos no texto sumulado são aqueles fixados quando no julgamento do **RE 641.320/RS**, julgado em 11-5-2016 e de relatoria do Ministro Gilmar Mendes. Nele foram firmados os seguintes pontos: a) a falta de estabelecimento penal adequado não autoriza a manutenção do condenado em regime prisional mais gravoso; b) os juízes da execução penal poderão avaliar os estabelecimentos destinados aos regimes semiaberto e aberto, para qualificação como adequados a tais regimes. São aceitáveis estabelecimentos que não se qualifiquem como "colônia agrícola, industrial" (regime semiaberto) ou "casa de albergado ou estabelecimento adequado" (regime aberto) (art. 33, § 1º, alíneas *b* e *c*); c) havendo déficit de vagas, deverá determinar-se: (i) a saída antecipada de sentenciado no regime com falta de vagas; (ii) a liberdade eletronicamente monitorada ao sentenciado que sai antecipadamente ou é posto em prisão domiciliar por falta de vagas; (iii) o cumprimento de penas restritivas de direito e/ou estudo ao sentenciado que progride ao regime aberto. Até que sejam estruturadas as medidas alternativas propostas, poderá ser deferida a prisão domiciliar ao sentenciado.

Ainda que sem adoção na jurisprudência, a doutrina costuma classificar como excesso em execução o abuso quantitativo e como desvio na execução o abuso qualitativo na execução da pena.

1.15 PRINCÍPIO DA LEGALIDADE

É sem dúvida um dos mais importantes pilares do Direito Penal e encontra previsão expressa no art. 1º do CP e no art. 5º, XXXIX, da CF.

1.15.1 Origem histórica

Segundo o entendimento dominante, o documento histórico que primeiro trouxe de forma explícita o princípio da legalidade, ainda no século XIII, foi a **Magna Carta de 1215** *(Magna Charta Libertatum)*, firmada pelo rei João (conhecido como "João Sem Terra") e que tinha como finalidade justamente liminar o poder monárquico. Dela consta que nenhum homem livre podia ser preso ou privado de sua propriedade, **a não ser pela Lei da Terra**: *"Nullus liber homo expiatur vel imprisoned, nisi per legale judicium purium suorim vel per legem terrae"* (Luiz Luisi, *Os princípios constitucionais penais*, p. 18).

Já no século XVII, o princípio da legalidade volta a aparecer na **Carta de Direitos inglesa de 1689** *(Bill of Rights)* (Francisco de Assis Toledo, *Princípios básicos de direito penal*, p. 22). Mas foi no século XVIII, e no seio do movimento iluminista e da teoria do contrato social, que o império absoluto da lei, enquanto expressão da vontade geral, coloca-se como a ideia central da ordem jurídica, substituindo assim a vontade do soberano. Nos dezessete artigos que compõem a **Declaração dos Direitos do Homem e do Cidadão de 1789, o termo "lei" aparece onze vezes. Diz o artigo 4º: "A liberdade consiste em poder fazer tudo que não prejudique o próximo. Assim, o exercício dos direitos naturais de cada homem não tem por limites senão aqueles que asseguram aos outros membros da sociedade o gozo dos mesmos direitos. Estes limites apenas podem ser determinados pela lei". O artigo 5º: a lei não proíbe senão as ações nocivas à sociedade. Tudo que não é vedado pela lei não pode ser obstado e ninguém pode ser constrangido a fazer o que ela não ordene. O artigo 6º: "A lei é a expressão da vontade geral. Todos os cidadãos têm o direito de concorrer, pessoalmente ou através de mandatários, para a sua formação. Ela deve ser a mesma para todos, seja para proteger, seja para punir. Todos os cidadãos são iguais a seus olhos e igualmente admissíveis a todas as dignidades, lugares e empregos públicos, segundo a sua capacidade e sem outra distinção que não seja a das suas virtudes e dos seus talentos". O artigo 7º: "Ninguém pode ser acusado, preso ou detido senão nos casos determinados pela lei e de acordo com as formas por esta prescritas. Os que solicitam, expedem, executam ou mandam executar ordens arbitrárias devem ser punidos; mas qualquer cidadão convocado ou detido em virtude da lei deve obedecer imediatamente, caso contrário torna-se culpado de resistência". O artigo 8º: "A lei apenas deve estabelecer penas estrita e evidentemente necessárias e ninguém pode ser punido senão por força de uma lei estabelecida e promulgada antes do delito e legalmente aplicada". O artigo 9º: "Todo acusado é considerado inocente até ser declarado culpado e, se julgar indispensável prendê-lo, todo o rigor desnecessário à guarda da sua pessoa deverá ser severamente reprimido pela lei". O artigo 10: Ninguém pode ser molestado por suas opiniões, incluindo opiniões religiosas, desde que sua manifestação não perturbe a ordem pública estabelecida pela lei. E por fim o artigo 11: "A livre comunicação das ideias e das opiniões é um dos mais preciosos direitos do homem. Todo cidadão pode, portanto, falar, escrever, imprimir livremente, respondendo, todavia, pelos abusos desta liberdade nos termos previstos na lei".

Com os movimentos de codificação pós-iluministas, que se expandiram no século XIX, diversas legislações trouxeram o princípio da legalidade em seus textos. Digno de nota, a esse respeito, o **Código da Baviera (1813)**, de autoria de **Feuerbach (1775-1833)**. A doutrina de Feuerbach teve o mérito de demonstrar que o princípio da legalidade, além do fundamento político (de limitação do arbítrio estatal), atendia a uma função nitidamente jurídico-penal, qual seja, a coação psicológica. Afinal, como pode o Direito Penal pretender dissuadir o cidadão da prática de determinadas condutas, se essas condutas não forem previamente estabelecidas e conhecidas por todos? Vale ressaltar que, embora não tenha sido de Feuerbach a ideia ou concepção da legalidade, ligou-se para sempre seu nome ao princípio ao sistematizá-lo na conhecida fórmula latina: *nulla poena sine lege, nullum crimen sine lege*.

Ao longo da História, a importância do princípio da legalidade teve altos e baixos. Todo retorno ao autoritarismo, em regra, traz consigo o repúdio aos limites impostos pela legalidade, como ocorreu na União das Repúblicas Socialistas Soviéticas e na Alemanha de Hitler.

Na época em que imperava o nazismo na Alemanha, permitia-se a punição de fato que tivesse escapado à previsão do legislador, desde que justificada pelo sentimento ou pela consciência do povo (sendo certo que essa última, conforme consta na famigerada obra *Mein Kampf* – Minha luta, encontrava sua mais perfeita expressão na vontade do *Führer*).

Igualmente na Rússia Soviética, os Códigos de 1922 e 1926 permitiam expressamente a analogia com o seguinte teor: "quando algum ato socialmente perigoso não esteja expressamente previsto no presente código, o fundamento e a extensão de sua responsabilidade se determinarão em conformidade com os artigos do mesmo relativos aos delitos de índole análoga" (Luiz Luisi, *Os princípios constitucionais penais*, p. 21).

Da trágica herança que ambos os regimes legaram à humanidade, podem-se notar sem dificuldade a importância e a relevância do princípio da legalidade, não só para o próprio Estado, mas também para o cidadão, que é justamente o destinatário das normas incriminadoras. A legalidade penal é a pedra angular de todo o Direito Penal que aspire à segurança jurídica, compreendida não apenas na acepção da "previsibilidade da intervenção do poder punitivo do estado", que lhe confere Roxin, mas também na perspectiva subjetiva do "sentimento de segurança jurídica", que postula Zaffaroni. Além de assegurar a possibilidade do prévio conhecimento dos crimes e das penas, o princípio garante que o cidadão não será submetido à coerção penal distinta daquela predisposta em lei (Nilo Batista, *Introdução crítica ao direito penal brasileiro*, p. 67).

1.15.2 Funções

O princípio da legalidade assume uma dupla função: a **política** ou **extrínseca** (ligada à dinâmica de poder entre o estado e o cidadão) e a jurídica ou intrínseca (relacionada à própria função da pena e do direito penal). Ambos os aspectos estão fortemente imbricados, mas é possível, para fins de estudo, examiná-los separadamente.

a) Política: a faceta política do princípio da legalidade é justamente a de **garantia**, ou seja, a de proteger o cidadão contra a violência estatal. Na verdade, o combate ao poder das monarquias absolutistas, como se viu, está na própria origem histórica da ideia de legalidade.

Nilo Batista defende também, ao lado da função de garantia, também uma função **constitutiva do princípio da legalidade**. Isso significa que o critério da legalidade não apenas exclui as penas ilegais (função de garantia), mas também constitui a pena legal (função constitutiva) (Nilo Batista, *Introdução crítica ao direito penal brasileiro*, p. 68). É o princípio da legalidade que afirma, tomando-se como exemplo o ordenamento jurídico brasileiro, que o Estado não pode privar a vida do cidadão, mas que pode (e também quando, como e por quanto tempo pode) privá-lo de sua liberdade.

A legalidade não abrange tão somente a criação de crimes e a cominação de penas, mas também rege seu cumprimento, ou seja, durante a execução penal também vige plenamente o princípio da legalidade, com mais razão de ser, pois é nesse momento que o indivíduo se vê privado definitivamente de sua liberdade (quando for esta pena aplicada) e que o Estado exerce com maior força seu *jus puniendi*.

b) Jurídica: do ponto de vista da funcionalidade do sistema jurídico, o princípio da legalidade tem enorme relevância, na medida em que se assume, como função principal do Direito Penal e da pena, a **prevenção geral** de delitos.

Tal se dá, pois os tipos penais, ao definirem condutas, trazem consigo a delimitação do que é proibido. Dessa forma, comunicam ao destinatário da norma seu espaço de atuação dentro do tecido social, orientando assim suas condutas. Não fosse a existência prévia de lei, o Direito Penal não poderia pretender impedir, por meio da coação psicológica operada pela ameaça de pena, a prática de tais ou quais comportamentos.

1.15.3 Desdobramentos

Não obstante a importância do referido princípio e o prejuízo ensejado por sua ausência em certos modelos de Estado, é de se notar que a mera existência de uma lei não lhe garante atendimento, pois mesmo a lei e a proclamação formal da legalidade conviveram, em regimes autoritários, acompanhados de constantes violações dos direitos individuais. Precisamente para se evitar que o postulado em apreço seja vazio de conteúdo, a lei deve reunir uma série de requisitos, que serão a seguir analisados (Francisco Muñoz Conde, *Derecho penal*, p. 100).

Para que se dê eficácia à legalidade e ela atinja seus objetivos, é o presente mandamento desdobrado em quatro princípios: 1) irretroatividade (*nullum crimen, nulla poena sine lege praevia*); 2) reserva legal (*nullum crimen, nulla poena sine lege scripta*); 3) proibição da analogia (*nullum crimen, nulla poena sine lege stricta*) e, finalmente, 4) taxatividade (*nullum crimen, nulla poena sine lege certa*).

Note-se que, como em todas as classificações, não há absoluta coincidência entre os autores, cada qual agrupando as espécies em grupos ou subgrupos que lhes pareçam mais importantes. Seguiremos, no entanto, a classificação apontada, que tem o mérito de ser bastante aceita e completa.

a) *Lege praevia* **(irretroatividade):** o primeiro desdobramento, *nullum crimen, nulla poena sine lege praevia*, que coincide com a ideia da irretroatividade da lei penal (como regra), será abordado com profundidade no capítulo relativo à aplicação da lei penal no tempo, motivo pelo qual não faremos sua análise neste momento.

b) *Lege scripta* **(reserva legal):** o brocardo *nullum crimen, nulla poena sine lege scripta*, que tem relação com a ideia de reserva legal, em linhas gerais, proíbe a criação de crimes e penas pelos costumes, ou seja, pelo direito consuetudinário. Tal prisma da legalidade sustenta que somente a lei escrita é que tem o poder-dever de fazê-lo.

No direito brasileiro, a posição dominante é de que os costumes não podem ser fonte direta de direito, mesmo que benéfico ao cidadão. Com mais razão ainda, entende-se que simples omissão da autoridade em reprimir determinados crimes ou contravenções não basta para revogar a norma penal.

O costume não pode ser fonte geradora de direito, cumprindo, entretanto, distinguir entre costume *extra* ou *ultra legem* e costume integrativo, subsidiário ou elucidativo da norma penal (*costume "intra legem"*). Nesse último caso, o costume intervém, mas sem afetar o dogma de que a única fonte do direito penal é a lei. Exemplifica-se: quando a lei penal emprega termos como "ato obsceno" (art. 233 do CP) e "fato ofensivo a sua reputação" (art. 139 do CP), reporta-se a um costume social, isto é, à moralidade coletiva em torno dos fatos da vida sexual, ou à honra objetiva, ficando subordinada, portanto, à variabilidade, no tempo e no espaço, desse costume (Nelson Hungria, *Comentários ao Código Penal*, p. 94).

Dessa forma, embora não seja fonte imediata, o costume não foi extirpado do âmbito do Direito Penal, podendo atuar como instrumento interpretativo, ora excluindo a tipicidade (em virtude da adequação social da conduta), ora atuando como causa supralegal de exclusão de ilicitude (*ex vi* quando interfere no conceito de direitos disponíveis ou indisponíveis), ora sendo considerado para mitigar a culpabilidade do agente, ora ingressando como atenuação da pena pela previsão do art. 66 do Código Penal (Francisco de Assis Toledo, *Princípios básicos de direito penal*, p. 25).

Por fim, fala-se em "reserva absoluta" e "reserva relativa": esta última nega o monopólio do poder legislativo sobre a matéria penal (Nilo Batista, *Introdução crítica ao direito penal brasileiro*, p. 73): o legislador fixa as linhas fundamentais, delegando o seu detalhamento à Administração. Já no sistema de reserva absoluta, tão somente a lei pode tratar de matéria penal, excluindo-se de tal atribuição qualquer outra disciplina normativa (Ferrando Mantovani, *Diritto penale*, p. 84).

c) ***Lege stricta* (proibição da analogia):** o terceiro desdobramento, *nullum crimen, nulla poena sine lege stricta*, também conectado com a concepção de reserva legal, proíbe o emprego de analogia para ampliar os limites do Direito Penal positivado.

Não se deve confundir analogia com interpretação analógica. Analogia não é forma de interpretação, mas sim forma de integração do ordenamento jurídico, consistente na aplicação de uma norma existente a um caso semelhante, em relação ao qual haja uma lacuna legal. Na analogia, o operador se vale de um método indutivo-dedutivo. Em primeiro lugar, partindo de regras específicas, busca a norma abstrata ou princípio que as orienta (indução, do particular para o geral). Reconhecido o princípio geral, o operador parte diretamente do princípio para resolver a situação de fato que revelou a lacuna na legislação (dedução, do geral para o particular).

Já a interpretação analógica consiste no uso, pelo legislador, de uma forma genérica que se presta a identificar várias situações específicas, regidas por exemplos casuísticos colocados previamente (Fernando Galvão, *Direito penal*, p. 73), como ocorre com o art. 121, § 2º, IV, do Código Penal. Em outras palavras, para conter a abertura do tipo, o legislador se vale de menções casuísticas seguidas de uma cláusula genérica. No art. 121, §

2º, IV, nem todo recurso (cláusula genérica) que dificulta a defesa do ofendido qualifica o homicídio, mas apenas aquele que se assemelha à traição, emboscada e dissimulação (menções casuísticas). Por reforçar a legalidade, contendo a abertura do tipo penal, é admitida interpretação analógica em leis incriminadoras e não incriminadoras.

A analogia, por outro lado, deve ser classificada como: *in malam partem*, quando agrava a situação do acusado, e *in bonam partem*, quando de qualquer forma beneficia ou favorece o agente.

A exigência de lei prévia e estrita impede a aplicação da analogia que prejudica o acusado, mas não obsta a aplicação da analogia que o beneficia, em consequência da equidade. Vale ressaltar, no entanto, que a analogia pressupõe lacuna, omissão da lei naquele caso que se analisa, não tendo aplicação quando for contemplada na lei a situação em tela.

Contrariamente ao que ocorre no Direito Penal, no processo penal, tanto a doutrina quanto a jurisprudência, em larga escala, com base no art. 3º do Código de Processo Penal, permitem a analogia (mesmo o referido artigo não fazendo menção expressa a tal modalidade de integração), ainda que prejudicial ao acusado. Com a devida vênia à posição amplamente majoritária, não nos parece tal entendimento o escorreito.

É que o processo penal, em que pese não ensejar diretamente a criação de novas figuras delitivas nem aplicação ou majoração de penas, integra o sistema que regula a violência estatal que recai sobre o cidadão. Dessa forma, sua legitimidade não pode dispensar o fundamento da estrita legalidade.

A legislação processual penal traz em si institutos que restringem direitos do acusado (exs.: prisão cautelar e medidas protetivas) e são por inúmeras vezes momentos essenciais do processo (estigmatizante) de acusação e aplicação da pena; ora, não é razoável que, a partir do silêncio do legislador (de 1941, diga-se de passagem, época do Estado Novo), extraia-se gravame ao sujeito mais fragilizado da relação processual penal, qual seja, o acusado.

d) *Lege certa* (taxatividade): por fim, a última faceta de legalidade é sintetizada no brocardo *nullum crimen, nulla poena sine lege certa*, também conhecido como princípio da taxatividade, da determinação taxativa ou do mandado de certeza, que proíbe incriminações vagas e indeterminadas, tipos que não sejam claros ou precisos.

A função de garantia individual exercida pelo princípio da legalidade estaria seriamente comprometida se as normas não dispusessem de clareza denotativa na significação de seus elementos, inteligíveis por todos os cidadãos.

Para que a lei penal possa desempenhar função pedagógica e motivar o comportamento humano, necessita ser facilmente acessível a todos, e não só aos juristas (Francisco de Assis Toledo, *Princípios básicos de direito penal*, p. 29). A referida observação tem especial relação com a teoria da prevenção geral, em razão da ideia de intimidação penal, pois afirma a ineficácia motivadora da norma penal vaga e incompreensível. Há um direito público subjetivo de se conhecer o crime e sua respectiva pena, de maneira que a criação de incriminações vagas e imprecisas, pela própria gravidade das sanções penais, transcende a própria violação do princípio da legalidade e ofende diversos direitos humanos fundamentais (Nilo Batista, *Introdução crítica ao direito penal brasileiro*, p. 80).

Além disso a elaboração de leis imprecisas, ambíguas, vagas aumenta a possibilidade de arbitrariedades, podendo haver, de um lado, excessos, e de outro escassez de tutela jurídica em relação a ofensas similares. Por fim, o referido princípio também impede que o legislador estabeleça uma escala de pena cominada muito ampla, de modo a gerar insegurança jurídica e arbítrio judicial (Nilo Batista, *Introdução crítica ao direito penal brasileiro*, p. 80).

Discute-se se o princípio da taxatividade implicaria a vedação aos tipos penais abertos, vale dizer, aqueles que contêm elementos normativos que exigem valoração do aplicador da norma (p. ex.: art. 233 – Praticar ato obsceno em lugar público, ou aberto ou exposto ao público). Se assim fosse, tais tipos deveriam ser declarados como inconstitucionais. Não é esse, no entanto, o entendimento que prevalece. Ainda que o legislador deva empreender esforço em direção aos tipos fechados, dotados de maior exatidão e segurança, fato é que as normas jurídicas estão inseridas no ambiente cultural, sendo por isso inevitável que necessitem, em maior ou menor medida, de interpretação que esclareça o sentido social daquilo que pretendem proibir. Em suma, o fato de determinado tipo ser classificado como aberto não constitui, por si só, inconstitucionalidade por violação ao princípio da taxatividade.

De outra banda, é certo que há, no ordenamento brasileiro, inúmeros tipos que efetivamente nos parecem violar frontalmente o mandado de certeza. Tome-se como exemplo o crime de violência psicológica contra a mulher (art. 147-B), introduzido no Código Penal pela **Lei n. 14.188, de** 28 de julho de 2021. Não obstante reconheçamos a importância de proteger, até mesmo com a tutela penal, o bem jurídico consistente na liberdade psicológica da mulher em situação de violência doméstica, o figurino típico trazido pela lei é exemplo claro de má técnica legislativa e de violação ao princípio em comento ao criminalizar toda conduta que, por qualquer meio, "cause prejuízo à sua saúde psicológica ou autodeterminação".

O princípio da taxatividade está também no centro de interessante discussão a respeito da vigência do art. 19 da Lei das Contravenções Penais. O entendimento que atualmente prevalece nas cortes superiores, no entanto, é o de que a contravenção prevista no art. 19 da Lei das Contravenções Penais permanece típica e vigente no tocante às armas brancas (tendo sido revogada tacitamente quanto às armas de fogo, cujo porte desautorizado passou a constituir crime), não havendo falar em violação dos princípios da intervenção mínima e da taxatividade. No âmbito do STF foi reconhecida a repercussão geral da matéria (Tema 857) e em 7-10-2024 foi fixada a tese de que "o art. 19 da Lei de Contravenções Penais permanece válido e é aplicável ao porte de arma branca, cuja potencialidade lesiva deve ser aferida com base nas circunstâncias do caso concreto, tendo em conta, inclusive, o elemento subjetivo do agente" (**ARE 901.623**).

1.15.4 Princípio da legalidade das penas

O princípio da legalidade ganha também especial contorno no que tange à pena.

Após a descrição do preceito primário, em que é prevista a conduta típica, há o preceito secundário com previsão da sanção correspondente.

Todos os mandamentos já comentados sobre a legalidade dos crimes são válidos também para a legalidade das penas, ou seja, a pena deve estar prevista em lei estrita, deve ser taxativa, clara, escrita e deve estar prevista antes da prática do fato.

Assim como o cidadão tem o direito de conhecer o espaço de sua liberdade com a legalidade dos crimes, também tem o direito de saber quais serão as consequências de seu ato se violar a lei. A sanção não pode ser uma surpresa.

Sobre a legalidade da sanção penal, importa comentar a crítica hoje frequente na doutrina sobre a previsão de limites muito amplos entre a pena mínima e a pena máxima. Ora, se a legalidade deve implicar certa previsibilidade da sanção, um crime com pena prevista de 2 a 12 anos de reclusão, como é hoje o preceito secundário do art. 317 do CP (corrupção passiva), ofende em alguma medida a tal princípio, dada a absoluta impossibilidade de conhecimento prévio da pena a cumprir. Uma pena de 2 anos pode ser convertida em mera restrição de direitos, enquanto uma pena de 12 anos impõe regime inicial fechado e retorno ao convívio social apenas após o cumprimento mínimo de 4 anos. Daí a necessidade de contornos mais estritos entre a pena mínima e a pena máxima cominada.

Além da quantidade da pena, também a qualidade da sanção é submetida ao princípio da legalidade, ou seja, se é prevista somente pena restritiva de direitos para a espécie delitiva (como é a atual previsão do crime do art. 28 da Lei n. 11.343/2006 – porte de drogas para consumo pessoal), não pode ser permitida a imposição de pena mais grave. Também, se prevista pena de detenção, não pode ser imposta pena com regime fechado inicial de cumprimento de pena, sob pena de violação à legalidade.

1.15.5 Norma penal em branco e princípio da legalidade

Questão interessante é a relativa à compatibilidade entre o princípio da legalidade e as **normas penais em branco ou primariamente remetidas** As normas penais em branco, cuja origem remonta a Binding (Luiz Regis Prado, *Curso de direito penal brasileiro*, 2007, p. 179), são aquelas de conteúdo incompleto, vago, lacunoso, que necessitam ser complementadas por outras normas jurídicas, normalmente de natureza extrapenal (Cezar Roberto Bitencourt, *Tratado de direito penal*, 2010, p. 178).

Característica vantajosa dessa espécie de norma é seu caráter de fácil mutabilidade, sem passar pelos procedimentos legislativos comuns, uma vez que o conteúdo de certos elementos do tipo penal pode ser alterado com mais maleabilidade do que normalmente ocorreria.

Em princípio, o Direito Penal deveria definir de forma autônoma os pressupostos de suas normas. No entanto, a regulação de certas matérias altamente cambiantes e que exigem grande agilidade normativa (por exemplo, o conceito de "drogas" ou de "doença contagiosa") gera a necessidade do modelo legislativo denominado norma penal em branco (Luiz Regis Prado, *Curso de direito penal brasileiro*, 2007, p. 179).

Nesse caso, a hipótese legal é formulada de maneira indeterminada, devendo ser definida ou completada por ato normativo; formalmente há o elemento, no entanto, sua substância, seu conteúdo ainda se demonstra incerto.

Chama-se **norma penal em branco em sentido lato** ou **norma pena em branco homogênea** aquela cujo complemento está no mesmo patamar que a norma incriminadora, ou seja, tem a mesma natureza jurídica (é, portanto, lei e não outro ato normativo) e provém do mesmo órgão (o Poder Legislativo Federal). Exemplo dessa modalidade é o crime previsto no art. 236 do Código Penal, cuja conduta típica é descrita da seguinte forma: "contrair casamento induzindo em erro essencial o outro contraente ou ocultando-se impedimento que não seja casamento anterior". O erro essencial aludido na primeira parte do dispositivo é justamente aquele previsto no art. 1.557 do Código Civil e os impedimentos mencionados são aqueles constantes no art. 1.521 do mesmo diploma legal.

Já a **norma penal em branco em sentido estrito** ou **norma penal em branco heterogênea** é aquele cujo complemento tem natureza distinta (*v.g.*, decreto, portaria, regulamento) e/ou emana de órgão distinto. Exemplo dessa espécie são os tipos previstos na Lei de Drogas (n. 11.343/06). Embora todos os tipos nela contidos digam respeito à elementar "drogas", o que dá conteúdo a esse conceito é a Portaria n. 344/98, expedida pela Agência Nacional de Vigilância Sanitária e permanentemente atualizada, com a introdução de determinadas substâncias e exclusão de outras.

A questão que se coloca então, uma vez mais, é: a norma penal em branco, sobretudo a heterogênea, é compatível com o princípio da legalidade? Duas posições são defensáveis:

Para a opinião dominante, as normas em branco, mesmo que heterogêneas, são compatíveis com o princípio da legalidade. Argumenta-se que sempre haverá uma "lei anterior" que disciplina e completa aquela norma penal em branco, mesmo que seja de espécie e hierarquia diferenciadas (nesse sentido, por todos Julio Fabbrini Mirabete, *Manual de direito penal*, p. 50). Outro ponto ventilado é que a lei penal em branco não seria inconstitucional, mesmo a heterogênea, pois sua estrutura vem imposta pela divisão de poderes do Estado (Zaffaroni, *Manual de direito penal brasileiro*, p. 386). A justificativa para a existência da lei penal em branco heterogênea, ainda que tangenciando a estrita reserva legal, estaria na necessidade de rápida alteração do conteúdo do complemento, sem passar pelo processo legislativo da lei ordinária. Imagine-se que uma nova droga foi sintetizada na Europa: se fosse necessário aguardar o processo legislativo ordinário para criminalizar sua indevida circulação, a saúde pública poderia sofrer risco insuportável. Aqui, o uso da lei penal em branco heterogênea, que permite rápida alteração do conteúdo, seria necessária e justificável.

Posição minoritária levanta-se contra a constitucionalidade da norma penal em branco heterogênea, sustentada, dentre outros, pelo saudoso Basileu Garcia, mencionando que a norma surge tão difusa e imprecisa que obriga a intrincadas averiguações para positivar-se a existência ou não do crime (*Instituições de direito penal*, p. 154).

Figueiredo Dias, adotando posição intermediária, propõe um parâmetro para a existência da norma penal em branco heterogênea, que é a determinabilidade do tipo penal (*Direito penal*, p. 186). Ou seja, o conteúdo da norma penal incriminadora, mesmo que não seja determinado, deve ser objetivamente determinável, o que de certa forma permitirá a dirigibilidade da conduta dos cidadãos, pois estes saberão quais condutas serão censuradas. Dessa forma, cumpre analisar se o tipo penal consegue, apesar de ter tal natureza, fixar limites para que se dê sua integração por outro dispositivo, caso contrário, ocorreria flagrante inconstitucionalidade. O verbo núcleo, a descrição da conduta proibida, deve se dar na forma mais objetiva possível, permitindo conteúdo inteligível e adequado ao intérprete e aplicador legislativo.

Ainda sobre o tema, é possível que a lacuna não se encontre na descrição da conduta, mas na cominação da pena. Nesse caso há a chamada **normal penal incompleta, imperfeita** ou **secundariamente remetida**. Outras denominações encontradas na doutrina para a mesma figura são **norma penal em branco invertida, ao avesso** ou **ao revés**. É, portanto, aquela em que a conduta é descrita de forma completa e a lacuna se encontra no preceito secundário. Exemplo dessa modalidade são os tipos contidos na Lei n. 2.889/56, que define os crimes de genocídio e que, ao invés de estipular diretamente a sanção, remete às penas previstas no Código Penal. A norma penal em branco invertida é sempre homogênea, visto que tal lacuna deve, necessariamente, ser colmatada por Lei Federal, uma vez que cabe apenas a ela, e nenhum outro ato normativo, estabelecer a pena criminal.

Há, por fim, quem classifique ainda as leis penais em branco homogêneas como homovitelinas ou heterovitelinas: **homovitelinas**, se o complemento está no mesmo diploma legislativo, como o conceito de funcionário público, que está ao lado do crime de peculato no Código Penal; **heterovitelinas**, se o complemento está em diploma legislativo diverso, como no já mencionado caso do art. 236 do Código Penal, cujo complemento (impedimentos absolutos) está no Código Civil.

LEI PENAL NO TEMPO E PRAZOS PENAIS

Chama-se "Direito Penal Intertemporal" o conjunto de princípios e regras que regulamentam o problema da aplicação da lei penal brasileira no tempo.

É conveniente subdividir o tema em dois tópicos que correspondem a duas questões centrais. A primeira questão é: em que momento se considera praticado o crime? A resposta a essa indagação permitirá conhecer qual a lei que estava em vigor nesse momento. Nas hipóteses em que todo o fato criminoso é praticado em um único instante não há qualquer dificuldade em se definir o momento do crime. Mas caso a conduta seja praticada em um dia e o resultado ocorra em outro qual dessas duas datas deve ser considerada como o momento do crime? A segunda questão é: caso o cenário jurídico que existia no momento do crime seja posteriormente modificado qual a lei penal deve ser aplicada ao fato criminoso? Aplica-se a lei que estiver em vigor no momento do crime ou aplica-se a lei posterior? A matéria que resolve a primeira questão denomina-se "tempo do crime" e a que resolve a segunda questão chama-se "conflito de leis no tempo". Ambas serão examinadas a seguir.

2.1 TEMPO DO CRIME

2.1.1 Previsão legal

O critério identificador do tempo do crime encontra-se legalmente estipulado no art. 4º do Código Penal.

2.1.2 Teorias

Considerando-se a possibilidade de conduta e resultado estarem distanciados no tempo, três teorias podem ser adotadas:

a) **Teoria da atividade:** leva em consideração o momento da prática da ação ou omissão.

b) **Teoria do resultado:** leva em conta o momento da produção do resultado.
c) **Teoria mista:** leva em conta tanto o momento da ação ou omissão quanto o momento do resultado.

2.1.3 Teoria adotada pelo ordenamento jurídico brasileiro

É a da atividade, conforme o que se lê no art. 4º do Código Penal: "Considera-se praticado o crime no momento da ação ou omissão, ainda que outro seja o momento do resultado".

2.1.4 Relevância

A teoria do tempo do crime é relevante para a verificação de inúmeros aspectos relacionados ao crime, dentre eles:

a) lei penal em vigor;
b) imputabilidade do agente;
c) idade ou condição da vítima.

A teoria da atividade, no entanto, encontra exceções, dentre elas:

a) início da contagem do prazo prescricional: é a data em que o crime se consumou (art. 111 do Código Penal);
b) diminuição da prescrição pela metade (art. 115 do CP) e aplicação da atenuante genérica (art. 65 do CP) no caso de agente maior de 70 anos: deve ser considerada a idade no momento da sentença (note, no entanto, que, no tocante a esses mesmos efeitos quanto ao agente menor de 21 anos, deve ser considerada a idade na data do fato, ou seja, da conduta, em conformidade com a teoria da atividade).

2.1.5 Teoria da atividade em casos específicos

2.1.5.1 Crime permanente

É aquele em que a conduta se prolonga no tempo, por força da atuação da vontade do agente. São exemplos: sequestro e cárcere privado (art. 148 do CP), extorsão mediante sequestro (art. 159 do CP), furto de energia elétrica (art. 155, § 3º, do CP), diversas modalidades do tráfico de drogas (art. 33, Lei n. 11.343/2006), dentre outros.

Nesses casos, o tempo do crime compreende toda a duração da conduta. Sendo assim, indaga-se: se durante a permanência houver mudança legislativa, qual lei se deve considerar em vigor no "tempo do crime"?

Se a lei posterior encerra norma que dá tratamento mais brando ao tipo, a questão é de fácil solução: a revaloração da nocividade da conduta, que passa a ser considerada menos grave, aplica-se ao delito como um todo. Isso porque ainda que o crime não estivesse mais em curso, de qualquer modo a lei benéfica retroagiria (vale dizer, agiria sobre condutas retropraticadas). Desse modo, com mais razão é a lei benéfica que deve se aplicar quando entra em vigor ainda durante a permanência.

Quando, de outra mão, a lei posterior encerra norma mais gravosa que aquela que vigia no início da prática delitiva, o caso torna-se mais complexo, de sorte que são defensáveis duas posições:

1ª posição: deve ser aplicada, sempre e sempre, a lei que contém a norma mais branda, ainda que a outra, mais gravosa, seja-lhe posterior. Considera-se, para tanto, que, "sendo único o crime e tendo sido praticado na vigência de mais de uma lei, deve prevalecer a que mais beneficiar o réu" (Ricardo Rachid de Oliveira, *Introdução à aplicação da norma penal no tempo*, p. 42).

2ª posição: deve ser aplicada a lei que estiver vigente ao término do fato, ainda que mais grave do que a lei que vigorava no início. É a posição atualmente majoritária e consagrada pela **Súmula 711 do STF**, que tem a seguinte redação: "A lei penal mais grave aplica-se ao crime continuado ou ao crime permanente, se a sua vigência é anterior à cessação da continuidade ou da permanência". Tal entendimento, encampado firmemente pela jurisprudência brasileira, corresponde ao § 2º, II, do Código Penal alemão, que estabelece: "Se se modifica o tipo penal durante a comissão do fato, aplicar-se-á a lei vigente no momento em que se finaliza de cometer a ação tipificada".

Não há nisso (pelo menos quanto ao crime permanente, segundo entendemos) nenhuma violação ao princípio basilar da absoluta irretroatividade gravosa. De fato, como se viu, a regra é que o ato seja regido pela lei que estiver vigente no momento da sua prática (*tempus regit actum*). O fenômeno da retroatividade, enquanto exceção a essa regra, consiste na aplicação da lei a fatos praticados antes da sua vigência. Não é o que ocorre na hipótese tratada pela Súmula 711 do STF, já que nela a lei gravosa aplica-se ao fato praticado já sob a sua vigência, ainda que parcialmente. Na lição de Lyra Filho e Cernicchiaro, "nisso não vai nenhuma ofensa ao princípio da ultra--atividade benéfica porque a atividade delituosa foi cometida (tendo em vista a repetição das ações, no crime continuado, e a pluralidade de atos, na ação do crime permanente) também durante a vigência da segunda lei, em cujo período o agente reedita a vontade de transgredir a norma vigente" (*apud* Ricardo Rachid de Oliveira, *Introdução à aplicação da norma penal no tempo*, p. 43). Como bem nota Rachid de Oliveira, "poder-se-ia, é verdade, objetar, principalmente nas hipóteses em que a conduta iniciou-se atípica e, no seu curso, sobreveio uma lei tipificando-a, que a aplicação das normas da lei gravosa não atenderia à preservação da segurança jurídica que, afinal, é uma das metas da rigidez do princípio da legalidade". Cremos, no entanto, que tal objeção é de ser contornada por duas vias: a primeira, consistente na exigência inarredável de *vacatio legis* para todas as normas penais gravosas, em relação às quais é inadmissível a cláusula de vigência imediata (tema que será tratado mais adiante); a segunda, plasmada na figura do erro de proibição, que beneficia aquele que não tem consciência, sequer potencial, da ilicitude da conduta que pratica, o que poderia, em tese, ocorrer na hipótese de *novatio legis* incriminadora.

2.1.5.2 Crime instantâneo de efeitos permanentes

Embora a consumação se dê em um momento determinado, seus efeitos perduram no tempo, independentemente da atuação da vontade do agente (*ex vi* homicídio e bigamia). Tempo do crime é apenas o momento da conduta, pouco importando o momento ou a duração do resultado.

Alguns tipos penais suscitam discussão a respeito de sua natureza, o que tem impacto direto sobre a questão da determinação do tempo do crime.

Exemplo é o crime de estelionato contra a Previdência Social, situação em que o beneficiário, por meio da fraude, dá origem ao recebimento contínuo de benefícios. A jurisprudência hesita, ora considerando-o permanente, ora instantâneo de efeitos permanentes. No STJ, a partir do julgamento do **REsp n. 1.206.105** em 2012, a Terceira Seção da corte consolidou o entendimento de que, quando praticado pelo próprio beneficiário, o crime é permanente.

> AGRAVO REGIMENTAL NOS EMBARGOS DE DIVERGÊNCIA. ESTELIONATO CONTRA A PREVIDÊNCIA SOCIAL. CONDUTA PRATICADA PELA PRÓPRIA BENEFICIÁRIA. CRIME PERMANENTE. 1. **A atual jurisprudência da Egrégia Terceira Seção desta Corte é no sentido de que o estelionato praticado contra a Previdência Social, quando praticado pela própria beneficiária, configura crime permanente** (REsp n. 1.206.105/RJ, Relator Ministro Gilson Dipp, 3ª Seção, publicado no *DJe* de 22-8-2012). 2. Agravo regimental desprovido (AgRg nos EREsp 1162656/RS, 3ª Seção, Rel. Min. Gurgel de Faria, j. em 26-11-2014, *DJe* 4-12-2014 – Penal).

2.1.5.3 Crime plurissubsistente

Mesmo nos crimes instantâneos (tenham ou não efeitos permanentes), é possível que se apresente o problema de sucessão de leis penais durante a prática do crime. Isso porque, por vezes, uma única conduta pode ser fracionada em vários atos, configurando os chamados crimes plurissubsistentes (em oposição aos unissubsistentes, nos quais a conduta concentra-se toda em um único ato indivisível). No crime de homicídio, por exemplo, a conduta de "matar" pode ser fracionada em vários atos (imagine-se que o agente ministra, diariamente, pequenas doses de substância venenosa à vítima, que, acumulando-se no organismo, terminarão por levá-la à morte).

Sabe-se que, segundo a teoria da atividade, o "tempo do crime" é o momento da "conduta". Mas, quando a conduta espalha-se por vários atos, mais ou menos distantes no tempo, como resolver o problema de uma eventual alteração legislativa?

Segundo a posição dominante, a solução deve ser exatamente a mesma que se dá à hipótese de crime permanente: vale a lei que estiver em vigor ao término da prática da conduta delitiva, mesmo que mais grave.

2.1.5.4 Crime habitual

É aquele em a figura típica consiste precisamente na reiteração de determinado comportamento que, em si mesmo, é atípico. Exemplo tradicional é o crime de rufianismo (CP, art. 230: "Tirar proveito da prostituição alheia, participando diretamente de seus lucros ou fazendo-se sustentar, no todo ou em parte, por quem a exerça").

Assim como no crime permanente, aqui o tempo do crime também compreende toda a atividade delitiva. Havendo mudança legislativa: vale a lei em vigor no momento da última conduta.

E quanto ao advento, a partir de determinado momento, da imputabilidade, por exemplo, da maioridade? Parece-nos que, aqui, a solução deverá ser similar ao crime continuado, ou seja, a impossibilidade de atribuir-se responsabilidade às condutas praticadas em situação de inimputabilidade. Portanto, se as condutas realizadas pelo agente já imputável forem suficientes para caracterizar a habitualidade exigida pelo tipo, há fato típico punível, caso contrário não chega a formar-se sequer a tipicidade, por falta do requisito essencial.

2.1.5.5 Crime continuado

Trata-se, na realidade, de ficção jurídica, consistente na reunião de uma pluralidade de condutas distintas, mas que, para efeito de sanção, são valoradas como se fossem uma única. Em tese, o tempo do crime é o da prática de cada ação ou omissão. Tanto assim que, no tocante à imputabilidade penal, as condutas praticadas pelo menor de 18 anos devem ficar fora da unidade delitiva estabelecida pelo crime continuado (o que tem relevância no momento da dosimetria da pena, já que o *quantum* da majoração deve ser proporcional à quantidade de elos integrantes da cadeia delitiva). Da mesma forma, para o cálculo do prazo prescricional, deve-se considerar cada um dos crimes isoladamente.

E quanto a um eventual endurecimento no tratamento jurídico penal do fato durante a série continuada? Tal e qual no crime permanente, há aqui três posições:

1ª posição: deve ser aplicada a lei mais benéfica. Como explica Paulo Queiroz, comentando a posição consolidada no STF: "Não estamos de acordo com semelhante orientação relativamente à incidência da lei nova mais gravosa para os atos cometidos em continuidade delitiva, pois ela implica uma inversão lógica e cronológica do conceito legal de continuação, ofendendo o princípio da legalidade. É que de acordo com o art. 71, no crime continuado os delitos subsequentes são havidos como continuação do primeiro, e não o contrário, de modo que o agente, ao invés de responder por vários crimes em concurso material, deve responder por um único delito, o mais grave, se diversos, com aumento de um sexto a dois terços. Portanto os crimes subsequentes só têm relevância jurídico-penal para efeito da individualização judicial da pena: escolha da pena mais grave (quando diversas as infrações) e fixação do respectivo aumento, pois o primeiro crime prevalece sobre todos os demais como se estes simplesmente não existissem, exceto para efeito de aplicação da pena. Por conseguinte, se o autor só responde jurídico-penalmente pelo primeiro crime, e não pelos subsequentes, parece evidente que a lei posterior mais severa não poderá alcançá-lo, porque, se assim for, inverter-se-á o conceito legal de crime continuado lógica e cronologicamente: os últimos crimes serão os primeiros, considerando-se a continuação do final para o início" (*Direito penal*, 2009, p. 127).

2ª posição: deve ser aplicada a lei mais severa. Defendendo essa posição, Rachid de Oliveira lembra que "deve-se levar em consideração que a parte final do art. 71, do CP, impõe que se aplique a pena de apenas um dos crimes, mas 'a mais grave, se diversas' forem as penas cominadas para os crimes em causa. Imagine-se a hipótese de uma série de furtos praticados em continuidade delitiva. No curso da série de crimes, entra em vigor uma lei nova que agrava a pena. Também em razão da parte final do art. 71, do CP, deve-se aplicar a mais grave das penas, no caso, a pena prevista na lei posterior" (*Introdução à aplicação da norma penal no tempo*, p. 46). Segundo explica Guilherme de Souza Nucci, "se os atos sucessivos já eram incriminados pela lei antiga, não há duas séries mas uma única, que incide sob a lei nova, ainda que seja menos favorável do que a antiga, pois o agente já estava advertido da maior severidade da sanção e persiste na continuação. Se, no entanto, a incriminação sobreveio com a lei nova, o agente somente responderá pelos atos posteriores a ela. Da mesma forma a questão da imputabilidade penal" (*Manual de direito penal*, p. 99). É a posição adotada pelo Supremo Tribunal Federal e consolidada na **Súmula 711**.

3ª posição: Luiz Flávio Gomes, argumentando a inconstitucionalidade na aplicação da lei mais severa às condutas integrantes da continuidade delitiva cometidas antes da sua entrada em vigor, aponta a solução: "O correto é o juiz, nesse caso, fazer a opção por um aumento intermediário" (*Direito penal*, 2003, p. 177).

Importante, no entanto, notar que a aplicação da lei mais gravosa não pode, em hipótese alguma, configurar situação de retroatividade gravosa. Por isso, é preciso que a lei severa esteja vigente antes de cessar a continuidade. Atente-se, nesse passo, para o exemplo de Taipa de Carvalho: "no caso de uma série continuada de furtos simples e qualificados nos quais somente os furtos simples tenham sido cometidos na vigência da lei nova que agravou a pena do furto qualificado" (*apud* Ricardo Rachid de Oliveira, *Introdução à aplicação da norma penal no tempo*, p. 46-47). Isso porque, para que não haja verdadeira retroatividade, é preciso que a conduta cuja valoração agravou-se tenha sido praticada (ainda que parcialmente) já sob a vigência da nova lei.

2.1.5.6 *Crime omissivo*

No caso de crimes omissivos, qual deve ser considerado o tempo do crime? Leva-se em conta o momento da omissão, ou seja, o último instante no qual o agente ainda podia realizar a ação obrigada (crime omissivo próprio) ou a ação adequada para impedir o resultado (crime omissivo impróprio).

2.1.5.7 Concurso de pessoas

É possível que, em caso de concurso de agente, as ações tenham operado em momentos distintos e sob a égide de leis distintas. Assunto pouco comentado na doutrina, mas de extrema relevância, encontra sua melhor solução na proposta de Regis Prado, para quem "o decisivo é o momento de cada uma das condutas individualmente consideradas" (*Manual de direito penal*, 2007, p. 58).

De sorte que, na participação, o momento a ser considerado é o da atuação volitiva do partícipe (ao induzir, instigar ou auxiliar), e não o momento da prática da conduta principal. Significa que, como bem pontua Rachid de Oliveira em monografia sobre o assunto, "para cada partícipe deve comprovar-se de forma separada o momento da comissão" (*Introdução à aplicação da norma penal no tempo*, p. 40).

Exemplificando: X induz Y a praticar um homicídio. À época da conduta indutora, a pena do homicídio era de 6 a 20 anos de reclusão. Uma semana depois, Y, induzido por X, mas sem voltar a tomar contato com ele, de fato pratica o delito. Nesse momento, no entanto, após uma mudança legislativa, a pena do homicídio havia sido elevada para de 10 a 25 anos de reclusão. Que lei aplica-se à conduta de X? Conforme a solução de Prado, a que estava em vigor no momento da sua conduta, ou seja, no exemplo citado, a mais benéfica.

O mesmo se diga para os casos de autoria mediata, em que o tempo do crime é o momento da atuação do autor mediato, ou seja, o momento em que aquele induz, coage ou determina o terceiro à prática do crime (Ricardo Rachid de Oliveira, *Introdução à aplicação da norma penal no tempo*, p. 39).

2.2 CONFLITO DE LEIS PENAIS NO TEMPO

Como já se conceituou, direito penal intertemporal é o conjunto de princípios e regras que disciplina a vigência da lei penal no tempo. No ordenamento jurídico brasileiro, essas normas estão contidas no art. 5º, XXXIX e XL, da Constituição Federal, além de nos arts. 1º, 2º e 3º do Código Penal.

Se o problema em questão é justamente a vigência, é necessária, de início, uma breve incursão no tema das etapas de produção da lei, que são as seguintes:

a) Iniciativa do projeto.
b) Discussão e votação do projeto.
c) Sanção (ou veto) do Presidente da República. O projeto é convertido em lei.
d) Promulgação pelo Presidente da República. É o que confere executoriedade (aptidão para ser aplicada) e autenticidade (certeza da existência) à Lei.
e) Publicação pelo Presidente da República no *Diário Oficial da União*. É o que confere obrigatoriedade à lei.
f) *Vacatio legis*: Conforme o art. 1º da Lei de Introdução às normas do Direito Brasileiro, caso não haja dispositivo expresso em contrário, a lei começa a vigorar

depois de 45 dias de oficialmente publicada (nos Estados estrangeiros, o prazo é de 3 meses). É possível, entretanto, previsão de forma diversa, estabelecendo *vacatio legis* mais estendida (no caso de leis mais complexas) ou determinando a entrada em vigor na data da publicação. De acordo com a Lei Complementar n. 107/2001, a contagem da *vacatio* inclui o dia da publicação e o último dia do prazo, devendo a lei entrar em vigor no dia seguinte.

g) Vigência. É o período no qual a lei surte efeitos. A vigência (legalidade formal) não se confunde com a validade (legalidade material).

h) Revogação. É a perda de vigência da lei. Regra: a lei que começa a viger permanece em vigor até que outra lei a revogue. Exceção: leis excepcionais e temporárias se autorrevogam (como será adiante estudado).

Portanto, a regra é que a lei tenha atividade no período de sua vigência. A extra-atividade, ou seja, a aplicação da lei fora do período de sua vigência, é excepcional. Ela se divide em retroatividade (aplicação da lei a fatos cometidos antes da sua entrada em vigor) e ultra-atividade (a lei é aplicada a fatos ocorridos na sua vigência, mas no momento da aplicação não está mais em vigor). Desse modo a aplicação da Lei Penal no tempo pode obedecer a um desses princípios – atividade ou extra-atividade – segundo a sua natureza.

2.2.1 Lei mais severa (*lex gravior*): princípio da atividade (irretroatividade e não ultra-atividade)

2.2.1.1 *Previsão legal*

a) Art. 5º, XL, da Constituição Federal: "a lei penal não retroagirá, salvo para beneficiar o réu".

b) Art. 5º, XXXIX, da Constituição Federal: "não há crime sem lei anterior que o defina, nem pena sem prévia cominação legal".

c) Art. 1º do Código Penal: "não há crime sem lei anterior que o defina. Não há pena sem prévia cominação legal".

d) Art. 9º da Convenção Americana sobre Direitos Humanos: "Ninguém pode ser condenado por atos ou omissões que, no momento em que foram cometidos, não constituam delitos, de acordo com o direito aplicável. Tampouco poder-se-á impor pena mais grave do que a aplicável no momento da ocorrência do delito. Se, depois de perpetrado o delito, a lei estipular a imposição de pena mais leve, o delinquente deverá dela beneficiar-se".

2.2.1.2 *Significado de atividade*

A Lei que, em comparação com outra, for mais severa do que ela só tem aplicação durante o seu tempo de vigência. Significa, em primeiro lugar, que, se a lei anterior a ela for mais benéfica, a posterior mais severa não retroage, ou seja, não se aplica a fatos praticados antes de sua vigência (irretroatividade). E, em segundo lugar, que, se for substituída por outra mais benéfica, a partir de então deixa de se aplicar, mesmo quanto a fatos praticados na sua vigência. Ou seja, não continua se aplicando aos fatos praticados na sua vigência, que passaram a subordinar-se à lei posterior (proibição da ultra-atividade).

2.2.1.3 Modalidades de lex gravior

a) **Novatio legis incriminadora**: trata-se da lei nova que passa a considerar como infração penal ou crime a conduta anteriormente atípica.
b) **Novatio legis in pejus**: trata-se da lei que, de qualquer modo, agrava a situação daquele que praticou a conduta correspondente (*ex vi* aumenta a pena, impossibilita ou dificulta a concessão de um benefício, suprime causa de justificação ou de extinção da punibilidade).

A título de exemplo, em 19 de outubro de 2021, a Primeira Turma do STF, julgando o processo de extradição **Ext. 1.652/Governo do Chile**, de relatoria da Min. Rose Weber, firmou o entendimento de que para fatos anteriores à entrada em vigor da Lei n. 13.964/2019 impõe-se, para fins de extradição, o compromisso do Estado estrangeiro em estabelecer o cumprimento de pena máxima de trinta anos para o extraditando. A Lei em questão modificou o art. 75 do CP, aumentando o limite para quarenta anos, regra que, no entanto, não se aplica a fatos anteriores. Ficaram vencidos os Ministros Alexandres de Moraes e Dias Toffoli, que admitiam a possibilidade de aplicação da novel legislação de quarenta anos para o compromisso de extradição.

2.2.1.4 Lex gravior e vacatio legis

É proibida a aplicação retroativa da lei mais severa, inclusive quanto a fatos cometidos durante a sua *vacatio legis*.

Em relação, ainda, a essa questão, há outro aspecto interessante: é obrigatória a *vacatio legis* para as leis penais que contenham normas mais gravosas ao cidadão? Por outras palavras, admite-se, no ordenamento jurídico brasileiro, lei gravosa que comece a viger, imediatamente, na data de sua publicação?

Como se sabe, é a Lei Complementar n. 95/98 que estabelece normas para a elaboração, redação, alteração e consolidação de leis. Do seu art. 8º, consta a seguinte redação:

> Art. 8º A vigência da lei será indicada de forma expressa e de modo a contemplar prazo razoável para que dela se tenha amplo conhecimento, reservada a cláusula "entra em vigor na data de sua publicação" para as leis de pequena repercussão.

Significa que a *vacatio legis* (o tempo razoável para que se tenha amplo conhecimento da lei) é a regra, e a cláusula de vigência imediata, a exceção, reservada às leis de pequena repercussão.

Ora, como bem pontua Rachid Oliveira, "parece certo que a lei penal que traz normas mais graves em relação à disciplina vigente não pode, em qualquer hipótese, ser tratada como de pequena repercussão" (*Introdução à aplicação da norma penal no tempo*, p. 64), na medida em que amplia o *jus puniendi* do Estado, reduzindo, em contrapartida, o âmbito de liberdade do cidadão.

De sorte que leis penais mais severas não podem conter cláusula de vigência imediata ou prever *vacatio legis* demasiado exígua e que não permita o amplo conhecimento do conteúdo da lei. Se contiverem, tal cláusula padecerá de vício de inconstitucionalidade formal, na medida em que, de acordo com o art. 59 da Constituição Federal, compete à lei complementar dispor sobre a redação, elaboração, alteração ou consolidação de leis (Ricardo Rachid de Oliveira, *Introdução à aplicação da norma penal no tempo*, p. 62).

2.2.1.5 Medida de segurança mais severa

No ordenamento jurídico alemão, por força de disposição legal expressa (§ 2º, VI, do Código Penal alemão), a regra da irretroatividade não se aplica às medidas de segurança, sob o argumento de que, não se tratando de "penas", e sim de medidas de prevenção especial positiva de caráter curativo endereçadas sempre ao "bem" do agente, nunca se cogita que sejam consideradas "mais severas".

No Brasil, a redação primitiva da Parte Geral do Código Penal de 1940, ou seja, o texto original do Código Penal, não observava o princípio da anterioridade no tocante a medidas de segurança, por força do tempo expresso do art. 75, que determinava: "As medidas de segurança regem-se pela lei vigente ao tempo da sentença, prevalecendo, entretanto, se diversa, a lei vigente ao tempo da execução".

Na reforma da Parte Geral do Código Penal de 1984 (Lei n. 9.209/84), o texto original do art. 75 foi suprimido, de tal sorte que hoje o princípio da irretroatividade da lei mais severa aplica-se também às medidas de segurança. É o entendimento amplamente acolhido na doutrina e na jurisprudência brasileiras.

2.2.1.6 Lei processual penal mais severa

Posição amplamente majoritária defende que, quanto às normas processuais, vige simplesmente o princípio da aplicação imediata, independentemente da natureza da lei, vale dizer, se benéfica ou prejudicial ao cidadão, nos termos do art. 2º do CPP.

Ressalve-se, no entanto, posição em sentido contrário, esposada por Paulo Queiroz: "A irretroatividade da lei penal deve compreender, pelas mesmas razões, a lei processual penal, apesar do que dispõe o art. 2º do CPP que tem que ser interpretado à luz da constituição. Sempre que a nova lei processual for prejudicial ao réu, limitar-se-á a reger infrações penais posteriores à sua entrada em vigor. Contrariamente, se a lei for mais favorável, terá aplicação retroativa. Tratando-se de normas meramente procedimentais, que não impliquem o aumento ou diminuição de garantias (ex.: competência), terão aplicação imediata. No particular é de todo irrelevante, portanto, a mui recorrente distinção entre norma penal e processual, uma vez que ambas cumprem a mesma função político-criminal de proteção do mais débil (acusado) em face do mais forte (Estado). Tanto a infração penal quanto o modo de comprovação de sua existência e aplicação da pena têm que vir previstos antes do fato que motivou a intervenção jurídico-penal, a fim de que o cidadão saiba claramente o que deve e o que não deve fazer, como também o que será sancionado, quais são as suas limitações e quais as suas garantias no processo penal. No que toca ao tema de retroatividade penal o que importa, numa perspectiva garantista, não é a natureza jurídica da norma – se penal, se processual penal – mas o grau de garantismo que encerra" (*Direito penal*, 2009, p. 127).

Também Juarez Cirino dos Santos defende essa posição, com os seguintes argumentos: "a teoria minoritária subordina as leis processuais penais à proibição da retroatividade em prejuízo do réu, sob o argumento de que o princípio constitucional da lei mais favorável condiciona a legalidade processual penal sob dois pontos de vista: a) primeiro, o primado do direito penal substancial determina extensão das garantias do princípio da legalidade ao subsistema de imputação (assim como aos subsistemas de indiciamento e de execução penal), porque a coerção processual é a própria realização da coação punitiva; b) segundo, o gênero lei penal abrange as espécies lei penal material e lei penal processual, regidas pelo mesmo princípio fundamental" (*Direito penal*, p. 52-53).

É a posição que nos parece mais acertada, embora, como já se disse, seja minoritária.

Já no tocante às normas que têm um aspecto penal diretamente ligado a um aspecto processual, formando um todo incindível, é pacífico que deve prevalecer o viés penal, impedindo-se a extra-atividade da norma como um todo, quando a parte penal for mais severa. É o que aconteceu quando da entrada em vigor do art. 366, que vincula a suspensão do processo (norma processual) à suspensão do prazo prescricional (norma penal).

A discussão torna-se mais acirrada quanto às normas processuais de natureza híbrida, mistas, ou normas processuais materiais, ou seja, normas que têm íntima relação com o Direito Penal. Há, sim, certo consenso de que tais regras devem ser submetidas à principiologia penal (extra-atividade da lei mais favorável) e não processual penal (aplicabilidade imediata). Mas o problema que aparece logo, no entanto, é fixar quais são essas normas. Aqui, não parece haver consenso.

Segundo Nucci: "existem normas processuais penais que possuem íntima ligação com o direito penal, refletindo diretamente na punição do réu. Tratando de temas ligados ao *status libertatis* do acusado (ex.: prisão cautelar), devem ser submetidas à retroatividade benéfica" (*Manual de direito penal*, p. 100).

Também para Luiz Flávio Gomes, regras relativas à prisão não devem retroagir.

Já para Capez, as normas mistas são apenas aquelas que repercutem sobre o *jus puniendi* estatal, excluídas as relativas, por exemplo, à prisão: "Por norma processual devemos entender aquela cujos efeitos repercutem diretamente sobre o processo, não tendo relação com o direito de punir do estado. É o caso das regras que disciplinam a prisão provisória, pois a restrição da liberdade não tem qualquer relação com o *jus puniendi*, mas com as exigências de conveniência ou necessidade do próprio processo. Será, no entanto, de caráter penal toda norma que criar, ampliar reduzir ou extinguir a pretensão punitiva estatal, tornando mais intensa ou branda a sua satisfação" (*Curso de direito penal*, 2007, p. 49).

Quanto a regras processuais que disciplinam o tipo de ação penal (pública incondicionada, pública condicionada ou privada), há consenso tratarem-se de normas processuais de natureza híbrida, visto que afetam de forma direta o espaço do *jus puniendi* estatal. Ainda assim a aplicação prática do princípio da retroatividade benéfica das normas híbridas normalmente levanta discussões.

Nesse tema, tem causado grande polêmica a aplicação, no tempo, da norma que passou a condicionar a ação penal para julgamento do crime de estelionato à representação da vítima. Explica-se:

A **Lei n. 13.964/2019** introduziu no Código Penal dispositivo que exige a representação da vítima para o crime de estelionato, salvo algumas exceções (quando o crime é praticado contra a Administração Pública direta ou indireta, criança, adolescente, deficiente mental, maior de 70 anos ou incapaz).

Desde logo houve relativo consenso de que, embora verse diretamente sobre condição de procedibilidade, tendo teor processual, o dispositivo em questão impacta diretamente sobre o direito do estado de punir e a extinção da punibilidade pela decadência, sendo, portanto, norma de natureza híbrida ou mista. Ademais, constitui *novatio legis in mellius*, na medida em que aumenta a exigência para o exercício do *jus puniendi* estatal e, como tal, deve retroagir, ou seja, aplicar-se a fatos praticados antes da sua entrada em vigor. O consenso, no entanto, se encerra nesse ponto. Já quanto ao limite temporal da retroatividade, houve, e ainda há, intensa controvérsia.

Em todas as instâncias, incluído o STF, havia posições divergentes. Até que, em 13-4-2023, no julgamento do HC 208.817-RJ, de relatoria da Min. Carmen Lúcia, a Suprema Corte reconheceu a retroatividade da norma contida no § 5º do art. 171 para todos os casos em que não houvesse ainda o trânsito em julgado definitivo na data de entrada em vigor da Lei n. 13.964/2019, determinando, no caso concreto, que o juízo de 1º grau procedesse à intimação da vítima para que se manifestasse no prazo de 30 dias sobre o interesse no prosseguimento da ação penal.

Após a pacificação da questão no pleno do STF (retroatividade aplicável aos casos em que, no momento da entrada em vigor da norma, não havia trânsito em julgado), o Superior Tribunal de Justiça adequou sua jurisprudência perfilando o entendimento adotado pelo Supremo Tribunal Federal (AgRg no HC 817.678-SP, j. em 9-5-2023)

> AGRAVO REGIMENTAL NO *HABEAS CORPUS*. ART. 171, *CAPUT*, DO CP. LEI N. 13.964/2019 (PACOTE ANTICRIME). REPRESENTAÇÃO. ART. 171, § 5º, DO CP. RETROATIVIDADE DA LEI NOVA. EXTINÇÃO DA PUNIBILIDADE. INVIABILIDADE. DIRETRIZ DA TERCEIRA SEÇÃO DO STJ. DENÚNCIA OFERECIDA EM MOMENTO ANTERIOR

AO INÍCIO DA VIGÊNCIA DO REFERIDO DIPLOMA LEGAL. UNIFORMIZAÇÃO DA JURISPRUDÊNCIA PELO PLENÁRIO DO SUPREMO TRIBUNAL FEDERAL EM SENTIDO DIVERSO. ADEQUAÇÃO DA JURISPRUDÊNCIA DO TRIBUNAL DA CIDADANIA. POSSIBILIDADE. REPRESENTAÇÃO. AÇÃO PENAL PÚBLICA CONDICIONADA. DISPENSA DE FORMALIDADES. PRECEDENTES DO STJ. AGRAVO REGIMENTAL IMPROVIDO. 1. Firmou-se a jurisprudência da Terceira Seção do Superior Tribunal de Justiça no sentido da inaplicabilidade da retroatividade do § 5º, do art. 171, do Código Penal, às hipóteses nas quais o Ministério Público tiver oferecido a denúncia antes da entrada em vigor da Lei n. 13.964/2019. Ato jurídico perfeito (HC 610.201/SP, Rel. Ministro Ribeiro Dantas, Terceira Seção, julgado em 24/3/2021, *DJe* de 8/4/2021). 2. Todavia, em recente decisão, o Plenário do Supremo Tribunal Federal uniformizou, por maioria, a interpretação da questão, em sentido inverso. Proclamou o Excelso Pretório a retroatividade da lei nova, mesmo após o recebimento da denúncia. 3. Na hipótese dos autos, a denúncia foi recebida em 13/12/2019, antes, portanto, da entrada em vigor da Lei n. 13.964/2019, que ocorreu no dia 23/1/2020. De tal forma, o ato jurídico perfeito referente ao oferecimento e recebimento da denúncia em época na qual não era ainda exigida a representação da vítima não seria afetado pela entrada em vigor do Pacote Anticrime. Acontece que a orientação do STF consolidou-se em sentido diverso, caso não houvesse manifestação expressa da vítima na perspectiva da concreta apuração criminal dos fatos 4. No caso em tela, a Corte de origem destacou a demonstração inequívoca da parte interessada de que fosse apurada e processada a conduta ilícita. Logo, a decisão agravada deve ser mantida pela fundamentação subsidiária: comprovação do efetivo propósito da vítima quanto à investigação do delito de estelionato. 5. A representação, nos crimes de ação penal pública condicionada, prescinde de formalidades. Dessa forma, pode ser depreendida do boletim de ocorrência e de declarações prestadas em juízo 6. Agravo regimental improvido, com base na fundamentação subsidiária da decisão impugnada.

2.2.1.7 *Lei de Execução Penal mais severa*

Há também divergência sobre a aplicação da Lei de Execução Penal no tempo.

Destacada a já mencionada posição de Paulo Queiroz, no sentido da retroatividade: "O mesmo deve ser dito quanto à lei de execução penal, porque também aqui trata-se de preservar o caráter garantidor do princípio da legalidade em seus vários momentos de concretização, de modo que sempre que as modificações forem prejudiciais ao sentenciado não poderão retroagir" (*Direito penal*, 2009, p. 123).

Também segundo Juarez Cirino dos Santos: "A lei de execução penal também está submetida ao princípio constitucional da lei mais favorável – ou da proibição da retroatividade em prejuízo do réu apesar de controvérsia insustentável: (...) leis de execução penal são leis penais em sentido estrito, porque a execução da pena, como objetivo concreto da cominação e da aplicação da pena, é o centro nuclear do princípio da legalidade e seus incondicionais derivados constitucionais como a aplicação retroativa da lei penal mais favorável aos fatos anteriores" (*Direito penal*, p. 52-54).

Já parte da doutrina defende que os dispositivos da Lei de Execução que não tratem diretamente do *jus puniendi* estatal não têm natureza penal, podendo, portanto, retroagir, ainda que mais severos.

Argumenta Fernando Capez: "Entendemos que o Regime Disciplinar diferenciado não tem natureza penal e pode retroagir, uma vez que não cuida da satisfação da pretensão punitiva do Estado, mas tão somente regulamenta normas de disciplina interna, de natureza meramente administrativa" (*Curso de direito penal*, 2008, v. 1, p. 52).

Entendemos que tal e qual as leis processuais e com ainda maior razão as normas que compõem a execução devem receber o mesmo tratamento que aquele constitucionalmente assegurado às normas penais.

2.2.1.8 Lei interpretativa mais severa

Há duas posições:

a) **Pode retroagir**: uma vez que a lei não cria na realidade situação nova, mas apenas permite esclarecer o alcance e o sentido de lei já posta. Defende Frederico Marques que "a interpretação autêntica, além de se incorporar à lei interpretada, nada cria ou inova. Por isso mesmo tem de ser aplicada *ex tunc* em face das regras da hermenêutica penal, pois esta não difere da interpretação das leis extrapenais" (*apud* Ricardo Rachid de Oliveira, *Introdução à aplicação da norma penal no tempo*, p. 66).

b) **Não pode retroagir**: visto que integra o próprio conteúdo da norma penal, e a norma da irretroatividade severa não comporta qualquer exceção.

2.2.1.9 Jurisprudência mais severa

E se, em determinado momento, os tribunais passam a atribuir à lei já existente interpretação mais desfavorável ao acusado do que a jurisprudência anterior? Aquele que praticou a conduta antes da mudança na jurisprudência dominante pode ser atingido por ela? O entendimento amplamente majoritário é de que a proibição da retroatividade não se aplica à jurisprudência. Nesse caso não houve uma agravação na própria lei, mas um mero esclarecimento do exato sentido da lei, que só nesse momento veio a ser conhecido.

Adotando esse posicionamento em 28-11-2018 a Terceira Seção do STJ, ao julgar os Embargos de Divergência **EResp 1.318.662-PR** de relatoria do Min. Felix Fischer, decidiu que a Súmula Vinculante 24 retroage e se aplica a crimes tributários praticados antes da sua vigência, ainda que tal entendimento seja pior para o réu. Explica-se: a Súmula Vinculante 24, aprovada em 2 de dezembro de 2009, tornou cogente o entendimento de que o prazo prescricional dos crimes tributários começa a contar apenas com o lançamento definitivo do crédito tributário, após o encerramento do processo administrativo de lançamento. No caso do recurso supracitado, o recorrente alegava que para crimes praticados antes de 2 de dezembro de 2009 não incidiria a súmula, aplicando-se em relação a eles o entendimento segundo o qual o prazo prescricional se inicia da prática do fato, e não do lançamento definitivo. A acolher-se o argumento do recorrente já teria havido a prescrição. A Sexta Turma do STJ tinha posição favorável à tese do recorrente, ou seja, pela irretroatividade da Súmula Vinculante 24. Já a Quinta Turma agasalhava entendimento oposto, ou seja, pela retroatividade. Por essa razão forma opostos os embargos de divergência, tendo prevalecido a posição da Quinta Turma, firmando-se que a Súmula, embora tenha consequências gravosas para o réu, retroage, aplicando-se a fatos anteriores à sua aprovação. Alegou-se que não há vedação constitucional, que só proíbe a aplicação retroativa de lei mais severa, o que não é o caso. Além disso, destacou-se que a edição da Súmula, em 2 de dezembro de 2009, apenas consolidou entendimento jurisprudencial que já era adotado, tanto pelo STF quanto pelo STJ.

Com o devido respeito à posição dominante na doutrina e na jurisprudência, não é a que consideramos mais acertada. A interpretação jurisprudencial sobre os dispositivos legais integra o ordenamento jurídico e dessa forma deve se submeter às mesmas regras. A regra da irretroatividade não é regulamentação formal ou burocrática. Ela tem íntima e indissociável relação com os fins e os limites do direito penal. Como muito bem explica Paulo Queiroz, "o direito não preexiste à sua interpretação mas é dela resultado, motivo pelo qual a interpretação constitui o ser do direito, segue-se, logicamente, que a lei e sua interpretação são inseparáveis, logo o discurso sobre a retroatividade ou não da lei deve ser exatamente o mesmo também aqui, de sorte a não ser admitida a retroatividade da nova jurisprudência contrária ao réu" (*Direito penal*, 2009, p. 127).

Seja como for, ainda que se adote a posição majoritária, impende reconhecer que a modificação da jurisprudência pode por vezes repercutir diretamente sobre o conhecimento da ilicitude, dando azo inclusive a erro de proibição. Imagine-se que durante certo tempo a jurisprudência considera que a conduta de captação clandestina de sinal de TV a cabo é atípica, por não preencher os elementos do tipo de furto. A partir de determinado momento, sem que haja qualquer alteração do texto legal, a jurisprudência passa a entender que a mesma conduta enquadra-se perfeitamente ao delito de furto, pois o conceito de coisa móvel por equiparação. A mudança foi apenas da jurisprudência, não da lei. No entanto, nos parece claro que o agente que praticou a conduta antes da alteração da jurisprudência não tinha como saber que sua conduta era crime (se os próprios tribunais não a consideravam assim), devendo ser reconhecido, no mínimo, o erro de proibição.

2.2.2 Lei mais benéfica (*lex mitior*): extra-atividade (retroatividade e ultra--atividade)

2.2.2.1 *Previsão legal*

a) Art. 5º, XL, da Constituição Federal: "A lei penal não retroagirá, salvo para beneficiar o réu".

b) Art. 9º da Convenção Americana sobre Direitos Humanos: "Ninguém pode ser condenado por atos ou omissões que, no momento em que foram cometidos, não constituam delitos, de acordo com o direito aplicável. Tampouco poder-se-á impor pena mais grave do que a aplicável no momento da ocorrência do delito. Se, depois de perpetrado o delito, a lei estipular a imposição de pena mais leve, o delinquente deverá dela beneficiar-se".

c) Art. 2º do Código Penal: "Ninguém pode ser punido por fato que lei posterior deixa de considerar crime, cessando em virtude dela a execução e os efeitos penais da sentença condenatória. Parágrafo único. A lei posterior, que de qualquer modo favorecer o agente, aplica-se aos fatos anteriores, ainda que decididos por sentença condenatória transitada em julgado".

2.2.2.2 Significado de extra-atividade

A lei penal mais benéfica, por um lado, é retroativa, ou seja, aplica-se a fatos cometidos antes da sua vigência. E, por outro, é ultra-ativa, ou seja, quando a lei que estava em vigor no momento da conduta for mais benéfica do que sua sucessora, é aquela que continua aplicando-se ao caso, mesmo que, no momento do julgamento, já tenha sido revogada.

A retroatividade da lei mais benéfica impõe a sua aplicação mesmo a casos já decididos por sentença transitada em julgado. Há incompatibilidade entre esse instituto e o art. 5º, XXXVI, da Constituição Federal, cujo texto é: "a lei não prejudicará o direito adquirido, o ato jurídico perfeito e a coisa julgada"? Não, uma vez que a garantia da coisa julgada (assim como todos ou outros direitos e garantias do art. 5º, classificados como "direitos e garantias individuais") dirige-se ao cidadão, e não ao Estado. Para beneficiar o cidadão, a coisa julgada pode ser afastada quando do advento de lei mais favorável.

2.2.2.3 Modalidades de lei mais benéfica

a) **Abolitio criminis**: trata-se de lei nova que descriminaliza a conduta. Quanto aos fatos que lhe forem posteriores, é uma excludente de tipicidade. Quanto aos fatos anteriores (considerados típicos quando do seu cometimento), é causa de extinção da punibilidade.

Sobrevindo *abolitio criminis* após o trânsito em julgado de sentença penal condenatória, cessa a execução da pena e extinguem-se todos os efeitos penais secundários da condenação, tais como a formação de condição para reincidência e a constituição de maus antecedentes.

Também são extintos os efeitos políticos (suspensão dos direitos políticos).

Os efeitos civis, no entanto (*ex vi* obrigação de indenizar) não são atingidos.

Quanto aos efeitos da condenação previstos no art. 92, conforme defende Luiz Flávio Gomes, os efeitos da *abolitio* são os mesmos alcançados por uma eventual reabilitação (*Direito penal*, 2003, p. 174).

Por fim, a *abolitio criminis* não gera para o agente direito à indenização estatal por erro judiciário, já que erro realmente não houve, e sim uma modificação de cunho político-criminal promovida pelo legislador (Guilherme de Souza Nucci, *Manual de direito penal*, p. 94).

Discute-se na doutrina a possibilidade de **abolitio criminis pelos costumes**. O entendimento majoritário é de que a mudança nos costumes vigentes na sociedade não tem o condão de promover *abolitio criminis*, vale dizer, de descriminalizar determinadas condutas, uma vez que o costume não pode revogar a lei. Contudo, é certo que a modificação no comportamento e na estrutura de valores da sociedade pode esvaziar por completo o conteúdo da conduta formalmente criminosa, despojando-a de tipicidade material por força do princípio da adequação social.

A *abolitio criminis* não se confunde com a mera revogação de dispositivo de lei, que pode ensejar situação de continuidade normativo-típica. Em outras palavras, não há *abolitio criminis* se, em sendo revogado determinado artigo, a conduta passa a subsumir-se a outro dispositivo legal, já vigente ou substitutivo do anterior. É o que ocorreu, por exemplo, com o tipo inserto no art. 214 do CP, revogado pela Lei n. 12.015/2009. É o que se vê na ementa do julgamento do HC 122.666, Rel. Min. Dias Toffoli, julgado pela Primeira Turma do STJ, em 18-11-2014:

> *Habeas corpus*. Substitutivo de recurso ordinário constitucional. Inadmissibilidade. Precedente. Recurso ordinário constitucional. Ausência de capacidade postulatória do recorrente. Irrelevância. Precedentes. Atentado violento ao pudor (art. 214, CP). Revogação pela Lei n. 12.015/09. *Abolitio criminis*. Não ocorrência. Conduta que passou a integrar o crime de estupro (art. 213, CP). Vítima menor de catorze anos. Violência presumida em razão da idade. Revogação do art. 224, *a*, do Código Penal. Tipificação como crime autônomo de "estupro de vulnerável" (art. 217-A, CP). Impossibilidade de sua aplicação retroativa, por se tratar, na espécie, de lei penal mais gravosa. *Habeas corpus* extinto. (...) 3. **Embora a Lei n. 12.015/09 tenha revogado o art. 214 do Código Penal, não houve *abolitio criminis*, uma vez que o atentado violento ao pudor, antes figura criminal autônoma, passou a integrar o crime de estupro (art. 213). 4. Também não houve *abolitio criminis* quanto à presunção de violência em razão da idade da vítima, uma vez que a Lei n. 12.015/09, ao revogar o art. 224, *a*, do Código Penal, tipificou, como crime de "estupro de vulnerável" (art. 217-A, CP), a prática de ato libidinoso com menor de 14 (catorze) anos. 5. Na espécie, o art. 217-A do Código Penal não pode ser aplicado retroativamente, por constituir lei penal mais gravosa. 6.**

Habeas corpus extinto (HC 122.666, Rel. Min. Dias Toffoli, 1ª Turma, j. em 18-11-2014, processo eletrônico DJe-021, divulg. 30-1-2015, public. 2-2-2015).

Travou-se também discussão acerca de eventual *abolitio criminis* de condutas previstas no Estatuto do Estrangeiro, revogado em 2017. Explica-se a controvérsia:

Até 2017 vigorava a Lei n. 6.815/1980 (Estatuto do Estrangeiro) que, em seu Título XII – Capítulo I trazia "Das infrações e Penalidades". As referidas infrações e penalidades estavam dispostas no art. 125 que possuía dezesseis incisos. Dentre esses, três incisos (XI, XII e XIII) previam tipo penais aos quais era cominada pena privativa de liberdade. Ou outros treze incisos previam infrações às quais eram cominadas somente penalidades de multa, deportação ou expulsão. Em 2017, a **Lei n. 13.445/2017** (Lei de Imigração) revogou de forma expressa e integral a **Lei n. 6.815/1980**. Ocorre que o Capítulo IX da nova legislação é denominado "Das infrações e das Penalidades Administrativas", nada dizendo sobre infrações penais. A única infração penal mencionada na **Lei n. 13.445/17** consta do seu art. 115 que introduziu o art. 232-A no Código Penal (Promoção de Imigração Ilegal) tipificando a conduta de promover com o fim de obter vantagem econômica, a entrada ilegal de estrangeiro em território nacional ou de brasileiro em país estrangeiro.

Em face desse cenário normativo questionava-se: a conduta de fazer declaração falsa em processo de transformação de visto, de registro, de alteração, de assentamentos, de naturalização ou para a obtenção de passaporte, *laissez-passer*, ou quando exigido, visto de saída, previsto no antigo art. 125, XIII, do Estatuto do Estrangeiro e sem correspondente na Lei de Imigração teria sofrido *abolitio criminis*? O Recorrente sustentava que sim argumentando que, pelo princípio da especialidade, as disposições da Lei de Imigração preponderam sobre as disposições do Código Penal e que a decisão do legislador de não tipificar nessa lei a conduta que antes era tipificada pelo Estatuto do Estrangeiro demonstra o desinteresse do Estado na tutela penal para essa hipótese.

Não foi, no entanto, o entendimento acolhido pela Corte. Analisando o tema em debate nos autos do AgRg no **AREsp 1.422.129/SP**, julgado em 5-11-2019, de relatoria do Min. Reynaldo Soares, a Quinta Turma do STJ entendeu que a conduta prevista no art. 125, XIII, da Lei n. 6.815/80, revogado em 2017, não sofreu *abolitio criminis*, operando-se em relação a ela a continuidade normativo-típica, como se lê na ementa:

> AGRAVO REGIMENTAL NO AGRAVO EM RECURSO ESPECIAL. ESTATUTO DO ESTRANGEIRO. DECLARAÇÃO FALSA EM PEDIDO DE RESIDÊNCIA PROVISÓRIA. ALTERAÇÃO DA CAPITULAÇÃO JURÍDICA. ART. 299 DO CP. RECURSO DESPROVIDO. 1. **A conduta de fazer declaração falsa em processo de transformação de visto, de registro, de alteração de assentamentos, de naturalização, ou para a obtenção de passaporte para estrangeiro, laissez-passer ou, quando exigido, visto de saída, não deixou de ser crime no Brasil com a revogação da Lei n. 6.815/1980, não havendo que se falar em abolitio criminis, mas subsume-se agora ao art. 299 do Código Penal.** 2. Operou-se, na espécie, o princípio da continuidade normativa típica, que ocorre quando uma norma penal é revogada, mas a mesma conduta continua sendo crime no tipo penal revogador, ou seja, a infração penal continua tipificada em outro dispositivo, ainda

que topologicamente ou normativamente diverso do originário (HC 204.416/SP, Rel. Ministro Gilson Dipp, Quinta Turma, *DJe* 24-5-2012). 3. Agravo não provido.

Em 2021, a revogação do art. 65 da Lei de Contravenções Penais (contravenção penal de perturbação da tranquilidade) pela **Lei n. 14.132/2021** também suscitou debate. O referido diploma, a um só tempo, introduziu no Código Penal o crime de perseguição (art. 147-A) e revogou a contravenção penal de perturbação da tranquilidade. Comparando-se a redação de ambos os dispositivos, vê-se que algumas condutas antes colhidas pelo art. 65 passaram a ser colhidas pelo art. 147-A, sem que houvesse, portanto, a sua descriminalização:

Art. 65 da LCP	Art. 147-A do CP
Art. 65. Molestar alguém ou perturbar-lhe a tranquilidade, por acinte ou por motivo reprovável:	Art. 147-A. Perseguir alguém, reiteradamente e por qualquer meio, ameaçando-lhe a integridade física ou psicológica, restringindo-lhe a capacidade de locomoção ou, de qualquer forma, invadindo ou perturbando sua esfera de liberdade ou privacidade.
Pena – prisão simples, de quinze dias a dois meses, ou multa, de duzentos mil réis a dois contos de réis.	Pena – reclusão, de 6 (seis) meses a 2 (dois) anos, e multa.

No AgRg nos EDcl no **REsp 1.863.977/SC,** julgado em 14-12-2021, a Min. Laurita Vaz decidiu não ter havido *abolitio criminis* da conduta antes tipificada como perturbação da tranquilidade, quando praticada de forma reiterada, de modo a subsumir-se ao novo tipo penal:

AGRAVO REGIMENTAL NOS EMBARGOS DE DECLARAÇÃO NO RECURSO ESPECIAL. CONTRAVENÇÃO DE PERTURBAÇÃO DA TRANQUILIDADE. ART. 65 DO DECRETO LEI N. 3.688/1941. ALEGAÇÃO DE *ABOLITIO CRIMINIS*. PRINCÍPIO DA CONTINUIDADE NORMATIVO-TÍPICA. PRECEDENTE DO STJ. PLEITO ABSOLUTÓRIO. IMPOSSIBILIDADE. REEXAME FÁTICO-PROBATÓRIO. VERBETE N. 7 DA SÚMULA DO STJ. PROPORCIONALIDADE DO *QUANTUM* FIXADO PARA CADA VETOR DESABONADO. FIXAÇÃO DE REGIME MAIS GRAVOSO. POSSIBILIDADE. AGRAVO REGIMENTAL NÃO CONHECIDO. 1. **A revogação da contravenção de perturbação da tranquilidade – art. 65 do Decreto Lei n. 3.688/1941 – pela Lei n. 14.132/2021, não significa que tenha ocorrido** *abolitio criminis* **em relação a todos os fatos que estavam enquadrados na referida infração penal. 2. Na hipótese em apreço, considerando que o comportamento do ora Agravante é reiterado – ação que, no momento atual, está contida no art. 147-A do Código Penal, em razão do princípio da continuidade normativo-típica –, aplica-se a lei anterior mais benéfica (art. 65 do Decreto Lei n. 3.688/1941).** 3. No caso, a inversão do decidido pela instância antecedente, a fim de absolver o Recorrente, seja por ausência de realização de elementar do tipo, seja por ausência de dolo, é inviável nesta via recursal, por demandar acurada análise do conteúdo fático-probatório dos autos. Portanto, aplica-se o entendimento consolidado no Verbete n. 7 da Súmula do STJ, de seguinte teor: "A pretensão de simples reexame de prova não enseja recurso especial". 4. Na primeira fase da dosimetria, o *quantum* de aumento a ser implementado em decorrência do reconhecimento de circunstâncias judiciais desfavoráveis fica adstrito ao prudente arbítrio do Juiz, não estando vinculado exclusivamente a um critério puramente matemático. 5. A majoração da pena-base em 5 (cinco) dias para cada circunstância judicial negativa não se mostra desproporcional ou desarrazoado, tendo em vista o intervalo da pena abstrata cominada para a contravenção penal – de 15 (quinze) dias a 2 (dois) meses de prisão –, bem como as circunstâncias concretas do delito, ponderadas de forma legítima pelo julgador. 6. Agravo regimental desprovido.

Por fim, chama-se **abolitio criminis temporalis** (também *vacatio legis* indireta) a suspensão temporária da vigência de determinado dispositivo incriminador, com a corrente exclusão temporária da conduta incriminada. É o caso, por exemplo, do que ocorreu com os arts. 30 e 32 do Estatuto do Desarmamento, que estabeleceram prazo durante o qual os possuidores de arma em situação irregular poderiam registrá-las ou entregá-las, tornando, portanto, durante esse período, atípica a conduta de posse ilegal de armas.

A característica distintiva da temporariedade implica que a atipicidade, estabelecida para vigorar apenas em determinado período, não retroage, ou seja, não resulta na extinção da punibilidade dos fatos praticados antes da sua vigência.

Foi o que ocorreu com o crime de posse ilegal de arma de fogo. A **Lei n. 10.826/2003** fixou prazo de 180 dias, a partir da publicação da lei, para registro ou entrega das armas cuja posse não estivesse legalizada. O prazo foi prorrogado diversas vezes até findar em definitivo no dia 23 de outubro de 2005. Durante esse período, e apenas nele, a posse de arma de fogo de uso permitido, ainda que com numeração, marca ou qualquer outro sinal de identificação raspado, suprimido ou adulterado, era considerada atípica. Tal entendimento foi consagrado pela **Súmula 513** editada em 2014:

> Súmula 513 do STJ: A *abolitio criminis* temporária prevista na Lei n. 10.826/2003 aplica-se ao crime de posse de arma de fogo de uso permitido com numeração, marca ou qualquer outro sinal de identificação raspado, suprimido ou adulterado, praticado somente até 23-10-2005.

No entanto, o delito de posse de arma de fogo ocorrido anteriormente à vigência da Lei que instituiu a *abolitio criminis* temporária continua punível, não cabendo a pretensão de retroação de lei benéfica.

b) **Novatio legis in mellius**: Trata-se da lei que, de qualquer modo, abranda o tratamento daquele que praticou a conduta correspondente (*ex vi* reduz a pena, permite ou facilita a concessão de um benefício, cria causa de justificação ou de extinção da punibilidade).

2.2.2.4 Lex mitior e vacatio legis

É possível aplicar-se, desde logo, a lei mais favorável, mesmo durante o período de *vacatio legis*? Duas posições:

a) **É possível**. Na explicação de Cezar Roberto Bitencourt: "No momento em que é publicado um novo texto legal, este passa a existir no mundo jurídico, representa o novo pensamento do legislador sobre o tema de que se ocupa, produto, evidentemente, de novas valorações sociais. Assim, não sendo possível ignorar a existência do novo diploma, bem como as transformações que ele representa no ordenamento jurídico-penal, a sua imediata eficácia é inegável, e não pode ser obstaculizada a sua aplicação retroativa quando configurar lei mais benéfica, mesmo que ainda se encontre em *vacatio legis*" (*Tratado de direito penal*, 2008, p. 166).

No mesmo sentido, confira-se o argumento de Rogério Greco: "Em caso *de lex mitior* existe a possibilidade de ser aplicada ao caso concreto antes mesmo de sua entrada em vigor. Se a lei terá obrigatoriamente que retroagir, por que não aplicá-la antes mesmo do início de sua vigência, mediante a sua só publicação? Por economia de tempo não se exige que se aguarde a sua vigência, podendo ser aplicada a partir da sua publicação" (*Curso de direito penal*, 2007, v. I, p. 102).

Já Brandão alinha razão diretamente fundada no texto constitucional: "Porque a lei penal é uma Garantia Individual ela tem aplicabilidade imediata, conforme dispõe expressamente o texto constitucional (art. 5º, § 1º). Assim para efeito de aplicação da lei penal no tempo retroage-se a lei mais benéfica, não sendo necessária a sua entrada em vigor, já que a lei na esfera penal é uma garantia fundamental, com aplicabilidade imediata por força do dispositivo constitucional" (*Curso de direito penal*, p. 68).

Acrescenta René Ariel Dotti que: a Constituição Federal fala em lei posterior existente e não vigente (*Curso de direito penal*, 2004).

b) **Não é possível**. Esclarece Fernando Capez: "durante esse [período de *vacatio legis*] a lei ainda não começou a propagar os seus efeitos, logo, não pode ter eficácia imediata, nem retroativa, até porque é possível a sua revogação antes mesmo de entrar em vigor, como ocorreu com o art. 263 (ECA) revogado pela lei de Crimes Hediondos em plena *vacatio legis*" (*Curso de direito penal*, 2007, v. 1, p. 59).

Também para Damásio Evangelista de Jesus: "Quando se fala em lei posterior subentende-se a que passou a viger em último lugar, independentemente das datas de publicação" (*Direito penal*, 2005, p. 75).

Guilherme de Souza Nucci aduz ainda outro aspecto: "Não se compreende que a norma tenha validade para beneficiar réus em geral, mas não possa ser aplicada ao restante da população" (*Manual de direito penal*, p. 96).

Destaque-se a posição intermediária defendida por Luiz Flávio Gomes, que sugere uma "suspensão de vigência da lei mais severa anterior: 'Lei que não entrou em vigor não deve ser aplicada, ainda que mais benéfica, justamente porque ainda não faz parte do direito vigente. Mas se a lei nova é benéfica, isso significa que o direito vigente é mais severo. Tampouco deve ser aplicado. Melhor solução: aguardar a vigência da lei nova, por força do princípio da razoabilidade, tomando tão somente providências urgentes (soltura do réu preso, por exemplo)'" (*Direito penal*, 2003, p. 169).

2.2.2.5 Retroatividade da jurisprudência mais benéfica

Nenhuma discussão existe quanto à retroatividade da interpretação jurisprudencial posterior mais benéfica ao réu, sendo absolutamente tranquila a possibilidade.

2.2.2.6 Competência para a aplicação da lei mais benéfica após o trânsito em julgado

Em regra, é do juízo da execução, e não do Tribunal, mediante revisão criminal conforme a **Súmula 611**, editada em 1984 pelo STF e ainda vigente, bem como o art. 66 da Lei de Execução Penal (Lei n. 7.210), também de 1984:

> **Súmula 611 do STF: Transitada em julgado a sentença condenatória, compete ao juízo das execuções a aplicação da lei mais benigna.**

> **Art. 66 da Lei de Execução Penal: Compete ao juiz da execução: I – aplicar aos casos julgados lei posterior que de qualquer modo favorecer o condenado.**

Parte da doutrina, no entanto, perfilhando posição capitaneada por Alberto Silva Franco, defende que, caso a aplicação da lei mais benéfica exija incursão no acervo probatório do processo de conhecimento faleceria a competência do juízo da execução, devendo ser proposta, necessariamente, a ação revisional.

É o caso, por exemplo, de Rogério Greco: "Embora à primeira vista pareça não haver mais discussões a respeito da competência para a aplicação da *lex mitior* após o trânsito em julgado da sentença penal condenatória, merece ser destacado que competirá ao juízo das execuções a aplicação da lei mais benéfica sempre que tal aplicação importar num cálculo meramente matemático. Caso contrário, não. Ou seja, toda vez que o juiz da Vara das Execuções Criminais, a fim de aplicar a *lex mitior*, tiver que adentrar o mérito da ação penal de conhecimento, já não terá competência para tanto. Nesse caso a competência é do tribunal pela via da revisão criminal" (*Curso de direito penal*, 2007, v. I, p. 118).

Há, no entanto, quem, rechaçando a posição de Silva Franco, defenda a inadmissibilidade do uso da revisão criminal para esse fim e a competência, em qualquer caso, do Juiz da Execução, para a aplicação da lei mais benéfica.

Segundo entende Mirabete: "Não é possível utilizar-se para tal fim a revisão, uma vez que não está a hipótese de aplicação da nova lei relacionada entre aquelas que admitem a referida ação (art. 621 do CPP). Ademais a utilização desse procedimento suprimiria um grau de jurisdição, subtraindo-se às partes o recurso cabível. (...) Nada obsta que o juiz da execução requisite os autos principais para apreciar todos os elementos dos autos, a fim de aplicar a lei nova" (*Manual de direito penal*, p. 53).

Também Nucci, criticando a posição de Silva Franco, sublinha que: "melhor é a orientação que defende a competência do juiz da execução penal, pois, além de mais prática, agiliza e facilita para o réu a aplicação da lei que o favorece" (*Manual de direito penal*, p. 98-99).

2.2.3 Lei intermitente

Os princípios da proibição da ultra-atividade gravosa e da retroatividade benéfica, que são, na verdade, o verso e o reverso de uma mesma moeda, encontram, no entanto, uma exceção legal. Tal exceção é representada pela Lei Intermitente.

Leis intermitentes são aquelas cuja transitoriedade já vem embutida na própria norma. Subdividem-se em lei excepcional e lei temporária.

Lei excepcional (ou lei temporária em sentido lato) é aquela cuja vigência está condicionada a uma situação de anormalidade. É pertinente, no entanto, a distinção feita por Figueiredo Dias: "Não se deve confundir esse conceito com o de tipo circunstanciado, que é uma lei penal ordinária que considera delito uma ação ou agrava a pena para uma ação típica, quando há a ocorrência de certas circunstâncias (guerra, catástrofe etc.). A lei excepcional é uma lei que, frente a uma circunstância extraordinária, perde a vigência. A segunda conserva a sua vigência e volta a ser aplicada cada vez que a circunstância volte a se apresentar" (*Manual de direito penal*, p. 201).

Já a lei temporária (ou temporária em sentido estrito) é a que tem um prazo de vigência predeterminado. É o caso, por exemplo, da **Lei n. 12.663/2012** (Lei Geral da Copa) que, em seu art. 36, prevê expressamente que: "Os tipos penais previstos neste Capítulo terão vigência até o dia 31 de dezembro de 2014".

O art. 3º do Código Penal brasileiro determina que ambas as leis continuem (excepcional ou temporária) aplicando-se aos fatos cometidos na sua vigência, mesmo que, ao tempo do processo, o prazo ou a situação já tenham cessado. Gozam, portanto, de ultra-atividade, mesmo que desfavoráveis ao réu. Tratando-se, no entanto, de uma exceção ao princípio constitucional da retroatividade da lei mais benéfica, é controvertida a sua constitucionalidade.

a) **Não há violação ao preceito constitucional:** defende Figueiredo Dias que: "A razão que justifica o afastamento da aplicação da lei mais favorável reside em que a modificação legal se operou não em função de uma alteração da concepção legislativa – esta é sempre a mesma –, mas unicamente de uma alteração das circunstâncias fáticas. Que deram base à lei. Não existem por isso aqui expectativas que mereçam ser tuteladas, enquanto, por outro lado, razões de prevenção geral positiva existem" (*Direito penal*, t. I, p. 205).

No Brasil, explica Fernando Galvão: "A provisoriedade das circunstâncias e o elemento temporal integram a descrição típica e condicionam a intervenção punitiva. Mas a situação de posterior retorno à normalidade, que implica a perda de vigência da norma punitiva, não significa mudança de entendimento sobre a inadequação da conduta praticada durante o contexto que autorizou a edição da lei. A retroatividade benéfica substancialmente pressupõe mudança quanto à consideração social de inadequação da conduta ou quanto à necessidade de tratamento punitivo mais rigoroso. A conduta delitiva praticada durante a vigência das leis excepcionais ou temporárias continua a receber reprovação social e, portanto, a norma que prevê a ultra-atividade de tais leis é materialmente constitucional" (*Direito penal*, p. 97).

b) **Há violação ao preceito constitucional:** segundo Juarez Cirino dos Santos: "Respeitável teoria minoritária rejeita o atributo da ultra-atividade das leis temporárias ou excepcionais em prejuízo do réu, sob o argumento sistemático convincente da natureza incondicional da exceção constitucional da retroatividade da lei mais favorável (art. 5º, XL), com invalidação do art. 3º, do Código Penal, que não teria sido recepcionado pela Constituição da República de 1988" (*Direito penal*, p. 52).

No mesmo sentido, a lição de Paulo Queiroz: "O advento do termo final da lei excepcional ou temporária implica, automaticamente, a descriminalização da conduta e, pois, nenhum efeito pode produzir desde então, mesmo em relação aos que cometeram crime durante a sua vigência, tal como ocorre com as leis normalmente editadas. Ademais, quando sobrevém o prazo legal de duração da lei o Estado renuncia, ainda que implicitamente, ao poder de punir, não se justificando, também por isso, a penalização dos infratores, sob pena de violação ao princípio da proporcionalidade inclusive, afinal a pena já não é necessária para a prevenção geral e especial de futuros delitos. E só o argumento prático-utilitário de lhes assegurar a função motivadora não é suficiente para legitimar a pretendida ultra-atividade. Finalmente, é certo que a Constituição não previu nenhuma exceção no particular" (*Direito penal*, 2009, p. 121).

É esse também o entendimento esposado por Rogério Greco: "Não tendo a Constituição Federal ressalvado a ultra-atividade *in pejus* das leis excepcionais e temporárias, não será possível tal interpretação, devendo prevalecer o entendimento no sentido de que o art. 3º do Código Penal não foi recepcionado pela CF" (*Curso de direito penal*, 2007, v. I, p. 116).

De qualquer forma, é unânime que, quando a lei excepcional ou temporária for substituída por outra, mais benéfica, e que se refira expressamente àquele prazo ou àquela circunstância passada, é essa última que deverá ser aplicada ao fato.

2.3 OUTRAS QUESTÕES RELATIVAS À APLICAÇÃO DA LEI NO TEMPO

2.3.1 Ponderação de leis

Não parece haver dúvida de que a aferição da lei mais favorável não deve ser feita comparando-se os dispositivos em abstrato, mas comparando a sua aplicação no caso concreto.

Nas palavras de Juarez Cirino dos Santos: "A hipótese de comparação de leis diferentes trabalha com um critério concreto, que inclui circunstâncias legais agravantes e atenuantes e causas especiais de aumento ou de diminuição de pena, mediante um método de ensaio/erro capaz de identificar o resultado mais favorável para o caso concreto, definido como *lex mitior*" (*Direito penal*, p. 49).

E no caso de, feita a comparação, ainda restar dúvida sobre qual das leis é mais favorável? Prevalece na doutrina o entendimento de que nessa hipótese deve ser consultado o réu, que é quem sofrerá as consequências da pena.

Entendimento expresso nas palavras de Cezar Roberto Bitencourt: "Quando, por fim, restar dúvida insuperável sobre qual das normas aplicáveis é a mais benéfica, sustentamos que a melhor solução será ouvir o próprio interessado, isto é, aquele que sofrerá as consequências da lei penal, devidamente assistido por seu defensor. No direito comparado encontramos solução semelhante no Código Penal espanhol (art. 2º da Ley Orgánica 10/95)" (*Tratado de direito penal*, 2008, p. 163).

Em sentido contrário, Guilherme de Souza Nucci: "cremos ser da competência do juiz a escolha de qual norma é a mais favorável, pois cabe ao Estado e não ao particular aplicar a lei ao caso concreto. Se o réu não concordar pode recorrer da decisão" (*Manual de direito penal*, p. 97).

2.3.2 Leis intermediárias (*lex intermedia*)

É pacífico que a aplicação da lei mais benéfica estende-se, inclusive, à lei intermediária. Exemplo: na data do crime vigorava a lei S (severa). Em momento posterior, a lei S é substituída por uma lei B (benéfica para o réu). Mas tal experiência não apresenta os resultados sociais desejados e o legislador decide revogar a lei B para entrar em vigor uma nova lei, também mais severa – S1, que se mantém vigente no momento do julgamento do crime. A lei que deve ser aplicada ao caso é a lei B.

Como explica Figueiredo Dias: "justifica-se teleológica e funcionalmente porque com a vigência da lei mais favorável (intermédia) o agente ganhou uma posição jurídica que deve ficar a coberto da proibição da retroatividade da lei mais grave posterior" (*Direito penal*, p. 204).

A isso ainda acrescenta Roxin que: "igualmente há de ficar impune o sujeito ativo no caso de o fato ser punível tanto no momento do seu cometimento quanto no da sentença, mas tenha havido um período intermediário em que ficou isento de pena" (*Derecho penal*, p. 167).

Exemplo concreto da aplicação da lei intermediária mais benéfica deu-se no Brasil com as sucessivas mudanças legislativas relativas à majoração da pena do roubo, quando praticado com arma branca. Desde a promulgação do Código Penal brasileiro até a entrada em vigor da **Lei n. 13.654/2018**, em **23-4-2018**, o emprego de qualquer espécie de arma (instrumento com potencial vulnerante) majorava a pena do crime de roubo. Ocorre que a Lei supracitada revogou a antiga majorante, introduzindo uma nova causa e aumento relativo apenas e tão somente ao emprego de arma de fogo. Em face da mudança legislativa, a Quinta Turma do STJ, em 17-5-2018, ao julgar o **REsp 1.519.860/RJ**, de relatoria do Ministro Jorge Mussi, concluiu ter havido *abolitio criminis* da majorante e aplicou retroativamente a *novatio legis in mellius*, excluindo a causa de aumento do cálculo dosimétrico. Menos de dois anos depois, no entanto, a **Lei n. 13.964/2019** reintroduziu a majorante relativa ao uso de arma branca, que passou a constar do art. 157, § 2º, VII. No entanto, sendo essa alteração *novatio legis in pejus*, não retroage, aplicando-se apenas aos fatos praticados a partir de sua vigência. Isso significa que a **Lei n. 13.654/2018**, lei intermediária mais benéfica no tocante ao roubo com emprego de arma branca, se aplica tanto aos crimes praticados na sua vigência como a todas as condutas anteriores. Já a **Lei n. 13.964/2019** aplica-se apenas aos crimes praticados a partir de 23-1-2020, data de sua entrada em vigor.

2.3.3 Combinação de leis (*lex tertia*)

Altamente controvertida é a possibilidade de combinação de leis, de sorte que apenas a parcela mais favorável de cada qual seja aplicável. Vejamos as posições:

a) **Contra a possibilidade de combinação de leis:** na doutrina estrangeira, Zaffaroni defende o seguinte argumento: "Nessa tarefa deve-se analisar em separado uma e outra lei, mas não é lícito tomar preceitos isolados de uma e de outra, mas cada uma delas em sua totalidade. Se assim fosse, estaríamos aplicando uma terceira lei, esta inexistente, criada unicamente pelo intérprete. Um setor doutrinário e jurisprudencial admite que se podem combinar duas leis (a pena privativa de liberdade de uma lei e a multa de outra, por exemplo). Têm-se sustentado essas soluções com fundamentação de que o princípio, segundo o qual o intérprete não pode elaborar uma terceira lei, é de natureza 'lógico-formal'. No entanto, tal princípio não é unicamente 'lógico' mas também racional, vale dizer, democrático: o juiz não pode criar uma terceira lei porque estaria aplicando um texto que, em momento algum, teve vigência" (*Manual de direito penal*, p. 200-201).

Na Alemanha, é essa também a posição de Roxin: "Deve-se aplicar a lei mais benigna no caso concreto 'como um todo', quer dizer, incluindo seus componentes mais duros" (*Derecho penal*, p. 168).

No Brasil, Guilherme de Souza Nucci afirma que: "se houvesse permissão para a combinação de leis colocar-se-ia em risco a própria legalidade, pois o magistrado estaria criando uma norma inexistente, por mais que se queira dizer tratar-se de mera integração de leis" (*Código Penal comentado*, 2007, p. 60).

b) **A favor da possibilidade de combinação de leis:** para Juarez Cirino dos Santos: "A hipótese de combinação de leis sucessivas é objeto de controvérsia: posição tradicional rejeita a combinação de leis sucessivas, sob o argumento de construção de uma *lex tertia* proibida ao intérprete. Posição moderna admite a combinação de leis sucessivas, sob o argumento convincente de que a expressão 'de qualquer modo' (art. 2º, parágrafo único, CP), não conhece exceções" (*Direito penal*, p. 50).

Também segundo Paulo Queiroz: "Rigorosamente não há em tal caso combinação, mas mera retroatividade parcial da lei. É que a nova lei sempre pode ser total ou parcialmente favorável ao réu, portanto é impróprio falar na criação de uma nova lei, pois o que ocorre é a aplicação simultânea de leis igualmente válidas" (*Direito penal*, 2009, p. 129).

Mirabete consente que "a melhor solução, no entanto, é a de que pode haver a combinação das duas leis, aplicando-se sempre os dispositivos mais favoráveis" (*Manual de direito penal*, p. 52), lembrando, no entanto, que o Código Penal Militar proíbe expressamente a combinação de leis.

Para Rogério Grego: "Entendemos que a combinação de leis levada a efeito pelo julgador, ao contrário de criar um terceiro gênero, atende aos princípios constitucionais da ultra-atividade e retroatividade benéficas" (*Curso de direito penal*, 2007, p. 116).

A jurisprudência era bastante dividida.

O STJ, a partir do julgamento dos Embargos de Divergência em **REsp 1.094.499/MG**, julgado em agosto de 2010 pela Terceira Seção da Corte, consolidou o entendimento no sentido da inadmissibilidade da combinação de leis penais:

Tal entendimento foi posteriormente consolidado no texto da **Súmula 501** do STJ, de 23-10-2013:

> É cabível a aplicação retroativa da Lei n. 11.343/2006, desde que o resultado da incidência das suas disposições, na íntegra, seja mais favorável ao réu do que o advindo da aplicação da Lei n. 6.368/1976, sendo vedada a combinação de leis.

No STF, a partir do **RE 600.817**, para o qual foi admitida a repercussão geral (Tema 169) com mérito já julgado em 7-11-2013, de relatoria do Min. Ricardo Lewandowski, também se passou a entender incabível a combinação de leis, como se vê na ementa a seguir:

> RECURSO EXTRAORDINÁRIO COM REPERCUSSÃO GERAL RECONHECIDA. PENAL. PROCESSUAL PENAL. TRÁFICO ILÍCITO DE ENTORPECENTES. CRIME COMETIDO NA VIGÊNCIA DA LEI 6.368/1976. APLICAÇÃO RETROATIVA DO § 4º DO ART. 33 DA LEI 11.343/2006. COMBINAÇÃO DE LEIS. INADMISSIBILIDADE. PRECEDENTES. RECURSO PARCIALMENTE PROVIDO. I – É inadmissível a aplicação da causa de diminuição prevista no art. 33, § 4º, da Lei 11.343/2006 à pena relativa à condenação por crime cometido na vigência da Lei 6.368/1976. Precedentes. II – Não é possível a conjugação de partes mais benéficas das referidas normas, para criar-se uma terceira lei, sob pena de violação aos princípios da

legalidade e da separação de Poderes. III – O juiz, contudo, deverá, no caso concreto, avaliar qual das mencionadas leis é mais favorável ao réu e aplicá-la em sua integralidade. IV – Recurso parcialmente provido.

2.3.4 Complemento da norma penal em branco

Como já explanado no capítulo anterior, normas penais em branco são aquelas cujo preceito primário precisa ser complementado por outro ato normativo. A mudança do complemento deve ou não retroagir?

O entendimento majoritário é de que o complemento da norma penal em branco, seja qual for a sua origem, integra o tipo penal e, portanto, sua aplicação no tempo regula-se pelas normas já debatidas.

No entanto, a doutrina usa distinguir as seguintes situações:

Tratando-se de **norma penal em branco homogênea** (cujo complemento é outra lei), a alteração do complemento comporta-se sempre como a própria norma penal comum. Assim, o complemento que torne a lei mais benéfica, ou seja, que reduza o âmbito ou a intensidade da aplicação da norma incriminadora, sempre retroage. A alteração do complemento que torne a lei mais severa, ou seja, que aumente o âmbito ou a intensidade de aplicação da norma incriminadora, nunca retroage.

Tratando-se de norma penal em branco heterogênea (cujo complemento é ato normativo inferior), há de fazer ainda uma nova distinção. A alteração do complemento que modificar a figura típica abstrata do delito comporta-se como norma penal comum. Exemplo dessa situação é a lista que define as substâncias que são objeto da Lei de Drogas. O comércio de uma substância constante da lista é crime de tráfico de drogas. O comércio de uma substância que não consta da lista não é tráfico de drogas. Nesse caso, o complemento se comporta como a própria norma penal. Caso seja mais benéfico, como, por exemplo, a retirada de uma substância da lista, ele retroage. Caso seja mais severo, como a inclusão de determinada substância na lista, não retroage.

A esse respeito, episódio curioso na recente história jurídica brasileira foi o da supressão e posterior reintrodução do cloreto de etila (lança-perfume) da lista de substâncias entorpecentes que complementava a **Lei n. 6.368/76** (Lei de Entorpecentes). A antiga Lei de Entorpecentes (n. 6.368/76), tal como a nova Lei de Drogas (**Lei n. 11.343/2006**), constitui norma penal em branco heterogênea. De fato, o art. 36 da antiga Lei (que corresponde ao art. 66 da Lei nova) determinava que fossem consideradas substâncias entorpecentes as que fossem especificadas em lei ou ato do Serviço Nacional de Fiscalização de Medicina e Farmácia do Ministério da Saúde, órgão posteriormente substituído pela Agência Nacional de Vigilância Sanitária (Anvisa). Desde 1998 esse ato do qual consta a lista de substâncias entorpecentes é a Portaria SVS/MS n. 344/98 da Anvisa, que é periodicamente atualizada por Resoluções expedidas pelo mesmo órgão. Em 7 de dezembro de 2000 foi publicada a Resolução n. 104, editada pelo Diretor Presidente da Anvisa, retirando o cloreto de etila da lista F2 da Portaria n.

344/98 ("lista das substâncias psicotrópicas de uso proscrito no Brasil", ou seja, substâncias objeto da Lei de Entorpecentes) para incluí-lo na lista D2 (que continha substâncias controladas mas que não constituíam na época objeto da Lei de Entorpecentes). A Resolução n. 104, no entanto, dependia do referendo da Diretoria Colegiada da Anvisa, que não ocorreu. E, após oito dias, a Diretoria reeditou a Resolução n. 104, reintroduzindo o cloreto de etila na lista B1 da Portaria n. 344/98 ("substâncias psicotrópicas", ou seja, que constituem objeto da Lei de Entorpecentes). A partir dessa situação fática, travou-se a seguinte discussão jurídica: a exclusão, por oito dias, do cloreto de etila da lista inserta na Portaria n. 344/98 teria significado *abolitio criminis* das condutas anteriores relacionadas a essa substância? A despeito da intensa controvérsia, o Supremo terminou por decidir que sim no julgamento do **HC 94.397**, de relatoria do Min. Cezar Peluso, em 9-3-2010:

> AÇÃO PENAL. Tráfico de entorpecentes. Comercialização de "lança-perfume". Edição válida da Resolução Anvisa n. 104/2000. **Retirada do cloreto de etila da lista de substâncias psicotrópicas de uso proscrito. Abolitio criminis. Republicação da Resolução. Irrelevância. Retroatividade da lei penal mais benéfica. HC concedido. A edição, por autoridade competente e de acordo com as disposições regimentais, da Resolução Anvisa n. 104, de 7-12-2000, retirou o cloreto de etila da lista de substâncias psicotrópicas de uso proscrito durante a sua vigência, tornando atípicos o uso e tráfico da substância até a nova edição da Resolução, e extinguindo a punibilidade dos fatos ocorridos antes da primeira portaria, nos termos do art. 5º, XL, da Constituição Federal** (HC 94.397, Rel. Min. Cezar Peluso, 2ª Turma, j. em 9-3-2010, *DJe*-071, divulg. 22-4-2010, public. 23-4-2010, ement. vol-02398-02, p. 00237).

Já o STJ entendeu e mantém o entendimento de que, por não ter sido referendada a primeira versão da Resolução n. 104, é nula e não produziu qualquer efeito no mundo jurídico no **AgRg no HC 254.574/PE**, de relatoria do Min Nefi Cordeiro, julgado em 5-3-2015:

> AGRAVO REGIMENTAL EM *HABEAS CORPUS*. TRÁFICO ILÍCITO DE DROGAS. RESOLUÇÃO DA ANVISA. INVÁLIDA. *ABOLITIO CRIMINIS*. NÃO OCORRÊNCIA. 1. **É pacífico nesta Corte Superior o entendimento de que a Resolução n. 104, de 6-12-2000, do Diretor-Presidente da ANVISA, que excluiu o cloreto de etila da lista de substâncias psicotrópicas proibidas, porquanto não referendada pela Diretoria colegiada, é inválida, não surtindo, pois, efeitos no mundo jurídico, de modo que não há que se falar em *abolitio criminis*.** 2. Agravo regimental improvido (AgRg no HC 254.574/PE, Rel. Min. Nefi Cordeiro, 6ª Turma, j. em 5-3-2015, *DJe* 17-3-2015).

Por outro lado, tratando-se de norma penal em branco heterogênea (cujo complemento é ato normativo inferior), a alteração do complemento que for simplesmente atualizadora ou circunstancial mesmo que importante modificação benéfica ela não retroage. Exemplo dessa situação é a tabela que preços que complementa o crime contra a economia popular previsto no art. 2º da Lei n. 1.521/51 ("VI – transgredir tabelas oficiais de gêneros e mercadorias, ou de serviços essenciais, bem como expor à venda ou oferecer ao público ou vender tais gêneros, mercadorias ou serviços, por preço superior ao tabelado, assim como não manter afixadas, em lugar visível e de fácil leitura, as tabelas de preços aprovadas pelos órgãos competentes"). Caso o órgão oficial atualize a tabela elevando o preço máximo para o comércio de determinada mercadoria, tal alteração, ligada não a uma modificação na valoração jurídica da conduta, mas em uma alteração das circunstâncias fáticas, não retroage, vale dizer, não extingue a punibilidade de quem violou os preços constantes da tabela anterior.

2.3.5 Substituição da qualificadora

Questão pouquíssimo discutida na doutrina brasileira, mas de relevância na literatura estrangeira, é a da substituição de uma qualificadora por outra.

Atente-se para o exemplo de Roxin:

O sujeito comete um roubo na via pública, que no momento do fato se castigava como roubo qualificado, mas antes da condenação se substitui essa qualificadora e em troca se introduz uma qualificadora de ter cometido o roubo com emprego de arma municiada, qualificação que também foi realizada pelo autor. Deve-se castigá-lo pelo roubo qualificado ou pelo roubo simples?

Segundo o autor, o Superior Tribunal Alemão castigou pelo roubo qualificado pela prática em via pública (art. 250, I, 3), por considerar que, visto que o núcleo do injusto comum ao preceito antigo e ao novo é o mesmo (subtração violenta de coisa alheia) e a modificação do tipo somente afeta as modalidades de realização do injusto, não se dá uma atenuação.

No entanto, segundo Roxin, esta posição é equivocada, pois, ainda que o tipo básico seja idêntico à qualificação que antes era relativa ao lugar de cometimento (via pública) e agora se refere ao meio de cometimento (emprego de arma) é completamente distinta. Por isso, com respeito ao roubo em via pública, houve uma atenuação, que irá beneficiar o autor, enquanto a introdução da qualificação por uso de arma supõe uma agravação de que deve ficar a salvo o autor. Então, o correto teria sido castigar por roubo simples (*Derecho penal*, p. 167).

É exatamente a mesma a apreciação de Figueiredo Dias:

> Questão discutida sobretudo na doutrina alemã e que se colocou entre nós à Luz da reforma de 1995, máxime, na parte em que modificou profundamente o sistema de qualificação (agravação) dos crimes patrimoniais, é a de saber se existe uma lei mais favorável para efeito de retroactividade quando a lei nova vem eliminar uma qualificação e substituí-la por outra que no caso também

se verifica. A afirmativa basear-se-ia na ideia de que, mesmo neste caso, o "cerne do ilícito" persiste e é "comum" às duas leis. Mas não parece ser esta a boa doutrina, se as duas qualificações nada tiverem em comum. O desaparecimento de uma qualificação traduz-se na existência de lei mais favorável que deve ser retroactivamente aplicada; a introdução de uma nova qualificação significa uma alteração contra o agente submetida à proibição de retroactividade (*Direito penal*, t. I, p. 203).

Concordamos inteiramente com os autores citados. A consequência extraída nos parece em tudo necessária em decorrência do sentido político e jurídico dos princípios de aplicação da lei no tempo. A irretroatividade é um imperativo que decorre, juridicamente, da própria função preventiva da pena e, politicamente, da proteção do cidadão contra o arbítrio do Estado. Por ambas as razões, aquele que praticou conduta que, ao tempo em que foi praticada, não era considerada socialmente danosa o suficiente para constituir-se em qualificadora de crime, não pode ser por ela responsabilizado. Já a retroatividade tem como fundamento a falta de razoabilidade em punir-se uma conduta que já não se considera nociva (ou tão nociva) socialmente. Portanto, pela qualificadora que deixou de existir também não pode ser punido o agente.

2.4 PRAZOS PENAIS

Último tema afeto ao problema do tempo no Direito Penal é o relacionado à forma de contagem dos prazos penais. São prazos penais, por exemplo, o tempo de cumprimento de pena, o prazo decadencial e o prazo prescricional.

Ao contrário do que ocorre com os prazos processuais, os penais contam-se, incluindo-se o dia do começo. Não importa a hora do dia em que o evento que dá início ao prazo ocorreu. Conta-se o dia como um todo.

A contagem dos meses e dos anos é feita segundo o calendário comum. Isso significa que o prazo contado em meses não leva em conta a quantidade de dias daquele mês. Segundo o calendário comum, maio é um mês e fevereiro também é um mês, embora tenham quantidades de dias diferentes.

Portanto, um prazo de 6 meses iniciado no dia 5 de maio irá terminar no dia 4 de novembro (visto que, se o dia do início é incluído, o dia do final é excluído), não importando quantos dias existem nesse intervalo.

O mesmo vale para o prazo em anos.

Por fim, os prazos penais são contínuos, não se prorrogam nem se suspendem em virtude de férias ou feriados.

LEI PENAL NO ESPAÇO E QUANTO ÀS PESSOAS

CAPÍTULO 3

Chama-se "Direito Penal Internacional"[1] o conjunto de princípios e regras de direito interno que regulamentam o problema da aplicação da lei penal brasileira no espaço.

Para estudá-lo, é conveniente subdividir o tema em dois tópicos: no primeiro, vai-se definir o lugar no qual se considera cometido o crime, no segundo vai-se propriamente responder a que lei penal o crime cometido em determinado lugar se subordina.

3.1 LUGAR DO CRIME

3.1.1 Teoria

A pergunta a respeito da aplicação da lei no espaço (a que lei penal se subordina determinado delito) exige uma consideração prévia: em que lugar se considera cometido o crime?

Várias foram as teorias desenvolvidas a respeito do lugar do crime. As principais, citadas pela doutrina, são as seguintes:

a) Teoria da *atividade* ou da *ação*: lugar do crime é o lugar da prática da conduta, ou seja, o lugar em que se realiza o processo de execução.
b) Teoria do *efeito*, do *resultado* ou do *evento*: lugar do crime é o lugar do resultado, ou seja, o lugar em que o crime se consumou.
c) Teoria do *efeito mais próximo*: lugar do crime é o lugar em que o agente chega mais próximo ou alcança a vítima.

---

[1] Usualmente costuma-se distinguir as locuções "Direito Penal Internacional" e "Direito Internacional Penal". Para aqueles que aceitam essa distinção, a primeira expressão ("Direito Penal Internacional"), designa o conjunto de regras de direito interno que regulamentam e solucionam o conflito de leis penais no espaço e que, por essa razão, tem implicações externas. Já "Direito Internacional Penal", denomina a área do direito internacional que veicula matéria especificamente penal, ou seja, o ramo composto por preceitos de direito internacional que proíbem condutas, impõem penas e estipulam as regras de jurisdição, competência e processo aplicáveis por órgãos ligados à justiça internacional, como é o caso do Tribunal Penal Internacional.

d) Teoria da *intenção*: lugar do crime é o lugar da intenção do agente, ou seja, o lugar em que, segundo a intenção do agente, deveria ocorrer o resultado.
e) Teoria *limitada da ubiquidade*: lugar do crime é tanto o lugar da ação como o lugar do resultado.
f) Teoria *pura da ubiquidade, mista* ou *unitária*: lugar do crime é tanto o lugar da ação, como do efeito médio, quanto o do resultado.

O ordenamento jurídico brasileiro, calcado no texto do art. 6º do Código Penal, perfilha a **teoria pura da ubiquidade**, considerando-se local do crime tanto o lugar em que foi praticada a ação ou omissão, no todo ou em parte, quanto o lugar em que ocorreu ou deveria ter ocorrido o resultado.

A adoção da teoria da ubiquidade impede a formação de vazios ou "pontos cegos", situação que poderia apresentar-se caso o país no qual foi praticada a conduta acolhesse a teoria do resultado, e aquele em que ocorreu o resultado acolhesse a teoria da atividade.

Alguns doutrinadores, no entanto, apontam na realidade uma lacuna no texto do nosso art. 6º, qual seja, a hipótese de ocorrência apenas parcial do resultado, não intencional, no Brasil. É que o Código menciona a ação no todo ou em parte, o resultado ou a expectativa de ocorrência do resultado, mas nada diz a respeito de parte do resultado (Cezar Roberto Bitencourt, *Tratado de direito penal*, 2008, p. 179).

Em posição contrária, aceitando qualquer efeito que, ainda que parcialmente, integre o resultado se manifesta Magalhães Noronha, nos seguintes termos: "Excetuados os atos preparatórios e os posteriores à consumação, basta que aqui tenha ocorrido qualquer parcela da atividade do indivíduo ou qualquer efeito que integre o resultado do delito, para haver lugar a lei brasileira, punindo o crime todo, e não apenas a fração que aqui se realizou" (*Direito penal*, 2003, p. 86).

A eventual duplicidade de julgamentos, provocada pela adoção da teoria da ubiquidade, resolve-se com a aplicação da regra do art. 8º do Código Penal brasileiro, que estabelece uma espécie de detração penal ao prever que a pena cumprida no estrangeiro, pelo mesmo fato, computa-se na brasileira, quando idênticas, e atenua a brasileira, quando diversas.

3.1.2 Fixação de competência

Como já se viu, segundo a regra do **art. 6º do Código Penal (teoria da ubiquidade)**, considera-se o crime, em tal situação, como ocorrido no Brasil.

Sob o prisma processual, a questão que se coloca é: dentro da jurisdição brasileira, como se fixa a competência territorial nesses casos? Se a conduta é realizada aqui e o resultado vem a ocorrer no estrangeiro, é competente o lugar, no Brasil, em que se praticou o último ato de execução. Na hipótese inversa, quando a conduta é realizada no exterior, é competente o lugar, no Brasil, em que se produziu ou deveria produzir-se o resultado (art. 70, §§ 1º e 2º, CPP):

> Art. 70. A competência será, de regra, determinada pelo lugar em que se consumar a infração, ou, no caso de tentativa, pelo lugar em que for praticado o último ato de execução.
>
> § 1º Se, iniciada a execução no território nacional, a infração se consumar fora dele, a competência será determinada pelo lugar em que tiver sido praticado, no Brasil, o último ato de execução.
>
> § 2º Quando o último ato de execução for praticado fora do território nacional, será competente o juiz do lugar em que o crime, embora parcialmente, tenha produzido ou devia produzir seu resultado.

3.2 CONFLITO DE LEIS PENAIS NO ESPAÇO

Sabido qual é o lugar do crime, passa-se então à segunda questão: o crime se subordina, sempre, à lei do lugar em que ele foi cometido?

Em outras palavras, qual é o âmbito de vigência da lei penal, no tocante à sua amplitude espacial? A lei penal brasileira aplica-se aos crimes cometidos em que lugares? Cinge-se aos delitos praticados em território brasileiro ou também espraia seus efeitos para além?

Antes de se responder a essas perguntas, no entanto, importa ter claro quais os limites do território brasileiro.

Juridicamente, território nacional é todo o espaço no qual o Estado brasileiro exerce sua soberania. Essa definição não engloba apenas o espaço contido no interior das fronteiras geográficas, chamado de território físico, mas inclui também o chamado território por extensão.

a) **Território físico, efetivo ou real:** é constituído por:

a.1) superfície terrestre (solo, subsolo e águas interiores): trata-se do solo ocupado, sem solução de continuidade e com fronteiras reconhecidas;

a.2) mar territorial: é a área composta de uma faixa ao longo da costa na extensão de 12 milhas marítimas, conforme o disposto na Lei n. 8.617/93;

> **Lei n. 8.617/93**
>
> Art. 1º O mar territorial brasileiro compreende uma faixa de doze milhas marítimas de largura, medidas a partir da linha de baixa-mar do litoral continental e insular brasileiro, tal como indicada nas cartas náuticas de grande escala, reconhecidas oficialmente no Brasil.
>
> Parágrafo único. Nos locais em que a costa apresente recortes profundos e reentrâncias ou em que exista uma franja de ilhas ao longo da costa na sua proximidade imediata, será adotado o método das linhas de base retas, ligando pontos apropriados, para o traçado da linha de base, a partir da qual será medida a extensão do mar territorial.
>
> Art. 2º A soberania do Brasil estende-se ao mar territorial, ao espaço aéreo sobrejacente, bem como ao seu leito e subsolo.

a.3) espaço aéreo correspondente: também integra o território brasileiro toda a coluna atmosférica subjacente à superfície terrestre e ao mar territorial, nos termos da Lei n. 7.565/86 (Código Brasileiro de Aeronáutica):

> **Lei n. 7.565/86**
> Art. 11. O Brasil exerce completa e exclusiva soberania sobre o espaço aéreo acima de seu território e mar territorial.

b) **Território por extensão ou flutuante (princípio do pavilhão ou da bandeira):** fora do perímetro demarcado pelo território físico, considera-se também território brasileiro, por ficção:

b.1) embarcações e aeronaves brasileiras, públicas ou a serviço do governo, onde quer que se encontrem.

É o texto do art. 5º do Código Penal, que se harmoniza com o disposto no Código Brasileiro de Aeronáutica:

> **Lei n. 7.565/86**
> Art. 3º Consideram-se situadas no território do Estado de sua nacionalidade:
> I – as aeronaves militares, bem como as civis de propriedade ou a serviço do Estado, por este diretamente utilizadas (art. 107, §§ 1º e 3º);
> II – as aeronaves de outra espécie, quando em alto-mar ou região que não pertença a qualquer Estado.

b.2) embarcações ou aeronaves brasileiras privadas, em alto-mar ou espaço aéreo correspondente.

Tal como visto acima, embarcações ou aeronaves privadas, que se encontrem em alto-mar ou em região que não pertença a qualquer Estado, são também consideradas extensão do seu país de origem.

E se o crime foi praticado em alto-mar, sobre uma jangada construída com os destroços do navio que naufragou? Ainda assim, segundo a opinião dominante, é a lei do navio naufragado que deve ser aplicada. E se a jangada foi construída a partir dos destroços de dois navios de bandeiras diferentes? O problema parece de fato irresolúvel e a resposta apontada por Noronha, amparando-se em Basileu Garcia, é que o criminoso fique sujeito à lei de seu país (*Direito penal*, 2003, p. 87).

Dessa forma, também se consideram extensões do território brasileiro as aeronaves ou embarcações privadas brasileiras quando em alto-mar ou sobrevoando o espaço aéreo correspondente.

Esquematicamente:

Embarcação ou Aeronave Brasileira Pública ou a serviço do Governo	Em território brasileiro	É território brasileiro
	Em alto-mar	É território brasileiro
	No estrangeiro	É território brasileiro
Embarcação ou Aeronave Brasileira Privada	Em território brasileiro	É território brasileiro
	Em alto-mar	É território brasileiro
	No estrangeiro	É território estrangeiro
Embarcação ou Aeronave Estrangeira Pública ou a serviço do Governo	Em território brasileiro	É território estrangeiro
	Em alto-mar	É território estrangeiro
	No estrangeiro	É território estrangeiro
Embarcação ou Aeronave Estrangeira Privada	Em território brasileiro	É território brasileiro
	Em alto-mar	É território estrangeiro
	No estrangeiro	É território estrangeiro

Ainda quanto aos crimes praticados a bordo de navios ou aeronaves, é preciso explicar em que consiste o chamado princípio da passagem inocente.

Como se viu, portanto, aeronaves e embarcações privadas, estrangeiras, quando em mar territorial brasileiro ou espaço aéreo brasileiro, integram-se ao território brasileiro. Significa que ao crime praticado no seu interior, nessa situação, aplica-se, em regra, a lei brasileira.

Ocorre que, conforme reconhece a comunidade internacional, se o crime é cometido em aeronave ou navio estrangeiro que apenas cruza determinado território nacional sem afetar, de qualquer forma, os interesses daquele Estado soberano, nesse caso, não se justifica a aplicação da lei daquele Estado ao delito.

O chamado "princípio da passagem inocente" está consagrado em instrumentos internacionais, por exemplo, a Convenção de Tóquio referente a infrações e outros atos cometidos a bordo de aeronaves. No art. 4º da referida Convenção lê-se:

Art. 4º Um Estado contratante que não seja o de registro da aeronave não pode perturbar o voo desta a fim de exercer a sua competência penal para conhecimento de uma infração praticada a bordo, a não ser nos casos em que:

a) a infração produza efeitos no território desse Estado;

b) a infração tenha sido cometida por ou contra um nacional desse Estado ou uma pessoa que nele tenha a sua residência permanente;

c) a infração afete a segurança desse Estado;

d) a infração constitua uma violação das regras ou regulamentos vigentes nesse Estado e respeitantes ao voo ou manobra da aeronave;

e) o exercício desta competência seja necessário para assegurar o cumprimento de quaisquer obrigações que incumbem ao mesmo Estado por virtude de um acordo internacional multilateral.

No tocante a embarcações, calha trazer a Convenção das Nações Unidas sobre o Direito do Mar, que menciona expressamente a "passagem inocente", embora não aluda explicitamente a eventuais crimes praticados na embarcação durante a passagem:

> Art. 17. Direito de passagem inocente
>
> Salvo disposição em contrário da presente Convenção, os navios de qualquer Estado, costeiro ou sem litoral, gozarão do direito de passagem inocente pelo mar territorial.
>
> Art. 18. Significado de passagem
>
> 1. "Passagem" significa a navegação pelo mar territorial com o fim de:
>
> a) atravessar esse mar sem penetrar nas águas interiores nem fazer escala num ancoradouro ou instalação portuária situada fora das águas interiores;
>
> b) dirigir-se para as águas interiores ou delas sair ou fazer escala num desses ancoradouros ou instalações portuárias.
>
> 2. A passagem deverá ser contínua e rápida. No entanto, a passagem compreende o parar e o fundear, mas apenas na medida em que os mesmos constituam incidentes comuns de navegação ou sejam impostos por motivos de força maior ou por dificuldade grave ou tenham por fim prestar auxílio a pessoas, navios ou aeronaves em perigo ou em dificuldade grave.
>
> Art. 19. Significado de passagem inocente
>
> 1. A passagem é inocente desde que não seja prejudicial à paz, à boa ordem ou à segurança do Estado costeiro. A passagem deve efetuar-se de conformidade com a presente Convenção e demais normas de direito internacional.

Por fim, ainda quanto aos crimes praticados a bordo de embarcações ou aeronaves, caso estejam submetidos à lei brasileira, qual a competência para julgá-los, no Brasil?

É preciso cautela, pois aqui a regra do art. 70, segundo a qual a competência territorial fixa-se pelo lugar em que o crime se consumou, é excepcionada.

Ainda que o crime tenha se consumado quando a embarcação ou aeronave já se encontrava dentro do território físico brasileiro, não é esse o critério de fixação de competência, e sim a comarca do primeiro porto ou aeroporto brasileiro em que tocar a embarcação ou aeronave, após o crime, ou, quando se afastar do País, pela do último porto ou aeroporto de onde tiver partido (arts. 89 e 90 do CPP):

> Art. 89. Os crimes cometidos em qualquer embarcação nas águas territoriais da República, ou nos rios e lagos fronteiriços, bem como a bordo de embarcações nacionais, em alto-mar, serão processados e julgados pela justiça do primeiro porto brasileiro em que tocar a embarcação, após o crime, ou, quando se afastar do País, pela do último em que houver tocado.
>
> Art. 90. Os crimes praticados a bordo de aeronave nacional, dentro do espaço aéreo correspondente ao território brasileiro, ou ao alto-mar, ou a bordo de aeronave estrangeira, dentro do espaço aéreo correspondente ao território nacional, serão processados e julgados pela justiça da comarca em cujo território se verificar o pouso após o crime, ou pela da comarca de onde houver partido a aeronave.

Exemplo: em um navio privado, de bandeira americana, acontece um homicídio no momento em que referida embarcação já se encontra em mar territorial brasileiro, passando pela costa de Recife, mas o navio só vem a aportar em Santos. O crime sujeita-se à lei brasileira, já que foi cometido em território brasileiro, e a competência territorial é de Santos.

Ainda quanto a crimes praticados a bordo de aeronaves e embarcações, mas agora quanto à competência de justiça, merece destaque a regra contida no art. 109 da Constituição Federal:

> Art. 109. Aos juízes federais compete processar e julgar:
> (...)
> IX – os crimes cometidos a bordo de navios ou aeronaves, ressalvada a competência da Justiça Militar;

De forma que, no caso do exemplo acima, a competência será da Justiça Federal de Santos.

Note-se, porém, que o dispositivo constitucional alude apenas a "navios", vale dizer, embarcações de pequeno porte, embora valha a regra prevista no CPP quanto à competência em razão do território, não vale a regra da Constituição, quanto à competência da Justiça Federal.

Agora que já se sabe o que é considerado território brasileiro, importa ainda responder: como se comporta a lei brasileira quanto ao território, ou seja, a lei brasileira pode aplicar-se a crimes praticados apenas em território brasileiro, ou também em território estrangeiro. A resposta a essa questão está ligada aos princípios regulatórios da matéria.

São fundamentalmente cinco princípios que modulam, no Brasil, a aplicação da lei penal no espaço: 1) princípio da territorialidade temperada; 2) princípio da defesa, real ou da proteção; 3) princípio da justiça universal, universalidade do Direito Penal ou justiça penal cosmopolita; 4) princípio da representação; 5) princípio da personalidade ou da nacionalidade. Sendo que os quatro últimos são espécies de um gênero mais amplo, que é o princípio da extraterritorialidade. Dessa forma:

Territorialidade temperada (regra)	Extraterritorialidade (exceção)
Aplicação da lei brasileira a crimes cometidos dentro do território nacional, sem prejuízo do disposto em tratados, convenções ou regras internacionais	Aplicação da lei brasileira a crimes cometidos fora do território nacional

Aplica-se	Subdivide-se em princípio da
1) ao território físico 2) ao território por extensão	1) defesa 2) justiça universal 3) representação 4) personalidade

3.2.1 Regra: princípio da territorialidade temperada

O território sempre foi a demarcação natural da aplicação de uma lei. Vieira de Araújo (*Código Penal commentado*, p. 58) afirmava que um Estado não teria interesse de agir e punir crimes praticados além de sua soberania, mas, para evitar a impunidade, poderia fazê-lo por interesses de *nacionalidade* ou de *humanidade*.

Vários são os fundamentos que recomendam e sustentam a adoção do princípio da territorialidade: i) processualmente, o desempenho da atividade jurisdicional será desenrolado com maior fluidez, com a facilidade na obtenção das provas e celeridade do procedimento; ii) tendo a pena caráter preventivo, a punição deverá acontecer no local onde foi praticada a infração, servindo de instrumento intimidatório aos demais integrantes do agrupamento social, iii) em termos de Estado e de soberania, cabe a cada nação o monopólio da ordem jurídica referente ao seu espaço geográfico, como afirmação de sua potestade e reconhecimento internacional.

De fato, conforme o art. 5º do Código Penal brasileiro "aplica-se a lei brasileira ao crime praticado em território nacional, sem prejuízo de tratados, convenções ou regras de direito internacional".

Quatro aspectos da definição legal no entanto merecem relevo, para que ela possa ser compreendida com exatidão.

O primeiro é que, embora o dispositivo mencione apenas "crimes" o princípio da territorialidade aplica-se também às contravenções penais. Ou seja, aplica-se a lei brasileira às contravenções praticadas em território nacional, conforme o art. 2º da Lei de Contravenções Penais. Mas, ao contrário do que ocorre com os crimes, no caso de contravenções a territorialidade é regra absoluta, ou seja, não há possibilidade a aplicação da lei brasileira a contravenções praticadas fora do Brasil:

Lei das Contravenções Penais:
Art. 2º A lei brasileira só é aplicável à contravenção praticada no território nacional.

O segundo aspecto é que o vocábulo "praticado" não deve ser interpretado apenas em seu sentido mais óbvio, indicativo do lugar em que foi realizada a ação ou omissão criminosa. Ao contrário deve ser entendimento no sentido amplo que lhe empresta a teoria da ubiquidade. Portanto, quando o art. 5º do CP emprega a palavra "praticado", quer na verdade referir-se não apenas ao local em que foi empreendida a ação ou omissão, mas também o local em que ocorreu ou deveria ter ocorrido o resultado. Qualquer desses lugares será compreendido como o local em que o crime foi "praticado".

O terceiro aspecto é que a locução "território nacional" deve ser entendida no sentido jurídico já explicitado no tópico anterior, ou seja, inclui tanto o território físico quanto o território por extensão. Desse modo o crime praticado em uma embarcação pública brasileira mesmo que em um porto estrangeiro considera-se praticado em território brasileiro e portanto subordina-se à lei brasileira em face do princípio da territorialidade.

O quarto é que a territorialidade é adotada pelo Estado brasileiro de forma moderada ou temperada, como se depreende da expressão "sem prejuízo de tratados, convenções ou regras de direito internacional". Se a territorialidade, como se viu, constitui uma clara expressão da soberania, o fato é que o Estado, no uso dessa mesma soberania, pode, por meio da assinatura de ratificação de tratado ou convenção internacional, abrir mão da aplicação de lei brasileira a determinados crimes ocorridos em seu território. Essa situação (de aplicação da lei estrangeira a crime cometido dentro do território brasileiro) é chamada pela doutrina de "**intraterritorialidade**".

É o caso, por exemplo, da previsão contida no art. 31 da Convenção de Viena sobre as Relações Diplomáticas, que estabelece imunidade penal do agente diplomático e dos seus familiares junto ao Estado acreditado (e que será abordada no tópico pertinente à lei penal quanto às pessoas).

Em síntese, de acordo com o princípio da territorialidade o aspecto relevante para a determinação da jurisdição é o território em que o delito foi praticado, independentemente de outros fatores, tais como o sujeito ativo, o passivo ou o bem jurídico ofendido.

Exemplo 1: um alemão, em viagem turística ao país, pratica atos libidinosos com uma menor de 14 anos. O delito praticado (estupro de vulnerável: art. 217-A do CP) será julgado pelo Brasil e de acordo com a lei brasileira, em virtude do princípio da territorialidade.

Exemplo 2: um norte-americano, passando a negócios pelo Brasil, aqui sofre um assalto. O delito praticado (roubo: art. 157 do CP) será julgado pelo Brasil e de acordo com a lei brasileira, em virtude do princípio da territorialidade.

Exemplo 3: um casal russo, em viagem de lua de mel ao Brasil, tem aqui uma violenta discussão que termina na agressão física do marido contra a esposa, produzindo nela lesões leves. O delito praticado (lesão corporal em situação de violência doméstica: art. 129, § 9º, CP) será julgado no Brasil e de acordo com a lei brasileira, em virtude do princípio da territorialidade.

Exemplo 4: um canadense, viajando em um avião de uma companhia aérea brasileira, do Brasil para o Canadá, no momento em que o avião já se encontra sobrevoando o alto-mar, profere ofensas de conotação racial contra um passageiro jamaicano que se encontra a seu lado. O delito praticado (injúria qualificada pelo preconceito: art. 140, § 3º) será julgado no Brasil e de acordo com a lei brasileira, em virtude do princípio da territorialidade.

Em todos esses casos, conforme o princípio da territorialidade, tendo os crimes sido cometidos em território brasileiro, a eles aplica-se a lei brasileira, independentemente da nacionalidade do sujeito ativo ou do sujeito passivo do interesse ou bem lesado com o delito, salvo, evidentemente, disposição em contrário em tratado ou convenção internacional.

3.2.2 Exceção: princípio da extraterritorialidade

Excepcionalmente é possível a aplicação da lei brasileira a crimes praticados fora do território nacional. Denomina-se essa situação de extraterritorialidade da lei penal.

A extraterritorialidade pode ser **incondicionada** ou **condicionada**.

Nos casos de **extraterritorialidade incondicionada**, a aplicação da lei brasileira ao crime cometido no estrangeiro independe de qualquer condição. Na verdade, vai ainda mais longe o Código Penal, estabelecendo que, nessas hipóteses, aplica-se a lei brasileira ainda que o agente já tenha sido absolvido ou condenado no estrangeiro pelo mesmo fato. Trata-se, portanto, de exceção expressa ao princípio do *non bis in idem* (no sentido da proibição da dupla acusação pelo mesmo fato), que é, no entanto, mitigado pela previsão de compensação de penas previstas no art. 8º, que será abordado adiante.

Segundo o disposto no referido dispositivo, a pena cumprida no estrangeiro computa-se na pena atribuída no Brasil pelo mesmo crime, quando idênticas (ou seja, quando de mesma natureza), e, caso sejam penas diversas (de diversa natureza), a pena estrangeira funciona como circunstância atenuante na dosimetria da pena brasileira.

Nos casos arrolados como **extraterritorialidade condicionada**, a aplicação da lei brasileira é na verdade subsidiária e fica condicionada ao implemento, cumulativo, de determinadas condições. São elas:

– entrar o agente em território nacional brasileiro;
– ser o fato punível também no país em que foi praticado;
– não ter sido o agente absolvido ou, se condenado, não ter cumprido pena no país em que o crime foi praticado;
– não ter sido o agente perdoado no país em que o crime foi praticado;
– não estar extinta a punibilidade nem no Brasil nem no país em que o crime foi praticado;
– estar o crime incluído entre aqueles pelos quais a lei brasileira autoriza a extradição (art. 82 da Lei n. 13.445/2017 – Lei de Migração).

Mas, mesmo que presentes todas as condições acima, não é em todos os casos que o Brasil poderá julgar o crime acontecido fora de seu território. Como se viu, a regra é a territorialidade, ou seja, que cada Estado soberano julgue apenas os crimes ocorridos nos limites do seu território. A extraterritorialidade, sendo excepcional, fica adstrita às hipóteses arroladas pelo legislador (no art. 7º do CP). São elas:

Extraterritorialidade incondicionada	Extraterritorialidade condicionada
Aplicação da lei brasileira a crimes cometidos fora do território nacional, independentemente de qualquer condição.	Aplicação da lei brasileira a crimes cometidos fora do território nacional, desde que presentes, cumulativamente, as condições supraenunciadas.

Extraterritorialidade incondicionada	Extraterritorialidade condicionada
Hipóteses: – Crimes contra a vida ou liberdade do Presidente da República. – Crimes contra o patrimônio ou a fé pública da União, Distrito Federal, Estado, Município, empresa pública, sociedade de economia mista, fundação pública. – Crimes contra a Administração Pública, praticados por quem está a seu serviço. – Crimes de genocídio, quando o agente for brasileiro ou domiciliado no Brasil.	Hipóteses: – Crimes que por tratado ou convenção o Brasil se obrigou a reprimir. – Crimes praticados em aeronaves ou embarcações privadas brasileiras, quando no estrangeiro e aí não sejam julgados. – Crimes praticados por brasileiro. – Crimes praticados contra brasileiro.

Por fim, sob a ótica do processo, como se dá a **fixação da competência** territorial no caso de crime ocorrido no estrangeiro ao qual se aplique a lei brasileira por força do princípio da extraterritorialidade (incondicionada ou condicionada)?

De acordo com o art. 88 do CPP, será competente o juízo da capital do Estado onde houver por último residido o acusado. Se este nunca tiver residido no Brasil, será competente o juízo da capital da República.

Vejamos então com mais detalhe em que consiste e como se aplica cada um dos princípios de solução do conflito de leis no espaço:

3.2.2.1 Princípio da defesa, real ou da proteção

Pelo **Princípio da Defesa**, também conhecido como **Princípio da Proteção Real**, pontua-se no **bem jurídico** lesionado a sua adoção. Não importa o local ou a pessoa que comete a conduta criminosa, mas, sim, a origem nacional do bem protegido pela lei, e que restou concretamente lesionado. Em especial, são protegidos aqueles bens jurídicos afetados aos Estados, ou àquilo que representa a identidade da nação. Alegando-se a própria manutenção da sua soberania, que em tese não admitiria a intromissão de um Estado em outro, as condutas que atingem diretamente a organização estatal em sua gênese deveriam ser punidas pelo Estado lesionado, aparte às medidas adotadas em razão do princípio da territorialidade.

O ordenamento jurídico brasileiro adota o princípio da defesa em três situações:

a) **Crimes contra a vida ou liberdade do Presidente da República**

É a primeira situação de extraterritorialidade incondicionada.

Sublinhe-se que não é qualquer crime contra o Presidente da República que se enquadra na hipótese legal. Crimes contra a honra ou contra o patrimônio, por exemplo, não estão incluídos.

Note-se também que crimes contra outras autoridades da República (o Presidente do Congresso ou do Supremo Tribunal Federal) também não estão incluídos.

Do ponto de vista processual, a competência territorial será do juízo da capital do Estado onde houver por último residido o acusado e, se este nunca tiver residido no Brasil, será competente o juízo da capital da República.

Quanto à Justiça, será competente a Justiça Federal, desde que o crime tenha relação com a função pública:

> **Súmula 147 do STJ**: Compete à Justiça Federal processar e julgar os crimes praticados contra funcionário público federal, quando relacionados com o exercício da função.

b) **Crimes contra o patrimônio ou a fé pública da União, Distrito Federal, Estado, Município, empresa pública, sociedade de economia mista, fundação pública**

É também hipótese de extraterritorialidade incondicionada e inclui os tipos contidos nos Títulos II e X da Parte Especial do Código Penal, quando praticados contra qualquer ente pertencente à Administração, direta ou indireta, Federal, Distrital, Estadual ou Municipal.

A competência territorial segue a regra já citada.

Quanto à competência de Justiça, só será competente a Justiça Federal quando o crime atingir o patrimônio ou a fé pública da União, de empresa pública federal ou de fundação pública ou autarquia federal (art. 109 da CF):

> **Art. 109. Aos juízes federais compete processar e julgar:**
>
> (...)
>
> IV – os crimes políticos e as infrações penais praticadas em detrimento de bens, serviços ou interesse da União ou de suas entidades autárquicas ou empresas públicas, excluídas as contravenções e ressalvada a competência da Justiça Militar e da Justiça Eleitoral;

Quando o crime for praticado contra ente da administração estadual ou municipal, ainda que a competência seja da jurisdição brasileira, por força da extraterritorialidade incondicionada, a competência, no Brasil, é da Justiça Estadual. O mesmo no caso de crime em detrimento de sociedade de economia mista federal, que não consta do rol do art. 109 da CF.

> **Súmula 42 do STJ**: Compete à Justiça Comum Estadual processar e julgar as causas cíveis em que é parte sociedade de economia mista e os crimes praticados em seu detrimento.

c) **Crimes praticados contra a administração por quem está a seu serviço**

A terceira hipótese de adoção do princípio da defesa é também de ação penal pública incondicionada e acolhe os delitos praticados por funcionários públicos contra a administração, catalogados no Título XI, da Parte Especial, do Código Penal.

Valem as mesmas considerações sobre a fixação de competência tecidas no item anterior.

3.2.2.2 *Princípio da justiça universal*

O princípio da **Justiça Universal** não se prende, como o anterior, a um interesse circunscrito à soberania nacional, mas, ao contrário, transcende e adota como parâmetro a necessidade de cooperação internacional.

O ordenamento jurídico brasileiro reconhece o princípio da justiça universal em dois casos:

a) **Crimes de genocídio:** ainda aqui a extraterritorialidade é incondicionada embora seja exigido, para a aplicação da lei brasileira, um requisito: que o agente seja brasileiro ou domiciliado no Brasil.

O tipo de genocídio está previsto na Lei n. 2.889/56, que arrola inúmeras condutas; todas elas unidas pelo denominador comum, que é a intenção de destruir, no todo ou em parte, grupo nacional, étnico, racial ou religioso.

Merece destaque o fato de que o Estatuto de Roma do Tribunal Penal Internacional, promulgado no Brasil pelo Decreto n. 4.388/2002, prevê, no ser art. 5º, o genocídio, dentre os crimes de jurisdição do TPI:

Estatuto de Roma do Tribunal Penal Internacional: Art. 5º
Crimes da Competência do Tribunal

1. A competência do Tribunal restringir-se-á aos crimes mais graves, que afetam a comunidade internacional no seu conjunto. Nos termos do presente Estatuto, o Tribunal terá competência para julgar os seguintes crimes:

a) O crime de genocídio;

b) Crimes contra a humanidade;

c) Crimes de guerra;

d) O crime de agressão.

Ocorre que a jurisdição do Tribunal Penal Internacional é claramente subsidiária, ficando afastada quando o direito doméstico tiver atuado (de forma eficiente e imparcial) para julgar o crime em questão, de forma que a aceitação da competência do TPI, pelo Brasil, não invalida nem revoga a norma contida no Código Penal a respeito do genocídio.

Estatuto de Roma do Tribunal Penal Internacional: Art. 20
Ne bis in idem

1. Salvo disposição contrária do presente Estatuto, nenhuma pessoa poderá ser julgada pelo Tribunal por atos constitutivos de crimes pelos quais este já a tenha condenado ou absolvido.

2. Nenhuma pessoa poderá ser julgada por outro tribunal por um crime mencionado no art. 5º, relativamente ao qual já tenha sido condenada ou absolvida pelo Tribunal.

3. O Tribunal não poderá julgar uma pessoa que já tenha sido julgada por outro tribunal, por atos também punidos pelos artigos 6º, 7º ou 8º, a menos que o processo nesse outro tribunal:

a) Tenha tido por objetivo subtrair o acusado à sua responsabilidade criminal por crimes da competência do Tribunal; ou

b) Não tenha sido conduzido de forma independente ou imparcial, em conformidade com as garantias de um processo equitativo reconhecidas pelo direito internacional, ou tenha sido conduzido de uma maneira que, no caso concreto, se revele incompatível com a intenção de submeter a pessoa à ação da justiça.

b) **Crimes que, por tratado ou convenção, o Brasil se obrigou a reprimir:** trata-se também de situação na qual o parâmetro que determina a aplicação da lei brasileira é a necessidade de cooperação internacional, mas, ao contrário da primeira, a extraterritorialidade aqui é condicionada à presença cumulativa das condições já mencionadas.

Celso de Albuquerque Mello entende que esta restrição é injustificada, pois, no que tange ao Direito Internacional Público, o costume é "tão obrigatório quanto o tratado", e exemplifica noticiando que, embora alguns Estados, dentre eles o Brasil, não houvessem ratificado o Tratado de Genebra contra a pirataria, sua repressão é costumeira e obrigatória, não podendo eximir-se de fazê-la *(Direito penal e direito internacional,* p. 34). Mas consideramos que em Direito Penal, embora não se possa afastar por completo o direito costumeiro na elucidação do conteúdo dos tipos penais, como entende Francisco de Assis Toledo, a relevância do costume deveria ser encarada em benefício do réu, citados pelo autor os casos de exclusão supralegal da ilicitude, atenuação da pena ou da culpa *(Princípios básicos do direito penal,* p. 25).

3.2.2.3 Princípio da personalidade

Chama-se **Princípio da Personalidade (ou Nacionalidade)** sempre que a justificação da punição encontra seu cerne no **cidadão**. A lei acompanha a nacionalidade do indivíduo, seja ele autor (personalidade ativa) ou vítima (personalidade passiva) da conduta criminosa. Quanto ao autor, a ideia básica é que, onde quer que se encontre, deve respeito à legislação de seu país (Nelson Hungria, *Comentários ao Código Penal,* p. 147). A essa se agrega uma razão prática que é a tendência dos Estados em não conceder a extradição de seus nacionais, o que prejudicaria a aplicação da sanção. Quanto à vítima, o ponto fundamental é que o direito pátrio deve estar sempre a postos para defender os interesses dos seus nacionais.

O princípio da personalidade, no ordenamento jurídico brasileiro, é consagrado em duas hipóteses:

a) **Crime praticado por brasileiro fora do Brasil:** trata-se de caso de extraterritorialidade condicional, portanto, sujeita às já mencionadas condições, sendo a primeira delas a entrada do agente em território nacional. Se isso não acontecer, o brasileiro será julgado pelo país em que o crime foi praticado, ainda que lá a punição seja mais grave do que seria aqui. Também não poderá ser punido pela lei brasileira se retornar ao país após ter sido absolvido, perdoado ou ter cumprido pena no estrangeiro pelo mesmo fato.

Caso, no entanto, após a prática do crime, vier o brasileiro ao território nacional, justifica-se a aplicação da lei brasileira, até porque, por via de regra, não seria possível extraditá-lo. De fato, a obrigação de julgar o autor do crime aparece como contrapartida da impossibilidade de enviá-lo para ser julgado no país em que praticou o crime.

b) **Contra brasileiro:** o caso aqui é de crime praticado por estrangeiro contra brasileiro.

Trata-se também de extraterritorialidade condicionada. Mas como, ao contrário da situação anterior, não há nenhuma vedação *a priori* à extradição de estrangeiros, o

Código acrescenta àquelas cinco mais duas condições: b.1) não ter sido pedida ou tiver sido negada a extradição; b.2) haver requisição do Ministro da Justiça.

3.2.2.4 *Princípio da representação, da justiça supletória ou subsidiária*

Segundo este princípio, propugna-se a aplicação da lei e jurisdição nacional aos crimes cometidos, no estrangeiro, por estrangeiros e contra estrangeiros, com o propósito de evitar sua escandalosa impunidade. O sentido, aqui, é o de não permitir a impunidade, seja pelo descaso do país diretamente interessado na punição do agente, seja pela impossibilidade de extradição do imputado.

A lei brasileira prevê um único caso dessa modalidade:

Crimes praticados em embarcações ou aeronaves privadas, quando em território estrangeiro, que não fossem julgados: como se viu, as embarcações e aeronaves brasileiras privadas só são consideradas como parte do território brasileiro (e, portanto, submetidas ao princípio da territorialidade) quando estiverem em alto-mar. Quando ingressam em território estrangeiro, integram-se a ele, de forma que, em princípios, os crimes cometidos são de jurisdição do país estrangeiro. Entretanto, é possível a aplicação da lei brasileira, de forma condicionada, quando tais delitos não tenham sido julgados no exterior.

3.3 LEI PENAL QUANTO ÀS PESSOAS

Embora a lei penal se aplique, por via de regra, a todos os delitos praticados em território nacional, o fato é que nem todos os que aqui cometem crimes são submetidos aos comandos do Código Penal brasileiro e demais legislação extravagante.

Vem à baila, então, o tema das imunidades, que são geralmente subdivididas em imunidades diplomáticas, imunidades parlamentares e imunidade judiciária.

Embora se trate de situações absolutamente distintas, que têm natureza e consequências diversas, é habitual na doutrina tratá-las em conjunto, sob a rubrica da "Lei penal quanto às pessoas".

3.3.1 Imunidades diplomáticas

Como já se viu, o ordenamento jurídico brasileiro acolhe, como regra, o princípio da territorialidade temperada, vale dizer, aplica-se a lei brasileira ao crime cometido no território nacional, sem prejuízo, no entanto, do disposto em tratados, convenções ou regras de direito internacional.

É nesse contexto que se inserem as ditas imunidades diplomáticas, já que são estabelecidas em Convenção Internacional promulgada no Brasil em 1965:

> **Convenção de Viena sobre Relações Diplomáticas**
>
> Assinada em Viena, a 18 de abril de 1961. Aprovada pelo Decreto legislativo n. 103, de 1964. Ratificada a 23 de fevereiro de 1965. Entrou em vigor para o Brasil a 24 de abril de 1965. Promulgada pelo Decreto n. 56.435, de 8 de junho de 1965. Publicada no *Diário Oficial* de 11 de junho de 1965.
>
> (...)
>
> Art. 31.
>
> 1. O agente diplomático gozará *da* imunidade de jurisdição penal do Estado acreditado. Gozará também da imunidade de jurisdição civil e administrativa, a não ser que se trate de:
>
> (...)
>
> 2. O agente diplomático *não é obrigado a prestar depoimento como testemunha*.
>
> (...)
>
> 4. A imunidade de jurisdição de um agente diplomático no Estado acreditado não o isenta da jurisdição do Estado acreditante.
>
> Art. 32.
>
> 1. O Estado acreditante pode renunciar à imunidade de jurisdição dos seus agentes diplomáticos e das pessoas que gozam de imunidade nos termos do art. 37.
>
> 2. A renúncia será sempre expressa.
>
> (...)
>
> Art. 37.
>
> 1. Os membros da família de um agente diplomático que com ele vivam gozarão dos privilégios e imunidades mencionados nos artigos 29 e 36, desde que não sejam nacionais do Estado acreditado.
>
> 2. Os membros do pessoal administrativo e técnico da Missão, assim como os membros de suas famílias que com eles vivam, desde que não sejam nacionais do Estado acreditado nem nele tenham residência permanente, gozarão dos privilégios e imunidades mencionados nos artigos 29 a 35, com a ressalva de que a imunidade de jurisdição civil e administrativa do Estado acreditado, mencionada no parágrafo 1º do art. 31, não se estenderá aos atos por eles praticados fora do exercício de suas funções; gozarão também dos privilégios mencionados no parágrafo 1º do art. 36, no que respeita aos objetos importados para a primeira instalação.
>
> 3. Os membros do pessoal de serviço da Missão, que não sejam nacionais do Estado acreditado nem nele tenham residência permanente, gozarão de imunidades quanto aos atos praticados no exercício de suas funções, de isenção de impostos e taxas sobre os salários que perceberem pelos seus serviços e da isenção prevista no art. 33.
>
> 4. Os criados particulares dos membros da Missão, que não sejam nacionais do Estado acreditado nem nele tenham residência permanente, estão isentos de impostos e taxas sobre os salários que perceberem pelos seus serviços. Nos demais casos, só gozarão de privilégios e imunidades na medida reconhecida pelo referido Estado. Todavia, o Estado acreditado deverá exercer a sua jurisdição sobre tais pessoas de modo a não interferir demasiadamente com o desempenho das funções da Missão.

3.3.2 Imunidades parlamentares

Embora tenham consequências bastante diversas, as imunidades parlamentares partem da mesma finalidade que as imunidades diplomáticas, qual seja, evitar que seja tolhido, pela ameaça penal, o livre exercício de uma atividade política essencial.

Na Constituição brasileira, as imunidades estão assim disciplinadas:

a) Quanto aos deputados federais e senadores:

> Art. 53. Os Deputados e Senadores são *invioláveis, civil e penalmente*, por quaisquer de suas *opiniões, palavras e votos*.
>
> § 1º Os Deputados e Senadores, desde a expedição do diploma, serão submetidos a *julgamento perante o Supremo Tribunal Federal*.
>
> § 2º Desde a expedição do diploma, os membros do Congresso Nacional *não poderão ser presos*, salvo em flagrante de crime inafiançável. Nesse caso, os autos serão remetidos dentro de vinte e quatro horas à Casa respectiva, para que, pelo voto da maioria de seus membros, resolva sobre a prisão.
>
> § 3º Recebida a denúncia contra o Senador ou Deputado, por crime ocorrido após a diplomação, o Supremo Tribunal Federal dará ciência à Casa respectiva, que, por iniciativa de partido político nela representado e pelo voto da maioria de seus membros, poderá, até a decisão final, *sustar o andamento da ação*.
>
> § 4º O pedido de sustação será apreciado pela Casa respectiva no prazo improrrogável de quarenta e cinco dias do seu recebimento pela Mesa Diretora.
>
> § 5º A sustação do processo suspende a prescrição, enquanto durar o mandato.
>
> § 6º Os Deputados e Senadores *não serão obrigados a testemunhar sobre informações recebidas ou prestadas em razão do exercício do mandato*, nem sobre as pessoas que lhes confiaram ou deles receberam informações.
>
> § 7º A incorporação às Forças Armadas de Deputados e Senadores, embora militares e ainda que em tempo de guerra, dependerá de prévia licença da Casa respectiva.
>
> § 8º As imunidades de Deputados ou Senadores subsistirão durante o estado de sítio, só podendo ser suspensas mediante o voto de dois terços dos membros da Casa respectiva, nos casos de atos praticados fora do recinto do Congresso Nacional, que sejam incompatíveis com a execução da medida.

As imunidades dos membros do Congresso Nacional, portanto, podem ser subdivididas em:

a.1) Imunidade material ou inviolabilidade (também denominada imunidade absoluta): é a prevista no *caput* do art. 53 da Constituição Federal e assegura ao deputado federal e ao senador da república a não responsabilização por suas opiniões, votos e palavras, seja na esfera penal, seja na civil.

É chamada de absoluta, pois (ao contrário do que ocorre com a imunidade formal) ela não cessa com o fim do mandato, vale dizer, as opiniões, as palavras e os votos emitidos no cumprimento do mandato continuam imunizados pela garantia constitucional.

Não há consenso absoluto quanto à natureza jurídica da imunidade material, podendo-se vislumbrar a doutrina dividida (ressalvadas subdivisões internas menos expressivas) em duas grandes correntes:

A primeira considera as imunidades materiais como causas de isenção de pena. A segunda as considera como causa de atipicidade da conduta. É essa última, atualmente, a opinião dominante na doutrina, além de ser aquela acolhida pelo Supremo Tribunal Federal, como se nota da ementa a seguir:

> Crimes contra a honra. Rejeição da inicial acusatória. Falta de justa causa para a instauração da ação penal. Atipicidade da conduta. Queixa-crime rejeitada. Prejudicado o exame das preliminares. 1. O processamento da queixa-crime encontra óbice no inciso III do art. 395 do Código de Processo Penal. Não há justa causa para o exercício da ação penal se o fato increpado ao acusado (detentor de foro por prerrogativa de função) está estreitamente ligado ao exercício do mandato parlamentar, sabido que "os Deputados e Senadores são invioláveis, civil e penalmente, por quaisquer de suas opiniões, palavras e votos" (cabeça do art. 53 da CF/88). Torna-se imperioso, portanto, o reconhecimento da manifesta ausência de tipicidade da conduta descrita na inicial acusatória (Inq. 2.674, Rel. Min. Carlos Britto, Tribunal Pleno, j. em 26-11-2009, *DJe* 26-2-2010).

É também entendimento majoritário que opiniões, palavras e votos alcançados pela imunidade devem relacionar-se, de alguma forma, com o exercício da função parlamentar:

> Inquérito. Crime contra a honra. Senador da República. Imunidade parlamentar material. Constituição Federal de 1988. Evolução do constitucionalismo brasileiro. Aspectos do instituto da imunidade parlamentar. Inviolabilidade e improcessabilidade. "Freedom from arrest". Discurso parlamentar. Irrelevância do local em que proferido. Incidência da tutela constitucional. Pedido de arquivamento do chefe do Ministério Público. Irrecusabilidade. Monopólio constitucional da ação penal pública. Inquérito arquivado. O instituto da imunidade parlamentar atua, no contexto normativo delineado por nossa Constituição, como condição e garantia de independência do Poder Legislativo, seu real destinatário, em face dos outros poderes do Estado. Estende-se ao congressista, embora não constitua uma prerrogativa de ordem subjetiva deste. Trata-se de prerrogativa de caráter institucional, inerente ao Poder Legislativo, que só é conferida ao parlamentar "ratione muneris", em função do cargo e do mandato que exerce. E por essa razão que não se reconhece ao congressista, em tema de imunidade parlamentar, a faculdade de a ela renunciar. Trata-se de garantia institucional deferida ao Congresso Nacional. O congressista, isoladamente considerado, não tem, sobre ela, qualquer poder de disposição. O exercício do mandato parlamentar recebeu expressiva tutela jurídica da ordem normativa formalmente consubstanciada na Constituição Federal de 1988. Dentre as prerrogativas de caráter político-institucional que inerem ao Poder Legislativo e aos que o integram, emerge, com inquestionável relevo jurídico, o instituto da imunidade parlamentar, que se projeta em duas dimensões: a primeira, de ordem material, a consagrar a inviola-

bilidade dos membros do Congresso Nacional, por suas opiniões, palavras e votos (imunidade parlamentar material), e a segunda, de caráter formal (imunidade parlamentar formal), a gerar, de um lado, a improcessabilidade dos parlamentares, que só poderão ser submetidos a procedimentos penais acusatórios mediante prévia licença de suas Casas, e, de outro, o estado de relativa incoercibilidade pessoal dos congressistas (*freedom from arrest*), que só poderão sofrer prisão provisória ou cautelar numa única e singular hipótese: situação de flagrância em crime inafiançável. Dentro do contexto normativo delineado pela Constituição, a garantia jurídico-institucional da imunidade parlamentar formal não obsta, observado o "due process of law", a execução de penas privativas da liberdade definitivamente impostas ao membro do Congresso Nacional. Precedentes: *RTJ* 70/607. A imunidade parlamentar material só protege o congressista nos atos, palavras, opiniões e votos proferidos no exercício do ofício congressual. São passíveis dessa tutela jurídico-constitucional apenas os comportamentos parlamentares cuja prática seja imputável ao exercício do mandato legislativo. A garantia da imunidade material estende-se ao desempenho das funções de representante do Poder Legislativo, qualquer que seja o âmbito, parlamentar ou extraparlamentar, dessa atuação, desde que exercida *ratione muneris*. O monopólio da ação penal pública, incondicionada ou condicionada, pertence ao Ministério Público. Trata-se de função institucional que lhe foi deferida, com exclusividade, pela Constituição Federal de 1988. E incontrastável o poder jurídico-processual do Chefe do Ministério Público que requer, na condição de "dominus litis", o arquivamento judicial de qualquer inquérito ou peça de informação. Inexistindo, a critério do Procurador-Geral elementos que justifiquem o oferecimento de denúncia, não pode o Tribunal, ante a declarada ausência de formação da "opinio delicti", contrariar o pedido de arquivamento deduzido pelo Chefe do Ministério Público. Precedentes do Supremo Tribunal Federal (Inq. 510, Rel. Min. Celso de Mello, Tribunal Pleno, j. em 1º-2-1991, *DJ* 19-4-1991).

Por isso, não tem mais aplicação a Súmula 4 do STF, cancelada em 1981 e que afirmava: "Não perde a imunidade parlamentar o congressista nomeado Ministro de Estado". Pacificou-se assim o entendimento no sentido de que o Deputado ou Senador licenciado para ocupar Cargo na Administração não goza mais, nessa condição, da imunidade, visto que opiniões, palavras e votos que proferir nesta conjuntura não estão atrelados à atividade parlamentar.

a.2) Imunidade processual (também chamada imunidade relativa): a imunidade relativa pode ser traduzida em quatro aspectos.

Primeiro: imunidade quanto ao foro (prerrogativa de função)

Os Deputados e Senadores, desde a expedição do diploma, serão submetidos a julgamento apenas perante o Supremo Tribunal Federal, seja qual o for o crime praticado (relacionado ou não à função, desde que não abrangido pela imunidade material, obviamente) ou o momento da sua prática ou mesmo o momento do início do processo (se antes ou durante o exercício do mandato parlamentar). A imunidade de foro só não vale, logicamente, para crimes praticados após a cessação do mandato (Súmula

451 do STF: "A competência especial por prerrogativa de função não se estende ao crime cometido após a cessação definitiva do exercício funcional").

Ainda que o crime tenha sido cometido antes ou mesmo durante o exercício funcional, a imunidade de foro cessa com o encerramento do mandado, devendo o processo prosseguir, por via de regra, perante um juízo de primeiro grau.

Se houver coautoria ou participação de quem não seja parlamentar, ainda assim o concorrente deverá ser julgado conjuntamente perante o STF, a teor da Súmula 704 do STF ("Não viola as garantias do juiz natural, da ampla defesa e do devido processo legal a atração por continência ou conexão do processo do corréu ao foro por prerrogativa de função de um dos denunciados"), salvo em se tratando de crime doloso contra a vida, quando, segundo a opinião dominante, prevalece a competência do júri para julgar o concorrente sem prerrogativa de foro.

Por fim, o foro por prerrogativa de função cinge-se ao processo penal, não se estendendo às ações civis. Não obstante, há hoje intensa polêmica a respeito da extensão do foro por prerrogativa de função às ações por improbidade administrativa:

Segundo: imunidade quanto ao processo

Ao contrário da imunidade em relação ao foro, a imunidade em relação ao processo só se aplica aos crimes praticados pelo parlamentar após a diplomação (relacionados ou não à função, desde que não abrangidos pela imunidade material). Quanto a eles, após recebida a denúncia, o Supremo Tribunal Federal dará ciência à Casa respectiva (Câmara dos Deputados ou Senado Federal) que, por iniciativa de partido político nela representado e pelo voto da maioria de seus membros, poderá, até a decisão final, sustar o andamento da ação. De forma que, hoje, a Casa não mais impede o recebimento da ação, mas tão somente susta o seu prosseguimento pelo tempo que durar o mandato, suspendendo-se também, nesse período, o fluxo do prazo prescricional.

Sendo o caso de crime praticado antes da diplomação, não há qualquer possibilidade de sustação do processo, garantindo-se apenas a prerrogativa de foro perante o STF, enquanto durar o mandato.

Por fim, resta dizer que, também ao contrário do que ocorre com a hipótese anterior, aqui não há qualquer possibilidade de sustação do processo em relação a eventual concorrente (Súmula 245 do STF: "A imunidade parlamentar não se estende ao corréu sem essa prerrogativa").

Terceiro: imunidade quanto à prisão (*freedom from arrest*)

Desde a expedição do diploma, os membros do Congresso Nacional não poderão ser presos cautelarmente, salvo em flagrante de crime inafiançável. Nesse caso, os autos serão remetidos dentro de vinte e quatro horas à Casa respectiva, para que, pelo voto da maioria de seus membros, resolva sobre a prisão.

Quarto: imunidade quanto ao dever de depor como testemunha

Os Deputados e Senadores não serão obrigados a testemunhar sobre informações recebidas ou prestadas em razão do exercício do mandato, nem sobre as pessoas que lhes confiaram ou deles receberam informações.

b) **Quanto aos deputados estaduais:** valem as mesmas imunidades, formais e matérias, de que gozam os deputados federais, por força do art. 27, § 1º, da Constituição Federal:

> Art. 27. O número de Deputados à Assembleia Legislativa corresponderá ao triplo da representação do Estado na Câmara dos Deputados e, atingido o número de trinta e seis, será acrescido de tantos quantos forem os Deputados Federais acima de doze.
>
> § 1º Será de quatro anos o mandato dos Deputados Estaduais, aplicando-se-lhes as regras desta Constituição sobre sistema eleitoral, inviolabilidade, imunidades, remuneração, perda de mandato, licença, impedimentos e incorporação às Forças Armadas.

Observe-se, a respeito, que resta superada a Súmula 3 do STJ, que restringia a imunidade concedida aos Deputados Estaduais à Justiça do Estado, como se vê da seguinte ementa:

> Parlamentar distrital: imunidade formal: CF, art. 53, § 2º c/c os arts. 27, § 1º, e 32, § 3º: incidência. Com o advento da Constituição de 1988 (art. 27, § 1º), que tornou aplicáveis, sem restrições, aos membros das Assembleias Legislativas dos Estados e do Distrito Federal, as normas sobre imunidades parlamentares dos integrantes do Congresso Nacional, ficou superada a tese da Súmula 3/STF ("A imunidade concedida a Deputados Estaduais é restrita à Justiça do Estado"), que tem por suporte necessário que o reconhecimento aos deputados estaduais das imunidades dos congressistas não derivava necessariamente da Constituição Federal, mas decorreria de decisão autônoma do constituinte local (RE 456.679, Rel. Min. Sepúlveda Pertence, Tribunal Pleno, j. em 15-12--2005, *DJ* 7-4-2006).

c) **Quanto aos vereadores:** já quanto aos vereadores não há previsão de qualquer imunidade formal. Além disso, a material está circunscrita a opiniões, palavras e votos proferidos no exercício do mandato e nos limites do município (art. 29 da CF).

> Art. 29. O Município reger-se-á por lei orgânica, votada em dois turnos, com o interstício mínimo de dez dias, e aprovada por dois terços dos membros da Câmara Municipal, que a promulgará, atendidos os princípios estabelecidos nesta Constituição, na Constituição do respectivo Estado e os seguintes preceitos: (...)
>
> VIII – inviolabilidade dos Vereadores por suas opiniões, palavras e votos no exercício do mandato e na circunscrição do Município; (...)

3.3.3 Imunidade judiciária do advogado

A terminologia relaciona-se ao preceito contido no art. 7º, § 2º, da Lei n. 8.906/94 (Estatuto da Advocacia):

> **Art. 7º (...)**
> **§ 2º** O advogado tem imunidade profissional, não constituindo injúria, difamação ou desacato puníveis qualquer manifestação de sua parte, no exercício de sua atividade, em juízo ou fora dele, sem prejuízo das sanções disciplinares perante a OAB, pelos excessos que cometer (*Vide* ADIn 1.127-8).

Embora o texto do artigo citado exclua a responsabilização penal do advogado pelas condutas que pudessem tipificar injúria, difamação ou desacato, a determinação só vige quanto aos dois primeiros delitos. Isso porque a imunidade profissional do advogado quanto ao crime de desacato foi considerada inconstitucional pelo Supremo na Ação Direta de Inconstitucionalidade 1.127-8.

3.4 HOMOLOGAÇÃO DE SENTENÇA ESTRANGEIRA

Um último tema, ainda afeto ao problema da aplicação da lei penal no espaço, é o da homologação de sentença estrangeira.

A competência para a homologação, após a Emenda Constitucional n. 45/2004, é do STJ.

Conforme a regra inserta no art. 9º do Código Penal, a sentença penal condenatória (e apenas ela) pode ser homologada no Brasil para: sujeitar o condenado à reparação do dano, restituições e outros efeitos civis (dependente de pedido da parte interessada) e sujeitá-lo à medida de segurança.

Em qualquer hipótese, a sentença estrangeira só poderá ser homologada, no entanto, quando a lei brasileira produza, no caso, as mesmas consequências.

Note-se que não há no Código Penal previsão de homologação de sentença estrangeira para sujeitar o condenado do exterior ao cumprimento de pena, de qualquer espécie, no Brasil. No entanto, o art. 100 da Lei de Migração (Lei n. 13.445/2017 e seu parágrafo único) prevê a Transferência de Execução da Pena (TEP) nas hipóteses em que couber solicitação de extradição executória. Estabelece ainda como requisitos: I – o condenado em território estrangeiro for nacional ou tiver residência habitual ou vínculo pessoal no Brasil; II – a sentença tiver transitado em julgado; III – a duração da condenação a cumprir ou que restar para cumprir for de, pelo menos, 1 (um) ano, na data de apresentação do pedido ao Estado da condenação; IV – o fato que originou a condenação constituir infração penal perante a lei de ambas as partes; e V – houver tratado ou promessa de reciprocidade. Com base nesse dispositivo, o Estado italiano requereu à justiça brasileira a homologação da sentença estrangeira e a execução da pena de nove anos de prisão, aplicada ao jogador Robson de Souza (Robinho) pela justiça italiana. Até o fechamento desta edição ainda não houve o julgamento definitivo do processo de homologação da sentença estrangeira.

Vale lembrar que o juízo implicado na homologação de sentença estrangeira é meramente formal, dito de delibação de caráter integrante, e não se intromete no conteúdo mesmo da sentença. É o que reafirmou a Corte Especial do STJ ao decidir o **AgRg na Homologação de Sentença 7.986**, julgado em 16-8-2023, tratando do "Caso Robinho" já mencionado:

> AGRAVO INTERNO NA HOMOLOGAÇÃO DE DECISÃO ESTRANGEIRA. REPÚBLICA DA ITÁLIA. REQUERIMENTO DA JUNTADA INTEGRAL DO PROCESSO ORIGINÁRIO DA DECISÃO QUE SE PRETENDE HOMOLOGAR, TRADUZIDA, COMO CONDIÇÃO PARA HOMOLOGAÇÃO. DESCABIMENTO. POSSIBILIDADE DE JUNTADA, PELO INTERESSADO, DOS DOCUMENTOS QUE JULGAR RELEVANTES. AGRAVO INTERNO DESPROVIDO. 1. Exige-se, entre outros requisitos para instruir o processo de homologação de decisão estrangeira, o original ou cópia autenticada da decisão homologanda e outros documentos indispensáveis, devidamente traduzidos. 2. Não há obrigatoriedade da apresentação da integralidade do processo que originou a decisão homologanda. 3. A parte interessada pode apresentar outros documentos que julgar pertinentes, sendo responsável por sua autenticidade e tradução, no prazo da contestação. 4. O ato homologatório da sentença estrangeira limita-se à análise dos requisitos formais, não havendo oportunidade para discussão do mérito. 5. Com o julgamento do Agravo retoma-se imediatamente a contagem do prazo integral para apresentação da contestação, independentemente da interposição de novos recursos. 6. Agravo interno desprovido.

Por fim, a sentença penal estrangeira gera reincidência, segundo o que dispõe o art. 63 do CP, independentemente de qualquer homologação. É o que se conclui, *a contrario sensu*, do art. 787 do CPP:

Art. 787. As sentenças estrangeiras deverão ser previamente homologadas pelo Supremo Tribunal Federal *para que produzam os efeitos do art. 7º do Código Penal* (Ressalva-se que atualmente a competência é do STJ e que a previsão, no Código Penal, encontra-se no art. 9º, grifo nosso).

EVOLUÇÃO HISTÓRICA DA CIÊNCIA PENAL

CAPÍTULO 4

Pode-se dizer que o direito penal tal qual o conhecemos nasce na modernidade, gestado pelo Iluminismo no século XVIII e parido pela ciência e pelas codificações do século XIX. No entanto, para compreendê-lo é preciso examinar o seu nascedouro, na passagem da Idade Média para a Idade Moderna, bem como o seu desenvolvimento ao longo do tempo, até que assumisse gradualmente a configuração que se nos apresenta hoje. É o que faremos a seguir.

4.1 MONARQUIAS ABSOLUTAS (SÉCULOS XVI-XVII)

O final da Idade Média e início da Idade Moderna é marcado, no século VI, pela dissolução do mundo feudal e nascimento dos Estados Nacionais Absolutistas na Europa.

O poder, antes distribuído entre os senhores feudais, se concentra e intensifica nas mãos do monarca, que tem mandato divino. A nobreza e o clero, poderosos no feudalismo, continuam ocupando os postos mais altos na política, mas a eles soma-se agora a burguesia, que tem interesse no desenvolvimento do mercantilismo e das trocas comerciais propiciados pela nova estrutura interna (unificação territorial, padronização monetária, linguística, de medidas etc.) e pela nova estrutura da política externa (tratados e negociações entre Estados soberanos).

Nessa reestruturação do mundo, o Direito Penal tem um papel fundamental. A compreensão desse papel é bem iluminada na lapidar obra de Michel Foucault denominada *Nascimento da biopolítica*.

Segundo Foucault, durante os séculos XVI e XVII a racionalidade governamental regia-se por um princípio chamado pelo autor de "razão de Estado", cujo objetivo era, sinteticamente, a consolidação, enriquecimento e fortalecimento do Estado.

Pautada por esses objetivos, a razão de Estado fundava-se sobre três pilares: o *mercantilismo* como modelo econômico; o *aparato diplomático-militar* como política externa e o *estado de polícia* como política interna.

A racionalidade governamental moldada pela razão de Estado e baseada no mercantilismo instituía portanto uma dicotomia.

De um lado, a *limitação dos objetivos externos*. Ao contrário do que havia acontecido na Idade Média, o projeto do soberano no século XVII não era assumir, perante os outros Estados europeus, a posição unificadora de um império global. Admitia-se que cada Estado tivesse seus interesses e o direito de defendê-los, e, dessa forma, devia haver entre eles um equilíbrio de forças que justamente impedisse que o fortalecimento exacerbado de um ameaçasse a existência dos outros (*Nascimento da biopolítica*, 2004, p. 10).

Mas de outro lado, e como contrapartida necessária do primeiro, a razão de estado implica a *ilimitação no âmbito da política interna*. Para que o Estado possa conservar-se forte e estável, para que possa manter-se em equilíbrio concorrencial com os outros Estados, é preciso que no âmbito interno haja uma regulamentação rígida da vida dos súditos, como e quanto devem produzir, o preço de compra e venda das mercadorias, em suma, um controle extenso e minucioso de toda a atividade produtiva interna. A essa configuração Foucault denomina "Estado de polícia", corolário interno da razão de Estado (*Nascimento da biopolítica*, p. 10).

O Direito Penal do antigo regime se insere portanto nesse contexto e serve à lógica do "Estado de polícia".

Em primeiro lugar, é um direito descontrolado, inteiramente adjudicado ao soberano, que, para além de poder criar crimes e penas, pode também preencher a lei com o conteúdo que lhe aprouver. Como ensina Juan Carlos Ferré Olivé, "o *jus puniendi* era atribuído ao monarca por mandato divino, o que levava a uma identificação total entre pecado e delito" (*Direito penal brasileiro* – parte geral, p. 125).

Em segundo lugar, é um direito brutal, pois seu objetivo era diretamente o terror. Como afirma Foucault em *Vigiar e punir*, a violência feroz, intencionalmente cruel, dos suplícios tem justamente a função de deixar clara a força incontrastável do poder do rei: "O próprio excesso das violências cometidas é uma das peças de sua glória: o fato de o culpado gemer ou gritar com os golpes não constitui algo de acessório ou vergonhoso, mas é o próprio cerimonial da justiça que se manifesta em sua força. Por isso sem dúvida é que os suplícios se prolongam ainda depois da morte: cadáveres queimados, cinzas jogadas ao vento, corpos arrastados na grade, expostos à beira da estrada. A justiça persegue o corpo além de qualquer sofrimento possível. O suplício penal não corresponde a qualquer punição corporal: é uma produção diferenciada de sofrimentos, um ritual organizado para a marcação das vítimas e a manifestação do poder que pune: não é absolutamente a exasperação de uma justiça que, esquecendo seus princípios, perdesse todo o controle. Nos excessos dos suplícios se investe toda a economia do poder" (*Vigiar e punir*, p. 32).

Em terceiro lugar, é um direito desigual. Como já dito, a nobreza e o clero conservam boa parte dos seus privilégios, inclusive jurídicos, com foros especiais e penas reduzidas. Não há nenhuma igualdade perante a lei.

O Direito Penal do antigo regime está estampado em inúmeros diplomas legais, sendo o mais importante deles a *Constitutio Criminalis Carolina*, também conhecida como "A Carolina", elaborada por Carlos V em 1532 e considerada o primeiro Código Penal alemão (Juan Carlos Ferré Olivé *et al.*, *Direito penal brasileiro* – parte geral, p. 125).

Na recém-colonizada Terra de Santa Cruz – Colônia do Brasil do Reino de Portugal – vigoravam as chamadas ordenações do reino (Ordenações Afonsinas, Ordenações Manuelinas e Ordenações Filipinas). Esta última foi a que vigorou por mais tempo (1603 a 1830), e no seu célebre Livro V, dedicado à matéria penal, podem-se ver todas as características já apontadas: enumeração casuística e extensa de condutas incriminadas, muitas delas ligadas à heresia, diferença de tratamento penal entre fidalgos e escravos e abuso da pena de morte e dos suplícios.

4.2 ILUMINISMO E LIBERALISMO (SÉCULO XVIII)

O século XVIII foi palco de profundas transformações políticas, econômicas e sociais. O aumento da riqueza e dos meios produtivos, o forte crescimento demográfico, a reconfiguração do modo de produção e das relações de trabalho constituíram ambiente no qual vicejou o Iluminismo, movimento intelectual de reação ao absolutismo, centrado no racionalismo, no anticlericalismo e nos ideais de liberdade, igualdade e fraternidade, lema da Revolução Francesa.

Chama-se Direito Penal Liberal ou também período humanitário o fruto dessa profunda transformação impulsionada pelo iluminismo. Sob essa nomenclatura alojam-se variados autores e correntes de pensamento, unidos no entanto pela centralidade do conceito de liberdade individual e pela busca de controle racional do *jus puniendi* estatal. Para maior clareza das coincidências e especificidades das variadas vertentes do Direito Penal liberal, examinaremos em separado os seus principais representantes.

a) Beccaria (1738-1794)

A obra considerada o marco fundamental do pensamento iluminista em matéria penal – *Dos delitos e das penas* (*Dei delitti e delle pene*) – foi escrita pelo italiano Cesare Bonesana, Marques de Beccaria (1738-1794), em 1764. Nela, Beccaria defende a *proporcionalidade entre crimes e penas*, a *abolição dos suplícios e das penas cruéis*, a *abolição da tortura* como método de investigação, a *limitação (embora não eliminação) da pena de morte*, a *celeridade do processo em detrimento da severidade da sanção* e o reconhecimento da *finalidade preventiva da pena*. Todas essas ideias são fruto da lógica individualista, contratualista e utilitarista gestada no Iluminismo e que buscava conter o exercício do *jus puniendi* estatal.

b) Bentham (1748-1832)

O filosofo inglês Jeremy Bentham é considerado um dos pais do *utilitarismo*. No âmbito penal essa concepção alicerça tanto a busca pela contenção do poder punitivo, no sentido de que se deveria buscar o máximo de eficiência para o Estado com o mínimo de infelicidade para o cidadão, quanto a busca por uma justificação racional da pena, cujo objetivo é que o potencial delinquente perceba que o sofrimento advindo da punição será maior do que o bem-estar perseguido com o crime. Benthan é também o idealizador do *Panóptico*, estrutura arquitetônica que deveria ser aplicada às prisões. Benthan idealizou a construção como dois círculos concêntricos. O círculo interno seria uma torre de controle, na qual estariam os inspetores, que poderiam enxergar em toda a volta, sem no entanto serem vistos. No círculo de fora ficariam as celas dos presos, guarnecidas na parte interna por barras de ferro que deixariam o interior permanentemente à vista. Assim, os inspetores poderiam permanentemente ver o que se passava em casa uma das celas. Já os presos jamais saberiam quando estariam de fato sendo vigiados, de modo que a permanente sensação da presença dos inspetores seria tão eficiente quanto a presença em si mesma.

c) **Escola Clássica alemã: Feuerbach (1775-1833)**

Na Alemanha, o representante mais célebre do Direito Penal liberal é Paul Johann Anselm von Feuerbach (1775-1833), considerado o pai da moderna ciência do Direito Penal nesse país. Em 1801, Feuerbach publicou seu *Tratado de direito penal*, assentando as bases da *teoria da coação psicológica*, que serviria, pelos séculos vindouros, de alicerce para a teoria da prevenção geral negativa. Também cunhou, como expressão máxima do império da lei sobre a vontade do governante, a fórmula latina que plasma o *princípio da legalidade* ("nullum crimen, nulla poena sine lege") A concepção de Feuerbach foi consolidada no Código Penal da Baviera (1813), do qual foi o principal redator.

d) **Escola Clássica italiana: Carrara (1805-1888)**

Beccaria é geralmente situado como precursor da Escola Clássica italiana, que se iniciou efetivamente já no século XIX, com a obra de Francesco Carrara (1805-1888) denominada *Programa do curso de direito criminal* (*Programma del corso di diritto criminale*), publicada pela primeira vez em 1863. Verdade que o nome "Escola Clássica" foi atribuído posteriormente, por Ferri, para designar o grupo heterogêneo de pensadores italianos anteriores ao positivismo. Mas esse batismo póstumo agradou ao próprio Carrara, que passou a empregá-lo. A Escola Clássica parte das ideias iluministas e avança dando a elas, pela primeira vez, uma forma ordenada. Cuida não apenas de criticar o modo de operação do antigo regime, mas de compreender e delimitar os conceitos centrais da ciência penal, a começar pelo próprio conceito de delito, definido como *construção jurídica* (Juan Carlos Ferré Olivé et al., *Direito penal brasileiro – parte geral*, p. 125).

Apartando-se do anticlericalismo característico do Iluminismo francês, Carrara concebe a existência de um direito natural, outorgado por Deus, ao lado do qual, no entanto, há o direito ditado pelos homens. O direito humano tem origem e alicerce naquele direito divino, e só pode ser utilizado para protegê-lo. Afirma nos Prolegômenos de seu *Programma*: "O limite interno do direito penal reduz-se à sua mais simples e exata expressão, por meio da fórmula seguinte: o Direito Penal deve intervir, onde seja necessário para defender o direito; o Direito Penal não pode intervir onde o direito não tenha sido violado ou posto em perigo iminente. É defeituoso se falta à primeira regra, é exorbitante e injusto se infringe à segunda, ainda que seja com respeito a um ato imoral ou intrinsecamente mau" (Juan Carlos Ferré Olivé et al., *Direito penal brasileiro* – parte geral, 2017, p. 130). A partir dessa premissa, concebe a pena como *reprovação moral* e funda-se no *livre-arbítrio*, ou seja, no fato de que o agente tinha liberdade para escolher entre o bem e o mal e decidiu ainda assim violar a lei. As ideias da Escola Clássica de Carrara foram estampadas no Código de Zanardelli, de 1889.

4.3 POSITIVISMO (SÉCULO XIX)

As transformações sociais ocorridas no início da Idade Moderna desembocaram, no século XIX, no amplo domínio do pensamento positivista.

O lugar antes ocupado pela religião passou a ser preenchido pela ciência. Dela deveriam provir tanto a explicação a respeito do mundo natural e humano quanto a promessa de um futuro mais auspicioso para a humanidade, representado pela ideia de progresso. O conceito de ciência, naquele momento, prendia-se ao modelo das ciências matemáticas e naturais, que lidavam com conceitos exatos ou observáveis pelos sentidos. A corrente de pensamento que expressava essa visão de mundo do século XIX foi denominada positivismo.

Em um primeiro momento, o direito parecia ficar alijado desse ambiente de desenvolvimento. Conta Ferré Olivé que, em 1847, o então procurador-geral da Prússia, Julius Hermann von Kirchmann, fez uma conferência perante a Sociedade Jurídica de Berlim cujo título era justamente "A jurisprudência não é ciência". Kirchmann argumentava que a ciência (natural) possuía um objeto de estudo estável (fenômenos naturais) e, empregando um método experimental (observação de descrição), chegava a resultados também estáveis. Já o direito possui um objeto de estudo instável (lei positiva), de modo que não pode arrogar a condição de ciência. E arremata seu discurso com a célebre frase: "Três palavras retificadoras do legislador convertem bibliotecas inteiras em papel descartável" (Juan Carlos Ferré Olivé et al., *Direito penal brasileiro* – parte geral, 2017, p. 133).

A crítica de Kirchmann iluminou na comunidade jurídica a percepção de que, para se pretender ciência, o Direito Penal teria de se modificar e se adequar ao método positivista, a começar pela seleção de um objeto estável e observável, à moda das ciências naturais. A partir daí abriram-se duas correntes positivistas bem distinguíveis. De um lado, na Itália, vingou o positivismo criminológico, que elegeu como objetos o fenômeno criminal e o criminoso, considerados como dados da realidade, e deu origem à chamada Escola Positiva. De outro lado, na Alemanha, desenvolveu-se o positivismo jurídico, que elegeu como objeto a própria norma jurídica.

a) **Escola Positiva italiana: Lombroso, Ferri, Garofalo**

a.1) Lombroso (1835-1909)

Cesare Lombroso é considerado o pai da criminologia, sob a forma da antropologia criminal. Na qualidade de médico que atuava dentro de prisões, tinha a possibilidade de observar de perto os indivíduos encarcerados, e o resultado dos estudos culminou na publicação de sua obra mais famosa, *O homem delinquente* (*L'uomo delincuente*), em 1876. Lombroso defendia haver descoberto nos presos características biológicas comuns, e a partir delas catalogou uma série de tipos de delinquentes. O delinquente nato padeceria do que chamou de atavismo, ou seja, possuía um gene primitivo (o primeiro trabalho da ciência genética foi publicado por Mendel em 1866) que havia ficado inativo durante a evolução da espécie e reaparecia naquele indivíduo. A hipótese de Lombroso nega o livre-arbítrio e defende o *determinismo*, uma vez que para ele o crime é fruto de uma condição biológica predeterminada. A pena se converte, assim, em uma tentativa de cura da patologia, e para aqueles que não podem ser curados restaria a eliminação. Lombroso, como já dito, era médico. Dois de seus alunos, no entanto, encarregaram-se de levar seu pensamento para o campo mais propriamente jurídico, como se verá a seguir.

a.2) Ferri (1856-1929)

Enrico Ferri é considerado o pai da sociologia criminal. Como criminólogo e político, amplia o foco, que em Lombroso estava apenas sobre a biologia do criminoso, para o corpo social. Partindo desse enfoque, considerava que a causa do crime era a decomposição da sociedade e que a finalidade da pena era promover a defesa social. Em 1884 publicou *Sociologia criminal*, e empenhou-se para que a Itália tivesse um Código Penal positivista. Como político, foi um dos mais importantes de Benito Mussolini e contribuiu na redação do Código Penal fascista de 1930, o chamado Código Rocco, que tanto influenciou o direito brasileiro na primeira metade do século XX, servindo de modelo imediato para o nosso Código Penal de 1940.

a.3) Garofalo (1851-1934)

Rafaelle Garofalo foi o representante da Escola Positiva com maior envolvimento com o direito, que procurou conjugar com a antropologia criminal de Lombroso e com a sociologia criminal de Ferri. Considerava a sociedade um organismo biológico e o delinquente o germe patológico. O indivíduo que pratica um delito, ou seja, que ataca o corpo social, seria então um homem moralmente deficiente, um *anormal*. A pena teria, como em Ferri, um sentido de defesa social e deveria expressar a preponderância do interesse coletivo sobre o indivíduo.

b) **Positivismo jurídico alemão: Binding, Von Liszt**

Na Alemanha, a corrente positivista desenvolveu-se em outro sentido, dando origem ao positivismo jurídico, que, por sua vez, subdividiu-se em duas vertentes: o positivismo jurídico normativista e o positivismo jurídico sociológico.

b.1) Positivismo jurídico normativista: Binding (1841-1920)

Karl Binding foi o principal autor dessa vertente, segundo a qual o direito teria como objeto de estudo a própria norma positiva, que deveria ser examinada sob perspectiva formal, sem nenhum recurso a valorações ou considerações metajurídicas. Sua principal obra, e a que melhor expressa o positivismo normativista, é a *Teoria das normas* (*Die Normen*). Nela o autor distingue a lei penal, meramente descritiva (p. ex., "matar alguém"), da norma penal, que tem caráter proibitivo (não matar). O indivíduo que pratica a conduta penalmente tipificada viola a norma, não a lei. Ao contrário. Ele cumpre a lei, deflagrando com isso a aplicação do preceito secundário. Dessa premissa resulta o caráter estritamente *retributivo* da pena, vinculado à realização do preceito primário, até mesmo porque admitir as teorias preventivas seria permitir o ingresso de considerações sociológicas (a suposta ação dissuasória da pena) no bojo da ciência penal.

b.2) Positivismo sociológico: Von Liszt (1851-1919)

Franz von Liszt foi sem dúvida a mais importante figura do Direito Penal na passagem para o século XX, responsável por reunir concepções aparentemente inconciliáveis e por inaugurar a era dos sistemas penais e das teorias do delito, que será estudada no próximo tópico. Liszt concebeu um conceito de ciência penal conjunta, composta de três partes distintas, quais sejam, a criminologia (voltada ao estudo empírico do fenômeno criminal), a política criminal (voltada à crítica e reforma da legislação penal) e a dogmática penal (voltada ao estudo jurídico do delito). Essas três ciências, cada qual com sua perspectiva e metodologia próprias, convergiriam para o estudo do crime e para a busca das melhores soluções.

No âmbito da dogmática, Liszt cria, em conjunto com Beling (1866-1932), o sistema causalista, que será estudado a seguir.

4.4 SISTEMAS PENAIS (SÉCULO XX)

O século XX testemunhou o nascimento dos sistemas penais, vale dizer, o desenvolvimento da dogmática enquanto saber autônomo e a estruturação das chamadas teorias do crime. Em outras palavras, a dogmática debruça-se sobre o seu objeto – o crime – para compreendê-lo, e o faz à moda das ciências naturais, buscando decompor e analisar suas partes formadoras. É o século, portantos dos sistemas penais, que serão tratados a seguir

4.4.1 Sistema clássico ou causal (ontológico: positivista-naturalista)

4.4.1.1 *Base filosófica: positivismo*

A teoria causalista, naturalista, também denominada teoria clássica da ação, desenvolveu-se basicamente a partir de fins do século XIX e início do século XX, sendo dominante na doutrina durante cerca de três décadas, e sua matriz filosófica foi o positivismo naturalista, que dominava o pensamento científico daquele período (Fábio André Guaragni, *As teorias da conduta em direito penal*, p. 63).

De fato, com o triunfo do paradigma positivista, no final do século XIX, o pensamento científico em geral se vê impregnado pela incorporação dos cânones metodológicos das ciências exatas e naturais, inclusive a ciência do direito e a dogmática penal. O único conhecimento científico válido era aquele produzido de acordo com a metodologia própria das ciências naturais, da física e da biologia, fundamentada sobre a observação e descrição de fenômenos empiricamente demonstráveis.

O mesmo tipo de raciocínio que se empregava para verem reveladas as leis naturais foi então transportado para a ciência penal e moldou todo o conceito de crime forjado naquele período. Se as ciências naturais ampliam seu conhecimento sobre o objeto por meio da observação e da descrição dos fenômenos, o mesmo procedimento deveria ser aplicado ao delito, que é o objeto do conhecimento da ciência penal. De forma que o modelo construído pela teoria causalista, tributário do positivismo científico, afastava completamente do conceito de delito qualquer contribuição das valorações filosóficas, psicológicas ou sociológicas (Cezar Roberto Bitencourt, *Tratado de direito penal*, 2008, p. 207).

4.4.2 Principais expoentes

Franz von Liszt, Ernst von Beling (sistema Liszt-Beling), Radbruch.

4.4.3 Estrutura do delito

O modelo causalista se organiza sobre uma base central, que é o conceito de ação, nesse caso, ação natural. A esse conceito substantivo agregam-se três adjetivos: "típica", "antijurídica", "culpável". Em outras palavras, o crime, na visão causal, era a ação natural que possuísse esses atributos jurídicos: tipicidade, antijuridicidade e culpabilidade.

Esses elementos eram alocados em polos opostos dentro da estrutura causalista: de um lado, os aspectos puramente objetivos e externos, quais sejam, a tipicidade e a antijuridicidade; de outro, o aspecto puramente subjetivo, anímico ou interno, a culpabilidade.

Vale dizer, a partir de um conceito puramente natural de ação, ela apresentava características separadas em compartimentos estanques. De um lado, os aspectos objetivos externos (tipicidade e antijuridicidade); de outro, os aspectos subjetivos internos (culpabilidade).

Explica com clareza Roxin que o sistema clássico "partia do pressuposto de que o injusto e a culpabilidade eram consideradas e se relacionavam um ao outro como o lado externo e interno do delito. Todos os pressupostos objetivos do delito pertenciam ao tipo ou à ilicitude, enquanto a culpabilidade era considerada o conjunto de todos os elementos subjetivos do crime (o assim chamado conceito psicológico da culpabilidade)" (*Funcionalismo e imputação objetiva no direito penal*, p. 198).

Vejamos então a estrutura interna de cada um desses componentes:

4.4.3.1 Ação (resultado e nexo causal)

Como explica Juarez Tavares, "a ação desempenha já aqui uma função básica no conceito de delito, vindo a constituir-se em elemento geral e comum a qualquer espécie de crime, capaz de ser seu substantivo, ao qual se agregam atributos legais imperativos, da tipicidade, antijuridicidade e culpabilidade. Para que, efetivamente, esse papel seja bem desempenhado, o conceito de ação deve conter unicamente o que for mais geral e necessário à sua formulação, tendo em vista os seus objetivos" (*Teorias do delito*, p. 17).

Quer dizer que o conceito de ação deve ser o mais básico, o mais neutro, para que depois se possa, a partir dele, explicar todos os tipos de crime, de acordo com as circunstâncias peculiares de cada qual. O conceito de ação deve funcionar como o denominador comum de todo o delito.

Isso, aliado à prevalência, na época, de toda a metodologia e visão proveniente das ciências da natureza, possibilitou o surgimento do chamado conceito natural ou causal de ação.

Ação é o **movimento corpóreo voluntário que produz uma modificação no mundo exterior**. São componentes, portanto, do conceito de ação a voluntariedade, a expressão externa e o resultado (Juarez Tavares, *Teorias do delito*, p. 17).

Em outras palavras, ação é a "inervação muscular produzida por energias de um impulso cerebral, que provoca uma transformação no mundo exterior" (Cezar Roberto Bitencourt, *Tratado de direito penal*, 2008, p. 207).

Exemplificando: ação homicida é provocar, pelo movimento voluntário do próprio corpo, a morte de alguém. Não importa o conteúdo dessa vontade. Bastam: 1) por meio de um movimento corpóreo externo voluntário (ex.: disparar a arma); 2) causar (provocar concretamente; do ponto de vista empírico, natural); 3) a morte (uma modificação do mundo).

O conceito de ação implicava, portanto, a realização de um **movimento corpóreo externo**, perceptível aos sentidos (uma vez mais, vale o método das ciências naturais, observar e descrever a realidade sensível). Só o que se exigia é que esse movimento fosse **voluntário**. Note-se que o conceito de "voluntariedade" não tem nenhuma semelhança com conceito de "intenção" e muito menos com "dolo". Como explica Juarez Tavares, "vontade na ação é apenas aquele indispensável para caracterizar a ausência de coação mecânica ou psicofísica, servindo, pois, meramente como impulso inicial que desloca a inércia do comportamento. A palavra impulso é tomada, aqui, no sentido mecânico de impelir, detonar, dar a partida ou imprimir um movimento" (*Teorias do delito*, p. 17). Vale dizer, um movimento subordinado ao consciente controle neurológico e motor do indivíduo.

E quanto à omissão? A omissão explicada em termos meramente causais também exigia uma externalização e era conceituada como "um 'não fazer' caracterizado exteriormente pela 'distensão muscular' e, interiormente, pela vontade de distender os músculos" (Zaffaroni e Pierangeli, *Manual de direito penal brasileiro*, 2004, p. 401). Para a teoria causalista, o **resultado** está inserido, de forma indissociável, **dentro do conceito de ação**. O resultado, portanto, era "entendido como uma modificação sensível no mundo exterior e tido como circunstância essencial de todos os delitos (...)" (Juarez Tavares, *Teorias do delito*, p. 17).

De fato, na afirmação do próprio von Liszt, "a toda ação, por força da ideia mesma, se liga um resultado qualquer apreciável pelos sentidos" (*apud* Juarez Tavares, *Teorias do delito*, p. 21), portanto não é concebível uma ação sem resultado.

O cerne do conceito de ação era de fato a causação de uma transformação da realidade objetiva (nexo causal entre o movimento corporal e o resultado). O **nexo causal** entre o movimento corporal e o resultado também **fazia parte do conceito de ação**. Causar, por sua vez, também era entendido, sob o influxo dos paradigmas das ciências naturais, como um conceito neutro e avalorado, era a simples provocação do resultado. Tal como um raio pode causar a morte de um homem, também um tiro pode provocá-la e, nesse sentido, nada os distingue, são ambos causa. Todo o movimento corpóreo humano voluntário que tenha tido como consequência, próxima ou remota, previsível ou imprevisível, desejada ou não desejada, a modificação da realidade objetiva foi causa dela.

A teoria da causalidade, afinada com esse sistema, sem dúvida foi a da ***equivalência dos antecedentes*** causais ou da *conditio sine qua non*, que será estudada com mais profundidade em capítulo específico. Por ora, basta dizer que a referida teoria maneja um conceito puramente natural de causa, incluindo nele toda e qualquer condição que tenha contribuído para o resultado. Não atua qualquer filtro valorativo que possa distinguir as causas entre si, as mais relevantes das menos relevantes, as mais adequadas das menos adequadas à produção do resultado, as mais reprováveis das menos reprováveis. Todas as condições, na medida em que foram determinantes para a produção do evento concreto, equivalem-se. Vale aqui a perspectiva do cientista, e não a do jurista. Na verdade, a teoria da equivalência dos antecedentes é a "consequência natural da sistematização causal-naturalista de Beling e Liszt, ao considerar a relação de causalidade sob uma perspectiva puramente mecânica, apartada de qualquer valoração jurídica" (Fernando Galvão, *Direito penal*, p. 217).

4.4.3.2 *Tipicidade*

No sistema causal, o tipo "é entendido basicamente como a **descrição objetiva e neutra** do desenrolar de uma conduta, prevista na lei penal, e onde representam papel preponderante o movimento do agente (realidade causal) e o resultado" (Juarez Tavares, *Teorias do delito*, p. 21).

A tipicidade é a característica da ação que consiste em adequar-se a determinado tipo. O tipo é um substantivo que descreve uma realidade jurídica. A tipicidade é um adjetivo que implica afirmar que uma ação concreta amolda-se a determinado tipo. A conduta, portanto, tem como atributo ser ou não típica. Uma vez que o **tipo** apenas descreve uma conduta **objetiva e neutra**, o juízo de tipicidade é também objetivo e neutro, isento de qualquer valoração. É apenas a constatação de que a conduta encaixa-se perfeitamente na moldura típica. É, tomando-se o crime de homicídio, a mera constatação de que: X executou um movimento corporal, esse movimento não foi condicionado por nenhuma coação física, não foi também um ato reflexo, foi, portanto, voluntário, e esse movimento provocou o resultado morte de Y, sabe-se disso porque, se o movimento de X não tivesse acontecido, Y não teria morrido.

Em suma: a composição do tipo era puramente objetiva, já que se tratava da simples descrição da ação externa (sem nenhum componente psíquico ou interno), e, portanto, possuía os mesmos elementos que ela, quais sejam: a) movimento corporal voluntário, b) resultado exterior e c) nexo causal. O tipo não possuía qualquer elemento subjetivo.

O juízo de tipicidade era também um atributo puramente objetivo da conduta, vale dizer, típica é simplesmente a conduta que se adéqua ao tipo.

4.4.3.3 Ilicitude

A **ilicitude**, por sua vez, também é **puramente objetiva**, "significando o juízo de relação entre a ação causal, posta em marcha pelo impulso volitivo e identificada no tipo, e a proibição ou determinação da ordem jurídica, antepostas na norma" (Juarez Tavares, *Teorias do delito*, p. 23).

O juiz de ilicitude, portanto, era também objetivo. Bastava ao juiz checar o **contraste entre o fato típico e a ordem jurídica.**

Por isso, no sistema causalista, não são reconhecidos elementos subjetivos nos tipos permissivos. Quer dizer, tanto quanto os tipos incriminadores são puramente objetivos, os tipos permissivos (que veiculam as causas de justificação) também o são. Se o sujeito, com sua ação, impediu a ocorrência de uma agressão injusta que estava prestes a sofrer, pouco importa que não tivesse conhecimento dessa situação, ou não tivesse o ânimo de se defender. De qualquer forma, sua conduta foi objetivamente lícita.

Além disso, o aspecto puramente objetivo da ilicitude teve também como consequência a irrelevância do desconhecimento a respeito da ilicitude (ou seja, do erro de proibição), com a consequente consagração da ideia de o erro de direito ser inescusável. Se a antijuridicidade é uma situação puramente objetiva, pouco importa que o agente saiba dela ou não[1].

---

[1] Estamos com Juarez Tavares, no entanto, para quem se trata de uma confusão lógica, na verdade, pretender se extrair do caráter objetivo da ilicitude a irrelevância do desconhecimento da ilicitude. De fato, o desconhecimento da ilicitude é irrelevante no âmbito da própria ilicitude (que é objetiva), mas não quer dizer que o seja no âmbito da culpabilidade. Explica: "Admitindo-se que a antijuridicidade é objetivamente determinada, chega-se, por falso silogismo, ao raciocínio de

Note-se que, embora seja atribuída a Liszt a criação do conceito de ilicitude material, trata-se para ele de conceito "metajurídico", sediado na seara da política criminal, enquanto apenas a antijuridicidade formal era considerada um conceito dogmático. Na verdade, a incorporação, na dogmática, da ilicitude material ocorrerá apenas no momento seguinte, com o neokantismo.

Quanto à relação entre **antijuridicidade e tipicidade**, inicialmente, quando da formulação do conceito de tipo por Beling (1906), o tipo tinha de fato uma função meramente descritiva. Só. Ele apenas descrevia os caracteres de uma ação que, se realizada, deveria ser catalogada como típica. E, por ter função meramente descritiva, o tipo nada dizia da ilicitude. Tudo o que o tipo podia fazer é dizer "isso é típico". Ele nada dizia a respeito se "isso" era ou não antijurídico. É como se o tipo apenas afirmasse "matar alguém é um fato típico", e não dissesse em absoluto "matar alguém é proibido" ou, mais tecnicamente, "matar alguém é antijurídico". Essa não era a função do tipo nem do juízo de tipicidade, e sim da categoria da ilicitude. O juízo de antijuridicidade não se misturava em absoluto com a tipicidade. Por isso, o **tipo** era chamado **"avalorado"**. A circunstância de um fato ser típico não significava em si que o fato era "bom" ou "mau", que era "permitido" ou "proibido". O tipo era acromático, não tinha outra função senão descrever condutas, dando, portanto, concretude à segurança jurídica ambicionada pelo princípio da legalidade, enunciado antes pelo Iluminismo.

Em seguida, no entanto, houve uma modificação (atribuída a Mayer, em 1915) na relação de tipicidade e antijuridicidade. Percebeu-se a que a mera seleção legislativa das condutas típicas já significava que sobre elas incidia, em regra, uma valoração negativa. De forma que a tipicidade passa a ter, ao lado da função de descrever condutas, também a função de predicar a conduta, indicando (mas não afirmando) que aquela conduta é, em princípio, proibida. Ensina Juarez Tavares que, "com Mayer, a tipicidade passa a funcionar como indício objetivo da incidência de uma norma proibitiva. Nesta última colocação, quem realiza o tipo já alardeia que, possivelmente, também infringiu o direito" (*Teorias do delito*, p. 17). Trata-se essa da chamada teoria "indiciária", em que o tipo é a ***ratio cognoscendi*** da antijuridicidade, que pode, no entanto, não se configurar quando se verificar, no momento seguinte, a presença de uma causa de justificação.

4.4.3.4 *Culpabilidade*

Todos os elementos psicológicos ou anímicos ficam concentrados na **culpabilidade**, entendida, portanto, como a **face interna** do crime (**concepção psicológica de culpabilidade**).

---

que são inadmissíveis erros incidentes sobre a antijuridicidade. Na verdade, não se trata, aqui, de problema de antijuridicidade, mas sim de culpabilidade: o agente erra, e errando não será reprovado e punido, porque não agiu conscientemente acerca da proibição da conduta. Essa deveria ser a consequência lógica do sistema, mas não o é" (Juarez Tavares, *Teorias do delito*, p. 24).

Dessa perspectiva a culpabilidade é "o liame subjetivo de unir o autor ao fato típico através do dolo ou da culpa" (Juarez Tavares, *Teorias do delito*, p. 25).

A **imputabilidade** é aqui compreendida como **pressuposto** da culpabilidade. Quem não a possui não pode validamente "querer", ou mesmo "prever", o resultado. Significa que a verificação da existência de dolo e culpa é necessariamente posterior à verificação da imputabilidade. Sob essa perspectiva, o doente mental, por exemplo, não pode atuar com dolo ou com culpa.

Já **o dolo e a culpa** não são elementos, e sim **espécies** ou formas que a própria culpabilidade assume. Há dois tipos de vínculos que se podem estabelecer entre alguém e um fato para que ele seja atribuível àquela pessoa: o "querer" o fato ou o "prever" o fato.

Dentro de uma visão naturalista, a culpabilidade "também tinha caráter puramente descritivo, pois se limitava a comprovar a existência de um vínculo subjetivo entre o autor e o fato" (Cezar Roberto Bitencourt, *Tratado de direito penal*, 2008, p. 207). Ou seja, apenas descrevia uma situação psicológica. Ao juiz, portanto, só cabia constatá-la (e não aprová-la ou reprová-la).

Quanto ao **dolo**, era ele, assim como a própria culpabilidade, também puramente **psicológico**. A questão da consciência da ilicitude não tinha qualquer relevância, até porque, como se viu, sendo a ilicitude puramente objetiva, o entendimento era da completa irrelevância do erro que recaísse sobre ela.

Em suma:

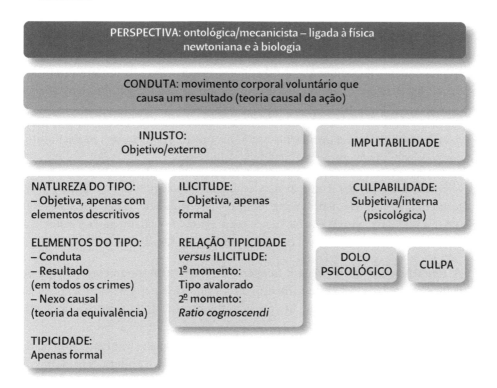

4.4.4 Críticas

O modelo causalista, no entanto, deixava sem resposta uma série de questões, entre elas:

a) **A causalidade na omissão:** o sistema natural-causalista encontra grande obstáculo em face dos crimes omissivos. Como afirma Juarez Tavares, relatando ao mesmo tempo o esforço e o fracasso do causalismo em explicar a omissão, "embora Aníbal Bruno, por exemplo, insista em ver na omissão um conteúdo naturalista, na realidade perceptível de um desatendimento a um dever natural e não normativo, não se pode negar que a omissão é o resultado de um conceito jurídico, de fundo valorativo e normativo. Tanto faz que o conceito de omissão derive de uma infração a um dever de agir previsto no tipo (omissão própria) ou de uma infração a um dever de impedir o resultado, sustentado pela posição de garantidor do omitente para com a vítima (omissão imprópria); não pode ele figurar dentro de um esquema puramente naturalístico, simplesmente porque a omissão não é natural. O dever, aqui referido, implica um juízo de valor, deduzido ou de disposições legais ou de situações particularíssimas e socialmente relevantes" (*Teorias do delito*, p. 30-31).

Além disso, arremata: "a omissão não importa em movimento corpóreo e nem se concilia com o conceito físico-natural de causalidade" (Juarez Tavares, *Teorias do delito*, p. 31).

De fato, a explicação da omissão como distensão muscular era um dos pontos problemáticos do conceito naturalista de ação. No conhecido exemplo escolar, a mãe que, enquanto deixa de amamentar o filho, entrega-se à prática da ginástica, omitiu-se sem, no entanto, relaxar nenhum músculo (Zaffaroni e Pierangeli, *Manual de direito penal brasileiro*, 2004, p. 401).

b) **A culpa inconsciente:** enfrenta a teoria causalista, no tocante a problemas ligados à culpabilidade, grandes dificuldades também.

O primeiro é entender, como forma de vínculo psicológico entre o autor e o fato, a culpa inconsciente. Nela nenhum vínculo existe na realidade, já que o agente sequer previu o resultado. E o fato de que ele "devia ter previsto" é, evidentemente, fruto de um juízo de valor, um dado valorativo, portanto, normativo, não um dado psicológico.

c) **A tentativa:** não se conseguia também explicar satisfatoriamente por que nos delitos tentados o dolo estava localizado no tipo (sob pena de ser inexplicável a própria tentativa, pois o que diferencia as figuras típicas da tentativa de homicídio da lesão corporal?).

d) **A coação moral irresistível:** ademais, o sistema causalista também falha ao tentar explicar por que, em certas situações, embora a conduta seja dotada de tipicidade (por preencher os elementos do tipo) e ilicitude (porque não está amparada por nenhuma exculpante), praticada por agente dotado de imputabilidade e com culpabilidade sob a forma dolosa, devem ficar impunes, por exemplo, na hipótese de coação moral irresistível.

4.5 SISTEMA NEOCLÁSSICO (NORMATIVISTA) – 1930 EM DIANTE

4.5.1 Base filosófica: neokantismo

A consolidação da tese positivista abriu terreno para a emergência da antítese crítica, lastreada no pensamento neokantista. De fato, a partir da última década do século XIX, houve forte reação contra a mentalidade positivista, tendo como lema a volta à metafísica e aos valores (Luiz Regis Prado, *Curso de direito penal brasileiro*, 2007, p. 75).

A referência ao pensamento de Kant, contida na denominação da matriz filosófica que deu origem ao sistema neoclássico, justifica-se. Foi o filosofo alemão, em sua obra *Crítica da razão pura*, cujo tema é justamente a teoria do conhecimento, que desenvolveu a ideia de que o conhecimento puro é independente da experiência sensorial, de que há, ao lado do conhecimento empírico (*a posteriori*), um conhecimento puro, que é anterior à experiência, é um *a priori*. A partir dessa proposição, assume-se, no âmbito da ciência do conhecimento, uma dualidade metodológica fundamental: o método empírico serve às ciências da natureza (mundo do ser); o método compreensivo, segundo um sentido valorativo, serve às ciências culturais (mundo do dever-ser) (Fábio André Guaragni, *As teorias da conduta em direito penal*, p. 74). E é logicamente a essa última categoria que pertence a ciência do direito.

No âmbito da ciência jurídica, o impacto do paradigma neokantista é que, reagindo contra o modelo mecanicista, de matriz empírico-naturalista, o pensamento desloca o foco para o aspecto essencialmente cultural e valorativo do direito. Como ensina Juarez Cirino dos Santos, "o modelo neoclássico de fato punível, fundado no método neokantiano de observação/descrição e de compreensão/valoração, é o produto da desintegração do modelo clássico de fato punível e, simultaneamente, de sua reorganização teleológica, conforme os fins e valores do direito penal" (*Direito penal*, p. 76).

Em outras palavras, toda a dimensão normativa e axiológica, que havia sido afastada da dogmática penal (sendo relegada, como em Liszt, em linha com o positivismo de cunho sociológico, ao âmbito da política criminal), foi incorporada às estruturas do crime. O paradigma metodológico das ciências naturais (observar e descrever) é complementado "pela metodologia própria das ciências do espírito, caracterizada pelo compreender e valorar" (Cezar Roberto Bitencourt, *Tratado de direito penal*, 2008, p. 208).

4.5.2 Principal expoente

Mezger foi o principal expoente do sistema neoclássico.

4.5.3 Estrutura do delito

Sem que houvesse ruptura com a estrutura do sistema causal concebida por Liszt e Beling, o pensamento neokantista provocou o redimensionamento das suas componentes, borrando-se, principalmente, a rígida separação entre aspectos externos/objetivos e aspectos internos/subjetivos do crime e introduzindo-se em todos eles uma perspectiva axiológica/valorativa, dando-se, assim, origem à teoria chamada "neoclássica".

De fato, a manutenção, em linhas gerais, da estrutura do delito concebida pela teoria clássica fez com que boa parte do pensamento jurídico-penal situasse a fase neokantiana como um segundo momento do causalismo, chamando-a neoclássica (Fábio André Guaragni, *As teorias da conduta em direito penal*, p. 92).

Novamente, na lição de Roxin, o sistema neoclássico "dominante na década de 30, e que encontrou sua mais autorizada formulação em Mezger, conseguiu manter a distinção entre um injusto fundamentalmente objetivo e uma culpabilidade fundamentalmente subjetiva, sendo obrigado, contudo, a reconhecer exceções e a buscar uma nova explicação para a diferença entre injusto e culpabilidade. Ela foi encontrada em uma espécie diversa de valoração – o que representa um largo passo adiante: com a afirmação do injusto o ato é valorado sob o aspecto de sua lesividade social, com a culpabilidade sob o aspecto da reprovabilidade" (*Funcionalismo e imputação objetiva no direito penal*, p. 199).

Vejamos, pois, mais de perto, o impacto do paradigma filosófico neokantiano sobre as estruturas do conceito analítico de crime:

4.5.3.1 Ação (resultado e nexo causal)

Mezger, desde logo, acusa a influência da filosofia neokantiana na ciência do Direito Penal alemão ao notar que o conceito de ação não é (como pretendia Liszt) puramente neutro, pois leva implícito um elemento valorativo, ao exigir que o fazer ou o deixar de fazer sejam voluntários (Cezar Roberto Bitencourt, *Tratado de direito penal*, 2008, p. 219).

Ademais, embora o conceito de resultado continuasse ligado ao conceito de ação, Mezger foi responsável pela criação de uma nova teoria relativa ao nexo causal, baseada na insuficiência do modelo anterior. Trata-se da **teoria da relevância**, ou da causalidade relevante. Segundo a teoria da relevância, ficam excluídos do direito os nexos causais irrelevantes, tanto de acordo com os parâmetros da causalidade adequada (nexos causais anômalos, por exemplo) quanto de acordo com uma interpretação conforme o sentido dos tipos legais (Claus Roxin, *Derecho penal*, p. 362).

4.5.3.2 Tipo e tipicidade

Passa-se a reconhecer a existência de **elementos subjetivos** (que dizem respeito ao aspecto interno e anímico do agente) e **normativos** (que exigem um juízo de valoração cultural, e não apenas a constatação empírica) dentro do tipo.

Como esclarece Juarez Tavares, "com a descoberta dos elementos normativos do tipo levada a cabo por Max Ernst Mayer, Mezger e Grunhut, e com a teoria dos elementos subjetivos do injusto, enunciada por Hegler e Max Ernst Mayer e desenvolvida por Mezger, descartou-se quase que totalmente a definição de Beling de que a tipicidade e a antijuridicidade compunham-se, tão somente, de características descritivas (tipo) e objetivas (tipo e antijuridicidade)" (*Teorias do delito*, p. 38).

4.5.3.3 Ilicitude

Esta se incorpora à dimensão material da ilicitude (representada pela danosidade social), já apontada por Liszt, como categoria sistemática pertencente à dogmática e apta a possibilitar inclusive o reconhecimento das causas supralegais de justificação (por exemplo, o consentimento do ofendido).

Além disso, modifica-se também a relação entre tipicidade e ilicitude. Se no sistema clássico a tipicidade é apenas a *ratio cognoscendi* da antijuridicidade (um mero indício de antijuridicidade), no sistema teleológico de fundamentação neokantista o tipo passa a ser a **ratio essendi** da antijuridicidade. Como *ratio cognoscendi*, "o fato de ser típico é um indício de que ele é ilícito"; como *ratio essendi*, "o fato só é antijurídico porque ele é típico". Como *ratio cognoscendi*, a tipicidade é o fundamento cognitivo da ilicitude (saber que o fato é típico ajuda a saber que o fato é antijurídico); como *ratio essendi*, a tipicidade é o fundamento real e de validade da ilicitude. A ilicitude penal não é apenas indicada como o tipo, ela nasce como o tipo, ela não existe antes do tipo. Crime não é a ação típica e antijurídica, crime é a ação tipicamente antijurídica, ou seja, é a própria antijuridicidade tipificada (na conceituação de Mezger), que é a única possível no Direito Penal (ao contrário do que acontece no direito civil, por exemplo, em que a ilicitude não depende de qualquer tipificação). Cuide-se, no entanto, que, embora a tipicidade seja a *ratio essendi* da ilicitude, não há, no Direito Penal ilicitude fora do tipo, é possível haver tipo sem ilicitude, desde que esteja presente causa de exclusão da antijuridicidade.

Calha, nesse momento, trazer a lição de Juarez Tavares, que distingue essa concepção da chamada teoria dos elementos negativos do tipo, dizendo dessa última que "esta teoria, porém, vai mais longe e chega a propor a unificação do tipo e da antijuridicidade em um conceito total, denominado tipo total de injusto. Assim, a verificação das causas justificantes não excluiria a antijuridicidade, mas o próprio tipo, por serem consideradas como elementos negativos deste" (*Teorias do delito*, p. 45), esclarecendo ainda que "a teoria dos elementos negativos do tipo, ao contrário da concepção teleológica de Mezger, não faz da tipicidade um fundamento da antijuridicidade, mas sim concebe a antijuridicidade como componente do tipo" (op. cit., p. 45).

Na concepção de Mezger, prossegue o autor, "o legislador nunca idealiza um tipo legal sem ter em vista antes uma norma proibitiva" e a consequência disso é afirmar estar "a prevalência do antijurídico (normativo) sobre o típico (descritivo), de tal forma que o tipo conteria a matéria concreta através da qual se amoldaria o ilícito penal". Já na concepção dos elementos negativos do tipo, "essa consequência tomaria outro caminho, ou seja, o da prevalência do tipo sobre o antijurídico" (Juarez Tavares, *Teorias do delito*, p. 45).

4.5.3.4 Culpabilidade

Assim como a tipicidade e a antijuridicidade, a culpabilidade também ganhou uma dimensão axiológica/valorativa, qual seja, a noção de reprovabilidade. Passou a ser, portanto, uma **culpabilidade psicológico-normativa**.

Como explica Cezar Roberto Bitencourt, "a culpabilidade também foi objeto de transformações nessa fase teleológica, recebendo de Frank a 'reprovabilidade', pela formação da vontade contrária ao dever" (*Tratado de direito penal*, 2008, p. 208).

Dolo e culpa continuam a compor a culpabilidade, mas agora não mais como suas espécies, e sim como **elementos** que, em si mesmos, são insuficientes para explicar a punição. Ainda que haja dolo ou culpa, "a punição só se torna autorizada desde que possa ser reprovada pela sua atuação contrária ao direito" (Juarez Tavares, *Teorias do delito*, p. 41).

De forma que, tal como o tipo, a culpabilidade também ganha uma dimensão normativa. Cabe ao juiz avaliar se, naquele caso, a formação da vontade contrária ao direito é ou não de ser censurada.

Isso permite explicar por que na coação moral irresistível, não haverá punição, ainda que exista ação típica, antijurídica e dolosa. Porque o dolo, nesse caso, não é censurável. E não o é em virtude da anormalidade das circunstâncias. A ideia, portanto, da "normalidade das circunstâncias concomitantes" é o que está na base do juízo de reprovação. E dessa noção é que se extrai o elemento normativo da culpabilidade, qual seja, a **exigibilidade de conduta conforme o direito**.

Em síntese, o juízo de culpabilidade não se esgota mais na constatação da componente psicológica, representada pelo dolo ou pela culpa, mas se completa com a valoração axiológica do juiz sobre essa componente, pela verificação sobre a normalidade das circunstâncias que tornariam exigível uma conduta diversa.

Sinteticamente:

4.5.4 Críticas

Apesar dos avanços, o sistema teleológico ou neoclássico, mantendo o dolo na culpabilidade, enfrentava ainda dificuldades, entre as quais a punibilidade da tentativa. Também não há fundamento que justifique por que os elementos subjetivos especiais são componentes da tipicidade, bem como o dolo (cuja natureza é a mesma) seja tratado apenas na culpabilidade.

Mais além, a grande crítica lançada contra o neokantismo era o relativismo axiológico, que fazia com que as estruturas dogmáticas permanecessem desconectadas entre si e influenciadas por cargas valorativas também desconectadas.

Notem-se as palavras de Roxin: "A metodologia referida a valores do neokantismo, que era dominante na década de vinte, poderia ser chegado a um novo 'quadro do sistema do direito penal', se tivesse tomado como critério, ao qual deveriam referir-se todas as entidades dogmáticas, as decisões político-criminais. Mas jamais foi construído a partir desses fundamentos um sistema em oposição à estrutura lógico-formal da antiga teoria do delito, capaz de estabelecer-se" (*Política criminal e sistema jurídico penal*, p. 26).

4.6 SISTEMA FINALISTA (ÔNTICO-FENOMENOLÓGICO) – 1945 EM DIANTE

4.6.1 Base filosófica: fenomenologia/psicologia

Ensina Figueiredo Dias que "após a tragédia da II Grande Guerra ficou claro que o normativismo das orientações jurídicas de raiz neokantiana não oferecia garantia bastante de justiça dos conteúdos das normas validamente editadas. É então que se assiste definitivamente à substituição do Estado de Direito formal pelo Estado de Direito Material. Ficava por isso próxima a tentativa de limitar toda a normatividade, numa via fenomenológica e 'ontológica' (*rectior* – 'ôntica'), por leis estruturais determinadas do 'ser' – pela 'natureza das coisas', as quais, uma vez estabelecidas, serviriam de fundamento vinculante às ciências do homem e, por isso, também ao direito" (*Direito penal*, p. 244).

4.6.2 Principal expoente

Os principais expoentes do modelo finalista foram: Welzel, Maurach, Kaufmann, Stratenwerth e Hirsch.

4.6.3 Estrutura do delito

O modelo finalista revolucionou a teoria do crime a partir da recolocação de uma premissa: o conceito da ação, que não havia sido alterado de forma relevante pelo neokantismo.

Welzel, partindo de uma concepção de ação como uma estrutura lógico-real (ou seja, partindo da ação como um dado, não como um construído; partindo da ação como ela é na realidade, não como ela deve ser para o direito), incorpora a ela o elemento subjetivo que antes residia apenas na culpabilidade, promovendo, com esse movimento, um rearranjo de todo o restante da composição dogmática.

Como explica Juarez Tavares, "nesse sistema o delito é compreendido, tal como acontecia no sistema causal, analiticamente como ação típica, antijurídica e culpável. Toda a estrutura desse conceito analítico, porém, encontra-se comprometida seriamente com a concepção finalista de conduta. Assim, o ponto fundamental de diferenciação e estruturação desse sistema vem situar-se indiscutivelmente na teoria da ação" (*Teorias do delito*, p. 57).

No mesmo sentido, Zaffaroni e Pierangeli afirmam, em uma feliz metáfora, que "a teoria do delito é um edifício, em que o alicerce é constituído pelo conceito de conduta. Qualquer alteração nos alicerces implica uma mudança na estrutura. A partir do instante em que os alicerces são lançados sabemos o peso que poderão suportar e a distribuição da carga" (*Manual de direito penal brasileiro*, p. 402).

Por fim, para ainda maior clareza, valem as palavras de Juarez Cirino dos Santos: "O modelo finalista de fato punível, desenvolvido por Welzel na primeira metade do século XX, revolucionou todas as áreas do conceito de crime, com base no seguinte princípio metodológico: a ação é o conceito central do fato punível, a psicologia demonstra a estrutura final da ação humana e a lei penal não pode desconhecer a existência de estruturas ontológicas independentes do direito" (*Direito penal*, p. 76-77).

4.6.3.1 Ação (resultado e nexo causal)

Como explicam Zaffaroni e Pierangeli, defendendo o ponto de partida welzeliano, "o direito não pretende ser qualquer coisa além de uma ordem reguladora da conduta. Por isso tem que respeitar o 'ser' da conduta. O 'ser' da conduta é o que chamamos de estrutura ôntica e o conceito que se tem deste 'ser' e que é adequado a ele é o ontológico (onto, ente; ôntico, o que pertence ao ente; ontológico, o que pertence à ciência ou estudo do ente). Para indicar que o conceito ontológico pertence a um 'ser' entendido realisticamente – e não de forma idealista, em que o ontológico criaria o ôntico –, costumamos falar de um conceito ôntico-ontológico (Welzel). Em outras palavras, o conceito ôntico-ontológico de conduta é o conceito cotidiano e corrente que temos da conduta humana (...)" (*Manual de direito penal brasileiro*, p. 388).

Pois bem, o **conceito ôntico-ontológico** de conduta é necessariamente um conceito **final**. Porque é da realidade da conduta humana portar determinada finalidade. É artificial e, portanto, inconcebível a separação entre conduta e finalidade. O resultado foi o deslocamento do dolo da culpabilidade para o centro do tipo.

Ao contrário do que acontecia no sistema causalista, em que a ação incluía o resultado, já que, em última análise, ela se definia pelo resultado (ação é o movimento corpóreo que, necessariamente, provoca um resultado), no sistema finalista isso não acontece.

Explicam Zaffaroni e Pierangeli: "A previsão da causalidade pertence à conduta, mas o nexo de causalidade e o resultado encontram-se fora da conduta. A ação de lançar uma bomba sobre Hiroshima e o resultado 'Hiroshima arrasada' são coisas diferentes. 'Hiroshima arrasada' não 'pertence' à ação de lançar uma bomba, mas é apenas o seu resultado. (...) Assim, no caso do homicídio, o que à nossa ciência interessa investigar é que o tipo, para considerar proibida uma conduta como típica de homicídio, requer que se tenha produzido o resultado morte da vítima, como termo de uma relação causal iniciada pela exteriorização da conduta homicida do autor" (*Manual de direito penal brasileiro*, p. 398).

4.6.3.2 Tipicidade

Construído sobre o alicerce de um conceito finalista de conduta, todo o restante do edifício dogmático reorganizou-se, a começar pelo tipo. Se o tipo é o reflexo normativo da conduta, então o tipo teve necessariamente que ganhar também uma nova dimensão. O **dolo** (como elemento subjetivo) e a **culpa** em sentido estrito (como elemento normativo) deslocam-se da culpabilidade e passam a compor a **tipicidade**. Significa que os tipos dolosos passam a compor-se, sempre, de um tipo objetivo e de um **tipo subjetivo**.

O dolo, agora **dolo** do tipo, no entanto, é **puramente psicológico**, visto que o conhecimento da ilicitude dele se destaca e continua a compor a culpabilidade.

As consequências são inúmeras, mas as principais são que, com o dolo situado no tipo, resolve-se o problema da tentativa. Além disso, a separação entre dolo e conhecimento da ilicitude provoca a distinção entre erro de tipo e erro de proibição (excludente de culpabilidade).

4.6.3.3 Ilicitude

Se a tipicidade ganha uma dimensão subjetiva, com a ilicitude acontece o mesmo. Por isso, as excludentes de antijuridicidade passam a exigir, também, um **elemento subjetivo**. Só pode se beneficiar da legítima defesa, por exemplo, quem pratica o fato típico sabendo que o faz para repelir injusta agressão, atual ou iminente, a direito próprio ou alheio.

4.6.3.4 Culpabilidade

A contribuição mais marcante do finalismo, aliás, que já havia sido iniciada pelo neokantismo, foi a retirada de todos os elementos subjetivos que integravam a culpabilidade, nascendo assim uma concepção **puramente normativa** (Cezar Roberto Bitencourt, *Tratado de direito penal*, 2008, p. 208).

Além da imputabilidade e da exigibilidade de conduta diversa, é também elemento da culpabilidade o potencial conhecimento da ilicitude, destacado que foi do conceito de dolo. O erro sobre a ilicitude, portanto, não mais exclui o dolo, passando a ser tratado como erro de proibição.

Em suma:

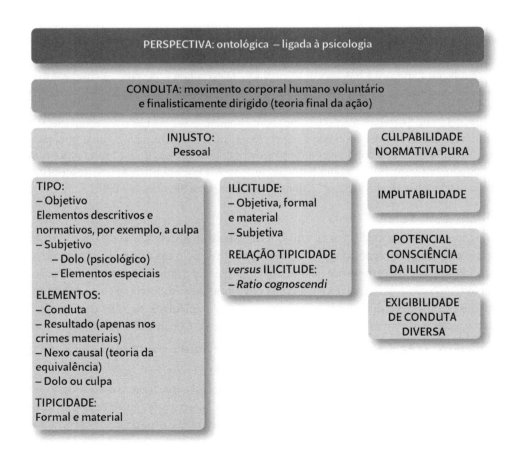

4.7 SISTEMA FUNCIONALISTA (TELEOLÓGICO-RACIONAL) – 1970 EM DIANTE

4.7.1 Base filosófica

Apesar da oposição entre ambos, causalistas e finalistas coincidem num ponto fundamental: partem de um conceito ontológico de ação, isto é, pré-jurídico, que pertence ao mundo do ser, da realidade, para dele derivar todo o restante da construção sistemática (Paulo Queiroz, *Direito penal*, 2009, p. 146).

A premissa comum a todas as diversas correntes funcionalistas é o abandono das premissas ontológicas assumidas pelo causalismo e pelo finalismo. Trata-se, portanto, de um retorno a um ponto de partida normativista/axiológica que já havia despontado com o neokantismo, mas agora alicerçado sobre o fundamento sólido da política criminal, vale dizer, das funções da pena e do Direito Penal.

Como explica Roxin, "os adeptos desta concepção estão de acordo – apesar das várias divergências quanto ao resto – na recusa às premissas sistemáticas do finalismo e em partir da ideia de que a construção sistemática jurídico-penal não deve orientar-se segundo dados prévios ontológicos (ação, causalidade, estruturas lógico-reais etc.), mas deve ser exclusivamente guiada por finalidades jurídico-penais" (Claus Roxin, *Funcionalismo e imputação objetiva no direito penal*, p. 205).

Por isso mesmo, é correto ver no modelo proposto pelo funcionalismo uma retomada da perspectiva neokantiana que vigorou no entreguerras e cujo desenvolvimento viu-se maculado pela ideologia nazista, substituindo-se, no entanto, "a vaga orientação a valores culturais do neokantismo por um parâmetro sistematizador especificamente jurídico-penal: os fundamentos político-criminais das modernas teorias da pena" (Claus Roxin, *Funcionalismo e imputação objetiva no direito penal*, p. 206).

Em outras palavras, sem abandonar uma concepção sistemática do Direito Penal, o funcionalismo faz o sistema fundar-se sobre o alicerce axiológico e valorativo da teoria dos fins da pena. Promove, assim, fusão entre dogmática e política criminal, modela os institutos dogmáticos segundo a sua função político-criminal e imanta-os com a carga valorativa que emana da perspectiva político-criminal.

Daí que, tantas quantas são as possíveis funções que se atribuam ao Direito Penal, tantos assim são também os "funcionalismos" que podem ser desenvolvidos. Quer dizer, a sujeição da dogmática à perspectiva político-criminal relacionada aos fins do Direito Penal, característica central do funcionalismo, dá origem a composições teóricas diversas, na medida em que também diversas são as teorias sobre as funções do Direito Penal.

Por isso, o desenvolvimento do funcionalismo conduziu a múltiplos caminhos, mas, em uma primeira distinção grosseira, é possível divisar-se uma importante bifurcação: a proposta funcionalista de Roxin e a proposta funcionalista de Jakobs (Paulo Busato, *Fatos e mitos sobre a imputação objetiva*, p. 75). A distinção entre ambas encontra raiz, justamente, na teoria da pena que se encontra na base da construção de cada um dos autores: a teoria dialética unificadora da qual parte Roxin, desemboca no chamado funcionalismo teleológico ou moderado; o acolhimento da teoria da prevenção geral positiva ou integradora dá origem ao funcionalismo radical ou sistêmico de Jakobs (Paulo Queiroz, *Direito penal*, 2009, p. 143).

4.7.2 Principais expoentes

Claus Roxin e Günther Jakobs.

4.7.3 Estrutura do delito

A adoção de uma perspectiva funcionalista implica modelar cada categoria do delito – tipicidade, antijuridicidade e culpabilidade –, a partir de sua função político-criminal (Claus Roxin, *Política criminal e sistema jurídico penal*, p. 29).

4.7.3.1 Ação

Assim, o próprio conceito inicial de ação não é ontológico e não deve ser buscado na natureza das coisas, mas é eminentemente normativo ou valorativo. Ou seja, não corresponde ao que de fato "é" a ação, mas ao que se "deve reconhecer" valorativamente como ação. E é essa valoração que poderá responder quando um acontecimento da realidade pode ser imputado a determinado sujeito como um comportamento seu, como obra sua (Claus Roxin, *Funcionalismo e imputação objetiva no direito penal*, p. 232).

Viu-se que a tônica do funcionalismo é reconhecer o caráter axiológico do direito e subordinar as opções valorativas a respeito dos institutos à sua função político-criminal. Nesse passo, a função político-criminal do conceito de ação é justamente excluir de antemão do âmbito do Direito Penal tudo o que for "não ação", independentemente do seu aspecto exterior ou das consequências que provoque (Claus Roxin, *Funcionalismo e imputação objetiva no direito penal*, p. 232).

Sobre essa base, é que Roxin formula o chamado conceito "pessoal" de ação. Explica: "A unidade da ação não é definível por um dado prévio empírico (nem a causalidade, tampouco um comportamento voluntário ou a finalidade) que se encontra na base de todas as formas de manifestação do comportamento punível. Esta unidade se constitui, isso sim, através de um mesmo aspecto valorativo: alguém agiu, quando um determinado efeito decorrente lhe possa ser atribuído enquanto pessoa, isto é, enquanto centro anímico de atividade, de modo que se pode falar em um 'agir' ou 'omitir' e, com isso, numa 'exteriorização da personalidade'" (Claus Roxin, *Funcionalismo e imputação objetiva no direito penal*, p. 232).

Portanto, político-criminalmente é só a essa "manifestação da personalidade" (que se revela tanto na ação e na omissão do sujeito quanto na conduta intencionalmente dirigida à lesão e na conduta imprudente) que se pode proibir ou permitir (no extrato do injusto), reprovar ou aprovar (no extrato da culpabilidade). Tudo o que não o seja está fora, *a priori*, do âmbito do Direito Penal.

4.7.3.2 Tipicidade

A função político-criminal que vincula o extrato da tipicidade é a **necessidade abstrata de pena** para que se evitem condutas socialmente consideradas lesivas ou danosas, ou seja, **condutas lesivas ou perigosas a bens jurídicos essenciais**, finalidade que corresponde, no âmbito da teoria da pena, à ideia de prevenção geral negativa.

É dessa finalidade que se podem extrair, com facilidade, a origem e as consequências do mais importante princípio ligado ao conceito de tipo, vale dizer, o *nullum crimen sine lege*: só há possibilidade de cumprimento da função preventivo geral se o tipo estiver contido em uma lei que seja: a) escrita, de modo a ser conhecida por todos, b) determinada, de forma que possa ser entendida por todos; c) prévia, e com isso apto a direcionar os comportamentos futuros (Claus Roxin, *Funcionalismo e imputação objetiva no direito penal*, p. 233).

4.7.3.3 Injusto

Se a tipicidade corresponde, no nível mais generalizado, à necessidade abstrata de pena para que se previnam intoleravelmente lesivas ou perigosas ao bem jurídico, a principal função da categoria do injusto (que Roxin prefere à nomenclatura "antijuridicidade", visto que essa última pertence ao ordenamento jurídico como um todo, e não especificamente ao Direito Penal), é resolver situações de **conflito de interesses**, em um nível um pouco mais concreto, situações nas quais a realização do comportamento típico é menos lesivo ao interesse social do que à não realização (ressalte-se que a ideia de ponderação de interesses, no entanto, encontra mais dificuldades no Brasil, sobretudo em virtude do acolhimento, pela opinião dominante, da teoria unitária relativa ao estado de necessidade) (Claus Roxin, *Funcionalismo e imputação objetiva no direito penal*, p. 236).

Dessa forma, no conflito entre a integridade física do estuprador e a integridade física da vítima do estupro, o direito, para cumprir a sua finalidade de dirigir as condutas no sentido da menor lesividade social, protege a última, permitindo a lesão à primeira. No conflito entre o patrimônio de um náufrago e a vida de outro, o direito protege a última, permitindo a lesão do primeiro.

Como ensina Roxin, vez que a função do injusto é resolver um conflito de interesses sobre a base da menor lesividade social, a consequência é que, nas situações em que o injusto está excluído, surge, em contrapartida, o dever de o titular do bem jurídico, autorizadamente ofendido, suportar a ofensa, de forma que seus atos de resistência serão valorados como injustos e tipicamente puníveis (mais uma vez, a lição do mestre alemão encontra problemas, no Brasil, por conta do caso específico do estado de necessidade envolvendo bens jurídicos de mesma hierarquia, situação que, na maior parte do mundo, é tratada, com muito mais coerência sistemática, no âmbito da culpabilidade) (Claus Roxin, *Funcionalismo e imputação objetiva no direito penal*, p. 237).

Portanto, conclui, "a valoração político-criminal deve ter em vista o duplo aspecto de que ao aliviar-se a pressão do Direito Penal sobre um indivíduo se está, *ipso facto*, a impô-la sobre outro" (Claus Roxin, *Funcionalismo e imputação objetiva no direito penal*, p. 237).

4.7.3.4 Responsabilidade: culpabilidade e necessidade de pena

A categoria da tipicidade subordina-se à ideia de necessidade abstrata de pena para coibir condutas que, *a priori*, são socialmente nocivas, porquanto violam ou põem em risco determinado bem jurídico e o faz por via do princípio do *nullum crimen sine legis*.

A categoria do injusto subordina-se à necessidade de solucionar conflitos em situações específicas nas quais a finalidade de evitar condutas socialmente lesivas requer que seja autorizada a prática de determinados fatos típicos.

A categoria da responsabilidade, que, para Roxin, aglutina os conceitos de culpabilidade e necessidade de pena, subordina-se à necessidade concreta ou individual de pena.

Nessa perspectiva, a pena só terá sentido em sua função preventiva de motivar condutas em uma ou outra direção se for aplicada àquele que realizou o injusto, apesar da **idoneidade para ser destinatário de normas** (Claus Roxin, *Estudos de direito penal*, p. 138). Em outras palavras, trata-se da capacidade de ser concretamente motivado pelo comando normativo.

Não por outra razão, em várias das hipóteses de exclusão da culpabilidade, emprega o legislador a fórmula: compreender o caráter ilícito do fato ou determinar-se de acordo com esse entendimento.

No entanto, segundo Roxin, a ausência de idoneidade para ser destinatário da norma não esgota todos os casos previstos na legislação de isenção de pena. A própria menoridade não exige que o menor concretamente não tenha capacidade de entender ou agir de acordo com a norma. De forma que, segundo o autor, a responsabilidade penal agrega ainda outro componente, que é a necessidade de pena. Ocorre que em determinada situação o legislador considera desnecessária, ou até mesmo nociva, a imposição da pena, renunciando a ela por considerações político-criminais, a partir das funções de prevenção geral e especial da pena. É o que acontece, segundo o autor, com o tratamento do menor (Claus Roxin, *Estudos de direito penal*, p. 152).

Em suma:

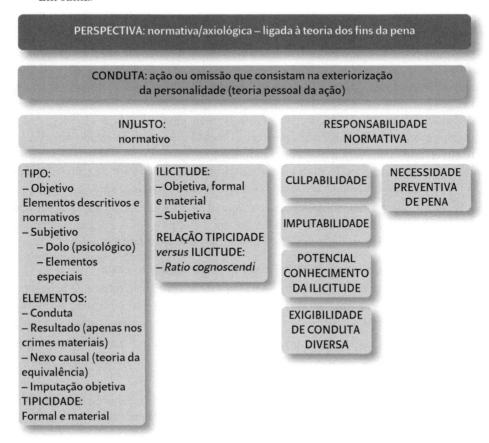

Quadro comparativo:

	AÇÃO	TIPO/TIPICIDADE	ILICITUDE	CULPABILIDADE
CLÁSSICA	Movimento corpóreo voluntário que causa um resultado (causalidade equivalente)	Natureza do tipo: – objetiva – formal Elementos do tipo: a) movimento corporal b) resultado c) nexo causal	Natureza: – objetiva – formal ilicitude e tipicidade: – tipo avalorado – *ratio cognoscendi*	Natureza: psicológica Pressuposto: imputabilidade Espécies: a) dolo (psicológico) b) culpa
NEOKANTISTA	Ação socialmente relevante dominada ou dominável pela vontade (causalidade relevante)	Natureza do tipo: – objetiva, com eventuais elementos subjetivos – formal Elementos do tipo: a) movimento corporal b) resultado c) nexo causal	Natureza: – objetiva – formal e material Ilicitude e tipicidade: – *ratio essendi*	Natureza: psiconormativa Elementos: a) imputabilidade b) dolo (psicológico e normativo – *dolus malus*) e culpa c) exigibilidade de conduta diversa
FINALISTA	Ação ou omissão voluntariamente dirigida a um fim	Natureza: – objetiva e subjetiva (dolo psicológico e demais elementos subjetivos do tipo) – formal e material Elementos do tipo: a) conduta b) resultado (nos crimes materiais) c) nexo causal (nos crimes materiais)	Natureza: – objetiva e subjetiva – formal e material	Natureza: normativa pura Elementos: a) imputabilidade b) potencial conhecimento da ilicitude c) exigibilidade de conduta diversa
FUNCIONALISTA	Ação ou omissão que seja a manifestação da personalidade do homem	Natureza: – objetiva e subjetiva – formal e material Elementos do tipo: a) conduta b) resultado (nos crimes materiais) c) nexo causal (nos crimes materiais) d) imputação objetiva do resultado (nos crimes materiais)	Natureza: – objetiva e subjetiva – formal e material	Natureza: normativa pura Elementos: a) imputabilidade b) potencial conhecimento da ilicitude c) exigibilidade de conduta diversa + necessidade de pena = responsabilidade

4.8 UMA APROXIMAÇÃO AO DIREITO PENAL REDUTOR

A primeira peculiaridade do chamado Direito Penal Redutor é uma mudança de método: o saber dogmático tradicional é criticado e repudiado pois, de um lado, facilita a racionalização do poder punitivo sem questionar sua função, partindo da (fictícia) premissa do legislador racional, sábio e perfeito, e de outro contempla uma pluralidade de teorias nem sempre compatíveis, permitindo assim uma série de comportamentos arbitrários (Eugênio Raúl Zaffaroni et al., *Direito penal brasileiro II*, 2010, p. 24).

O saber jurídico deve ser (confessadamente) funcional, ou seja, deve ser dotado de um sentido, e a crítica de sua operação apenas adestra os envolvidos, mas não permite a criação de um verdadeiro sistema, enquanto "unidade de diversos conhecimentos sob uma ideia" (usando o conceito de sistema de Kant – *Direito penal brasileiro II*, 2010, p. 25). De nada adianta criticar o direito penal tradicional sem romper os paradigmas dogmáticos que impedem a referida criação.

Zaffaroni indica que todas as escolas penais sempre foram funcionalistas. O Neokantismo sempre foi funcional e dependia da concepção de Estado e de direito penal escolhida pelo autor. O Finalismo também era funcional, visto que todo o sistema teria como objetivo ético-social a proteção de valores elementares da vida em comunidade (*Direito penal brasileiro II*, 2010, p. 39). A funcionalidade é, assim, algo inerente a todo o conjunto de conceitos penais, e de nada adianta querer ignorá-la. Daí ser inútil a apregoada resistência à premissa funcionalista.

Uma segunda premissa é a seletividade discriminatória do sistema penal. A seletividade é estrutural, pois o aparato persecutório não teria como ser plenamente eficiente; basta imaginar a plena eficiência em relação a qualquer crime: imagine-se que em um determinado dia todos os autores de furto, ou porte de drogas, ou sonegação fiscal serão levados para as delegacias de polícia para registro de ocorrência e investigação: o resultado seria o colapso das delegacias de polícia, que não conseguiriam nem sequer registrar as ocorrências, e não teríamos ainda estrutura para a acusação, investigação ou julgamento. Como ensina Zaffaroni, em um cenário teórico em que todas as infrações fossem punidas, não haveria sociedade, pois todos praticam crimes rotineiramente (sim, há crime no ato do magistrado que falseia informação sobre o horário que permanece no fórum ao preencher relatório de corregedoria, ou do membro do Ministério Público ou da Defensoria Pública que assina a ata de audiência no final do expediente, mas não esteve realmente presente no ato por motivo A ou B. Há crime ainda sempre que se atribui a terceiro fato infamante, ainda que verdadeiro, ou quando se conduz veículo após a ingestão de uma taça de vinho, ou se retorna de país estrangeiro sem declarar bens que extrapolam o valor autorizado...).

Se há uma incapacidade estrutural para processar todos os ilícitos, e não há nem sequer vontade ou viabilidade de tal plena eficiência do aparato persecutório (o que só escancara o quão tolo é discurso do "fim da impunidade", que é empiricamente impossível e sinceramente indesejado), a ação do aparato penal será sempre seletiva. O sistema persecutório terá que selecionar seus alvos em uma quantidade que possa ser absorvida pelo aparato burocrático de investigação, acusação e julgamento. A seleção, no entanto, não é aleatória: ela conta com evidentes critérios de discriminação, que obedecem os interesses dos donos do poder: critérios raciais, econômicos, culturais, étnicos... Todo o sistema é elaborado e reproduzido de forma a privilegiar uma classe e oprimir outra. Como ilustração, podemos refletir que as autoridades investigativas não são treinadas para compreender crimes econômicos, mas sim para perseguir a criminalidade de rua – não se exige matemática financeira no concurso para delegado de polícia, mas é alta a incidência de questões no concurso público sobre roubo e tráfico, e ainda é comum a prova física de "corrida" ou "natação" – alguém imagina um delegado de polícia correndo atrás de um banqueiro?). Claro que sempre haverá uma ou outra persecução de pessoa poderosa (ou ex-poderosa, porque a persecução penal é exatamente o sintoma de perda de poder) que terá grande repercussão midiática para propalar que a justiça penal é igual para todos, mas uma breve consulta às estatísticas de encarcerados demonstrará que o sistema punitivo é, estruturalmente, uma máquina de moer pobres e negros.

Outra importante premissa é o abandono do modelo de sociedade de consenso, na qual todos os integrantes têm valores e objetivos comuns. Não há consenso, mas sim conflito, que pode ter como base divergências culturais, religiosas ou mesmo o conflito de classes denunciado por Marx. A sociedade sempre esteve em conflito, com uma classe poderosa e outra vulnerável, e a classe poderosa tende a encontrar mecanismos para oprimir e controlar a classe vulnerável, e a violência é o instrumento mais comum.

Admitidas as premissas, a funcionalidade redutora de Zaffaroni parte da argumentação de que o poder punitivo e especialmente a pena são instrumentos de opressão seletiva em uma sociedade de conflito. A pena queda, assim, deslegitimada (teoria agnóstica da pena), e a função do direito penal será impedir ou minimizar o poder punitivo estatal. Conclui o autor que:

1) Todo conceito da teoria do delito deve ser necessariamente redutor da possibilidade de exercício do poder punitivo.

2) A teoria do delito fornece instrumentos que são pressupostos necessários, mas não necessariamente suficientes para a punição. É crucial que a agência judiciária leve em conta ainda para a punição outros fatores, por exemplo a vulnerabilidade do autor e a perigosidade do sistema penitenciário, como filtros.

O saber penal, como discurso dirigido às agências sobre os casos selecionados pelo poder punitivo, não conseguiria impedir a seleção, mas pode esgotar suas possibilidades de reduzir eticamente um poder que não se reconhece como legítimo.

O Direito Penal Redutor busca "evoluir" a partir das construções dogmáticas anteriores, mas com um objetivo político criminal declarado e crítico. Ao Neokantismo credita o adestramento para a fina construção sistemática; ao finalismo, a advertência sobre respeitar o mundo e seus dados; ao funcionalismo, ter assumido sem rebuços que os conceitos jurídico-penais são funcionais. Portanto, a construção redutora não significa uma radical ruptura com a teoria do delito, mas uma via de seu desenvolvimento (*Direito penal brasileiro II*, 2010, p. 60).

Dentre as propostas de desenvolvimento de uma teoria do crime, destacamos:

a) Tipicidade

Os tipos deveriam selecionar condutas, mas acabam selecionando pessoas. Por isso, os princípios do Estado de Direito se realizam na razão inversa do número de tipos penais legislativamente criados.

O tipo não exprime nem determina a punição, mas sim o limite dela. Se todas as condutas formalmente típicas fossem realmente perseguidas, a vida seria insuportável.

A tipicidade deve ser compreendida, assim, como uma autorização para o funcionamento do aparato persecutório penal, e não como mandamento. A autorização deve ser racionalizada para atuar apenas em conflitos reais e intensos, insuportáveis. Admitida a seletividade, não faz sentido que condutas não conflituais ou com mínima/insignificante repercussão sejam perseguidas.

b) Antijuridicidade

Manutenção da proibição abstrata *vs.* permissão/tolerância para casos concretos. Deve ser entendida sob um prisma político-criminal que incremente as chances de ser compreendida como tolerada a conduta no caso concreto, ainda que mantida sua proibição abstrata *a priori* (na tipicidade).

c) Culpabilidade

Abordagem tradicional: em sua consagrada proposta, Zaffaroni parte da premissa do "poder-dever agir de outro modo" como sustentáculo da culpabilidade e exige que sejam consideradas as circunstâncias socioculturais do sujeito no momento do juízo de reprovação. Se a premissa da culpabilidade é a liberdade, e o sujeito não é "livre", pois "empurrado" pelas circunstâncias socioculturais forjadas pela sociedade, tais circunstâncias que condicionam a conduta delituosa devem ser consideradas, sendo necessário diminuir a parcela da reprovabilidade do sujeito e atribuí-la à sociedade, fonte das referidas circunstâncias. Nas palavras do autor,

> Em consequência, há sujeitos que possuem um menor âmbito de autodeterminação, condicionado desta maneira por causas sociais. Não será possível atribuir estas causas sociais ao sujeito e sobrecarregá-lo com elas no momento da reprovação da culpabilidade (Eugênio Raúl Zaffaroni, *Manual de direito penal*, 2007, p. 611).

Zaffaroni parece se afastar das pregações (ainda que não da ideologia) sobre coculpabilidade para propor a sofisticada categoria da "culpabilidade por vulnerabilidade".

O direito penal é seletivo, e, assim, deve ser analisada a vulnerabilidade do sujeito. Quanto mais próximo do estereótipo selecionado, maior a vulnerabilidade e, assim, maior a necessidade de abrandar a pena. As várias circunstâncias sociais tornam as pessoas mais ou menos vulneráveis ao direito penal, por exemplo:

Um banqueiro com fala escorreita, bem-vestido e acompanhado de autoridades dificilmente será objeto de uma revista pessoal. Como patrocina campanhas eleitorais, são raras as leis que criminalizam lesões praticadas no sistema bancário. Uma autoridade do sistema de justiça (Desembargador, Defensor Público-Geral, Procurador-Geral de Justiça) dificilmente terá suas malas abertas ou o carro revistado pela polícia. Possível concluir, assim, que os banqueiros e as autoridades são pouco vulneráveis ao sistema penal.

Na outra face, o sujeito maltrapilho, sujo, que fala com dificuldade e tenta ingressar em um estabelecimento público ou privado qualquer será revistado minuciosamente, e existirá então chance de se descobrir algum objeto ilícito (drogas, armas...) ou produto de algum crime em seu poder. As leis são produzidas normalmente lastreadas em suas atitudes, com o intuito de retirar sua "incômoda" presença do meio social. Possível concluir que o maltrapilho é mais vulnerável ao sistema penal.

Na culpabilidade por vulnerabilidade, será possível abrandar a pena do maltrapilho e manter (ou mesmo incrementar) a pena da autoridade, que teve que fazer grande esforço (apenas grandes crimes e comportamentos reiterados são notados) para receber atenção penal.

A culpabilidade é sabidamente o momento culminante do indivíduo na teoria do crime. Deve, assim, ser realmente personalizada. Em outras palavras, a

> culpabilidade é o juízo que permite vincular o sujeito de forma personalizada ao injusto, e operar como principal indicador que, partindo da teoria do delito, pode se exercer sobre ele (Eugênio Raúl Zaffaroni, *Derecho penal*, p. 650). Apenas a culpabilidade pela vulnerabilidade pode cumprir tal missão sem se apartar da realidade e criticá-la.

A perspectiva tradicional de culpabilidade é insatisfatória:

> a pretensão tradicional de culpabilidade se pauta em uma pretensa igualdade que só seria possível com seres idênticos, ou seja, uma sociedade não humana [...] a premissa da igualdade viola o princípio da isonomia e nega a antropologia constitucional (o conceito humano pressuposto pelos princípios constitucionais) (Eugênio Raúl Zaffaroni, *Derecho penal*, p. 650-651).

Todas as construções tradicionais da culpabilidade remontam às Escolas Clássica e Positiva, ultrapassadas e esgotadas. Sobre tais referências, vale lembrar:

a) Clássicas

As que partem do idealismo dedutivo e do preventivismo dissuasório, com a ideia de retribuição a partir de concepções éticas de reprovação sobre a autodeterminação. Ainda que tenham raízes iluministas, delas se apartam na medida em que concebem as reprovações do caráter, da personalidade, das eleições feitas na vida, até negar suas raízes e confundir moral e direito, pecado e delito, incidindo enfim em um direito penal do autor.

b) Teorias organicistas

São apoiadas desde logo em um direito penal do autor e na necessidade de medidas por razões de Estado – defesa social. Positivismo. A culpabilidade era apenas psicológica, com a pequena concessão ética (e até incoerente) da premissa da imputabilidade (Eugênio Raúl Zaffaroni, *Derecho penal*, p. 651).

O Direito Penal Redutor não pode aceitar tais premissas, em primeiro lugar, pela incompatibilidade da teoria agnóstica da pena com qualquer premissa preventiva. Também pela necessidade de reeticizar o direito penal, o que é incompatível com a instrumentalização do homem. O Estado não é ético, mas apenas usa elementos formalmente éticos para justificar sua punição, que é desigual e seleciona desigualmente (e, assim, quebrando a ética) quem será punido (Eugênio Raúl Zaffaroni, *Derecho penal*, p. 652-653).

No caso das teorias organicistas, vale criticar ainda a crueldade das estatísticas, que desde logo apontavam para as classes perigosas "de sempre", em especial os pobres e proletários.

Inviável, assim, a aceitação de qualquer das vertentes tradicionais, pois antiéticas.

Se é verdade que a autodeterminação é premissa da culpabilidade, ela não é suficiente, desde logo, pelas diferenças entre os sujeitos, que são intensas.

Assim, a culpabilidade não pode ser um legitimador da punição, mas sim um limite à irracionalidade seletiva do direito penal aos vulneráveis e ao seu defeito ético. A culpabilidade deve limitar a reprovação atenta à seleção, legitimando a função redutora, e não a função punitiva (Eugênio Raúl Zaffaroni, *Derecho penal*, p. 655).

A culpabilidade será, assim, a síntese de:

1) Um juízo de reprovação pela autodeterminação (com as categorias da imputabilidade, da potencial consciência da ilicitude e da exigibilidade de conduta diversa compreendidas como particularidades redutoras).

2) Juízo de reprovação pelo esforço que o sujeito teve que exercer para alcançar a vulnerabilidade penal concreta, descontando desde logo seu estado preexistente de vulnerabilidade (Eugênio Raúl Zaffaroni, *Derecho penal*, p. 656).

CAPÍTULO 5

CONDUTA

5.1 TEORIAS DA CONDUTA

Desde a consolidação da teoria clássica firmou-se o entendimento de que a conduta humana é a base substantiva sobre a qual se assentam os atributos "típica", "antijurídica" e "culpável". É portanto a base de todo a construção da dogmática penal. Bem verdade que o protagonismo da categoria da conduta é mais característico das correntes de viés ontológico (causalismo e finalismo), enquanto as correntes de viés axiológico (neokantismo e funcionalismo) preocupam-se menos em descobrir um conceito real de "conduta" do que desenvolver um conceito normativo de "imputação".

De toda forma é inegável a relevância do conceito de conduta dentro do quadro da dogmática penal. Isso porque a missão do Direito Penal, em sentido amplo[1], é dirigir as condutas humanas em determinado sentido, e a forma como realiza essa missão é, inicialmente, avaliar as condutas, separando as desejáveis/toleráveis das indesejáveis/intoleráveis, para depois atrelar a essas últimas uma sanção penal. Tudo começa então, por assim dizer, com a noção de conduta.

Ao longo da história do pensamento jurídico, as teorias penais tentaram modelar o conceito de conduta, de forma que ele pudesse servir como suporte para as estruturas dogmáticas da "tipicidade", "ilicitude" e "culpabilidade". E a noção de conduta eleita, em cada momento, como alicerce ou fundação do edifício dogmático, iria condicionar a composição e a organização de todos os extratos superiores.

---

[1] A prevenção de condutas que constituam ataques aos bens jurídicos é a principal ou, ao menos, uma das funções declaradas do Direito Penal. Faremos, no entanto, um aprofundamento do tema, abordando inclusive as funções não declaradas do Direito Penal, no capítulo relativo às finalidades da pena.

Os lineamentos gerais das principais teorias penais já foram estudados no capítulo relativo ao tema. Aqui, retomamos o assunto sucintamente, apenas para estabelecermos um pano de fundo que possa contextualizar a evolução histórica do conceito de conduta:

5.1.1 Modelo causal de ação: Von Liszt

O causalismo importava das ciências naturais (da física newtoniana e da biologia) sua metodologia e seu modelo teórico. A metodologia era a **observação** e a **descrição** de fenômenos empiricamente comprováveis. O modelo teórico era a explicação dos fenômenos em termos de **causa e efeito**.

O físico analisa um dado observável da realidade. Ele observa que, ao aquecer determinada peça de metal, ela se expande. Toda vez que ele o faz, o resultado se repete. Então ele enuncia uma lei que descreve a relação entre esses dois fenômenos: "o calor dilata o metal". O Direito, ao se pretender ciência, deve adotar a mesma perspectiva.

Como bem explica Guaragni, o Direito Penal, "para não perder o *status* científico naquele caudal de ideias positivistas naturalistas que o envolviam ao cabo do século XIX, findou por adaptar-se às regras do jogo. Assim passou o pensamento jurídico penal a reduzir sistematicamente tudo quanto interessasse em campo de direito penal a uma relação de causa e efeito" (*As teorias da conduta em direito penal*, p. 65).

O paradigma da causalidade iria marcar todo o pensamento jurídico-penal da época. A embrionária criminologia (estudo do crime como fenômeno social) aderia ao pensamento causal, compreendendo o crime como *efeito* inescapável de *causas* sociológicas (em Ferri) ou antropogenéticas (em Lombroso) (Fábio André Guaragni, *As teorias da conduta em direito penal*, p. 65).

Mas, além da criminologia, o próprio pensamento dogmático (estudo dos elementos componentes do conceito de crime) foi moldado segundo aquela estrutura mecanicista. E, dentro da dogmática, o estrato no qual o modelo causal de explicação do mundo deixou sua marca mais evidente foi no conceito de ação.

Nessa trilha, a ação era conceituada apenas como **o movimento corpóreo voluntário que causa determinado resultado**, ou, dito de outra forma, "um movimento corporal voluntário que figurava como **causa** de um **efeito**, consistente na modificação do mundo exterior, ou resultado naturalístico" (Fábio André Guaragni, *As teorias da conduta em direito penal*, p. 69).

Importava para o conceito de ação: a) **movimento corporal**, empiricamente observável; b) **voluntariedade**, entendida não como conteúdo ou intenção (que não se pode observar), mas apenas como isenção de qualquer coação psicofísica; c) **causação** de um **resultado** (a toda causa se segue um efeito, razão pela qual tanto o nexo causal quanto o resultado faziam parte do conceito de ação).

Ação é, a princípio, um **movimento corporal**, entendido apenas como contração muscular (o que cria evidentes dificuldades para a compreensão da omissão, que só pode ser explicada de um ponto de vista naturalista puro, como uma "distensão muscular").

Desse movimento, não se indaga seu conteúdo ou a intenção que lhe deu origem. Somente se exige que ele seja **voluntário**, no sentido de não ter sido produzido por uma força física externa ao agente (a enxurrada que atira o sujeito contra uma vitrine; o terceiro que pressiona o dedo do sujeito no gatilho da arma) ou de forma reflexa ou inconsciente.

É importante lembrar que, nesse contexto, voluntariedade não tem nenhuma proximidade com finalidade. Voluntariedade do movimento não é a intenção do movimento, é apenas a vontade de se movimentar. A intenção, ou seja, o impulso e a direção psicológica do movimento pertenciam à culpabilidade.

A consequência é que a dicotomia **objetivo** (tipicidade e ilicitude) e **subjetivo** (culpabilidade) provocou uma **cisão** na forma de percepção do próprio agir humano, separando-se o movimento externo voluntário – aspecto objetivo (pertencente à conduta) – da finalidade interna que o anima – aspecto subjetivo (pertencente à culpabilidade) (Fábio André Guaragni, *As teorias da conduta em direito penal*, p. 74).

Além disso, se a conduta era definida como movimento corpóreo voluntário que causa determinado resultado, logo fazem parte da noção de conduta tanto o **nexo causal** quanto o **resultado**. Não era concebível que pudesse haver uma conduta, nem, portanto, crime, que não provocasse resultado, ou seja, uma modificação perceptível no mundo exterior (embora, por vezes, o legislador não o mencionasse no tipo). A título de ilustração, o resultado perceptível da injúria, no conhecido exemplo de Liszt-Beling, eram as vibrações sonoras que atingiam o tímpano da vítima e que provocaram, como resultado, alterações no seu sistema nervoso (Fábio André Guaragni, *As teorias da conduta em direito penal*, p. 76).

5.1.2 Modelo social de ação (neokantismo/pós-finalismo): Schmidt, Jescheck, Wessels

Como já se estudou, o neokantismo representou mudança no paradigma científico do início do século XX, calcada, sobretudo, na distinção entre o "**ser**" e o "**dever ser**". Partia-se da ideia de que o método empírico descritivo não era o único que permitia conhecer a realidade e certamente não era o mais adequado às ciências culturais, como é o caso do direito. O estudo jurídico pode então se libertar do modelo metodológico relativo às ciências naturais (descrever e observar) e incorporar uma metodologia própria das ciências do espírito (**compreender** e **valorar**).

Com isso, todas as componentes do crime passaram a ser percebidas por meio de uma nova lente. O conceito de ação não estava mais comprometido com o real, a ação não tinha mais que ser descrita e observada a partir da realidade. Ela tinha, isto sim, que ser compreendida e valorada, e essa atividade valorativa era presidida e orientada pela própria função do conceito de conduta dentro da teoria do crime (Fábio André Guaragni, *As teorias da conduta em direito penal*, p. 98).

Nesse contexto, portanto, **teleológico**, nasce o embrião da teoria **social** da ação, criada por Eberhard Schmidt, e que depois seria desenvolvida (aí de forma independente do sistema neoclássico de delito) por Jescheck e Wessels. Como afirmou Schmidt, "a ação não nos interessa como fenômeno fisiológico desde pontos de vista das ciências naturais, mas como fenômeno social, na direção de seus efeitos relativos à realidade social" (*apud* Fábio André Guaragni, *As teorias da conduta em direito penal*, p. 104).

Nascida sob o impulso do pensamento neokantista, no entanto, mesmo após a superação da teoria neoclássica e o advento do finalismo, a teoria social da ação continuou a desenvolver-se, pretendendo ser justamente uma ponte entre a teoria clássica e a teoria final, ou melhor, a síntese que superaria ambas as teorias.

De fato, embora tenha se constituído, de início, como uma tentativa de superar as dificuldades reveladas pelo conceito causalista de conduta, a teoria social da ação desenvolveu-se e tornou-se uma concepção autônoma e própria, passando a aglutinar aspectos da teoria causal e da teoria final, buscando atingir um ponto superior na evolução da teoria do crime (Fernando Galvão, *Direito penal*, p. 143).

A teoria social da ação (ou seria melhor "teorias sociais", pois a abertura do conceito de relevância social permitiu o desenvolvimento da ideia inicial em múltiplas direções), na sua formatação atual, funda-se basicamente na premissa comum de que "a ação seja entendida como conduta **socialmente relevante, dominada ou dominável pela vontade humana**. A relevância social da ação é verificada à medida que a conduta produz efeitos danosos em relação ao indivíduo com o seu ambiente social" (Fernando Galvão, *Direito penal*, p. 143).

A incorporação do dado valorativo/axiológico, que se agrega ao dado ontológico, permite assim que sejam reunidas em uma única categoria ação e omissão, o que, para as teorias puramente ontológicas, é um grande problema, porque, do ponto de vista da realidade, ação e omissão têm naturezas completamente distintas (lembrando-se aqui do artificialismo de que sofreram tentativas de equipará-las ontologicamente, como a ideia causalista de que ação é a contração muscular, e omissão, a distensão muscular).

Em suma, a teoria social nasceu no bojo da teoria neoclássica e sob o influxo decisivo do paradigma neokantista, desenvolveu-se paralelamente ao finalismo e se pretende mesmo uma superação (mas não uma negação) do modelo finalista, aceitando as consequências derivadas de sua fundamentação ontológica (ação e intenção reunidas em uma única categoria lógico-real e, de forma correlata, a análise do dolo no tipo), mas agregando aquela componente valorativa (nascida no neokantismo) representada pela relevância social.

5.1.3 Modelo final de ação (teoria finalista): Welzel

O pensamento neokantista que se seguiu à teoria clássica foi uma reação ao modelo causal-naturalista, preso aos métodos e conceitos das ciências naturais. Partia da ideia kantiana de que o método empírico não é a única forma de conhecimento dos fenômenos e que, quanto aos fatos culturais, não é o mais adequado. Não se conhece o mundo do "ser" da mesma forma que se conhece o mundo do "dever ser", sendo que o direito pertence sem dúvida a essa última categoria. Enquanto para o mundo do "ser" o método é o "observar e descrever", para o mundo do "dever ser" o método é o "compreender e o valorar".

Ocorre que, como consequência, a separação radical entre essas duas esferas ("ser" e "dever ser"), resultou em que os conceitos jurídicos pudessem ser desenvolvidos com absoluta liberdade e desvinculação em relação ao real e, portanto, sem qualquer limite prévio. Também a imprecisão do conceito de "danosidade social" não permitia que tal ideia funcionasse como limite ao legislador, já que poderia ser preenchida com qualquer conteúdo, inclusive de caráter claramente antidemocrático e totalitário.

O finalismo, opondo-se ao relativismo axiológico oriundo do neokantismo, consistiu em um retorno do direito a uma fundamentação ôntica, que funcionasse como garantia do cidadão e de limite ao Direito Penal, vinculando tanto o estudo dogmático quanto a produção legislativa à realidade. Supostamente esse limite seria dado, principalmente, pela estrutura lógico-real do conceito de conduta.

Portanto, o finalismo foi um movimento antinormativista e, sob esse aspecto, bem revela semelhanças com o modelo causalista. Tanto o causalismo quanto o finalismo partem daquilo que acreditam ser a "realidade das coisas", portanto, de uma teoria realista do conhecimento, enquanto o neokantismo se distancia dessa premissa, baseando-se em uma teoria idealista do conhecimento (movimento que depois será recuperado pelo funcionalismo).

Não obstante essa identidade, finalismo e causalismo apresentam-se como teorias antagônicas e, em certa medida, realmente o são, justamente em virtude de suas visões divergentes sobre a "realidade das coisas".

O Direito existe para regular a conduta humana. É a ela que, depois, serão atribuídos os adjetivos desvalorados (típica, antijurídica e culpável). Tipicidade, antijuridicidade e culpabilidade são julgamentos (adjetivos) feitos sobre um objeto (substantivo). Esse objeto é a conduta humana. Tanto para o causalismo quanto para o finalismo, o primeiro passo, portanto, é conhecer o que é a conduta humana, como dado concreto da realidade, dado intocado pelo direito, dado pré-jurídico e pré-típico, portanto.

O causalismo parte de um conceito natural de conduta, ligado à biologia e à física newtoniana, para defini-la como movimento corporal externo, detonado por uma contração muscular voluntária, causador de um resultado empiricamente observável. Ocorre que, no afã de preservar-se a pureza da separação: objetivo *versus* subjetivo, externo *versus* interno, o causalismo acaba por trair sua premissa naturalista, ao promover uma separação artificial (não natural) entre o movimento corporal externo e a intenção interna que animou o movimento. O causalismo não ignorava que as ações humanas fossem intencionais, mas, como a intenção é um elemento interno, só restava alocá-la na culpabilidade, que era incumbida de concentrar todas as componentes subjetivas do crime.

O finalismo, reagindo ao idealismo neokantiano, mais uma vez, volve seus olhos a um conceito natural de ação, ou seja, toma a ação como estrutura lógico-real, entendendo que deve apreendê-la tal como ela se apresenta na realidade. Mas, dessa vez, a teoria não é tolhida pelas amarras da irreal separação objetivo/subjetivo, que meio século antes havia feito naufragar o modelo causalista.

O ponto de partida de Welzel para a conceituação da conduta humana é justamente a fusão entre externo e interno, representado pela incorporação, na ação, da ideia de finalidade. Partindo de um argumento aristotélico e aplicando-o especificamente ao agir humano, para Welzel: "a **ação humana** é o **exercício de uma atividade final**. Ação é, por isso, um acontecer final, e não somente causal. A finalidade ou o caráter final da ação se baseia no fato de que o homem, graças a seu saber causal, pode prever, dentro de certos limites, as consequências possíveis de suas atividades, propor-se, portanto, fins diversos e dirigir sua atividade, conforme seu plano, à consecução desses fins" (*Derecho penal alemán*, p. 39).

Explica Juarez Cirino dos Santos que "o ponto de partida do modelo final de ação é a distinção entre fato natural e ação humana: o fato natural é fenômeno determinado pela causalidade, um produto mecânico de relações causais cegas; a ação humana é acontecimento dirigido pela vontade consciente do fim. Na ação humana, a vontade é a energia produtora da ação, enquanto a consciência do fim é sua direção inteligente: a finalidade dirige a causalidade para configurar o futuro conforme o plano do autor". Portanto, prossegue, "o saber causal, adquirido pela experiência e preservado como ciência, fundamenta a capacidade humana de prever as consequências possíveis da ação, de propor diferentes fins e de dirigir planificadamente a atividade para a realização do fim" (*Direito penal*, p. 85-86).

Do ponto de vista político-criminal, um conceito realmente ôntico de conduta, assim formulado, seria (era o que se acreditava) idôneo para a imposição de limites seguros ao legislador, vinculado ao formato de uma estrutura lógico-real que não pode ser mudada ao sabor de escolas ou ideologias.

Além disso, a noção ontológica de conduta, ao mesmo tempo em que respeita e garante o homem (porque o enxerga como tal), também permite cobrar do homem, fazedor do seu próprio destino, um agir responsável e comprometido com os valores sociais.

Vista sob esse ângulo, a ideia de conduta passa a ser o símbolo da existência propriamente humana, pois, na explicação de Welzel, "precisamente a capacidade da vontade humana de propor-se qualquer fim e, sobre a base do seu saber causal, poder realizar esses fins de acordo com um plano possibilitam ao homem a peculiaridade específica, a plenitude e a vastidão de sua existência histórica, de sua cultura e civilização" (*apud* Fábio André Guaragni, *As teorias da conduta em direito penal*, p. 131).

Do ponto de vista dogmático, o conceito finalista de conduta provocou uma completa modificação na composição interna das estruturas do crime (além da própria conduta, da tipicidade, da ilicitude e da culpabilidade), como será mais adiante estudado. Sinteticamente, pode-se apontar, por hora:

a) O **injusto** (tipicidade + ilicitude) passou a ser **pessoal** – análise do dolo no tipo; formação do tipo complexo (formado por tipo objetivo e tipo subjetivo); exigência de elemento subjetivo nas excludentes de ilicitude.

b) A **culpabilidade** passou a ser **normativa (valorativa)** – composta da imputabilidade, do potencial conhecimento da ilicitude e da exigibilidade de conduta diversa.

O conceito proposto pela teoria finalista resolve perfeitamente as hipóteses de ação dolosa. Encontra mais dificuldades para explicar a ação culposa e a omissão (embora enfrente essas dificuldades, como será visto). O problema maior de fato é a explicação, dentro do paradigma ontológico do qual parte o finalismo, da figura formada por dois vetores puramente normativos, qual seja, a omissão culposa, sobretudo no caso de culpa inconsciente. Qual o papel da finalidade na conduta do sujeito que não desliga, por absoluto esquecimento, um aparelho eletrônico que, superaquecido, vem a provocar um incêndio e a morte de alguém? São as indagações que as teorias funcionalistas pretenderão resolver.

5.1.4 Modelo pessoal de ação (teoria funcionalista): Roxin

Como em um movimento pendular, a partir da segunda metade do século XX, iniciou-se uma nova guinada em direção ao normativismo, no sentido contrário às premissas ônticas do finalismo. Isso porque, em parte, não se cumpriu a promessa finalista.

Como aponta Roxin, em primeiro lugar, "esta estrutura em nada contribui para impedir as infiltrações ideológicas no âmbito da dogmática penal", mas, pelo contrário, a ênfase pronunciada no aspecto subjetivo pode até servir como porta de entrada de intervenções estatais arbitrárias, como a punição da mera intenção, mesmo na tentativa inidônea (*Estudos de direito penal*, p. 57).

Em segundo lugar, porque o ponto de partida ontológico do finalismo não dá explicação satisfatória para todos os problemas penais, como o mencionado acima sobre a omissão culposa.

Mas talvez a mais contundente crítica que se possa lançar ao finalismo é de que seu modelo construído em um sistema fechado sobre si mesmo, assentado sobre premissas inatacáveis e pretensamente eternas, visto que tiradas das estruturas lógico--reais do mundo do ser, conduzia a soluções tecnicamente corretas (do ponto de vista da coerência interna), mas inaceitáveis e injustas (de uma perspectiva político--criminal). Na sua ambição de pureza, o Direito Penal havia se erguido tão acima das contingências sociais, das ideologias e da cultura, que se tornara alienado e incapaz de dar solução adequada aos problemas concretos dos homens e das comunidades. Nas lúcidas e bem conhecidas palavras de Roxin: "de que serve, porém, a solução de um problema jurídico, que apesar de sua linda clareza e uniformidade, é político-criminalmente errada? Não será preferível uma solução adequada ao caso concreto, ainda que não integrável ao sistema?" (*Política criminal e sistema jurídico penal*, p. 7).

O exemplo mais flagrante dessa incongruência é o tratamento das descriminantes putativas. A manutenção da coerência interna da teoria finalista exige que qualquer erro sobre as descriminantes putativas (inclusive um erro sobre os pressupostos fáticos da descriminante) seja tratado como excludente da culpabilidade, apenas mantendo-se intacto o dolo. Quem, por erro, confunde seu vizinho com um ladrão e age para matá-lo desenvolve uma atividade final conscientemente dirigida a um resultado típico. Mas a maioria da doutrina recusa essa solução por considerá-la injusta e entende que o correto, nesse caso, seria punir o autor por crime culposo. Esse fato é suficiente para esclarecer a crítica ao finalismo. A solução correta do ponto de vista lógico-dogmático não é justa nem adequada do ponto de vista político-criminal (o tema do erro sobre as descriminantes será tratado com profundidade e com o aporte doutrinário necessário no capítulo dedicado à ilicitude).

Em resposta, os modelos funcionalistas partem, uma vez mais, de uma premissa valorativa e teleológica, de que as estruturas dogmáticas (sobretudo o conceito de conduta) não devem ser extraídas de uma suposta realidade, como se lá se encontrassem prontas a serem descobertas pela ciência, mas, ao invés, devem ser construídas a partir do fim que desempenham na estrutura penal e, em última análise, do fim que o Direito Penal desempenha na estrutura social. As estruturas do direito não devem dobrar-se à (suposta) realidade, devem moldar-se conforme os fins do próprio direito e, em última análise, o fim da sociedade. Conduta, tipicidade, antijuridicidade e culpabilidade devem ser conceitos modelados e inter-relacionados para, cada qual exercendo um papel diferente, trabalharem juntos por um objetivo comum, que é permitir que o Direito Penal cumpra o melhor possível o seu papel na sociedade. Esse é o seu compromisso.

Como se vê, portanto, o movimento funcionalista retoma a premissa axiológica neokantista, mas, ao invés das imprecisas referências aos valores sociais e culturais, apoia sua construção sobre a pedra fundamental da teoria dos fins da pena. É a partir desse alicerce fincado firme na política criminal que se constrói o edifício da dogmática. Por outras palavras, rompe-se finalmente a muralha entre dogmática e política criminal, torna-se a dogmática permeável à política que modela e colore todos os seus institutos, inclusive o conceito de conduta.

Quanto à conduta, o enfoque funcionalista (fala-se aqui especificamente em Roxin), recusando a premissa finalista de que a conduta é uma estrutura lógico-real, desenvolveu a chamada teoria pessoal da ação. Segundo essa teoria, "em primeiro lugar, é ação tudo o que se pode atribuir a um ser **humano, como centro anímico-espiritual de ação**, e isso falta em casos de efeitos que partem unicamente da esfera corporal (somática) do homem, do âmbito material vital e animal do ser, sem estar submetido ao controle do 'eu', da instância condutora anímico-espiritual do ser humano. Se o sujeito é empurrado com força irresistível contra o vidro de uma janela, ou se durante o sono, ou em um delírio ou um ataque convulsivo, ele golpeia em torno de si, ou se reage de modo puramente reflexo, todas essas são manifestações que não são dominadas ou domináveis pela vontade e a consciência e portanto não podem ser qualificadas como manifestações da personalidade, nem imputadas à parte anímico-espiritual da 'pessoa'. Por outro lado, é evidente que os pensamentos e os impulsos da vontade pertencem à esfera espiritual-anímica da pessoa, mas enquanto permanecem internos, e não se colocam em relação com os acontecimentos do mundo exterior, não são **manifestações da personalidade** e portanto não são ações" (Claus Roxin, *Derecho penal*, p. 252). Por manifestação da personalidade, deve-se entender que a conduta ou as realizações humanas compõem uma "obra", um "plano", algo arquitetado que importará ao sistema penal como algo relevante.

Em última análise, o conceito pessoal de ação não se afasta muito do conceito causal e tampouco nega o conceito final. O próprio Roxin reconhece que entender ação como manifestação da personalidade não é algo novo, mas afirma que esse fenômeno é deformado, na maioria das teorias da ação, que ou o reduzem a detalhes naturalísticos (vontade ou corporalidade), a formas de aparição especialmente marcadas (finalidade), ou o sobrecarregam com valoração antecipada (como relevância social) (*Derecho penal*, p. 253).

Defende Roxin que esse conceito de ação é idôneo como elemento básico, para abarcar todas as formas de manifestação da conduta delitiva e, além disso, tudo o que no campo pré-jurídico tem sentido qualificar como "ações". As ações dolosas e culposas são manifestações da personalidade, tanto quanto as omissões. Inclusive a omissão por culpa inconsciente é uma manifestação da personalidade que se pode imputar ao sujeito como infração da norma e contrária à proibição, como "obra sua" (*Derecho penal*, p. 255). Roxin pretende, na verdade, demonstrar que o ponto central da teoria do delito não é tanto a ação (causal ou final), mas, sim, o significado que ele adquire de acordo com o risco relevante que pode significar a um bem jurídico-penal.

5.1.5 Modelo significativo de ação (teoria da ação significativa): Vives Antón

> As ações são configuradas de acordo com o seu significado social, pelo contexto em que se produzem. Em consequência, no âmbito do Direito Penal, cumpre considerar a conduta em seu aspecto global, não como ato isolado, mas como um conjunto de atos sucessivos, cuja ordenação produz a ação (Paulo Busato, *Direito penal e ação significativa*, p. 202-203).

> Inclusive a própria identificação da existência ou não de uma conduta depende do seu entorno, quer dizer, das circunstâncias em que ela se realiza (p. 104).

5.2 CONCEITO

De acordo com a teoria **finalista** majoritariamente aceita no Brasil, a conduta é, portanto, o **exercício de uma atividade final**.

Na definição de Welzel, que repetimos: "Ação humana é o exercício de uma atividade final. Ação é, por isso, um acontecer final e não somente causal. A finalidade ou o caráter final da ação se baseia no fato de que o homem, graças a seu saber causal, pode prever, dentro de certos limites, as consequências possíveis de suas atividades, propor-se, portanto, fins diversos e dirigir sua atividade, conforme seu plano, à consecução desses fins" (*Derecho penal alemán*, p. 39).

O vocábulo "finalismo" refere-se justamente a esse aspecto, que foi o centro da revolução welzeliana a de que a conduta humana não se equipara a um processo causal cego, mas é sempre uma ação conscientemente orientada a uma finalidade (vidente).

5.3 ETAPAS DA CONDUTA

Explica Welzel (*Derecho penal alemán*, p. 40-41) que a direção final de uma ação é levada a cabo em duas etapas, que nas simples ações diárias se entrecruzam e só podem ser distinguidas conceitualmente:

a) A primeira transcorre totalmente na esfera do pensamento e começa com:

a.1) a antecipação (o propor-se) do fim, que o autor quer realizar. Daí se segue, a partir do fim: **a.2)** a seleção dos meios de ação para a consecução do fim. O autor determina, com base em seu saber causal e em um movimento de retrocesso a partir deste fim, os fatores causais que são requeridos para o êxito deles, inclusive aquele movimento corporal com o qual pode pôr em marcha toda a cadeia causal (meios de ação). Esse processo mental se chama pôr isso de "retrocesso", visto que considera o fim e a partir dele se escolhem os fatores causais requeridos como meios de ação. Agora, os fatores causais eleitos como meios trazem sempre junto outros efeitos além do fim perseguido. O fim é sempre, somente, um setor dos efeitos dos fatores causais postos em movimento. Por isso, a partir da seleção dos meios, segue-se: **a.3)** a seleção dos efeitos concomitantes, que vem com os fatores causais considerados para a consecução do fim. Esse processo causal não se realiza "para trás", a partir do fim, mas "para frente", a partir do fator causal eleito como meio, em direção aos efeitos que traz ou pode trazer como consequência. A consideração dos efeitos concomitantes pode induzir o autor a reduzir os meios escolhidos até aquele momento, ou a selecionar fatores antagônicos adicionais que impeçam a produção dos efeitos concomitantes ou, em caso contrário, a dirigir a ação de modo a evitá-los. A vontade de ação orientada à obtenção de fim encaminha-se aqui, ao mesmo tempo, a evitar os efeitos concomitantes. No entanto, a consideração dos efeitos concomitantes pode também levar a que o autor inclua (compute no cálculo) em sua vontade de ação a realização desses efeitos, seja porque tenha por segura a sua produção em caso de aplicação desses meios, ou, pelo menos, conte com ela. Pelo contrário, excluem-se da relação final todos aqueles estimados como possíveis, a respeito dos quais o autor confia que não se produzirão.

b) De acordo com a antecipação mental de fim, a eleição dos meios e o cômputo no cálculo dos efeitos concomitantes, o autor efetua sua ação no mundo real. Põe em movimento, conforme o plano, os meios de ação (fatores causais) escolhidos com anterioridade, cujo resultado é o fim junto com os efeitos concomitantes que estão incluídos no complexo total a realizar.

Exemplo: X quer matar Y (proposição do fim). Então, X deve raciocinar retroativamente (seleção dos meios): "Para Y morrer, é preciso que seja ferido; a melhor forma de fazer isso é pelo disparo de uma arma de fogo". A seguir, X raciocina de novo para frente (análise dos efeitos concomitantes): "Se eu disparar, a essa distância e nesse local em que Y está cercado de pessoas, posso atingi-lo, embora seja possível que eu atinja também mais alguém". Por fim, X executa a ação e dispara.

É por isso que, insista-se, a finalidade é "vidente", enquanto a causalidade é "cega". A ação final já fez, mentalmente, o caminho de ida e o de volta. A partir do resultado desejado, voltou atrás e escolheu o meio. A partir do meio, foi de novo para frente e analisou todos os outros possíveis resultados. Então, decidiu e agiu, em uma conduta dirigida e orientada pelo que já antecipou mentalmente.

5.4 ANTECIPAÇÃO BIOCIBERNÉTICA DO RESULTADO

É de se notar que, se a conduta entende-se como "ação humana dirigida a um fim"; o termo "finalismo" pode revelar-se demasiadamente restrito, porque enfatiza a palavra "fim", enquanto o cerne da teoria, na verdade, é a palavra "dirigida". É o fato de ser **dirigida** em determinado sentido que caracteriza a conduta, sendo que o fim mesmo pode não ser relevante, como nos crimes culposos (Fábio André Guaragni, *As teorias da conduta em direito penal*, p. 136). O importante, como veremos, em um conceito abrangente de conduta, não é propriamente a finalidade, mas a dirigibilidade que caracteriza qualquer ação humana.

Justamente em virtude dessa limitação do termo "finalismo" que coloca muita ênfase no fim perseguido, e não na dirigibilidade, ventilou-se a possibilidade de recorrer, para explicar o conceito de conduta, ao conceito de cibernética (Fábio André Guaragni, *As teorias da conduta em direito penal*, p. 137).

O próprio Welzel reconhece que "elaborou-se na cibernética uma designação muito mais adequada à peculiaridade determinante da ação, isto é, sua direção e encaminhamento" (*Derecho penal alemán*, p. 44).

A palavra "cibernética" deriva do grego *kybernetiké*, que significa "piloto" ou "timoneiro" (Antônio Geraldo da Cunha, *Dicionário etimológico da língua portuguesa*,

p. 181), exprime, portanto, a ideia de dirigir, conduzir, governar, comandar (Disponível em: <http://www.psicologia.org.br/internacional/ap10.htm>. Acesso em: 28 abr. 2010).

Na era moderna, o termo "cibernética" foi empregado pelo matemático Norbert Wainer (considerado pai da cibernética), em 1948, para designar o estudo dos autocontroles encontrados em sistemas estáveis, sejam eles mecânicos, elétricos ou biológicos (Disponível em: <http://pt.wikipedia.org/wiki/Norbert_Wiener>. Acesso em: 28 abr. 2010). Até a cibernética, os fenômenos naturais eram explicados principalmente em termos de energia, central na física newtoniana. A cibernética representou uma troca no tipo de explicação, adotando a noção de informação como base para a descrição dos fenômenos naturais (Francisco Gonçalves Pereira Neto, disponível em: <http://e-reality-home.blogspot.com/2007/12/1948-ciberntica-norbert-wiener.html>. Acesso em: 28 abr. 2010).

A aplicação do modelo cibernético ao contexto das ações humanas deu origem ao conceito de biocibernética, chegando-se assim ao esquema denominado antecipação biocibernética do resultado, cuja característica maior é evidenciar a dirigibilidade ou governabilidade do curso causal, pelo homem, quando realiza suas atividades finais (Fábio André Guaragni, As teorias da conduta em direito penal, p. 137).

O próprio Welzel terminou recusando a nomenclatura "teoria da ação cibernética" e mantendo "teoria finalista", apesar de suas limitações (Fábio André Guaragni, As teorias da conduta em direito penal, p. 137). A alusão à cibernética, no entanto, permanece útil, permitindo esclarecer o conteúdo da noção do fim na teoria de Welzel.

5.5 FUNÇÕES DO CONCEITO DE CONDUTA

Do ponto de vista dogmático, o conceito de conduta deve exercer três funções essenciais:

a) servir como base para todos os tipos penais. A valer a ideia do *nullum crimen sine conducta*, o mesmo conceito de conduta tem que ser compatível com os tipos dolosos e culposos, comissivos e omissivos;

b) servir como suporte para todas as estruturas dogmáticas (tipicidade, antijuridicidade e culpabilidade). Por isso, o conceito de conduta não pode antecipar problemas que serão analisados nesses estratos;

c) servir como limite, excluindo do foco do Direito Penal tudo o que for não conduta.

5.6 CONDUTA FINAL COMO BASE DOS TIPOS DOLOSOS E CULPOSOS

Voltemos ao conceito de conduta: "O exercício de uma atividade final".

Relembremos as etapas da conduta: proposição do fim, escolha dos meios, análise dos efeitos concomitantes e realização da ação no mundo real.

Para ter validade, esse conceito deve ser apto a servir tanto aos tipos dolosos quanto aos culposos, pois ambos dependem de haver uma ação humana, e o conceito de ação, se é ontológico e pré-típico, não pode ser modificado pelo direito. O conceito ontológico de conduta tem que ser válido sempre, em qualquer situação: assassinar um homem, escovar os dentes, atropelar sem querer um cachorro, dormir enquanto a criança despenca da janela; o conceito de conduta tem que se aplicar a todas essas situações, algumas das quais o direito irá desvalorar e transformar em ações típicas. Mas a ação já existia antes de sua tipificação e em todas essas situações.

Os tipos culposos, em que o legislador incrimina a causação não intencional de um resultado, são compatíveis com o conceito finalista de ação? A resposta é positiva. Os tipos culposos também têm, na sua base, uma ação final. "O legislador é que, partindo desta conduta humana que lhe é dada de forma pré-jurídica, prioriza nos crimes culposos uma aspecto dela diverso daquele que prioriza nos crimes dolosos, ao definir a matéria de proibição" (Fábio André Guaragni, *As teorias da conduta em direito penal*, p. 165).

Tomemos dois exemplos:

O sujeito decide matar a mulher. Pega uma arma e desfere dois tiros contra ela, matando-a.

O sujeito decide ir ao cinema com a mulher. Pega o carro e, ao dirigir de forma desatenta, perde o controle do veículo, que se choca contra um muro, matando-a.

Estão presentes em ambas as situações: 1) proposição do fim; 2) a escolha dos meios; 3) avaliação dos efeitos concomitantes; 4) exteriorização.

A diferença é que nos crimes dolosos o legislador foca, como matéria da proibição, os momentos 1 e 4 (escolha de um fim ilícito e realização da conduta direcionada a esse fim), enquanto nos crimes culposos o legislador foca, como matéria de proibição, os momentos 2 e 4 (conduta realizada com mau uso dos meios para atingir o fim, que o levam a não atingi-lo, e sim a produzir o resultado lesivo). Em primeiro lugar, o fato de, nos delitos culposos, o fim não ser típico e, além disso, de o fim sequer ter sido atingido, justamente porque o sujeito não conseguiu controlar o curso causal como havia planejado, não significa que, no plano pré-típico, não havia uma ação dirigida a um fim. Em segundo lugar, o fato de o fim não ser típico não quer dizer que ele é irrelevante para o Direito Penal, pois saber a que finalidade a conduta era dirigida pode ser importante inclusive para verificar-se o nível de cuidado exigido para a sua realização (Fábio André Guaragni, *As teorias da conduta em direito penal*, p. 165).

Na explicação de Zaffaroni e Pierangeli, "Os tipos dolosos proíbem condutas, tendo como objeto a proibição de procurar pelo fim da conduta, isto é, o proibido é o desencadeamento da causalidade em direção ao fim típico". Já os "tipos culposos são os que proíbem condutas atendendo à forma de selecionar os meios para obter, e não em razão do próprio fim" (*Manual de direito penal brasileiro*, p. 399).

Por tudo quanto foi dito, logo se vê a diferença conceitual entre finalidade e dolo. Em primeiro lugar, porque a finalidade é o que caracteriza a própria conduta humana, que é o elemento comum que serve como base tanto aos tipos dolosos quanto aos tipos culposos.

Em segundo lugar, porque justamente a ação é um conceito ôntico, pré-típico, não valorativo. Dolo, por sua vez, é um conceito jurídico. Dessa forma, mesmo nos crimes dolosos, o que se pode dizer é que o dolo (direto de primeiro grau) corresponde à finalidade da conduta, mas o dolo não é a própria finalidade, pois essa pertence à conduta, e o dolo pertence ao tipo.

5.7 CONDUTA FINAL COMO BASE DOS TIPOS COMISSIVOS E OMISSIVOS

Como vimos, o conceito ontológico de conduta, pré-jurídico e pré-típico, só tem valor se puder servir como base para a construção de qualquer figura típica. Como se sabe, existem, no ordenamento jurídico, tanto tipos descritos por meio de ações quanto tipos descritos sob a forma de abstenções. O conceito de conduta é compatível com os tipos omissivos?

Voltemos ao conceito de conduta: "O exercício de uma atividade final".

Relembremos as etapas da conduta: proposição do fim, escolha dos meios, análise dos efeitos concomitantes, realização da ação no mundo real.

Como podem essas noções ser compatíveis com a ideia do não fazer?

A compatibilização é possível, mediante o emprego da ideia do "agir diverso", ou *aliud agere*. O raciocínio a ser feito é o seguinte: não há omissão na realidade, ou seja, em um nível pré-típico. A omissão não é uma realidade, ela é de fato uma construção valorativa (só é omissão o não fazer relativo àquele fazer que a norma ordena, preceitua, manda). O que aparece no tipo como omissão, na realidade, é uma ação, um fazer final que, no entanto, é diverso daquele fazer, imposto pela norma mandamental. Exemplifica-se: quando a mãe deixa de tomar conta do filho, que, na praia, termina por afogar-se, é porque está fazendo outra coisa diversa daquela que deveria estar fazendo (tomando conta): pode estar conversando, dormindo, lendo um livro, ou caminhando à beira-mar. Ela está fazendo algo, na verdade, pode estar fazendo qualquer coisa, desde que diversa da que era devida. Fica claro, portanto, que a omissão punida pelo Direito não corresponde em absoluto a um "não fazer nada", na realidade, mas simplesmente a um não fazer o que deve ser feito, ou melhor, o que a norma inserta no tipo penal determina que seja feito (Fábio André Guaragni, *As teorias da conduta em direito penal*, p. 160).

Dito de outra forma, não existe omissão no mundo real, e a ciência do direito não precisa lutar contra isso ou torcer a realidade (como faziam os causalistas com a estranha ideia de distensão muscular). No mundo real só existem ações. Mas alguns tipos punem justamente essas ações por violarem a norma proibitiva inserta no tipo. E outros tipos punem essas ações por não corresponderem à norma mandamental inserta no tipo. O fato de o Direito Penal não se interessar em determinar, uma a uma, essas ações diversas da ação determinada pela norma mandamental não significa que elas não existam no mundo real. Quem se omite em fazer "A" é porque faz "B", e esse "fazer B" é sempre um fazer final. No exemplo da mãe que não salva o filho porque está caminhando, o caminhar é uma ação final, a mulher em questão escolheu um fim (fazer exercício), elegeu os meios, analisou os efeitos concomitantes (inclusive o fato de que não poderá salvar o filho, que pode precisar dela) e atuou no mundo físico. Nesse sentido, a morte do filho não é outra coisa senão um efeito concomitante da sua ação final (Fábio André Guaragni, *As teorias da conduta em direito penal*, p. 161).

5.8 CONDUTA FINAL E LIBERDADE

Na perspectiva finalista, portanto, quando se diz que a conduta tem que ser voluntária, isso não significa apenas a ausência de coação física, mas, além disso, a existência de uma atividade dirigida a uma finalidade específica (além da mera vontade de mover-se). Vontade e finalidade são um só conceito indissociável para o finalismo, tanto é que, na lição de Zaffaroni e Pierangeli, "a vontade implica sempre uma finalidade, porque não se concebe que haja vontade de nada ou vontade para nada: a vontade é sempre a vontade de algo ou a vontade para algo, isto é, a vontade sempre tem um conteúdo, que é uma finalidade" (*Manual de direito penal brasileiro*, p. 394). Vontade implica finalidade, de tal forma que a expressão "vontade final" resulta tautológica (Zaffaroni e Pierangeli, *Manual de direito penal brasileiro*, p. 394).

Agora, vontade, ou vontade final, não significa nem implica outro conceito, totalmente diverso, que é o de liberdade. É necessário precisar que a circunstância de que uma ação seja voluntária não implica, de modo algum, que seja "livre"; o "querido" nem sempre é o "livremente querido" (Zaffaroni e Pierangeli, *Manual de direito penal brasileiro*, p. 394). É por isso que, se a coação física é incompatível com a própria noção de conduta (pois não é o sujeito o "piloto" de próprio movimento), a coação moral não repercute sobre a vontade final, mas apenas sobre a culpabilidade. Quem mata alguém porque, se não o fizer, será ele mesmo morto executa, com seu gesto, um fazer final dirigido por si, embora a vontade de realizá-lo tenha sido viciada pela coação.

5.9 AUSÊNCIA DE CONDUTA FINAL

Do ponto de vista político-criminal, talvez a função mais importante desempenhada pelo conceito de conduta seja afastar do Direito Penal todas as situações de não conduta. Com algumas divergências entre os doutrinadores, são elas:

a) **Movimentos reflexos:** são aqueles movimentos em que a resposta muscular ao estímulo externo é direta ou, em outras palavras, são aqueles que não se submetem ao controle consciente do sujeito por serem determinados "por estímulos dirigidos diretamente ao sistema nervoso. Nestes casos, o estímulo exterior é recebido pelos centros sensores, que o transmitem diretamente para os centros motores, sem intervenção da vontade, como ocorre, por exemplo, em um ataque epilético" (Cezar Roberto Bitencourt, *Tratado de direito penal*, 2008, p. 228).

Tais movimentos não constituem ação, segundo o conceito finalista, já que não constituem o exercício de uma atividade final nos moldes já estudados.

Importa notar, no entanto, que o conceito de ato reflexo não se confunde com o de "**ação em curto-circuito**". Essa é a reação explosiva, automática, impensada a determinado estímulo, mas nas quais o movimento ainda se sujeita ao controle do indivíduo (ao menos no nível neurológico, mecânico). Nesses casos, não há falar em ausência de conduta, mas se pode falar em ausência de culpabilidade, se naquela situação era psicologicamente impossível para o agente evitá-la.

Embora aqui já não haja tanto consenso, corresponde à opinião dominante o entendimento de que também não se equiparam aos atos reflexos os **automatismos** (por exemplo, os movimentos feitos para andar ou dirigir um veículo) e os **movimentos repetitivos** ou habituais (como os movimentos de um operário em uma linha de produção). Em ambos os casos, há o exercício de uma atividade final, consistente na proposição de um fim (andar, dirigir, operar uma máquina) na escolha de meios e na execução física e, portanto, constituem conduta que pode ser típica (implicando, por exemplo, crime culposo de homicídio ou lesão corporal) se realizada por meio imprudente.

b) **Movimentos subordinados a força física irresistível:** "por força física irresistível deve-se entender aquelas hipóteses em que opera sobre o homem uma força de tal proporção que o faz intervir como uma mera massa mecânica" (Zaffaroni e Pierangeli, *Manual de direito penal brasileiro*, p. 411).

A força física irresistível pode provir da natureza ou da ação de um terceiro. O indivíduo pode ser atirado, por uma ventania, contra uma vidraça ou lançado contra ela por outro ser humano. De qualquer forma, o deslocamento do corpo não foi produto de nenhuma ação final de sua parte (não foi o sujeito que se propôs o fim de quebrar a vidraça, escolheu os meios para isso etc.).

Dentro dessa linha, a chamada "coação física irresistível" consiste na situação em que alguém (coator), imprimindo força física sobre o corpo de outrem (coagido), usa este como um instrumento para a prática do crime. Não é, portanto, o coagido que executa o movimento que não se subordina à sua vontade, mas à vontade do coator. Dessa forma, da perspectiva do coagido não houve ação, houve, sim, ação do coator, é dele o movimento voluntário que caracteriza a conduta penalmente típica. Em outras palavras, é o coator o autor (imediato) do crime.

Por isso, no caso de coação física, "a ausência de ato se dá somente naquele que sofre a força física irresistível, mas não naquele que a exerce, pois este atua com vontade e, consequentemente, é autor de uma conduta cuja tipicidade, antijuridicidade e culpabilidade deverão ser investigadas para saber se houve um delito" (Zaffaroni e Pierangeli, *Manual de direito penal brasileiro*, p. 412). Por parte do coator houve conduta, com todas as componentes necessárias. Nesse caso, responde pelo crime o coator, a título de autoria imediata (e não autoria mediata, como na coação moral).

Há que se distinguir, portanto, a coação física da moral. Nesta há voluntariedade na ação ou omissão, vontade, no entanto, de tal modo viciada que exclui, da parte do coator, a culpabilidade, por inexigibilidade de conduta diversa (não se exclui, portanto, a conduta). Nesse caso, pune-se o coator a título de autoria mediata.

c) **Movimentos executados em estado de inconsciência:** o problema da consciência, veremos, perpassa todas as estruturas do crime. A ação, o dolo do tipo, a antijuridicidade e a culpabilidade requerem consciência.

Há, portanto, que se tratar com cautela a questão da inconsciência, evitando-se assim soluções apressadas que possam quebrar a harmonia interna do sistema dogmático.

A conduta final exige uma consciência mínima atuando para que o sujeito possa propor-se o fim e escolher o meio de executá-lo.

O sujeito dormindo, desmaiado ou em coma, claramente, não possui essa consciência mínima. Durante o sonho não se propõe qualquer finalidade conectada com a realidade e, na acepção de Roxin (teoria pessoal da ação, como manifestação da personalidade), fica ainda mais clara a ausência de conduta nos movimentos ou falta de movimentos praticados nesses estados.

Mas a situação de completa inconsciência não pode ser confundida com as situações de perturbação, ainda que severa, da consciência. Na precisa explicação de Zaffaroni e Pierangeli, "estas ocorrências de fatos em que não participa a vontade do homem que os causa, em virtude da **falta de capacidade psíquica de vontade**, não devem ser confundidas com outros casos de incapacidade psíquica, em que esta incapacidade faz desaparecer outros caracteres do delito (art. 26 do CP)" (*Manual de direito penal brasileiro*, p. 413).

Dentre as situações controvertidas no que tange à ausência de conduta, quatro merecem destaque: o **sonambulismo**, a **hipnose**, a **doença mental** e a **embriaguez letárgica**.

A dúvida é reconhecida pela própria doutrina, como nas palavras de Zaffaroni e Pierangeli: "há certos estados do indivíduo – nem todos eles patológicos – cuja natureza no campo da neurologia é muito discutível, estando submetida a intensa investigação. Tais são os casos do sonho fisiológico e do transe hipnótico. Ante a dúvida acerca da natureza desses estados, devemos concluir que o sonho e o transe hipnótico constituem casos de ausência de conduta. Cabe incluir neste rótulo também os episódios sonambúlicos" (*Manual de direito penal brasileiro*, p. 415).

Na doutrina brasileira, realmente prevalece o entendimento de que tanto o sonambulismo quanto a hipnose caracterizam situações de ausência de conduta. Também em Fragoso, lê-se que não há ação "no caso de atuação em completa inconsciência (como no caso do sonambulismo e hipnose)" (*Lições de direito penal*, p. 165). No mesmo sentido Damásio Evangelista de Jesus (*Direito penal*, 2010, p. 269).

Não é, no entanto, consenso.

Cirino dos Santos, noticiando o tratamento da matéria na Alemanha, conta que, quanto às ações sob hipnose, "a teoria dominante admite ação, porque o hipnotizado não pode realizar ações reprovadas pela censura pessoal, mas um segundo segmento respeitável fala em não ação" (*Direito penal*, p. 100).

A **doença mental** é disciplinada, no Código Penal brasileiro, no art. 26, e consta dentre as excludentes de culpabilidade. No entanto, o fato é que a doença mental pode afetar a consciência em vários níveis: desde a eliminação da própria vontade final (ausência de conduta), passando pela eliminação da percepção dos elementos do tipo (ausência de dolo do tipo), chegando à eliminação da consciência da ilicitude ou da capacidade de autodeterminação (ausência de imputabilidade).

Essa situação, como bem aponta Guaragni, "gera um problema grave sob o prisma legislativo: a medida de segurança só está prevista como sanção, na forma do art. 97 do CP, para os casos de absolvição imprópria, por inimputabilidade, na forma do art. 26, *caput*, do CP. Dentro do sistema analítico de crime, isto significa a existência de conduta humana (fazer final, no enfoque welzeliano), tipicidade objetiva e subjetiva (isto nos casos dos crimes dolosos, de modo que o sujeito deverá conhecer e querer o evento objetivo – dolo direto de primeiro grau), ilicitude e ausência de culpabilidade por incapacidade de compreensão do caráter ilícito da conduta e/ou autodeterminação segundo este entendimento (inimputabilidade). *A contrario sensu* fica impossível impor medida de segurança se a absolvição é própria, ou seja, se não há crime porque não há conduta humana. No caso, portanto, de doença mental capaz de afastar a conduta humana, a aplicação da medida de segurança torna-se inviável por uma questão legal: só pode ser aplicada no caso do art. 26 do CP. Gera-se, é claro, um contrassenso, pois a psicopatologia mais profunda, que em determinados casos pode dotar o agente de maior periculosidade (dentro do discurso positivista que deu matriz às medidas de segurança) não será objeto de controle estatal voltado à prevenção especial" (*As teorias da conduta em direito penal*, p. 186).

Quanto à embriaguez (por álcool ou substância de efeitos análogos) dita letárgica, há também um problema, semelhante ao referido quando do comentário sobre a doença mental. Por força do art. 28 do CP, a embriaguez completa (e a doutrina quase unânime inclui aí tanto a de segundo estágio quanto a de terceiro estágio – letárgica portanto), desde que seja acidental, exclui a culpabilidade.

No entanto, é pertinente a observação de Cezar Roberto Bitencourt: "A embriaguez letárgica tem sido analisada como excludente de culpabilidade, mais especialmente de imputabilidade. No entanto, essa solução é absolutamente incorreta, na medida em que a embriaguez letárgica constitui o grau máximo de embriaguez, sendo impossível qualquer resquício da existência da vontade. E, como sem vontade não há ação, a embriaguez letárgica exclui a própria ação" (*Tratado de direito penal*, 2008, p. 228).

Também no mesmo sentido Zaffaroni e Pierangeli: "Quanto aos narcóticos, produzirão uma incapacidade que terá de ser valorada em cada caso: se o sujeito foi privado de consciência por efeito do narcótico, não haverá conduta; se o narcótico apenas produziu nele uma perturbação da consciência, haverá uma incapacidade psíquica de tipicidade da conduta ou de culpabilidade" (*Manual de direito penal brasileiro*, p. 416).

Como última observação a respeito da ausência de conduta por inconsciência cabe referir à hipótese de **autocolocação preordenada** em situação de inconsciência. O exemplo mais citado na doutrina é o da mãe que, desejando matar o filho recém-nascido e sem coragem de fazê-lo desperta, deita-se com ele na cama para que, durante o sono, termine por sufocá-lo, o que de fato vem a acontecer. Embora no momento do resultado lesivo não haja de fato conduta, o caso se resolve com a adoção da teoria da *actio libera in causa* (cuja criação, de fato, visava resolver justamente as hipóteses de inconsciência preordenada).

5.10 CONSEQUÊNCIAS DA AUSÊNCIA DE CONDUTA NA ESTRUTURA DOGMÁTICA

Apontam Zaffaroni e Pierangeli (*Manual de direito penal brasileiro*, p. 417) importantes consequências da ausência de conduta. São elas:

a) Aquele que para cometer um delito se vale de um sujeito que não realiza conduta é, em geral, autor direto do delito; o que não realiza conduta jamais é autor.
b) É possível atuar em estado de necessidade contra os movimentos de quem não se conduz, mas não cabe opor legítima defesa.
c) Não se pode ser partícipe dos movimentos de um sujeito que não realiza conduta.
d) Nos tipos em que se faz necessária a intervenção de uma pluralidade de pessoas, não se computa a pessoa que não pratica a conduta.

CAPÍTULO 6

OMISSÃO

Embora sob uma perspectiva pré-típica (adotada pelo finalismo) a omissão não tenha existência concreta (omitir é sempre normativo; omitir é não fazer alguma coisa que se devia fazer), já no âmbito da tipicidade, distinguem-se os chamados tipos comissivos dos tipos omissivos.

O Direito Penal, como visto, tem como finalidade dirigir a conduta humana no sentido da preservação de bens jurídicos. Para isso, compõe-se de normas proibitivas (que vedam condutas ofensivas ao bem jurídico) e normas mandamentais (que impõem condutas protetivas ao bem jurídico). As primeiras dão origem aos tipos comissivos. As segundas, aos tipos omissivos.

Entendida a finalidade do Direito Penal como a preservação das condições mínimas para a existência social, a maior parte do Direito Penal exige do cidadão uma abstenção da lesão, vale dizer, que ele não ofenda o bem jurídico protegido (que ele não mate, que não furte, que não estupre). Por isso, a maioria dos tipos assume a forma comissiva.

Em casos mais raros, no entanto, a preservação de determinados bens e em determinadas situações exige, mais do que abstenção, conduta ativamente protetiva. Essa proteção se dá por meio dos crimes omissivos.

6.1 PODER DE AGIR

Importa já de início reconhecer que os tipos omissivos, tanto quanto os comissivos, exigem, antes de mais nada, a possibilidade física de obedecer ao comando contido na norma. Assim, se o sujeito encontra-se impossibilitado de agir, seja por força física irresistível, seja por ato reflexo, não há configuração da conduta omissiva.

Sendo assim, não assiste razão ao comentário de Flávio Monteiro de Barros, segundo quem "a falta do poder de agir, nos crimes comissivos, exclui a antijuridicidade (estado de necessidade) ou a culpabilidade (coação moral irresistível), conforme o caso, diante da inexigibilidade de conduta diversa. Nos crimes comissivos por omissão, porém, funciona como excludente de tipicidade, criando, portanto, um tratamento díspar em relação aos crimes comissivos (...). Saliente-se, por fim, que o estado de necessidade, nos crimes omissivos impróprios, funciona como excludente de tipicidade, e não de antijuridicidade" (*Direito penal*, p. 166).

Não nos parece correto porque a situação de necessidade ou a situação de inexigibilidade, nos crimes comissivos, não significam a impossibilidade de agir, mas sempre uma escolha que, ou é acertada (no caso do estado de necessidade), ou ao menos não é reprovada (no caso da inexigibilidade). Falta de poder agir (ou omitir) gera sempre atipicidade.

No crime específico de omissão de socorro, embora não haja impossibilidade física de agir (risco pessoal), a lei atribuiu à ausência de risco pessoal o *status* de elemento do tipo. Nesse caso específico, o legislador elevou uma situação de ponderação de bens (e não de impossibilidade), própria do estado de necessidade, à condição de elemento da tipicidade, de forma que nele a opção pelo bem "integridade pessoal", em detrimento do bem "pessoa necessitada de auxílio", impede a configuração de omissão típica. Mas note-se que, afastada a questão do risco pessoal, se o problema for "prestar socorro para X ou Y, que não podem ser socorridos ambos ao mesmo tempo", a omissão de socorro a Y é classicamente solucionada com base no estado de necessidade de terceiro, e não da atipicidade.

Todo tipo omissivo, qualquer que seja ele, portanto, consiste: a) em uma abstenção evitável; b) em violação de um dever de ação imposto pela lei.

6.2 ESPÉCIES DE OMISSÃO

6.2.1 Classificação bipartite

A doutrina reconhece e classifica vários tipos de delitos omissivos, cujas peculiaridades demandam um tratamento diferenciado.

A mais comum das classificações é a bipartite, que distingue: **tipos omissivos próprios** e **tipos omissivos impróprios**, também chamados de comissivos por omissão. Já que ambos compartem aquelas características básicas comuns (são abstenções que violam um dever legal de agir) que diferenças apresentam?

Segundo ensina Silva Sánchez, a bipartição entre delitos omissivos próprios e impróprios é feita de acordo com os mais variados critérios (*El delito de omisión*, p. 400). Dentre esses critérios distintivos, revelam-se como principais:

a) **A natureza da norma infringida (critério normológico):** crimes omissivos próprios violam **normas mandamentais**; crimes omissivos impróprios violam **normas proibitivas**.

b) **A existência de tipificação legal expressa (critério tipológico ou jurídico-positivo):** crimes omissivos próprios tem **tipificação legal expressa**; crimes omissivos impróprios são frutos de uma **construção doutrinária** a partir de um tipo legal comissivo combinado com a regra da Parte Geral que modula a posição de garante.

c) **A espécie de dever violado (critério teórico-normativo):** crimes omissivos próprios constituem a violação de um **dever de atuar** (dever geral); tipos omissivos impróprios constituem a violação de um **dever de evitar o resultado** (dever especial).

d) **A exigência de resultado no tipo:** crimes omissivos próprios consumam-se com a simples omissão, são, portanto, de **mera (in)atividade**; tipos omissivos impróprios consumam-se apenas com o resultado, são, portanto, **delitos materiais**.

e) **A exigência da posição de garante:** tipos omissivos próprios **não exigem** a posição de garante do sujeito ativo; tipos omissivos impróprios **exigem** a posição de garante.

A doutrina brasileira amplamente parece adotar a teoria bipartite, mas sem precisar exatamente os critérios escolhidos, ora elegendo um, ora outro, ora fundindo mais de um. O resultado são classificações apenas parcialmente coincidentes.

Para Cezar Roberto Bitencourt, são determinantes os critérios tipológico e do resultado: explica o autor que os crimes omissivos próprios "são obrigatoriamente previstos em **tipos legais específicos**, em obediência ao princípio da reserva legal, dos quais são exemplos típicos os previstos nos arts. 135, 244, 269 etc. Os crimes omissivos impróprios, por sua vez, como crimes de resultado, **não têm uma tipologia própria**, inserindo-se na tipificação comum dos crimes de **resultado** (homicídio, lesão corporal etc.). Na verdade, nesses crimes não há uma causalidade fática, mas jurídica, onde o omitente, devendo e podendo, não impede o resultado" (*Tratado de direito penal*, 2008, p. 235).

Na mesma linha, Francisco de Assis Toledo afirma que "os crimes omissivos próprios são necessariamente previstos em **tipos específicos** (arts. 135, 244, 246, 269 etc.), ao passo que os omissivos impróprios, ao contrário, se inserem na **tipificação comum** dos crimes de **resultado**, de que são exemplos o homicídio (art. 121), a lesão corporal (art. 129) etc. passíveis em bom número de serem cometidos por omissão" (*Princípios básicos de direito penal*, p. 116).

Também para Frederico Marques: "a omissão pode consubstanciar-se no **verbo da descrição típica**, por indicar este uma conduta moldada no 'non facere', e então o crime será propriamente omissivo. (...) De modo geral o núcleo do tipo nos crimes omissivos é revelado pelo verbo 'deixar' (arts. 244, 246, 269, 319 e 356 do CP), ou pelo verbo 'ocultar' (arts. 177, § 1º, n. I, 236, 257 e 305). No art. 299, é usado o verbo 'omitir', no art. 314, o verbo 'sonegar', enquanto o art. 330 emprega o verbo 'desobedecer'" (Frederico Marques, *Tratado de direito penal*, v. 1, p. 79). "Nos delitos comissivos por omissão, ou crimes impropriamente omissivos, **a omissão é causa de um evento previsto na descrição típica de delito comissivo**" (*Tratado de direito penal*, p. 80).

Da mesma forma, em Mirabete e Fabbrini lê-se: "quanto à omissão, ela é elemento do **tipo penal** (crimes omissivos próprios ou puros) como nos delitos de omissão de socorro (art. 135), omissão de notificação de doença (art. 169) etc., ou apenas **forma de**

alcançar o resultado previsto em um crime comissivo, passando a ser, nessa hipótese, crime omissivo impróprio (ou comissivo por omissão, ou comissivo-omissivo)" (*Manual de direito penal*, p. 91).

Na lição de Bierrenbach: "Os crimes omissivos, por sua vez, subdividem-se em próprios e impróprios ou comissivos por omissão. Aqueles, os próprios, oriundos de omissões **tipificadas pelas leis**, consumam-se no exato momento da conduta omissiva, independentemente da superveniência de qualquer resultado. Crimes de **mera conduta** ou de mera inatividade, portanto. Os crimes comissivos por omissão resultam em omissões que possibilitam a superveniência do evento descrito no tipo penal, o que coincide com a consumação; **crimes de resultado**, em consequência" (*Crimes omissivos impróprios*, p. 67).

Conforme Paulo Queiroz, distinguem-se os crimes omissivos próprios dos impróprios, pois "nos primeiros o legislador **tipifica** a simples omissão, isto é, a mera abstenção de fazer algo legalmente determinado, a exemplo da omissão de socorro (art. 135 do CP) e da omissão de notificação de doença (art. 269 do CP). Nos segundos, em razão de um **dever legal especial de evitar o resultado** imposto a certa e determinada pessoa, chamada **garante**, imputa-se-lhe o próprio **resultado**, como se ela mesma o tivesse causado" (*Direito penal*, 2009, p. 188).

Já para Juarez Cirino dos Santos, a diferença é que "a omissão de ação própria corresponde, inversamente, aos tipos de **simples atividade** e tem por fundamento a solidariedade humana entre os membros da comunidade, que engendra o **dever jurídico geral de agir**, cuja lesão implica a responsabilidade penal dolosa pela omissão da *ação mandada*: o dever de agir é definido no **tipo legal respectivo**, como a omissão de socorro (art. 135 do CP), o abandono de incapaz (art. 133 do CP). A omissão de ação imprópria corresponde, inversamente, aos tipos de **resultado** e tem por fundamento a **posição de garantidor** do bem jurídico atribuída a determinados indivíduos, que engendra o **dever jurídico especial de agir**, cuja lesão implica a responsabilidade penal dolosa ou imprudente pelo resultado, como se fosse cometido por ação" (*Direito penal*, p. 200).

Na doutrina portuguesa, Figueiredo Dias, depois de extensas considerações de cunho político-criminal e prático-normativo, termina por perfilhar o critério tipológico argumentando que "tudo considerado, deve concluir-se que o critério fundamental de distinção entre crimes de omissão puros e impuros passa pela circunstância decisiva de os impuros, diferentemente dos puros, não se encontrarem descritos em um ***tipo legal de crime***, tornando-se por isso indispensável o recurso à cláusula de equiparação contida no art. 10 [do Código Penal Português, equivalente ao nosso art. 13, § 2º, CP], para resolver correta e seguramente o círculo de autores idôneos e da caracterização do dever de garantia" (*Direito penal*, p. 916).

Calha trazer por fim a lição de Zaffaroni, que, nesse ponto, distancia-se por completo da opinião dominante e prioriza o tipo de dever violado e a posição de garante: "São chamados omissões próprias ou tipos de omissão própria aqueles em que o autor

pode ser qualquer pessoa que se encontre na **situação típica**. O do art. 135 do CP é um tipo de omissão própria. Esses tipos de omissão própria caracterizam-se por não ter um tipo equivalente, e são raros no CP. Chamam-se omissões impróprias ou tipos de omissão imprópria aqueles em que **o autor só pode ser quem se encontrava dentro de um determinado círculo** que faz com que a situação típica seja equivalente à de um tipo ativo. Os tipos de omissão imprópria têm um tipo ativo equivalente e a posição em que se deve achar o autor denomina-se 'posição de garantidor'. Um tipo de omissão imprópria é, por exemplo, o do art. 319, no qual 'retardar ou deixar de praticar, indevidamente, ato de ofício' pelo funcionário público equivale a praticá-lo contra disposição expressa de lei" (*Manual de direito penal brasileiro*, p. 513).

Em resumo, na doutrina brasileira terminam por prevalecer (embora sem uniformidade) os critérios da tipificação expressa (tipológico) e do resultado.

A questão é que mesmo tais critérios, que aparecem com mais frequência nas lições doutrinárias, podem conduzir a classificações diversas.

Adotando-se o critério tipológico, devem-se reconhecer como crimes omissivos próprios todos os que permitem um enquadramento típico por subsunção direta e como omissivos impróprios todos os que necessitam do recurso à norma geral do art. 13, § 2º. Mas sendo assim é preciso admitir que (ainda que raramente) determinados tipos, descritos sob a forma omissiva diretamente na Parte Especial, exigem resultado naturalístico (como o caso da apropriação indébita previdenciária – art. 168-A), de forma que só resta admitir a existência de crimes omissivos próprios materiais, e não apenas de mera conduta.

Adotando-se o critério do resultado, devem-se reconhecer como omissivos próprios todos os que se contentam com a não realização de uma conduta e como omissivos impróprios os que se configuram com a não evitação de um resultado. Mas, sendo assim, tem que se admitir a existência de crimes omissivos impróprios na Parte Especial, sujeitos à tipicidade por subordinação direta. Nesse passo, o delito de apropriação indébita previdenciária, indubitavelmente material (segundo já o decidiu o próprio Supremo Tribunal Federal), deverá ser catalogado como omissivo impróprio ou comissivo por omissão.

Em virtude dessa dificuldade, pouco enfrentada pela doutrina brasileira, parece pertinente trazer notícia de outro modelo de classificação, a seguir estudado.

6.2.2 Classificação tripartite

Embora não seja adotada pela doutrina brasileira, pela sua importância na literatura estrangeira faremos aqui uma breve menção à classificação tripartite das omissões.

Como explica novamente Silva Sánchez, a maioria das classificações tripartidas resulta da combinação do critério jurídico-positivo da tipificação legal expressa com outros critérios de distinção entre omissões (*El delito de omisión*, p. 423).

Assim, por exemplo, na classificação de Muñoz Conde e Arán, os tipos omissivos dividem-se em (*Derecho penal*, p. 240):

a) **delitos de omissão pura ou própria:** nos quais se castiga a simples infração de um dever de atuar e são, portanto, delitos de mera atividade. O autor exemplifica com o art. 195 do Código Penal espanhol, que corresponde ao delito de omissão de socorro;

b) **delitos de omissão e resultado:** nos quais a omissão se vincula a um determinado resultado, a que se conecta causalmente. O autor exemplifica com o art. 305 do Código Penal espanhol, que castiga a defraudação da fazenda pública, por ação ou omissão;

c) **delitos de omissão imprópria ou comissivos por omissão:** nos quais, da mesma forma que no caso anterior, a omissão se conecta a um determinado resultado proibido, mas no tipo legal concreto não se menciona expressamente a forma de comissão omissiva, constituindo, pois, um problema de interpretação elucidar quando a forma omissiva pode ser equiparada à ativa, que é mencionada expressamente na lei.

Também para Rodriguez Mourullo cabe falar de três classes de delitos omissivos (*La omisión de socorro en el Código Penal*, p. 77): a) **delitos de pura omissão:** cujo tipo só abrange uma conduta omissiva, considerada com independência de qualquer resultado; b) **delitos de omissão e resultado**: cujo tipo a uma determinada conduta omissiva se liga, havendo como consequência um resultado; c) **delitos de comissão por omissão**: que surgem quando o sentido do tipo permite assegurar que a figura legal se limita a proibir a causação de determinado resultado, independentemente de este resultado ser efeito de um fazer positivo ou de um omitir.

Como se vê, em ambos os casos os autores distinguem delitos de omissão e resultado dos delitos comissivos por omissão pelo critério da tipificação legal expressa. Os primeiros correspondem a uma descrição legal já construída sob a forma omissiva, enquanto nos segundos o tipo omissivo só pode ser extraído por derivação de um tipo comissivo de resultado.

6.3 OMISSÃO PRÓPRIA

Conforme destacado, portanto, embora não haja consenso quanto a essa classificação, segundo a opinião dominante na doutrina brasileira, os crimes omissivos próprios estão necessariamente já dispostos sob a forma omissiva na Parte Especial da legislação (critério tipológico).

Além disso, para boa parte da doutrina, exige-se ainda que tais delitos independam de qualquer resultado naturalístico (critério do resultado – a conjugação de ambos os critérios, que nem sempre conduz a classificações coincidentes, já foi criticada em linhas anteriores). Se ocorrer o resultado, pode constituir tão somente circunstância de elevação da pena (como no caso do resultado morte ou lesão grave em relação ao crime de omissão de socorro). Em havendo resultado material, torna-se então exigível, para que seja imputada ao agente, a verificação do nexo causal ou, para dizer melhor, do nexo de evitabilidade (como será estudado mais adiante), vale dizer, impende analisar se a conduta omitida teria de fato evitado o resultado.

Ao adotar-se tal critério (o do resultado), é preciso reconhecer também que, sendo delitos unissubsistentes, ou seja, de mera (in)atividade e de *iter criminis* indivisível, os delitos de omissão própria não admitem tentativa, opinião largamente aceita na doutrina brasileira.

6.4 OMISSÃO IMPRÓPRIA OU CRIMES COMISSIVOS POR OMISSÃO

Já os crimes omissivos impróprios ou comissivos por omissão, segundo a opinião dominante, são aqueles em que o sujeito responde pelo resultado previsto em um tipo comissivo pelo fato de ter se omitido em evitá-lo, tendo o dever de fazê-lo (se há crimes omissivos impróprios ou comissivos por omissão previstos diretamente na Parte Especial, é questão que se liga à aceitação, ou não, do critério tipológico; questão que, como se viu, é bastante controvertida).

Os crimes comissivos encerram normas proibitivas endereçadas, em regra, a todas as pessoas, ou seja, encerram a determinação de não interferir em determinado curso causal favorável ao bem jurídico. Pela norma subjacente ao tipo de homicídio, diz-se a todos, por exemplo, "não matar", vale dizer, não interferir no curso da vida de outro ser humano. Nos chamados crimes comissivos por omissão, no entanto, existe outra norma (chamada norma de dever de segundo grau), dirigida a um grupo menor de sujeitos, que impõe um dever de agir, para impedir a fluência de cursos causais lesivos, estranhos a ele. Assim, a norma subjacente ao tipo de homicídio comissivo diz a todos: "não façam isso, não matem"; mas a norma subjacente ao tipo de homicídio por omissão diz: "pais, façam isso, evitem a morte de seus filhos". Portanto, o tipo comissivo por omissão tem por detrás duas normas conjugadas: uma norma proibitiva, dirigida a todos (a todos é proibido matar) e uma norma mandamental, dirigida a alguns (para determinadas pessoas é obrigatório evitar a morte). A norma de mandado de segundo grau, portanto, tem como destinatário apenas um grupo específico de pessoas, composto por aqueles que têm um dever jurídico de agir para evitar o resultado lesivo a determinado bem jurídico. Essas devem evidentemente, em primeiro lugar, cumprir a norma proibitiva (como todas as outras pessoas, os pais também não podem matar seus filhos); mas devem também cumprir a norma mandamental (pais devem, ao contrário das outras pessoas, evitar a morte daqueles que são seus filhos) (Cezar Roberto Bitencourt, *Tratado de direito penal*, 2008, p. 237).

Se nos delitos comissivos por ação, via de regra, quem quer que realize a ação típica é autor do crime correspondente, nos delitos comissivos por omissão não é todo aquele que não impede o resultado lesivo que pode ser considerado autor (Marta Felino

Rodrigues, A *teoria penal da omissão e a revisão crítica de Jakobs*, p. 47). O elemento fundamentador da responsabilidade penal nos crimes comissivos por omissão, portanto, é justamente o dever jurídico de evitar o resultado.

6.4.1 Teorias relativas ao dever de garantia

As teorias que pretendem explicar a origem do dever de garantia podem ser subdivididas em dois grupos:

a) **Teorias formais ou clássicas (ou teorias da origem do dever jurídico):** segundo o critério formal, as fontes do dever de garantia são a **lei**, o **contrato** ou a *ação precedente* perigosa (Juarez Cirino dos Santos, *Direito penal*, p. 208).

b) **Teorias materiais, funcionais ou modernas (ou teoria das funções de Armin Kaufmann):** a doutrina atribui a Armin Kaufmann a tomada de posição contra o formalismo da teoria clássica, com o que iniciou tendência doutrinária no sentido de repensar o dever de garantia segundo critérios materiais (Marta Felino Rodrigues, *A teoria penal da omissão e a revisão crítica de Jakobs*, p. 60).

Nesse sentido, sublinha Muñoz Conde, comentando o art. 11 do Código Penal espanhol (cuja redação se assemelha ao nosso art. 13, § 1º), que a menção à lei, ao contrato ou ao atuar precedente só pode ser tomada em um sentido puramente indicativo, pois já faz tempo que a doutrina vem criticando essa redução das fontes da posição de garante a critérios puramente formais, que não esgotam outras possibilidades de fundamentação da mesma, dentro do respeito que merece o princípio da legalidade e do conteúdo material dos tipos respectivos.

Nessa perspectiva o critério material ou moderno trabalha com duas fontes alternativas do dever de garantia: a) deveres especiais de proteção para com determinados bens jurídicos (**deveres de assistência**); b) deveres de vigilância de determinadas fontes de perigo (**deveres de segurança**) (Marta Felino Rodrigues, *A teoria penal da omissão e a revisão crítica de Jakobs*, p. 60-61).

Os deveres derivados da função de proteger o bem jurídico se subdividem em: (Francisco Muñoz Conde e Mercedes García Arán. *Derecho penal*, p. 246).

1) deveres provenientes de solidariedade natural para com o titular do bem jurídico, sejam apoiados em um vínculo jurídico (exs.: parentes em linha reta, irmãos e cônjuges), sejam derivados de uma convivência de fato (namorados e amigos). Nesses casos, advertem os autores, quem omite o cumprimento desse dever de solidariedade responde pelos resultados de sua omissão, ainda que sua posição de garante não se fundamente em um preceito legal direto;

2) desempenho voluntariamente aceito de determinadas funções em uma comunidade de perigo (ex.: vários membros de uma excursão de alpinismo têm o dever de prender os cravos e lançar as cordas para ajudar os outros participantes). O

descumprimento dessa função não dá lugar simplesmente ao delito de omissão de socorro, e sim de homicídio;
3) deveres provenientes da assunção voluntária e efetiva da custódia, haja ou não um efetivo contrato (exs.: médico que trabalha no setor de primeiros socorros, salva-vidas contratado por um clube, aquele que se disponha a cuidar de uma criança pequena).

Os deveres de vigilância sobre uma fonte de perigo, por sua vez, são subdivididos em:

1) a ingerência produzida por um comportamento precedente violador da norma que tutela o bem jurídico;
2) controle das fontes de perigo a cargo dos respectivos proprietários (exs.: máquinas industriais, animais);
3) vigilância dos perigos da atuação de terceiros (ex.: professores em relação aos perigos gerados pelos alunos) (Marta Felino Rodrigues, *A teoria penal da omissão e a revisão crítica de Jakobs*, p. 62-63).

6.4.2 O direito de garantia na legislação brasileira

Em muitos sistemas jurídicos, a questão sobre as fontes do dever de garantia cinge-se ao debate doutrinário. Era assim no Brasil até 1984, quando então, perfilhando o critério formal, o legislador consagrou as hipóteses da posição de garante no texto do art. 13, § 2º, do CP.

A previsão legal não logrou resolver os inúmeros problemas suscitados pelo instituto da omissão imprópria, sobretudo aquela prevista na alínea *c* (questão da ingerência), mas mesmo nas outras. Calha atentar nesse passo para a observação de Juarez Cirino dos Santos, que alerta: "A lei penal define os fundamentos do dever de evitar o resultado (art. 13, § 2º, do CP), mas não delimita os resultados de lesão de bens jurídico atribuíveis ao garantidos sob aqueles fundamentos legais, o que parece infringir a proibição de indeterminação legal: afinal, todos os bens jurídicos dos tipos de resultado são atribuíveis ao garantidos, ou apenas os bens jurídicos mais importantes e, nesse caso, quais e de que modo? (...) a única forma de conciliar a omissão imprópria com o princípio da legalidade consistiria em reduzir a responsabilidade do garantidor aos bens jurídicos mais importantes, como a vida e o corpo do sujeito protegido: a extensão da responsabilidade a todos os tipos de resultado, incluídos o patrimônio, a sexualidade, embora tecnicamente admissível, implicaria um dever jurídico indeterminável" (*Direito penal*, p. 203).

a) Dever legal: quem tenha por lei o dever de cuidado, proteção ou vigilância.

Cuida essa hipótese dos casos em que a posição de garante deriva de preceito legal, penal ou extrapenal (Sheila de Albuquerque Bierrenbach, *Crimes omissivos impróprios*, p. 76-77).

a.1) Fontes do dever legal: há certa divergência, no entanto, sobre a acepção do termo "legal" aqui empregado, sendo defensáveis duas posições:

i. Interpretação restritiva: é a defendida por Bierrenbach, para quem "o dever de agir nascido da posição de garantia em exame há de repousar em lei em sentido estrito. Entendimento diverso conduziria o exegeta a flagrante violação do princípio da legalidade" (*Crimes omissivos impróprios*, p. 67).

ii. Interpretação ampliativa: a partir de uma leitura mais alinhada com as teorias materiais, defende Paulo José da Costa Júnior que o dever de agir pode nascer "de decretos com valor legiferante, ordem legítima de autoridade, emanada, inclusive, de decisões judiciais, ou preceitos consubstanciados em determinados regulamentos" (*Comentários ao Código Penal*, p. 135).

Também para Luiz Luisi "trata-se de deveres que são impostos pela ordem jurídica, *lato sensu*. Não são apenas obrigações decorrentes de lei em sentido estrito, mas de qualquer disposição que tenha eficácia de forma a poder constituir um vínculo jurídico" (*Os princípios constitucionais penais*, p. 108).

No mesmo sentido, Magalhães Noronha reconhece que o dever pode provir "da lei, de mandamento equivalente à lei ou do direito costumeiro" (*Direito penal*, 1982, p. 118).

A respeito do tema, no julgamento do **HC 603.195-PR**, de relatoria do Min. Ribeiro Dantas, em 6-10-2020, a Quinta Turma do STJ entendeu que responde pelo crime de estupro da vulnerável por omissão imprópria a irmã da vítima que assume o papel de garantidora, não por força da alínea *a* mas sim das alíneas *b* e *c* do artigo 13, § 1º. No caso, a paciente havia sido denunciada por prática de estupro de vulnerável por teria sido conivente com os abusos sexuais praticados por seu marido contra sua irmã menor, de 7 anos de idade. A paciente teria presenciado ao menos uma vez o marido praticando o abuso, dentro de sua própria casa e não tomou qualquer atitude para impedi-lo. Foi então absolvida sumariamente, sob o argumento de que sua omissão não seria penalmente relevante por ser ela apenas irmã da vítima, não exercendo guarda ou tutela. Contra a decisão o Ministério Público manejou apelação, à qual foi dado provimento reformando-se a decisão e determinando-se o prosseguimento da ação penal. A ré então ingressou com o citado *Habeas Corpus* ao qual foi negado provimento. O STJ entendeu que, de fato, a paciente não se enquadrava na figura do garantidor em sentido estrito (alínea *a*) pois é clara a impossibilidade de extensão das obrigações paternas aos irmãos e que o mero parentesco e mesmo o vínculo afetivo não torna penalmente responsável um irmão pelo outro, salvo em caso de transferência de guarda ou tutela. No entanto, no caso concreto, a irmã mais velha ostentava posição de garante sob outro fundamento. Uma porque, ao receber a irmã mais nova em sua casa, desacompanhada da mãe, passava a ter responsabilidade sobre ela, pois na falta dos mais legalmente responsáveis os adultos presentes na residência que anuíram com a presença das crianças assumem a supervisão pelos cuidados delas. Duas porque, sabendo do abuso praticado e tendo inclusive garantido à irmã que o fato não voltaria a acontecer prosseguiu inerte deixando a menor sozinha na companhia do abusador, criando com isso o risco da ocorrência do resultado.

a.2) Amplitude do dever legal: por fim, discute-se se a posição de garante aqui estabelecida implica a responsabilidade de proteger bens de terceiros contra os perigos representados pela pessoa à qual o garante se encontra ligado. Dito de outro modo, a posição de garante do pai implica a obrigação de proteger bens jurídicos de terceiros contra eventuais situações de risco criadas por seus filhos menores?

Há, a respeito, duas posições:

i. Não, a obrigação de garantia não se dá em relação a bens de terceiros: a opinião dominante na doutrina brasileira é de que o dever de garantia só se refere à proteção do bem jurídico pertencente ao sujeito que mantém o vínculo jurídico com o garante, e não se refere à proteção de bens jurídicos de terceiros, com os quais o garantidor não possui qualquer vínculo específico. Ademais, não se pode afirmar que a passividade do garantidor (pai ou tutor, por exemplo) constitua em si mesma uma fonte de perigo para aqueles bens, transladando-se, assim, ao âmbito penal uma instituição puramente civil, a culpa *in vigilando* (Sheila de Albuquerque Bierrenbach, *Crimes omissivos impróprios*, p. 78).

ii. Sim, pois o dever de garante inclui expressamente o dever de vigilância: defendendo posição minoritária, Bierrenbach postula que "é de se ter em conta que o vocábulo vigilância aposto pelo legislador na alínea *a* ora analisada sinaliza a teoria das funções de Armin Kaufmann. Neste sentido, como já mencionado, destaca a criadora da teoria dois grupos de posições de garante, um dos quais diz respeito aos deveres de controle de determinadas fontes de perigo. Neste grupo, inclui-se a possibilidade do garantidor acerca da atuação de terceiras pessoas, o que lhe impõe do dever de dominar os perigos provenientes daquele a quem tem o dever de vigiar" (*Crimes omissivos impróprios*, p. 78).

No mesmo sentido, Juarez Cirino dos Santos afirma que "o dever jurídico de proteção ou vigilância é atribuído aos pais ou responsáveis em relação a filhos menores: dever de proteção contra os perigos para a vida e o corpo dos filhos; dever de vigilância dos filhos em relação a perigos destes contra terceiros" (*Direito penal*, p. 210).

b) Dever "contratual": quem de outra forma assumiu o dever de impedir o resultado.

Embora tradicionalmente essa hipótese seja denominada "dever contratual", hoje majoritariamente se reconhece que o dever de garante estabelecido no art. 13, § 2º, não se limita em absoluto ao âmbito das relações contratuais, motivo pelo qual melhor seria chamá-lo de "assunção voluntária da custódia".

A perspectiva adotada pela lei brasileira, aqui, é larga e se afasta do formalismo estrito da noção de contrato. Abrange todas as hipóteses, contratuais ou não, profissionais ou não, remuneradas ou não, em que alguém se coloca, voluntariamente, na posição de proteger bens jurídicos de terceiros.

São exemplos comuns: a babá, em relação à criança; o salva-vidas, em relação ao banhista; o médico e a enfermeira, em relação ao paciente que está a seu encargo, ou quando presta serviço de urgência em unidade de pronto-atendimento; o bom samaritano, que se oferece para ajudar o cego a atravessar a rua; o professor, em relação aos alunos etc.

Note-se que, embora deva haver, inicialmente, a assunção da posição de garante, o dever de agir prende-se mais à situação de fato na qual se apresenta validamente a expectativa social de garantia, do que ao aspecto estritamente jurídico contratual, até porque a confiança na proteção do garante cria relações de dependência e encoraja a exposição a riscos que, de outro modo, seriam evitados (Juarez Cirino dos Santos, *Direito penal*, p. 210). Exemplo corriqueiro: se a mãe delega o cuidado da criança à babá, comprometendo-se a voltar para casa em determinado horário, o descumprimento dessa cláusula contratual não desincumbe a babá do seu dever. Se a enfermeira percebe, depois de vencido o seu horário de expediente, que o paciente precisa de seu socorro, tem ainda o dever de agir para impedir o resultado lesivo. Por outro lado, se no seu turno de trabalho o paciente demanda ajuda, mas a enfermeira, justo naquele dia, por razão justificada ou não, não havia comparecido ao serviço, não responde pelo crime omissivo, pois não havia concretamente, no momento do evento, a assunção do dever de custódia.

Por fim, ressalte-se que aqui se apresenta, da mesma forma que no item anterior, o dilema sobre o dever de garantia contra os riscos criados pelo garantido (*v.g.*, a responsabilidade omissiva do professor sobre os riscos criados pelo aluno que está sob sua responsabilidade), sendo válidas aqui aquelas duas posições já comentadas.

c) Dever decorrente do atuar precedente (ingerência): quem, com seu comportamento anterior, criou o risco da ocorrência do resultado.

A hipótese da ingerência é a mais controvertida e problemática dentre as fontes do dever de garante, havendo intensa e, até certo ponto, incontornável discussão a respeito de quando o comportamento antecedente gera o dever de garantia, pois a ideia simplista de que aquele que cria o perigo para o bem de outrem assume, automaticamente, a posição de garante, da qual surge, sem exceção, o dever de evitar o dano, vem sendo pouco a pouco revista e sofrendo limitações por parte da doutrina (Sheila de Albuquerque Bierrenbach, *Crimes omissivos impróprios*, p. 84).

De toda feita, o que importa é delinearem-se, com a maior precisão possível, as características da conduta precedente que permitem classificá-la como ingerência apta a gerar o dever de garantia:

c.1) Conduta precedente: ação ou omissão? A conduta perigosa geradora da posição de garante tem que ser, necessariamente, uma ação ou pode ser uma omissão?

O tema é pouco explorado na doutrina brasileira, mas prevalece o entendimento mais amplo, vale dizer, a inexistência de qualquer limitação quanto à modalidade de conduta ingerente.

Figueiredo Dias explica que "o fato prévio consistirá em regra numa **ação**, mas pode também analisar-se uma **omissão** violadora do dever" (*Direito penal*, p. 945). No exemplo do autor, se alguém é atingido pela queda de um telhado em mau estado que o proprietário deixou de conservar, o proprietário é obrigado a socorrê-lo, por encontrar-se na posição de garante.

c.2) Conduta precedente: ilícita ou lícita? É preciso que a ação precedente seja antijurídica? Várias são as posições a respeito:

i. Mesmo ações lícitas geram dever de garantia: a posição clássica, por assim dizer, e ainda hoje dominante na doutrina brasileira, é de que qualquer conduta perigosa, mesmo que lícita, gera o dever de garantia. Confira-se:

Para Francisco de Assis Toledo, "a ação precedente, criadora do perigo, pode ser **conforme ou contrária ao direito**, culposa ou não, punível ou não. Sua qualificação jurídica é irrelevante" (*Princípios básicos do direito penal*, p. 118). Exemplos citados pelo autor: a) quem provoca o incêndio tem o dever de agir para impedir danos à propriedade alheia; b) quem empurra o amigo dentro da piscina tem o dever de salvá-lo.

No mesmo sentido, conforme Mirabete e Fabbrini, "afirmam os doutrinadores estrangeiros que o dever de agir existe em toda conduta perigosa, ainda que **não antijurídica**, vale dizer, ainda que o sujeito tenha causado o risco sem culpa" (*Manual de direito penal*, p. 93). São exemplos de Mirabete: a) o causador involuntário de um incêndio; b) o acompanhante do nadador principiante induzido a atravessar a nado um rio; c) o empregador que descobre ter ficado preso um operário no recinto da fábrica; d) o construtor do veículo em relação à segurança do automóvel; e) a posse de animais, de substâncias explosivas ou inflamáveis; f) a ação de terceiros por quem o sujeito é responsável (filho menor, tutelado, incapaz).

Noronha é taxativo: "o princípio dominante é: quem criou o perigo de um resultado tem a obrigação de impedir que ele se realize, como acontece, *v.g.*, no fato de alguém **inconscientemente** provocar um incêndio; corre-lhe o dever de impedir que se propague" (p. 118).

ii. Só as ações ilícitas criam o dever de garantia: a busca de restringirem-se amplitude e indeterminação do dever de garantia criada pela ingerência, especialmente sob o influxo dos conceitos de risco permitido e proibido próprios da teoria da imputação objetiva, resulta no entendimento de que apenas as ações ilícitas criam para o seu causador o dever de proteção ao bem jurídico ameaçado.

Sheila Bierrenbach, perfilhando essa posição, arrola, como condição para que o atuar precedente gere o dever de garantia, a ilicitude: "a conduta precedente só gerará a posição de garantia se for objetivamente **antijurídica**. Vale dizer, aquele que permanece no âmbito do permitido não pode ser erigido em garante em face de ação anterior. Ou, dito em outras palavras, a adequação da conduta prévia ao Direito impede que dela possa decorrer a posição de garantidor" (*Crimes omissivos impróprios*, p. 84). O exemplo trazido pela autora é o do motorista que, dirigindo cuidadosamente, atropela alguém que acaba de se arremessar contra o seu veículo e depois não presta socorro à vítima, que vem a morrer. Nesse caso a conduta precedente do atropelamento, ainda que tenha gerado perigo para a vítima, não coloca o motorista na posição de garantidor da vida daquela, motivo pelo qual não pode ser-lhe imputado o resultado morte sob a forma do delito de homicídio (pode haver imputação, no entanto, do crime omissão de socorro).

Também Juarez Cirino dos Santos compartilha a opinião de que só a conduta precedente ilícita gera o dever de garantia: "A ação precedente perigosa, fundada na proibição geral de lesão (*neminem laede*) deve ser **antijurídica**, ou contrária ao dever, segundo a opinião dominante, embora respeitável opinião minoritária em contrário admita criação de perigo conforme o direito, porque ações nos limites do dever de cuidado ou do risco permitido não excluiriam o dever de segurança" (*Direito penal*, p. 211).

Em outro momento, o autor afirma que "**ações dentro dos limites do risco permitido** ou conformes ao dever de cuidado, assim como ações justificadas (lesão corporal produzida no agressor, em situação de legítima defesa), não engendram o dever especial de garantia da omissão de ação imprópria, mas não excluem o dever legal de socorro da omissão de ação própria, observada a exigibilidade típica" (Juarez Cirino dos Santos, *Direito penal*, p. 211).

Na doutrina estrangeira, Figueiredo Dias informa que "a doutrina majoritária entende que, para além da aludida exigência de imputação objetiva, a criação do perigo tem ainda de ter sido, ela própria, objetivamente **ilícita**, embora não culposa" (*Direito penal*, p. 946).

c.3) Conduta precedente: criação do risco, mas não do dano: por fim, cabe lembrar que a ingerência fundamentadora da posição de garante é a conduta causadora de perigo, mas não de dano direto; de fato, se a conduta precedente é causadora de dano imediato, trata-se de tipo comissivo, sendo desnecessário o recurso à regra de mediação da omissão imprópria.

c.4) Conduta precedente no caso de homicídio culposo ou lesão corporal culposa seguidos de omissão de socorro: a questão ganha especial relevância, no entanto, em face do ordenamento jurídico brasileiro. Explica-se.

Os arts. 121 e 129 do Código Penal, bem como os arts. 302 e 303 do Código Brasileiro de trânsito (delitos de homicídio culposos e lesão corporal culposa), preveem, como majorante, a posterior omissão de socorro.

O seguinte exemplo esclarece a controvérsia: X, dirigindo seu veículo de forma imprudente, atropela culposamente Y. Y, ferido, começa a esvair-se em sangue. X não presta socorro e foge. Y morre. Nesse caso, X deverá responder pelo homicídio culposo com pena agravada pela omissão de socorro (art. 302 do CTB) ou deverá responder pelo crime de homicídio doloso por omissão (sendo o atropelamento culposo considerado apenas como conduta precedente ilícita geradora do dever de agir)?

Juarez Cirino dos Santos defende que "a hipótese mais importante de ação precedente perigosa, como fonte da posição de garantidor, consiste no perigo para vítimas de acidente de trânsito determinado pela omissão da ação de proteção da vítima pelo autor da ação precedente perigosa, com consciência do resultado morte daquela, implica responsabilidade por homicídio doloso cometido por omissão, porque constitui omissão de ação fundada na posição de garantidor – e não simples homicídio imprudente com pena agravada" (*Direito penal*, p. 211).

Já Mirabete e Fabbrini reconhecem que "a lei vigente (art. 121, §§ 3º e 4º, do CP e art. 302, parágrafo único, III, do CTB), em flagrante contradição com a nova Parte Geral, prevê na espécie para o atropelador que atuou com culpa e não socorreu a vítima um crime de homicídio culposo com agravação de pena" (*Manual de direito penal*, p. 93).

Segundo Bierrenbach, as duas soluções são insatisfatórias.

Punir o motorista pelo homicídio doloso (como defende Cirino dos Santos) é fazer letra morta da lei vigente (art. 302 do CTB) e, pior, fazê-lo em prejuízo do réu.

Mas, por outro lado, punir o motorista do exemplo *supra* por homicídio culposo agravado (como alude Mirabete) é fazer letra morta da própria figura da ingerência, como criadora da posição de garante (art. 13, § 2º, c). Ora, se condutas perigosas ilícitas, dirigidas ao mais importante bem jurídico (vida), não gera para o omitente o dever de garantia, como defender que condutas lícitas, ou condutas dirigidas a bens menos importantes, gerem-no? Conclui Bierrenbach que tais dispositivos tornam praticamente inviável conduzir a ingerência como fonte de garantia e consequente dever de agir em prol de bens outros de menor hierarquia, o que sepulta, praticamente, esta fonte da posição de garante em nosso direito (*Crimes omissivos impróprios*, p. 88).

Cremos, no entanto, que se trata de um falso dilema e que se resolve com a adoção de critérios de imputação objetiva.

Explica-se: a condição para que a ação precedente perigosa gere dever de agir sob pena de responsabilidade pela omissão é que o resultado não seja diretamente a concretização do risco criado pela ação, e sim pela omissão.

Assim, quem atropela, culposamente, outrem que, gravemente ferido em razão do acidente, vem a morrer por ausência de socorro não responde pela omissão (dolosa), mas apenas pela ação (culposa) com pena aumentada pela negação do socorro, pois o resultado morte foi a concretização direta do risco criado pela ação (culposa), e não pela omissão (dolosa).

Agora, aquele que atropela outrem em um lugar ermo, quebrando-lhe a perna (mas sem gerar direto perigo de morte) e, logo a seguir, saltando do veículo, percebe que atingiu seu inimigo e resolve dolosamente deixá-lo à míngua para morrer de sede, por não poder locomover-se, responde pelo crime de homicídio doloso por omissão, pois o resultado morte foi o resultado direto do risco gerado pela omissão (dolosa), e não apenas pela ação (culposa).

6.5 DOLO E CULPA NOS CRIMES OMISSIVOS

Tanto os crimes omissivos próprios quanto os impróprios admitem modalidade dolosa ou culposa, contanto que haja previsão legal para essa última.

A maioria dos delitos omissivos puros é dolosa, mas nada impede a previsão de um crime de pura omissão culposa. Exemplo extraído do Código de Proteção e Defesa do Consumidor (Lei n. 8.078/90):

> Art. 63. Omitir dizeres ou sinais ostensivos sobre a nocividade ou periculosidade de produtos, nas embalagens, nos invólucros, recipientes ou publicidade:
>
> Pena – Detenção de seis meses a dois anos e multa.
>
> § 1º Incorrerá nas mesmas penas quem deixar de alertar, mediante recomendações escritas ostensivas, sobre a periculosidade do serviço a ser prestado.
>
> § 2º Se o crime é culposo:
>
> Pena – Detenção de um a seis meses ou multa.

Quanto à omissão imprópria, se o tipo correspondente legalmente previsto sob a forma comissiva prevê modalidade culposa, a conduta do garante responsável por não evitar aquele mesmo resultado também é punível a título de culpa. Exemplo:

CP, art. 121, § 3º (homicídio culposo). O salva-vidas, por negligência, conversa durante seu turno de trabalho, não percebendo a tempo o banhista que pede socorro.

6.6 RESULTADO E IMPUTAÇÃO DO RESULTADO NOS CRIMES OMISSIVOS

De acordo com o critério adotado por boa parte da doutrina brasileira (critério do resultado), reconhecendo-se que os crimes omissivos próprios são de mera conduta, não se coloca em relação a eles a questão do nexo causal, a menos que o tipo preveja a superveniência de resultado como majorante, por exemplo.

Já nos tipos de omissão imprópria, sendo eles de resultado (segundo opinião dominante), importa verificar se o evento pode então ser atribuído à conduta omissiva.

Dois aspectos, de entrada, merecem destaque:

O primeiro é que o vínculo entre a omissão e o resultado, vale dizer, o que liga penalmente o omitente ao resultado, não é um vínculo material ou físico, e sim um vínculo normativo. Pois o tipo não é simplesmente não evitar o resultado, mas não evitar o resultado quando se tinha o **dever** de fazê-lo. A ênfase, portanto, recai sobre o **dever**, que constitui uma valoração normativa, e não ontológica.

Em resumo, ao contrário do que acontece nos crimes comissivos, nos quais a relação causal é física e natural (a morte em razão dos tiros desferidos por B), nos omissivos impróprios a relação causal decorre da lei, é normativa (ficta), portanto (Paulo Queiroz, *Direito penal*, 2009, p. 186-187).

A segunda consideração é que, ao lado do dever de agir, a imputação do resultado à conduta omissiva depende também, em certa medida, de um parâmetro empírico, mas que só pode impropriamente ser chamado de "nexo causal", pois, concretamente, a omissão não é causa de nenhuma modificação no mundo exterior e seu nome mais preciso é "**nexo de evitação**".

Como explicam Zaffaroni e Pierangeli, "no tipo omissivo não se requer um nexo de causação entre a conduta proibida (distinta da devida) e o resultado, e sim um nexo de evitação, isto é, a probabilidade muito grande de que a conduta devida teria interrompido o nexo causal que desembocou no resultado. Esse nexo de evitação é estabelecido por uma hipótese mental similar àquela que empregamos para estabelecer o nexo de causação na estrutura típica ativa: se imaginamos a conduta devida, e com isso desaparece o resultado típico, haverá um nexo de evitação. Enquanto, se imaginamos a conduta devida, e o resultado típico permanece, não existirá um nexo de causação" (*Manual de direito penal brasileiro*, p. 513).

6.7 TENTATIVA NOS CRIMES OMISSIVOS

Também segundo o entendimento majoritário (adotando o controvertido parâmetro do resultado que não reconhece a possibilidade de crimes omissivos próprios materiais), os tipos omissivos próprios que, a par de serem de mera conduta são também unissubsistentes, sem possibilidade de fracionamento do *iter*, não admitem nenhuma forma de tentativa. Uma vez escoada a oportunidade de realizar a ação exigida pela norma, já está consumado o delito, pelo que também não há falar, quanto a eles, seja de desistência voluntária, seja de arrependimento eficaz.

Já quanto aos tipos omissivos impróprios, é praticamente pacífica a admissibilidade da tentativa, quando o resultado não sobrevém por motivos alheios à vontade do agente. No exemplo escolar, se a mãe, desejando matar o filho recém-nascido, deixa de alimentá-lo, mas um terceiro intervém, provendo a alimentação e impedindo o resultado morte, haverá aí tentativa de homicídio.

Mais polêmica é a aplicação dos institutos da desistência voluntária e do arrependimento eficaz aos tipos de omissão imprópria. O tema é controvertido e pouco explorado na doutrina pátria. Calha trazer a lição a respeito de Bierrenbach, que só admite a compatibilidade com o arrependimento eficaz, com o seguinte argumento:

> Nos termos do art. 15 do Código Penal, entretanto, à desistência voluntária basta que o agente se detenha, não prosseguindo na execução, enquanto o arrependimento eficaz demanda atuar positivo do agente, apto à salvação do bem. Por esta razão parece claro que a modalidade de tentativa abandonada aplicável à omissão imprópria é o arrependimento eficaz e não a desistência voluntária. A conclusão não se apoia num paralelo entre tentativa acabada ou inacabada, mas na diferença entre a mera desistência de prosseguir e um arrependimento que impõe uma atuação ativa no sentido de evitar o resultado (*Crimes omissivos impróprios*, p. 84).

6.8 CONCURSO DE PESSOAS NOS CRIMES OMISSIVOS

Por sua importância e complexidade, o tema será tratado, pormenorizadamente, no Capítulo 17, referente ao concurso de pessoas.

RESULTADO

7.1 CONCEITO DE RESULTADO

Segundo o modelo finalista, resultado (também chamado de "evento") é a modificação do mundo real, derivada da conduta, mas independente dela.

Como já estudado, no sistema causalista o resultado integrava o próprio conceito de conduta, na medida em que ação era justamente a causação voluntária de uma modificação no mundo fático. Ali, não era concebível conduta sem resultado.

No sistema finalista, ação e resultado não se confundem. Claro que toda ação já configura uma modificação da realidade, mas não é a esse fenômeno que se alude quando se fala de resultado. No exemplo de Beling, trazido por Zaffaroni e Pierangeli, "qual é o resultado na ação de passar uma ponte? A resposta é bastante clara: antes da ação a pessoa achava-se de um lado da ponte, e após a ação, achava-se no outro" (*Manual de direito penal brasileiro*, p. 448).

Na mesma esteira, poder-se-ia dizer que o crime de violação de domicílio também tem um resultado, pois, antes da conduta, o sujeito estava fora do domicílio alheio e, agora, está dentro. Mas, a serem compreendidas nesse sentido, as noções de conduta e resultado voltam a fundir-se, tornando o conceito de resultado absolutamente inoperante, o que é dogmaticamente problemático, pois, como afirma Figueiredo Dias, "o relevo prático-normativo da distinção entre crimes formais ou de mera atividade e crimes materiais ou de resultado é multímodo, mas revela-se sobretudo em que só os segundos suscitam a questão da imputação objetiva do resultado à ação, isto é, a questão de saber quais os requisitos necessários para que um determinado evento possa ser considerado como produzido por determinada ação" (*Direito penal*, p. 307).

O que se entende por resultado é o efeito da conduta (na verdade, alguns efeitos determinados, e não quaisquer efeitos), provocado por ela, mas dela destacado lógica e cronologicamente.

Em outras palavras, o resultado não faz parte da conduta, mas, sendo produzido por ela, poderá integrar a descrição típica quando o legislador reconhecer a sua relevância jurídico-penal (Fernando Galvão, *Direito penal*, p. 204).

7.2 TEORIAS RELATIVAS AO RESULTADO

Há duas teorias a respeito do conceito de resultado:

a) **Teoria jurídica ou normativa:** conforme ensina Fragoso, "cogita-se, na doutrina, de um conceito jurídico de resultado, segundo o qual este identifica-se na ofensa (dano ou perigo) ao bem jurídico tutelado pela norma penal. Acolhendo esta concepção, a exposição de motivos do CP de 1940 afirma que não há crime sem resultado". O autor, no entanto, critica essa concepção, ponderando que "a ofensa ao bem jurídico tutelado não constitui o resultado da ação e sim uma valoração jurídica do mesmo" (*Lições de direito penal*, p. 183).

Na mesma linha, Frederico Marques explica que "o evento se realiza no plano do mundo físico. Ele está na descrição típica em que se enquadra a conduta delituosa com que se exterioriza o querer interno do agente. À conduta que se desenrola no plano natural segue-se o evento ou resultado. O dano ou a lesão jurídica surgirão como o reconhecimento da ilicitude da conduta, a antijuridicidade do fato típico em que a ação e resultado se contêm" (*Tratado de direito penal*, v. 1, p. 87).

De fato, para explicar esse ponto, Ney Moura Teles fornece o seguinte exemplo: Paulo está prestes a matar Mauro. Saca seu revólver, mas antes que atire Mauro saca a sua arma e dispara, matando Paulo. Mauro agiu em legítima defesa. Nessa situação, sem dúvida, houve um resultado naturalístico da conduta (morte de Paulo) que foi suficiente para a configuração da tipicidade exigida pelo homicídio. Em suma, houve homicídio consumado. Mas não houve lesão a nenhum bem jurídico protegido (nessa situação específica de conflito, o direito não protege a vida do agressor, mas a do agredido; de fato, se a vida de Paulo se encontrasse protegida naquele momento, não seria autorizado matá-lo). Conclui o autor que "o resultado, de consequência, só pode ser compreendido no plano natural. A lesividade do bem jurídico há de ser entendida e explicada no plano da ilicitude, da relação de contrariedade entre o fato e o ordenamento jurídico. Quando o fato for ilícito, terá havido lesão ou perigo de lesão. Quando for lícito, não" (*Direito penal*, p. 161).

Portanto, a lesão ao bem jurídico não é a consequência jurídica da conduta e nem pertence ao tipo. É a valoração jurídica da conduta e pertence à antijuridicidade. Por isso, a falta de "resultado jurídico", vale dizer, de lesão ao bem jurídico, como afirmou Fragoso, não é um problema de tipicidade, e sim de antijuridicidade.

b) **Teoria naturalística:** para essa concepção, resultado é a modificação real do mundo exterior provocada pela conduta.

Tais efeitos podem ser físicos (como a destruição de um objeto no crime de dano), fisiológicos (a morte de alguém no homicídio ou a perda de um membro na lesão corporal) ou psicológicos (percepção de uma palavra ofensiva na injúria ou o abalo à reputação nos crimes de calúnia ou difamação) (Frederico Marques, *Tratado de direito penal*, v. 1, p. 92).

Não obstante o resultado, sob essa perspectiva, seja naturalístico, nem toda consequência real da conduta é tipificada como "resultado".

Explica Frederico Marques que "a conduta delituosa projetada no plano exclusivamente natural do mundo externo em que se desenvolve pode provocar multifários efeitos ou consequências. Se um homem desfere um tiro contra o outro e o atinge, não são poucos os resultados do homicídio praticado: além da morte da vítima, toda uma série de consequências materiais e morais se desenrola. A viuvez e a orfandade que desdém sobre o lar do morto; as dificuldades financeiras de que sua família irá padecer; a mutação da vida daí decorrente, – tudo isso são efeitos ou resultados do crime perpetrado pelo homicida. Assim como a conduta humana se individualiza através da adequação ao tipo, o mesmo sucede com o evento. Neste não se compreendem os atos ou efeitos posteriores mais além dos limites do tipo delitivo. A descrição típica é que fornece os dados necessários para caracterizar-se o resultado. A tipicidade constituiu assim o fator seletivo, para os efeitos que a ação produz, para a fixação do evento, como acontecimento do mundo natural, relevante para o direito punitivo" (*Tratado de direito penal*, v. 1, p. 88).

7.3 CRIMES SEM RESULTADO

Como visto, para a concepção normativa não é possível que haja crime sem resultado, até porque dentre os limites estabelecidos ao *jus puniendi* estão os princípios da lesividade e da exclusiva proteção a bens jurídicos, que impedem o enquadramento típico de condutas que não provoquem lesão ou, no mínimo, ameaça da lesão a um bem jurídico protegido.

Já para a teoria naturalística é possível o reconhecimento de tipicidade a condutas que, embora configurem perigo ou lesão a bens jurídicos, não provocam necessariamente nenhuma outra modificação no mundo exterior.

7.4 CLASSIFICAÇÃO DOS CRIMES QUANTO À NECESSIDADE DE RESULTADO NATURALÍSTICO: CRIMES MATERIAIS, FORMAIS E DE MERA CONDUTA

a) **Materiais:** o tipo descreve um resultado (vale dizer, um evento que se destaca lógica e cronologicamente da conduta), que, portanto, passa a integrá-lo completamente, tanto no nível subjetivo quanto no nível objetivo. Ou seja, é preciso que a conduta tenha sido orientada pela vontade de alcançar o resultado (nível subjetivo) e é preciso que ele tenha sido efetivamente alcançado (nível objetivo). Há uma exata sobreposição entre o tipo objetivo e o tipo subjetivo, razão pela qual os tipos materiais são chamados de "congruentes".

b) **Formais ou de consumação antecipada:** o tipo descreve um resultado. No entanto, não o coloca no nível objetivo, mas apenas no âmbito da tipicidade subjetiva. Vale dizer, o tipo descreve um resultado específico que, portanto, passa a integrá-lo. Mas não é preciso que o resultado seja efetivamente alcançado, basta que a conduta tenha sido orientada pela vontade de alcançá-lo. Por isso, os tipos formais são também chamados de tipos de consumação antecipada ou de resultado cortado. Pois, embora seja imprescindível a "vontade do resultado", não é preciso a "realização do resultado" para a formação do fato típico. O crime já está completamente configurado apenas com a conduta (dirigida pela vontade específica de atingir determinado resultado). Dessa forma, o crime se consuma com a conduta. Neles há uma separação lógica, mas não cronológica, entre ação e resultado (Julio Fabbrini Mirabete e Renato N. Fabbrini, *Manual de direito penal*, p. 120), pois o resultado tipicamente relevante assume a forma simplesmente da direção da vontade que comanda a ação no momento da sua prática. A eventual ocorrência do resultado pretendido é mero exaurimento, que terá impacto sobre a dosimetria da pena, mas não sobre a composição da figura típica, ou seja, é mera consequência do crime. São exemplos de crimes considerados formais pela jurisprudência, dentre outros:

– Extorsão (art. 158, CP): o crime de extorsão consuma-se independentemente da obtenção da vantagem indevida (Súmula 96, STJ)

– Corrupção de menores (art. 244-B, Lei n. 8.069/1990): a configuração do crime do art. 244-B do ECA independe de prova da efetiva corrupção, por se tratar de delito formal (Súmula 500, STJ)

– Peculato-desvio (art. 312, CP): o peculato-desvio é crime formal que se consuma no instante em que o funcionário público dá ao dinheiro ou valor destino diverso do previsto. A obtenção de proveito próprio ou alheio não é requisito para a consumação do crime, sendo suficiente a mera vontade de realizar o núcleo do tipo (APn 814-DF, Rel. Min. Mauro Campbell Marques, Rel. p/ Acórdão Min. João Otávio Noronha, Corte Especial, por maioria, julgado em 6-11-2019)

c) **Mera conduta ou de simples atividade:** o tipo sequer descreve qualquer resultado, direta ou indiretamente. Isso não quer dizer que nos crimes chamados de simples atividade não se exija dano ou perigo ao bem jurídico. Significa simplesmente que neles "o supedâneo natural do dano ou lesão ao interesse que a norma tutela é a própria conduta do agente, como realidade espacial e temporal em que seu querer interno se exterioriza" (Frederico Marques, *Tratado de direito penal*, v. 1, p. 88). Os eventuais resultados naturais advindos da conduta, não constantes do tipo (por isso, chamados extratípicos), são catalogados como consequências do crime e importam somente para a dosimetria da pena (como dita o art. 59 do CP).

7.5 CLASSIFICAÇÃO DOS CRIMES QUANTO À INTENSIDADE DA LESÃO AO BEM JURÍDICO: CRIMES DE DANO E DE PERIGO

Impende, por primeiro, uma breve explicação sobre o que se entende por essa classificação.

7.5.1 Crimes de dano *versus* crimes de perigo

Toma-se aqui por base a forma ou intensidade de afetação do bem jurídico. Nessa trilha:

a) **Crimes de dano:** são aqueles em que a conduta típica provoca efetiva lesão ao bem jurídico.

b) **Crimes de perigo:** são aqueles em que a conduta típica gera um risco de lesão ao bem jurídico.

Dentre os crimes de perigo, distinguem-se os crimes de perigo concreto dos crimes de perigo abstrato.

b.1) Crimes de perigo concreto: o tipo exige que se comprove que a conduta, efetivamente, provoque a situação de perigo.

b.2) Crimes de perigo abstrato: neles o tipo presume que a conduta, sempre e em qualquer situação, provoca uma situação de perigo. A efetiva possibilidade do dano foi apreciada pelo legislador no momento pré-jurídico de seleção das condutas e construção dos tipos e, nesse instante, entendeu-se que a conduta é sempre perigosa, pelo que não se exige, tipicamente, que se comprove a ocorrência de perigo em cada episódio concreto.

O perigo abstrato (presumido), portanto, baseia-se na experiência geral e comum para, *a priori,* considerar como perigosa esta ou aquela ação ou omissão; já o perigo concreto não se contenta com essa análise, exigindo ainda uma verificação da efetiva ocorrência do risco, que só pode ser feita por um juízo *a posteriori* (Frederico Marques, *Tratado de direito penal,* v. 1, p. 90-91). De forma que nos crimes de perigo abstrato o perigo não é elemento do tipo, mas simplesmente motivo da incriminação (*ratio legis*).

Muito se discute, hoje, sobre a constitucionalidade dos crimes de perigo abstrato que punem, em última análise, sem que haja prova da lesividade.

c) **Crimes de aptidão ou de perigo abstrato-concreto:** essa classificação, surgida justamente a partir da crítica aos crimes de perigo abstrato, tem por objetivo conciliar esses tipos, dos quais poucos ordenamentos jurídicos se dispõem a abdicar completamente, sobretudo com relação a bens jurídicos cuja relevância parece recomendar uma maior proteção por meio da antecipação da proteção penal, com os preceitos constitucionais da lesividade e da culpabilidade, que se chocam frontalmente com a presunção, *contra reo,* de ofensividade da conduta.

Conforme explica a esse respeito Figueiredo Dias, os partidários desse entendimento "preconizam a não punição de condutas que configurem crime de perigo abstrato quando se comprove que na realidade não existiu, de forma absoluta, perigo para o bem jurídico, ou que o agente tomou as medidas necessárias para evitar que o bem jurídico fosse colocado em perigo". Ainda segundo o autor, "do ponto de vista formal, esta categoria cabe ainda na dos crimes de perigo abstrato, porque a verificação do perigo não é essencial ao preenchimento do tipo; de um ponto de vista substancial, porém, do que verdadeiramente se trata é de crimes de aptidão, ou na terminologia proposta por Bockelmann, 'de conduta concretamente perigosa', no sentido de que só devem relevar tipicamente as condutas apropriadas ou aptas a desencadear o perigo proibido na espécie. Assim, pois, nos crimes de aptidão o perigo converte-se em parte integrante do tipo, e não num mero motivo da incriminação, como sucede nos autênticos crimes de perigo abstrato. Por outro lado, a realização típica destes crimes não exige a efetiva produção de um resultado de perigo concreto" (*Direito penal*, p. 310-311).

7.5.2 Conceito de perigo

Quanto ao conceito de perigo, três correntes são defensáveis (Flávio Monteiro de Barros, *Direito penal*, p. 170):

a) **subjetiva:** o perigo não tem nenhuma existência, mas é fruto de valoração puramente subjetiva, vale dizer, está apenas na percepção do homem a respeito de determinada situação, e não na situação em si mesma;

b) **objetiva:** o perigo é um trecho da realidade, no qual estão presentes as condições que geralmente criam a probabilidade da ocorrência do dano. O perigo, portanto, está na realidade, não nos olhos do observador, e existe mesmo que ninguém o perceba;

c) **eclética:** o perigo é um trecho da realidade, mas valorado pela percepção do homem que, com base na experiência cotidiana, poderá mensurar a presença ou ausência da probabilidade de ocorrência do dano.

Embora o tema esteja muito longe de ganhar um tratamento pacífico, prevalece, na doutrina moderna, a teoria eclética, segundo a qual, embora haja necessidade de um juízo valorativo, que é justamente o que vai fornecer a avaliação da probabilidade, o perigo não deixa de ter uma existência real, ou seja, é um "trecho da realidade".

7.5.3 Resultado e crimes de perigo

Dito isso, como se articula a classificação dos crimes quanto à lesão com a classificação quanto ao resultado?

Embora seja muito comum a confusão, como já vimos, a classificação dos crimes em delitos de dano e de perigo nada tem a ver com o tema do resultado, ao menos entendido esse como evento naturalístico.

Como se viu, resultado não se confunde com lesão (já que o resultado, situado no mesmo plano da conduta – pertence à realidade, sendo que, tal como ela é descrita, depois pelo tipo, o conceito de lesão pertence à antijuridicidade, sendo certo que mesmo crimes sem resultado geram lesão ao bem jurídico).

Portanto, a classificação dos crimes entre crimes de lesão e crimes de perigo de lesão pertence ao plano da antijuridicidade e não tem nenhuma relação com a classificação, no plano da tipicidade, entre delitos que exigem ou não resultado.

O resultado é naturalístico (pertence à realidade e pode ou não integrar o tipo), dano e perigo estão em outro nível, no nível da valoração (ou desvaloração) jurídica do evento, na base da verificação do bem jurídico protegido, da qual se pode extrair o entendimento de que aquele resultado típico lesa ou apenas põe em perigo o bem jurídico.

Nas palavras de Heleno Cláudio Fragoso, "quando se cogita de evento, não se considera o resultado de dano ou de perigo, mas o acontecimento tipicamente relevante causado pela ação. O dano e o perigo constituem qualificação jurídica da ação (nos crimes formais) ou do resultado (nos crimes materiais) tendo em vista a ofensa que acarretam ao bem jurídico tutelado. Pertence essa qualificação, a rigor, à antijuridicidade (ilícito), dando lugar à classificação crimes de dano e de perigo" (*Lições de direito penal*, p. 184).

Da mesma forma, Frederico Marques, comentando a teoria naturalística, afirma que "o dano não é propriamente produto da ação, nem efeito desta, mas a qualificação do fato enquanto ilícito e a essência da própria antijuridicidade" (*Tratado de direito penal*, v. 1, p. 87).

Dito de outro modo, a distinção entre a análise do resultado e a análise do dano é paralela à distinção entre o objeto material e o objeto jurídico do crime. Como explica Figueiredo Dias, "no contexto da distinção típica entre crimes de mera atividade e de resultado [...] não está em causa a tranquilidade ou intranquilidade do bem jurídico provocada pela conduta, mas a exigência típica de que à ação acresça ou não um efeito sobre o objeto da ação e desta distinto espaçotemporalmente", insistindo o autor que a distinção é suscitada "no nível do objeto da ação, e não no nível do bem jurídico" (*Direito penal*, p. 307). Já a distinção entre dano e perigo é justamente a distinção sobre as formas de afetação do bem jurídico (e não do objeto material da ação).

São, portanto, duas etapas distintas e subsequentes: a análise do tipo, quanto à exigência ou não de resultado naturalístico, ou seja, de modificação no estado do objeto material da conduta; e, posteriormente, a análise da qualificação jurídica daquela conduta como geradora de lesão ou de perigo de lesão ao bem jurídico. Danoso ou perigoso são as possíveis qualificações (adjetivos) de uma conduta (nos crimes sem resultado) ou de um evento (nos crimes de resultado).

Dessa forma, não se pode confundir duas esferas dogmáticas diferentes, embora se possa, abstratamente, analisar as combinações entre elas. Pode haver crimes materiais de dano e crimes materiais de perigo, crimes formais de dano e crimes formais de perigo, crimes de mera conduta de dano e crimes de mera conduta de perigo.

Exemplificando: o crime de homicídio exige resultado naturalístico destacado, portanto, lógica e cronologicamente da conduta: a morte da vítima. Porque matar só se aperfeiçoa com a morte, e não apenas com a conduta dirigida a matar. Quanto à necessidade de resultado, é crime material. Agora, esse resultado, exigido no tipo, representa, em regra (porque tal suposição pode ser excluída por uma excludente de ilicitude, por exemplo), lesão ou perigo de lesão ao bem jurídico protegido, qual seja, a vida? Representa lesão. Trata-se de crime de dano.

O crime de abandono de incapaz exige um resultado naturalístico destacado lógica e cronologicamente da conduta: a colocação da vítima em situação de desamparo e risco diferente daquela que existia antes da ação de abandonar. Porque abandonar só de aperfeiçoa com o abandono, vale dizer, com o efetivo desamparo, e não simplesmente com a prática da conduta dirigida a abandonar, por exemplo, afastar-se. Por isso se entende que, nesse crime, a consumação só sobrevém se da conduta for gerada uma situação de efetivo desamparo e perigo para a vítima. Quanto à necessidade de resultado, é crime material. Agora, esse resultado representa lesão ou perigo de lesão ao bem jurídico? Para isso, evidentemente, tem-se que primeiro, por via da interpretação da legislação, esclarecer qual o bem jurídico protegido pelo tipo. Trata-se, nesse caso, da vida ou da integridade física da pessoa. Sendo assim, a conduta de abandonar (resultado previsto no tipo) representa apenas um perigo ao bem jurídico protegido. É, portanto, crime de perigo.

O crime de extorsão mediante sequestro, quanto ao resultado naturalístico, é formal. E quanto à lesão ao bem jurídico (liberdade e patrimônio pessoal), é crime de dano.

Já o crime de falso testemunho, quanto ao resultado, é crime formal; quanto à lesão ao objeto protegido (administração da justiça), é de perigo.

O crime de violação de domicílio, quanto ao resultado naturalístico, é de mera conduta; quanto à lesão ao bem jurídico (liberdade e privacidade pessoal), é um crime de dano.

Já o crime de embriaguez ao volante é, quanto ao resultado, de mera conduta; quanto à lesão ao bem jurídico (incolumidade física das pessoas da comunidade), é crime de perigo.

IMPUTAÇÃO DO RESULTADO

Nos tipos que exigem resultado, e apenas neles, coloca-se então uma questão: quais os critérios para imputar-se determinado evento a determinada ação humana?

Durante longo período na evolução da teoria do crime, o nexo de imputação, no nível objetivo, foi reduzido ao nexo de causalidade. Ou seja, o resultado é imputável à ação que lhe tenha dado causa (tal como postula o texto do art. 13 do Código Penal brasileiro).

Para a teoria causalista, como vimos, o nexo causal era o único requisito necessário para a imputação de um resultado típico. A imputação era meramente objetiva e se dava toda no âmbito da causalidade. Se X causou a morte de Y, o homicídio deve ser imputado a X, foi obra de X. Ele somente não será punido por lhe faltar culpabilidade, mas no âmbito do fato típico, todas as componentes estão presentes. Nesses moldes a imputação era extremamente ampla (daí o esforço para estreitá-la por meio, por exemplo, da teoria da adequação ou da relevância jurídica).

A teoria finalista acrescentou um novo elemento, mas no nível subjetivo. Objetivamente, continuava bastando o nexo causal, mas isso não era suficiente, pois no âmbito subjetivo só poderia ser imputado a alguém um resultado que fosse produzido dolosa ou, no mínimo, culposamente. Com isso, reduziu-se o leque de imputação típica.

Com a teoria da imputação objetiva, descobriu-se que o juízo de imputação do tipo objetivo não se esgotava no juízo de causação, vale dizer, no nexo causal. Ao lado dele outros critérios (normativos) tinham que ser manejados para que o resultado fosse objetivamente imputado à conduta (independentemente de qualquer consideração sobre a imputação subjetiva).

Sendo assim, prevalece hoje que a atribuição objetiva do resultado a alguém depende do preenchimento de dois requisitos: causalidade e o atendimento aos demais critérios de imputação objetiva.

8.1 RELAÇÃO DE CAUSALIDADE: NEXO CAUSAL

Não falta hoje quem coloque em xeque a própria ideia de causalidade, questionada no âmbito jurídico e mesmo no seu terreno próprio, que é o das ciências naturais. Como diz Fernando Galvão, "mesmo nas Ciências Naturais, após a teoria quântica e a afirmação do princípio da indeterminação de Heisenberg, o paradigma mecanicista newtoniano restou superado. Juarez Tavares observa que, mesmo antes de Heisenberg, Maxwell já havia contestado a hipótese da causalidade no campo da termodinâmica, afirmando que na experiência do contato entre dois corpos, um quente e outro frio, a transferência de calor do corpo quente para o corpo frio, no sentido do equilíbrio, não é certa mas meramente provável" (*Direito penal*, p. 219).

Roxin, por sua vez, defende a viabilidade de continuar-se adotando o paradigma causal (como condição inicial, mas não final, de imputação). Segundo o mestre alemão, "a física quântica, que se ocupa da compreensão do fenômeno das ondas e partículas no campo atômico, chegou (apoiando-se nas investigações de Heisenberg) à hipótese, admitida hoje de modo dominante, de que os processos que se dão no átomo não estão determinados causalmente, mas obedecem a leis estatísticas, que só permitem predições de probabilidade. E, além disso, a teoria da relatividade deixou claro que a representação de uma sucessão causal dos acontecimentos no tempo só tem sentido em dimensões muito limitadas. No entanto, tudo isso não muda o fato de que os juristas podem continuar trabalhando com um conceito tradicional de causalidade, pois a vigência de leis estatísticas no campo subatômico não impede que, no mundo da vida cotidiana, que é aquele de que deve tratar o jurista, possamos confiar nas leis causais com certeza praticamente absoluta; e por outro lado, a teoria da relatividade faz inaplicáveis as tradicionais concepções causais em um pensamento de dimensões cósmicas, enquanto que nos limitados terrenos do direito não pode modificar de forma mensurável as conclusões às quais conduz a lei causal" (*Derecho penal*, p. 346-347).

De modo que, de forma geral, ainda não se prescindiu, no Direito Penal, da análise da causalidade. Quer dizer, a causalidade pode não ser condição suficiente, mas é condição necessária à imputação do resultado.

Assim que, ao longo da História, inúmeros esforços teóricos foram empenhados, na tentativa de se definir e delimitar a relação de causalidade, dos quais exporemos brevemente os mais importantes:

8.1.1 Teorias da causalidade

A explicação sobre a causalidade desenvolveu-se sobre duas grandes linhas teóricas: 1) a teoria da equivalência e 2) a teoria da adequação.

8.1.1.1 *Teoria da equivalência (Glaser/Von Buri)*

A teoria da equivalência das condições (chamada ainda equivalência das causas, equivalência dos antecedentes causais, condições equivalente ou condição simples) foi criada em meados do século XIX (portanto, sob o auge do dogma positivista naturalista fundado na observação empírica típica do método das ciências naturais) e é atribuída a Julius Glaser (em 1858), desenvolvida depois por Maximilian von Buri (em 1860), que, na condição de Juiz da Suprema Corte alemã, tornou-a logo dominante na jurisprudência.

Foi, como já se disse, a teoria da equivalência prontamente encapada pelo Direito Penal da época, por enquadrar-se perfeitamente ao sistema natural causalista de Liszt e Beling, que encarava a ação (e suas partes integrantes, o resultado e o nexo causal) como um ente puramente natural, despido de qualquer valoração jurídica. Não obstante, mesmo com o abandono do sistema causalista, sua substituição pelo finalismo e, ainda, dentro do modelo funcionalista da imputação objetiva, continua ela sendo amplamente aceita pela doutrina e pelos ordenamentos jurídicos, inclusive o brasileiro.

A ideia da teoria da equivalência é bastante simples, e talvez esse seja um dos motivos da sua perpetuação: os eventos são fruto de uma composição de inúmeros fatores, todos eles necessários para, em conjunto, produzi-los. De forma que todos esses fatores ou condições, que contribuíram para a ocorrência do resultado são considerados causa desse resultado. Como todos foram necessários, todos recebem a mesma valoração. Assim, tudo o que contribuiu para o resultado é causa. E, ainda, do ponto de vista do vínculo causal não há como se graduar as causas. O nexo existe ou inexiste, ou se é causa ou não. Não há mais ou menos nexo causal, o nexo causal é uma ligação que ou está presente ou está ausente. Se uma causa será considerada mais importante, mais relevante, mais adequada, mas mais digna de censura do que outra, trata-se de problema estranho ao nexo causal; é na verdade a valoração sobre o nexo, não o próprio nexo. Não é a toda causa que se pode imputar o resultado, mas isso não é mais, segundo essa teoria, um problema de causação, mas um problema de imputação. Nesse contexto não se estabelecem distinções entre causas conclusas, condições ou ocasiões.

Trata-se, em suma, de um conceito de causalidade puramente natural, sem a interferência de qualquer valoração normativa, que ficará relegada a outro momento (como dissemos, a causalidade é condição mínima, mas não suficiente para a imputação jurídica). Assim, completa-se, como realidade ontológica e em um mesmo plano **pré-típico**, a tríade: **conduta**, **resultado** (naturalístico) e **nexo causal** (extraído da teoria da equivalência). Agora, evidentemente que, no âmbito da tipicidade (ou seja, no plano típico), o tipo legal de crime é ao mesmo tempo mais amplo e mais restrito do que essa realidade fática. Mais amplo, porque há tipos que não exigem resultado nem nexo causal (tipos formais, tipos de mera atividade, tipos tentados). Mais restrito, porque, nos tipos que exigem resultado e nexo causal (tipos materiais consumados), exige ainda outro fator, que não se encontra na realidade fática, e sim no mundo normativo ou valorativo: a imputação objetiva do resultado.

a) **Método de eliminação hipotética:** nessa perspectiva naturalista, o método que inicialmente se julgou adequado para a verificação da causalidade assim estabelecida ficou conhecido como método de eliminação hipotética (criado pelo professor sueco Thyrén). O método consiste em suprimir mentalmente determinado fator e observar o impacto sobre o evento. Causa é toda a situação que, uma vez suprimida, provocaria também o desaparecimento do resultado.

Assim é causa da morte da vítima que foi baleada tanto o disparar do tiro, quanto o fabricar da arma, pois ambas as coisas contribuíram para o resultado e, inexistindo qualquer uma delas, aquele evento concreto (ou seja, o evento que realmente ocorreu, e tal como ocorreu, não qualquer morte hipotética ou abstrata) não se teria produzido.

Calha, no entanto, trazer a observação de Roxin: "Em geral se aceita que a teoria da equivalência se baseia em um conceito causal em sua significação pré-jurídica própria da filosofia e das ciências naturais. (...) Mas por outro lado a teoria da equivalência é uma teoria jurídica, discrepante do uso filosófico, enquanto para ela a causa não radica na soma de todas as condições de um resultado, mas em cada condição individual, ainda que ela só provoque o resultado em conjunção com muitas outras. Portanto, a teoria da equivalência trata cada causa parcial como autônoma; e o faz porque na jurisprudência (ciência do direito) o que importa não é a totalidade das condições, mas comprovar a conexão ou nexo entre um determinado ato humano e o resultado" (*Derecho penal*, p. 348).

Ou seja, na ciência natural, quando se reconhece que tudo o que contribuiu para o resultado é considerado causa, o que se está afirmando é que o evento derivou de uma conjugação de fatores que, atuando juntos, produziram-no. Reconhece-se, portanto, que cada fator sozinho não foi responsável pelo evento. Mas juridicamente a aplicação da teoria da equivalência resulta em que cada causa, por si só, seja responsabilizada pelo resultado.

Essa precisamente será a fonte de muitas das críticas tecidas à teoria dos antecedentes, como veremos:

1) A teoria da equivalência é excessiva: o problema do regresso ao infinito

A mais esdrúxula consequência da teoria da equivalência é certamente a sua propensão ao infinito. Sem outro critério que lhe sirva de barreira, ela implica afirmar, por exemplo, a relação de causalidade entre a conjunção carnal na qual foi gerado o assassino e a morte da vítima do assassinato.

Contra isso, no entanto, argui-se que, sem a necessidade de deformação da teoria, o perigo do regresso ao infinito é afastado em outra esfera, seja no âmbito da imputação objetiva (culpa e demais critérios de imputação desenvolvidos pela teoria objetiva, por exemplo, risco permitido), seja no âmbito da imputação subjetiva (dolo) do resultado.

Trata-se essa da ressalva mais simples de se rechaçar, desde que se reconheça, como afirma Roxin, "que a causalidade não é a única que decide sobre o cumprimento do tipo objetivo, mas devem ser somados outros critérios de imputação" (*Derecho penal*, p. 350).

Afastada a questão do regresso ao infinito, a teoria da equivalência enfrenta, no entanto, problemas de difícil solução.

2) A teoria da equivalência é insuficiente: os problemas da causalidade alternativa e da causalidade hipotética

O clássico exemplo que revela a falha do método de eliminação hipotética na causalidade alternativa é o das doses de veneno suficientes. Nele X e Y, sem unidade de desígnios, ministram, cada qual, a Z, doses de veneno que isoladamente seriam suficientes para provocar a morte, sendo que Z de fato morre. A supressão hipotética de cada uma das ações conduz à estranha conclusão de que nenhuma delas pode ser considerada causa do resultado. Pois, "se X não tivesse ministrado sua dose de veneno, ainda assim Z teria morrido" o que, nos moldes do método hipotético de eliminação, só pode significar que X não foi causa da morte de Z, o mesmo acontecendo com Y.

O mesmo problema se revela na causalidade hipotética. O exemplo comum é o do soldado que executa um fuzilamento na guerra alegando que, se não o tivesse feito, outro soldado teria que fazê-lo. A consequência é a mesma do caso anterior. Uma vez que, se não tivesse atirado, a vítima ainda assim teria sido fuzilada, nenhum dos soldados que atire deveria ser considerado causa do resultado, ou seja, deve-se concluir que morte da vítima não teve causa.

3) A teoria da equivalência é inútil: o problema da causa pressuposta

O mais citado exemplo dessa deficiência é o relativo à questão da ingestão da talidomida durante a gravidez e o resultado da deformidade dos fetos. Pelo método de eliminação hipotética, para descobrir-se se há ou não há relação de causalidade, pergunta-se: se a gestante não tivesse ingerido a substância, o feto teria sofrido a deformidade? Se a resposta for "sim", significa que foi descoberto nexo de causalidade. Mas a resposta só poderá ser sim se quem pergunta já supuser, *a priori*, que é a Talidomida a causa da deformidade (Fernando Galvão, *Direito penal*, p. 219).

Assim como diz Juarez Cirino dos Santos, "a fórmula da exclusão hipotética parece pressupor o que somente através dela deveria ser pesquisado" (*Direito penal*, p. 121).

b) Método da condição conforme as leis (ou condição regular)

Conforme Figueiredo Dias, perante essas críticas a teoria das condições equivalentes foi objeto de uma "reconstrução", que passou pelo abandono daquele critério da "supressão mental" e pela substituição pelo critério – já em alguma medida normativo – da condição conforme as leis naturais. Segundo este critério, o estabelecimento da causalidade está dependente de saber se uma ação é acompanhada por modificações no mundo exterior que se encontrem vinculadas a essa ação de acordo com as leis da natureza e são constitutivas de um resultado típico.

O critério das condições conforme as leis resolve alguns dos problemas do método de eliminação hipotética.

Como afirma Roxin, adotando-se tal critério, a comprovação da causalidade passa a não ser fruto de uma operação mental de supressão hipotética, mas passa a depender de uma prova científico-natural, produzida para o juiz por um perito, que afirme que, segundo as leis científicas aquela determinada conduta gera aquele determinado resultado. Além disso, prossegue o autor, para verificar o nexo conforme as leis, há que se considerar o resultado na sua forma mais concreta (e não hipotética) e, portanto, para a causalidade é suficiente que haja qualquer modificação do resultado (*Derecho penal*, p. 352).

Com isso, o problema dos cursos causais hipotéticos também fica resolvido. É causador da morte o soldado que fuzilou o prisioneiro, porque, de acordo com as leis naturais que se podem verificar pericialmente, o disparo dos tiros provocou a situação concreta da morte. Da mesma forma, é causador da morte quem mata o moribundo, mesmo que o óbito tenha ocorrido no exato momento em que naturalmente ocorreria (e isso é verdade, inclusive, se o médico retarda, com a sua atuação, morte inevitável do paciente, que aconteceria de outra forma e em momento anterior – mas aí então o problema não é mais de causação, mas da impossibilidade de imputação dessa morte à conduta do médico). Ou, ainda, no exemplo do autor, se alguém é acusado de homicídio, porque durante o terceiro Reich provocou a internação de pessoas em campos de concentração, não pode discutir a causalidade argumentando que, do contrário, outros teriam realizado a internação (Claus Roxin, *Derecho penal*, p. 352-353).

Da mesma forma se soluciona o problema da causalidade alternativa. Portanto, no caso das doses suficientes de veneno, devem-se punir ambos os envenenadores, se for possível comprovar, por uma análise pericial, que ambas as doses contribuíram para a morte da vítima (Se ficar, no entanto, comprovado que a primeira dose agiu primeiro e matou a vítima antes que a segunda agisse, o segundo envenenador deveria responder apenas pela tentativa de homicídio; se for comprovado que apenas um veneno agiu e não for possível saber qual foi, ambos devem ser punidos apenas pela tentativa.) (Claus Roxin, *Derecho penal*, p. 354).

Mesmo quando vista da perspectiva da condição conforme as leis e não mais de acordo com o método de eliminação hipotética, a teoria da equivalência não comporta valorações jurídicas. Não exclui, portanto, os nexos causais anômalos, ou seja, aqueles que, segundo a experiência ordinária, não causam geralmente o resultado, mas que, na situação concreta, causaram-no. Tampouco aceita a ideia de que o nexo seja "interrompido" por qualquer causa superveniente, seja fortuita, seja culposa, seja mesmo dolosa (tese defendida como "proibição de regresso"), pois, como afirma Roxin, "um nexo conforme as leis naturais existe ou não existe, mas não se pode interromper" (*Derecho penal*, p. 355).

Por isso, não obstante todas as críticas que recebeu, a teoria da equivalência, assim reconstruída, sobre a base da ideia de condição conforme as leis, continua a receber generalizada acolhida no Direito Penal.

Como reconhece Figueiredo Dias "o seu defeito principal reside na exagerada extensão que confere ao objeto da valoração jurídica. Isso, porém, nada diz em definitivo contra a teoria da equivalência como máximo denominador comum de toda a teoria da imputação. Só diz, isso sim, que a relação de causalidade, embora seja necessária, não é suficiente para se constituir em si mesma como doutrina da imputação objetiva" (*Direito penal*, p. 327).

8.1.1.2 Teoria da adequação (Von Kries/Von Bar)

Atribuída ao lógico e médico Johannes von Kries (1889), a teoria da adequação trabalha com um conceito jurídico de causalidade distinto da causalidade natural.

Se para a teoria da equivalência causa é toda a condição do resultado, para a teoria da adequação causa será somente a condição adequada ao resultado, isto é, aquela condição que, segundo as relações comuns da vida social, possui idoneidade genérica para produzir tais lesões, noutras palavras, a condição que produza o resultado de modo previsível. Significa que as condições imprevisíveis ou anômalas do resultado não são causa em sentido jurídico.

O critério para verificação da previsibilidade é o da prognose póstumo-objetiva: será previsível tudo aquilo que um homem prudente, dotado dos conhecimentos médios adicionados aos conhecimentos especiais de que o autor porventura disponha, no momento da prática da ação (*ex ante*), entenda como tal.

A teoria da adequação social terminou por não se estabelecer, pois, ao procurar um conceito jurídico de causalidade, acaba por exceder-se em sua oposição ao naturalismo. Ela não distingue o problema ontológico, de causalidade, do problema axiológico de imputação. Daí por que a doutrina moderna recusa a adequação como teoria da causalidade, por considerá-la uma teoria da imputação (precursora, inclusive, da moderna teoria da imputação objetiva).

Nas palavras de Roxin a teoria da adequação persegue um propósito justificado, mas não é, como opinavam originariamente seus defensores, uma teoria causal, mas uma teoria da imputação. Ela não diz quando uma circunstância é causal em relação a um resultado, apenas tenta dar uma resposta à pergunta de quais circunstâncias causais são juridicamente relevantes e podem ser imputadas ao agente (*Derecho penal*, p. 361).

Roxin adverte ainda que tratar a questão no âmbito da causalidade ou da imputação não é uma distinção apenas terminológica, mas lógica, propriamente, por tratar-se de dois passos distintos e sucessivos: em primeiro lugar, deve-se verificar a existência de um nexo causal conforme as leis, e, em segundo lugar, há que se examinar se esse nexo é juridicamente relevante. Por isso a teoria da adequação não é um substituto em relação à teoria da equivalência, mas um complemento em relação a ela.

De fato, a contribuição da teoria da causalidade adequada foi, em primeiro lugar, demonstrar a insuficiência de um tratamento exclusivamente causal-naturalístico da realização do tipo e, ao excluir do campo penalmente relevante tudo o que seja imprevisível, isto é, tudo o que se produza por acaso, indica um importante caminho para a teoria da imputação.

Reconhecendo que a teoria da equivalência é a única efetivamente causal e que a teoria da adequação é na verdade uma teoria da responsabilidade, Mezger criou a chamada teoria da relevância jurídica, com o propósito de distinguir causação de imputação do resultado: a causação do resultado, fundada na teoria da equivalência; a imputação do resultado, fundada na relevância jurídica da causalidade, definida por sua adequação do tipo legal.

Mais uma vez, no entanto, a teoria da relevância, tal como a da adequação, não se situa no mesmo plano (ontológico) que a teoria da equivalência, mas ascende ao plano valorativo como uma teoria, na verdade, da imputação.

8.1.2 Concausas

Uma vez que o evento é o resultado de um processo no qual se entrelaçam múltiplas causas, assume especial relevância o estudo das chamadas concausas. Vale dizer, qual o impacto sobre a causa "A" da causa antecedente "B", da causa concomitante "C" e da causa superveniente "D"?

8.1.2.1 Concausas absolutamente independentes

As causas que produzem o resultado de forma completamente independente daquela que se examina, certamente, impedem, em relação a ela, a formação do nexo causal. Podem ser preexistentes, concomitantes ou supervenientes; não importa. Se causaram o resultado sem nenhuma colaboração da circunstância em exame, é porque esta não foi, ao fim e ao cabo, causa de nada.

Se o sujeito S é envenenado e, prestes a morrer, é ferido por A, sendo que o ferimento não apressa nem modifica a forma da morte, a conduta de A não é causa da morte de S (ainda que A tivesse intenção de matar), que foi provocada pelo envenenamento (causa preexistente totalmente independente). Conclusão: A não é causa da morte de S.

De outra mão, se o sujeito S é envenenado por A e, enquanto o veneno ainda não agia no seu organismo, é atropelado e morre em consequência exclusiva desse fato, a conduta de A não é causa da morte de S (ainda que A tivesse a intenção de matar), que foi provocada pelo atropelamento (causa superveniente totalmente independente). Conclusão: A não é causa da morte de S.

8.1.2.2 Concausas relativamente independentes

É possível, no entanto, que haja cursos causais paralelos que atuem em conjunto com a conduta analisada. Tais causas, como no item anterior, podem ser preexistentes, concomitantes ou supervenientes.

Segundo a teoria da equivalência, se a conduta do agente contribuiu para o resultado, ainda que não o tenha provocado sozinha (o que é razoavelmente comum), forma-se, inevitavelmente, o nexo de causalidade.

Exemplo 1 – causa preexistente: o sujeito S é hemofílico e recebe um ferimento por parte de A, que sozinho não produziria a morte, embora as duas condições conjugadas terminem por matá-lo. Conclusão: A é causa da morte de S.

Exemplo 2 – causa concomitante: A dispara um tiro contra o sujeito S, que, em decorrência do ferimento agravado pelo frio intenso que fazia no momento do crime, vem a morrer. Conclusão: A é causa de morte de S.

Exemplo 3 – causa superveniente: A desfere uma facada, em região não vital do sujeito S, que levado à mesa de cirurgia é vitimado por um erro do médico anestesista, vindo a óbito. Conclusão: A é causa da morte de S.

Mas será essa última conclusão compatível com a disciplina positivada pelo ordenamento jurídico brasileiro? Vejamos o texto da lei:

> **Art. 13. (...)**
> **§ 1º** A superveniência de causa relativamente independente exclui a imputação, quando por si só, produziu o resultado; os fatos anteriores, entretanto, imputam-se a quem os praticou.

Significa que, no caso do exemplo 3, o resultado "morte de S" não poderá ser imputado à conduta de A. Só a ele deverão ser imputados os fatos anteriores, ou seja, o de ter causado as lesões derivadas da facada, que podem configurar o tipo de lesão corporal ou de tentativa de homicídio, conforme o elemento subjetivo. Mas qual o fundamento do dispositivo? É ele uma exceção à teoria da equivalência? Duas posições são defendidas:

a) **Trata-se de exceção à teoria da equivalência:** é a posição de Fernando Galvão que postula: "No Código Penal brasileiro, o § 1º do art. 13 acolhe fórmula restritiva dos efeitos da teoria da equivalência, em franca concessão à teoria da causalidade qualificada (...) fica evidente aqui que, em relação à primeira causa, a imputação do resultado mais grave não acontece. Nos termos da equivalência dos antecedentes, a causalidade se apresentaria" (*Direito penal*, p. 222).

b) **Não se trata de exceção à teoria da causalidade, mas a adoção expressa de uma teoria da imputação:** conforme Roxin, se alguém lesiona outrem e esse morre posteriormente no hospital por erro do médico ou inclusive por um incêndio no hospital, não obstante o lesionante é causa da morte. (...) É certo que em tais casos falta a possibilidade de imputação e, portanto de punibilidade, mas esta não é uma questão de causalidade (*Derecho penal*, p. 355).

Mais uma vez, o que vale na posição aqui defendida é a distinção entre uma teoria da causação e uma teoria da imputação, mais ampla, que envolve causação e demais requisitos para a imputação objetiva.

De qualquer forma, a lei brasileira parece dar azo às duas interpretações, já que do texto consta simplesmente que a superveniência da causa relativamente independente "exclui a imputação".

Nesse sentido, Juarez Cirino dos Santos afirma que "a relação de causalidade é interrompida somente por curso causal posterior absolutamente independente. (...) Essa independência do novo curso causal deve ser absoluta, não basta independência relativa. Se o acidente ocorre por causa do mal estar produzido pela ação do veneno, então a ação de A é fator constitutivo do resultado concreto, e, desse modo, causa do resultado. Essa consequência decorre da separação entre causação e imputação do resultado, que permite admitir, sem necessidade de disfarces ou razões artificiosas, relações causais realmente existentes – como é o caso das hipóteses da chamada independência relativa –, deixando a questão da atribuição do resultado para ser decidida por outros critérios. É importante notar que a lei brasileira considera a independência relativa do novo curso causal como excludente da imputação do resultado – e não como excludente da relação de causalidade, admitindo, portanto, a moderna distinção entre causação e imputação do resultado" (*Direito penal*, p. 124).

8.1.3 O tratamento da causalidade no Brasil

O problema da causalidade é tratado no art. 13 do Código Penal brasileiro, que tem a seguinte redação:

> Art. 13. O resultado, de que depende a existência do crime, somente é imputável a quem lhe deu causa. Considera-se causa a ação ou omissão sem a qual o resultado não teria ocorrido.

Fica claro que o legislador brasileiro consagrou a teoria da equivalência.

Já o § 1º do referido artigo dispõe que:

> Art. 13. (...)
> § 1º A superveniência de causa relativamente independente exclui a imputação, quando por si só, produziu o resultado; os fatos anteriores, entretanto, imputam-se a quem os praticou.

Como se viu, embora haja certa celeuma sobre o efeito da causa superveniente na estrutura do tipo, há consenso no sentido de que ela, efetivamente, exclui a imputação do resultado à conduta.

Resta, então, investigar quais as características deve ter a causa para excluir a imputação.

Como já vimos, a causa absolutamente independente, e isso se extrai da leitura do *caput* do art. 13, impede a formação de qualquer vínculo causal entre a conduta e o resultado.

Já a causa relativamente independente (quando for superveniente) exclui a imputação do resultado, desde que "por si só" tenha produzido o resultado. O que se entende, portanto, por causa que, ao mesmo tempo tem uma independência apenas relativa em relação à primeira, mas por outro lado produz por si só o resultado, ao ponto de excluir a imputação?

Explica Cezar Roberto Bitencourt que, "quando alguém coloca em andamento determinado processo causal, pode ocorrer que sobrevenha, no decurso deste, uma nova condição – produzida por uma atividade humana ou por um acontecer natural, que, em vez de se inserir no fulcro aberto pela conduta anterior, provoca um novo nexo de causalidade" (*Tratado de direito penal*, p. 248).

Em suma:

	Preexistente	Concomitante	Superveniente	
Absolutamente Independente	Art. 13, *caput* Teoria da equivalência Exclui o nexo	Art. 13, *caput* Teoria da equivalência Exclui o nexo	Art. 13, *caput* Teoria da equivalência Exclui o nexo	
Relativamente Independente	Art. 13, *caput* Teoria da equivalência Não exclui o nexo	Art. 13, *caput* Teoria da equivalência Não exclui o nexo	Que segue a linha de desdobramento causal normal Não exclui o nexo	Que foge à linha de desdobramento causal normal (Art. 13, § 1º – Teoria da adequação) Exclui o nexo

8.1.4 Proibição de regresso

A chamada teoria da proibição do regresso defende que a realização de uma ação típica dolosa impede que a causalidade alcance qualquer conduta antecedente.

Como vimos, de acordo com a teoria da equivalência dos antecedentes causais, associada à noção de imputação objetiva, que não se esgota na mera causação, não tem validade a proibição do regresso.

Explica Roxin que "a causalidade não se interrompe porque entre a conduta e o resultado está a ação dolosa de um terceiro. Isso é o que defendia antigamente a teoria da proibição do regresso: segundo ela o regresso (retorno) às condições que precederam um delito doloso estaria (ressalvadas as regras especiais sobre induzimento e cooperação) proibido; e o nexo causal é interrompido pelo ato doloso de outra pessoa. Atualmente essa teoria só pode ser defendida no sentido de uma interrupção do nexo de imputação; pois um nexo conforme as leis naturais existe ou não existe, mas não se pode interromper" (*Derecho penal*, p. 346-347).

8.1.5 Causalidade na omissão

Como já visto, os crimes omissivos que suscitam o problema da causalidade são aqueles de omissão imprópria, já que os crimes omissivos puros independem de resultado naturalístico.

Um conceito de causalidade naturalístico é especialmente inadequado para resolver o problema dos resultados imputados à omissão (crimes comissivos por omissão).

Prevalece amplamente que não há nessas situações efetiva causalidade, esta entendida como vínculo natural, mas apenas vinculação jurídica. É corriqueiro falar que, nos crimes omissivos, a causalidade é normativa, justamente porque se constitui puramente em um dever jurídico de impedimento (nexo de evitação); mas parece mais correto dizer que neles não há qualquer causalidade, vale dizer, o juízo de imputação não se faz sobre a base da causalidade, mas de critérios outros que definem quem estava obrigado a fazer o que, para impedir a ocorrência do evento.

8.2 IMPUTAÇÃO OBJETIVA DO RESULTADO

O problema da imputação do resultado só se coloca em face dos crimes nos quais o resultado importa para o tipo. Nesses, como se viu durante muito tempo, a causalidade foi o único elo entre a conduta e o resultado. Mas todos os esforços empenhados na elaboração de uma teoria da causalidade apropriada ao mundo jurídico apenas demonstraram a insuficiência do nexo causal e a necessidade da construção de uma teoria mais ampla da imputação.

De modo que, nos crimes materiais, a teoria da imputação objetiva agrega novas exigências ao lado da relação de causalidade, da qual não prescinde. É de fato importante ter claro que a teoria da imputação objetiva não abandonou nem substituiu o nexo de causalidade, que continua sendo o limite máximo da imputação. Como afirma Roxin, "a imputação objetiva é de antemão impossível nos delitos comissivos se o autor não causou o resultado" (*Derecho penal*, p. 345).

O surgimento da teoria da imputação objetiva deve ser estudado dentro do contexto mais amplo, qual seja, o do modelo funcionalista, que implicou o redimensionamento das estruturas dogmáticas a partir de uma perspectiva político-criminal voltada para os fins do Direito Penal e para os fins da pena.

8.2.1 Evolução histórica

A teoria causal-naturalista foi a perspectiva dominante dos fins do século XIX. Ela ignorava a dimensão valorativa da ciência jurídica, baseando-se no modelo das ciências naturais, na física e na biologia, com seu método empírico e avalorado. Nesse contexto, o tipo era valorativamente neutro e a ação resumia-se à causação voluntária de modificação do mundo exterior. O tipo dos crimes materiais esgotava-se na descrição de uma modificação do mundo exterior (ação, nexo causal e resultado). A antijuridicidade era puramente lógica: significava a relação de contrariedade entre o comportamento e as normas do ordenamento jurídico. Cabia à culpabilidade o papel de relação subjetiva entre autor e fato.

No início do século XX, em face da insuficiência do naturalismo, ganha espaço a perspectiva neokantiana, reivindicando para o direito a metodologia própria das ciências humanas, referida a valores, e não a simples constatações objetivas. O tipo passa a não ser mais neutro, avalorado, ele é a própria antijuridicidade tipificada, ou seja, o fato é visto sob a perspectiva da lesividade social. A culpabilidade, por seu lado, também deixa de ser a mera descrição de um estado psíquico, para tornar-se a avaliação do fato, tendo em vista a reprovabilidade do autor. Nesse contexto, surgem os primeiros esforços que podem ser considerados como precursores da teoria da imputação objetiva, como a teoria da relevância jurídica, ou da causalidade relevante, de Mezger.

Em meados do século XX e, sobretudo, depois da Segunda Guerra Mundial, o trauma com uma perspectiva normativista que pudesse conduzir o direito à legitimação de Estados totalitários levou a dogmática de volta a uma base ontológica, agora ancorada não mais na física e na biologia, mas na ciência própria do homem e do que é essencialmente humano, ou seja, no estudo da psique, a psicologia. A ação humana, como estrutura lógico-real, é sempre uma ação final. Com isso, o finalismo acrescenta à ação uma componente subjetiva: a finalidade. O tipo começa a conter elementos objetivos e subjetivos. O tipo objetivo é composto de ação, causalidade e resultado e o tipo subjetivo do dolo e eventualmente outros elementos subjetivos especiais. No entanto, embora o finalismo tenha acrescentado uma componente subjetiva ao tipo, o tipo objetivo permaneceu igual ao que era no causalismo.

A partir da década de 70 do século XX, desenvolvem-se as teorias funcionalistas, que voltam a se afastar das premissas ontológicas que já haviam sustentado, em momentos diferentes tanto o causalismo quanto o finalismo. Retoma-se, então, uma perspectiva normativa/valorativa, mas agora não sobre a base vaga das valorações culturais do neokantismo, e sim sobre a base da função do Direito Penal. A partir daí, todas as estruturas clássicas do Direito Penal (ação, tipicidade, resultado e nexo causal – nos crimes materiais –, antijuridicidade e culpabilidade) têm que ser pensadas não mais a partir de um ponto de vista ontológico (como as coisas são?), mas de um ponto de vista funcional (para que as coisas servem? ou, por outras palavras, para que serve o Direito Penal e com isso, para que serve cada uma das partes que compõe o Direito Penal?).

O esforço para responder essa pergunta terminou por afetar todo o estudo dogmático, redimensionando (sem, no entanto, destruir) as estruturas clássicas do delito.

Nessa trilha, a maior contribuição das perspectivas funcionalistas foi o desenvolvimento da teoria da imputação objetiva, que acrescentou novos filtros ao tipo objetivo. Por meio dela, passou-se a reconhecer, para que se possa imputar um resultado a uma determinada conduta, como obra sua, é necessário mais do que simplesmente o nexo causal. Esse "algo mais", constituído por um conjunto de requisitos que, agregados ao nexo causal, tornam possível a imputação do resultado, é justamente o conjunto dos critérios de imputação objetiva. Apenas depois de verificada a imputação objetiva, é que se deve passar à verificação da imputação subjetiva, ou seja, do dolo.

Como explica Luís Greco, "o que essa teoria faz é relegar o tipo subjetivo e a finalidade a uma posição secundária e recolocar o tipo objetivo no centro das atenções. Esse tipo objetivo não pode, porém, esgotar-se na mera causação de um resultado – é preciso algo mais para fazer desta causação uma causação objetivamente típica" (*Um panorama da teoria da imputação objetiva*, p. 9).

Ou, como postula Roxin, "a primeira missão da imputação ao tipo objetivo é indicar as circunstâncias que fazem de uma causação (como limite extremo da possível imputação) uma ação típica, ou seja, por exemplo, da causação de uma morte uma ação homicida relevante; a questão de se tal ação homicida também se pode imputar ao tipo subjetivo e é, portanto, dolosa, só se discutirá depois" (*Derecho penal*, p. 363).

Mas como identificar esses critérios? Não certamente a partir de nenhuma consideração ontológica. Eles não são extraídos da natureza das coisas, nem da natureza do homem. Eles são construídos. Mas não é uma construção aleatória. Eles são construídos a partir da função de Direito Penal.

Muitas foram as ramificações do funcionalismo, pois muitas podem ser as visões sobre a função do Direito Penal, mas *grosso modo* podem-se distinguir duas grandes vertentes:

O funcionalismo teleológico, desenvolvido por Roxin, para quem a função do Direito Penal é a proteção subsidiária de bens jurídicos. Por isso, ele é também chamado de funcionalismo moderado, pois, apesar de ser uma teoria de base normativa, e não ontológica (ele parte da função social do direito, e não da natureza das coisas), ele não abre mão completamente do referencial ontológico, na medida em que reconhece que o direito serve para proteger bens, bens reais da vida, que, por serem considerados fundamentais, são convertidos em bens jurídico-penais.

De outra mão, apresenta-se o funcionalismo sistêmico, desenvolvido por Jakobs, para quem a função do Direito Penal é garantir a estabilização da própria norma. Ele é também chamado de funcionalismo radical, porque nele a função do sistema é preservar o próprio sistema, a função do direito é preservar a expectativa das pessoas no próprio direito. O bem jurídico não tem qualquer relevância, pois o Direito Penal não serve para preservar qualquer bem.

Daí nascem também duas grandes linhas de imputação objetiva.

Pois quem defende (como Roxin) que a função do Direito Penal é proteger bens jurídicos vai assumir como critério central de imputação objetiva a criação e a concretização de um risco ao bem jurídico. Ou seja, vai considerar atípica a conduta que não tenha criado um risco ao bem jurídico, ou que tenha diminuído o risco ao bem jurídico.

Quem defende (como Jakobs) que a função do Direito Penal é estabilizar as expectativas sociais vai assumir como critério central de imputação objetiva o descumprimento do papel social. Ou seja, vai considerar atípica a conduta de quem tenha cumprido seu papel socialmente esperado, pouco importa a lesão ou dano que tenha causado (porque, nessa visão, não é papel do Direito Penal preservar os bens contra danos ou lesões, mas preservar as expectativas sociais).

Por isso, é correto dizer que não há apenas uma teoria da imputação objetiva, assim como não há apenas um funcionalismo.

Vamos enfocar com mais detalhes a imputação objetiva proposta por Roxin, que atualmente é a mais aceita pela doutrina brasileira. Depois teceremos algumas notas a respeito da imputação objetiva segundo Jakobs.

Por ora, basta fazer uma breve distinção:

Na teoria de Roxin, tanto o nexo de causalidade quanto os critérios de imputação objetiva só são necessários nos crimes materiais, tal como o próprio nexo causal. Aliás, na sua obra *"Derecho penal*: parte general", o § 11 é o capítulo dedicado simultaneamente a dois pontos: "A – La teoria de la relación causal; B – La ulterior imputación al tipo objetivo" (sendo, portanto, a primeira parte dedicada ao nexo de causalidade, e a segunda, aos critérios de imputação objetiva). Roxin afirma na primeira linha do referido capítulo: "A imputação ao tipo objetivo só é um problema da Parte Geral quando o tipo requer um resultado no mundo exterior separado no tempo e no espaço da ação do autor. Nos delitos de mera atividade, como violação de domicílio ou falso testemunho a imputação ao tipo objetivo se esgota na subsunção dos elementos respectivos que devem ser tratados na parte especial" (*Derecho penal*, p. 345).

Para Jakobs, no entanto, como vimos, a finalidade do Direito Penal não é a proteção de bens jurídicos, e sim a estabilização das expectativas sociais. Por isso, quando Jakobs fala de imputação do resultado, não se refere ao resultado natural (a destruição de determinado bem), porque não é isso que tem relevância, refere-se sim ao resultado jurídico. Como consequência sua teoria da imputação objetiva não se aplica apenas aos crimes de resultado natural (chamados por nós de crimes materiais), mas a todos os delitos. Nas palavras do próprio Jakobs: "A causalidade e a realização do risco não são só problemas da consumação nos delitos de resultado, tampouco o risco permitido e outros critérios, dos quais não se pode abrir mão quando o comportamento não tem consequências, podem ser determinados sem conhecimento da causalidade e da realização do risco" (*Derecho penal*, p. 226).

Passemos, então, aos critérios de imputação objetiva propostos por Roxin.

8.2.2 Critérios de imputação objetiva (proposta de Roxin)

A teoria da imputação objetiva elaborada por Roxin na década de 1970 do século XX sofreu, ao longo dos anos, modificações e aperfeiçoamentos, mas, em sua formulação mais atual, a proposição de Roxin para a distribuição dos critérios de imputação objetiva, opera em três níveis: a criação do risco; a realização do risco e o alcance do tipo (Paulo César Busato, *Fatos e mitos sobre a imputação objetiva*, p. 87).

Na explicação do próprio Roxin em sua forma mais simplificada a teoria da imputação objetiva diz que um resultado causado pelo agente só deve ser imputado como sua obra se preencher o tipo objetivo unicamente quando o comportamento do autor cria um risco não permitido para o objeto da ação; quando o risco se realiza no resultado concreto e quando o resultado alcançado se encontra dentro do âmbito de proteção do tipo (*Estudos de direito penal*, p. 104).

Há, portanto, três etapas de análise: 1) criação do risco; 2) realização do risco; 3) alcance do tipo, e nesse sentido a proposta de Roxin distingue-se de outras que operam com dois níveis somente: criação e realização do risco. Isso porque para ele incluem-se na categoria "alcance do tipo" situações geralmente tratadas dentro da categoria da "criação do risco" (Paulo César Busato, *Fatos e mitos sobre a imputação objetiva*, p. 87).

8.2.2.1 Criação de um risco não permitido

Se a finalidade do Direito Penal (ao menos para o funcionalismo moderado ou teleológico) é a proteção de bens jurídicos, só tem sentido proibirem-se condutas que criem ou aumentem o risco ao bem jurídico, vale dizer, conduta perigosas. Sendo o conceito de perigo altamente controvertido (como já vimos), de que forma determinar se uma conduta deve ou não ser considerada perigosa? O critério, majoritariamente aceito, é o da **prognose póstuma objetiva**.

Explica Luís Greco que, segundo o critério da prognose póstuma objetiva, "uma ação será perigosa ou criadora de um risco se o juiz, levando em conta os fatos conhecidos por um homem prudente no momento da prática da ação, diria que esta gera uma possibilidade real de lesão de determinado bem jurídico" (*Um panorama da teoria da imputação objetiva*, p. 37).

No entanto, não basta a criação de um risco ao bem jurídico para que se complete o juízo de imputação, é preciso que esse risco não seja tolerado pela sociedade, não seja aprovado pelo direito. Como esclarece Greco "apenas ações perigosas podem ser proibidas, mas nem toda ação perigosa é proibida" (*Um panorama da teoria da imputação objetiva*, p. 37).

Nesse contexto, não é objetivamente proibida a conduta que represente:

a) **Exclusão da imputação pela diminuição do risco ao bem jurídico:** como explica Roxin, já de entrada, falta a criação de um risco e com isso a possibilidade de imputação, se o autor modifica o curso causal de tal maneira que diminui o perigo já existente para a vítima e, portanto, melhora a situação ao objeto da ação (*Derecho penal*, p. 365).

Na situação contemplada por essa hipótese, há um risco já existente, vale dizer, já há um processo causal em andamento (seja humano ou natural), dirigido no sentido da lesão ao bem jurídico, e o sujeito interfere nesse processo (tornando-se, portanto, parte dele) no sentido de minimizar o risco e melhorar a situação do bem jurídico.

O exemplo mais elucidativo dessa situação: X percebe que Y será atingido na cabeça por uma pedra, então atua no sentido de desviar o curso da pedra, visando uma região não vital de Y. A pedra desviada por X atinge Y quebrando-lhe a perna. Embora X tenha causado o resultado (lesão corporal), ele não lhe é imputável, pois sua conduta foi dirigida a diminuir os riscos à integridade física de Y.

O exemplo mais comum: médico que realiza medidas para adiar a morte do paciente, que termina por acontecer em outro momento e de forma diversa da que aconteceria naturalmente. Como vimos, de acordo com a teoria da equivalência (e da causalidade concreta conforme as leis naturais), a morte do paciente, como fato concreto ocorrido de determinada forma concreta e em determinado momento concreto, foi provocada pelo médico, não há dúvida. Portanto, nexo causal, há. O que não é possível é imputar-se objetivamente esse resultado ao médico, que atuou no sentido de melhorar a situação do bem jurídico.

Em outro exemplo, X convence Y a furtar cem reais, ao invés de mil, como havia planejado. Sua participação não é punível, pois não aumentou, mas diminuiu o risco ao patrimônio (Claus Roxin, *Estudos de direito penal*, p. 109).

É importante notar que Roxin estabelece clara diferença entre essa situação (diminuição de um perigo já existente) e aquela em que o agente substitui um perigo por outro, cuja realização será menos danosa para o sujeito, como no caso do pai que atira uma criança pela janela, provocando-lhe lesões, para livrá-la da morte em um incêndio que consumia o prédio. Nessa última hipótese, ele é taxativo: "aqui o autor realiza ações típicas de um delito, que lhe são imputáveis como realização do tipo, mas pode estar justificado pelo consentimento presumido ou pelo estado de necessidade" (*Derecho penal*, p. 366).

Muitos autores, na doutrina brasileira, exemplificam a diminuição do risco com situações que na realidade são de substituição de um risco por outro. Se, no primeiro exemplo, em vez de desviar a pedra, X empurrasse Y para longe do alcance dela, vindo Y, com a queda, a quebrar a perna, seria esse caso de substituição de um risco por outro, segundo Roxin, a ser resolvido no âmbito do estado de necessidade (que exige a análise rigorosa dos requisitos da justificação, como a ponderação de bens e a inevitabilidade do perigo), e não da tipicidade por ausência de imputação objetiva.

b) **Exclusão da imputação pela ausência de criação de risco ao bem jurídico ou pela criação de risco irrelevante:** não é possível também a imputação de um eventual resultado lesivo à conduta que, embora sem diminuir o risco ao bem jurídico, também não o aumenta de forma juridicamente considerável.

Enquadra-se aqui o famoso exemplo em que X, desejando a morte de Y, o incita a passear por um bosque durante uma tempestade, sendo que Y é realmente atingido por um raio e morre. E incluem-se também, como afirma Roxin, todas as outras incitações a realizar atividades normais e juridicamente irrelevantes, como passear em uma grande cidade, subir escadas, banhar-se, escalar uma montanha (*Derecho penal*, p. 366).

Ou, ainda, como lembra Luís Greco, incitar alguém a viajar de avião, ou vender pão a alguém, já que o risco de que o avião caia ou de que o comprador envenene o pão para com ele matar sua esposa é juridicamente irrelevante (*Um panorama da teoria da imputação objetiva*, p. 32), advertindo que alguns autores tratam esses exemplos como casos de criação de um risco, embora permitido.

Note-se, no entanto, que o risco deixa de ser remoto (se, por exemplo, X sabe que no avião há de fato uma bomba) e a conduta passa a configurar, de uma perspectiva *ex ante*, a criação de um risco relevante e não permitido, motivo pelo qual eventual resultado que sobrevenha lhe será imputável.

Também faz parte desta hipótese (criação ou aumento de um risco de forma irrelevante) a criação de um risco que, embora fuja às atividades normais da sociedade, só pode contribuir de forma ínfima para o resultado. O exemplo trazido por Roxin é relativo à imputação do delito de inundação à conduta de quem joga um copo de água na represa que está prestes a romper-se. Nesse caso, embora se possa afirmar a causalidade (uma vez que o resultado foi pelo menos modificado em relação a como seria sem aquele copo d'água), não há imputação objetiva ao tipo de inundação, pois os perigos que se quer evitar com esse preceito penal não são aumentados de forma significativa ao se acrescentar uma quantidade tão escassa de água (Claus Roxin, *Derecho penal*, p. 367).

c) **Exclusão da imputação pela criação de um risco juridicamente permitido:** a conceituação de risco permitido é bastante controvertida, como reconhece Roxin. No entendimento do autor, entende-se por risco permitido a conduta que cria um risco juridicamente relevante, mas que, de modo geral (independentemente do caso concreto), está permitido e, por isso (diferentemente do que acontece com as causas de justificação), exclui a imputação ao tipo objetivo (*Derecho penal*, p. 371).

A ideia que subjaz à existência de riscos permitidos é reconhecidamente a ponderação entre os interesses de proteção aos bens jurídicos e o interesse de liberdade. A elisão de qualquer risco no trânsito implicaria abdicar da liberdade de usar veículos automotores. Na ponderação entre o interesse em preservar-se a vida de eventuais transeuntes em face de eventuais atropelamentos e o interesse em locomover-nos usando carros, o segundo prevaleceu, de forma que guiar um automóvel é um risco permitido.

Como explica Roxin, "protótipo do risco permitido é a condução automobilística observando todas as regras de tráfego viário". Como reconhece o autor, "não se pode negar que o tráfico viário constitui um risco relevante, para a vida, saúde e bens materiais, coisa provada irrefutavelmente pela estatística de acidentes. Não obstante o legislador permite o tráfego viário (dentro de determinadas regras de cuidado) porque o exigem interesses preponderantes do bem comum" (*Derecho penal*, p. 371).

Mas, como adverte Luís Greco, o juiz não precisa, ele mesmo, a cada caso concreto, realizar a ponderação entre os interesses de segurança de liberdade, porque, no mais das vezes, ela já foi realizada pela sociedade e está devidamente estampada em regras de condutas que regem as mais diversas atividades, sobretudo as arriscadas (*Um panorama da teoria da imputação objetiva*, p. 47).

Sendo assim, o autor aponta parâmetros, que podem servir de norte para a avaliação a fim de que o risco seja considerado permitido:

c.1) A obediência às regras de segurança: em primeiro lugar, inúmeras atividades perigosas (o trânsito, atividades industriais, atividades médicas, atividades esportivas) são reguladas por normas de segurança, sejam jurídicas, sejam normas técnicas. A violação das normas de segurança, sobretudo as jurídicas, é um forte indício de que a conduta ultrapassou o risco permitido.

Trata-se, no entanto, de um indício, não de uma prova definitiva. Sendo as normas gerais e abstratas, nem sempre desrespeitá-las configura um risco proibido (ultrapassar cautelosamente um semáforo fechado em região deserta altas horas da noite), nem sempre respeitá-la significa que o agente se conduz dentro dos limites do risco permitido (o condutor que dirige na velocidade adequada, mas não freia quando vê um pedestre atravessando fora da faixa) (Luís Greco, *Um panorama da teoria da imputação objetiva*, p. 47-48).

As normas de segurança privada, embora tenham menos legitimidade para concretizarem a ponderação de interesses que está na base da permissão de determinados riscos, também podem servir como parâmetro para a avaliação da conduta pessoal, que se presume dentro do risco permitido quando obedece às ditas normas, sobretudo, aquelas chanceladas e submetidas à fiscalização do Poder Público (Luís Greco, *Um panorama da teoria da imputação objetiva*, p. 50).

c.2) O princípio da confiança: um segundo critério a ser observado na avaliação sobre a permissão ou proibição do risco é a ideia encerrada no chamado princípio da confiança, segundo o qual "ninguém, ao agir, precisa preocupar-se com a possibilidade de que outra pessoa possa se comportar erradamente e com isso concorrer para a produção de um resultado indesejável" (Luís Greco, *Um panorama da teoria da imputação objetiva*, p. 53).

Contudo é imputável o resultado lesivo àquele que, mesmo que obedecendo a regras de segurança, não podia confiar que terceiros iriam agir de forma correta, como no caso de pessoas não confiáveis (crianças ou doentes mentais); no caso de haver indícios concretos de que o comportamento errado será praticado; ou ainda no caso em que o comportamento errado é tão comum que já se deva contar com ele.

d) **Exclusão da imputação em virtude de cursos causais hipotéticos?** Como se viu, dentro da teoria da equivalência, a presença de cursos causais hipotéticos não afasta a relação da causalidade (por exemplo, no caso do fuzilamento em que um soldado argumenta que, se houvesse se recusado a atirar, outro o faria). Cabe, então, questionar se a existência de cursos causais hipotéticos tem relevância para a verificação a respeito do aumento do risco ao bem jurídico e, portanto, para o problema da imputação objetiva.

Roxin, de plano, afirma haver consenso sobre a imputação de uma realização antijurídica do tipo não poder ser excluída porque havia um autor substituto disposto a realizá-lo, em caso de falhar aquele que havia antes assumido (*Derecho penal*, p. 368).

Por isso, o soldado do pelotão de fuzilamento não pode se justificar dizendo que, se não tivesse atirado, outro o teria feito; o autor de um furto não pode justificar-se dizendo que, naquela região, se ele não tivesse furtado, outro teria e a vítima perderia seu bem de qualquer jeito. E pela mesma razão não teria sentido o ordenamento jurídico (cuja missão é proteger bens jurídicos) retirar suas proibições porque outros, além do autor do fato, também estavam dispostos a infringi-las (Claus Roxin, *Derecho penal*, p. 368).

Não faz diferença se o autor substituto seria alguém que iria atuar juridicamente. No exemplo conhecido, se X, afastando à força o carrasco, aciona ele mesmo a cadeira elétrica, que mata o condenado, sua conduta é imputável ao tipo de homicídio. Ou seja, X não pode argumentar que não aumentou o risco para a vida do condenado, que iria morrer de qualquer jeito. Explica Roxin que, se o legislador só permite uma ação típica a determinadas pessoas ou funcionários, essa restrição só pode se impor eficazmente se a proibição se mantém incólume frente aos demais (*Derecho penal*, p. 369).

Isso porque, a análise normativa se estabelece individualmente entre a conduta de cada autor e o resultado, de forma que a existência de cursos causais hipotéticos não tem relevância quando esse curso é composto por outra pessoa, que, se não fosse o autor, provocaria de qualquer forma o resultado, atuando justificada ou injustificadamente.

Os casos de curso hipotético natural são mais controvertidos. Exemplo: X dispara contra Y, no momento em que este despenca de cima de um prédio, antes que chegue ao solo. Ainda assim, para Roxin, a situação é irrelevante para a imputação, já que a substituição de uma causalidade natural por uma atuação humana parece com ação lesiva autônoma, e, segundo o autor, o ordenamento jurídico deveria aferrar-se ao princípio de que danos a bens jurídicos são puníveis se não estiverem amparados por uma causa de justificação expressa. E complementa: se fosse possível e não tivesse sanção matar violentamente um condenado à morte no momento de sua morte, vulnerar-se-ia sem necessidade o tabu de matar, e isso não deveria ser tolerado pelo ordenamento jurídico (*Derecho penal*, p. 370).

A única situação admitida por Roxin como excludente de imputação em virtude de cursos causais hipotéticos é a da modificação de uma causalidade natural por outra causalidade natural idêntica. O exemplo é o do trem que se encontra em rota de colisão com uma rocha que obstrui o trilho e é desviado para o trilho paralelo que está bloqueado pela mesma rocha. Nesse caso, segundo o autor, a mera modificação de um acontecimento que segue seu curso fatal independentemente do autor não parece (ao contrário da situação anterior) em uma valoração social, uma ação de matar autônoma (*Derecho penal*, p. 369).

A regra geral, no entanto, é de que os cursos causais hipotéticos não tem relevância seja para o nexo de causalidade, seja para o nexo de imputação.

8.2.2.2 Realização do risco no resultado

Para que determinado resultado possa ser imputado à conduta como obra desta, é preciso que ele constitua exatamente a concretização do risco específico gerado pela ação. A ação gera para o bem jurídico um risco determinado. Só é resultado imputável a concretização desse risco determinado.

Nesse contexto, estão excluídas as situações:

a) **Exclusão da imputação pela falta de realização do perigo criado pela conduta:** está excluída a imputação, em primeiro lugar, se, ainda que o autor tenha criado um perigo para o bem jurídico protegido, o resultado se produz não como efeito da plasmação desse perigo, mas apenas em conexão causal com ele (Claus Roxin, *Derecho penal*, p. 373).

Inclui-se nessa hipótese o caso disciplinado pela lei brasileira como "causa superveniente relativamente independente". Já se disse, em momento anterior, que, de acordo com a teoria da equivalência das causas, a superveniência de circunstância que, derivada da anterior, produza sozinha o evento lesivo não tem o condão de romper ou interromper o nexo causal que liga a primeira conduta ao resultado. Mas tem o condão de romper o nexo de imputação (aliás, essa é a expressão usada pelo art. 13, § 1º). Qual o fundamento dogmático para essa exclusão? É o fato de que, se o resultado é gerado diretamente pela causa superveniente, ele não constitui a realização do risco gerado pela primeira conduta.

Exemplificando: se A dispara contra B, com intenção de matá-lo, gera para a vida de B o risco direto de extingui-la em consequência dos ferimentos provocados. A conduta de A cria para B um risco (evidentemente não permitido) de morrer em decorrência das lesões provocadas. Se B morre em decorrência de um acidente envolvendo a ambulância que o transportava para o hospital, o resultado (morte em acidente automobilístico) não é concretização do perigo gerado pela conduta (disparo de arma de fogo).

Por outras palavras, em relação ao resultado (acidente automobilístico) a conduta de A não constituiu um aumento juridicamente relevante do risco. Certamente muito mais pessoas morrem em acidentes de trânsito fora de ambulâncias do que dentro delas. Por isso, em face da possibilidade de morrer de acidente, dar tiros em alguém não representa um aumento relevante do risco. Em suma, apesar de haver causalidade, rompe-se a imputação porque o resultado não foi a concretização do perigo criado pela conduta.

Agora, por contrário, toda vez que a conduta aumentar de forma relevante um determinado risco, que de fato vem a acontecer, fica estabelecida a relação de imputação. Por isso, como afirma Roxin, são irrelevantes os desvios causais, se a conduta da tentativa aumentou o perigo do curso causal subsequente de modo juridicamente relevante, e, portanto, o resultado é uma realização adequada do perigo criado pela tentativa (*Derecho penal*, p. 374).

O autor menciona o conhecido exemplo de desvio do nexo causal, que geralmente a doutrina resolve com base na ideia de dolo geral: A quer atirar B de cima de uma alta ponte para que B, caindo no rio, morra afogado, já que não sabe nadar, mas B morre ao bater a cabeça no pilar da ponte. Sob o ângulo da tipicidade objetiva, não há aqui exclusão, seja da causalidade (como é evidente), seja da imputação, já que o perigo de bater a cabeça no pilar da ponte foi consideravelmente aumentado pela conduta de ser atirado de cima da ponte "e, portanto, o resultado não é casual e em que pese o desvio causal deve ser imputado ao autor como ação de homicídio consumado" (Claus Roxin, *Derecho penal*, p. 374).

Advirta-se, no entanto, que a imputação de que aqui se trata cuida apenas do aspecto objetivo. A imputação ao tipo subjetivo não é uma decorrência necessária e será discutida no momento oportuno.

b) **Exclusão da imputação pela falta de realização do risco não permitido:** como se viu anteriormente, o requisito da conduta objetivamente imputável é a criação de um risco não permitido. Há situações em que os riscos são permitidos e o evento lesivo delas decorrente não é imputável ao tipo objetivo. Agora, se em uma situação de risco (por exemplo) no trânsito o agente extrapola o risco e invade o terreno do risco proibido, eventuais resultados lesivos passam a ser objetivamente imputáveis. Por isso, impende verificar se o resultado derivou justamente do risco não permitido.

Um exemplo claro dessa situação é o seguinte: A, conduzindo seu veículo em uma viagem, durante alguns quilômetros do seu percurso, ultrapassa a velocidade permitida, sem que então tenha havido nenhum acidente. Depois, no entanto, reduz sua velocidade conduzindo nos limites estabelecidos. Nesse momento, atropela uma criança, que acabara de sair inesperadamente de um carro sem que A pudesse evitar o acidente.

O problema deve ser analisado da seguinte maneira: A conduta do condutor gerou um risco proibido? Sim, na medida em que ele ultrapassou a velocidade permitida. E há uma relação causal clara entre a conduta imprudente e o resultado, pois, se A não tivesse dirigido em excesso de velocidade parte de sua jornada, não teria chegado àquele ponto justo no momento em que a criança descia de seu carro. Mas não há uma relação de imputação, pois o resultado (atropelamento) não foi a concretização do risco não permitido gerado pela conduta (excesso de velocidade). O risco de dirigir em excesso de velocidade não é chegar antes aos lugares de forma a causar algum infortúnio, o risco não permitido gerado por essa conduta é, no momento em que o excesso de velocidade existe, não se ter possibilidade de evitar acidentes.

O mesmo se aplica, no exemplo em que A, ao fazer uma ultrapassagem proibida, colide com o veículo de B, porque estoura um de seus pneus, por um defeito material não conhecido. O resultado não foi oriundo do risco proibido (Claus Roxin, *Derecho penal*, p. 376).

Outro exemplo é o da fábrica de pincéis. O dono da fábrica fornece às trabalhadoras pelo de cabra para a confecção de pincéis, mas desobedecendo à norma que manda desinfectá-los. Quatro trabalhadoras morrem contaminadas por determinado bacilo. Investigação posterior descobre, no entanto, que a desinfecção, se tivesse sido realizada, teria sido inútil em relação àquele bacilo, que era, até aquele momento, desconhecido (Claus Roxin, *Derecho penal*, p. 375).

Houve um risco não permitido. Mas não foi ele que se concretizou no resultado. Ou visto de outra forma, a conduta do dono da fábrica não aumentou em nada o risco de contaminação pelo bacilo e, portanto, em relação a esse resultado específico, a conduta sequer criou um risco proibido.

Como afirma Roxin, "às vezes a superação do risco permitido não é totalmente irrelevante para o resultado concreto, mas não obstante o curso do fato é tão atípico que não se pode contemplar como realização do risco proibido" (*Derecho penal*, p. 377).

O exemplo do autor é aquele em que A ultrapassa de forma proibida o veículo de B, que, com o susto, morre de ataque cardíaco. Nesse caso "o perigo de que alguém sofra um ataque cardíaco aumenta, ainda que não de modo considerável, por uma forma incorreta de conduzir. Mas o aumento é muito pequeno para que o resultado apareça como imputável" (Claus Roxin, *Derecho penal*, p. 377).

c) **Exclusão da imputação em caso de resultado não abrangido pelo fim de proteção da norma de cuidado que delimita o risco permitido:** pode acontecer, por último, que, tendo sido praticada uma conduta que aumente o risco, e tendo esse risco aumentado se concretizado em um resultado lesivo, ainda assim não existe a imputação, simplesmente, porque o evento não era coberto pelo fim de proteção da norma.

Veja-se o seguinte exemplo: o ciclista A e o ciclista B conduzem suas bicicletas à noite, ambas sem iluminação. O ciclista A, que vinha na frente, é atingido por um veículo, que trafegava em sentido contrário (Claus Roxin, *Derecho penal*, p. 378).

B violou uma norma de cuidado, ou seja, trafegou com sua bicicleta sem iluminação, criando, portanto, um risco proibido. Esse risco aumentou de forma considerável o perigo para a vida do ciclista A, que vinha à frente, no escuro. Esse aumento do perigo realmente concretizou um resultado: A morreu. Não obstante, o resultado não é imputável ao tipo objetivo de homicídio, pois o fim da norma de cuidado que impõe que as bicicletas tenham iluminação é apenas impedir acidentes com a própria bicicleta, e não impedir acidentes com outra bicicleta e um terceiro (Claus Roxin, *Derecho penal*, p. 378).

Importa, no entanto, dar destaque à observação de Roxin, segundo a qual há que se estar consciente de que na realização dos riscos não permitidos se trata sempre do fim de proteção da norma de cuidado limitadora do risco permitido (por exemplo, o mandado de iluminação da bicicleta), e não do fim de proteção do tipo penal. Os casos ditos de exclusão de imputação pelo fim de proteção do tipo são aqueles em que a norma típica (ex.: não matar) não abarca determinadas condutas e consequências, situações que serão discutidas da perspectiva do "alcance do tipo", de que se tratará a seguir.

d) **Exclusão da imputação pela ineficácia de conduta alternativa conforme o direito? (teoria da evitabilidade *versus* teoria do incremento do risco):** questão altamente controvertida para a análise da imputação objetiva do resultado é a da conduta alternativa conforme o direito. A pergunta aqui é: pode-se imputar objetivamente um resultado, que seja exatamente a concretização de um risco proibido gerado pela conduta, se não for possível provar que a conduta correta teria impedido o resultado?

O exemplo é o seguinte: um caminhão ultrapassa um ciclista sem respeitar a distância mínima obrigatória. O ciclista, que estava completamente bêbado, no momento da ultrapassagem, assusta-se e cai da bicicleta por debaixo da roda do caminhão. Comprova-se que possivelmente esse acidente também teria acontecido, mesmo que o motorista do caminhão tivesse mantido a distância correta (Claus Roxin, *Derecho penal*, p. 379).

Como já visto (no exemplo dos pincéis), quando há absoluta certeza de que a conduta conforme ao direito não teria evitado o resultado, fica definitivamente excluída a imputação, porque então sequer se pode dizer que o evento foi fruto do risco não permitido (Claus Roxin, *Derecho penal*, p. 379).

No caso presente há uma dúvida a respeito da conduta alternativa. Ela poderia ou não ter salvo o ciclista. Nesse caso há ou não exclusão da imputação objetiva? Há duas posições a respeito:

a) **Teoria da evitabilidade:** é a majoritária na doutrina e na jurisprudência alemãs. Como explica Luís Greco, "por ela, só se justifica a punição por delito consumado se o autor não apenas tiver causado a lesão através de seu comportamento antijurídico, mas também se o comportamento correto acabasse seguramente por evitá-la. Restando dúvida a respeito, ter-se-ia de aplicar o princípio do *in dubio pro reo* e considerar ausente o desvalor do resultado – o que significa punir pela tentativa, se houver dolo, ou absolver, se apenas culpa" (*Um panorama da teoria da imputação objetiva*, p. 127).

b) **Teoria do incremento do risco:** a segunda posição, chamada de "teoria do incremento do risco" (cunhada por Roxin), defende que nessa situação não há exclusão da imputação.

Pondera Roxin que, no caso envolvendo o caminhão e o ciclista, uma condução correta teria salvado a vida do ciclista, senão com certeza absoluta, ao menos possivelmente, e, portanto, a superação do risco permitido por não respeitar a distância mínima incrementou de modo juridicamente relevante a possibilidade de um acidente mortal (*Derecho penal*, p. 379).

Quer dizer que, ainda que não se possa ter certeza de que o comportamento correto evitaria o resultado (geralmente por tratar-se de situação em que a conduta, mesmo dentro dos limites do risco permitido, é intensamente perigosa), se for possível comprovar que o comportamento proibido aumentou ainda mais o perigo, piorou a situação do bem jurídico, o resultado deve ser imputado ao autor.

Roxin argumenta com o seguinte exemplo: se em uma operação arriscada, o cirurgião provoca a morte do paciente por um erro técnico primário, adotando-se a teoria da evitabilidade, ele teria que ficar impune, porque ainda que tivesse atuado corretamente, não se poderia excluir a possibilidade da morte "e isso significaria renunciar a toda exigência de cuidado precisamente nas situações em que se requer um cuidado especialmente grande" (Claus Roxin, *Derecho penal*, p. 381), ou, por outras palavras "de outro modo estar-se-ia dando carta branca justamente para aqueles que praticam as ações mais perigosas, aquelas em que nunca se pode excluir que um resultado infeliz ocorra – desincumbindo-os de respeitar as cautelas necessárias justamente onde elas são menos prescindíveis" (Luís Greco, *Um panorama da teoria da imputação objetiva*, p. 129).

8.2.2.3 *Resultado incluído no alcance do tipo*

Havendo uma conduta que constitua a criação ou o aumento de um risco não aprovado e sobrevindo um resultado que constitua a exata concretização daquele risco não permitido, em tese, haveria com isso a imputação ao tipo objetivo. Mas há ainda um terceiro fator a ser considerado, pois é possível que o resultado alcançado não esteja incluído no âmbito de proteção do tipo penal (por exemplo, o tipo de homicídio, "matar alguém"). Ou seja, é possível que aquilo que aconteceu simplesmente não seja "matar alguém" ou, por outras palavras, é possível que aquilo que aconteceu não seja aquilo que deseja proibir com a norma "não matar", que está na base do tipo de homicídio. Ou seja, é possível que a norma "não matar" não abarque, não seja destinada a impedir justamente aquilo que aconteceu.

Exemplo 1: A e B levam a cabo uma competição com suas motos, estando ambos bêbados (embora ainda imputáveis). Durante a corrida B sofre um acidente, por sua própria culpa, e vem a morrer. A certamente contribuiu com a causação do resultado morte, por meio de sua conduta, que gerou um risco não permitido. O resultado morte lhe é imputável? (Claus Roxin, *Derecho penal*, p. 388).

Segundo exemplo: A entrega heroína a B para que este a consuma, sendo que a periculosidade ambos conhecem. B injeta a droga em si e morre em decorrência dela. Evidentemente A gerou para B um risco não permitido. Mas o resultado morte lhe é imputável? (Claus Roxin, *Derecho penal*, p. 389).

Não se discute, em face do ordenamento jurídico brasileiro, a existência dos delitos de crimes de racha e tráfico de drogas, respectivamente (ambos os crimes que não exigem qualquer resultado). O que, na perspectiva da imputação objetiva do resultado, coloca-se é a possibilidade da atribuição do resultado morte ao agente.

Como explica Roxin, embora muitas vezes se tente resolver esses casos com a figura do consentimento do ofendido, tal solução não é adequada, pois o consentimento a respeito do perigo não abrange o consentimento em relação ao resultado (*Derecho penal*, p. 394). De fato, Luís Greco adverte para a confusão "que começa a ser feita também no Brasil, entre imputação objetiva e consentimento do ofendido, porque ganha cada vez mais espaço na doutrina moderna a ideia de que o consentimento tem por objeto não apenas a ação perigosa, como também o resultado de dano, de modo que se a vítima aceita que outra pessoa participe de uma conduta perigosa, isso não significa que ela tenha consentido no resultado, na lesão" (*Um panorama da teoria da imputação objetiva*, p. 129).

Do ponto de vista da teoria da imputação objetiva do resultado, o entendimento é de que "autocolocações em perigo queridas e realizadas de modo autorresponsável não estão abrangidas no tipo de um delito de lesões corporais ou homicídio, ainda que o risco a que a vítima conscientemente se expôs se realize" (Luís Greco, *Um panorama da teoria da imputação objetiva*, p. 64).

Deve-se ter em conta que na Alemanha (o berço da teoria da imputação objetiva) não há tipificação do delito de participação em suicídio, como acontece no Brasil. Isso facilita o raciocínio seguinte: se mesmo a incitação dolosa a um verdadeiro suicídio (se A dissesse a B claramente que se atirasse pela janela, entregasse-lhe veneno mortal ou uma arma, induzindo-o a matar-se) não seria punida, não há razoabilidade que o sejam as situações exemplificadas. No Brasil, a participação dolosa em suicídio alheio é punida (como pena, no entanto, muito menor do que a do homicídio). No entanto, mesmo aqui seria forçado entender a conduta de B como um suicídio, que é a eliminação voluntária da própria vida, motivo pelo qual se pode estender o argumento no sentido de que os exemplos anteriores não se subsumem igualmente ao tipo de participação em suicídio.

8.3 CRITÉRIOS DE IMPUTAÇÃO OBJETIVA (PROPOSTA DE JAKOBS)

Como vimos, toda a construção dogmática de Jakobs é funcionalizada à ideia de prevenção geral positiva, ou seja, à ideia de que o fim do Direito Penal é apenas assegurar a estabilização das expectativas sociais. De forma que também toda a sua teoria da imputação objetiva é focada também nesse aspecto e todos os critérios permanentemente reconduzidos a esse ponto: onde não houver a quebra das expectativas geradas pelos papéis sociais não há imputação.

Deve-se ter em conta, como já vimos, que a teoria funcionalista criada por Jakobs baseia-se inteiramente na teoria dos sistemas de Luhmann. Segundo ela, a organização social não é composta por "pessoas", mas por "subsistemas psicofísicos", de forma que cada um desses "subsistemas" cumpre, em cada momento de interação social, um papel específico e determinado. É, portanto, o cumprimento ou descumprimento dos papéis sociais que vai determinar a imputação. Assim "se alguém sofre um dano ou perigo normativamente relevante, há que se perquirir antes, se esse dano ou perigo decorre de uma inter-relação social e, em segundo lugar, se nessa inter-relação foi a própria vítima do dano ou do perigo quem violou as regras pertencentes ao seu papel ou se a violação deu-se por parte do terceiro com quem ele se relacionou, hipótese em que haverá possibilidade de imputação" (Paulo César Busato, *Fatos e mitos sobre a imputação objetiva*, p. 107).

Nessa perspectiva, Jakobs propõe quatro critérios de imputação objetiva:

a) **Ausência de imputação pelo risco permitido:** segundo Jakobs, as normas penalmente sancionadas só regulam o comportamento para possibilitar a vida social, que não pode existir sem a segurança das expectativas. No entanto, se a defraudação das expectativas fosse evitada de forma absoluta e a qualquer preço, a própria possibilidade de condutas e contatos sociais seria reduzida, ou seja, a própria vida social seria empobrecida. Por isso "é preciso assumir o risco de certas defraudações" (*Derecho Penal*, p. 243).

Como o foco de todo o sistema de Jakobs é o cumprimento dos róis sociais (ou seja, o papel esperado de cada subsistema psicofísico em uma determinada relação), não se consideram, para a avaliação do risco permitido, os conhecimentos especiais do autor (que são considerados por Roxin) (Paulo César Busato, *Fatos e mitos sobre a imputação objetiva*, p. 110).

O exemplo clássico é o do sobrinho herdeiro, biólogo especializado, que serve a seu tio um mofo venenoso que acabou de descobrir por acaso no prazo de conserva. Segundo a teoria da imputação objetiva nos moldes aqui explicados não há imputação, porque o rapaz não defraudou as expectativas relacionadas ao seu papel social naquela relação (o papel de sobrinho, não o de biólogo) (Paulo César Busato, *Fatos e mitos sobre a imputação objetiva*, p. 110).

b) **Ausência de imputação pelo princípio da confiança:** intimamente relacionado à questão dos papéis sociais, o princípio da confiança impede a imputação de quem confiou que terceiros também cumpririam os papéis que lhe cabem.

No exemplo de Jakobs, se o cirurgião realiza a operação com um bisturi contaminado, porque não foi previamente esterilizado pela instrumentadora, não lhe pode ser imputada a morte do paciente, porque o sujeito agiu dentro do que se espera do papel de cirurgião, confiando que a instrumentadora também atenderia às expectativas do seu papel (Paulo César Busato, *Fatos e mitos sobre a imputação objetiva*, p. 112).

c) **Ausência de imputação pela proibição de regresso:** mais uma vez a hipótese é reconduzível à noção de papéis sociais. A cooperação em ato ilícito de terceiro (ainda que esse ato seja sabido e até querido) não tem como imputar-se objetivamente se não resultou da defraudação das expectativas relacionadas ao agente naquela determinada situação.

Exemplos: Um devedor paga sua dívida e o credor compra, com este dinheiro uma arma, e mata uma pessoa; ou um padeiro vende pão a um sujeito que, após envená-lo, com ele mata sua esposa. Segundo Jakobs, não haverá imputação objetiva (antes mesmo que qualquer consideração subjetiva a respeito do dolo), ou seja, ainda que tanto o devedor quanto o padeiro tivessem pleno conhecimento do plano criminoso do credor ou do comprador de pães, não há imputação, já que nenhum deles defraudou a expectativa relacionada ao seu papel social naquela inter-relação (o que se espera de um "devedor" é que pague; o que se espera de um "padeiro" é que venda pães) (Paulo César Busato, *Fatos e mitos sobre a imputação objetiva*, p. 114).

d) **Ausência de imputação pela capacidade da vítima:** trata-se de critério similar ao que Roxin designa como "alcance do tipo" e engloba tanto as situações em que a ação é realizada pela própria vítima quanto as situações em que são realizadas por terceiro com o consentimento da vítima (Paulo César Busato, *Fatos e mitos sobre a imputação objetiva*, p. 116).

TIPICIDADE

9.1 O TIPO LEGAL DE CRIME

9.1.1 Conceito de tipo

O vocábulo "tipo", em Direito Penal, significa a descrição de determinada conduta à qual se associa determinada sanção, ou seja, significa o conjunto formado pelos elementos que desenham a figura delituosa, sobre a qual, posteriormente, recairão os juízos de ilicitude e de culpabilidade e, finalmente, a imposição de pena. É, portanto, um modelo abstrato, no qual se descrevem de forma sintética e esquemática as linhas gerais do comportamento considerado nocivo e que, portanto, deseja-se evitar por meio da ameaça penal.

9.1.2 Evolução histórica da teoria do tipo

a) Concepção objetiva (Liszt-Beling): a palavra alemã para tipo é *Tatbestand*, mas a expressão foi cunhada, no século XVIII, designando coisa completamente diversa do que hoje se entende por "tipo legal". Significava, na época, o "corpo de delito" (*corpus delicti*), ou seja, a reunião de todos os elementos materiais do crime, sendo, portanto, um conceito pertencente, primordialmente, ao processo penal (Cezar Roberto Bitencourt, *Tratado de direito penal*, 2012, p. 331).

A conformação dogmática da noção de tipo foi criada apenas no século XX, na obra de Ernst von Beling (*Die Lehre vom Verbrechen* – A teoria do delito – de 1906). Ali, Beling começa a delinear a noção que se tornaria central, tanto dentro da estrutura do delito no âmbito da dogmática penal quanto no âmbito da política criminal comprometida com o princípio da legalidade às limitações ao *jus puniendi* (Paulo Queiroz, *Direito penal*, 2007, p. 161).

O esquema proposto pela teoria causal-naturalista partia da completa separação entre a face objetiva/externa do crime (representada pela antijuridicidade) e a face subjetiva/interna (representada pela culpabilidade).

Face objetiva/externa	Face subjetiva/interna
Antijuridicidade	Culpabilidade

A conquista de Beling foi justamente, trabalhando sobre a face objetiva/externa, destacar o tipo, distinguindo-o da antijuridicidade.

Face objetiva/externa	Face subjetiva/interna
Tipicidade/Antijuridicidade	Culpabilidade

Tipo e antijuridicidade passam a ser encarados como duas estruturas autônomas (e, nesse momento, independentes), dentro da face objetiva do crime.

Assim, o tipo nasceu como uma figura puramente objetiva, meramente descritiva, cuja função era simplesmente narrar um processo causal (também puramente objetivo, externo e perceptível aos sentidos), sem qualquer atenção às circunstâncias psíquicas internas, que eram relegadas à análise da culpabilidade.

Exemplificando o ponto de vista causalista: o tipo do delito de homicídio compunha-se apenas por elementos objetivos: conduta (movimento corporal), nexo causal (teoria da equivalência) e resultado (morte). Ao tipo cabia apenas descrever de forma neutra e avalorada esse processo causal. E se o agente X matou Y acreditando tratar-se de um animal selvagem? Nada disso interfere com o tipo, que não exige nada mais do que a ocorrência de um processo causal detonado por um movimento humano não subordinado a nenhuma espécie de coação psicofísica. Em suma, na perspectiva causalista, não há dúvida de que a conduta de X corresponde por completo ao tipo de homicídio.

b) Concepção complexa objetiva/subjetiva (Welzel): com a descoberta dos elementos subjetivos e normativos do tipo, foi-se borrando a separação objetivo/subjetivo, mas a revolução dogmática completou-se quando Welzel propôs um modelo no qual não apenas alguns raros e eventuais elementos subjetivos habitavam o tipo, mas o dolo mesmo, o elemento subjetivo e psíquico em essência, deixou de ser analisado no âmbito da culpabilidade e passou a compor o núcleo da face subjetiva do tipo.

Com isso, o tipo (nos delitos dolosos) ganhou uma dimensão subjetiva que, ao lado da já existente dimensão subjetiva, compunha o tipo legal.

Exemplificando o ponto de vista causalista: no exemplo acima, segundo a perspectiva finalista, o tipo objetivo está de fato completamente preenchido. Mas não há tipicidade subjetiva, pois sem consciência da realidade fática não há falar em dolo (e nem em homicídio doloso, portanto). Restaria apenas analisar a possibilidade de punição por homicídio culposo (já que os tipos culposos continuam compondo-se apenas de elementos objetivos), mas, para isso, há que se constar a presença, na realidade, da situação que corresponda ao elemento normativo exigido pelo tipo objetivo dos delitos culposos, ou seja, a presença de situação que possa ser valorada como a falta de um dever de cuidado objetivo. Em suma, de uma perspectiva finalista, os tipos de delito dolosos passam a exigir um elemento subjetivo, o dolo, isto é, um elemento correspondente à realidade psíquica e interna do agente, qual seja, a consciência e a vontade de realizar os elementos objetivos do tipo.

Culpabilidade
Antijuridicidade
Tipo legal objetivo/subjetivo
Objetivo
Tipo objetivo/tipo subjetivo

9.1.3 Tipo legal/tipo de injusto/tipo garantia

a) **Tipo legal ou tipo fundamentador ou tipo sistemático:** tipo legal é a descrição da conduta proibida. É o modelo que deve ser tomado em conta pelo juiz ao realizar o juízo de tipicidade.

b) **Tipo de injusto:** como se viu, segundo a teoria indiciária, tipicidade e ilicitude, embora conectados, não se confundem. A conduta delituosa é a ação (substantivo) à qual se agregam três atributos (adjetivos) distintos: tipicidade, antijuridicidade e culpabilidade. O termo "injusto" significa precisamente a ação típica e ilícita. Ou seja, "injusto" é a conduta típica já valorada como antijurídica. Pode-se dizer por isso que crime é o injusto culpável (pois a designação "injusto" reúne em si as ideias de tipicidade e ilicitude). Em suma: tipo legal é o tipo tal como previsto na norma incriminadora, simplesmente. Tipo de injusto é o tipo incriminador sobre o qual já se verificou não recair nenhuma excludente de ilicitude.

c) **Tipo garantia:** a expressão "tipo garantia" ou "tipo em sentido amplo" é, por vezes, empregada pela doutrina para designar todos os elementos ou requisitos necessários para a imposição da pena estatal, ou seja, além da própria tipicidade, a antijuridicidade, a culpabilidade, as condições objetivas de punibilidade e até mesmo os pressupostos processuais. A ideia de designar todo esse conjunto expandido como "tipo garantia" parte da necessidade de dar-se a maior concreção e amplitude possíveis ao princípio da legalidade (art. 5º, XXXIX, da CF), imposição infranqueável da garantia do cidadão contra o uso arbitrário da violência penal (Juarez Cirino dos Santos, *Direito penal*, p. 103).

9.1.4 Tipos legais *versus* tipos judiciais

a) **Tipos legais:** em atendimento ao princípio da legalidade, todos os tipos penais devem ser criados por meio de lei. Trata-se, portanto, da adoção de um sistema de tipos legais.

b) **Tipos judiciais:** são aqueles criados judicialmente (o que, evidentemente, não se aceita, em um sistema pautado pelo princípio da legalidade). Um sistema jurídico que permitisse, por exemplo, a integração analógica do ordenamento em relação a tipos incriminadores estaria com isso permitindo a criação de tipos judiciais (Zaffaroni e Pierangeli, *Manual de direito penal brasileiro*, p. 385).

9.1.5 Funções do tipo

a) **Função de seleção da matéria de proibição:** o tipo legal tem como função primeira selecionar, dentre os bens jurídicos merecedores de proteção e dentre as modalidades de ataques que ele pode sofrer, aqueles que pela sua gravidade mereçam a tutela penal, dando assim concretude ao princípio da fragmentariedade.

b) **Função de garantia:** é clara a função de garantia desempenhada pelo tipo legal, já que é ele que contém e restringe o *jus puniendi* estatal dentro de limites previamente cognoscíveis pelo cidadão. "De fato, a construção do tipo (e isso, desde o seu nascimento histórico) corresponde ao atendimento da primeira e mais elementar exigência do princípio da reserva legal, com toda a carga política e jurídica de garantia fundamental que o acompanha" (Cezar Roberto Bitencourt, *Tratado de direito penal*, 2012, p. 339).

c) **Função fundamentadora da ilicitude:** o tipo penal fundamenta a antijuridicidade, na medida em que a conduta penalmente atípica será penalmente lícita. Ou seja, o juízo de atipicidade conduz certamente a um juízo de licitude.

d) **Função indiciária da ilicitude:** o tipo tem também a função de indiciar a antijuridicidade. Ou seja, se a conduta é atípica, é certo que seja lícita (como dito acima). Mas, se ela é típica, é um indício (ainda que não uma certeza) de que seja ilícita. A consequência concreta é, por exemplo, que, no processo penal, não está a acusação obrigada a demonstrar *a priori* que a conduta típica praticada é também ilícita ou proibida, pois isso se extrai da própria tipicidade. Cabe à defesa afastar esse indício, ao arguir a existência de situação excludente de antijuridicidade.

e) **Função de delimitação do *iter criminis*:** é a moldura típica que vai fornecer também os limites do trecho temporal sujeito à imposição do *jus puniendi* ou, em outras palavras, é ela que vai delimitar o início e o fim da execução do delito.

f) **Função de delimitação do erro:** o erro que incide sobre elemento do tipo impede a punição por crime doloso, portanto a construção do tipo tem o condão de determinar que espécie de erro deve ser considerada essencial (pois que recai sobre aspecto constitutivo do tipo legal de crime) e quais erros devem ser considerados meramente acidentais (já que incidem sobre circunstâncias que não integram a composição do tipo penal).

9.1.6 Tipo legal e norma penal

O tipo penal é criado por meio da lei penal. Aliás, é só a lei, em sentido estrito, que pode criar tipos incriminadores. Não se pode confundir, no entanto, o tipo legal, que pertence à lei, com a norma penal. A norma é o comando (proibitivo, geralmente) que subjaz à lei, ou seja, que está por debaixo ou por trás da lei e, portanto, do tipo.

Exemplo: o tipo legal de homicídio simplesmente descreve uma conduta: "matar alguém". O tipo, portanto, tem uma estrutura descritiva. Mas evidentemente é fácil de perceber, nesse caso, a norma que está por trás do tipo, que é "não matar". O tipo de homicídio, portanto, só pode ser adequadamente lido através da lente proporcionada pela norma. Quem mata pratica uma conduta típica (porque se amolda precisamente ao tipo) e antinormativa (porque viola a norma "não matar"). Note-se que não se está aqui a falar de "antijuridicidade", mas de antinormatividade, ou seja, a contrariedade entre a conduta e a norma que subjaz ao tipo. Quem mata em legítima defesa pratica uma conduta típica (porque "matou alguém") e antinormativa (porque violou a norma "não matar"), mas não é uma conduta antijurídica (porque amparada por uma causa de justificação).

Que uma conduta pode ser típica e não ser antijurídica, isso é evidente. Qualquer conduta típica praticada em situação de justificação é típica, mas não antijurídica. Mas, pode uma conduta ser típica (enquadrar-se na descrição da lei), mas não ser antinormativa (não violar a norma que está por detrás do tipo)? A resposta positiva a essa pergunta está na base da teoria da tipicidade conglobante, que será estudada mais adiante.

9.1.7 Tipos incriminadores e tipos permissivos

Tipos incriminadores são os que estabelecem as condutas proibidas, os crimes, em suma. Estão previstos unicamente na Parte Especial do Código Penal e em leis extravagantes.

Tipos permissivos são os que preveem as causas de justificação. Estão contidos, principalmente, na Parte Geral do Código Penal (art. 23 do CP), mas também há tipos permissivos na Parte Especial (*v.g.*, art. 128 do CP, segundo entendimento dominante).

9.1.8 Tipo objetivo e tipo subjetivo

a) **Tipo objetivo:** é o aspecto exterior do tipo, ou seja, concentra todos os elementos externos à realidade psíquica do agente.

O tipo objetivo tem sempre como centro uma conduta humana, naturalmente. Portanto, o núcleo do tipo revela-se gramaticalmente por meio de um verbo. A ele agregam-se os demais elementos da sintaxe: sujeito (sujeito ativo do delito); objeto (sujeito passivo e objeto material do delito); eventualmente, circunstâncias especiais de tempo, lugar, modo de execução. Do tipo também se revela o bem jurídico protegido, cujo conhecimento cumprirá função determinante na interpretação do sentido e da amplitude do próprio tipo. Pode haver também menção (expressa ou implícita) no tipo do resultado da conduta (por vezes, o mesmo verbo empregado para descrever a conduta assinala simultaneamente um resultado, *v.g.*, o verbo "matar", que significa, simultaneamente, agir e com isso provocar o resultado morte) e, sendo assim, também está embutido no tipo o nexo causal, entre a conduta e o resultado (Luiz Regis Prado, *Curso de direito penal brasileiro*, 2007, p. 361).

Nos crimes culposos, o tipo objetivo contém ainda o elemento normativo consistente na "violação de um dever de cuidado objetivo".

b) **Tipo subjetivo:** os tipos dolosos são compostos ainda por uma porção subjetiva, representada pelo dolo (como elemento central do tipo subjetivo) e, eventualmente, por outros elementos subjetivos especiais.

9.1.9 Componentes estruturais do tipo

a) **Núcleo**

É representado por um ou mais **verbos** que delimitam a espécie de conduta típica incriminada, vale dizer, delimitam, já em um primeiro momento, a forma de ataque ao bem jurídico considerada relevante para o Direito Penal, garantindo, ainda, que o *jus puniendi* recaia sobre um "fazer", e não sobre um "ser", ou sobre atitudes internas que não têm potencial de lesão ou ameaça ao bem protegido.

Muito importante, no entanto, ter em conta que nem sempre o uso do sintagma verbal assinala o núcleo do tipo. Por outras palavras, nem todos os verbos insertos na sentença tem como função sintática descrever a conduta nuclear exigida pelo tipo. Por vezes, os verbos são empregados apenas para a descrição dos meios de execução da conduta típica, por exemplo. Em outras, o verbo integra na verdade o tipo subjetivo, constituindo parte do elemento subjetivo especial, quando então também não há de condicionar o momento consumativo.

Saber-se qual o verbo que de fato representa conduta nuclear típica é fundamental para que se possa determinar com precisão o momento consumativo do delito em questão (Fernando Galvão, *Direito penal*, p. 164).

Exemplo do CP de verbo como meio de execução: "Art. 171. Obter, para si ou para outrem, vantagem ilícita, em prejuízo alheio, induzindo ou mantendo alguém em erro, mediante artifício, ardil, ou qualquer outro meio fraudulento".

Embora haja aqui vários verbos (obter, induzindo, mantendo), a construção sintática do tipo deixa claro que o núcleo é "obter", portanto o momento consumativo é apenas o da obtenção, não sendo bastante o induzimento ou a manutenção da vítima em erro.

Exemplo do CP de verbo como elemento subjetivo do tipo: "Art. 159. Sequestrar pessoa com o fim de obter, para si ou para outrem, qualquer vantagem, como condição ou preço do resgate".

Mais uma vez, embora haja dois verbos (sequestrar ou obter) a construção típica deixa claro que o primeiro é que configura o núcleo do tipo, descrevendo a ação, enquanto ao segundo cabe apenas descrever uma intenção especial (elemento subjetivo específico do tipo). Logo, o momento consumativo do delito em questão só pode ser o do sequestro, pouco importando o momento ou mesmo a efetiva obtenção de qualquer vantagem.

Há também crimes constituídos por mais de um verbo, sendo que cada um é de fato núcleo do tipo, ou seja, descreve uma ação nuclear típica.

Quando os vários núcleos se associam entre si em uma relação de alternatividade, configura-se o chamado **tipo misto alternativo**.

Exemplo do CP: "Art. 122. Induzir ou instigar alguém a suicidar-se ou prestar-lhe auxílio para que o faça".

Nesses, a realização de cada um dos verbos tem o condão de consumar o crime, embora a prática de mais de um deles, contra o mesmo sujeito passivo e em um contexto único, não configure uma multiplicidade de delitos (e sim crime único).

b) **Sujeitos**

b.1) Sujeito ativo: sujeito ativo do delito é quem realiza a violação da norma incriminadora.

A maioria dos tipos penais não inclui qualquer restrição quanto ao sujeito ativo. São esses chamados, então, de **crimes comuns**. Alguns tipos, no entanto, contêm exigências específicas, reclamando uma condição especial do agente (jurídica ou de fato), para sua configuração. São chamados **crimes próprios**. Dos crimes próprios se diz que exigem do sujeito ativo uma especial capacidade penal, vale dizer, um sujeito ativo qualificado (também chamado *intranei*).

Exemplo do CP: "Art. 123. Matar, sob influência do estado puerperal, o próprio filho, durante o parto ou logo após".

Diferem os crimes próprios dos chamados crimes de **mão própria** ou de atuação pessoal. Nestes a característica peculiar é o fato de só poderem ser cometidos diretamente e em pessoa pelo sujeito ativo previsto no tipo. Não é possível cometê-los, portanto, por intermédio de outra pessoa.

Exemplo do CP: "Art. 124. Provocar aborto em si mesma ou consentir que outrem lho provoque".

Alguns tipos permissivos também só se aplicam a determinados agentes especialmente qualificados. É o caso da norma contida no art. 128 do CP:

> Art. 128. Não se pune o aborto praticado por médico:
>
> I – se não há outro meio de salvar a vida da gestante;
>
> II – se a gravidez resulta de estupro e o aborto é precedido de consentimento da gestante ou, quando incapaz, de seu representante legal.

Quanto à responsabilização penal da **pessoa jurídica**, há ainda hoje grande controvérsia.

É posição amplamente majoritária (embora não pacífica), hoje, em face da legislação em vigor no Brasil, que a pessoa jurídica pode ser responsabilizada criminalmente, embora somente por crimes ambientais.

A Constituição Federal brasileira estabelece, em dois dispositivos, a possibilidade de responsabilização criminal da pessoa jurídica:

> Art. 173. (...)
> § 5º A lei, sem prejuízo da responsabilidade individual dos dirigentes da pessoa jurídica, estabelecerá a responsabilidade desta, sujeitando-a às punições compatíveis com sua natureza, nos atos praticados contra a ordem econômica e financeira e contra a economia popular.
>
> Art. 225. (...)
> § 3º As condutas e atividades consideradas lesivas ao meio ambiente sujeitarão os infratores, pessoas físicas ou jurídicas, a sanções penais e administrativas, independentemente da obrigação de reparar os danos causados.

Posteriormente, a Lei n. 9.605, de 1998, veio a disciplinar a matéria, quanto às condutas lesivas ao meio ambiente, nos seguintes termos:

> Art. 3º As pessoas jurídicas serão responsabilizadas administrativa, civil e penalmente conforme o disposto nesta Lei, nos casos em que a infração seja cometida por decisão de seu representante legal ou contratual, ou de seu órgão colegiado, no interesse ou benefício da sua entidade.

Divergem, no entanto, os doutrinadores quanto à possibilidade de afirmar-se a pessoa jurídica como sujeito ativo de crime (mesmo quanto a crimes contra o meio ambiente). Fernando Galvão, por exemplo, defende que ainda que a pessoa jurídica seja responsabilizada criminalmente nos termos da lei especial, o sujeito ativo do delito só pode ser, por uma exigência ontológica, a pessoa física (*Direito penal*, p. 166).

No mesmo sentido, Zaffaroni e Pierangeli: "Em nossos dias as penas impostas às coisas e aos animais têm um puro valor histórico, mas um dos caminhos pelos quais atualmente se nega ou pretende-se negar o princípio de que não há crime sem conduta é a pretensão de punir as pessoas jurídicas, particularmente as sociedades mercantis (...). Não se pode falar de uma vontade em sentido psicológico no ato da pessoa jurídica, o que exclui qualquer possibilidade de admitir a existência de conduta humana. A pessoa jurídica não pode ser autora de delito, porque não tem capacidade de conduta humana, no seu sentido ôntico-ontológico" (*Manual de direito penal brasileiro*, p. 389).

Paulo Queiroz, admitindo que, em face do texto legal e constitucional, a adoção da "responsabilidade penal da pessoa jurídica, exclusivamente quanto a crimes ambientais, parece fora de dúvida" (*Direito penal*, 2009, p. 148), opõe-lhe objeções tanto de caráter político-criminal quanto dogmático. Político-criminalmente considera o autor inadmissível tal disposição em face do princípio da subsidiariedade e dogmaticamente: "porque estruturado e destinado a reger a vontade humana (a pessoa física) e suas motivações, exclusivamente, o direito penal, ao menos como ainda hoje o conhecemos, é de todo incompatível com essa pretendida responsabilidade" (Paulo Queiroz, *Direito penal*, 2009, p. 149).

b.2) Sujeito passivo: cada tipo penal é a concretização de uma norma cujo objetivo é proteger determinado bem jurídico. O **sujeito passivo material** do tipo (ou **eventual**) é o titular do bem jurídico protegido pela norma proibitiva.

Pode ser em regra qualquer pessoa, independentemente da condição ou capacidade civil, e, inclusive, a pessoa antes de nascer (já que hoje se admite, amplamente, que o bem jurídico protegido pelo tipo de aborto consentido é a vida intrauterina).

Coisas (incluídos nessa categoria os animais e os cadáveres, por exemplo), não sendo titulares de direitos, também não podem ser sujeito passivo de crimes, embora possam constituir objeto material de determinados delitos (por exemplo, vilipêndio a cadáver: "Art. 212. Vilipendiar cadáver ou suas cinzas" (CP), ou crueldade com animais, como previsto na Lei n. 9.605/98: "Art. 32. Praticar ato de abuso, maus-tratos, ferir ou mutilar animais silvestres, domésticos ou domesticados, nativos ou exóticos").

A pessoa jurídica, evidentemente, sendo titular de direitos, também pode ser sujeito passivo de tipos penais, desde que compatíveis com sua natureza (pode ser sujeito passivo de furto, por exemplo, mas não de homicídio). Há controvérsia quanto à possibilidade de a pessoa jurídica ser sujeito passivo de crimes contra a honra (vez que esses delitos estão insertos no Título referente aos "Crimes contra a Pessoa"). A opinião dominante é de que "a pessoa jurídica pode ser sujeito passivo do delito de difamação", e, quanto à calúnia, apenas quanto à imputação de crime ambiental. Já a injúria, cujo bem jurídico protegido é a honra subjetiva, é incompatível com a natureza da pessoa jurídica.

Os delitos que atingem coletividades destituídas de personalidade jurídica são chamados **crimes vagos**, como, por exemplo, os crimes de ultraje ao pudor público e os crimes ambientais. Exemplos:

> Art. 233. Praticar ato obsceno em lugar público, ou aberto ou exposto ao público (CP).
> Art. 54. Causar poluição de qualquer natureza em níveis tais que resultem ou possam resultar em danos à saúde humana, ou que provoquem a mortandade de animais ou a destruição significativa da flora (Lei n. 9.605/98).

Seja qual for o sujeito passivo do delito, é entendimento amplamente acolhido na doutrina que todo e qualquer crime tem como **sujeito passivo formal** (ou **constante, genérico, geral ou mediato**) o Estado, que tem pela conduta criminosa violado seu interesse na obediência da norma proibitiva ou mandamental.

Não se confundem os conceitos de sujeito passivo e de prejudicado pela ação típica. O rol dos que sofrem prejuízo advindo da conduta delitiva pode transcender, o que geralmente ocorre, o âmbito do titular do bem jurídico diretamente atingido.

Também não se confunde o sujeito passivo com a pessoa que sofre diretamente a ação criminosa. O sujeito passivo do estelionato é que sofre a lesão patrimonial, mas é possível que, para concretizar a fraude, o agente tenha induzido em erro pessoa diversa.

Por fim, uma vez que o sujeito passivo é o titular do interesse ofendido pela conduta criminosa, impõe-se a conclusão, arrimada no princípio da alteridade, de que ninguém pode ser sujeito ativo e sujeito passivo de sua própria conduta delituosa.

Nos tipos que envolvem, em alguma medida, a lesão ou dano à coisa própria, tais condutas são sempre um meio para atingir-se bem jurídico alheio. Exemplos:

Art. 171, § 2º, do CP: "(...) V – destrói, total ou parcialmente, ou oculta coisa própria, ou lesa o próprio corpo ou a saúde, ou agrava as consequências da lesão ou doença, com o intuito de haver indenização ou valor de seguro". O bem jurídico não é integridade física do agente, senão o patrimônio da empresa seguradora.

Art. 341 do CP: "Acusar-se, perante a autoridade, de crime inexistente ou praticado por outrem". O bem jurídico não é a honra ou o interesse de quem se autoacusa, mas a Administração da Justiça.

Art. 184 do CPM: "Criar ou simular incapacidade física, que inabilite o convocado para o serviço militar". O bem jurídico não é a integridade física do convocado, mas da Administração Militar.

O crime de rixa não constitui exceção à regra (que se impõe, como se viu, em função de um princípio inarredável do Direito Penal democrático, que é o da alteridade). Conforme explica Damásio de Jesus, o que acontece é que o crime em questão "trata-se de crime plurissubjetivo de condutas contrapostas" e, por isso, "o rixoso é sujeito ativo em relação à sua própria conduta; é sujeito passivo em razão da coautoria ou participação dos outros. É ativo porque o seu procedimento põe em risco a saúde e a integridade física dos outros rixosos; é passivo porque, no desenrolar do entrevero, é exposto ao mesmo perigo pela conduta dos outros" (*Direito penal*, 2010, p. 219).

c) **Objetos**

c.1) Objeto material: é a pessoa ou coisa sobre a qual recai a ação criminosa. No homicídio, o objeto material é a pessoa humana; no crime de furto, é a coisa subtraída; no de falsidade documental, é o documento falsificado.

c.2) Objeto jurídico: é o bem jurídico que a norma penal visa proteger por meio da tipificação de determinada conduta. No homicídio, é a "vida"; no furto, é o "patrimônio"; na falsidade documental, é a "fé pública".

9.1.10 Classificação dos elementos do tipo

9.1.10.1 *Elementos objetivos*

Compõem o tipo objetivo e reúnem todas as circunstâncias externas, ou seja, que se encontram fora do mundo psíquico do agente. Dividem-se entre elementos descritivos e normativos:

a) **Descritivos:** elementos descritivos são aqueles que se referem à realidade concreta, diretamente perceptíveis pelos sentidos e independentes de qualquer valoração (Fernando Galvão, *Direito penal*, p. 169).

b) **Normativos:** são aqueles também relacionados às circunstâncias externas, mas cuja compreensão depende de atividade valorativa jurídica ou cultural. Ou seja, não podem ser apreendidos pela mera cognição (como os descritivos), mas pela valoração. Dividem-se em:

b.1) Elementos normativos de valoração extrajurídica (ou elementos normativos sociais): são extraídos dos valores sociais e, portanto, mais deficientes do ponto de vista da taxatividade e da segurança jurídica. Exemplos: "ato obsceno" (art. 233 do CP) e "dignidade ou decoro" (art. 140 do CP).

b.2) Elementos normativos de valoração jurídica (ou elementos normativos impróprios): podem ser buscados em conceitos derivados do próprio ordenamento jurídico. Exemplos: "funcionário público" (art. 327 do CP), "coisa alheia" (arts. 155 e 157 do CP) e "cheque" (art. 171, § 2º, VI, do CP).

b.3) Elementos normativos relativos à antijuridicidade: dizem respeito não à conduta em si, mas à "licitude" ou "ilicitude" da conduta. Exemplo: "indevidamente", "sem justa causa", "fraudulentamente".

9.1.11 Tipo subjetivo

a) **Elemento subjetivo genérico:** é o dolo, ou seja, a consciência e a vontade de realizar os elementos do tipo objetivo.

b) **Elementos subjetivos especiais:** referem-se a uma finalidade ulterior, além da prática da conduta típica. Exemplo: "para o fim de ocultar desonra própria"; "para o fim de obter vantagem".

9.2 TIPICIDADE

9.2.1 Conceito

É a subsunção da conduta ao tipo, ou seja, é o resultado da operação intelectual de comparação entre os fatos da vida real e o modelo típico descrito na lei (Cezar Roberto Bitencourt, *Tratado de direito penal*, 2012, p. 337). O tipo, portanto, pertence à lei, enquanto a "tipicidade" é uma característica da conduta. Típica é a característica da conduta real que se enquadra no modelo do tipo (Zaffaroni e Pierangeli, *Manual de direito penal brasileiro*, p. 384).

9.2.2 Evolução histórica da relação tipicidade *versus* antijuridicidade

a) Teoria do tipo independente ou avalorado (Beling – 1906)

Como já se viu linhas atrás, coube inicialmente a Beling o desenvolvimento da teoria do tipo, que direcionou e impulsionou todo o desenvolvimento da dogmática a partir de então. O grande movimento de Beling foi separar por completo o tipo da ilicitude, que antes se fundia de forma indistinta dentro da face objetiva do delito, conferindo, ao conceito analítico de crime, precisão científica antes desconhecida.

Nessa concepção, o tipo, destacado da antijuridicidade, era, portanto, não apenas puramente objetivo (a descrição objetiva de um processo causal perceptível aos sentidos) como também avalorado. Ou seja, não é função do juízo de tipicidade dizer se a conduta é positiva ou negativa, se ela é benéfica ou nociva, se é proibida ou permitida, mas apenas dizer se ela é ou não típica. A função valorativa pertencia a uma fase posterior, ao juízo de ilicitude. A função do tipo é apenas descrever a conduta, só, de forma neutra, sem emitir qualquer juízo de valor sobre ela, e, portanto, tudo o que a tipicidade pode afirmar é que a conduta se amolda ao tipo. Quem desvalora a conduta e a torna proibida é a categoria da antijuridicidade.

Em suma, nessa fase a grande contribuição de Beling foi separar as categorias da tipicidade e da ilicitude, antes confundidas, e o fez de forma radical e absoluta. A tipicidade não tem função de informar nada a respeito da ilicitude, são momentos distintos e autônomos de análise.

b) Teoria indiciária: tipo como *ratio cognoscendi* da antijuridicidade (Mayer – 1915)

O passo dado por Mayer foi perceber que o juízo de tipicidade não era completamente neutro, mas já continha uma referência à antijuridicidade. Ou seja, embora fosse mantida a separação entre tipicidade e antijuridicidade, percebeu-se que o tipo já continha um indício de que a conduta era também antijurídica, indício que, no entanto, poderia não ser confirmado se, na fase seguinte, fosse constatada a presença de uma causa de justificação.

O que se percebeu é que a tarefa legislativa de seleção das condutas típicas já tem inegável carga valorativa. Quando o legislador elege as condutas que serão descritas nos tipos, embora a descrição possa parecer neutra ("matar alguém"), está claro que a própria eleição dessa conduta já implica uma (des)valoração, ou seja, ela só foi selecionada para configurar um tipo penal porque já era, *a priori*, considerada maléfica, daninha e indesejável.

Por essa razão, o tipo adquire uma nova função, além da descrição e delimitação das condutas típicas, também a de indiciar a ilicitude. Nessa trilha, o tipo é considerado *ratio cognoscendi* da antijuridicidade, ou seja, afirmar a tipicidade permitia conhecer, ainda que em um juízo provisório, também a antijuridicidade. Ser típico já significa, presumidamente, ser antijurídico (momento positivo), a menos que exista, no momento posterior de análise (momento negativo), uma situação que, excepcionalmente, exclua a antijuridicidade.

c) Teoria da identidade: tipo como *ratio essendi* da antijuridicidade (Mezger – 1931)

Alinhado com todo o contexto da teoria neoclássica do delito, cuja base filosófica (neokantismo) orientava-se justamente no sentido da incorporação da dimensão valorativa, até então alijada do direito de inspiração positivista, Mezger completa o giro iniciado por Mayer, sobrepondo os conceitos de tipicidade e antijuridicidade.

Na sua concepção, o tipo não é apenas um modo de conhecer a antijuridicidade. O tipo é a própria antijuridicidade materializada, concretizada, tipificada. Por outro lado, a antijuridicidade penal não existe fora do tipo, ou seja, a conduta só é antijurídica porque é típica. Por isso, diz-se que a tipicidade é a *ratio essendi* da antijuridicidade.

Na explicação de Mezger, "o legislador cria, através da formação do tipo, a antijuridicidade específica: a tipicidade não é, de modo algum, a mera *ratio cognoscendi*, mas a própria *ratio essendi* da (especial) antijuridicidade" (*apud* Juarez Cirino dos Santos, *Direito penal*, p. 105-106).

A tipicidade constitui a antijuridicidade. Esta é a matéria da qual é feita a forma típica, mas essa matéria só tem existência quando já moldada na forma, a antijuridicidade, sem tipificação aos olhos do Direito Penal, não existe. A matéria é o que compõe a forma, mas a matéria nasce junto com a forma, ela nasce por causa da forma. O tipo tem, ao lado da função de descrever condutas, a função de constituir a antijuridicidade.

d) Teoria dos elementos negativos do tipo (von Weber – 1935)

A teoria de Mezger guarda proximidade, mas não se identifica com a teoria dos elementos negativos do tipo. Se para Mezger o foco é na antijuridicidade (a importância do tipo é que ele constitui a antijuridicidade), para a teoria dos elementos negativos o foco é na tipicidade. Nessa concepção a ausência de causa de justificação ingressa como se fosse elemento negativo adicional do tipo (somado àqueles descritos na Parte Especial), sendo que a presença de uma delas exclui necessariamente a tipicidade da conduta.

9.2.3 Teoria adotada no Brasil

É a teoria indiciária, segundo a qual a tipicidade gera uma presunção *juris tantum* de antijuridicidade, que pode ser afastada pela prova de que haja uma situação específica que, em face de um conflito de interesses, provoque a exclusão da ilicitude, ou seja, autorize a prática da conduta típica.

9.2.4 Tipicidade formal, material e conglobante

9.2.4.1 *Tipicidade formal*

É a simples adequação da conduta à norma incriminadora, vale dizer, é simples mecanismo formal de subsunção.

9.2.4.2 *Tipicidade material*

Como bem nota Carlos Vico Mañas, "não obstante a incontestável evolução teórica do conceito de tipo penal, desde a visão neutra de Beling, até a descoberta dos elementos anímicos e subjetivos pelo finalismo, verifica-se que a tipicidade continuou a ser, acima de tudo, um juízo formal de subsunção, ou seja, de adequação de um fato à descrição que dele se faz na lei penal. A tipicidade, portanto, de acordo com sua concepção formal, sempre foi vista como mera correspondência entre uma conduta da vida real e o tipo legal de crime, constante na lei penal. Tal postura, porém, não satisfaz a moderna tendência de reduzir ao máximo a área de influência do direito penal diante de seu reconhecido caráter subsidiário, já que manifesta a sua ineficiência como único meio de controle social" (*O princípio da insignificância como excludente da tipicidade em direito penal*, p. 52).

Isso significa conferir uma nova dimensão, agora material, ao conceito de tipicidade penal, reputando-se materialmente atípicas condutas que não provoquem ameaça ou lesão relevante a bens jurídicos alheios.

O desenvolvimento do conceito material de crime deu-se por meio da elaboração de princípios limitadores ao *jus puniendi* estatal, derivados da função do Direito Penal no contexto do Estado Social e Democrático de Direito, fundados no princípio da dignidade da pessoa humana. Tais princípios já foram estudados em capítulo próprio. Aqui voltaremos rapidamente a três deles, notadamente àqueles que mais diretamente restringem a tipicidade formal.

a) **Princípio da ofensividade:** se se assume que a função do Direito Penal é a proteção de bens jurídicos e que, portanto, o legislador, ao realizar a seleção das condutas a serem tipificadas, tem como objetivo exatamente evitar aquelas que configurem lesão ou ameaça a esses bens, fica claro que o princípio da ofensividade funciona como limitador da tipicidade formal.

Na realidade, o princípio da ofensividade opera em dois níveis:

No primeiro, dirigido ao legislador, impede que sejam sequer tipificadas condutas que não causem ao menos perigo relevante a qualquer bem (daí a discussão a respeito da constitucionalidade dos crimes de perigo abstrato).

No segundo nível, o princípio da ofensividade transforma-se em princípio da hermenêutica dirigido ao intérprete da lei posta, que permite excluir do âmbito de incidência do tipo aquelas condutas não ofensivas que equivocadamente sejam capturadas por ele.

Nesse passo, por exemplo, já reconheceu o Supremo Tribunal Federal a atipicidade material do delito de porte de arma (art. 14 da Lei n. 10.826/2003) que estiver desmuniciada e sem condições de pronto municiamento, justamente em virtude da falta absoluta de ofensividade dessa conduta.

b) **Princípio da insignificância:** o princípio da ofensividade é utilizado principalmente (mas não exclusivamente) para correção restritiva nos crimes de perigo (como é o caso, por exemplo, do tipo de "porte ilegal de armas" – art. 14 da Lei n. 10.826/2003). Mas, ainda que a conduta transcenda a fase de perigo e chegue à lesão, ainda assim pode não haver tipicidade material, se a lesão for irrelevante.

O princípio da insignificância foi concebido, pela primeira vez, por Roxin, em 1964, e é um dos frutos de sua proposta funcionalista que pretende "deixar as decisões valorativas político-criminais introduzirem-se no sistema do direito penal" por meio de "uma unidade sistemática entre política criminal e direito penal" (*Política criminal e sistema jurídico-penal*, p. 21-22).

Do ponto de vista funcionalista proposto, a função político-criminal da categoria da tipicidade é dar cumprimento ao princípio da determinação legal, ou seja, do *nullum crimen sine lege certa*. E sob esse ângulo, ensina Roxin, o correto é "uma interpretação restritiva, que realize a função de Magna Carta e a natureza fragmentária do direito penal, que mantenha íntegro somente o campo de punibilidade indispensável para a proteção de bens jurídicos" (*Política criminal e sistema jurídico-penal*, p. 47).

Aqui, prossegue o autor, "pertence igualmente o chamado princípio da insignificância, que permite excluir logo de plano lesões de bagatela da maioria dos tipos" (Roxin, *Política criminal e sistema jurídico-penal*, p. 47).

Amparando-se na lição de Roxin, explica Vico Mañas: "Não obstante procure atingir um número limitado de situações, o processo de tipificação mostra-se defeituoso diante da impossibilidade de reduzir a infinita gama de atos humanos em fórmulas estanques. Por tal motivo, o processo legislativo de tipificação é realizado de maneira 'abstrata', alcançando também o que Engisch chama de 'casos anormais'. A imperfeição do trabalho legislativo faz com que possam ser consideradas formalmente típicas condutas que, na verdade, deveriam estar excluídas do âmbito de proibição estabelecido pelo tipo penal. Ao realizar o trabalho de redação do tipo penal, o legislador apenas tem em mente os prejuízos relevantes que o comportamento incriminado possa causar à ordem jurídica e social. Todavia, não dispõe de meios para evitar que também sejam alcançados os casos leves. O princípio da insignificância surge justamente para evitar situações dessa espécie, atuando como instrumento de interpretação restritiva do tipo penal, com o significado sistemático e político-criminal de expressão da regra constitucional do *nullum crimen sine lege*, que nada mais faz do que revelar a natureza subsidiária e fragmentária do direito penal" (*O princípio da insignificância como excludente da tipicidade em direito penal*, p. 56).

Por essa razão, hoje se aceita largamente que as condutas que não comprometam de forma intensa a possibilidade de convivência social estão fora do campo de atuação da violência penal (podendo, evidentemente, ser reparadas ou coibidas por outros ramos do ordenamento jurídico, como o direito civil, o administrativo, o trabalhista etc.).

O Supremo Tribunal Federal brasileiro reconheceu o princípio da insignificância pela primeira vez em 1988 (HC 66.869) em acórdão da lavra do Ministro Aldir Passarinho, relativo ao crime de lesões corporais culposas no trânsito:

> Acidente de trânsito. Lesão corporal. Inexpressividade da lesão. Princípio da insignificância. Crime não configurado. Se a lesão corporal (pequena equimose) decorrente de acidente de trânsito e de absoluta insignificância, como resulta dos elementos dos autos – e outra prova não seria possível fazer-se tempos

depois – há de impedir-se que se instaure ação penal que a nada chegaria, inutilmente sobrecarregando-se as varas criminais, geralmente tão oneradas (RHC 66.896/PR, Rel. Min. Aldir Passarinho, 2ª T., j. em 6-12-1988).

A partir daí, o princípio da insignificância passou a fazer parte da discussão jurisprudencial brasileira, ora sendo recusada, ora sendo admitida a sua aplicação.

No ano de 2004, o Ministro do Supremo Tribunal Celso de Mello postulou, em voto proferido no HC, os vetores cuja presença cumulativa é imprescindível para o reconhecimento da insignificância:

> Princípio da insignificância. Identificação dos vetores cuja presença legitima o reconhecimento desse postulado de política criminal. Consequente descaracterização da tipicidade penal em seu aspecto material. Delito de furto. Condenação imposta a jovem desempregado, com apenas 19 anos de idade. *Res furtiva* no valor de R$ 25,00 (equivalente a 9,61% do salário mínimo atualmente em vigor). Doutrina. Considerações em torno da jurisprudência do STF. Pedido deferido. O princípio da insignificância qualifica-se como fator de descaracterização material da tipicidade penal. O princípio da insignificância – que deve ser analisado em conexão com os postulados da fragmentariedade e da intervenção mínima do Estado em matéria penal – tem o sentido de excluir ou de afastar a própria tipicidade penal, examinada na perspectiva de seu caráter material. Doutrina. Tal postulado – que considera necessária, na aferição do relevo material da tipicidade penal, a presença de certos vetores, tais como (a) a mínima ofensividade da conduta do agente, (b) a nenhuma periculosidade social da ação, (c) o reduzidíssimo grau de reprovabilidade do comportamento e (d) a inexpressividade da lesão jurídica provocada – apoiou-se, em seu processo de formulação teórica, no reconhecimento de que o caráter subsidiário do sistema penal reclama e impõe, em função dos próprios objetivos por ele visados, a intervenção mínima do Poder Público. O postulado da insignificância e a função do direito penal: *De minimis, non curat praetor*. O sistema jurídico há de considerar a relevantíssima circunstância de que a privação da liberdade e a restrição de direitos do indivíduo somente se justificam quando estritamente necessárias à própria proteção das pessoas, da sociedade e de outros bens jurídicos que lhes sejam essenciais, notadamente naqueles casos em que os valores penalmente tutelados se exponham a dano, efetivo ou potencial, impregnado de significativa lesividade. O direito penal não se deve ocupar de condutas que produzam resultado, cujo desvalor – por não importar em lesão significativa a bens jurídicos relevantes – não represente, por isso mesmo, prejuízo importante, seja ao titular do bem jurídico tutelado, seja à integridade da própria

ordem social (HC 84.412/SP, Rel. Min. Celso de Mello, 2ª T., j. em 19-10-2004, *DJ* 19-11-2004).

c) **Princípio da adequação social:** a lesão irrelevante não há de ser considerada típica, porque não se exige e nem se justifica a intervenção do Direito Penal quando o bem jurídico não sofre ataque significativo. Mas, ainda que haja uma lesão não insignificante, a tipicidade material pode ainda não completar-se se essa lesão for socialmente adequada, ou seja, for considerada parte integrante, e não perturbadora, da convivência social.

Conforme ensina Juarez Cirino dos Santos, a teoria da adequação social foi inicialmente formulada por Welzel, já, portanto, na própria origem do finalismo, e concebe que "as ações realizadas no contexto da ordem social histórica da vida são ações socialmente adequadas – e, portanto, atípicas, ainda que correspondam à descrição do tipo legal" (*apud* Juarez Cirino dos Santos, *Direito penal*, p. 107).

Explica Welzel: "Na função dos tipos de apresentar modelos da conduta proibida, fica claro que as formas de conduta selecionadas têm, de um lado, um caráter social, quer dizer, referem-se à vida social, mas, por outro lado, são justamente inadequadas a uma vida social ordenada. Nos tipos se faz patente a natureza social e ao mesmo tempo histórica de Direito Penal: assinalam as formas de conduta que se afastam gravemente da ordem histórica da vida social" (*Derecho penal alemán*, p. 66). A partir dessa perspectiva, o princípio da adequação social assoma como "um princípio geral de interpretação" (*Derecho penal alemán*, p. 69), cuja aplicação resulta na exclusão de conduta que, embora formalmente típicas, fazem parte do âmbito normal de liberdade social.

Exemplo tradicional são as lesões provocadas em crianças para a colocação de brincos nas orelhas ou a circuncisão. Ambas as lesões não podem, sem mais, serem taxadas de irrelevantes, pois é certo que, se realizadas, à força, em um adulto, a inadequação social desse procedimento permitiria sem dúvida considerá-lo como típico. A atipicidade aqui decorre do fato de que tais condutas, ainda que isoladamente lesivas à integridade física de quem as sofre, não viola qualquer valor ético--social e nem perturba, de qualquer forma, a coexistência social, motivo pelo qual a intervenção do Direito Penal nesses casos seria violência sem qualquer função, aliás, disfuncional.

9.2.4.3 *Tipicidade conglobante*

Como já visto, o tipo pertence à lei, e a lei não se confunde com a norma. A lei diz "matar alguém – pena de 6 a 20 anos de reclusão" (tipo). Mas a norma, ou seja, o comando que o legislador espera ver obedecido, é "não matar" (norma proibitiva), porque, em última análise, o interesse do legislador é "não lesar a vida humana" (bem jurídico protegido). É preciso, então, olhar para a tipicidade como uma realidade que vai além do tipo, como uma realidade tridimensional: tipo, norma, bem jurídico. Sob essa perspectiva, tipicidade penal é o atributo da conduta que: se subsume a um tipo (tipicidade legal), viola uma norma (antinormatividade) e lesa um bem jurídico.

O conceito e tipicidade conglobante se assenta sobre a ideia de que nem sempre uma conduta típica será antinormativa ou lesiva ao bem jurídico que se quer proteger. Nesse caso, embora seja legalmente típica, não será penalmente típica (Zaffaroni e Pierangeli, *Manual de direito penal brasileiro*, p. 394-395).

Nas palavras de Zaffaroni e Pierangeli, "a tipicidade penal pressupõe a legal, mas não a esgota: a tipicidade penal requer, além da tipicidade legal, a antinormatividade" (*Manual de direito penal brasileiro*, p. 395).

Ocorre que a antinormatividade de determinada conduta não pode ser verificada a partir da observação de uma norma isolada, e sim a partir da observação do conjunto da ordem normativa. Pois, como defendem os autores, "não se pode admitir que na ordem normativa uma norma ordene o que outra proíbe" (Zaffaroni e Pierangeli, *Manual de direito penal brasileiro*, p. 395), sob pena de não haver ordem alguma. "Uma ordem normativa, na qual uma norma possa ordenar o que a outra pode proibir, deixa de ser uma ordem e de ser normativa, torna-se uma 'desordem arbitrária'. As normas jurídicas não vivem isoladas, mas num entrelaçamento em que umas limitam as outras, e não podem ignorar-se mutuamente. Uma ordem normativa não é um caos de normas proibitivas amontoadas em grandes quantidades, não é um depósito de proposições arbitrárias, mas uma ordem de proibições, uma ordem de normas, um conjunto de normas que guardam entre si uma certa ordem, que lhes vem dada por seu sentido geral: seu objetivo final, que é evitar a guerra civil" (Zaffaroni e Pierangeli, *Manual de direito penal brasileiro*, p. 395-396).

Nessa trilha não se concebe uma ordem normativa em que uma norma proíbe o que outra norma ordena ou fomenta (Zaffaroni e Pierangeli, *Manual de direito penal brasileiro*, p. 396). Quer dizer que a norma penal (aquele comando que está por trás do tipo legal) não pode se proibitiva em relação a condutas que outras normas pertencentes à ordem normativa autorizam ou fomentam. E, além disso, "se a norma tem sua razão de ser na tutela de um bem jurídico, não pode incluir em seu âmbito a proibição a condutas que não afetam o bem jurídico".

A essa análise da norma penal contextualizada no quadro da ordem normativa e tendo como foco o bem jurídico protegido, Zaffaroni e Pierangeli chamam de juízo de tipicidade conglobante.

Em outras palavras, para afirmar a tipicidade penal, o Juiz deverá realizar duas operações mentais, e não apenas uma: verificar a tipicidade legal (ou seja, verificar se a conduta se amolda ao tipo e, portanto, se ela supostamente viola a norma penal) e verificar a tipicidade conglobante (ou seja, verificar se a conduta que se amolda ao tipo de fato viola a norma penal, observando-se, para isso, o conjunto da ordem normativa e a afetação do bem jurídico).

Ensinam Zaffaroni e Pierangeli que "o juízo de tipicidade não é um mero juízo de tipicidade legal, mas que exige um outro passo, que é a comprovação da tipicidade conglobante, consistente na averiguação da proibição através da indagação do alcance proibitivo da norma, não considerada isoladamente, mas conglobada na ordem normativa" (*Manual de direito penal brasileiro*, p. 396).

Isso significa, complementam os autores, "que a tipicidade penal implica a tipicidade legal corrigida pela tipicidade conglobante, que pode reduzir o âmbito da proibição aparente, que surge da consideração isolada da tipicidade legal" (Zaffaroni e Pierangeli, *Manual de direito penal brasileiro*, p. 474).

A consequência prática dessa concepção é que inúmeros casos que são resolvidos tradicionalmente no âmbito da antijuridicidade passam desde logo para a esfera da tipicidade.

a) **Estrito cumprimento do dever legal:** o primeiro e mais significativo grupo de casos são as hipóteses de "estrito cumprimento do dever legal". Segundo os autores, não se podem considerar os casos em que o agente tem um dever de praticar a conduta descrita no tipo legal de crime como insertos em um preceito permissivo (causa de justificação), até porque não há mera permissão, mas verdadeira imposição.

b) **Intervenções cirúrgicas:** para a doutrina tradicional, as intervenções cirúrgicas são típicas, mas estão justificadas pelo "exercício regular de direito", desde que realizadas segundo a *lex artis* e com consentimento do paciente. Intervenções sem o consentimento do paciente se amparam em outra causa de justificação, qual seja, o estado de necessidade.

Na concepção esposada pelos autores, as intervenções terapêuticas, porque fomentadas pelos órgãos de saúde pública, são penalmente atípicas (embora legalmente típicas). Não se trata, portanto, de mera exclusão da ilicitude (seja pelo estado de necessidade, seja pelo exercício regular de direito). Já as intervenções não terapêuticas são penalmente típicas, mas podem estar justificadas se forem realizadas no exercício regular da atividade profissional, desde que com o consentimento do paciente (Zaffaroni e Pierangeli, *Manual de direito penal brasileiro*, p. 481).

c) **Lesões desportivas:** as lesões provenientes da prática regulamentar de esportes são tratadas na perspectiva tradicional como "exercício de direito". No entanto, para os autores, trata-se de uma hipótese de atipicidade penal (por atipicidade conglobante), uma vez que a prática de tais esportes é fomentada por toda a legislação desportiva (Zaffaroni e Pierangeli, *Manual de direito penal brasileiro*, p. 482).

Ressalvam-se apenas os casos em que a conduta extrapola as regras regulamentares, quando, então, readquire a tipicidade conglobante e, por isso, a tipicidade penal.

Além disso, situações em que o bem jurídico não é afetado também não se podem considerar inseridas no âmbito de proibição da norma. É nesse contexto que Zaffaroni e Pierangeli tratam do princípio da insignificância, afirmando que "a insignificância da afetação exclui a tipicidade, mas só pode ser estabelecida através da consideração conglobada da norma: toda a ordem normativa persegue uma finalidade, tem um sentido, que é a garantia jurídica para possibilitar uma coexistência que evite a guerra civil (a guerra de todos contra todos). A insignificância só pode surgir à luz da finalidade geral que dá sentido à ordem normativa, e, portanto, à norma em particular, e que nos indica que essas hipóteses estão excluídas do seu âmbito de proibição, o que não pode ser estabelecido à simples luz de sua consideração isolada" (*Manual de direito penal brasileiro*, p. 485).

9.2.5 Tipicidade direta e indireta

a) **Tipicidade por subordinação direta ou imediata:** a conduta encaixa-se perfeitamente à moldura típica constante da Parte Especial do Código Penal (ou de lei especial).

b) **Tipicidade por subordinação indireta ou mediata:** o ajustamento da conduta à moldura típica necessita da intervenção de uma regra de extensão da figura típica, constante na Parte Geral do Código Penal. Ou seja, a conduta não se adéqua diretamente ao tipo. É necessário que, entre a conduta e o tipo incriminador, interponha-se uma regra de extensão que alargue a moldura típica, formando-se assim uma nova figura que possa então abarcar o fato concreto.

Exemplo de normas de extensão são as regras referentes à tentativa e à participação. Em ambos os casos, a conduta praticada foi menos do que a exigida pelo tipo, de forma que, pela via direta, não há subsunção. Tentar matar não é exatamente matar; ajudar a matar, também não. Mas, em ambos os casos, o agente dessas condutas pode responder pelo crime de homicídio graças às regras de extensão da figura típica.

b.1) Extensão temporal da figura típica – tentativa (art. 14 do CP): o art. 14, II, do CP contém uma regra de extensão temporal do tipo, que permite à figura típica colher fatos que não contenham o último (cronologicamente) elemento exigido pela descrição legal, ou seja, o resultado.

b.2) Extensão espacial/pessoal da figura típica – participação (art. 29 do CP): a regra contida no art. 29 do Código Penal também estende a moldura do tipo, agora para incriminar quem não praticou diretamente sequer a conduta prevista no tipo. O instituto da participação amplia espacialmente o círculo abrangido pelo tipo, para que extrapole os limites do autor da ação nuclear típica e passe a cobrir também as ações laterais, que contribuíram com aquela.

b.3) Extensão modal da figura típica – omissão imprópria (art. 13, § 2º, do CP): por fim, a regra contida no art. 13, § 2º, do Código Penal também estende a moldura do tipo, para incriminar omissões que, quando praticadas por determinadas pessoas, equivalem à ação causadora do resultado previsto no tipo comissivo. Portanto, a regra em questão amplia o próprio núcleo do tipo para que, ao lado da forma "matar" (no crime de homicídio, por exemplo) seja também incluído, em determinados casos, o "deixar morrer".

TIPICIDADE DOLOSA E TIPICIDADE CULPOSA

CAPÍTULO 10

10.1 TIPO DOLOSO

A maioria dos tipos penais, além da **imputação objetiva**, exige ainda um nível de **imputação subjetiva**, ou seja, exige o preenchimento de requisitos subjetivos (anímicos, psicológicos, internos ao agente) que completam a construção típica. Os tipos que exigem a imputação subjetiva chamam-se dolosos e são, desde sempre, a regra nos sistemas jurídicos. Os tipos que não exigem imputação subjetiva chamam-se culposos e, uma vez que são exceção, têm que ter previsão expressa na Parte Especial do Código Penal. Os tipos culposos não exigem imputação subjetiva, contentando-se com a imputação objetiva que neles toma a forma de uma figura especial, vale dizer, a figura da culpa.

O tipo subjetivo, que só existe nos crimes dolosos, portanto, pode ser composto de dois elementos: 1) **dolo** (elemento subjetivo geral); 2) **elementos subjetivos especiais** diversos do dolo (elemento subjetivo circunstancial, presente apenas em alguns tipos dolosos).

10.1.1 Dolo

10.1.1.1 Conceito de dolo

É a categoria dogmática referente à **consciência e vontade** de realizar os elementos descritos no tipo objetivo e que devem estar presentes para que o tipo subjetivo se considere satisfeito.

O art. 18 do CP assim estabelece:

> Art. 18. Diz-se o crime
> I – doloso, quando o agente quis o resultado ou assumiu o risco de produzi-lo.

Cabem aqui, em face do texto legal, duas observações:

A primeira é que, embora o art. 18 empregue o termo "agente", evidentemente o dolo não é elemento apenas nos crimes de "ação" (comissivos), sendo claro que a omissão só será típica se houver dolo (e apenas, excepcionalmente, se houver culpa, quando houver previsão).

A segunda é que, embora o art. 18 mencione "resultado", o dolo não é elemento subjetivo apenas nos tipos de resultado (materiais), senão também nos formais e de mera conduta. Portanto, a palavra resultado aqui deve ser compreendida como resultado jurídico simplesmente, ou seja, mesmo nos crimes de mera conduta é preciso que o agente tenha consciência e vontade de praticar a conduta típica, provocando assim a lesão ou ameaça ao bem jurídico protegido. Acrescente-se que, nos crimes efetivamente materiais, o dolo deve abranger não apenas a conduta, mas também o resultado e o nexo causal, como se verá.

10.1.1.2 Elementos estruturais do tipo doloso

a) **ação ou omissão** dirigidas, direta ou indiretamente, a um fim ilícito;
b) **tipicidade** objetiva e subjetiva.

Nos delitos materiais a integração da tipicidade objetiva exige a ocorrência de determinado evento naturalístico (**resultado**) que seja imputável à conduta do sujeito (**nexo causal** e **imputação objetiva do resultado**).

Ressalvando-se que a inocorrência do resultado naturalístico, nos crimes dolosos materiais, não implica a atipicidade absoluta da conduta, mas faz surgir, por via de regra, a figura da tentativa.

10.1.1.3 Dolo e voluntariedade ou finalidade

Não há que se confundir dolo com voluntariedade ou vontade final (finalidade), atributo fundamental de qualquer conduta humana que depois possa servir como base tanto para os tipos dolosos quanto para os tipos culposos. Em suma, tanto os tipos dolosos quanto os tipos culposos são referidos, sempre, a uma conduta voluntária e finalisticamente dirigida.

Exemplo: se X dirige em alta velocidade para não chegar atrasado ao trabalho e, no percurso, perde o controle do veículo que conduzia e atropela Y, a conduta de X foi voluntária, ou seja, foi dirigida por uma vontade final (de dirigir rapidamente), embora essa vontade final não corresponda ao dolo do tipo de homicídio.

10.1.1.4 Dolo e motivação ou finalidade última

Se, por um lado, dolo é mais do que voluntariedade, ou vontade final, já que mesmo os crimes culposos a pressupõem; pelo outro, ele é menos do que a motivação, ou o fim último da conduta.

Exemplo: se X dispara sua arma de fogo contra o coração de Y, o faz com dolo. Se o faz porque Y estava prestes a estuprar a namorada de X, ou porque já a havia estuprado instantes antes, essa motivação nada tem a ver com o dolo, podendo repercutir sobre a ilicitude (no primeiro caso) ou sobre o grau de culpabilidade e, portanto, sobre a pena (no segundo caso).

10.1.1.5 Elementos do dolo

10.1.1.5.1 Cognitivo ou intelectual

O dolo é constituído, em primeiro lugar, por um elemento **intelectivo**, **cognitivo** ou **intelectual**, composto da **consciência** (representação) que ilumina o **fato concreto** constitutivo de determinado **tipo penal**. Em outras palavras, o agente deve ter consciência do que faz, do que pretende praticar. Deve ter clareza a respeito da situação na qual se encontra. Só quando todos os elementos do fato estão presentes na consciência psicológica do agente, poder-se-á afirmar que ele se decidiu pela prática do ilícito e que deve responder por uma atitude contrária ou indiferente ao bem jurídico lesado pela conduta.

É importante notar, como faz Figueiredo Dias, que o aspecto intelectual do dolo é constituído pela consciência das circunstâncias **do fato**, mas não necessariamente circunstâncias **de fato** (*Direito penal*, p. 351). As circunstâncias formadoras do fato típico podem envolver situações de fato e situações de direito. Por exemplo, a circunstância "alheia" é uma circunstância elementar do fato típico de furto, mas não é uma circunstância de fato, e sim de direito, referente ao instituto jurídico da propriedade.

Não é necessário, no entanto, como veremos a seguir, que o agente tenha consciência de que aquilo que faz constitui crime. Em outras palavras, é preciso que tenha consciência do que faz, mas não da ilicitude daquilo que faz. Para ter dolo de homicídio, precisa saber que matou um homem, mas não que matar um homem é crime de homicídio. Em suma, o conhecimento da ilicitude não faz parte e não interfere com o dolo.

A consciência exigida pelo dolo precisa ser real. Não basta a consciência potencial. Ou seja, é necessário que o agente de fato perceba a presença dos elementos do tipo, não basta que ele possa percebê-los (nessa última situação, haverá então erro de tipo evitável, que exclui o dolo).

É preciso também que a consciência seja atual, vale dizer, concomitante ao atuar. É usual na doutrina brasileira, quanto a alguns tipos da Parte Especial, mencionar-se o "dolo subsequente", o que evidentemente é uma imprecisão terminológica. No entanto, como ressalta Juarez Cirino dos Santos, o dolo deve existir "durante a realização da ação, o que não significa durante toda a realização da ação planejada, mas durante a realização da ação que desencadeia o processo causal típico (a bomba colocada no automóvel com dolo de homicídio somente explode quando o autor já está em casa, dormindo)" (*Direito penal*, p. 150).

A consciência exigida pelo dolo deve abranger todo o tipo objetivo, inclusive:

a) os elementos descritivos do tipo (a elementar "alguém", no crime de homicídio);
b) os elementos normativos do tipo (a elementar "alheia", no delito de furto). Muitas vezes, como já se viu, os elementos normativos exigem valorações jurídicas. Quanto a eles, a consciência do agente deve apreendê-los segundo o seu significado comum (valoração paralela no nível do leigo ou valoração paralela na esfera do profano), e não no sentido da definição jurídica deles, pois do contrário somente juristas seriam capazes de dolo (Juarez Cirino dos Santos, *Direito penal*, p. 134);
c) os elementos negativos do tipo (a elementar "sem consentimento de quem de direito", no delito de violação de domicílio ou nascimento "inexistente" nos crimes contra o estado de filiação);
d) elementos futuros do tipo (resultado perseguido, nexo causal planejado e consequências certas e prováveis do plano concebido). No entanto, como observam Zaffaroni e Pierangeli, "não se requer que a previsão da causalidade ou da forma em que se produza o resultado seja detalhada" (*Manual de direito penal brasileiro*, p. 462). Por esse motivo, determinados desvios no nexo causal são considerados irrelevantes (como será estudado adiante);
e) circunstâncias não elementares do tipo (qualificadoras, privilegiadoras, causas de aumento e de diminuição de penal, agravantes e atenuantes).

Por fim, a ausência do elemento intelectual exigido pelo dolo configura justamente a hipótese de **erro de tipo**, que será estudado no Capítulo 11.

10.1.1.5.2 Volitivo

É a **vontade** dirigida à realização dos **elementos do tipo**, ou a vontade de realização da conduta a despeito da representação, tendo-se como certa ou provável a realização concomitante dos elementos do tipo.

É importante destacar, no entanto, como já se viu quando da definição de conduta, que vontade (ativa) é muito diferente dos conceitos de esperança ou desejo (passivos). A vontade, ou vontade final, só existe quando há concreta possibilidade de dirigir o curso causal dos acontecimentos em determinada direção. A marca do finalismo, na verdade, não é propriamente a finalidade, mas a dirigibilidade do curso causal no sentido dessa finalidade. Assim, ainda que haja intenção, não haverá dolo quando a conduta não puder controlar minimamente o fluxo dos acontecimentos.

Exemplo: o sobrinho que, desejando a morte de seu tio, o induz a uma viagem de avião, com a esperança de que ele venha a cair, o que de fato vem a acontecer. Esse exemplo, tão conhecido e utilizado pelos defensores da teoria da imputação objetiva, já era na verdade tratado por Welzel e resolvido no âmbito da imputação subjetiva. Para o finalismo não há como imputar ao sobrinho o resultado morte do tio por ausência absoluta de dolo. O sobrinho pode ter desejo ou esperança em relação à morte do tio, mas não tem dolo, pois seu desejo não se plasma em uma vontade ativa que possa dirigir o curso causal. Como vimos, Roxin usa o mesmo exemplo para defender, nesse caso, a falta de imputação já desde o nível do tipo objetivo, pela inexistência de criação de risco proibido, de modo que nem se chega a ponderar a existência ou não de dolo. A questão é resolvida antes, ainda no âmbito da tipicidade objetiva. Mas importa deixar claro que já para o finalismo seria inviável a punição do sobrinho, no entanto com fundamento na atipicidade subjetiva da conduta pela falta de preenchimento dos requisitos exigidos pelo dolo do tipo.

10.1.1.6   Natureza do dolo

Como já estudado, a partir da teoria finalista passou-se a separar o dolo do conhecimento da antijuridicidade. Assim, o dolo passa a ser composto apenas da dimensão psicológica, consistente na consciência da realidade concreta e na vontade de atuar sobre ela em determinada direção ilícita. Saber ou não saber que essa direção é ilícita passou a não ser mais uma questão ligada ao dolo, e sim à culpabilidade.

Até aquele momento, o dolo era composto de dois momentos: a consciência do fato e a consciência da ilicitude do fato. Era o chamado *"dolus malus"* (dolo mau).

Ocorre que, com a transferência da análise do dolo para a tipicidade e a depuração da culpabilidade, que se tornou puramente normativa/valorativa, o aspecto normativo do dolo (a consciência da ilicitude) permaneceu como elemento da culpabilidade, agora já como conhecimento potencial, e não mais real. Com isso, também o dolo depurou-se de seu elemento normativo, tornando-se puramente psicológico ou natural.

Exemplo: X, vindo da Argentina, ingressa no Brasil, portando frascos de cloreto de etila (lança-perfume) por desconhecer que, nesse país, tal substância é considerada "droga" ilícita. *Solução do exemplo:* da perspectiva do dolo normativo, X não agiu com dolo, pois, embora tivesse conhecimento dos fatos, não conhecia a proibição, vale dizer, não sabia que violava qualquer norma proibitiva. Já da perspectiva do dolo psicológico ou natural X agiu com dolo, pois tinha plena consciência da presença dos elementos exigidos pelo tipo (sabia perfeitamente que portava lança-perfume), embora não conhecesse o tipo em si e nem soubesse que sua conduta era proibida. Agiu com dolo, mas não será punido por ausência de culpabilidade, já que incorreu em erro de proibição.

Em suma, o dolo a partir do finalismo é **puramente psicológico ou natural**. A falta de conhecimento potencial da ilicitude (erro de proibição) é questão afeta à culpabilidade, e não mais ao dolo.

10.1.1.7   Teorias do dolo

Ao longo do desenvolvimento da teoria do crime o dolo seguiu sendo uma das figuras mais complexas e difíceis, tanto no nível teórico da conceituação quanto no nível prático da constatação. Historicamente a ideia de dolo nasceu colorida por uma forte carga de conteúdos subjetivos, e o dolo relacionava-se basicamente ao querer do agente, sendo o elemento cognitivo apenas um pressuposto do querer, pois só se pode querer o que se conhece. As dificuldades decorrentes dessa visão impulsionaram o desenvolvimento de construções teóricas que buscaram deslocar a ênfase justamente para o aspecto intelectivo, havendo modernamente propostas que defendem a ideia do "dolo sem vontade".

Dessa forma, podem-se agrupar as múltiplas teorias que procuram conceituar o dolo e distingui-lo da culpa em duas grandes famílias: a das teorias volitivas e a das teorias cognitivas.

a) **Teorias volitivas:** são as teorias que defendem que a nota essencial do dolo está na relação entre o querer do agente e os elementos do tipo. Essa relação pode assumir configurações e intensidades variadas. As principais representantes desta categoria são as seguintes:

a.1) **Teoria da vontade:** também chamada de teoria clássica, a teoria da vontade enfatiza o elemento volitivo do dolo, embora sem prescindir, pois não seria possível fazê-lo, do elemento cognitivo. O que importa é que esta teoria, ao contrário das outras, exige, para a caracterização do dolo, a efetiva vontade dirigida à realização dos elementos do tipo objetivo.

a.2) **Teoria do consentimento, da assunção ou da aprovação:** para esta teoria considera-se necessário e suficiente, para que haja dolo, que o agente considere o resultado como possível e concorde com a sua eventual produção. O raciocínio que subjaz a essa atitude psíquica é expresso na seguinte fórmula, atribuída a Frank: "Seja assim ou de outro modo, ocorra este ou outro resultado, em todo caso eu atuo". Dessa forma, se o agente aprova o resultado, haveria dolo, mas, se lhe é indiferente ou o desaprova, haveria culpa. Essa acepção bastante restritiva da teoria do consentimento foi progressivamente reformulada, passando-se a entender o ato de aprovar o resultado não como comprazer-se dele, mas como incluí-lo na sua vontade (ainda que ele não lhe seja agradável).

a.3) **Teoria da indiferença ou do sentimento:** para esta teoria considera-se necessário e suficiente, para que haja dolo, que o agente mantenha uma relação de indiferença diante da produção do resultado. Dessa forma, se o agente é indiferente ao resultado há dolo, mas, se ele efetivamente não o deseja, haveria culpa.

a.4) **Teoria da vontade evitação não comprovada ou da objetivação da vontade de evitar o resultado:** para essa teoria considera-se necessário e suficiente, para que haja dolo, que o agente não tenha ativado contrafatores destinados a evitar o resultado representado como possível. Dessa forma, se o agente não ativou contrafatores, há dolo; caso os tenha ativado, haverá culpa.

b) **Teorias cognitivas:** são as teorias que defendem que a nota essencial do dolo está na relação entre a consciência do agente e os elementos do tipo. Essa relação pode assumir configurações e intensidades variadas. As principais representantes desta categoria são as seguintes:

b.1) **Teoria da probabilidade ou da cognição:** para esta teoria considera-se necessário e suficiente, para que haja dolo, que o agente considere o resultado provável.

Dessa forma, se o resultado é representado como provável (ou seja, caso haja um perigo qualificado, um sério risco ao bem jurídico) haverá dolo; caso o resultado seja representando como meramente possível, haverá culpa.

b.2) **Teoria do perigo a descoberto ou perigo desprotegido:** tal como as demais teorias cognitivas, ela retira o elemento volitivo do dolo, centrando-se no aspecto do conhecimento, nesse caso o conhecimento a respeito da natureza do perigo. Para essa teoria é necessário e suficiente, para que haja dolo, que o agente tenha consciência de que expõe o bem jurídico a um perigo desprotegido, ou seja, uma situação na qual a ocorrência do resultado lesivo subordina-se exclusivamente à sorte e ao acaso (como no clássico caso da roleta russa). Dessa forma, ainda que o agente confie ou torça pela não ocorrência do resultado, e ainda que o dano seja estatisticamente pouco provável (como a chance de 1/5 no caso de um projetil ser colocado no tambor), como o agente sabe que o resultado depende unicamente de sorte-azar, haverá dolo eventual. Por outro lado, caso o perigo seja protegido, ou seja, caso seja em tese possível evitar o resultado por meio do controle dos fatores de risco por parte do autor, da vítima ou de terceiro, haverá culpa.

b.3) **Teoria da possibilidade ou da representação:** para essa teoria considera-se necessário e suficiente, para que haja dolo, o conhecimento da possibilidade de concorrência do resultado típico, ou seja, a previsão do resultado típico como certo, provável ou possível, nada mais. Se há esse conhecimento, há dolo; caso não haja, haverá culpa. Vê-se logo que adotando tal entendimento desaparece a figura da culpa consciente, ou seja, só haverá culpa se o agente permanecer inconsciente da possibilidade de ocorrência do resultado.

b.4) **Teoria do risco:** por vezes apresentada como variante da teoria da possibilidade, para essa teoria é necessário e suficiente, para que haja dolo, o conhecimento pelo agente do risco indevido na realização de um comportamento ilícito. Ou seja, se o agente tem consciência de que sua conduta representa um risco ao bem jurídico, há dolo; caso contrário, haverá culpa.

Em suma, quanto ao dolo direto, o ordenamento jurídico brasileiro adotou a teoria da vontade, e quanto ao dolo eventual, adotou a teoria do consentimento, do assentimento ou da assunção.

10.1.1.8 Espécies de dolo

Como já se viu, tanto os tipos dolosos quanto os culposos são montados sobre a estrutura da conduta final.

Cabe, então, relembrar o que já foi explicado a respeito da conduta para, sobre esse molde, encaixar as categorias de dolo: i) a proposição do fim que o autor quer realizar; ii) a seleção dos meios de ação para a consecução do fim; iii) a avaliação dos efeitos concomitantes; iv) a realização da ação no mundo externo.

De acordo com a estrutura da conduta, portanto, podem se identificar diferentes espécies de dolo, como se verá mais adiante.

A lei brasileira prevê apenas duas espécies de dolo: o dolo direto e o eventual, mas a doutrina reconhece a subdivisão do dolo direto de primeiro e de segundo grau.

Todas as espécies de dolo exigem a presença dos dois elementos – intelectivo e volitivo, mas justamente o que as distingue é a forma segundo a qual esses elementos se combinam:

a) **Dolo direto de primeiro grau ou intenção:** nele a vontade final do agente é voltada diretamente à realização dos elementos do tipo, englobando, portanto, o fim proposto e os meios escolhidos para atingi-lo. Ou seja, já na primeira etapa de realização da conduta (proposição dos fins) o agente elege, como meta, exatamente a realização dos elementos objetivos de determinado tipo legal de crime. Por outras palavras, o próprio fim diretivo da conduta é um fim típico.

No dolo direto de primeiro grau, a primazia é do elemento volitivo. Como o elemento volitivo é "forte", o elemento intelectivo pode ser "fraco", ou seja, do ponto de vista do elemento intelectivo basta a suposição da mínima possibilidade de alcançar o resultado. Não é preciso que o agente tenha certeza de alcançá-lo ou mesmo que se atribua grande probabilidade de fazê-lo. Exemplo: X, com intenção de matar Y, dispara de uma longa distância, sabendo que tem pequena possibilidade de acertar seu alvo. Não deixa de haver por isso uma ação dolosa de homicídio (que pode consumar-se ou permanecer na esfera tentada) (Claus Roxin, *Derecho penal*, p. 416).

b) **Dolo direto de segundo grau ou dolo de propósito mediato ou dolo de consequências necessárias:** abrange as consequências, ainda que não perseguidas, representadas como necessárias em virtude dos meios escolhidos para atingir sua vontade final (que pode ser típica ou extratípica), ou seja, aqueles efeitos concomitantes que o sujeito prevê que, com certeza, serão produzidos. Corresponde, portanto, à segunda e à terceira etapas da conduta relativa não ao propósito, mas, sim, à seleção dos meios e análise dos efeitos concomitante.

No dolo direto de segundo grau, para compensar o elemento volitivo que é "fraco" (o agente não deseja diretamente alcançar aquele resultado), o elemento intelectivo tem que ser "forte" (o agente deve ter certeza de que ele será alcançado). Não basta, portanto, que o sujeito perceba a probabilidade e, muito menos, uma remota possibilidade de o resultado acontecer, é preciso que dê como certa ou no mínimo muito provável a sua ocorrência para que o evento se encontre abrangido pelo dolo dessa espécie (Claus Roxin, *Derecho penal*, p. 416).

Exemplo 1: X, com intenção de matar Y, coloca uma bomba no avião no qual este irá viajar, sabendo que com isso matará todos os outros passageiros. Responderá pelo homicídio com dolo direto de primeiro grau em relação a Y e com dolo direto de segundo grau em relação aos demais passageiros.

Exemplo 2: a morte intencional causada a um dos irmãos xifópagos, mas com consciência de que o outro irmão também morrerá. Há aqui dois delitos, o primeiro informado pelo dolo direto de primeiro grau, o segundo, pelo dolo direto de segundo grau.

Como vimos, a lei brasileira não menciona expressamente o dolo direto de segundo grau. Não obstante a maioria da doutrina brasileira defender que o texto legal deve ser lido à luz do desenvolvimento científico da matéria e, portanto, entender que o dolo de segundo grau está incluído no conceito de dolo direto do CP (o agente "quis" o resultado), pois nessa hipótese, embora o resultado não fosse a intenção final do agente, ele ainda assim o quis, na medida em que quis utilizar-se daqueles meios que certamente o produziriam para atingir sua intenção final.

c) **Dolo eventual ou propósito condicionado:** abrange as consequências não perseguidas, mas previstas como possíveis, em virtude dos meios escolhidos para atingir a finalidade (que pode ser típica ou extratípica), ou seja, aquelas que o sujeito prevê que podem se produzir ou não e, embora não o queira, consente com a sua eventual produção. Também corresponde, portanto, às fases da conduta relacionada à seleção dos meios e à apreciação dos efeitos concomitantes.

Como se vê no dolo eventual tanto o elemento intelectivo (o agente não tem certeza de que o resultado se produzirá) quanto o elemento volitivo (ele não persegue a realização daquele evento) estão minimizados, razão pela qual, em muitas situações, essa modalidade pode ficar bastante próxima da culpa.

Realmente, a distinção entre o dolo eventual e a culpa consciente pode ser bastante complexa, pois "se fundamenta na identificação de atitudes diferenciáveis, em última instância, pela situação afetiva do autor" (Juarez Cirino dos Santos, *Direito penal*, p. 139).

Trata-se, portanto, de um terreno movediço. No entanto, toda a razão está com Zaffaroni e Pierangeli, ao afirmarem que o problema é mais no campo processual (por ser matéria de difícil prova) do que no penal, já que, do ponto de vista dessa última matéria, a distinção se traça entre aceitar ou rejeitar a realização do tipo (Zaffaroni e Pierangeli, *Manual de direito penal brasileiro*, p. 475).

A atitude psicológica correspondente à culpa consciente, como estudaremos a seguir, é a de, a partir dos meios selecionados para o atingimento da finalidade (lícita), perceber a possibilidade de gerar, como efeito concomitante, o resultado ilícito, mas, ainda assim, não aceitá-lo, acreditando que possa ser evitado.

A atitude psicológica correspondente ao dolo eventual consiste em concordar ou conformar-se com a possível ocorrência do resultado, até porque, em muitas das situações exemplares de dolo eventual, o agente não tem mesmo controle ou poder para impedi-lo.

Exemplo de duas situações paradigmáticas: a roleta-russa e o número do atirador de facas. Na primeira, fica claro que o sujeito que gira o tambor está assumindo o risco de produzir o resultado, vale dizer, conformando-se com a possível ocorrência do resultado, que, ademais, nesse caso específico, foge por completo ao seu controle. Na segunda situação, fica claro que, embora o sujeito perceba o risco (que é a própria graça do número do circense), confia plenamente na sua capacidade de evitá-lo.

É evidente que, no caso do número do atirador de facas, sequer culpa haverá se o resultado lesivo ocorrer por fatores estranhos, que não a negligência, imprudência ou imperícia do atirador. O exemplo só calha para que se admita que nem todo perigo antevisto significa a assunção do resultado, tal como o exige o dolo eventual.

No ordenamento jurídico brasileiro, o legislador optou por equiparar o dolo eventual ao direto, justificando a decisão, na exposição de motivos do CP, nos seguintes termos: "O dolo eventual é assim plenamente equiparado ao dolo direto. É inegável que arriscar-se conscientemente a produzir um evento vale tanto quanto querê-lo: ainda que sem interesse nele, o agente o ratifica *ex ante* e presta anuência ao seu advento". O dolo eventual, portanto, não integra uma figura criminal diversa nem consiste em causa de redução da pena.

Por fim, tal como o dolo direto, o dolo eventual não precisa de previsão expressa, nos tipos da Parte Especial da legislação. Em regra, todos os tipos dolosos aceitam tanto o dolo direto quanto o eventual. Há, no entanto, exceções, criadas pelo próprio legislador, vale dizer, tipos que só se configuram com o dolo direto.

Exemplo do CP: "Art. 138. (...) § 1º: Na mesma pena incorre quem, sabendo falsa a imputação, a propala ou divulga".

Além dessas, a doutrina ainda menciona as seguintes espécies de dolo:

d) **Dolo alternativo:** controvertida na doutrina a figura do "dolo alternativo".

Para aquelas que a aceitam, trata-se da situação em que a vontade final do autor dirige-se alternativamente a outro resultado (X atira em direção a Y querendo matá-lo ou feri-lo), chamada então de alternatividade objetiva, ou dirige-se a um ou outro objeto (X atira querendo matar Y ou Z), chamada, então, de alternatividade subjetiva.

Mais interessante é o exemplo de Maurach: "o ladrão que encontra a carteira envolta em um pano, na praia. Não sabe se foi deixada ali por um banhista que foi à água ou se alguém esqueceu ali e foi para casa. Leva-a de todo modo" (Nucci, *Manual de direito penal*, p. 223).

O problema prático que se coloca é: como punir o agente que age querendo matar ou ferir e termina por apenas ferir, ou seja, deve ele ser punido pela lesão ou pela tentativa de homicídio?

A opinião dominante é de que a questão se resolve a partir da ideia de dolo eventual (e por isso mesmo é de se questionar a utilidade do conceito de dolo alternativo). Significa que, se X atirou querendo matar ou ferir, ao menos assumiu o risco tanto de matar quanto de ferir. Quer dizer que, se apenas feriu, o que houve foi uma tentativa de homicídio.

Nessa linha ensina Fernando Galvão que "todos esses casos, na prática, são resolvidos segundo a fórmula de assumir o risco de produzir qualquer dos resultados naturalísticos ou atingir todas as pessoas" (*Direito penal*, p. 178).

Posição contrária é sustentada por Figueiredo Dias, segundo quem, nessas hipóteses, deve o dolo "ser afirmado relativamente ao tipo objetivo de ilícito realmente preenchido pela conduta" (*Direito penal*, p. 379).

e) **Dolo geral (*dolus generalis*):** como vimos, nos crimes de resultado é necessário que o momento intelectual do dolo cubra, além da conduta, também o resultado e o nexo causal (aliás, no dolo direto, é preciso de fato que o dolo dirija a conduta no sentido do resultado através de um determinado processo causal planejado), ou seja, é preciso que o sujeito tenha determinado atingir uma finalidade e traçado um plano específico para atingi-la (plano que irá levar em conta inclusive efeitos colaterais necessários e possíveis). O que ocorre, porém, se o resultado coberto pelo dolo for alcançado através de um curso causal não planejado? A questão do erro ou desvio sobre o nexo causal será tratada com mais detalhe no capítulo referente ao erro de tipo. Por ora, daremos apenas uma noção sintética do conceito de dolo geral.

Exemplo: X, pretendendo matar Y, desfere diversos tiros. Acreditando já ter atingido seu objetivo, atira Y de cima de uma ponte. A perícia revela que a morte deveu-se à queda, e não aos tiros.

O dolo, como se viu, deve cobrir todos os elementos atuais e futuros do tipo. Aliás, é a pedra de toque da vontade final a possibilidade de antever o futuro, de imaginar o resultado desejado (proposição do fim), de imaginar como pode alcançá-lo (seleção dos meios), de imaginar quais os outros resultados que virão acoplados ao uso daqueles meios (análise dos efeitos concomitantes), para só então agir. Por isso, nos dolosos, a consciência deve ter iluminado todos estes elementos: desejo matar (proposição do fim), para isso vou disparar contra a vítima com minha arma de fogo (seleção dos meios), os tiros não podem atingir a ninguém mais, pois ela estará sozinha (análise dos efeitos concomitantes), e, como é essa a minha vontade, passo a fazê-lo. Como resolver então a possibilidade de imputação subjetiva nesse caso, no qual o resultado não foi alcançado pelo direcionamento da vontade final (vidente), mas "por acaso", ou por pura causalidade (cega)?

Como já dito, a questão será tratada com detalhe no capítulo próprio, relativo a teoria do erro, mas, para resolver o caso do exemplo, apoia-se a doutrina na teoria do "dolo geral", que sustenta a tese de que, se havia dolo no início da conduta típica, não é necessário que ele esteja presente no momento posterior, quando X atira a vítima da ponte. A *solução do exemplo* é que X deverá responder pelo crime de homicídio consumado, e não mera tentativa, sendo possível atribuir-lhe, a título de dolo, o resultado obtido mesmo que por nexo causal diverso.

f) **Dolo consecutivo (*dolus subsequens*):** como já visto, o dolo tem que ser contemporâneo à conduta. A figura do chamado dolo consecutivo ou subsequente surge na hipótese em que depois de uma conduta praticada culposamente ou mesmo sem culpa o agente aprova o resultado, encampa-o com sua vontade. Nada disso, evidentemente, tem o condão de implicar a sua punição a título de crime doloso.

g) **Dolo cumulativo:** o agente quer atingir um resultado em seguida do outro (Guilherme de Souza Nucci, *Manual de direito penal*, p. 223). A situação exemplificada é aquela na qual, inicialmente, o agente quer ferir a vítima, mas depois decide matá-la. Trata-se na realidade de hipótese de progressão criminosa, que deve ser resolvida de acordo com as regras de solução do conflito aparente de normas.

h) **Dolo específico:** era a denominação dada pelo sistema causalista para o que hoje se considera como elementos subjetivos especiais.

i) **Dolo de perigo e dolo de dano:** o dolo é o elemento subjetivo que deve incidir por sobre os elementos objetivos do tipo. Se esse for um tipo de dano, o dolo deve abrangê-lo. Se for um tipo de perigo, o dolo deve abrangê-lo. No entanto, é importante observar a distinção, porque na trama formada pelos tipos na Parte Especial do ordenamento jurídico, muitas vezes, é o dolo o elemento distintivo de situações objetivamente idênticas.

Exemplo: o art. 132 do CP prevê um tipo de perigo: "Art. 132. Expor a vida ou a saúde de outrem a perigo direto e iminente". Trata-se de crime doloso, ou seja, é preciso que o agente tenha consciência de estar expondo a vida alheia a perigo e que vontade de realizar essa ação típica (qualquer que seja a motivação, que, como vimos, nada tem a ver com dolo). Ou seja, é preciso que o agente tenha vontade de expor a vida alheia a perigo, não a dano, pois a vontade de expor a vida a dano corresponde ao dolo do tipo de homicídio.

Agora se do crime de perigo, praticado com dolo de perigo, sobrevier o dano, este que, como se viu, não foi abrangido pelo dolo (pois, caso tivesse sido, o crime seria diverso), há de ser, em relação à conduta inicial do agente, necessariamente culposo, o que pode significar (a depender, caso a caso, da solução do problema a partir das regras que regulam o conflito aparente de normas, em especial da regra da consunção) a punição apenas pelo crime culposo de dano. Assim no caso de periclitação da vida e da saúde, sobrevindo a morte, haverá a punição pelo crime de homicídio culposo, absorvida a periclitação.

Em outros casos, a superveniência do dano que eventualmente se segue ao crime de perigo, praticado, portanto unicamente, como dolo de perigo, já foi considerada pelo legislador como causa de agravação da sanção do próprio crime de perigo, dando nascimento à figura de um tipo preterdoloso, composto de uma conduta inicial dolosa (de perigo) e um resultado agravador final de dano.

Exemplo do CP: o crime de abandono de incapaz é crime de perigo: "Art. 133. Abandonar pessoa que está sob seu cuidado, guarda, vigilância ou autoridade, e, por qualquer motivo, incapaz de defender-se dos riscos resultantes do abandono". Trata-se de crime doloso (o abandono por "esquecimento", por exemplo, não configuraria o tipo). Mas o dolo é apenas em relação ao perigo. Não pode incluir a vontade de que os riscos do abandono se concretizem, sob pena de se configurar, por exemplo, crime de homicídio por omissão, dada a violação do dever de garante. Agora, se, havendo apenas o dolo de perigo, sobrevier o dano (lesão grave ou morte), o crime assumirá sua forma qualificada.

> AGRAVO REGIMENTAL NO *HABEAS CORPUS*. ART. 2º, II, LEI 8.137/1990. AUSÊNCIA DE RECONHECIMENTO DE DOLO ESPECÍFICO NA ORIGEM. ABSOLVIÇÃO RECONHECIDA. ENTENDIMENTO FIRMADO PELO SUPREMO TRIBUNAL FEDERAL. 1. Não se admite sustentação oral no julgamento de agravo regimental, nos termos do art. 159 do RISTJ. 2. Consoante o entendimento do Supremo Tribunal Federal, "o contribuinte que deixa de recolher, de forma contumaz e com dolo de apropriação, o ICMS cobrado do adquirente da mercadoria ou serviço incide no tipo penal do art. 2º, II, da Lei n. 8.137/1990" (RHC 163.334/SC, Rel. Ministro Roberto Barroso, Tribunal Pleno, julgado em 18-12-2019, *DJe* 12-11-2020). 3. Considerando que no acórdão recorrido apenas evidenciou o dolo genérico, sem, contudo, apontar o dolo de apropriação, deve ser reconhecida a absolvição (AgRg no REsp 1.943.290/SC, Rel. Ministro Ribeiro Dantas, Quinta Turma, julgado em 28-9-2021, *DJe* 4-10-2021). 4. Agravo regimental provido. Concessão do *habeas corpus*. Absolvição dos agravantes do crime previsto no art. 2º, II, da Lei 8.137/1990 (art. 386, VII – CPP) (AgRg no HC 675.289/SC (2021/0193058-5)).

j) **Dolo de propósito (ou dolo refletido) e dolo de ímpeto:** trata-se de classificação pouco empregada pela doutrina moderna. A primeira espécie cuida da situação em que há tempo de reflexão entre a decisão e a ação criminosa, ou seja, há certa premeditação. Observe-se que a premeditação, em si mesma, não configura circunstância agravante. Quem atrasa a execução do crime pode tanto revelar frieza e determinação quanto, ao contrário, hesitação e indecisão em face da empreitada criminosa.

Já o dolo de ímpeto consiste, ao contrário, na situação em que a ação criminosa é fruto de um impulso imediato e pouco refletido. Também essa situação não configura, *de per si*, nem circunstância agravante nem atenuante (embora ela possa configurar-se se o impulso criminoso for despertado pelo ato injusto da vítima).

k) **Dolo presumido ou *dolus in re ipsa*:** não é admitida nos sistemas jurídicos modernos nenhuma forma de presunção de dolo (o que vale, igualmente, para o dolo eventual).

10.1.1.9 Intensidade do dolo e fixação da pena

Prevalece que, uma vez que o dolo é elemento do tipo (e não mais da culpabilidade), a intensidade do dolo (vale dizer, a intensidade da decisão e da vontade criminosa) não tem impacto sobre a individualização da pena. Importa notar, como já antes feito, que o dolo não se confunde com os motivos ou a finalidade última da conduta. Dolo diz respeito à intenção de praticar a ação criminosa. Motivos são as razões psicológicas que subjazem à intenção. Os motivos, esses sim, afetam a culpabilidade e são critérios de medição da pena, até mesmo por disposição expressa no art. 59 do Código Penal brasileiro.

10.1.2 Elementos subjetivos especiais diversos do dolo

O dolo é o elemento subjetivo geral dos crimes dolosos. Mas é possível que tipo descreva ainda uma intenção, tendência, ou estado de ânimo especial, necessário para a sua configuração. São essas circunstâncias chamadas de elementos subjetivos especiais ou, em uma terminologia hoje já abandonada, dolo específico.

A nomenclatura "dolo específico", no entanto, surgida ainda sob a égide das teorias clássica e neoclássica, que alocavam o dolo na culpabilidade, é imprecisa e foi abandonada pela maioria da doutrina. Os elementos subjetivos especiais de que hora se trata não têm nada a ver com dolo, porque não se incidem sobre os elementos do tipo objetivo, mas sobre algo diverso, que está além ou por trás do tipo, como a seguir veremos.

Os elementos subjetivos especiais podem estar expressos no tipo ou implícitos nele.

Exemplo 1 do CP: "Art. 134. Expor ou abandonar recém-nascido, para ocultar desonra própria". A intenção especial do agente está estampada no tipo, é o fim de ocultar a própria conduta sexual desregrada.

Exemplo 2 do CP: "Art. 139. Difamar alguém, imputando-lhe fato ofensivo à sua reputação". Embora não esteja expressa é pacificamente reconhecido que o crime exige uma intenção especial (consubstanciada no chamado *animus injuriandi vel difamandi*), que é justamente a intenção de denegrir, causando prejuízo à reputação da vítima. Por isso, imputar a alguém fato, ainda que ofensivo à sua reputação, mas com espírito de brincadeira (*animus jocandi*) ou com intenção simplesmente de relatar determinado fato a respeito do qual se exigem providências (*animus narrandi*), não configura o tipo, dada a ausência do elemento subjetivo especial.

Tais requisitos podem ser divididos em: a) **ultraintencionais**, particulares direcionamentos da vontade que vão mais além do mero querer a realização do tipo objetivo, e b) **disposições internas**, particulares do sujeito ativo (Zaffaroni e Pierangeli, *Manual de direito penal brasileiro*, p. 476).

Considerados esses dois grandes grupos, a doutrina se esforça por estabelecer uma classificação entre as várias modalidades de elementos subjetivos especiais, reconhecendo as seguintes categorias:

10.1.2.1 Ultraintencionais (delitos de intenção ou de tendência interna transcendente)

São os que descrevem uma intenção (geralmente empregando fórmulas como "para", "com o fim de" etc.) do agente dirigida a um resultado que ultrapassa o tipo objetivo e que não precisam se realizar concretamente. Ou seja, o agente quer alcançar um resultado que vai além da conduta tipificada. O elemento que se acrescenta ao dolo é um "para que" especial. Dividem-se em:

a) **Tipos de resultado cortado ou resultado separado:** o resultado pretendido não exige uma ação complementar do agente.

Exemplo do CP: corrupção ativa – "Art. 333. Oferecer ou prometer vantagem indevida a funcionário público para determiná-lo a praticar, omitir ou retardar ato de ofício".

b) **Tipos imperfeitos de dois atos/delitos mutilados de dois atos ou vários atos:** o resultado pretendido exige uma ação complementar do agente.

Exemplo do CP: associação criminosa – "Art. 288. Associarem-se mais de três pessoas, em quadrilha ou bando, para o fim de cometer crimes".

10.1.2.2 Particulares disposições internas

a) **Delitos de tendência/delitos de tendência intensificada:** exigem que a conduta do agente esteja impregnada por determinada tendência afetiva. Não se trata aqui de perseguir um resultado posterior e além do previsto no tipo, senão que a conduta seja colorida por um sentido interno específico, necessário para sua tipificação.

Exemplo do CP: estupro – "Art. 213. Constranger alguém, mediante violência ou grave ameaça, a ter conjunção carnal ou a praticar ou permitir que com ele se pratique outro ato libidinoso".

O que determina o caráter libidinoso do ato é o sentimento lascivo que o anima. O que se está discutindo aqui é uma intenção (transcendente) de satisfazer a lascívia. É certo que configura estupro a prática forçada de ato libidinoso, mesmo que o agente pratique a conduta imbuído de ódio e sem qualquer prazer. No entanto, a própria natureza "libidinosa" do ato precisa de um estado interno que lhe dê esse sentido específico. Como ensina Regis Prado, "o aspecto libidinoso de fato o que permite distinguir o exame médico ginecológico normal de um eventual delito sexual" (*Curso de direito penal brasileiro*, 2007, p. 374).

PENAL. RECURSO ESPECIAL SUBMETIDO AO RITO DOS RECURSOS REPETITIVOS. ESTUPRO DE VULNERÁVEL (ART. 217-A DO CP). DESCLASSIFICAÇÃO PARA O CRIME DE IMPORTUNAÇÃO SEXUAL (ART. 215-A DO CP). EVOLUÇÃO HISTÓRICA DA PROTEÇÃO DAS CRIANÇAS E DOS ADOLESCENTES. DOUTRINA DA PROTEÇÃO INTEGRAL. TRATADOS INTERNACIONAIS. CONFLITO APARENTE DE NORMAS. PRINCÍPIOS DA ESPECIALIDADE E DA SUBSIDIARIEDADE. RESERVA DE PLENÁRIO. PRINCÍPIO DA PROPORCIONALIDADE. MANDAMENTO DE CRIMINALIZAÇÃO. IMPOSSIBILIDADE DA DESCLASSIFICAÇÃO. RECURSO ESPECIAL PROVIDO. 1. De maneira ampla, a Medicina Legal define o abuso sexual infantil como "toda e qualquer exploração do menor pelo adulto que tenha por finalidade direta ou indireta a obtenção do prazer lascivo" (FRANÇA, Genival Veloso. *Medicina legal*. 11ª ed. Rio de Janeiro: Guanabara Koogan, 2017, p. 250). Nesse sentido, não há meio-termo. O adulto que explora um menor com a finalidade de obter prazer sexual, direto ou indireto, está a praticar ato abusivo. 2. Nesse ponto, é importante ressaltar que o abuso sexual contra o público infantojuvenil é uma realidade que insiste em perdurar ao longo do tempo. A grande dificuldade desse problema, porém, é dimensioná-lo, pois uma parte considerável dos delitos "ocorrem no interior dos lares, que permanecem recobertos pelo silêncio das vítimas". Há uma elevada taxa de cifra negra nas estatísticas. Além do natural medo de contar para os pais (quando estes não são os próprios agressores), não raro essas vítimas sequer "possuem a compreensão adequada da anormalidade da situação vivenciada" (BIANCHINI, A.; MARQUES, I. L.; ROSSATO, L. A.; SILVA, L. P. E.; GOMES, L. F.; LÉPORE, P. E.; CUNHA, R. S. *Pedofilia e abuso sexual de crianças e adolescentes*. São Paulo: Saraiva, 2013, e-book, Introdução, cap. 1). 3. Nessa senda, revela-se importante observar que nem sempre se entendeu a criança e o adolescente como sujeito histórico e de direitos. Em verdade, a proteção às crianças e aos adolescentes é fenômeno histórico recente. "A família não percebia as necessidades específicas das crianças, não as via como um ser com peculiaridades e que precisavam de atendimento diferenciado. (...) a única diferença entre o adulto e a criança era o tamanho, a estatura, pois assim que apresentavam certa independência física, já eram inseridas no trabalho, juntamente com os adultos. Os pais contavam com a ajuda de seus filhos para realizar plantações, a produção de alimentos nas próprias terras, pescas, caças, por isso, assim que seus filhos tinham condições de se manterem em pé, já contribuíam para o sustento da família" (HE-

NICK, Angelica Cristina; FARIA, Paula Maria Ferreira de. *História da Infância no Brasil*. Educere, 2022. Disponível em: <https://educere.bruc.com.br/arquivo/pdf2015/19131_8679.pdf>. Acesso em: 7/1/2022). 4. Diante de um cenário de exposição e vulnerabilidade passando para uma perspectiva protetiva, alguns autores verificam uma correlação entre o reconhecimento pelo Estado da violência intrafamiliar e o movimento feminista. Dizem que esse movimento, "ao enfrentar o denominado modelo patriarcal de família, acaba por desvelar inúmeras formas de violência, que permaneciam encobertas pelo manto do silêncio" (MACIEL, K. R. F. L. A. *Curso de direito da criança e do adolescente*. 13. ed. São Paulo: Saraiva, 2021, e-book, parte I, cap. I). 5. Verificou-se, portanto, uma modificação de paradigmas sociais, que refletiu no Direito. E é nessa perspectiva que se deve ressaltar a importância de o Direito estar atento à complexidade da vida social. "Muitos dos argumentos defendidos por tantos anos já estão superados. (...) O histórico da Criminologia revela muito sobre a superação de paradigmas e axiomas", um exemplo disso é o reconhecimento da violência doméstica e familiar. O lar, que era até então considerado um local seguro (ao contrário das ruas, do lado de fora), passa a ser palco do drama criminal (BIANCHINI, A.; MARQUES, I. L.; ROSSATO, L. A.; SILVA, L. P. E.; GOMES, L. F.; LÉPORE, P. E.; CUNHA, R. S. *Pedofilia e abuso sexual de crianças e adolescentes*. São Paulo: Saraiva, 2013, e-book, Introdução). O fato de a violência dentro dos lares ser reconhecida pelo Estado não significou a criação dessa violência. Em verdade, ela sempre existiu, mas permanecia no silêncio entre os familiares e na indiferença institucional. O que era para servir de apoio violentava ou ignorava. 6. Nesse passo, Andréa Rodrigues Amin lembra que "vivemos um momento sem igual no plano do direito infantojuvenil. Crianças e adolescentes ultrapassam a esfera de meros objetos de 'proteção' e 'tutela' pela família e pelo Estado e passam à condição de sujeitos de direito, beneficiários e destinatários imediatos da doutrina da proteção integral" (MACIEL, K. R. F. L. A. *Curso de direito da criança e do adolescente*. 13. ed. São Paulo: Saraiva, 2021, e-book, parte I, cap. I). O Estado não é mais indiferente ao que acontece no interior dos lares com as crianças e com os adolescentes. Porém, reforce-se, que isso é relativamente recente. 7. Toda essa evolução é verificada no Brasil, como um reflexo de um movimento internacional pela proteção das crianças. Chamando a atenção para a importância dos instrumentos internacionais na positivação e na interpretação do direito penal pátrio, o em. Ministro João Otávio de Noronha, em voto lapidar no EREsp 1.530.637/SP, lembra que o Brasil está obrigado, perante seus pares, a adotar medidas legislativas para proteger às crianças (todos aqueles com menos de 18 anos completos) de qualquer forma de abuso sexual. 8. Este Superior Tribunal de Justiça, em várias oportunidades, já se manifestou no sentido de que a prática de qualquer ato libidinoso, compreendido como aquele destinado à satisfação da lascívia, com menor de 14 anos, configura o delito de estupro de vulnerável (art. 217-A do CP). Não se prescinde do especial fim de agir: "para satisfazer à lascívia". Porém, não se tolera as atitudes voluptuosas, por mais ligeiras que possam parecer. Em alguns precedentes, ressaltou-se até mesmo que o delito prescinde inclusive de contato físico entre vítima e agressor. 9. Com efeito, a pretensão de se desclassificar a conduta de violar a dignidade sexual de pessoa menor de 14 anos para uma contravenção penal (punida, no máximo, com pena de prisão simples) já foi reiteradamente rechaçada pela jurisprudência desta Corte. 10. A superveniência do art. 215-A do CP (crime de importunação sexual) trouxe novamente a discussão à tona, mas o conflito aparente de normas é resolvido pelo princípio da especialidade do art. 217-A do CP, que possui o elemento especializante "menor de 14 anos", e também pelo princípio da subsidiariedade expressa do art. 215-A do CP, conforme se verifica de seu preceito secundário *in fine*. 11. Além disso, a cogência do art. 217-A do CP não pode ser afastada sem a observância do princípio da reserva de plenário pelos tribunais (art. 97 da CR). 12. Não é só. Desclassificar a prática de ato libidinoso com pessoa menor de 14 anos para o delito do art. 215-A do CP, crime de médio potencial ofensivo que admite a suspensão condicional do processo, desrespeitaria ao mandamento constitucional de criminalização do art. 227, § 4º, da CRFB, que determina a punição severa do abuso ou exploração sexual de crianças e adolescentes. Haveria também descumprimento a tratados internacionais. 13. De fato, de acordo com a convicção pessoal desta Relatoria, o legislador pátrio poderia, ou mesmo deveria, promover uma graduação entre as espécies de condutas sexuais praticadas em face de pessoas vulneráveis, seja por meio de tipos intermediários, o que poderia ser feito através de crimes privilegiados, ou causas especiais de diminuição. De sorte que, assim, tornar-se-ia possível penalizar mais ou menos gravosamente a conduta, conforme a intensidade de contato e os danos (físicos ou psicológicos) provocados. Mas, infelizmente, não foi essa a opção do legislador e, em matéria penal, a estrita legalidade se impõe ao que idealmente desejam os aplicadores da lei criminal. 14. Verifique-se que a opção legislativa é pela absoluta intolerância com atos de conotação sexual com pessoas menores de 14 anos, ainda que superficiais e não invasivos. Toda a exposição até aqui demonstra isso. E, essa opção, embora possa não parecer a melhor, não é de todo censurável, pois, veja-se, "o abuso sexual contra crianças e adolescentes é problema jurídico, mas sobretudo de saúde pública, não somente pelos números colhidos, mas também pelas graves consequências para o desenvolvimento afetivo, social e cognitivo". Nesse sentido, "não é somente a liberdade sexual da vítima que deve ser protegida, mas igualmente o livre e sadio desenvolvimento da personalidade sexual da criança"

(BIANCHINI, A.; MARQUES, I. L.; ROSSATO, L. A.; SILVA, L. P. E.; GOMES, L. F.; LÉPORE, P. E.; CUNHA, R. S. *Pedofilia e abuso sexual de crianças e adolescentes*. São Paulo: Saraiva, 2013, e-book, Introdução, cap. 1). 15. Tanto a jurisprudência desta Corte Superior quanto a do Supremo Tribunal Federal são pacíficas em rechaçar a pretensão de desclassificação da conduta de praticar ato libidinoso com pessoa menor de 14 anos para o crime de importunação sexual (art. 215-A do CP). Precedentes. 16. Tese: presente o dolo específico de satisfazer à lascívia, própria ou de terceiro, a prática de ato libidinoso com menor de 14 anos configura o crime de estupro de vulnerável (art. 217-A do CP), independentemente da ligeireza ou da superficialidade da conduta, não sendo possível a desclassificação para o delito de importunação sexual (art. 215-A do CP). 17. Solução do caso concreto: recurso especial provido para restabelecer a sentença condenatória de 1º grau, que reconheceu a tentativa de estupro de vulnerável (REsp 1.959.697/SC, Rel. Min. Ribeiro Dantas, 3ª Seção, j. em 8-6-2022, *DJe* 1-7-2022).

b) **Delitos de expressão:** dependem não de uma intenção ou de sentido especiais para a ação, mas de uma **realidade interna específica**, sem a qual a conduta não se tipifica.

Exemplo: falso testemunho – "Art. 342. Fazer afirmação falsa, ou negar ou calar a verdade, como testemunha, perito, contador, tradutor ou intérprete, em processo judicial, ou administrativo, inquérito policial, ou em juízo arbitral".

Como se sabe, o que caracteriza o falso testemunho não é o contraste entre o que a testemunha diz e a realidade, mas entre o que ela diz e o que ela sabe sobre a realidade. Se a testemunha afirma categoricamente que viu o crime ser cometido por A, embora nada tenha visto, ainda que se comprove que A realmente cometeu o crime do jeito que a testemunha descreveu, haverá falso testemunho.

10.2 TIPO CULPOSO

A maioria dos delitos exige, ao lado do aspecto objetivo (composto dos elementos normativos e descritivos), também um aspecto subjetivo (composto do dolo, como elemento central e, eventualmente, de outros elementos subjetivos específicos).

Os delitos culposos, no entanto, são compostos unicamente do tipo objetivo, inexistindo o tipo subjetivo. Mas, em troca, neles o tipo objetivo ganha um elemento normativo adicional, que é justamente a noção de culpa. Ou, nas palavras de Juarez Tavares, "o delito culposo contém, no lugar do tipo subjetivo, uma característica normativa aberta: o desatendimento ao cuidado objetivo exigível do autor" (*Teorias do delito*, p. 68).

O crime culposo sempre foi um ponto delicado na teoria finalista, cuja pedra de toque é a ênfase no aspecto subjetivo do tipo. Mas o finalismo claramente resolve o problema do crime culposo, a partir de seu próprio conceito ontológico de conduta final. É que no tipo culposo a reprovação não recai sobre o propósito ao qual se dirige a ação, mas sobre os meios empregados para atingi-lo, por violarem um dever de cuidado objetivo.

De toda feita, é inegável que, no bojo da teoria finalista, as maiores contribuições acabaram por recair sobre o estudo do crime doloso. A teoria do crime culposo teve, nesse contexto, pouca oportunidade de desenvolvimento.

Já a teoria da imputação objetiva parece perfeitamente adequada ao tratamento do crime culposo (embora não seja, evidentemente, restrita a ele), já que a afinidade entre os critérios de imputação objetiva e a figura da culpa em sentido estrito é clara. Ambas (tanto a noção de culpa quanto os critérios desenvolvidos pela teoria da imputação objetiva) trabalham no nível do tipo objetivo e sobre a base de um fundamento normativo (já que cabe ao juiz responder: qual era o cuidado devido nessa situação?). Por isso o modelo da imputação objetiva combina-se perfeitamente à noção de culpa, enriquecendo-a e fornecendo critérios e métodos mais seguros para a sua delimitação. Na verdade muitos dos critérios de imputação objetiva (o princípio da confiança, por exemplo) foram desenvolvidos originariamente para o crime culposo, mas ao serem trabalhados dentro do sistema da imputação objetiva, a partir de uma perspectiva funcionalista abertamente direcionada pela função do Direito Penal, retornam delineados com mais precisão.

10.2.1 Conceito de culpa em sentido estrito

É sinteticamente definida como a atitude de inobservância de um dever de cuidado objetivo.

O Código Penal brasileiro não se preocupa em conceituar culpa, limitando-se a arrolar suas modalidades:

> Art. 18. Diz-se o crime: (...)
> II – culposo, quando o agente deu causa ao resultado por imprudência, negligência ou imperícia.

É interessante notar que o Código Penal Militar define com muito mais precisão o conceito de culpa, nos seguintes termos:

> **Art. 33. (...)**
> II – culposo, quando o agente, deixando de empregar a cautela, atenção, ou diligência ordinária, ou especial, a que estava obrigado em face das circunstâncias, não prevê o resultado que podia prever ou, prevendo-o, supõe levianamente que não se realizaria ou que poderia evitá-lo.

O dever de cuidado devido é elemento normativo que deverá ser avaliado pelo julgador. Ou seja, é preciso que o juiz decida sobre qual era o nível de cuidado objetivamente devido ou normalmente esperado das pessoas envolvidas naquela situação de interação social. Agora, se era concretamente exigível do agente em particular que agisse de forma mais cuidadosa do que agiu, será aspecto analisado no âmbito da culpabilidade, e não mais da tipicidade.

Por ser o dever de cuidado objetivamente devido elemento normativo, subordinado à valoração do aplicador da norma, é que se diz que os crimes culposos são, via de regra, tipos abertos (em oposição aos tipos fechados, em que o tipo objetivo é unicamente composto de elementos descritivos).

Por fim, cabe destacar que, tal como já explicado quanto aos crimes dolosos, embora aqui o legislador também mencione novamente a expressão "resultado", não corresponde à verdade que os crimes culposos exijam necessariamente um resultado naturalístico, como afirma parte da doutrina nacional (por exemplo, Rogério Greco, *Curso de direito penal*, p. 200).

Como explica Juarez Tavares, "os delitos negligentes, em sua grande maioria, são de resultado, nos quais se prevê a verificação necessária de acontecimento material separável da ação, o que traz, como consequência, a obrigatoriedade da indagação da causalidade e da imputação desse resultado. (...) Em contrapartida, os delitos de mera atividade, que devem incluir os crimes formais, são extremamente raros, mas se encontram previstos em disposições do próprio Código Penal" (*Direito penal da negligência*, p. 134).

Não há negar que o ordenamento jurídico brasileiro prevê forma culposa mesmo em crimes de mera conduta. Exemplo extraído da Lei n. 9.605/98, art. 67: "Conceder o funcionário público licença, autorização ou permissão em desacordo com as normas ambientais, para as atividades, obras ou serviços cuja realização depende de ato autorizativo do Poder Público".

10.2.2 Excepcionalidade do crime culposo

A punição da culpa em sentido estrito durante largo período foi reservada para outros ramos do ordenamento jurídico, que não o Direito Penal.

> **Art. 18. (...)**
> **Parágrafo único.** Salvo os casos expressos em lei, ninguém pode ser punido por fato previsto como crime, senão quando o pratica dolosamente.

10.2.3 Elementos do tipo culposo

a) **Ação ou omissão** que configurem a inobservância de um dever de cuidado objetivo.
b) **Tipicidade** objetiva.

Nos delitos materiais a integração da tipicidade objetiva exige a ocorrência de determinado evento naturalístico (**resultado** não querido, mas previsível), que seja imputável à conduta do sujeito (**nexo causal** e imputação objetiva do resultado).

a) **Conduta voluntária descuidada:** o tipo culposo, da mesma forma que o doloso, somente pode ser construído sobre a base de uma ação voluntária. Além disso, é preciso que a ação, embora não persiga nenhum fim ilícito, constitua em sim mesma a inobservância de um dever de cuidado objetivo. Ressalte-se que, embora a ação constitutiva do crime culposo não precise perseguir finalidade ilícita, ela pode persegui-lo. É o caso, por exemplo, da situação já comentada no capítulo referente a dolo, em que uma conduta enquadrável, inicialmente em tipo doloso de perigo (exemplo: art. 132 do CP), com a superveniência do resultado lesivo não pretendido se converte em crime culposo de dano (no exemplo do crime citado, se da periclitação sobrevém a morte).

b) **Tipicidade objetiva:** os crimes culposos também devem passar pelo inarredável crivo da tipicidade, tanto no nível formal (lembrando que a forma culposa tem que contar com previsão expressa na lei) quanto material (aplicando-se a eles todos os princípios de limitação material do *jus puniendi*, por exemplo, o princípio da insignificância).

c) **Resultado previsível:** os tipos culposos materiais (e a maioria dos crimes culposos pertence a essa espécie) são aqueles em que o próprio tipo traz, como parte integrante, a superveniência de um resultado naturalístico, sendo que a peculiaridade é que, ao contrário dos tipos dolosos, a inocorrência do resultado não permite a punição da tentativa, motivo pelo qual a conduta imprudente será, em si mesma, atípica.

Ressalte-se que o resultado naturalístico pode ser tanto de dado quanto de perigo, de forma que há tanto crimes culposos de dano (exemplo: homicídio culposo – art. 121, § 3º, do CP) quanto de perigo (exemplo: incêndio culposo – art. 250, § 2º, do CP).

Havendo necessidade de resultado destacado da própria conduta, ele tem de ser, de uma perspectiva *ex ante*, previsível. Mas da perspectiva de quem? Do agente em concreto ou do homem abstrato?

O tema não é pacífico. Como explica Juarez Cirino dos Santos, "a variação da capacidade individual concreta em relação à medida abstrata de definição de imprudência está na origem da controvérsia sobre o momento sistemático de avaliação dessas diferenças pessoais: se as diferenças de capacidade individual devem ser consideradas só na culpabilidade, segundo o critério da generalização, ou se devem ser consideradas já no tipo de injusto, conforme o critério da individualização" (*Direito penal*, p. 168).

A opinião dominante na doutrina nacional e na estrangeira pende à generalização. Segundo essa teoria, também chamada "teoria do critério duplo", o tipo objetivo (do delito culposo) é satisfeito com a constatação da previsibilidade objetiva, e a culpabilidade (do delito culposo) exige a previsibilidade subjetiva, de acordo com as capacidades individuais do agente, ou seja, a previsibilidade divide-se em objetiva (presente no tipo) e subjetiva (presente na culpabilidade).

Em outras palavras, o que prevalece é que a previsibilidade subjetiva, a capacidade real de previsão do sujeito concreto, em nada afeta o momento da tipicidade, sendo relevante apenas para a verificação da culpabilidade. Assim previsibilidade objetiva se opõe à subjetiva nos seguintes termos: a objetiva é a capacidade de previsão que teria um agente "abstrato", personificado na figura do "homem médio", ou para usar uma expressão mais aceita e afinada com a teoria moderna do "homem prudente"; a subjetiva é a capacidade de previsão que tinha o agente "concreto", com as qualidades e limitações que lhe sejam peculiares.

Exemplo: perder o controle de um veículo conduzido a 160 quilômetros por hora, causando a morte de um transeunte, é um resultado objetivamente previsível para o "homem prudente". Se, no caso concreto, o condutor, por doença mental, se vê em tal estado de excitação que não pode controlar-se e dispara a correr, sem dar-se conta do perigo de atropelar alguém, trata-se de um problema de culpabilidade que nada afeta o fato de ter praticado um tipo culposo.

Há, no entanto, posição minoritária no sentido de que a tipicidade culposa depende da capacidade individual do sujeito. Assim daquele que possui capacidade acima da capacidade média também se exige mais (quer dizer, poderá ser-lhe imputada conduta culposa quando para o "homem comum" não haveria nada). Contudo, daquele que tem capacidade abaixo da média também se exige menos (Roxin, *Derecho penal*, p. 1014).

Nessa trilha Roxin defende posição intermediária segundo a qual, no caso em que a capacidade for inferior à média, a falta de previsibilidade exclui apenas a culpabilidade, pois o risco criado era objetivamente proibido, e isso é suficiente para a constituição do tipo. Já se o sujeito é dotado de capacidade acima da média, deve utilizá-la, sob pena de responder por crime culposo, quando um "homem comum" não responderia por nada, por exemplo, no caso, de um motorista altamente especializado em rali. Se, em determinada situação, a média dos seres humanos não poderia prever nem evitar o resultado, não teria sentido absolver por atipicidade o condutor que, por ter conhecimentos acima da média, efetivamente podia prever e evitar o resultado e que não o fez por desídia (Claus Roxin, *Derecho penal*, p. 1015).

d) **Nexo causal e imputação objetiva do resultado:** nos crimes que exigem resultado, exige-se também o nexo causal, vale dizer, que o resultado tenha sido causado (nos moldes da teoria da equivalência dos antecedentes causais) pela conduta.

Ao lado do nexo causal, os critérios de imputação objetiva já estudados encaixam-se perfeitamente à estrutura do crime culposo. Lembremos que a teoria da imputação objetiva é erigida sobre dois pilares fundamentais: criação de um risco não permitido e realização do risco no resultado, sendo que Roxin, em sua teoria, acrescenta uma terceira categoria, que é o âmbito de alcance do tipo. Pois bem, dizer que a conduta deve violar um dever de cuidado e que o resultado danoso era previsível é basicamente dizer que a conduta deve criar um risco (verificado em uma análise de prognose póstuma objetiva) e que esse risco não pode ser permitido (de acordo com os critérios da violação das normas de segurança jurídicas ou extrajurídicas, o princípio da confiança etc.). Ainda quanto ao resultado, o critério da previsibilidade objetiva pode ser melhor esclarecido e inclusive complementado pelo critério da realização do risco no resultado (falta de realização do risco não permitido, resultado excluído do fim de proteção da norma, resultado inevitável ou muito provável mesmo com o atendimento às normas).

10.2.4 Modalidades de culpa

De início, vale destacar que a classificação da culpa nas três modalidades tradicionais que estudaremos a seguir atende à letra da lei (brasileira), mas pouco tem a contribuir no tocante ao desenvolvimento dogmático do conceito de culpa. Além disso, pode conduzir a dúvidas pouco frutíferas, tanto no âmbito teórico quanto no prático, por exemplo, avançar com o veículo desrespeitando o farol vermelho pode ser considerado igualmente uma ação imprudente (pois o condutor se arrisca) ou uma ação negligente (pois o condutor despreza a regulamentação) ou ainda uma ação imperita (se tiver sido praticada por um taxista)? Do mesmo modo, quem sai dirigido um carro com os pneus carecas é negligente (por não cuidar da manutenção do veículo), mas também é imprudente (por colocá-lo em circulação)?

Não obstante, portanto, a sua pouca utilidade dogmática, vejamos a seguir em linhas gerais em que consistem as categorias tradicionais de culpa apontadas no art. 18 do Código Penal brasileiro:

a) **Imprudência (culpa *in agendo, in faciendo* ou *in committendo*):** conduta ativa, atitude positiva consistente no agir sem cautela. Conduta arriscada, impulsiva, afoiteza, precipitação, insensatez, imoderação. Característica da culpa a modalidade de imprudência, é que nela a culpa ocorre no mesmo instante em que se realiza a ação, ou seja, no momento em que age, ali se arrisca (Cezar Roberto Bitencourt, *Tratado de direito penal*, 2012, p. 372).
    Exemplo: ultrapassar o limite de velocidade permitida.

b) **Negligência (culpa *in ommittendo*):** conduta omissiva, inatividade consistente na abstenção dos atos de cuidados necessários. Desleixo, desatenção, displicência. Se a imprudência é concomitante à ação, a negligência é anterior: não se toma a cautela devida antes de agir (Cezar Roberto Bitencourt, *Tratado de direito penal*, 2012, p. 372).

Exemplo: falta de revisão dos equipamentos de segurança do veículo.

c) **Imperícia (culpa profissional):** conduta ativa ou omissiva relativa ao descumprimento de deveres de cuidados específicos e próprios da prática de determinada atividade profissional. Incapacidade, inaptidão (mesmo que momentânea), falta de conhecimentos técnicos para o exercício de profissão ou arte.

O que distingue a imperícia (chamada também de "imprudência qualificada") das outras modalidades de culpa é que essa última, segundo opinião dominante, está necessariamente inserida no âmbito profissional.

Assim, para Regis Prado, a imperícia "pressupõe a qualidade de habilitação para o exercício profissional" (*Curso de direito penal brasileiro*, p. 379).

Segundo Galvão, imperícia é "um comportamento inserido no exercício da atividade profissional" (Fernando Galvão, *Direito penal*, p. 183).

Também para Cézar Roberto Bitencourt, "a inabilidade para o desempenho de determinada atividade fora do campo profissional ou técnico tem sido considerada na modalidade de culpa imprudente ou negligente, conforme o caso" (*Tratado de direito penal*, p. 288).

Sustentando entendimento diverso, posição minoritária defende que, para falar-se de imperícia, só o que se exige é que a conduta ocorra "no exercício de uma atividade (arte, profissão ou ofício) que o agente esteja autorizado a exercer, caso contrário, sob o prisma jurídico, será imprudência ou negligência". Nesse passo, deve ser considerada imperícia a condução desastrada de veículo automotor praticada por motorista que tenha habilitação legal, mesmo que não profissional (Flávio Monteiro de Barros, *Direito penal*, p. 234).

Acrescente-se que, para a caracterização da conduta imperita, exige, a opinião dominante, que o profissional haja sem conhecimento das regras ou procedimentos devidos. Caso os conheça e decida, assim mesmo, desprezá-los, o que há é negligência profissional, que pode, em determinados tipos, configurar causa de aumento de pena (como no homicídio e na lesão corporal, culposos, por exemplo).

É dito e repetido pela doutrina que o chamado "erro profissional" nem sempre configura imperícia, já que essa última implica sempre uma situação de erro grosseiro, que a média dos profissionais de determinada área não cometeria (Guilherme de Souza Nucci, *Manual de direito penal*, p. 228). No erro profissional, o agente age com absoluta diligência e observância às regras, que, elas mesmas, são equivocadas pelo seu insuficiente desenvolvimento científico.

10.2.5 Espécies de culpa

a) **Inconsciente (culpa *ex ignorantia*):** o agente não prevê um resultado que era previsível. Como já se viu, a previsibilidade objetiva do resultado é condição mínima para a punição por crime culposo. Os eventos imprevisíveis constituem "caso fortuito" e quedam fora do âmbito de responsabilidade do agente.

b) **Consciente ou com previsão (culpa *ex lascivia*):** o agente prevê o resultado, mas confia que ele não ocorrerá. Como já estudado, a culpa consciente limita com o dolo eventual, de modo que muitas teorias foram e são elaboradas com a finalidade precípua de distinguir essas duas figuras. Segundo a maioria da doutrina, a teoria adotada pela lei brasileira quanto ao dolo eventual é a teoria do consentimento ou da assunção, de forma que, ao menos do ponto de vista teórico, o que o distingue da culpa consciente é justamente a atitude interna de aceitação do resultado. Na culpa ao contrário, o agente, embora perceba a possibilidade de sua ocorrência, acredita que, por seu talento ou sorte, ele não se produzirá.

Segundo a doutrina dominante (embora não pacífica), a culpa consciente é mais censurável do que a inconsciente (Cezar Roberto Bitencourt, *Tratado de direito penal*, p. 289), o que, no entanto, só terá reflexos sobre a individualização da pena, e não sobre a configuração do tipo.

c) **Culpa imprópria (culpa por extensão, por equiparação ou por assimilação):** trata-se de conceito ligado ao tema das descriminantes putativas, que será tratado em detalhe no capítulo referente à antijuridicidade. Por hora, basta dizer que, para os partidários da teoria limitada da culpabilidade, a ocorrência de erro evitável sobre os pressupostos fáticos de uma causa de justificação dá nascimento à punição por crime culposo, sendo essa modalidade de culpa chamada pela doutrina de culpa imprópria.

10.2.6 Graus de culpa

A lei brasileira não diferencia graus de culpa (leve, grave ou gravíssima), que podem ser levados em conta no momento da individualização da pena.

Já a culpa levíssima corresponde à hipótese em que, embora a imprevisibilidade do resultado não fosse absoluta, o evento só poderia ser previsto com o emprego de cautela e diligência superiores à do homem normalmente prudente. Por isso é amplamente majoritário que, em Direito Penal, a culpa levíssima equipara-se ao caso fortuito (Cezar Roberto Bitencourt, *Tratado de direito penal*, p. 280).

10.2.7 Presunção de culpa (culpa *in re ipsa*)

Era prevista no Código Penal de 1890 e significava a possibilidade de punição por crime culposo em face da mera inobservância de disposição regulamentar.

A culpa presumida não encontra espaço na dogmática moderna. Ainda que o agente tenha violado uma norma de cuidado (por exemplo, uma regra de trânsito), só se pode imputar-lhe um tipo culposo se for efetivamente comprovada a inobservância de um dever de cuidado esperado na espécie (risco não permitido) e do qual tenha se originado um resultado determinado (materialização do risco no resultado).

10.2.8 Compensação de culpas

É inadmissível no Direito Penal. Vale dizer, se todos os envolvidos contribuem de forma culposa para o evento, a culpa de um não é compensada pela do outro, o agente não deixa de responder pelo crime, por exemplo, pelo fato de a vítima também ter contribuído com sua imprudência, para o evento lesivo que sobre ela se abateu (embora essa circunstância seja considerada na fixação da pena-base, por disposição expressa do art. 59 do CP).

10.2.9 Concorrência de culpas

Perfeitamente possível que o juiz reconheça a concorrência de culpas, ou seja, que as condutas envolvidas tenham sido conjuntamente responsáveis pelo resultado. Não há, no entanto aqui, verdadeiro caso de coautoria em crime culposo, pela ausência de liame subjetivo entre os agentes na realização da conduta, e sim autoria colateral (o tema será estudado com mais profundidade no capítulo relativo ao concurso de agentes).

10.2.10 Tentativa em crime culposo

Em regra, os crimes culposos não admitem tentativa. A exceção é a chamada culpa imprópria. O assunto será retomado no capítulo referente às etapas de realização do delito.

10.2.11 Concurso de agentes em crime culposo

Pela sua importância e complexidade, a matéria será explanada no capítulo relativo ao concurso de agentes.

10.2.12 Excludentes de ilicitude nos crimes culposos

Como se verá adiante, todo fato típico presume-se antijurídico. Ocorre que a antijuridicidade pode ser afastada pela presença de uma situação justificante (ou excludente de antijuridicidade).

Os crimes culposos são, em regra, compatíveis com as excludentes de antijuridicidade. Exemplo de conduta culposa justificada é o seguinte:

A, para salvar B de grave perigo de vida, conduz seu veículo às pressas ao hospital, vindo a colidir com outro veículo e provocando lesões corporais em seus passageiros. O fato típico (art. 303 do CBT: "Praticar lesão corporal culposa na direção de veículo automotor") foi praticado ao abrigo do estado de necessidade de terceiro (art. 24 do CP).

10.3 CRIME PRETERDOLOSO

10.3.1 Conceito

Trata-se do tipo composto de uma conduta inicial dolosa à qual o legislador associou, sob a forma de circunstância qualificadora, um resultado não desejado, embora previsto ou no mínimo previsível.

Por outras palavras, trata-se de modalidade de crime qualificado pelo resultado em que o tipo base é doloso e o resultado qualificador é culposo.

10.3.2 Crime preterdoloso e crime qualificado pelo resultado

Como se viu, o crime preterdoloso é composto de um tipo-base doloso qualificado por um resultado culposo.

O que conduz à conclusão de que nem todo crime qualificado pelo resultado é necessariamente preterdoloso.

Na verdade, entre conduta (no tipo base) e resultado (qualificador) há três combinatórias são possíveis:

a) Conduta dolosa e resultado qualificador culposo (como na lesão corporal seguida de morte ou na lesão corporal gravíssima pelo resultado aborto).
b) Conduta dolosa e resultado qualificador doloso (como no furto de veículo automotor, que venha a ser transportado para outro estado ou país).
c) Conduta culposa e resultado qualificador culposo (como no incêndio culposo, qualificado pela morte também culposa).

Importa notar que em determinados crimes qualificados pelo resultado, a partir de uma conduta dolosa, o resultado qualificador pode ser praticado tanto a título de dolo quanto de culpa.

Exemplos: no latrocínio, o resultado qualificador – morte – pode ser tanto doloso quanto culposo.

Na lesão corporal gravíssima por deformidade permanente, a deformidade pode ser intencional ou não intencional.

10.3.3 Crime preterdoloso em sentido estrito

Boa parte da doutrina brasileira afirma que o crime preterdoloso é o delito qualificado pelo resultado composto de dolo no antecedente e culpa no consequente. Portanto, ambas as situações arroladas no item "a" *supra* seriam exemplos de crime preterdoloso.

Posição minoritária no Brasil; no entanto, exige ainda mais um requisito para que o delito seja qualificado de fato como preterdoloso, sem o qual haverá crime qualificado pelo resultado, mas não preterdolo. Ou seja, mesmo havendo dolo na conduta e culpa no resultado, haveria ainda uma segunda subdivisão:

a) **Crime preterdoloso em sentido estrito:** o resultado mais grave lesa bem que contém o bem inicialmente atingido.

Exemplo: lesão corporal seguida de morte. É crime genuinamente preterdoloso, pois a vida (bem lesado sem intenção) contém a integridade física da vítima (bem lesado intencionalmente).

b) **Preterdoloso em sentido amplo (ou simplesmente crime qualificado pelo resultado):** o resultado mais grave lesa bem que não contém o bem inicialmente atingido.

Exemplo: lesão corporal gravíssima pelo resultado aborto. Não é, sob essa perspectiva, crime preterdoloso, pois a vida do feto não contém a integridade física da gestante. Trata-se de bens jurídicos completamente diversos, e não de um grau maior de afetação do mesmo bem jurídico, como no crime propriamente preterdoloso.

Na explicação de Cezar Roberto Bitencourt, "no crime qualificado pelo resultado, ao contrário do preterdoloso, o resultado ulterior, mas grave, derivado involuntariamente da conduta criminosa, lesa um bem jurídico que, por sua natureza, não contém o bem jurídico precedentemente lesado. Assim, enquanto a lesão corporal seguida de morte (art. 129, § 3º) seria preterintencional, o aborto seguido de morte da gestante (arts. 125 e 126 combinados com o 127, *in fine*) seria crime qualificado pelo resultado. O raciocínio é simples: nunca se conseguirá matar alguém sem ofender sua saúde ou integridade corporal, enquanto para matar alguém não se terá necessariamente que fazê-lo abortar" (*Tratado de direito penal*, p. 292).

10.3.4 Componentes

O tipo preterdoloso precisa, portanto, a princípio, de previsão legislativa expressa. Não é função cometida ao juiz, no caso concreto, unir conduta dolosa e resultado culposo, formando a figura híbrida do preterdolo. É na lei que se encontra, de forma excepcional, essa espécie, que conjuga:

a) **Conduta dolosa:** o significado da expressão "preterdolo" é justamente "além do dolo". Portanto, se desde o início não havia qualquer dolo, apenas culpa, não tem lugar o crime preterdoloso, mesmo que sobrevenha resultado agravador. Exemplo: o delito de incêndio culposo, agravado pela morte culposa. Embora seja esse, indubitavelmente, um delito agravado pelo resultado (já que a provocação do incêndio culposo, ainda que nenhuma lesão sobreviesse, já configuraria o delito da forma simples), não é certamente um crime preterdoloso, mas simplesmente culposo.

b) **Resultado agravador previsível, mas não desejado:** há crimes dolosos agravados pelo resultado, no quais o evento agravador é também doloso. Não são esses os crimes preterdolosos.

Exemplo dessa situação é o conhecido crime de "latrocínio", figura prevista no art. 157, § 3º, 2ª parte (se da violência resulta morte, a pena é de 20 a 30 anos de reclusão). É opinião amplamente majoritária da doutrina brasileira que o tipo em questão não é, necessariamente, preterdoloso, visto que a morte resultante da violência pode ser intencional, desde que tenha como finalidade última permitir a realização da subtração patrimonial. Nesse caso, o latrocínio é crime exclusivamente doloso. Já quando a morte não for desejada (embora fosse previsível), haverá latrocínio preterdoloso. Em suma, o latrocínio é exemplo de crime qualificado pelo resultado que pode ser ou não ser preterdoloso.

Agora, se, por um lado, o resultado agravador não pode ser intencional; de outro, ele também não pode ser imprevisível, sob pena de violação ao princípio da culpabilidade.

Aliás, não é outra a dicção do art. 19 do CP: "Pelo resultado que agrava especialmente a pena, só responde o agente que o houver causado ao menos culposamente".

Significa que, se de uma perspectiva *ex ante* e do ponto de vista do "homem médio" o resultado se afigurava absolutamente imprevisível, o agente, ainda que tenha praticado o fato inicial doloso do que decorreu diretamente o evento, não pode ser responsabilizado por ele.

Exemplo: A, em uma briga com B, desfere-lhe uma violenta bofetada no rosto. B, desequilibrando, cai e acaba, em decorrência da queda, abortando. A não sabia nem tinha como saber que B estava grávida. A pode ser responsabilizado apenas pela lesão corporal leve (art. 129, *caput*, do CP), e não pela lesão gravíssima em virtude de aborto (art. 129, § 2º, V, do CP).

c) **nexo causal e imputação objetiva do resultado:** ainda que nesse caso o resultado não constitua a própria figura típica, imputá-lo à conduta (mesmo que somente para fins de agravação da pena) exige o estabelecimento do nexo causal e, principalmente, do nexo de imputação objetiva. Se o resultado agravador não foi fruto da conduta, e sim de causa superveniente absolutamente independente, por certo, não há qualquer dúvida a respeito da impossibilidade de imputá-lo ao agente. Mas, ainda que esteja presente o nexo de causalidade, inexistindo o nexo de imputação (como acontece na hipótese de causa superveniente relativamente independente), não há como o resultado agravador ser atribuído ao agente.

10.3.5 *Versari in re illicita*

Trata-se do princípio segundo o qual o autor da conduta inicial dolosa deve ser responsabilizado por todos os resultados que dela advierem, desejados ou não, e, inclusive, os fortuitos.

Baseava-se na ideia de que *qui in re illicita versatur tinidor etiam pro caso* (quem se envolve em coisa ilícita responde também pelo acaso). Ou seja, aquele que detonava um processo causal por força de uma atitude ilícita assumia automaticamente todos os desdobramentos daquela situação, fossem quais fossem.

O princípio do *versari in re illicita* é claramente incompatível com o princípio da culpabilidade, consagrando verdadeira responsabilidade penal objetiva e, por isso, não encontrou guarida no ordenamento jurídico brasileiro, como o demonstra o já comentado art. 19 do CP.

ERRO DE TIPO

CAPÍTULO 11

O conceito de erro pode ser sinteticamente definido como um descompasso entre a realidade objetiva (externa) e a representação subjetiva (interna) a respeito de determinado objeto. Embora erro e ignorância não sejam expressões sinônimas, é bastante pacífico que, no Direito Penal, equivalem-se. Portanto, erram tanto quem simplesmente não sabe quanto quem tem um conhecimento equivocado.

> RECURSO ESPECIAL. EXCESSO DE EXAÇÃO (ART. 316, § 1º, DO CÓDIGO PENAL). PEDIDO DE ABSOLVIÇÃO. VIOLAÇÃO AO ART. 619 DO CÓDIGO DE PROCESSO PENAL. NÃO OCORRÊNCIA. REVALORAÇÃO DE PROVAS. POSSIBILIDADE. ELEMENTOS PROBATÓRIOS CONSTANTES DO ACÓRDÃO RECORRIDO. LEGISLAÇÃO ESTADUAL DE REGÊNCIA DE CUSTAS E EMOLUMENTOS QUE COMPROVADAMENTE PROVOCAVA DIFICULDADE EXEGÉTICA EM SUA APLICAÇÃO. CONDUTA DO RÉU RESULTANTE DE EQUÍVOCO NA INTERPRETAÇÃO E APLICAÇÃO DE NORMA TRIBUTÁRIA. DEPOIMENTOS TESTEMUNHAIS QUE ATESTAM A HIGIDEZ DA ATUAÇÃO DO RÉU COMO TITULAR DE CARTÓRIO. AUSÊNCIA DE COMPROVAÇÃO DO ELEMENTO SUBJETIVO. ATIPICIDADE DA CONDUTA. RECURSO PROVIDO. 1. Não ocorre violação ao art. 619 do Código de Processo Penal, no caso, porquanto exaurido integralmente pelo Tribunal *a quo* o exame das alegações defensivas acerca da tipicidade da conduta praticada pelo réu, fundamentando adequadamente os motivos pelos quais entendeu que a condenação pelo crime de excesso de exação seria de rigor, sendo dispensáveis

quaisquer outros pronunciamentos supletivos. Precedentes. 2. A despeito da vedação ao reexame de provas em recurso especial, em atenção ao que prescreve a Súmula n. 7 desta Corte, admite-se a revaloração dos elementos fático-probatórios delineados no acórdão. 3. No caso, concluíram as instâncias ordinárias que o recorrente, registrador titular do Ofício de Registro de Imóveis de Itapema/SC, teria cometido o crime de excesso de exação, durante os meses de maio a junho do ano de 2012, por ter cobrado, em cinco registros de imóveis, emolumentos que sabia indevidos – num total de R$ 3.969,00 (três mil, novecentos e sessenta e nove reais) –, o aplicar procedimento diverso do estabelecido na Lei Complementar Estadual n. 219/2001/SC, quando em um dos lados negociais existiam duas ou mais pessoas. 4. O tipo penal ora em estudo, art. 316, § 1º, do Código Penal, pune o excesso na cobrança pontual de tributos (exação), seja por não ser devido o tributo, ou por valor acima do correto, ou, ainda, por meio vexatório ou gravoso, ou sem autorização legal. Ademais, o elemento subjetivo do crime é o dolo, consistente na vontade do agente de exigir tributo ou contribuição que sabe ou deveria saber indevido, ou, ainda, de empregar meio vexatório ou gravoso na cobrança de tributo ou contribuição devidos. 5. E, consoante a melhor doutrina, "se a dúvida é escusável diante da complexidade de determinada lei tributária, não se configura o delito" (PRADO. Luiz Regis. *Curso de Direito Penal Brasileiro*: Parte Geral e Parte Especial. Luiz Regis Prado, Érika Mendes de Carvalho, Gisele Mendes de Carvalho. 14. ed. rev, atual. e ampl. São Paulo: Editora Revista dos Tribunais, 2015, pp. 1.342/1.343, grifei). 6. Outrossim, ressalta-se que "tampouco existe crime quando o agente encontra-se em erro, equivocando-se na interpretação e aplicação das normas tributárias que instituem e regulam a obrigação de pagar" (BITENCOURT. Cezar Roberto. *Tratado de Direito Penal Econômico*. São Paulo: Saraiva, 2016, p. 730, grifei). 7. Ainda, importante destacar que, "utilizando uma técnica legislativa reservada a poucos crimes, o art. 316, § 1º, exige, além dos normais requisitos do dolo com relação aos elementos de fato, 'o saber' que a exação é indevida. Logo, o agente deverá ter ciência plena de que se trata de imposto, taxa ou emolumento não devido" (CUNHA, Rogério Sanches. *Manual de Direito Penal*, Parte Especial. 12. ed. rev, atual. e ampl. Salvador: Editora JusPODIVM, 2020, pp. 872/873, grifei). 8. Nesse palmilhar, a relevância típica da conduta prevista no art. 316, § 1º, do Código Penal depende da constatação de que o agente atuou com consciência e vontade de exigir tributo acerca do qual tinha ou deveria ter ciência de ser indevido. Deve o titular da ação penal pública, portanto, demonstrar que o sujeito ativo moveu-se para exigir o pagamento do tributo que sabia ou deveria saber indevido. Na dúvida, o dolo não pode ser presumido, pois isso significaria atribuir responsabilidade penal objetiva ao registrador que interprete equivocadamente a legislação tributária. 9. Na espécie, os depoimentos testemunhais de assessores correicionais, de registradores de imóveis, de funcionários do cartório e de profissionais do mercado imobiliário usuários do Cartório de Registro de Imóveis de Itapema/SC, constantes do acórdão recorrido, evidenciam que o texto da legislação de regência de custas e emolumentos à época do fatos, qual seja, a Lei Estadual Complementar n. 219/2001, provocava dificuldade exegética, dando margem a interpretações diversas, tanto nos cartórios do Estado, quanto dentro da própria Corregedoria, composta por especialistas na aplicação da norma em referência. Desse modo, a tese defensiva de que "a obscuridade da lei não permitia precisar a exata forma de cobrança dos emolumentos cartorários no caso especificado pela denúncia" revela-se coerente com a prova dos autos. 10. Ademais, a maioria dos depoimentos testemunhais revela a atuação hígida do réu ante a titularidade do Cartório de Registro de Imóveis de Itapema/SC, a reforçar que não se prestaria a sofrer uma imputação criminal para angariar R$ 3.969,00 (três mil, novecentos e sessenta e nove reais), valor que teria sido cobrado a maior em 5 registros de imóveis. Com efeito, dos 9 testemunhos relatados no acórdão recorrido, apenas 2 são contrários à tese defensiva; 4 corroboram a premissa de obscuridade na norma relativa à cobrança dos emolumentos, a dar margem a interpretações diversas; e 6 assentam a justeza e correção do réu na condução dos serviços notariais, sendo um deles, inclusive, de um dos assessores da Corregedoria. Mister destacar, outrossim, que, a partir da aplicação do mesmo método interpretativo, o réu praticou cobranças tanto acima quanto abaixo do valor de tributo devido. 11. Desse modo, repisa-se, os elementos probatórios delineados pela Corte de origem evidenciam que, embora o réu possa ter cobrado de forma errônea os emolumentos, o fez por mero erro de interpretação da legislação tributária no tocante ao método de cálculo do tributo, e não como resultado de conduta criminosa. Temerária, portanto, a condenação do réu à pena de 4 anos de reclusão e à gravosa perda do cargo público. 12. Outrossim, oportuno relembrar que, no RHC n. 44.492/SC, interposto nesta Corte (relatora Ministra Laurita Vaz, relator para acórdão Ministro Moura Ribeiro, Quinta turma, *Dje* 19-11-2014), a defesa pretendeu o trancamento desta ação ainda em sua fase inicial. A em. Ministra Laurita Vaz, relatora do feito, abraçou a tese defensiva assentando que "não basta a ocorrência de eventual cobrança indevida de emolumentos, no caso, em valores maiores do que os presumidamente devidos, para a configuração do crime de excesso de exação previsto no § 1º do art. 316 do Código Penal, o que pode ocorrer, por exemplo, por mera interpretação equivocada da norma de regência ou pela ausência desta, a ensejar diferentes entendimentos ou mesmo sérias dúvidas de como deve ser cobrado tal ou qual serviço cartorial. É mister que haja o vínculo subjetivo (dolo) animando a conduta do agente".

E arrematou que "a iniciativa de acionar o aparato Estatal para persecução criminal de titular de cartório, para punir suposta má-cobrança de emolumentos, em um contexto em que se constatam fundadas dúvidas, e ainda sem a indicação clara do dolo do agente, se apresenta, concessa venia, absolutamente desproporcional e desarrazoada, infligindo inaceitável constrangimento ilegal ao acusado". A em. relatora ficou vencida, decidindo a Turma, por maioria, pelo prosseguimento da ação penal em desfile, desfecho esse que desconsiderou que, em observância ao princípio da intervenção mínima, o Direito Penal deve manter-se subsidiário e fragmentário, e somente deve ser aplicado quando estritamente necessário ao combate a comportamentos indesejados. 13. Outrossim, na lição de Guilherme de Souza Nucci, o elemento subjetivo do crime "é o dolo, nas modalidades direta ('que sabe') e indireta ('que deveria saber'). Não há elemento subjetivo específico, nem se pune a forma culposa" (NUCCI, Guilherme de Souza. *Código Penal Comentado*. 21. ed. rev, atual. e ampl. Rio de Janeiro: Editora Forense, 2021, p. 1.253, grifei). 14. Portanto, não havendo previsão para a punição do crime em tela na modalidade culposa e não demonstrado o dolo do agente de exigir tributo que sabia ou deveria saber indevido, é inviável a perfeita subsunção de sua conduta ao delito previsto no § 1º do art. 316 do Código Penal, sendo a absolvição de rigor. Precedentes. 15. Recurso especial provido para, nos termos do art. 386, III, do Código de Processo Penal, absolver Guilherme Torquato do crime do § 1º do art. 316 do Código Penal, objeto de apuração na Ação Penal n. 0010371-76.2012.8.24.0125, por atipicidade da conduta (REsp 1.943.262/SC, Rel. Min. Antonio Saldanha Palheiro, 6ª Turma, j. em 5-10-2021, *DJe* 8-10-2021).

Sob a rubrica erro de tipo, a doutrina geralmente cataloga três situações distintas:

I – **Erro de tipo essencial ou erro de tipo incriminador:** recai sobre elementar ou circunstância do tipo de injusto.
II – **Erro de tipo acidental:** recai sobre aspectos irrelevantes para a formação do tipo.
III – **Erro de tipo permissivo ou descriminante putativa por erro de tipo:** recai sobre os pressupostos fáticos de uma causa de justificação.

Vejamos a seguir cada uma dessas modalidades, lembrando que o chamado "erro de proibição" será tratado em sede própria, ou seja, no Capítulo 15, referente ao estudo da culpabilidade.

11.1 ERRO DE TIPO ESSENCIAL OU ERRO DE TIPO INCRIMINADOR

11.1.1 Conceito

O erro de tipo é a contraface do dolo do tipo, ou seja, é a antítese do elemento intelectual requerido pelo dolo. Em outras palavras, é o **desconhecimento** das **componentes do tipo objetivo**. De fato, como já se viu, o aspecto cognoscitivo do dolo implica a consciência atual que ilumina todos os elementos formadores do tipo objetivo. A falta desse conhecimento configura justamente a situação de erro de tipo.

Exemplo: X, ao sair de uma festa, leva a bolsa de outra pessoa por confundi-la com a sua própria. *Solução*: objetivamente X realizou todos os elementos componentes do tipo de furto (art. 155 do CP: "Subtrair, para si ou para outrem, coisa alheia móvel"). Mas, como não tinha consciência sobre um desses elementos, ou seja, como não sabia que a coisa era **alheia**, não pode ser punido por furto doloso. Poderia ser punido por furto culposo desde que: a) o erro fosse resultado da falta de cuidado objetivo, ou seja, fosse um erro evitável; b) o tipo de furto tivesse previsão na modalidade culposa. Como, nesse caso, não há, a conduta de X é atípica.

Embora a lei penal brasileira não mencione expressamente, a opinião dominante considera também como erro de tipo essencial o erro que recai sobre as **circunstâncias** que se incorporam ao tipo-base.

Exemplo: X resolve matar Y, seu inimigo mortal. Mas, após fazê-lo, revela-se que Y era seu próprio filho, que fora separado de X desde tenra idade. *Solução do exemplo*: não pode incidir sobre a pena do homicídio praticado por X a agravante de crime praticado contra descendente, já que X desconhecia por completo essa circunstância.

Cabe então perguntar: todas as circunstâncias podem ser objeto de erro juridicamente relevante? Por outras palavras, o erro sobre toda e qualquer circunstância será juridicamente relevante para o efeito de tornar a punição do sujeito diferente daquela extraída da realidade objetiva?

Vejamos como se posiciona a doutrina:

Para Mirabete, só é relevante o erro sobre qualificadoras, causas de aumento de pena ou circunstâncias agravantes (*Manual de direito penal*, p. 156).

Nucci também menciona apenas essa modalidade de circunstâncias (*Manual de direito penal*, p. 344).

Damásio diz expressamente que o erro "incidente sobre atenuantes (art. 65 do CP) é irrelevante, *i.e.*, não prejudica o sujeito" (*Direito penal*, 2005, p. 349).

Francisco de Assis Toledo também afirma que "em relação às atenuantes, ou às circunstâncias que tornam o crime privilegiado: o erro é irrelevante" (*Princípios básicos de direito penal*, p. 63).

Do mesmo jeito, Fragoso diz: "Todavia, o erro sobre circunstâncias atenuantes ou sobre elementos que tornam o crime privilegiado, é sempre irrelevante" (*Lições de direito penal*, p. 218).

Fernando Capez, divergindo da posição majoritária, menciona que o erro sobre qualquer circunstância é relevante. O exemplo do autor é o seguinte: "Um estelionatário, pensando ter aplicado um grande golpe, recebe, na verdade, fraudulentamente, um veículo com motor fundido. O pequeno prejuízo da vítima é uma circunstância (dado secundário) da figura típica desconhecida para o autor. Assim, não tem o direito ao privilégio do art. 171, § 1º" (*Curso de direito penal*, 2008, p. 224).

Estamos, nesse ponto, com a maioria. Explica-se:

Se o agente desconhece uma agravante, causa de aumento de pena ou qualificadora, não pode responder por ela. Quem mata alguém que é maior de 60 anos (art. 121, § 4º, 2ª parte) acreditando tratar-se de pessoa jovem não responde pela majorante. Quer dizer, o erro sobre essa circunstância é relevante, na medida em que faz com que o sujeito responda de forma diversa daquela que responderia se não tivesse errado. Em outras palavras: se soubesse a idade da vítima, incidiria a agravante, mas como não o sabia, ela não incide. Até aqui, o entendimento é pacífico.

Agora, se o agente desconhece uma atenuante, causa de diminuição ou privilegiadora, no entanto, segundo a opinião dominante, que acompanhamos, isso não pode impedir a sua aplicação. Quem furta coisa que, sem que o saiba, revela-se de pequeno valor (art. 155, § 2º) tem direito à minorante, ou, como postulou em linhas anteriores Heleno Cláudio Fragoso, não pode ser prejudicado pelo seu erro. Significa que o fato de ter errado em nada modifica a situação de concreto menor desvalor do resultado. De fato, a regra que se extrai de todo o sistema jurídico penal moderno (e modulado pelo princípio da lesividade e demais limitações ao *jus puniendi*) é a de que o mero desvalor da conduta, quando desacompanhado de qualquer possibilidade de correspondente desvalor de resultado, não autoriza, por si só, a punição. Tanto assim que a tentativa inidônea, embora plena de desvalor da conduta (assumidamente dirigida à lesão do bem jurídico), não recebe qualquer punição no ordenamento brasileiro. Trata-se de crime putativo, que só existe na imaginação do autor. A manutenção da coerência interna do sistema implica aplicar o mesmo raciocínio ao desconhecimento de circunstância atenuante (*lato sensu*) ou à suposição equivocada de uma agravante (*lato sensu*). Se o sujeito pensa que a coisa era valiosa, mas na verdade não é, o furto valioso foi, em verdade, putativo, o que houve foi furto de coisa sem valor, motivo ensejador do privilégio legal ou, até mesmo, dependendo das circunstâncias, do reconhecimento da atipicidade material objetiva em virtude do princípio da insignificância. Se, por outro lado, pensa que mata mulher grávida quando na verdade gravidez não há, não deve responder pela agravante, pois, por mais que houvesse intenção e desvalor da ação, o desvalor do resultado (em relação à agravante de crime praticado contra gestante) não houve e nem podia haver.

O fato de a disciplina do erro sobre a pessoa, segundo o texto (criticável) do art. 20, § 3º, do CP, implicar regência diversa não afasta essa conclusão, senão a confirma. Justamente por contrariar a regra geral do sistema, justamente por ser a exceção, é que ela teve que ser consagrada expressamente na lei positiva. Ou seja, o art. 20, § 3º, ao estabelecer que, no erro quanto a pessoa, prevalece sempre o desvalor da ação (vale dizer, consideram-se sempre as circunstâncias atinentes à vítima pretendida, desconsiderando-se, por completo, a vítima efetivamente atingida, ou seja, o desvalor do resultado), fê-lo expressa e justamente porque tal solução excepciona a regra geral que se extrai do próprio sistema jurídico-penal, a regra de que ambas as esferas devem ser avaliadas e compatibilizadas.

11.1.2 Erro de tipo e erro de fato

O desconhecimento dos elementos do tipo objetivo, não importando a sua natureza, (se descritivos ou normativos), configura sempre erro de tipo.

É, por isso, de ser recusar a terminologia "erro de fato" para se referir a "erro de tipo", pois "erro de tipo é o desconhecimento de uma circunstância objetiva do fato pertencente ao tipo legal, seja de caráter fático (descritivo) ou normativo" (Hans Welzel, *Derecho penal alemán*, p. 197). Em outras palavras, tal como já se afirmou, "erro sobre elemento do fato" (erro de tipo) não significa "erro sobre elemento de fato".

Mais uma vez, valemo-nos da explicação de Welzel sobre a diferença entre erro de tipo e erro de proibição: "A diferença fundamental entre ambas as classes de erro não se refere à oposição de **fato-conceito jurídico**, mas à distinção **tipo-antijuridicidade**. Quem subtrai a coisa alheia, que crê erroneamente própria, se encontra em erro de tipo (não sabe que subtrai uma coisa alheia). Quem crê, no entanto, ter um direito de subtrair uma coisa alheia (por exemplo, como o credor frente ao devedor insolvente) se encontra em erro sobre a antijuridicidade de seu agir" (*Derecho penal alemán*, p. 197).

Em suma, a expressão "erro de fato" não pode ser usada para significar "erro de tipo", visto que são coisas distintas.

11.1.3 Erro sobre elementares normativas

O erro, portanto, é a falta de consciência que pode incidir tanto sobre elementares fáticas (descritivas) quanto normativas (jurídicas ou extrajurídicas). No entanto, e como já explicado, o conhecimento exigido pelo dolo, sobretudo quanto a elementos normativos, não é o conhecimento técnico jurídico, mas apenas a chamada "valoração paralela na esfera do profano". Ou seja, é preciso apenas que o sujeito tenha conhecimento sobre a situação fática e sobre o seu significado social (Claus Roxin, *Derecho penal*, p. 460). Ou, por outras palavras, o dolo é concebido, da perspectiva do saber, como conhecimento do sentido social da ação, e não necessariamente da proibição jurídica. É essa ideia, aliás, que sustenta o tratamento diferenciado entre erro de tipo e erro de proibição (Claus Roxin, *Derecho penal*, p. 463).

Um exemplo, a título de esclarecimento da questão: X envenena o cachorro de Y. Alega em sua defesa não saber estar cometendo o crime de dano, pois não sabia que animais estavam incluídos no conceito de "coisa" previsto no tipo. *Solução*: X praticou, objetiva e subjetivamente, o tipo capitulado como dano (art. 163 do CP).

Não há aqui erro de tipo, visto que X, em primeiro lugar, conhecia a materialidade do cachorro e, em segundo lugar, conhecia, na "esfera do profano", o significado social reprovável de sua conduta, o que é suficiente para o dolo. Não há, portanto, ausência de dolo, ou seja, não há erro de tipo. O erro em questão é chamado erro de subsunção que, via de regra, não é idôneo sequer para configurar erro de proibição (Claus Roxin, *Derecho penal*, p. 462).

11.1.4 Erro sobre elemento normativo referido à antijuridicidade

Maior divergência há quanto aos elementos normativos do tipo referidos, especialmente, à antijuridicidade, sendo sustentáveis duas posições:

I – Não caracterizam erro de tipo, e sim erro de proibição

É a posição de Welzel, para quem a antijuridicidade não se converte em uma circunstância do fato porque está prevista na lei, na maioria das vezes de modo supérfluo, mas permanece uma valoração do tipo. O mesmo vale para outras denominações linguísticas da antijuridicidade, como "sem autorização" ou "sem estar autorizado para isso". Tampouco são circunstâncias do fato as características especiais da antijuridicidade, isto é, "conforme o direito", "competente", "não autorizado", "sem permissão da autoridade". O erro sobre quaisquer delas é sempre um erro de proibição (Hans Welzel, *Derecho penal alemán*, p. 198).

Também é a posição de Roxin: "Quando um erro concerne unicamente à antijuridicidade da ação típica, se trata de um erro de proibição, ainda quando se refira a uma circunstância do fato que, sob a aparência de um elemento individual, inclua em si o juízo de antijuridicidade como tal" (*Derecho penal*, p. 462).

Tome-se o seguinte exemplo (extraído de Roxin e adaptado à legislação brasileira):

Exemplo: o art. 345 do Código Penal brasileiro tipifica o exercício arbitrário das próprias razões nos seguintes termos: "Fazer justiça pelas próprias mãos, para satisfazer pretensão, embora legítima, salvo quando a lei o permite". Se o credor, para reaver seu dinheiro, subtrai-o sem consentimento da carteira do devedor, por acreditar que a lei o permite, há aqui erro de proibição, e não erro de tipo, pois se trata de elemento relativo à antijuridicidade, e não à configuração do fato típico (Claus Roxin, *Derecho penal*, p. 463).

A conclusão é explicada por Roxin: se se admite aqui erro de tipo, se estaria fazendo depender da decisão sobre a punibilidade exclusivamente das valorações subjetivas, e nesse caso totalmente desacertadas, do próprio sujeito, o que seria contraditório com o caráter do ordenamento objetivo do Direito (Claus Roxin, *Derecho penal*, p. 463).

II – Uma vez inseridos no tipo, o erro sobre esses elementos só poderá ser erro de tipo

É a posição defendida por Luiz Flávio Gomes, em sua obra sobre o erro, que considera como excludente do dolo todo erro sobre elementos normativos ou sobre elementos referentes à antijuridicidade, contidos no tipo legal do respectivo delito (*Erro de tipo e erro de proibição*, p. 106).

11.1.5 Erro sobre o complemento das normas penais em branco

Nas leis penais em branco, valem as regras gerais do erro: sobre uma circunstância do fato do tipo (complementar), é erro de tipo; sobre a norma como tal (a disposição punitiva), é erro sobre a proibição (Hans Welzel, *Derecho penal alemán*, p. 198).

Exemplo 1: X porta cloreto de etila (que está inserida, na qualidade de droga, na Resolução 104 da Anvisa), pensando tratar-se de produto de limpeza. *Solução*: o erro é relativo à própria natureza da substância, portanto erro de tipo.

Exemplo 2: X porta cloreto de etila, pensando que tal substância não consta da resolução referida, ou seja, não está catalogada como droga. *Solução:* o erro não é sobre o fato, mas sobre a licitude ou ilicitude do fato. Trata-se de erro de proibição.

11.1.6 Consequência do erro de tipo

A consequência jurídica do erro de tipo depende da sua evitabilidade ou inevitabilidade.

O erro de tipo, como se viu, exclui sempre a tipicidade dolosa, já que o erro é a antítese do dolo do tipo.

Ocorre que o erro pode ser catalogado como evitável (inescusável) ou inevitável (escusável).

Se o agente atuou em erro apesar de ter tomado todo o cuidado devido (**erro escusável ou inevitável**), resta excluída (melhor seria dizer, sequer se formou) tanto a tipicidade dolosa quanto a tipicidade culposa. Significa que, via de regra, o seu comportamento foi completamente atípico.

Se o agente atuou em erro justamente por não ter tomado as cautelas exigíveis (**erro culposo, inescusável ou evitável**), fica excluída a tipicidade dolosa (não houve intenção), mas preenchida a tipicidade culposa (houve imprudência), de forma que pode ser punido por tipo culposo, se houver previsão na lei (como se sabe, nem todos os tipos admitem modalidade culposa, e a forma culposa só pode ser considerada típica quando estiver expressa na lei). No exemplo trabalhado na abertura do presente capítulo, o da pessoa que toma a bolsa alheia acreditando ser própria, ainda que o erro fosse considerado inescusável, a conduta seria, assim mesmo, atípica, pois não existe previsão típica de furto culposo.

Eventualmente o erro, ou seja, a falta de dolo do tipo, mesmo que inevitável, sobre elemento essencial do tipo pode não conduzir à atipicidade completa, mas apenas à desclassificação de um tipo para outro.

Exemplo: X ofende Y, no momento em que esse se encontrava no exercício de função pública, mas sem saber que Y é funcionário público. *Solução*: objetivamente, estão preenchidos todos os elementos do tipo de desacato, mas como X não tinha consciência, não há dolo do tipo de desacato, tipificando-se, no entanto, o delito de injúria.

O erro sobre circunstâncias (qualificadoras, majorantes ou agravantes) também não tornam o fato atípico, mas apenas impõe o afastamento da circunstância em questão.

Exemplo: X pratica um furto na residência de Y, sem saber que está sendo auxiliado por Z, empregado de Y, que para vingar-se do patrão deixou a porta da casa aberta. *Solução:* objetivamente, houve um furto qualificado pelo concurso de pessoas (art. 155, § 4º, IV). Mas X deve responder pelo crime de furto simples, sem a qualificadora do concurso de pessoas, já que não tinha consciência de que havia concurso.

Exemplo: X constrange Y a atos libidinosos, sem saber que Y, na verdade, é sua própria filha. *Solução:* objetivamente, houve estupro (art. 213 do CP) majorado por ter sito praticado contra descendente (art. 226, II, do CP). Mas X deve responder por estupro simples, por não ter consciência da majorante.

Exemplo: X pratica homicídio contra Y, que se encontra deitado na cama, sem saber que a vítima estava gravemente enferma. *Solução:* objetivamente, houve a agravante do art. 61, II, *h*, do CP. Mas X não responderá pelo homicídio agravado, uma vez que não tinha consciência de tal circunstância.

11.1.7 Erro de tipo determinado por terceiro

A questão se limita com o tema do concurso de pessoas e receberá tratamento mais aprofundado naquela sede.

Por ora, basta dizer que o erro pode ser espontâneo ou provocado.

Para o agente que incorre no erro, essa distinção não tem relevância prática. A regra já foi estabelecida no *caput* do art. 20 do Código Penal. Fica excluída a tipicidade dolosa, sendo possível a punição a título de culpa, se o erro foi culposo, e o tipo prevê essa modalidade.

O que o § 2º do artigo citado acrescenta é que responde pelo crime aquele que induz o agente em erro.

Exemplo: X, pretendendo matar Y, dá a Z uma arma carregada, mas assegurando a Z que ela está desmuniciada o induz a disparar contra Y, que vem a morrer. *Solução:* X responderá por homicídio doloso. Z poderá responder por homicídio culposo (se sua ação puder ser considerada imprudente) ou não responderá por nada (se se concluir, do contexto concreto em meio ao qual se desenvolveu a ação, que o erro era inevitável).

Várias combinações, no entanto, são possíveis e devem ser solucionadas:

X agiu com dolo	Z agiu sem dolo ou culpa	X – homicídio doloso
		Z – conduta atípica
X agiu com dolo	Z agiu com culpa	X – homicídio doloso
		Z – homicídio culposo

X agiu com dolo	Z também agiu com dolo	X – homicídio doloso Z – homicídio doloso Ambos respondem em concurso de pessoas, pois não houve, na realidade, qualquer erro
X agiu com culpa	Z agiu sem dolo ou culpa	X – homicídio culposo Z – conduta atípica
X agiu com culpa	Z também agiu com culpa	X – homicídio culposo Z – homicídio culposo
X agiu com culpa	Z agiu com dolo	X – conduta atípica Z – homicídio doloso (X na verdade, com sua conduta, não induziu Z a erro algum)
X agiu sem dolo ou culpa	Z também agiu sem dolo ou culpa	X – conduta atípica Z – conduta atípica
X agiu sem dolo ou culpa	Z agiu com culpa	X – conduta atípica Z – homicídio culposo
X agiu sem dolo ou culpa	Z agiu com dolo	X – conduta atípica Z – homicídio doloso (Mais uma vez, se Z agiu com dolo, não se trata de caso de erro de tipo)

Em suma:

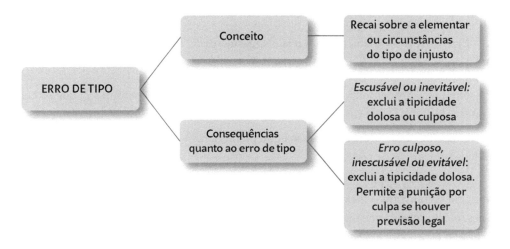

11.2 ERRO DE TIPO ACIDENTAL

11.2.1 Erro na representação do objeto material (*error in persona vel objeto*)

Como se viu, erro é uma falsa percepção da realidade. No erro de tipo acidental, essa falsa percepção não atinge nenhum elemento do tipo, vale dizer, não impede que o agente perceba claramente que está praticando o fato típico. E disso se extrai que a consequência do erro de tipo acidental é que o dolo do tipo permanece presente, apesar do equívoco em que incorreu o agente. Ou seja, a regra é de que o erro seja irrelevante para a configuração do dolo em relação à figura típica.

Exemplo: X quer matar Y, mas o confunde, na escuridão, com Z, e acaba matando este.

O dolo do tipo de homicídio requer apenas que se tenha consciência e vontade de matar alguém. X tinha consciência de ter diante de si um ser humano (embora tenha se confundido quanto à sua identidade) e quis matá-lo. Portanto, é o que basta para preencher a tipicidade subjetiva do delito de homicídio. *Solução*: apesar do erro, X responde por homicídio doloso consumado.

O erro sobre o objeto material do crime (em sentido lato) pode recair tanto sobre uma pessoa quanto sobre um objeto em sentido estrito. Esquematicamente, o erro sobre o objeto pode implicar:

1. **Erro envolvendo objetos materiais equivalentes**
a) Erro sobre a pessoa (ex.: o agente confunde uma pessoa com outra).
b) Erro sobre o objeto (ex.: o agente confunde um objeto com outro).
2. **Erro envolvendo objetos materiais não equivalentes** (ex.: o agente confunde uma pessoa com um objeto).

Vejamos a seguir cada uma dessas situações.

1. **Erro envolvendo objetos materiais equivalentes**
a) **Erro sobre a pessoa (*error in persona*)**

Exemplo: X quer matar seu pai, Y, mas o confunde com o estranho Z, que se encontrava à porta de sua casa, e termina por matar Z.

O agente aqui confunde a **pessoa** que pretende atacar com outra **pessoa** que está no lugar desta.

Em sintonia com a opinião dominante (embora não completamente pacífica na doutrina estrangeira – a exemplo da posição de Roxin, para quem, em determinados casos, o erro sobre a pessoa é relevante para excluir o dolo), a lei brasileira reputa irrelevante o erro sobre a pessoa, vale dizer, o dolo do tipo não é excluído.

Determina, no entanto, a nossa legislação, em complemento, que sejam consideradas as condições e qualidades da vítima que se pensava atingir, e não as da vítima efetivamente atingida. É como se, em verdade, houvesse um erro acidental (e, portanto, irrelevante) quanto à elementar (pessoa), mas um erro essencial quanto à circunstância. E este, por força do artigo de lei, será sempre relevante, ou seja, o agente responde pelo tipo tal como o tinha representado, devendo ser levadas em conta todas as circunstâncias (agravadoras ou atenuadoras) ligadas à vítima representada, e não à atingida.

Por isso, a *solução do exemplo* apresentado é que X responde por homicídio doloso consumado, com agravante de crime praticado contra ascendente (como se tivesse mesmo atingido seu pai, Y).

E na situação inversa?

Exemplo: X quer matar seu inimigo, Z, mas o confunde na escuridão com seu próprio pai, Y, que vinha lhe fazer uma visita. A *solução do exemplo* é que X responde por homicídio doloso consumado, sem qualquer agravante (responde como se tivesse atingido seu inimigo, Z).

Em suma, desconsidera-se por completo o desvalor do resultado objetivamente verificado, focando-se a atenção apenas no desvalor da ação. Se queria matar o próprio pai, incide a agravante mesmo que objetivamente não o tenha feito. Se não queria matar o pai, não incide a agravante, mesmo que objetivamente o tenha feito.

b) **Erro sobre o objeto (*error in objeto*)**

Exemplo: X pretende furtar de Y um livro de Direito Penal, mas, na escuridão, acaba tomando um livro de direito civil.

Nessa hipótese, o agente visava determinado **objeto** e terminou por alcançar outro **objeto**, da mesma natureza.

Essa modalidade de erro não é contemplada expressamente na lei brasileira, mas, como se viu, a doutrina reconhece, da mesma forma, a sua irrelevância.

A *solução do exemplo*, é que, malgrado a troca dos livros, X responderá por furto consumado, e não apenas por tentativa de furto.

E se, porventura, tal como por vezes acontece com as características da pessoa (ser pai, por exemplo), as características da coisa (o seu valor, por exemplo) têm importância como circunstância do tipo?

Duas posições são defensáveis, embora a doutrina brasileira pouco se manifeste acerca do problema.

A primeira é, na falta de disposição expressa, aplicar-se, por analogia, a regra contida no art. 20, § 3º, ou seja, consideram-se as condições ou características da coisa visada, e não da realmente atingida. Se o ladrão pretendia furtar joia valiosa de um cofre, mas, na escuridão, toma outra peça, que não passa de bijuteria pouco valiosa, responde como se tivesse furtado a joia, sem direito à causa de redução da pena do furto privilegiado. E o contrário, logicamente, é verdadeiro. Se queria mesmo subtrair uma falsificação, mas troca nas mãos as peças e acaba levando a joia verdadeira, responde como se tivesse subtraído a primeira, incidindo a minorante.

A segunda posição é, na falta de disposição expressa, aplicar-se a regra geral do sistema – segundo a opinião dominante na doutrina brasileira, como já se viu: o erro só é relevante quando atinge qualificadoras, causas de aumento de pena ou agravantes. Quando atinge privilegiadoras, causas de diminuição de pena ou atenuantes, é irrelevante. Ou seja, o desconhecimento dessas circunstâncias não pode prejudicar o sujeito. Partindo dessa premissa, a solução da situação em que o ladrão toma, sem perceber, a joia pela bijuteria é a seguinte: o fato de desconhecer que toma, na realidade, coisa de pequeno valor não impede a aplicação da figura privilegiada do furto.

2. Erro envolvendo objetos materiais não equivalentes

Exemplo 1: X, pretendendo matar seu vizinho, Y, entra à noite no quarto deste e dispara sobre o vulto adormecido sob as cobertas. No entanto, Y não se encontrava em casa e quem ali dormia era seu cachorro, que vem a morrer.

Exemplo 2: X quer matar o cachorro do seu vizinho, Y, entra à noite no quintal deste e dispara sobre o vulto adormecido na casinha do cachorro. No entanto, quem lá se encontrava era o próprio Y, que vem a morrer.

A hipótese foi aqui trazida apenas para fins de comparação e esclarecimento, já que a situação que se configura aqui não é de erro acidental, e sim de erro essencial sobre elemento do tipo, e deve ser resolvida segundo as regras deste.

No primeiro exemplo, X praticou objetivamente um delito de dano (matou o cachorro de Y). Agiu, no entanto, em pleno erro de tipo essencial, pois não tinha consciência de ter diante de si uma coisa. Portanto, o dano não pode ser punido por ausência de dolo e, ainda que o erro fosse evitável, visto que o dano não prevê modalidade culposa, a tipicidade referida no art. 163 do CP resta de todo excluída. A conduta de X, então, poderia se subsumir a uma tentativa de homicídio? Também não, porém, nesse caso, o problema já não é a ausência de dolo, mas a absoluta impropriedade do objeto, ou seja, em relação ao delito de homicídio o que há é um crime impossível (art. 17 do CP). A *solução do exemplo 1* é que a conduta de X não se enquadra em nenhuma moldura típica, seja por ausência de dolo (em relação ao dano), seja por ausência de lesividade (em relação ao homicídio), sendo, portanto, atípica.

No segundo exemplo, X praticou objetivamente um delito de homicídio (matou Y). Agiu, no entanto, em pleno erro de tipo essencial, pois não tinha consciência de ter diante de si uma pessoa. Portanto, não é possível a punição por homicídio doloso. Se o erro, dadas as circunstâncias concretas, puder ser considerado evitável, pode-se, no entanto, punir X por homicídio culposo. Quanto à tentativa de dano (que era o crime pretendido), não é possível qualquer punição por absoluta impropriedade do objeto, tratando-se, pois, de crime impossível (art. 17). A *solução do exemplo 2* é que a conduta de X pode configurar homicídio culposo.

11.2.2 Desvio no curso causal que atinge objeto material diverso (*aberratio ictus/aberratio criminis*)

Como se viu, o erro é uma falsa percepção da realidade. As hipóteses de *aberratio*, portanto, não se enquadram propriamente na categoria de erro (embora a maioria da doutrina termine por tratá-las no estudo do erro acidental, orientação que seguimos aqui). Não se cuida aqui de uma falsa percepção da realidade atual, mas de um desvio no curso causal projetado que resulta em ser atingido objeto material diverso do pretendido. Ou seja, pode-se falar aqui em erro, pensando-se em um erro em relação ao futuro. O agente planejou mentalmente o futuro de determinado jeito e, na realidade, aconteceu de outro.

Exemplo: X quer matar Y, que está do outro lado da rua, próximo a Z. Por uma falha na pontaria de X, o tiro acaba atingido Z.

Embora a *aberratio* não se confunda com o erro sobre o objeto material, a solução dos casos de *aberratio* também tem repercussão no dolo. Como se sabe, o dolo deve cobrir não só os elementos da realidade presente, mas também os elementos futuros, como o resultado e o nexo causal. Portanto, é preciso analisar se a *aberratio* permite ou não a imputação do resultado, produzido pelo desvio, ao dolo do agente. Por outras palavras, é perguntar se o agente pode ser punido, a título de dolo, por um evento diverso daquele que ele havia planejado alcançar com sua ação final.

Há que se fazer, aqui, a mesma distinção já feita quanto ao erro de representação:

a) **Aberratio envolvendo objetos materiais equivalentes:**
1) *aberratio* quanto à pessoa (ex.: o agente visa uma pessoa e atinge outra);
2) *aberratio* quanto ao objeto (ex.: o agente visa um objeto e atinge outro).
b) **Aberratio envolvendo objetos materiais não equivalentes** (ex.: o agente visa um objeto e atinge uma pessoa).
c) **Aberratio envolvendo objetos materiais equivalentes** (*aberratio ictus*).

1) **Aberratio quanto à pessoa**

Exemplo: X quer matar o próprio pai, Y, mas o tiro acerta em Z, que está ao seu lado.

Doutrinariamente, duas teorias foram desenvolvidas para resolver os casos de *aberratio* sobre objetos equivalentes, notadamente:

1.a) Teoria da concretização

É a adotada pela maioria da doutrina e da jurisprudência alemãs. Como explica Roxin, segundo essa teoria o dolo pressupõe sua concretização a determinado objeto; se por consequência do desvio se alcança outro objeto, então falta o dolo em relação a este. Para a teoria da concretização, a *solução do exemplo* reto é: uma tentativa de homicídio agravado em relação a Y e um homicídio culposo em relação a Z, em concurso formal. Para a maioria da doutrina estrangeira, portanto, a solução da *aberratio ictus* é completamente diferente da solução do erro sobre a pessoa. Este é um erro acidental que não afeta o dolo. A desejou matar uma pessoa (embora confundido quanto à sua identidade), mirou nela, viu e voluntária e conscientemente matou-a, ou seja, o resultado correspondeu exatamente ao que ele queria (ao dolo), que era matar aquela pessoa (embora houvesse confusão quanto à identidade específica dela). Já na *aberratio ictus*, o resultado não correspondeu ao dolo, o agente não atingiu a pessoa que queria atingir. Por isso, a solução diversa.

1.b) Teoria da equivalência

Para a teoria da **equivalência**, o dolo admite um resultado diverso, desde que equivalente (Y e Z são pessoas). Welzel, sustentando posição minoritária na doutrina alemã, defendeu a teoria da equivalência nos seguintes termos: "Se a possibilidade de desvio do curso causal estava dentro do marco da causalidade adequada e o resultado provocado é tipicamente equivalente ao querido, estamos ante um delito doloso consumado" (*Derecho penal alemán*, p. 88). Assim, para a teoria da equivalência, a **solução do exemplo** retro é: punição de X por homicídio doloso consumado. Ou seja, para a teoria da equivalência, a solução da *aberratio ictus* será a mesma que a do erro sobre a pessoa.

É a teoria adotada pela lei brasileira, plasmada no texto do art. 73 do Código Penal, que remete a hipótese ao art. 20, § 3º, que cuida do erro sobre a pessoa, dando-lhes tratamento idêntico. Nesse passo, X responderá por homicídio doloso consumado, considerando-se, no entanto, as condições e qualidades de Y, e não as de Z.

E se, além da pessoa não visada (resultado aberrante), é atingida a pessoa pretendida (resultado doloso)?

Exemplo: X quer matar seu pai, Y, mas acaba matando também um terceiro estranho, Z. A *solução do exemplo* é que X responderá, em concurso formal próprio, pelos crimes de homicídio doloso agravado e homicídio culposo.

Em suma, segundo a lei brasileira, partindo-se do exemplo-base: X quer matar seu pai Y, mas por erro na execução atinge Z, tais são as soluções possíveis:

Y não é atingido	Z morre	Homicídio doloso com agravante
Y não é atingido	Z é ferido	Tentativa de homicídio doloso com agravante
Y é atingido e morre	Z é ferido	Homicídio doloso com agravante em concurso formal com lesão corporal culposa
Y é atingido e ferido	Z morre	É a hipótese que gera polêmica na doutrina, sendo defensáveis duas posições: 1ª posição (sustentada, por exemplo, por Fragoso, com quem concordamos): Tentativa de homicídio doloso com agravante em concurso formal com homicídio culposo. Trata-se da aplicação pura e simples da regra do art. 70. 2ª posição (sustentada, por exemplo, por Nucci, p. 503; Jesus, p. 365; Fernando Galvão, p. 766-767): homicídio doloso consumado com agravante (como se tivesse matado Y) em concurso formal com lesão corporal culposa (como se tivesse ferido Z). O resultado é obtido pela conjugação do art. 20, § 3º, com o art. 70 do CP. Explica Nucci: "A regra fica bem aplicada, quando o agente atinge quem não desejava (1ª parte), respondendo como se tivesse atingido a vítima almejada, bem como, em concurso formal (2ª parte), quando atinge também a pessoa pretendida" (2007, p. 502).
Y é atingido e morre	Z morre	Homicídio doloso com agravante em concurso formal com homicídio culposo.
Y é atingido e é ferido	Z é ferido	Tentativa de homicídio doloso com agravante em concurso formal com lesão corporal culposa.

Por fim, cabem ainda algumas considerações:

E se a morte de Z, no exemplo *retro*, embora não desejada, tiver sido abrangida pelo **dolo eventual** de X? Vale dizer, se com um tiro X atingiu seu próprio pai (com dolo direto) e também Z (com dolo eventual)? Nesse caso, não há, na verdade, falar em erro, que, como se viu, é a antítese do conceito de dolo. Haverá, simplesmente, concurso formal de crimes. A discussão, nesse passo, cinge-se à espécie de concurso formal, se perfeito ou imperfeito, questão que será debatida em sede própria, no momento em que se tratar do concurso de crimes.

Por outro lado, e se a morte de Z não puder ser imputada **sequer à culpa**, vale dizer, se fosse ela completamente imprevisível? Ainda assim, haveria homicídio culposo, a integrar, junto ao homicídio doloso, um concurso formal, ou deveria X ser punido apenas pelo homicídio doloso do pai, sem qualquer concurso?

Duas posições são defendidas pela doutrina:

A **primeira** sustenta que, mesmo assim (ou seja, no caso de resultado imprevisível), haverá a punição por ambos os crimes em concurso formal. Quem explica é Guilherme de Souza Nucci, com as seguintes palavras: "Diz a lei, expressamente, que o desvio no ataque pode ocorrer por acidente ou por erro, bastando para responsabilizar o agente a existência de nexo causal. Cuida-se, pois, de outra hipótese de responsabilidade objetiva constante no Código Penal (a outra refere-se à embriaguez voluntária ou culposa, art. 28, II, do CP)". De forma que, assumindo tratar-se tal interpretação da assunção da possibilidade da responsabilidade objetiva, prossegue o autor: "É certo que alguns penalistas sustentam não existir possibilidade de responsabilidade penal sem dolo e sem culpa, de modo que o resultado não desejado pelo agente somente pode ser debitado caso tenha agido, no mínimo, com culpa. Não é esta, no entanto, a previsão legal, nem a aplicação que, costumeiramente, se encontra na jurisprudência" (Guilherme de Souza Nucci, *Manual de direito penal*, p. 503).

A **segunda** posição, que defendemos, entende que não se pode imputar ao agente o evento em relação ao qual não houve, no mínimo, culpa, de forma que X deve responder apenas pela morte de Y, afastado o concurso formal. É que não podemos concordar que a "previsão legal" ou o que "costumeiramente se encontra na jurisprudência" tenham o condão de derrogar aquele que é apontado como um dos pilares sobre o qual se constrói o Direito Penal moderno, que é justamente o princípio da culpabilidade. Princípio que não parece ser o devaneio utópico de "alguns penalistas", mas um dos alicerces da dogmática penal que se pretenda integrada a um Estado Democrático de Direito.

Por isso, assiste a razão a Damásio Evangelista, segundo quem, nesse caso, o resultado produzido na vítima efetiva não pode ser imputado ao agente, sob pena de responsabilidade objetiva (*Direito penal*, 2010, p. 366).

2) *Aberratio* quanto ao objeto

Exemplo: X quer danificar, lançando uma pedra, um determinado veículo, mas acaba danificando outro.

O erro na execução que atinge objeto diverso, mas equivalente, não é tratado pela lei, tampouco pela doutrina brasileira. Adotando-se, quanto à pessoa, a teoria da equivalência, é legítimo entender que, se a *aberratio* incidir não sobre pessoas, mas sobre objetos equivalentes, a solução deva ser a mesma. Resta apenas ponderar sobre a eventualidade de o objeto pretendido implicar circunstâncias diversas do objeto efetivamente atingido, quando valem então as observações já tecidas quando da análise do erro sobre o objeto.

2.a) *Aberratio* envolvendo objetos materiais não equivalentes (*aberratio criminis,* chamado na lei brasileira de "resultado diverso do pretendido")

Exemplo: pretendendo quebrar a janela de um prédio, X lança uma pedra, mas ela escapa de suas mãos e acaba atingindo a pessoa Y, que estava ao seu lado, matando-a.

Trata-se de hipótese semelhante à *aberratio ictus*, mas aqui o desvio no golpe provoca resultado integrativo de um tipo de delito diverso do pretendido (Francisco de Assis Toledo, O erro no direito penal, p. 59).

Quando o erro envolve objetos não equivalentes, como no caso exemplificado, inviável a aplicação da teoria da equivalência.

É o que defende Welzel: "se o resultado produzido e o querido não são tipicamente equivalentes estamos frente a um concurso ideal entre a tentativa de um fato doloso e um delito culposo" (*Derecho penal alemán*, p. 88).

No Código Penal brasileiro, a *aberratio delicti* é contemplada no art. 74, que prevê, justamente, no caso de resultado diverso do pretendido, a punição por crime culposo, caso haja previsão.

Portanto, a *solução do exemplo* é que X deverá responder por homicídio culposo.

Questão, no entanto, tormentosa é: no exemplo acima, a tentativa de dano é ou não relevante juridicamente? O art. 74 realmente não dá solução. Como se viu na explicação de Welzel, há que se considerá-la. Mas, como trata do assunto a doutrina brasileira? Há duas posições:

A primeira posição, defendida pela opinião dominante, entende que, nesse caso, pune-se o agente apenas pelo resultado culposo, sendo impune a tentativa do delito pretendido. Não se preocupa, no entanto, a doutrina majoritária em explicar a razão dessa solução. Rogério Greco, por exemplo, aduz singelamente que, havendo resultado diverso do pretendido, "despreza-se o dolo".

É importante, no entanto, que se possa justificar cientificamente essa posição, uma vez que nem os textos legais e muito menos a sua interpretação prescindem de uma fundamentação dogmática que lhes dê sustentação. Não há nenhuma construção dogmática que permita simplesmente "desprezar-se" o dolo, quanto mais no marco do modelo ontológico proposto pelo finalismo. Ademais, é consenso que, se o resultado alcançado não encontra enquadramento típico culposo, pune-se, então, a tentativa dolosa do delito pretendido. Se X quer matar Y, mas o disparo de sua arma atinge apenas o veículo de Y, não há quem defenda que X vá quedar impune, parece consenso que ele responderá pela tentativa de homicídio. Mas, então, nesse caso, "ressuscita-se" o dolo? Mais coerente a explicação de que, em caso de *aberratio criminis*, o que há na realidade é um crime doloso (tentado) e um crime culposo (consumado), como admite o próprio Welzel, mas a tentativa dolosa é absorvida pelo delito culposo. De forma que o único argumento cientificamente defensável lança mão do princípio da consunção para justificar que, na hipótese, a tentativa foi o meio necessário para a realização do delito culposo, o que é, no entanto, questionável.

Nesse passo, uma segunda posição, defendida, entre outros, por Guilherme de Souza Nucci (*Manual de direito penal*, 2007, p. 504), e por Fernando Galvão, sustenta haver, na espécie, verdadeiro concurso formal de crimes. Galvão afirma que "admitir que o agente deva ser responsabilizado a título de dolo significa reconhecer que o fato doloso cometido não pode ser desconsiderado em favor do fato culposo produzido. Nos termos desse raciocínio, quando o art. 74 impõe que, pelo fato produzido, responda o agente a título de culpa, não impede que o agente seja responsabilizado também pelos fatos dolosos cometidos" (*Direito penal*, p. 770).

Como já mencionado, se o crime efetivamente verificado não era pretendido, só pode ser atribuído ao agente a título de culpa. Se o tipo em questão, no entanto, não prevê modalidade culposa, em relação a ele a conduta é atípica, remanescendo a punição pela tentativa do tipo que o agente pretendia praticar.

Exemplo: X quer matar Y, mas, ao disparar contra ele, o tiro atinge somente uma vidraça, quebrando-a. A *solução do exemplo* é que X responderá apenas pela tentativa de homicídio.

Da mesma forma que acontece na *aberratio ictus*, se o agente atingir com uma única conduta, além do objeto material não pretendido (o resultado aberrante, culposo), o objeto material pretendido (resultado doloso), impõe-se necessariamente a regra do concurso formal de crimes.

Exemplo: X quer apenas quebrar uma vitrine com a pedra, supondo estar a casa vazia, mas lá se encontrava um indigente, Y, dormindo, que é também morto pela pedrada. A *solução do exemplo* é que X responderá pelos crimes de dano e homicídio culposo em concurso formal próprio.

2.b) Desvio no curso causal que atinge o mesmo objeto de forma diversa (*aberratio causae*)

Os casos de *aberratio causae* evidentemente também constituem hipóteses de desvio do curso causal, mas sob essa rubrica reunimos as situações em que, mesmo havendo o desvio, é atingido o próprio objeto visado, embora de outra forma. Se o objeto representado no dolo é realmente atingido, mas de forma diversa da projetada, o resultado pode ser imputado ao agente? A distinção que importa fazer aqui é entre os desvios irrelevantes e os desvios relevantes.

a) Desvios inessenciais (irrelevantes).
1) Resultado produzido por causa diversa concomitante à projetada (desvio causal propriamente dito).
2) Resultado produzido por causa diversa posterior (erro sucessivo).
3) Resultado diverso produzido por causa diversa anterior.
4) Resultado produzido por causa em situação de inimputabilidade.
b) Desvios essenciais (relevantes).

Vejamos cada um deles.

a) Desvios irrelevantes (ou não essenciais) no curso causal

1) Resultado produzido por causa diversa concomitante (*desvio no curso causal*)

Mais uma vez, não se trata propriamente de uma falsa percepção da realidade presente, mas de um desvio que termina por resultar em um nexo causal não projetado pelo agente.

Exemplo: X deseja matar Y por afogamento. Para tanto, atira-o de cima de uma ponte. Y morre, no entanto, ao bater com a cabeça na pilastra de sustentação da ponte, antes de atingir a água.

Na situação-problema, havia dolo em relação a determinado resultado, que de fato verificou-se. O problema é, se o dolo deve abranger todos os elementos presentes (conduta) e futuros (resultado e nexo causal) do tipo, será que o resultado morte pode ser imputado, a título de dolo, ao agente?

A resposta é sim. Como explica Roxin: "a opinião tradicional não considerou nunca objeto do dolo todos os pormenores do curso causal – que ninguém pode prever – mas apenas seu desenho essencial – de modo que os desvios não essenciais não afetariam ao dolo" (*Derecho penal*, p. 463).

Portanto, a *solução do exemplo* é que X deve responder por crime de homicídio doloso consumado.

2) Resultado produzido por causa diversa posterior (*erro sucessivo*)

A situação é similar à anterior, mas aqui é de fato o agente que erra, agindo sobre a base de uma falsa percepção da realidade.

Exemplo: A pretende matar B disparando contra ele com arma de fogo. Julgando que B já estava morto, enterra-o em lugar ermo para ocultar o cadáver. Comprova-se que B ainda estava vivo quando foi enterrado e que a morte deveu-se apenas à asfixia.

A explicação tradicional para a punição por crime de homicídio doloso consumado, nessa hipótese, era, antigamente, a ideia de **dolo geral**, assim defendida por Welzel: "Quando a vontade está dirigida a matar de forma encoberta, o fato de ocultar a vítima é só um ato parcial, não independente da ação em seu conjunto. Em suma, há homicídio doloso consumado" (*Derecho penal alemán*, p. 89).

A adoção do conceito de dolo geral não é, no entanto, aceita pela maioria da doutrina moderna, que não admite a possibilidade de se estender o dolo inicial a um ato no qual ele, efetivamente, já não mais existia. Como adverte Roxin, atualmente a expressão *"dolus generalis"* é utilizada para a caracterização desse grupo de casos por tradição, mas não para sua resolução jurídica (*Derecho penal*, p. 499).

Na verdade, a punição por homicídio consumado (com a qual concorda a opinião dominante) é explicada pela ideia de desvio não essencial do nexo causal. Na explicação de Roxin, houve aqui a realização do plano do autor (da mesma forma que no caso da morte produzida pelo choque com a pilastra da ponte) e para esse plano (matar a vítima) o desvio causal é irrelevante (*Derecho penal*, p. 500).

3) Resultado produzido por causa anterior

Há que se ter em consideração, também, outros casos que, geralmente, são reunidos como hipóteses de aplicação do *dolus generalis* (embora o determinante, como se viu, não seja a ideia de dolo geral, mas de desvio não essencial).

Exemplo: X quer fazer desmaiar Y para depois matá-lo, mas Y morre já com o primeiro golpe. Para a opinião dominante, a *solução do exemplo* é que há homicídio consumado, uma vez que o desvio está dentro do marco da experiência cotidiana (Hans Welzel, *Derecho penal alemán*, p. 89), ou seja, o nexo causal tal como aconteceu era previsível e, portanto, o desvio é considerado não essencial.

Em outras palavras, houve, aqui também, um desvio irrelevante do curso causal, que não impediu a concretização do plano do autor, razão pela qual não há falar em mera tentativa (Roxin, *Derecho penal*, p. 502).

Diferente seria, no entanto, se o resultado se produzisse em virtude de meros atos preparatórios (se, por exemplo, ao limpar a arma houvesse o disparo). Nesse caso não há sequer o início de execução de um homicídio doloso, motivo pelo qual a *solução* é a punição por homicídio culposo (Roxin, *Derecho penal*, p. 502).

4) Resultado produzido em situação de inimputabilidade

Situação similar e que, também por ser considerada hipótese de desvio inessencial do curso causal, receberá o mesmo tratamento é aquela em que o sujeito inicia a execução da conduta, mas, durante a sua realização, entra em estado de inimputabilidade no qual, só então, o resultado de fato vem a ocorrer. Nada obstante, segundo a opinião dominante, responderá também pelo delito consumado, e não pela simples tentativa (Roxin, *Derecho penal*, p. 503).

Exemplo: X resolve matar Y a golpes de martelo, mas, após o primeiro golpe, não mortal, entra em um delírio, à vista do sangue, que lhe priva da consciência, e nesse estado continua a desferir as marteladas até matar a vítima. A *solução do exemplo* é que X deve responder por homicídio doloso consumado.

b) **Desvios relevantes (ou essenciais) do curso causal**

Do que ficou dito, está claro que o fato de o nexo causal ter se desenrolado de forma diversa daquela prevista pelo dolo não tem relevância e não impede a imputação subjetiva do resultado. Ou seja, desde que o agente tenha querido o resultado e agido para alcançá-lo, o fato de que, eventualmente, ele foi alcançado de outro modo, não tem importância. O resultado, ainda assim, vai ser imputado ao agente a título de dolo. Em outras palavras, em ambas as hipóteses anteriores, o sujeito irá responder por crime doloso consumado.

Mas, se isso é verdade, o que dizer do conhecido exemplo escolar?

Exemplo: X dá um tiro em Y, com intenção de matá-lo, mas Y não morre em virtude dos tiros, e sim porque no hospital para o qual foi conduzido após ser alvejado ocorre um incêndio que o mata.

Se a causa concreta do resultado não é importante, nesse caso, X deverá ser punido pelo homicídio consumado de Y? É pacífico que não. A *solução do exemplo*, indubitavelmente, é punir X apenas pela tentativa de homicídio. Mas, por quê? Em que essa situação difere daquela em que a vítima morre batendo a cabeça contra a pilastra da ponte, e não por afogamento?

A distinção fica por conta justamente dos conceitos de "desvio não essencial" e "desvio essencial". "Desvio não essencial" ou "desvio regular" é sinônimo de desvio previsível ou normal. Se alguém atira outra pessoa de cima de uma ponte, ainda que sua intenção seja matá-la por afogamento, é previsível que a morte possa ocorrer pelo choque do corpo contra a própria ponte. Mas, se a vítima não morre nem pelo afogamento nem pelo choque, e sim porque, ao ser transportada na ambulância, sofre um acidente, isso já não era previsível, não era um desdobramento normal da situação dentro das regras da experiência. E com isso não se pode mais atribuir o resultado morte ao dolo do agente. Dolo, como já se viu, não é mero desejo passivo ou esperança, mais implica uma conduta que efetivamente domina e dirige (em pelo menos alguma medida) o curso causal em direção a um fim típico. O dolo se assenta sobre a conduta que, por sua vez, implica o controle consciente de determinado fluxo de acontecimentos. A morte da vítima no incêndio do hospital pode corresponder ao desejo do agente e lhe dar imensa alegria, mas não corresponde ao seu dolo.

Em suma, o critério proposto pela teoria finalista para que se possa diferenciar quais os desvios causais relevantes e quais os desvios irrelevantes é o da essencialidade, previsibilidade ou normalidade do desvio.

A esse respeito, veja-se a explicação de Welzel: "O acontecimento externo só é o fato de uma vontade finalista quando tal, como se desenrolou, foi configurado pela vontade consciente do fim, quer dizer, quando estava submetido ao senhorio da vontade. Por isso o resultado típico não deve considerar-se provocado dolosamente, se se produziu unicamente em consequência do encadeamento de circunstâncias inesperadas como consequência causal da vontade de ação, mas apenas se sua produção concreta foi disposta pela vontade finalista" (*Derecho penal alemán*, p. 87).

Exemplo: A dispara com dolo de homicídio sobre B, mas apenas o fere. B morre em consequência do incêndio no hospital. Se bem que seja certo que o resultado depende causalmente da ação homicida de A, em sua realização concreta não foi disposto finalmente por A: só há tentativa de homicídio.

Em suma:

ERRO QUANTO AO OBJETO JURÍDICO	OBJETOS EQUIVALENTES	PESSOA ←→ PESSOA Art. 20, § 3º (erro sobre a pessoa) Irrelevante (não exclui dolo) Circunstâncias: pessoa pretendida
		COISA ←→ COISA Sem previsão legal expressa Irrelevante (não exclui o dolo) Circunstâncias: duas posições
	OBJETOS NÃO EQUIVALENTES	PESSOA ←→ COISA Art. 20, *caput* (erro de tipo essencial)

ERRO NA EXECUÇÃO (DESVIO QUE ATINGE OBJETO JURÍDICO DISTINTO)	OBJETOS EQUIVALENTES	PESSOA ←→ PESSOA Art. 73 (*aberratio ictus*) Irrelevante (não exclui dolo) Circunstâncias: pessoa pretendida
		COISA ←→ COISA Sem previsão legal expressa Irrelevante (não exclui dolo) Circunstâncias: duas posições
	OBJETOS NÃO EQUIVALENTES	PESSOA ←→ COISA Art. 74 (*aberratio criminis*) Responde apenas pelo resultado culposo

ERRO NO NEXO CAUSAL (DESVIO QUE ATINGE O MESMO OBJETO JURÍDICO DE FORMA DIVERSA DA PLANEJADA)	DESVIO NÃO ESSENCIAL	É irrelevante (não exclui o dolo em relação ao resultado)
	ERRO NA EXECUÇÃO QUE ATINGE OBJETO JURÍDICO DISTINTO	É relevante (exclui o dolo em relação ao resultado)

11.3 ERRO DE TIPO PERMISSIVO

O tratamento do erro sobre as causas de justificação será abordado no capítulo relativo à ilicitude.

Por ora, basta mencionar que (excluídas aqui as teorias presas ao modelo causalista) disputam primazia, no bojo do modelo finalista, as teorias **extremada** e **limitada** da culpabilidade.

De acordo com a primeira, que mais fielmente segue os pressupostos finalistas e foi defendida por Welzel, o erro que recai sobre uma situação excludente de ilicitude não tem qualquer repercussão em relação ao dolo. Se X atira com sua arma de fogo no peito de Y, porque pensou que se tratava de um ladrão prestes a agredi-lo, a conduta dolosa de homicídio é inegável, inclusive com dolo direto de primeiro grau. X sabia que tinha diante de si um ser humano e deliberou matá-lo. Para isso, escolheu os meios, ponderou os efeitos e executou a ação. Presentes os elementos intelectivo e volitivo do dolo, não se vislumbra aqui erro de tipo. Como já se teve oportunidade de dizer, os motivos do crime não afetam o dolo, mas podem afetar a culpabilidade e é de fato o que acontece aqui: trata-se de erro sobre o caráter ilícito do fato (que é elemento da culpabilidade), chamado assim erro de proibição que, mantendo íntegro o injusto (fato típico e antijurídico), isenta de pena, quando escusável, e configura causa de redução de pena, quando inescusável.

Em suma, para a teoria extremada defendida por Welzel, a suposição errônea de que concorre uma causa de justificação constitui um caso de erro de proibição. Seja que o autor se equivoque sobre os pressupostos objetivos ou sobre os limites jurídicos de uma causa de justificação que não está reconhecida como tal pelo direito, em todos esses casos incorre em erro sobre a antijuridicidade de sua realização dolosa típica (*Derecho penal alemán*, p. 199).

Ocorre que, se é sistematicamente perfeito, o tratamento do erro oriundo da adoção da teoria extremada da culpabilidade foi largamente recusado, por ser considerado político-criminalmente insatisfatório e injusto. O argumento é que parece errado valorar exatamente da mesma forma aquele que mantém sua postura de fidelidade e atenção ao direito, mas não pode concretizar essa fidelidade por uma falsa percepção da realidade fática, e aquele que tem todos os dados fáticos à sua disposição e mesmo assim realiza a ação equivocada. Quem erra por uma falsa percepção dos fatos não tinha sequer os elementos disponíveis para que lhe fosse cobrada uma atitude ético-socialmente responsável; já quem tinha os conhecimentos todos e mesmo assim não alcançou o sentido ético-social da proibição tem uma conduta mais reprovável socialmente.

Com base nesses argumentos, erigiu-se a teoria limitada da culpabilidade que distingue, quanto às causas de justificação, o erro sobre os pressupostos fáticos e o erro sobre a existência ou os limites jurídicos da descriminante. O primeiro, equiparado ao erro de tipo incriminador, exclui o dolo; o segundo, equiparado ao erro de proibição, exclui a culpabilidade.

Maior desenvolvimento da matéria, no entanto, será realizado, como dito, no capítulo referente à ilicitude.

ETAPAS DE REALIZAÇÃO DO DELITO

Nos capítulos anteriores foi examinada a tipicidade, com os elementos que lhe são próprios. A realização integral do tipo objetivo chama-se "consumação". Contudo, é possível que o tipo objetivo tenha sido apenas parcialmente realizado. Sendo esse o caso, qual a consequência para a tipicidade? Em outras palavras, como se enquadra tipicamente a conduta de quem, preenchendo o tipo subjetivo, só realiza parcialmente o tipo objetivo? É a pergunta à qual o presente tema busca dar resposta.

De início é importante, no entanto, estabelecer com clareza quais as etapas de realização do delito.

12.1 ITER CRIMINIS

A trajetória que o fenômeno delitivo descreve, desde a concepção, no íntimo do ser humano, até sua concretização, que opera no mundo exterior, é chamada de *iter criminis*.

Na explicação de Cezar Roberto Bitencourt, "há um caminho que o crime percorre, desde o momento em que germina, como ideia, no espírito do agente, até aquele em que se consuma no ato final. A esse itinerário que o crime percorre, desde o momento da concepção até aquele em que ocorre a consumação, chama-se *iter criminis*" (*Tratado de direito penal*, 2008, p. 400).

Como fenômeno empírico, a trajetória do crime é uma sucessão mais ou menos veloz de acontecimentos que se desdobram, por vezes, de forma refletida, noutras, de maneira intempestiva, até culminarem naquele trecho de realidade, encampado pela tipicidade. No entanto a dogmática acostumou-se a, nesse percurso, sublinhar quatro momentos ou etapas específicas. O critério que orienta a separação de um processo contínuo nessas quatro etapas específicas é que, em cada uma delas, uma consequência jurídica diversa se extrai, ou, por outras palavras, os marcos selecionados determinam quatro momentos em que a realidade concreta se reflete no mundo jurídico de forma diversa. São eles:

12.1.1 Cogitação

Considerada a fase interna do *iter criminis* que se desenvolve no âmbito da formação da decisão criminosa, a mera cogitação, ainda quando externalizada, não é punível. A característica da fase da cogitação é justamente a sua irrelevância jurídica, consagrada na fórmula *cogitationes poenam nemo patitur* (ninguém pode sofrer pena pelo pensamento) e decorre da própria função que tem (ou deveria ter) o Direito Penal: não se busca com ele o melhoramento moral do indivíduo, mas sim a proteção de bens jurídicos contra os ataques que lhe são dirigidos.

12.1.2 Atos preparatórios

Como a seguir se verá, o Código Penal brasileiro de 1940, perfilhando posição objetiva, exige, para a concretização do *jus puniendi* estatal, ao menos o início da execução do tipo, o que deixa de fora os atos meramente preparatórios. Obter o veneno, escolher o lugar, vigiar a vítima, traçar o plano com os comparsas, nenhuma dessas condutas é punível: ainda que o agente seja impedido de prosseguir por motivos estranhos à sua vontade, quando estava firmemente decidido a continuar, não há falar em tentativa.

A exceção vem do fato de que, por vezes, o legislador, em um movimento de antecipação da tutela penal, passa a prever, já como elementos constitutivos de tipo legal de crime, condutas que configuram, pela sua essência e dentro do plano criminoso, meros atos preparatórios.

Exemplo do CP: a "associação criminosa" é sempre um ato de preparação de outros delitos. "Art. 288. Associarem-se 3 (três) ou mais pessoas, para o fim específico de cometer crimes". No entanto, foi elevada, pelo legislador penal, à categoria de crime autônomo, que atenta contra o bem jurídico denominado "paz pública", de forma que, ainda que nenhum dos crimes planejados entre sequer em fase executória, haverá que se punir, ainda assim, a formação de quadrilha.

Como explica Hungria, no entanto, "se o indivíduo passa da *nuda cogitatio* aos atos preparatórios, e estes representam, em si mesmos, uma ameaça à ordem jurídica, já então a lei do Estado pode intervir, tornando punível a atuação da vontade, mas entenda-se: punível *por si mesma*, e nunca *por extensão da punibilidade do crime planejado*" (*Comentários ao Código Penal*, p. 76).

12.1.3 Execução

Adotado, portanto, por boa parte das legislações, inclusive a nossa, o critério objetivo do "início da execução", cabe, a seguir, precisá-lo, o que é uma das mais árduas tarefas que enfrenta a dogmática penal. Inúmeras teorias foram já desenvolvidas, e abordaremos a seguir as que, atualmente, são consideradas como mais importantes, deixando com isso de fora, desde logo, as teorias subjetivas, incompatíveis com nosso ordenamento jurídico.

a) **Teoria objetivo-formal (Liszt)**

Segundo a teoria objetivo-formal, a ação de execução é exclusivamente aquela descrita pelo verbo do tipo. Ensina Hungria que "dentro do tipo legal do crime há um 'núcleo' constituído pelo conjunto de atos que realiza o verbo ativo principal do tipo; mas há uma zona (zona periférica), mais ou menos extensa, que está fora do 'núcleo': todo o primeiro grupo de atos, isto é, todos os que estão dentro do 'núcleo', são atos de execução, e todos os que estão fora dele são preparatórios" (*Comentários ao Código Penal*, p. 83-84).

No mesmo sentido Cezar Roberto Bitencourt: "O começo da execução é marcado pelo início da realização do tipo, ou seja, quando se inicia a realização da conduta núcleo do tipo: matar, ofender, subtrair, etc." (*Tratado de direito penal*, 2008, p. 402).

b) **Teoria objetivo-material ou Teoria da hostilidade ao bem jurídico (Frank, M. E. Mayer)**

A teoria objetivo-formal, cujo maior mérito é definir com contornos claros o limite da punibilidade, tendo assim importante efeito garantista, apresenta, em contrapartida, o problema de ignorar e reputar atípicas, e, portanto, lícitas, condutas que, embora não se subsumam exatamente à descrição típica, já constituem franca ameaça ao bem jurídico.

A teoria objetivo-material amplia o âmbito da tipicidade, passando a cobrir também os atos que, embora não consistam ainda na realização da conduta nuclear típica, sejam-lhe necessários e imediatamente anteriores, ou seja, "os atos que, segundo a experiência comum e salvo caso imprevisível, tenham a natureza de fazer esperar que lhes sigam atos idôneos a produzir o resultado típico, ou que preencham um elemento típico" (Fernando Galvão, *Direito penal*, p. 722).

Nesse passo "atos executivos são aqueles que atacam o bem jurídico (o primeiro ato de ataque é o começo de execução); atos preparatórios não representam ataque ao bem jurídico, cujo 'estado de paz' fica inalterado" (Nelson Hungria, *Comentários ao Código Penal*, p. 84).

Como explica Cezar Roberto Bitencourt: "O critério material vê o elemento diferencial no ataque ao objeto da proteção jurídica, ou seja, no momento em que o bem juridicamente protegido é posto realmente em perigo pelo atuar do agente. Assim, o crime define-se, materialmente, como lesão ou ameaça a um bem jurídico tutelado pela lei penal. O ato que não constitui ameaça ou ataque direto ao objeto da proteção legal é simples ato preparatório" (*Tratado de direito penal*, 2008, p. 402).

c) **Teoria objetivo-individual ou objetivo-subjetiva (Welzel)**

Partindo da teoria objetivo-material, mas criticando a indeterminação do conceito de "perigo ao bem jurídico", Welzel propõe um terceiro modelo, que visa fornecer melhor critério para a averiguação de quais atos podem ser considerados como "imediatamente anteriores à conduta típica". Segundo Hans Welzel, a tentativa começa com aquela atividade com a qual o autor, segundo seu plano delitivo, se põe em relação imediata com o tipo delitivo (*Derecho penal alemán*, p. 224).

O exemplo clássico da aplicação da teoria é o seguinte: colocar veneno no copo da vítima pode ser, de acordo com o plano individual do autor, tanto ato preparatório quanto ato já executivo. Se X, secretária, coloca veneno na xícara que ela mesma servirá logo mais a Y, seu chefe, a colocação do veneno é mero ato preparatório, pois ainda falta, segundo o plano individual de X, um último ato, que é o de servir efetivamente o café. Mas se X coloca veneno na xícara e vai embora, pois Y irá servir-se sozinho, o ato de colocar o veneno já é executivo.

Portanto, as principais teorias modernamente aceitas, de viés objetivo são:

Objetivo-formal (Liszt)	Objetivo-material (Mayer/Frank)	Objetivo-individual (Welzel)
Apenas com a realização da conduta típica.	Com a realização do ato imediatamente anterior e necessário à conduta típica, que cause já perigo ao bem jurídico.	Com a realização do ato imediatamente anterior e necessário à conduta típica, segundo o plano individual do autor.

12.1.4 Consumação

Define o nosso código penal o conceito de crime consumado, da seguinte forma: "Art. 14. Diz-se o crime: I – consumado, quando nele se reúnem todos os elementos de sua definição legal".

a) **Quanto à exigência de resultado naturalístico para a consumação**

Crimes materiais	Crimes formais	Crimes de mera conduta
Consumam-se com o resultado naturalístico previsto no tipo.	Consumam-se com a simples atividade.	Consumam-se com a simples atividade.
Exemplo: O homicídio se consuma com a morte da vítima.	Exemplo: a extorsão se consuma com o efetivo constrangimento da vítima (vale dizer, quando a vítima dobra-se ao constrangimento, realizando, tolerando ou deixando de realizar determinada conduta), independentemente da obtenção da vantagem indevida visada pelo agente.	Exemplo: a violação de domicílio consuma-se com a efetiva entrada ou permanência do agente, independentemente de qualquer outro evento.

b) **Quanto à exigência de reiteração da conduta para a consumação**

Crime habitual	Crime continuado
Com a reiteração da conduta que, praticada de forma esporádica, é atípica. Na verdade, nos crimes habituais, a reiteração, além de ser critério para a consumação, é critério para a própria existência do tipo.	Não se trata, na verdade, de espécie de crime, mas de modalidade de concurso de crimes (matéria afeta, portanto, à dosimetria da pena) que se caracteriza pela repetição de mesmo tipo penal, em circunstâncias próximas de tempo, espaço e com uniformidade no modo de execução (art. 71 do CP).
Exemplo: o rufianismo só se tipifica, e no mesmo instante consuma-se, com a reiteração da conduta de tirar proveito da prostituição alheia, vale dizer, quando a conduta assim descrita torna-se um hábito integrante do *modus vivendi* do autor.	Exemplo: a caixa da loja subtrai, todos os dias, alguns reais do caixa. O furto consuma-se com uma única conduta de subtrair, mesmo que, na situação concreta, tenham sido praticados atos reiterados. A reiteração, nesse contexto, não tem influência nem sobre a tipificação nem sobre a consumação. Em suma, cada um dos furtos consumou-se em momento próprio.

c) **Quanto à duração do momento consumativo**

Crime instantâneo	Crime permanente	Crime instantâneo de efeitos permanentes
Consuma-se em um momento único e pontual.	A consumação se prolonga no tempo, enquanto permanecer ativa a ação criminosa do agente.	Não se trata, em verdade, de terceira espécie, mas de modalidade de crime instantâneo. A distinção faz sentido apenas para se esclarecer a natureza de alguns tipos cujo prolongamento dos efeitos poderia gerar o equívoco de pensar-se neles como permanentes. Mas não o são, porque neles apenas os efeitos permanecem, depois de cessada toda a atividade criminosa.
Exemplo: calúnia (art. 138 do CP).	Exemplos: sequestro e cárcere privado (art. 148 do CP); extorsão mediante sequestro (art. 199 do CP); furto de energia elétrica (art. 155, § 3º, do CP).	Exemplo: bigamia (art. 235 do CP).

A natureza do crime quanto à duração do momento consumativo por vezes gera controvérsia. No julgamento da **RvCr 5.233-DF, em 13-5-2020**, com relatoria do Min. Reynaldo Soares da Fonseca, a Terceira Seção do STJ debruçou-se sobre a questão ao examinar o crime de falsidade ideológica. No caso, o Revisionando havia incluído sociais "laranja" no contrato social da empresa, em 2007. Posteriormente, em 2010 e 2011, houve alterações contratuais nas quais tais súcias foram mantidas. A Corte entendeu que o crime de falsidade ideológica é instantâneo e não permanente, embora seus efeitos possam se protrair no tempo (instantâneo de efeitos permanentes, portanto). Desse modo a prescrição começa a contar da data em que crime se consumou, na hipótese dos autos, em 2007. Não se pode entender, segundo o Sodalício, que a omissão em corrigir a informação falsa constitua novo crime e que significa a permanência da realização da conduta inicial.

d) Quanto aos crimes omissivos

Crime omissivo próprio	Crime omissivo impróprio
Consuma-se no instante da omissão, independentemente de qualquer resultado (para a corrente que entende que os crimes omissivos próprios são sempre de mera conduta).	Consuma-se a superveniência do evento que configura o resultado do tipo, ou seja, consuma-se com a mesma situação com a qual se consuma o tipo comissivo correspondente.
Exemplo: a omissão de socorro consuma-se no instante em que o socorro era devido e necessário e não foi prestado.	Exemplo: o homicídio por omissão consuma-se com a morte da vítima.

Além do impacto sobre a formação da figura típica e da respectiva consequência jurídica, a determinação da consumação tem relevância para:

1) contagem do prazo prescricional (CP: "Art. 111. A prescrição, antes de transitar em julgado sentença penal, começa a correr: I – do dia em que o crime se consumou (...)").
2) determinação da competência territorial (CPP: "Art. 70. A competência será, de regra, determinada pelo lugar em que se consumar a infração, ou, no caso de tentativa, pelo lugar em que for praticado o último ato de execução").

12.1.5 Exaurimento (consumação material)

O *iter criminis* encerra-se com a consumação, mas, após a sua ocorrência, pode ainda sobrevir o chamado "exaurimento" do crime. Exaurimento é a completa concretização do tipo, incluídos aí todas as componentes do dolo do tipo e demais elementos subjetivos especiais. É que "em alguns tipos penais, há a previsão para a ocorrência de desdobramentos naturalísticos da conduta que não são necessários para a consumação do crime. Tais consequências mais gravosas constituem o que se convencionou chamar de exaurimento" (Fernando Galvão, *Direito penal*, p. 717). Como se viu nos crimes formais, por exemplo, e por isso mesmo chamados de incongruentes, a faceta subjetiva do tipo extrapola a objetiva, ou seja, o crime se consuma com a mera conduta, mesmo que não sobrevenha o resultado perseguido pelo agente. Pois bem, se o resultado sobrevier o crime, que já estava consumado, então passará a exaurido. O momento do exaurimento, portanto, não modifica em nada a estrutura do tipo, mas impacta (até por força do art. 59 do CP, que arrola, dentre as circunstâncias judiciais, as consequências do crime) sobre a dosimetria da pena.

Exemplo: tome-se o crime de extorsão mediante sequestro: "Art. 159. Sequestrar pessoa com o fim de obter, para si ou para outrem, qualquer vantagem, como condição ou preço do resgate". A consumação se dá com o ato de "sequestrar". Se a vantagem for de fato obtida, como o desejava o agente, tal circunstância representa o exaurimento do crime, cuja consequência será apenas a elevação da pena-base (em relação ao mesmo tipo, não exaurido).

12.1.6 Em síntese

Cogitação	Preparação	Execução	Consumação	Exaurimento
Não há relevância jurídica	Não há relevância jurídica, salvo quando a conduta preparatória já constituir crime autônomo	Há relevância jurídica	Há relevância jurídica	Há relevância jurídica
Não há punição	Regra: não há punição Exceção: punição pela conduta já praticada	Regra: punição pela tentativa, com a pena do crime consumado reduzida de 1/3 a 2/3 Exceção: desistência e arrependimento – punição apenas pelos atos praticados	Punição pelo crime consumado	Punição pelo crime consumado com elevação da pena-base

Cabe dizer, por último, o seguinte: nem a cogitação nem a preparação são, em regra, puníveis. Mas, se o crime ingressa na fase executiva, é punível a conduta daquele que interveio, seja na formação da vontade criminosa, ou seja, interveio na *cogitatio* mediante o induzimento ou a instigação, seja na preparação do delito, por meio de auxílio. É importante, portanto, pôr em destaque que a colaboração na empreitada criminosa, mesmo quando se dá nesses momentos embrionários, é já alcançada pela tipicidade (em virtude da norma de extensão espacial da figura típica consubstanciada no art. 29 do CP), desde que o delito seja, no mínimo, tentado, pelo autor principal.

12.2 TENTATIVA PUNÍVEL

12.2.1 Conceito

É a situação em que, iniciada a execução, o crime não se consuma por motivos alheios à vontade do agente. Do ponto de vista subjetivo, é figura idêntica à do crime consumado, vale dizer, exige um dolo idêntico ao dele. A direção da vontade de quem furta não é em nada diferente da de quem tenta furtar, mas não consegue. A diferença está apenas na face objetiva, já que na tentativa falta justamente a última etapa do *iter criminis*. Pode haver tentativa, portanto, seja porque não foi completada a própria conduta criminosa (e isso em todos os delitos, materiais, formais ou de mera conduta, desde que a conduta seja plurissubsistente, ou seja, fracionável em mais de um ato), seja porque, mesmo depois de completada a conduta criminosa, o resultado não sobreveio (apenas nos crimes materiais).

Em qualquer caso, são elementos necessários do crime tentado: a) início da execução; b) não consumação; c) interferência de motivos alheios à vontade do sujeito; d) o dolo do tipo consumado.

12.2.2 Espécies

a) Tentativa imperfeita ou tentativa propriamente dita

Como se viu, em todos os delitos (salvo os unissubsistentes) é possível a tentativa quando a própria conduta criminosa é interrompida antes de ser finalizada. Chama-se assim tentativa imperfeita a situação em que o agente não termina de empregar os meios de execução necessários à realização do delito ou, em outras palavras, o agente "não exaure toda a sua potencialidade lesiva" (Cezar Roberto Bitencourt, *Tratado de direito penal*, p. 405).

b) Tentativa perfeita: ou crime falho

Nos crimes materiais, e apenas neles, é também possível uma segunda situação de tentativa, aquela em que, não obstante a atividade criminosa tenha sido integralmente realizada, o resultado naturalístico descrito no tipo ainda assim não é alcançado. Ou seja, o agente termina de empregar os meios necessários para a realização do delito que, ainda assim, não se consuma. O ordenamento jurídico brasileiro não distingue, seja no tratamento, seja na consequência jurídica, as figuras da "tentativa propriamente dita" (tentativa imperfeita) e o "delito frustrado" (que corresponde à tentativa perfeita). Ambas as situações são tratadas como espécies de tentativa, e a diferença entre elas tem impacto somente na dosimetria da pena.

12.2.3 Consequência jurídica

A adoção de duas teorias distintas desemboca também em duas consequências diferentes, no tocante ao crime tentado:

a) Teoria subjetiva

Para aqueles que justificam a punibilidade da tentativa pela presença efetiva de todos os elementos subjetivos do injusto (o dolo do tipo, e, portanto, a formação da vontade contrária ao direito), a consequência mais evidente é que não há qualquer razão dogmática para que a pena da tentativa seja inferior à pena do crime consumado. Além disso, também não haveria qualquer motivo que justificasse a impunidade da tentativa absolutamente inidônea, uma vez que também nela está presente, integralmente, o dolo do tipo.

b) **Teoria objetiva**

A teoria objetiva busca fundamento para a punição do crime tentado no perigo desde logo causado ao bem jurídico pela conduta. Busca-se, então, equilibrar, como pratos de uma balança, o desvalor da conduta (intencionalmente dirigida ao tipo) e o desvalor do resultado (ao menos perigoso ao bem jurídico). Como consequência: a) a pena da tentativa deve ser também proporcionalmente menor do que a pena do crime consumado; b) não se justifica a punição da tentativa inidônea para causar qualquer perigo ao bem jurídico protegido pela norma.

É a teoria que inspirou o Código Penal brasileiro, na medida em que: a) exige o início da execução para a configuração da tentativa (e não a simples manifestação, mesmo que inequívoca, da vontade criminosa); b) prevê uma redução da pena do crime consumado, para a modalidade tentada do delito; c) consagra a impunidade da tentativa inidônea.

De fato, segundo a norma contida no art. 14, parágrafo único, em regra a tentativa será punida com a mesma pena do crime consumado, reduzida de 1/3 a 2/3.

Uma vez que a própria redução atende ao critério objetivo, o *quantum* da redução adota como parâmetro o mesmo critério. Assim tanto maior será a redução quanto menor o perigo ou a lesão ao bem jurídico, vale dizer, quanto mais o resultado obtido estiver distante do resultado típico do crime consumado.

Há casos, no entanto, em que a lei já tipifica como crime a tentativa de alcançar determinado resultado. Nesse caso, evidentemente, a "tentativa" não representa qualquer diminuição da pena.

Como explica Nelson Hungria, "a ressalva de 'disposições em contrário' refere-se aos casos em que o Código ou lei especial considera a tentativa como crime *sui generis* (com pena autônoma) ou a equipara ao crime consumado, cominando-lhe a mesma pena" (*Comentários ao Código Penal*, p. 78).

12.2.4 Natureza jurídica

Do ponto de vista da estrutura do crime, prevalece que a tentativa não é figura que elimine a tipicidade original do delito. Ou seja, não se trata de um crime autônomo, mas de uma forma ampliada (através da norma de extensão temporal) da própria figura típica.

Como explica Hungria: "A tentativa é crime em si mesma, mas não constitui crime *sui generis*, com pena autônoma: é violação incompleta da mesma norma de que o crime consumado representa a violação plena, e a sanção dessa norma, embora minorada, lhe é extensiva. Subjetivamente não se distingue do crime consumado (isto é, não há um elemento psíquico distintivo da tentativa, em cotejo com o crime consumado) e, objetivamente, corresponde a um fragmento da conduta típica do crime (faltando-lhe apenas o evento condicionante ou característico da consumação). No crime consumado, o evento corresponde à vontade do agente; na tentativa, fica ele aquém da vontade (precisamente o inverso do que ocorre no crime preterdoloso, em que o evento excede à vontade)" (*Comentários ao Código Penal*, p. 78).

Sob o ângulo da consequência, a tentativa é tão somente uma circunstância de diminuição de pena que incide, na terceira fase da dosimetria, sobre a pena do tipo consumado.

12.3 TENTATIVA INIDÔNEA, CRIME IMPOSSÍVEL, QUASE CRIME

12.3.1 Conceito

Dá-se crime impossível quando, após a prática do fato, constata-se que a consumação jamais poderia ter sido realmente alcançada.

12.3.2 Espécies

a) Impropriedade absoluta do objeto

Dá-se a absoluta impropriedade do objeto quando ele, por sua natureza ou condição, é absolutamente inapto a sofrer a ação típica. Exemplo clássico é o do sujeito que atira, com *animus necandi*, contra o cadáver, por desconhecer que a vítima já tinha falecido em decorrência de ataque cardíaco.

b) Ineficácia absoluta do meio

"Ocorre ineficácia absoluta do meio quando este, por sua própria essência ou natureza, é inteiramente inidôneo, por mais que se reitere o seu emprego, de produzir o resultado necessário à consumação do crime" (Nelson Hungria, *Comentários ao Código Penal*, p. 99).

Já se defendeu que a tentativa de furto em local guarnecido com sistema de vigilância eletrônica ou pessoal deveria ser considerada absolutamente inidônea. Trata-se de tese atualmente rechaçada pela jurisprudência dominante no STJ, a teor do que consta da Súmula 567, com a seguinte redação: "*Sistema de vigilância realizado por monitoramento eletrônico ou por existência de segurança no interior do estabelecimento comercial por si só não torna impossível a configuração do crime de furto*". Alertamos, no entanto para o uso da expressão "por si só", utilizada no verbete. Significa que a existência de tais mecanismos, somada às circunstâncias concretas do caso, podem eventualmente, conduzir ao reconhecimento de crime impossível, se demonstrado que situação não havia qualquer chance de se obter êxito na situação.

c) Obra do agente provocador

Essa hipótese crime impossível é também chamado crime de ensaio ou de experiência.

Dá-se "quando circunstâncias preordenadas por outrem e ignoradas pelo agente, ardilosamente induzido ao crime, impossibilitam a seriedade deste (simulacro de crime por obra do agente provocador)" (Nelson Hungria, *Comentários ao Código Penal*, p. 104).

É a situação denominada, no âmbito processual, flagrante preparado ou provocado, tratado pela **Súmula 145** do STF: "*Não há crime quando a preparação do flagrante pela polícia torna impossível a consumação*".

Se do ponto de vista processual suposto flagrante não tem nenhuma validade, sob o ponto de vista do direito material trata-se de crime impossível.

Interessante observar que sempre houve acirrada discussão se a venda ou entrega de armas ou drogas a agente policial disfarçado constituiria fato típico ou crime impossível. Com a Lei n. 13.964/2019 a questão foi regulamentada, tanto pelo art. 17, § 2º e 18, parágrafo único da Lei n. 10.826/2003 quanto pelo art. 33 § 1º da Lei n. 11.343/2006. O texto dos três dispositivos citados considera que haverá crime quando presentes elementos probatórios razoáveis de conduta criminal preexistente. A *contrario sensu*, significa que, quando ausentes tais elementos probatórios a conduta há de ser considerada como crime impossível, nos termos do art. 145 do STF.

12.3.3 Consequências

A disciplina preconizada pelo Código Penal, no sentido da impunidade do crime impossível, sintoniza com a adoção da teoria objetiva, uma vez que apenas a vontade dirigida finalisticamente à lesão do bem jurídico não é suficiente para legitimar a imposição de pena.

12.3.4 Natureza jurídica

Segundo a opinião dominante, o crime impossível constitui figura atípica, já que não há conduta capaz sequer de ameaçar o bem jurídico, condição para a existência da tipicidade tentada (Cezar Roberto Bitencourt, *Tratado de direito penal*, 2008, p. 411).

12.4 TENTATIVA ABANDONADA

12.4.1 Conceito

Diz-se "tentativa abandonada" a situação disciplinada no art. 15 do CP: "o agente que, voluntariamente, desiste de prosseguir na execução ou impede que o resultado se produza só responde pelos atos já praticados".

12.4.2 Espécies

a) Desistência voluntária

É derivada da tentativa imperfeita de modo que, iniciada a execução e sem que a consumação tenha sido ainda alcançada, o agente abstém-se de prosseguir.

Na verdade, a fina linha divisória que separa a desistência da tentativa é justamente a voluntariedade que subjaz ao recuo.

Na desistência, o agente para quando lhe era perfeitamente possível prosseguir.

Na tentativa, ele para, senão em face de uma impossibilidade absoluta, ao menos em virtude de um incremento significativo na dificuldade ou risco no prosseguimento.

Como explica Hungria, "para que se verifique a involuntariedade não é imprescindível um atual e efetivo obstáculo material: é bastante que se apresentem circunstâncias que façam o agente, razoavelmente (ou segundo *id quod plerumque accidit*), supor a impossibilidade de continuar" (*Comentários ao Código Penal*, p. 96).

Discute-se se a desistência, para ter valor jurídico, necessita, para além da voluntariedade, também da espontaneidade, e prevalece a resposta negativa. Voluntário quer dizer simplesmente livre de qualquer coação (relativa ou absoluta, física ou moral). É o que basta. Exigir que a desistência fosse também espontânea (ou seja, que tivesse partido do próprio agente sem qualquer influência externa) seria privilegiar um aspecto ético e moral estranho ao direito.

Por isso, como afirma Hungria, "nem sequer é exigido que a renúncia do propósito criminoso seja espontânea: basta que seja voluntária, isto é, que o agente não tenha sido coagido, moral ou materialmente, à interrupção do *iter criminis* ou ao impedimento do *effectus sceleris*. Não se faz mister que o agente proceda *virtutis amore* ou *formidine poence*, por motivos nobres ou de índole ética (piedade, remorso, despertada repugnância pelo crime) ou por motivos subalternos, egoísticos (covardia, medo, receio de ser eventualmente descoberto, decepção com o escasso proveito que pode auferir): é suficiente que não tenha sido obstado por causas exteriores, independentes de sua vontade" (*Comentários ao Código Penal*, p. 95).

b) **Arrependimento eficaz**

E configurado com a atitude tomada pelo agente de forma a neutralizar o ataque anterior, impedindo, eficazmente, a consumação do delito.

Não é relevante o motivo que levou ao arrependimento, "a recompensa da impunidade é condicionada exclusivamente à efetividade da voluntária não consumação do crime. Tanto assim que, se resulta em vão o esforço do resipiscente para evitar o prosseguimento da execução (hipótese do mandante que se arrepende e não consegue, tempestivamente, dar contraordem, à atividade do mandatário) ou para impedir o evento lesivo, nenhum favor é concedido (salvo quanto à medida da pena em concreto). Ainda que o crime deixe de se consumar por circunstâncias outras que não a atividade empregada em tal sentido pelo resipiscente, não pode este pretender a impunidade" (Nelson Hungria, *Comentários ao Código Penal*, p. 95).

A diferença entre os dois institutos (desistência e arrependimento) é que a primeira consiste em uma abstenção ou parada no ataque, enquanto o segundo exige, necessariamente, uma atuação positiva, que revê o efeito do ataque já lançado. Neste, a mera parada não basta para que se evite a consumação.

Desistência voluntária	Arrependimento eficaz
Interrupção da execução	Após terminada a ação de execução
Conduta omissiva/abstenção	Conduta ativa/atuação
Tanto nos crimes materiais, quanto nos formais e de mera conduta	Apenas nos crimes materiais

12.4.3 Consequência jurídica

Em ambas as hipóteses a consequência é a exclusão da punição pela forma tentada, devendo o agente responder apenas pelos atos já praticados. Caso esses sejam, em si mesmos, criminosos. Ou seja, se a tentativa é qualificada, isto é, se os atos que a constituem são criminosos, ainda que destacados da atividade de tentativa, a punibilidade destes persiste (como também persiste a dos próprios preparatórios incriminados em si mesmos) (Nelson Hungria, *Comentários ao Código Penal*, p. 96).

12.4.4 Natureza jurídica

a) Causas de atipicidade

Segundo a opinião dominante, as figuras do art. 15 do CP são excludentes da tipicidade tentada. Isso porque "tanto na desistência voluntária quanto no arrependimento eficaz não se atinge o momento consumativo do crime 'por vontade do agente'. Isso torna evidente a falta de adequação típica pela inocorrência do segundo elemento da tentativa, que é 'a não consumação do crime por circunstâncias independentes da vontade do agente'" (Cezar Roberto Bitencourt, *Tratado de direito penal*, 2008, p. 405).

b) Causas de extinção da punibilidade

Há, no entanto, posição que defende tratar-se de causas de extinção da punibilidade, ou seja, circunstâncias que, sobrevindo à tentativa de um crime, anulam a punibilidade do fato a esse título. A ideia é de que, nessas hipóteses, há uma renúncia do estado ao *jus puniendi* (no tocante à entidade "crime tentado"), inspirada por motivos de oportunidade. A tentativa, uma vez acontecida, não pode ser suprimida retroativamente (pois *factum infectum fieri niquel*), mas, como diz von Liszt, a lei, por considerações de política criminal, pode construir uma ponte de ouro para retirada do agente que já se tornara passível de pena (Nelson Hungria, *Comentários ao Código Penal*, cit.).

12.5 INFRAÇÕES QUE NÃO ADMITEM TENTATIVA

12.5.1 Contravenções penais

A Lei das Contravenções Penais (Decreto-lei n. 3.688/41) expressamente afasta a punibilidade da tentativa dessa espécie de infração penal: "Art. 4º Não é punível a tentativa de contravenção".

Só não se pode confundir contravenção penal (espécie) com infração de menor potencial ofensivo (gênero). O conceito de infração de menor potencial ofensivo abrange tanto as contravenções penais quanto os crimes cuja pena máxima não ultrapasse dois anos. Estes são, em regra, plenamente compatíveis com a forma tentada.

Infração de menor	Potencial ofensivo
Contravenções penais	Crime (pena menor ou igual a 2)
Não se pune a tentativa	Regra: pune-se a tentativa

12.5.2 Crimes culposos, salvo na culpa imprópria, e preterdolosos

a) Culpa própria (consciente ou inconsciente)

Os crimes culposos são incompatíveis com a figura típica ampliada pela regra da tentativa, por ser elemento da tentativa, como já se viu, o dolo do tipo consumado, vale dizer, a intenção de alcançar o resultado previsto no tipo, embora frustrada por motivos alheios à vontade do agente.

b) Culpa imprópria

A chamada "culpa imprópria" é a figura conceitual que surge a partir de um erro inescusável sobre os pressupostos fáticos de uma excludente de ilicitude (o tema será detalhado quando do estudo da ilicitude). Na opinião da maioria, adotada a teoria limitada da culpabilidade, o erro culposo a respeito do pressuposto fático da descriminante na verdade dá origem a um crime doloso, que apenas recebe o tratamento de crime culposo. E sendo doloso, na essência, é compatível com a forma tentada.

Exemplo: X percebe um movimento estranho em seu quintal. Acreditando tratar-se de um ladrão, sem tomar qualquer outra cautela, X faz mira, disposto decididamente a matar referida pessoa. No entanto, só consegue feri-la, quando então percebe que havia cometido um equívoco e atirado em seu próprio vizinho.

O tipo corresponde, objetiva e subjetivamente, a uma tentativa de homicídio. No entanto, havendo na espécie erro de tipo permissivo evitável, conforme determina o art. 20, § 1º, do CP, X, deverá ser punido pelo crime na forma culposa.

A *solução do exemplo* é que X responderá por tentativa de homicídio culposo.

Culpa	
Própria	Imprópria
Não admite tentativa	Admite tentativa

c) Dolo direto de primeiro grau

É a situação mais claramente compatível com a tentativa, que exige, como já se viu, o dolo do tipo, que não se cumpre apenas por motivos estranhos à vontade do agente.

d) **Dolo indireto: alternativo (ou tentativa nos crimes de ímpeto)**

Já houve quem defendesse a incompatibilidade da tentativa com os delitos de ímpeto. Veja-se a propósito a lição de Hungria: "Afirma-se que o 'acesso de paixão' não é conciliável com o propósito determinado de cometer determinado crime. Os argumentos de Carrara e Haus, entre outros, são, em tal sentido, bem conhecidos. Na violência praticada num assomo de ira, ainda que empregadas armas perigosas – arrazoa exemplificativamente Carrara – a intenção do agente é duvidosa: queria ele matar ou simplesmente ferir? Não se pode deduzir o *animus necandi* da natureza dos meios empregados, a não ser que estes tenham por consequência necessária ou quase necessária o evento 'morte'" (*Comentários ao Código Penal*, p. 87).

Na verdade a questão aqui é que, no contexto explosivo da emoção, é possível identificar no agente o chamado "dolo alternativo" (já mencionado em sede própria).

Exemplo: tomado pelo ódio, o agente se lança sobre a vítima com uma faca, querendo seja matar seja ferir seu oponente. Nesse caso, em o ferindo apenas, pode ser punido por tentativa de homicídio, ou tão somente pelas lesões corporais consumadas?

Como explica Hungria, "não deixa de ser determinado o dolo quando ao espírito do agente se apresentam dois resultados diversos e ele empreende a ação querendo qualquer deles, indiferentemente. Quem age para matar ou ferir tem dois fins determinados, embora de modo alternativo ou sabendo que um exclui o outro" (*Comentários ao Código Penal*, p. 88).

A *solução do exemplo* é punir o agente por tentativa de homicídio.

Como conclusão, a tentativa é compatível com o dolo alternativo.

e) **Dolo indireto: eventual (e dolo direto de segundo grau)**

Também há certa polêmica sobre a compatibilidade da tentativa e o dolo eventual.

Welzel defendia que, se para a consumação é suficiente o dolo eventual, então, também é suficiente para a tentativa (Hans Welzel, *Derecho penal alemán*, p. 224).

Na doutrina pátria também se perfilha, de tempo, esse entendimento. Para Hungria, "do mesmo modo que é conciliável com o dolo de ímpeto, a tentativa também o é com o dolo eventual" (Nelson Hungria, *Comentários ao Código Penal*, p. 90).

Nesse sentido se alinha, em posição amplamente majoritária, a doutrina moderna, que ensina que "sendo possível fracionar a conduta, a tentativa é perfeitamente compatível com o dolo eventual" (Fernando Galvão, *Direito penal*, p. 720).

Com mais razão deve-se admitir também a tentativa em caso de dolo direto de segundo grau, que engloba as consequências não apenas possíveis, mas necessárias da conduta.

f) **Preterdolo**

Segundo Hungria, "não se pode identificar a tentativa nos crimes culposos (e também não, como é óbvio, nos crimes preterdolosos, em que o evento mais grave, não querido, só é imputável a título de culpa)" (*Comentários ao Código Penal*, p. 86).

Como bem explica Bitencourt: "A doutrina brasileira não estabelece com precisão a diferença existente entre o crime preterdoloso e o crime qualificado pelo resultado. Segundo uma corrente doutrinária, especialmente na Itália, no crime qualificado pelo resultado, ao contrário do preterintencional, o resultado ulterior, mais grave, derivado involuntariamente da conduta criminosa, lesa um bem jurídico que, por sua natureza, não contém o bem jurídico precedentemente lesado. Assim, enquanto a lesão corporal seguida de morte seria preterintencional, o aborto seguido de morte da gestante seria um crime qualificado pelo resultado" (*Tratado de direito penal*, p. 407).

Os primeiros ("crimes preterdolosos", mencionados por Bitencourt), verdadeiramente preterintencionais, são de fato incompatíveis com a tentativa. Não há como tentar praticar lesão corporal seguida de morte, pois, tendo a lesão já se consumado, ou sobrevém a morte (lesão seguida de morte consumada) ou não sobrevém a morte (lesão corporal consumada).

Já os segundos ("crimes qualificados pelo resultado", mencionados por Bitencourt) não recusam de plano a tentativa, ao menos no nível da construção dogmática. No delito de aborto qualificado pela morte, é possível que o aborto não tenha se consumado (quando o queria o agente), e mesmo assim a morte tenha ocorrido (sem que a quisesse o agente). Nada impediria, em uma situação como essa, que se reconhecesse uma "tentativa de aborto qualificado pela morte". No entanto, a opinião dominante no Brasil é de que, sendo esse um crime preterintencional, não admite tentativa, devendo reconhecer-se uma "tentativa de aborto" em concurso com um delito de "homicídio culposo".

Quanto aos crimes qualificados pelo resultado em que o evento agravador é abrangido pelo dolo (e que, portanto, não podem em absoluto ser confundidos com delitos preterdolosos), prevalece a possibilidade de tentativa. Assim, pode-se reconhecer a tentativa de lesão corporal qualificada pela deformidade permanente na conduta de quem atira ácido corrosivo no rosto da vítima e apenas por acaso erra o alvo.

Crimes culposos (culpa consciente ou inconsciente)	**Crimes dolosos** (dolo direto ou indireto)
Não admitem tentativa, salvo culpa imprópria	Admitem tentativa, inclusive dolo alternativo e eventual

12.5.3 Crimes unissubsistentes ou de ato único

O conceito de crime unissubsistente exige de antemão a distinção entre "ato" e "conduta". No crime de homicídio, por exemplo, a conduta é "matar", mas tal conduta pode ser desmembrada em inúmeros atos (por exemplo, as vinte facadas desferidas pelo homicida). Os crimes unissubsistentes são aqueles em que não há fragmentação da atividade (Nelson Hungria, *Comentários ao Código Penal*, p. 87), ou seja, a conduta é um todo incindível, completamente concentrada em um único ato.

Segundo a opinião dominante, os crimes em que a conduta pode ser fracionada em vários atos (plurissubsistentes) são compatíveis com a tentativa, pois é possível interromper a execução já iniciada, mas ainda não completada. Contudo, os crimes em que a conduta não é fracionável em vários atos (unissubsistentes) são incompatíveis com a tentativa, não admitem interrupção. Exemplos sempre invocados são o da injúria oral e o de uso de documento falso. Ou se ofende, e o crime está consumado, ou ainda não se ofendeu, e o crime sequer se iniciou, e o que houver será atos preparatórios (e não atos executivos). Ou se usa o documento, e o crime está consumado, ou não se usa, e o que há são, no máximo, atos preparatórios.

Estamos, porém, com a crítica de Fernando Galvão, que considera incorreta essa classificação (embora consagrada pela maioria): "Contudo a ideia de que o ato não possa ser fracionado é incorreta. Não é difícil imaginar um crime unissubsistente que permita o fracionamento da conduta. Veja-se o exemplo do homicídio praticado por asfixia mecânica, produzida por enforcamento manual. A morte não acontece de maneira rápida e é possível que, iniciada a execução (agente já comprimindo o pescoço da vítima com as mãos), ocorra a interrupção da ação delitiva por terceiro. A possibilidade de tentativa não está condicionada à existência de vários atos, mas à possibilidade material de interrupção da conduta, seja ela constituída por um ou mais atos" (*Direito penal*, p. 718).

Não obstante, permanece amplamente aceita pela opinião dominante a distinção entre crimes unissubsistentes e plurissubsistentes, quanto à possibilidade de tentativa.

Unissubsistentes	Plurissubsistentes
Não admitem tentativa	Admitem tentativa

12.5.4 Crimes omissivos próprios

Como se viu, são múltiplos os critérios para classificação dos crimes omissivos, sendo admitidas inclusive classificações tripartites, que reconhecem uma terceira categoria, além das tradicionais "omissivos próprios" e "omissivos impróprios". Critério tipológico, critério normológico, critério ligado à ocorrência de resultado e critério ligado ao sujeito ativo são alguns dos parâmetros empregados, isolada ou conjuntamente, para proceder a distinção entre as formas omissivas. A adotar-se o critério do resultado, acolhido por boa parte da doutrina nacional, os crimes omissivos próprios são sempre de mera conduta (não exigem resultado e consumam-se com a mera omissão), enquanto os omissivos impróprios ou comissivos por omissão são sempre crimes materiais. Nesse passo, apenas os segundos admitem a forma tentada, visto que os primeiros consumam-se já com a conduta omissiva, que, por sua vez, é unissubsistente, vale dizer, não pode ser fracionada em vários atos.

Omissivos próprios	Omissivos impróprios ou comissivos por omissão
Não admitem tentativa	Admitem tentativa

12.5.5 Crimes habituais

Como se viu, os crimes habituais são aqueles em que a integração da figura típica depende da reiteração de uma conduta que, isoladamente, configura um indiferente penal. Por isso, prevalece que a figura habitual é incompatível com a tentativa. Ou já houve a constituição da habitualidade, e o crime está consumado, ou ainda não houve e não há sequer tipicidade (mesmo que incompleta).

Calha trazer posição divergente, embora minoritária, de Fernando Galvão, que, seguindo o entendimento de Mirabete, explica: "a lição de que ou o agente comete uma série de condutas necessárias e consuma o delito ou o fato é atípico não é correta. À toda evidência, nos crimes habituais, é possível o fracionamento das condutas necessárias para a consumação delitiva. Mesmo nos crimes que exigem a reiteração de determinada conduta, a tentativa tem início com o primeiro ato de execução. Após o primeiro ato de execução, a conduta pode ser interrompida, impedindo-se assim a reiteração e a consumação delitiva" (Fernando Galvão, *Direito penal*, p. 720).

A posição majoritária, no entanto, é noutro sentido, ou seja, da inadmissibilidade da forma tentada nessa modalidade de delito.

Não se devem confundir, por fim, os crimes habituais com os crimes permanentes. Estes, quais sejam, aqueles em que o momento consumativo se prolonga no tempo, são em regra compatíveis com a tentativa, se o agente não alcançar a fase da consumação.

Habituais	Permanentes
Não admitem tentativa	Admitem tentativa

12.5.6 Crimes condicionados

São assim chamados os delitos em que a ocorrência do resultado é condição que confere tipicidade à conduta. Vale dizer, neles a ausência de resultado não somente gera um defeito no tipo objetivo, mas uma completa atipicidade. Na explicação de Hungria: "ou sobrevém a condição e o crime se consuma, ou não sobrevém, e o fato é impunível" (Nelson Hungria, *Comentários ao Código Penal*, p. 87).

Por essa razão é que tais delitos são logicamente incompatíveis com a tentativa.

12.5.7 Crimes de atentado ou de empreendimento

São aqueles que já trazem previsão, na figura do tipo legal de crime, de uma conduta tentada, como, por exemplo, o já citado delito de evasão ("Art. 352. Evadir-se ou tentar evadir-se (...)").

12.6 ARREPENDIMENTO POSTERIOR

Apesar da localização topográfica, o instituto do arrependimento posterior não guarda nenhuma semelhança dogmática com a matéria aqui estudada, toda ela afeta ao impacto da não consumação do delito sobre a estrutura do tipo.

O arrependimento posterior trata-se tão somente de causa obrigatória de diminuição de pena (de 1/3 a 2/3), aplicável ao crime já consumado, desde que haja reparação integral, voluntária e tempestiva do dano provocado por crime praticado sem violência ou grave ameaça.

12.6.1 Requisitos

a) **Restituição da coisa ou reparação do dano**

O cerne do arrependimento posterior é a restituição da coisa ou, caso não seja possível, a reparação do dano.

Discute-se se a reparação pode ser parcial, mas o entendimento dominante tanto na doutrina quanto na jurisprudência é de que só se aplica o instituto quando houver a reparação integral do dano (AgRg no RHC 56.387/CE, Rel. Min. Antonio Saldanha Palheiro, 6ª Turma, j. em 16-3-2017, *DJe* 23-3-2017). Caso contrário, incidirá a atenuante genérica do art. 65, III, *b*, do Código Penal.

No entanto, no HC 165.312-SP, de relatoria do Min. Marco Aurélio Mello, julgado em 14-4-2020, a Primeira Turma do STF entendeu aplicável o arrependimento posterior quando reparada parte principal do dano, embora não integral. Na hipótese o paciente fora condenado por furto continuado a uma pena de um ano e seis meses de reclusão, pela subtração de R$ 33.000,00. Ocorre que antes do início da ação penal foi celebrado acordo entre autor e vítima, estipulando o pagamento de R$ 48.751,11, englobando tanto o valor nominal subtraído quanto juros e correção monetária. Tanto o juízo de primeiro grau, quanto o Tribunal de Justiça e ainda o STJ deixaram de considerar o arrependimento posterior alegando que o valor avençado não havia sido integralmente pago antes do recebimento da denúncia. O STF no entanto encampou posição diversa e considerando que o principal (R$ 33.000,00) fora pago a tempo e hora concedeu a ordem para determinar ao juízo que procedesse nova dosimetria da pena.

b) **Por ato voluntário do agente**

A voluntariedade é requisito obrigatório para a aplicação da minorante. Dessa forma ela não incide se o agente foi coagido a restituir ou se a coisa foi recuperada por terceiros ou apreendida pela autoridade policial. Por outro lado, como já se viu, o conceito de voluntariedade não demanda espontaneidade. Faz jus à minorante aquele que é convencido, inclusive por seu advogado, à restituição, visando justamente ao benefício legal.

c) **Antes do recebimento da denúncia ou queixa**

É preciso ainda que a restituição ou reparação ocorra antes do recebimento da denúncia ou queixa. Se forem posteriores, aplica-se a atenuante genérica do art. 65, III, *b*, do Código Penal.

d) **Crime praticado sem violência ou grave ameaça**

Por fim, segundo a dicção legal é preciso que o crime não contenha, como elementares típicas, violência ou grave ameaça. Assim, inaplicável, por exemplo, o arrependimento posterior aos crimes de roubo, extorsão etc.

12.6.2 Abrangência

O instituto do arrependimento posterior, por estar previsto na Parte Geral, poderia a princípio ser aplicado a qualquer delito da Parte Especial, excetuando-se aqueles praticados com violência ou grave ameaça. Sua incidência não se limita a determinado título ou capítulo do Código Penal, de forma que, por exemplo, é possível aplicá-lo tanto ao furto (delito contra o patrimônio) quanto ao peculato-furto (delito contra a administração pública). Discute-se, no entanto, se seria cabível a sua aplicação em crime que não tenha reflexo patrimonial direto. A posição do STJ é de que, para que seja possível aplicar a causa de diminuição de pena prevista no art. 16 do Código Penal, faz-se necessário que o crime praticado seja patrimonial ou possua efeitos patrimoniais (HC 47.922/PR, 5ª Turma, *DJ* 10-12-2007; e REsp 1.242.294/PR, 6ª Turma, *DJe* 3-2-2015).

Por essa razão, a Corte julgou impossível a aplicação do redutor em caso envolvendo homicídio culposo na direção de veículo automotor, ainda que realizada a composição civil entre o autor e a família da vítima. Para o relator, Ministro Sebastião Reis Júnior, "na hipótese em análise, a tutela penal abrange o bem jurídico, o direito fundamental mais importante do ordenamento jurídico, a vida, que, uma vez ceifada, jamais poderá ser restituída, reparada. Não se pode, assim, falar que o delito do art. 302 do CTB é um crime patrimonial ou de efeito patrimonial. Além disso, não se pode reconhecer o arrependimento posterior pela impossibilidade de reparação do dano cometido contra o bem jurídico vida e, por conseguinte, pela impossibilidade de aproveitamento pela vítima da composição financeira entre o agente e a sua família. Sendo assim, inviável o reconhecimento do arrependimento posterior na hipótese de homicídio culposo na direção de veículo automotor" (REsp 1.561.276/BA – Rel. Min. Sebastião Reis Júnior, j. em 28-6-2016, *DJe* 15-9-2016. *Informativo* 0590).

Na mesma esteira, o STJ também já considerou inaplicável o instituto do arrependimento posterior ao crime de moeda falsa, em que é irrelevante eventual dano patrimonial imposto a terceiros. Segundo entendeu o Ministro Rogerio Schietti Cruz, "nesse delito a vítima é a coletividade como um todo, e o bem jurídico tutelado é a fé pública, que não é passível de reparação. Desse modo, os crimes contra a fé pública, semelhantes aos demais crimes não patrimoniais em geral, são incompatíveis com o instituto do arrependimento posterior, dada a impossibilidade material de haver reparação do dano causado ou a restituição da coisa subtraída" (REsp 1.242.294/PR, Rel. originário Min. Sebastião Reis Júnior, Rel. para acórdão Min. Rogerio Schietti Cruz, j. em 18-11-2014, *DJe* 3-2-2015. *Informativo* 0554).

12.6.3 Natureza e comunicabilidade

É controversa a natureza da minorante do arrependimento posterior, com reflexos diretos sobre a questão da sua comunicabilidade aos demais coautores e partícipes do delito. Se compreendida como circunstância subjetiva, só deverá incidir sobre aquele que efetivamente reparou o dano. Se vista como objetiva, deverá aproveitar a todos, mesmo àqueles que não o fizeram.

No STJ, a segunda posição é a que prevalece, de modo que, "uma vez reparado o dano integralmente por um dos autores do delito, a causa de diminuição de pena do arrependimento posterior, prevista no art. 16 do CP, estende-se aos demais coautores, cabendo ao julgador avaliar a fração de redução a ser aplicada, conforme a atuação de cada agente em relação à reparação efetivada" (REsp 1.187.976/SP, Rel. Min. Sebastião Reis Júnior, j. em 7-11-2013. *Informativo* 0531).

Correta a posição da Corte, até porque entendimento diverso conduz a dificuldades logísticas e a injustiças insuperáveis. O que ocorreria se um dos concorrentes tomasse a frente dos demais e reparasse sozinho o dano, impossibilitando os demais de fazê-lo? A reparação de um, logrando promover a minimização do conflito deflagrado pelo delito, tem natureza objetiva e, portanto, deve estender-se a todos.

12.6.4 Quantificação do redutor

Segundo entendimento dominante, o critério para a quantificação da redução da pena, no intervalo de 1/3 a 2/3, deve corresponder à celeridade do ressarcimento à vítima. Ou seja, a partir da consumação, quanto menos tempo se passar até a reparação, maior deve ser o *quantum* da redução.

ILICITUDE OU ANTIJURIDICIDADE

13.1 CONCEITO DE ILICITUDE

É a relação de contrariedade, oposição ou antagonismo entre a conduta típica e o ordenamento jurídico.

13.2 DISTINÇÕES: ILICITUDE/ANTIJURIDICIDADE/ ANTINORMATIVIDADE/INJUSTO

a) **Ilicitude ou antijuridicidade:** são habitualmente tratados como termos sinônimos. O Código Penal brasileiro, a partir da reforma de 1984 e seguindo a orientação do então ministro Assis Toledo, passou a empregar o termo ilicitude, abandonando a expressão "antijuridicidade" utilizada na versão original do Código de 1940, sob o argumento de que os delitos sem dúvida são fatos jurídicos, e, portanto, não tem sentido classificá-los como antijurídicos, mas como fatos jurídicos pertencentes à categoria dos atos ilícitos.

b) **Antinormatividade:** o conceito de antinormatividade é desenvolvido por Zaffaroni e relaciona-se à sua ideia de *tipicidade conglobante*, já explicado em capítulo anterior. Para retornar brevemente o raciocínio, a tese do mestre argentino é de que a criação dos tipos penais segue o seguinte esquema: o legislador inicialmente elege os *bens* que deseja tutelar, por exemplo a "vida", o "patrimônio" ou a "liberdade". Uma vez eleitos, a tutela se traduz em uma *norma* de proteção a esse bem, por exemplo "não matar", "não furtar", "não sequestrar". E finalmente, caso seja necessária a tutela penal, a norma se converte em um tipo legal, como "matar alguém", "subtrair coisa alheia móvel", "privar alguém de sua liberdade mediante sequestro ou cárcere privado". O tipo legal está fincado diretamente na lei penal, é possível conhecer o seu alcance lendo-se e interpretando-se o artigo de lei correspondente. Mas nem a norma nem o bem pertencem à lei. E o conteúdo e o alcance da norma só podem ser conhecidos investigando-se o contexto social e o conjunto da ordem normativa que lhe serve de regulação (normas constitucionais, convencionais, civis, administrativas, tributárias etc.). Em suma, nessa investigação a respeito do alcance da norma ela deve ser enxergada como uma parte de um todo ordenado, ou seja, de uma ordem normativa globalmente considerada (sob pena de ter-se que admitir a existência de uma "desordem normativa"). O juízo de tipicidade penal não se limita à verificação da tipicidade formal (subsunção da conduta ao tipo legal), mas também exige que se verifique se a conduta viola a norma que se antepõe ao tipo. É possível, portanto, que determinado comportamento seja formalmente típico mas não seja antinormativo, devendo então ser reconhecido como penalmente atípico. Nessa linha de raciocínio será normativa e portanto atípica toda conduta ordenada ou fomentada pelo direito. Em suma, a antinormatividade é a característica da conduta que viola a norma anteposta ao tipo e, uma vez constatada, exclui a tipicidade penal. Caso, no entanto, a antinormatividade seja positivamente constatada, a tipicidade estará também assegurada. E sendo antinormativa há um indício de que seja também ilícita (Zaffaroni acolhe a teoria indiciária da antijuridicidade). Ocorre que a ordem jurídica não se esgota na ordem normativa. Por isso que a conduta pode ser antinormativa (típica), mas não ser antijurídica. A *ordem jurídica* é composta pela *ordem normativa* (ou seja, pelas normas proibitivas insertas nos tipos incriminadores) completada com os *tipos permissivos*. A distinção entre "antijuridicidade" e "antinormatividade" é decorrência dessa distinção anterior, entre "ordem normativa" e "ordem jurídica". Nesse passo, a antinormatividade é simplesmente a violação da norma contida no tipo. No tipo de homicídio está inserta a norma "não matar". Aquele que mata pratica conduta antinormativa (já que violou a norma proibitiva), embora essa conduta possa, eventualmente, não ser antijurídica (se estiver amparada pela legítima defesa, por exemplo). Ou seja, uma conduta antinormativa pode ainda assim ser permitida em caso de conflito de interesses. A categoria dogmática que resolve tais situações de conflito é justamente a da antijuridicidade. A categoria da tipicidade informa quais as condutas *a priori proibidas*. A categoria da antijuridicidade informa em que situações é socialmente vantajoso ou aceitável que tais condutas sejam praticadas. Tais situações são consagradas nos tipos permissivos, que, quando se apresentam, excluem a ilicitude (*Manual de direito penal brasileiro*, p. 539).

c) **Injusto:** não se confunde com ilicitude ou antijuridicidade (embora por vezes sejam usados, inadequadamente, como sinônimos). Ilicitude é o adjetivo, a característica da conduta típica, consistente em ser contrária ao ordenamento jurídico. Injusto é o substantivo que designa a conduta típica já qualificada como ilícita. Por outras palavras, injusto é o nome que se dá à conduta típica e antijurídica.

13.3 EVOLUÇÃO HISTÓRICA DA RELAÇÃO ILICITUDE/TIPICIDADE

Quando da análise da evolução histórica do conceito de tipo, fizemos uma análise das relações entre ilicitude e antijuridicidade. Voltamos ao tema agora, sinteticamente, apenas para recordar os pontos principais:

a) Teoria do tipo avalorado, neutro ou acromático (contexto: sistema causalista – Liszt/Beling)

No primeiro momento da sistematização dogmática da teoria do crime, tipicidade e ilicitude são estruturas absolutamente autônomas e independentes, ou seja, a constatação da tipicidade não conduz nem à afirmação nem à negação da ilicitude. O tipo é absolutamente neutro e sua função é meramente descritiva. Em suma, afirmar a tipicidade nada significa quanto à antijuridicidade.

b) Teoria indiciária da ilicitude ou da ***ratio cognoscendi*** (contexto: sistema causalista – Mayer)

Com a evolução da dogmática percebeu-se que a própria seleção de condutas típicas já encerrava uma desvaloração, que poderia ser confirmada ou infirmada em momento posterior. Na imagem empregada por Mayer, a tipicidade está para a antijuridicidade tal como a fumaça está para o fogo. Para essa concepção, portanto, a tipicidade encerra um juízo provisório de ilicitude, ou seja, é um indício de ilicitude (*ratio cognoscendi*), embora não seja ainda um juízo definitivo sobre ela. Assim, todo fato típico presume-se antijurídico, salvo se, por exceção, for amparado por uma excludente de ilicitude.

c) Teorias que sobrepõem tipicidade e ilicitude ou da ***ratio essendi*** (contexto: sistema neoclássico)

O extremo oposto em relação à teoria do tipo avalorado, considera que a afirmação da tipicidade implica em si a afirmação também da ilicitude. Essa concepção apresenta duas variantes relevantes:

c.1) Teoria dos elementos negativos do tipo ou do tipo total (von Weber): sob essa ótica a *ilicitude faz parte da tipicidade*, de forma que as causas excludentes de ilicitude devem ser consideradas elementos negativos do tipo. É como se, por exemplo, o tipo de homicídio fosse assim construído: "matar alguém, salvo em legítima defesa, estado de necessidade, exercício regular de direito ou estrito cumprimento do dever legal". Sendo assim, a existência de causa de justificação exclui a própria tipicidade da conduta.

c.2) Teoria do tipo de injusto (Mezger): entende que a tipicidade constitui a ilicitude, ou seja, *a tipicidade cria a ilicitude* penal, que, antes de tipificada, não existe. O injusto é a antijuridicidade tipificada. Nessa linha, causas de justificação não excluem a tipicidade, mas eliminam a ilicitude que havia sido criada por ela.

13.4 ILICITUDE PENAL E ILICITUDE GERAL

É amplamente majoritária a aceitação do princípio da unidade da ilicitude, segundo o qual, sendo a ordem jurídica uma só, a conduta qualificada como lícita por um ramo do direito o é em face de todo o sistema.

Nesse passo, as causas que excluem a ilicitude não têm que possuir um caráter especificamente penal, antes podem provir da totalidade da ordem jurídica e constarem, por conseguinte, de qualquer ramo do direito (Figueiredo Dias, *Direito penal*, p. 387).

Por consequência, sob a rubrica do "exercício regular de direito" recolhem-se autorizações provenientes de todos os ramos do ordenamento jurídico.

De outra mão, a conduta ilícita também o é para todo o ordenamento jurídico, variando, no entanto, a consequência que cada ramo agrega à ilicitude. O suicídio, por exemplo, é considerado um ato ilícito e, embora no âmbito criminal a conduta não seja concretizada em um tipo de injusto mesmo em face do Direito Penal, o suicídio se apresenta como conduta ilícita, tanto o é que não configura crime de constrangimento ilegal a coação para impedir suicídio.

Assis Toledo adverte para o conceito de ilicitude atípica, nos seguintes termos: "a ilicitude, na área penal, não se limitará à ilicitude típica, ou seja, à ilicitude do delito, esta sempre e necessariamente típica. Um exemplo de ilicitude atípica pode ser encontrado na exigência da ilicitude da agressão ('agressão injusta' significa 'agressão ilícita') na legítima defesa. A agressão que autoriza a reação defensiva, na legítima defesa, não precisa ser um fato previsto como crime, isto é, não precisa ser um ilícito penal, mas deverá ser no mínimo um ato ilícito, em sentido amplo, por inexistir legítima defesa contra atos lícitos. Essa constatação, que nos parece óbvia, revela-nos que a ilicitude possui mais de uma função no Direito Penal: ora atua como elemento geral e estrutural de todo delito, com função delimitadora do ilícito penal, ora caracteriza o ato ilícito, em sentido amplo, penetrando na esfera penal para aí produzir efeitos distintos e atuar como fato de identificação daquelas lesões a bens jurídicos que podem ser legitimamente repelidas pela reação defensiva e daquelas que estamos obrigados a suportar, contra as quais nada podemos fazer" (*Princípios básicos de direito penal*, p. 164).

13.5 ILICITUDE FORMAL E ILICITUDE MATERIAL

Remonta a von Liszt e ao positivismo de viés sociológico preconizado pelo jurista alemão (em oposição ao positivismo jurídico ou normativista) a concepção dual que distingue a ilicitude formal e a ilicitude material. De forma que, ultrapassado o crivo da antijuridicidade material (contrariedade da conduta com a ordem jurídica) impõe-se, sob esse prisma, o filtro da antijuridicidade material, compreendida esse como a efetiva danosidade social.

Conforme explica Figueiredo Dias, "a proteção dos interesses vitais da sociedade é o primeiro dever das normas jurídicas, mas, por mais bem elaborada que seja a ordem jurídica, não se pode evitar algumas situações de conflito de interesses. A finalidade protetiva da ordem jurídica impõe resolver o conflito de modo a preservar a melhor forma de convivência social. Diante da situação de conflito inevitável o interesse de menor valor pode ser sacrificado se for a única forma de proteger o interesse mais valioso. Disso resulta que a lesão ou o perigo ao bem jurídico só serão materialmente ilícitos quando contrários aos fins que a ordem jurídica elege para regular a vida em comum. De outra forma significa dizer que a lesão ou o risco serão materialmente legítimos, apesar de dirigidos contra interesses juridicamente protegidos, quando e na medida em que se conciliem com tais fins" (*Direito penal*, p. 276).

Reconhecidamente, o principal efeito prático derivado da adoção do conceito de ilicitude material é a possibilidade de incorporação ao sistema de causas supralegais de exclusão da ilicitude com base no princípio da ponderação de bens.

Não obstante há, atualmente, inúmeros autores que recusam a noção de antijuridicidade material, ora por reputá-la desnecessária (sobretudo no ordenamento jurídico brasileiro, em que a positivação da cláusula genérica do "exercício regular de direito" abarca todas as situações remanescentes), ora por considerá-la verdadeiramente daninha à construção dogmática de um Direito Penal democrático.

Nesse sentido, calha trazer à colação a lição de Zaffaroni e Pierangeli que, a respeito da criação de causas supralegais de antijuridicidade, afirma categoricamente: "em nosso país é totalmente desnecessária, pois nosso CP tem as causas de justificação perfeitamente estruturadas, incluindo o exercício regular de direito (art. 23, III, segunda parte, que implica uma remissão às disposições permissivas encontráveis em outra parte da ordem jurídica). Com essas disposições não precisamos recorrer às causas supralegais, porque a mesma lei autoriza a decidir 'de acordo com a analogia, os costumes e os princípios gerais de direito' (art. 4º da Lei de Introdução ao Código Civil) [atual Lei de Introdução às Normas do Direito Brasileiro]" (*Manual de direito penal brasileiro*, p. 541).

E continuam a advertir os autores que, se o conceito de antijuridicidade material não é necessário, já que não é necessária nenhuma causa supralegal de exclusão de antijuridicidade, entretanto, isso pode mesmo ser nefasto, na medida em que fundamenta a possibilidade de criação de um "injusto supralegal". O exemplo apontado é o do julgamento dos juízes do nacional-socialismo que, obedecendo a ordens e com amparo no ordenamento positivo, praticaram condutas tão intensamente violentas contra a dignidade humana que se poderiam considerar, embora formalmente lícitas, materialmente antijurídicas, dada a sua evidente danosidade social (*Manual de direito penal brasileiro*, p. 541).

13.6 EXCLUDENTES DE ILICITUDE/CAUSAS DE JUSTIFICAÇÃO/TIPOS PERMISSIVOS

São situações nas quais o ordenamento jurídico autoriza, excepcionalmente, a prática de fatos típicos.

Como esclarece Figueiredo Dias: "a exclusão da ilicitude dá-se por tipos permissivos, e não por normas. A norma jurídica materializa um comando que impõe observância obrigatória a todos. O preceito permissivo, por sua vez, faculta aos seus destinatários a realização de determinada conduta" de forma que "os tipos permissivos garantem, na prática, um direito à agressão ao bem jurídico alheio" (*Direito penal*, p. 286).

13.7 FUNDAMENTAÇÃO DAS CAUSAS DE JUSTIFICAÇÃO

O fundamento das causas de justificação, ou seja, a razão pela qual o estado autoriza a prática de condutas agressivas a bens jurídicos alheios, é objeto de grande controvérsia, e as construções podem ser divididas em dois grandes grupos: teorias monistas e teorias pluralistas.

a) **Teorias Monistas:** muitas foram as tentativas de sistematizarem-se todas as causas de justificação sob um fundamento único e comum.

Omitindo-se, por necessidade, toda a discussão que cercou, e ainda cerca, a matéria, bem como os esforços dogmáticos lançados nas mais variadas direções, atualmente parece prevalecer, quanto às causas excludentes de ilicitude, o fundamento baseado na ideia do **interesse preponderante**.

Dessa forma, a base comum às excludentes de ilicitude é uma situação de conflito entre bens, na qual coube ao Estado resolver objetivamente no sentido da preservação do interesse considerado como socialmente mais valioso.

Assim, na legítima defesa, no conflito entre a proteção do bem jurídico do agredido e o bem jurídico do agressor o interesse preponderante é a defesa do primeiro.

No estado de necessidade, no conflito entre um bem de maior relevância e um bem de menor relevância, o interesse preponderante é o primeiro. Certo é que há problemas em se aplicar a teoria do interesse preponderante à situação de conflito entre bens de igual envergadura, o que fundamenta a adoção, em boa parte do mundo, da teoria diferenciadora, que reputa, nesse caso, haver causa de exculpação, e não de justificação.

No exercício regular de direito, no conflito entre a prática de uma conduta considerada de antemão socialmente desejável e consentânea com os fins de desenvolvimento social (ex.: a prática de esportes que envolvam violência) e a abstenção da lesão ao bem jurídico, o interesse preponderante é o primeiro.

No estrito cumprimento do dever legal, no conflito entre o cumprimento de um dever considerado fundamental para a manutenção do bem-estar social e a abstenção da lesão a bens jurídicos, o interesse preponderante é o primeiro.

Situação controvertida é a da causa supralegal referente ao consentimento do ofendido. Nesse caso, parte da doutrina pretende fundamentar a justificante com base na ideia da falta de interesse na proteção do bem jurídico (em caso de bens disponíveis), já que sua defesa não interessa sequer ao próprio titular. Não é impossível, no entanto, mesmo nessa situação, reconduzir-se, para a solução, à ideia de interesse preponderante, estando em jogo, de um lado, a autonomia do indivíduo e, de outro, a proteção de um bem que a ninguém interessa; o interesse preponderante há de ser o primeiro.

b) **Teorias Pluralistas:** compreendem que cada justificante fundamenta-se em um diferente *princípio social*. Assim, por exemplo, a legítima defesa baseia-se nos princípios da *proteção individual* e da *afirmação do direito*, o estado de necessidade baseia-se nos princípios da *proteção individual* e da *proporcionalidade* e o consentimento do ofendido baseia-se no princípio da *ausência de interesse* na proteção do bem jurídico.

13.8 CAUSAS DE JUSTIFICAÇÃO *VERSUS* CAUSAS DE EXCULPAÇÃO

Como se viu, a exclusão da antijuridicidade se fundamenta sobre uma situação de conflito resolvida em prol da sobrevivência do interesse considerado preponderante da perspectiva da conveniência social.

Já a exculpação se fundamenta na ausência de culpabilidade do autor do fato, vale dizer, na ausência de capacidade do autor de motivar-se pela norma.

O importante é que as diferenças entre justificação e exculpação, para além de uma mera questão de nomenclatura, têm inúmeras consequências práticas, dentre as quais se arrolam:

a) A justificação impede a imposição de qualquer sanção penal; a exculpação permite a imposição de medida de segurança.
b) A justificação (justamente pelo fato de que a ilicitude é um conceito geral, e não estritamente penal), via de regra, exclui também qualquer consequência extrapenal da conduta (como o dever de indenização); a exculpação (justamente pelo fato de que a culpabilidade é um conceito estritamente penal) não exclui as consequências extrapenais.
c) A justificação afasta por completo a figura do tipo de injusto, acarretando a impunidade inclusive dos partícipes; a exculpação afasta apenas a responsabilidade do agente inculpável, sendo possível a punição dos outros, inclusive quando meros partícipes (teoria da acessoriedade limitada).
d) Contra agressões justificadas (e, portanto, objetivamente justas), não cabe a reação em legítima defesa; contra agressões exculpadas (portanto, injustas), é perfeitamente cabível a legítima defesa.

13.9 ELEMENTOS NAS CAUSAS DE JUSTIFICAÇÃO

Quanto aos elementos dos tipos permissivos, há, atualmente, duas correntes:

a) Elementos objetivos apenas

De acordo com o paradigma natural-causal da teoria clássica do delito, tanto quanto os tipos incriminadores, também as causas de justificação exigem apenas a constatação fática de seus pressupostos objetivos.

Contra a necessidade de requisito subjetivo se posiciona Hungria: "A legítima defesa, por isso mesmo que é uma causa objetiva de exclusão de injuridicidade, só pode existir objetivamente, isto é, quando ocorrem, efetivamente, os seus pressupostos objetivos. Nada tem estes a ver com a opinião ou crença do agredido ou da agressão. (...) Assim se Tício, ao voltar à noite para casa, percebe que dois indivíduos procuram barrar-lhe o passo em atitude hostil, e os abate a tiros, supondo-os policiais que o vão prender por crime anteriormente praticado, quando na verdade são ladrões que o querem despojar, não se lhe pode negar a legítima defesa" (*Comentários ao Código Penal*, p. 233).

b) Elementos objetivos e subjetivos

Segundo posição hoje majoritária, afinada com a estrutura do delito proposta pela teoria finalista, os tipos permissivos, tanto quanto os incriminadores, contêm também pressupostos subjetivos, ou seja, exigem do agente o *conhecimento* a respeito da situação justificante e *vontade* de praticar a conduta para atender aos fins estabelecidos no tipo permissivo (repelir injusta agressão, na legítima defesa; salvar de perigo atual, no estado de necessidade etc.).

De forma que, como explica Fernando Galvão: "Objetivamente a causa justificante define situação fática excepcional que retrata um conflito de interesses juridicamente tutelados. Subjetivamente, a causa de justificação exige que o autor da violação à norma típica tenha se orientado por finalidade compatível com a preservação de um dos interesses envolvidos na situação de conflito" (*Direito penal*, p. 286; no mesmo sentido: Julio Fabbrini Mirabete, *Manual de direito penal*, p. 162).

Nessa trilha, não se configura a exclusão da ilicitude quando estiverem ausentes os pressupostos subjetivos, ainda que estejam presentes os objetivos.

E no caso contrário (ausência dos pressupostos objetivos e presença dos subjetivos)? Se o agente subjetivamente crê estar diante de uma situação excludente de antijuridicidade que na verdade não existe, há na espécie a figura da descriminante putativa.

Cumpre lembrar, por fim, a advertência de Zaffaroni: "Numa mesma ação podem caber várias intenções e também pode uma intenção estar acompanhada por diferentes disposições internas. Aquele que age com o fim de defender-se pode também com isso satisfazer um desejo íntimo de vingança. Aquele que se vê necessitado de matar um cão do vizinho para salvar sua vida pode lamentar o fato ou ser um sádico que com aquilo se diverte. Estas 'segundas intenções' e estas 'disposições internas' são totalmente irrelevantes para a justificação, bastando apenas o reconhecimento da situação de justificação de que se trate, e o fim requerido no tipo permissivo correspondente" (*Manual de direito penal*, p. 547).

13.10 CAUSAS DE JUSTIFICAÇÃO LEGAIS E SUPRALEGAIS[1]

As causas de justificação previstas expressamente na Parte Geral do Código Penal brasileiro são: estado de necessidade, legítima defesa, estrito cumprimento do dever legal e exercício regular de direito. Há ainda excludentes de ilicitude previstas na Parte Especial, como os casos de aborto legal (art. 128 do CP) e os de difamação e injúria impuníveis (art. 142 do CP, embora haja certa controvérsia doutrinária sobre a

---

[1] Paulo Busato, baseado em Vivés Anton, classifica as permissões com expressa previsão legal como "permissões fortes" e as supralegais como "permissões fracas". As primeiras afastariam a ilicitude geral, enquanto as segundas só elidiriam a responsabilidade penal (*Direito Penal*, p. 462).

natureza desses institutos). As demais causas, esparsas em outros ramos do direito, são todas recolhidas pelo art. 23, III, do Código Penal, sob as figuras do exercício regular de direito e do estrito cumprimento do dever legal.

Alicerçada na ideia de ilicitude material e da ponderação de bens, vem sendo admitida de forma majoritária (embora não pacífica[2]) a possibilidade de reconhecimento de causas supralegais de exclusão da ilicitude. Atualmente, no entanto, a única causa supralegal apontada pela doutrina é o consentimento do ofendido (que constava como causa expressa no Projeto de Código Penal elaborado por Alcântara Machado e foi depois suprimida pela comissão revisora).

13.11 CLASSIFICAÇÃO DAS CAUSAS DE JUSTIFICAÇÃO

Embora todas as causas de justificação compartilhem do mesmo fundamento comum, qual seja, a prevalência do interesse preponderante, é útil, para melhor distingui-las, a seguinte classificação:

a) **Causas relacionadas a uma situação fática de necessidade:** legítima defesa e estado de necessidade. São casos intimamente ligados ao instinto de preservação do homem e que concretizam, no âmbito do direito positivo, a ideia fundamental de que "a necessidade não conhece a lei" e, portanto, ainda que não fossem reconhecidos esses institutos, a ameaça penal dificilmente conseguiria fazer valer qualquer eficácia preventiva, pelo que outra coisa não resta, nessas situações, senão tolerar a sua prática dos correspondentes fatos típicos.

b) **Causas relacionadas à situação jurídica:** exercício regular de direito e estrito cumprimento do dever legal. Decorrem de situações nas quais, de antemão, a sociedade valorou como desejável e positiva a prática de fatos típicos, cuja realização é mais do que tolerada, efetivamente fomentada ou até mesmo ordenada pelo Estado.

13.12 EXCESSO NAS CAUSAS DE JUSTIFICAÇÃO

O Código Penal brasileiro de 1969 (que jamais vigorou) estabelecia, em seu art. 30, § 1º, que o excesso não seria punível quando resultasse de escusável medo, surpresa ou perturbação de ânimo em face da situação.

---

[2] Contra a possibilidade de reconhecimento de causas supralegais de exclusão da ilicitude manifestava-se Francisco de Assis Toledo nos seguintes termos: "Não vemos, no entanto, no momento, espaço no direito brasileiro para outras causas supralegais de justificação e menos ainda para o extenso rol de causas legais, geralmente, citado nos tratados de origem alemã. É que, entre nós, a inclusão no Código Penal, como causas legais do exercício regular de direito e do estrito cumprimento do dever legal, inexistentes no Código Alemão, faz com que tais causas operem como verdadeiros gêneros das mais variadas espécies de normas permissivas espalhadas pelo nosso ordenamento jurídico, abrangendo-as todas" (*Princípios básicos de direito penal*, p. 172).

Já o Código Penal brasileiro atualmente em vigor não tem nenhum dispositivo expresso relativo ao excesso impunível.

No entanto, ele pode ser extraído, *a contrario sensu*, do parágrafo único do art. 23, segundo qual o agente responderá pelo excesso doloso ou culposo. Significa que o excesso inevitável, aquele atribuível a um erro de cálculo invencível, é impunível. É comum na doutrina brasileira designar-se este de "excesso exculpante". Não julgamos, contudo, que esse entendimento seja compatível com a construção dogmática finalista. A conduta à qual faltam dolo e culpa é, desde a base, atípica; não se trata, portanto, de situação excludente de culpabilidade, e sim da própria tipicidade.

De forma que é necessário distinguir duas situações: (a) excesso proveniente de um erro invencível sobre as circunstâncias fáticas da agressão: incide o parágrafo único do art. 23 e trata-se de excesso atípico; (b) excesso que, embora possa ser, inclusive, doloso, é decorrente de perturbação, medo ou susto não censuráveis (nos termos em que é reconhecido, expressamente na legislação portuguesa e também na alemã): incide a cláusula geral da inexigibilidade de conduta diversa e trata-se, aí sim, de excesso exculpante, ou, caso não se chegue a tal ponto, pode aplicar-se a redução da pena prevista na atenuante genérica prevista no art. 66 do Código Penal.

É importante notar que o ordenamento jurídico alienígena, quando valora as causas que dão azo ao excesso exculpante, cuida apenas das chamadas reações astênicas (derivadas de perturbação, medo ou susto não censuráveis), não contemplando o eventual estado de perturbação provocado pelas reações estênicas (decorrentes de ira, fúria, indignação, por exemplo), motivo pelo qual, alinhado ao fato de que, segundo a norma expressa do CP brasileiro, a emoção e a paixão, em regra, não excluem a culpabilidade, cremos que não é qualquer situação de descontrole emocional, sobretudo quando dessa ordem, que tem o condão de excluir culpabilidade pelo excesso.

Não é demais lembrar que, se tal distinção pode ser sutil de ser verificada no caso concreto, no âmbito dogmático ela conduz a importantes consequências, na medida em que o reconhecimento da atipicidade, ao contrário do que acontece com a exculpação: 1) exclui a possibilidade de qualquer consequência jurídico-penal; 2) exclui a possibilidade de participação.

Quanto à previsão, no Código Penal brasileiro, da figura do excesso culposo, calha a pertinente observação de Zaffaroni e Pierangeli: "É evidente que quem atua em legítima defesa quer o resultado, isto é, age dolosamente, o mesmo ocorrendo com aquele que atua em estado de necessidade. Se, uma vez cessada a agressão, ou a situação de necessidade, o sujeito prossegue atuando, o faz também querendo o resultado, prossegue atuando dolosamente. (...) A única explicação plausível para o chamado 'excesso culposo' é a de que se trata de uma ação dolosa, mas que, aplicando-se a regra da segunda parte do § 1º, do art. 20, a lei lhe impõe a pena do delito culposo. Em face da definição de dolo do art. 18, I, não se pode dizer jamais que, para a nossa lei, o chamado 'excesso culposo' seja uma conduta culposa, e sim que o 'culposo', no máximo, seria o excesso, mas nunca ação que causa o resultado, posto que, ao admitir o seu caráter culposo, se estaria incorrendo numa flagrante contradição *intra legem*" (*Manual de direito penal brasileiro*, p. 567).

13.13 CAUSAS DE JUSTIFICAÇÃO E TIPOS CULPOSOS

A doutrina majoritária admite que algumas excludentes de ilicitude (notadamente a legítima defesa e o estado de necessidade) possam justificar inclusive tipos culposos. Os exemplos comumente citados são os seguintes:

a) A está sendo agredido por B e pretende assustá-lo, disparando sua arma como advertência, mas, sem o desejar, o tiro acerta em região vital, acabando por matar B. Homicídio culposo justificado pela legítima defesa.
b) A dirige em excesso de velocidade para o hospital, em virtude da necessidade de transportar B, que está gravemente enfermo, vindo, por causa da direção imprudente, a atropelar e matar C. Homicídio culposo justificado pelo estado de necessidade.

13.14 ERRO NAS CAUSAS DE JUSTIFICAÇÃO

13.14.1 Teorias do dolo

13.14.1.1 *Teoria extrema do dolo*

Inclui o conhecimento da ilicitude, que deve ser atual, dentre os elementos do dolo, ou seja, dolo não é apenas consciência e vontade de realizar determinado fato, mas é a vontade de fazê-lo, sabendo que é proibido, ou seja, é a vontade de violar a lei (dolo normativo ou *dolus malus*). Nesse passo, tanto o erro de tipo quanto o erro de proibição excluem o dolo e, quando evitáveis, permitem a punição por crime culposo, quando houver previsão.

Crítica: a impunidade em um grande número de casos, em vista da excepcionalidade do crime culposo, seria considerada como fato impunível se o agente não possuísse consciência da ilicitude, ainda que fosse possível atingir essa consciência (erro inescusável).

13.14.1.2 *Teoria limitada do dolo*

Como a primeira, inclui o conhecimento da ilicitude como elemento do dolo. Mas relativiza o erro de proibição, mantendo o dolo quando o erro sobre a ilicitude do fato for derivado de uma especial cegueira jurídica. Ou seja, a postura de inimizade ao direito é equiparada ao conhecimento atual da ilicitude. Em outras palavras, presume-se o dolo se o agente, embora não tivesse conhecimento atual da ilicitude, virou as costas, fechou os olhos, para o ordenamento jurídico, sendo na verdade seu desconhecimento, ao contrário de uma escusa, prova de sua atitude de hostilidade para com o direito e desprezo ou indiferença pelas regras ético-sociais, tão reprováveis, portanto, quanto o próprio agir conscientemente contra regras conhecidas.

Crítica: a vagueza do conceito de cegueira jurídica e o reconhecimento da culpabilidade pela condução de vida incompatível com o "Direito Penal do fato" (e não "do autor").

13.14.1.3 Teoria modificada do dolo

Explica Luiz Flávio Gomes que a teoria limitada do dolo coincide com a chamada teoria modificada, na medida em que: "parte-se do pressuposto de que a consciência da ilicitude faz parte do dolo; assim o erro de proibição inevitável exclui a consciência da ilicitude e, em consequência, o dolo; este faz parte da culpabilidade, logo fica excluída também a culpabilidade, bem como a responsabilidade penal" (*Erro de tipo e erro de proibição*, p. 60).

Até esse ponto, ambas coincidem. A diferença aparece quanto ao erro evitável. Pela teoria limitada em tal situação, o erro evitável implica necessariamente o afastamento do dolo e, portanto, a punição somente pelo tipo culposo, se houver previsão (o que acaba por conduzir a grandes áreas de impunidade que a teoria limitada, por meio do questionável recurso ao dolo presumido pela inimizade ao direito, tentou evitar).

Já para a teoria modificada do dolo, sendo evitável o erro, mantém-se o dolo, sendo possível somente a atenuação da pena.

Crítica: embora fosse político-criminalmente interessante (tanto assim que o nosso próprio art. 20, § 1º, poderia ser lido, hoje, sob a perspectiva dessa teoria), ela tornou-se insustentável com o deslocamento do dolo para a tipicidade, provocado pela adoção da teoria finalista da ação.

13.14.1.4 Teoria dos elementos negativos do tipo

A teoria dos elementos negativos do tipo foi criada com o objetivo de preencher a lacuna deixada pelo antigo Código Penal alemão justamente no que toca ao tratamento do erro de tipo permissivo, pois como explica Luiz Flávio Gomes: "o § 59 do antigo Código Penal Alemão cuidava do erro de fato, mas especificamente sobre o erro nas descriminantes putativas, que recai sobre a realidade fática, nada dizia. Da preocupação em se enquadrar no referido § 59 tal situação, surgiu na doutrina penal a denominada teoria dos elementos negativos do tipo" (*Erro de tipo e erro de proibição*, p. 67).

Como já vimos, segundo essa teoria, tipicidade e antijuridicidade são fundidas em um tipo total de injusto. Nesse passo, qualquer erro que recaia sobre os pressupostos fáticos (da tipicidade ou da ilicitude) será erro de tipo, enquanto qualquer erro que recaia sobre o conteúdo jurídico (referente ao tipo ou à ilicitude) será erro de proibição.

Crítica: a teoria dos elementos negativos do tipo foi alvo sempre de insuperáveis críticas, sobretudo por equiparar, em um mesmo patamar dogmático, as categorias da tipicidade e da ilicitude. Como é corrente dizer, aos olhos da teoria dos elementos negativos do tipo, são situações valoradas, exatamente da mesma forma: matar um pernilongo e matar um ser humano quando se está em legítima defesa.

13.14.2 Teorias da culpabilidade

13.14.2.1 *Teoria extrema da culpabilidade*

Na teoria finalista, o dolo, ao abandonar a culpabilidade e ingressar na tipicidade, passa a ser entendido como puramente psicológico ou natural, e o conhecimento da ilicitude remanesce apartado do dolo, como elemento autônomo, dentro da culpabilidade. E, tratando-se a culpabilidade de um juízo de reprovação (portanto, um dado normativo, e não psicológico), o que exige é apenas um potencial conhecimento da ilicitude, e não um conhecimento atual ou concreto. A pergunta da culpabilidade não é nunca "X sabia (enfoque psicológico) que sua conduta era ilícita?", e sim "X pode ser censurado (enfoque normativo) por não saber que sua conduta era ilícita?".

A consequência é que qualquer erro inevitável sobre a consciência da ilicitude, vale dizer, a falta de conhecimento potencial da ilicitude (sendo essa consciência já não mais parte do dolo, e sim da culpabilidade), exclui a culpabilidade.

Não importa se o erro deriva de uma desconformidade da percepção do agente em relação aos aspectos fáticos ou jurídicos. O erro quanto à antijuridicidade, ou seja, quanto a ser ou não proibida a prática do fato típico (sem que, quanto aos elementos do tipo, haja qualquer equívoco), é sempre erro de proibição.

De modo que configura erro de proibição: 1) tanto a ignorância da existência de uma norma incriminadora (proibitiva) quanto 2) a falsa suposição, sob qualquer fundamento, de uma norma descriminante (permissiva).

Nessa trilha, se em um incêndio A mata B para salvar seu cachorro, supondo, por um erro quanto ao direito, que o estado de necessidade permite a salvação de qualquer bem, desde que o perigo não tenha sido provocado pelo agente, trata-se de erro de proibição. A não errou quanto ao tipo (percebeu claramente que estava matando B), mas julgou erroneamente que nessa situação a lei lhe autoriza matar.

De outra mão, se, supondo haver um incêndio, que na verdade não existe, por erro quanto aos fatos, A mata B para (acredita) salvar-se, trata-se também de erro de proibição (para a teoria extrema da culpabilidade, que, como veremos, não é adotada entre nós). A não errou quanto ao tipo (percebeu claramente que estava matando B), mas julgou erroneamente que estava em uma situação que, se de fato existisse, lhe autorizaria a matar.

Crítica: valora de forma equivalente as condutas daquele que tem pleno conhecimento da lei e dos valores ético-sociais, que pretendia ser fiel a ela, mas só a desrespeita por equivocar-se quanto aos fatos, à realidade (que mereceria menor reprovação), e daquele que representa a realidade fielmente, mas erra quanto aos valores ético-sociais representados pelos limites da descriminante (e que por isso merece maior reprovação).

13.14.2.2 *Teoria limitada da culpabilidade*

A teoria limitada da culpabilidade é a adotada pelo ordenamento jurídico brasileiro e sua distinção em relação à teoria extrema revela-se justamente na matéria do erro sobre as causas de justificação.

Partindo da premissa de que o potencial conhecimento da ilicitude situa-se na culpabilidade, e não no dolo, borra-se essa distinção em relação às descriminantes putativas. Embora qualquer erro em relação a elas seja efetivamente um erro, não quanto à tipicidade, mas quanto à ilicitude do fato, a teoria limitada dá relevo, nessa matéria, à dicotomia erro de fato/erro de direito, atribuindo a cada qual consequências dogmáticas distintas.

Vejamos as situações já apresentadas, agora, à luz da teoria limitada:

Se, em um incêndio, A mata B para salvar seu cachorro, supondo, por um erro quanto ao direito, que o estado de necessidade permite a salvação de qualquer bem, desde que o perigo não tenha sido provocado pelo agente, trata-se ainda de erro de proibição. O erro incidiu sobre a configuração jurídica da descriminante.

Mas, se, supondo haver um incêndio, que na verdade não existe, por erro quanto aos fatos, A mata B para (acredita) salvar-se, trata-se de erro sobre os pressupostos fáticos da descriminante. Não é erro de proibição, e sim erro de tipo permissivo, cujas consequências são as mesmas do erro de tipo incriminador: exclusão do dolo e possibilidade de punição por crime culposo, quando o erro for inescusável e houver previsão de forma culposa ao tipo objetivo praticado.

Crítica: além de reabilitar a dicotomia entre erro de fato e erro de direito, que não guarda precisão dogmática, em detrimento dos conceitos científicos de erro de tipo e erro de proibição, confunde as categorias da tipicidade e da ilicitude, ao permitir que um erro sobre a ilicitude relacionada a um fato típico cujos elementos estão presentes possa excluir a própria tipicidade, como que repristinando a então superada teoria dos elementos negativos do tipo.

13.14.2.3 Teoria da culpabilidade que remete à consequência jurídica (ou teoria do erro orientada às consequências)

Propõe-se a assumir a distinção estabelecida pela teoria limitada, sanando-lhe as imperfeições dogmáticas, equiparando o erro sobre os pressupostos fáticos da causa de justificação ao erro de tipo, exclusivamente quanto às consequências jurídicas. Ou seja, se o erro for evitável, não significa de fato que não houve dolo, e sim culpa. Quem mata seu vizinho, julgando, por descuido, tratar-se de um ladrão, mata alguém com consciência e vontade. É inegável, portanto, que atua com dolo. Mas quem age assim enganado, tendo consciência tanto do tipo quanto da ilicitude (em abstrato), mas por desatenção supondo a licitude (em concreto) o faz, tem de ser censurado exatamente por sua desatenção. O juízo de valor da culpabilidade se debruça sobre esse aspecto da atuação do sujeito, qual seja, seu descuido, e assim se justifica a punição a título de culpa (embora o fato típico seja, realmente, doloso). Em suma, trata-se de um crime doloso, praticado em virtude de um erro culposo, e que terá, portanto, a pena atribuída à culpa, vale dizer, será punido como se fosse um crime culposo.

Justifica-se assim o tratamento diferenciado e mais brando do que o concedido ao erro de proibição indireto (diferenciação impossível na teoria extrema da culpabilidade).

E, se o erro era inevitável, nenhuma punição será possível, não pela ausência de dolo e culpa na conduta, que existirão, mas pela ausência absoluta de reprovabilidade.

13.15 ERRO NAS CAUSAS DE JUSTIFICAÇÃO NO ORDENAMENTO BRASILEIRO

A Exposição de Motivos do Código Penal Brasileiro filia-se expressamente à teoria limitada da culpabilidade: "item 19. Repete o Projeto as normas do Código de 1940, pertinentes às denominadas 'descriminantes putativas'. Ajusta-se, assim, o Projeto à teoria limitada da culpabilidade, que distingue o erro incidente sobre os pressupostos fáticos de uma causa de justificação do que incide sobre a norma permissiva".

Não obstante a clareza da exposição de motivos, a verdade é que o tratamento conferido pelo legislador à matéria está longe de ser claro e a confusão originou intensa celeuma na doutrina. Confira-se:

> Art. 20. O erro sobre elemento constitutivo do tipo legal de crime exclui o dolo, mas permite a punição por crime culposo, se previsto em lei.
> § 1º É isento de pena quem, por erro plenamente justificado pelas circunstâncias, supõe situação de fato que, se existisse, tornaria a ação legítima. Não há isenção de pena, quando o erro deriva de culpa e o fato é punível como crime culposo.

Da redação do art. 20 do CP se extrai uma distinção fundamental, que não encontra fundamento na teoria limitada da culpabilidade: se o erro inevitável sobre elemento constitutivo do tipo legal de crime "exclui o dolo", o erro inevitável sobre os pressupostos fáticos de causa de justificação "isenta de pena". No tocante ao erro evitável, o legislador torna a equiparar as duas situações permitindo, em ambas, a punição por crime culposo. O que isso significa? Duas posições dividem a doutrina:

a) **o erro de tipo permissivo configura erro de tipo:** não obstante a imprecisão terminológica do legislador, tratam o *caput* e o parágrafo de situações idênticas: se inevitável exclui tanto o dolo quanto a culpa, contudo se evitável, exclui o dolo, mas permite a punição por crime culposo.

b) **o erro de tipo permissivo configura erro *sui generis*:** a opção terminológica do legislador deixa claro que o erro de tipo permissivo não se equipara ao erro de tipo nem exclui o dolo. Na linha defendida pela teoria do erro orientada às consequências, a figura do erro de tipo permissivo tem natureza híbrida, aproximando-se tanto do erro de tipo quanto o de proibição. Embora recaia sobre os pressupostos fáticos de um determinado tipo (e nisso se assemelha ao erro de tipo), mantém intacta a consciência sobre o tipo incriminador. Por isso, não exclui jamais o dolo. Se inevitável, afasta por completo a culpabilidade (sem afetar o dolo propriamente dito), ou seja, "isenta de pena". Se evitável, também não afasta o dolo, mas por suas características peculiares (que o distinguem do mero erro de proibição indireto), implica que o crime doloso seja apenado a título de culpa (chamada, correntemente, de imprópria). Finalizando, a dita culpa imprópria nada mais é do que um crime doloso, e não é por outra razão que se compatibiliza, por exemplo, com a figura da tentativa (Cezar Roberto Bitencourt, *Erro de tipo e erro de proibição*, p. 113).

Interessante consignar nesse ponto a opinião de Zaffaroni e Pierangeli, que, partidários da teoria extrema da culpabilidade, ventilam outra explicação para o tratamento do erro de tipo permissivo no Brasil: "o tratamento privilegiado da 'justificação putativa' vencível é uma cobertura de lenidade e impunidade para os agentes do Estado. A maioria dos casos de erros vencíveis na forma de 'eximentes putativas' é protagonizada pelo pessoal armado dos corpos de segurança do Estado que atuam contra civis, suspeitos ou não. É óbvio que, em face do texto legal, devemos respeitar o princípio da legalidade e atenuar a pena, ou prescindir dela, da forma como a lei estabelece, mas conosco fica a dúvida sobre não ser este insuportável privilégio uma violação de Direitos Humanos, pela insuficiente tutela da vida humana" (*Manual de direito penal brasileiro*, p. 611).

EXCLUDENTES DE ILICITUDE EM ESPÉCIE

14.1 ESTADO DE NECESSIDADE (*JURE NECESSITATIS*)

14.1.1 Fundamento

Ao contrário da legítima defesa, que opõe sempre o justo ao injusto, no estado de necessidade, a tensão se dá pela impossibilidade concreta de sobrevivência simultânea de dois bens juridicamente protegidos. Nessa situação, a conduta de lesar determinado bem tutelado se revela necessária para salvar outro, e, portanto, conforme a finalidade do sistema jurídico penal.

Há atualmente, quanto à natureza dogmática do estado de necessidade, duas correntes teóricas:

a) **Teoria diferenciadora ou da discriminação**

O estado de necessidade é disciplinado ora como justificação (na hipótese de bem jurídico protegido superior), ora como exculpação (na hipótese de bens jurídicos equivalentes ou mesmo de bem jurídico protegido de menor valor do que o sacrificado) – teoria adotada pela legislação alemã e também pela portuguesa, por exemplo, que define expressamente o estado de necessidade justificante e o estado de necessidade exculpante.

A nosso sentir, trata-se da que melhor se compatibiliza com a estrutura científica e político-criminal das causas de justificação, por uma série de razões:

a.1) se o fundamento que subjaz a todas as descriminantes é a ideia do interesse preponderante, parece que ela só é perfeitamente aplicável no caso em que o bem salvo é mais valioso do que o bem sacrificado; na hipótese de bens equivalentes descabe evidentemente falar em interesse preponderante;

a.2) do ponto de vista da comunicação social levada a efeito pela norma jurídica, parece ilógico defender que o Estado transmita a ideia de que, para salvar uma vida, matar um ser humano possua desvalor idêntico a destruir um objeto;

a.3) do ponto de vista do lesado, se as excludentes de ilicitude representam um verdadeiro direito de intervenção na esfera de terceiros, ao qual corresponde, necessariamente, o dever do lesado de suportar a intervenção em nome, justamente, da ideia de solidariedade social imbricada com a prevalência do interesse preponderante, isso só parece ser verdade no caso do bem salvo ser superior ao sacrificado, pois na hipótese de bens equivalentes não possui o lesado qualquer dever de suportar a ofensa, pelo que também não assiste ao defendente um verdadeiro direito de praticá-la, mas mera faculdade, o que, uma vez mais, marca a nítida distinção entre essas duas situações.

b) **Teoria unitária ou monista objetiva**

Disciplina o estado de necessidade exclusivamente como justificação. Segundo entendimento quase unânime, é a teoria adotada pela vigente lei brasileira, que define o estado de necessidade exclusivamente como descriminante, conforme indica o art. 23, I, do CP, tanto no caso em que o bem salvo é superior ao sacrificado (ex.: vida *versus* patrimônio) quanto no caso de bens equivalentes (ex.: vida *versus* vida).

A posição contrária é defendida por Zaffaroni e Pierangeli. Para os autores, o fato de o estado de necessidade ser contemplado em um dispositivo unitário não significa em absoluto que o legislador tenha adotado a teoria unitária. Defendem que a lei se contenta em dizer que o estado de necessidade "exclui o crime", mas nada garante que o exclui por afastar a ilicitude ou por afastar a culpabilidade. Concluindo, defendem ainda que é plenamente possível e dogmaticamente recomendável, em face do ordenamento jurídico positivo brasileiro, adotar-se a teoria diferenciadora: "Essa distinção de modo algum viola o texto legal porque, em ambos os casos, devem estar reunidos os requisitos do art. 24 do CP, só que a causa com que se exime a responsabilidade penal, num caso será de justificação (não haverá injusto) e, em outro, haverá injusto, mas o agente não será penalmente responsável em razão da ausência de culpabilidade" (*Manual de direito penal brasileiro*, p. 562).

Não é esse, no entanto, insista-se, o entendimento da maioria da doutrina pátria, para a qual, com ou sem razão, o ordenamento jurídico alinha-se à teoria unitária.

Interessante notar que o Código Penal Militar, Decreto-lei n. 1.001/69 vigente até a presente data, na esteira da jurisprudência alemã (note-se que o Código Penal alemão só passou a adotar expressamente a teoria diferenciadora em 1975), adotou expressamente a teoria diferenciadora, como se depreende da leitura dos arts. 43 e 39 do referido diploma:

Estado de necessidade, como excludente do crime

> Art. 43. Considera-se em estado de necessidade quem pratica o fato para preservar direito seu ou alheio, de perigo certo e atual, que não provocou, nem podia de outro modo evitar, desde que o mal causado, por sua natureza e importância, é consideravelmente inferior ao mal evitado, e o agente não era legalmente obrigado a arrostar o perigo.

Estado de necessidade, como excludente de culpabilidade

> Art. 39. Não é igualmente culpado quem, para proteger direito próprio ou de pessoa a quem está ligado por estreitas relações de parentesco ou afeição, contra perigo certo e atual, que não provocou, nem podia de outro modo evitar, sacrifica direito alheio, ainda quando superior ao direito protegido, desde que não lhe era razoavelmente exigível conduta diversa.

Também o Código Penal brasileiro de 1969, que terminou por não entrar em vigor, adotava a teoria diferenciadora, nos seguintes termos:

> Art. 25. Não é igualmente culpado quem, para proteger direito próprio ou de pessoa a quem está ligado por estreitas relações de parentesco ou afeição, contra perigo certo ou atual, que não provocou, nem podia de outro modo evitar, sacrifica direito alheio, ainda quando superior ao direito protegido, desde que não lhe era razoável exigir conduta diversa.
>
> Art. 28. Considera-se em estado de necessidade quem pratica o fato para preservar direito seu, ou alheio, de perigo certo e atual, que não provocou, nem podia de outro modo evitar, desde que o mal causado, pela sua natureza a importância, é consideravelmente inferior ao mal evitado, e o agente não era legalmente obrigado a arrostar o perigo.

O Código Penal vigente, no entanto, desde 1940, e mesmo após a ampla reforma da Parte Geral em 1984, prosseguiu adotando a teoria unitária (ressalvada a posição já comentada de Zaffaroni e Pierangeli), ou seja, admitindo o estado de necessidade sempre como excludente de ilicitude, independentemente da ponderação dos bens em conflito, vale dizer, tanto nas situações em que o bem salvo é superior ao bem sacrificado quanto naquelas em que ele é equivalente.

Quando o bem salvo, no entanto, for inferior, determina o Código que seja mantida a ilicitude da conduta, admitida, no entanto, a redução de pena de 1/6 a 1/3. Indaga-se, a punição, nesse caso, é sempre de rigor?

Ocorre que, como é inerente à própria estrutura do crime, a aplicação da pena (ainda que reduzida) só é possível ante a ausência, na espécie, de situação excludente de culpabilidade (uma vez que, sempre, a afirmação da tipicidade e a da ilicitude não são suficientes para a imposição de pena, sendo necessária, em um terceiro momento, a afirmação também da culpabilidade). De modo que, ainda que não conste expressamente no ordenamento jurídico positivo vigente, sobrelevam na doutrina vozes no sentido da possibilidade do reconhecimento doutrinário e jurisprudencial do estado de necessidade exculpante, sob o pálio da causa supralegal de exclusão de culpabilidade consubstanciada na inexigibilidade de conduta diversa.

É a posição esposada por Cezar Roberto Bitencourt, que assim justifica: "Apesar do nosso código penal adotar a teoria unitária, ainda assim, como já afirmamos, admite-se a inexigibilidade de outra conduta, para se reconhecer o estado de necessidade exculpante (...)" (*Tratado de direito penal*, p. 313-314).

De forma que, apenas superada essa verificação, vale dizer, apenas quando constatar que, além de o bem salvo ser de fato claramente inferior ao sacrificado, puder afirmar-se que o sacrifício do bem era, na situação, exigível, é que será possível a redução da pena ordenada pelo art. 24, § 2º, do Código Penal. É a posição que, a nosso ver, alinha-se tanto com o desenvolvimento da dogmática penal (que não pode mais recusar papel fundamental à inexigibilidade de conduta diversa) quanto com o próprio texto do art. 24, § 2º, que faz da exigibilidade (do sacrifício do bem) condição *sine qua non* para a aplicação da pena.

14.1.2 Requisitos

14.1.2.1 Perigo

É a possibilidade de dano a um determinado bem jurídico. Ao contrário da agressão, que promana necessariamente da conduta humana dirigida à lesão do bem, o perigo pode provir de força da natureza, do fato de animal irracional ou mesmo de ação humana, desde que não configure uma injusta agressão.

14.1.2.2 Atualidade do perigo

Para que se possa invocar a proteção do estado de necessidade, o perigo há de ser atual, embora o dano não o precise ser. Quer dizer que haverá situação de perigo atual, na medida em que for atual a necessidade de defender-se o bem jurídico, seja porque, se não for defendido imediatamente, corre o risco concreto de perecer, ou seja, corre-se o risco de se tornar ineficaz qualquer ulterior ação defensiva.

Ao contrário do art. 25 (que trata da legítima defesa), o art. 24 alude apenas ao termo "atual", e não ao "iminente". Pergunta-se: é admissível o estado de necessidade quando o perigo ainda não é atual, mas está prestes a sê-lo, vale dizer, quando o perigo é iminente? Duas posições são sustentadas:

a) **Só é possível estado de necessidade quando há perigo atual**[1]

Se, no tocante à legítima defesa, o tipo permissivo contenta-se com a iminência da agressão (já que permitir a defesa apenas quando a agressão estiver em curso pode significar defesa já completamente inútil para evitar o dano injusto), para o estado de necessidade, a lei exige imperiosamente a atualidade do perigo. Isso porque a atualidade do perigo engloba a iminência do dano, e permitir conduta típica, dirigida à lesão de bens jurídicos alheios, em situação na qual o perigo sequer estivesse presente, representaria um indevido alargamento no dever social de se suportar ataques a direitos legitimamente tutelados.

---

[1] "Para ser invocada a excludente de ilicitude penal catalogada no art. 24 do Código Penal, é necessário que estejam presentes os requisitos ali explicitados. 03. O perigo iminente não autoriza a invocação da excludente de ilicitude do estado de necessidade" (TJRN, ACR 29730/RN 2002.002973-0, Rel. Des. Ivan Meira Lima, Câmara Criminal, j. em 14-11-2003).

Na lição clara de Cezar Roberto Bitencourt: "perigo não se confunde com dano, uma vez que o perigo é a probabilidade do dano, ou seja, a atualidade do perigo equivale à iminência do dano, mormente para um direito penal da culpabilidade que não admite perigo abstrato. Por isso sustentamos que embora o nosso Código Penal preveja, para o estado de necessidade, somente o perigo atual, aceita a iminência do dano" (*Tratado de direito penal*, p. 315).

Conforme, no entanto, adverte Paulo Queiroz: "o perigo é também considerado atual quando, mesmo que não seja iminente a produção do dano, protelar a intervenção implique um aumento considerável e não recomendável dos riscos de dano, como pode dar-se, por exemplo, com a interrupção da gravidez por médico" (*Direito penal*, p. 280).

É também a lição de Figueiredo Dias: "o perigo deverá para este efeito considerar-se atual mesmo quando ainda não é iminente, mas o protelamento do facto salvador representaria uma potenciação do perigo; e também no caso dos chamados 'perigos duradouros', *v.g.*, quando existe um edifício em perigo de desmoronamento, se bem que não se possa determinar quando ocorrerá" (*Direito penal*, p. 444).

b) **Pode haver estado de necessidade mesmo quando o perigo é iminente**

Para Assis Toledo o perigo exigido pelo tipo permissivo pode ser atual ou iminente, já que "a atualidade engloba a iminência do perigo" (*Princípios básicos de direito penal*, p. 185-186).

Também defende René Ariel Dotti: "A melhor exegese do sistema positivo admite o estado de necessidade em face do risco iminente. Para tanto, basta valer-se da interpretação analógica com o instituto da legítima defesa que considera lícita a reação através do meio necessário e moderadamente, contra injusta agressão, atual ou iminente, a direito seu ou de outrem" (*Curso de direito penal*, p. 390).

14.1.2.3 Involuntariedade do perigo

É pressuposto do tipo permissivo em foco a provocação involuntária do perigo por parte do agente. De modo que, se aquele que intencionalmente deu causa ao perigo necessitar violar bem jurídico de terceiros para salvar-se, tal conduta não há de ser considerada lícita.

Ocorre que o termo "voluntariamente" não corresponde a "dolosamente", uma vez que mesmo as condutas culposas têm de ser voluntárias. Com o que se põe a seguinte questão: a provocação culposa do perigo afasta o estado de necessidade? Duas posições são defendidas pela doutrina:

a) **Somente o perigo provocado dolosamente (intencionalmente) afasta o estado de necessidade**

Segundo posição atualmente majoritária, apenas a provocação intencional do perigo exclui a possibilidade de alegação do estado de necessidade. A provocação imprudente não. Nesse sentido, dentre outros: Figueiredo Dias (*Direito penal*, p. 444),

Juarez Cirino dos Santos (*Direito penal*, p. 243), Cezar Roberto Bitencourt (*Tratado de direito penal*, 2008, p. 316), Cláudio Brandão (*Curso de direito penal*, p. 188).

Importa, no entanto, trazer à baila a ressalva de Figueiredo Dias, fundada no texto do Código Penal português, no sentido de que mesmo a provocação voluntária do perigo não deverá servir para negar a justificação por estado de necessidade quando se trata de proteger interesse de terceiro, como, no exemplo citado pelo autor, na situação em que A provoca um incêndio intencional na casa de B e, depois, arrependido, entra na casa de C para chamar o bombeiro (*Direito penal*, p. 445). De fato trata-se de exceção expressa do art. 34 do Código Penal português, vazada nos seguintes termos:

> Art. 34. Não é ilícito o facto praticado como meio adequado para afastar-se um perigo atual que ameace interesses juridicamente protegidos do agente ou de terceiro, quando se verificarem os seguintes requisitos:
>
> a) não ter sido voluntariamente criada pelo agente a situação de perigo, salvo tratando-se de proteger o interesse de terceiro;
>
> b) haver sensível superioridade do interesse a salvaguardar relativamente ao interesse sacrificado; e
>
> c) ser razoável impor ao lesado o sacrifício do seu interesse em atenção à natureza ou ao valor do interesse ameaçado.

b) **Também o perigo provocado culposamente afasta o estado de necessidade**

Posição atualmente minoritária defende que qualquer causação voluntária, mesmo que apenas negligente, afasta o estado de necessidade.

Nas palavras de Assis Toledo, "também o perigo culposo impede ou obsta o estado de necessidade. A ordem jurídica não pode homologar o sacrifício de um direito, favorecendo ou beneficiando quem já atuou contra ela, praticando um ilícito que pode até ser crime ou contravenção" (*Princípios básicos de direito penal*, p. 186).

Nesse sentido, interessante é a ponderação de Mirabete: "Considerando-se que a lei, no artigo em estudo, se refere à vontade e que esta, na legislação vigente, implica o conceito de intencionalidade (como ocorre na descrição da tentativa, por exemplo), conclui a doutrina que não está excluída a justificativa quando o agente causou culposamente o perigo (o incêndio, o naufrágio etc.). Entretanto, diante da norma do art. 13, § 2º, c, do CP, que obriga a agir para evitar o resultado aquele que, com seu comportamento anterior (ainda que culposo), criou o risco da ocorrência do resultado, forçoso concluir que se deve excluir o estado de necessidade também nos crimes comissivos quando o agente provocou culposamente o perigo" (*Manual de direito penal*, p. 164-165).

14.1.2.4 Inevitabilidade do perigo

Se para a legítima defesa não é exigida a inevitabilidade da agressão (corolário da ideia de que o Direito jamais precisa ceder à injustiça e muito menos fugir dela), no estado de necessidade, que se caracteriza justamente pelo conflito entre dois bens juridicamente protegidos, qualquer meio de evitar-se o perigo deve ser preferido à conduta lesiva. Significa, portanto, basicamente, duas coisas: (a) se houver um meio ilícito menos lesivo de evitar o perigo, não pode ser empregado o mais lesivo; (b) se houver um meio lícito de evitar o perigo (incluída aí a própria fuga), não pode ser empregado o meio ilícito.

Nesse sentido, explica Hungria: "O estado de necessidade, contrariamente ao que ocorre com a legítima defesa, é eminentemente subsidiário: não existe se o agente podia conjurar o perigo com emprego de meio não ofensivo ao direito de outrem. A própria possibilidade de fuga (recaindo o perigo sobre bem ou interesse inerente à pessoa) exclui o estado de necessidade, pois tal recurso, aqui, não representa uma pusilanimidade ou conduta infamante" (*Comentários ao Código Penal*, p. 222).

Como noticia Mirabete (*Manual de direito penal*, p. 165), a exigência da atualidade do perigo, somada à sua inevitabilidade, levou a jurisprudência brasileira a considerar a descriminante do estado de necessidade incompatível com os crimes habituais ou permanentes (não confundir com a situação aludida de perigo permanente). No entanto, o mesmo autor relata a existência de jurisprudência também em sentido contrário, reconhecendo, por exemplo, o estado de necessidade quanto ao exercício ilegal da arte dentária (delito tipicamente habitual) em área rural na qual inexistia profissional habilitado.

14.1.2.5 *Inexistência do dever de enfrentar o perigo*

A existência do dever legal de enfrentar o perigo é logicamente incompatível com o instituto do estado de necessidade, vale dizer, com a possibilidade de lesar bens jurídicos com intenção, justamente, de salvar-se do perigo. Ao bombeiro, por exemplo, não é dado pretender salvar-se do perigo do incêndio, quanto mais lesando, por ação ou omissão, bens jurídicos alheios.

Ressalta a doutrina, com razão, que o dever legal só pode ir ao ponto de obrigar o agente a enfrentar o perigo (probabilidade do dano), mas não o dano, já certo e inarredável, visto que não há qualquer lei que imponha ao ser humano o dever de autossacrifício ou imolação.

Mas a questão que desperta verdadeira celeuma na doutrina diz respeito ao que se pode considerar "dever legal". Inclui-se aí apenas o dever proveniente de lei ou qualquer dever jurídico (nos termos do art. 13, § 2º, do Código Penal)? Duas posições são defensáveis:

a) **Inclui apenas o dever previsto em lei**

Posição majoritária na doutrina defende, com amparo na terminologia da lei, que apenas o dever legal propriamente dito afasta o estado de necessidade. É o que explica, por todos, Hungria, para quem o dever (tal como diz o art. 24, § 1º) tem que estar previsto em lei, não sendo extensível ao dever contratual (*Comentários ao Código*

Penal, p. 279). Nesse sentido também: Regis Prado (*Curso de direito penal brasileiro*, p. 402); Assis Toledo (*Ilicitude penal e causas de sua exclusão*, p. 61).

Nessa trilha, a conduta do garantidor (por dever contratual ou criação anterior do risco) que omita socorro para salvar-se de perigo, apesar de ser típica (uma vez que a omissão é causalmente relevante por força do art. 13, § 2º), poderá ser excluída sua antijuridicidade, pelo estado de necessidade.

b) Inclui qualquer dever jurídico

Defende que o mesmo dever jurídico que lastreia a omissão imprópria afasta, em uma relação de correspondência lógica, o estado de necessidade.

A explicação de Mirabete esclarece esse raciocínio: "A Lei vigente, porém, ao conceituar o dever de agir na omissão típica, cuida expressamente das espécies de dever jurídico, incluindo aqueles que, de outra forma, assumiram a responsabilidade de impedir o resultado e os que, com seu comportamento, criaram o risco da ocorrência do resultado. Nesses termos, para a lei, o dever de agir passou a ser *legal*, previsto no art. 13, § 2º, do CP. Assim, em uma interpretação sistemática, se o sujeito pratica um fato típico em uma dessas condições, quando podia agir, a conduta é antijurídica. Nessa hipótese há crime e somente poderá ser excluída a culpabilidade pela inexigibilidade de conduta diversa" (*Manual de direito penal*, p. 167).

No mesmo sentido, Juarez Cirino dos Santos arrola, como situações que obrigam a suportar o perigo: "(a) o dever jurídico especial de proteção da comunidade, (b) o dever jurídico resultante da causação do perigo, (c) o dever jurídico da posição de garante e (d) o dever de suportar perigos somente evitáveis com danos desproporcionais a terceiros" (*Direito penal*, p. 251-252).

Também nesse sentido se manifesta Cláudio Brandão: "O dever de enfrentar o perigo pode ser também de origem contratual, conforme se depreende da interpretação sistemática do Código (arts. 13, § 2º, e 24). Por exemplo, um guia de alpinismo não pode abandonar seu grupo em uma situação de perigo para eximir-se dela. Esse dever de enfrentar o perigo foi, inegavelmente, originado em um contrato, mas não é possível alegar o estado de necessidade para não enfrentá-lo" (*Curso de direito penal*, p. 188-189).

14.1.2.6 Direito próprio ou alheio

Tal como na legítima defesa, qualquer bem jurídico, ainda que não protegido pelo Direito Penal, pode ser defendido pelo estado de necessidade. Contudo, interesses não tutelados não podem ser defendidos pela descriminante em pauta, de forma que o detento não pode alegar estado de necessidade se provoca lesões corporais para escapar da prisão.

Vem admitindo também a doutrina a defesa necessária para salvar bem supraindividual, como no exemplo fornecido por Figueiredo Dias, em que o agente se vê obrigado a causar dano patrimonial de pequeno valor para impedir uma séria contaminação ambiental (*Direito penal*, p. 442). Também bens pertencentes a pessoas jurídicas podem ser defendidos.

O mesmo autor aponta ainda para a possibilidade de conflito entre bens jurídicos do mesmo portador, situação em que o mesmo bem jurídico ameaçado de um perigo só pode ser salvo através da sua exposição a outro perigo (o exemplo citado é o do pai que para salvar o filho de um incêndio o atira de grande altura para a lona do bombeiro, lesando sua integridade física) (*Direito penal*, p. 442-443).

14.1.2.7 Inexigibilidade do sacrifício do direito (ponderação dos bens jurídicos em confronto)

Como já se afirmou, sendo o estado de necessidade caracterizado pelo conflito ou tensão entre dois interesses juridicamente protegidos, não é facultado ao agente salvar o que bem entender, com sacrifício do outro. É dado apenas salvar o que seja maior ou, no mínimo equivalente ao bem sacrificado. A verificação, portanto, da exigibilidade do sacrifício do bem passa, necessariamente, pelo cotejo dos interesses contrapostos na situação.

A questão que se coloca então é: quais os critérios que devem orientar a solução dessa ponderação de bens? Embora a pergunta seja altamente complexa, alguns parâmetros são apontados pela doutrina, notadamente:

a) **Molduras penais:** quando ambos os bens jurídicos são penalmente tutelados, a sanção correspondente à violação de cada um deles é um importante critério de verificação da respectiva hierarquia. Em outras palavras, a medida da pena cominada a cada um dos fatos típicos fornece bom referencial de qual das lesões foi valorada como mais grave pelo ordenamento jurídico.

De forma que, por exemplo, no conflito entre a vida do ser humano já nascido e a vida do feto, a primeira há de ser considerada mais valiosa, visto que o crime de homicídio é apenado com 6 a 20 anos de reclusão, e o aborto consentido tem pena de 1 a 4 anos de reclusão.

b) **Intensidade da lesão:** ocorre que a preponderância, em tese, de um bem jurídico sobre o outro não é critério absoluto. Um segundo parâmetro também importante é o grau ou intensidade da lesão provocada pela situação de perigo, e aquela a ser causada pela ação necessitada, pois casos há em que o conflito envolve dois bens, um arriscado de lesão parcial e o outro de destruição total.

Desse modo, embora em regra a integridade corporal possa ser considerada mais valiosa do que o patrimônio (visto que a lesão corporal, em abstrato, tem pena maior do que o dano, acrescentando-se que é relativamente consensual que valores da personalidade têm preponderância sobre valores patrimoniais e que bens relativos ao corpo e à vida têm preponderância sobre todos os demais, como defende Juarez Cirino dos Santos, *Direito penal*, p. 246), justifica-se uma lesão parcial ao corpo para salvar o patrimônio do risco de aniquilação total. No exemplo de Figueiredo Dias, justifica-se, por exemplo, a conduta de quem, para evitar um grande incêndio, dá um empurrão em alguém causando lesão corporal leve (*Direito penal*, p. 447).

c) **Grau de perigo:** um terceiro critério de verificação é o grau de perigo envolvido no conflito, vale dizer, o cotejo entre o grau de concretude do perigo experimentado pelo bem a ser salvo e o do perigo para o bem sacrificado que será gerado pela ação necessitada. Age, portanto, acobertado pela excludente que, para salvar determinado bem de dano certo, coloca outro em risco potencial ou remoto.

Exemplifica Figueiredo Dias, classificando como justificada a conduta de quem, para salvar de perigo concreto e imediato a vida de paciente gravemente enfermo, dirige ao hospital em excesso de velocidade, pondo em perigo, embora mais remoto, a vida e a integridade física dos outros motoristas e pedestres (*Direito penal*, p. 448).

d) **Autodeterminação do lesado:** mesmo que se trate de salvar um bem evidentemente mais elevado, que corre risco concreto e atual de aniquilação total (por exemplo, a vida), sacrificando-se um bem de hierarquia notadamente inferior (integridade física), tal situação não garante, por si só, a ação justificada. É que na ponderação de bens assume papel relevante a análise do núcleo mínimo e irrenunciável de autodeterminação do lesado.

Exemplo muitas vezes repetido dessa situação é o da intervenção médica destinada a retirar, sem o consentimento, o rim de determinada pessoa saudável para, ser transplantado em outra, que dele depende para continuar vivendo. Ainda que essa seja a única maneira de salvar a vida do beneficiário, dificilmente se poderia considerar justificada a conduta do médico que assim procedesse.

É interessante notar que o autor português ressalva outra situação (a nosso sentir, também controvertida): "o mesmo já não deverá defender-se para o caso de C ser forçado – sem nenhum prejuízo grave para si, a dar sangue, por ser a única pessoa com o tipo necessário a uma intervenção cirúrgica urgente indispensável à salvação da vida de D" (Figueiredo Dias, *Direito penal*, p. 450).

e) **Imponderabilidade da vida:** sempre que se discute a ponderação de bens vem à baila a tormentosa questão sobre o cotejo entre vidas humanas. É possível afirmar que a vida de um criminoso condenado vale menos do que a do "homem de bem" ou que vida do doente terminal vale menos que a do homem saudável? É possível ainda afirmar que uma vida vale menos do que duas?

A posição pacífica, alicerçada no fundamento ético central de todo o sistema jurídico, é de que a vida humana não admite ponderação em relação a qualquer outro bem, nem de cunho qualitativo (uma vida nunca vale mais ou menos do que outra) nem de cunho quantitativo (uma vida não vale mais nem menos do que mil vidas).

São clássicas as situações de estado de necessidade (justificante, segundo a teoria unitária adotada pelo Brasil; exculpante, na visão da teoria diferenciadora) envolvendo o conflito entre vidas humanas: a tábua de salvação, disputada por dois náufragos (chamada *tabula unius capax*, exemplo formulado pelo filósofo e orador grego Carneades); o caso do piloto do barco que, ao perceber que a embarcação tende a afundar com o sobrepeso, atira algumas crianças à água para salvar as demais; o caso dos expedicionários que, perdidos e privados de comida, são compelidos a matar um dos companheiros para alimentarem-se de sua carne; o caso dos alpinistas que, dependurados em uma corda que irá romper-se ao peso de todos, cortam-na, fazendo com que aquele que estava na ponta despencasse, poupando a vida dos demais. Em todos eles vale, sem dúvida, o estado de necessidade.

f) **Colisão de deveres:** no caso de bens jurídicos equivalentes, submetidos ao mesmo grau de perigo e correndo o risco de lesão de mesma extensão, há ainda um aspecto distintivo que pode ser considerado, quando em relação a cada qual desses bens pesa um dever diverso do outro.

Se, por exemplo, após um acidente, um pai precisa escolher entre salvar o próprio filho ou salvar o filho alheio, ambos necessitados de ajuda, sem a qual correm o mesmo risco de morte, pode o pai optar por salvar a outra criança? A resposta é não, pois, embora se trate do mesmo bem jurídico, correndo exatamente o mesmo risco (se fossem duas crianças estranhas ao salvador, ou, ao contrário, ambas fossem suas filhas, poderia certamente escolher qualquer uma delas, atuando sempre de forma justificada), o dever de garante em relação ao filho torna esse, no caso, o interesse preponderante, sendo, na situação, exigível o sacrifício da outra criança.

14.1.2.8 Requisito subjetivo

Como já se mencionou, boa parte da doutrina atual, influenciada pela perspectiva finalista, entende que a lei exige, para o reconhecimento do estado de necessidade, tanto conhecimento da situação justificante quanto a vontade de atuar em proteção ao bem jurídico ameaçado.

14.2 ESPÉCIES DE ESTADO DE NECESSIDADE

1) **Estado de necessidade real:** estão presentes os seus requisitos.
2) **Estado de necessidade putativo:** seja porque não estão presentes os seus requisitos, seja porque o agente comete um erro sobre a extensão da causa de justificação.
3) **Estado de necessidade próprio:** o bem salvo pertence ao defendente.
4) **Estado de necessidade de terceiro:** o bem salvo pertence a terceiro, desde que, sendo o bem disponível, o agente atue com consentimento expresso ou presumido do seu titular.

5) **Estado de necessidade defensivo:** é sacrificado direito de quem produziu o perigo.
6) **Estado de necessidade agressivo:** é sacrificado direito de um inocente.
7) **Estado de necessidade justificante:** é o único reconhecido pela lei brasileira, exclui a ilicitude da conduta.
8) **Estado de necessidade exculpante:** reconhecido pela legislação alemã e, para alguns autores, admissível como causa supralegal de exclusão da culpabilidade no contexto do ordenamento jurídico brasileiro, exclui a culpabilidade.

14.3 LEGÍTIMA DEFESA

14.3.1 Fundamento

A segunda causa de justificação regulada pelo Código Penal (historicamente, a regulação da legítima defesa é também posterior à do estado de necessidade – Cláudio Brandão, *Curso de direito penal*, p. 190) também parte de uma situação de necessidade na qual o ser humano se move impelido por um irresistível impulso de autopreservação. No entanto, por suas características peculiares, destacou-se do estado de necessidade propriamente dito e forjou-se como um instituto autônomo que possui, em relação ao anterior, um pressuposto fático mais restrito e, de forma inversamente proporcional, um leque maior de condutas justificadas.

Afastadas as teorias de cariz subjetivo, que basevam a legítima defesa no estado de ânimo ou nas justas motivações do agredido, passou a descriminante a assentar-se sobre um postulado solidamente objetivo, qual seja, de que o direito não deve ceder diante do ilícito ou, dito outra forma, ninguém pode ser obrigado a suportar o injusto.

Dessa forma, a legítima defesa é alicerçada sobre um duplo fundamento: por um lado, o interesse individual concretizado na necessidade de proteger os bens jurídicos contra violações ilícitas; de outro, o interesse social consistente na necessidade de defender o próprio ordenamento jurídico, em face dos ataques a ele dirigidos (cumprindo assim, papéis de prevenção geral negativa e prevenção geral positiva).

Segundo a explicação de Hungria, "a defesa privada não é contrária ao direito, pois coincide com o próprio fim do direito, que é a incolumidade dos bens ou interesses que coloca sob sua tutela. Realiza a vontade primária da lei, colabora na manutenção da ordem jurídica" (*Comentários ao Código Penal*, p. 231), de forma que, como acrescenta o autor, "a legítima defesa deve ser, ao lado da ameaça penal, um contramotivo do crime. Quem se predispõe a delinquir deve ter em conta dois perigos, igualmente temíveis: o perigo da defesa privada e o da reação penal do Estado" (*Comentários ao Código Penal*, p. 232).

A noção de "luta pelo direito", somada à dimensão preventiva da legítima defesa, pode na realidade explicar muitas de suas características, dentre elas: (a) porque na legítima defesa o dano provocado ao agressor pode ser superior ao bem defendido, enquanto no estado de necessidade só pode ser salvo bem maior ou igual ao bem sacrificado; (b) porque na legítima defesa o defendente não tem obrigação de evitar a agressão de forma menos lesiva, enquanto no estado de necessidade a inevitabilidade do perigo é requisito da permissão; (c) porque a legítima defesa contra agressão de inimputável é possível, mas com restrições que a tornam mais próxima do estado de necessidade, dentre outras questões que a seguir se passam a abordar.

14.3.2 Requisitos

14.3.2.1 Agressão

Trata-se da conduta humana que lesa ou ameaça de lesão determinado bem jurídico protegido.

O conceito de agressão é inextricavelmente ligado à ideia de comportamento humano. A razão é clara e decorre do próprio fundamento da descriminante: se a defesa é legítima porque o direito não pode ceder ao ilícito, importa reconhecer que só seres humanos podem praticar atos ilícitos. Ficam excluídas, portanto, as ameaças decorrentes do fato de animais ou de coisas inanimadas, salvo quando estes estiverem servindo como instrumento da agressão humana, como se vê da ementa a seguir transcrita:

> Crime de disparo de arma de fogo (art. 15 da Lei n. 10.826/2003 – Estatuto do Desarmamento). Existência de prova inequívoca da materialidade do delito de disparo de arma de fogo em lugar habitado e suas adjacências, com a finalidade de matar cachorro do proprietário vizinho. Autoria confessada pelo Réu e corroborada pelos depoimentos testemunhais. Arguição de legítima defesa ao disparar arma de fogo e matar o cachorro do proprietário vizinho. Inexistência da referida excludente de ilicitude, porquanto apenas cabível quando se cuida de agressão humana, e não de animal. Ausência, ademais, de configuração de estado de necessidade. Rejeição da tese de Defesa. Sentença confirmada. Apelação improvida (TJSP, ACR 1034235390000000/SP, Rel. Homero Maion, 7ª Câmara de Direito Criminal B, j. em 18-9-2008).

É perfeitamente possível, no entanto, legítima defesa contra a agressão coletiva, por exemplo, contra agressão praticada por multidão em tumulto (nesse sentido Figueiredo Dias, *Direito penal*, p. 409; e Mirabete, *Manual de direito penal*, p. 169).

Não se pode ainda confundir agressão com violência, visto que mesmo agressões não violentas (no sentido que o ordenamento atribui ao vocábulo), como o furto, propiciam a defesa. Fixada essa moldura, impende aprofundar que espécies de agressão permitem a legítima defesa:

a) Agressão por omissão

É possível legítima defesa contra agressão praticada por omissão? Prevalece amplamente na doutrina a admissibilidade de defesa contra omissões ilícitas (tanto na omissão própria como na imprópria), sendo justificada, por exemplo, a conduta de ameaçar ou agredir a mãe que se recusa a alimentar seu filho recém-nascido, o motorista que se recusa a levar o ferido ao hospital, o carcereiro que não liberta o preso já beneficiado pelo alvará de soltura, a pessoa que, depois de expulsa pelo morador, recusa-se a abandonar a residência deste. Nesse sentido Figueiredo Dias (*Direito penal*, p. 409); Mirabete (*Manual de direito penal*, p. 168); Fernando Galvão (*Direito penal*, p. 308) e Paulo Queiroz (*Direito penal*, p. 271).

Contra esse entendimento, destaque-se a posição de Regis Prado, para quem "a mera omissão não dá lugar a uma agressão, pois carece de causalidade e voluntariedade de realização" (*Curso de direito penal brasileiro*, p. 404).

Cabe lembrar ainda o entendimento intermediário, esposado por Roxin, segundo o qual a omissão imprópria pode, mas a omissão própria não, ensejar a legítima defesa. Segundo o mestre alemão: "dado que a omissão própria não será punível como lesão do bem jurídico (homicídio, lesões etc.) tampouco fundamenta uma agressão ao bem jurídico" (*Derecho penal*, p. 614).

No Brasil partilha de tal entendimento Cláudio Brandão: "Não se enquadra no conceito de agressão a conduta omissiva própria, porque nela falta causalidade. A omissão não pode sequer dar ensejo a uma reação: como poderíamos reagir a uma falta de ação?" (*Curso de direito penal*, p. 192).

b) **Agressão involuntária**

A conduta humana agressiva (por ação ou omissão) deve ser, ademais, voluntária (sem voluntariedade, aliás, não há sequer falar em conduta). Não há legítima defesa contra atos reflexos ou atos praticados em estado de inconsciência, embora se possa recorrer, nesses casos, ao estado de necessidade defensivo.

c) **Agressão voluntária praticada sem dolo ou culpa**

E se a agressão, apesar de voluntária, não tiver sido praticada nem com dolo nem com culpa (por exemplo, quando amparada por erro escusável)? Nesse caso, Fernando Galvão defende também a impossibilidade de defesa, sendo cabível, no entanto, o estado de necessidade (*Direito penal*, p. 307).

d) **Agressão culposa**

Cabe então perquirir: sendo voluntária, só é possível a legítima defesa contra agressões dolosas ou a agressão culposa também dá causa à descriminante? A questão, mais uma vez, não é pacífica, mas prevalece o entendimento de que mesmo esta admite defesa. No exemplo de Mirabete, está albergado pela descriminante quem ameaça o motorista de um coletivo que dirige de forma imprudente, pondo em risco as vidas dos passageiros, a parar o veículo (*Manual de direito penal*, p. 169). No mesmo sentido: Figueiredo Dias (*Direito penal*, p. 416); Nelson Hungria (*Comentários ao Código Penal*, p. 236); Fernando Galvão (*Direito penal*, p. 308), Paulo Queiroz (*Direito penal*, p. 271).

Em sentido contrário, merece nota a posição de Zaffaroni: "De outra parte requer-se que a agressão seja intencional, não sendo admissível a agressão 'culposa', pois, em tal caso, é um absurdo pretender que aquele que se vê ameaçado tenha direito de causar um dano sem proporção alguma com a magnitude do mal" (*Manual de direito penal*, p. 552).

Também Álvaro Mayrink da Costa, ancorando-se da ausência de função preventiva em relação às condutas culposas, afirma: "Portanto, nega-se o conceito de agressão às condutas culposas; contra as ações realizadas com ausência de um dever objetivo de cuidado, não cabe legítima defesa, mas estado de necessidade" (*Direito penal*, p. 806). Também contra a possibilidade: Luiz Regis Prado (*Curso de direito penal brasileiro*, p. 404).

e) **Agressão praticada sem culpabilidade**

Segundo posição majoritária adotada pela doutrina tanto brasileira quanto estrangeira, agressões praticadas sem culpabilidade (ex.: por inimputáveis, por quem atue em erro de proibição invencível) admitem legítima defesa.

Segundo Figueiredo Dias, o que pode ser modificado, nessas situações, é o grau de necessidade da ação de defesa (como será mais adiante analisado); posição compartilhada, no Brasil, por Assis Toledo, que defende ser "preferível adotar-se a solução que não exclui da legítima defesa a agressão de inimputáveis, mas introduz no instituto, nessas hipóteses, novas exigências" (*Princípios básicos de direito penal*, p. 197). No mesmo sentido, Paulo Queiroz afirma que o recurso à legítima defesa, nessas situações, só deve ocorrer em último caso (*Direito penal*, p. 273).

Cumpre trazer à baila, em sentido contrário, a lição de Nelson Hungria, que justifica: "dado esse critério objetivo, seria consequência lógica a admissibilidade da legítima defesa até mesmo contra ataque provindo de um inimputável (louco, imaturo, silvícola), pois a inimputabilidade do agente não apaga a ilicitude objetiva da ação. Cumpre, porém, atender que o instituto da legítima defesa tem um aspecto político ou de prevenção geral: representa um contramotivo para a prática de ações injustas. Ora, esse fim psicológico da legítima defesa não pode dizer, evidentemente, com os incapazes de entendimento ou reflexão. Ainda mais: quando a lei deixa de exigir entre os requisitos da legítima defesa a impossibilidade de fuga, tem em consideração não só que deve ser prestigiado o espírito de luta pelo direito, mas também que é inexigível a vexatória ou infamante renúncia à defesa de um direito. Ora, a possível fuga diante da agressão de um inimputável nada tem de deprimente: não é um ato de poltronaria, mas uma conduta sensata e louvável. Assim no caso de tal agressão, o que se deve reconhecer é o estado de necessidade, que, diversamente da legítima defesa, fica excluído pela possibilidade de retirada do periclitante. A sua inclusão na órbita da legítima defesa importaria uma quebra dos princípios que a esta inspiram e regem" (*Comentários ao Código Penal*, p. 239).

Com efeito, parece-nos mais razoável aplicar às agressões praticadas por inculpáveis a figura do estado de necessidade ou, reconhecendo-se a legítima defesa, acrescentar-se ao menos como requisito específico a inexistência de outro meio de evitar a agressão.

f) Agressão *versus* provocação

Não se pode confundir agressão injusta com mera provocação que, mesmo injusta, não dá direito ao provocado de defender-se recorrendo à prática de fatos típicos. Vale dizer, provocação, por si só, não dá azo à defesa legítima, a menos que a provocação constitua em si mesmo uma agressão (por exemplo, injúrias verbais). Nesse caso, é possível o emprego moderado dos meios necessários para fazer cessar o ataque que ainda esteja em curso. Se, no entanto, a agressão verbal já cessou, não há mais lugar para defesa, e qualquer reação, nesse passo, é mera vingança. Calha lembrar que, embora a mera provocação não dê ensejo à legítima defesa, pode atrair o reconhecimento de causa de diminuição de pena (*ex vi* CP, art. 121, § 1º – homicídio privilegiado) ou de atenuante genérica (CP, art. 65, III, *b*).

14.3.2.2 A ilicitude da agressão

De fato é sobre a ilicitude da agressão que se assenta o próprio fundamento da legítima defesa (o direito não deve ceder ao ilícito).

A ilicitude da agressão deverá ser analisada objetivamente, e não de acordo com a percepção do agredido nem do agressor. Ou seja, caso a agressão seja objetivamente justa, o fato de o agredido considerá-la injusta não permite o reconhecimento da legítima defesa (pode haver, na verdade, legítima defesa putativa). Por outro lado, se for objetivamente injusta, o fato de o agressor considerá-la justa não exclui a legítima defesa.

Ao afirmar que a agressão deve ser injusta a lei não exige que ela constitua um fato penalmente típico. Não significa, portanto, que a ilicitude tenha de ser especificamente penal. É perfeitamente possível a defesa contra condutas que, embora sejam penalmente atípicas, constituam ilícito civil, como a defesa contra quem esteja a praticar furto de uso ou danificando de forma culposa o patrimônio de outrem.

Calha sublinhar, quanto ao tema, a pertinente observação de Figueiredo Dias a respeito da possibilidade de defesa contra agressões penalmente atípicas. Para o autor português, "a agressão não será ilícita para esse efeito relativamente a interesses (direitos relativos) para cuja 'agressão' a lei prevê procedimentos especiais. Ex.: agressões do credor contra o devedor para que lhe pague ou do marido para impedir que a mulher abandone o lar conjugal" (*Direito penal*, p. 415).

Por fim, a mais importante consequência do requisito em pauta (ilicitude da agressão) é afastar por completo a possibilidade de invocar-se a descriminante, a fim de acobertar condutas praticadas para repelir agressões também justificadas. Assim, não cabe legítima defesa contra condutas amparadas pelo estado de necessidade (como do náufrago que joga um objeto ao mar para salvar a própria vida), exercício regular de direito (como o soco desferido durante uma luta de boxe) ou estrito cumprimento do dever legal (como o cumprimento de mandado de prisão). Seria possível então a legítima defesa contra legítima defesa? Vejamos as situações possíveis:

a) **Legítima defesa real contra legítima defesa real**

Na trilha do que já se expôs, inconcebível a legítima defesa recíproca, simplesmente porque nesse caso não se configura a situação de que "o direito não deve ceder ao injusto", já que nenhum dos polos da contenda age de forma injusta. A legítima defesa, como de resto as demais causas de justificação, consiste, como já se viu, na solução legislativa para um conflito de bens, resolvido sempre segundo a regra do interesse preponderante (que, no caso da legítima defesa, fácil notar, é a preservação do interesse juridicamente protegido contra ataques ilícitos), pelo que gera, para o defendente, um verdadeiro direito de intervenção na esfera de terceiro ao qual corresponde o dever de suportar a ação defensiva, o que impossibilita a reação.

b) **Legítima defesa contra o excesso de legítima defesa**

É possível, já que o excesso é objetivamente injusto para quem o sofre. A situação exposta da origem à figura conhecida pela doutrina com o nome de "legítima defesa sucessiva".

c) **Legítima defesa real contra legítima defesa putativa**

É também possível, já que o erro quanto à causa de justificação não tem o condão de afastar a ilicitude da conduta.

d) **Legítima defesa putativa contra legítima defesa putativa**

Perfeitamente possível, pois nesse caso, estando ambos os contendores em erro, não seria exigido nem sequer que as agressões fossem injustas (o que de fato são).

e) **Legítima defesa putativa contra legítima defesa real**

É possível em caso de legítima defesa de terceiros. A presencia B sendo atacado por C. A atira em C, supondo erroneamente que este está perpetrando uma injusta agressão contra B (A está em legítima defesa putativa). Mas, na realidade, C está em **legítima defesa putativa contra legítima defesa putativa**.

14.3.2.3 *Atualidade ou iminência da agressão*

Fundada em um pressuposto objetivo, qual seja, a preservação do bem jurídico e, ao mesmo tempo, da ordem jurídica, contra o ataque ilícito (e não no pressuposto subjetivo da perturbação de ânimo do agredido), só é legítima a defesa contra agressão atual ou, no mínimo, iminente. Em outras palavras, só tem sentido falar em defesa se a agressão já estiver acontecendo ou estiver prestas a acontecer.

Por um lado, descabe por completo a defesa contra agressão já cessada (contra a qual, na realidade, já não é possível mais propriamente defesa, senão vingança, sendo que esta não é jamais justificativa legítima para a prática de fatos típicos).

Por outro também não se pode falar propriamente em defesa, muito menos legítima, contra o mero temor de ser agredido. Não seria admissível que se autorizasse o cidadão a recorrer desde logo à lesão de bens jurídicos protegidos para evitar suposta agressão futura, em relação à qual pode atuar o sistema estatal de proteção.

Isso posto, não é, no entanto, simples fixar os limites temporais da defesa legítima. Quando se inicia a sua iminência e quando cessa a sua atualidade? Fora dos casos centrais e incontroversos, há uma zona cinzenta na qual se faz necessária uma interpretação mais profunda do texto legal do que a oferecida pela semântica.

a) **Agressão iminente**

A iminência da agressão se apresenta quando o bem jurídico está já imediatamente ameaçado. Dessarte, alguns autores tendem a aplicar, nessa matéria, o mesmo critério adotado para a fixação do momento inicial da execução que marca a passagem de atos preparatórios para a figura da tentativa.

Concordamos, nesse ponto, com Figueiredo Dias, que recusa tal critério e assevera: "Trata-se de uma solução que não nos parece a melhor, pois, para além desta forma se excluir a atualidade de agressões porventura ainda não iniciadas, mas que são iminentes, se faz, de todo modo, entrar na legítima defesa um regime cuja teleologia lhe é alheia e não é idôneo para resolver situações em que a agressão se não dirige a bens jurídicos-penalmente tutelados" (*Direito penal*, p. 412).

Dessa forma, é possível já reagir quando alguém, com clara intenção de tirar a vida de outrem, põe essa pessoa contra a parede sob a mira da arma carregada, mesmo que nesse caso não se pudesse falar rigorosamente ainda em tentativa de homicídio.

b) **Agressão atual**

Com ainda mais razão, para marcar o momento do término da agressão, também não cabe adotar como parâmetro o momento consumativo do crime (até porque nem toda agressão injusta será realmente um crime). É simplesmente cabível a defesa, enquanto persistir a agressão. Assim, embora o crime de extorsão mediante sequestro esteja consumado já desde o arrebatamento da vítima, durante todo o tempo em que esta estiver privada de sua liberdade, é possível a defesa. Mesmo em crimes instantâneos, por exemplo, no delito de lesões corporais, que se consumam em um instante único e determinado (com a primeira ofensa à integridade física já está consumado o delito em questão), havendo golpes ainda subsequentes é logicamente possível a defesa com intuito de fazê-los cessar.

As maiores controvérsias surgem, por certo, quanto aos crimes patrimoniais instantâneos, por exemplo, o furto ou o roubo. Sobretudo em relação a esse último, em relação ao qual a jurisprudência no Brasil vem afirmando ser desnecessária, para a consumação, a posse pacífica, exigindo tão somente a retirada da coisa da esfera de disponibilidade da vítima, é ainda possível invocar-se a legítima defesa para justificar a lesão provocada no ladrão que já subtraiu e parte em fuga com a *res* (roubo já consumado, portanto)?

Mais uma vez ensina Figueiredo Dias que "a discussão não deve ser prejudicada pela posição que se tome acerca do momento da consumação no crime (...)", de forma que "o entendimento mais razoável é o de que está coberta pela legítima defesa a resposta necessária para recuperar a coisa subtraída se a reação tiver lugar logo após o momento da subtração, enquanto o ladrão não tiver logrado a posse pacífica da coisa" (*Direito penal*, p. 414).

No mesmo sentido, na doutrina brasileira, Hungria afirma que "a violência empregada para retomar a *res furtiva* só é legítima defesa quando o ladrão ainda se acha na esfera de posse do proprietário ou ininterruptamente perseguido por este. A possibilidade da legítima defesa termina quando o ladrão consegue possuir a coisa sem ser perturbado pelo menos por algum tempo, isto é, consegue estabelecer uma nova relação de posse" (*Comentários ao Código Penal*, p. 235).

c) **Agressão futura e certa**

Debate-se a doutrina sobre a possibilidade de defesa contra agressão que, não sendo sequer iminente, é, no entanto, tida como certa. Exemplo paradigmático fornecido pela doutrina é o do dono do bar que, após ouvir um grupo de pessoas planejando assaltar o estabelecimento, na calada da noite, coloca soníferos em suas bebidas.

Para Figueiredo Dias, embora alguns autores defendam a possibilidade de legítima defesa, nesse caso, empregando para isso a teoria da defesa mais eficaz ou da legítima defesa preventiva a agressão já seria atual no momento em que se soubesse que ela viria a ter lugar se o adiamento da reação para o momento em que ela fosse iminente tornasse a resposta impossível ou se ela só fosse possível mediante um grave endurecimento dos meios, não é de ser acolhido tal entendimento porque legitimaria formas privadas de defesa em detrimento da atuação das autoridades policiais competentes (*Direito penal*, p. 412).

Concordamos, já que outra interpretação significaria um indevido alargamento do âmbito da descriminante, que implica, em última análise, autorização excepcional do Estado para a lesão de bens jurídicos penalmente protegidos.

No Brasil, Juarez Cirino dos Santos, tratando do mesmo exemplo, defende a inexistência da legítima defesa, mas a possibilidade do reconhecimento do estado de necessidade porquanto, embora a agressão não seja sequer iminente, o perigo é já atual

(*Direito penal*, p. 247). Não nos parece, no entanto, correta a solução, já que para tal descriminante se exige, além da atualidade, também a inevitabilidade do perigo, inclusive com recurso à autoridade pública, situação que, salvo em casos concretos absolutamente peculiares e específicos, não se apresenta quando o planejamento da agressão é descoberto com antecedência.

14.3.2.4 Evitabilidade e previnibilidade da agressão? Commodus discessus

O art. 25 não menciona (tal como faz o art. 24) a inevitabilidade da agressão como requisito para a reação legítima. E mais uma vez é a própria essência desse tipo permissivo (o direito não deve ceder ao injusto e ninguém é obrigado a suportar o ilícito) que permite compreender essa opção legislativa.

Ainda que a agressão fosse evitável, pela fuga, por exemplo, o agredido não tem qualquer obrigação de abandonar a defesa de seus direitos juridicamente protegidos apenas para evitar lesar bens jurídicos do agressor.

Commodus discessus consiste na escapada cômoda, ou seja, na fuga em vez do enfrentamento da agressão. Como visto, a possibilidade de fuga não afasta a legítima defesa daquele que optar por reagir agressivamente ao ataque sofrido.

É de se relembrar a lição de Hungria, sempre repetida: "é de todo indiferente a possibilidade de fuga do agredido. A lei não pode exigir que se leia pela cartilha dos covardes e pusilânimes. Nem mesmo há ressalvar o *commodus discessus*, isto é, o afastamento discreto, fácil, não indecoroso" (*Comentários ao Código Penal*, p. 235).

14.3.2.5 Direito ameaçado, próprio ou alheio

Fundamento mesmo da legítima defesa é que o bem ameaçado seja juridicamente protegido, embora não necessariamente protegido pelo Direito Penal, vale dizer, a agressão dirigida a ele não precisa, necessariamente, configurar crime. Contudo, direitos sem proteção jurídica não podem ser objeto de legítima defesa. No exemplo de Fernando Galvão, não está acobertada pela legítima defesa a conduta lesiva do traficante contra quem pretenda subtrair a droga que iria comercializar (*Direito penal*, p. 311).

Posto isso, qualquer bem (não apenas a vida ou a integridade física como já foi outrora) pode ser defendido pelo titular ou por terceiro quando ameaçado injustamente, incluídos aí o patrimônio, a liberdade, a dignidade sexual etc.

Questão relevante é a da possibilidade de legítima defesa da honra. Ora, sendo ela interesse juridicamente protegido, nada impede que os ataques (que se veiculam, sobretudo, por meio dos tipos de injusto de calúnia, difamação ou injúria) dirigidos à honra sejam legitimamente obstados, desde que com emprego moderado dos meios necessários. Não obstante, não mais se admite o já ultrapassado argumento de legítima defesa da honra a justificar a conduta de marido ou de esposa que pratica homicídio ou lesões corporais quando surpreende o cônjuge em flagrante adultério. É que, segundo entendimento atualmente corrente, o adúltero não tem, com sua conduta, o condão de ofender a honra de outrem, senão somente a sua própria.

Mais atual é o debate sobre a possibilidade de legítima defesa para a proteção de bens supraindividuais ou ainda de bens públicos. Ante o fundamento da legítima defesa (o direito não deve ceder ao ilícito) e a falta de qualquer restrição expressa, a maioria da doutrina, hoje, tende a responder afirmativamente.

Nesse sentido, Mirabete defende expressamente que: "a legítima defesa de terceiro inclui a dos bens particulares e também o interesse da coletividade (como na hipótese de ato obsceno em lugar público, da perturbação da uma cerimônia fúnebre etc.), bem como do próprio Estado, preservando-se sua integridade, a administração da justiça, o prestígio de seus funcionários etc." (*Manual de direito penal*, p. 171). No mesmo sentido, Figueiredo Dias (*Direito penal*, p. 410-411).

Já a posição de Juarez Cirino dos Santos é mais moderada: "existe controvérsia quanto aos bens jurídicos sociais: a) bens jurídicos da comunidade (ordem pública, paz social, regularidade no tráfego de veículos etc.) são insuscetíveis de legítima defesa, porque a ação violenta do particular produziria maior dano do que utilidade e, afinal, parece inconveniente atribuir ao povo tarefas próprias da polícia, embora alguns autores admitam a defesa do ser social ou comunitário pelo indivíduo; b) bens jurídicos do estado, como o patrimônio público, por exemplo, (destruição de cabines telefônicas, danos em trens do metrô etc.), admitem legítima defesa do particular – não porém a pessoa jurídica do Estado, porque parece inadequado transformar o cidadão em lutador contra inimigos do Estado (espiões ou traidores, por exemplo)" (*Direito penal*, p. 232-233).

Por fim, quanto à defesa de bem particular de terceiro, cabe ainda mencionar, com amparo em posição doutrinária majoritária, que, se o bem agredido for disponível, a conduta defensiva deve contar com a vontade expressa ou tácita do agredido, sem a qual não poderá reputar-se como legítima. Se, porém, o direito for indisponível (por exemplo, o direito à vida, no entendimento ainda hoje dominante), é legítima a defesa, mesmo que contra a vontade de quem sofre a agressão (pode-se, dessarte, agir de forma violenta contra quem está prestes a cometer um homicídio piedoso a pedido da vítima).

Ainda quanto à legítima defesa de terceiros, no caso de bens indisponíveis, é possível, inclusive, que a agressão provenha do próprio titular do bem a ser defendido. O exemplo claro são as lesões corporais para evitar o suicídio.

14.3.2.6 *Necessidade do meio e moderação no uso*

Não basta qualquer situação de agressão para legitimar qualquer atitude defensiva. É preciso haver também proporcionalidade entre a ação agressiva e a reação do defendente. É essa proporcionalidade que vem estampada na exigência do "uso moderado dos meios necessários".

Grosso modo, "meio necessário" é o recurso menos lesivo que se tenha à disposição, desde que chegue já a ser idôneo para fazer frente à agressão. Caso, portanto, existam vários meios disponíveis, é imperativo que se escolha o menos gravoso. Sublinhe-se, no entanto, que, dentre os meios disponíveis alinhados para ponderação, não deve ser levada em conta eventual possibilidade de fuga (como já estabelecido). É obrigatório que se eleja o meio menos lesivo idôneo a repelir a agressão, não sendo considerados os meios eventualmente idôneos a evitá-la.

> (...) A circunstância de ter causado lesão maior que a sofrida não descaracteriza a excludente. A legítima defesa é reação humana que, por ser ato reflexo, não pode ser medida com matemática proporcionalidade (Doutrina). Recurso ministerial improvido (...) (STM, Apelação (FO) 49.964/RJ 2005.01.049964-4, Rel. Rayder Alencar da Silveira, j. em 1º-8-2006).

Ainda no tocante à necessidade do meio, interessante é a observação de Zaffaroni: "A necessidade deve sempre ser valorada *ex ante*, isto é, do ponto de vista do sujeito no momento em que se defende".

Mas não basta a proporcionalidade na escolha do meio, importa também que se faça dele um "uso moderado", vale dizer, uso apenas suficiente para neutralizar a agressão.

Sintetizando com a clara explicação de Juarez Cirino dos Santos: "A necessidade da defesa pode ser redefinida, do ponto de vista estático, como necessidade dos meios de defesa em face dos meios de agressão, e do ponto de vista dinâmico, como o emprego moderado dos meios de defesa necessários" (*Direito penal*, p. 234).

Segundo o entendimento corrente, o uso de meio desnecessariamente gravoso representa o chamado excesso intensivo de legítima defesa. Já o uso imoderado dos meios necessários configura excesso extensivo.

Nada obstante, é interessante a observação de Zaffaroni e Pierangeli, que recusam por completo o conceito de excesso intensivo, com o seguinte argumento: "Na doutrina tem-se distinguido entre um 'excesso extensivo' e um 'excesso intensivo', sendo o primeiro aquele que, na sua conduta, o sujeito continua a atuar mesmo quando cessada a situação de justificação ou de atipicidade, ou seja, este é o único conceito de excesso que, na nossa opinião, se pode admitir, enquanto o excesso chamado 'intensivo' seria aquele em que o sujeito realiza uma ação que não completa os respectivos requisitos em cada uma das correspondentes eximentes. Esse conceito de 'excesso intensivo' não é propriamente um excesso, porque quando não ocorrem os requisitos a eximente, em momento algum ela ocorreu, e, portanto, não se pode 'exceder'. Em definitivo, esta confusa classificação do excesso amplia indevidamente o conceito e leva à introdução de pela via do suposto excesso intensivo (que é uma *contradictio in adjetio*) um sistema de atenuantes que a lei não admite, e ao qual nos referimos: o das chamadas eximentes incompletas" (*Manual de direito penal brasileiro*, p. 565).

Quanto à natureza dogmática e à punibilidade do excesso, remetemos o leitor ao que foi dito no tocante à análise geral das causas de justificação.

14.3.2.7 Limitações ético-sociais do direito de legítima defesa/teoria dos limites imanentes/necessidade normativa da defesa/ permissibilidade da defesa

Tema polêmico, mas bastante atual, é o relativo a eventuais limites implícitos à legítima defesa.

Contra essa possibilidade pode-se, logo de saída, argumentar que, sendo o tipo permissivo norma benéfica, não pode o operador do direito acrescentar-lhe limitações não estabelecidas pelo legislador, sob pena de violar de maneira fundamental o princípio da legalidade.

Mas a questão não pode ser afastada de forma tão sumária. As excludentes de ilicitude na verdade situam-se elas mesmas no centro de uma tensão resolvida na base da ponderação de interesses cujo resultado é permitir que o cidadão, de forma excepcional e limitada, atue de forma antinormativa, ofendendo a bens jurídicos que o próprio ordenamento protege.

De tal sorte, boa parte da doutrina atualmente reconhece que, ao lado dos pressupostos já estudados, há outros que, embora não expressos, são imanentes ao tipo permissivo. Tais situações vêm sendo tratadas pela doutrina, ora como limitações derivadas da efetiva desnecessidade da defesa (Figueiredo Dias, *Direito penal*, p. 423), ora como limitações ético-sociais que tornam não permitida a defesa necessária (Juarez Cirino dos Santos, *Direito penal*, p. 236). Embora cada uma dessas construções seja baseada em fundamentações ligeiramente diversas, o grupo de casos que elas enfeixam é razoavelmente coincidente e as conclusões às quais chegam também. Adota-se, a partir daqui, como fio condutor, a classificação proposta de Roxin, no texto "As restrições ético-sociais ao direito de legítima defesa" (*Problemas fundamentais de direito penal*, p. 199 e seguintes).

a) **Limites relacionados ao autor da agressão: agressões praticadas sem culpabilidade ou com culpabilidade consideravelmente diminuída**

Como já ficou consignado, o entendimento majoritário é no sentido de ser cabível a legítima defesa mesmo contra agressões perpetradas por quem atue sem culpabilidade (crianças e adolescentes, doentes mentais, quem esteja em situação de inexigibilidade de conduta diversa, por exemplo).

Sob qualquer fundamento que se eleja (desnecessidade de defender a ordem jurídica, já que ela própria não imporia pena ao agressor nesse caso, perecimento da função de prevenção negativa que a defesa particular, ao lado da pena estatal, desempenha junto ao eventual agressor, ou tão somente limitações éticas que tornariam a defesa plena, nesses casos, tão reprovável quanto a própria agressão), o que parece ser consenso é que, se a legítima defesa não fica nesses casos excluída, ela ganha, porém, contornos mais estritos e novas exigências. Ao ser agredido por uma criança ou um doente mental, deve-se ter em consideração, antes do enfrentamento, a possibilidade de fuga ou de recorrer ao auxílio de terceiros, para evitar confronto que provocaria a lesão de bens do agressor inimputável.

De forma que, na lição de Figueiredo Dias: "Quanto mais irresponsável for o agressor, mais restritos os limites da necessidade da defesa, para satisfazer a necessidade de prevenção. Por exemplo, nesses casos, a defesa não é necessária quando o agente pode esquivar-se à agressão. Em casos como estes se introduz uma ideia de proporcionalidade entre a agressão e o dano" (*Direito penal*, p. 424-425).

b) **Limites relacionados ao comportamento do agredido: agressões provocadas pela própria vítima**

Já muito se discutiu se a provocação da agressão, por parte do agredido, excluiria a legitimidade da defesa.

Se para o estado de necessidade a não provocação do perigo é um requisito expresso (perigo "não provocado voluntariamente pelo agente"), no tocante à legítima defesa não o é, pelo menos de forma explícita. Seria então um requisito implícito?

Parece haver certo consenso no sentido de que a provocação preordenada, vale dizer, se o provocador age com intenção de enfurecer ou enervar o provocado de forma a levá-lo a uma agressão contra a qual, de antemão, já está preparado para defender-se, resta de fato excluída a legítima defesa.

Porém, a provocação não premeditada, segundo posição hoje majoritária, não afasta de forma terminativa a possibilidade de defesa. Se o provocador não praticou ele mesmo qualquer agressão (pois, se o que há é uma agressão, o caso se resolve com a impossibilidade de legítima defesa recíproca) e o provocado, presa de uma reação exacerbada ou descontrolada, partiu para a agressão, não pode o provocador ficar à mercê desta, sem possibilidade de defender-se.

Mas, se não afasta, a provocação introduz na legítima defesa limitações éticas que a tornam menos larga do que o normal, como a necessidade de optar por qualquer via para evitar a agressão e cometer o fato típico defensivo apenas quando absolutamente necessário.

Acrescenta Figueiredo Dias que nesses casos (provocação não premeditada) ditas restrições ético-sociais só subsistem quando houver uma conexão temporal e uma adequada proporção com a agressão que provoca, citando como exemplo: "A injuria B, que depois de 1 ano volta para atacar A – cabe LD plena. A bate em B que tenta matar A – cabe LD plena" (*Direito penal*, p. 427).

c) **Limitações decorrentes da natureza da agressão: crassa desproporção do significado da agressão e da defesa**

Como se viu, não é exigência expressa do tipo permissivo em comento a proporcionalidade entre o bem defendido e aquele lesionado pela defesa. A proporcionalidade exigida pelo dispositivo é tão somente a medida entre a forma de agressão e os meios necessários para a repelir. Não obstante, as situações em que há flagrante desproporção entre o bem defendido e o agredido vêm sendo tema de debate pela doutrina. O paradigma é o clássico exemplo do paralítico que, na falta de outro meio, dispara a matar contra o ladrão que quer lhe furtar uma quantia ínfima de dinheiro, ou do proprietário que mata a criança que furtava frutas em seu pomar.

O fato é que os exemplos citados sempre dão margem a um argumento que desvia a questão do seu ponto fundamental, já que é pouco crível que quem porta uma arma de fogo precise usá-la de forma mortal para conter o ataque de uma criança ou de alguém desarmado que não represente ameaça à vida ou à integridade física.

Mas, colocando-se a questão no âmbito puramente teórico, como resolver a situação em que a provocação da morte ou de lesões graves é de fato a única e exclusiva forma de evitar a lesão a um bem de pequena valia?

Posição tradicional, espelhada na doutrina pátria, na clara lição de Nelson Hungria, sustenta que "por mínimo que seja o mal ameaçado ou por mais modesto que seja o direito defendido, não há desconhecer a legítima defesa, se a maior gravidade da reação derivou da impossibilidade de outro meio menos prejudicial, e posto que não tenha havido imoderação no seu emprego", para concluir logo adiante: "a legítima defesa do mais humilde dos bens pode ir *usque ad necem*, desde que o evento letal tenha de resultar necessariamente do único meio disponível" (*Comentários ao Código Penal*, p. 244).

Interessante, nesse passo, o cenário histórico apresentado por Zaffaroni e Pierangeli, que consideramos importante para enriquecer a discussão: "É sabido que a extensão da legítima defesa a todos os bens jurídicos é fruto do industrialismo, pois antes era reservada apenas a certos bens jurídicos (via integridade física, honestidade etc.). Não se pode ignorar que esta extensão e generalização é resultado da necessidade de dar segurança à riqueza que se concentrava nas cidades, diante da ameaça representada pela massa de miseráveis, que também lá se concentravam, quando a acumulação de capital produtivo não era suficiente para assimilar a sua mão de obra. Desde então pareceu normalmente sustentável a defesa da propriedade à causa da vida do agressor" (*Manual de direito penal brasileiro*, p. 555).

Atualmente, no entanto, o que prevalece é que uma mínima proporcionalidade, que impeça a defesa de bens insignificantes por meio de condutas intensamente lesivas, mesmo quando essas forem absolutamente necessárias para impedir a agressão, embora não sendo elemento expresso do tipo permissivo (ressalva feita à posição de Zaffaroni e Pierangeli, que acreditam encontrar essa característica da legítima defesa consagrada na nossa lei, por meio do advérbio "moderadamente"), decorre de exigências ético-sociais, sendo, portanto, requisito imanente da causa de justificação.

O argumento da intangibilidade de bens jurídicos fundamentais, ou no mínimo da vida do agressor, salvo em situações extremas de ameaça à pessoa (e não meramente ao patrimônio, por exemplo), ganhou reforço em documentos internacionais, como a Convenção Europeia para a proteção dos direitos do homem, da qual consta, em seu art. 2º: "Direito à vida. 1. O direito de qualquer pessoa à vida é protegido pela lei. Ninguém pode ser intencionalmente privado da vida, salvo em execução de uma sentença capital pronunciada por um tribunal, no caso de o crime ser punido com esta pena pela lei. 2. Não haverá violação do presente artigo quando a morte resulte de recurso à força, tornado absolutamente necessário: a) Para assegurar a defesa de qualquer pessoa contra uma violência ilegal; (...)".

A maioria da doutrina brasileira, no entanto, não vai ao ponto de negar de forma peremptória a legítima defesa sempre que for necessário ofender gravemente a vida ou a integridade física do agressor para salvaguardar bens de outra categoria, inclusive patrimoniais. Mas, nos casos que a desproporção for gritante, a defesa não será legítima.

Ou dito de outra forma, a defesa de bens de diminuta importância, se não pode ser *a priori* negada, está sujeita a limitações éticas que incluem a exigência de uma mínima proporcionalidade em relação à lesão a ser causada pela ação defensiva.

Na explicação de Juarez Cirino dos Santos: "caracterizadas por contravenções, delitos de bagatela, crimes de ação privada ou lesões de bens jurídicos sem proteção penal também condicionam a legítima defesa às limitações ético-sociais referidas, especialmente em relação à exclusão da morte ou lesão grave do agressor, corolário da necessidade de proteção da vida e de rejeição de desproporções extremas na justificação" (*Direito penal*, p. 238).

d) Limitações derivadas das relações de garantia entre agredido e agressor: posições especiais

Conforme ensina Figueiredo Dias: "quando os participantes se encontram numa mútua posição especial de proximidade, criadora de especiais laços de solidariedade juridicamente relevantes, o ameaçado deve sempre que possível evitar a agressão, escolher o meio menos gravoso de defesa, mesmo que se apresente menos seguro para repelir a agressão e renunciar a uma defesa que ponha em perigo a vida ou a integridade física essencial do agredido" (*Direito penal*, p. 429-430).

Quer dizer que, havendo esse tipo de relação, embora não esteja de plano excluída a possibilidade de defesa, submete-se ela à mesma sorte de limitações ético-sociais que os casos anteriores.

Além desses casos, pode ser incluída a situação de determinadas pessoas que, por ocuparem na sociedade posições qualificadas face à preservação da segurança e dos bens da comunidade, também se encontram em uma posição mais restrita em relação à possibilidade de legítima defesa. O policial, por exemplo, cuja missão é a proteção de bens jurídicos e que, por isso mesmo, recebe (ou deveria receber) treinamento adequado justamente para suportar ou resistir a agressões gerando o mínimo de dano, pode, em serviço socorrer-se da legítima defesa (própria ou de terceiro), mas pesam sobre ele limitações mais rígidas do que sobre os demais.

14.3.2.8 Requisito subjetivo

Como já se mencionou, prevalece atualmente posição que agrega aos pressupostos objetivos das causas de justificação também o pressuposto subjetivo, qual seja, conhecimento da situação justificante e intenção de defender-se. Veja-se o conhecido exemplo do agente que pretende matar o desafeto e, vendo seu vulto através da janela, atira contra ele, causando-lhe a morte. Depois, descobre-se que a vítima estava prestes a estuprar uma moça que jazia desacordada a seus pés. Nessa situação, embora presentes seus requisitos objetivos, impossível o reconhecimento da legítima defesa.

14.3.2.9 Legítima defesa específica ou legítima defesa policial

No ano de 2019 a Lei n. 13.964, oriunda do projeto de lei apresentado pelo Ministro da Justiça Sérgio Moro, acrescentou ao artigo 25 um parágrafo único contendo aparentemente, uma nova modalidade de legitima defesa. O texto legal no entanto, da forma como está redigido, gera dúvidas quanto aos limites e inclusive quanto à necessidade da nova figura. Diz a Lei, *in verbis*: "Art. 25. Parágrafo único. Observados os requisitos previstos no *caput* deste artigo, considera-se também em legítima defesa o agente de segurança pública que repele agressão ou risco de agressão a vítima mantida refém durante a prática de crimes." Dessa forma, impõe-se as seguintes considerações:

Primeira: Se nesta figura devem ser respeitados os requisitos do *caput*, qual a necessidade de sua inclusão? Qualquer pessoa, seja ou não agente de segurança, esteja ou não em situação envolvendo reféns, qualquer um, repita-se, que aja para repelir agressão injusta, atual ou iminente, a direito próprio ou alheio, usando moderadamente os meios necessários.

Segunda: embora o texto legal mencione a ação para repelir agressão ou "risco de agressão", dessa forma alargando, aparentemente, os limites temporais da legitima defesa, uma vez que o conceito de "risco de agressão" parece ser mais elástico do que o de "agressão iminente" o fato é que na situação em que há vitima mantida refém e, ademais, durante a prática de crimes, resta claro que já existe situação de agressão atual, que autorizaria, de todo modo, a legitima defesa.

Terceira: a nova figura elimina nem mitiga, seja expressa ou implicitamente, a exigência de uso moderado da força necessária e possibilidade de verificação de excesso punível, doloso ou culposo.

Desse modo, a única finalidade da alteração legislativa parece ter sido esclarecer, quiçá perante a opinião pública, a existência de legítima defesa sob tais circunstâncias, que de qualquer modo já existia mesmo dantes.

Outras alterações no sistema da legítima defesa e das excludentes de ilicitude contidas no projeto original foram rechaçadas pelo Congresso Nacional.

14.3.3 Modalidades

1) **Legítima defesa própria:** bem pertencente ao defendente.
2) **Legítima defesa de terceiro (ajuda necessária):** bem pertencente a outrem, independentemente de qualquer relação especial com o defendente, inclusive os pertencentes ao Estado ou à comunidade.
3) **Legítima defesa real:** estão presentes todos os requisitos, excluindo a ilicitude.
4) **Legítima defesa putativa:** alguém se julga diante de uma agressão injusta.
5) **Legítima defesa sucessiva:** excesso na legítima defesa inicial.
6) **Legítima defesa subjetiva:** excesso de legítima defesa por erro escusável.
7) **Legítima defesa recíproca:** é inadmissível, salvo quando um dos participantes incorre em erro.
8) **Legítima defesa com *aberratio ictus*:** prevalece que a legítima defesa só se configura quanto à ação defensiva dirigida ao próprio agressor. Contudo, sendo atingido terceiro estranho ao conflito, como deve ser tratada tal conduta? Há que se distinguir duas situações diversas:

    a) Terceiro atingido intencionalmente. Por exemplo, A usa, para defender-se de B, um instrumento que pertença a C. Em relação a C, A está em estado de necessidade, e não em legítima defesa.

    b) Terceiro atingido não intencionalmente. Por exemplo, A, para defender-se da agressão praticada por B, dispara sua arma de fogo, que, no entanto, acaba por atingir C. Conforme o disposto no art. 73 do Código Penal, permanece aplicável o instituto da legítima defesa, chamada então de "legítima defesa com *aberratio ictus*".

14.4 ESTRITO CUMPRIMENTO DO DEVER LEGAL

14.4.1 Fundamento

Sob a perspectiva da teoria geral das causas de justificação, mais uma vez aqui se verifica, e de forma evidente, que, havendo um aparente conflito de deveres (o dever de não lesar o bem jurídico e o dever legal que impõe a obrigação de lesá-lo), prevalece o interesse socialmente preponderante de forma que quem cumpre um dever legal não pratica ação antijurídica.

Cumpre, no entanto, destacar que, modernamente, com o progressivo alargamento do conceito de tipicidade, seja com a assunção, para alguns autores ainda hoje, da teoria dos elementos negativos do tipo (com o que se fundem novamente os conceitos separados por Beling na construção da noção de tipicidade), seja com o enriquecimento do tipo com uma dimensão material para além da meramente formal (como na noção de tipicidade conglobante), não faltam hoje vozes no sentido de que o estrito cumprimento do dever legal é verdadeira causa de atipicidade.

Na doutrina brasileira, Paulo Queiroz assim se expressa: "Daí entendermos que, independentemente da adoção da teoria dos elementos negativos do tipo, a atipicidade da conduta praticada sob o manto do estrito cumprimento do dever legal decorre de uma razão tautológica: quem cumpre um dever legal estritamente não pode, ao mesmo tempo, cometer crime algum".

14.4.2 Requisitos

14.4.2.1 *Dever legal*

Primeiro é necessária a existência de um dever legal, lei, no caso em sentido amplo (lei, decreto, regulamento etc.). O que não basta é um mero dever contratual (que pode dar azo, conforme o caso, ao exercício regular de direito).

No exemplo de Assis Toledo, atuam licitamente os agentes do Poder Público que realizam prisões, arrombamento, busca e apreensão de pessoas ou coisas, porta adentro de uma residência, em cumprimento de mandados judiciais. E, no desempenho de missões dessa natureza, se houver resistência, ainda que por parte de terceiros, no caso de prisão, podem os executores usar os meios necessários para defender-se ou para vencer a resistência (*Princípios básicos de direito penal*, p. 211).

Discute-se sobre quem pode atuar sob o pálio do estrito cumprimento do dever legal:

a) **Apenas funcionários públicos ou quem exerce função pública**

O entendimento hoje majoritário junto à doutrina brasileira é o de que só atua em estrito cumprimento do dever legal o agente do Poder Público ou o particular, desde que esteja exercendo função pública.

b) **Mesmo particulares que atuam sob imposição legal**

Posição diversa, no entanto, compatibiliza o requisito do "dever legal", do art. 23, III, com a noção de "dever legal" do art. 13, § 2º (gerador da primeira figura de omissão imprópria). De forma que, para Assis Toledo: "embora a norma permissiva em foco tenha, na grande maioria das hipóteses, endereço certo aos agentes do Poder Público (no exercício de suas funções), aplica-se igualmente aos particulares quando atuam sob a imposição de um dever legal. No direito de família, por exemplo, têm os cônjuges o dever de guarda e educação dos filhos. E, no cumprimento desse dever, poder ter a necessidade de praticar alguma sorte de constrangimento que, fora do exercício do pátrio poder, constituiria ato ilícito. Se não cometem excessos, na correção dos filhos, atuam sob o pálio desta causa de justificação" (*Princípios básicos do direito penal*, p. 212).

14.4.2.2 Atuação nos estritos limites do dever

A atuação que extrapole os limites do dever legal configura excesso na causa de justificação, que será punido caso seja doloso ou culposo, conforme já se estudou.

Questão tormentosa é a relacionada aos limites do dever legal no caso de agentes policiais. O policial em serviço que pratica homicídio pode ser acobertado pela presente causa de justificação?

Conforme a lição de Paulo Queiroz: "não existe, nem pode existir, o dever legal de matar, exceto se se tratar de carrasco legalmente investido nas suas funções. Nada impede, todavia, como é natural, a invocação da legítima defesa" (*Direito penal*, 2009, p. 284).

De qualquer forma certo é que, não havendo nenhuma agressão atual em curso, a morte para evitar, por exemplo, a fuga do preso não se alberga de forma alguma sob qualquer causa de justificação.

> Não há falar em estrito cumprimento do dever legal, precisamente porque a lei proíbe à autoridade, aos seus agentes e a quem quer que seja desfechar tiros de revólver ou pistola contra pessoas em fuga, mais ainda contra quem, devida ou indevidamente sequer havia sido preso efetivamente (STJ, REsp 402.419/RO, Órgão Julgador: 6ª T., Rel. Min. Hamilton Carvalhido, j. em 15-12-2003).

14.4.2.3 Requisito subjetivo

É a consciência e a vontade de atuar em cumprimento do dever de ofício. Noticia René Ariel Dotti que, "em face da direção da vontade, no sentido de estar o agente cumprindo um dever, esta excludente é incompatível com os delitos culposos" (*Curso de direito penal*, p. 396).

14.5 EXERCÍCIO REGULAR DE DIREITO

14.5.1 Fundamento

Trata-se aqui da existência de um direito garantido pelo Estado de forma que a atuação dentro de seus limites não se pode considerar antijurídica sobretudo em se compreendendo a ideia de que a ilicitude é uma.

Tal como o Estrito Cumprimento do Dever legal, a justificativa em questão difere das duas primeiras, porque aqui a conduta típica é, *a priori*, aprovada pela comunidade e fomentada pelo Estado. Ora, fácil perceber que existe uma diferença entre um sujeito que espanca o outro para livra-se de um assalto (situação que não se pode dizer, o Estado fomenta, senão resignadamente permite) e aquele que, no ringue, espanca o oponente, sob os aplausos entusiasmados do público, a cobertura da mídia, controle e o estímulo prévios do Estado, que fomenta o esporte e o negócio.

Por isso, da mesma forma que na excludente anterior, há uma tendência marcante nos dias de hoje de se ver o exercício regular de direito absorvido pela ideia de atipicidade material (ou conglobante, como quer Zaffaroni).

14.5.2 Requisitos

14.5.2.1 Existência de um direito

Nesse tema, questão polêmica é a relacionada aos chamados ofendículos, vale dizer, mecanismos predispostos para a defesa, sobretudo, do patrimônio, como cercas (eletrificadas ou não), portões pontiagudos, cacos de vidro, e incluídos aí cães bravos com função de guarda. A ideia dos ofendículos, diga-se, prende-se mais a um objetivo de persuasão do que de reação a possíveis ataques injustos, de forma que devem, em primeiro lugar, ser ostensivos (e nisso diferem de uma simples armadilha) e, em segundo, serem empregados sempre de forma a colher apenas efetivamente o potencial invasor. Nesses casos, no entanto, as lesões eventualmente provocadas pela sua utilização justificam-se como:

> Fio eletrificado instalado por trás de cerca de arame farpado, sobre alto muro, em torno de imóvel urbano. Condenação por lesões corporais leves, ocasionadas em uma criança. Apelação provida. Evidenciando o conjunto probatório que o mecanismo de defesa da área privativa do imóvel residencial contra invasões, ou ofendículo, foi instalado com as cautelas exigíveis, de modo a dificultar seu alcance, tendo seu acionamento derivado do comportamento inconsequente e temerário da própria vítima, sem que se demonstrasse a ocorrência de imprevisibilidade ou excesso do agente na avaliação do potencial ofensivo do artefato, até pelo resultado efetivamente produzido (lesões corporais leves), entende-se haver o agente operado sem exorbitância, no exercício regular do seu direito ou da legítima defesa antecipada. Jurisprudência: TAPR (TJPR, ACR 772.749/PR, Rel. Luiz Cezar de Oliveira, 1ª Câm. Criminal, j. em 17-8-1995).

a) **Configuram legítima defesa preordenada**

Posição dominante, embora longe de ser pacífica, reputa os ofendículos como legítima defesa. Ainda que posicionados em momento muito anterior à agressão, tal circunstância não é incompatível com a eximente em causa, pois o fato típico a ser justificado produziu-se apenas no momento da agressão.

Aos defensores dessa posição surge, então, um segundo questionamento. Como se resolve a situação em que o ofendículo atinge inocente (o caso clássico da criança que tenta saltar o muro para apanhar uma bola)?

Duas posições são também possíveis:

a.1) Trata-se de legítima defesa putativa, que, se escusável, afasta inclusive a culpa

É o que se extrai da lição de Nelson Hungria: "Pode acontecer, no entanto, uma *aberratio in persona*, isto é, que ao invés do ladrão, venha a ser vítima da armadilha uma pessoa inocente. A hipótese deve ser tratada como 'legítima defesa putativa', posto que se comprove que o proprietário ou ocupante da casa estava persuadido de que a armadilha só poderia colher o *fur nocturnus*: se foram tomadas as precauções devidas para que o aparelho não fosse infiel à sua finalidade, o evento lesivo contra *alia persona* não deixa de ser antijurídico, mas não pode ser imputado, nem mesmo a título de culpa" (*Comentários ao Código Penal*, p. 237-238).

a.2) Jamais afasta a culpa, pois os riscos correm por conta de quem os utiliza

É a posição de Assis Toledo: "os riscos que as ofendículas apresentam correm por conta de quem a utiliza. Se atingirem um ladrão na ocasião do furto ou do roubo, ocorre em princípio legítima defesa; se apanham, contudo, uma criança ou um inocente, há pelo menos crime culposo" (*Princípios básicos de direito penal*, p. 206-207).

Também Paulo Queiroz: "os ofendículos podem também ensejar legítima defesa, não obstante alguns autores ainda opinem no sentido de que se trata, em verdade, de exercício regular de direito. No entanto os riscos que tais instrumentos comportam correm sempre a cargo de quem se defende de tal modo" (*Direito penal*, p. 277).

b) Configuram exercício regular de direito

Em contrário, há posição segundo a qual o emprego de tais mecanismos constitui exercício regular de direito. Leciona Paulo Busato: "O emprego, por exemplo, de cacos de vidro ou grades pontiagudas na parte superior dos muros das casas, em que venha a se ferir eventual pessoa que buscava saltar o muro, não caracteriza legítima defesa preordenada, como querem alguns, mas sim exercício regular de um direito" (*Direito penal*, p. 502).

Segundo Busato, há dois argumentos que sustentam tal entendimento. O primeiro é que não há, no momento da instalação dos ofendículos, nenhuma agressão atual ou iminente em curso, como exigido pelo tipo permissivo. O segundo liga-se justamente à situação em que o ofendículo colhe quem não estava a praticar qualquer agressão. Veja-se: "Uma legítima defesa também demanda agressão, que estaria acontecendo caso quem saltasse o muro fosse um ladrão que pretendia subtrair os bens da residência. Mas também poderia estar saltando o muro o filho do vizinho, em busca da bola que caiu no jardim da casa, ou até mesmo o filho do proprietário, que esqueceu de levar consigo a chave do portão. Nestes casos também não haverá responsabilidade penal e, no entanto, não se pode falar na existência de qualquer ataque ao bem jurídico" (*Direito penal*, p. 502).

Já Luiz Regis Prado faz uma distinção entre meios de resistência (estáticos) e meios de defesa (dinâmicos), caracterizando os primeiros como exercício regular de direito e os segundos como legítima defesa: "Os meios ou obstáculos instalados para a defesa de bens jurídicos individuais, especialmente da propriedade – ofendículo (*offendiculum*) –, em sentido estrito, que impõe um empecilho ou resistência normal, conhecida e notória, como uma estática advertência (*v.g.*, pregos ou cacos de vidro no muro, arame farpado, grades pontiagudas, plantas espinhosas) também estão justificados como exercício regular de direito. A respeito do tema, no entanto, distingue-se que os meios impeditivos de entrada em uma residência ou propriedade, meros obstáculos, constituem um direito do proprietário, e as consequências decorrentes são amparadas pelo seu exercício" (*Curso de direito penal brasileiro*, p. 411).

O autor, no entanto, faz a seguinte distinção: "De outro lado, os instrumentos mecânicos – automáticos ou automatizados – (*v.g.*, cerca, maçaneta ou grades eletrificadas, arma de fogo engatilhada e pronta para disparo, arma automática adredemente preparada, explosivos prontos para a detonação, cão feroz) predispostos que atuam com violência, em reação imediata, e conforme anterior programação unicamente podem ser regulados pelas normas da legítima defesa preordenada, se admitida tal espécie de justificante. Tem-se como decisiva, nas hipóteses referidas, de reação automatizada, a capacidade de regular funcionamento das medidas defensivas necessárias para evitar eventual agressão ilícita" (*Curso de direito penal brasileiro*, p. 411).

14.5.2.2 Atuação regular

Tal como acontece com as outras causas de justificação, essa também fica condicionada a uma cláusula de moderação, aqui, consubstanciada na expressão "regular". O exercício irregular do direito pode dar origem ao excesso na causa de justificação.

14.5.2.3 Requisito subjetivo

Por fim, é necessário que o agente atue com consciência de exercer um direito e com intenção de exercê-lo.

14.6 CONSENTIMENTO DO OFENDIDO

Prevalece na doutrina que o consentimento do ofendido configura, em determinados casos, causa supralegal de exclusão da antijuridicidade.

A questão geralmente é colocada da seguinte maneira:

a) **Nos crimes em que o dissenso da vítima é elemento do tipo** (ex.: estupro ou violação de domicílio) – o consentimento exclui a própria tipicidade (é contrassenso falar em 'estupro consentido'; se a relação sexual foi livremente consentida por partes capazes, não há em absoluto a figura do estupro).

b) **Nos crimes em que o dissenso da vítima não integra o tipo:**

b.1) tratando-se de direito disponível, o consentimento exclui a ilicitude: (ex.: vias de fato ou lesões corporais leves praticadas entre partes capazes durante a relação sexual);

b.2) tratando-se de direito indisponível, o consentimento da vítima é irrelevante (ex.: homicídio a pedido da vítima).

Extremamente pertinente, no entanto, nos parece a posição divergente, defendida por Roxin, para o qual o consentimento da vítima, sendo válido, sempre exclui a tipicidade.

Nas palavras do autor: "O motivo decisivo para admitir que qualquer consentimento efetivo excluiria o tipo radica na teoria liberal do bem jurídico referida ao indivíduo. Se os bens jurídicos devem servir para o livre desenvolvimento do particular, não pode existir uma lesão do bem jurídico quando a ação se baseia em uma disposição do portador do bem jurídico que não afeta seu livre desenvolvimento, mas ao contrário, constitui sua expressão" (Roxin, *La teoría del delicto en la discusión actual*, p. 268).

CAPÍTULO 15

CULPABILIDADE

15.1 CONCEITO DE CULPABILIDADE

Trata-se, na perspectiva atual majoritariamente aceita, do juízo de reprovação que recai sobre o injusto (fato típico e ilícito).

15.2 DISTINÇÕES: CULPA E CULPABILIDADE

Embora o termo "culpabilidade" derive da palavra "culpa" e até hoje esses dois vocábulos sejam usados correntemente pela literatura estrangeira como sinônimos, importa dogmaticamente estabelecer, desde logo, clara distinção entre a chamada "culpa *stricto sensu*" e "culpabilidade":

a) **Culpa (em sentido estrito):** trata-se de elemento normativo do tipo, consistente na inobservância de um dever de cuidado objetivo e que se concretiza nas modalidades de negligência, imprudência e imperícia. Aliás, na literatura é comum o emprego dos termos "negligente" ou "imprudente" como sinônimo de "culposo".

b) **Culpabilidade:** trata-se da reprovabilidade do injusto, portanto do juízo de valor que incide sobre determinado objeto, qual seja, um fato típico (doloso ou culposo) e antijurídico. É perfeitamente possível que determinado fato seja culposo (praticado com imprudência, por exemplo), mas não culpável (porque praticado por menor ou por doente mental).

15.3 EVOLUÇÃO HISTÓRICA DO CONCEITO DE CULPABILIDADE

O conceito de culpabilidade é literalmente central no Direito Penal, já que é ele que irá atrelar ao injusto (fato típico e antijurídico) a sua consequência jurídica ordinária, que é a pena.

É também talvez um dos seus aspectos mais controvertidos. Enquanto a noção de ilicitude, por exemplo, experimentou, ao longo da história, certa estabilização, o conceito de culpabilidade é permanentemente objeto de modificações e redefinições dogmáticas.

15.3.1 Teoria psicológica da culpabilidade (contexto: sistema causalista)

O sistema natural-causalista da ação, concebido principalmente por Liszt-Beling, entendia o crime como um todo cindido ao meio: de uma banda, a parte puramente objetiva, externa, composta pela tipicidade e pela antijuridicidade. De outra, a parte puramente subjetiva, interna, a culpabilidade (Zaffaroni e Pierangeli, *Manual de direito penal brasileiro*, p. 428). Vigorava, então, quanto à culpabilidade, a chamada "teoria psicológica".

Portanto, para a **teoria psicológica a culpabilidade é o elo** que liga o agente ao fato típico e antijurídico. Esse elo é constituído pela relação psicológica que o agente mantém com o fato e pode ser de duas espécies: intenção ou previsão. Se o agente *quer* o fato, a culpabilidade é da espécie dolosa. Se o agente *prevê* o fato, a culpabilidade é da espécie culposa. A culpabilidade estava, portanto, por assim dizer, inteiramente na cabeça do agente. Era o "querer" ou "prever" que ligavam o sujeito ao fato e o faziam culpável por ele.

Nesse esquema, nem o tipo nem a antijuridicidade possuíam qualquer elemento subjetivo. Homicídio, em uma visão puramente causal, é tão somente isso: matar alguém. Vale dizer, causar a morte de alguém por meio de uma conduta voluntária. Não tinha qualquer repercussão sobre o tipo se o sujeito desejava ou não fazê-lo. Caso A matasse B por engano, pensando tratar-se de um animal, ainda assim haveria o fato típico descrito como homicídio: "A matou alguém". A antijuridicidade também era puramente objetiva. Se A, por puro ódio, matasse B e, posteriormente, fosse revelado que com isso acabou por evitar uma injusta agressão, que B estava prestes a praticar contra C, estaria configurada a legítima defesa: "A, com sua conduta, evitou uma injusta agressão iminente por parte de B". Todos os aspectos subjetivos, vale dizer, a ligação psicológica entre o autor e seu fato, ficavam concentrados na culpabilidade. No exemplo acima, A praticou o fato típico, mas, como não tinha nenhum vínculo psicológico com a conduta (vale dizer, não tenha dolo nem culpa), o fato seria inculpável.

Nessa linha a **imputabilidade** era considerada **pressuposto** da culpabilidade, pois era ela que permitia a alguém "querer" ou "prever", enquanto **dolo e culpa** eram suas **espécies**, ou seja, formas de ligar-se ao fato. A culpabilidade, portanto, era **puramente psicológica**.

Por fim, como os aspectos objetivo e subjetivo do crime não se relacionavam e sendo a ilicitude entendida como puramente objetiva, o dolo, por sua vez, era puramente psicológico. Significa que não se indagava, no dolo, sobre a consciência da ilicitude, até porque (por razões mais políticas do que jurídicas) o conhecimento da ilicitude constituía uma presunção absoluta sustentada pelo temor de abrirem-se as portas para absolvições inadequadas, todas elas amparadas pela cômoda desculpa do desconhecimento da lei.

Vigorava, portanto, a teoria psicológica do dolo, cuja consequência, presente na maioria das codificações (inclusive na brasileira, até a reforma da Parte Geral do Código Penal em 1984), era a absoluta irrelevância jurídica do eventual desconhecimento da antijuridicidade (hoje erro de proibição), consagrada pela fórmula de direito romana *error juris semper nocet*.

Esquematicamente:

CONCEITO ANALÍTICO DE CRIME	
Injusto: objetivo	**Culpabilidade: psicológica (subjetiva)**
Tipicidade objetiva	Imputabilidade
	(pressuposto da culpabilidade)
+	
	+
Ilicitude	
	Culpabilidade: dolo psicológico ou culpa
	(formas de culpabilidade)

Crítica: inúmeras críticas terminaram por determinar o abandono da teoria psicológica da culpabilidade, mas aqui destacaremos as principais:

a) **no tipo:** a incapacidade de explicar a omissão causalmente relevante (tipo omissivo impróprio) no qual o elemento integrador da tipicidade não é a causação do resultado, mas o vínculo jurídico-normativo que confere relevância à não evitação dele. Se o tipo é puramente objetivo, como ter elementos valorativos? A teoria natural-causalista, moldada pelo paradigma das ciências naturais falhava ao explicar a omissão;

b) **ainda no tipo:** se o tipo é puramente objetivo, como explicar que determinados crimes requeiram, para sua configuração, a verificação de determinada intenção especial (*v.g.*, art. 134 do CP: "expor ou abandonar recém-nascido, para ocultar desonra própria") ou demandem uma valoração social, mais do que a mera constatação empírica ("praticar ato obsceno")? O esquema natural-causalista falha ao explicar os elementos subjetivos e normativos do tipo;

c) **na culpabilidade:** a incapacidade de explicar a culpabilidade na culpa inconsciente, pois nela não há nenhuma ligação subjetiva ou psicológica entre o autor e o fato. Se o autor sequer previu o fato, como pode estar psicologicamente ligado a ele? Realmente seu erro foi justamente "não prever" o que "deveria ter previsto". Mas "deveria ter previsto" não é um dado psicológico, mas valorativo, portanto normativo. Quem diz o que deve e o que não deve ser previsto é o juiz. Em suma, conceber a culpabilidade como o aspecto psicológico que liga o autor ao fato falha ao explicar a culpa inconsciente;

d) **ainda na culpabilidade:** falha também ao explicar o porquê da inculpabilidade em situações nas quais tanto o fato típico está objetivamente preenchido quanto o dolo se encontra presente, por exemplo, na coação moral irresistível. A teoria psicológica, evidentemente, não consegue conceber uma conduta dolosa praticada por agente inculpável, porque o dolo, que já presume, por si só, a existência de agente imputável, é a própria satisfação do requisito da culpabilidade, é a culpabilidade em si.

15.3.2 Teoria psicológico-normativa da culpabilidade (contexto: sistema teleológico ou neokantista)

No seio do movimento filosófico e científico que ficaria conhecido como neokantismo, e em resposta às lacunas não preenchidas pelo sistema proposto por Liszt e Beling, a estrutura do delito foi se modificando (embora sem abandonar as linhas mestras do sistema causalista), dando origem ao sistema chamado neoclássico.

Em brevíssimo esclarecimento da filosofia neokantista, teve, como grande contribuição à dogmática penal, o reconhecimento de uma dimensão axiológica (referida a valores), inexistente no esquema naturalista anterior, tributário dos métodos e conceitos das ciências naturais.

Sem que se quebrasse a estrutura anterior, o neokantismo coloriu com valores a asséptica construção naturalista. No tipo, reconheceu-se a existência de elementos normativos e subjetivos. Era o prenúncio do grande giro finalista, que foi a transferência de todos os aspectos subjetivos (e, no centro deles, o próprio dolo), que ali já se esboçava, pelas fissuras que já se deixavam entrever na rígida separação entre injusto objetivo *versus* culpabilidade subjetiva.

Sob o ângulo da culpabilidade, a grande mudança foi introduzida por Frank, seguido depois por Goldschmidt e posteriormente por Freudenthal (Juarez Cirino dos Santos, *Direito penal*, p. 278-279). Tal como o tipo, a culpabilidade também ganhou uma nova dimensão, para além do dado psicológico/ontológico, uma dimensão valorativa antes desconhecida. Culpabilidade passa a ser não apenas o nexo psicológico entre o autor e o fato, mas também o juízo de valor que o juiz faz sobre esse nexo, ou seja, não é apenas o dolo e a culpa, mas também a reprovabilidade de ter agido com dolo ou culpa.

Isso explica, por exemplo, a situação da coação moral irresistível, problema insolúvel no sistema anterior. O agente praticou um fato objetivamente típico e agiu com dolo inegável, mas sua conduta dolosa não pode, nessa situação excepcional, ser reprovada. Culpabilidade é, a um só tempo, a própria situação fática (dolo) e a reprovabilidade que recai sobre ela.

Mas, então, indaga-se: qual o critério para aferição da reprovabilidade? Luiz Flávio Gomes esclarece que "o critério norteador desse juízo de censura ou de reprovação é o da 'normalidade das circunstâncias concomitantes', ou seja, o autor só pode ser censurado, além de haver atuado com dolo e/ou culpa, se essa sua atuação verificou-se em condições normais de motivação" e, desse critério fundamentador, prossegue o autor, "deduziu-se novo requisito para a culpabilidade, isto é, a exigibilidade de conduta conforme o direito" (*Erro de tipo e erro de proibição*, p. 50-51).

Com isso, introduz-se na culpabilidade, ao lado do elemento psicológico (**dolo e culpa**), também um elemento normativo, qual seja, a **exigibilidade de conduta diversa**. Dolo e culpa, antes considerados espécies de culpabilidade, são agora tomados como elementos dela, ao lado da exigibilidade de comportamento conforme o direito.

Se com o sistema neoclássico (neokantista) a própria culpabilidade ganhou uma dimensão axiológica/normativa, dentro dela o próprio dolo também recebeu esse influxo. Nele agregou-se, ao aspecto psicológico originário, também um aspecto normativo, qual seja, o conhecimento da ilicitude. É o reconhecimento no Direito Penal do chamado *dolus malus* (dolo mau), ou seja, da consciência e vontade de violar a norma.

Isso significa, por um lado, que se passa a dar relevância ao erro sobre o caráter ilícito do fato (erro de proibição), que antes era tratado com extremo rigor e sempre inescusável. E, por outro lado, significa que nesse esquema (como já foi mencionado no capítulo anterior e será novamente no item relativo ao erro de proibição) o erro sobre elemento do tipo e o erro sobre a ilicitude são equivalentes em suas consequências, que são excluir o dolo e, dessa forma, a própria culpabilidade.

Vejamos esquematicamente:

CONCEITO ANALÍTICO DE CRIME	
Injusto: preponderantemente objetivo	**Culpabilidade: psicológico-normativa**
TIPICIDADE OBJETIVA (mais em alguns tipos, também elementos subjetivos especiais) + ILICITUDE	IMPUTABILIDADE (pressuposto da culpabilidade) + CULPABILIDADE: 1) Elementos psicológicos: – Dolo psiconormativo = vontade + real conhecimento da ilicitude – culpa 2) Elemento normativo: – Exigibilidade de conduta diversa

Críticas: embora tenha de fato resolvido problemas deixados pela teoria anterior, a teoria psicológico-normativa manteve o dolo e a culpa no seio da culpabilidade, causando problemas, dentre os quais:

a) O problema da tentativa. É um problema insolúvel quando o dolo não está no tipo. Pois o que diferencia a conduta tipificada como lesão corporal daquela tipificada como tentativa de homicídio senão o dolo? Mas, se o dolo só é verificado na culpabilidade, ou seja, não interfere na configuração do tipo, como resolver?

b) O problema dos elementos subjetivos especiais. Se, quando eventualmente são exigidos, os elementos subjetivos especiais indubitavelmente fazem parte do tipo, porque o dolo, que tem a mesma natureza subjetiva, está fora dele? É assistemático tratar o dolo em lugar distinto dos outros elementos subjetivos especiais.

c) Por fim, ao manter o dolo na culpabilidade a teoria psicológico-normativa confunde e funde, em um só momento de análise, a constatação do objeto (dolo e culpa) com a valoração que recai sobre ele (culpabilidade). Tal falha veio a ser suprida pela teoria finalista da conduta e por sua consequência na culpabilidade, que é a teoria normativa pura.

15.3.3 Teoria normativa pura da culpabilidade (contexto: sistema finalista)

A teoria finalista completou a transição esboçada pelo sistema neokantista, subvertendo completamente o papel das componentes do crime proposto pelo causalismo. Tudo a partir de uma premissa, de cunho ontológico, que estabelece uma ligação indissociável entre conduta e finalidade.

Como explica Luiz Flávio Gomes, "com a teoria finalista abandona-se o clássico conceito de ação (do sistema natural-causalista) que a via como um mero impulso mecânico, não se investigando o conteúdo da vontade, agora a vontade passa a constituir a espinha dorsal da ação e é, nessa doutrina, o núcleo do injusto pessoal do agir" (*Erro de tipo e erro de proibição*, p. 75).

Com isso, a culpabilidade despoja-se de qualquer resquício psicológico: torna-se **puramente normativa**, mero juízo de reprovação que se debruça sobre o injusto. O dolo, no entanto, é desmembrado e perde seu aspecto normativo (torna-se – novamente – puramente psicológico) A consciência da ilicitude é mantida na culpabilidade, mas como elemento autônomo. Dessa forma, separam-se erro de tipo (que exclui o dolo) e erro de proibição (que exclui a culpabilidade, por ausência de conhecimento da ilicitude). Por fim, se, quando integrava o dolo, o conhecimento da ilicitude tinha que ser real, concreto, agora, isolado na culpabilidade puramente normativa, também se intensifica o seu caráter valorativo: basta que o juiz entenda que o sujeito podia conhecer a ilicitude, e o conhecimento exigido passa a ser, portanto, potencial. Por fim, embora ainda haja certa divergência sobre esse aspecto, acabou por prevalecer que a imputabilidade, ao invés de pressuposto, é também elemento da culpabilidade.

Esquematicamente:

CONCEITO ANALÍTICO DE CRIME	
Injusto objetivo e subjetivo	**Culpabilidade normativa pura**
TIPICIDADE OBJETIVA (elementos descritivos e normativos, inclusive a culpa) & TIPICIDADE SUBJETIVA (dolo psicológico + elementos subjetivos especiais) + ILICITUDE	ELEMENTOS: 1) IMPUTABILIDADE + 2) POTENCIAL CONHECIMENTO DA ILICITUDE + 3) EXIGIBILIDADE DE CONDUTA DIVERSA

Críticas: a teoria normativa pura é amplamente aceita pela doutrina e pena jurisprudência brasileiras. Não obstante, podem-se apontar dois problemas que tentarão ser resolvidos pelas teorias subsequentes:

a) A inverificabilidade daquilo que é considerado, dentro da teoria normativa pura, o pressuposto básico do juízo de reprovabilidade: o livre-arbítrio, ou a possibilidade de agir conforme o direito.
b) O alheamento da categoria dogmática da culpabilidade em relação ao fundamento político-criminal da necessidade de pena.

15.3.4 Teoria da responsabilidade (contexto: sistema funcionalista teleológico – Roxin)

Como já visto, a perspectiva funcionalista parte da premissa normativa de que as estruturas da dogmática penal têm que ser dimensionadas, não a partir da natureza das coisas, mas, sim, a partir da função do Direito Penal e da pena.

Para a teoria funcionalista de cunho teleológico ou moderado de Roxin, a função do direito é a proteção de bens jurídicos, portanto a função da pena é a prevenção dos ataques ao bem jurídico.

Por isso, a incorporação da política criminal à dogmática teve reflexos, tanto no âmbito do injusto quanto no âmbito da culpabilidade.

No âmbito do injusto, resultou na ampliação dos requisitos de imputação por meio da noção de imputação objetiva.

No âmbito da culpabilidade, na ampliação dos requisitos de responsabilização por meio da noção da necessidade preventiva, que, ao lado da culpabilidade, forma a categoria da responsabilidade.

Nessa trilha, ao injusto se acresce a finalidade do Direito Penal, que é proteger os bens jurídicos contra os riscos socialmente intoleráveis (disfuncionais). Incorpora-se no tipo a ideia de risco proibido. Surge a imputação objetiva.

E, ainda, à culpabilidade incorpora-se a finalidade da pena, que é prevenir futuros delitos. Surge a categoria da responsabilidade.

Para Roxin, o conceito de reprovabilidade, associado à ideia de culpabilidade, não é suficientemente esclarecedor. O autor define culpabilidade como a "idoneidade para ser destinatário das normas" (A culpabilidade e sua exclusão no direito penal, in *Estudo de direito penal*, p. 138). Por isso, no exemplo do autor, uma criança que não obedeça à indicação do sinal de trânsito é inculpável, porque "sendo incapaz de entender, *in abstrato*, porque certas vezes não se pode atravessar a rua, essa pessoa não é idônea para ser destinatária das normas" (Claus Roxin, A culpabilidade e sua exclusão no direito penal, in *Estudo de direito penal*, p. 139).

Esse critério, segundo o autor, é mais apropriado do que as ideias, não comprováveis, de "livre-arbítrio" ou de "possibilidade de conduta conforme ao direito". Roxin explica nos seguintes termos: "Se alguém realiza um ilícito típico, inexistindo dúvida de sua idoneidade para ser destinatário de normas, então dizemos que ele deveria e poderia ter agido diversamente, sendo assim de declarar-se culpável. Somente, porém a capacidade de ser destinatário de normas é passível de verificação empírica e, apesar de várias dificuldades, em princípio comprovável. Se alguém está em condições de compreender a ilicitude de seu agir e se, ou em que medida, sua capacidade de autocontrole está reduzida ou prejudicada, tal pode ser verificado através de métodos psicológicos ou psiquiátricos. Mesmo o leigo pode verificar em si próprio a redução de sua orientação intelectual e de sua capacidade de autodeterminação, sobrevinda após uma intensa bebedeira. Por outro lado, o poder-agir-de-outro-modo e o livre-arbítrio são impassíveis de comprovação" (Claus Roxin, A culpabilidade e sua exclusão no direito penal, p. 145-146).

O que Roxin propõe, tanto a partir de suas premissas dogmáticas quanto a partir da observação do ordenamento jurídico (alemão), é que nem todas as situações tratadas como excludentes de culpabilidade têm a ver com a capacidade de ser destinatário das normas. Ele cita os exemplos, previstos na lei alemã, do estado de necessidade exculpante e do excesso de legítima defesa por reações astênicas (que, embora não encontrem previsão expressa na lei brasileira, são reconhecidos pela doutrina brasileira como causas supralegais de exculpação). Alude ainda ao caso da menoridade, mencionando que aquele que está próximo ao limite da maioridade dificilmente pode ser considerado alguém que não tem capacidade para ser destinatário das normas. Por isso, segundo propõe Roxin, "a lei deve ser compreendida de modo um pouco divergente de sua letra", já que, "nos casos acima citados, aos quais se poderiam facilmente acrescentar outros, inexiste qualquer exculpação, mas unicamente uma causa de redução da culpabilidade" (A culpabilidade e sua exclusão no direito penal, p. 152).

Mas, se é assim, porque esses casos conduzem a uma isenção de pena, e não a uma mera diminuição? Roxin responde que, "se em tais situações o legislador renuncia à pena, tal ocorre porque ele a considera desnecessária, ou mesmo nociva, de um ponto de vista preventivo geral e especial" (A culpabilidade e sua exclusão no direito penal, p. 152).

Exemplificando, "quem, por desorientação, medo ou susto ultrapassa os limites da legítima defesa, não é uma pessoa perigosa, desnecessitando de tratamento correcional. E sua punição tampouco é necessária por motivos de prevenção geral, uma vez que seu comportamento não gera o perigo de imitação: ninguém toma uma pessoa medrosa como modelo. Por outro lado, a exculpação por motivos estênicos (p. ex.: raiva, a fúria ou a vontade de lutar) enfraqueceria certos bloqueios da população, favorecendo a prontidão de reagir de modo cego e desmesurado. Somente esse ponto de vista preventivo geral explica a restrição do excesso exculpante aos motivos astênicos" (Claus Roxin, A culpabilidade e sua exclusão no direito penal, p. 153).

A conclusão, portanto, é que Roxin desmembra as situações que eram antes tratadas apenas como excludentes de culpabilidade em duas categorias diversas que, somadas, conduzem ao conceito de responsabilidade.

Esquematicamente:

CONCEITO ANALÍTICO DE CRIME	
Injusto objetivo e subjetivo	**Responsabilidade**
TIPICIDADE OBJETIVA (acrescentando os critérios de imputação objetiva do resultado)	CULPABILIDADE
&	+
TIPICIDADE SUBJETIVA (dolo psicológico + elementos subjetivos especiais)	NECESSIDADE PREVENTIVA DE PENA
+	
ILICITUDE	

15.4 FUNDAMENTO DO CONCEITO DE CULPABILIDADE

Entendida a culpabilidade como juízo de reprovação que recai sobre o injusto, pergunta-se: qual a base material para esse juízo? Dito de outra forma: por que se pode reprovar o cidadão?

A teoria que ainda hoje prevalece remete às origens da culpabilidade normativa, vale dizer, a noção introduzida por Frank sobre a **normalidade das circunstâncias** e, sua consequência, o **poder agir diferente**. Supõe-se que, em situações normais, o cidadão possa escolher não praticar o fato típico (pensar de outro modo, na realidade, é colocar em xeque qualquer fundamentação preventiva da pena, que se baseia na presunção de que o ser humano tem livre-arbítrio suficiente para dirigir sua conduta e pode ser motivado a isso pela norma).

Mas em determinadas situações não se pode exigir que o faça, seja porque o sujeito não tem capacidade sequer de entender na norma e, portanto, de ser motivado por ela (inimputabilidade e ausência de potencial conhecimento da ilicitude), seja porque seu âmbito de autodeterminação reduziu-se em demasia e ele não pode ser compelido a agir da forma que a lei determina (inexigibilidade de conduta diversa, propriamente dita).

Zaffaroni e Pierangeli esclarecem: "o que é reprovado? O injusto. Por que se lhe reprova? Porque não se motivou pela norma. Por que se lhe reprova não haver-se motivado pela norma? Porque lhe era exigível que se motivasse nela. Um injusto, isto é, uma conduta típica e antijurídica é culpável quando é reprovável ao autor a realização desta conduta porque não se motivou pela norma, sendo-lhe exigível, nas circunstâncias em que agiu, que nela se motivasse" (*Manual de direito penal brasileiro*, p. 572).

Em suma, a base da reprovação é a possibilidade de agir de forma diversa daquela que se agiu, de atuar conforme deseja o direito. Reprova-se o homem, em primeiro lugar, porque lhe é dado conhecer o justo e o injusto, e distingui-los. E, em segundo lugar, porque lhe é dado escolher entre um ou outro. É a má escolha que se lhe reprova. Sem escolha, não pode ser censurado.

15.5 CULPABILIDADE PELO CARÁTER OU PELA CONDUÇÃO DE VIDA

Como ensina René Ariel Dotti, "os escritores referem-se ao filósofo Aristóteles como precursor de uma teoria da culpabilidade pelo caráter. Ele diz em sua *Ética a Nicômaco* que o homem se torna aquilo que é em face de um comportamento voluntário na sua origem. A seu ver, é pela prática de certas ações que se acaba por adquirir um caráter do mesmo gênero de ações" (René Ariel Dotti, *Curso de direito penal*, p. 339).

Como reconhece o autor, a ideia de culpabilidade pelo caráter é profundamente antidemocrática, embora, vez ou outra, transpareça nos sistemas jurídicos. O conceito de "inimizade" ou "hostilidade" para com o direito, sobre o qual se apoiava a teoria limitada do dolo (que será estudada no tópico referente ao erro de proibição), provinha dessa linhagem. Mas, ainda hoje, no nosso ordenamento jurídico podem-se vislumbrar resquícios dessa noção. O próprio reconhecimento da agravante da reincidência e o desvalor dos maus antecedentes não representam um juízo sobre a vida do homem e não sobre o seu fato?

Atente-se à sempre atual lição de Roxin, ao explicar que "por Direito Penal do fato se entende uma regulação legal, em virtude da qual a punibilidade se vincula a uma ação concreta descrita tipicamente e a sanção representa somente a resposta ao fato individual, não a toda condução de vida do autor, ou aos perigos que no futuro se esperam do mesmo. Ao contrário, se tratará de um Direito Penal do autor quando a pena se vincule à personalidade do autor e seja a sua antissocialidade e o grau da mesma que determinem a sanção" (Claus Roxin, *Derecho penal*, p. 176).

15.6 POSIÇÃO DA CULPABILIDADE NA TEORIA DO CRIME

Como se viu, não obstante as profundas modificações que introduziu em toda a estrutura da dogmática penal, o sistema finalista originariamente concebido por Welzel mantém a culpabilidade como elemento do conceito analítico de crime.

Ocorre que na doutrina brasileira nasceu corrente dissidente, que exclui a culpabilidade do conceito de crime, considerando-a tão somente pressuposto da aplicação da pena.

Há, portanto, no Brasil, atualmente duas correntes dentro do finalismo, que disputam primazia quanto ao conceito analítico de crime:

a) Teoria tripartite

Tal como na proposta original, o crime prossegue sendo fato típico, antijurídico e culpável. A culpabilidade, tanto quanto a tipicidade e a antijuridicidade são todos eles predicados da conduta humana (ela é que deve ser típica, antijurídica e culpável para configurar, por fim, crime). No Brasil endossam esse entendimento: Luiz Regis Prado (*Curso de direito penal brasileiro*, 2002, p. 243); Cezar Roberto Bitencourt (*Tratado de direito penal*, 2012, p. 431); Rogério Greco (*Curso de direito penal*, 2007, p. 143); Paulo Queiroz (*Direito penal*, 2009, p. 157) e Guilherme de Souza Nucci (*Manual de direito penal*, p. 285).

b) Teoria bipartite

Foi de René Ariel Dotti a iniciativa, entre nós, de considerar a culpabilidade, não mais como requisito do crime, e sim como pressuposto da pena em sua obra intitulada *O incesto*, de 1976 (*Curso de direito penal*, p. 339).

A partir daí, parte da doutrina brasileira aderiu à tese, considerando que o conceito de crime se esgota na tipicidade e na ilicitude. Entre os autores que aderem a essa tese, além de Dotti, destacam-se: Damásio Evangelista de Jesus (*Direito penal*, p. 500), Julio Fabbrini Mirabete e Renato Fabbrini (*Manual de direito penal*, p. 83) e Fernando Capez (*Curso de direito penal*, 2007, p. 299).

15.7 ESTRUTURA DA CULPABILIDADE

Como se viu, os elementos da culpabilidade reconhecidos pela doutrina atual são: imputabilidade, potencial conhecimento da ilicitude e exigibilidade de conduta diversa.

15.8 EXCLUDENTES DE CULPABILIDADE/EXIMENTES/CAUSAS DE EXCULPAÇÃO

São admitidas pelo ordenamento jurídico brasileiro:

a) situações que excluem a imputabilidade: menoridade, incapacidade mental patológica (doença mental, desenvolvimento mental incompleto ou desenvolvimento mental retardado) e embriaguez acidental e completa;
b) situações que excluem o potencial conhecimento da ilicitude: erro de proibição;
c) situações que excluem a exigibilidade de conduta diversa: coação moral irresistível, obediência hierárquica a uma ordem não manifestamente ilegal ou outras situações não previstas pela lei nas quais seja inexigível conduta conforme o direito.

15.9 EXCLUDENTES DE CULPABILIDADE *VERSUS* EXCLUDENTES DE ILICITUDE

Como vimos no capítulo anterior, uma vez que a conduta é penalmente tipificada, recebe uma valoração negativa e só pode ser praticada em casos excepcionais, nos quais, havendo um conflito de interesse protegido pelo ordenamento jurídico, o estado concede essa permissão. São essas as causas de justificação.

Contudo, as causas de exculpação não significam que se está a permitir a conduta, que continua sendo reconhecida como socialmente danosa, apenas se exclui a reprovação social que em regra recairia sobre ela, porque na situação concreta não era exigível que o autor se motivasse pela norma.

Como explicam Zaffaroni e Pierangeli, "na justificação há uma situação conflitiva que o direito deve resolver, concedendo uma permissão, porque se não o fizesse o seu objetivo geral ficaria prejudicado. Na inculpabilidade, há uma situação em que somente se exclui a reprovação, porque não se pode exigir do autor outra conduta, mas se reconhece, perfeitamente, que seu comportamento afetou a finalidade geral da ordem jurídica" (*Manual de direito penal brasileiro*, p. 428).

15.10 ERRO SOBRE AS EXCLUDENTES DE CULPABILIDADE

Não é contemplado expressamente pela lei brasileira, como o é o erro sobre as excludentes de ilicitude. No entanto, a maioria dos autores admite a possibilidade do seu reconhecimento, apontando, como solução, a utilização do conceito de inexigibilidade de conduta diversa (Cezar Roberto Bitencourt, *Erro de tipo e erro de proibição*, p. 121).

15.11 COCULPABILIDADE

Trata-se de conceito introduzido na doutrina brasileira pela pena de Eugênio Raul Zaffaroni, que assim o explica: "Todo sujeito age numa circunstância determinada e com um âmbito de determinação também determinado. Em sua própria personalidade há uma contribuição para esse âmbito de autodeterminação, posto que a sociedade – por mais bem organizada que seja – nunca tem a possibilidade de brindar a todos os homens com as mesmas oportunidades. Em consequência, há sujeitos que têm menor âmbito de autodeterminação, condicionado dessa maneira por causas sociais. Não será possível atribuir essas causas sociais ao sujeito e sobrecarregá-lo com elas no momento da reprovação da culpabilidade. Costuma-se dizer que há, aqui, uma 'coculpabilidade', com a qual a própria sociedade deve arcar. Tem-se afirmado que este conceito de coculpabilidade é uma ideia introduzida pelo direito penal socialista. Cremos que a coculpabilidade é herdeira do pensamento de Marat e, hoje, faz parte da ordem jurídica de todo Estado Social de Direito que reconhece direitos econômicos e sociais e, portanto, tem cabimento no CP, mediante a disposição genérica do art. 66" (Zaffaroni e Pierangeli, *Manual de direito penal brasileiro*, p. 580). No pensamento de Zaffaroni, no entanto, a figura da coculpabilidade terminou por ser substituída pela categoria da "culpabilidade por vulnerabilidade", como já mencionado quando da explanação a respeito do "direito penal redutor".

15.12 CULPABILIDADE E RESPONSABILIDADE

Como já mencionado antes, a proposta de Roxin, alinhada ao funcionalismo teleológico que orienta toda a sua doutrina, introduz, junto à culpabilidade, outro elemento, qual seja, a necessidade da aplicação da pena para o cumprimento da função preventiva do Direito Penal. Nesse passo, Roxin aglutina, na categoria chamada "responsabilidade", de um lado, a culpabilidade propriamente dita e, de outro, a necessidade concreta da pena. Nas palavras de Roxin: "Por isso proponho chamar a categoria do delito que sucede ao injusto não de 'culpabilidade', mas de 'responsabilidade'. Afinal, na teoria da imputação subjetiva devem ser integrados ao lado da culpabilidade, aspectos preventivos, de maneira que a culpabilidade representa somente um aspecto – de qualquer maneira essencial – daquilo que denomino 'responsabilidade'" (*Estudos de direito penal*, p. 154).

ELEMENTOS DA CULPABILIDADE E RESPECTIVAS EXCLUDENTES EM ESPÉCIE

16.1 IMPUTABILIDADE

16.1.1 Noções gerais

16.1.1.1 Definição

Imputabilidade é majoritariamente definida como a capacidade ou aptidão psíquica de culpabilidade.

No ordenamento jurídico brasileiro, todos os maiores de 18 anos presumem-se imputáveis, salvo se possuírem qualquer anormalidade psíquica, duradoura ou transitória, que lhes retire a capacidade. Já para os menores de 18 anos, a presunção é inversa e não admite prova em contrário: por força de lei, são sempre considerados inimputáveis.

A capacidade de culpabilidade, portanto, divide-se em dois níveis:

a) **Nível cognoscitivo ou intelectual:** capacidade para entender o caráter ilícito do fato (capacidade, portanto, para o conhecimento da ilicitude).
b) **Nível volitivo:** capacidade de dirigir a sua própria conduta, de acordo com esse entendimento, no sentido da não realização do fato (capacidade, portanto, para adotar conduta diversa).

Calha aqui uma ponderação importante, embora pouco notada pela doutrina brasileira. A análise da imputabilidade pressupõe, é claro, já terem sido devidamente estabelecidos os estratos anteriores do crime, quais sejam, a existência de conduta (ação ou omissão consciente e voluntária) típica e antijurídica.

Significa que o déficit intelectual que impede a voluntariedade e a consciência da ação compromete a própria conduta, e não apenas a culpabilidade. Da mesma forma, o déficit intelectual que impede o entendimento concreto do fato praticado compromete o dolo (que também exige consciência e vontade), e não apenas a culpabilidade. Realmente, uma coisa é ter consciência de agir (elemento indispensável para a ação), outra coisa é ter consciência dos elementos e circunstâncias do fato (elemento indispensável do dolo) e outra é ter consciência do caráter ilícito do fato (elemento indispensável da culpabilidade). O problema da consciência perpassa, portanto, todas as estruturas do conceito analítico de crime, de forma que parece incorreto aprisionar as tradicionais causas de inimputabilidade (doença mental, embriaguez etc.) apenas no âmbito da culpabilidade, impedindo-as de atuar nos estratos anteriores.

Perfeita, nesse sentido, a colocação de Zaffaroni e Pierangeli: "Vimos que em nosso conceito há uma capacidade psíquica de delito que se cumpre em cada um dos estratos analíticos com a exigência da capacidade necessária para suprir o requisito subjetivo de que se trate. Já examinamos a capacidade psíquica da conduta, a capacidade psíquica da tipicidade, que não existe nos casos de erro de tipo psiquicamente condicionado, vimos que a justificação reclama que aquele que age sob seu amparo reconheça os elementos objetivos da situação de justificação, o que também requer certa capacidade psíquica; agora resta averiguar qual é a capacidade psíquica que necessita um autor para que haja culpabilidade, isto é, a capacidade psíquica de culpabilidade" (*Manual de direito penal brasileiro*, p. 595).

Na mesma esteira, Roxin também reconhece a distinção entre incapacidade de ação e incapacidade de culpabilidade: "Só é preciso examinar a imputabilidade quando não se pode negar desde logo a existência de uma 'ação' em sentido jurídico. Daí surge o problema da delimitação entre a incapacidade de ação e a incapacidade de imputabilidade ou culpabilidade. A distinção não é sempre fácil de encontrar, particularmente nas hipóteses de estados passionais intensos e de embriaguez, mas tampouco nos estados hipnóticos e pós-hipnóticos e depende também de que conceito de ação se adote" (*Derecho penal*, p. 838).

Na doutrina brasileira, há pouca discussão sobre os níveis de incapacidade psíquica que podem derivar daqueles fatores citados. Como exceção, Fernando Galvão trata do tema asseverando: "Também não interessa ao juízo de reprovação da culpabilidade a capacidade psíquica necessária ao reconhecimento dos dados fáticos coincidentes com os elementos objetivos do tipo, incriminador ou permissivo, que, segundo a teoria limitada da culpabilidade adotada pela legislação brasileira, constituem temas ligados ao juízo de tipicidade" (*Direito penal*, p. 367).

Mirabete também reconhece essa distinção, mas aponta o tratamento legislativo restrito (que a nosso ver não constitui óbice para o tratamento dogmático correto): "Não se pode ignorar a existência de certas formas de esquizofrenia e outras doenças mentais em que o agente fica sujeito a alucinações e que, assim, se praticar o fato, não age com dolo, pela ausência de consciência e vontade de integralizar os elementos objetivos do tipo, como, por exemplo, ao matar um homem supondo que enfrenta um 'dragão'. No caso, estaria excluída a própria conduta típica, e não simplesmente a imputabilidade. A lei, contudo, não distingue entre hipóteses tais, considerando apenas excluída, sempre e unicamente, a imputabilidade" (Julio Fabbrini Mirabete e Renato N. Fabbrini, *Manual de direito penal*, p. 197).

16.1.1.2 Localização: elemento ou pressuposto da culpabilidade

No esquema da teoria psicológica da culpabilidade, a imputabilidade foi inicialmente considerada pressuposto da culpabilidade.

Com a adoção da teoria finalista e, em consequência, da teoria normativa pura da culpabilidade, a imputabilidade passou a ser, majoritariamente, considerada como um dos elementos da culpabilidade, ao lado da "potencial consciência da ilicitude" e da "exigibilidade de conduta diversa". Isso porque a culpabilidade é entendida, como já se viu, como a atribuibilidade da conduta a certo agente, condicionada pela possibilidade de atuar de outro modo, e a imputabilidade responde por parcela dessa possibilidade (embora seja evidentemente possível ser imputável e, ainda assim, inculpável).

16.1.1.3 Método de verificação da imputabilidade

Como regra, a verificação da imputabilidade segue o chamado método biopsicológico. Vale dizer, alia-se uma circunstância biológica (a doença mental ou a embriaguez, por exemplo) a uma constatação psicológica de que, em virtude dela, o agente era concretamente, ao tempo do crime, completamente incapaz de entender o caráter ilícito do fato ou de determinar-se de acordo com esse entendimento.

A exceção é o desenvolvimento mental incompleto em virtude da imaturidade, ou seja, a menoridade. Quanto ao menor, basta a constatação biológica da idade, sendo irrelevante qualquer verificação relativa à concreta capacidade de discernimento ou autodeterminação.

16.1.1.4 Objeto referência da imputabilidade

A culpabilidade, como se viu, é um juízo de reprovação, cujo objeto é uma conduta típica e antijurídica. A culpabilidade e, portanto, a imputabilidade são atributos do fato, embora relacionados à condição do autor.

Embora se possa falar que "o sujeito X é inimputável", na verdade essa é uma formulação reducionista e pouco precisa, porque na realidade o exato seria "O injusto Y é inimputável (não pode ser imputado) ao sujeito X". Isso fica bem evidente nos casos, por exemplo, de doença mental, em que o próprio legislador é bastante claro ao afirmar que é necessário que o autor, em virtude da sua condição, não possa entender o caráter ilícito do fato (ou seja, daquele injusto típico específico) ou determinar-se de acordo com esse entendimento.

Assim, por exemplo, a conduta de um furto pode não ser imputável à pessoa que seja cleptomaníaca (e que era, em virtude dessa condição, incapaz de controlar seu impulso de subtrair a coisa alheia), mas a prática de um estupro, pela mesma pessoa e no mesmo dia, pode ser plenamente imputável a ela, porque a doença mental em nada lhe impediu de entender o caráter ilícito desse fato nem lhe privou da capacidade de, em relação a ele, determinar-se de acordo com esse entendimento.

Na explicação de Roxin, "a incapacidade de compreensão ou de inibição não se constatam em abstrato, mas sempre e somente a respeito da concreta realização típica" (*Derecho penal*, p. 838).

16.1.1.5 Imputabilidade versus responsabilidade

A primitiva redação da Parte Geral do Código Penal nomeava o Título de que ora se cura como "Da Responsabilidade". A expressão foi substituída, na reforma da Parte Geral em 1984, pela presente: "Da Imputabilidade".

Ressalta a maioria da doutrina a distinção entre imputabilidade (causa) e responsabilidade, que é o princípio segundo o qual a pessoa dotada de culpabilidade deve ser responsabilizada pelos fatos típicos e antijurídicos que praticar.

16.1.2 Excludentes de imputabilidade

16.1.2.1 Menoridade

16.1.2.1.1 Fundamento

a) **Código Penal (1940):** "Art. 27. Os menores de 18 (dezoito) anos são penalmente inimputáveis, ficando sujeitos às normas estabelecidas na legislação especial".

b) **Código Penal Militar (1969):** "Art. 50. O menor de dezoito anos é inimputável, salvo se, já tendo completado dezesseis anos, revela suficiente desenvolvimento psíquico para entender o caráter ilícito do fato e determinar-se de acordo com esse entendimento. Neste caso, a pena aplicável é diminuída de um terço até a metade".

c) **Constituição Federal (1988):** "Art. 228. São penalmente inimputáveis os menores de dezoito anos, sujeitos às normas da legislação especial".

d) **Estatuto da Criança e do Adolescente (1990):** "Art. 104. São penalmente inimputáveis os menores de dezoito anos, sujeitos às medidas previstas nesta lei".

e) **Convenção sobre os Direitos da Criança (Decreto n. 99.710 de 1990):** "Art. 1º Para efeitos da presente Convenção considera-se como criança todo ser humano com menos de dezoito anos de idade, a não ser que, em conformidade com a lei aplicável à criança, a maioridade seja alcançada antes" e "Art. 37. Os Estados-parte zelarão para que: a) Nenhuma criança seja submetida a tortura nem a outros tratamentos ou penas cruéis, desumanos ou degradantes. Não será imposta a pena de morte nem a prisão perpétua sem possibilidade de livramento por delitos cometidos por menores de dezoito anos de idade".

f) **Pacto de São José da Costa Rica (Decreto n. 678 de 1992):** "Art. 4º Direito à Vida (...). 5. Não se deve impor a pena de morte a pessoa que, no momento da perpetração do delito, for menor de dezoito anos, ou maior de setenta, nem aplicá-la a mulher em estado de gravidez".

16.1.2.1.2 Conceito

A menoridade, no ordenamento jurídico brasileiro, é a condição de toda pessoa que ainda não completou 18 anos de idade.

16.1.2.1.3 Momento

A idade deve ser verificada no momento da conduta, pouco importando qual seja no momento do resultado, em virtude da adoção da teoria da atividade, acolhida no art. 4º do CP.

16.1.2.1.4 Crime permanente

Se o agente completa a maioridade enquanto perdurar a permanência, é imputável pelo crime. Da mesma forma se, mesmo em crimes que não são considerados permanentes, a conduta se iniciou à noite e terminou apenas no dia seguinte, sendo esse o dia em que o agente atinge a maioridade (Julio Fabbrini Mirabete e Renato N. Fabbrini, *Manual de direito penal*, p. 203).

16.1.2.1.5 Crime continuado

Como se trata, em verdade, de concurso de crimes, e não de crime único, em relação às condutas praticadas antes da maioridade o agente não é imputável. Significa que, se várias condutas foram praticadas sob a menoridade e uma única já em maioridade, o juiz só pode condenar por esse único crime, sem considerar qualquer aumento de pena em razão de suposta continuidade delitiva.

16.1.2.1.6 Marco temporal

Há três posições defensáveis sobre o instante de atingimento da maioridade penal:

a) **Primeiro minuto do dia do 18º aniversário:** é o que prevalece. Isso porque o art. 1º da Lei n. 810/49, ao definir o conceito de ano civil, considera ano o período de 12 meses contados do dia do início ao dia e mês correspondentes do ano seguinte, e, como afirma Mirabete, é impossível que alguém tenha 18 anos para a lei civil e ainda não os tenha para a lei penal[1] (Julio Fabbrini Mirabete e Renato N. Fabbrini, *Manual de direito penal*, p. 203). Além disso, o próprio art. 10 do CP determina que sejam desprezadas as frações de dia.
b) **A partir da hora que consta na certidão de nascimento.**
c) **A partir do primeiro minuto do dia seguinte ao do 18º aniversário:** como defende Álvaro Mayrink da Costa, "se na certidão de nascimento está anotada a hora do nascimento, é a partir de tal hora que adquire o autor do fato a capacidade penal. Como tais prazos são de ordem pública devem ser contados com regularidade, não se contanto hora a hora, deverá ocorrer o decurso integral do dia em que ocorre o transcendo aos 18 anos para ser reconhecida a maioridade penal" (*Direito penal*, p. 856-857).

---

[1] TACRIMSP – *Jutacrim* 67/485. Considera-se penalmente responsável o agente que pratica a infração no preciso dia em que completa o seu 18º aniversário.

16.1.2.1.7 Critério

O critério atualmente adotado pelo ordenamento jurídico brasileiro é puramente biológico, ou seja, nenhuma consideração, seja de ordem psicológica, seja de ordem jurídica, interfere na verificação da inimputabilidade em razão da idade. Trata-se, portanto, de uma presunção *jures et de jures* de inimputabilidade. Como ressalta Fernando Galvão, tal presunção não conflita com a principiologia penal ou processual penal, já que vem a beneficiar o autor do fato punível (*Direito penal*, p. 383).

Antes do Código de 1940, toda a nossa tradição legislativa sempre perfilhou sistema misto, chamado biopsicológico, que associa a idade cronológica à comprovação concreta da falta de discernimento. O Código de 1830 marcava a imputabilidade aos 14 anos, prevendo, no entanto, que, se o menor de idade inferior àquela (e sem qualquer limite mínimo) houvesse obrado com discernimento, podia ser recolhido à casa de correção até os 17 anos. Já o Código de 1890 dispunha: até os 9 anos era inimputável o menor infrator, mas entre 9 e 14 anos o juiz deveria verificar a presença ou não de discernimento.

O Código Penal de 1969, oriundo do projeto de Nelson Hungria, seguia a mesma linha, prevendo em seu art. 33, em regra, a não imputabilidade até os 18 anos, mas a partir dos 16 anos, se o sujeito demonstrasse discernimento para entender o caráter ilícito do fato, era considerado imputável.

Ainda o Código Penal Militar, também de 1969 (Decreto-lei n. 1.001), dispõe em seu art. 50 que: "O menor de 18 (dezoito) anos é inimputável, salvo se, já tendo completado 16 (dezesseis) anos, revela suficiente desenvolvimento psíquico para entender o caráter ilícito do fato e determinar-se de acordo com este entendimento. Neste caso, a pena aplicável é diminuída de 1/3 (um terço) até 1/2 (metade)".

Ocorre que tal dispositivo evidentemente não foi recepcionado pela Constituição de 1988, que, adotando o critério puramente biológico da menoridade até os 18 anos de idade, retirou-lhe a vigência.

Portanto, e por força de preceito constitucional, o critério é apenas o puramente biológico.

16.1.2.1.8 Redução da maioridade penal

Hodiernamente, são muitas as vozes que defendem a redução da menoridade penal, ou, ao menos, a adoção, em determinada faixa etária, de um critério biopsicológico, na linha do que foi tradição no ordenamento pátrio até o advento do Código Penal de 1940 e da Constituição de 1988.

Diga-se, de saída que, por encontrar assento na própria carta constitucional, qualquer proposta relativa à modificação no sistema de imputabilidade penal precisa, necessariamente, ser veiculada pela via de Emenda à Constituição. Seria então, na moldura constitucional vigente, possível e recomendável essa modificação? Duas posições contrapõem-se sobre o tema:

a) **A maioridade penal pode ser reduzida**

Juridicamente: não há qualquer impedimento para a redução da menoridade penal, visto que nada no ordenamento jurídico obriga a conclusão de que o art. 228 da CF é cláusula pétrea.

É o que defende, entre outros, Miguel Reale Júnior (sobre a possibilidade constitucional, tão somente), com as seguintes linhas: "Entendo absolutamente inconveniente a alteração, por razões de política criminal, mas não considero as propostas inconstitucionais por ferir regra pétrea da Constituição, consoante o art. 60, IV, da Constituição Federal, e por conseguinte insuscetível de ser abolida. Entendo que não constitui regra pétrea por não estar o dispositivo incluído no art. 5º da Constituição Federal, referente aos direitos e garantias individuais mencionados no art. 60, IV, da Constituição. Não é a regra do art. 228 da Constituição Federal regra pétrea, pois não se trata de um direito fundamental ser reputado penalmente inimputável até completar 18 anos" (*Instituições de direito penal*, p. 212).

Para Guilherme de Souza Nucci, "a maioridade penal, além de não ser direito fundamental em sentido material (não há notícia de reconhecimento global nesse prisma), também não o é no sentido formal. Assim, não há qualquer impedimento para emenda constitucional suprimindo ou modificando o art. 228 da Constituição" (*Manual de direito penal*, p. 294).

Politicamente: é pertinente a redução da menoridade penal, em virtude do desenvolvimento experimentado pela sociedade nas últimas décadas, do precoce acesso aos meios de informação e da crescente e preocupante criminalidade entre jovens. Além disso, a Constituição Federal de 1988 concedeu, ainda que como mera faculdade, direito ao voto, aos menores a partir dos 16 anos, com o que se revela que, a partir dessa idade, a pessoa já tem discernimento suficiente para atuar como cidadão perante a sociedade, possuindo o direito de fazer escolhas e o dever de arcar com as responsabilidades que delas decorrem.

b) **A idade penal não pode ser reduzida**

Juridicamente: é impraticável a redução, visto que se trata de direito fundamental que se insere no rol das cláusulas pétreas constitucionais.

Nessa linha, defende o constitucionalista Dalmo Dallari que "a previsão do tratamento jurídico diferenciado daquele que se aplica aos adultos é um direito dos menores de 18 anos, que são pessoas, indivíduos, sujeitos de direitos. De acordo com o art. 60, § 4º, da Constituição, não poderá ser objeto de deliberação proposta de emenda constitucional tendente a abolir garantias individuais. Como é evidente, qualquer proposta no sentido de aplicar as leis penais aos menores de 18 anos significará a abolição de seu tratamento diferenciado, previsto em lei, e por esse motivo será inconstitucional" (A razão para manter a menoridade penal aos 18 anos, A razão da idade: mitos e verdades. Brasília: MJ/SEDH/DCA, 2001, p. 25 *apud* Luiz Eduardo Pasquim, *Menoridade penal*, p. 141).

Também para Flávia Piovesan, "a redução da maioridade penal perverte a racionalidade e principiologia constitucional, na medida em que abole o tratamento constitucional especial conferido aos adolescentes, inspirada na ótica exclusivamente repressiva, que esvazia de sentido a ótica da responsabilidade, fundada nas medidas socioeducativas. Com isso, a perspectiva sociojurídica de exclusão (repressiva e punitiva, de isolamento) vem a aniquilar a perspectiva de inclusão (protetiva e socioeducativa, de reinserção social). Não bastando a afronta a direitos e princípios constitucionais, a proposta vê-se corroída de inconstitucionalidade, ao violar cláusula pétrea consagrada na Constituição" (A razão para manter a menoridade penal aos 18 anos, A razão da idade: mitos e verdades. Brasília: MJ/SEDH/DCA, 2001, p. 25 apud Luiz Eduardo Pasquim, *Menoridade penal*, p. 142).

Não é outro o entendimento de René Ariel Dotti, para quem "a inimputabilidade assim declarada constitui uma das garantias fundamentais da pessoa humana, embora topograficamente não esteja incluída no respectivo Título (II) da Constituição que regula a matéria. Trata-se de um dos direitos individuais inerentes à relação do art. 5º, caracterizando, assim, uma cláusula pétrea. Consequentemente, a garantia não pode ser objeto de emenda constitucional visando à sua abolição para reduzir a capacidade penal em limite inferior de idade – dezesseis anos, por exemplo, como se tem cogitado. A isso se opõe a regra do § 4º, IV, do art. 60 da CF" (René Ariel Dotti, *Curso de direito penal*, p. 412-413).

Politicamente: antes de tudo, impende compreender que, embora muitas vezes os adolescentes realmente tenham capacidade de entender o caráter ilícito do fato (sobretudo, em tempos em que o acesso à informação é cada vez mais precoce e disseminado), falta-lhes geralmente a capacidade de autoinibição (a capacidade de "determinar-se de acordo com esse entendimento"), vale dizer, a capacidade para dominar os impulsos, suportar frustrações, agir em fim com a racionalidade e com a sensatez que são conquistas apenas da maturidade. Formação intelectual não está, necessariamente, *pari passu* com o amadurecimento psicológico e moral. Ademais, ainda que de uma perspectiva puramente ontológica, pareça pouco crível que o 18º exerça uma imediata e mística influência sobre o grau de maturidade e discernimento do sujeito, o critério dos 18 anos, mais do que propriamente biológico (como se convencionou chamá-lo), é na verdade político, uma vez que não há racionalidade político-criminal na imposição das pesadas e estigmatizantes sanções penais ao menor de 18 anos. Atente-se que boa parte dos sistemas jurídicos, reconhecendo essa realidade, tem se movido no sentido de elevar, e não reduzir, a menoridade penal, a exemplo do Código Penal espanhol de 1996 (e, portanto, um dos Códigos Penais mais modernos da Europa), que elevou a idade penal de 16 para 18 anos, conforme noticia Cezar Roberto Bitencourt (*Tratado de direito penal*, 2008, p. 357).

É o ponto para o qual chama a atenção Paulo Queiroz: "Talvez mais do que em qualquer outro lugar, evidencia-se no particular o caráter essencialmente político do Direito Penal, capítulo que é da anatomia política, uma vez que presentemente menores de 18 (15, 16, 17) têm, em geral, à semelhança dos maiores (19, 20, 21), plena capacidade de discernir entre o lícito e o ilícito, de sorte que, ao se adotar tal critério objetivo de imputabilidade, mais do que à maturidade do sujeito, atende-se a uma questão de conveniência político criminal. O decisivo não é, portanto, saber se o menor de 18 anos é ou não capaz de autodeterminação, mas se é socialmente útil e politicamente recomendável castigar penalmente antes dessa idade ou só a partir dela" (*Direito penal*, 2009, p. 308).

Encerrando a questão, a formidável lição de Miguel Reale Júnior: "A Comissão de Diagnóstico do Sistema Criminal, com base em dados oriundos do Ministério Público e do Judiciário, constatou que se houve aumento, e não significativo, da participação de adolescentes na prática de crimes, mormente roubo, no entanto, é incomparavelmente menor que o número de crimes de responsabilidade de maiores, entre 18 e 25 anos. Os adolescentes são muito mais vítimas de crimes do que autores, contribuindo este fato para a queda da expectativa de vida no Brasil, pois se existe um 'risco Brasil', este reside na violência da periferia das grandes cidades. (...) Alardeia-se pela mídia, sem dados, dentro de uma visão tacanha da 'lei e da ordem', que de má ou boa-fé crê resolver a questão da criminalidade com repressão penal, como se por um passe de mágica a imputabilidade aos dezesseis anos viesse a reduzir comodamente, sem políticas sociais, a criminalidade. Ignora-se, de outro lado, a disciplina constante do Estatuto da Criança e do Adolescente, no qual medidas socioeducativas são determinadas, conforme o autor da infração seja menor de 12 anos, crianças, ou tenha entre 12 e 18 anos, adolescente. A este aplicam-se medidas socioeducativas como prestação de serviços à comunidade, liberdade assistida, semiliberdade e internação. Na hipótese de crime praticado com violência aplica-se a internação, muitas vezes antecipada de recolhimento cautelar, de até 3 anos. Não há, portanto, a propalada impunidade, pois com relação ao crime de maior incidência, roubo qualificado, o maior será apenado com reclusão de 5 anos e 4 meses, podendo obter o livramento condicional passado 1/3 da pena, ou seja, em menos de 2 anos, enquanto o adolescente poderá em geral permanecer recluso por três anos" (*Instituições de direito penal*, p. 213-214).

16.1.2.1.9 Emancipação civil

Não tem qualquer relevância para a questão da imputabilidade penal.

16.1.2.1.10 Prova da maioridade

Faz-se, em regra, por certidão de nascimento[2]. Caso não seja possível, tem-se admitido outra prova idônea, exigindo os tribunais, no entanto, prova documental.

Nesse sentido, a Súmula 74 do STJ tem o seguinte teor: "Para efeitos penais, o reconhecimento da menoridade do réu requer prova por documento hábil".

Havendo dúvida insanável, no entanto, no tocante à menoridade penal, outra solução não há senão resolvê-la em favor do réu.

---

[2] STJ, HC 9.062/PA, Órgão Julgador: 6ª T., Rel. Min. Vicente Leal, j. em 18-10-1999. A prova da menoridade, para fins de verificação da imputabilidade penal, é realizada por meio de certidão do registro civil de nascimento.

16.1.2.1.11   Consequências do reconhecimento da menoridade

a)   **Menoridade absoluta**

Como se viu, o menor de 18 anos é inimputável, inculpável, portanto. O reconhecimento da menoridade de agente processado perante o juízo criminal não pode conduzir a uma sentença de mérito absolutória, como no caso das demais exculpastes. Isso porque o menor é parte absolutamente ilegítima para figurar como polo passivo da relação processual penal. Impõe-se, portanto, a anulação *ab initio* da ação, com fundamento no art. 564, II, do Código de Processo Penal.

b)   **Menoridade relativa**

A idade entre 18 e 21 anos é chamada por parte da doutrina de "menoridade relativa". O "réu menor", portanto (aquele que tem menos de 21 anos na data da conduta), é plenamente imputável, mas em virtude de sua juventude que denota um grau menor de culpabilidade faz jus a um tratamento penal mais brando, notadamente em dois aspectos:

1º)   Dosimetria da pena: a menoridade relativa é arrolada dentre as atenuantes genéricas da pena, sendo considerada, inclusive, a mais relevante delas (art. 61, I).

2º)   Prescrição: o prazo, tanto da prescrição da pretensão punitiva quanto da prescrição da pretensão executória, será reduzido de metade para o agente que contava com menos de 21 anos na data do fato (esta entendida, nos moldes do art. 4º do CP, como data da conduta).

Embora tenha havido, no nascedouro do novo Código Civil (Lei n. 10.406/2002), certa celeuma, consagrou-se como posição corrente na doutrina a intangibilidade de ambos os dispositivos penais.

Por todos, a lição de Mirabete, explicando que: "fundando-se a norma penal, para a concessão do tratamento diferenciado, não na relativa incapacidade civil, mas em presunção absoluta decorrente da idade cronológica do agente que não atingiu 21 anos, continua ela em vigor" (Julio Fabbrini Mirabete e Renato N. Fabbrini, *Manual de direito penal*, p. 205).

16.1.2.2   Doença mental, desenvolvimento mental incompleto ou retardado

16.1.2.2.1   Fundamento

a)   **Código Penal (1940)**

> Art. 26. É isento de pena o agente que, por doença mental ou desenvolvimento mental incompleto ou retardado, era, ao tempo da ação ou da omissão, inteiramente incapaz de entender o caráter ilícito do fato ou de determinar-se de acordo com esse entendimento.
>
> Parágrafo único. A pena pode ser reduzida de um a dois terços, se o agente, em virtude da perturbação de saúde mental ou por desenvolvimento mental incompleto ou retardado não era inteiramente capaz de entender o caráter ilícito do fato ou de determinar-se de acordo com esse entendimento.

b) Código Penal Militar (1969)

> Art. 48. Não é imputável quem, no momento da ação ou da omissão, não possui a capacidade de entender o caráter ilícito do fato ou de determinar-se de acordo com esse entendimento, em virtude de doença mental, de desenvolvimento mental incompleto ou retardado.
>
> Parágrafo único. Se a doença ou a deficiência mental não suprime, mas diminui consideravelmente a capacidade de entendimento da ilicitude do fato ou a de autodeterminação, não fica excluída a imputabilidade, mas a pena pode ser atenuada, sem prejuízo do disposto no art. 113.

c) Estatuto do Índio – Lei n. 6.001/73

> Art. 56. No caso de condenação de índio por infração penal, a pena deverá ser atenuada e na sua aplicação o Juiz atenderá também ao grau de integração do silvícola.
>
> Parágrafo único. As penas de reclusão e de detenção serão cumpridas, se possível, em regime especial de semiliberdade, no local de funcionamento do órgão federal de assistência aos índios mais próximo da habitação do condenado.

16.1.2.2.2 Conceito

a) Doença mental

Segundo a unanimidade da doutrina, a expressão empregada pelo legislador deve ser tomada em seu sentido amplo ou lato, entendida como qualquer condição física ou psíquica, orgânica ou funcional, congênita ou adquirida, transitória ou permanente, que comprometa a capacidade de entendimento ou autodeterminação do sujeito. De qualquer forma, o certo é que, na delimitação do conceito, deve-se dar abrangência maior do que tradicionalmente lhe concederia a ciência médica para definir uma enfermidade mental, como afirma Cezar Roberto Bitencourt (*Tratado de direito penal*, 2008, p. 358).

b) Desenvolvimento mental incompleto

É o que ainda não se concluiu. O caso mais evidente de desenvolvimento mental que ainda não se completou é a imaturidade. No entanto, o legislador optou por excluir a menoridade das hipóteses desse art. 26 e dedicar-lhe um dispositivo exclusivo (o art. 27), justamente para conferir-lhe tratamento diverso, adotando, em relação a ela, critério puramente biológico.

De forma que, se do conceito de desenvolvimento mental incompleto constante do art. 26 fica excluída a menoridade, não seria então inútil a previsão?

A resposta oferecida por Nelson Hungria é das mais curiosas. Segundo nos conta o autor, o motivo da manutenção da expressão no texto do art. 26 foi que "a Comissão Revisora entendeu que sob tal rubrica entrariam, por interpretação extensiva, os silvícolas, evitando-se que uma expressa alusão a estes fizesse supor falsamente, no estrangeiro, que ainda somos um país infestado de gentio" (Nelson Hungria e Heleno Cláudio Fragoso, *Comentários ao Código Penal*, p. 271).

Dessa forma, boa parte da doutrina considera estar incluso no conceito em questão (de "desenvolvimento mental incompleto") exatamente o silvícola, desde que inadaptado, vale dizer, não aculturado.

> Imputabilidade penal. Origem étnica não causadora de inimputabilidade em se tratando de indivíduo aculturado e plenamente integrado à sociedade. Exame antropológico dispensável. Inaplicabilidade da Lei n. 6.001/73. Sanidade mental. Desnecessidade do exame respectivo se inexistentes indícios de alguma alienação ou incapacidade para atos da vida civil. Preliminares rejeitadas (TJSC, APR 264.968/SC 2002.026496-8, Rel. José Gaspar Rubick, 1ª Câm. Criminal, j. em 7-3-2006).

A nós parece resquício inaceitável de uma arcaica perspectiva cultural etnocêntrica (que já se entrevê na pitoresca justificativa da Comissão Revisora) considerar que o índio (como, no passado, foi também considerado o negro, sobretudo por certa linhagem da criminologia de base biológica muito em voga no Brasil no começo do século XX) pertence a uma categoria de homens "inferiores" ou "menos evoluídos", como denota claramente a expressão "desenvolvimento mental incompleto", num misto de complacência e desprezo absolutamente incompatível com qualquer noção de multiculturalismo. Está claro que os indígenas não portam qualquer problema ou deficiência, seja no nível biológico, seja no psicológico, seja no cognitivo, seja no cultural. Se a pertença a outra cultura lhes impede de apreender os valores éticos e jurídicos da nossa sociedade, trata-se de clara hipótese de erro de proibição.

Nesse sentido, lembram Zaffaroni e Pierangeli que "de maneira alguma se pode sustentar que o silvícola, ou aquele que comparte de regras de qualquer outro grupo diferenciado, seja um inimputável, ou uma pessoa com imputabilidade diminuída, como se sustenta com frequência" (*Manual de direito penal brasileiro*, p. 614-615).

Não obstante, a quase totalidade da doutrina continua catalogando tal hipótese dentre os casos de inimputabilidade, cuidando de ressalvar que a mera condição de silvícola não implica necessariamente a inimputabilidade, visto que o índio já aculturado considera-se plenamente imputável, ressalva de resto desnecessária face à adoção, pela lei positiva, do critério biopsicológico.

c) **Desenvolvimento mental retardado**

É o que não pode concluir-se. São incluídos nessa categoria os chamados casos de oligofrenia (anomalia psíquica consistente em um déficit de inteligência), em seus variados graus: idiotia, imbecilidade e debilidade mental.

É também incluída pela maioria da doutrina a situação do surdo-mudo, que, em razão de sua peculiar condição, muitas vezes desenvolve-se apartado da normalidade da vida cotidiana e, em consequência, alijado da compreensão da estrutura e dos valores ético-sociais acolhidos pela comunidade. No entanto, tal como no caso do silvícola e, de resto, em todos os casos de inimputabilidade (salvo a menoridade), o critério aqui é biopsicológico, ou seja, é necessário verificar-se que, em concreto e no exato momento da conduta, a patologia impediu o sujeito de entender o caráter ilícito de sua ação ou de determinar-se de acordo com esse entendimento.

16.1.2.2.3 Hipnose e sonambulismo

Não obstante a diminuta incidência (cremos) de fatos típicos praticados em estado de hipnose ou sonambulismo, discute a doutrina sobre o impacto dessas circunstâncias na estrutura do fato criminoso.

a) Trata-se de causa excludente da própria conduta

São causas de exclusão da própria conduta, por ausência de consciência.

Como explica Fernando Galvão: "o movimento corpóreo inconsciente, verificado nas hipóteses de sonambulismo ou de atos reflexos, não caracteriza o pressuposto fático da teoria do delito" (*Direito penal*, p. 365).

Também Mirabete entende que, embora alguns doutrinadores incluam no conceito de doença mental os estados crepusculares não patológicos, como o sono normal crepuscular, a febre, o sonambulismo, o desmaio, a hipnose por sugestão etc., "não se pode esquecer, porém, que nessa hipótese existirá um estado de inconsciência, inexistindo a própria conduta" (Julio Fabbrini Mirabete e Renato N. Fabbrini, *Manual de direito penal*, p. 197).

b) Trata-se de causa excludente de culpabilidade

Conforme defende Cezar Roberto Bitencourt: "o hipnotismo, eventualmente, pode ser equiparado a uma doença mental transitória, desde que, é claro, não haja o propósito de deixar-se hipnotizar para vir a delinquir, que configuraria hipótese de *actio libera in causa*" (*Tratado de direito penal*, 2008, p. 358).

16.1.2.2.4 Critério: biopsicológico

A regra quanto à imputabilidade, excepcionada apenas pelo desenvolvimento mental incompleto em razão de imaturidade (ou seja, da menoridade, já estudada), é a adoção do critério biopsicológico, vale dizer, o critério que conjuga a circunstância biológica (relacionada à patologia mental) à verificação do concreto impacto dessa condição sobre a capacidade psicológica de entender o caráter ilícito do fato e determinar-se de acordo com esse entendimento, no exato instante em que a conduta está sendo praticada.

> Em sede de inimputabilidade (ou semi-imputabilidade), vigora, entre nós, o critério biopsicológico normativo. Dessa maneira, não basta simplesmente que o agente padeça de alguma enfermidade mental, faz-se mister, ainda, que

exista prova (*v.g.*, perícia) de que esse transtorno realmente afetou a capacidade de compreensão do caráter ilícito do fato (requisito intelectual) ou de determinação segundo esse conhecimento (requisito volitivo) à época do fato, *i.e.*, no momento da ação criminosa (...) (STJ, HC 33.401/RJ, Rel. Min. Felix Fischer, 5ª T., j. em 3-11-2004).

Note-se que a imputabilidade restará excluída em ambas as situações:

a) **Ausência de capacidade de entendimento (aspecto intelectivo):** o sujeito não consegue sequer entender a reprovabilidade social da conduta que pratica.

b) **Ausência de capacidade de autocontrole (aspecto volitivo):** embora entenda a reprovabilidade social, o sujeito não consegue dirigir ou controlar o seu comportamento de modo que ele seja adequado àquele entendimento.

Por fim, estabelecida a premissa de que, para a quase totalidade da doutrina, o critério adotado pela lei brasileira qualifica-se como "biopsicológico", fazemos coro à crítica de Roxin, que nos parece pertinente e esclarecedora, nos seguintes termos (em livre tradução): "Tradicionalmente, se fala aqui de um método biológico-psicológico de constatação da inimputabilidade. A base dele é a ideia de que primeiro haveriam de ser constatados determinados estados orgânicos ('biológicos'), e que depois se teria que examinar se estava excluída por eles a capacidade 'psicológica' de compreensão ou inibição. No entanto, desse modo não se caracterizam corretamente os dados, pois muitos transtornos de consciência não se devem a manifestações de deficiências corporais-orgânicas (biológicas). Tampouco a constatação da capacidade de atuar de outro modo é um dado psicológico, mas sim baseado substancialmente em uma asserção normativa. Por isso na literatura científica se fala hoje com frequência de um método 'psíquico-normativo' ou psicológico-normativo" (*Derecho penal*, p. 823. No Brasil defende o mesmo posicionamento Paulo Queiroz, *Direito penal*, 2009, p. 395).

16.1.2.2.5 Consequência

A consequência da constatação dos estados biopsicológicos descritos varia, justamente, de acordo com a intensidade do impacto sobre a capacidade concreta de entendimento ou determinação do agente no momento da conduta:

a) **Inteiramente incapaz**

Se, em virtude da doença mental, desenvolvimento mental incompleto ou retardado o agente era, ao tempo da ação ou omissão, inteiramente incapaz de entender o caráter ilícito do fato ou de determinar-se de acordo com esse entendimento, será considerado inimputável.

Tal como no caso do adolescente, no entanto, a inimputabilidade reconhecida, em virtude das causas estabelecidas no art. 26 do CP, não põe o agente a salvo de qualquer consequência penal: se ao primeiro não convém pena, e sim educação (medida socioeducativa imposta pelo juízo próprio), ao segundo não convém pena, e sim tratamento (medida de segurança, imposta pelo próprio juízo criminal).

Sob o prisma processual penal, a sentença aí proferida terá natureza absolutória (art. 386, VI), mas a absolvição é dita imprópria, pois não libera por completo o agente, impondo-lhe sanção de natureza penal (embora diversa da pena). Tanto assim, que, ao contrário de outras causas de absolvição, essa não pode ser reconhecida sumariamente (art. 397 do CPP) antes da comprovação definitiva, no âmbito do devido processo legal, de autoria e materialidade do fato típico, bem como da ausência de qualquer causa de justificação.

b) **Não inteiramente capaz**

Se, em virtude da perturbação mental ou desenvolvimento mental incompleto ou retardado o agente tem meramente diminuída a capacidade de entendimento ou determinação, o agente será considerado semi-imputável.

Note-se que no parágrafo único o legislador substitui a expressão "doença mental" por "perturbação da saúde mental", demonstrando que, para aplicação da redução de pena, o conceito deve ser ainda mais amplo do que a já abrangente noção de doença mental. É que toda doença mental é por certo uma perturbação mental, mas nem toda perturbação mental porta a intensidade e a gravidade suficientes para ser considerada doença mental, de forma que no dispositivo ingressam todas as anomalias psíquicas que, embora diminuam o entendimento ou a vontade, não configuram doenças mentais (Nelson Hungria e Heleno Cláudio Fragoso, *Comentários ao Código Penal*, p. 271).

Concordamos inteiramente com a crítica tecida por, dentre outros, Cezar Roberto Bitencourt a essa nomenclatura. A imputabilidade (capacidade de ser culpável) não comporta graduações. É-se ou não se é. O que pode haver (e há) é uma culpabilidade (censurabilidade) diminuída, e não uma semi-imputabilidade: "As expressões, comumente utilizadas pela doutrina, imputabilidade diminuída ou semi-imputabilidade são absolutamente impróprias, pois, na verdade, soam mais ou menos como algo parecido como semivirgem, semigrávida, ou então como uma pessoa de cor semibranca!" (*Tratado de direito penal*, 2008, p. 360).

De qualquer forma, como reconhece o próprio autor, são expressões de uso corrente, e o que importa é saber que o resultado do reconhecimento da semi-imputabilidade será a condenação, traduzindo-se, o menor grau de culpabilidade, na redução da pena, no valor de 1/3 a 2/3.

Para doutrina majoritária, reconhecida pelo juiz a semi-imputabilidade, é obrigatória da redução da pena, havendo discricionariedade (consubstanciada na locução "pode") apenas no que toca ao *quantum* da diminuição.

> Conforme entendimento desta Corte e do Pretório Excelso, uma vez reconhecida pelo magistrado a semi-imputabilidade do réu, impõe-se a observância da redução da pena, nos moldes do preconizado pelo art. 26, parágrafo único do CP (...) (STJ, HC 19.916/SP 2001/0194893-7, Rel. Min. Jorge Scartezzini, 5ª T., j. em 15-5-2002).

16.1.2.2.6 Sistema vicariante

Na sistemática anterior era admissível, nesses casos, a imposição cumulativa de pena e medida de segurança (sistema duplo-binário ou de dois trilhos), que deveriam ser cumpridas sucessivamente. Com a reforma da Parte Geral do Código Penal, em 1984, no entanto, abandonou-se por completo o duplo-binário, passando-se a adotar o sistema vicariante, unitário ou monista. Segundo ele, não é possível a aplicação cumulativa, senão alternativa dessas duas espécies de sanção penal. Ou bem o juiz entende mais conveniente a aplicação da pena (e aí é obrigado a reduzi-la no patamar indicado), ou descarta a pena e aplicação tão somente medida de segurança.

> Apelação. Furto. Sentença condenatória. Autoria e materialidade suficientemente demonstradas. Exame de insanidade mental. Reconhecimento da semi-imputabilidade. Aplicação de medida de segurança e multa. Vigência do sistema vicariante. Impossibilidade. Diminuição da pena. Inadmissibilidade em face da reincidência. Reconhecimento de prescrição. Inviabilidade. Substituição por tratamento ambulatorial. Inaplicável para pena de reclusão. Recurso provido, em parte, para afastar a aplicação da pena de multa imposta (TJSP, ACR 932242360000000/SP, Rel. Rossana Teresa Curioni Mergulhão, 12ª Câm. de Direito Criminal B, j. em 15-12-2008).

16.1.2.2.7 Comprovação

A comprovação do estado biopsicológico de privação da capacidade de entendimento ou autodeterminação depende, sempre, de comprovação pericial.

Do ponto de vista processual a via ordinária é a instauração de incidente de insanidade mental do acusado, nos moldes preconizados pelos arts. 149 a 154 do Código de Processo Penal. O laudo pericial resultante do procedimento, no entanto, não vincula o juiz, a quem compete exclusivamente decidir sobre a imputabilidade.

No julgamento do **REsp 1.802.845-RS** de relatoria do Min. Sebastião Reis Júnior, em 23-6-2020, a Sexta Turma do STJ reafirmou o entendimento de que o reconhecimento da inimputabilidade ou semi-imputabilidade do réu depende da prévia instauração de incidente de insanidade mental e do respectivo exame médico-legal nele previsto. A Corte entendeu que, a despeito do disposto no art. 182 do CPP ("o juiz não ficará adstrito ao lauto, podendo aceitá-lo ou rejeitá-lo, no todo ou em parte") o exame pericial é indispensável para formar a convicção do órgão julgador para fins de aplicação do art. 26 do CP, uma vez que o magistrado não detém conhecimentos técnicos indispensáveis para aferir a saúde mental do réu ou a sua capacidade de se autodeterminar. No caso sob análise o réu havia sido condenado por estupro e em sede de apelação teve sua pena reduzida em virtude do reconhecimento da semi-imputabilidade. O Tribunal de Justiça, ao dar provimento parcial ao recurso deixou consignado que "A prova oral coligida autoriza o reconhecimento da minorante prevista no art. 26, parágrafo único, do CP. O relato da ofendida sobre as condições psíquicas e psicológicas apresentadas pelo réu à ocasião dos fatos evidencia que ele agiu durante um episódio de perturbação de sua saúde mental (estando desorientado, transtornado e com comportamento suicida), em razão do que, ainda que compreendesse a ilicitude de sua conduta, não era plena e inteiramente capaz de se determinar de acordo com esse entendimento. Em face dessa decisão o Ministério Público do Rio Grande do Sul interpôs Recurso Especial, conhecido e provido, determinando-se a cassação do acórdão exarado, sob o argumento de que o reconhecimento de inimputabilidade ou semi-imputabilidade depende de prévia instauração de incidente de insanidade mental, sendo no entanto possível ao juiz discordar das conclusões dos peritos. Reputamos equivocado esse entendimento. Em primeiro lugar porque colide frontalmente com o art. 182 do CPP e mesmo eivado de contradição interna: na medida em que o legislador permite que a avaliação do juiz se sobreponha à do expert, não há razão de tornar a realização da perícia ao mesmo tempo obrigatória e ao mesmo tempo não vinculante. Em segundo lugar porque afronta o art. 155 do CPP, que consagra o sistema do livre convencimento motivado do juiz na apreciação da prova, repelindo o sistema tarifado. E em terceiro lugar porque viola de forma injustificável o próprio art. 5º, LV, da CF onde se estampa o princípio da ampla defesa, pois impede que o juiz reconheça uma causa de exclusão ou diminuição da responsabilidade penal, ainda que dela existam indícios veementes e claros mesmo aos olhos do homem comum sem conhecimentos específicos.

Mesmo no caso do silvícola, apenas perícia poderá comprovar a situação de "desenvolvimento mental incompleto".

Somente é dispensável o laudo de exame antropológico e social para aferir a imputabilidade dos indígenas quando há nos autos provas inequívocas de sua integração à sociedade. No caso, há indícios de que os menores indígenas, ora pacientes, não estão totalmente integrados à sociedade, sendo indispensável a realização dos exames periciais. É necessária a realização do estudo psicossocial para se aferir qual a medida socioeducativa mais adequada para cada um dos pacientes. Ordem concedida para anular a decisão que determinou a internação dos menores sem a realização do exame antropológico e psicossocial (STJ, HC 40.884/PR 2005/0000726-0, Rel. Min. José Arnaldo da Fonseca, 5ª T., j. em 6-4-2005).

16.1.2.2.8 Denúncia

Havendo a constatação, ainda em fase pré-processual, da situação de inimputabilidade do agente, como o deve o Ministério Público, tendo em mãos os autos, proceder? Visto que a imposição de medida de segurança só tem lugar após a verificação dos elementos anteriores do crime (tipicidade e ilicitude), tudo na sede do devido processo legal, o órgão acusador deve de qualquer forma oferecer a ação, requerendo, no entanto, ao invés da condenação, a absolvição imprópria e a aplicação da medida pertinente.

16.1.2.3 Embriaguez acidental e completa
16.1.2.3.1 Fundamento

a) Código Penal (1940)

> Art. 28. Não excluem a imputabilidade penal:
>
> I – a emoção e a paixão;
>
> II – a embriaguez, voluntária ou culposa, pelo álcool ou substância de efeitos análogos.
>
> § 1º É isento de pena o agente que, por embriaguez completa, proveniente de caso fortuito ou força maior, era, ao tempo da ação ou da omissão, inteiramente incapaz de entender o caráter ilícito do fato ou de determinar-se de acordo com esse entendimento.
>
> § 2º A pena pode ser reduzida de um a dois terços, se o agente, por embriaguez, proveniente de caso fortuito ou força maior, não possuía, ao tempo da ação ou da omissão, a plena capacidade de entender o caráter ilícito do fato ou de determinar-se de acordo com esse entendimento.
>
> (...)
>
> Art. 61. São circunstâncias que sempre agravam a pena, quando não constituem ou qualificam o crime: (...)
>
> II – ter o agente cometido o crime: (...)
>
> l) em estado de embriaguez preordenada.

b) Lei das Contravenções Penais – Decreto-lei n. 3.688/41

> Art. 62. Apresentar-se publicamente em estado de embriaguez, de modo que cause escândalo ou ponha em perigo a segurança própria ou alheia:
>
> Pena – prisão simples, de 15 (quinze) dias a 3 (três) meses, ou multa.

c) Código de Trânsito Brasileiro – Lei n. 9.503/97

> Art. 306. Conduzir veículo automotor, na via pública, estando com concentração de álcool por litro de sangue igual ou superior a 6 (seis) decigramas, ou sob a influência de qualquer outra substância psicoativa que determine dependência:
>
> Pena – detenção, de 6 (seis) meses a 3 (três) anos, multa e suspensão ou proibição de se obter a permissão ou a habilitação para dirigir veículo automotor.
>
> (...)
>
> Art. 310. Permitir, confiar ou entregar a direção de veículo automotor a pessoa não habilitada, com habilitação cassada ou com o direito de dirigir suspenso, ou, ainda, a quem, por seu estado de saúde, física ou mental, ou por embriaguez, não esteja em condições de conduzi-lo com segurança:
>
> Penas – detenção, de 6 (seis) meses a 1 (um) ano, ou multa.

d) Lei de Drogas – Lei n. 11.343/2006

> Art. 39. Conduzir embarcação ou aeronave após o consumo de drogas, expondo a dano potencial a incolumidade de outrem:
>
> Pena – detenção, de 6 (seis) meses a 3 (três) anos, além da apreensão do veículo, cassação da habilitação respectiva ou proibição de obtê-la, pelo mesmo prazo da pena privativa de liberdade aplicada, e pagamento de 200 (duzentos) a 400 (quatrocentos) dias-multa.
>
> (...)
>
> Art. 45. É isento de pena o agente que, em razão da dependência, ou sob o efeito, proveniente de caso fortuito ou força maior, de droga, era, ao tempo da ação ou da omissão, qualquer que tenha sido a infração penal praticada, inteiramente incapaz de entender o caráter ilícito do fato ou de determinar-se de acordo com esse entendimento.
>
> Parágrafo único. Quando absolver o agente, reconhecendo, por fora pericial, que este apresentava, à época do fato previsto neste artigo, as condições referidas no *caput* deste artigo, poderá determinar o juiz, na sentença, o seu encaminhamento para tratamento médico adequado.
>
> Art. 46. As penas podem ser reduzidas de um terço a dois terços se, por força das circunstâncias previstas no art. 45 desta Lei, o agente não possuía, ao tempo da ação ou da omissão, a plena capacidade de entender o caráter ilícito do fato ou de determinar-se de acordo com esse entendimento.

16.1.2.3.2 Conceito

É intoxicação transitória e aguda, provocada por álcool ou substância de efeitos análogos. Dentre essas, no entanto, excluem-se das disposições do Código Penal aquelas catalogadas, pelo Ministério da Saúde, como "drogas", porquanto a disciplina envolvendo essas substâncias encontra sede própria na legislação especial (Lei n. 11.343/2006).

16.1.2.3.3 Classificação quanto à causa

Quanto à origem do estado de embriaguez, distingue-se em:

a) **Embriaguez acidental ou fortuita**

a.1) caso fortuito: é a circunstância derivada de fatores imprevistos, por exemplo, no sempre citado caso do agente que ingere bebida sem saber que tem conteúdo alcoólico ou ingere substância desconhecendo o seu efeito perturbador sobre a consciência;

a.2) força maior: é a circunstância derivada uma força externa que atua contra a vontade do agente, obrigando-o à ingestão do álcool (ou substância de efeitos análogos);

b) **Embriaguez não acidental**

b.1) voluntária preordenada: a embriaguez chamada "preordenada" é aquela que o agente provoca em si mesmo, já com o fito de cometer um crime;

b.2) voluntária não preordenada: na verdade, deveria chamar-se "intencional", pois, mesmo sendo embriaguez culposa, a ingestão da bebida foi, por certo, voluntária.

Distingue-se o caso presente, no entanto, pois nele o agente consumiu álcool já com a intenção de embriagar-se (embora não de delinquir);

b.3) culposa: a ingestão da bebida não tinha como objetivo provocar o estado de embriaguez, embora esse resultado fosse previsível;

b.4) crônica, patológica ou decorrente de dependência: é a resultante do vício ou da compulsão e não foi expressamente mencionada pelo Código Penal, mas sendo largamente reconhecida pela literatura médica como modalidade de doença mental. Ressalte-se que, quanto às drogas ilícitas, (cuja normativa mais moderna encontra-se na Lei n. 11.343/2006), cuidou o legislador de dar solução expressa ao problema da dependência. Não se confunde, no entanto, a embriaguez crônica (aquela na qual os efeitos do álcool perduram mesmo depois de a substância ter sido eliminada do organismo, gerando, por isso mesmo, uma série de reações físicas e psíquicas que compelem o alcoólatra a embriagar-se novamente) com a mera embriaguez habitual (que, não obstante, pode evoluir para um quadro patológico).

16.1.2.3.4 Classificação quanto ao resultado

Quanto à intensidade da perturbação física e psíquica que provoca, a embriaguez é dividida usualmente em três estágios: excitação – depressão – letargia. Na nomenclatura apresentada por Magalhães Noronha, estágio: alegre – furioso – comatoso (*Direito penal*, 2003, p. 184). E na trazida por Miguel Reale Júnior, estágio: do macaco – do leão – do porco (*Instituições de direito penal*, p. 215).

a) **Incompleta: 1º estágio (excitação)**

Configura a embriaguez leve e corresponde a uma quantidade igual ou superior à 0,6 g de álcool por litro de sangue (critério apontado por Luiz Regis Prado, *Curso de direito penal brasileiro*, 2007, p. 438). A descrição de Ney Moura Teles é simples, realista e facilmente reconhecível, pois não há quem não tenha na cabeça a imagem em que o "sujeito apresenta enorme euforia, torna-se loquaz, brinca, diverte-se, fala com tom de voz elevado, tem diminuída sua capacidade de autocrítica. Todos conhecem essa fase, em festas e ambientes sociais, e certamente apenas os que jamais ingeriram bebida alcoólica não experimentaram essa situação. Geralmente, nessa etapa, o sujeito não passa de um inconveniente, falando o que não devia ou podia ser dito" (Ney Moura Teles, *Direito penal*, p. 254).

b) **Completa: 2º estágio (depressão) e 3º estágio (letargia)**

Abrange os chamados segundo (cerca de 3 gramas de álcool por litro de sangue, segundo critério apontado por Luiz Regis Prado, *Curso de direito penal brasileiro*, 2007, p. 438) e terceiro períodos (cerca de 4 a 5 gramas de álcool por litro de sangue, critério apontado por Luiz Regis Prado, *Curso de direito penal brasileiro*, 2007, p. 438).

Nas palavras de Ney Moura Teles, na segunda fase "o indivíduo já experimenta certa confusão mental, não se localizando, com precisão, no tempo e no espaço, perdendo a capacidade de coordenar seus movimentos corporais e, em decorrência desse déficit, irritando-se com facilidade. Aqui, qualquer contrariedade, por menor que seja, faz com que o sujeito reaja com violência ou agressividade" (*Direito penal*, p. 254).

A terceira fase corresponde ao sono profundo, podendo chegar ao coma.

Como adverte Hungria, no terceiro período ou período letárgico, somente pode ser causa de crimes omissivos próprios ou impróprios (Nelson Hungria e Heleno Cláudio Fragoso, *Comentários ao Código Penal*, p. 313).

16.1.2.3.5 Consequência

a) Preordenada

Não exclui responsabilidade penal. O agente responderá pelo crime que houver cometido, a título doloso e incidindo ainda uma circunstância agravante (art. 61, II, *l*, do CP). Interessante a observação de Frederico Marques (citando Beling), que equipara tal situação à da chamada autoria mediata, em que o agente se vale de pessoa inculpável para praticar o crime (*apud* Frederico Marques, *Tratado de direito penal*, v. II, p. 248).

b) Voluntária (não preordenada) e culposa

O agente que pratica o fato em estado de embriaguez voluntária (não preordenada) ou culposa responde pelo delito, sem o acréscimo de nenhuma agravante, e também sem o benefício de qualquer atenuante, independentemente do grau da embriaguez (seja completa ou incompleta) e da existência ou não, no momento da conduta, de real capacidade de entendimento ou autodeterminação.

> Penal e processo penal. Recurso especial. Homicídio qualificado. Motivo fútil. Embriaguez. Compatibilidade. Recurso especial não provido. 1. Pela adoção da teoria da *actio libera in causa* (embriaguez preordenada), somente nas hipóteses de ebriez decorrente de "caso fortuito" ou "forma maior" é que haverá a possibilidade de redução da responsabilidade penal do agente (culpabilidade), nos termos dos §§ 1º e 2º do art. 28 do Código Penal. 2. Em que pese o estado de embriaguez possa, em tese, reduzir ou eliminar a capacidade do autor de entender o caráter ilícito ou determinar-se de acordo com esse entendimento, tal circunstância não afasta o reconhecimento da eventual futilidade de sua conduta. Precedentes do STJ. 3. Inviável, na via extraordinária, desconstituir os fundamentos adotados pelo Tribunal *a quo* sem que haja uma análise acurada da matéria fático-probatória – no caso o exame dos limites da embriaguez para verificação de culpabilidade –, consoante determina a Súmula 7/STJ. 4. Recurso especial não provido (STJ, REsp 908.396/MG, Rel. Arnaldo Esteves Lima, 5ª T., j. em 3-3-2009).

Questão mais complexa, e que a lei não esclarece, é a seguinte: admitindo-se a imputabilidade da conduta praticada em estado de embriaguez voluntária ou culposa, como faz o nosso Código Penal, qual o critério para a tipificação subjetiva do tipo praticado? Três possibilidades já foram ventiladas.

b.1) O critério é o elemento subjetivo, em relação ao crime, existente no momento em que o agente se embriaga: se no momento em que se embriagou (não importa a causa) o agente já tinha a intenção (o que só vai ocorrer na preordenada) ou pelo menos assumiu o risco de praticar o crime, responderá por ele a título de dolo. Se no momento em que se embriagou o agente previu ou ao menos lhe era objetivamente possível prever aquele resultado específico (e não qualquer resultado criminoso, genericamente), responderá por crime culposo, desde que haja previsão. A nosso sentir, é a única de fato compatível com a doutrina da *actio libera in causa* (que será adiante estudada).

b.2) O critério é o elemento subjetivo, em relação ao ato de embriagar-se, existente no momento em que o agente se embriaga: o elemento subjetivo deve ser analisado no momento da embriaguez e em relação a ela.

Se a embriaguez foi voluntária, o injusto praticado deve ser considerado doloso. Se foi culposa a embriaguez, haverá injusto imprudente.

b.3) O critério é o elemento subjetivo, em relação ao crime, no momento da prática da conduta, não importando a origem da embriaguez: embora mais coerente do que a anterior, tal posição termina por criar (ainda mais) problemas para a já controvertida teoria da *actio libera in causa*; até mesmo porque exige sempre o reconhecimento de uma consciência residual no momento do fato, que nem sempre acontece (a conduta da mãe que se embriaga completamente, seja voluntária, seja culposamente, e desmaia, dando causa com sua omissão, horas depois, à morte do filho que se dependura na janela, é dolosa ou culposa, no momento em que a omissão é praticada?).

No entanto, é a posição que prevalece. Na explicação de Hungria, seguida por boa parte da doutrina ainda, "no caso da embriaguez não preordenada, mas voluntária ou culposa, responderá por crime doloso ou culposo, segundo o indicarem as circunstâncias, ou seja, segundo a direção ou atitude da residual vontade que existe no estado de ebriedade" (Nelson Hungria e Heleno Cláudio Fragoso, *Comentários ao Código Penal*, p. 311).

c) **Embriaguez decorrente de vício (alcoolismo)**

Embora não tenha sido nominalmente citada pelo Código, há muito se defende que a compulsão relacionada ao consumo de álcool ou outras substâncias inclui-se no conceito de doença mental e, dessa forma, obedece à disciplina já estudada do art. 26 (Nelson Hungria e Heleno Cláudio Fragoso, *Comentários ao Código Penal*, p. 313; Frederico Marques, *Tratado de direito penal*, v. II, p. 240; Fernando Galvão, *Direito penal*, p. 376).

Nesse passo, calha trazer a lição de Fernando Galvão (em comentário à antiga "Lei de Entorpecentes", mas que em tudo se aplica à nova "Lei de Drogas" e também à situação de embriaguez patológica), lembrando que, "para o reconhecimento da incapacidade proveniente da dependência, não cabe indagar se as diversas ingestões da substância entorpecente, necessárias ao estabelecimento da situação de dependência, foram voluntárias ou culposas. A dependência que o indivíduo guarda em relação ao consumo da substância, quando por si só produz total incapacidade de entendimento ou autodeterminação, impede que se concretize o juízo de reprovação da culpabilidade" (*Direito penal*, p. 376).

d) Acidental: caso fortuito ou força maior

É a única capaz, na nossa sistemática, de excluir a imputabilidade. Ocorre que, quanto a ela, importam mais dois níveis de considerações:

d.1) Primeiro: só haverá exclusão da imputabilidade quando a embriaguez acidental for completa.

d.2) Segundo: só haverá a exclusão da imputabilidade quando a embriaguez acidental, além de completa, privar inteiramente o sujeito da capacidade de entendimento ou de autodeterminação em relação especificamente ao injusto típico praticado.

16.1.2.3.6 Prova

A embriaguez deve ser provada por perícia, invasiva ou clínica, mas, caso isso não seja possível (o que é bem o provável, se não houver prisão em flagrante), admitem-se outros meios, inclusive a prova testemunhal.

16.1.2.3.7 Sentença

No caso de reconhecimento de inimputabilidade por embriaguez acidental e completa, que impeça completamente o agente de entender o caráter ilícito do fato ou de determinar-se de acordo com esse entendimento, a sentença será absolutória própria, ou seja, sem imposição de medida de segurança.

No caso de reconhecimento de embriaguez acidental (completa ou incompleta) que não elimine a capacidade de discernimento ou autodeterminação, o caso será de "semi-imputabilidade" (valendo as mesmas críticas que já foram feitas no tocante à doença mental), e a sentença será condenatória, valendo a menor culpabilidade para determinar redução da pena da ordem de um terço a dois terços.

16.1.2.3.8 Critério

Da mesma forma que em relação às outras causas de inimputabilidade (salvo a menoridade), o critério é também o biopsicológico.

Dessa forma, na sistemática jurídica brasileira, apenas a embriaguez proveniente de caso fortuito ou de força maior, quando denominada "completa" (segundo e terceiro estágios), é isenta de pena. Mas não é só. É preciso ainda agregar a componente de cunho chamado psicológico. Ou seja, que, em virtude de tal circunstância, o agente estivesse completamente privado de sua capacidade de entendimento ou de autodeterminação.

16.1.2.3.9 Actio libera in causa

Segundo noticia Francisco de Assis Toledo, a teoria das *actiones liberae in causa* remonta à Antiguidade e, desde o seu nascedouro, pretendia resolver a questão dos delitos praticados em estados de inconsciência (embriaguez, sono etc.) provocados pelo próprio agente. A ideia, explica o autor, é simples e parte da premissa de que "embora o agente não esteja no pleno gozo de suas faculdades de compreensão e de autodeterminação, no momento do fato, essa situação transitória de inimputabilidade seria resultante de um anterior ato livre de vontade. Daí esta outra expressão latina que resume o princípio que informa a teoria em exame: *causa causae est causa causati* (a causa da causa é também causa do que foi causado)" (*Princípios básicos do direito penal*, p. 223).

Altamente controvertido na doutrina é o tema da *actio libera in causa*. Duas questões se fazem imediatamente presentes: 1ª) a sistemática do ordenamento jurídico brasileiro, no tocante à embriaguez, adota de fato a teoria da *actio libera in causa?*; 2ª) a responsabilização de quem comete o crime em estado de embriaguez voluntária ou culposa viola o princípio da culpabilidade?

1ª QUESTÃO: A solução adotada pela lei brasileira representa a fiel aplicação da teoria da *actio libera in causa?*

a) **Sim. A imputabilidade é possível e legítima por meio da adoção da *actio libera in causa*.**

Já da Exposição de Motivos do Código Penal consta a seguinte explicação: "Ao resolver o problema da embriaguez (pelo álcool ou substância de efeitos análogos), do ponto de vista da responsabilidade penal, o projeto aceitou em toda a sua plenitude a teoria da *actio libera in causa seu ad libertatem relata*, que, modernamente, não se limita ao estado de inconsciência preordenado, mas a todos os casos em que o agente se deixa arrastar pelo estado de inconsciência".

Hungria, abraçando e explanando o referido princípio, postula que "em face deste, persiste a responsabilidade do indivíduo que, colocando-se em estado de transitória perturbação fisiopsíquica por ato voluntário seu, ainda que simplesmente culposo, vem em seguida a praticar uma ação (ou omissão) violadora da lei penal" (Nelson Hungria e Heleno Cláudio Fragoso, *Comentários ao Código Penal*, p. 310).

b) **Não. A imputabilidade, nesse caso, não deriva da *actio libera in causa*, mas de uma simples ficção imposta *ex vi legis* e ditada por razões de política criminal.**

Heleno Cláudio Fragoso, contestando já o texto da Exposição de Motivos, pondera que "não se aplica a teoria da *actio libera in causa* a todos os casos em que o agente se deixou arrastar ao estado de inconsciência (ao contrário do que se afirma na

Exposição de Motivos do CP vigente, n. 21). Se o fato delituoso praticado em estado de embriaguez, que conduz à incapacidade de entendimento e autogoverno, não era sequer previsível, para o agente, no momento em que estava sóbrio, não há culpa e só se pode admitir que estamos diante de hipótese anômala de responsabilidade objetiva. Essa deplorável solução foi adotada pela lei vigente em nome de mais eficaz repressão à criminalidade" (*Lições de direito penal*, p. 220-221).

Para Magalhães Noronha, também "não estamos nos domínios da *actio libera in causa*. Nesta o agente é livre na causa que, praticada em pleno uso e gozo de suas faculdades mentais, já é ato executivo do crime, ao passo que, na embriaguez, ele não quer cometer delito, mas somente beber. (...) Isto posto, não há dúvida de que, embora louvável o intuito do legislador, ele aqui consagrou a responsabilidade objetiva" (*Direito penal*, 2003, p. 185-186).

Frederico Marques também não concorda que a disciplina do Código Penal constitua a aplicação fiel da teoria, asseverando não ser exato "que a teoria da *actio libera in causa* justifica, no campo da imputabilidade, o tratamento rigoroso que o Código deu à embriaguez. Não há que falar, no tocante ao assunto, em *actio libera in causa*. (...) Na citada teoria, o nexo psicológico entre o agente e o fato delituoso tem por base o ato inicial, o que não acontece na embriaguez voluntária ou culposa. Se um indivíduo quer embriagar-se e entrega-se, por isso, à bebida, não se irá punir, como autor de crime doloso, se depois de alcoolizado sai guiando e mata uma pessoa por imprudência. Se a ligação psicológica, através de dolo ou culpa, é efetuada em relação ao momento em que se pratica a ação lesiva e delituosa, como falar em *actio libera in causa?*" (*Tratado de direito penal*, v. II, p. 243).

No sentir de Mirabete, "não basta, no entanto, que o agente tenha se posto voluntária ou imprudentemente em estado de inconsciência por embriaguez ou por outro qualquer meio para que o fato típico que ele venha a praticar se constituía em *actio libera in causa*. É preciso que esse resultado tenha sido querido ou previsto pelo agente como imputável, ou que ele pudesse prevê-lo como consequência de seu comportamento" (Julio Fabbrini Mirabete e Renato N. Fabbrini, *Manual de direito penal*, p. 201).

Miguel Reale Júnior é categórico ao afirmar que "esta ficção legal não importa em *actio libera in causa*, que se confirma em vista da ação antecedente de se colocar em estado de embriaguez para cometer o delito. A lei, por ficção, considera que há uma imputabilidade, não decorrente da atitude anterior voltada para a prática do crime, e sim no instante mesmo da ação, se a ação foi adquirida voluntária ou culposamente" (*Instituições de direito penal*, p. 215).

2ª QUESTÃO: O princípio adotado pelo Brasil, chamado (erroneamente ou não) de *actio libera in causa*, é admissível, em face da adoção do princípio da culpabilidade (mais bem chamado de "responsabilidade penal subjetiva")?

a) Sim.

Hungria, grande defensor da sistemática estabelecida pelo Código Penal, rechaça as críticas, afirmando: "Não é de identificar-se na espécie, como já se tem pretendido, um caso de responsabilidade objetiva, mas de responsabilidade por ampliação (ditada por motivos de índole social) do próprio critério voluntarístico" (*Comentários ao Código Penal*, p. 312).

Já Fernando Capez admite haver na espécie responsabilidade objetiva, mas entende ser ela, excepcionalmente, admissível, por uma razão político-criminal: "Essa teoria ainda configura um resquício de responsabilidade objetiva em nosso sistema penal, sendo admitida excepcionalmente quando for de todo necessário para não deixar o bem jurídico sem proteção" (*Curso de direito penal*, 2008, p. 314).

b) **Não.**

Fernando Galvão reconhece, no sistema adotado pelo Brasil, os contornos da responsabilidade objetiva, pois, "ao considerar imputável o agente que se embriagou propositadamente ou culposamente, mas não pretendia cometer crime ou não podia prever a sua prática, a teoria da *actio libera in causa* viola o princípio do *nullum crimen sine culpa*, materializando hipótese de responsabilidade objetiva. Vale notar que o propósito do agente ou seu descuido estão relacionados com a situação da embriaguez, não com o cometimento do crime" (*Direito penal*, p. 379).

Também Mirabete e Fabbrini a vislumbram, reconhecendo que "a explicação é válida para os casos de embriaguez preordenada ou mesmo da voluntária ou culposa quando o agente assumiu o risco de, embriagado, cometer o crime, ou pelo menos, quando a prática do delito era previsível, mas não nas hipóteses em que o agente não quer ou não prevê que vá cometer o fato ilícito. Por essa razão, entende-se na doutrina que a lei consagrou um caso de responsabilidade objetiva, sem culpa, ou de imputabilidade legal, criada por razões de política criminal" (*Manual de direito penal*, p. 207).

Ney Moura Teles é assertivo ao afirmar que "trata-se, na verdade, de responsabilidade penal objetiva, pois, nesses casos, o agente, no momento em que realiza a conduta, muitas vezes não tem consciência do fato, ou então da ilicitude" (*Direito penal*, p. 256).

Luiz Regis Prado vai na mesma linha, pois reconhece que, "em razão do conceito amplíssimo acolhido ao abarcar, inclusive, o delito cometido em estado de embriaguez não acidental imprevisível para o agente quando imputável, acaba-se por prever hipótese de responsabilidade penal objetiva, com evidente afronta aos princípios da responsabilidade subjetiva (culpabilidade) e da legalidade" (*Curso de direito penal brasileiro*, 2007, p. 438).

Paulo José da Costa Júnior não faz rodeios, portanto, para afastar a eficácia do preceito inconstitucional: "não se pode estender o princípio à embriaguez voluntária, em que o agente ingere bebida alcoólica só para ficar bêbado, ou à embriaguez culposa, e que se embriaga por negligência ou imprudência. Em nenhuma dessas hipóteses, porém, pretendia o agente praticar ulteriormente o crime. O legislador penal, ao considerar imputável aquele que em realidade não o era, faz uso de uma ficção jurídica. Ou melhor, adotou nesse ponto a responsabilidade objetiva, que se antagoniza com o *nullum crimen sine culpa*, apresentado como ideia central do novo estatuto. É forçoso convir: no capítulo da embriaguez, excetuada aquela preordenada. O Código faz reviver a velha fórmula medieval do *versari in re illicita*" (*Comentários ao Código Penal*, p. 229).

A saída proposta pela maioria dos autores que recusam vigência à interpretação do art. 28, II, que conduza à responsabilidade penal objetiva, é, a exemplo do que ocorre com as legislações alemã e portuguesa, a elaboração de um tipo penal autônomo, consistente em "praticar crime em estado de embriaguez", no qual a conduta seja embriagar-se e o "praticar crime" funcione como condição objetiva de punibilidade (portanto, externa a qualquer necessidade de consideração de dolo ou culpa).

16.1.3 Situações que não excluem a imputabilidade

O legislador cuidou de mencionar, especificamente, situações nas quais não resta excluída a imputabilidade. São elas:

16.1.3.1 Embriaguez voluntária ou culposa

Aqui de fato não há, no momento da prática da conduta, a capacidade de entendimento ou de autodeterminação essenciais para o conceito de imputabilidade, por força da adoção da teoria da *actio libera in causa*, com as limitações impostas pelo princípio constitucional da culpabilidade (tal como comentado no tópico *supra*).

16.1.3.2 Emoção e paixão

A doutrina costuma diferenciar emoção de paixão, aludindo que a primeira é um estado agudo e transitório, enquanto a segunda, um estado crônico e duradouro. Nenhuma das duas fontes de perturbação psíquica, no entanto, segundo o direito positivo brasileiro, exclui a imputabilidade.

A leitura do dispositivo em questão, no entanto, exige cautela:

Ou bem entende-se que a emoção e a paixão, quaisquer que sejam e em qualquer hipótese, não excluem jamais a imputabilidade penal, mesmo quando falte ao agente, claramente, a capacidade de entendimento ou autodeterminação, o que, a nosso ver, seria uma interpretação francamente inconstitucional, ou deve-se enquadrar o dispositivo no seu contexto histórico, garantindo-lhe uma interpretação afinada com o princípio da culpabilidade.

A respeito, esclarecem Zaffaroni e Pierangeli que "este dispositivo não pode ser entendido num outro sentido que não o de estabelecer, com exclusividade, que a mera paixão ou emoção não excluem a imputabilidade, o que é absolutamente correto e cuja inserção na lei justifica-se por razões históricas, diante das confusões criadas pelo art. 4º do art. 27 do Código de 1890, que se referia à 'privação dos sentidos'. Por conseguinte, se essa origem histórica pode explicar a presença de um preceito óbvio, é certo que dele não se autoriza extrair consequências que não sejam admissíveis diante do princípio da culpabilidade" (*Manual de direito penal*, p. 601).

Nessa trilha, há que se reconhecer que, quanto a determinados estados emocionais ou passionais cuja intensidade priva de fato o agente da capacidade de entendimento ou autocontrole, outra solução não há senão afastar, sim, a imputabilidade (pense-se, por exemplo, no medo paralisante, no desespero ou mesmo na fúria de ver ser morto diante de si um ente querido).

A nosso ver, assiste inteira razão à Juarez Cirino dos Santos, quando afirma que "a dinâmica de formação, agravação e descarga agressiva de emoções ou afetos representa grave perturbação psíquica não patológica que, assim como outras situações extremas de esgotamento ou fadiga, pode excluir ou reduzir a capacidade de culpabilidade, como prevê, por exemplo, a legislação alemã" (*Direito penal*, p. 295).

De forma que boa parte da doutrina admite estados emocionais ou passionais extremamente intensos que podem e devem ser considerados como modalidades de doença mental (lembrando que essa pode ser até mesmo transitória), conduzindo à exclusão ou redução da culpabilidade por força do art. 26 do CP.

16.2 POTENCIAL CONSCIÊNCIA DA ILICITUDE

16.2.1 Noções gerais

16.2.1.1 Definição

Trata-se aqui da possibilidade (social) de conhecer a ilicitude do fato, e não mais da capacidade psicológica de entendê-la ou de determinar-se de acordo com esse entendimento.

Como já se cuidou ao tempo de vigência do sistema causal-naturalista, nenhuma relevância autônoma se concedia a esse requisito, presumindo-se o presente sempre. Corolário dessa presunção era a absoluta irrelevância do chamado "erro de proibição". Aliás, afirmava-o expressamente o art. 16 do Código Penal, sob a rubrica "ignorância ou erro de direito": "Art. 16. A ignorância ou a errada compreensão da lei não eximem de pena".

16.2.1.2 Consciência atual versus consciência potencial

Sendo a culpabilidade, como se viu, hoje em dia entendida como uma categoria essencialmente normativa, o que se exige não é uma consciência real e concreta da ilicitude, senão uma consciência potencial.

Contudo, sendo esse um requisito normativo, portanto, graduável, qual deve ser o critério para sua graduação? Fornecem-no Zaffaroni e Pierangeli deste modo: "Não se pode exigir de todos o mesmo grau de compreensão da antijuridicidade. Há casos em que exigência é maior do que em outros. Isso depende do esforço que o sujeito devesse fazer para compreender – internalizar – a norma. Circunstâncias pessoais, sociais, ou mesmo uma combinação de ambas, nos revelarão o grau de esforço do sujeito que estará sempre em relação inversa com a reprovabilidade: quanto maior for o esforço que o sujeito deva fazer de internalizar a norma, menor será a reprovabilidade de sua conduta, e vice-versa" (*Manual de direito penal brasileiro*, p. 590).

16.2.1.3 Objeto do conhecimento

Já que conhecimento do injusto não significa conhecimento da lei (distinguem-nos a própria lei positiva), cumpre perguntar: o que se deve conhecer, para conhecer-se o "injusto"?

No Brasil, prevalece amplamente a posição segundo a qual se exige do agente apenas o conhecimento da antijuridicidade material (chamado pela doutrina "valoração paralela na esfera do profano"). Ou seja, para que se diga que alguém conhece o injusto, basta que esse alguém conheça que seu comportamento é socialmente danoso, que contradiz a ordem jurídica ou mesmo moral, independentemente de conhecer o bem jurídico lesionado ou a punibilidade do fato (Juarez Cirino dos Santos, *Direito penal*, p. 304).

16.2.1.4 Posição do conhecimento da ilicitude na teoria do crime e suas consequências

A questão aqui se liga ao ponto, já examinado no capítulo anterior (no tema relativo às descriminantes putativas), da evolução histórica da teoria do crime e, em especial, do conceito de dolo e suas ligações com a culpabilidade. Aqui se retoma sinteticamente o assunto, só para o esclarecimento da posição dogmática e conhecimento da ilicitude. Para um estudo mais detalhado, remetemos o leitor ao capítulo anterior.

a) **Teorias do dolo**

O conhecimento da ilicitude integra o conceito de dolo, que é composto, portanto, pela consciência do fato somada à consciência da ilicitude do fato. O *dolus malus*, assim formado, é uma manifestação de rebeldia em relação ao direito que, se não estiver presente por qualquer razão, exclui-o. Erro de tipo e erro de proibição, nesse passo, equivalem-se.

b) **Teorias da culpabilidade**

Na teoria finalista, como se viu, o dolo situa-se na tipicidade, enquanto o conhecimento da ilicitude é elemento da culpabilidade. Assim, distinguem-se perfeitamente erro de tipo e erro de proibição, sendo que o segundo, como se verá, não exclui o dolo, mas sim isenta de pena por excluir a culpabilidade.

16.2.2 Excludente

16.2.2.1 Erro de proibição

16.2.2.1.1 Fundamento

a) **Lei das Contravenções Penais – Decreto-lei n. 3.688/41**

> Art. 8º No caso de ignorância ou de errada compreensão da lei, quando escusáveis, a pena pode deixar de ser aplicada.

b) **Código Penal Militar – Decreto-lei n. 1.001/69**

> Art. 35. A pena pode ser atenuada ou substituída por outra menos grave quando o agente, salvo em se tratando de crime que atente contra o dever militar, supõe lícito o fato, por ignorância ou erro de interpretação da lei, se escusáveis.

c) **Código Penal (1940 – com a redação modificada em 1984)**

> Art. 21. O desconhecimento da lei é inescusável. O erro sobre a ilicitude do fato, se inevitável, isenta de pena; se evitável, poderá diminuí-la de um sexto a um terço.
>
> Parágrafo único. Considera-se evitável o erro se o agente atua ou se omite sem a consciência da ilicitude do fato, quando lhe era possível, nas circunstâncias, ter ou atingir essa consciência.
> (...)
> Art. 65. São circunstâncias que sempre atenuam a pena: (...)
> II – o desconhecimento da lei.

16.2.2.1.2 Conceito

Erro de proibição pode ser sinteticamente conceituado como a falsa percepção sobre o que é permitido e o que é proibido pelo ordenamento jurídico.

Como explica Juarez Cirino dos Santos, "a correlação conhecimento do injusto e erro de proibição, na teoria da culpabilidade, corresponde à correlação conhecimento do fato e erro de tipo, na teoria do tipo, porque conhecimento e erro constituem estados psíquicos em relação de lógica exclusão: o conhecimento exclui o erro e o erro indica desconhecimento sobre qualquer objeto" (*Direito penal*, p. 299).

Esclarece ainda Cezar Roberto Bitencourt que "o objeto do erro não é, pois, nem a lei, nem o fato, mas a ilicitude, ou seja, a contrariedade do fato em relação à lei. O agente supõe permitida uma conduta proibida. Faz um juízo equivocado daquilo que lhe é permitido fazer em sociedade" (*Erro de tipo e erro de proibição*, p. 105).

16.2.2.1.3 Erro versus ignorância

Na explicação de Alcides Munhoz Netto: "ignorância e erro constituem dois estados metafisicamente distintos: a falta de qualquer conhecimento sobre um objeto e seu falso conhecimento" (*A ignorância da antijuridicidade em matéria penal*, p. 1).

No entanto, prossegue o autor, defendendo: "em substância, um e outro constituem estados de desconformidade cognoscitiva. Não há, por isso mesmo, inconveniente em unificar, no terreno jurídico, os dois conceitos, dada a identidade das consequências que produzem: incidem sobre o processo formativo da vontade, viciando-lhe o elemento intelectivo, ao induzir o sujeito a querer coisa diversa da que teria querido, se houvesse conhecido a realidade" (Alcides Munhoz Netto, *A ignorância da antijuridicidade em matéria penal*, p. 3).

16.2.2.1.4 Erro de proibição versus desconhecimento da lei

Na atual sistemática, é o próprio Código Penal que confere tratamento distinto ao desconhecimento da lei (que é inescusável) e ao erro sobre o caráter ilícito do fato (que isenta de pena, se inevitável).

Resta, então, ao intérprete esclarecer em que consiste a diferença entre esses dois conceitos.

Alcides Munhoz Netto explica que "a diferença reside em que a ignorância da lei é o desconhecimento dos dispositivos legislados, ao passo que a ignorância da antijuridicidade é o desconhecimento de que a ação é contrária ao direito" (*A ignorância da antijuridicidade em matéria penal*, p. 3).

Como já se viu, não se exige, para a formação da culpabilidade, qualquer conhecimento técnico-jurídico, senão a consciência profana e comum da proibição daquela conduta. Dado que, no mais das vezes, as condutas penalmente tipificadas são também evidentemente lesivas aos interesses de terceiros e se apresentam como francamente contrárias aos parâmetros morais acolhidos pela sociedade; nesses casos, malgrado o mais completo desconhecimento do texto legislativo, não se poderá alegar o erro de proibição.

Ocorre que nem sempre há coincidência perfeita entre conduta criminosa e conduta percebida socialmente como imoral, seja pelo fenômeno na expansão, setorização e administrativização do Direito Penal, seja pela interferência de movimentos políticos que conduzem a uma seleção das condutas tipificadas em descompasso com o interesse geral, seja em virtude de existência de profundas variações sobre a moralidade, tanto dentre as regiões que compõem o país continental, que é o Brasil, quanto no âmbito internacional. Nesses casos, não pode uma fanática presunção absoluta de que a lei é conhecida por todos suplantar a constatação normativa, no caso concreto, de falta de potencial conhecimento da ilicitude.

16.2.2.1.5 Espécies de erro de proibição

a) **Erro de proibição direto**

O agente pratica determinada conduta (crime comissivo) desconhecendo que há norma que a proíbe. O erro de proibição pode apresentar-se sob inúmeros aspectos:

a.1) Erro sobre a existência da norma: é a modalidade mais comum e nela o agente simplesmente desconhece a existência do preceito incriminador e, com isso, também a ilicitude de sua conduta. Segundo posição dominante é a ele que se refere o art. 21 do Código Penal. A título de exemplo prático, em 12-3-2024, a 5ª Turma do STJ, em julgamento noticiado no **Informativo 807** (processo em segredo de justiça), absolveu acusado de estupro de vulnerável com fundamento da ausência de culpabilidade por erro de proibição, nos seguintes termos: "A conduta de estupro de vulnerável imputada a um jovem de 20 anos, trabalhador rural e com pouca escolaridade, que se relacionou com uma adolescente de 12 anos, que havia sido, em um primeiro momento, aceito pela família da adolescente, sobrevindo uma filha e a efetiva constituição de núcleo familiar, apesar de não estarem mais juntos como casal, embora formalmente típica, não constitui infração penal, tendo em vista o reconhecimento da ausência de culpabilidade por erro de proibição, bem como pelo fato de que se deve garantir proteção integral à criança que nasceu dessa relação".

a.2) Erro sobre a validade da norma: o agente conhece a norma, mas a considera ineficaz por contrariar preceito mais elevado do ordenamento jurídico, por exemplo, por entendê-la inconstitucional. A maioria da doutrina reputa-o inescusável, por ser situação que guarda mais proximidade com o desconhecimento da lei do que propriamente com o erro de proibição. No entanto, não é sempre assim. Certo é que o erro de validade não pode amparar-se somente nas convicções pessoais do agente, nas suas preferências ou ideologias. Mas imaginemos a situação de haver mudança, contra o réu, da jurisprudência, que antes lhe era favorável. Como tivemos oportunidade de estudar no capítulo relativo ao tema, prevalece na doutrina que a limitação da irretroatividade não se aplica à jurisprudência. Imaginemos que as próprias Cortes do Judiciário vinham considerando inválida, em caráter incidental, determinada disposição de lei incriminadora, para depois, em uma guinada jurisprudencial, passarem a considerá-la válida. Nada obsta ao sujeito, que atuou motivado pela interpretação anterior, alegar erro de proibição.

a.3) Erro de sobre o significado da norma (erro de subsunção): subsunção ao enquadramento típico da conduta. "Assim entendido, pouco importa que o autor creia que sua conduta é típica de um ou outro tipo geral, pois basta o conhecimento paralelo na esfera do profano. Em geral, pois acaba sendo correta a afirmação sobre a irrelevância do chamado erro de subsunção" (Zaffaroni e Pierangeli, *Manual de direito penal brasileiro*, p. 615).

De fato, a maioria da doutrina considera irrelevante o chamado erro de subsunção. Significa que somente incidirá a norma do art. 21 se erro recair sobre a própria proibição da conduta, de forma que o autor entenda que ela é lícita. Como explica Cezar Roberto Bitencourt, é o que acontece, principalmente, em relação a normas proibitivas que têm características normativas muito complexas (*Erro de tipo e erro de proibição*, p. 122).

a.4) Erro de punibilidade: errar sobre o fato de a conduta ser coberta ou não por uma escusa absolutória é irrelevante, pois não afeta a compreensão sobre a ilicitude.

b) **Erro mandamental**

O agente se omite (pratica, portanto, crime omissivo, seja próprio, seja impróprio), ignorando haver uma norma que o obrigava a agir.

Por incidir tanto nos crimes omissivos próprios como na omissão imprópria.

Neste último caso, é interessante trazer a lição de Cezar Roberto Bitencourt, "se alguém se engana sobre a existência do perigo, sobre a indenidade da pessoa que tem a responsabilidade de proteger, sobre a existência dos meios, sobre a sua capacidade de utilizá-los, tudo isso constitui erro de tipo. Mas se erra sobre a existência do dever, sabendo da situação de perigo, sabendo que a pessoa é aquela a que está obrigado a proteger, sabendo que tem os meios e que pode usá-los, mas acha que não precisa, que não deve, porque, por exemplo, crê que seu dever não envolve necessariamente risco pessoal, ou, então, no caso de um plantão, por exemplo, cujo horário de saída seja às dezessete horas, imagina que a partir daí não é mais responsável, afinal, azar do outro que se atrasou. Errado, continua responsável. Erra a respeito dos limites do dever, erra sobre a norma mandamental, sobre o dever em si, e não sobre a situação fática do dever ou sobre os seus pressupostos, mas sobre o dever propriamente. Esses são erros de mandamento, erros sobre a ilicitude, na hipótese de crimes omissivos" (*Tratado de direito penal*, 2012, v. 1, p. 516).

c) **Erro de proibição indireto ou erro de permissão**

Como já explanado em sede própria, é o erro sobre a existência ou os limites jurídicos de uma descriminante. O erro não recai sobre os pressupostos fáticos da descriminante, mas sobre a própria norma. Na legítima defesa, por exemplo, o agente percebe que a agressão já cessou, mas acredita que a lei lhe permite ainda defender-se. No estado de necessidade, por exemplo, o agente percebe que, no conflito de bens, o seu é de valor inferior, mas acredita que a lei lhe permite salvá-lo ainda assim.

16.2.2.1.6 Erro sobre os elementos normativos do tipo

Com a substituição dos antigos conceitos de erro de fato/erro de direito pelos de erro de tipo/erro de proibição, o erro sobre elementos normativos de valoração jurídica contidos dentro do tipo tornou-se indubitavelmente erro de tipo, e não de proibição.

Tomemos o crime de bigamia (art. 235 do CP):

> Art. 235. Contrair alguém, sendo casado, novo casamento. (...)
> § 2º Anulado por qualquer motivo o primeiro casamento, ou o outro por motivo que não seja a bigamia, considera-se inexistente o crime.

No exemplo de Alcides Munhoz Netto, há erro de tipo se o agente acredita que sua primeira mulher morreu (erro sobre um fato) ou se ele acredita que o primeiro casamento foi inválido (erro sobre o direito) (*A ignorância da antijuridicidade em matéria penal*, p. 11).

Vamos ao crime de furto no CP: "Art. 155. Subtrair, para si ou para outrem, coisa alheia móvel".

Haverá erro de tipo tanto se o agente confunde a coisa alheia com a própria (erro sobre um fato) quanto se o agente acredita que a coisa é realmente própria, porque foi transferida para o seu nome (erro sobre o direito) (Alcides Munhoz Netto, *A ignorância da antijuridicidade em matéria penal*, p. 15).

16.2.2.1.7 Erro sobre elementos normativos da ilicitude contidos no tipo

Questão muito mais polêmica é a natureza do erro que recai sobre elementos normativos referidos à ilicitude, contidos no tipo, geralmente representados pelas expressões "indevidamente", "sem justa causa", "contra o disposto em lei ou regulamento".

a) Trata-se de erro de proibição

Embora revelados no tipo, tais elementos dizem respeito à ilicitude, e não à tipicidade.

Alcides Munhoz Netto afirma que "não são elementos normativos do tipo, as referências à ilicitude da conduta, muitas vezes contidas na definição legal. Expressões como 'indevida demente', 'sem observância de disposição legal' ou 'sem justa causa' são características da antijuridicidade, que não se convertem em circunstâncias do fato, apenas porque assinaladas o preceito incriminador. Dizem respeito à valoração do tipo, de sorte que a sua não percepção pelo autor pode implicar em ignorância da antijuridicidade, nunca em erro quanto à tipicidade" (*A ignorância da antijuridicidade em matéria penal*, p. 15).

b) Trata-se de erro de tipo

Luiz Flávio Gomes, citando Muñoz Conde, explica que "temos que solucionar no tipo, antes que em qualquer outra categoria, o que sistematicamente pertence ao tipo e serve para constituí-lo, pois somente quando constatada a tipicidade de uma conduta e concretamente a tipicidade correspondente, que pode ser a de um delito doloso, de um delito imprudente ou inclusive nenhum, se o delito em questão não era punível em sua forma imprudente ou erro era invencível, se pode seguir indagando o resto das categorias ou erro que afete as mesmas". Por isso, conclui: "parece inevitável considerar como erro excludente do dolo, e, com isso, da responsabilidade penal, se não existe a correspondente previsão do delito imprudente, todo erro sobre elementos normativos ou sobre elementos referentes à antijuridicidade contidos nos tipos legais dos respectivos delitos (*Erro de tipo e erro de proibição*, p. 106).

No mesmo sentido, Ivan Martins Motta, em monografia sobre o assunto, defende que "só se pode tratar o erro, que recai sobre os elementos normativos do tipo referentes à ilicitude, como erro de tipo, porque se esse é o erro que recai sobre os elementos constitutivos do tipo, e se as características especiais da ilicitude integram a descrição da conduta proibida, fazendo, por isso, parte da constituição do tipo penal, o erro sobre tais elementos só pode ser erro de tipo" (*Erro de proibição e bem jurídico penal*, p. 97).

16.2.2.1.8 Erro de proibição e norma penal em branco

Uma vez que o complemento da norma penal em branco integra a própria lei penal, não há qualquer dificuldade em aplicar-se a ele toda a disciplina do erro do Direito Penal. Se alguém porta cocaína crendo que se trata de talco, labora em erro de tipo. Se porta sem saber que ela consta do rol de substâncias consideradas como droga, incorre em erro de proibição. Se alguém se casa com outrem sem saber que se trata de um irmão seu, separado da família em tenra idade, trata-se de erro de tipo. Se se casa com o irmão por desconhecer que no Código Civil tal circunstância consta como impedimento absoluto para o matrimônio, é erro de proibição (embora nesse caso se pudesse questionar até que ponto a ciência da imoralidade da conduta satisfaz à exigência do "conhecimento paralelo na esfera do profano").

16.2.2.1.9 Erro de proibição nos crimes culposos

Cumpre destacar, finalmente, que o erro de proibição também pode ocorrer nos crimes culposos, e não somente nos dolosos, como pode parecer à primeira vista, inclusive quando o erro de proibição for evitável. A regulamentação do erro de proibição, constante do art. 21 do nosso Código Penal, tem caráter geral, não admitindo qualquer restrição. Nada impede, por exemplo, que o agente equivoque-se sobre qual é o dever objetivo de cuidado. A evitabilidade do erro de proibição tem o condão de reduzir a punibilidade da infração penal, sem, contudo, afetar a sua natureza dolosa ou culposa (Cezar Roberto Bitencourt, *Erro de tipo e erro de proibição*, p. 118).

16.2.2.1.10 Erro evitável e inevitável

Como vimos, o essencial para a culpabilidade não é o real, senão o potencial conhecimento da ilicitude. Dessa premissa decorre então um "dever de informar-se", ou seja, o erro só será de fato exculpante quando o agente, além de não possuir o conhecimento em concreto, também não poderia na circunstância obtê-lo, de forma que seu erro se possa classificar como inevitável, e não como fruto do descumprimento daquele dever.

A possibilidade ou não de informar-se, lembre-se, ainda que tenha como objeto uma circunstância empírica, consiste substancialmente em uma apreciação valorativa (normativa, portanto) a respeito da censurabilidade ou não do erro no qual incidiu o agente.

a) **Inevitável ou escusável:** o agente não possuía o conhecimento nem lhe era possível nas circunstâncias atingi-lo.

b) **Evitável ou inescusável:** o agente não possuía o conhecimento, mas lhe era possível nas circunstâncias atingi-lo.

16.2.2.1.11 Consequência

a) **Desconhecimento da lei:** como determina o próprio art. 21 do CP, o desconhecimento da lei é inescusável. Pode, no entanto, ser reconhecido como circunstância atenuante genérica.

b) **Erro de proibição**

b.1) Inevitável: isenta de pena, por excluir a culpabilidade em virtude da ausência de potencial conhecimento da ilicitude.

b.2) Evitável: não isenta de pena nem exclui a culpabilidade, visto que o agente, embora não tivesse o real conhecimento, tinha o potencial conhecimento da ilicitude. A pena, no entanto, será reduzida de um sexto a um terço.

16.3 EXIGIBILIDADE DE CONDUTA DIVERSA

16.3.1 Noções gerais

A exigibilidade de conduta diversa é o fundamento substancial da própria noção de culpabilidade tal como a conhecemos. Daquele que não pode entender (inimputável) ou conhecer (erro de proibição) a lei, também não se pode exigir que a respeite. De certa forma, portanto, a exigibilidade e o seu oposto, a inexigibilidade estão na base o conceito de culpabilidade.

Assim se entende o comentário de Zaffaroni e Pierangeli quando acentuam que "a inexigibilidade não é – como outrora pretendeu a teoria complexa da culpabilidade – uma causa de inculpabilidade, e sim a essência de todas as causas de inculpabilidade. Sempre que não há culpabilidade, é porque não há exigibilidade, seja qual for a causa que a exclua" (*Manual de direito penal brasileiro*, p. 575).

A exigibilidade de conduta diversa, no entanto, como elemento específico dentro da culpabilidade, vem reafirmar que, além da capacidade de entendimento (imputabilidade) ou conhecimento do caráter ilícito do fato (potencial conhecimento da ilicitude), é preciso ainda que o agente conserve um espaço mínimo de autodeterminação que lhe permita agir de acordo com esse entendimento (mesmo no tocante à imputabilidade, há situações em que o problema não é de entendimento, mas justamente dessa capacidade mínima de autodeterminação que pode ser anulada ou drasticamente diminuída por determinadas patologias, por exemplo, as compulsões).

16.3.2 Excludentes

16.3.2.1 Coação moral irresistível

16.3.2.1.1 Fundamento

a) **Código Penal (1940)**

> Art. 22. Se o fato é cometido sob coação irresistível ou em estrita obediência a ordem, não manifestamente ilegal, de superior hierárquico, só é punível o autor da coação ou da ordem.
> (...)
> Art. 62. A pena será ainda agravada em relação ao agente que: (...)
> II – coage ou induz outrem à execução material do crime;
> (...)
> Art. 65. São circunstâncias que sempre atenuam a pena: (...)
> III – ter o agente: (...)
> c) cometido o crime sob coação a que podia resistir, ou em cumprimento de ordem de autoridade superior, ou sob a influência de violenta emoção, provocada por ato injusto da vítima. (...)

> Art. 146. Constranger alguém, mediante violência ou grave ameaça, ou depois de lhe haver reduzido, por qualquer outro meio, a capacidade de resistência, a não fazer o que a lei permite, ou a fazer o que ela não manda.
>
> Pena – detenção, de 3 (três) meses a 1 (um) ano, ou multa.

b) Código Penal Militar – Decreto-lei n. 1.001/69

> Art. 38. Não é culpado quem comete o crime:
> a) sob coação irresistível ou que lhe suprima a faculdade de agir segundo a própria vontade;
> (...)
> § 1º Responde pelo crime o autor da coação ou da ordem.

c) Lei de Tortura – Lei n. 9.455/97

> Art. 1º Constitui crime de tortura:
> I – constranger alguém com emprego de violência ou grave ameaça, causando-lhe sofrimento físico ou mental: (...)
> b) para provocar ação ou omissão de natureza criminosa.

16.3.2.1.2 Conceito

Trata-se do constrangimento, mediante qualquer meio (físico ou moral, direto ou indireto), que visa a compelir o agente a voluntariamente praticar o injusto.

Não se trata, portanto, de causa excludente do dolo e muito menos da conduta. Exclui-se tão somente a culpabilidade do coato, por ter ele agido premido por circunstâncias anormais que não era obrigado a suportar.

16.3.2.1.3 Coação moral versus coação física

Embora a lei não seja expressa, a coação de que trata o art. 22 do Código Penal só pode ser a moral. Isso porque a coação física, como já tratado em sede própria, exclui o controle neurológico do agente sobre movimento ou paralisia de seu corpo, com o que tal não constitui de fato conduta.

Atente-se, no entanto, para o fato de que a diferença entre a coação física e a moral, ao contrário do que já se propagou, não são meios e modos da coação (violência, na física; ameaça, na moral), e sim o objeto e os efeitos do constrangimento. Enquanto a coação física suprime a vontade do coagido, substituindo-a pela do coator, a coação moral vicia a vontade do coagido (mas não a suprime), de modo que sempre lhe resta, hipoteticamente, a opção (heroica e inexigível, por certo) de não se submeter.

Na coação física, não há opção, e a vontade do coagido não tem papel: ele é como coisa morta ou inanimada, mero instrumento de fato nas mãos do coator. Na cristalina explicação de Regis Prado, "na coação moral, diferente da física, existe espaço para a vontade, mas esta se mostra de tal modo viciada, comprometida, que não se pode exigir do agente um comportamento conforme os ditames do ordenamento jurídico" (*Curso de direito penal brasileiro*, 2007, p. 440).

Nada obsta, no entanto, que a coação moral seja perpetrada por meio de violência física. Se A espanca B para obrigá-lo a praticar determinado crime e se B, não suportando mais a dor, cede, houve na espécie por certo coação moral (por meio da violência física). B praticou voluntariamente o crime, pois optou por encerrar o seu padecimento.

16.3.2.1.4 Consequências para o coagido

a) **Coação moral irresistível**[3]

A coação moral, quando irresistível, exclui a culpabilidade do coagido, devendo responder somente o coator.

b) **Coação moral resistível**

Se a coação era resistível (leia-se: se por sua baixa intensidade era exigível que a ela resistisse o coagido, negando-se à prática do delito), o reflexo da redução do âmbito de autodeterminação é a possibilidade de atenuação da pena (art. 65 do CP).

16.3.2.1.5 Consequências para o coator

O coator, por força da própria disposição expressa da lei, associada a todas as regras relativas ao tema da autoria e participação, responde pelo crime praticado pelo coagido.

Se a coação causar ao agente sofrimento físico ou mental, o coator responde ainda pelo crime de tortura, tal como tipificado no art. 1º, I, *b*, da Lei n. 9.455/97.

Se, no entanto, a coação não for intensa o suficiente para caracterizar a tortura, haverá certa divergência na doutrina, como anota Ronaldo Tanus Madeira, em monografia sobre o assunto: "quanto à punibilidade do coator, o entendimento sobre a aplicação da pena não é pacífico. Parte da doutrina entende que, além da pena cominada no crime praticado pelo coato, deve ser atribuído ao coator, o concurso formal com o

---

[3] STJ, HC 27.619/GO 2003/0045246-6, Rel. Min. Felix Fischer, 5ª T., j. em 4-2-2004. Na coação moral, o coator exige que o coato pratique um fato ilícito com a ameaça de impor-lhe, ou a alguém que lhe seja próximo, uma espécie de gravame, caso não seja praticada a ação pretendida. Se, para suportar a ameaça perpetrada, for necessário o desprendimento de força extraordinária.

crime de constrangimento ilegal. Entretanto, outra corrente doutrinária afirma não ser possível a aceitação do concurso formal do crime praticado pelo coato com o constrangimento, porque o crime atribuído ao coator, praticado pelo coagido, vem, simultaneamente, agravado, na forma do art. 62, II, do CP" (*apud* Rogério Greco, *Curso de direito penal*, 2007, p. 414).

16.3.2.2 Obediência hierárquica a uma ordem superior não manifestamente ilegal

16.3.2.2.1 Fundamento

a) **Código Penal (1940)**

> Art. 22. Se o fato é cometido sob coação irresistível ou em estrita obediência a ordem, não manifestamente ilegal, de superior hierárquico, só é punível o autor da coação ou da ordem.
> (...)
> Art. 62. A pena será ainda agravada em relação ao agente que: (...)
> II – coage ou induz outrem à execução material do crime;
> (...)
> Art. 65. São circunstâncias que sempre atenuam a pena: (...)
> III – ter o agente: (...)
> c) cometido o crime sob coação a que podia resistir, ou em cumprimento de ordem de autoridade superior, ou sob a influência de violenta emoção, provocada por ato injusto da vítima.

b) **Código Penal Militar – Decreto-lei n. 1.001/69**

> Art. 38. Não é culpado quem comete o crime: (...)
> b) em estrita obediência a ordem direta de superior hierárquico, em matéria de serviços.
> § 1º Responde pelo crime o autor da coação ou da ordem.
> § 2º Se a ordem do superior tem por objeto da prática de ato manifestamente criminoso, ou há excesso nos atos ou na forma de execução, é punível também o inferior.

16.3.2.2.2 Conceito

Trata-se também de hipótese de inexigibilidade por não ser exigível que o funcionário público subordinado proceda a um acurado exame de legalidade das ordens que recebe de seu superior hierárquico antes de cumpri-las.

Importa aqui conferir os limites exatos da exculpante:

a) **Relação de hierarquia em sentido estrito**

Exige-se, a princípio, um vínculo hierárquico entre o autor e o executor da ordem, vínculo que só tem lugar nas relações de direito público. Não se entrevê qualquer vínculo hierárquico em sentido estrito nas relações privadas, sejam de cunho doméstico, sejam mesmo de cunho laboral.

b) **Existência de uma ordem legal**

Ora, o cumprimento estrito, pelo funcionário público, de uma ordem legal não pode se configurar injusto penal. O que há é, sim, um "estrito cumprimento do dever legal", que, para a corrente ainda majoritária, exclui a ilicitude, enquanto para os defensores da tipicidade conglobaste exclui a própria tipicidade.

c) **Ilegalidade não manifesta**

O que não se exige do funcionário público é que proceda a um exame detalhado e minucioso das ordens que recebe. É esse o fundamento da inculpabilidade do agente, e não qualquer suposto dever de obediência (que inexiste, e, se existisse, o seu cumprimento seria, mais uma vez, caso de estrito cumprimento do dever legal). Portanto, caso a ilegalidade da ordem "salte aos olhos", ou seja, não exija nenhum esforço anormal do funcionário público para percebê-la, desaparece por completo a razão de ser da causa de exculpação.

> Inviável o reconhecimento da excludente da culpabilidade de obediência hierárquica para o delito de tortura, em sua modalidade omissiva, na estreita via do *habeas corpus*, desprovida de dilação probatória, quando não evidenciada a legalidade da ordem. As teses de ausência de dolo e de impossibilidade física de agir esbarram nos estreitos limites do remédio constitucional, eis que demandam o profundo revolvimento do conjunto fático-probatório colhido nos autos da ação penal cognitiva ajuizada pelo Ministério Público. Presentes indícios suficientes de autoria com relação ao paciente, consoante os elementos de convicção até então colhidos, há justa causa para sua persecução penal em juízo. Precedentes. Ordem denegada (STJ, HC 93.533/GO 2007/0255315-1, Rel. Jane Silva (Desembargadora Convocada do TJMG), 6ª T., j. em 24-2-2008).

Conforme a lição de Luiz Regis Prado, "dentre as hipóteses de ilegalidade da ordem podem-se enumerar: 1. Quando emanada de autoridade incompetente; 2. Quando não reúne a ordem os requisitos formais necessários à sua exteriorização; 3. Quando é obviamente ilícita" (*Curso de direito penal brasileiro*, 2007, p. 443).

Interessante observar que, via de regra, manifesta ilegalidade da ordem é justificativa suficiente para que o funcionário público não a cumpra. Não deve cumpri-la. Se a cumprir, responde pelo crime. A manifesta ilegalidade, portanto, afasta a causa de exculpação de que se cura. Já no âmbito militar, conforme se lê na redação do art. 38 do CPM, a dirimente só é afastada se o objeto da ordem é manifestamente criminoso. Vale dizer, no âmbito militar o dever de obediência é mais intenso (o subordinado deve obedecer mesmo às ordens ilegais – com vício de forma, por exemplo, desde que não manifestamente criminosas), o que significa dizer que o espaço de autodeterminação é menor, de forma que a exculpante é mais larga: abrange mesmo casos em que se obedece à ordem manifestamente ilegal. Ainda assim sequer no âmbito militar o dever de obediência é, como pensam alguns, absoluto. O subordinado não deve obedecer a ordens cujo objeto é manifestamente criminoso e, fazendo-o, responde pelo crime.

d) Cumprimento nos estritos limites da ordem

Caso contrário, haverá excesso, refugindo por completo a conduta do âmbito de exculpação pela inexigibilidade de conduta conforme o direito.

16.3.2.2.3 Consequência para o funcionário público subordinado

a) Ordem não manifestamente ilegal

Resta excluída a culpabilidade do agente, desde que sua obediência tenha se adstrito aos limites da ordem.

Estão presentes todos os requisitos básicos que pressupõem a obediência hierárquica, quais sejam: "que haja relação de direito público entre superior e subordinado"; "que a ordem não seja manifestamente ilegal"; "que a ordem preencha os requisitos formais"; que a ordem seja dada dentro da competência funcional do superior e "que o fato seja cumprido dentro da estrita obediência à ordem superior". Ausente a reprovabilidade pessoal na conduta do acusado, deve-se aplicar a exclusão da culpabilidade prevista no art. 22, 2ª parte, do CP, diante da inexigibilidade de conduta diversa (TRF 1ª Região, ACR 4.872/PA 2001.39.00.004872-4, Rel. Des. Federal Hilton Queiroz, 4ª T., j. em 5-11-2007).

b) Ordem manifestamente ilegal

Era exigível que o funcionário se negasse ao cumprimento. De forma que não há exculpação, mas, no máximo, atenuação da pena.

16.3.2.2.4 Consequência para o funcionário público superior

Responde pelo crime praticado pelo subordinado (a menos, evidentemente, que ele também desconheça a ilegalidade da ordem, quando então estará a incorrer em erro de proibição), com pena agravada, pelo art. 61 do CP.

16.3.3 Causas supralegais: inexigibilidade de conduta diversa, estado de necessidade exculpante, excesso exculpante nas excludentes de ilicitude

Como já se viu, a exigibilidade ocupa lugar central na teoria normativa pura da culpabilidade, desde o seu nascimento.

Por isso, é hoje amplamente admitida a possibilidade de reconhecimento de situação exculpante, mesmo que não expressamente prevista em lei, sempre verificar-se que era inexigível ao agente motivar-se pela norma e, portanto, comportar-se conforme o direito.

Dificuldades financeiras da empresa, se e quando caracterizadas, impõem o reconhecimento da causa supralegal de exclusão da culpabilidade consubstanciada na inexigibilidade de conduta diversa, a qual deve ser comprovada pelo acusado ao longo da instrução criminal e reconhecida no momento próprio, qual seja, a sentença (STJ, REsp 327.738/RJ, Rel. Min. Arnaldo Esteves Lima, 5ª Tuma, j. em 14-6-2005). Cabe à defesa, e não à acusação, a prova da causa supralegal excludente de culpabilidade, na medida em que o *onus probandi* é a faculdade da parte demonstrar a ocorrência de fato alegado em seu favor (STJ, REsp 628.652/RJ, Rel. Min. Gilson Dipp, 5ª Turma, j. em 28-9-2004). A 1ª Turma Especializada, em sede de crimes de passaporte falso, por mais de uma vez já decidiu pela absolvição de acusados primários e sem antecedentes criminais que se arriscam às terríveis contingências de uma emigração ilegal, para lograrem encontrar melhores condições de subsistência. Trata-se, sem sombra de dúvida, de aplicação da tese de inexigibilidade de conduta diversa como causa supralegal de exclusão da culpabilidade (TRF2, HC 6.003/RJ 2008.02.01.015421-3, 1ª Turma Especializada, Rel. Des. Federal Maria Helena Cisne, j. em 8-10-2008).

Apropriação indébita previdenciária. Art. 168-A, § 1º, I, do CP. Crime omissivo próprio e de mera conduta. Dificuldades financeiras. Inexigibilidade de conduta diversa configurada. O crime de apropriação indébita previdenciária (art. 168-A, *caput* e § 1º do CP) é omissivo próprio e de mera conduta, bastando à sua caracterização o desconto ou a cobrança de valores, a título de contribuição previdenciária, e o não repasse dos mesmos aos cofres públicos. Dificuldades experimentadas por gestor escolar no período de planos econômicos. Intervenção estatal na fixação e modo de cobrança de mensalidades. Início do pagamento de parcelamento que não pôde ser inteiramente adimplido. Provas hábeis a demonstrar as dificuldades financeiras suportadas por proprietária de pequena instituição de ensino. Comprovado, *in casu*, o quadro financeiro grave apresentado pela sociedade. Causa supralegal excludente de culpabilidade (inexigibilidade de conduta diversa) demonstrada pela defesa. Sentença reformada para absolver a ré. Por maioria, provida a apelação criminal (TRF 2ª Região, ACr. 200002010611029, Rel. Des. Federal Sergio Feltrin, 1ª T., j. em 20-9-2005).

Apropriação indébita previdenciária. Artigo 168-A, § 1º, inciso I, do Código Penal. Dificuldades financeiras da sociedade empresária. Provas testemunhais. Depoimentos. Inexigibilidade de conduta diversa. Causa de exclusão de culpabilidade. Sentença condenatória. Reforma da sentença. Absolvição. Recurso dos apelantes provido. Posse de arma. Arma desmuniciada Dec.-Lei n. 3.688, de 1941. Propriedade rural Lei n. 9.605, de 1998. Absolvição. Posse de arma de caça. "Hinterland" fluminense. Ambiente rural. Arma desmuniciada, e sem possibilidade de ser municiada rapidamente. Animais da fauna nativa. Ilicitude material inocorrente. Apelo desprovido. Há justificante supralegal, inexigibilidade de conduta diversa, que confirma que "a lei não esgota o direito", não sendo razoável condenação de pessoa de bem que mantém, em sítio no "hinterland" fluminense, em ambiente rural, espingarda de caça desmuniciada, e alguns animais da fauna nativa cativos (dois porquinhos do mato abandonados, e algumas poucas aves) os quais não poderiam ser devolvidos à natureza, por não terem presumivelmente condições de sobreviverem autonomamente. Não há pena mais injusta, que a pena inútil. Recurso defensivo provido. Precedentes citados: STF, HC 81.057/SP, Rel. Min. Ellen Gracie, j. em 25-5-2004. STJ, HC 14.747, Rel. Min. Gilson Dipp, j. em 6-22001. TJRJ, Ap. Criminal 2002.050.4484, Rel. Des. Indio Brasileiro Rocha, j. em 21-7-2003. TJRJ, Ap. Criminal 2002.050.1143, Rel. Des. Azeredo da Silveira, j. em 27-8-2002. TJRJ, Ap. Criminal 2002.050.5437, Relator Des. Valmir de Oliveira Silva, j. em 18-3-2003. TJRJ, APL 14862005, 7ª Câmara Criminal, Rel. Des. Eduardo Mayr, j. em 17-5-2005 (TRF 2ª Região, APL. 200150020004862, Rel. Des. André Fontes, 2ª T., j. em 25-9-2006).

O Direito Penal contemporâneo exige ao intérprete da lei, no exame de cada caso concreto, o cotejo entre política criminal e realidade social, a fim de que possa ele fazer a necessária distinção entre meros desvios de conduta e práticas efetivamente ofensivas à ordem e à segurança. O uso de documento falso com o objetivo único de sair do Brasil à procura de melhores condições de vida no exterior, através do trabalho, não justifica a deflagração de ação penal. Caracterização *prima facie* da chamada inexigibilidade de conduta diversa. 3. Recurso em sentido estrito conhecido e improvido. Rejeição da denúncia mantida (TRF 2ª Região, RSE 200251015011600, Rel. Des. Federal Sergio Feltrin Correa, 1ª T., j. em 19-10-2006).

É o caso, por exemplo, do já mencionado excesso exculpante nas causas de justificação, que, embora não tenham previsão expressa na lei brasileira, encontram abrigo sob a noção de inexigibilidade de conduta diversa.

O mesmo raciocínio pode ser empregado nas hipóteses de conflito de bens, quando o agente salva o bem que, objetivamente, deveria ser sacrificado. A letra da lei impõe punição, não obstante com pena reduzida (art. 24, § 2º, do CP). A doutrina, entretanto, vem reconhecendo que, embora sem previsão expressa, se, nesses casos, era inexigível do agente conduta diversa, tal circunstância pode ser reconhecida como excludente de culpabilidade, pela admissão supralegal do estado de necessidade exculpante. Reflita-se sobre a hipótese, por exemplo, do pai que provoca um desastre ferroviário com muita morte para evitar que o braço de ser filho pequeno, que se encontrava preso junto ao trilho, fosse decepado pela composição que se aproximava. Inexistindo risco de morte para a criança, difícil argumentar com o estado de necessidade justificante, que exige, no mínimo, bens de mesma hierarquia. Mas a razoabilidade desaconselha por completo a punição do pai em questão, seja porque a função retributiva da pena fica comprometida, sendo que sua conduta não é a expressão de desprezo ou desconsideração pelos valores ético-sociais envolvidos, seja porque sua função preventiva também inexiste, já que o próprio agente não voltará a se ver envolvido na mesma tragédia e tão pouco há o risco de o seu exemplo ser seguido pelo restante da sociedade.

CAPÍTULO 17

CONCURSO DE PESSOAS

Se a infração é praticada por mais de uma pessoa, é necessária especial regulamentação sobre a imputação da autoria e sobre a aplicação da pena. Para tanto, deve ser estudado o tema concurso de pessoas.

17.1 CONCURSO DE PESSOAS E PRINCÍPIO DA CULPABILIDADE

O princípio da culpabilidade, enquanto imposição de responsabilidade subjetiva, orienta a punição do concurso de pessoas e por isso exige, desde logo, a consciente colaboração na empreitada criminosa.

Aquele que não adere à prática delitiva não deve ser considerado colaborador no concurso, sob pena de nefasto retorno à responsabilidade objetiva.

O princípio da culpabilidade informa também que a pena deve ser proporcional à pessoal reprovabilidade de cada um. Assim, dentro do concurso, devem ser criados pelo legislador instrumentos que permitam ao juiz a correta individualização da pena, para que cada qual responda de acordo com sua culpabilidade (Gustavo Junqueira, A necessária revalorização da culpabilidade no concurso de pessoas, p. 239-264).

17.2 NATUREZA JURÍDICA

Além de disciplinar a forma de aplicação da pena na hipótese de infração que resulta da colaboração consciente de várias pessoas, o instituto também flexibiliza a legalidade/tipicidade penal, na medida em que permite que condutas a princípio atípicas passem a afrontar a esfera de proteção da norma.

Assim, o tipo que descreve a conduta de "matar alguém" não atinge, a princípio, a ação de "segurar alguém para que o outro o mate". De acordo com a tipicidade direta ou imediata, seria permitida (atípica) a conduta de segurar alguém para que terceiro desfira golpe letal.

O art. 29 do Código Penal, ao disciplinar que quem, de qualquer modo, concorre para o crime incide nas penas a este cominadas, na medida de sua culpabilidade, amplia a esfera de proteção da norma para alcançar não apenas aquele que realiza a conduta prevista no tipo, mas também o terceiro que de qualquer forma auxiliar a prática da conduta principal, ou seja, responderá por homicídio não só aquele que mata alguém, mas também todo aquele que colabora para que terceiro o mate.

A norma do art. 29 do Código Penal, que é o eixo legislativo do concurso de pessoas no Brasil, tem natureza de norma de ampliação espacial da adequação típica, permitindo que seja responsabilizado, além daquele que pratica a conduta típica, todo aquele que colabora para a realização do injusto.

17.3 ADEQUAÇÃO TÍPICA E CONCURSO DE PESSOAS

Na maioria das hipóteses, a colaboração de cada sujeito tem suas peculiaridades, ou seja, nem sempre todos irão colaborar com a mesma intensidade para a prática do delito. Partindo de tal premissa, todos responderão pelo mesmo crime? As condutas serão adequadas ao mesmo tipo?

Três teorias são consagradas:

1. Pluralista: buscando privilegiar a culpabilidade e a individualização da pena, cada colaborador responderá por "seu próprio crime", ou seja, os colaboradores em regra responderão por crimes diferentes.

Não foi adotada no Brasil como regra, mas apenas como exceção, em grupos de casos que serão estudados mais adiante.

2. Dualista: aqueles que colaboram mais intensamente responderão pelo tipo de autor, enquanto os que colaboram com menor importância responderão pelo tipo de partícipe. Em outras palavras, os que colaboram como autores responderão por um crime, e os que colaboram como partícipes por outro.

Não foi adotada no Brasil. Pela sua pouca adoção em todo o mundo, alguns autores não a aceitam como espécie autônoma e, assim, tratam as propostas pluralistas e dualistas como se fossem uma só.

3. Monista: todos os colaboradores responderão pelo mesmo crime. É a teoria adotada no Brasil, nos termos do art. 29 do Código Penal. O art. 30, ao regular a comunicabilidade dos dados típicos e determinar a total comunicação das elementares, também impõe a teoria monista, como veremos adiante.

A base legislativa, com redação direta, é o art. 29, claro ao estabelecer que "quem, de qualquer modo, concorre para o crime incide nas penas a este cominadas, na medida de sua culpabilidade".

A inspiração filosófica da teoria monista é a mesma da teoria da equivalência dos antecedentes que trata do nexo de causalidade: assim como tudo o que contribui para gerar um resultado será considerado causa, todo aquele que colabora para a prática de um crime responderá pelo injusto. É clara a índole objetiva da teoria que, ao se afastar dos parâmetros subjetivos do princípio da culpabilidade, desperta críticas na doutrina.

Concordamos com as críticas, mas é importante lembrar que mesmo na literalidade da legislação a unicidade de crime não impõe a unicidade de penas, eis que o art. 29 do Código Penal é claro ao determinar que todos responderão pelo mesmo crime, mas na medida da culpabilidade de cada, ou seja, a pena deve ser individualizada.

Aliás, em razão da cláusula "na medida da culpabilidade", João Mestieri entende que o Brasil não adotou a teoria monista em sua pureza, mas, sim, de forma mitigada (*Teoria elementar do direito penal*, p. 253).

17.4 EXCEÇÕES À TEORIA MONISTA

Há duas hipóteses nas quais, apesar de presentes os requisitos do concurso de pessoas, os colaboradores não responderão pelo mesmo crime, excepcionando a teoria monista:

1ª) Previsão expressa e autônoma da conduta de cada colaborador em tipo autônomo: em alguns casos o legislador prevê, de forma excepcional, a punição para cada colaborador por uma infração diversa, ainda que presentes os requisitos do concurso de pessoas.

Enquanto fato, o crime é apenas um e apenas uma lesão ao bem jurídico, mas, por opção político-criminal, o legislador resolve prever a ação de cada colaborador em um tipo diferente.

Exemplo tradicional é o crime de aborto. A gestante que consente no aborto e o terceiro que, com o seu consentimento, provoca diretamente a interrupção da gravidez estão associados para a lesão de um mesmo bem jurídico, qual seja, a expectativa de vida do concepto. Se fosse adotada, na espécie, a teoria monista ambos deveriam responder por um único crime. Mas historicamente isso jamais foi assim. Desde a primeira codificação brasileira (Código Criminal de 1830), o legislador compreendeu que a gestante e o terceiros encontram-se em posições inteiramente distintas diante do fato do aborto, e portanto suas condutas implicam crimes diversos: para a gestante o aborto é, na esmagadora maioria das vezes, um ato isolado e, quando finalmente ocorre, é o desfecho de um penoso processo de decisão e implica sérias consequências psíquicas e físicas para a mulher. Já para o terceiro, o ato do aborto, no mais das vezes, não é praticado por força de uma situação de crise ou dilema pessoal e nem implica riscos psíquicos ou físicos. Por isso, desde sempre no ordenamento brasileiro a conduta da gestante corresponde a tipo diverso e mais brando.

Outro exemplo importante é a corrupção. Poderia haver apenas um crime denominado "corrupção", e todos que colaborassem para a corrupção responderiam pelo mesmo crime, quer o funcionário público que recebe o dinheiro, quer o terceiro que o oferece. Como se vê, há do ponto de vista fático apenas um crime, com uma única lesão ao bem jurídico. No entanto, por razões político-criminais, o legislador quis tipificar de modo diverso uma e outra forma de colaboração e fez previsão da conduta daquele que recebe a vantagem no art. 317 e daquele que a oferece no art. 333 do mesmo Código Penal. Nesse caso, embora as penas sejam as mesmas, a ruptura com a teoria monista se justifica pela opção político-criminal de permitir a punição independentemente de cada um dos comportamentos, o que não seria possível caso houvesse entre particular e funcionário público concurso de agentes para um único delito. Desse modo, a fórmula encontrada pelo legislador de separação dos delitos possibilita que, caso o particular ofereça a vantagem e o funcionário público não aceite, o primeiro seja punido por corrupção consumada, enquanto para o segundo o fato é atípico.

Há vários outros casos na legislação. Em suma, se há previsão específica da conduta de cada um dos colaboradores na legislação, ante o princípio da especialidade, perde espaço a regra geral da concepção monista. Cada sujeito deverá responder pelo crime que tipifica especialmente sua conduta.

Ainda que haja separação forçada e excepcional da classificação típica dos colaboradores pela previsão da conduta de cada um em tipos diferentes, incidem as regras gerais do concurso de pessoas. Assim, no exemplo referido dos crimes de corrupção ativa e passiva, aquele que induz ou instiga Mévio a oferecer dinheiro responderá em concurso de pessoas com Mévio pela corrupção ativa, e aquele que auxilia o funcionário Tício a pedir o dinheiro responderá, em concurso com Tício, pela corrupção passiva.

2ª) Cooperação dolosamente distinta (ou colaboração em crime de menor gravidade): conforme o art. 29, § 2º, do CP, o agente que quer participar de crime menos grave responde, a princípio, pelas penas deste.

É consequência da maximização do princípio da culpabilidade, pois, se o agente não assumiu o risco da conduta proibida, não pode responder por crime doloso praticado, sendo sua responsabilidade cingida aos limites de seu dolo.

Mas, se a aderência da vontade se deu apenas em relação a fato menos grave, não há realmente concurso de pessoas em relação ao fato mais gravoso (falta o requisito do liame subjetivo – estudado adiante – em relação a ele). É o que a doutrina chama de excesso do colaborador, que vai além do concurso de vontades, e deve responder sozinho pelo que transborda o vínculo subjetivo.

Há o exemplo clássico do sujeito A, que, acreditando que nenhum dos comparsas está armado, aceita participar de crime de furto, acreditando que o local dos fatos está abandonado. Enquanto A aguarda do lado de fora de determinada residência, os que adentraram percebem que há uma arma caída do lado de fora da casa e a apanham. Com a arma, acabam por matar o proprietário que lá estava e reagiu ao crime. O sujeito que estava aguardando do lado de fora não poderia responder por latrocínio, mas tão somente por furto, pois era o limite de seu tipo subjetivo. Da mesma forma, se o sujeito que ingressa na casa resolve, após entrar e perceber que há uma moça na casa, praticar um estupro.

A parte final do referido § 2º do art. 29 do CP alerta que há aumento de pena (em até metade) se o resultado criminoso mais grave era previsível. Assim, no exemplo anterior, se entender-se que o crime de estupro era imprevisível, o sujeito que aguardava fora da casa só responderá pelo furto. Se se entender nas circunstâncias concretas que era previsível, ainda responderá apenas por furto, mas a pena poderá ser aumentada em até metade.

A ideia da cooperação dolosamente distinta apresenta problemas ao ser aplicada aos crimes em que a conduta é dolosa mas o resultado não, vale dizer, aos crimes preterdolosos. Já que o resultado agravador não integrou o dolo de nenhum dos concorrentes, foi, ao invés, uma consequência culposa da conduta dolosa, como trabalhar o conceito de cooperação dolosamente distinta nesse contexto? A consequência acabaria por ser uma pena muito maior para o executor do que para o partícipe. Veja o seguinte exemplo: sujeito A manda terceiro B bater nas pernas de desafeto C. Durante a empreitada, B resolve ir além do combinado e mata C. A responde pelo resultado morte?

Há muita controvérsia sobre a resposta, mas costuma ser adotada a teoria do excesso nos meios. Por tal teoria se o executor foi além do combinado nos meios, responde sozinho pelo resultado mais grave. No entanto, se o resultado mais gravoso que o combinado for consequência natural do emprego dos meios, o mandante e o partícipe respondem (Cezar Roberto Bitencourt, *Tratado de direito penal*, 2010, p. 510).

No exemplo mencionado, se o combinado era chutes na perna, mas o executor usou golpes na cabeça, apenas o executor responde pelo resultado, pois houve excesso nos meios. Se o combinado eram golpes na cabeça, mandante e executor respondem pela morte, pois o resultado era desdobramento natural, esperado, dos meios empregados.

17.5 MOMENTO DO CONCURSO DE PESSOAS

Para a doutrina majoritária, é possível falar em concurso de pessoas desde a cogitação até a consumação (há, no entanto, controvérsia envolvendo a questão da coautoria sucessiva, como será visto adiante).

Após a consumação, ou seja, após realizados todos os elementos da definição legal do tipo, não há mais espaço para o concurso de pessoas, o que leva ao famoso exemplo comparativo: se A pede para B furtar um carro e trazê-lo para desmanche, há concurso de pessoas em relação ao furto. Se B furta o carro e leva-o para o desmanche de A, sem que este tenha de qualquer forma colaborado previamente para aquela subtração em concreto, há crime de furto de B e receptação por parte de A.

17.6 REQUISITOS PARA O CONCURSO DE PESSOAS

São quatro os requisitos consagrados pela doutrina para que haja concurso de pessoas:

1) Pluralidade de pessoas

Para que haja concurso de pessoas, é premissa da realidade a presença de mais de uma pessoa na dinâmica dos fatos.

No Brasil, prevalece que são contados, para efeito de concurso de pessoas, os inimputáveis[1], como já entendeu o Superior Tribunal de Justiça:

> A turma, entre outras questões, asseverou que, para caracterizar o concurso de agentes, basta que duas ou mais pessoas concorram para a prática delituosa, não sendo necessária a identificação dos corréus. Consignou-se, ainda, que essa causa de aumento pode ser reconhecida mesmo nas hipóteses em que o crime (*in casu*, roubo) tenha sido supostamente cometido na companhia de inimputável (HC 197.501/SP, Rel. Min. Og Fernandes, j. em 10-5-2011).

É verdade que se fossem aplicados em sua pureza formal os conceitos do concurso de pessoas, os inculpáveis não estariam inseridos na conta, pois, mais que não censuráveis por seus comportamentos, não teriam condições de aderir sincera e conscientemente ao plano criminoso e, assim, seriam apenas instrumentos manipulados pelos verdadeiros autores, configurando a autoria mediata, que será estudada adiante. A premissa, aqui, é que os legalmente inimputáveis nunca seriam aptos à autodeterminação.

No entanto, a referida pureza formal pode levar a situações incompreensíveis: Pedro caminha pela calçada e percebe o adolescente Paulo tentando, com dificuldade, pular o muro. Questiona se o adolescente esqueceu a chave de casa, e recebe do adolescente a sincera resposta de que o objetivo é invadir a casa alheia para subtrair um caro calçado que pode ser percebido pela fresta do portão. Pedro empurra as pernas de Paulo para que consiga vencer o muro, e segue seu caminho. O adolescente consuma o furto. Seria Pedro autor mediato, apesar de sua participação notadamente acessória? A resposta evidentemente parece negativa. Como explicar? Será necessário aqui apelar para uma percepção "material" da imputabilidade e questionar se o adolescente, no caso, tinha ou não mínima capacidade de autodeterminação para ser considerado, na realidade, a figura central do acontecer típico. Se sim, é autor (e em nosso exemplo Pedro seria mero partícipe). Se "realmente" o inimputável não possuía capacidade de autodeterminação e foi mero instrumento de terceiro pode ser afastado o concurso de pessoas em prol da autoria mediata.

A construção seria criticada por desprezar a presunção legal de inimputabilidade, mas entendemos que a crítica não merece adesão. A presunção legal de inimputabili-

---

[1] Contra, Dotti, exigindo a culpabilidade dos colaboradores para que haja concurso de pessoas, eis que a lei diz que cada um responderá "na medida de sua culpabilidade" (René Ariel Dotti, *Curso de direito penal*, p. 354).

dade do menor de 18 anos, por exemplo, é (acertada) opção político criminal, e deve militar em prol das crianças e adolescentes para afastar a responsabilidade penal. Não afasta, no entanto, a contribuição livre e voluntária de um adolescente para o injusto, tampouco poderia fundamentar a transformação da conduta acessória de terceiro em autoria (a presunção em favor do adolescente não pode se transformar em presunção prejudicial ao terceiro, transformando Pedro, em nosso exemplo, em autor).

2) **Liame subjetivo: é a aderência de uma vontade à outra**

Normalmente ocorre o prévio acordo de vontades. Não é, no entanto, necessário tal acordo, ou seja, o liame recíproco. É reconhecido o liame subjetivo unilateral, ou seja, ainda que haja apenas a aderência de uma vontade à outra, sem reciprocidade. Exemplo é o caso da empregada que abre a porta para que o ladrão que ronda a vizinhança possa furtar eletrodoméstico. Ele não aderiu à vontade dela, nem sabe de sua existência, e por isso responderá por furto simples. Ela, no entanto, aderiu à vontade dele, por isso responderá pelo furto, e, ainda mais, com a qualificadora do concurso de pessoas, pois conhecida tal circunstância.

Também não é necessário que a aderência de vontades seja prévia, podendo ser estabelecida durante a execução. Não há concurso de pessoas, no entanto, se o liame só ocorre após a consumação.

O mero conhecimento sobre a prática de uma infração, ou mesmo a concordância psicológica, gera apenas "conivência" (*crimen silenti*), que é a princípio irrelevante penal. Assim, imagine-se situação em que sujeito chega em casa e avisa a esposa que, como não recebeu aumento de salário, vai sair para roubar um banco. A esposa ouve o discurso e não esboça reação. Ela não responderá pelo roubo perpetrado pelo marido, pois não colaborou efetivamente para a prática delitiva: apenas ficou ciente e permaneceu silente.

No exemplo acima, fica ressalvada a hipótese de a omissão estar especialmente capitulada como criminosa, como nos crimes omissivos próprios ou hipóteses de dever de garante, casos em que haverá relevância penal da omissão.

3) **Relevância "causal" do comportamento**

É necessário que a colaboração tenha de alguma forma concorrido para a realização do crime. Em razão da forte influência dos dogmas causalistas em nosso Direito Penal, ainda nos valemos da expressão "relevância causal" para tal designação.

Se a colaboração é querida, mas não tem qualquer relevância para a prática criminosa, não será punida. É o caso de José, que, sabendo que João quer matar o cunhado, empresta-lhe a seu pedido arma de fogo. Cego de ódio, João nem se lembra da arma e mata o cunhado aos pontapés. Não houve relevância da atuação de José.

O requisito da relevância causal vem perdendo sua configuração original, que remetia, como dito, à teoria da *conditio sine qua non* e ao critério da eliminação hipotética (*vide* "Nexo de Causalidade"). Ou seja, na sua acepção mais pura, caso a eliminação do comportamento mantivesse inalterado o resultado, não estaria preenchido o requisito da relevância causal, de modo que não estaria configurada colaboração juridicamente relevante. Atualmente prevalece que o que importa é se a contribuição foi importante, se houve realmente influência na dinâmica do fato (mesmo que, sem ela, o resultado ainda houvesse ocorrido). Apenas serão excluídas aquelas condutas que evidentemente não tiveram qualquer relevância.

Se é necessário relevância para a prática criminosa, é claro que a atuação deve ser anterior à consumação do delito. Se posterior, resta afastada a hipótese de concurso de pessoas.

4) Unidade de crime

Todos os colaboradores devem estar envolvidos na mesma dinâmica criminosa, em busca de uma mesma prática criminosa. A consequência é que todos responderão, a princípio, pelo mesmo crime.

Parece-nos muito mais uma consequência da adoção da teoria monista do que propriamente um requisito, mas assim resta consagrado na doutrina.

17.7 CLASSIFICAÇÃO ENTRE AUTORIA E PARTICIPAÇÃO[2]

Na busca de melhor compreender o instituto e trazer maior segurança na aplicação da pena a cada um dos colaboradores, no caso de concurso de pessoas, foram elaboradas teorias que diferenciam em categorias os agentes. Assim, aqueles que teriam conduta mais importante seriam considerados autores, e os de conduta acessória, menos importante, partícipes. O reconhecimento de tal diferença, no entanto, não é pacífico.

Assim, podemos fazer uma primeira classificação entre as teorias não diferenciadora e diferenciadora:

Não diferenciadora (conceito extensivo de autor[3]): não aceita a distinção entre autores e partícipes, todos os que colaboram devem ser compreendidos como autores.

---

[2] Comum, mas injustificada, a confusão no uso das expressões autoria, coautoria, participação e coparticipação. Como sintetiza Cláudio Brandão: "quando existem vários autores, utiliza-se o prefixo 'co', e eles passam a ser designados como coautores; quando existem vários partícipes, utiliza-se o mesmo prefixo, e passamos a designá-los copartícipes" (*Curso de direito penal*, p. 270).

[3] Parte da doutrina (por todos Jescheck) denomina "conceito unitário de autor" a teoria não diferenciadora. Prefere a nomenclatura "conceito extensivo" para hipóteses em que a abrangência da autoria é grande, mas ainda se admite diferença entre autoria e participação (H. H. Jescheck, *Tratado de derecho penal*, p. 898-899). Roxin trata como "conceito unitário" a inexistência de distinção entre autoria e participação, na qual todos são necessariamente reconhecidos como autores, pois a distinção seria supérflua. No "conceito extensivo", todos são autores pois todos causaram o crime, mas a lei restringe a responsabilidade dos indutores e cúmplices (*Derecho penal*, Parte general. t. II, p. 63-66).

No injusto, não há diferença, e eventual distinção sobre a responsabilidade de cada um deve ser feita no momento adequado, ou seja, na culpabilidade.

A inspiração é, mais uma vez, a teoria da equivalência dos antecedentes, ou seja, se colaborou foi causa, e não há razão para buscar condutas centrais a acessórias no injusto (Edgardo Alberto Donna, *La autoría y la participación criminal*, p. 15). Além disso, de nada adianta tentar diferenciar, eis que nenhum critério proposto conseguiu cumprir a promessa de reconhecer com mínima precisão a figura central e a figura acessória. No Brasil, possível acrescentar ainda que a diferenciação seria opção política criminal não adotada na lei (pois a expressão participação no art. 29, § 1º, do Código Penal não teria sido empregada em sentido técnico) nem nos tribunais, que ignoram a diferença e desprezam sua instrumentalização. Para Paulo Queiroz, minoritário, foi a teoria adotada no Brasil, ainda que mitigada pelo art. 29, § 1º, do CP (*Direito penal*, 2006, p. 271).

Entre os argumentos dos defensores da concepção unitária de autor, está a facilidade na punição de todos os envolvidos, quedando desnecessário o apelo às teorias da acessoriedade. Daí decorre também a principal crítica a essa concepção. Para Ferré Olivé, trata-se de proposta que permite o reforço da intervenção penal em Estados totalitários, tanto que adotada no fascismo italiano, "permitindo que os juízes impusessem a mesma graduação de pena a todos aqueles que de qualquer forma interviessem no crime, com base em sua periculosidade social" (Ferré Olivé et al., *Direito penal brasileiro*, p. 537).

Diferenciadora (conceito restrito de autor): diferencia os colaboradores em coautores e partícipes, visto que tal distinção é ontológica (na visão dos finalistas), ou ao menos essencial para a compreensão do injusto. A diferença seria também baliza importante no momento de aplicar a sanção. Acreditamos importante a distinção, que deveria estar expressa na lei brasileira e constar como capítulo necessário da sentença no caso de concurso de pessoas, ou seja, o magistrado deveria sempre classificar a conduta como autoria ou participação.

Dentre os que adotam a teoria diferenciadora, há diversas propostas sobre quais seriam os critérios de distinção entre coautores e partícipes, valendo destacar:

1) **Objetivo-formal**[4]: é a teoria de aplicação mais segura, pois o critério é bastante rígido.

---

[4] Por ter em conta a prática da conduta típica, que é impregnada também de subjetividade, Roxin critica a nomenclatura "objetivo-formal" (*Autoría y dominio del hecho en derecho penal*, p. 57), pois advinda de época em que o dolo ainda era "alocado" na culpabilidade: é que hoje a descrição típica contém elementos subjetivos, e em muitos casos há especiais tendências anímicas descritas no tipo. Desde o finalismo, é possível concluir, assim, que a prática da conduta típica não tem natureza apenas objetiva, mas também subjetiva, o que indica ser equivocada a nomenclatura "objetivo-formal", ainda que consagrada.

Nesta, considera-se coautor aquele que realiza o verbo nuclear do tipo, e partícipe aquele que, sem realizar o verbo nuclear, colabora de outra forma relevante (Giuseppe Bettiol, *Direito penal*, p. 493-494). Se a adequação típica é direta, ou seja, se o comportamento se subsumir diretamente ao tipo, há autoria. Se necessária a norma de extensão do art. 29, CP, há participação.

No caso de tipos com condutas múltiplas, todos os que praticam ao menos parcela da descrição típica seriam autores.

É a proposta tradicionalmente comentada e adotada pela doutrina pátria.

A teoria objetivo-formal tem vantagens arroladas por seus defensores: a) é bastante segura ao diferenciar autoria e participação, pois o critério legal é facilmente aplicável; b) respeita a função de garantia do tipo, pois tem como critério classificatório a proibição expressamente contida na figura típica – a linguagem "da vida" não diz que "matou" aquele que não pratica ato letal, nem que "subtraiu" aquele que apenas vigia o local; c) a realização da conduta típica demonstra maior energia criminal, maior reprovabilidade.

Embora seja a mais segura, não resolve problemas simples, pois considera, a princípio, o mandante (mentor intelectual) como partícipe. Outra crítica comum à teoria objetivo-formal é sua incapacidade de explicar a autoria mediata.

A doutrina tenta contornar a crítica tratando a autoria mediata e a autoria intelectual como formas especiais de autoria, como ensina Cláudio Brandão: "tanto o autor intelectual quanto o autor mediato respondem como autores do delito, jamais como partícipes" (*Curso de direito penal*, p. 275).

O fato é que, se o critério para a definição de autoria é a execução do verbo nuclear, a aceitação de "autores" que não realizam o verbo nuclear é confissão de falha no critério. Mas, ainda que reconhecido o defeito, importante ponderar se é suficiente para a substituição da teoria objetivo-formal por outra, mormente sob o ponto de vista político-criminal, uma vez que é, certamente, o critério mais seguro.

2) **Subjetiva:** para os adeptos da teoria subjetiva, não é possível estabelecer, no âmbito objetivo, diferença na atuação dos colaboradores, eis que, partindo mais uma vez da equivalência dos antecedentes, todos "causaram" a prática criminosa, e os antecedentes causais se equivalem. No entanto, ao contrário dos adeptos da teoria não diferenciadora, entendem que há diferença entre autoria e participação, situando-a no âmbito subjetivo.

Na teoria subjetiva, é possível distinguir duas tendências:

a) **Critério da vontade independente:** o autor quer o crime independentemente da vontade do partícipe. O partícipe, no entanto, só quer o crime se for essa a vontade do autor, ou seja, sua vontade é dependente.

b) **Critério do interesse:** é autor quem atua com ânimo de autor, ou seja, quer o crime como seu. Partícipe é aquele que atua com ânimo de simples auxílio, que quer o crime para terceiro. Roxin ilustra a hipótese com o caso da banheira: uma entre duas irmãs está grávida, e o pai ameaçou expulsá-las de casa se ocorresse algo similar. Nascida a criança, a mãe pede à irmã que afogue o bebê. Cedendo às súplicas da mãe, a irmã afoga a criança. O Tribunal condenou a mãe como autora, e a executora apenas como partícipe, pois não tinha ânimo de autor, mas apenas de partícipe (*Autoría y dominio del hecho en derecho penal*, p. 76).

Além da evidente dificuldade em matéria probatória, a teoria subjetiva, se por um lado resolve de forma perfeita o problema do mandante, por outro tem dificuldades para explicar a punição daquele que, mediante paga, vem a colaborar na execução do crime. Querendo o crime como alheio, seria mero partícipe.

3) **Objetivo-material, objetivo-subjetiva ou teoria do domínio do fato:** não traz contornos sólidos, nem a segurança da anterior, mas busca corrigir paradoxo criado pela legalidade formal para alcançar em cada situação "figura central do acontecer em forma de ação" (Claus Roxin, *Autoría y dominio del hecho en derecho penal*, p. 45 e s.), ou, na tradução de Luís Greco, "figura central do acontecer típico" (Luís Greco e Alaor Leite, O que é e o que não é a teoria do domínio do fato. Sobre a distinção entre autor e partícipe no direito penal, *RT*, v. 933, 2013, p. 15).

A teoria do domínio do fato ganha contornos firmes na obra de Welzel (embora seja anterior a ela), que concebe a autoria como o controle da existência de forma de ser do crime. Em Maurach observa-se sutil alteração no conceito, que passa a compreender a autoria como a manutenção do curso causal do fato típico sob controle, em atitude dolosa. Em Roxin, responsável pelo mais consagrado contorno da teoria na atualidade, autor é a figura central do processo de atuação concreto.

A teoria do domínio do fato trabalha com um conceito aberto, que substitui a costumeira definição abstrata de autoria por uma descrição orientada por princípios regulatórios. A configuração da autoria está relacionada a três situações: a) **domínio da ação** (aquele que realiza independentemente a conduta proibida); b) **domínio da vontade** (na qual o "autor de trás" domina a vontade condutora dos executores; e c) **domínio funcional**, no qual vários dependem um do outro em uma divisão de funções, em um domínio condicionado a uma atuação global. Partícipe aqui, mais uma vez, seria um conceito por exclusão: será aquele que colabora na prática delitiva sem ter o controle da existência e dos motivos do fato, como o sujeito que empresta arma ou instiga vizinho vingativo a matar o cachorro de estimação da sogra. Como ensina Donna, o partícipe controla sua própria participação, mas não a realização do fato (*La autoría y participação criminal*, p. 33).

As manifestações de autoria segundo a teoria do domínio do fato merecem estudo mais detalhado:

a) **Domínio da ação**: refere-se à **autoria imediata**, ou seja, ao sujeito que realiza o crime com suas próprias mãos. Na expressão de Roxin "não se pode dominar um fato de maneira mais clara do que a realização do fato pelo sujeito mesmo. Não se pode manter (o fato) em suas próprias mãos de modo mais firme do que quando se atua com as próprias mãos" (*Autoría y dominio del hecho en derecho penal*, p. 151).

b) **Domínio da vontade**: será autor aquele que se vale de terceiro como instrumento, como mecanismo de realização da sua vontade. Aqui, são três as hipóteses consagradas e tratadas por Roxin como formas de **autoria mediata**:

I – Situação de coação moral irresistível, na qual o coator domina a vontade do sujeito de forma a reduzi-lo a uma marionete, a um mero concretizador material de sua vontade.

II – Erro determinado por terceiro, que pode ser tipo ou proibição. Aquele que determina o erro é dono da vontade que determina o caso concreto[5], devendo ser tratado como autor. Abrindo controvérsia, Roxin permite aqui a consideração da autoria mediata e do domínio do fato mesmo que não fique afastada a responsabilidade daquele que agiu em erro, como no erro acidental sobre a pessoa ou sobre a coisa (*Autoría y dominio del hecho en derecho penal*, p. 237). Com o intuito de matar Xisto, Pedro mente a Paulo que José se aproxima, e que deve disparar contra seu desafeto. Paulo atira e mata, por engano, Xisto, que é quem realmente se aproximava. Paulo continua culpável por sua conduta, mas Pedro deverá responder como autor (mediato), conforme a teoria do domínio do fato.

III – Domínio da vontade em virtude de estruturas de poder organizadas: a proposta foi inspirada em reflexões sobre o julgamento de Eichmann. Sobre a consideração do chamado "autor por detrás" como detentor do domínio do fato, Ferré Olivé ensina ser necessária a verificação de quatro características: 1) Poder de mando – o sujeito exerce o controle do "maquinário pessoal"; 2) Desvinculação do ordenamento jurídico – a organização deve operar na ilegalidade, razão pela qual, na formulação de Roxin, não é possível falar na aplicação do modelo em empresas ou aparatos legalizados, ainda que em suas operações sejam praticados ilícitos, econômicos e ambientais; 3) Fungibilidade de autor imediato – o executor é instrumento cambiável, fungível; 4) Disponibilidade consideravelmente elevada do fato por parte do executor – o executor deve se encontrar mais bem preparado para o fato do que outros potenciais autores (Ferré Olivé *et al.*, *Direito penal brasileiro*, p. 548).

---

[5] Luís Greco traduz como "conhecimento superior", O que é e o que não é a teoria do domínio do fato. Sobre a distinção entre autor e partícipe no Direito Penal, p. 17.

Possível perceber que não basta a posição de comando em determinada empresa para desencadear a aplicação da teoria do domínio do fato, considerado o gestor um autor. Vários outros requisitos são necessários, como a desvinculação do ordenamento jurídico e a fungibilidade do executor. Além disso, é necessária a efetiva prática de conduta relevante por parte do detentor do poder, não sendo suficiente para a acusação a indicação de sua condição de superior hierárquico. Nesse sentido o STF:

> A Segunda Turma do Supremo Tribunal Federal (STF) concedeu *Habeas Corpus* (HC 127.397) a A.C.F., ex-presidente da OPP Petroquímica S/A e da OPP Polietilenos S/A (empresas incorporadas pela Braskem), acusado de evasão de divisas. A decisão do colegiado, tomada nesta terça-feira (6), determinou o trancamento de ação penal por inépcia da denúncia, uma vez que a acusação se baseava na teoria do domínio do fato, sem contudo apresentar descrição mínima da conduta delituosa atribuída ao executivo. "Não há óbice para que a denúncia invoque a teoria do domínio do fato para dar suporte à imputação penal, desde que aponte indícios convergentes no sentido de que ele não só teve conhecimento do crime de evasão de divisas como dirigiu finalisticamente a atuação dos demais acusados", afirmou o ministro Dias Toffoli. Segundo seu voto, não basta que o acusado se encontre em posição hierarquicamente superior. No caso, há divisão de responsabilidades no próprio estatuto da empresa, e em grandes corporações, empresas ou bancos há controles e auditorias exatamente porque nem mesmo os sócios têm como saber tudo o que se passa.

É comum, hoje, um discurso acusatório absolutamente descolado da boa doutrina no sentido de que, especialmente em crimes societários, a mera posição de gestor ou superior hierárquico seria suficiente para a condenação, com leitura equivocada da teoria do domínio do fato, que tornaria desnecessária a produção de prova sobre a existência dos requisitos ordinários do concurso de pessoas. É um erro. A teoria do domínio do fato busca apenas distinguir autoria e participação, desde que adotada premissa diferenciadora, e não substitui a produção de prova sobre o liame subjetivo ou relevância da colaboração, tampouco serve como instrumento discursivo para ampliar o número de possíveis responsáveis por um crime. Nesse sentido:

> RECURSO ESPECIAL. SONEGAÇÃO FISCAL. RESPONSABILIZAÇÃO PENAL. TEORIA DO DOMÍNIO DO FATO. INAPLICABILIDADE. INEXISTÊNCIA DE NEXO DE CAUSALIDADE. DOLO. ESSENCIALIDADE. DESCRIÇÃO DE CULPA EM SENTIDO ESTRITO. INCOMPATIBILIDADE. RECURSO ESPECIAL PROVIDO PARA ABSOLVER A RECORRENTE. 1. A teoria do domínio do fato funciona como uma *ratio*, a qual é insuficiente, por si mesma para aferir a existência do nexo de causalidade entre o crime e o agente. É equivocado afirmar que um indiví-

duo é autor porque detém o domínio do fato se, no plano intermediário ligado à realidade, não há nenhuma circunstância que estabeleça o nexo entre sua conduta e o resultado lesivo. 2. Não há, portanto, como considerar, com base na teoria do domínio do fato, que a posição de gestor, diretor ou sócio administrador de uma empresa implica a presunção de que houve a participação no delito, se não houver, no plano fático-probatório, alguma circunstância que o vincule à prática delitiva. Na hipótese, o quadro fático descrito na imputação é mais indicativo de conduta negligente ou imprudente. A constatação disso é reforçada pela delegação das operações contábeis sem a necessária fiscalização, situação que não se coaduna com o dolo, mas se aproxima da culpa em sentido estrito, não prevista no tipo penal em questão (REsp 1854893, Rel. Min. Rogério Schietti).

Repita-se: é comum o equívoco de buscar substituir provas de autoria ou de efetiva colaboração por argumentos relacionados à teoria do domínio do fato. O erro é evidente, pois a referida teoria não traz instrumentos de extensão da imputação, mas apenas *standards* para que seja reconhecida a figura central do acontecer típico. Nesse sentido o STF:

> De acordo com a denúncia, os impetrantes, com domínio dos fatos na administração da sociedade anônima, teriam fraudado a Fazenda Pública de Pernambuco por meio da inserção de elementos inexatos em livros fiscais. Créditos tributários supostamente inexistentes teriam sido destacados em notas fiscais de aquisição de serviços de telecomunicações para reduzir o valor do Imposto sobre Circulação de Mercadorias e Serviços (ICMS). (...) O ministro Ricardo Lewandowski (relator) asseverou que não se pode invocar a teoria do domínio do fato, pura e simplesmente, sem nenhuma outra prova, citando de forma genérica os diretores estatutários da empresa, espalhados pelo Brasil, para lhes imputar um crime fiscal que teria sido supostamente praticado no Estado-membro (HC 136.250).

c) **Domínio funcional**: relaciona-se à **coautoria funcional**, ou seja se duas ou mais pessoas possuem o domínio funcional do fato, partindo de uma decisão conjunta, todos serão considerados autores. Necessário ponderar, aqui, que os coautores devem ter domínio global do fato e engendrar colaboração realmente relevante. Vale aqui a ponderação de Jakobs, para quem todos os colaboradores dominam parcelas do fato, tanto que a diferença entre autoria e participação não discute a existência da punição, mas, sim, a medida da pena (Donna, *La autoría y participación criminal*, p. 39).

O controle funcional do fato vem ganhando especial adoção nos tribunais brasileiros, e em especial no Superior Tribunal de Justiça:

O motorista que, combinando a prática do roubo com arma de fogo contra caminhoneiro, leva os coautores ao local do delito e, ali, os aguarda para fazer as vezes de batedor ou, então, para auxiliar na eventual fuga, realiza com a sua conduta o quadro que, na dicção da doutrina hodierna, se denomina de coautoria funcional. *Writ* denegado (HC 20.819/MS, Rel. Min. Felix Fischer, 5ª T., j. em 2-5-2002, *DJ* 3-6-2002).

Penal e processo penal. (...). Coautoria. Domínio funcional do fato. Princípio da correlação. Individualização da pena. Inobservância. Constrangimento ilegal caracterizado. O Tribunal de origem, quando do recurso de apelação, é livre para analisar a conduta do paciente, enquadrando-a conforme melhor lhe parecer. O acusado que na divisão de trabalho tinha o domínio funcional do fato (a saber, fuga do local do crime), é coautor, e não mero partícipe, pois seu papel era previamente definido, importante e necessário para a realização da infração penal (HC 30.503/SP, Rel. Min. Paulo Medina, 6ª T., j. em 18-10-2005, *DJ* 12-12-2005).

Quanto ao âmbito de aplicação, esclarece Luis Greco (O que é e o que não é a teoria do domínio do fato. Sobre a distinção entre autor e partícipe no Direito Penal, p. 18) que a teoria do domínio do fato não resolve todos os problemas de autoria e participação, pois não se aplicaria aos crimes de dever (como os crimes omissivos e os crimes próprios) e aos crimes de mão própria. Acrescenta Stratenwert que a teoria do domínio do fato não poderia realmente explicar os crimes omissivos impróprios, eis que, nesse caso, o sujeito não controlaria realmente o resultado, pois não intervém em sua ocorrência, apenas abstendo-se de evitá-lo (*Derecho penal*, cit.).

Prevalece também que a teoria do domínio do fato só é aplicável aos crimes dolosos. No delito culposo, o autor não poderia dominar voluntariamente o resultado, mas apenas contribuir para a produção do resultado com uma conduta violadora do dever de cuidado. Aliás, no crime culposo, é consagrada na Alemanha a adoção de um conceito não diferenciador de autoria, ou seja, todos seriam sempre autores.

Em sentido contrário, admitindo a incidência de uma "variável" no domínio do fato ao crime culposo, Luzon Pena traz a proposta do domínio potencial do fato, que se traduz em uma determinação objetiva e positiva da dinâmica do fato, e que poderia, se houvesse dolo, converter-se em domínio do fato no sentido tradicional.

À guisa de remate, nota-se que são ainda muitas as controvérsias na busca por estabelecer limites para a teoria do domínio do fato, o que se pode perceber na própria divergência de classificação, ora alocada como teoria objetivo-material (relevo apenas para o maior risco ao bem causado pelo agente), ora como objetivo-subjetiva, sendo que apenas a segunda se lembra do critério subjetivo e lhe dá maior importância.

Há ainda grande polêmica quanto à aplicação da teoria do domínio do fato em face dos aparatos organizados de poder. Alguns questionam se a estrutura deve ser realmente divorciada do ordenamento, vale dizer, se a organização tem que ser em si mesma ilícita (como defende Roxin) ou se tal requisito poderia ser ignorado, aplicando-se a teoria a crimes praticados no âmbito de empresas privadas ou entidades do poder público. Outros indicam que a fungibilidade do executor seria desnecessária.

De fato, podemos concluir que mesmo com a indicação da leitura de Roxin como a grande referência, a teoria do domínio do fato ainda não se mostra como construção dogmática paradigmática e capaz de trazer certeza em sua instrumentalização. Diante de tal quadro de incertezas, merece reflexão a conveniência da adoção da teoria no Brasil, o que poderia elevar (ainda mais) o índice de aleatoriedade das decisões dos Tribunais, já tão acentuado e criticado.

17.8 FORMAS DE COAUTORIA E PARTICIPAÇÃO

17.8.1 Formas de coautoria

Coautoria significa a tomada da posição de autor por sujeitos em concurso. Na lição de Donna (*La autoría y la participación criminal*, p. 47), há dois requisitos:

1) A decisão comum do fato.
2) A intervenção a título de autor.

Cláudio Brandão, valendo-se dos ensinamentos de Muñoz Conde e García Arán, distingue a coautoria executiva direta da coautoria executiva parcial.

Coautoria executiva direta ocorre se todos os autores praticam todos os atos executórios, como na hipótese de dois sujeitos que ameaçam e subtraem bens das vítimas em um crime de roubo.

Coautoria executiva parcial se dá se há divisão das tarefas típicas, nos casos em que a divisão é possível. Seria perfeito exemplo o de dois roubadores que ingressam na casa da vítima e, enquanto um a ameaça e a agride, o outro subtrai os bens.

Esclarece Brandão que tanto na coautoria executiva direta como na parcial os agentes são considerados autores (*Curso de direito penal*, p. 272).

Coautoria funcional: conceito bastante comum aos adeptos da teoria do domínio do fato, trata da colaboração com divisão de tarefas, ou seja, cada colaborador tem em suas mãos o controle do fato a partir de sua função específica. Para que se configure a coautoria funcional, são exigidos, a princípio, dois requisitos:

1) Decisão comum do fato.
2) Execução comum do fato.

No caso daquele que não realiza atos objetivamente executórios, explica Donna que a pouca importância de seu comportamento sob o prisma objetivo deve ser compensada pela grande intensidade sob o prisma subjetivo – forte colaboração para a decisão delitiva – para que se possa falar em coautoria funcional, e não apenas em participação (*La autoría y la participación criminal*, p. 48).

Na coautoria sucessiva é quebrada a regra comum segundo a qual os coautores iniciam juntos a empreitada criminosa. Aqui, após o início da execução alguém ingressa para a prática conjunta da infração penal. Imagine-se, assim, o famoso exemplo em que A desfere seguidos chutes em X, caído na calçada. B, que passava tranquilamente pelo local, vê a cena e, por ser da mesma "turma" que A, resolve também desferir golpes em X. Dá-se, aqui, a coautoria sucessiva.

Dentre os requisitos para o concurso de pessoas estão presentes o liame subjetivo e a relevância da colaboração. Partindo de tais premissas, até que momento será possível o ingresso de terceiro como coautor? A resposta tradicional e majoritária aponta o momento-limite como a consumação, mas Nilo Batista, apoiado em Maurach, defende que a coautoria sucessiva pode ocorrer até o exaurimento e exemplifica: "o agente que aderisse à empresa delituosa de extorsão mediante sequestro (art. 159 do CP) por ocasião da obtenção do preço de resgate (que está situada após a consumação, configurando mero exaurimento) seria coautor sucessivo" (Nilo Batista, *Concurso de pessoas*, p. 118).

17.8.2 Formas de participação[6]

A participação pode ser classificada como:

a) Moral

Induzimento: fazer surgir na mente do agente o propósito de praticar a infração penal. É o caso do sujeito que confessa a outro que não aguenta mais as visitas da sogra, e este sugere com seriedade "por que você não a mata?".

Instigação: fomentar propósito criminoso preexistente. Aqui o agente já tem a ideia da prática delitiva, que é encorajada por terceiro. Sujeito diz que vai matar a sogra, e o terceiro o instiga: "Vá mesmo, ela não merece viver...".

Por atuar na mente do agente, as formas induzimento e instigação são chamadas de participação moral.

b) Material

Auxílio material secundário: é aquele que se desdobra no mundo dos fatos, sem, no entanto, configurar a autoria, como é o caso do sujeito que empresta mapa do local ou arma para a prática delitiva. Alguns chamam o auxílio material secundário de cumplicidade.

---

[6] Para Luis Greco, minoritário no Brasil, a classificação das formas de participação deve ter apenas dois elementos: 1) instigação, que seria a promoção, no autor, da ideia de praticar o fato criminoso (o induzimento, na posição tradicional); e 2) o auxílio, que pode ser psíquico (a instigação, na posição tradicionalmente adotada) ou material, e poderia ser traduzido na ideia de cumplicidade (*Cumplicidade através de ações neutras*, p. 6).

17.8.2.1 Fundamento da punição na participação

Teoria da culpabilidade na participação: a culpabilidade do partícipe depende da culpabilidade do autor: pune-se pela interferência na culpabilidade.

Teoria da causação ou do favorecimento: pune-se pela contribuição causal do partícipe.

Teoria da participação no ilícito: a participação é uma forma de colaborar para o injusto, e por isso é socialmente intolerável. Pune-se pela colaboração para o injusto. É a que prevalece.

17.8.2.2 Participação de menor importância

O art. 29, § 1º, é expresso ao assegurar ao partícipe de menor importância a redução de pena de 1/6 a 1/3.

Para os defensores das teorias não diferenciadoras, o artigo comprova a respectiva adoção, pois, se há partícipes que são de menor importância e outros que não o são, significa que não há diferença técnica entre coautor e partícipe, e os termos se equivalem.

Para os adeptos das teorias diferenciadoras, majoritários na doutrina brasileira, o parágrafo concretiza a diferença entre coautor e partícipe, assinalando a diminuição de pena somente ao segundo.

Para Bitencourt (*Tratado de direito penal*, p. 500-501), aliás, fiel à orientação diferenciadora, se reconhecido que se trata de mero partícipe, a incidência da causa de diminuição é obrigatória. Para Mirabete, a redução é facultativa, ainda que reconhecida a menor contribuição (*Manual de direito penal*, p. 237).

Entendemos que a distinção entre autoria e participação deveria estar expressamente prevista em lei (*lege ferenda*). Enquanto ausente tal distinção, se reconhecida a participação/colaboração de menor importância, deve ser reconhecida a diminuição da pena.

Seja uma ou outra a posição adotada, a classificação da conduta como coautoria ou participação deve ser aferida no caso concreto, não sendo possível a generalização, como já entendeu o Superior Tribunal de Justiça: "STJ – RHC 26.070: Aquele que se beneficia de fraude previdenciária não é necessariamente participante de menor importância. Essa condição deve ser verificada por meio da instrução criminal".

Qual o critério para a compreensão do que é menor importância? A intensidade do injusto ou a culpabilidade? Ensina Ferré Olivé que "o único critério realmente válido é a afetação ao bem jurídico" (*Direito penal brasileiro*, p. 541), pois é exatamente o grau de afetação que diferencia autoria e participação. De fato, é o grau de afetação da conduta que define sua "importância". A culpabilidade não se refere à importância da participação, mas à pessoal censurabilidade, que pode e deve gerar individualização da pena, mas em outra fase.

Infelizmente, na prática forense penal brasileira é muita rara a incidência do art. 29, § 1º, pela pouca importância que se dá ao tema e ao princípio constitucional da individualização da pena, como é próprio de Estados autoritários.

17.8.2.3 Peculiaridades da participação

Denomina-se participação sucessiva a hipótese em que o sujeito participa de mais de uma forma, ou seja, instigando e auxiliando materialmente.

É possível participação na participação, também chamada de participação em cadeia, quando alguém colabora de forma secundária com terceiro para que este possa colaborar com o autor. É o caso do sujeito que empresta arma a seu vizinho para que este possa fornecê-la a seu cunhado, que quer matar o patrão.

Para Luiz Flávio, é possível ao magistrado reconhecer a insignificância do laço de colaboração, com desate absolutório (*Direito penal*, p. 511). Assim como a norma principal deve ser interpretada à luz dos princípios constitucionais penais que orientam a subsidiariedade e a insignificância, a norma de ampliação de adequação típica do concurso de pessoas, que permite a punição dos partícipes, deve sentir a influência dos referidos princípios.

Participação necessária imprópria: ocorre nos delitos de concurso necessário convergentes ou paralelos. Perceba-se que nos crimes de concurso necessário bilaterais ou contrapostos não há verdadeiro concurso de agentes.

Conforme Dotti, não há participação dolosa em crime culposo, tampouco participação culposa em crime doloso, pela inviabilidade de liame subjetivo (*Curso de direito penal*, p. 354).

17.9 CUMPLICIDADE NA PRÁTICA DE AÇÕES NEUTRAS

A cumplicidade tem sua relevância penal atrelada ao fato principal, do autor, que deve ser ao menos típico e antijurídico, de acordo com a teoria limitada da culpabilidade, adotada pela doutrina brasileira. Há de se perquirir, no entanto, se a conduta (acessória) cotidiana, neutra, socialmente adequada, que não cria risco juridicamente proibido, ou ainda sem a certeza da intenção de praticar o crime, pode ter relevância penal.

É construído assim um arcabouço teórico para explicar em que medida uma ação a princípio neutra, ou seja, não compreendida desde logo como errada, inadequada, ilícita ou criadora de risco proibido, pode ser considerada relevante penal. Em outras palavras, se **A colabora com a prática de crime por B, mas a colaboração se expressa em uma ação a princípio lícita, aceita, que não rompe expectativas sociais, B deve ser considerado criminoso**? O empregado de uma loja de facas pode ser considerado partícipe se vendeu uma faca a terceiro que a utilizou para esfaquear um desafeto? A consciência da intenção do potencial assassino cria para o "vendedor de facas" um "dever de não vender facas"? São várias as respostas encontradas na doutrina, e vamos apreciar rapidamente as mais mencionadas:

Para Jakobs, o que importa é o papel social. Aduz que se a colaboração é em si inócua e cotidiana, e apenas se inserida no plano de outras pessoas se converte em um curso causal danoso (*Derecho penal*, p. 842-847), deve ser afastado o colorido penal. Em tais casos seria identificada apenas uma participação aparente, irrelevante. Divorciando-se de imperativos morais e pautando-se na percepção da realização dos papéis sociais, se a ação de determinado indivíduo simplesmente cumpre seu papel social, lícito e comumente produtivo, ele não pode ser objetivamente responsabilizado pela prática criminosa, **independentemente de seu estado de ânimo**.

Assim, se o sujeito trabalha em supermercado e vende faca de churrasco para um assassino, que a utilizará para matar uma vítima em instantes, não há que se falar em participação, eis que o papel social do vendedor é exatamente esse, e sua conduta foi, do ponto de vista objetivo, esperada e construtiva. Pouco importa se ele sabia ou consentia que o objetivo da aquisição da faca seria um homicídio, ou seja, queda indiferente o componente subjetivo, pois objetivamente não foi rompida nenhuma expectativa normativa, não foi criado nenhum risco juridicamente proibido. É a posição que adotamos: ainda que imoral, a conduta objetivamente lícita, que confirma as expectativas de um papel social lícito e apreciado positivamente pela sociedade, não pode ter relevância penal, e não se pode atribuir ao cidadão comum o dever de vigiar, conter ou garantir que terceiro não pratique crimes. No mais, a percepção do desvalor subjetivo da conduta não pode substituir a necessária aferição do desvalor objetivo da ação ou omissão.

Ensina Luis Greco que para parte da doutrina (Hassemer) o critério seria a adequação profissional: a prática regular de uma atividade por determinado grupo seria, a princípio, irrelevante penal (*Cumplicidade através de ações neutras*, p. 51-52).

Já em Roxin, há a composição de um critério subjetivo de **saber** ou apenas **desconfiar** da ilicitude de terceiro e um critério de **sentido** da conduta acessória: se o suposto partícipe conhece a decisão do autor pela prática delitiva, terá relevância penal se presente uma referência de sentido delitivo, ou seja, como no fornecimento de um martelo para aquele que sabidamente o usará para um homicídio, ou fornecimento de ferramentas para aquele que sabidamente usará para arrombar uma fechadura. Diferente solução se a conduta não tem tal sentido, como a ação de servir uma refeição para terceiro que irá sabidamente praticar crime no momento seguinte: ora, servir e ingerir comida são condutas legais e lícitas, e não há qualquer relação de sentido com a conduta do cliente que, fortalecido e bem disposto pelo alimento, segue para a prática criminosa (*Derecho penal*, Parte general, v. II, p. 292-293). Se o suposto partícipe **apenas desconfia** de eventual prática criminosa, será beneficiado pelo princípio da confiança (como no exemplo daquele que compra ferramentas), pois pode licitamente confiar que terceiro irá agir de acordo com o direito, salvo se, no caso concreto, for "reconhecível" a inclinação para a prática delitiva. Se reconhecível a inclinação, como no caso daquele que vende uma arma a sujeito transtornado e que está envolvido em intensa briga na frente da loja, a participação ganha relevância (op. cit., p. 299-300).

Percebe-se em Roxin, como antecipado, uma fundamental importância do elemento subjetivo, e critica-se uma menor capacidade de rendimento em seus conceitos, pois a "desconfiança da inclinação para a prática delitiva" tem comprovação praticamente impossível.

Ainda em Roxin, não há relevância penal na cooperação se a ação do suposto colaborador, embora sirva à prática de delito alheio (do autor), for pautada por fins autônomos, próprios e distintos do autor, como no caso de empregador que paga ao empregado sabendo que este irá sonegar impostos, mas não pode ser considerado partícipe ou ser punido por isso, pois há uma obrigação do empregador de pagar, e seria ilícito não pagar. Em outras palavras, o pagamento do salário não pode ser considerado incremento proibido de risco, pois o inadimplemento é que seria ilícito, e não faria sentido "cercar" um indivíduo, tornando tanto seu agir como seu não agir ilícitos.

Para Luis Greco, a questão exige a distinção de ações neutras relevantes e irrelevantes penais. Seria ação neutra, desde logo, a contribuição a um fato ilícito alheio não manifestamente punível, e a questão a ser respondida é "sob que pressupostos se pode declarar permitido o risco criado pela ação não manifestamente ilícita que contribui para o fato ilícito alheio?". A resposta proposta pelo autor é: a exigência de idoneidade da proibição significa que só **haverá risco juridicamente desaprovado se a não prática da ação proibida puder representar uma melhora relevante na situação do bem jurídico concreto**, ou seja, se o sujeito, no exercício da profissão de vendedor em loja de materiais para construção, vende um machado para terceiro consciente de sua intenção de praticar um homicídio, restará impune, pois o machado poderia ser obtido sem dificuldades em dezenas de outras lojas, e assim a proibição de tal conduta seria inidônea a proteger a vida da vítima (*Cumplicidade através de ações neutras*, p. 107-152). Por outro lado, se o dono de uma imobiliária aceita alugar para terceiro imóvel necessário para a prática de um crime contra o morador do prédio anexo, ciente do propósito do locador, deve ser responsabilizado, pois a ausência de sua contribuição dificultaria ou mesmo tornaria impossível a lesão ao bem jurídico.

Nossa posição: Acreditamos que o melhor caminho segue as premissas de Jakobs. Em uma sociedade de contatos anônimos e grande especialização de papéis, não se pode exigir que quem cumpre seu papel social (vendedor de facas, condutor de táxi, motorista de ônibus) possa responder pelo risco juridicamente proibido gerado por terceiro. O condutor do táxi não pode responder pelo crime praticado por passageiro, mesmo que este tenha comentado sobre seu intento ilícito durante a corrida. O dever moral de comunicar a autoridade sobre a probabilidade de prática criminosa ou mesmo de agir heroicamente contendo o roubador não pode ser convertido em dever jurídico penal de se abster de seu papel de condutor, e muito menos em dever de garantia em face da conduta do passageiro. A conivência passiva, já comentada e consolidada como irrelevante penal, não deve abranger apenas a omissão em sentido causal-naturalista, mas também a manutenção em estado de cumprimento do papel social, de conduta socialmente adequada, de ação não violadora de expectativas.

17.10 COMUNICABILIDADE DOS DADOS DE NATUREZA TÍPICA

Para que o colaborador possa responder pela ação típica praticada por terceiro, o legislador disciplinou como seria a comunicabilidade dos dados típicos, ou seja, em que medida a conduta criminosa de um comunicaria suas características essenciais ou acidentais a terceiros, permitindo assim a mensuração de cada responsabilidade.

Os dados da previsão típica incriminadora podem ser divididos em elementares e circunstâncias e também podem ser divididos em objetivos e subjetivos.

Subjetivos quando se referem ao sujeito e às suas peculiaridades (relação de parentesco, ser ocupante de cargo em comissão (art. 327, § 2º, do CP).

Objetivos quando se referem a aspectos externos ao sujeito (lugar, instrumento do crime, horário).

Regis Prado ensina que os dados objetivos se referem especialmente à magnitude do injusto, enquanto os subjetivos tratam da medida da culpabilidade (*Curso de direito penal brasileiro*, p. 401).

O art. 30 do Código Penal, com imprecisa redação, disciplina a comunicabilidade dos dados típicos, ou seja, das elementares objetivas e subjetivas e das circunstâncias, também objetivas ou subjetivas.

Do esforço interpretativo exigido pelo art. 30 do CP é possível concluir que:

1) As elementares sempre se comunicam.
2) As circunstâncias se comunicam quando objetivas.
3) As circunstâncias subjetivas não se comunicam.

Vamos exemplificar cada situação:

1) Se dois comparsas, em concurso de pessoas, atiram em terceiro, embora apenas um acerte o disparo e cause a morte, ambos responderão pelo homicídio consumado. É que o "matar alguém" de um (elementar) comunicará ao outro. Da mesma forma, se um funcionário público pratica um crime de peculato em concurso com um amigo que não é funcionário público, este também responderá por peculato, eis que a qualidade de funcionário, elementar do crime de peculato, será comunicada.
2) Se dois comparsas roubam determinado estabelecimento, embora apenas um esteja armado, ambos responderão pelo roubo circunstanciado pelo emprego de arma. É que a circunstância objetiva "emprego de arma" se comunica ao outro.
3) Se sujeito chama comparsa para ajudá-lo a matar o próprio pai (parricídio), apenas o filho responderá pela agravante do crime praticado contra ascendente, pois a circunstância subjetiva não se comunicará ao outro. Não importa se a circunstância é judicial, qualificadora, agravante, atenuante, majorante ou minorante.

Vale lembrar que a comunicabilidade dos dados de natureza típica apenas satisfaz o estrato objetivo do injusto, ou seja, permite que responda pela conduta típica mesmo aquele que não a realizou, desde que tenha colaborado. Será necessário, ainda, perquirir sobre a faceta subjetiva, ou seja, se o sujeito tinha dolo (ou culpa em alguns casos – *vide* abaixo) em relação ao resultado, ou se imaginava resultado mais ameno (colaboração dolosamente distinta), ou mesmo se não tinha consciência da colaboração (falta de liame subjetivo, que afasta o concurso de pessoas). Assim, só responde pelo peculato o terceiro que sabe que pratica o crime com alguém que é funcionário público, assim como só sofrerá o aumento de pena do crime de roubo aquele que sabe que o parceiro traz consigo arma a ser empregada no crime, e assim por diante.

17.11 POLÊMICAS SOBRE A COMUNICABILIDADE DOS DADOS TÍPICOS

Dentre as polêmicas consagradas sobre a comunicabilidade de dados típicos, duas se destacam: o infanticídio (art. 123 do CP) e o homicídio mediante paga ou promessa de recompensa (art. 121, § 2º, I, do CP).

No **infanticídio**, o estado puerperal é elementar do tipo e, assim, pela regra do art. 30 do Código Penal, já comentada, deveria se comunicar a todos os colaboradores. No entanto, tal solução é insatisfatória do ponto de vista da moral e da equidade, pois não é razoável que alguém que não esteja com a perturbação advinda do puerpério seja merecedor da mesma benesse legal, uma vez que estarão sendo tratados de forma igual sujeitos em situação flagrantemente ilegal – pena branda para quem está e para quem não está em estado puerperal.

É bem conhecida a posição de Nelson Hungria que, durante anos, sustentou a incomunicabilidade da elementar ("sob a influência do estado puerperal") sob o argumento de tratar-se de circunstância "personalíssima" e não meramente "pessoal", pretendendo assim escapar à incidência do texto expresso da lei. No entanto o próprio Hungria termina por reconhecer o caráter *ad hoc* desta solução que não tem nenhum amparo da legal e nem decorre de uma construção teórica consistente, aderindo por fim à tese da comunicabilidade. Atualmente a doutrina é hoje praticamente pacífica no sentido de que aqueles que colaboram para o infanticídio também responderão pelo crime do art. 123 do CP, ainda que não estejam em estado puerperal, dado que não é possível afastar a benesse legal por um imperativo de insegura equidade. Ideal seria alterar a lei para que o estado puerperal se transformasse em mera circunstância subjetiva, como visto, incomunicável.

No caso do homicídio mediante paga ou promessa de recompensa, a polêmica se instaura, pois o contratado, sem dúvida, deve responder pelo crime qualificado. Mas e o contratante? Ele não pratica o crime em razão da paga ou promessa, tendo motivos próprios, uma vez que é ele quem paga ou promete a vantagem. Nesse caso, o contratante responde também pelo homicídio qualificado? O tema hoje volta a gerar controvérsia:

1ª) **O contratante não responde** pelo crime qualificado, pois a circunstância que trata do motivo paga ou promessa de recompensa é subjetiva e, assim, incomunicável. É nossa posição. Foi o recente entendimento do STJ, rompendo assim com mais de uma década de entendimento contrário:

> O reconhecimento da qualificadora da "paga ou promessa de recompensa" (inciso I do § 2º do art. 121) em relação ao executor do crime de homicídio mercenário não qualifica automaticamente o delito em relação ao mandante, nada obstante este possa incidir no referido dispositivo caso o motivo que o tenha levado a empreitar o óbito alheio seja torpe. De fato, no homicídio qualificado pelo motivo torpe consistente na paga ou na promessa de recompensa (art. 121, § 2º, I, do CP) – conhecido como homicídio mercenário – há concurso de agentes necessário, na medida em que, de um lado, tem-se a figura do mandante, aquele que oferece a recompensa, e, de outro, há a figura do executor do delito, aquele que aceita a promessa de recompensa. É bem verdade que nem sempre a motivação do mandante será abjeta, desprezível ou repugnante, como ocorre, por exemplo, nos homicídios privilegiados, em que o mandante, por relevante valor moral, contrata pistoleiro para matar o estuprador de sua filha. Nesses casos, a circunstância prevista no art. 121, § 2º, I, do CP não será transmitida, por óbvio, ao mandante, em razão da incompatibilidade da qualificadora do motivo torpe com o crime privilegiado, de modo que apenas o executor do delito (que recebeu a paga ou a promessa de recompensa) responde pela qualificadora do motivo torpe. Entretanto, apesar de a "paga ou promessa de recompensa" (art. 121, § 2º, I, do CP) não ser elementar, mas sim circunstância de caráter pessoal do delito de homicídio, sendo, portanto, incomunicável automaticamente a coautores do homicídio, conforme o art. 30 do CP (REsp 467.810/SP, Quinta Turma, DJ 19-12-2003), poderá o mandante responder por homicídio qualificado pelo motivo torpe caso o motivo que o tenha levado a empreitar o óbito alheio seja abjeto, desprezível ou repugnante (STJ, REsp 1.209.852/PR, Rel. Min. Rogerio Schietti Cruz, j. em 15-12-2015, DJ 2-2-2016).

2ª) **O contratante responde pelo crime qualificado.** Para alguns, o argumento que justifica a comunicabilidade é a natureza objetiva da qualificadora, que exige real paga ou promessa de recompensa, como dado externo ao sujeito. Para outros autores, não se trata de verdadeira circunstância subjetiva, mas, sim, circunstância elementar (*vide* classificação das circunstâncias, em teoria da sanção penal), que, assim, se comunica mesmo quando tenha caráter subjetivo.

Nesse sentido já decidiu o Superior Tribunal de Justiça:

> A Turma entendeu que, no homicídio, o fato de ter sido o delito praticado mediante paga ou promessa de recompensa, por ser elemento do tipo qualificado, é circunstância que não atinge exclusivamente o executor, mas também o mandante ou qualquer outro coautor. Precedentes citados do STF: HC 71.582/MG, *DJ* 9-6-1995; do STJ: HC 56.825/RJ, *DJ* 19-3-1997; REsp 658.512/GO, *DJ* 7-4-2008 (HC 99.144/RJ, Rel. Min. Og Fernandes, j. em 4-11-2008).

17.12 RELEVÂNCIA DA PARTICIPAÇÃO

Apenas há punição pela participação se o crime chega ao menos a ser tentado, ou seja, a atuação daquele que quer colaborar (instigando, induzindo), mas não consegue sequer fazer o pretenso comparsa chegar ao início da execução, não será merecedora de intervenção penal. É o que explicita o art. 31 do Código Penal: "o ajuste, a determinação ou instigação e o auxílio, salvo disposição expressa em contrário, não são puníveis, se o crime não chega, pelo menos, a ser tentado".

17.13 ACESSORIEDADE

A conduta do partícipe não é em si típica e só ganha relevância penal pela conduta principal do autor. Possível concluir, assim, que a conduta do autor é acessória.

Por ter natureza acessória, a relevância penal da participação depende da relevância da conduta delitiva principal. Há vários graus de consideração da acessoriedade previstos pela doutrina:

Acessoriedade mínima: basta que a conduta principal seja típica para que possa ser relevante penalmente a participação.

Se seguida a acessoriedade mínima, bastaria a tipicidade da conduta do autor para que o partícipe pudesse ser responsabilizado. Assim, eventual excludente de antijuridicidade que incida sobre a conduta do autor não se comunica ao partícipe, que só seria favorecido se sua conduta também se amoldasse à excludente.

Acessoriedade limitada: para que seja punível a participação, é preciso que o fato seja ao menos típico e antijurídico. Assim, se o autor principal agiu em legítima defesa, seus colaboradores necessariamente serão também beneficiados pela excludente. É adotada pela maioria da doutrina e da jurisprudência no Brasil.

Acessoriedade máxima ou extrema: para que seja punível a participação, além de ser típico e antijurídico, o fato deve ser culpável. Aqui, a princípio, se é prestada colaboração a um inculpável, o colaborador também não seria punido.

Hiperacessoriedade: é preciso que a conduta principal seja típica, antijurídica, culpável e punível para que haja, a princípio, participação punível. Se adotada a presente proposta, apenas na hipótese da conduta do autor ser típica, antijurídica, culpável e punível é que o colaborador poderia responder. Desde logo é possível levantar objeção legal a tal teoria no Código Penal brasileiro, pois, nas chamadas escusas absolutórias (art. 181 combinado com o art. 183, II, do Código Penal), mesmo não sendo punível a conduta do autor, o partícipe poderá responder pelo injusto.

Minoritário, Regis Prado adota a acessoriedade mínima. O interessante argumento do autor é que, se adotada a teoria limitada, não seria possível punir aquele que manipula situação de legítima defesa entre terceiros para conseguir a morte de seu desafeto, pois, se ação do autor principal for acobertada pela excludente de antijuridicidade, a teoria limitada impediria a punição dos colaboradores (*Curso de direito penal brasileiro*, p. 399).

17.14 CONCURSO DE PESSOAS E CRIME CULPOSO

Bastante controvertida a admissibilidade do concurso de pessoas nos delitos culposos. Na doutrina são diversas as posições:

Doutrina alemã: não é possível nem coautoria e nem participação em crime culposo (Paulo Queiroz, *Direito penal*, 2006, p. 280).

A justificativa para tal afirmação é que o dever de cuidado é sempre pessoal, e toda contribuição para ação descuidada é autoria (ainda que supostamente acessória).

Doutrina espanhola: é possível coautoria e participação, pois é possível acordo sobre a conduta, que é voluntária, ainda que o resultado não seja querido (Bitencourt, *Tratado de direito penal*, 2010, p. 495).

Doutrina brasileira: majoritariamente admite coautoria em crime culposo, mas não participação, pois quem colabora com a pessoal quebra de cuidado é sempre autor.

Partindo do célebre exemplo do passageiro que induz o motorista do táxi a conduzir de forma imprudentemente veloz ao destino, Bitencourt explicita a diferença entre os três enfoques: "Assim, no exemplo do passageiro que induz o motorista de táxi a dirigir em velocidade excessiva e contribui diretamente para um atropelamento, que para os alemães seria autor, para os espanhóis seria simples partícipe, para a doutrina brasileira seria coautor" (Bitencourt, *Tratado de direito penal*, 2010, p. 496).

É também o que prevalece na jurisprudência brasileira:

> *HABEAS CORPUS*. PENAL E PROCESSUAL PENAL. HOMICÍDIO CULPOSO. DELITO DE TRÂNSITO. COAUTORIA. POSSIBILIDADE. ALEGAÇÃO DE INEXISTÊNCIA DE NEXO CAUSAL ENTRE O COMPORTAMENTO DO PACIENTE E O EVENTO DANOSO. NECESSI-

DADE DE DILAÇÃO PROBATÓRIA. VIA INADEQUADA. 1. É perfeitamente admissível, segundo o entendimento doutrinário e jurisprudencial, a possibilidade de concurso de pessoas em crime culposo, que ocorre quando há um vínculo psicológico na cooperação consciente de alguém na conduta culposa de outrem. O que não se admite nos tipos culposos, ressalve-se, é a participação. Precedentes desta Corte. 2. Afigura-se inviável, conforme pretende o impetrante, reconhecer, na via estreita do *writ*, a ausência, por falta de provas, do nexo causal entre o comportamento culposo do paciente – reconhecido na sentença – ao acidente em questão, uma vez que demandaria, necessariamente, a análise aprofundada do conjunto probatório dos autos. 3. *Habeas Corpus* denegado (HC 40.474/PR, Rel. Min. Laurita Vaz, 5ª Turma, j. em 6-12-2005, *DJ* 13-2-2006, p. 832).

No caso em julgamento, discutia-se a responsabilidade do pai que havia entregado o veículo e autorizado o filho menor a dirigi-lo, tendo ocorrido posteriormente o acidente. Como se viu, segundo o STJ o pai foi considerado coautor do homicídio culposo.

17.15 CONCURSO DE PESSOAS E CRIME OMISSIVO

Em primeiro, é importante não confundir o concurso de pessoas no crime omissivo com a participação por omissão no crime comissivo de terceiro. Sobre o tema, prevalece que é possível a cooperação por omissão, por parte do garante, em crime comissivo de terceiro, como no exemplo do vigia que, conluiado com o furtador, faz-se mero expectador da subtração de bens do estabelecimento que deveria proteger. Para parte da doutrina, partindo da premissa do dever especial, o vigia seria autor de crime omissivo impróprio, autônomo. Em sentido contrário, ensina Juarez Cirino, com apoio em Jescheck, que o vigia é partícipe, pois sua colaboração é acessória, ou ainda, "pela posição subordinada do omitente em relação ao autor (o omitente não impede o furto no estabelecimento vigiado)" (*Direito penal*, Parte geral, p. 366). Sustentando também a participação (cumplicidade) por omissão no caso Nilo Batista (*Concurso de pessoas*, p. 174).

Já quanto ao concurso de pessoas e crime omissivo, o tema é dos mais controversos. Indica Nilo Batista (*Concurso de pessoas*, p. 84) que a **maioria da doutrina brasileira admite** o concurso de pessoas nos crimes omissivos, apontando Aníbal Bruno, Frederico Marques, Esther Figueiredo Ferraz, Sheila Bierrenbach e César Bittencourt. Negando a possibilidade de coautoria e participação figuram Juarez Tavares e Luiz Régis Prado. Para maior aprofundamento do tema, no entanto, calha traçar distinção entre crimes omissivos próprios e crimes omissivos impróprios, abordando também em separado a possibilidade de coautoria ou participação.

a) **Crimes omissivos próprios**

Quanto à **coautoria**: para parte da doutrina é possível, aplicando normalmente os institutos da teoria geral do Direito Penal. Argumenta Bittencourt que "assim como o comando é comum nos crimes omissivos, a proibição da conduta criminosa é igualmente comum nos crimes comissivos, o que, nem por isso, impede a coautoria. Do afirmado fica claro que entendemos ser perfeitamente possível a coautoria em crime omissivo próprio" (*Tratado de direito penal*, Parte geral, p. 559).

Regis Prado nega a possibilidade, argumentando que o dever de agir é sempre pessoal, e assim não seria possível o reconhecimento do concurso – um não interfere no dever do outro (*Curso de direito penal brasileiro*, p. 398). Com o mesmo entender Juarez Tavares, que usa exemplo de Armin Kaufmann: "Se 50 nadadores assistem impassíveis ao afogamento de uma criança, todos ter-se-ão omitido de prestar-lhe salvamento, mas não comunitariamente. Cada um será autor do fato omissivo, ou melhor, autor colateral de omissão" (*As controvérsias em torno dos crimes omissivos*, p. 87).

Quanto à **participação**: é ainda controversa a possibilidade de participação nos crimes omissivos próprios. Para Juarez Tavares, é inviável, pois, como dito, sustenta que não há concurso de pessoas nos crimes omissivos, pois o dever de agir é pessoal (*As controvérsias em torno dos crimes omissivos*, p. 85).

Para Rogério Greco, é possível a participação, com a aplicação das regras gerais do concurso de pessoas. Assim, se um paraplégico induz surfista (não garante) a não socorrer terceiro que se afoga, deverá responder como partícipe na omissão de socorro do surfista (*Curso de direito penal*, Parte geral, p. 527).

b) **Crimes omissivos impróprios**

Quanto à **coautoria**: controversa também a possibilidade de coautoria nos crimes omissivos impróprios. Podemos arrolar desde logo ao menos três posições:

1ª posição: para Bittencourt, é possível a coautoria nos crimes omissivos impróprios, devendo ser aplicado o mesmo raciocínio já exposto nos comentários sobre coautoria nos crimes omissivos próprios, ou seja, as regras gerais do Código Penal. No mesmo sentido, Rogério Greco, enfatizando que é necessário o liame subjetivo (*Curso de direito penal*, parte geral, p. 526).

2ª posição: há um segundo entendimento que também admite a coautoria nos crimes omissivos impróprios, mas exige um componente especial: ensina Sheila Bierrenbach, com estribo em Jescheck, que só é possível a coautoria se "vários omitentes (...) só podem cumprir, conjuntamente, um dever que obriga a todos" (*Crimes omissivos impróprios*, p. 126), ou seja, não seria reconhecida coautoria se cada garante pudesse cumprir, isoladamente, o dever legal. Assim, seria caso de coautoria se apenas a combinação de esforços de vários garantes poderia evitar o resultado, como no caso de um alpinista que só poderia ser resgatado pela soma de esforços dos companheiros de escalada. Se a ação alternativa de um ou outro garante é suficiente para impedir o resultado, ainda que estejam conluiados para alcançar o resultado, não há coautoria, e cada um responde como autor de um delito omissivo impróprio.

3ª posição: uma terceira posição é a de Juarez Tavares, que não admite coautoria nos crimes omissivos impróprios (aliás, o autor não admite nenhuma forma de concurso de pessoas nos crimes omissivos). Justifica que ainda que a norma mandamental possa se destinar a várias pessoas, o preenchimento do dever é pessoal (*As controvérsias em torno dos crimes omissivos*, p. 85). Nilo Batista acrescenta: "o dever de atuar a que está adstrito o autor do delito omissivo é indecomponível", e a omissão de um não completa a omissão do outro, ou seja, não há divisão de trabalho (*Concurso de agentes*, p. 79). A conclusão é que cada um responde por um crime autônomo, de acordo com a própria infração de dever.

Quanto à **participação**: controversa também a possibilidade de participação em crime omissivo impróprio, que para Nilo Batista deveria ser tratada como dissuasão (*Concurso de pessoas*, p. 88). Podemos arrolar também ao menos quatro posições:

1ª posição: para Juarez Tavares não há concurso de pessoas nos crimes omissivos, como já comentado. Assim, se um garante e um não garante observam terceiro que se afoga, e decidem em conjunto que não irão proceder ao salvamento, não há participação no crime omissivo impróprio, pois um responderá pelo crime de homicídio e o outro por omissão de socorro. "Cada um, portanto, responde individualmente pela omissão e seus efeitos, na medida de sua posição em face da proteção do bem jurídico" (*Controvérsias sobre os crimes omissivos*, p. 87).

2ª posição: para Delmanto, minoritário, só é possível participação se presente o dever de garante também para o partícipe: "Note-se que se a pessoa não tem o dever jurídico de agir, não poderá ser considerada coautoria ou partícipe da omissão alheia (de quem tinha o dever)" (*Código Penal comentado*, p. 196).

3ª posição: prevalece ser possível a participação no crime omissivo impróprio desde que o partícipe não tenha o dever de garante, e tenha interferido de forma acessória, induzindo, instigando ou auxiliando o garante de forma secundária, como ensinam Bittencourt (*Tratado de direito penal*, Parte geral, p. 560) e Rogério Greco (*Curso de direito penal*, Parte geral, p. 527). Assim, se o não garante convence o garante a não salvar vítima de afogamento, sustenta Rogério Greco que o não garante deverá responder como partícipe de homicídio doloso (*Curso de direito penal*, Parte geral).

4ª posição: para Nilo Batista, com apoio em Welzel, aquele que consegue dissuadir com eficácia o garante, que deixa de cumprir seu dever de cuidado, responde como autor de crime comissivo. Assim, quem promete recompensa para que agente carcerário "não veja" a fuga de um interno não é apenas instigador mas autor direto do crime previsto no art. 351 do Código Penal, e sua autoria se deve ao domínio do fato que possui. O agente carcerário responde por crime omissivo pois sua autoria está submetida à violação do dever especial. No mesmo sentido Luiz Régis Prado (*Curso de direito penal brasileiro*, p. 398). Ressalva Nilo Batista que se não houver crime comissivo correspondente, a solução é a irrelevância penal, como no caso do sujeito que convence o pai a não prover o ensino fundamental do filho (*Concurso de pessoas*, p. 88-90).

Quanto à autoria mediata em crime omissivo impróprio: não é possível autoria mediata no crime omissivo impróprio. Explica Sheila Bierrenbach que não seria possível, partindo da premissa "dever especial", que o garante seja autor mediato, pois não poderia o garante valer-se de terceira pessoa para "praticar a conduta omissiva violadora de dever que somente a ele próprio – o garante – era devido" (*Crimes omissivos impróprios*, p. 128). No entanto, se o terceiro constrange de forma irresistível o garante para que este descumpra seu dever, reconhecida a inculpabilidade do garante, o coator responderia pelo crime. A mesma solução no erro determinado pelo não garante.

17.16 CRIME DE MULTIDÃO

Trata de forma *sui generis* de concurso de pessoas; pode assumir proporções consideravelmente graves, pela facilidade de manipulação das massas que, em momentos de grande excitação, anulam ou reduzem consideravelmente a capacidade de orientarem-se segundo padrões éticos, morais e sociais.

Prevalece que nos crimes multitudinários não é necessária a descrição de cada conduta na denúncia, que tornaria inviável qualquer acusação.

Quem pratica o crime influenciado por multidão tem atenuante (art. 65, *e*, do CP). Quem dirige a atividade dos demais tem agravante (art. 62, I, do CP).

17.17 FORMA ESPECIAL DE AUTORIA: AUTORIA INTELECTUAL

Aos que adotam a teoria diferenciadora na solução da questão entre autoria e participação e optam pela teoria objetivo-formal (verbo nuclear), aquele que colabora sem realizar o verbo nuclear é, a princípio, partícipe.

Comum a crítica sobre a inadequação da solução para o mentor intelectual. É que o mentor intelectual, o mandante, é o verdadeiro responsável pela prática do crime e assim não mereceria tratamento mais brando.

Para enfrentar a contradição, Cláudio Brandão defende que a situação do autor intelectual deve ser classificada como uma "forma especial de autoria". Assim, o autor intelectual, ainda que não realize o verbo típico, não será considerado mero partícipe, mas, sim, autor. Já criticamos a adoção de tal forma especial de autoria nos comentários à teoria objetivo-formal.

17.18 INSTITUTOS SEMELHANTES AO CONCURSO DE PESSOAS

São consagrados ao menos dois institutos semelhantes ao concurso de pessoas, em que não há verdadeiro concurso, mas a aproximação exige o estudo no mesmo contexto. São os casos de autoria mediata e autoria colateral.

17.18.1 Autoria mediata

Aqui é controversa a existência de concurso de pessoas.

Ensina Roxin que Welzel desconsiderava a possibilidade de autoria mediata: é que aquele que se vale de terceiro para a prática criminosa não poderia ser senão um indutor, e não há vontade de autor que possa convertê-lo em genuíno autor (Roxin, *Autoría y dominio del hecho en derecho penal*, p. 90). No entanto, não é tal posicionamento o que prevalece.

Autor mediato, para a doutrina majoritária, é aquele que se serve de alguém, com pleno domínio de sua vontade, para a prática criminosa. O executor é apenas um instrumento, sem autonomia de vontade, restando apenas como uma marionete do verdadeiro autor, tratado como autor mediato.

Considera-se autor mediato aquele que se serve de um inculpável[7] ou alguém que esteja incidindo em erro como instrumento para a prática criminosa. É o caso do sujeito que manda criança de 5 anos de idade cortar o pescoço do avô, ou que pede para que o louco pule da janela garantindo que irá voar (o louco seria utilizado como instrumento para provocar a própria morte). Também do coato e do inferior hierárquico, nos casos de inexigibilidade de conduta diversa do art. 22 do Código Penal.

No caso do sujeito determinado em erro, na hipótese de erro determinado por terceiro (art. 20, § 3º, do CP), como no exemplo do médico que engana enfermeira, garantindo que lhe está entregando frasco com medicação, e esta a utiliza para aplicar injeção com veneno letal em paciente (ela não tem consciência que mata – erro de tipo determinado por terceiro). Na hipótese, o médico é autor mediato.

Possível perceber que nem sempre o autor mediato determina o "instrumento" a praticar o delito. No caso do erro, o "instrumento" sequer sabe que pratica a ação objetivamente típica.

Casos especiais de autoria mediata (Jescheck): há autoria mediata no caso do "instrumento" que atua atipicamente, como na hipótese em que o sujeito constrange terceiro à autolesão. Se usada a mera acessoriedade, por se tratar de conduta atípica, não seria possível a punição. No entanto, por se tratar de autoria mediata, é possível responsabilizar o coautor.

É ainda possível classificar como autoria mediata a conduta do sujeito que cria situação de justificação para terceiro, buscando a lesão de determinado bem. É o caso daquele que induz A a lesar B, sabendo que B está armado, conseguindo assim que B mate A. Como ambos teriam sido instrumentos para a morte de A, haveria autoria mediata.

17.18.2 Autoria mediata em crime próprio

Crime próprio é aquele que exige determinada qualidade especial do sujeito ativo ou passivo. No caso do crime próprio, quanto ao sujeito ativo, seria possível a autoria mediata.

---

[7] Para Jescheck, só se admite falar em autoria mediata na instrumentalização de incapazes de culpabilidade (loucos, crianças, embriagados) se for realmente plena a incapacidade. No caso do adolescente, que tem consciência do que faz, a punição ocorre por indução. Zaffaroni faz observação no mesmo sentido, argumentando que quem orienta o louco a praticar um crime não domina realmente sua vontade, que é incontrolável, e por isso não seria autor mediato (Zaffaroni e Pierangeli, *Manual de direito penal brasileiro*, p. 669). No Brasil, entende-se sempre presente a autoria mediata no uso de tais incapazes.

Praticamente pacífica a resposta positiva, bastando que o autor mediato tenha as características exigidas pelo tipo, lembrando que o executor, no caso, é mero instrumento do crime. Assim, no exemplo de Zaffaroni, o funcionário público que instrumentaliza terceiro para solicitar vantagem indevida pratica corrupção (Zaffaroni e Pierangeli, *Manual de direito penal brasileiro*, p. 669).

Peculiar a solução no exemplo inverso, ou seja, se terceiro instrumentaliza um funcionário público para que solicite vantagem a terceiro. Para Zaffaroni, não pode haver corrupção, eis que aquele que controla o fato, instrumentaliza o funcionário, não reúne as condições necessárias para a prática de corrupção (Zaffaroni e Pierangeli, *Manual de direito penal brasileiro*, p. 669). Qual seria então a capitulação típica? A princípio, apenas a conduta que provocou a instrumentalização, se for relevante penal, como um constrangimento ilegal ou extorsão. Há, no entanto, a construção da "autoria por determinação", que será comentada adiante, com outra solução.

17.18.3 Autoria mediata e crime de mão própria

É praticamente pacífica a inviabilidade de autoria mediata nos crimes de mão própria, pois, se o crime não pode ser praticado por interposta pessoa, exigindo-se atuação pessoal do autor, não seria possível sua prática por meio de terceiro instrumentalizado. Assim, não é possível pensar em um crime de falso testemunho em que a testemunha manda terceiro mentir por ela. Até aqui a doutrina é tranquila.

Surge a dificuldade na inversão do exemplo. E se for terceiro quem instrumentaliza a pessoa que foi arrolada como testemunha para mentir em seu depoimento? Se não é possível autoria mediata em crime de mão própria, como seria a responsabilização? Dentre os poucos que comentam o assunto, podemos destacar posições que negam a existência de verdadeira autoria mediata na hipótese e impõem a punição pela indução (com as normas regras do concurso de pessoas, ainda que inculpável a testemunha), e há também a construção defendida por Zaffaroni sobre a autoria por determinação.

Mas o que é, enfim, a autoria por determinação, mencionada no presente tópico e também no anterior?

17.18.4 Autoria por determinação

Para parte da doutrina, autoria por determinação é expressão que guarda o mesmo sentido da autoria mediata. Não é esse, no entanto, o entender de Zaffaroni.

Para o mestre argentino, na autoria por determinação existe uma espécie peculiar de tipicidade, em que o sujeito não responde como autor (mediato ou imediato) ou partícipe da conduta praticada pelo "instrumento", mas, sim, como autor da determinação em si. Não responde pelo falso testemunho praticado, mas, sim, por ter determinado o depoimento falso.

Tal peculiar espécie de incriminação estaria autorizada, ou melhor, determinada pelo art. 29 do Código Penal, que manda punir todo aquele que colabora para a prática do crime. Se é assim, ainda que não se reconheça a autoria mediata daquele que instrumentaliza terceiro para a prática de crime de mão própria, como no exemplo do falso testemunho, não há dúvida que ele colabora para a prática do crime, e deve ser punido, impondo a aceitação da ora comentada figura da autoria por determinação.

Vale a transcrição da obra de Zaffaroni: "(...) excluída a autoria por não apresentar as características do autor, ou por não realizar o sujeito pessoalmente, a conduta, e excluída, também, em tais situações, a participação, porque o interposto não pratica injusto (em razão de estar justificada a sua conduta ou ser atípica) ou não realiza conduta, ocorre um verdadeiro tipo especial de autor de determinação, que seguramente está previsto na geral fórmula do art. 29 CP".

E complementa: "Deve ficar claro que não se trata de autoria do delito, mas de um tipo especial de concorrência, em que o autor só pode ser apenado como autor da determinação em si, e não do delito a que tenha determinado. (...) O sujeito não é apenado como autor de corrupção passiva, mas como autor de determinação à corrupção passiva" (Zaffaroni e Pierangeli, *Manual de direito penal brasileiro*, p. 677-678).

Aqui, ousamos discordar de Zaffaroni. Não nos parece necessária a criação de mais um instituto de conteúdo difuso, ao lado do já debatido conceito de autoria mediata, para justificar a punição nas hipóteses mencionadas. No início, nos casos em que, mantido o injusto doloso daquele que executa pessoalmente a ação típica, parece-nos que estão presentes as características de domínio do fato que permitem a configuração da autoria, permitindo-se superar o óbice de apenar mais intensamente o indutor que o próprio executor (que pode restar impune), dado o maior desvalor de conduta do primeiro. Nos demais casos, se ausente a prática de injusto por ausência de conduta ou dolo, a autoria mediata poderia ter seu contorno ajustado.

Em certa medida, é o que faz Rogério Greco ao admitir "excepcionalmente" autoria mediata no crime de falso testemunho se a testemunha é constrangida mentir, ainda que aqui, em nossa opinião, fosse suficiente a adoção da acessoriedade limitada, pois permanece o injusto doloso. Vale a transcrição do trecho: "assim, podemos dizer que, como regra, não se admite autoria mediata nos crimes de mão própria. No entanto, como toda regra, poderá sofrer exceções, como a do caso apontado, em que será possível a autoria mediata em um crime de falso testemunho praticado mediante coação irresistível" (*Direito penal*, p. 421).

17.18.5 Autoria colateral

Trata-se da prática coincidente de crime por mais de um agente, sem que haja liame subjetivo (consequentemente sem concurso de pessoas).

No caso, dois sujeitos, A e B, um sem conhecer o outro nem saber de suas intenções, ficam cada um de um lado de um desfiladeiro aguardando que a vítima comum passe. No mesmo instante os dois atiram. Como falta o requisito do liame subjetivo para que haja concurso de pessoas, cada qual responderá apenas pelo resultado que causar, se causar (se o disparo letal for de A, B responderá apenas por homicídio tentado).

17.18.6 Autoria incerta em autoria colateral

Se, no caso anterior, não for possível distinguir, pela deficiência de provas, quem foi o autor do disparo letal, o que ocorre? Não é possível punir apenas um pela consumação, pois não se sabe qual foi. Não se pode punir ambos pelo resultado, pois não houve concurso de pessoas. A única solução é punir ambos por tentativa, que é o limite da certeza da conduta de cada um.

17.18.7 Autoria colateral e aproveitamento delitivo alheio para fins próprios

Para parte da doutrina, configura autoria colateral, também, o aproveitamento de um plano delitivo alheio para fins próprios. Imagine-se que X fica sabendo, por acaso, de plano terrorista de Y de colocar veneno na bebida de um restaurante e matar todos os clientes. Na data selecionada, leva o desafeto A ao local, servindo-lhe uma dose envenenada. Para Donna (*La autoría y la participación criminal*, p. 49), com apoio em Welzel, há autoria colateral entre Y e X, e não coautoria.

TEORIA DA SANÇÃO PENAL

18.1 POR QUE PUNIR (?) – UMA DECISÃO POLÍTICO-CRIMINAL

O sistema punitivo busca, historicamente, uma justificação racional para sua existência. Descrito e demonstrado um conflito social, a solução punitiva é uma decisão política a ser tomada sob argumentos que sempre buscam fincar raízes na racionalidade, o que exige argumentos convincentes. O julgamento do caso obedece, em tese, a regras técnicas sobre a decisão política já firmada, que validou a necessidade e adequação da punição.

É famosa tripartição da criminologia, política criminal e dogmática jurídico-penal, que, unidas, formariam, na famosa construção de Liszt, a "ciência total do Direito Penal", na tradução de Figueiredo Dias (*Questões fundamentais de direito penal revisitadas*, p. 24).

A *Criminologia* é ciência autônoma, empírica e interdisciplinar (Pablos de Molina, *Criminologia*, p. 39), que tem como objetos o crime, o desviante, a vítima e a reação social. Coleta dados e os organiza com as ciências da enciclopédia, como a sociologia, a estatística, a psicologia, a antropologia, a arquitetura, entre outras. A moderna criminologia, focada na reação social (processo de criminalização), parte dos dados coletados e organizados para especular e criticar.

A dogmática jurídico-penal – o Direito Penal, assim chamado – é o saber técnico, que estuda se, quando e como aplicar a lei penal. Hoje, é pacífica a perspectiva de que não se trata apenas de um procedimento mecânico de conferência descritiva da subsunção do fato à letra do preceito primário e aplicação da sanção prevista no preceito secundário, mas, sim, da construção de um saber que orienta a aplicação da lei a partir de valorações e decisões sobre o alcance e sentido da norma, sua racionalidade, sua compatibilidade com as normas superiores e, também, seus objetivos. Se é fato que "matar alguém" configura crime de homicídio, é necessário construir um saber sobre o sentido de eliminação da vida, sobre o que pode causar a eliminação, sobre o estado anímico e deliberações do causador, sobre o momento da morte, sobre a legitimidade constitucional da proteção da vida e ainda que características deve reunir um ser vivo para ser considerado "alguém", com vida extrauterina, apto a sofrer uma ação homicida.

A política criminal seria, tradicionalmente, a ligação entre o saber criminológico e a dogmática jurídico-penal, reverberando o saber empírico, interdisciplinar e crítico na dogmática, investigando o fundamento jurídico e os fins do poder punitivo, bem como a origem e natureza do crime, com os critérios para apreciação do direito vigente e qual direito nos deve reger, aplicando-os conforme suas finalidades nos casos particulares. Em Liszt, no entanto, a lei seria sempre o limite máximo da Política Criminal (*Tratado de direito penal*, p. 153), não cabendo, na dogmática, um exercício de política criminal que não encontrasse respaldo na legislação.

Sempre foi muito grande o esforço dos estudiosos para diferenciar as três ciências – se é que a política criminal pode ser tratada como ciência autônoma, com a indicação de métodos e objetos que poderiam servir para a distinção. O lado nocivo de tal esforço é a criação de uma barreira entre as referidas ciências, como se a divergência metodológica impedisse a política criminal de se abeberar dos dados e especulações da criminologia para interferir de forma fundamentada na dogmática, ou como se fosse proibido ao criminólogo propor soluções político-criminais. Não há sentido em tais interditos e, reconhecidas a metodologia e a distinção do conhecimento descritivo na comparação com a busca de fundamentos para o processo decisório, é possível partir de um para aprimorar e orientar o outro.

Em Roxin, no entanto, em seu célebre discurso "política criminal e sistema jurídico-penal", consagra-se que o saber dogmático deve ser regido por considerações político-criminais (*Política criminal e sistema jurídico-penal*, p. 20). Assim, abandonada a busca de um conceito ôntico, e especialmente de uma verdade absoluta sobre a "conduta", aprega o autor que deve ser encontrado o conceito que melhor permite ao Direito Penal cumprir a sua função. O mesmo com o dolo, com a culpa, com a tentativa e com a pena. Claro que é vital a decisão política sobre a finalidade do Direito Penal, que em Roxin é a tutela subsidiária de bens jurídicos (*Derecho penal*, p. 51), nos limites dos direitos e garantias fundamentais.

A partir da obra de Roxin, é abandonada pela doutrina majoritária a busca de uma separação rigorosa entre a dogmática e a política criminal, uma vez que a primeira deve ser construída a partir da segunda. É muito provável que sempre tenha sido assim, ou seja, que todas as estruturas penais sempre tenham sido construídas com predeterminados objetivos políticos, mas os autores dos sistemas anteriores não eram sinceros a ponto de admitir que forjavam conceitos a partir de alvos político-criminais preestabelecidos, certamente em razão da pouca legitimidade de tais objetivos.

Se de um lado é verdade que as ciências referidas têm sua autonomia, por outro é passado o momento de aceitar que há um grande espaço de superposição que deve ser fomentado e enriquecido.

São vários os estudos que partem de conhecimentos criminológicos para a tomada de decisões político-criminais. São, ainda, muitos os saberes e propostas que partem de construções político-criminais para a orientação do saber dogmático. Não há sentido na luta doutrinária para identificar um determinado movimento como predominantemente criminológico, com repercussões político-criminais, ou predominantemente político-criminal, com abordagens criminológicas; a distinção metodológica não pode formar uma barreira que torne os saberes dados estanques, e, assim, inócuos e disfuncionais. Como já dito por Anitua, a criminologia deve ser propositiva, e, quando o faz, invade espaço tradicionalmente ocupado pela política criminal, o que não é um problema. Da mesma forma, a política criminal, ora – marcantemente depois de Roxin – orientadora da dogmática, ganha muito quando se abebera do saber criminológico, e, a nosso ver, mais ainda quando faz uso da criminologia crítica.

Partindo de tais premissas, nosso objetivo é analisar os principais movimentos que repercutem nas decisões sobre as razões da punição, os objetivos do sistema punitivo, e na reflexão sobre qual Direito Penal vigora e qual deve vigorar. Em alguns casos, são movimentos com grande intensidade de estudos criminológicos (como é o movimento de Lei e Ordem) e, em outros, predomina a Política Criminal (como no Direito Penal do Inimigo), mas o importante é perceber que são estudos e reflexões que partem ou alcançam o objeto da política criminal, e permitem refletir sobre a racionalidade ou irracionalidade do sistema penal, bem como sua compatibilidade com os objetivos traçados para a sociedade na Constituição Federal.

Antes de ingressar no estudo específico dos movimentos, é importante buscar um conceito mais preciso de política criminal. É inevitável partir do conceito de Liszt, que a definia como "a ciência chamada a apreciar o Direito existente sob o ponto de vista de sua correção com o fim do Direito Civil – a repressão do crime, e a indicar, dentre os meios disponíveis, os mais adequados para a concepção desse fim" (*Tratado de direito penal*, p. 31).

O espaço da política criminal, que não coleta dados e não os organiza, tampouco é a fonte imediata da decisão sobre a condenação, não é do *ser* e não é o *mandamento de dever ser*, mas busca no *ser* o caminho que dê coerência e adequação ao *dever ser*. É mais abstrata e indireta que a dogmática, pois não trata de como deve ser a conduta humana, mas sim de como a dogmática, deve ser.

Na modernidade, mais do que "combater o crime", a política criminal deve ser a ciência crítica que parte do conhecimento criminológico – e, a nosso ver, preferencialmente da criminologia crítica – para orientar o saber dogmático sobre as formas de redução da violência na sociedade, incluída a violência estatal, que deve ser racionalizada, humanizada e contrasseletiva, mediando conflitos e conformando uma "política criminal redutora".

Importante ainda discernir a política criminal como aqui tratada, enquanto reverberação do saber criminológico orientador da aplicação dogmática, interna ao sistema de justiça, e a política criminal em sentido amplo, que preferimos chamar de "política pública criminal", que abarcaria todo o planejamento de segurança, criminalização e punição construído pelo Estado. Em tal ampla perspectiva, que extrapola o objetivo do nosso trabalho, o sistema de Justiça seria apenas a parte de um todo, e talvez a mais difícil de ser orientada e controlada, dada a diversidade de seus códigos e operações.

18.2 MODERNOS MOVIMENTOS DE POLÍTICA CRIMINAL

Como já dito, a moderna função da política criminal transcende a tradicional missão de trazer dados empíricos da criminologia para direcionar a tarefa legiferante, pois hoje orienta diretamente o mérito da decisão judicial, como apregoam as correntes funcionalistas. Acreditamos, com Zaffaroni (*Direito penal brasileiro II*, p. 58-59), que sempre foi assim, ou seja, o processo decisório no âmbito penal sempre foi dirigido a funções (reais e passíveis de descrição) e fins (prescritivos) (sobre o tema ver funcionalismo, no Capítulo 5), mas hoje tal direcionamento é confesso, aceito, consta formalmente da fundamentação das decisões, pelo que a escolha político-criminal e a compreensão de suas fontes, nas origens, seu contexto político-social e suas consequências se fazem indispensáveis.

Dentre os modernos movimentos de política criminal, destacam-se os de "Lei e Ordem", o "Direito Penal do Inimigo", o "Garantismo Penal", o "Abolicionismo Penal" e o "Direito Penal Redutor", já apresentado no estudo das teorias do crime. Há vários outros movimentos mais ou menos derivados de tais eixos, mas a peculiaridade das premissas nos permite, por ora, a eleição das principais bases. Há, sem dúvida, muito de criminologia nos estudos de Lei e Ordem e no Abolicionismo, assim como, sem dúvida, o Garantismo transcende em muito um movimento de política criminal, mas em todos os casos temos reflexões críticas sobre as razões da punição, sobre o Direito Penal vigente e o que queremos que venha a prevalecer, na tradicional perspectiva de Liszt. É a tais reflexões que dirigimos o foco no presente trabalho.

Iniciamos nosso estudo pela análise do Movimento de Lei e Ordem, desde logo indicando as críticas mais comuns aos argumentos expendidos.

18.2.1 Lei e Ordem

As ideias de "Lei e Ordem" são comuns em vários regimes opressores, mas foram especialmente organizadas e implementadas nos Estados Unidos, no final dos anos 1960 e início dos anos 1970, pela obra de James Wilson, com a contribuição de George Kelling e, depois, vários outros autores, com destaque para Charles Murray. O movimento parte da premissa de que pessoas perigosas devem ser afastadas do convívio social, e que a sensação de vigilância e ordem é essencial para a paz social e retomada do espaço público pelo cidadão comum. A consequência foi um crescimento exponencial da população carcerária nos Estados Unidos, que parte de cerca de 200 mil no início dos anos 1970 e se multiplica até alcançar mais de 2 milhões de presos nos anos 2010.

Entre as características e os argumentos do movimento de "Lei e Ordem", que é a todo tempo requentado no discurso político-criminal em todo o mundo, podemos apontar:

a) **Prevalece o interesse coletivo sobre o individual**

Parte da premissa de que democracia é a vontade da maioria e que o sujeito comum – que vamos tratar como o "cidadão de bem" – não pode ser obrigado a viver trancado dentro de sua casa enquanto uma minoria criminosa tem ampla liberdade para praticar crimes.

O movimento prega que é necessária uma reação a favor do cidadão honesto, que tem direito à sensação de segurança. Sentindo-se seguro, o sujeito comum volta a frequentar o espaço público, a prestigiar o comércio do bairro e a contribuir para o desenvolvimento de sua vizinhança.

É possível concluir, assim, que os pretensos direitos e as garantias dos criminosos não podem ser obstáculos para a sadia convivência da maioria honesta e, nesse limite, devem ser compreendidos e aplicados.

Crítica: o argumento político busca sua fonte em um conceito ultrapassado de democracia, que a confunde com a tirania da maioria. Há muito que a democracia deixou de ser a plena vontade da maioria e passou a limitar tal vontade majoritária às garantias mínimas de toda a minoria.

É possível argumentar, ainda, que a premissa de consenso sobre o "bem comum" é falsa, devendo ser reconhecida a premissa da sociedade de conflito.

Por fim, não existe maioria honesta, mas, sim, parcela de formadores de opinião imune à criminalização secundária, pois os aparatos repressivos são organizados, treinados e dispostos para a investigação, prisão e condenação dos menos favorecidos, com raras exceções que buscam apenas comprovar que a "justiça é para todos". Se todos os crimes praticados fossem perseguidos e punidos (sonegação de imposto de renda, omissão de socorro, peculato, falsidade ideológica...), a vida se tornaria insuportável, se é que restaria vida comunitária.

b) **Não há mais razão para a exacerbação dos direitos humanos**

A doutrina de proteção aos direitos humanos foi consolidada no pós-guerra com o intuito de garantir a proteção de comunidades injustamente perseguidas, politicamente oprimidas. O deslocamento de tais ditames para a proteção de criminosos comuns, bandos e organizações criminosas é inadequado e injustificável.

Confundir os alvos desejados da doutrina de direitos humanos com os criminosos que hoje se resguardam com tais preceitos seria ignorar sua origem histórica e justificação ética.

Crítica: universalidade dos Direitos Humanos: por definição, direitos humanos são universais, ou seja, não discriminam seus alvos como perseguidos políticos, raciais, econômicos ou legais. Se não servem a todos os seres humanos, tais preceitos não podem ser qualificados como "Direitos Humanos". Aliás, a característica da universalidade tem como função exatamente impedir óbices retóricos de desmerecimento ou inadequação, sempre usados pelos detentores do poder como instrumentos pseudolegitimadores de massacres e genocídios. Foi assim no nazismo.

c) **Abandono das ideias de integração social e do combate à pobreza como fator criminógeno.**

Wilson argumenta que o incremento no número de crimes e as altas taxas de reincidência percebidas no final dos anos 1960 permitiam concluir que o ideal de ressocialização não seria alcançado, por maior que fosse o esforço empreendido.

Além disso, de nada adiantava diagnosticar que a pobreza seria a causa do crime, pois, de um lado, seria um diagnóstico inútil, visto que não seria possível combater a pobreza pelo sistema de justiça penal, e, por outro, não havia indicação de que o modelo de "bem-estar social" teria diminuído o crime.

Crítica: é verdade que o sistema penal pouco ou nada pode fazer para resolver a pobreza, assim como pouco ou nada pode fazer para enfrentar a violência social. Enfim, é possível argumentar que o sistema penal pouco ou nada pode fazer de útil ou funcional para a sociedade, como pregam a teoria agnóstica da pena e as teorias abolicionistas.

Além disso, a miséria e a marginalização são, evidentemente, causas da criminalização, que multiplica a violência social. O problema de Wilson é continuar tentando analisar o crime como o resultado de causas do comportamento humano, desprezando a vital importância dos fatores que levam alguém a ser criminalizado em um sistema punitivo seletivo e discriminatório.

d) **Aumento das forças de repressão, com exacerbação do poder interno das polícias**

O incremento do poder de investigação, ainda que à custa da restrição de liberdades individuais, é preço a ser pago para o incremento da segurança pública. O excesso de burocracia e controle engessa a polícia e todo o aparelho persecutório, que não consegue fazer frente à sofisticação da criminalidade. Se exigido mandado judicial para atos investigativos simples, bandos criminosos conseguem aproveitar o tempo dispendido pela burocracia para escapar das garras da Justiça. Daí a necessidade de, partindo da merecida confiança nos órgãos policiais, incrementar seus poderes e suas capacidades para que possam enfrentar os criminosos com a necessária agilidade e intensidade.

Wilson chega a tolerar abusos, desde que justificados com o objetivo de buscar o bem comum e a ordem na vizinhança. Ilustra que, se jovens estão reunidos cantando na esquina, fazendo algazarra e incomodando os moradores, valendo-se da lacuna da lei para planejar ilícitos – pois a reunião em si não é ilícita –, o policial deve se unir ao cidadão comum e retirá-los aos pontapés (*Thinking about crime*, p. 76).

O cidadão de bem não espera que a polícia prenda e processe vagabundos, mendigos e prostitutas, bastando que a ação policial os retire forçosamente da vizinhança, onde são tidos como indesejáveis.

Crítica: um Estado Democrático de Direito se pauta pelos limites ao poder do Estado, impondo total controle ao braço armado do Estado, concretizado na polícia. Na ausência de prática de ilícito, a polícia não pode atuar de forma repressiva e violenta.

e) **Tolerância zero**

Devem ser reprimidas com grande intensidade as pequenas infrações, por um motivo pragmático e outro comunicativo.

Em termos pragmáticos, é muito difícil conseguir alcançar os grandes criminosos, pois concentram grande poder econômico e, muitas vezes, político em suas mãos. Mais fácil e eficiente é a intensa repressão aos pequenos infratores, pois será atingida a fonte de financiamento dos grandes, que, enfraquecidos, voltarão ao alcance dos braços da polícia.

Em termos comunicativos, a intensa repressão às pequenas infrações perpassa a sensação de ordem, vigilância e disciplina, intimidando potenciais delinquentes e devolvendo à comunidade a confiança e o poder sobre o espaço público.

e.1) Janelas quebradas (James Wilson e George Kelling)

A teoria das janelas quebradas parte de uma metáfora e de um experimento, ambos com o objetivo de demonstrar que a sensação de segurança é essencial para a eficácia de uma política de contenção da criminalidade.

Na metáfora, imagina-se uma casa toda destruída, desde a estrutura até as paredes e janelas. A casa seria, aqui, um retrato da sociedade, degradada pela criminalidade e pela sensação de insegurança. Qual seria, aqui, a primeira providência de reforma? A resposta tradicional apontaria para a estrutura, ou seja, para os pilares de sustentação e fundação da casa. A resposta ora proposta é outra: a reforma deve ser iniciada pela vidraça, pois, enquanto são reestruturados os alicerces, a aparência externa da casa continua a mesma, ou seja, de abandono, e, assim, há o fomento à criminalidade pela certeza da inexistência de vigilância e anomia e, por outro lado, a comunidade não se vê estimulada a se apossar do espaço público e defender a casa de novas agressões. Iniciada a reforma pelas vidraças, é imediata a comunicação de que a reforma se iniciou, que há vigilância, com a inibição de potenciais vândalos e o encorajamento da comunidade na defesa de seu patrimônio.

O experimento (realizado em 1969, na Universidade de Stanford – EUA, pelo psicólogo Philip Zimbardo) foi feito com dois automóveis. Ambos foram deixados durante a noite em bairros diversos. O primeiro com as janelas quebradas e o segundo com as janelas intactas. Ao amanhecer, o segundo permanecia íntegro, enquanto o primeiro estava todo destruído e já desfalcado de grande parte de suas peças. Depois de muitos dias, os vidros do segundo carro foram destruídos pelo pesquisador, e na mesma noite teve a mesma consequência, com inúmeros saques. Conclusão: as janelas quebradas comunicam abandono, falta de vigilância, e tal comunicação fomenta a prática de novas infrações, comunica a inexistência de valores predominantes e, com isso, gera violência.

A sensação de segurança é tão ou mais importante que a efetiva diminuição de crimes, e a polícia deve se lembrar de que seu papel não é apenas o de investigar crimes, mas também o de manter a ordem, e, para tanto, deve ser incrementada sua possibilidade de intervenção direta sobre os indesejados, como bêbados, prostitutas e vagabundos.

Crítica: a intervenção mínima, consectário penal de um Estado Democrático de Direito, proíbe a punição desproporcional e intensa das pequenas infrações. No Brasil, a proposta é inconstitucional.

Além disso, um Estado que se lastreia na proteção à dignidade da pessoa humana não pode permitir o suplício de milhares de pequenos infratores como instrumento para comunicação de uma determinada ordem, tampouco como meio para se alcançar grande infrator. É um preço muito alto, desumano e inconstitucional, para que o objetivo seja pretensamente alcançado.

e.2) Repressão aos indesejáveis

Vagabundos, mendigos e prostitutas podem destruir a vida em comunidade mais rápido que uma organização criminosa, pois afastam o "cidadão de bem" do espaço público e, por isso, devem ser especialmente reprimidos.

Criminalizar um bêbado pode parecer um exagero, mas a liberação da embriaguez pública provocará uma horda de bêbados vagando na rua e inviabilizando a vida em comunidade. A polícia deve prevenir a ruptura social, e não esperar o crime grave para investigá-lo.

Crítica: em um Estado Democrático de Direito, o Direito Penal deve ser regido pela proporcionalidade e pela intervenção mínima, que impõe a subsidiariedade e a fragmentariedade. Riscos e lesões mínimas não podem nem devem ser tratados pelo Direito Penal, pois a intensa restrição de liberdade é desproporcional, e o Direito Penal tende a provocar mais violência do que evitá-la.

O argumento *ad terrorem*, que prevê uma horda de bêbados, não é factível. Pelo contrário, evidentemente, é apenas um recurso retórico sem qualquer demonstração prática. Mesmo com a liberação da embriaguez em público, não temos hordas de bêbados vagando frequentemente em nossas ruas. O mesmo argumento exagerado e desmentido pela prática foi usado aqui ao tratar do princípio da insignificância: se fosse descriminalizado o furto de balas, todas as balas seriam furtadas... a insignificância foi reconhecida como parâmetro decisório em nossos tribunais, e as balas continuam a ser comercializadas.

f) **Penas alternativas fomentam a criminalidade**

As penas alternativas à prisão fomentam a criminalidade, pois acabam por gerar efeito contrário ao pretendido na balança: "custo do crime" *vs.* "vantagens do crime". É que, mesmo na remota hipótese de ser detido, processado e condenado, o sujeito sabe que a sanção será branda, ou seja, o sofrimento será pequeno diante do prazer do crime e das grandes chances de não ser punido. A pena, assim, perde todo o seu efeito dissuasório. É necessário que a rede de desvantagens da pena seja maior do que os custos do crime.

Crítica: a pena alternativa à prisão é conceitualmente tão "pena" como qualquer outra espécie, tal qual a pena restritiva de direitos ou multa. Aliás, a nomenclatura "pena alternativa" é indevida, pois alternativas à pena seriam os instrumentos não sancionatórios, não penais, como os buscados na reparação de danos, na restauração e nas sanções administrativas. As penas restritivas de direito são "penas", e não "alternativas à pena" ou "penas alternativas".

A premissa do "homem econômico", que sempre calcula custos e benefícios antes de agir, é falsa. Em regra, as emoções dominam as escolhas de vida, como na busca da profissão ou no consumo por impulso.

As penas restritivas de direitos não são criminógenas. Pelo contrário. Os índices de reincidência são surpreendentemente baixos, mormente se comparados com os índices da pena privativa de liberdade. Na verdade, a pena de prisão é criminógena, pois exclui e marginaliza o condenado, estigmatizando-o e aculturando-o de forma a impedir ou minimizar as chances de integração social.

g) **Intolerância com a reincidência**

Se uma das premissas do movimento é o afastamento dos perigosos, a reincidência é um critério essencial para o reconhecimento daqueles que devem ser afastados. Chega-se, então, à "teoria" ou proposta do ***three strikes and you are out***, ou seja, o terceiro crime é imperdoável, e deve receber penas altíssimas, que afastem o sujeito da sociedade definitivamente.

Crítica: para quem imagina que o número de três crimes foi o resultado de um estudo estatístico sobre violência urbana, vem a decepção: o número foi buscado, na verdade, no baseball, que é esporte popular nos EUA, e cuja regra determina que o terceiro erro, ao tentar rebater a bola lançada, elimina o jogador. Sim, é uma regra sobre a intensidade da pena e a necessidade de alijar uma pessoa da sociedade que tem como fonte ou "marco teórico" a aleatoriedade da regra de um jogo sobre a habilidade de rebater uma bola com um taco.

No mais, a reincidência pode ter uma série de explicações externas ao autor, como a dificuldade para um egresso retornar ao convívio social, a experiência violenta dentro do estabelecimento que molda o condenado a um ambiente que necessariamente contrapõe opressores e oprimidos e o processo de criminalização: o egresso é um "suspeito de sempre", sempre revistado e buscado como suspeito, o que majora a chance de ser novamente processado.

h) **A revista aleatória**

A política do *stop and frisk*: qualquer um pode ser parado pela polícia a qualquer momento e revistado, mesmo sem fundada suspeita ou qualquer indício de prática de crime. A justificativa é que "quem não deve não teme", e o "cidadão de bem" não se incomoda em ser parado e revistado pela polícia.

Se todos têm a expectativa de submissão a revistas aleatórias pela polícia, os potenciais infratores vão deixar de carregar consigo objetos proibidos, diminuindo o número de crimes, ou ao menos os "crimes de posse", como a posse não autorizada de arma, de drogas e outros objetos perigosos.

Crítica: o argumento "quem não deve não teme" é a justificativa ordinária e perigosa para a invasão e violação de diversos direitos individuais, especialmente os relacionados à privacidade. É possível argumentar que quem não comete ilícitos não tem razão para temer que suas conversas sejam gravadas, que seus dados bancários sejam públicos, que seus contatos sejam filmados e que seja exigida a prática de exames (sangue, urina...) corpóreos regulares. É evidente o álibi argumentativo para uma autoritária sociedade de controle.

No mais, apesar de, teoricamente, ser dirigida a todos a aleatoriedade da revista, os números logo mostraram que os alvos preferenciais da polícia eram os "suspeitos de sempre", ou seja, negros, imigrantes, pobres e outras categorias especialmente vulneráveis. A explicação é que os números justificavam a "preferência", pois havia mais autores de crimes de posse negros do que brancos, o que é uma conclusão evidente, uma vez que, se a maioria das pessoas revistadas são negras, em regra, bens ilícitos serão encontrados, majoritariamente, com negros. Enfim, o movimento apenas incrementa a seletividade discriminatória do Direito Penal.

18.2.2 Direito Penal do Inimigo

É movimento que também incrementa o rigor penal e expande as possibilidades de punição, mas as diferenças nas premissas e no desenvolvimento do discurso indicam grandes contrastes em relação ao movimento de Lei e Ordem.

O atual formato foi forjado/descrito por Günther Jakobs, que afirma ser o Direito Penal do Inimigo uma realidade a ser conhecida e inventariada, e garante partir de um discurso eminentemente descritivo, e não legitimador (Günther Jakobs, *Direito penal do inimigo*, p. XXV). No entanto, contrariando a promessa de apenas descrever um fenômeno, logo no início da obra admite que o movimento pode ser legitimado (p. 22). Parte da premissa da possibilidade de coexistência de um direito penal do cidadão e do direito penal do inimigo, e conclui pela necessidade de reconhecer o segundo (inimigo), com características próprias, para não contaminar as regras do direito penal do cidadão.

Direito Penal do Cidadão: a inspiração tradicional é contratualista, o que vale transcrever para fins didáticos: o cidadão faz parte do pacto/contrato social, respeita suas regras e, se as rompe, será punido nos limites previstos no contrato e de acordo com um procedimento previamente estabelecido no próprio contrato.

Em Jakobs, tendo como premissa o objetivo do Direito Penal de manter as expectativas essenciais para a vida em sociedade, temos que, ao praticar a infração, o cidadão comunica a desobediência à norma, e a pena serve precisamente para anular tal comunicação, restabelecendo a crença na ordem vigente (*Direito penal do inimigo*, p. 2). Ainda que tenha praticado um crime, o cidadão se coloca como fonte de expectativas confiáveis, pelo que basta que seja punido para que a comunicação de seu ato seja anulada, sendo desnecessário seu banimento, sua destruição.

Basta imaginar, aqui, um vizinho que tenha sido processado e condenado por sonegação fiscal, pois teria deixado de declarar um determinado bem em sua bagagem quando voltada de uma viagem para o exterior. Ele persistirá sendo compreendido em sua comunidade (vizinhos, colegas de trabalho e negócios...) como uma fonte de expectativas confiáveis? Sim. Sua casa será ainda frequentada nas festas, e os vizinhos aceitariam adquirir seu carro usado? Sim.

Percebe-se que o cidadão permanece como fonte de expectativas confiáveis mesmo depois de praticar um crime.

Direito Penal do Inimigo: na perspectiva contratualista, o inimigo não se coloca dentro da sociedade e do contrato social, mas, sim, fora e atenta contra sua existência. Ora, se o inimigo se vê fora do contrato, sua vontade será respeitada, e não será tratado como um dos participantes da sociedade. Como consequência, não tem direito a ser tratado nos limites punitivos do contrato. Não terá direito ao devido processo legal, à legalidade penal, à culpabilidade, à proporcionalidade da pena, à ampla defesa etc. Será tratado como alguém "de fora", um invasor, a ser combatido como em uma guerra.

Em Jakobs, o Inimigo, por suas características, não é uma fonte de expectativas confiáveis. Não é um sujeito de direitos, mas, sim, uma fonte de perigos, não é um receptor válido das comunicações sociais. Sua mera existência ou presença perturba a normalidade das relações sociais e destrói as expectativas essenciais, razão pela qual deve ser afastado para que a sociedade possa manter sua configuração. Pode ser, assim, combatido, como em um estado de guerra, em que não se busca uma pena justa, mas a submissão do vencido ao vencedor. A sanção imposta ao inimigo é uma custódia de segurança, pois já pouco importa o conteúdo comunicativo de sua ação, mas, sim, impedi-lo de voltar a praticar infrações.

Basta imaginar um famoso líder de organização criminosa que, recém-liberado pela Justiça em razão de questões processuais, resolve se mudar para um novo bairro. Os moradores vão deixar de frequentar os lugares comuns do bairro com medo de encontrá-lo, vão deixar de marcar encontros para que não se sintam obrigados a convidá-lo, e jamais adquiririam seu "carro usado". Ainda que não tenha praticado nenhum ilícito desde que solto, sua mera presença prejudica a comunicação social, razão pela qual deve ser eliminado.

O inimigo é uma fonte de perigos mesmo antes de praticar o crime.

O inimigo pode ser atingido pelo sofrimento mesmo antes de praticar qualquer lesão, visto que não tem garantia de legalidade ou anterioridade. Pelo contrário, dada a intensidade das lesões esperadas pelo inimigo, aguardar sua ação como antecedente para a punição seria pouco prudente (imagine-se a detonação de uma bomba nuclear... de nada adiantaria punir após a detonação, sendo necessária a ação anterior, preventiva, mesmo antes do fato). Justifica-se o suplício ao inimigo, assim, mesmo antes que pratique lesões, considerada apenas sua condição de inimigo.

Nas palavras de Jakobs (*Direito penal do inimigo*, p. 17):

> (...) quem não pode oferecer segurança cognitiva suficiente de que se comportará como pessoa não só não pode ainda esperar ser tratado como pessoa, como tampouco o Estado está autorizado a tratá-lo ainda como pessoa, pois, de outro modo, estaria lesando o direito das outras pessoas à segurança.

Da mesma forma, não há garantia de devido processo legal ou proporcionalidade da pena, permitindo-se, assim, suplícios extremos e desconectados do processo penal.

Não há critérios rígidos para o reconhecimento do inimigo, embora possam ser destacados:

a) o inimigo pela gravidade do crime praticado, como no caso de estupros violentos;
b) o inimigo pela adoção do crime como modo de vida, como no caso do criminoso habitual;
c) o inimigo pela adesão a uma organização criminosa ou terrorista que tem normas próprias.

Buscando analisar as relações entre penas e garantias, Silva Sanches oferece a classificação hoje consagrada das **velocidades do direito penal**:

1ª velocidade: Direito Penal Clássico: altas penas e intensas garantias. O direito penal tradicional permite prisões longas, castigos intensos, mas traz toda a construção histórica do devido processo legal e sua concepção material, impondo ampla defesa, legalidade, recursos etc.

Basta pensar no julgamento por homicídio. O crime tem penas longas, mas o acusado tem direito a um procedimento bifásico, julgamento pelos pares, plenitude da defesa... A pena é alta, mas as garantias também, e é um processo mais lento.

2ª velocidade: Direito Penal Flexível: penas brandas e poucas garantias, como na justiça consensual. As demandas por novas tipificações, mesmo em infrações nas quais se reconhece pequena ou nenhuma lesão perceptível, forjam um direito penal amplo, mas, por consequência, mais flexível e com penas mais brandas.

Se, de um lado, é possível imputar responsabilidade penal até mesmo às pessoas jurídicas, desprezar a produção de provas ou condenar mediante responsabilidade objetiva, por outro, não será possível aplicar penas de prisão. É o caso da transação penal, da suspensão condicional do processo e do acordo de não persecução penal, nos quais o autor renuncia à defesa, mas recebe em troca uma sanção não privativa de liberdade.

É um processo ou procedimento muito mais rápido que o tradicional, justificando a expressão "2ª velocidade" como uma marcha mais acelerada.

3ª velocidade: Direito Penal do Inimigo: penas altas e poucas garantias: "O direito penal da pena de prisão concorre com uma ampla relativização das garantias político-criminais, regras de imputação e critérios processuais" (Jesús-María Silva Sánches, *A expansão do direito penal*, p. 193).

É o mais rápido, pois dispensa até mesmo o mal do crime. Enquanto na primeira velocidade a pena depende da comprovação de um crime em um processo com ampla garantia, na segunda velocidade é possível pena sem processo, e na terceira, pena sem mal do crime, como nos crimes de perigo abstrato ou, em exemplo mais agudo, na prisão por ser irmão ou parente de criminoso perigoso.

Dentre as principais características de um Direito Penal do Inimigo, podemos destacar:

a) perspectiva prospectiva: é desnecessário aguardar a prática do mal do crime para a imposição do mal da sanção. A sanção pode preceder o mal do crime. Além dos casos extremos, como a prisão sem nem mesmo haver a formalização de acusação, como as reconhecidas em Guantánamo, podemos pensar na proliferação dos crimes de perigo abstrato (porte de arma, posse de drogas...), nos quais não há qualquer retributividade: não há mal do crime, mas apenas presunção de probabilidade ou possibilidade de mal se a conduta for repetida e não reprimida, ou seja, a sanção é imposta muito antes do mal do crime;

b) uso desmedido da prisão processual: o *periculum libertatis* é banalizado, e a garantia da ordem pública justifica a prisão sem culpa por longos períodos, pois há um consenso sobre a necessidade de afastar o inimigo da sociedade;

c) flexibilização de garantias processuais: os direitos e as garantias processuais inviabilizam o combate ao inimigo e a manutenção da segurança da coletividade. Devem ser flexibilizadas ou afastadas garantias como a presunção de inocência, o duplo grau de jurisdição, o conhecimento dos dados que fundamentam a acusação e a condenação e atribuição de ônus da prova à acusação;

d) indicação de um grupo de pessoas como inimigos: o inimigo será reconhecido por características comuns, usualmente relacionadas com o passado criminoso, como nos casos já referidos de crimes graves, adesão a um "modo de vida" criminoso ou organização criminosa. É comum, ainda, o uso expresso ou dissimulado de características étnicas (imigrantes), raciais (negros), religiosas (infiéis) ou mesmo sociais (mendigos e vagabundos) como inimigos.

Críticas: as críticas ao Direito Penal do Inimigo são abundantes, dentre as quais se consagram:

1) A aleatoriedade na escolha do inimigo. Quem escolherá o perfil do inimigo ou as circunstâncias que o caracterizam? Quais os limites para tais características? Podem ser étnicas, raciais, religiosas, culturais, sociais? O infinito espectro de arbítrio impõe a certeza de um discurso opressor, maniqueísta e preconceituoso, que permitirá aos diferentes donos do poder escolher seus párias. Imagina-se, no Brasil, quem seria o inimigo, qual a cor de sua pele, sua origem, seu nível educacional, sua renda mensal, sua casa etc.

2) A universalidade dos direitos humanos é absolutamente incompatível com a discriminação entre cidadãos e inimigos.

3) Trata-se da consagração do direito penal do autor, que tanto mal fez e faz à humanidade.

4) Não se trata de um verdadeiro direito penal, visto que se afasta de suas características essenciais, impondo-se como mera manifestação de poder.

18.2.3 Garantismo penal

O garantismo resgata uma série de premissas clássicas e iluministas, ainda que mediante um novo olhar. Repudia o enfoque interno do direito, que identifica em determinado momento com uma abordagem autopoiética (Luigi Ferrajoli, *Derecho y razón*, p. 881) do sistema político e jurídico e exige a percepção externa, para que seja possível a tomada de posição sobre a legitimidade ético-política do Estado e do Direito (*Derecho y razón*, p. 852). A lei não pode ser autolegitimada simplesmente por sua fonte de produção, mas, sim, por referências externas: a legitimação do direito vem "de baixo", ou seja, da sociedade compreendida como produto heterogêneo de pessoas, forças e classes sociais (*Derecho y razón*, p. 853).

O garantismo parte de uma perspectiva pessimista sobre o poder estatal, tendente sempre ao arbítrio e ao abuso, e por isso impõe uma compreensão restritiva de seus poderes. Não existem no Estado de Direito poderes incontroláveis: todos os poderes serão necessariamente limitados pelo direito. A legalidade deve ser compreendida em seu aspecto formal e substancial. Formal, quando limita a ação punitiva estatal à existência de uma lei, e substancial (ou estrita legalidade), ao subordinar todos os atos, e inclusive as próprias leis, ao conteúdo de normas superiores, e especialmente dos direitos fundamentais (*Derecho y razón*, p. 857).

O Estado é produto da razão, formado ou reconhecido com o objetivo de reduzir a violência diante da guerra de todos contra todos (Hobbes) ou da violência oriunda da falta de ordem (Locke). O Estado nasce, assim, com o objetivo precípuo de diminuir a violência, controlando seu monopólio. Toda ação estatal deve, desde logo, reduzir a violência, sob pena de ser ilegítima. Nos dizeres de Ferrajoli, que elabora a mais consagrada síntese da teoria, o garantismo é um modelo normativo de direito que se caracteriza como um sistema de poder mínimo no plano epistemológico, no plano político, como uma técnica de tutela capaz de minimizar a violência e maximizar a liberdade, e, por fim, no plano político, como um sistema de vínculos ao poder punitivo do Estado para garantir o direito dos cidadãos (*Derecho y razón*, p. 851).

O Direito Penal existe para conter a violência do crime e a violência contra o autor do crime.

De toda ação estatal sobre o cidadão, a pena é reconhecidamente a mais violenta e, assim, só se legitima na medida em que é capaz de diminuir a violência. Se na comparação entre a violência penal (repressão estatal) e a violência comunitária (infrações penais) efetivamente coibida pelo aparelho persecutório, a primeira for maior, a conclusão é que o sistema penal é ilegítimo, desumano.

Silva Sanches (*Aproximación al derecho penal contemporáneo*, p. 240) adverte que, desde seus primórdios, o direito penal moderno indica, ao lado da função de prevenção de novos crimes, a missão de reduzir ao mínimo a própria violência estatal, que é tão "violência" como aquela capitulada como crime. Em outras palavras, a violência amparada pela lei continua sendo "violência". Partindo de tal premissa, de nada adiantaria ao Direito Penal a missão de "trocar" a violência da comunidade (crime) pela violência estatal, se ambas guardam a mesma intensidade. A síntese deve ser, assim, tricotômica, tendo como vetores a diminuição da violência na comunidade (crime), a preservação de direitos e garantias fundamentais e, por fim, como terceiro e importante vetor, a diminuição da própria violência estatal.

A diminuição da intervenção penal estatal reforça o programa de um Direito Penal Mínimo, pautado por princípios como a intervenção mínima, a subsidiariedade, a dignidade penal do bem jurídico, a fragmentariedade, a proporcionalidade, a humanidade, entre tantos outros hoje consagrados. Em Ferrajoli, o mínimo deve ser suficiente para impedir a reação violenta informal (vinganças, linchamentos...) da comunidade ao infrator, mais uma vez coerente com a máxima da vinculação da sanção à diminuição da violência.

O crime é o resultado de uma convenção e, por isso, a punição só faz sentido e é racional nos limites das leis que cominam a pena e o devido processo legal. Não há justificativa ou legitimidade na punição além da lei. O juiz deve verificar a versão acusatória por meio de procedimentos previstos em lei que tornem possível conhecer os fatos, sempre nos limites do devido processo legal. Na síntese de Bobbio, está centralizada nos conceitos de poder e saber a contraposição entre a legislação e a jurisdição: *autorictas, non veritas facit legem* e *veritas, non auctoritas facit jus*.

A legalidade garante a esfera tangível de liberdade ao cidadão (Ferrajoli, *Direito e razão*, p. 30), que não pode ser nunca violada pelo Estado.

Deve ser repudiada a ilusão panpenalista, que vê no Direito Penal a solução para todos os males. O Direito Penal é inadequado para resolver todos os problemas, e apenas aplicado de forma racional e mínima é eficiente para prevenir e diminuir a violência. Ainda assim, a pena é uma segunda violência que se acrescenta à violência do delito, que é programada e executada por uma sociedade organizada contra um indivíduo solitário.

O garantismo tutela os direitos cuja satisfação, mesmo contra o interesse da maioria, constitui o objetivo justificante do Direito Penal, ou seja, a imunidade dos cidadãos contra o poder do Estado, contra a arbitrariedade das punições e proibições, a defesa dos fracos mediante a imposição de regras iguais para todos, a dignidade da pessoa do imputado e, consequentemente, a garantia de sua liberdade, inclusive por meio do respeito. E é precisamente a garantia dos direitos fundamentais que torna aceitáveis por todos, inclusive pelos réus e imputados, o direito penal e o próprio princípio majoritário (Ferrajoli, *Direito e razão*, p. 271).

A garantia deve ser sempre exacerbada em favor do oprimido. Na dinâmica penal, é possível indicar que, no momento do crime, a vítima é oprimida e, por isso, merece especial proteção. Durante o processo, oprimido é o réu, que deve ser cercado de garantias. Durante o cumprimento da pena, é claro que o oprimido será o condenado.

De nada adiantam os direitos se não são asseguradas as garantias respectivas, ou seja, a Constituição poderá ser reduzida a um inútil pedaço de papel se não são criadas técnicas de coerção (garantias) que permitam o controle e a neutralização do poder e do direito ilegítimo (*Derecho y razón*, p. 852).

Sintetizando suas conclusões, Ferrajoli aponta o cumprimento de dez axiomas como base para compreensão de um Estado como garantista:

1) **Nulla poena sine crimine.**

2) **Nullum crimen sine lege.**

3) **Nulla lex (poenalis) sine necessitate.**

4) **Nulla necessitas sine iniuria.**

5) **Nulla injuria sine actione.**

6) *Nulla actio sine culpa.*

7) *Nulla culpa sine judicio.*

8) *Nullum iudicium sine accusatione.*

9) *Nulla acusatio sine probatione.*

10) *Nulla probatio sine defensione.*

Assim: 1) Para que possa ser imposta a violência da pena, é necessária a violência do crime, o que Ferrajoli chama de princípio da retributividade; 2) Princípio da legalidade: não há crime sem lei anterior que o defina; 3) Não há lei penal legítima sem necessidade, como manda o princípio da necessidade da pena, que Ferrajoli chama também de economia do direito penal; 4) Não há necessidade sem lesão, como orienta o princípio da lesividade/ofensividade; 5) Não há lesão sem conduta, ou seja, apenas uma conduta pode causar lesão, como manda o princípio da conduta, pois as pessoas só podem ser punidas pelo que fazem, e não pelo que são, o que Ferrajoli chama de princípio da materialidade ou exteriorização da ação; 6) Não há conduta relevante penal sem culpa, como manda o princípio da culpabilidade; 7) Não há culpa sem regular jurisdição, o que se aproxima do devido processo legal; 8) Não há devido processo sem acusação, que deve ser distinta e autônoma em relação ao julgador, na direção do princípio acusatório; 9) Não há acusação sem prova, relembrando, assim, que o ônus da prova é da acusação; e 10) Não há prova legítima sem defesa, ou seja, a prova só pode ser considerada válida se garantida a ampla defesa (*Derecho y razón*, p. 93).

Críticas: os defensores de um direito penal mais rígido tratam o garantismo como ingênuo, pois parte de uma percepção de Estado mal *vs.* sociedade boa, enquanto, na verdade, a sociedade é má, e cabe ao Estado resguardar os preceitos necessários para que a vida em sociedade se torne possível. O preço a pagar é a necessidade do rigor penal repudiado pelo garantismo.

Muitos adeptos da criminologia radical criticam o garantismo pela premissa da sociedade de consenso, própria aos clássicos iluministas, e que não corresponde à realidade de conflito já comentada.

Observação: há uma distorção do garantismo autointitulada "garantismo penal integral", que prega a expansão do Direito Penal e endurecimento das penas com a justificativa de "garantir" os direitos das vítimas e da sociedade, partindo de recortes da doutrina de Ferrajoli sobre a necessidade de prestações positivas do Estado. Não se trata de garantismo. A leitura integral da obra de Ferrajoli não permite tais conclusões, e o autor é bastante claro sobre a suficiência de penas "modestas" e imperativa redução do poder punitivo para que alcance apenas os casos de estrita e justificada necessidade, além de propor um limite máximo de 10 anos para a pena de prisão (*Direito e razão*, 4ª edição, p. 381). Por fim, o "garantismo penal integral" não apregoa qualquer prestação à vítima, mantendo o foco – ainda mais acentuado – no autor/réu/condenado.

18.2.4 Abolicionismo penal

O abolicionismo, como é intuitivo, apregoa que o Direito Penal deve ser abolido, pois não se justifica a partir de uma perspectiva racional e humanista. Destacam-se no Brasil as obras de Hulsman, Mathiesen e Christie (este último pode ser definido hoje como um minimalista, e não mais um abolicionista).

A premissa do abolicionismo de Hulsman é: além da proposta penal, outras soluções podem ser feitas pelo Estado para graves conflitos sociais com igual ou maior eficácia racional, sem o desumanismo que acompanha a sanção penal.

É famosa a metáfora/parábola da república de estudantes, na qual um dos membros se arremessa contra a televisão e a danifica, quebrando também alguns pratos. A reação do primeiro companheiro é exigir sua punição, com a consequente expulsão. O segundo clama por reparação, pois a mera punição não traria a televisão de volta. O terceiro estudante recomenda tratamento psiquiátrico, pois o agressor certamente está com problemas mentais. O quarto sussurra: "a gente achava que se entendia bem, mas alguma coisa deve estar errada em nossa comunidade para permitir um gesto como esse... vamos juntos fazer um exame de consciência" (Louk Hulsman, *Penas perdidas*, p. 100). Como é possível perceber, diante das propostas reparadoras, de tratamento de transformação social, a solução mais infecunda é a penal, desde sempre estimulada pelo Estado. Se se outorgasse às pessoas maior liberdade para a solução de seus conflitos, seria muito provável que as demais soluções aflorassem, com maior legitimidade racional e eficácia social.

O direito penal serve, em muitos momentos, a propósitos ilegítimos e inconfessáveis:

> No Estado convenientemente enfraquecido, o sonho de muitos políticos é o envolvimento com assuntos jurídicos, notadamente jurídico-penais. A explicação é quase óbvia: restaram muito poucas áreas capazes de proporcionar exposição nacional aos políticos e aos seus partidos. Onde o objetivo principal da vida é o dinheiro e a ideia dominante é a de que o caminho consiste na desregulamentação do mercado, o crime se converte na principal arena para o que sobra da política. Aqui, ao expor valores que são compartilhados com a população de consumidores prósperos, é possível angariar votos (Nils Christie, *Uma razoável quantidade de crime*, p. 66).

Alega Hulsman que o direito penal é seletivo e discriminatório. Seletivo, pois escolhe as pessoas sobre as quais quer incidir, já que é sabido que o sistema penal não consegue, nem conseguiria, alcançar todos os infratores, mas apenas uma pequena parte de "escolhidos". Discriminatório, pois, em regra, incide sobre os "suspeitos de sempre", ou seja, pobres e oprimidos sob o prisma social, étnico, racial, sexual, cultural etc.

O direito penal é, ainda, estigmatizante e criminógeno. Estigmatizante, na medida em que aquele atingido pela marca penal ganha uma "tatuagem social" que o acompanhará para o resto da vida, fechando as portas do mercado e do ambiente frequentado pelas "pessoas de bem". A estigmatização colabora na "profecia que se autorrealiza", ou seja, a característica que distingue e identifica o sujeito é o seu passado criminoso, e é assim que ele consolidará sua autoimagem, reforçando-a e se condicionando a agir de acordo com as expectativas. Criminógeno, pois a marginalização o empurra a buscar sua sobrevivência na informalidade e na ilicitude. Ilustra Christie (*Uma razoável quantidade de crime*, p. 23) que

> (...) o sistema penal é análogo ao Rei Midas. Tudo o que este tocava se tornava ouro, e, como sabemos, ele morreu de fome. Muito do que a polícia e a prisão tocam se converte em crimes e criminosos, e interpretações alternativas de atos e atores se desvanecem.

Hulsman reflete que a distinção entre bons e maus, representada pela dicotomia de papéis entre os integrantes do aparato persecutório, de um lado, e criminosos, do outro, é falsa, mítica e serve apenas como justificativa para o encarceramento. De fato, a separação serve para que não sejam notadas as infrações praticadas pelas autoridades, e sempre supervalorizados os erros dos marcados como "criminosos". Acrescenta o autor que não há um verdadeiro "sistema penal", mas, sim, órgãos que trabalham isoladamente: o investigador só se preocupa com sua tarefa, e não com seus desdobramentos. Da mesma forma o acusador e o julgador. A tendência é que o trabalho tenha objetivos internos, corporativos, e tenha sempre como objetivo diminuir as dificuldades da operação e melhorar as condições de trabalho dos integrantes de cada órgão, e não incrementar a eficiência da operação penal. Por fim, é impossível tentar qualquer controle racional da criminalidade, pois a cifra negra impede a percepção da realidade. Cifra negra é o imenso contingente de fatos puníveis ignorados ou desprezados pelo sistema penal, quer pela ausência de denúncia ou vítima, quer pela ineficiência do aparelho persecutório, quer pela burocracia interna ao processo penal, que lhe retira eficiência, quer pela incompetência dos operadores do direito. Ora, se não é possível a coleta de dados confiáveis, toda providência sobre o "combate ao crime" é absolutamente falaciosa, bem como a percepção de seus resultados.

Críticas: entre as inúmeras críticas ao abolicionismo, destacam-se a ingenuidade, o caráter utópico, a incapacidade para reagir à criminalidade violenta e a perda das garantias processuais penais na reação. Silva Sanches assinala que os exemplos dos autores abolicionistas sempre se referem à criminalidade de bagatela. Conclui que a capacidade de resolução de problemas das propostas abolicionistas termina onde se inicia o verdadeiro núcleo do direito penal (*Aproximación al derecho penal contemporáneo*, p. 21). Sobre a última crítica, Silva ainda acentua que as garantias processuais penais foram cristalizadas durante séculos, e que o abandono do direito penal em nome de outra espécie de reação teria como consequência a perda de tais garantias. A reação administrativa, por exemplo, poderia ser dotada de intensidade muito maior que a atual, e seria, a princípio, dotada apenas das frágeis garantias do procedimento administrativo. Por fim, Ferrajoli acrescenta que a inexistência de reação oficial fomentaria a reação informal, privada, desregulada, o que certamente ensejaria o incremento da violência.

18.2.5 Sistema penal redutor

Como já referido no capítulo sobre as escolas penais, o Direito Penal Redutor, que tem como grande idealizador Eugenio Raúl Zaffaroni, tem como premissas: a) a sociedade de conflito, em oposição ao modelo de consenso que inspira a maioria das teorias jurídicas; b) a seletividade discriminatória do Direito Penal; c) a necessária racionalização do discurso do ponto de vista interno, buscando afastar todas as incoerências; d) a planificação da realidade, ou seja, deve ser afastada a concepção idealizada do Direito Penal, em prol de um saber penal que não aceite um "dever ser" que "nunca será", em prol de um "dever ser" que pode "vir a ser"; e) a teoria agnóstica da pena (que será estudada a seguir, nas teorias da pena). Fincada em tais premissas e lastreada pela criminologia crítica marginal, propõe uma política criminal redutora, que deve interferir em todas as decisões dogmáticas e poderia facilmente interferir também em toda política pública criminal: a violência do Estado é estruturalmente discriminatória e dirigida à opressão de vulneráveis, e por isso as funções do sistema de justiça penal devem ser a contenção, a redução, a racionalização e a humanização da aplicação e execução da pena, sempre sob um vetor contrasseletivo.

Partindo de tal objetivo, temos que a política criminal é fundamento da decisão e interfere na compreensão da categoria dogmática, que é instrumento da decisão, razão pela qual é necessário estudá-la e reduzi-la a um objeto "quase dogmatizável" – os planos de atuação e as respostas da política criminal devem alcançar um grau de certeza próximo à dogmática. A política criminal redutora deve, assim, fornecer saberes que possam servir de instrumento de decisão e moldar uma dogmática que possa cumprir tais objetivos de racionalização, redução e humanização do poder punitivo.

É verdade que a apropriação pela dogmática de premissas criminológicas nos levou a consequências nefastas com a Escola Positiva. Aqui, no entanto, a proposta abraça a criminologia crítica, que compreende o processo de criminalização como objeto autônomo e eixo da crítica. De nada adiantaria, ainda, uma criminologia crítica apta a demonstrar a seletividade discriminatória do sistema penal, mas que não permite que seu saber seja utilizado para aprimorar a dogmática, em busca de um sistema penal mais adequado a um Estado Democrático de Direito ou, ao menos, a uma redução de danos de uma estrutura punitiva que massacra os vulneráveis. Nas palavras de Zaffaroni (*Direito penal redutor*, p. 288):

> Em meio à tormenta punitiva da revolução tecnológica, na qual incumbe o direito penal reafirmar seu caráter de saber redutor e limitador do

poder punitivo para salvar o estado de direito na atual transição perigosa, urge voltar a uma integração por interdisciplinariedade, ou seja, elaborar um saber jurídico penal baseado em uma teoria agnóstica ou negativa do poder punitivo, que seja capaz de absorver os elementos e dados fornecidos pela sociologia e a criminologia, especialmente acerca da operatividade real dos sistemas penais. Sem essa integração, o discurso jurídico penal perde seu rumo, mesmo com a boa vontade liberal e garantidora de seus cultores pois ninguém pode controlar aquilo que de fato ignora.

Zaffaroni define a legislação penal como um conjunto de leis que programam a decisão de conflitos mediante uma espécie de coerção que priva de direitos e inflige dor sem buscar um fim reparador (que seria civil) ou a neutralização de um dano em curso ou perigo iminente (que seria intervenção administrativa).

O modelo punitivo não resolve o conflito, mas apenas o suspende, e ainda exclui a vítima de sua solução, na esperança de que o tempo (de prisão) faça com que o conflito se apague. É um modelo fadado ao fracasso: a suspensão do conflito não o dissolve, em regra, e apenas causa sofrimento e violência.

É evidente, ainda, a exclusão da vítima, que não protagoniza a solução do conflito, mas é apenas manipulada como álibi argumentativo para a punição, mais ou menos ativa em tal papel. Com o fim do processo penal, a vítima se percebe desamparada, sem apoio psicológico, assistencial ou mesmo reparação financeira, e é vitimizada pelo abandono do Estado. O exemplo poderia cuidar de várias espécies delitivas, mas vamos imaginar uma idosa pobre que tem seus velhos óculos subtraídos por um jovem da vizinhança. Imaginamos, então, que o bem é avaliado em R$ 200,00. Seu drama em não conseguir enxergar sem óculos e a dificuldade financeira para obter novos óculos serão reiteradamente usados como argumentos de acusação, forçando o afastamento da absolvição pela insignificância e servindo como motivo para o incremento da pena. Após a aplicação da pena e a prisão do furtador, ao custo de dezenas de milhares de reais, a idosa persistirá sem os óculos, pois o Estado Penal, que a usou como ilustração para vencer um dispendioso processo penal e impor uma caríssima execução da pena, não é capaz de assisti-la, ampará-la, o que seria alcançado com a mínima quantia de R$ 200,00. A vítima ficará sem enxergar, abandonada, pois isso não é problema do Estado Penal, e outros setores estatais não contam com a mesma facilidade na obtenção de recursos financeiros. Aliás, é certo que o custo do processo penal e da pena permitiria a aquisição de centenas de óculos, que poderiam beneficiar todas as idosas carentes do bairro. O conflito não é solucionado, e os sofrimentos não são amparados pelo Estado Penal, que apenas acrescenta violência e sofrimento.

Ainda sobre os custos do sistema penal e sua estrutural irracionalidade, interessa notar que o sistema de saúde tem gastos finitos, e é comum que crianças fiquem sem remédios e cirurgias por falta de verbas, sob o argumento da "reserva do possível".

Também é comum que crianças tenham o direito à educação violado pela falta de verbas estatais, mais uma vez fortemente justificada na "reserva do possível". Não se conhece, no entanto, decisão que tenha deixado de punir um ladrão de galinhas em razão de falta de verbas para processá-lo ou prendê-lo. É exatamente a irracionalidade do sistema penal que o torna o grande "saco sem fundos" da Administração Pública, pois não há como racionalizar o gasto de um objetivo, em si, irracional.

A operação legislativa é feita pelos poderosos, em eterno conflito com os vulneráveis, e por isso tende a ser opressora, e, como ilustração, basta comparar a pena de crimes praticados por poderosos com a pena de crimes praticados por vulneráveis: a pena do furto de veículo automotor é maior que a pena da tortura.

Ainda sobre a necessidade de um filtro redutor sobre a lei penal, acrescente-se que, se a intervenção estatal autorizada pela lei fosse absolutamente cumprida, os princípios humanistas seriam revogados. No plano penal, se toda conduta típica fosse perseguida pelas agências persecutórias, a vida seria impossível: imagine-se um mundo em que todos os que adquirem bens sem nota fiscal são presos em flagrante, todos os que difamam são denunciados, todos os que assinam lista de presença na sala de aula no nome do colega são condenados e todos os que deixam de declarar bens no imposto de renda são encarcerados... e poderíamos ainda cuidar de inúmeros outros crimes cotidianos. Não é assim (ufa!). A ação criminalizante e punitiva é estruturalmente falha, seletiva, ou seja, só atua em número mínimo de condutas típicas, a seleção é discriminatória, odiosa, e a punição é irracional e desumana. Daí a necessidade de um sistema de justiça redutor, que tenha como objetivo conter, racionalizar e humanizar a ação punitiva.

É necessário, ainda, reconhecer que, além das leis penais formais, ou seja, reconhecidas como penais, temos uma série de leis punitivas latentes que buscam "escapar" das conquistas históricas do Direito Penal pela adoção formal de uma vestimenta administrativa ou civil. É o que ocorre com a medida socioeducativa para adolescentes, com a medida de segurança para doentes mentais e com inúmeras outras intervenções restritivas de direitos tidas como pedagógicas ou sanitárias. É necessário reconhecer que são punições, e devem se submeter aos mesmos freios construídos historicamente pelo Direito Penal e pelo Direito Processual Penal, como a estrita legalidade, a proporcionalidade, a culpabilidade e a ampla defesa.

É evidente que o movimento redutor passa pela reconstrução da compreensão do saber penal, o que demanda mudança também no ensino universitário, que deve ser menos classificatório e informativo, e mais crítico e holístico. Para ilustrar, vale imaginar o seguinte exemplo, que pode permitir a identificação por diversos bacharéis em Direito: Pedro caminha aflito pela rua e encontra seu amigo Paulo, bacharel em Direito. Paulo pergunta para o amigo a razão da aflição, e Pedro afirma que acaba de ser roubado. Após um rápido lamento, Paulo pergunta por detalhes, e Pedro conta que foi lanchar em uma padaria, que se sentou em um banco junto ao balcão e depositou a carteira logo ao seu lado. Ao receber o lanche, virou o rosto para verificar a carteira e percebeu que havia sido "roubada", o que demandaria uma série de providências para a suspensão de cartões de crédito, o cancelamento de documentos e a troca de senhas, além do prejuízo com o montante subtraído. O que Paulo responderia em irresistível impulso, e da mesma forma quase todos os bacharéis em Direito? Que não se tratava de um roubo, mas de um furto, pois não foi empregada violência. Com isso, Paulo cumpriu sua missão, classificando corretamente o fato, como foi adestrado a fazer nos vários anos de faculdade de Direito. Diante do conflito e do dano, não foi "treinado" para amparar a vítima, para ajudá-la com a documentação, com a troca de senhas ou com a compreensão da dinâmica do delito, as causas da violência ou mecanismos de prevenção e reconstrução das relações sociais. Classifica, e está pronto para declamar a sanção prevista, como se fosse suficiente para resolver a situação conflituosa. A decisão penal pouco ou nada contribui para a solução e prevenção de conflitos, e o saber penal hoje é focado apenas na tomada de decisão sobre a imposição de pena.

É possível falar em um "sistema" penal redutor enquanto organização de saberes relacionados de forma harmônica, reunindo uma proposta político-criminal baseada em uma criminologia realista e marginal, que permite a construção de uma dogmática redutora.

Os conflitos sociais levados ao sistema de Justiça demandam soluções muito mais amplas e complexas do que o adestramento em classificar condutas, e a construção de um saber crítico e redutor seria o único caminho a romper com a lógica seletiva e discriminatória que há décadas – senão séculos – impõe penas de forma tão irracional, desumana e disfuncional.

A SANÇÃO PENAL: PENAS E MEDIDAS DE SEGURANÇA

As ciências naturais operam com proposições exclusivas do mundo do "ser", ou seja, "se A é, B é" (se o metal é aquecido, é dilatado). A ciência do direito, no entanto, trabalha com proposições normativas, ou seja, "se A é, B deve ser" (Hans Kelsen, *Teoria pura do direito*, p. 87). Ao contrário da lei natural, a norma jurídica apenas descreve o que deve ser e, assim, pode ser violada. Sanção é, na síntese de Bobbio, a resposta à violação (Norberto Bobbio, *Teoria da norma jurídica*, p. 154).

No Direito Penal, que é o objetivo do presente estudo, as sanções classicamente previstas são as penas e as medidas de segurança. Vamos analisar, a princípio, as penas e, em seguida, a medida de segurança.

19.1 PENAS

É controversa a definição de pena e, especialmente, que características poderiam diferenciar a sanção penal das demais sanções do ordenamento jurídico, como as administrativas e as civis. A sanção civil teria como característica a índole reparatória, enquanto a sanção administrativa seria prospectiva, sem necessária referência ao passado (é possível sancionar administrativamente um estabelecimento mesmo que não tenha provocado dano a terceiros, desde que desobedeça a normas preventivas sanitárias, por exemplo).

É comum imaginar que a pena seria, necessariamente, a mais grave das sanções jurídicas, mas tal qualidade não é sempre verdadeira. Uma pena pecuniária isoladamente aplicada pode ser mais branda do que o valor de uma reparação de danos na esfera cível. No campo administrativo é ainda maior o contraste com tal intuição, pois o ordenamento brasileiro (Lei n. 9.614/98) permite até mesmo abater uma aeronave, com grande probabilidade de morte dos ocupantes, pena que é desde logo marcada como proibida pela Constituição brasileira. A pena de morte é proibida pela Constituição, mas a medida administrativa de abate não.

A pena tem, classicamente, as seguintes características: **sofrimento, referência ao passado** e necessidade de ser imposta pelo Estado por meio de um **devido processo legal**.

A ideia do **sofrimento** (mal imposto ao indivíduo) está relacionada com as finalidades de compensar o mal do crime e desestimular o comportamento, ainda que sejam várias as propostas sobre como tal orientação de comportamento deve ser feita (*vide* estudo a seguir sobre as finalidades da pena). Para Lyra, mesmo a origem da palavra "pena" está ligada ao sentido de castigo: "a palavra pena vem do latim, segundo uns, de *poena* (castigo, suplício), segundo outros, de *pondus* (peso)" (*Comentários ao Código Penal*, p. 9).

Sintetizando a ideia de sofrimento, ensina Carnelutti que a "a pena, do mesmo modo que o delito, é um mal, ou, em termos econômicos, um dano" (*O problema da pena*, p. 31).

Lesch complementa que a pena deve ser a ordenação querida de um mal. Assim, a chamada "pena natural", ou seja, o sofrimento do autor advindo do próprio fato criminoso (p. ex., condutor embriagado que quebra as pernas no acidente por ele provocado) ou de caso fortuito (p. ex., criminoso atingido por um raio logo após a prática delitiva), pode ser um equivalente funcional da pena, mas não pode ser considerada "pena", no sentido jurídico (*La función de la pena*, p. 1-4). A pena deve ainda ser imposta por terceiro, pois, se o autor voluntariamente restitui o bem ou sofre sem a interferência de uma autoridade punitiva, não estamos falando de castigo, mas sim de arrependimento (Falcon y Tella, *Fundamento e finalidade da sanção*, p. 39).

A necessidade de **referência ao passado** exige a prática de uma infração penal, ou seja, a necessidade da prática de um mal para que o sofrimento da pena possa ser imposto. Na visão de Lesch, é essa a grande característica que diferencia o Direito Penal do Direito Administrativo: no segundo, é possível a imposição de uma medida preventiva restritiva de direitos, mesmo sem a prática de uma infração penal ou mal passado, enquanto, no primeiro, uma medida que tente evitar crimes no futuro só pode ser tomada a partir da prática de uma infração anterior (*La función de la pena*, p. 1-3).

A necessidade de um **devido processo legal** advém da compreensão de pena enquanto conceito jurídico, e não mais no sentido vulgar que a associa a qualquer castigo, como a chamada "pena natural", conforme dito. Assim, se um policial surpreende um jovem usando droga em um parque e lhe impõe o castigo de engolir a quantidade que ainda sobrava para intimidá-lo e para que sirva de exemplo a terceiros, sem dúvida há um sofrimento imposto por um agente do Estado com objetivos preventivos e em razão de infração praticada, mas não se trata de pena, e sim de violência ilegítima, pois não houve o devido processo legal.

A pena deve ainda ser imposta pelo Estado, como consequência do referido devido processo legal, não podendo ser assim reconhecido o sofrimento imposto pelo particular como pena no sentido jurídico.

19.1.1 A pena deve ser um sofrimento?

Importante refletir sobre tal característica essencial da pena: sofrimento, imposição de um mal. O "mau" não se torna "bom" porque é justo ou legalizado. Persiste como um mal, e, assim, contradiz com os mais básicos preceitos humanistas. Apenas se e quando estritamente necessário pode ser suportado em sociedade democrática, ética e orientada por um mínimo grau de racionalidade.

Ousamos criticar a tradicional concepção de que a pena deve ser necessariamente um mal, um dano. É que o princípio da humanidade das penas, como dito, impõe uma vertente de integração social, e as medidas estatais, como meio para tanto, devem ser construtivas, afastando-se da ideia simplista de mal. A pena pode e deve ser um bem para o condenado e para a sociedade, lastreada em uma percepção consequencialista e racional: se a imposição do mal da pena gera um ciclo de violência e serve como fator criminógeno, o que é perceptível nos altíssimos índices de reincidência, outra solução deve ser pensada.

Se não bastasse o argumento constitucional e racionalista, valeriam ainda as lições de Concepción Arenal, para quem a pena não pode ser um mal, pois é um instrumento do Estado. Se lembrada a premissa de que o poder do Estado é o resultado da soma dos poderes dos indivíduos, e que a ninguém é dada a faculdade moral de fazer mal a terceiros, o Estado não pode ter recebido um poder (de fazer o mal) que nenhum indivíduo possuía (*Estudios penitenciarios*, p. 131).

19.1.2 Sentido da pena e impressão da pena

Welzel distingue sentido da pena e impressão da pena. O sentido da pena se relaciona com o sujeito a quem o castigo é imposto, e se fundamenta na compensação do mal pelo mal, que deve ser proporcional à culpabilidade.

A impressão da pena se relaciona com as funções preventivas, pois o sofrimento advindo do mal da pena inibe a reincidência e, também, evita a prática de novos crimes por terceiros sensíveis ao sofrimento do apenado (Hans Welzel, *Derecho penal alemán*, p. 326).

19.2 FINALIDADES DA PENA

O estudo das finalidades da pena é essencial para a compreensão do Direito Penal. Não faz sentido gastar grande energia na análise das estruturas do crime como "conduta", "imputação" ou "dolo" se ainda não se definiu qual o objetivo específico, imediato, da punição. Nas teorias funcionalistas, a definição da finalidade da pena ganha especial importância, pois é a partir de tal finalidade que será atribuído sentido às estruturas do crime. Assim, se a pena tem como objetivo a proteção de bens jurídicos com a comunicação da vigência da norma, o conceito de conduta deve ser construído de forma a melhor permitir que tal finalidade seja alcançada, e, da mesma forma, escolhida a teoria da imputação, e assim por diante.

Tradicionalmente as teorias sobre as finalidades da pena são classificadas como absolutas/retributivas, relativas/preventivas e mistas/ecléticas. Para as teorias absolutas, a pena teria função predominantemente retributiva, ou seja, teria como objetivo compensar o mal do crime. Para as teorias relativas, a pena teria como função prevenir novos crimes, ou seja, teria um objetivo futuro. Para as teorias mistas, por fim, a pena teria as duas finalidades anteriormente referidas, ou seja, a retribuição pelo mal do crime e a prevenção de novas infrações.

19.2.1 Teorias absolutas/retributivas

Dentre as propostas retributivas, poderíamos distinguir a retribuição pela vingança, pela expiação, pelo imperativo de justiça e pela retribuição jurídica.

19.2.1.1 Vingança

A ideia de vingança se pauta pela irracionalidade, o que não deixa de ser, também, uma característica humana, eis que é consenso ser o homem usualmente levado ou influenciado pelos seus sentimentos. O sentimento de que o mal deve ser vingado é um tabu reconhecido por Freud já nas sociedades primitivas a partir de análises antropológicas e ainda pode ser percebido em várias de suas características na sociedade moderna, como aponta Oswaldo Henrique Duek Marques: "não pode ser afastada da pena sua função de veicular e canalizar a demanda primitiva por vingança, demanda essa que traduz uma realidade do inconsciente coletivo" (*Fundamentos da pena*, p. 109).

A pena que busca vingar – mais que simplesmente compensar – o mal do crime busca desfazer a relação de poder imposta pelo infrator e reafirmar o poder do carrasco ou do inquisidor, daí a razão de sua comum desproporcionalidade, como ensina Michel Foucault: "Se a reparação do dano privado deve ser bem proporcionada, se deve ser justa, a execução da pena é feita para dar não o espetáculo da medida, mas do desequilíbrio e do excesso (...); deve haver, nessa liturgia da pena, uma afirmação enfática do poder e de sua superioridade intrínseca. (...) O suplício não restabelecia a justiça; reativava o poder" (*Vigiar e punir*, p. 43).

Hoje, entendemos ser ainda possível notar o espetáculo da desproporcionalidade na insistente reação desmedida às infrações de bagatela encontrada nas instâncias inferiores, já amplamente repelidas pelos Tribunais Superiores. A imposição do cárcere, mais grave pena prevista na legislação brasileira, em face da subtração não violenta de um sabonete ou um pedaço de queijo só se explica enquanto reafirmação de poder típico da vingança, ainda que supostamente pública.

Outra característica da pena que busca vingança é a responsabilidade flutuante, ou seja, a busca incessante pela punição de alguém em face da deterioração de um bem jurídico, ainda que sem prova suficiente da culpa, apenas para aplacar o sentimento social de vingança. Mais importante que punir o culpado é punir alguém, punir qualquer um, ainda que incerta a existência de crime ou de sua autoria.

A vingança ainda se caracteriza pela responsabilidade objetiva: quem sofre – e a sociedade se identifica com a vítima e seu sofrimento – quer um sofrimento de terceiro para aplacar a dor. Não importa se o causador atuou com dolo ou culpa, mas apenas que seja compensada a dor sentida. Nas palavras de Nietzsche: "na história humana o castigo não se fundamenta no ato do delinquente, mas na raiva pelo dano sofrido: qualquer dano encontra seu equivalente e pode ser compensado, mesmo que seja com a dor de seu causador" (*Genealogia da moral*, p. 61).

É consenso que a vingança, enquanto justificativa para a sanção, é ilegítima, ainda que a presença de tais sentimentos na sociedade seja uma realidade inegável. É que o Estado Democrático de Direito não existe para auxiliar o cidadão a despejar suas emoções em outro indivíduo. Pelo contrário, o Estado Democrático de Direito é produto da razão, e suas ações devem ser justificadas a partir de finalidades racionais, humanas e democráticas, muito se afastando das referidas noções de vingança, quer seja privada, pública, individual ou coletiva. Na síntese de Zaffaroni: "Pode o Direito Penal ser o instrumento de vingança da multidão anônima? Pode o Direito Penal alimentar o irracionalismo vingativo para conseguir o controle social? A resposta a estas perguntas depende do Direito Penal de que estivermos tratando. O direito penal do Estado autoritário não tem inconveniente em admitir tais meios. O direito penal de um estado de direito, que aspira a formar cidadãos conscientes e responsáveis, ao contrário, tem o dever de evidenciar todo o irracional, afastá-lo e exibi-lo como tal, para que o povo tome consciência dele e se conduza conforme a razão" (*Manual de direito penal brasileiro*, p. 104-105).

Infelizmente, ainda é comum que no Brasil julgadores se identifiquem como representantes da "voz do povo" como justificadora da punição, o que subverte a função contramajoritária esperada do Judiciário – especialmente o não eleito – e acaba se orientando pela irracionalidade da vingança, adequada apenas a Estados autoritários.

19.2.1.2 Expiação

A finalidade de expiação é colocada por Roxin como uma espécie preponderantemente retributiva, embora tenha características preventivas especiais (*Derecho penal*, p. 85).

Buscar a expiação significa ter como objetivo o arrependimento por parte do condenado, que purgando sua culpa a partir do castigo se purifica e, assim, consegue reconciliar-se consigo mesmo e com a sociedade.

Se em um primeiro momento tal finalidade parece desconectada da modernidade, há que se ponderar que a arquitetura punitiva em vigor é baseada em tal objetivo: a prisão se consolida como principal arma punitiva a partir da supremacia do Direito Canônico, que tinha como castigo principal a clausura, em que a expiação era procurada a partir da penitência do isolamento, acompanhada de trabalho e meditação. Ora, o atual regime fechado de cumprimento de pena nasce da arquitetura da clausura e está a ela atrelado, tanto que o local para o cumprimento da pena em regime fechado denomina-se, ainda, penitenciária (local em que se cumpre penitência).

No mais, ainda permanece na cultura punitiva a noção da necessidade de arrependimento, tão vinculada à perspectiva cristã e católica da expiação, tanto que há julgados que o exigem para benefícios, como o reconhecimento da atenuante da confissão espontânea, conforme o recente acórdão do E. Tribunal de Justiça de São Paulo: "É necessário que seja espontânea e sincera, se meramente voluntária não se aplica a atenuante, posto que o interesse não é a confissão em si mesma, mas o motivo que a inspirou, capaz de revelar o arrependimento do réu" (TJSP, Apelação 0053059-85.2008.8.26.0562, Rel. Marcos Antonio Marques da Silva, 6ª Câmara de Direito Criminal, j. em 16-12-2010, *DJ* 28-12-2010). É comum, ainda, ser exigido o arrependimento do sentenciado para permitir a progressão de regime de cumprimento de pena.

No entanto, apesar de toda importância e influência que tal finalidade da pena tem na atualidade, prevalece que ela não pode legitimar a pena, eis que parte de um dogma de fé que não pode ser imposto em um Estado laico e, ainda que seja abandonado o viés religioso, a intervenção do Estado na esfera íntima do indivíduo, interferindo em sua liberdade de crença e liberdade na formação da própria personalidade, quer seja infrator ou não, viola a dignidade da pessoa humana e é, por consequência, inconstitucional. É nossa posição.

19.2.1.3 *Imperativo de justiça*

A pena como imperativo racional de justiça tem inspiração na justiça retributiva aristotélica, mas ganha o contorno moderno na obra de Kant: aquele que pratica um mal deve receber um mal por um imperativo de justiça, e a necessidade de justiça se confunde com a própria racionalidade humana.

Assim, como consequência da racionalidade de seus membros, a sociedade deve ser justa, com a imposição de penas proporcionais que retribuam o mal com o mal. A ideia de justiça é uma das mais fortes em nossa cultura jurídica, e, por isso, a proposta tem grande força persuasiva, com o respaldo da doutrina tradicional de Costa e Silva e Hungria.

Partindo da fórmula-instrumento kantiana para a definição da dignidade da pessoa humana, segundo a qual o homem é o fim de todas as coisas, jamais um meio para um fim, a fundamentação filosófica da pena retributiva é uma conclusão necessária. Para Kant, a pena não pode almejar finalidade futura como a prevenção de crimes, pois, nesse caso, a punição do homem seria um meio para intimidar ou orientar terceiros, e o homem não pode ser utilizado como meio para um fim, por sua ínsita dignidade. Assim, a pena só pode ter finalidade retributiva, para cumprir o imperativo categórico de justiça, que é uma necessidade racional. Para ilustrar seu argumento, Kant formula a consagrada hipótese da ilha: "O que se deve acrescer é que, se a sociedade civil chega a dissolver-se por consentimento de todos os seus membros, como se, por exemplo, um povo que habitasse uma ilha se decidisse a abandoná-la e se dispersar, o último assassino preso deveria ser morto antes da dissolução a fim de que cada um sofresse a pena de seu crime e para que o crime de homicídio não recaísse sobre o povo que descuidasse da imposição dessa punição; porque então poderia ser considerado como cúmplice de tal violação pública da Justiça" (Emmanuel Kant, *A doutrina do direito*, p. 178-179).

A grande vantagem é a busca de penas proporcionais, limitando assim as sanções apregoadas pelas duas propostas anteriores. A grande desvantagem é a dificuldade para estabelecer a proporcionalidade e, ainda, para racionalizar o que deve ou não ser punido, eis que a primeira impressão é que toda injustiça deverá ser castigada e, por fim, se é possível ou não construir com mínima segurança jurídica um sistema baseado na busca de um objetivo tão difuso e etéreo como a noção de justiça. Como já criticava Lyra: "Considera-se essa ideia falsa e perigosa; falsa porque não cabe ao poder social impor, pela força, o reinado da justiça em todos os atos, mas, respeitando a liberdade individual, enquanto seu exercício não compromete a paz geral, limitar-se ao necessário para esta segurança; perigosa, porque a ideia de que toda falta deve ser punida conduz, facilmente, à confusão da lei positiva com a lei moral e religiosa, e à violação da liberdade individual" (*Comentários ao Código Penal*, v. II, p. 45).

19.2.1.4 Retribuição jurídica

A retribuição jurídica foi proposta por Hegel, como uma coerente resposta de sua filosofia ao fenômeno punitivo. Partindo do método dialético, o crime seria a antítese da ordem jurídica, e a pena, instrumento para que a síntese seja a continuação da referida ordem. Quando alguém pratica um crime, propõe uma nova ordem em que sua ação seria permitida. Essa nova ordem se opõe à ordem tradicional e é anulada por meio da pena, que impõe a continuidade da antiga ordem, vindo inclusive a reforçá-la. Em suma, o raciocínio lógico da justificativa da pena teria três passos:

1) o crime é a negação da norma (ordem);
2) a pena é a negação do crime;
3) a pena é a negação da negação da ordem (troca de crime por sua definição do item 1), ou seja, com a eliminação da dupla negativa, a pena seria a afirmação da ordem.

Crime = não norma (ordem)
Pena = não crime
Pena = ~~não~~ (~~não~~ norma) => pena = norma (a negação da negação corresponde à afirmação)

Nas palavras de Hegel: "Como evento que é, a violação do direito como tal constitui, sem dúvida, uma existência positiva exterior, que contém em si uma negação. A manifestação desta negatividade é a negação dessa violação que, por sua vez, entra na existência real; a realidade do direito reside na sua necessidade ao reconciliar-se ela consigo mesma mediante a supressão da violação do direito" (*Princípios da filosofia do direito*, p. 103).

Hegel também critica toda proposta de pena preventiva, comparando a punição como forma de intimidação do homem ao tratamento que se faz com um cão contra o qual se levanta um pedaço de madeira para impor-lhe obediência. Assim, a imposição da pena como instrumento de prevenção para novos crimes atingiria a dignidade da pessoa humana, tratando o homem como um cão.

A crítica sempre feita ao modelo hegeliano é que, por sua concepção etérea e ideal, não teria aplicabilidade prática, ou seja, a teoria é virtuosa enquanto ideia, mas não atinge a realidade fática. No entanto, é essa a inspiração dos modelos funcionalistas de prevenção geral positiva, em especial o de Jakobs, como reconhece Lesch, e poderemos perceber no estudo das teorias preventivas, nas próximas linhas.

19.2.2 Teorias relativas ou preventivas

As teorias relativas atacam as propostas absolutas sob o argumento de que é irracional a imposição de uma pena sem um fim futuro, como já advertia Platão: "É certo que ninguém pune os autores de injustiças pela simples consideração ou motivo de haverem cometido injustiça, a menos que se comportem como animais irracionais. Mas quem se dispõe a punir judiciosamente não inflige o castigo por causa de falta cometida no passado – pois não poderá evitar que o que foi feito deixe de estar feito – porém com vistas ao futuro, para que nem o culpado volte a delinquir, nem os que assistem ao castigo venham a cometer falta idêntica" (*Diálogos*, p. 21).

Aduz ainda Hassemer que a ideia de somar um mal a outro (o mal da pena ao mal do crime) não tem apenas um caráter medieval, mas também metafísico, e o Estado moderno deve ajustar sua atuação a critérios empíricos baseados em experiências reais, cotejando êxitos e fracassos (*Persona, mundo y responsabilidad*, p. 191).

Para os defensores das teorias preventivas, a pena, para que seja legítima, precisa ter um objetivo no futuro, diminuindo a violência e colaborando para a perpetuação da vida em sociedade.

Para além da prevenção de crimes, que já seria objetivo bastante pretensioso, a finalidade da pena deve ser compreendida de forma ampla, para abranger não apenas a prevenção da espécie de crime que se praticou, mas também a prevenção das reações informais ao ato criminoso e outras relacionadas com a descrença na força controladora do Estado e nos valores presentes na sociedade. Enfim, trata-se de buscar diminuir e prevenir a violência.

O caminho para tal prevenção é objeto de inflamada discussão, abrindo espaço para várias teorias, que serão ora examinadas.

19.2.2.1 *Prevenção geral e especial*

Dentre as teorias relativas ou de prevenção, devemos permitir uma primeira classificação entre teorias de prevenção geral e teorias de prevenção especial. Prevenção geral significa que a pena busca atingir a generalidade das pessoas, ou seja, a coletividade. Prevenção especial é aquela dirigida ao próprio condenado.

Feita a distinção entre prevenção geral e especial, ambas devem ser novamente classificadas entre prevenção positiva ou negativa. Será feito nas próximas linhas o exame de cada espécie.

19.2.2.2 Prevenção geral negativa

O objetivo da pena é a intimidação da coletividade, ou seja, que o sofrimento do condenado seja exemplo para que terceiros não venham a praticar o crime. Apesar da adoção pelas mais diversas correntes, ficou consagrada na construção do clássico Feuerbach, que ensinava ser a ameaça da pena o grande instrumento do Direito Penal, e a efetiva aplicação da pena apenas uma necessária consequência da prática do crime para que a ameaça não perdesse credibilidade.

Partindo da premissa de que o Estado, por seu instrumento penal, ameaça todos os membros da coletividade com um mal, no caso da prática de crime, a essência da proposta se pauta no instinto do homem que, diante da possibilidade de desfrutar o prazer da infração e o risco de sofrer a dor da pena, prefere não praticar a infração.

A proposta até hoje é muito forte e é majoritariamente adotada na doutrina brasileira, cristalizada pela miríade de autores que sempre concordaram com sua intuitiva eficácia e justificativa. Se nas relações interpessoais (família, trabalho, vizinhança) o mecanismo da ameaça parece para muito eficaz, o mesmo mecanismo seria desejável para as relações sociais.

É claro que desde logo cabe a provocação sobre a adequação da ameaça como instrumento para a criação de um construtivo ambiente familiar, de trabalho ou de vizinhança. E a mesma reflexão crítica sobre a ameaça como meio adequado para manutenção de construtivas relações sociais. Aliás, são diversas as críticas sobre a proposta.

As mais diversas críticas deslegitimadoras são voltadas para a prevenção geral negativa. Do ponto de vista humanístico, a utilização do indivíduo como instrumento de intimidação parece afrontar a fórmula-instrumento kantiana (o homem é o fim de todas as coisas, e não pode ser um meio ou instrumento para um fim), pois o sofrimento do apenado seria apenas um instrumento para intimidar terceiros.

Há ainda a crítica sobre os limites do Direito Penal, pois a prevenção geral negativa parece tender ao Direito Penal do terror, eis que, na medida em que a sanção ora prevista, quando imposta, não consegue conter a criminalidade, a resposta intuitiva é o aumento gradativo da pena até que sanções draconianas infestem a legislação. Como resume Roxin: "o ponto de partida da prevenção geral possui normalmente uma tendência para o terror estatal. Quem pretender intimidar mediante a pena, tenderá a reforçar esse efeito, castigando tão duramente quanto o possível" (*Problemas fundamentais de direito penal*, p. 23-24).

Por fim, há sérias dúvidas sobre a real eficácia intimidativa da pena, pois, como já alertava Feuerbach, apenas a certeza da pena seria capaz de intimidar o potencial criminoso, e a alta impunidade afastaria toda força da sanção. Ora, se é assim, e admitida a cifra negra denunciada pela criminologia crítica (cifra negra é o nome dado ao imenso número de infrações que fogem ao controle estatal e por isso não receberão sanção penal, quer porque não chegarão ao conhecimento do aparato estatal, quer porque terão o trâmite obstado por detalhes burocráticos do processo persecutório), a intimidação não poderia funcionar.

19.2.2.3 Prevenção geral positiva

A prevenção geral positiva tem como traço principal o aproveitamento da função comunicativa da pena, ou seja, a imposição da pena é um instrumento de comunicação do Estado com os cidadãos.

Em Roxin, no chamado funcionalismo teleológico ou moderado, é reconhecida dentre as finalidades da pena uma prevenção geral positiva (Mir Puig chama de prevenção geral positiva limitadora) cujo objetivo seria reforçar a vigência da norma e, consequentemente, o respeito aos bens jurídicos tutelados. Ensina Roxin que a reiterada prática do crime sem punição provoca o esquecimento da norma e da importância do bem jurídico. A sanção penal teria assim um efeito pedagógico, revitalizando a norma e o bem jurídico subjacente. A imposição da sanção pelo crime de peculato faz lembrar a todos os funcionários públicos que é proibida a apropriação de bens sob custódia da administração, e revitaliza a importância da proteção à coisa pública.

Vale anotar que Roxin reconhece a prevenção geral positiva (limitadora), mas adota de fato uma teoria mista dialética, pelo que sua proposta será analisada com maior detalhe no tópico seguinte, que trata das teorias mistas.

Em Jakobs, em sua consagrada construção de um funcionalismo radical ou sistêmico, a prevenção geral positiva (que Mir Puig chamada de prevenção geral positiva fundamentadora) também se pauta em comunicação, buscando o fortalecimento da norma que, no entanto, não protege bens jurídicos em sua formulação tradicional (vida, patrimônio, honra...), mas, sim, expectativas. A sociedade se mantém a partir da estabilidade de suas expectativas, que fomenta e permite a manutenção, proliferação e sofisticação das relações sociais, e o direito tem como função ser uma das estruturas sobre a qual se equilibra o desejado desenvolvimento.

As expectativas sociais podem ser classificadas como cognitivas ou normativas. Expectativas cognitivas são aquelas que se alteram quando rompidas (exemplo: sujeito constrói sua casa guardando 10 metros de distância do lago, na expectativa de não ser atingido na cheia. No entanto, as chuvas levam o lago além dos 10 metros, e a casa é inundada. A expectativa contrariada é alterada, e a nova casa é construída guardando distância maior, de 20 metros). Expectativas normativas não se alteram mesmo quando violadas. O condutor do veículo que trafega com o semáforo verde e é abalroado por outro veículo que cruzou o semáforo vermelho continua acreditando que a sinalização será obedecida no dia seguinte. É uma expectativa que, a princípio, se mantém, mesmo após a violação. O objetivo do direito é a manutenção das expectativas normativas essenciais para a vida em sociedade, ou, em outras palavras, o objetivo é impedir que tais expectativas essenciais se convertam em cognitivas. Se uma expectativa é rompida, o normal é que, aos poucos, diminua a crença da população em sua manutenção, pois a frustração reiterada pode alterar a expectativa (se todos que buscam adquirir bens pela internet são fraudados, gradativamente, diminuirá o comércio na internet, até que tal não mais exista, pois a expectativa de negócio honesto terá sido alterada e/ou suprimida). Com a imposição da pena, há a comunicação de que o comportamento previsto na norma é o normal, que deve ser esperado, e que a ruptura da infração é o evento anormal cuja comunicação deve ser anulada pela pena.

Como encontrar as expectativas essenciais para a vida em sociedade? Estão cristalizadas nas normas. Assim, como resume Anabela M. Rodrigues, o foco de proteção é a norma, e nada mais: "são assim as normas – que aparecem em primeiro plano e é a sua tutela que a pena visa assegurar pelo reforço da confiança dos que aderem às normas" (*A determinação da pena privativa de liberdade*, p. 334).

Não é coincidência a semelhança entre a proposta de Jakobs e a teoria retributiva Hegeliana, mas, sim, uma expressa influência, por muitos doutrinadores comentada (Mir Puig, *El derecho penal en el estado social e democrático de derecho*, p. 134).

A vantagem das propostas de prevenção geral positiva, a princípio, é o maior reconhecimento da racionalidade do homem, que, ao invés de trabalhar com a antinomia prazer do crime *versus* dor da pena (que lembra o cruel treinamento dado aos animais nos circos antigos), passa a utilizar a sanção penal para transmitir uma mensagem a um receptor racional, que aprende e reforça seu aprendizado por toda a vida, como já reconhece a psicologia. No mais, não seria necessária a imposição de grave suplício para atingir a desejada comunicação, ao menos na ideia de Roxin, visto que, em Jakobs, a comunicação deve ser tão intensa quanto carente a comunidade para a manutenção da expectativa. A crítica comum reside, primeiro, na instrumentalização do homem, que deixa de ser meio de intimidação para ser meio de comunicação e, segundo, na desnecessidade da pena para a desejada comunicação, que poderia ser atingida por outras formas.

19.2.2.4 Prevenção especial

Além da prevenção geral, também devem ser mencionadas as teorias de prevenção especial, que se caracterizam por ter como receptor não o corpo social, mas, sim, o indivíduo condenado.

O objetivo na prevenção especial é, na síntese de Figueiredo Dias, a prevenção da reincidência: "As doutrinas de prevenção especial ou individual têm por denominador comum, como é de há muito conhecido, a ideia de que a pena é um instrumento de atuação preventiva sobre a pessoa do delinquente, com o fim de evitar que, no futuro, ele cometa novos crimes. Neste sentido deve se falar, com razão, de uma finalidade de prevenção de reincidência" (*Questões fundamentais de direito penal revisitadas*, p. 102).

Ainda que a pena possa ter reflexos sobre terceiros, seu objetivo é atuar sobre o infrator, e os meios e objetivos permitem uma nova classificação. Assim como a prevenção geral, a prevenção especial também pode ser classificada como negativa e positiva.

19.2.2.5 Prevenção especial negativa

Na negativa, o objetivo é, primeiro, inocuizar o criminoso e, em segundo plano, intimidá-lo. A inocuização seria alcançada com a eliminação de sua periculosidade, que poderia ser atingida com o isolamento ou mesmo com a morte, o que ressalta o caráter nada humanístico da proposta, apropriada ao direito penal inimigo.

No Brasil, não é difícil reconhecer o objetivo de inocuização no Regime Disciplinar Diferenciado, que não é outro que não aplacar a suposta periculosidade do castigado, eis que o isolamento não seria adequado a nenhum outro fim.

A intimidação individual, outra faceta da prevenção especial negativa, seria aperfeiçoada com intensos suplícios no cárcere, que restariam marcados na memória do condenado de forma a impedir que voltasse a delinquir, dado o repúdio pela pena. Mais uma vez, a perspectiva desumana da proposta se evidencia.

Merece renovada atenção a perspectiva da *less eligibility* na apreciação da prevenção especial negativa: de acordo com a perspectiva da menor elegibilidade ou pior opção, o sofrimento da prisão deve ser pior do que o sofrimento da vida em liberdade. A cruel racionalidade da *less elligibility* nasce na Revolução Industrial, sob a perspectiva de que a vida do desempregado deveria ser ainda mais excruciante e insuportável do que o trabalho sem comida, bebida e em ambientes abafados em jornadas ininterruptas de 14 horas por dia. Assim, foram proibidas ações beneficentes aos desabrigados e fomentada a criminalização da vadiagem e mendicância, com o incremento do suplício nas prisões. Hoje, a mesma desumana comparação determina que a vida do mais miserável cidadão em liberdade deve ser melhor do que a vida do mais bem tratado condenado preso, pois de outra forma a prisão (e a pena, enfim) perderia sua força de intimidação.

Em um país miserável como o Brasil, legitimar o tratamento cruel e degradante nas prisões viola os mais básicos e literais princípios constitucionais, afastando a legitimidade do argumento da *less eligibility*.

19.2.2.6 Prevenção especial positiva

Na prevenção especial positiva, o objetivo é inserir ou readequar o sujeito ao convívio em sociedade. A expressão ressocialização é bastante comum na doutrina tradicional, buscando comunicar a ideia de reinserir na sociedade o sujeito que, com a prática da infração, dela se afastou.

Uma abordagem mais crítica, no entanto, afastará o uso da expressão reinserção social ou outros "res", uma vez que a maioria dos atingidos pelo sistema persecutório penal nunca fez parte da chamada "sociedade formal", ou seja, aquela que tem acesso aos serviços de saúde, educação e formação profissional necessários para uma vida digna e, assim, não compartilham dos mesmos valores sociais apregoados pelos detentores do poder e demais formadores de opinião. Não se pode, assim, reinserir na sociedade alguém que nunca esteve inserido ou "socializado". O objetivo da pena seria, enfim, não a ressocialização, mas, sim, a socialização; não a reinserção social, mas a inaugural inserção social. Vale lembrar que o art. 1º da LEP fala em integração social, e não em (re)integração social.

Ainda uma derradeira, mas muito importante, abordagem sobre a questão da reinserção social seria a crença de que a pena – e em especial a prisão – jamais poderia atingir objetivos realmente positivos, ou seja, colaborar construtivamente para o convívio do condenado em sociedade, eis que inapta para tanto. Argumentar que basta melhorar as condições do cárcere é pregação irreal nos países periféricos, pois não irá acontecer nos próximos séculos, e a situação é hoje insustentável. Assim, se a pena for não dessocializante, ou seja, se não prejudica – com seus vícios da cultura do cárcere e mazelas estigmatizantes – a vida do infrator em sociedade, o objetivo possível já foi alcançado, desprezadas as utopias de ressocialização.

Fixadas as ideias sobre quais os objetivos da prevenção especial, partiremos da posição tradicional de reinserção social e analisaremos cada uma das principais propostas de prevenção especial positiva.

19.2.2.7 *Prevenção especial positiva – tratamento*

Partindo da premissa de que o criminoso é portador de alguma espécie de anormalidade ou doença, como na proposta que consagrou Lombroso, em sua obra *O homem criminoso*, ou ainda que o crime é uma doença social, a pena deve consistir em um tratamento.

A perspectiva de tratamento encara o criminoso como um doente, que precisa de um tratamento para curar sua psicopatia ou ainda sua sociopatia.

Se foi a doença que o fez praticar o crime, a única solução é um tratamento, assim como se faz em qualquer outra doença. E qual a duração do tratamento? Como em qualquer outra doença, a duração deve se ater ao necessário para a cura ou controle da doença e, assim, a ideia da pena como tratamento é bastante adequada e costuma inspirar a pena indeterminada, como já apregoava Lyra: "A fixação, na sentença, do termo da pena é absurda em si mesma, como se o médico fixasse antecipadamente os dias de internação forçada em hospital, devendo o doente aí permanecer mesmo depois de curado ou sair ainda enfermo" (*Comentários ao Código Penal*, v. II, p. 44).

A prevenção especial positiva lastreada no tratamento culmina, assim, em pena indeterminada. O condenado seria submetido a exames periódicos e apenas libertado se e quando preparado para retornar ao convívio social.

A proposta de prevenção especial positiva com programa máximo – com a defesa da pena indeterminada – recebe intensas críticas. Como lembra Zaffaroni, muitas vezes o pretexto do tratamento é utilizado como fumaça para esconder uma pena cruel e desumana: "isolar uma pessoa pelo resto de sua vida, num manicômio, equivale à sua destruição. Obviamente trata-se de uma punição sob um discurso ou pretexto terapêutico" (*Manual de direito penal brasileiro*, p. 59).

A proposta provoca assim a repulsa da criminologia moderna, eis que em regra o infrator não sofre de qualquer distúrbio de ordem física ou psíquica, pois o crime não é um fenômeno natural, mas, sim, uma convenção social, o que torna a proposta inócua, preconceituosa e perigosa. Preconceituosa, pois o criminoso é tido como portador de uma moléstia desconhecida, uma anormalidade que deve ser evitada e afastada, intensificando a estigmatização e prejudicando o objetivo de integração social. Perigosa, porque, se o problema está no criminoso mesmo antes da prática da infração, nada obsta que sanções estatais o alcancem assim que percebidas as características que permitem concluir ser portador do distúrbio que provoca os crimes, e, assim, seria possível sanção pelo que o sujeito é, e não pelo que ele fez, em inadmissível concessão ao Direito Penal do autor (como adverte Claus Roxin, *Derecho penal*, p. 88).

19.2.2.8 Prevenção especial positiva – programa máximo

No programa máximo, busca-se a reintegração social com a imposição de uma agenda de socialização, com instrumentos como a laborterapia, o estudo, a orientação pessoal e a profissional.

Forçado a participar das atividades da agenda socializadora, o sujeito será treinado para bem viver em sociedade e estará preparado para se conformar aos padrões de comportamento esperados de todo homem de bem, como a formação de uma família, o trabalho disciplinado e a integração a uma comunidade.

A crítica aponta a obrigatoriedade como afronta à liberdade de formação da personalidade, eis que o Estado não teria legitimidade para impor determinados ideais ou valores, como alerta Roxin: "Mas o importante é perguntar: o que legitima a maioria da população a obrigar a minoria a adaptar-se aos modos de vida que lhe são gratos? De onde vem o direito de poder educar e submeter a tratamento pessoas adultas? (...) a maioria das pessoas considera como algo de evidente o fato de se reprimir violentamente o diferente e o anômalo" (*Problemas fundamentais de direito penal*, p. 22).

Além da crítica pela violação da liberdade de formação da própria personalidade, a proposta também é combatida, pois seria ineficaz, eis que apenas uma adesão sincera e voluntária do condenado pode gerar resultados de integração social.

19.2.2.9 Prevenção especial positiva – programa mínimo

No programa mínimo, é facultada uma agenda ressocializadora, preservando assim a liberdade do condenado. Seriam oferecidas ao condenado diversas linhas de atividades ressocializadoras, que cobririam as várias tendências político-ideológicas e assim seria respeitada a liberdade do condenado de aderir a uma ou a outra tendência ou, se o caso, a nenhuma delas, sem sofrer sanção.

A crítica, aqui, reside na ineficácia da proposta, eis que seria pequena a adesão, além do que é utópica a possibilidade de oferecimento de tantas alternativas ao condenado, pois as dificuldades de investimento no sistema carcerário são crônicas em todo o mundo, e acentuadas nos países periféricos.

Outra crítica é a impossibilidade de uma opção realmente livre por parte do condenado, eis que toda comunicação é política e ideologicamente orientada e, assim, é impossível que as alternativas propostas ao condenado não o induzam à adoção de um ou outro programa de valores.

19.3 TEORIAS ECLÉTICAS OU MISTAS

Por fim, surgem as propostas mistas ou unificadoras, que buscam unir mais de uma finalidade da pena, em busca de somar as vantagens já esclarecidas no exame individual de cada proposta. Como resume Paulo de Souza Queiroz: "Busca-se, assim, unir justiça e utilidade, razão pela qual a pena somente será legítima na medida em que seja contemporaneamente justa e útil" (*Funções do direito penal*, p. 66).

Roxin classifica as teorias ecléticas ou mistas, em seu consagrado texto "Sentido e finalidades da pena estatal", como unificadoras aditivas ou dialéticas (*Problemas fundamentais de direito penal*, p. 44).

19.3.1 Teorias ecléticas ou mistas – aditivas

Aditivas seriam aquelas formadas da mera soma ou justaposição das propostas anteriores, ou seja, a pena teria mais de uma finalidade, buscando assim aproveitar as qualidades de várias propostas. A intensa crítica de Roxin é que, com a soma das qualidades, também se somam os defeitos. Assim, se é verdade que a pena poderá servir para fazer justiça e intimidar terceiros, também é verdade que poderá ser aplicada sem qualquer justificativa racional (como se critica a finalidade retributiva) e, ainda, poderá progredir para um Direito Penal do terror, que viola a dignidade da pessoa humana (como na crítica à prevenção geral negativa).

Outra crítica levantada por Roxin é que, sem uma finalidade preponderante, a legislação que adota uma teoria mista aditiva acaba por atribuir ao julgador poder exagerado, fomentando o arbítrio, configurando, na expressão de Roxin, verdadeiro cheque em branco do legislador ao julgador, para que aplique a quantidade e a qualidade da pena adequada à finalidade da pena que entender mais pertinente no caso concreto (retribuir o mal, intimidar, ressocializar...), o que acaba por permitir perigosa elasticidade nas escolhas e critérios incontroláveis pelos demais operadores do direito e pela sociedade.

Nas palavras do mestre de Munique: "É certo que a teoria unificadora se baseia em ter percebido corretamente que cada uma das concepções contém pontos de vista aproveitáveis que seria errôneo converter em absolutos. Mas a tentativa de sanar tais defeitos justapondo simplesmente as três concepções tem forçosamente que fracassar, já que a pura adição não somente destrói a lógica imanente à concepção, como aumenta o âmbito de aplicação da pena, a qual se converte assim num meio de reação apto para qualquer realização. Os efeitos de cada teoria não se suprimem em absoluto entre si, antes se multiplicam, o que não só é teoricamente inaceitável, como muito grave do ponto de vista do Estado de Direito (...) permitindo que se passe para o primeiro plano, tanto este como aquele ponto de vista, e permitindo que se utilize, em lugar de UMA faculdade de ingerência já em si demasiado ampla, nada menos que TRÊS" (Claus Roxin, *Problemas fundamentais de direito penal*, p. 26 e 44).

Assim, no momento de escolher a quantidade da pena, não se saberá qual a finalidade que irá reger com mais intensidade o convencimento do julgador, e é claro que a opção poderá resultar em quantidades exageradamente diversas: se há um furto de grande valor por sujeito primário e com boas circunstâncias subjetivas, uma sanção retributiva traria pena em grande quantidade, enquanto a prevenção especial positiva recomendaria pena branda. O mesmo poderá ocorrer na escolha da qualidade da pena.

Apesar das críticas, a doutrina amplamente majoritária entende que no Brasil é adotada a teoria mista aditiva, ou seja, a pena tem como objetivo retribuir o mal do crime e prevenir a prática de novos crimes. A interpretação é feita a partir da letra do art. 59 do Código Penal, que em sua porção final traz: "O juiz, atendendo à culpabilidade (...) estabelecerá, conforme seja necessário e suficiente para *reprovação e prevenção do crime*" (grifo nosso). A expressão reprovação seria a tradução da proposta retributiva, e prevenção, obviamente, a imposição da finalidade preventiva.

Vale a pena lembrar que, apesar de tal previsão expressa do Código Penal, a Lei de Execução Penal parece preferir uma finalidade da pena de prevenção especial positiva, pois em seu art. 1º é expressa quanto aos objetivos de "proporcionar condições para a harmônica integração social do condenado e do internado".

19.3.2 Teorias mistas ou ecléticas – dialéticas

Na proposta unificadora dialética, é reconhecida mais de uma finalidade da pena, mas há uma finalidade preponderante limitada por outra finalidade, ou seja, é admitida a composição das finalidades da pena, mas ao contrário da proposta aditiva, em que tal composição é caótica, aleatória, na proposta dialética é eleita uma finalidade preponderante e destacado o peso que cada finalidade poderá ter na fixação da pena. Com tal "jogo de limites recíprocos" é possível maior segurança e previsibilidade nas decisões, mesmo com a manutenção de algum arbítrio judicial sobre a pena adequada.

Tendo como exemplo a proposta de Roxin, é possível justificar a pena a partir de propostas de prevenção geral e especial positivas, mas o limite máximo da pena será vinculado à culpabilidade, sendo que a finalidade de reinserção social poderá alterar minimamente a pena, desde que respeitado o limite mínimo da necessidade e o máximo da culpabilidade.

La teoría penal aquí defendida puede resumir, pues, como sigue: la pena sirve a los fines de prevención especial y general. Se limite en su magnitud por la medida de la culpabilidad, pero se puede quedar por debajo de este limite en tanto lo hagan necesario exigencias preventivo especiales y a ello no se opongan las exigencias mínimas preventivo generales (Claus Roxin, *Derecho penal*, p. 103).

Roxin propõe que o sistema de finalidades preponderantes *x* limites deve ser dinâmico, correspondendo às fases da individualização da pena:

1º momento: ameaça abstrata da cominação legislativa – prevalece a prevenção geral negativa e positiva, mas sem inviabilizar a prevenção especial positiva – **2º momento**, da aplicação da pena na sentença: prepondera a prevenção geral negativa, desde que não impeça ressocialização e sempre respeitado o limite da culpabilidade – **3º momento** predomina a prevenção especial positiva, mas no limite mínimo necessário para a manutenção da finalidade de prevenção geral.

É claro que tal proposta mista dialética em muito diminui o arbítrio judicial, permitindo à sociedade e ao próprio condenado controle muito maior das decisões do magistrado. Além de Roxin, podemos citar Figueiredo Dias como defensor do modelo misto dialético (*Questões fundamentais de direito penal revisitadas*, p. 132).

19.3.3 Teorias deslegitimadoras da pena

Diante de tantas teorias legitimadoras da pena, temos ainda espaço para teorias deslegitimadoras, ou seja, teorias que negam o discurso retributivo-preventivo, uma vez que nenhuma das finalidades racionais prometidas seria, realmente, cumprida.

É antiga e perene a dúvida sobre a legitimidade racional do sistema penal (*vide tópico sobre o abolicionismo penal*), mormente com o uso de castigos cruéis como a morte, as mutilações, e, hoje, a pena de prisão. Na reflexão de Falcón y Tella: "cometeu-se um delito. por meio deste delito foi produzido um mal em tríplice sentido: para a vítima, a dor direta, para a sociedade, a violação de uma ordem, e mesmo para o infrator (ou sua alma), um mal moral. Entretanto, a situação melhorará pela adição de um quarto mal, dano ou dor ao ofensor, que em princípio não significará nenhum bem nem a ele, nem à sociedade, nem ao ofendido (já que o mal seria solucionado com um bem em sentido contrário, e não outro mal) (*Fundamento e finalidade da sanção*, p. 34).

19.3.3.1 Teoria agnóstica

A teoria **nega** qualquer finalidade legitimadora para a pena. O discurso de retribuição e prevenção é falso, pois absolutamente incapaz de cumprir suas promessas.

Não há justiça, racionalidade ou legitimidade democrática para a chamada retribuição, acrescentando ainda a dificuldade em encontrar seu objetivo (retribuir a lesão, a culpabilidade, a ruptura da expectativa social?) e a ausência de instrumentos para aferir qual seria a pena "justa". A finalidade preventiva seria uma falácia, pois não há qualquer demonstração empírica sobre a efetividade da pena como instrumento para evitar crimes. Pelo contrário, penas cruéis são impostas há séculos, e o crime permanece como um problema sempre apontado pela opinião popular. Todas as teorias legitimadoras são discursos pseudorracionalizantes destituídos de qualquer demonstração lógica ou empírica, restando negado qualquer atributo positivo à pena. Daí a conclusão de que a teoria é **negativa**.

A teoria é também **agnóstica**, pois renuncia ao conhecimento sobre as verdadeiras (reais) funções da pena, uma vez que multifacetadas, variáveis. Não se dispõe a analisar quais seriam as reais finalidades da pena encobertas pelo discurso legitimador da retribuição e da prevenção. Não compensa despender energia e discurso buscando demonstrar qual a finalidade da pena em cada sociedade e momento histórico. Mais importante é o reconhecimento de sua ilegitimidade e a busca de uma atuação redutora, ou, na proposta de Zaffaroni, contrasseletiva: o sistema de Justiça Penal deve reconhecer a seletividade da criminalização primária e também da secundária, em especial das agências policiais, e compensar tal vulnerabilidade *a priori* com discursos e decisões que excluam o caráter criminoso das condutas e reduzam a intensidade das penas. É a premissa do Direito Penal Redutor.

A pena é encontrada, assim, a partir de negações, pois é um sofrimento/restrição de direitos imposto pelo aparato de poder do Estado (a) sem qualquer função positiva e (b) sem função reparadora (própria da seara cível) e que não se confunde com coerção direta administrativa (*Direito penal brasileiro*, v. 1, p. 99).

Crítica: a teoria sofre crítica de teóricos legitimadores e deslegitimadores. Legitimadores apontam que as funções retributivas e preventivas são diretamente sentidas pela sociedade, são reais e até mesmo evidentes, e ainda que inviável a eficiência plena do sistema (plena justiça ou plena prevenção de crimes) a atuação é suficiente para permitir o regular desenvolvimento social. Além disso, a teoria agnóstica não é capaz de explicar a punição dos não vulneráveis, hoje bastante perseguidos nos crimes contra a ordem financeira e econômica. Mesmo os deslegitimadores criticam a proposta agnóstica, em especial por negar a investigação às funções reais da pena, o que seria inadmissível do ponto de vista científico, mormente para a criminologia. Além disso, tal renúncia agnóstica impediria a percepção da função política e econômica do sistema punitivo, essencial para a tomada de posição do teórico e do operador.

19.3.3.2 *Teoria materialista dialética*

No Brasil, tem em Juarez Cirino dos Santos sua principal referência. Parte da premissa de Rusche e Kirchheimer de que "todo sistema de produção tende a descobrir formas punitivas que correspondem às suas relações de produção (*Punição e estrutura social*, p. 20). O capitalismo tem em sua essência um modelo de retribuição equivalente, ou seja, o contrato trata de obrigações equivalentes, as indenizações são o equivalente em dinheiro, e, em especial, a equivalência trabalho *x* salário. Dentro de tal lógica de equivalências, o sistema punitivo buscará privação equivalente ao crime naquilo que o indivíduo trabalhador tem de mais valioso ou importante, que é o tempo (tempo de trabalho é tudo o que o sistema capitalista reconhece que o trabalhador pode oferecer, pois não é dono dos meios de produção). Dentro de tal lógica consolida-se a pena que priva o indivíduo de seu tempo, que é a pena privativa de liberdade.

A prisão seria, assim, a pena por excelência do capitalismo, por obedecer a lógica da retribuição equivalente, como já desenvolvia Pachukanis, na lição de Bilharinho Naves: "a diferença entre o direito pré-burguês e o direito burguês reside em que só neste se consagra a ideia de que a pena possa estar relacionada com a privação de certa quantidade de tempo. Ora, só em sociedade na qual o trabalho humano medido pelo tempo é a forma social dominante, onde, portanto, domina o trabalho abstrato, é que essa ideia pode triunfar. É nesse momento que surgem as prisões e, não por acaso, a sua constituição se dá sob o modelo da fábrica, ambas sendo postas em funcionamento sob o controle do cronômetro. Pachukanis desenvolve essas considerações ao afirmar: 'para que surgisse a ideia da possibilidade de expiar o delito com a privação de uma quantidade predeterminada de liberdade abstrata, foi necessário que todas as formas concretas de riqueza social estivessem reduzidas à forma mais abstrata e mais simples – o trabalho humano medido no tempo'" (*Marxismo e direito*, p. 60-61).

O sistema penal é ainda interessante ao capitalismo por impor uma lógica de disciplina e docilização necessárias para as linhas de produção do sistema fordista. Seria ainda um interessante mecanismo de controle de excesso de mão de obra. Se falta mão de obra, a prisão a produz e preserva. Se há excesso de oferta de mão de obra, a prisão a destrói. "Fundamentalmente, isto é, do ponto de vista sociológico, a burguesia assegura e mantém o seu domínio de classe mediante seu sistema de Direito Penal, oprimindo as classes exploradas (E.B. Pachukanis, *Teoria geral do direito e marxismo*, p. 123).

Conclui Juarez Cirino dos Santos: se a pena constitui retribuição equivalente ao crime, medida pelo tempo de liberdade suprimida segundo a gravidade do crime realizado, determinada pela conjunção de desvalor de ação e desvalor de resultado, então a pena como retribuição equivalente representa a forma de punição específica e característica da sociedade capitalista, que deve perdurar enquanto subsistir a sociedade de produtores de mercadorias – gostemos ou não gostemos disso (*Direito penal*, Parte geral, p. 476).

Crítica: a teoria é criticada pelo excessivo "economicismo", herança de uma interpretação equivocada do marxismo. Outras dinâmicas de poder devem ser consideradas além da econômica. Além disso, a teoria não explicaria a tutela penal dos direitos humanos (crime de racismo, genocídio...), mormente na seara internacional.

19.4 ESPÉCIES DE PENA

Para a Constituição Federal, as penas são classificadas como privativas ou restritivas de liberdade, perda de bens, multa, prestação social alternativa e suspensão ou interdição de direitos (art. 5º, XLVI, da CF).

Para o Código Penal, a classificação ainda é tripartida: penas privativas de liberdade, restritivas de direitos e pena de multa (art. 32 do CP).

19.5 PENAS PRIVATIVAS DE LIBERDADE

Incidem sobre a liberdade ambulatória do condenado, que perde o direito de ir, vir e permanecer, prevalecendo inclusive que não terá direito a permanecer em estabelecimento próximo de sua residência ou de sua família, ainda que a providência seja interessante para sua reintegração social (STF, RHC 83.239-7).

19.5.1 Espécies de pena privativa de liberdade

As penas privativas de liberdade previstas na legislação brasileira são: reclusão, detenção e prisão simples.

Critica-se a classificação apontada, pois, diante das mazelas do sistema carcerário, as possíveis diferenças teóricas entre as espécies pouco seriam notadas, eis que a regra é o descumprimento das normas que determinam classificação dos presos, do acompanhamento individualizado e, no limite, é comum até mesmo o desrespeito ao regime adequado de cumprimento de pena.

As penas de reclusão e detenção, assim, são praticamente idênticas, e apenas a rara prisão simples guardaria alguma peculiaridade. Ainda assim, a criticada classificação permite, em primeiro, a diferenciação *a priori* entre crimes e contravenções, lembrando que pela redação do art. 1º da Lei de Introdução ao Código Penal são consideradas crimes as infrações punidas com reclusão ou detenção, e contravenções as infrações punidas com prisão simples ou somente com multa (a multa cumulada à pena privativa de liberdade não influencia a classificação da infração):

> **Lei de Introdução ao Código Penal:**
> Art. 1º Considera-se crime a infração penal que a lei comina pena de reclusão ou de detenção, quer isoladamente, quer alternativa ou cumulativamente com a pena de multa; contravenção, a infração penal a que a lei comina, isoladamente, pena de prisão simples ou de multa, ou ambas. alternativa ou cumulativamente.

Outra consequência da referida classificação se relaciona com o regime inicial de cumprimento de pena:

Reclusão	Admite regime inicial fechado
Detenção	Não admite regime inicial fechado
Prisão simples	Não admite regime fechado

Nos termos do art. 33 do CP, se o crime for punido com reclusão, é possível a imposição, desde logo, do regime inicial fechado. Se for punido com detenção, o regime fechado não poderia ser, inicialmente, imposto, mas poderia resultar de regressão. No caso da prisão simples, não seria possível regime fechado em momento algum, nem mesmo em regressão, nos termos do art. 6º da Lei de Contravenções Penais.

19.5.2 Espécie de pena e ordem de cumprimento das penas

Nos termos do art. 76 do CP, as penas mais graves serão cumpridas antes das penas mais leves. É consolidado entendimento nos tribunais superiores de que o principal critério para definir a pena como mais grave ou mais leve é exatamente a classificação como reclusão ou detenção: a pena de reclusão deve ser cumprida antes da pena de detenção (STJ, HC 743.375). Assim, se o autor é condenado à pena de nove anos de reclusão em regime inicial fechado e seis anos de detenção em regime inicial semiaberto, cumprirá a pena de reclusão, apenas, e restará suspensa a pena de detenção até que consiga progressão ao regime semiaberto. Com a progressão, as penas serão, enfim, somadas, pois com o mesmo regime, e então a execução passará a ter como base o resultado da pena de detenção com o que resta a cumprir desta.

Interessante notar que nos Tribunais Superiores prevalece que o critério de pena mais grave e pena mais leve não deve considerar a natureza hedionda ou não do crime (STJ, HC 668.982). A justificativa é que o art. 76 do CP trata da gravidade da pena, e não do crime. Discordamos de tal entendimento, pois é exatamente a gravidade da pena que revela a gravidade do crime, ou seja, a pena espelha a gravidade do crime, e é evidente que uma pena que impõe maior sofrimento, dificultando progressão, livramento condicional e até mesmo inviabilizando a saída temporária (no caso do crime hediondo com resultado morte), é mais grave que a pena do crime comum, que não carrega tais gravames.

19.6 REGIMES DE CUMPRIMENTO DE PENA PRIVATIVA DE LIBERDADE

Os regimes de cumprimento de pena são: fechado, semiaberto e aberto.

19.6.1 Regime fechado

O regime fechado é o cumprido em estabelecimento de segurança máxima ou média, que a Lei de Execução Penal denomina penitenciária em seu art. 87. A cadeia pública, a princípio, não deve abrigar presos definitivos, mas apenas presos provisórios, nos termos do art. 102 da LEP: "A Cadeia Pública destina-se ao recolhimento de presos provisórios". Infelizmente, no cotidiano forense, é comum que na falta de vagas no sistema penitenciário milhares de condenados persistam presos nas Cadeias Públicas, mesmo após a condenação definitiva.

O regime fechado é inspirado pela vigilância ostensiva e pelo isolamento noturno, como instrumentos – de discutível eficácia e legitimidade – para "purificar" o condenado e prepará-lo para as etapas de reaproximação ao convívio social.

A Lei de Execução Penal estabelece parâmetros mínimos de estrutura para que seja respeitada a dignidade do condenado em regime fechado. Em seu art. 88, estabelece que: "O condenado será alojado em cela individual que conterá dormitório, aparelho sanitário e lavatório".

Ciente que expressões genéricas não seriam suficientes a impor o respeito a requisitos mínimos de estrutura para o cárcere fechado, o legislador, no parágrafo único do mesmo art. 88 da LEP, estabelece ainda que são requisitos básicos da unidade celular: "*a)* salubridade do ambiente pela concorrência dos fatores de aeração, insolação e condicionamento térmico adequado à existência humana; *b)* área mínima de 6m2 (seis metros quadrados)".

Infelizmente, é evidente o flagrante desrespeito aos dispositivos referidos, pois as celas em regras são insalubres e a área mínima de 6 m2 povoada por dezenas de pessoas. Assim, pela prática de uma ilegalidade (crime), pessoas são trancafiadas de forma ilegal.

19.6.2 Regime semiaberto

O regime semiaberto deveria ser cumprido em colônias agrícolas, industriais ou estabelecimentos similares. A proposta é ser uma transição entre o isolamento do regime fechado e a efetiva integração social do regime aberto.

Nos termos do art. 92 da LEP, os alojamentos podem ser coletivos, deve ser obedecida a capacidade máxima do estabelecimento e haver uma rigorosa classificação dos condenados.

Na prática, o regime semiaberto vem sendo desgastado ao longo dos anos com o fechamento das poucas colônias agrícolas e industriais que foram construídas, e cada vez mais se parece com um "semifechado", ou seja, é cumprido em estabelecimentos construídos ou com características próprias para o cumprimento de pena em regime fechado, com algumas pequenas concessões, como a facilidade para o trabalho externo. Em outros casos o regime semiaberto é cumprido em condições próprias de regime aberto, temperado com alguns rigores, como é o "semiaberto harmonizado".

A desconstrução do regime semiaberto ganhou especial destaque com a alteração legislativa que acabou com a saída temporária para visita à família e outras ações que facilitariam a integração social, restando apenas a possibilidade de saída para o estudo. A saída temporária era a grande marca do regime semiaberto, já que os estabelecimentos apropriados foram gradativamente abandonados. Sustentamos que a lei é inconstitucional, e aguardamos que os tribunais reconheçam o vício, resgatando a plena eficácia da saída temporária (Junqueira e Garcia, "A Lei 14.834/24 (PL 2.253/22) e a saída temporária à luz da Constituição").

Na falta de vagas em estabelecimento adequado ao cumprimento da pena em regime semiaberto, é pacífica a orientação dos Tribunais Superiores sobre a inviabilidade de manutenção do sentenciado em regime fechado. Assim, se o sentenciado está de fato em regime fechado, tem direito ao semiaberto, mas se não há vaga, deverá aguardar em regime aberto até que o Estado tenha condições de cumprir corretamente os termos da execução.

> Súmula Vinculante 56: A falta de estabelecimento penal adequado não autoriza a manutenção do condenado em regime prisional mais gravoso, devendo-se observar, nessa hipótese, os parâmetros fixados no RE 641.320/RS.

A Súmula Vinculante tem redação sofrível, incapaz de cumprir sua função, que seria a orientação clara e objetiva sobre o conteúdo das decisões sobre a matéria, tanto que se refere a outro acórdão, também impreciso:

> RE 641.320: a) a falta de estabelecimento penal adequado não autoriza a manutenção do condenado em regime prisional mais gravoso; b) os juízes da execução penal poderão avaliar os estabelecimentos destinados aos regimes semiaberto e aberto, para qualificação como adequados a tais regimes. São aceitáveis estabelecimentos que não se qualifiquem como "colônia agrícola, industrial" (regime semiaberto) ou "casa de albergado ou estabelecimento adequado" (regime aberto) (art. 33, § 1º, alíneas *b* e *c*); c) havendo déficit de vagas, deverá determinar-se: (i) a saída antecipada de sentenciado no regime com falta de vagas; (ii) a liberdade eletronicamente monitorada ao sentenciado que sai antecipadamente ou é posto em prisão domiciliar por falta de vagas; (iii) o cumprimento de penas restritivas de direito e/ou estudo ao sentenciado que progride ao regime aberto. Até que sejam estruturadas as medidas alternativas propostas, poderá ser deferida a prisão domiciliar ao sentenciado.

Entendemos que a Súmula é infeliz, pois, apesar do correto objetivo – impedir que o sentenciado cumpra regime mais grave que o imposto –, não é clara e unívoca sobre a medida a ser tomada, permitindo ao juiz manter o encarceramento ilegal enquanto organiza lista de presos por antiguidade para analisar possível antecipação da soltura (e a lista é infinita, pois é grande a circulação de presos que altera seu conteúdo) ou mesmo inspeção dos estabelecimentos para decisão sobre sua adequação ao regime semiaberto ou aberto. Acreditamos que a única solução para a eficácia será interpretar a parte final dos parâmetros do RE 641.320 como "deverá", ou seja, enquanto não estruturadas as medidas, deverá ser imediatamente concedido regime aberto domiciliar.

19.6.3 Regime aberto

O regime aberto consiste no trabalho em liberdade e sem vigilância durante o dia e recolhimento durante a noite, finais de semana e feriados, na casa de albergado, local em que seriam desenvolvidas atividades que promoveriam a definitiva inserção social do condenado, com apoio profissional, orientação psicológica..., o que, na prática, evidentemente não acontece.

Ainda que em regime aberto "domiciliar", o sujeito continua, em tese, cumprindo pena privativa de liberdade, sob a fiscalização do Juízo das Execuções Criminais, podendo ser sancionado no caso de infrações disciplinares. Como ainda está cumprindo pena, tem seus direitos políticos suspensos. Vale ressaltar que a suspensão dos direitos políticos é importante fator de estigmatização, pois além de afastar o condenado do exercício da cidadania é comum que as agências de emprego exijam certidão eleitoral daquele que procura uma vaga, e a informação sobre o cumprimento da pena desde logo afasta a oportunidade de trabalho regular.

O art. 114 da LEP fixa como requisitos "obrigatórios/mínimos" para o ingresso no regime aberto: que o condenado esteja trabalhando ou comprove a possibilidade de fazê-lo imediatamente e que o condenado apresente, pelos seus antecedentes ou pelo resultado dos exames a que foi submetido, como o exame criminológico, fundados indícios de que irá ajustar-se, com autodisciplina e senso de responsabilidade, ao novo regime.

Concedido o regime aberto, o art. 115 da mesma lei fixa três condições obrigatórias ao sentenciado:

No regime aberto, o sujeito deverá submeter-se às seguintes condições, elencadas no referido artigo e classificadas como obrigatórias:

> I – permanecer no local que for designado, durante o repouso e nos dias de folga;
> II – sair para o trabalho e retornar, nos horários fixados;
> III – não se ausentar da cidade onde reside, sem autorização judicial;
> IV – comparecer a juízo, para informar e justificar as suas atividades, quando for determinado.

Além das condições obrigatórias referidas, o juiz pode ainda fixar condições especiais, nos termos do mesmo artigo. Houve, controvérsia sobre o conteúdo de tais condições especiais, principalmente sobre a possível coincidência entre a condição estabelecida e uma das penas restritivas de direitos prevista na legislação brasileira: para uma primeira corrente, a lei não proíbe que a condição especial consista em atividade prevista como pena autônoma, como a prestação de serviços à comunidade ou não frequentar determinado lugar. Uma segunda corrente, no entanto, defende a ilegalidade de tal proceder, pois seria uma cumulação de penas sem respaldo legal. O STJ pacificou a questão com a edição da Súmula 493: "É inadmissível a fixação de pena substitutiva (art. 44 do CP) como condição especial ao regime aberto".

Ainda sobre as condições judiciais do regime aberto, ou seja, as fixadas especialmente pelo juiz de acordo com o caso concreto, o STJ já decidiu que a proibição genérica de consumo de álcool imposta como condição especial ao apenado, com o argumento geral de preservar a saúde mental do condenado ou prevenir futuros crimes, deve vincular a necessidade da regra às circunstâncias específicas do crime pelo qual o condenado foi sentenciado (Rcl 45.054-MG, Rel. Ministro Reynaldo Soares da Fonseca, Terceira Seção, por unanimidade, julgado em 9-8-2023, *DJe* 17-8-2023).

Sobre a previsão de regime aberto domiciliar, há previsão, no art. 117 da Lei de Execuções Penais. As hipóteses legais são bastante restritas, abrangendo apenas o maior de 70 anos, o acometido por doença grave, a condenada com filhos menores ou portadores de deficiência e a gestante.

Na hipótese de falta de vagas em casa de albergado, é pacífica a necessária concessão de prisão-albergue domiciliar, mesmo fora das hipóteses do art. 117 da LEP: "firmou-se, nesta Corte, a orientação de que, não havendo casa de albergado na comarca, admite-se a concessão de prisão domiciliar ao apenado, configurando constrangimento ilegal a imposição do cumprimento da pena em estabelecimento destinado a regime carcerário mais rigoroso" (STJ, HC 62.277). Diante do crônico e crescente problema de habitação, mesmo a necessidade de recolhimento domiciliar parece paradoxal: o Estado não cumpre seu dever de providenciar casas de albergado para condenados, nem mesmo moradia aos cidadãos, mas impõe como condição legal para o regime aberto o recolhimento noturno em casa de albergado ou no próprio domicílio.

No entanto, apenas a falta de vagas na casa de albergado autoriza a prisão albergue domiciliar. Entende o STJ que as más condições da casa de albergado e mesmo sua superlotação não são motivos suficientes para a concessão da prisão albergue domiciliar, que deve ser excepcional:

> *A superlotação carcerária e a precariedade das condições da casa de albergado não são justificativas suficientes para autorizar o deferimento de pedido de prisão domiciliar.* AgRg no HC 258.638/RS, 5ª T., *DJe* 1º-3-2013; e HC 153.498/RS, 5ª T., *DJe* 26-4-2010 (HC 240.715/RS, Rel. Min. Laurita Vaz, j. em 23-4-2013).

São poucas as vagas disponíveis em casa de albergado no país, mormente na comparação com a demanda. No entanto, se o Estado disponibiliza vaga, o condenado deve cumprir a pena nos termos da lei, e não tem direito à prisão albergue domiciliar. Nesse sentido o STJ:

> O entendimento desta Corte é no sentido de que é "indevida a concessão de prisão albergue domiciliar em hipótese na qual a Corte Estadual informa que o Estado dispõe de instituição compatível com o cumprimento da pena em regime aberto" (AgRg no HC n. 357.899/RJ, Ministro Nefi Cordeiro, Sexta Turma, *DJe* 2-3-2017) (AgRg no HC 530.256, Min. Laurita Vaz).

O regime aberto, como visto, baseia-se no senso de autodisciplina e responsabilidade do condenado, que deverá cumprir as condições impostas, mesmo sem a vigilância ostensiva. No entanto, se o estabelecimento dirigido ao cumprimento de pena em regime aberto – casa de albergado – não se compatibiliza com tais características, pois caracterizado para o regime fechado, entendeu o Superior Tribunal de Justiça que deverá ser concedida prisão-albergue domiciliar. Aqui, não se trata de ausência de vaga em casa de albergado, mas, sim, casa de albergado com instalações adequadas ao regime fechado, que iria impor castigo mais grave que o previsto em lei:

> A turma concedeu a ordem para que o paciente cumpra a pena em prisão domiciliar até que surja vaga em estabelecimento prisional com as condições necessárias ao adequado cumprimento da pena em regime aberto. Isso porque, apesar de existir casa de albergado no Estado-membro, faltam vagas para atender todos os presos que têm direito ao regime aberto. Além disso, ante a inexistência de vagas para o cumprimento de pena no regime semiaberto, os presos com o direito de cumprimento neste regime foram alojados nas casas de albergados, nas quais foram colocadas barreiras para evitar fugas, tais como portões, grades, cadeados, galerias e guardas. Assim, a administração penitenciária passou a tratar igualmente presos com direito a regimes de cumprimento de pena distintos, submetendo aqueles com direito ao regime aberto a tratamento mais gravoso. Nesse contexto, a Turma entendeu que o cumprimento de pena em regime integral fechado viola a dignidade da pessoa humana (art. 1º, III), o da humanidade da pena (art. 5º, XLVII) e o da individualização da pena (art. 5º, XLVI e XLVIII). Ademais, as condições em que se encontram as casas de albergado mostram inobservância dos princípios da autodisciplina e do senso de responsabilidade do preso, basilares do cumprimento de pena do regime aberto (STJ, HC 216.828/RS, Rel. Min. Maria Thereza de Assis Moura, j. em 2-22012).

Nas hipóteses de prisão domiciliar, nova e polêmica reforma penal trouxe a possibilidade de imposição, como condição para concessão do regime, do uso de aparelho que permita o monitoramento eletrônico, nos termos da nova redação do art. 146-B, IV, da LEP, revigorada com a nova redação do art. 115 da LEP. Crítica: o uso de aparato de monitoramento eletrônico durante o dia retira a cobrança de autodisciplina do condenado, que a todo tempo sabe que é ou pode ser observado e controlado. É opção político-criminal, que de um lado amplia a vigilância e enriquece os envolvidos com o comércio do serviço do monitoramento, e de outro retira do regime progressivo a promoção da autodisciplina do condenado e torna ainda mais caro o sistema punitivo.

Sobre a forma de cumprimento da pena em regime aberto, no AgRG no HC 703.002, o STJ decidiu que: "O tempo em que o apenado esteve afastado das suas obrigações no regime aberto, sob atestado médico, pode ser computado como pena efetivamente cumprida".

Prevalece hoje no STJ que, se o condenado não cumpre a condição de comparecimento periódico em juízo, o tempo que esteve em regime aberto não será contado como tempo de cumprimento de pena. *Nossa posição*: trata-se de erro grave. Em primeiro, não há previsão legal de tal "castigo" ou punição. Mais e ainda, o regime aberto é um regime de cumprimento de pena, e a prática de faltas não suspende automaticamente a contagem do tempo no regime fechado ou semiaberto, e não por suspender no aberto. Além disso, o comparecimento periódico em juízo (que pode ser caro demais ou especialmente suplicante para o condenado) não é a única condição do regime aberto, e presumidamente as demais podem estar sendo rigorosamente cumpridas. Por fim, se mesmo no livramento condicional – em que não há tempo de cumprimento de pena, mas sim período de prova – o descumprimento das condições não percebido a tempo é ignorado quando se atinge o término do cumprimento da pena, nos termos da Súmula 617 do STJ, é contraditório e ilegal que o descumprimento das condições do regime aberto leve à desconsideração do tempo de pena cumprido antes da decisão de sustação do regime.

19.7 SISTEMA PROGRESSIVO

A finalidade de reinserção social disposta no art. 1º da LEP tem como um de seus principais instrumentos a adoção do sistema progressivo, que promove a devolução gradativa da liberdade de acordo com a adesão do condenado ao projeto de integração contido na lei, ou seja, com a avaliação de seu mérito.

O sistema, inspirado na consagrada experiência de *bonus and marks*, permite a progressão e a regressão. Se o condenado atua de acordo com o programa de inserção social previsto na lei, ganha benesses, como a devolução gradativa de sua liberdade.

19.7.1 Progressão

Progressão é a passagem de um regime mais grave para outro mais ameno, ou seja, a passagem do regime fechado para o semiaberto, ou do semiaberto para o aberto. Não se permite, no mundo jurídico, a passagem direta (progressão por salto/*per saltum*) do regime fechado para o aberto (ainda que, no mundo fático, no caso de falta de vagas seja possível o referido salto). No sentido da vedação foi editada a Súmula 491 do STJ: "É inamissível a chamada progressão *per saltum* de regime prisional".

Os requisitos para a progressão podem ser classificados como objetivos e subjetivos, além dos requisitos especiais no caso dos crimes contra a Administração Pública e gestante, mãe ou mulher responsável por crianças ou pessoas com deficiência.

Requisito objetivo

O requisito objetivo é o cumprimento de parcela da pena. Diante das alterações promovidas pela Lei n. 13.964/2019, é importante distinguir se o crime foi praticado antes de 23 de janeiro de 2020, ou após essa data. A intensa mudança da legislação torna adequado o uso de quadro comparativo:

Antiga redação	Nova redação
Art. 112. A pena privativa de liberdade será executada em forma progressiva com a transferência para regime menos rigoroso, a ser determinada pelo juiz, quando o preso tiver cumprido ao menos um sexto da pena no regime anterior e ostentar bom comportamento carcerário, comprovado pelo diretor do estabelecimento, respeitadas as normas que vedam a progressão § 1º A decisão será sempre motivada e precedida de manifestação do Ministério Público e do defensor § 2º Idêntico procedimento será adotado na concessão de livramento condicional, indulto e comutação de penas, respeitados os prazos previstos nas normas vigentes. § 3º No caso de mulher gestante ou que for mãe ou responsável por crianças ou pessoas com deficiência, os requisitos para progressão de regime são, cumulativamente: I – não ter cometido crime com violência ou grave ameaça a pessoa; II – não ter cometido o crime contra seu filho ou dependente; III – ter cumprido ao menos 1/8 (um oitavo) da pena no regime anterior; IV – ser primária e ter bom comportamento carcerário, comprovado pelo diretor do estabelecimento; V – não ter integrado organização criminosa; § 4º O cometimento de novo crime doloso ou falta grave implicará a revogação do benefício previsto no § 3º deste artigo.	Art. 112. A pena privativa de liberdade será executada em forma progressiva com a transferência para regime menos rigoroso, a ser determinada pelo juiz, quando o preso tiver cumprido ao menos: I – 16% (dezesseis por cento) da pena, se o apenado for primário e o crime tiver sido cometido sem violência à pessoa ou grave ameaça; II – 20% (vinte por cento) da pena, se o apenado for reincidente em crime cometido sem violência à pessoa ou grave ameaça; III – 25% (vinte e cinco por cento) da pena, se o apenado for primário e o crime tiver sido cometido com violência à pessoa ou grave ameaça; IV – 30% (trinta por cento) da pena, se o apenado for reincidente em crime cometido com violência à pessoa ou grave ameaça; V – 40% (quarenta por cento) da pena, se o apenado for condenado pela prática de crime hediondo ou equiparado, se for primário; VI – 50% (cinquenta por cento) da pena, se o apenado for: a) condenado pela prática de crime hediondo ou equiparado, com resultado morte, se for primário, vedado o livramento condicional; b) condenado por exercer o comando, individual ou coletivo, de organização criminosa estruturada para a prática de crime hediondo ou equiparado; ou c) condenado pela prática do crime de constituição de milícia privada; VI-A – 55% (cinquenta e cinco por cento) da pena, se o apenado for condenado pela prática de feminicídio, se for primário, vedado o livramento condicional; VII – 60% (sessenta por cento) da pena, se o apenado for reincidente na prática de crime hediondo ou equiparado; VIII – 70% (setenta por cento) da pena, se o apenado for reincidente em crime hediondo ou equiparado com resultado morte, vedado o livramento condicional.

Antiga redação	Nova redação
	§ 1º Em todos os casos, o apenado somente terá direito à progressão de regime se ostentar boa conduta carcerária, comprovada pelo diretor do estabelecimento, e pelos resultados do exame criminológico, respeitadas as normas que vedam a progressão. § 2º A decisão do juiz que determinar a progressão de regime será sempre motivada e precedida de manifestação do Ministério Público e do defensor, procedimento que também será adotado na concessão de livramento condicional, indulto e comutação de penas, respeitados os prazos previstos nas normas vigentes. § 5º Não se considera hediondo ou equiparado, para os fins deste artigo, o crime de tráfico de drogas previsto no § 4º do art. 33 da Lei n. 11.343, de 23 de agosto de 2006. § 6º O cometimento de falta grave durante a execução da pena privativa de liberdade interrompe o prazo para a obtenção da progressão no regime de cumprimento da pena, caso em que o reinício da contagem do requisito objetivo terá como base a pena remanescente.

Crimes praticados antes de 23 de janeiro de 2020

Nos crimes praticados antes de 23 de janeiro de 2020, o requisito temporal para os crimes comuns é de 1/6 da pena, não importando se se trata de condenado primário ou reincidente.

Para os crimes hediondos e equiparados, é necessário o cumprimento de 2/5 da pena para os primários e de 3/5 para os reincidentes.

Crimes comuns	1/6
Primário condenado por crime hediondo	2/5
Reincidente condenado por crime hediondo	3/5

Importante notar que, em relação aos condenados por crimes comuns, primários, sem violência ou grave ameaça à pessoa, a Lei n. 13.964/2019 configura nova lei benéfica, e por tal razão, é retroativa. É que 1/6 da pena configura 16.6% da sanção, enquanto a exigência da nova lei para o caso é de apenas 16%. Ainda que irrisório, o benefício deve ser reconhecido mesmo para aqueles que praticaram o crime antes da vigência da nova lei (23 de janeiro de 2020).

Há ainda grande chance de que venha a prevalecer interpretação pela qual houve nova lei benéfica para o reincidente não específico condenado pela prática de crime hediondo, assunto que será longamente discutido em tópico próprio, abaixo.

Crimes praticados após 23 de janeiro de 2020

Nos crimes praticados após 23 de janeiro de 2020, são vários os critérios e várias as percentagens usadas pelo legislador. A regra do cálculo por frações foi substituída pelo cálculo em variadas percentagens, que certamente trará ainda mais dificuldade para a operação diária e, sem dúvida, para a compreensão, por parte do condenado, dos exatos termos de sua pena.

Os novos requisitos temporais podem ser sintetizados na tabela a seguir

Primário condenado por crime sem violência ou grave ameaça	16%
Reincidente em crime sem violência ou grave ameaça	20%
Primário condenado por crime com violência ou grave ameaça	25%
Reincidente em crime com violência ou grave ameaça	30%
Primário condenado por crime hediondo ou equiparado	40%
a) condenado pela prática de crime hediondo ou equiparado, com resultado morte, se for primário, vedado o livramento condicional; b) condenado por exercer o comando, individual ou coletivo, de organização criminosa estruturada para a prática de crime hediondo ou equiparado; ou c) condenado pela prática do crime de constituição de milícia privada;	50%
Reincidente em crime hediondo ou equiparado	60%
Reincidente em crime hediondo ou equiparado com resultado morte, vedado o livramento condicional	70%

Sobre o **primário condenado por crime sem violência ou grave ameaça à pessoa**, é interessante notar que houve nova lei benéfica, ainda que a diferença seja, em regra, irrisória. É que o antigo marco exigido para os crimes comuns, 1/6, equivale e 16.6% da pena, e o novo lapso exigido será de 16%. Por se tratar de nova lei benéfica, deve ser imediatamente aplicada mesmo aos crimes anteriores à sua vigência.

Na análise do requisito temporal para o **reincidente em crime praticado sem violência ou grave ameaça à pessoa**, surge desde logo polêmica derivada da má redação do projeto: o inciso I trata do primário condenado por crime sem violência ou grave ameaça à pessoa, exigindo 16% da pena. O inciso II, que exige 20% da pena, cuida do reincidente em crime praticado sem violência ou grave ameaça à pessoa, permitindo concluir que tanto o primeiro como o segundo crime deve ter sido praticado sem violência ou grave ameaça à pessoa ("reincidente em crime"). A letra da lei leva à conclusão pela reincidência específica em crime sem violência ou grave ameaça. Resta a pergunta: qual o prazo necessário para aquele que já foi condenado por crime com violência ou grave ameaça e, agora, é condenado por crime sem violência ou grave ameaça? Apesar da má redação, na ausência de previsão específica, consolidado que deve ser aplicado o marco de 16%. Não há previsão legal que permita exigir prazo maior, ainda que fundada em argumento de proporcionalidade. A legalidade, aqui, deve prevalecer, pois o tema trata de restrição penal da liberdade.

O mesmo dilema foi enfrentado há alguns na interpretação dos lapsos exigidos para o livramento condicional, que deve servir, aqui, de paradigma (ler tópico sobre o requisito objetivo para o livramento condicional). No art. 83 do Código Penal há previsão expressa na lei sobre o primário com bons antecedentes, que teria que cumprir 1/3 para obter o livramento e para o reincidente em crime doloso, que teria que cumprir 1/2 da pena para obter o benefício, mas a lei não expressa qual seria o tempo de pena necessário para o primário com maus antecedentes ou para o reincidente em crime culposo. Foi sustentada, então, a necessidade de marco intermediário, entre 1/3 e 1/2, como 2/5, mas tal exigência foi descartada pelos tribunais superiores em homenagem à legalidade. Na ausência de previsão específica, deveria prevalecer a previsão expressa menos restritiva, que era e é de 1/3. O mesmo raciocínio deve ser empregado aqui, sendo repelida qualquer defesa de lapso não expressamente criado pelo legislador, como 17%, 18%, ou outro número aleatório.

Possível concluir, assim, que a reincidência referida nos incisos II, IV, VII e VIII é a reincidência específica na mesma espécie de crime prevista no inciso, ou seja, crime sem violência ou grave ameaça (II), crime com violência ou grave ameaça (IV), crime hediondo ou equiparado (VII) e crime hediondo com resultado morte (VIII). Se não se tratar de reincidente específico na mesma espécie de crime descrita no inciso, deverá ser tratado como primário.

Foi o que ficou consolidado no julgamento do Tema 1.084:

> É reconhecida a retroatividade do patamar estabelecido no art. 112, V, da Lei n. 13.964/2019 àqueles apenados que, embora tenham cometido crime hediondo ou equiparado sem resultado morte, não sejam reincidentes em delito de natureza semelhante.

Para o **primário em crime com violência ou grave ameaça à pessoa**, a lei exige o lapso de 25% da pena. Trata-se de lei gravosa, só aplicada aos fatos praticados a partir de sua vigência.

Para o **reincidente em crime praticado com violência ou grave ameaça à pessoa** a lei prevê lapso de 30%. Trata-se também de lei penal gravosa, só aplicada aos fatos praticados a partir de sua vigência.

O lapso exigido para o **condenado por crime hediondo ou equiparado, primário**, será de 40%, ou seja, idêntico ao previsto na lei anterior, que trazia a previsão de 2/5 da pena. Não há, aqui, conflito de leis no tempo.

Para o **"reincidente na prática de crime hediondo ou equiparado"**, a fração é de 60%, também equivalente aos 3/5 já previstos na legislação. Aqui, no entanto, é evidente a ocorrência de nova lei benéfica, se a reincidência não for específica. Na antiga legislação, era prevista a fração de 3/5 da pena para todo condenado por crime hediondo, se reincidente. Assim, não importava se a reincidência era específica em crime hediondo, ou não. Bastava a condenação por crime hediondo, e a reincidência do réu. Era realmente a interpretação que se extraía da letra do art. 2º, § 2º da Lei de Crimes Hediondos: "A progressão de regime, no caso dos condenados aos crimes previstos neste artigo, dar-se-á após o cumprimento de 2/5 (dois quintos) da pena, se o apenado for primário, e de 3/5 (três quintos), se reincidente". Possível notar que pela antiga redação a reincidência exigida para aumentar o requisito temporal não é qualificada, ou seja, qualquer reincidência seria suficiente. A nova redação do art. 112 da LEP, por outro lado, exige uma reincidência qualificada, ou, nos termos legais, "reincidente na prática de crime hediondo ou equiparado".

A conclusão inafastável é que para o reincidente específico em crime hediondo ou equiparado (hediondo + hediondo) o lapso para a progressão persiste o mesmo, de 60%, equivalente aos 3/5 da antiga lei. Para o condenado por crime hediondo que é reincidente, mas cuja condenação anterior se deu por crime não hediondo, deve ser reconhecida nova lei benéfica, com exigência de tão somente 2/5 da pena para progressão.

Pacificando a questão, o STJ aprovou o tema 1.084, já referido.

A nova lei traz, ainda, novo marco de metade da pena (50%) para o **condenado por crime hediondo ou equiparado com resultado morte**, se primário o réu. Trata-se de nova lei gravosa, só aplicada aos fatos praticados após sua vigência.

Indica, ainda, o mesmo prazo de metade da pena (50%) para a progressão se **condenado por exercer comando, individual ou coletivo, de organização criminosa estruturada para a prática de crime hediondo ou equiparado**. Em primeiro, é importante notar que a circunstância de exercer comando, individual ou coletivo, da organização criminosa, deve constar expressamente da sentença condenatória, permitindo impugnação e duplo grau de jurisdição. Não pode ser descoberta ou inovada pelo juiz das execuções, a quem deve ser vedado incrementar os termos da condenação.

A má técnica legislativa traz, aqui, mais uma omissão e, por consequência, polêmica: o crime de organização criminosa para a prática de crimes hediondos passa a ser, pela mesma Lei n. 13.964/2019, crime hediondo, sujeita aos marcos de 40% e 60% para a progressão, variando de acordo com a qualidade de primário ou reincidente do condenado. Ao tratar da alínea *b*, o legislador faz previsão especial de 50% para o crime de organização criminosa para a prática de crimes hediondos, se o condenado exercer função de comando, e não distingue se o apenado é primário ou reincidente. Há um conflito aparente de normas, e a solução, pela especialidade, seria a prevalência do art. 112, VI, *b*), com a imposição de requisito temporal de 50% para o condenado por associação criminosa para a prática de crime hediondo se exercer comando, individual ou coletivo, não importando se primário ou reincidente. A especialidade, aqui, prejudica o condenado primário pelo referido crime de organização criminosa para a prática de crime hediondo, quando exercer o comando, que em regra teria que cumprir 40% da pena, mas pela previsão especial terá que cumprir mais, ou seja, 50%. No entanto, favorece de forma só explicável pela inabilidade do legislador o reincidente específico em crime hediondo ora condenado por exercer o comando de organização criminosa para a prática de crime hediondo, que pela regra da progressão em crimes hediondos teria que cumprir 60%, mas pela redação do inciso VI, *b*), que é especial, terá que cumprir apenas metade (50%) da pena.

A desproporcionalidade em alguns casos será evidente: a condenação como mero membro da organização criminosa para a prática de crimes hediondos já é crime hediondo, pela nova redação da Lei n. 8.072/90, e o condenado como mero integrante teria que cumprir 40% se não reincidente específico e 60% se reincidente específico em crime hediondo ou equiparado, incidindo a regra geral. Ora, teríamos então situação em que, condenados 5 integrantes de organização criminosa para a prática de crimes hediondos ou equiparados, todos reincidentes específicos, o comandante teria que cumprir apenas 50% da pena para progredir pois incidiria na previsão especial da alínea *b*) ora estudada, que não distingue primários e reincidentes, enquanto os comandados 60%, o que é desproporcional, inaceitável.

Duas soluções são possíveis:

1 – Reconhecer a inconstitucionalidade do art. 112, VI, *b*, por gerar desproporcionalidade. Assim, todos os integrantes de organização criminosa para a prática de crimes hediondos, quer exerçam ou não atividade de comando, ficaria sujeitos aos prazos de 40% e 60%, se reincidentes específicos ou não.

2 – Interpretação conforme do dispositivo para permitir a todos com condenações por crime hediondos aptas a gerar reincidência, e ora condenados pelo crime de associação criminosa para a prática de crimes hediondos, a progressão após o cumprimento de 50% da pena, quer sejam comandantes ou não. Ficaria afastada, para os condenados reincidentes específicos pelo crime de organização criminosa para a prática de crimes hediondos a exigência de 60% da pena, comum aos demais crimes hediondos.

Acreditamos que a primeira posição seria recomendável, pois parece evidente que o marco de 50% para aquele que exerce comando em organização criminosa foi pensando por legislador que desconhecia a alteração legislativa que transformava em crime hediondo a organização criminosa para a prática de crime hediondo. A melhor solução seria, desde logo, extirpar a alínea problemática, inconstitucional por violar a proporcionalidade.

A lei prevê, também, o marco de 50% da pena para o **condenado pelo crime de constituição de milícia privada**, que ganha especial atenção na nova redação da lei, certamente influenciada pelo grande destaque dado pela imprensa ao aumento do poderio das milícias em determinadas regiões do país.

Para os crimes praticados a partir de 9 de outubro de 2024, será exigido o cumprimento de 55% da pena para o condenado por feminicídio, se for primário, vedado o livramento condicional. Percebe-se aqui o incremento de 5% no requisito temporal, o que certamente só tem criticável efeito simbólico, pois certamente não traz relevante ajuste retributivo ou preventivo. No caso reincidente, incide a regra geral da reincidência por crime hediondo com resultado morte, que será analisada a seguir, e pode exigir até 70% da pena.

Ao **condenado reincidente em crime hediondo ou equiparado com resultado morte**, a fração exigida será de 70%. Mais uma vez, a literalidade do dispositivo exige reincidência específica em crime hediondo com resultado morte para o requisito temporal de 70%: deve ter condenação anterior por crime hediondo com resultado morte apta a gerar reincidência, e ora cumprir pena por novo crime hediondo com resultado morte. Se o crime anterior foi comum, não hediondo, bastará o cumprimento de 50% da pena para a progressão, prazo comum aos crimes hediondos com resultado morte para o réu não reincidente específico.

Se o crime anterior for hediondo, trata-se reincidente específico em crime hediondo, mas não reincidente em crime hediondo com resultado morte, e o requisito temporal exigido será de 60%.

Peculiaridades e divergências sobre os requisitos objetivos:

Há, no entanto, várias divergências sobre a interpretação de tal requisito objetivo, pelo que passamos a anotá-las:

1) Nos termos da Súmula 715 do STF, a contagem do lapso temporal para a progressão, bem como para os demais benefícios da execução penal, deve ter como base a pena total aplicada, e não a unificação em trinta anos.

Assim, se o sujeito é condenado a 60 anos pela prática de crimes não hediondos, é certo que cumprirá apenas 40 em razão da unificação das penas (nos crimes praticados a partir de 23 de janeiro de 2020), mas terá que cumprir 1/6 dos 60 anos (10 anos) para progredir. A principal justificativa do Supremo Tribunal Federal para o raciocínio é que outro entender levaria à quebra da isonomia, pois seriam tratadas igualmente situações desiguais, com prazos de progressão idênticos ao condenado a 40 anos e ao condenado a 400 anos.

2) Pacífica e sumulada a compreensão dos Tribunais Superiores que a prática de falta grave provoca a interrupção da contagem do prazo para a progressão. O

entendimento antes pacificado na súmula 534 do STJ ora encontra claro respaldo legal, com redação trazida pela Lei n. 13.964/2019:

> Art. 112, § 6º O cometimento de falta grave durante a execução da pena privativa de liberdade interrompe o prazo para a obtenção da progressão no regime de cumprimento da pena, caso em que o reinício da contagem do requisito objetivo terá como base a pena remanescente.

Assim, se o sujeito traz apenamento de 12 anos e 6 meses de reclusão e pratica falta grave no dia em que completava dois anos (16%) de cumprimento de pena, será desprezado tal prazo para fins de progressão, e voltará a correr novo "período aquisitivo" para progressão a partir da prática da falta, ou seja, terá que cumprir mais 16% dos dez anos e seis meses que restam a cumprir para que esteja preenchido o requisito objetivo: "A prática de falta grave interrompe a contagem do prazo exigido para a concessão do benefício da progressão de regime prisional" (STF, HC 85.049/SP, 2ª T., Rel. Min. Joaquim Barbosa, j. em 1º-3-2005).

O raciocínio empreendido é que, se estiver em regime semiaberto, a prática de falta grave determinará a regressão ao regime fechado e nova progressão só poderá ocorrer se cumpridos 16% da pena no regime fechado (anterior – art. 112 da LEP). Ora, se há tal tratamento rigoroso àquele que cumpre pena no regime semiaberto, não há motivo para tratamento mais brando àquele que cumpre pena no regime fechado, ainda que não possa regredir por inexistência de regime mais gravoso.

Como conclusão, a única maneira de maximizar tratamento isonômico seria considerar interrompido o lapso aquisitivo da progressão, mesmo ao condenado em regime fechado, quando praticada falta grave.

3) A unificação de penas não interrompe a contagem do prazo para progressão, tampouco altera o termo inicial para o cálculo do lapso temporal para a progressão – Tema 1.027 em Recurso Repetitivo do STJ – REsp 1.753.512.

Havia entendimento que, se durante o cumprimento da pena chegasse ao juízo das execuções nova condenação, seria necessária a soma ou unificação de penas e, a partir desse momento, se iniciaria, por ficção, uma nova execução, tendo como objeto o resultado da soma ou unificação, o que interromperia a contagem do prazo para progressão ou, em outras palavras, alteraria o termo inicial da contagem do prazo para a progressão da data da decisão de unificação. Tal entendimento, que tinha como base uma ficção disfuncional e que castigava o sentenciado pela demora no julgamento do novo processo – demora que ele não controlava –, foi afastado. Hoje é pacífico que a mera chegada de nova condenação para soma ou unificação não altera o marco inicial da contagem da progressão.

4) A redação original da Lei de Crimes Hediondos proibia a progressão em crimes de tal natureza. Em 2006, o plenário do Supremo Tribunal Federal (HC 82.959) entendeu inconstitucional a proibição e determinou que fosse permitida a progressão. Na ausência de dispositivo legal que tratasse especificamente da progressão em crimes hediondos, era aplicado o art. 112 da LEP, que tratava da progressão dos crimes em geral, e o requisito objetivo era satisfeito com o cumprimento de 1/6 da pena, quer para crimes comuns ou hediondos. Com a nova disposição legal – Lei n. 11.464/2007 – que entrou em vigor em 29 de março de 2007, houve polêmica sobre a retroatividade ou irretroatividade do novo requisito:

a) para uma primeira corrente, como não houve controle concentrado de constitucionalidade, a antiga redação da Lei de Crimes Hediondos era ainda válida e eficaz no momento em que foi revogada. Se a antiga redação proibia a progressão, e a nova permite, ainda que com marcos de 2/5 e 3/5 do cumprimento da pena, a alteração foi benéfica ao réu e, nos termos do art. 2º do Código Penal, deve retroagir.

b) partindo da premissa de que a antiga redação da Lei de Crimes Hediondos era inconstitucional, o que havia sido reconhecido inúmeras vezes pelo STF, independentemente de se tratar de controle difuso ou concentrado de constitucionalidade, uma segunda corrente entendia que o prazo para progressão aplicável mesmo aos crimes hediondos era o previsto na regra geral do art. 112 da LEP, ou seja, 1/6 da pena, eis que inválida por ser inconstitucional a redação original da Lei de Crimes Hediondos, que proibia a progressão. Se a nova disposição legal trouxe marcos mais rigorosos, quais sejam, 2/5 e 3/5, a lei seria mais gravosa e, portanto, irretroativa, podendo ser aplicada apenas aos crimes praticados a partir de 29 de março de 2007.

A polêmica foi saciada pela edição da Súmula Vinculante n. 26, que adota a segunda corrente com os seguintes termos: "Para efeito de progressão de regime no cumprimento de pena por crime hediondo, ou equiparado, o juízo da execução observará a inconstitucionalidade do art. 2º da Lei n. 8.072, de 25 de julho de 1990, sem prejuízo de avaliar se o condenado preenche, ou não, os requisitos objetivos e subjetivos do benefício, podendo determinar, para tal fim, de modo fundamentado, a realização de exame criminológico".

Assim, é vinculante o entendimento de que os novos e rigorosos prazos para a progressão da nova redação da Lei de Crimes Hediondos só podem ser aplicados aos casos posteriores à reforma da lei, ou seja, 29 de março de 2007.

A Lei n. 13.964/2019 não altera tal cenário jurídico, tampouco para diminuir os lapsos para 16%, pois não seriam crimes comuns sem violência ou grave ameaça praticados por condenado primário.

5) No caso de segunda progressão, deve ser considerado determinado percentual (16%, por exemplo) da pena originária ou 16% da pena que resta a cumprir? Deve-se considerar

16% da pena que resta a cumprir, pois pena cumprida é pena extinta. Assim, se o condenado a 12 anos e 6 meses de reclusão em regime inicial fechado cumpre 2 anos (16%) e vai ao semiaberto, precisará cumprir mais 2 anos para ir ao aberto (16% da pena originária) ou bastará cumprir 16% de 5 anos (tempo que resta de pena) para progredir ao regime aberto? Bastará cumprir 16% dos 10 anos e 6 meses que restam, pois a pena anteriormente aplicada já não existe, ou, repisando, pena cumprida é pena extinta!

6) Na segunda progressão, o termo inicial para a contagem do requisito temporal é a data em que foi efetivamente deferida a progressão ou a data em que foram cumpridos os requisitos para tanto, ou seja, o dia em que com bom comportamento carcerário o sentenciado cumpriu a porcentagem (16%, 20%, 25%....) necessária à progressão? É comum que o pedido de progressão tarde meses ou até mesmo anos para ser apreciado e, assim, é rotineiro o prejuízo para o sentenciado que não recebe a apreciação de seus direitos no momento oportuno e para o sistema carcerário, que está em colapso pelo superencarceramento. Não é razoável que o sentenciado seja prejudicado pela demora do Poder Judiciário em apreciar seu pedido de progressão, pelo que sustentamos que a data inicial de contagem do prazo para a segunda progressão deve ser o dia em que preenchidos os requisitos para tanto, ainda que a decisão seja posterior, ou seja, a decisão que defere a progressão deve ter natureza declaratória. É o atual entendimento das cortes superiores:

> STF – HC 115.254 – Dessa forma, o marco para a progressão será a data que efetivamente corresponda ao preenchimento dos requisitos legais, e não a do início do cumprimento da reprimenda no regime anterior, sob pena de constrangimento ilegal. Essa é a melhor leitura da regra explicitada pelo artigo 112 da Lei de Execução Penal, entendendo a decisão judicial como declaratória do direito do apenado, com base no mesmo raciocínio aplicado às penalidades disciplinares decorrentes de falta grave, conforme previsão do artigo 118 do mesmo diploma legal. Dessa forma, faz-se um sistema lógico e justo.
>
> STJ – A data-base para subsequente progressão de regime é aquela em que o reeducando preencheu os requisitos do art. 112 da Lei de Execução Penal (HC 369.774/RS, Rel. Min. Rogerio Schietti Cruz, por maioria, j. em 22-11-2016, *DJe* 7-12-2016).

7) Partindo da premissa de que a decisão de progressão tem conteúdo declaratório, e de que a contagem de prazo para a segunda progressão deve ter como termo inicial o dia em que preenchidos os requisitos para a primeira progressão, há entendimento majoritário nos tribunais que "essa data deverá ser definida de forma casuística, fixando-se como termo inicial o momento em que preenchido o último requisito pendente, seja ele o objetivo ou o subjetivo. Se por último for preenchido o requisito subjetivo, independentemente da anterior implementação do requisito objetivo, será aquele (o subjetivo) o marco para fixação da data-base para efeito de nova progressão de regime". É o entendimento hoje consolidado no Tema 1.165 do STJ (REsp 1.972.187).

Com todo o respeito, a premissa está errada, e vicia a conclusão. O requisito subjetivo para a progressão seria comprovado pelo atestado de boa conduta carcerária e pelo exame criminológico, mas o requisito não é o documento, mas sim o comportamento do condenado que é atestado em documento e, no caso do exame criminológico, as condições pessoais do condenado, percebidas pelos peritos.

O exame criminológico não "constitui" as circunstâncias psíquicas do condenado que o tornam apto ou inapto a progredir, mas sim as examina e declara. As circunstâncias que indicariam a aptidão para a progressão já existiam antes do exame pericial, e seriam apenas constatadas pelos *experts*. Confundir o requisito com a prova do requisito seria o mesmo que confundir a data da morte com a juntada do atestado de óbito aos autos. Em suma: se o exame criminológico foi favorável, é necessário concluir que o requisito subjetivo estava cumprido no momento da confecção do atestado e do laudo, e não há como aceitar que sua realização tenha efeito "interruptivo" na contagem de prazo para a segunda progressão, pois, assim como a própria decisão de progressão, seu conteúdo também é declaratório de situação preexistente. Nesse sentido já havia decidido o prório STJ (HC 638.702 e HC 654.514), antes de mudar orientação.

8) Tráfico privilegiado não é crime hediondo. A lei é explícita ao indicar que o tráfico privilegiado, previsto no art. 33, § 4º, da Lei n. 11.343/2016, não será considerado crime hediondo para os efeitos do art. 112 da LEP, ou seja, para progressão. É verdade que o STF já pacificou que o crime de tráfico privilegiado não é hediondo, mas a previsão é salutar diante da imensa rebeldia das instâncias inferiores, que insistem em contrariar entendimentos pacificados e sumulados dos Tribunais Superiores, provocando proliferação de recursos e ações impugnativas. Com a previsão legal expressa, é possível que tal insegurança jurídica seja amainada.

9) Progressão nas contravenções penais

Vale perceber que a nova redação do art. 112 da Lei das Execuções Penais trata apenas de crimes, e não de contravenções. Assim, a progressão para as contravenções penais deve seguir o menor lapso previsto na lei, que é de 16%.

Requisito subjetivo para a progressão

Vencido o estudo do requisito objetivo, passamos ao **requisito subjetivo**: a aptidão para progredir, tradicionalmente tratada como mérito. Importante observar que o requisito é chamado de subjetivo porque trata da análise do comportamento do sujeito condenado, e não por permitir análise puramente subjetiva ao magistrado.

Dentro do sistema progressivo, e partindo da finalidade expressa no art. 1º da LEP, que busca a reinserção social, o condenado que melhor observa os ditames legais quanto ao comportamento carcerário merece – tem mérito – mais rápida devolução das "parcelas"/camadas de sua liberdade.

O mérito foi tradicionalmente atrelado ao bom comportamento carcerário.

O bom comportamento é comprovado, em regra, por atestado de conduta carcerária, firmado pelo Diretor do Estabelecimento. A avaliação do comportamento como bom, regular ou mau deriva da observação da prática de faltas disciplinares.

A redação do § 7º do art. 112 regulamenta o período necessário para que seja readquirido o bom comportamento após a prática de falta grave. São dois possíveis prazos, prevalecendo o que acontecer primeiro:

a) 1 ano após a prática da falta grave.
b) Cumprimento do requisito temporal para a progressão, que é reiniciado na data da prática da falta grave (art. 112, § 6º, da LEP).

O prazo de 1 ano é opção política do legislador. A alternativa que impõe o reconhecimento do bom comportamento quando cumprido o requisito temporal para a progressão é elogiável por consagrar a proporcionalidade e o sistema progressivo nos casos em que a falta grave é praticada quando resta pouco tempo de pena a cumprir. Imagine-se situação em que o condenado está em regime aberto e pratica falta grave (deixa de comparecer periodicamente em juízo) restando apenas 11 meses para o término do cumprimento da pena. Sofrerá a regressão ao regime semiaberto. Se a reabilitação da falta ocorresse apenas após 1 ano, não teria direito à progressão no período restante. Com o critério alternativo que devolve o bom comportamento quando cumprido o requisito temporal, consagra-se o prazo proporcional de punição pela prática de falta e é privilegiado o sistema progressivo, permitindo, assim, nova progressão ao regime aberto antes do término da pena.

Exame criminológico

Até 2003, a prova do mérito tinha como principal ferramenta o exame criminológico, que é um parecer elaborado em regra por profissionais da saúde mental (psiquiatra e/ou psicólogo) e/ou um assistente social, além de membros do sistema carcerário e que tinha como objetivo aferir o perfil psicológico do condenado e verificar seu potencial para a prática de novos crimes, ou seja, sua periculosidade.

Desde o final da década de 1990, o exame criminológico foi atacado por diversos aspectos teóricos e práticos. Sob o prisma teórico, a avaliação das condições psíquicas do condenado parecia impertinente com os objetivos da pena, que não buscavam tratar o criminoso como um doente, mas, sim, retribuir o mal do crime e prevenir novas infrações a partir de intimidações e comunicações, como já visto. Ora, o profissional da saúde não é capaz de avaliar a pena merecida, tampouco tem conhecimento jurídico ou possibilidade de comparar características da personalidade do condenado com todas as possibilidades de proibição da legislação penal.

Por fim, sob o prisma da criminologia crítica, o exame era criticado pela absoluta inviabilidade de alcançar o objetivo então pretendido, qual seja, a avaliação sobre o potencial para a prática de novos crimes, eis que o crime é uma convenção social, não relacionada na maioria dos casos com características perceptíveis na psique do indivíduo. Aliás, todos praticam crimes no cotidiano, como omissão de socorro à criança desamparada (art. 135 do CP), sonegação de tributos por desrespeito ao limite de gastos no exterior, falsa assinatura em lista de presença nas faculdades, difamação dos desafetos... entre outros tantos exemplos, e não há anomalia a ser investigada e atestada pelo perito. O exame criminológico teria assim um resultado sempre positivo sobre o potencial criminógeno.

Sob o prisma prático, a reiterada ausência de infraestrutura básica para a realização de exames com níveis mínimos de seriedade, aliada à falta de peritos em número suficiente, provocava tamanha demora no julgamento dos benefícios a eles atrelados que a ausência de exame criminológico e consequente retardo na apreciação dos respectivos processos se tornavam um dos principais fatores de instabilidade dos presídios, gerando motins e rebeliões.

Atenta às críticas, a reforma legislativa de 2003 alterou o procedimento, afastando a necessidade do exame criminológico como condição para progressão e estabelecendo como regra a suficiência do atestado de conduta carcerária, a ser firmado pelo diretor do estabelecimento carcerário.

E o exame criminológico foi então banido da legislação penitenciária? Não. Persistia como letra morta – eis que não cumprido – enquanto avaliação prévia ao início do cumprimento da pena, nos arts. 8º da LEP e 34 do Código Penal, e ainda pode ser determinado pelo juiz como instrumento para avaliar a aptidão do condenado para determinados benefícios, inclusive a ora comentada progressão, mas apenas em hipóteses excepcionais, com suficiente fundamentação, como, aliás, orienta a parte final da já comentada Súmula Vinculante 26: "sem prejuízo de avaliar se o condenado preenche, ou não, os requisitos objetivos e subjetivos do benefício, podendo determinar, para tal fim, de modo fundamentado, a realização de exame criminológico".

O STJ também já havia sumulado o tema, especificando a necessidade de fundamentação lastreada nas peculiaridades do caso:

> **Súmula 439:** Admite-se o exame criminológico pelas peculiaridades do caso, desde que em decisão motivada.

Veio então a Lei n. 14.843/24, que aparenta trazer nova regulamentação para o exame criminológico.

Exame criminológico obrigatório? A Lei n. 14.843/24 entrou em vigor em 11 de abril de 2024, e alterou o § 1º do art. 112, com a seguinte redação:

> **§ 1º** Em todos os casos, o apenado somente terá direito à progressão de regime se ostentar boa conduta carcerária, comprovada pelo diretor do estabelecimento, e pelos resultados do exame criminológico, respeitadas as normas que vedam a progressão.

Rapidamente, em face da expressão "em todos os casos", foi formado forte convencimento sobre a necessidade de exame criminológico em todos os casos de progressão, com o reforço da nova redação trazida pela mesma lei para o art. 114, II, da LEP, que condiciona o regime aberto à apresentação, "pelos seus antecedentes e pelo exame criminológico", de aptidão do condenado para as regras do regime aberto.

A crítica veio em seguida, com a releitura dos já mencionados problemas do exame criminológico e sua credibilidade científica, bem como a ausência de estrutura material para sua realização. Acrescenta-se ainda a discussão sobre a necessária obediência à irretroatividade da lei gravosa e possível violação à individualização da pena, além dos efeitos de superencarceramento diante de um já conhecido estado de coisas inconstitucional. Diante de tais argumentos, é possível organizar o atual cenário sobre a obrigatoriedade do exame criminológico com os seguintes traços:

1 – Sobre a obrigatoriedade do exame na nova lei:

a) prevalece que a nova redação torna obrigatória a realização do exame criminológico, pois impõe que deve ser elaborado "em todos os casos";

b) há, no entanto, posição minoritária, com a qual concordamos, que a nova legislação apenas esclarece a legalidade do exame criminológico como meio de prova sobre a idoneidade para a progressão. Antes da lei, a Súmula 439 do STJ permitia a realização do exame apesar da ausência de previsão legal, e a nova lei teria o objetivo de suprir a lacuna legislativa. O exame persiste facultativo, contando com renovada eficácia a Súmula 439 do STJ.

2 – Sobre a constitucionalidade da obrigatoriedade do exame criminológico:

a) há forte entendimento pela inconstitucionalidade da obrigatoriedade do exame, que feriria, de um lado, a individualização da pena e, de outro, o direito à duração razoável do processo, exponenciado pelo estado de coisas inconstitucional.

Feriria a individualização das penas, que é tarefa do magistrado na execução penal, pois não permitiria que o juiz decidisse, em cada caso, quais os meios de prova pertinentes, avaliando o custo (tempo, por exemplo) e benefício (qualidade da informação de acordo com a espécie de crime, por exemplo), tratando os desiguais na medida da desigualdade. Nessa toada, caberia ao juiz decidir se é pertinente o exame criminológico para permitir a progressão de um jovem condenado por roubo especialmente violento, mas sua impertinência para avaliar a aptidão para progredir de um idoso condenado por sonegação fiscal ou homicídio culposo. Ceifar tal poder de tratar desigualmente situações desiguais violaria o referido princípio da individualização.

Além da individualização da pena, incrementar a burocracia para a progressão, aumentando custos, superencarceramento e demora nas decisões violaria a garantia de duração razoável do processo (art. 5º, LXXVIII, da CF), maximizada pelo estado de coisas inconstitucional reconhecido na ADPF 347: se há uma falência estrutural do aparato de proteção aos direitos humanos no sistema carcerário, não é razoável a exigência de mais uma peça burocrática que exacerbe as causas da referida falência estrutural, merecendo o dispositivo interpretação conforme que torne o exame facultativo, como já orienta a Súmula 439 do STJ;

b) é constitucional, constituindo apenas mais uma fonte de prova tarifada, ou seja, um limite ao princípio da liberdade da prova, com a imposição legal peremptória de que apenas o exame criminológico seria idôneo para demonstrar a aptidão para progredir.

3 – Irretroatividade da lei que torna o exame criminológico obrigatório:

a) prevalece que a lei é irretroativa, pois ao acrescentar exigência para a progressão de regime de cumprimento de pena torna mais difícil a progressão, em nítido prejuízo para os condenados. Tratando de norma que interfere na forma de impor o poder punitivo, deve ser reconhecida sua natureza penal, ou ao menos mista, que impõe a obediência à legalidade penal e irretroatividade da lei penal gravosa disposta no art. 5º, XXXIX e XL, da Constituição Federal, bem como no arts. 1º e 2º do Código Penal. É o entendimento atual dos tribunais superiores, como no RHC 200.670-GO, julgado pelo STJ;

b) há entendimento minoritário pela imediata aplicação da lei, mesmo a crimes anteriores à sua vigência, pois seria lei puramente processual penal, que disciplina fonte de prova. O art. 2º do CPP impõe a aplicação imediata da lei processual, assim que vigente, sem prejuízo da validade dos atos realizados sob vigência da lei anterior.

Progressão nos crimes contra a Administração Pública

Examinados os requisitos objetivos e subjetivos, resta analisar o requisito especial previsto para o caso de condenação por crime contra a Administração Pública: nos termos do art. 33, § 4º, do CP: "O condenado por crime contra a Administração Pública terá a progressão de regime do cumprimento da pena condicionada à reparação do dano que causou, ou à devolução do produto do ilícito praticado, com os acréscimos legais".

Ainda que não prevista ressalva em lei, acreditamos que a absoluta inviabilidade financeira para reparação do dano não pode prejudicar o condenado, sob pena de inconstitucionalidade por ausência de individualização da sanção: imagine-se o estagiário que participou minimamente de um golpe de milhões e ganhou poucos reais como prêmio pela colaboração. Fere a razoabilidade, a humanidade da pena e a já referida individualização impedir sua progressão pela ausência de reparação do dano, eis que a tarefa lhe é, evidentemente, impossível. Como já dito, no entanto, não há ressalva na lei, e, assim, possível defender que a lei obriga em qualquer caso a reparação, apesar dos casos de inviabilidade financeira, tratando-se a questão não de uma medida de reinserção social, mas, sim, de maior censura pelo maior desvalor de resultado, não atenuado com a reparação do dano. Foi o entendimento do STF na EP 22:

> A alegação de falta de recursos para devolver o dinheiro desviado não paralisa a incidência do art. 33, § 4º, do Código Penal. O sentenciado é devedor solidário do valor integral da condenação. 4. Na hipótese de celebração de ajuste com a União para pagamento parcelado da obrigação, estará satisfeita

a exigência do art. 33, § 4º, enquanto as parcelas estiverem sendo regularmente quitadas. 5. Agravo regimental desprovido.

Acreditamos ainda que a reparação do dano por um colaborador ao outro aproveita, pois não teria sentido a dupla reparação ao erário, o que parece ter sido o entendimento do STF no julgamento da EP 22:

> Apesar da existência de corréus – devedores solidários –, o valor integral da dívida poderia ser exigido de cada um, nada a impedir que, eventualmente, rateassem entre eles o pagamento devido. Embora se devesse lamentar a não instauração da execução pela Fazenda, ocorre que, sendo do sentenciado o interesse de quitar a dívida para o fim de progressão de regime, caberia a ele, espontaneamente, tomar as providências nesse sentido. A este propósito, e como regra, decisões judiciais deveriam ser cumpridas voluntariamente, sem necessidade de se aguardar a execução coercitiva.

O STJ já entendeu, no HC 686.334, que, ausente na sentença condenatória determinação expressa de reparação do dano ou devolução do produto do crime, não pode o juízo das execuções criminais exigir a reparação do dano para a progressão de regime de cumprimento de pena.

Progressão acelerada ou privilegiada da gestante, mãe ou responsável por crianças ou pessoas com deficiência

Justificadamente preocupado com o incremento da população prisional feminina e com a falta de condições mínimas para gestantes e mães com filhos crianças, o legislador fez previsão de requisitos mais brandos para a progressão de tais condenadas, exigindo ainda primariedade e não envolvimento com organizações criminosas. Os requisitos são:

Mulher gestante ou que for mãe ou responsável por crianças ou pessoas com deficiência	Cumprimento de 1/8 da pena
(Requisitos Cumulativos)	Não ter cometido crime com violência ou grave ameaça à pessoa
	Não ter cometido o crime contra filho ou dependente
	Primária
	Bom comportamento carcerário
	Não integrar organização criminosa

Presentes os requisitos da lei, a condenada deve receber a progressão de regime de cumprimento de pena. Vale assinalar que a Lei n. 13.964/2019 não alterou o art. 112 § 3º, mantendo, assim, a disciplina especial de progressão da mulher presa nas circunstâncias referidas

Não há dúvida sobre a constitucionalidade do dispositivo[1]: a Constituição nada diz sobre a progressão de regime de cumprimento de pena nos crimes hediondos, ou seja, não há óbice constitucional à atividade legislativa que abranda as condições para a progressão mesmo em crimes hediondos. Vale lembrar que as restrições constitucionais para os crimes hediondos são a insuscetibilidade de anistia, graça e fiança (art. 5º, XLIII, da CF).

No HC 522.651, em 2020, o STJ definiu que a expressão "organização criminosa" deve ter interpretação restritiva, ou seja, a condenação por associação criminosa (art. 288 do CP) ou a associação para o tráfico (art. 35 da Lei n. 11.343/2006) não impedem a incidência da progressão especial prevista no art. 112, § 3º, da LEP. O único impeditivo é a prova de ter integrado organização criminosa, assim definida na Lei n. 12.850/2013. Infelizmente, rompendo com as amarras óbvias do princípio da legalidade, o STJ tem se curvado à fúria punitivista e aceitado ("evoluindo") uma interpretação "extensiva" da referida vedação, lendo em "organização criminosa" a expressão "crime associativo", que não está na lei. O resultado é a vedação da progressão acelerada para mulher em todo crime associativo, como a associação para o tráfico (HC 888.336).

19.7.1.1 Progressão de regime e execução provisória da pena

Sobre a execução provisória da pena, duas questões são rotineiramente levantadas: a primeira versa sobre a possibilidade de deferimento das medidas ressocializadoras ("benefícios") da Lei de Execução Penal antes do trânsito em julgado da sentença condenatória.

A segunda trata da possibilidade de determinar a prisão do condenado, sem motivo cautelar, em caso de condenação sujeita a recurso, com efeito exclusivamente devolutivo, como seriam os recursos especial e extraordinário.

Trataremos aqui apenas da primeira questão, eis que a segunda trata do polêmico efeito suspensivo dos recursos especial e extraordinário, o que extrapola o objeto do presente trabalho.

Sabe-se que o trâmite recursal pode demorar muito tempo, dada a saturação do aparelho judiciário. Apesar disso, prevalecia que, em razão do princípio da presunção de inocência, a prisão só pode ser considerada como punição se há condenação definitiva, e por isso só seriam aplicáveis os benefícios da Lei de Execução Penal com o trânsito em julgado da sentença condenatória.

O princípio da presunção da inocência, que é direito/garantia individual, era utilizado em desfavor do acusado, pois era instrumento argumentativo para denegar pedidos de defesa buscando benefícios da execução penal antes do trânsito em julgado da sentença condenatória.

Partindo de tal premissa argumentativa, era muito comum que o condenado deixasse de recorrer, porque, se o fizesse, o tempo para julgamento do recurso seria maior

---

[1] Sobre o tema, Gustavo Junqueira e Maria Kumagai, A constitucionalidade do art. 112 § 3º, da Lei de Execução Penal, p. 7-25.

que o necessário para o requisito objetivo da progressão de regime de cumprimento de pena, deixando de evoluir para o regime mais ameno pela ausência de decisão definitiva.

Obviamente tal proceder era forma velada de coagir o indivíduo a não recorrer, sob pena de ser prejudicado com a perda dos benefícios da Lei de Execução Penal. Mais ainda, a ausência de progressão violava o sistema progressivo e o objetivo ressocializador.

Daí a necessidade de construção dogmática permitindo a progressão, mesmo sem trânsito em julgado de sentença condenatória. Duas correntes surgiram:

A primeira defendendo que seriam permitidos os benefícios da execução penal em caráter cautelar, eis que presentes o *fumus boni iuris* (com a condenação) e o *periculum in mora* (demora na decisão definitiva).

A segunda corrente, que acabou prevalecendo, defende que se trata de verdadeira execução provisória da pena, devendo ser espedida guia de recolhimento provisório, com base na qual será instalado procedimento provisório de execução, no juízo das execuções criminais, sendo possível a concessão de todos os benefícios, ressalvada a extinção da pena.

Com a edição da Súmula 716 do STF, bem como a Resolução n. 19 do Conselho Nacional de Justiça, restou pacificada a possibilidade da execução provisória da pena. Reza a Súmula 716 do STF que se admite a progressão de regime de cumprimento da pena ou a aplicação imediata de regime menos severo nela determinada, antes do trânsito em julgado da sentença condenatória. A Resolução n. 19 do CNJ, foi revogada pela Resolução 113 do CNJ, que enuncia:

> Art. 8º Tratando-se de réu preso por sentença condenatória recorrível, será expedida guia de recolhimento provisória da pena privativa de liberdade, ainda que pendente recurso sem efeito suspensivo, devendo, nesse caso, o juízo da execução definir o agendamento dos benefícios cabíveis.

Polêmica: é necessário trânsito em julgado para a acusação para que se inicie a execução provisória? Duas posições:

Sim, pois somente com o trânsito em julgado para acusação haverá suficiente *fumus boni iuris* sobre a quantidade de pena que pode servir de base para o cálculo dos benefícios. Se concedido o benefício, mesmo que pendente recurso da acusação, é provável que a reforma traga novos parâmetros de cálculo, invalidando benefícios já concedidos e prejudicando a proposta de reinserção social. Por fim, a sociedade não pode ficar à mercê de condenados beneficiados a partir de decisões ainda provisórias quanto ao máximo da pena, o que traria sensação de impunidade, insegurança e descrédito com a Justiça. É a posição que hoje prevalece.

Assim já decidiu o STJ: "Inexistindo o trânsito em julgado para o órgão acusador, já que se encontra pendente recurso que objetiva o aumento da pena e, por conseguinte, o agravamento do regime prisional, inexiste constrangimento ilegal, pois cuida-se, ainda, de prisão provisória, não havendo que se falar em execução antecipada da pena;

2. Ordem denegada, com recomendação" (STJ, HC 43.116/MG, 6ª T., Rel. Min. Hélio Quaglia Barbosa, *DJU* 6-2-2006).

Não, pois a sentença condenatória, ainda que recorrível para as partes, provém de órgão jurisdicional e por isso deve ser considerada *fumus boni iuris* da pena definitiva, eis que presumidamente correta (não se pode ter como regra a reforma da decisão, sob pena de subtrair-lhe qualquer crédito), e desde logo pode lastrear a execução provisória. É a posição que prevalece.

Partindo do princípio da humanidade das penas, que exige objetivo de reinserção social, a interpretação maximizante não pode obstar o gozo dos benefícios simplesmente porque a parte acusatória não se conformou com o teor da decisão condenatória. Aliás, se bastar à acusação recorrer para impedir benefícios, será estimulado o recurso desarrazoado, apenas para intensificar o castigo do condenado.

O art. 9º da Resolução 113 do CNJ encerrou a polêmica, esclarecendo que a guia será expedida com recurso de qualquer das partes:

> Art. 9º A guia de recolhimento provisória será expedida ao Juízo da Execução Penal após o recebimento do recurso, independentemente de quem o interpôs, acompanhada, no que couber, das peças e informações previstas no art. 1º.

Assim já havia decidido a 5ª Turma do Superior Tribunal de Justiça: "A pendência de julgamento do recurso de apelação interposto pelo Ministério Público não obsta a obtenção de benefícios na execução da pena, a teor do que dispõe o Enunciado 716 da Súmula do Supremo Tribunal Federal" (HC 109.569, Rel. Min. Laurita Vaz, j. em 15-12-2008).

O condenado em prisão especial terá também direito à progressão provisória da pena, nos termos da Súmula 717 do STF, "não impede a progressão de regime de execução da pena, fixada em sentença não transitada em julgado, o fato de o réu se encontrar em prisão especial".

19.7.2 Regressão

Regressão é a passagem de um regime mais ameno para outro mais grave, ou seja, do aberto para o semiaberto ou do semiaberto para o fechado. Aqui é possível o salto direto do regime aberto para o fechado.

Nos termos do art. 118 da LEP, ocorrerá regressão quando o condenado:

> I – praticar fato definido como crime doloso ou falta grave;
>
> II – sofrer condenação, por crime anterior, cuja pena, somada ao restante da pena em execução, torne incabível o regime (art. 111).
>
> § 1º O condenado será transferido do regime aberto se, além das hipóteses referidas nos incisos anteriores, frustrar os fins da execução ou não pagar, podendo, a multa cumulativamente imposta.

Assim, ocorrerá regressão sempre que o sujeito praticar falta grave ou quando, sobrevindo nova condenação, a soma das penas tornar incompatível o regime, ou ainda quando, no regime aberto, não cumprir as condições estabelecidas, frustrar os fins da execução ou, segundo o art. 118, § 1º, da LEP, até mesmo se deixar de pagar a pena de multa cumulativamente aplicada, tendo condições de fazê-lo.

Vamos ao exame de cada uma das causas de regressão.

19.7.2.1 Prática de crime doloso

A lei fala em prática de crime doloso e assim levanta a seguinte polêmica: para a regressão em razão de prática de crime doloso, é necessário o trânsito em julgado da condenação? Duas posições:

Hoje é pacífica orientação nos tribunais sobre a desnecessidade de transido em julgado para o reconhecimento da falta grave e, consequentemente, para a regressão, nos termos da Súmula 526 do STJ:

> **Súmula 526:** O reconhecimento de falta grave decorrente do cometimento de fato definido como crime doloso no cumprimento da pena prescinde do trânsito em julgado de sentença penal condenatória no processo penal instaurado para apuração do fato.

Além da literalidade do dispositivo, que trata da prática de crime doloso, e não da condenação por crime doloso, argumenta-se que a ordinária demora para alcançar uma condenação com trânsito em julgado tornaria a sanção disfuncional, inútil. Assim, diante da necessidade de célere desfecho, ainda que aceitando a mácula à presunção de inocência, deve ser reconhecida a falta mesmo sem o término da ação penal pelo crime cometido.

Na doutrina são várias as vozes em sentido contrário, exigindo o trânsito em julgado, em respeito ao princípio da presunção de inocência, pois não se pode dizer que houve realmente "prática de crime doloso" até que o Estado tenha a certeza da culpa, o que só acontece com o trânsito em julgado da sentença condenatória, não bastando o indiciamento, a denúncia ou mesmo a sentença condenatória pendente de recurso. Nesse sentido Carmem Barros (*A individualização da pena na execução penal*, p. 162). Além disso, a culpa pela demora para alcançar uma condenação com trânsito em julgado deve ser imputada ao Estado, que não providencia estrutura e planejamento em busca de processos mais céleres, e não pode ser descarregada no condenado, prejudicando-o.

Procedimento para regressão: o procedimento previsto pela lei para a regressão pela prática de falta grave é a instauração de procedimento, com possibilidade de ampla defesa (autodefesa e defesa técnica) e contraditório, para que, apenas após a averiguação de falta grave, haja a imposição da penalidade, sob pena de nulidade, conforme Súmula 533 do STJ:

> Súmula 533: Para o reconhecimento da prática de falta disciplinar no âmbito da execução penal, é imprescindível a instauração de procedimento administrativo pelo diretor do estabelecimento prisional, assegurado o direito de defesa, a ser realizado por advogado constituído ou defensor público nomeado.

Ainda sobre a defesa nos procedimentos de regressão, prevalece ser necessária a oitiva do sentenciado, não sendo suficiente a defesa técnica para satisfazer a garantia (STJ, 5ª T., REsp 556.595/DF).

19.7.2.2 Soma de penas incompatível com o regime

Será estudado no próximo tópico como a quantidade da pena é importante para a fixação do regime inicial de cumprimento de pena, tendo como premissa os parâmetros estabelecidos no art. 33 do CP. O mesmo critério do art. 33 do CP é utilizado para o exame da necessidade de regressão: se com a superveniência de nova condenação a quantidade da pena extrapola os parâmetros do art. 33 do CP; para a manutenção de um regime, a regressão deverá ser determinada.

Exemplo: se o sujeito cumpre 3 anos de reclusão em regime aberto, e chega guia de recolhimento (por crime anterior ao início do cumprimento da pena), impondo mais 2 anos de reclusão em regime aberto, a soma será 5 anos, ou seja, será inviável, pela tabela do art. 33 do CP, a manutenção do regime aberto. Caberá então ao juízo das execuções fixar o regime semiaberto, ou excepcionalmente o fechado (desde que excepcionais circunstâncias pessoais indiquem tal fixação), para a continuidade do cumprimento da pena.

No caso de regressão pela superveniência de nova condenação, a lei sequer prevê necessidade de oitiva prévia do condenado (art. 118, § 2º, da LEP), pois a regressão é necessária por imperativo legal, sem qualquer referência a circunstâncias subjetivas ou argumentos defensivos que possam rechaçar a medida.

A Lei de Execuções Penais especifica, no entanto, que a regressão só poderá ocorrer em virtude da superveniência de condenação se o crime foi praticado antes do início do cumprimento da pena. A justificativa é óbvia: se praticado durante o cumprimento da pena, o novo crime já causou a regressão com fulcro no art. 118, I, da LEP (hipótese anteriormente estudada), e nova regressão pelo mesmo fato seria *bis in idem*.

19.7.2.3 Descumprimento das condições do regime aberto

Já foram examinadas as condições do regime aberto, valendo lembrar que o presente dispositivo cuida tanto das condições legais obrigatórias como das condições especiais fixadas pelo juiz.

Também haverá regressão se o sujeito descumprir as regras do regime aberto.

Nessa hipótese também deve ser outorgada ampla possibilidade de defesa, nos mesmos moldes da regressão pela prática de falta grave.

19.8 FIXAÇÃO DO REGIME INICIAL DE CUMPRIMENTO DE PENA

Na escolha do regime inicial de cumprimento de pena, o Código Penal adota, a princípio, um critério objetivo, que é a quantidade da pena, ou seja, um "regime-regra". O próprio Código Penal, no entanto, reconhece algumas exceções de cunho subjetivo, que são enriquecidas pela legislação penal especial.

O "regime-regra" pode ser definido da seguinte forma:

1) Se a pena não supera 4 anos, nos crimes punidos com reclusão ou detenção, o regime inicial deve ser o aberto.
2) Se a pena não supera 8 anos, o regime inicial deve ser o semiaberto.
3) Se a pena supera 8 anos, nos crimes punidos com reclusão, o regime inicial deve ser o fechado e, nos crimes punidos com detenção, deverá ser o semiaberto.

Em qualquer caso, circunstâncias excepcionais podem determinar a fixação de regime inicial mais gravoso que o indicado pela regra, ressalvado o limite legal de que a detenção não admite regime inicial fechado.

	Reclusão	Detenção
Pena ≤ 4 anos	ABERTO (regime-regra) Semiaberto e fechado (exceção)	ABERTO (regime-regra) Semiaberto (exceção)
4 anos < Pena ≤ 8 anos	SEMIABERTO (regime-regra) Fechado (exceção)	SEMIABERTO (única possibilidade)
Pena > 8 anos	FECHADO (única possibilidade)	SEMIABERTO (única possibilidade)

19.8.1 Fixação de regime inicial com penas de reclusão e detenção

Se houver condenação por crime punido com reclusão em concurso material com crime punido com detenção, o julgador deve contabilizar separadamente as penas para fim de fixação de regime inicial: "Correta também a indicação de que a sentença deve obedecer à regra do art. 33 do Código Penal. As sanções de reclusão e detenção devem ser separadas, inclusive para fins de fixação de regime" (TRF 3ª Região, ACrim. 1999.61.09.005352-4, *DJU* 4-12-2001).

Reclusão e detenção são penas privativas de liberdade diferentes, e a discriminação legislativa deve ser respeitada pelo operador do Direito. Não há qualquer problema, assim, na fixação de regime fechado para as penas de reclusão, e de semiaberto ou mesmo aberto para as penas de detenção. Nos termos do art. 76 do Código Penal, as mais graves serão cumpridas antes das mais leves, ou seja, será cumprida a pena de reclusão até que coincida em regime com a pena de detenção fixada, quer pela progressão da pena de reclusão, quer pela ocorrência de alguma das causas legais de regressão da pena de detenção.

19.8.2 Desconto do tempo de prisão processual

Nos termos do art. 387, § 2º, do Código de Processo Penal (com redação dada pela Lei n. 12.736/2012), ao fixar o regime inicial de cumprimento de pena, deverá o juiz computar o prazo de prisão processual.

Duas interpretações surgiram com a vigência do dispositivo:

1) Após fixar a quantidade da pena, deverá o juiz descontar o tempo de prisão processual para então fixar o regime inicial de cumprimento de pena. Assim, se um réu sentenciado a 9 anos de reclusão, que só admitiria regime inicial fechado, tiver aguardado por 2 anos sua condenação em prisão processual, a pena a ser tomada como critério para aplicação da "tabela" (gráfico acima) do art. 33 do CP será de 7 anos, permitindo regime inicial semiaberto. Se permaneceu 5 anos em prisão processual, a pena a ser levada como critério será de 4 anos, permitindo até mesmo o regime aberto. É a posição majoritária. Nesse sentido:

> STJ: O § 2º do art. 387 do CPP, com redação dada pela Lei n. 12.736/12, não guarda relação com o instituto da progressão de regime, próprio da execução penal, tendo em vista que o legislador cuidou de abranger o referido dispositivo no Título XII – Da Sentença. Diante de tal fato e em razão do próprio teor do dispositivo, que se refere a regime inicial de cumprimento de pena, incumbe ao juízo sentenciante a verificação da possibilidade de se estabelecer regime inicial mais brando, tendo em vista a aplicação da detração no caso concreto. Notabiliza-se, pois, que o mencionado artigo não diz respeito à progressão de regime, motivo pelo qual não há falar em exame dos critérios objetivo (lapso temporal) e subjetivo (comportamento carcerário), até porque tal avaliação invadiria a competência do Juízo das Execuções prevista no art. 66, III, *b*, da Lei de Execuções Penais. Deve ser afastado o óbice apontado pela Corte de origem para deixar de analisar o tema ora em testilha (HC 325.174/SP, 2015).

2) Há entendimento minoritário de que o juiz deverá considerar o tempo de prisão processual como parcela de pena cumprida e elaborar desde logo o cálculo de progressão. Assim, o sujeito condenado por crime comum a 6 anos de reclusão em regime semiaberto inicial, se já tiver aguardado 1 ano em prisão processual, poderia desde logo receber o regime aberto de cumprimento de pena, pois já teria cumprido 1/6 da pena. As críticas aqui recaem sobre a dificuldade na ponderação do requisito subjetivo da progressão (mérito) e sobre a natureza do instituto, pois causa estranheza tratar de progressão de regime de cumprimento de pena se ainda não fixado o regime inicial.

19.8.3 Fixação de regime mais grave do que indicado pela quantidade da pena

E quais são as circunstâncias excepcionais que permitem a fixação de regime mais gravoso?

1) Nos termos do art. 33, § 3º, as circunstâncias judiciais, previstas no art. 59 do Código Penal, são: culpabilidade, antecedentes, conduta social, personalidade do agente, motivos, circunstâncias, consequências do crime e comportamento da vítima.

Embora a lei não seja expressa sobre a possibilidade de utilizar as circunstâncias judiciais para excepcionar o "regime-regra" apenas para agravá-lo, prevalece que não é possível o abrandamento do regime com base nas referidas circunstâncias, ou seja, não seria possível a fixação de uma pena de 5 anos de reclusão em regime aberto em razão de circunstâncias judiciais excepcionalmente favoráveis. Discordamos de tal entendimento, eis que o imperativo constitucional da individualização da pena parece impor a possibilidade de tal flexibilização.

Seguida a corrente majoritária, a possibilidade de ponderação das circunstâncias judiciais na fixação do regime inicial – nos termos do art. 33, § 3º – é imperativo de individualização da pena, pois permite, partindo da sanção prevista e do regime a princípio adequado para o crime em abstrato, que o magistrado possa agravar o regime inicial a partir das circunstâncias judiciais aferidas no caso em concreto. Como exemplo, apesar de se tratar de um crime de tentativa de roubo, em que a pena fixada usualmente não ultrapassa 4 anos, a qualidade da violência empregada no caso concreto pode justificar a pertinência de regime mais gravoso que o aberto, que seria a regra.

A gravidade em abstrato do crime se manifesta na pena prevista no preceito secundário, e o regime inicial adequado está previsto na tabela já retratada do art. 33 do CP.

Diante da lógica imposta, é permitido ao julgador agravar o regime a partir das circunstâncias específicas do caso concreto, mas é proibido o agravamento sem tal fundamentação específica, por ausência de amparo legal. Não cabe, assim, ao julgador fixar regime inicial mais gravoso que aquele estabelecido como regra, tendo como fundamentação sua apreciação subjetiva sobre a gravidade em abstrato do crime. Não é função do Poder Judiciário, mas, sim, do Legislativo apreciar o desvalor em abstrato das condutas.

No entanto, quer por comodidade, quer por incompreensão do sistema legal, alguns magistrados agravavam o "regime-regra" lastreados na gravidade em abstrato do crime. No crime de roubo com emprego de arma, com a pena privativa de liberdade fixada no mínimo legal (5 anos e 4 meses), foi um alastrado vício a imposição de regime fechado pela "gravidade intrínseca do crime, no qual é empregada violência e que desassossega a sociedade honesta". Ora, tais argumentos apreciam o crime de roubo abstratamente considerado, e não as circunstâncias do caso concreto, que permitiriam agravar legitimamente o regime.

Em razão da reiteração de tal errado proceder, o STF editou duas súmulas, corrigindo tal equivocada prática:

> **Súmula 719:** A imposição do regime de cumprimento mais severo do que a pena aplicada permitir exige motivação idônea.

Com a presente súmula, o STF consagra a fórmula "regime-regra" e exceção, pois apenas com fundamentação calcada nos permissivos excepcionais é que poderia ser fixado regime inicial mais severo que o estabelecido a partir da quantidade da pena.

> **Súmula 718:** A opinião do julgador sobre a gravidade em abstrato do crime não constitui motivação idônea para a imposição de regime mais severo do que o permitido segundo a pena aplicada.

Explicando que a opinião do julgador sobre a gravidade em abstrato do crime não constitui a motivação idônea assinalada na Súmula 719, o STF ratifica a necessidade de apelo às circunstâncias concretas do crime, nos termos do art. 33, § 3º, para que seja excepcionado o "regime-regra".

Outro vício recorrente na prática forense é a incoerência entre a valoração das circunstâncias judiciais para determinação da quantidade da pena e da qualidade da sanção. Assim, em muitos casos, o juiz fixa a pena-base no mínimo em razão das circunstâncias judiciais favoráveis e, na mesma decisão, impõe regime inicial de cumprimento de pena mais grave que o "regime-regra" em razão de circunstâncias judiciais desfavoráveis. Embora seja evidente a contradição, o equívoco foi tão reiterado que levou à edição da Súmula 440 do STJ, segundo a qual "Fixada a pena-base no mínimo legal, é vedado o estabelecimento de regime prisional mais gravoso do que o cabível em razão da sanção imposta, com base apenas na gravidade abstrata do delito".

No caso do crime de tráfico de drogas privilegiado, a insistência dos Tribunais Estaduais em fixar o regime inicial fechado ou semiaberto, apesar de fixada pena no mínimo legal, levou o STJ a deferir *habeas corpus* coletivo e preventivo, buscando afastar tão evidente constrangimento:

> A moldura fática trazida pela Defensoria Pública do Estado de São Paulo – mais de mil presos, que, a despeito da reconhecida prática de crime de tráfico privilegiado, cumprem pena de um ano e oito meses, em regime fechado, com respaldo exclusivo no ultrapassado entendimento de que a conduta caracteriza crime assemelhado a hediondo – permite solução coletiva, por reproduzirem a mesma situação fático-jurídica (...) O condenado por crime de tráfico privilegiado, nos termos do art. 33, § 4º, da Lei n. 11.343/2006, a pena inferior a 4 anos de reclusão, faz jus a cumprir a reprimenda em regime inicial aberto ou, excepcionalmente, em semiaberto, desde que por motivação idônea, não decorrente da mera natureza do crime, de sua gravidade abstrata ou da opinião pessoal do julgador;(...) Aos condenados que atualmente cumprem pena por crime de tráfico privilegia-

do, em que se reconhecem todas as circunstâncias como favoráveis, e aos que vierem a ser sancionados por tal ilicitude (mesmas circunstâncias fáticas), determinar que não se imponha – devendo haver pronta correção aos já sentenciados – o regime inicial fechado de cumprimento da pena.

Por fim, mesmo que reconhecida corretamente circunstância judicial desfavorável, com lastro nas peculiaridades do caso concreto, não deve ser automaticamente imposto regime mais severo, pois a pena deve ser imposta de acordo com o que seja (estritamente) necessário para reprovar e prevenir o crime, nos termos do art. 59 do CP. Nesse sentido, o STJ já entendeu que, "dadas as peculiaridades do caso concreto, admite-se que ao réu primário condenado à pena igual ou inferior a 4 anos de reclusão, seja fixado regime inicial aberto, ainda que negativada circunstância judicial" (STJ, REsp 1.970.578, Rel. Min. Olindo Menezes, j. em 30-5-2022).

2) A reincidência também permite o agravamento do regime inicial, eis que as alíneas *b* e *c* do art. 33, § 2º, sempre se referem ao condenado não reincidente, permitindo a construção doutrinária, hoje francamente majoritária, de que o reincidente deve receber sempre o regime mais gravoso possível para a espécie de pena aplicada.

Assim, pela interpretação majoritária do referido dispositivo legal, se o reincidente é condenado à pena de reclusão, o regime inicial deve ser o fechado, e se condenado à pena de detenção, o regime inicial deve ser o semiaberto, independentemente da quantidade de pena fixada.

A construção doutrinária referida trouxe, no entanto, um problema prático: nos casos em que o reincidente pratica crimes de pequena gravidade apenados com reclusão, como o furto tentado, a necessidade de imposição de regime inicial fechado impunha tratamento desproporcionalmente gravoso, mormente diante das mazelas da prática forense penal. É que a pena aplicada poderia ser inferior a 1 ano, e, assim, o regime inicial fechado cederia à progressão de regime em pouco mais de 1 mês (1/6 da pena). Ocorre que em pouco mais de um mês não há tempo hábil para providenciar a progressão ao regime semiaberto, e quando efetivada já será tempo de nova progressão, agora ao regime aberto.

Em muitos casos, a demora nos trâmites burocráticos era tamanha que o sujeito terminava por cumprir toda a pena em regime fechado, tal qual a antiga e inconstitucional previsão para os crimes hediondos, gerando insuportável desproporcionalidade.

Buscando abrandar tal situação, o Superior Tribunal de Justiça editou a Súmula 269: "É admissível a adoção do regime prisional semiaberto aos reincidentes condenados a pena igual ou inferior a quatro anos se favoráveis as circunstâncias judiciais". A súmula abranda assim o rigor da interpretação do art. 33 do CP e permite que o reincidente em crime punido com reclusão receba regime inicial semiaberto, se a pena não superar quatro anos e se favoráveis as circunstâncias judiciais.

No REsp 1789898, o STJ entendeu que, por analogia à Súmula 269 do próprio STJ, seria possível a fixação de regime aberto ao reincidente condenado à pena inferior a 4 anos de detenção, se favoráveis as circunstâncias judiciais (fixação da pena-base no mínimo legal).

3) A Lei n. 8.072/90, com a nova redação imposta ao art. 2º, § 1º, pela Lei n. 11.464/2007, impõe regime inicial fechado para crimes hediondos e equiparados.

Por afrontar a individualização da pena, o Plenário do STF entendeu inconstitucional o regime inicial fechado automático, por força de lei, previsto no art. 2º, § 1º, da Lei n. 8.072/90:

> (...) 2.5 e a Constituição Federal menciona que a lei regulará a individualização da pena, é natural que ela exista. Do mesmo modo, os critérios para a fixação do regime prisional inicial devem-se harmonizar com as garantias constitucionais, sendo necessário exigir-se sempre a fundamentação do regime imposto, ainda que se trate de crime hediondo ou equiparado. 3. Na situação em análise, em que o paciente, condenado a cumprir pena de 6 (seis) anos de reclusão, ostenta circunstâncias subjetivas favoráveis, o regime prisional, à luz do art. 33, § 2º, alínea *b*, deve ser o semiaberto. 4. Tais circunstâncias não elidem a possibilidade de o magistrado, em eventual apreciação das condições subjetivas desfavoráveis, vir a estabelecer regime prisional mais severo, desde que o faça em razão de elementos concretos e individualizados, aptos a demonstrar a necessidade de maior rigor da medida privativa de liberdade do indivíduo, nos termos do § 3º do art. 33 c/c o art. 59 do Código Penal (...) Declaração incidental de inconstitucionalidade, com efeito *ex nunc*, da obrigatoriedade de fixação do regime fechado para início do cumprimento de pena decorrente da condenação por crime hediondo ou equiparado (HC 111.840, Rel. Min. Dias Toffoli, Tribunal Pleno, j. em 27-6-2012, *DJe* 17-12-2013).

A decisão transcrita não impede a fixação de regime inicial fechado para crimes hediondos ou equiparados, mas apenas impõe ao magistrado o dever de examinar o caso concreto e escolher, fundamentadamente, o regime mais adequado para a prevenção e reprovação do crime, orientado pelo princípio constitucional da individualização das penas.

Acreditamos que a disposição da Lei de Tortura (art. 1º, § 7º, da Lei n. 9.455/97), com semelhante teor, também seria considerada inconstitucional pelos Tribunais Superiores, por idêntica afronta ao princípio da individualização da pena. No entanto, o

STF entendeu de forma contrária, admitindo a constitucionalidade do regime inicial fechado "automático" para os crimes de tortura:

> (*Info* 789 STF): O condenado por crime de tortura iniciará o cumprimento da pena em regime fechado, nos termos do disposto no § 7º do art. 1º da Lei 9.455/1997 – Lei de Tortura. Com base nessa orientação, a Primeira Turma denegou pedido formulado em *habeas corpus*, no qual se pretendia o reconhecimento de constrangimento ilegal consubstanciado na fixação, em sentença penal transitada em julgado, do cumprimento das penas impostas aos pacientes em regime inicialmente fechado. Alegavam os impetrantes a ocorrência de violação ao princípio da individualização da pena, uma vez que desrespeitados os artigos 33, § 3º, e 59 do CP. Apontavam a existência de similitude entre o disposto no artigo 1º, § 7º, da Lei de Tortura e o previsto no art. 2º, § 1º, da Lei de Crimes Hediondos, dispositivo legal que já teria sido declarado inconstitucional pelo STF no julgamento do HC 111.840/ES (*DJe* de 17-12-2013). O Ministro Marco Aurélio (relator) denegou a ordem. Asseverou não caber articular com a Lei de Crimes Hediondos, pois a regência específica (Lei n. 9.455/1997) prevê expressamente que o condenado por crime de tortura iniciará o cumprimento da pena em regime fechado, o que não se confundiria com a imposição de regime de cumprimento da pena integralmente fechado. Assinalou que o legislador ordinário, em consonância com a CF/1988, teria feito uma opção válida, ao prever que, considerada a gravidade do crime de tortura, a execução da pena, ainda que fixada no mínimo legal, deveria ser cumprida inicialmente em regime fechado, sem prejuízo de posterior progressão. O Ministro Luiz Fux, não obstante entender que o presente *habeas corpus* faria as vezes de revisão criminal, ante o trânsito em julgado da decisão impugnada, acompanhou o relator (HC 123.316/SE, Rel. Min. Marco Aurélio, 9-6-2015).

19.9 DETRAÇÃO

19.9.1 Conceito e características

Nos termos do art. 42 do CP, computam-se, na pena privativa de liberdade e na medida de segurança, o tempo de prisão provisória, no Brasil ou no estrangeiro, o de prisão administrativa e o de internação em qualquer dos estabelecimentos referidos no artigo anterior.

Conceitualmente, é o desconto na pena a cumprir, ou no prazo mínimo da medida de segurança, do tempo de prisão ou internação processual sofrida pelo indivíduo. Trata-se de um imperativo de equidade e racionalidade.

Equidade, pois não é justo que o tempo de sofrimento durante o processo não seja contabilizado na equação final sobre o sofrimento merecido.

Racionalidade, pois, se a sanção tida como suficiente é, por exemplo, de 2 anos de prisão, é óbvio que o título jurídico da prisão (se processual ou penal) não importa para que sejam atingidas suas finalidades de repressão e prevenção do delito, e, assim, a prisão processual cumpre, ainda que reflexa ou indesejadamente (pois o indivíduo ainda não foi considerado culpado), as finalidades da prisão-pena.

Assim, se o sujeito permaneceu 6 meses em prisão processual e depois foi condenado definitivamente a 2 anos de reclusão, bastará o cumprimento de 1 ano e 6 meses de prisão-pena, pois será descontado o prazo de prisão processual. Da mesma forma, se imposta internação processual (art. 150 do CPP), por 6 meses, e ao final determinada medida de segurança com prazo mínimo de 3 anos, o primeiro exame de cessação de periculosidade deverá ser feito, no máximo, 2 anos e 6 meses após. Também na medida de segurança os mesmos fundamentos de equidade e racionalidade se aplicam.

O reconhecimento da detração, pela letra da lei, é de competência do juiz das execuções penais, nos termos do art. 66 da LEP. A prática comum de juízes de primeiro grau em reconhecer a detração logo no momento em que proferida a sentença, abrandando assim desde logo a quantidade de pena a cumprir, é medida de reconhecida e desejada equidade, mas que não guarda respaldo na legislação nem na jurisprudência majoritária. Fica ressalvado apenas o desconto da prisão processual com o objetivo de orientar a fixação de regime inicial, hoje previsto no art. 387, § 2º, do Código de Processo Penal, que é competência do juízo da condenação, e vem sendo chamado também pelos tribunais de "detração" (sobre o tema, *vide* capítulo sobre fixação do regime inicial de cumprimento de pena).

Nos termos do art. 42 do CP, não importa se a prisão processual foi cumprida no Brasil ou no estrangeiro.

19.9.2 Polêmicas envolvendo a detração

Muitas polêmicas envolvem o instituto da detração:

1) O prazo de prisão processual deverá ser descontado no prazo mínimo da medida de segurança? Partindo da premissa purista de que durante a prisão processual não há tratamento, mas, sim, custódia com fins de satisfação de necessidades processuais, não há motivo para o desconto. No entanto, como na prática muitas medidas de segurança são cumpridas irregularmente em cadeias públicas ou presídios, e, ainda, como hoje já é reconhecido o matiz de castigo da medida de segurança, tem sido admitido majoritariamente nos tribunais o ora comentado desconto. A interpretação literal do dispositivo de lei, aliás, permite tal compreensão.

2) O prazo de internação processual (art. 150 do CPP) deverá ser descontado na prisão-pena? Mais uma vez, uma interpretação purista permitiria compreender a negativa, pois a internação, a princípio, não castiga, e não restaria cumprida

função retributiva necessária para que se justifique o desconto na posterior prisão-pena. No entanto, como o indivíduo terá, de qualquer forma, sua liberdade cerceada, e como o objeto de restrição da mais intensa pena prevista no Código Penal é exatamente a liberdade, entende-se majoritariamente possível o desconto. Mais uma vez, como já assinalado no parágrafo anterior, a letra da lei favorece a compreensão benéfica ao réu.

3) É possível detração em processos diferentes, ou seja, é possível descontar na pena fixada em um processo A uma prisão processual imposta em processo B? É forte o argumento negativo, pois o procedimento permitiria a formação de "conta corrente" de pena, que chega a estimular a prática criminosa, pois o sujeito que resta preso processualmente e é absolvido poderia contar com o instituto da detração para, com a prática de crime posterior, cobrar seu "crédito penal" do Estado e quedar impune, o que seria inadmissível. E mais, é possível argumentar que, se os processos são diferentes, os efeitos comunicativos da prisão-processual não são absorvidos quer pela sociedade, quer pelo réu em relação à prática da infração que resultou na condenação, afastando-se assim o instituto dos fins do Direito Penal.

Entendemos mais forte no entanto o argumento favorável, pois é iníquo conceber que o indivíduo, após cumprir prisão processual injusta, não possa compensar tal indevido sofrimento com a diminuição da pena que legitimamente lhe é imposta.

Após grandes controvérsias, o Superior Tribunal de Justiça parece ter pacificado a questão, disciplinando que é possível a detração em processos diferentes, desde que a infração em cuja condenação se busca a detração tenha sido praticada antes da prisão processual no outro processo. Preenchidos tais requisitos, quando praticada a infração penal que resultou em condenação, o indivíduo não poderia saber que permaneceria injustamente em prisão processual, e, assim, fica afastada a crítica da possibilidade de conta corrente de pena, e, ao mesmo tempo, satisfeito o imperativo de equidade que permite a compensação da injusta custódia com a pena imposta corretamente: "O instituto da detração penal somente é possível em processos relativos a crimes cometidos anteriormente ao período de prisão provisória a ser computado" (STJ, REsp 650.405, j. em 30-6-2005).

Em suma, se o sujeito é preso em flagrante por furto, mas absolvido, e condenado em outro processo por crime de estelionato, a prisão processual será descontada da pena do estelionato se este foi praticado antes da prisão em flagrante. Se posterior, não será possível a detração, como esclarece o STJ: "A Turma denegou a ordem de *habeas corpus*, reafirmando a jurisprudência deste Superior Tribunal de ser inviável a aplicação da detração penal em relação aos crimes cometidos posteriormente à custódia cautelar" (HC 197.112/RS, Rel. Min. Og Fernandes).

4) É possível detração analógica na pena de multa, ou seja, é possível descontar na pena de multa imposta, por equidade, prazo de prisão processual? Duas posições:

1 – Os defensores de tal tese entendem que o desconto é necessário, pois a prisão anterior teria sido confessadamente um excesso, que precisaria, no mínimo, ser compensado com o não pagamento ou abrandamento da multa. No mais, se fixada apenas a pena de multa, é possível concluir que o indivíduo carregava circunstâncias subjetivas favoráveis, que permitiriam a fixação de multa alternativa ou substitutiva à pena privativa de liberdade prevista no tipo. Ora, se é assim, aquele que traz circunstâncias subjetivas desfavoráveis seria favorecido com a fixação de pena privativa de liberdade, que permitiria a detração, enquanto o portador de boas circunstâncias subjetivas restaria castigado com a inviabilidade de detração, ferindo a razoabilidade.

2 – No entanto, apesar dos argumentos da tese defensiva, é praticamente pacífica a orientação jurisprudencial no sentido da impossibilidade da detração analógica, por se tratar de instituto excepcional que demanda interpretação restritiva. Assim, prevalece a letra da lei, que a princípio só admite detração para a pena privativa de liberdade e para a medida de segurança.

Em nosso entender é correta a primeira posição. É que o argumento contrário, que se funda na ausência de previsão legal, não nos parece suficiente. O Código Penal tem em seu sistema norma sobre o tema, quando trata de pena cumprida no estrangeiro (art. 8º do CP: "A pena cumprida no estrangeiro atenua a pena imposta no Brasil pelo mesmo crime, quando diversas, ou nela é computada, quando idênticas"): se para a pena cumprida no estrangeiro há possibilidade de compensação ou atenuação, mesmo com espécies sancionatórias diferentes, parece-nos evidente a possibilidade de incidência do mesmo comando normativo quando a medida processual, de espécie diversa, foi cumprida, dado o mesmo princípio orientador (fundamento da analogia) de evitar o *bis in idem* no sofrimento. No mais, se se permite o cômputo da prisão processual até mesmo na mais grave espécie de pena, que é a privativa de liberdade, é evidente a presença de um argumento *a fortiori (com mais razão)* para aplicação nas demais espécies punitivas.

5) Para a pena restritiva de direitos substitutiva da privativa de liberdade, é normal a incidência da detração, pois seria contraditório permiti-la apenas se, descumprida a sanção, fosse convertida em privativa de liberdade. No caso de pena restritiva de direito diretamente prevista no preceito secundário do tipo, como na hipótese do art. 28 da Lei de Drogas, prevalece que não é possível a detração (e seria possível a prisão processual no caso de desclassificação do crime de tráfico para porte, na sentença), lembrando que, em tal caso, se a medida restritiva de direitos não for cumprida, não é possível a conversão em privativa de liberdade. Mais uma vez, discordamos do entendimento majoritário, aceitando a detração analógica pelos termos defendidos no tópico anterior. Assim, as penas previstas para o porte de drogas (advertência, prestação de serviços à comunidade e medida educativa) deveriam ser compensadas (extintas) ou ao menos atenuadas pela prisão processual.

6) Detração e prescrição executória: no cálculo da prescrição da pretensão executória, deve ser considerada a detração? Trata-se de questão das mais frequentes:

indivíduo é preso em flagrante e permanece 3 meses preso, até que lhe é concedida liberdade provisória. É condenado a 1 ano de reclusão. Sabe-se que a pretensão executória da pena de 1 ano prescreve em 4 anos, mas se a pena for inferior a 1 ano, bastam 3. Sabe-se também que, pela regra do art. 113 do CP, no caso de fuga é calculada prescrição tendo como critério o tempo que resta a cumprir. No exemplo citado, uma vez que pela detração há menos de 1 ano a cumprir, em quanto tempo ocorrerá a prescrição?

Pacífico entendimento dos Tribunais Superiores de que não incidirá a detração para a determinação da pena que servirá de critério para o cálculo do prazo prescricional da pretensão executória, ou seja, no exemplo acima citado, a prescrição executória ocorrerá em 4 anos. A justificativa é que a literalidade do art. 113 do CP só permite que o cálculo da pretensão executória leve em conta "o que resta de pena a cumprir" no caso de fuga, não mencionando a detração. Nesse sentido: "A prescrição calculada pela pena residual (art. 113 do CP) não admite o cômputo da pena de prisão provisória e só abrange as hipóteses de evasão do condenado ou de revogação do livramento condicional. O prazo para prescrição da pretensão executória é previsto no art. 110, *caput*, do Código Penal, ou seja, calculado com base na pena aplicada. A detração (art. 42 do CP) é feita quando do cumprimento da pena" (RHC 84.177, Min. Ellen Gracie, j. em 29-6-2004).

Discordamos do entendimento majoritário. É que, se é possível o desconto da pena já cumprida, ou seja, do castigo já sofrido, até mesmo no caso de fuga, *a fortiori* deve ser aplicado o mesmo raciocínio quando a liberdade é legal, ou seja, quando o sujeito, após cumprir prisão cautelar, é liberto com autorização estatal. Seria razoável, assim, interpretação extensiva *pro reo* do art. 113 do CP, fortalecida pelo argumento *a fortiori*. Nesse sentido, Delmanto: "Há coerência em descontar-se da prescrição da pretensão executória ('da condenação') o tempo em que o condenado esteve antes preso provisoriamente. Se, mesmo no caso de fuga, ele não perde o tempo em que ficou preso, não se pode deixar de dar igual tratamento a quem não se evadiu mas foi solto legalmente pelo juiz" (Celso Delmanto *et al.*, *Código Penal comentado*, p. 424).

19.9.3 Detração e medidas cautelares diversas da prisão

Merece destaque a discussão sobre a possibilidade de reconhecimento da detração no caso de aplicação das medidas cautelares diversas da prisão previstas no art. 319 do CPP. É possível classificar as propostas doutrinárias como:

a) Restritivas: em regra, não será possível a detração, salvo se, no caso concreto, for possível encontrar correlação lógica entre a medida cautelar e a sanção imposta. Assim, será óbvia a possibilidade de detração no prazo mínimo da medida de segurança no caso da internação provisória do art. 319, VII. Será também possível detrair de pena a cumprir em regime aberto a medida cautelar de recolhimento noturno, dada a semelhança entre os institutos. Não será possível detração, no entanto, se a medida aplicada não se relacionar com a pena aplicada, como no caso do monitoramento eletrônico, que não guarda semelhança com nenhuma pena hoje prevista, ou ainda se no caso concreto a pena resultar em prisão, pois não seria possível relacioná-la com medida diversa da prisão. É o entendimento, entre outros, de Norberto Avena (*Processo penal esquematizado*, 2013, p. 852).

b) Ampliativas: será sempre possível a detração nas cautelares que restringem a liberdade, pois não é razoável que o sofrimento (restrição) imposto durante o processo não seja de alguma forma compensado após a imposição da pena. A razão de ser da detração prevista no art. 42 é exatamente essa, e há de ser aplicada em todos os casos submetidos às mesmas condições, em necessária analogia *in bonam partem* (*ubi eadem ratio ibi eadem legis dispositio*). Há divergência, no entanto, sobre os critérios:

I – Para Guilherme Madeira, no caso de medida cautelar diversa da prisão, cumpre ao operador do direito buscar no ordenamento critérios de relação entre obrigações/ônus impostos pelo sistema penal e a pena de prisão, sendo encontrada a razão mais próxima na remição: a cada três dias de cautelar restritiva da liberdade deverá ser descontado um dia de cumprimento de pena (DEZEM, Guilherme Madeira. Medidas cautelares pessoais: primeiras reflexões. *Boletim do IBCCRIM*, n. 223, jan. 2011).

II – Partindo das premissas de que: a) grande parte das cautelares diversas da prisão reflete penas restritivas de direitos previstas no Código Penal; e b) não há critérios expressos na lei para a detração em tal caso, possível concluir pela aplicação direta da regra do art. 42 do Código Penal, na razão de um dia de restrição para um dia de pena. Se é verdade que restrições cautelares muito longas podem absorver toda a pena, também é verdade que não deveriam existir restrições cautelares muito longas, pois desafiam a garantia constitucional da duração razoável do processo e a excepcionalidade das cautelares. É nossa posição.

O STJ consolidou, desde o HC 455.097, que o réu que é submetido a medida cautelar alternativa de recolhimento domiciliar em período noturno e dias de folga, pode somar as horas em que teve sua liberdade de ir e vir restringida para detração. No caso julgado, o réu tinha sua liberdade restringida das 22 às 7 horas, todos os dias, e, assim, deveriam ser somadas as horas e convertidas em dias de desconto.

Nesse caso, o tempo de detração em razão do recolhimento domiciliar noturno deve ser contado também para fins de progressão de regime, como decidiu o STJ no HC 892.086.

19.9.4 Por uma nova proporcionalidade entre o tempo de prisão processual e o desconto no tempo de pena a cumprir

Sustenta Ragués i Vallès (*Realmente um dia em prisión preventiva equivale a um día de pena de prisión*) que não é razoável que um dia de prisão processual tenha como efeito apenas um dia de detração na pena a cumprir. Não há dúvida, sustenta o autor, que a prisão processual é um equivalente funcional da pena, uma vez que aplicada após a prática do fato, e o sofrimento imposto é apto a cumprir funções retributivas e preventivas. No entanto, a prisão processual é ainda mais gravosa e restritiva do que a prisão preventiva. É comum que o local de cumprimento da prisão processual tenha arquitetura mais repressiva menos ou nada preocupada com a integração social do sujeito, razão pela qual são inexistentes estruturas de ensino, trabalho e lazer. A prisão processual ainda afeta iniludivelmente a presunção de inocência, pois ainda que o réu seja condenado ao final, teve sua liberdade cerceada antes da certeza de sua culpa. Por fim, a prisão processual mitiga até mesmo o direito de defesa do acusado, que perde oportunidades para buscar pessoalmente provas de sua inocência ou que poderiam reduzir seu castigo. Possível concluir, assim, que a prisão processual é ainda mais grave do que a prisão-pena, razão pela qual o desconto de um dia de prisão processual por um dia de pena não é proporcional.

Concordamos com Ragués i Vallès, e entendemos que a reflexão deve ser desenvolvida na doutrina brasileira, alcançando os tribunais, o que terá, inclusive, o efeito benéfico de evitar a banalização da prisão processual, e poderá contribuir como estímulo para acelerar a condenação.

19.10 TRABALHO DO PRESO E REMIÇÃO

19.10.1 Conceito e características

O direito ao trabalho é arrolado na Constituição (art. 6º) como necessário para preservação da dignidade humana. Há que se lembrar sempre de que os direitos não atingidos pela condenação são preservados e que a pena não pode atingir a dignidade do preso. Daí o direito ao trabalho, que além de direito também é, na visão do legislador, forma de incentivar a ressocialização do condenado.

O trabalho para o preso condenado é direito e dever. Prevalece que o descumprimento injustificado do dever de trabalhar é falta grave, nos termos do art. 50 da LEP. Para o preso provisório, nos termos do art. 31, parágrafo único, da LEP, o trabalho é direito, mas é facultativo (não é dever) e só pode ser praticado no interior do estabelecimento prisional.

Nos termos do art. 31, § 2º, do CP e do art. 31 da LEP, o trabalho deve respeitar as aptidões do condenado. A jornada de trabalho não será inferior a 6 ou superior a 8 horas diárias, havendo descanso nos domingos e feriados, salvo designação especial, podendo ser gerenciado por fundação ou empresa pública.

A lei indica a necessidade de que o trabalho do preso tenha alguma expressão econômica, não se restringindo a artesanato, que em nada contribuirá para seu sustento fora do sistema carcerário (art. 32 da LEP). O Poder Público deverá adquirir os bens manufaturados pelos presos, sem licitação, quando inviável sua venda privada, sendo os fundos arrecadados voltados ao estabelecimento prisional (art. 35 da LEP).

Nos termos do art. 39 do CP, o trabalho do preso será sempre remunerado, com as garantias da previdência social. A remuneração não poderá ser inferior a 3/4 do salário mínimo e deverá atender à indenização à vítima, assistência à família, pequenas despesas pessoais e à indenização ao Estado pelos gastos com a manutenção do preso. O restante será guardado em caderneta de poupança, para constituição de pecúlio, que será entregue ao condenado quando retornar ao convívio social.

19.10.2 Trabalho externo

No regime fechado, o trabalho no interior do estabelecimento prisional é a regra. Excepcionalmente, poderá ser deferida autorização para trabalho externo, desde que tomadas medidas para prevenir fugas e impor disciplina, bem como contingente de trabalhadores condenados não ser superior a 10%. A lei impõe o prévio consentimento do condenado se o trabalho for prestado para entidade privada.

O art. 37 da LEP impõe ainda o cumprimento de ao menos 1/6 da pena e a verificação da disciplina e responsabilidade do condenado, assinalando que a autorização poderá ser revogada se praticado crime doloso ou falta grave. Há entendimento hoje majoritário nos Tribunais de que as condições do art. 37 da LEP não são exigíveis do condenado em regime semiaberto, ou seja, são exclusivas dos raros casos de trabalho externo ao condenado em regime fechado.

> STF: A exigência objetiva de prévio cumprimento do mínimo de 1/6 da pena, para fins de trabalho externo, não se aplica aos condenados que se encontrarem em regime semiaberto. Essa a conclusão do Plenário – EP 2 TrabExt-AgR/DF, Rel. Min. Roberto Barroso.
>
> Este Superior Tribunal de Justiça consagrou o entendimento de que se admite a concessão de trabalho externo a condenado em regime semiaberto, independentemente do cumprimento de 1/6 da pena ou de qualquer outro lapso temporal, após a análise criteriosa, pelo Juízo da Execução, das condições pessoais do preso (STJ, HC 92.320, j. em 7-4-2008).

Vale lembrar que não há qualquer óbice no trabalho externo do condenado por crime hediondo, que se submete às mesmas condições gerais do regime de cumprimento de pena respectivo.

No regime semiaberto, o trabalho é prestado em regra na colônia agrícola, industrial ou similar. Pode ser deferida autorização para o trabalho externo, e, apesar da letra da lei, os Tribunais Superiores já pacificaram que em tal hipótese não é necessária escolta, tampouco o cumprimento de 1/6 da pena como requisito para a autorização, como visto no tópico anterior.

No regime aberto, o trabalho externo, sem vigilância, é requisito para o ingresso no regime (art. 114, I, da LEP – "estiver trabalhando ou comprovar a possibilidade de fazê-lo imediatamente"), pois a laborterapia foi considerada pelo legislador instrumento para alcançar a reinserção social prevista no art. 1º da LEP.

19.11 REMIÇÃO

19.11.1 Conceito e características

A Lei de Execução Penal prevê nos arts. 126 a 130 da LEP a remição, que é o desconto no tempo de pena a cumprir pelos dias de trabalho ou estudo. O objetivo do instituto é estimular atividades que facilitem a integração social e estimulem o bom comportamento.

Reconhecido o Estado de Coisas Inconstitucional (ADPF 347), acreditamos que a remição tem também o objetivo de estabelecer critérios racionais que acelerem o tempo de permanência de condenados na prisão: vale lembrar que a remição é instituto jurídico ao qual pode ser atribuído qualquer requisito, condição ou efeito, ou seja, não há qualquer problema em ampliar a possibilidade de sua incidência para casos semelhantes que cumpram os mesmos objetivos, tanto que sempre foi comum seu emprego por analogia: mesmo antes da previsão legal expressa, a remição pelo estudo era admitida por analogia à fórmula original, que previa apenas a remição pelo trabalho. A remição por leitura é admitida também por analogia, ainda que não prevista expressamente em lei, e assim por diante. Não há justificativa racional, diante dos objetivos do instituto, do Estado de Coisas Inconstitucional e do gigantesco déficit de vagas, para impor interpretação restritiva ao instituto da remição.

19.11.2 Observações gerais

A remição deverá ser declarada pelo juiz, após manifestação do Ministério Público e da Defesa, a partir de laudos e documentos fornecidos pela administração penitenciária. Nos termos do art. 129 da LEP, a autoridade administrativa encaminhará mensalmente ao juízo da execução cópia do registro de todos os condenados que estejam trabalhando ou estudando, com os dados pertinentes.

Os dias remidos serão considerados para todos os fins como livramento condicional, progressão, indulto etc.

Consideram-se os dias remidos como pena cumprida, nos termos do art. 128 da LEP. A matéria já foi pacificada pelo STJ:

> O tempo remido pelo apenado por estudo ou por trabalho deve ser considerado como pena efetivamente cumprida para fins de obtenção dos benefícios da execução, e não simplesmente como tempo a ser descontado do total da pena. HC 174.947/SP, Rel. Min. Laurita Vaz, 5ª Turma, j. em 23-10-2012, *DJe* 31-10-2012; HC 167.537/SP, Rel. Min. Sebastião Reis Júnior, 6ª Turma, j. em 20-3-2012.

Por expressa disposição legal (art. 126, § 7º), será possível a remição a partir de dias de trabalho e estudo durante a prisão cautelar.

É possível cumular trabalho e estudo no mesmo dia, e as duas atividades serão contabilizadas para a remição. Aliás, o art. 126, § 3º, é expresso ao impor que a autoridade carcerária defina os horários de trabalho e estudo de forma a permitir a compatibilização. Nesse sentido o STF:

Para remição de pena, há independência entre os limites máximos diários de jornada de trabalho (oito horas) e de frequência escolar (quatro horas), podendo o condenado, em razão de trabalho e estudo empreendidos nos mesmos dias, cumular os dois abatimentos, desde que não sejam ultrapassados referidos limites, individualmente considerados (RHC 187.940 – Rel. Nunes Marques).

Se em razão de acidente o preso não puder trabalhar ou estudar, continuará a se beneficiar da remição até que se recupere. Entendemos que a expressão "acidente" deve ter interpretação ampla, alcançando todo fato que escapa ao controle do sentenciado, como um problema de saúde individual ou coletivo, um acidente do trabalho ou mesmo a indisponibilidade transitória do local de trabalho.

Remição e pandemia: no julgamento do Tema Repetitivo 1.120, o STJ entendeu que, "nada obstante a interpretação restritiva que deve ser conferida ao art. 126, § 4º, da LEP, os princípios da individualização da pena, da dignidade da pessoa humana, da isonomia e da fraternidade, ao lado da teoria da derrotabilidade da norma e da situação excepcionalíssima da pandemia de covid-19, impõem o cômputo do período de restrições sanitárias como de efetivo estudo ou trabalho em favor dos presos que já estavam trabalhando ou estudando e se viram impossibilitados de continuar seus afazeres unicamente em razão do estado pandêmico" (REsp 1.953.607).

Concordamos com a decisão, mas não com o fundamento. Não há, aqui, derrotabilidade da norma, mas, sim, aplicação direta da norma do art. 126, § 4º, da LEP, que manda reconhecer a remição no caso de acidente, e a pandemia, sem dúvida, foi algo imprevisível, fortuito, inesperado, triste e desagradável, englobando os principais sentidos da expressão "acidente".

A remição por acidente (ficta) não é admitida no trabalho eventual, porquanto não se pode presumir que deixou de ser oferecido e exercido em razão do estado pandêmico (HC 684.875-DF, Rel. Ministro Sebastião Reis Júnior, Sexta Turma, por unanimidade, julgado em 21-3-2023, *DJe* 23-3-2023).

Acreditamos, ainda, que a remição prevista no art. 126, § 4º, da LEP não deveria ser tratada como "ficta" ou "presumida", mas sim "remição por acidente", deixando a expressão "ficta" ou "presumida" para o caso em que o Estado não fornece condições de trabalho. Na remição por acidente, a oportunidade de trabalho ou estudo existe, mas o sentenciado não consegue aproveitá-la por acidente. No entanto, os tribunais usam os termos "ficta", "presumida" e "por acidente" como sinônimos.

19.11.3 Remição pelo trabalho

A remição pelo trabalho será reconhecida na razão de 3 para 1, ou seja, a cada 3 dias de trabalho receberá um dia de remição.

A jornada de trabalho não deve ser inferior a 6 horas nem superior a 8 horas diárias. Se imposta "hora extra", prevalece que a cada 6 horas será contabilizado um novo dia de trabalho para fins de remição. É o entendimento consolidado do STJ:

> O período de atividade laboral do apenado que exceder o limite máximo da jornada de trabalho (8 horas) deve ser contado para fins de remição, computando-se um dia de trabalho a cada seis horas extras realizadas. HC 235.722/RS, Rel. Min. Laurita Vaz, 5ª Turma, j. em 21-6-2012, *DJe* 29-6-2012; AgRg no REsp 1.283.575/RS, Rel. Min. Jorge Mussi, 5ª Turma, j. em 12-6-2012, *DJe* 19-6-2012; REsp 1.292.185/RS (decisão monocrática), Rel. Min. Marilza Maynard (Desembargadora convocada do TJ/SE), 6ª Turma, j. em 18-3-2014, *DJe* 31-3-2014, 9.2).

No entanto, o trabalho deve ser sempre contado em dias, e não em horas, ou seja, se o sujeito trabalhou 7 horas em um dia, será contado 1 dia de trabalho, e não 7 horas. A busca pela contagem em horas era tentada pela defesa, com o objetivo de conseguir um dia de remição a cada 18 horas. A contagem em horas serve apenas para a hora extra, e não para o dia ordinário de trabalho. Foi o entendimento do STF:

> O cálculo da remição da pena será efetuado pelos dias trabalhados pelo condenado e não pelas horas, nos termos da Lei de Execução Penal (Lei n. 7.210/84). Com base nesse entendimento, a 2ª Turma denegou *habeas corpus* em que se discutia a possibilidade de se adotar o critério de dezoito horas para um dia remido, com o mínimo de seis horas como correspondente a uma jornada de trabalho. Enfatizou-se que, nos termos dos arts. 33 e 126 da LEP, a contagem é feita pelos dias trabalhados pelo apenado, à razão de "1 (um) dia de pena a cada 3 (três) dias de trabalho" (LEP, art. 126, § 1º, II) (HC 114.393/RS, Rel. Min. Cármen Lúcia, j. em 3-12-2013).

Pela letra da lei, a remição só é possível nos regimes fechado e semiaberto, pois no regime aberto ela é parte do próprio cumprimento da pena, assim como na restrição de direitos da prestação de serviços à comunidade. Assim entende o STF:

> Recurso ordinário em *habeas corpus*. Execução penal. Remição pelo trabalho. Art. 126 da LEP. Inviabilidade de concessão do benefício aos condenados que cumprem pena em regime aberto. Precedentes. Recurso improvido. 1. A jurisprudência desta Corte é firme quanto à inviabilidade de concessão do benefício da remição pelo trabalho aos condenados que cumprem regime aberto (art. 126 da LEP). Precedentes. 2. Recurso improvido (RHC 117.075/DF, Rel. Min. Teori Zavascki, j. em 6-11-2013).

Discordamos de tal entendimento, acreditando que deveria ser deferida remição pelo trabalho também no regime aberto. O trabalho é dever do preso também nos regimes fechado e semiaberto e condiciona a manutenção de determinados direitos no cárcere. Se é assim, o regime aberto, que (também) tem o trabalho como condição, deveria ter o mesmo tratamento. No mais, afastada a demagogia, o sentenciado em regime aberto que consegue trabalhar regularmente, vencendo a estigmatização e as dificuldades impostas pelo mercado de trabalho, faz jus a tal estímulo, mantendo-se a função de integração social e manutenção da disciplina do instituto.

Há entendimento do STJ de que apenas o trabalho comprovadamente supervisionado outorga direito à remição:

> O entendimento nesta Quinta Turma está a se delinear no sentido de que não havendo comprovação de que a atividade laboral do apenado foi desenvolvida de maneira supervisionada, sob fiscalização do estabelecimento prisional, não é possível aferir se foi atendido o caráter ressocializador da atividade (AgRg no HC 606.618, Min. Ribeiro Dantas).

Discordamos do referido entendimento. É muito comum que os presos sejam chamados para exercer funções dentro do estabelecimento prisional, dada a ausência de estrutura básica já reconhecida na ADPF 347, que declarou o estado de coisas inconstitucional no sistema penitenciário brasileiro. É comum que os presos cozinhem, limpem e organizem o estabelecimento, sem que o Estado consiga nem sequer fiscalizar tais atividades de forma eficiente. Negar a remição em tais casos, enganando o condenado que espera ser premiado pelo trabalho, e lançando sobre os ombros do condenado enganado a falta de estrutura estatal é compreensão que não se ajusta à humanidade das penas, tampouco aos objetivos de integração social. Se partimos da premissa (questionável, é verdade, mas é a premissa legal) de que o trabalho é instrumento de integração social, é necessária a criação de um vínculo de confiança com o preso, que acredita que será reconhecido pelo trabalho na prisão, e o mesmo aconteceria em liberdade. A quebra ou traição de tal vínculo de confiança é dessocializadora, injustificável.

Para que possa defender seus direitos, o preso será informado de seus dias remidos.

19.11.4 Remição pelo estudo

Antes mesmo da previsão legal, já era pacífica essa possibilidade, diante do conteúdo da Súmula 341 do STJ: "A frequência a curso de ensino formal é causa de remição de parte do tempo de execução de pena sob regime fechado ou semiaberto". Faltava, no entanto, a regulamentação sobre o tempo de estudo necessário para a remição de um dia. A atual redação do art. 126, § 1º, I, traz a razão do desconto: a cada 12 horas de estudo (frequência escolar) divididas em ao menos 3 dias será decretada a remição de 1 dia.

O sistema busca padronizar a jornada diária de 4 horas de estudo. No entanto, diante das dificuldades de providenciar acesso a todos os presos, é comum que a jornada não seja diária e regular, mas sim intercalada em 2 ou 3 vezes na semana. Para equilibrar as várias e peculiares condições encontradas nos estabelecimentos penitenciários brasileiros, foi escolhida a fórmula vigente: 12 horas divididas em ao menos 3 dias. Se a jornada for de 2 horas diárias, serão necessários 6 dias e assim por diante.

O legislador buscou coibir o abuso, pois, se realizada jornada superior a 12 horas em 3 dias, o excesso seria, pela letra da lei, desprezado, evitando-se assim que venha aos autos atestado de estudo por 18 horas diárias sem interrupção, o que, no mínimo, desequilibraria o sistema de remição. No entanto, a percepção empírica de um número mínimo de "abusos" e, ainda, a evidência da desorganização do serviço de educação no sistema penitenciário, que por vezes provoca jornadas intensas de estudo em alguns dias e inviabilidade em outros, levaram os tribunais superiores a admitir, também na contagem da jornada de estudo, a "hora extra", mesmo que supere 12 horas em 3 dias (HC 461047), por isonomia ao reconhecimento da hora extra no trabalho.

Há ainda previsão de um prêmio pela conclusão do curso. Nos termos do art. 126, § 5º, será acrescido em 1/3 o tempo de remição pelo estudo se concluído o ensino fundamental, médio ou superior. Entende-se, a princípio, como "estudo", pela letra da lei, a atividade de ensino fundamental médio, inclusive profissionalizante, ou superior, ou ainda de requalificação profissional. Como ainda é rara a concretização do direito ao estudo formalizado dentro dos estabelecimentos penitenciários, foi consolidado o entendimento de que, se o sentenciado se prepara sozinho para exames de conclusão de ciclo, como o Exame Nacional do Ensino Médio (ENEM) e o Exame Nacional para Certificação de Competências de Jovens e Adultos (ENCCEJA), deve receber carga equivalente aos dias de estudo, que são presumidos, com o resultado final de 177 dias para a aprovação no ensino fundamental (133 dias + bônus de 1/3) e 133 dias para o ensino médio (100 dias + bônus de 1/3), conforme o art. 3º da Resolução CNJ n. 391/2021.

Dada a conhecida dificuldade para tal prestação social nos estabelecimentos penitenciários, devem ser reconhecidas formas de estudo menos burocratizadas, ou seja, práticas sociais educativas não escolares (assim chamadas na Resolução CNJ n. 391/2021), como listas de livros ou cursos fornecidos por entidades especializadas ou filantrópicas. A remição pela leitura é expressamente lembrada no art. 5º da referida Resolução n. 391/2021.

Prevalece no STJ que "É cabível a remição da pena pela aprovação no Exame Nacional do Ensino Médio – ENEM, ainda que o apenado já tenha concluído o ensino médio antes de dar início ao cumprimento da pena, ressalvado o acréscimo de 1/3, com fundamento no art. 126, § 5º, da Lei de Execução Penal. AgRg no HC 786.844-SP, Rel. Ministro Joel Ilan Paciornik, Rel. para acórdão Ministro Reynaldo Soares da Fonseca, Quinta Turma, por maioria, julgado em 8-8-2023".

A remição pelo estudo é possível nos regimes fechado, semiaberto e aberto, e também no período de livramento condicional. A amplitude (na comparação com a remição pelo trabalho, que só é possível nos regimes fechado e semiaberto) se justifica pelo argumento de que o estudo é sempre um *plus* ao cumprimento da pena, pois estudar não é dever do preso e tampouco condição obrigatória para permanecer em regime menos gravoso.

É admitido o ensino à distância, desde que certificado pela autoridade educacional competente – Sistema Nacional de Informações da Educação Profissional e Tecnológica do Ministério da Educação (STJ – REsp 2.105.666). O STF já decidiu que, no caso de ensino à distância, basta a certificação da autoridade educacional, sendo desnecessária a fiscalização da autoridade penitenciária, ou seja, não se pode negar a remição pelo estudo em ambiente de ensino à distância pela incapacidade do Estado de fiscalizar as aulas (RHC 203.546). *Nossa posição*: entendemos que a possibilidade deve ser desburocratizada, mormente diante da omissão estatal em garantir o direito à educação aos condenados, como manda a Lei das Execuções Penais. Diante de tal quadro, o ensino à distância deve ser estimulado com o fomento de programas e acordos firmados com autoridades locais, sem necessidade de registro no MEC. Por fim, beira a fraude que o preso seja estimulado a assistir um curso à distância dentro do presídio com a esperança de remição e, ao final, pela ausência de uma certificação determinada, perca o tempo – e muitas vezes o dinheiro – investido, com a negativa do direito à remição.

19.11.5 Perda de dias remidos

Nos termos do art. 127 da LEP, a prática de falta grave impõe a perda dos dias remidos em até 1/3. A nova lei é benéfica se comparada com a antiga redação do dispositivo, que impunha a perda da totalidade dos dias remidos. Deve, assim, retroagir para casos anteriores, "devolvendo" aos sentenciados que tiveram decretação de "perda total" no mínimo 2/3 dos dias de remição aos quais teriam direito no momento da prática do ilícito. É a pacífica orientação do STF:

> *Informativo* 645 do STF: O Min. Gilmar Mendes, relator, concedeu a ordem, ao aplicar a novel redação dos arts. 127 e 128 da Lei de Execução Penal – LEP, alterada pela Lei n. 12.433/2011 ["Art. 127. Em caso de falta grave, o juiz poderá revogar até 1/3 (um terço) do tempo remido, observado o disposto no art. 57, recomeçando a contagem a partir da data da infração disciplinar. [...] Porém, reputou que, com as modificações produzidas pela nova lei, o reconhecimento da falta grave não implicaria mais perda de todos os dias remidos, nos termos do art. 127 da LEP. Concluiu, com fulcro no art. 5º, XL, da CF e no art. 2º do CP, tratar-se de *lex mitior*, devendo, portanto, ser aplicada para beneficiar o réu. Após, pediu vista dos autos o Min. Ricardo Lewandowski (HC 109.851/RS, Rel. Min. Gilmar Mendes, 2ª T., j. em 18-10-2011).

Se a lei impõe a perda de até 1/3 dos dias remidos, é forçoso concluir que nem sempre a perda será de 1/3, podendo ser 1/4, 1/5, 1/6, ou mesmo apenas um dia. Cabe ao julgador valorar o caso concreto e arbitrar, com razoabilidade, qual a fração ou o número de dias remidos que deverão ser perdidos, obedecido o limite de 1/3. Deve o juiz fundamentar os motivos que o levaram a escolher a quantidade de dias remidos perdidos, pautando-se nos critérios do art. 57 da LEP lembrando do comando explícito do art. 93, IX, da Constituição Federal.

Não é fundamentação suficiente indicar se tratar a ação de falta grave ou apenas mencionar genericamente seu efeito deletério ao ambiente carcerário, visto que apenas faltas graves resultam em perda de dias remidos, e todas as faltas graves são resultados de afrontas à disciplina. Para perdas intensas, como 1/3 dos dias remidos, é necessário que o julgador justifique o castigo na específica gravidade do caso concreto. Nesse sentido, o STF:

> Enfatizou-se que o art. 127 da LEP, com a redação conferida pela Lei n. 12.433/2011, imporia ao juízo da execução, ao decretar a perda dos dias remidos, que se ativesse ao limite de 1/3 do tempo remido e levasse em conta, na aplicação dessa sanção, a natureza, os motivos, as circunstâncias e as consequências do fato, bem como a pessoa do faltoso e seu tempo de prisão [LEP: "Art. 127. Em caso de falta grave, o juiz poderá revogar até 1/3 (um terço) do tempo remido, observado o disposto no art. 57, recomeçando a contagem a partir da data da infração disciplinar"] (HC 110.921/RS, Rel. Min. Ricardo Lewandowski, j. em 22-5-2012).

Polêmica: A prática de segunda falta grave permite a perda de mais de 1/3 do total dos dias remidos? Em outras palavras, se reconhecida a remição de 90 dias de pena em razão do trabalho por 270 dias, e praticada uma primeira falta grave, poderá ser imposta a perda de até 30 dias remidos. Se praticada nova falta grave, poderão ser atingidos mais 20 (1/3 dos 60 restantes) dias? Duas posições:

a) Sim, pois, de outra forma, decretada a perda de 1/3 dos dias remidos com a primeira falta, a prática da segunda quedaria inócua, ou seja, o sentenciado não teria mais o que perder, o que fomentaria a indisciplina e a violência carcerária.

b) Não, pois, se estabelecido o limite de 1/3 como o máximo de dias remidos que podem ser "perdidos", tal limite não pode ser violado pelo Estado. Ao estabelecer como 1/3 o limite de dias remidos que poderia ser desprezado, o legislador garantiu ao sentenciado que 2/3 dos dias remidos não seriam perdidos por indisciplina, incorporando-se tal direito ao patrimônio do sentenciado. Não há ainda que se falar que a segunda falta seria inócua, visto que há uma série de consequências na prática de falta grave, como os castigos do art. 53 da LEP, a interrupção (hoje reconhecida no STF) do período aquisitivo da progressão, a regressão, entre outras. Por fim, o art. 127 da LEP dispõe que decretada a perda de dias remidos deverá ser "recomeçada a contagem da data da infração disciplinar", estampando que os dias remidos preservados com a decretação da perda parcial não poderão ser atingidos. É a nossa posição.

É constitucional a perda de dias remidos? Contra a possibilidade de perda de dias remidos, duas teses de defesa foram erguidas, ainda na antiga legislação:

A primeira defendia basicamente a inconstitucionalidade da previsão, por ser o trabalho um *plus* ao cumprimento da pena, ou seja, se a pena é privativa de liberdade, o trabalho obrigatório é tarefa imposta além da pena, que não poderia ser simplesmente desprezado em momento posterior. Vale lembrar que a remuneração pode ser inferior ao salário mínimo (ao menos 3/4 do salário mínimo). Além disso, a cada três dias de trabalho a remição integraria a esfera de direitos do sujeito e, configurando direito adquirido, não poderia ser atingido.

A segunda tese defendia que, se as sanções disciplinares (ressalvado o RDD) não podem superar 30 dias, nos termos do art. 58 da LEP, a perda de dias remidos também deveria, por analogia, ater-se a tal limite.

As duas teses foram derrubadas no Supremo Tribunal Federal por súmula vinculante, que dispõe:

> Súmula Vinculante 9: O disposto no art. 127 da Lei n. 7.210/1984 (Lei de Execução Penal) foi recebido pela ordem constitucional vigente, e não se lhe aplica o limite temporal previsto no *caput* do art. 58.

Possível concluir, assim, pelo conteúdo da Súmula Vinculante 9, que a posição atual do Supremo Tribunal Federal é de que, na hipótese de prática de falta grave é constitucional a perda de dias remidos (hoje limitada a 1/3) e a quantidade poderá superar 30 dias.

Há uma terceira tese defensiva argumentando que, se a remição já foi declarada em decisão definitiva pelo Poder Judiciário, os dias remidos não poderiam ser perdidos em razão da força preclusiva da coisa julgada. No entanto, o posicionamento majoritário dos Tribunais Superiores é que mesmo tais dias podem ser perdidos, pois a eficácia da remição fica condicionada à ausência de falta grave: "Nos termos do art. 127 da Lei n. 7.210/84 (Lei de Execução Penal), o condenado que comete falta grave durante o cumprimento da pena perde os dias remidos, iniciando novo período a partir da infração disciplinar, não havendo se falar em ofensa ao direito adquirido ou à coisa julgada" (STF, HC 85.552/SP, j. em 28-6-2005).

19.11.6 Remição presumida

O caos penitenciário brasileiro impede que, na imensa maioria dos casos, seja satisfeito o direito ao trabalho, assegurado na Constituição Federal e na Lei das Execuções Penais (art. 41, II).

Com o trabalho, o preso terá direito à remição, conforme estudado, abrandando sua pena. Entenda-se: o regime jurídico de cumprimento de penas no Brasil permite o encurtamento de sua duração a partir do trabalho. Trata-se de direito do preso relacionado à duração da pena.

Se o preso quer usufruir de seu direito ao trabalho e receber a remição, mas o Estado (que o tem sob custódia), negligente, não providencia condições materiais mínimas para tanto, não poderia arcar o cidadão-sentenciado com todos os ônus e as consequências de tal negligência.

Já atingido com a impossibilidade de trabalhar (importante lembrar que é direito previsto na Constituição e na LEP), razoável que lhe seja concedido ao menos o direito à remição. Tal remição, que não se relaciona com um trabalho real, mas sim com o trabalho que presumidamente seria exercido se presentes as condições materiais mínimas, é chamada remição presumida.

Concordamos com a remição presumida, pois se o cidadão-preso se dispõe a trabalhar, e o Estado que o custodia não oferece condições mínimas, deve ser beneficiado com a remição. O correto é que tanto o direito ao trabalho como o direito à remição fossem respeitados, mas, se o direito ao trabalho é desprezado pelo Estado, que ao menos a remição seja concedida.

Discordamos do argumento que sem o ônus do trabalho não se pode colher o prêmio da remição. O trabalho não é necessariamente um ônus, mormente para quem está preso, sem contato com a família ou com opções de lazer. Sob o prisma jurídico, o trabalho é direito, e não se pode sancionar o preso por não usufruir um direito que quer exercer, mas lhe é tolhido pelo Estado.

A remição presumida é veementemente repudiada nos Tribunais sob o argumento de ausência de previsão legal. Argumenta-se ainda que é necessariamente consequência do trabalho, e não poderia ser reconhecida sem sua premissa.

19.12 LIMITE DE CUMPRIMENTO DE PENA: 40 ANOS

O art. 75 do Código Penal regulamenta a já mencionada vedação constitucional (art. 5º, XLVII, b) de pena de caráter perpétuo, estabelecendo o limite de 40 anos de cumprimento de pena. O limite era de 30 anos, e foi alterado pela Lei n. 13.964/2019. Assim, para os crimes praticados antes de 23 de janeiro de 2019, o limite persiste como 30 anos. Para os crimes posteriores, o limite será de 40 anos.

Antiga redação	Nova redação
Art. 75 – O tempo de cumprimento das penas privativas de liberdade não pode ser superior a 30 (trinta) anos. § 1º – Quando o agente for condenado a penas privativas de liberdade cuja soma seja superior a 30 (trinta) anos, devem elas ser unificadas para atender ao limite máximo deste artigo.	Art. 75. O tempo de cumprimento das penas privativas de liberdade não pode ser superior a 40 (quarenta) anos. § 1º Quando o agente for condenado a penas privativas de liberdade cuja soma seja superior a 40 (quarenta) anos, devem elas ser unificadas para atender ao limite máximo deste artigo.

19.12.1 Mudança legislativa

O limite anterior era de 30 anos, e ora passa a ser 40 anos. As justificativas para a alteração são duas: em primeiro, a majoração da expectativa de vida no Brasil, considerando a reforma do Código Penal em 1984, e hoje. Por outro lado, a maior eficácia preventiva da pena, que teria maior poder de intimidação com o novo limite, além de manter por mais tempo afastado da sociedade o condenado a altas penas.

Ficam mantidas as regras de unificação de penas já previstas na antiga lei, e sob o prisma técnico a única alteração é numérica: o novo limite será de 40 anos.

Crítica: discordamos da mudança, cuja constitucionalidade poderia ser questionada em face do princípio da vedação de retrocesso. Se a proibição de penas perpétuas – direito fundamental previsto no art. 50 da CF – já trazia em seu conteúdo que o suplício da privação da liberdade não poderia ser superior a 30 anos, é evidente retrocesso sua exacerbação a 40 anos. Além disso, não há justificativa empírica para a escolha dos 40 anos: qual o índice da reincidência daquele que cumpre 30 anos ininterruptos de pena? Qual foi a variação da expectativa de vida daquele que cumpre 30 anos ininterruptos de pena em uma penitenciária brasileira? Sem reposta a tais perguntas, e com o poder dissuasório da ameaça da pena contestado por inúmeros estudos estatísticos, a única justificativa para a alteração no máximo da pena é o populismo penal.

Como ilustração, imaginar que um potencial criminoso aceitaria passar 30 anos preso, mas desistiria da empreitada criminosa após perceber que o limite máximo da pena passou para 40 anos, é argumento ilusório e populista, despido sequer de verossimilhança.

Por fim, a mudança deve ser reconhecida como inconstitucional por desafiar a vedação de penas perpétuas. A expectativa de vida no Brasil em 2021 era de 73,1 anos para homens e de 80,1 anos para mulheres, mas é possível perceber a impertinência de ter como parâmetro a "média" quando verificamos as discrepâncias relacionadas ao ambiente socioeconômico: a média de vida em Moema, bairro de classe alta paulistano, em 2021, era de 80,57 anos, enquanto a expectativa de vida na Cidade Tiradentes era de 57,31 anos. A diferença impacta e desde logo aponta que o novo limite de 40 anos de pena viola, sim, a prisão de caráter perpétuo: partindo da premissa de que apenas a partir dos 18 anos será possível aplicar a pena de prisão, se somada a idade mínima com o máximo de pena, chegamos a um resultado de 58 anos, superior à expectativa de vida nas regiões mais pobres de São Paulo.

19.12.2 Conflito de leis no tempo

Trata-se de nova lei penal gravosa ao réu, e, assim, só poderá surtir efeitos para crimes praticados a partir de sua vigência. Mesmo na soma de crime praticado antes de 23 de janeiro de 2021 com nova infração a pena do crime antigo não poderia ser estendida além de 30 anos e obedeceria ao regime antigo, sendo absorvida pelo limite de 30 anos. Imagine, assim, que o sujeito foi condenado a 90 anos por crimes praticados antes de 23 de janeiro de 2020, mas nunca capturado. Após 23 de janeiro de 2020, pratica novo crime, é condenado a 15 anos e é preso em seguida. Os 90 anos anteriores a 23 de janeiro de 2020 seriam unificados em 30 anos, sem qualquer controvérsia. Eventual dúvida recairia sobre a soma da pena do novo crime: a) teríamos a unificação antiga em 30 anos somada aos novos 15 anos, que seriam unificados em 40 anos? Ou b) a pena de 15 anos seria somada aos 30 anos e respeitaria, ainda, o limite de 30 anos? A segunda resposta é a correta.

O art. 76 do Código Penal manda cumprir as penas mais graves antes das penas mais leves. É indiscutível que a pena que permite o alongamento do cárcere até 40 anos é mais grave que aquela que admite o limite das penas em 30 anos. Assim, a pena de 15 anos seria cumprida em primeiro lugar. Posteriormente seriam cumpridas as penas pelos crimes praticados antes de 23 de janeiro de 2020, e nenhuma delas permitiria ultrapassar o limite de 30 anos. Cumpridos 30 anos de cárcere, a pena teria de ser extinta.

Em outras palavras, apenas a soma de penas oriundas exclusivamente de crimes praticados após a nova lei tornará possível duração maior que os 30 anos vigentes até janeiro de 2020. A garantia fundamental da irretroatividade gravosa impõe que os efeitos de superencarceramento sejam sentidos apenas em algumas décadas.

19.12.3 Necessidade de regulamentação da vedação de prisão perpétua

É necessária a regulamentação da vedação de prisão perpétua: de nada adiantaria a vedação constitucional de pena de caráter perpétuo se fossem admitidas penas que, na prática, resultassem estatisticamente na manutenção do condenado atrás das grades pelo resto da vida, com penas de 70, 60 ou 50 anos. Ora, se a expectativa de vida é de 73 anos para os homens, condenar alguém com 30 anos a 40 anos de reclusão resultaria em sanção perpétua, burlando o claro objetivo do mandamento constitucional.

Apesar de tratar da pena privativa de liberdade, o art. 75 do Código Penal acaba por regulamentar todas as espécies de sanção penal, ou seja, é também aplicado às penas restritivas de direitos e à medida de segurança. (STF – HC 84.219). Importante lembrar que a Constituição não proíbe apenas a prisão com caráter perpétuo, mas, sim, qualquer tipo de pena (interpretamos como sanção penal, como fez o STF) com caráter perpétuo.

Interessante refletir, com Martinelli, que mesmo o limite de 30 anos ou 40 anos poderia ser reduzido para evitar o caráter perpétuo da pena para o condenado idoso. Se a expectativa de vida é 73 anos, condenar réu que ostenta 70 anos de idade a 20 anos de prisão resulta, enfim, em prisão perpétua. Não advogamos que a idade avançada seja escudo absoluto contra a reação penal, mas é necessário ponderar sobre critérios de efetiva redução da pena aplicada aos idosos como forma de cumprir o mandamento constitucional, que é a inviabilidade de sanções de caráter perpétuo.

19.12.4 Unificação das penas

Nos termos do art. 75, § 1º, do Código Penal, se a soma das penas aplicadas superar 40 anos (30 anos para os crimes praticados antes de 23 de janeiro de 2020), serão unificadas para atender a tal limite. A unificação das penas é de competência do juízo das execuções penais, nos termos do art. 66, III, *a*, da LEP.

No caso de condenações oriundas de um mesmo processo, não cabe ao juízo das execuções deliberar sobre regime de cumprimento de pena, já estabelecido na decisão condenatória, transitada em julgado. Incontestável que o juízo da condenação tem elementos mais confiáveis para aplicar o regime mais adequado à reprovação e prevenção do crime (art. 59 do CP), e sua decisão deve ser respeitada.

No entanto, no caso de condenações oriundas de processos diferentes, pacífica orientação jurisprudencial que cabe ao juízo das execuções, nos termos do art. 111 da LEP, deliberar também sobre o novo regime inicial ao unificar as penas, tendo como norte os parâmetros legais para fixação de regime inicial dos arts. 33 e 59 do CP: se o sujeito foi condenado à pena de 3 anos de reclusão em regime aberto por um crime A e 6 anos de reclusão em regime semiaberto por um crime B, a soma será 9 anos, e pelas regras do Código Penal o novo regime deve ser o regime fechado. Se já iniciado o cumprimento da pena, o cálculo deverá considerar a nova pena somada à pena que restava a cumprir (se condenado a 6 anos de reclusão em regime semiaberto pelo crime X, mas já cumpriu 5 anos e progrediu ao regime aberto, uma nova condenação pelo crime Y a 3 anos em regime aberto deverá ter como resultado 4 anos de pena a cumprir – 1 ano pelo crime X somado aos 3 anos pelo crime Y –, permitindo a manutenção do regime aberto).

Crítica: acreditamos que o art. 111 da LEP não permite a livre deliberação sobre o novo regime, pois deve ser interpretado de acordo com o art. 118 da LEP, que disciplina a regressão de regime. Regressão de regime é a passagem do regime mais ameno para o regime mais grave, e, em nosso entendimento, toda passagem de um regime mais grave para outro mais ameno configura, conceitual e logicamente, regressão. O art. 118 é claro ao estabelecer a regressão (inciso II) se a chegada de nova condenação torna, pela soma das penas, incabível o regime atual, o que parece legitimar o entendimento jurisprudencial transcrito acima. No entanto, o mesmo dispositivo é cristalino ao estabelecer que só é possível tal regressão se a nova condenação ocorre em razão de crime praticado antes do início do cumprimento da pena, e a razão é evidente: se durante o cumprimento da pena for praticado novo crime doloso, seria caso de regressão de regime pela prática de falta grave (art. 52 da LEP), e é sumulada a desnecessidade de nova condenação, bastando prova da prática (Súmula 526 do STJ). Se com a chegada da condenação por tal crime doloso for possível nova regressão, será a segunda regressão pelo mesmo fato, ou seja, odioso *bis in idem*, hoje normalizado pelos tribunais. Sustentamos, assim, que apenas nos casos do art. 118, II, da LEP seja possível o recrudescimento do regime com a chegada de nova condenação (art. 111 da LEP), por ser a letra da lei. Por fim, dizer que é recrudescimento de regime por unificação, e não por regressão, é fazer um enganoso "jogo de palavras" para negar vigência à ressalva do art. 118, II, da LEP.

19.12.5 Soma das penas supera 40 anos em razão de crime praticado durante o cumprimento da pena (30 anos para os crimes praticados antes de 23 de janeiro de 2020)

Nos termos do art. 75 do Código Penal, a pena não pode superar 30 anos, regulamentando a vedação constitucional de pena perpétua, já comentadas no capítulo sobre os princípios do Direito Penal.

Se o réu for condenado a mais de 30 anos por crimes praticados antes de 30 de janeiro de 2020, o juiz deverá unificar a pena em 30, nos termos do art. 75, § 1º, do Código Penal. Se todos os crimes foram praticados antes do início do cumprimento da pena, a resposta é a mesma: o máximo de cumprimento ininterrupto será 30 anos, pois não poderia o réu ser prejudicado pela demora do Poder Judiciário em ultimar a condenação. Resta aplicado o mesmo art. 75, § 1º. Vale aqui ressaltar que é possível que a duração do cumprimento da pena não seja alterada com a chegada de nova condenação por crime anterior ao cumprimento da pena: se o sujeito foi condenado a 50 anos e teve a pena unificada em 30 anos, se após o cumprimento de 10 anos de pena advém nova condenação a 40 anos por crime anterior ao início do cumprimento da pena, não será alterado o dia do término do cumprimento da pena. No caso, como trata de crime anterior, a nova pena de 40 anos seria somada aos 50 originais, resultando em 90 anos como pena total, que seriam unificados nos mesmos 30 anos, sem alterar a data do término do cumprimento da pena. Claro que, apesar da unificação nos mesmos 30 anos, a nova condenação altera o *status* jurídico do condenado, pois benefícios como a progressão são calculados sobre a pena total, que ora seria de 90 anos.

Se durante o cumprimento da pena o sujeito recebe nova condenação, será simplesmente somada a nova pena ao que resta de pena a cumprir, se o resultado da operação não superar 30 anos (40 anos se o crime for posterior a 23 de janeiro de 2020). Se a soma superar 30 anos, será aplicado o art. 75, § 2º, do Código Penal: será desprezada a pena já cumprida para o cálculo do término do cumprimento da pena, e a pena que decore da soma será unificada em 30 anos para o cálculo de término do cumprimento da pena, lembrando sempre que é a pena total a base para o cálculo de direitos de integração social como progressão e livramento condicional, nos termos da Súmula 715 do STF.

Exemplo: condenado a 90 anos, tem sua pena unificada em 30 anos. Após o cumprimento de 14 anos, pratica novo crime e é condenado a 20 anos. A soma do que resta de pena a cumprir evidentemente ultrapassa 30 anos, disparando a aplicação do art. 75, § 2º, do Código Penal. Serão desprezados os 14 anos cumpridos até a prática do novo crime, e somada a nova pena ao que restava de pena a cumprir: 16 anos a cumprir + 20 anos da nova condenação = 36 anos, que devem ser unificados em 30, contados da data da prática do novo crime.

Se praticados novos crimes, o mesmo raciocínio deve ser repetido.

Vale frisar que a data a ser considerada para a nova unificação é a data da prática do novo crime, e não a da chegada da nova condenação, quer por harmonia ao raciocínio já pacificado sobre a aplicação do art. 75, § 1º (o que importa é a data da prática do crime antes do início do cumprimento da pena, e não a chegada da nova condenação), quer por não poder ser o réu prejudicado pela demora do Poder Judiciário em ultimar sua condenação.

Cabe ainda acentuar que o cálculo para benefícios, no exemplo acima, levaria em conta a pena global de 110 anos (90 da pena antiga e 20 da nova pena), nos termos da Súmula 715 do STF, ainda que para a progressão haja regulamentação específica de cálculo na Súmula 534 do STJ.

19.12.6 Limite de cumprimento de pena e remição

Nos termos do art. 128 da LEP, o tempo remido será computado como pena cumprida, para todos os efeitos. Possível concluir, assim, que o tempo remido deve ser contado, também, para o "efeito" de alcançar o limite de 30 ou 40 anos. Em outras palavras, se o sujeito foi condenado a 60 anos por crimes praticados antes de 23 de janeiro de 2020, a pena será unificada em 30 anos. Se conseguir o reconhecimento de 1 ano de remição, deverá ter contabilizado tal período também para o total de cumprimento da pena, o que antecipará a data de término do cumprimento da pena em 1 ano.

19.13 PENAS RESTRITIVAS DE DIREITOS

Unidas à pena de multa, são tratadas como penas alternativas, pois seriam alternativas à prisão.

A doutrina arrola três características que seriam comuns às penas restritivas de direitos: autônomas, substitutivas e reversíveis. Entendemos que a enumeração das características não está totalmente incorreta, mas é bastante imprecisa, pois há muitas exceções, como examinaremos a seguir:

Autônomas: significa que têm estrutura e finalidades próprias e, assim, não podem ser consideradas acessórias. A autonomia teria como consequência, ainda, a não cumulação com penas privativas de liberdade.

Há, no entanto, quem aponte penas restritivas de direitos acessórias em leis especiais, como no Código de Trânsito, em que a pena de suspensão do direito de dirigir pode ser imposta cumulativamente – mesmo quando não prevista no preceito secundário do tipo – ao condenado reincidente.

Substitutivas: as penas restritivas de direitos não estão cominadas diretamente no preceito secundário dos tipos previstos no Código Penal e, assim, são aplicadas de forma substitutiva, desde que presentes os requisitos previstos em lei.

Há, aqui, exceções, como no Código de Trânsito, em que a interdição do direito de dirigir está expressa no tipo e, em especial, na Lei de Drogas, que prevê penas restritivas de direito diretamente no preceito secundário como únicas sanções possíveis ao crime previsto no art. 28 (porte de drogas).

Reversíveis: se descumpridas, as penas restritivas de direito, como são resultado de substituição da pena de prisão originalmente fixada, podem ser revertidas para penas privativas de liberdade.

Há, mais uma vez, importantes exceções, como as já apontadas sanções para o crime de porte de drogas (art. 28 da Lei n. 11.343/2006), pois, nessa hipótese, mesmo que descumpridas injustificadamente, será impossível a conversão da pena em privativa de liberdade.

Crítica às penas restritivas de direitos: as penas restritivas de direitos são usualmente festejadas como alternativas às penas privativas de liberdade, concretizando instrumento de humanização do sistema penal. É possível questionar o avanço, no entanto, pois não há comprovação de que as penas restritivas de direitos tenham efetivamente diminuído o número de encarceramentos, ou seja, é possível que tenham apenas acumulado mais espécies punitivas ao cárcere[2]. Pior ainda quando ostentam natureza pecuniária: o público-alvo do sistema punitivo brasileiro são jovens negros e periféricos, economicamente vulneráveis. A imposição de penas de natureza pecuniária é comum, pois a inspiração dos países centrais faz parecer medida civilizada e humanizada. Não é. A cobrança da prestação pecuniária é uma constante humilhação, pois o condenado é intimado reiteradas vezes para o pagamento e tenta parcelamentos inócuos até justificar o inadimplemento com sua invencível miséria. No entanto, contrariando os dados estatísticos, o Poder Judiciário não aceita a penúria como presunção ou justificativa para o inadimplemento da prestação pecuniária, e a pena é convertida em prisão. Serve, por fim, como instrumento de humilhação, que se renova a cada oportunidade que o condenado tem que se declarar miserável, fracassado, pedindo novo prazo para pagamento, até que desiste de renovar expressamente a própria fragilidade e aceita ter sua liberdade castigada em razão da pobreza.

19.13.1 Requisitos para substituição da pena privativa de liberdade em restritiva de direitos

Os requisitos são cumulativos e estão previstos no art. 44 do CP. Há também previsão no art. 54 do CP, que traz requisitos, a princípio mais rigorosos (como pena aplicada que não supere 1 ano), mas, como o art. 44 é posterior (Lei n. 9.714/98) e regula totalmente a matéria, prevalece que a previsão do art. 54 estaria tacitamente derrogada (por todos, Delmanto, *Código Penal comentado*, p. 266).

Para substituir a pena privativa de liberdade pela restritiva de direitos, deverá o juiz determinar a quantidade de pena privativa de liberdade adequada ao caso. Deverá também fixar o regime inicial de cumprimento de pena adequado, com base nos critérios objetivos

---

[2] Sobre o tema, Gustavo Junqueira e José Carlos Abissamra Filho, Pena pecuniária, p. 261-278.

e subjetivos já estudados (*vide* tópico sobre fixação do regime inicial de cumprimento de pena). Após, deverá o magistrado examinar o cabimento da substituição da pena privativa de liberdade pela restritiva de direitos, com a verificação de quatro requisitos, sendo dois objetivos (quantidade da pena e inexistência de violência ou grave ameaça) e dois subjetivos (réu não reincidente no mesmo crime doloso e circunstâncias subjetivas favoráveis).

1) **Quantidade da pena:** pena privativa de liberdade não superior a quatro anos se o crime for doloso. Se o crime for culposo, não há limite objetivo para a substituição.

Fixada a quantidade de pena privativa de liberdade, se o crime for doloso, deverá ser respeitado o limite de quatro anos para a substituição.

Partindo da premissa de que o crime preterdoloso é um crime doloso qualificado pelo resultado culposo e, ainda, da pura letra da lei que apenas afasta o limite de quatro anos para a infração culposa, é possível concluir que o crime preterdoloso também se submete ao limite de quatro anos.

Quantidade da pena e concurso de crimes: é perfeitamente cabível a substituição da soma (concurso material) ou exasperação (concurso formal ou crime continuado) das penas privativas de liberdade que não ultrapassem quatro anos por penas restritivas de direitos.

Em caso de concurso de crimes (exs.: lesão corporal grave e furto), é ainda possível que para uma das infrações não seja viável a substituição por pena restritiva de direitos, pois praticada com violência ou grave ameaça (lesão grave). Nesse caso, pela letra da lei, ainda será possível a substituição da pena privativa de liberdade da outra (furto) por restritiva de direitos, se for possível a concessão do *sursis* em relação à primeira. Entendemos que o regime aberto também deveria admitir a cumulação com restritiva de direitos, pois não inviabiliza o cumprimento simultâneo das sanções.

No caso de concurso de crimes, no entanto, se para um dos crimes for fixada pena privativa de liberdade sem a concessão de *sursis*, não será possível pela letra da lei a substituição da pena do outro delito por restritiva de direitos, nos termos do art. 69, § 1º, do CP: "1º Na hipótese deste artigo, quando ao agente tiver sido aplicada pena privativa de liberdade, não suspensa, por um dos crimes, para os demais será incabível a substituição de que trata o art. 44 deste Código".

A lógica do art. 69, § 1º, é evidente: se imposta pena privativa de liberdade não suspensa, não seria possível o cumprimento cumulativo da pena restritiva de direitos e, assim, seria contraditório fixá-la na sentença. No entanto, como mencionado, acreditamos que a pena privativa de liberdade imposta em regime aberto admite o cumprimento cumulativo com a restritiva de direitos e, assim, também não deveria impedir a substituição por restritiva de direitos no caso de concurso de crimes.

2) **Crime sem violência ou grave ameaça à pessoa:** apenas a violência dolosa à pessoa impede a substituição, conforme firme construção doutrinária (Luiz Flávio Gomes, *Penas e medidas alternativas à prisão*, p. 111).

Aqui, há divergência sobre as infrações de menor potencial ofensivo praticadas com violência ou grave ameaça. Para uma primeira corrente, não é possível a conversão, pois a literalidade do art. 44 do CP veda a substituição, e não distingue se se trata ou não de infração de menor potencial ofensivo. É a posição hoje majoritária, especialmente no contexto de violência doméstica, conforme orientação do STF:

> 1. O artigo 129, § 9º, do Código Penal foi alterado pela Lei 11.340/2006. A Lei Maria da Penha reconhece o fenômeno da violência doméstica contra a mulher como uma forma específica de violência e, diante disso, incorpora ao direito instrumentos que levam em consideração as particularidades que lhe são inerentes. 2. Na dicção do inciso I do art. 44 do Código Penal, as penas restritivas de direitos substituem a privativa de liberdade, quando "aplicada pena privativa de liberdade não superior a quatro anos e o crime não for cometido com violência ou grave ameaça à pessoa ou, qualquer que seja a pena aplicada, se o crime for culposo". 3. Inobstante a pena privativa de liberdade aplicada tenha sido inferior a 4 (quatro) anos, a violência engendrada pelo paciente contra a vítima, no contexto das relações domésticas, obstaculiza a concessão do benefício do art. 44 do Código Penal (HC 131.219/MS, Rel. Min. Rosa Weber).

Uma segunda corrente, à qual nos filiamos, permite a substituição da pena privativa de liberdade em restritiva de direitos nas infrações de menor potencial ofensivo, ainda que haja violência dolosa ou grave ameaça, pois é expressa a previsão da Lei n. 9.099/95 sobre a aplicação de penas não privativas de liberdade (art. 62 da Lei n. 9.099/95: "O processo perante o Juizado Especial orientar-se-á pelos critérios da oralidade, informalidade, economia processual e celeridade, objetivando, sempre que possível, a reparação dos danos sofridos pela vítima e a aplicação de pena não privativa de liberdade"), visando exatamente a descarcerização, maximizando assim o princípio constitucional de humanização das penas, com seus consectários de busca de (re)inserção social dos condenados e proporcionalidade das penas. No mais, se é possível transação penal à aplicação imediata de sanção restritiva de direitos, deveria ser possível a mesma sanção ao final.

Nesse sentido, Bitencourt:

> Recomenda-se prudência no exame de todos os requisitos, mas especialmente deste, sob pena de imaginar-se, equivocadamente, que não mais poderiam ser beneficiados com penas restritivas de direitos, entre outros, os crimes de lesão corporal leve dolosa (art. 129 do CP), de constrangimento ilegal (art. 146 do CP) e de ameaça (art. 147 do CP), pois ou são praticados com violên-

cia – o primeiro – ou com grave ameaça à pessoa – os outros dois. No entanto, essa limitação, criada pela lei em exame, não se aplica a crimes como os enunciados, pelo simples fato de se incluírem na definição de "infrações de menor potencial ofensivo" (art. 61 da Lei n. 9.099/95) (*Tratado de direito penal*, p. 558).

No mesmo sentido, o Superior Tribunal de Justiça:

> HC 87.644, Rel. Min. Nilson Naves, 6ª T., j. em 4-12-2007, *DJe* 30-6-2008. Ementa: (...) 2. Violência e grave ameaça são resultantes de atos mais graves do que os decorrentes dos tipos legais dos arts. 129 e 147. Na lesão leve (ou simples), até poderá haver alguma violência, mas não a violência impeditiva da substituição de uma pena por outra; do mesmo modo, relativamente à ameaça, até porque, sem ameaça, nem sequer existiria o tipo legal. Assim, lesão corporal leve (ou simples) e ameaça admitem, sempre, que sejam substituídas as penas. A melhor das políticas recomanda, quanto aos crimes da espécie aqui noticiada, que se lhes dê tratamento por penas diferentes – substituição das privativas de liberdade por restritivas de direitos.

No mesmo sentido, o STJ, no HC 180.352, admitiu a conversão da pena em restritiva de direitos em uma condenação pela contravenção de vias de fato.

A Súmula 588 do STJ pacificou que

> A prática de crime ou contravenção contra a mulher com violência ou grave ameaça no ambiente doméstico impossibilita a substituição da pena privativa de liberdade por restritiva de direitos.

Ao restringir a inviabilidade da substituição apenas nos casos de violência que vitimiza mulher no ambiente doméstico – lembrando que, em tais casos, fica afastada a incidência da Lei n. 9.099/95 – o STJ parece admitir que, em outros casos, a substituição poderia ser admitida, o que vai ao encontro da orientação aqui sustentada, pela viabilidade de substituição mesmo nas infrações com violência ou grave ameaça, desde que sejam infrações de menor potencial ofensivo.

O STJ consolidou no Tema 1.171 (REsp 1.994.183) que "a utilização de simulacro de arma configura a elementar grave ameaça do tipo penal do roubo, subsumindo à hipótese legal que veda a substituição da pena".

3) **Condenado não reincidente em crime doloso:** o inciso II do art. 44 afasta o reincidente em crime doloso, ou seja, aquele que após condenação definitiva por crime doloso vem a praticar novo crime doloso, antes do período depurador da reincidência previsto no art. 64 do CP.

No entanto, o § 3º do mesmo art. 44 flexibiliza o requisito impeditivo ao dispor que, se não se tratar de nova condenação pela prática do mesmo crime (também chamado reincidente específico), é possível a conversão, desde que o juiz entenda que a substituição é socialmente recomendável.

Assim, podemos concluir que apenas a reincidência específica no mesmo crime doloso é que poderá impedir a substituição. Nos demais casos, entendendo adequada a medida, o juiz pode aplicar a pena restritiva de direitos. Nesse sentido o STJ, no AgRg no AREsp 1716664.

A justificativa para impedir a substituição no caso do reincidente específico em crime doloso é desestimular a especialização do criminoso, ou seja, a situação em que o sujeito reitera indefinidamente a prática de determinado crime com a sofisticação gradativa dos meios e incremento de risco à sociedade. A crítica ao dispositivo alerta sobre os casos de flagrante desproporcionalidade, pois, após a condenação por um furto, será impossível substituir a pena em novo furto, mas essa seria possível se a condenação anterior fosse pelo crime de roubo, eis que não seria reincidente pelo "mesmo crime".

4) **Circunstâncias subjetivas do art. 59 do CP favoráveis:** se a culpabilidade, os antecedentes, a conduta social e a personalidade do condenado, bem como os motivos e as circunstâncias, indicarem que a substituição é suficiente.

Presentes todos os requisitos, entende-se que é direito subjetivo do condenado a substituição (Fenando Galvão, *Direito penal*, p. 611).

Ao sentenciar, se a pena aplicada não superar 4 anos nos crimes dolosos ou em qualquer crime culposo, deve o magistrado, de ofício, examinar a possibilidade de substituição da pena privativa de liberdade pela restritiva de direitos, como já decidiu o Supremo Tribunal Federal:

> Toda vez que alguém é condenado por crime doloso à pena não superior a quatro anos, o julgador deve manifestar-se, fundamentadamente, se é ou não o caso de substituição da sanção corporal pela restritiva de direitos. Estando presentes os seus pressupostos, a substituição torna-se imperativa. É necessário, pois, que o juízo fundamente a não aplicação do art. 44 do Código Penal, sob pena de ofensa ao princípio da individualização da pena. Precedente. Ordem concedida (HC 94.874, Rel. Min. Ricardo Lewandowski, 1ª T., j. em 21-10-2008, *DJU* 12-12-2008).

19.13.2 Penas restritivas de direitos e crimes hediondos

Havia discussão sobre a viabilidade de conversão da pena privativa de liberdade em restritiva de direitos no caso de crimes hediondos ou equiparados. Não há vedação legal expressa. A base para a resposta negativa era a previsão de regime inicial fechado na lei de crimes hediondos, que maximizava tratamento especialmente rigoroso determinado pela Constituição Federal. Ora, se o regime de cumprimento de pena de prisão deveria ser a princípio fechado, não seria admitido regime inicial aberto, e se vedado regime inicial aberto não faria sentido, *a fortiori*, admitir a conversão da pena em restritiva de direitos. No entanto, o plenário do STF declarou inconstitucional a determinação de regime inicial fechado prevista no art. 2º da Lei de Crimes Hediondos (sobre o tema ver comentários sobre a fixação de regime inicial de cumprimento de pena) e, assim, a base do argumento desmoronou. Hoje é pacífica a possibilidade de imposição de pena restritiva de direitos em crimes hediondos ou equiparados.

19.13.3 Espécies de pena restritiva de direitos

São cinco as espécies previstas no Código Penal: prestação pecuniária, perda de bens e valores, prestação de serviços à comunidade ou entidades públicas, interdição temporária de direitos e limitação de final de semana.

Na legislação penal especial, ainda é possível encontrar sanções restritivas de direitos, como a advertência e a medida de comparecimento a programas ou cursos educativos (previstas na Lei de Drogas – Lei n. 11.343/2006), entre outras de polêmica natureza, que serão objeto de estudo em outro trabalho.

19.13.3.1 Prestação pecuniária

Consiste no pagamento à vítima ou seus sucessores, ou ainda à entidade pública ou privada com destinação social, de 1 a 360 salários mínimos.

Se o pagamento for feito ao ofendido ou aos seus sucessores, o valor será descontado em futura eventual condenação civil à reparação dos danos gerados pela infração penal.

Não há incompatibilidade da sanção ora prevista com a fixação pelo magistrado, logo na sentença condenatória penal, de valor mínimo de reparação dos danos previsto no art. 387, IV, do CPP.

A prestação pecuniária consiste em sanção penal principal, pena, com finalidade retributiva e preventiva, ainda que busque também a reparação dos danos à vítima, que passa assim a merecer especial atenção do sistema penal. A fixação de valor mínimo para reparação dos danos prevista no art. 387, IV, do CPP é efeito civil, com índole puramente reparatória.

O juiz deve, no entanto, ter o cuidado para não permitir que a cumulação dos valores (prestação pecuniária + valor mínimo de indenização fixado na sentença) não supere o teto dos danos sofridos pelo ofendido, sob pena de inaceitável enriquecimento sem causa.

Será considerado o valor do salário mínimo da época do pagamento (STJ, REsp 1911438). Vale lembrar que, na pena de multa, o parâmetro é o salário mínimo da época do fato.

O valor deve ser fixado em salários mínimos, e não em cestas básicas, como usualmente se faz, sem qualquer respaldo legal.

Nos termos do art. 45, § 2º, do Código Penal, se houver aceitação do beneficiário, a sanção poderá consistir em prestação de outra natureza, por exemplo, a realização pessoal de nova pintura no muro que foi objeto de dano pelo condenado. A prestação não poderá, no entanto, submeter o condenado a constrangimento indevido ou situação que viole sua dignidade.

Nas hipóteses de incidência da Lei n. 11.340/2006 (Lei Maria da Penha), ainda que presentes os requisitos do art. 44 do CP, não pode ser aplicada a pena de prestação pecuniária, nos termos de seu art. 17:

> Art. 17. É vedada a aplicação, nos casos de violência doméstica e familiar contra a mulher, de penas de cesta básica ou outras de prestação pecuniária, bem como a substituição de pena que implique o pagamento isolado de multa.

19.13.3.2 Perda de bens e valores

Consiste no confisco de bens e valores do condenado em valor que não pode superar o lucro aferido ou o prejuízo causado pelo crime, tomando-se como teto o que for maior.

Há grande divergência entre os autores sobre a possibilidade de a decretação da perda atingir ou não bens lícitos do condenado, ou se apenas os bens de origem ilícita poderiam ser confiscados.

De um lado, corrente doutrinária bate-se pela inconstitucionalidade da sanção, pois a Constituição proíbe o confisco (art. 150, IV, da CF) e, assim, apenas os bens de origem ilícita poderiam ser declarados como perdidos (Paulo Queiroz, *Direito penal*, p. 370-371).

No entanto, corrente majoritária entende que a proibição constitucional se refere à matéria extrapenal, e não atinge as sanções penais; e, no mais, a pena de perda de bens foi prevista pelo constituinte originário (art. 5º, XLVI).

Além disso, a perda do produto do crime e dos instrumentos cuja posse constitua ato ilícito já está prevista na legislação como efeito secundário da condenação (art. 91, II, do CP), e, se entender-se que apenas bens de origem ilícita poderiam ser apreendidos, a sanção se tornaria absolutamente inócua.

19.13.3.3 Prestação de serviços à comunidade ou entidades públicas

O condenado é obrigado a prestar serviços gratuitos para a comunidade ou entidades, conforme especificado pelo juízo. Nos termos do art. 46, § 2º, do Código Penal, a prestação de serviço à comunidade dar-se-á em entidades assistenciais, hospitais, escolas, orfanatos e outros estabelecimentos congêneres, em programas comunitários ou estatais.

Cada hora de trabalho equivale a um dia de condenação, e não pode prejudicar a jornada de trabalho normal do condenado.

As tarefas não devem impor sofrimento desnecessário ou cruel, visto que a finalidade da pena na execução penal (art. 1º da LEP) é a reintegração social. Pelo contrário, a modalidade de serviço deve respeitar as aptidões do condenado, como manda o art. 46, § 3º, do Código Penal.

A escolha da pena de prestação de serviços à comunidade só é permitida em condenações à pena privativa de liberdade superiores a 6 meses.

Peculiar a possibilidade (art. 55 do CP) de cumprimento do dobro da carga de serviços para cumprir a pena em até metade do período inicialmente previsto, ou seja, ao invés de cumprir por dois anos uma hora de serviço por dia, o sujeito poderá cumprir duas horas de serviços diários por 1 ano. No entanto, a possibilidade de tal dobra de carga só é possível nas condenações à pena privativa de liberdade que superem 1 ano. A redução do tempo de cumprimento tem como objetivo acelerar o término do cumprimento da pena, permitindo a total integração social do sentenciado, ou seja, é implantada em seu interesse. Trata-se de medida humanizadora, que busca amenizar os efeitos deletérios da pena no condenado. É possível concluir que deve ser implementada no interesse do condenado, e não como castigo. Se pleiteada a redução do prazo pelo condenado, apenas excepcionalmente poderá ser indeferido o pedido, visto que a possibilidade está prevista em lei, e a negativa dependerá de decisão fundamentada na qual seja demonstrada a incompatibilidade da medida, no caso concreto, com as finalidades da pena.

Nas hipóteses da Lei n. 11.340/2006 (Lei Maria da Penha), não pode ser aplicada a pena de prestação de serviços que consista em fornecimento de cestas básicas, nos termos de seu art. 17:

> Art. 17. É vedada a aplicação, nos casos de violência doméstica e familiar contra a mulher, de penas de cesta básica ou outras de prestação pecuniária, bem como a substituição de pena que implique o pagamento isolado de multa.

19.13.3.4 Interdição temporária de direitos

Consiste na suspensão de determinados direitos do condenado, expressamente arrolados no Código Penal, em respeito ao princípio da legalidade das penas.

É chamada de pena restritiva de direitos específica, uma vez que (ressalvadas a proibição de frequentar determinados lugares e a ora controversa proibição de inscrever-se em concurso, avaliação ou exame públicos) tem a incidência vinculada à especificidade do delito praticado. Assim, a interdição do direito de exercer cargo só pode ser aplicada para infrações praticadas no exercício de cargo ou função, desde que haja violação do dever a eles inerente (art. 56 do CP). Na mesma toada, a pena de interdição do direito de dirigir só é aplicável aos crimes culposos de trânsito (art. 57 do CP). Sobre a proibição de inscrever-se em concurso, avaliação ou exame públicos, trataremos no tópico específico.

A prestação de serviços à comunidade, assim como as demais restritivas de direitos, não exige tal relação entre crime e pena, ou seja, pode ser empregada para crimes contra o patrimônio, contra a honra, contra a Administração Pública, ainda que nada tenham a ver com prestação de serviços.

As possíveis interdições temporárias de direitos são nos termos do art. 47 do CP:

> I – proibição do exercício de cargo, função ou atividade pública, bem como de mandato eletivo;
> II – proibição do exercício de profissão, atividade ou ofício que dependam de habilitação especial, de licença ou autorização do poder público;
> III – suspensão de autorização ou de habilitação para dirigir veículo;
> IV – proibição de frequentar determinados lugares;
> V – proibição de inscrever-se em concurso, avaliação ou exame públicos.

I – proibição do exercício de cargo, função ou atividade pública, bem como de mandato eletivo: o sujeito fica proibido de exercer os atos inerentes ao cargo, função ou atividade e, se o fizer, além da invalidade do ato, pode responder pelo crime do art. 359 do CP e provocar a conversão da pena restritiva em privativa de liberdade.

Não confundir a pena ora estudada com a perda da função pública, que é efeito da condenação previsto no art. 92, I, do CP. A proibição é temporária, ao passo que a perda é definitiva. A proibição substitui a privação da liberdade, enquanto a perda pode vir cumulada com pena privativa de liberdade, pois é efeito secundário da pena (art. 56 do CP).

A pena de proibição do exercício de cargo, função ou atividade pública, bem como de mandato eletivo, deve ser comunicada pelo juízo à autoridade competente, que, em 24 horas, deve cumprir a ordem judicial (art. 154 da LEP).

> Art. 154. Caberá ao juiz da execução comunicar à autoridade competente a pena aplicada, determinada a intimação do condenado.
> § 1º Na hipótese de pena de interdição do art. 47, I, do Código Penal, a autoridade deverá, em 24 (vinte e quatro) horas, contadas do recebimento do ofício, baixar ato, a partir do qual a execução terá seu início.

II – proibição do exercício de profissão, atividade ou ofício que dependam de habilitação especial, de licença ou autorização do Poder Público: o condenado não pode exercer as atividades referidas, sob pena de prática de crime previsto no art. 359 do CP, além de provocar a conversão da restrição de direitos em pena privativa de liberdade.

Nesse caso, o juiz das execuções irá apreender os documentos necessários ao exercício da profissão. Art. 154, § 2º, da LEP: "Nas hipóteses do art. 47, II e III, do Código Penal, o Juízo da Execução determinará a apreensão dos documentos, que autorizam o exercício do direito interditado".

III – suspensão de autorização ou de habilitação para dirigir veículo: nos termos do art. 57 do CP, só pode ser aplicada aos crimes culposos de trânsito.

Ao contrário do que já se defendeu na doutrina, o STF decidiu que a presente previsão sequer foi derrogada pelo Código de Trânsito brasileiro e que não há incompatibilidade entre a sanção ora estudada e a suspensão do direito de dirigir diretamente prevista na Legislação de Trânsito, sendo possível até mesmo a cumulação de ambas.

A presente sanção penal não deve ser confundida com o efeito secundário da condenação de perda do direito de dirigir, prevista no art. 92, III, aplicável quando a direção de veículo for utilizada como meio para a prática de crime doloso.

Se a habilitação para dirigir é instrumento de trabalho, há quem defenda ser tal previsão inconstitucional, eis que o direito ao trabalho é constitucionalmente garantido (TJMG, APCR 279432900).

IV – proibição de frequentar determinados lugares: se a permanência em determinados lugares pode estimular ou facilitar a prática de determinados delitos, a sanção ora estudada teria como função prevenir a reincidência específica, proibindo o condenado de voltar às circunstâncias que provocaram a primeira infração. Assim, a ideia é proibir de frequentar bares aquele que normalmente se envolve em brigas de bar, proibir de frequentar estádio de futebol aquele que se envolve em brigas de torcida, e assim por diante.

Por ausência de especificação legal, no entanto, não há óbice para que a presente espécie seja aplicada, mesmo na ausência de relação entre a infração praticada e o local cuja frequência resta proibida.

V – proibição de inscrever-se em concurso, avaliação ou exame públicos

A Lei n. 11.250/2011 alterou a Parte Geral do Código Penal para acrescentar ao rol de interdições temporárias de direito a proibição de inscrever-se em concurso, avaliação ou exame públicos.

Nos termos do art. 55 do CP, terá a mesma duração da pena privativa de liberdade substituída.

É possível questionar a constitucionalidade da medida, visto que prejudica a possibilidade de livre escolha de trabalho por parte do condenado, bem como de sua participação na Administração Pública por meio de concurso, além de criar restrição ao princípio licitatório próprio dos concursos públicos, pois exclui parcela da concorrência.

Não nos parece, no entanto, que irá prevalecer a inconstitucionalidade. É que a liberdade de exercício profissional pode ser tolhida por outras penas, desde as que privam a liberdade até mesmo a interdição temporária de direitos relacionada à proibição do exercício de profissão que dependa de licença do Poder Público. Além disso, a participação na Administração Pública já era obstada, também, pela proibição do exercício de cargo ou função pública ou eletiva. Por fim, a Lei de Tortura já prevê a interdição do exercício de cargo, emprego ou função pública pelo dobro do prazo da pena aplicada (art. 1º, § 5º, da Lei n. 9.455/97), e a Lei de Abuso de Autoridade prevê a inabilitação para o exercício de função pública pelo prazo de 3 anos (art. 5º, § 3º, c). Em nenhum dos casos anteriores, foi reconhecida a inconstitucionalidade da pena.

Resta saber se se trata de pena específica ou genérica, ou seja, se é exigida relação entre o crime praticado e a realização de concurso público ou similar para sua incidência.

Não há, ainda, consenso sobre a natureza genérica ou específica da ora estudada sanção. Acreditamos que irá prevalecer na doutrina o reconhecimento da natureza genérica, ou seja, poderá incidir em qualquer delito. É que, ao contrário das penas de interdição do exercício de função pública, profissão com habilitação especial ou direito de dirigir, que têm restrições expressas de incidência nos arts. 56 e 57 do Código Penal, a proibição de inscrever-se em concurso, avaliação ou exame públicos não tem qualquer restrição legal à sua aplicação.

Entendemos, no entanto, de forma diversa. Em primeiro, deve ser lembrada a circunstância de que a pena ora examinada é criada pela Lei n. 12.550/2011, que também acrescentou ao Código Penal o crime do art. 311-A, que tipifica a conduta de "utilizar ou divulgar, indevidamente, com o fim de beneficiar a si ou a outrem, ou de comprometer a credibilidade do certame, conteúdo sigiloso de: I – concurso público (...)". A nova pena parte, assim, da expressa intenção de trazer sanção específica à determinada modalidade de crime.

Além do argumento histórico, que não nos parece ser suficiente para orientar interpretação, vale a referência aos princípios constitucionais suprarreferidos. É que a pena só se justifica racionalmente se cumpre funções sociais positivas, e, ressalvada a específica necessidade de afastar o condenado de provas e concursos públicos pelo prejuízo que ele mesmo pode trazer ao interesse público, em eventual e específica reincidência, a pena ora analisada não cumpre função alguma. Pelo contrário, seria irracional castigar o autor de um mero furto com tal sanção, pois consistiria nefasto obstáculo à inserção social, que é finalidade necessária da pena em um Estado Democrático de Direito.

Como já dito, a apenação do indivíduo, com a restrição de seus direitos, só se justifica a partir do critério de proporcionalidade, ou seja, precisa ser necessária, útil e proporcional em sentido estrito. Qual seria a utilidade de proibir o autor de uma lesão corporal culposa de prestar concurso público? Qual a necessidade da sanção, se não relacionada com a infração praticada? Não nos parece que haja resposta razoável, nem capaz de afastar, em tais hipóteses, as críticas de inconstitucionalidade lançadas no início do estudo, lembrando que as sanções de interdição do exercício de função pública e atividade com licença especial são específicas, bem como as penas similares previstas na Lei de Tortura e na Lei de Abuso de Autoridade.

Assim, reconhecida a controvérsia do novo tema, parece-nos que a melhor orientação seria reconhecer a nova sanção como específica, ou seja, aplicável apenas aos crimes praticados em concurso, avaliação ou exame públicos.

19.13.3.5 Limitação de final de semana

Consiste na permanência do condenado aos sábados e domingos, por até cinco horas diárias, em local determinado pelo juízo, para que participe de atividades de índole ressocializadora, como cursos, palestras e outras atividades educativas.

Conforme alteração no art. 152 da LEP, advinda com a vigência da Lei Maria da Penha (Lei n. 11.340/2006), nos casos de violência doméstica contra a mulher, o juiz poderá determinar o comparecimento obrigatório do agressor a programas de recuperação e reeducação.

O estabelecimento designado para o cumprimento da limitação de final de semana encaminhará, mensalmente, ao Juiz da execução relatório, bem assim comunicará, a qualquer tempo, a ausência ou falta disciplinar do condenado.

19.13.4 Classificação das penas restritivas de direitos

As penas restritivas de direitos são classificadas em genéricas e específicas:

Específicas são aquelas que se aplicam apenas a crimes determinados, ou seja, que exigem relação entre a espécie de crime e a espécie de pena, como as interdições temporárias de direitos (ressalvada a proibição de frequentar determinados lugares).

Genéricas são as demais, que substituem as penas de quaisquer crimes, como a prestação de serviços à comunidade e a limitação de fim de semana.

19.13.5 Duração da pena restritiva de direitos

Em regra, tem a mesma duração da pena privativa de liberdade substituída, nos termos do art. 55 do Código Penal.

Exceção: na prestação de serviços à comunidade, como já comentado, a pena pode ser cumprida em metade do prazo da pena substituída, desde que a jornada de trabalho diária seja dobrada, o que só é possível se a pena privativa de liberdade substituída for superior a 1 ano.

Nas penas de natureza pecuniária, a pena privativa de liberdade é apenas parâmetro de proporcionalidade a ser seguido.

19.13.6 Aplicação da pena restritiva de direitos

19.13.6.1 Quantidade da pena substituída e pena restritiva de direitos

Nos termos do art. 44, § 2º, se a pena privativa de liberdade substituída não ultrapassar 1 ano, o juiz pode aplicar apenas uma pena restritiva de direitos ou então apenas a multa.

No entanto, se a pena privativa de liberdade superar 1 ano, deverá ser aplicada a cumulação da pena restritiva de direitos com uma multa ou então duas penas restritivas de direito cumuladas.

Trata-se de critério legal para diferenciar situações de pena baixa (até 1 ano) de outras com penas mais intensas (superiores a 1 ano), permitindo tratamento diferenciado entre as penas, com o necessário incremento de rigor para as infrações mais graves.

Crítica: discordamos do sistema hoje vigente. A possibilidade de aplicação de duas penas restritivas de direitos com a mesma duração da pena privativa de liberdade substituída leva a inúmeras iniquidades. A prática ensina que em muitos casos as penas são cumpridas sucessivamente, dadas as poucas condições de cumprimento por parte dos apenados, em regra pobres e marginalizados. Assim, no caso de pena de reclusão de 2 anos substituída por duas penas restritivas de direitos, quais sejam 2 anos de prestação de serviços à comunidade e 2 anos de limitação de final de semana, apenas depois do cumprimento da prestação de serviços (que será aos domingos pela indisponibilidade de horários do sentenciado, impedindo o cumprimento da outra pena restritiva) é que se iniciará a pena de limitação de final de semana de 2 anos. Conclusão, a pena perdurará por 4 anos, impondo evidente gravame ao sentenciado.

Muitos argumentariam aqui que a pena restritiva de direitos é mais branda e favorável ao sentenciado, e por isso a duração pode ser maior que a pena privativa de liberdade original. Discordamos. A pena restritiva de direitos não é favor, é opção consciente de política criminal de adequação da sanção, mormente quando percebido o efeito deletério das penas privativas de liberdade. Afastar uma pessoa da prisão não é, ao nosso ver, favor ao sentenciado, mas sim à sociedade.

Técnica: a técnica de aplicação das penas restritivas de direitos combinadas ou não com a multa, nos termos da letra do Código Penal, pode ser resumida no seguinte quadro:

Pena ≤ 1 ano	1 pena restritiva de direitos ou 1 multa
Pena > 1 ano	1 pena restritiva de direitos + multa ou 2 penas restritivas de direitos

No entanto, surpreendentemente, a 2ª Turma do Supremo Tribunal Federal tem entendido ainda aplicável o art. 60, § 2º, do Código Penal, que prevaleceria sobre o disposto no art. 44, § 2º, que é posterior. Assim, ao julgar o HC 98.995, o STF fixou que: "este órgão julgador, em precedente firmado no HC 83.092/RJ (*DJU* 29-8-2003), já se pronunciara no sentido da impossibilidade de substituição da pena privativa de liberdade por multa nas hipóteses de condenação superior a 6 meses. Ademais, afirmara que: a) se a pena imposta ultrapassar 6 meses e for menor ou igual a 1 ano, deverá ser aplicada uma restritiva de direitos; b) se superior a esse tempo, duas restritivas de direitos" (HC 98.995/RS, Rel. Min. Gilmar Mendes, j. em 19-10-2010).

Assim, para a 2ª Turma do STF, o quadro seria diverso, ou seja,

Pena ≤ 6 meses = pena restritiva de direitos ou multa
6 meses < Pena ≤ 1 ano = pena restritiva de direitos
Pena > 1 ano = 2 penas restritivas de direitos ou 1 pena restritiva de direitos + multa

Discordamos do entendimento do STF. A lei posterior revoga a anterior quando trata da mesma matéria, e não cabe ao STF avaliar se a opção do legislador foi ou não a mais adequada do ponto de vista político-criminal. A escolha política é do legislativo e se concretiza na lei, cabendo ao Poder Judiciário aplicá-la.

19.13.6.2 Competência para aplicação e execução das penas restritivas de direitos

A competência é, a princípio, do juízo do conhecimento, e a substituição deve ser feita na sentença, com o exame criterioso dos requisitos. Cabe também ao juízo do conhecimento a especificação de qual a pena restritiva de direitos aplicada, tarefa que não pode ser delegada ao juízo das execuções criminais, como já entendeu o Supremo Tribunal Federal: "Cumpre ao órgão sentenciante, e não ao juízo da execução, a individualização da reprimenda imposta, nela incluída a fixação das substituídas penas restritivas de direitos, nos termos dos arts. 59 e 44, § 2º, ambos do CP e do art. 387 do CPP" (HC 83.999-1, Rel. Min. Carlos Britto, j. em 13-4-2004). Assim, deve constar na sentença se a restrição de direitos será prestação de serviços à comunidade ou limitação de final de semana, ainda que desnecessário detalhar/regulamentar onde será prestado o serviço, por exemplo.

A execução da pena restritiva de direitos será de competência do juízo das execuções.

Prevalece ser impossível ao juízo das execuções alterar a espécie de pena restritiva de direitos de prestação de serviços à comunidade para outra, em busca da adequação da sanção. Acreditamos que excepcionalmente a alteração deve ser admitida, como no caso de prestação pecuniária por condenado miserável, ou prestação de serviços por condenado acometido de moléstia incapacitante. Outro entendimento incidiria em cumprimento de pena impossível, disfuncional, desobediente às finalidades da pena.

Será, no entanto, o juízo das execuções que regulamentará a prestação de serviços à comunidade, indicando qual o beneficiário, dias e horários de cumprimento. A entidade beneficiária deverá encaminhar ao juízo relatório mensal das atividades.

Ainda que não possa alterar a espécie de restritiva de direitos fixada, nos termos do art. 148 da LEP, em qualquer fase da execução poderá o juiz alterar a forma de cumprimento da prestação de serviços à comunidade, adaptando-as às circunstâncias do caso, dando máxima eficácia ao princípio da individualização da pena.

No exercício da fiscalização das penas restritivas de direito, o juízo das execuções criminais deverá convertê-las em privativas de liberdade, nos casos previstos na legislação penal, que serão examinados a seguir.

19.13.6.3 A substituição da pena privativa de liberdade por restritiva de direitos como incidente na execução

A Lei de Execuções Penais permite a conversão da pena privativa de liberdade em restritiva de direitos durante seu cumprimento. A previsão está no art. 180 da LEP, que tem os seguintes requisitos:

> Art. 180. A pena privativa de liberdade, não superior a 2 (dois) anos, poderá ser convertida em restritiva de direitos, desde que:
> I – o condenado a esteja cumprindo em regime aberto;
> II – tenha sido cumprido pelo menos 1/4 (um quarto) da pena;
> III – os antecedentes e a personalidade do condenado indiquem ser a conversão recomendável.

É possível perceber que apenas o condenado em regime aberto teria tal direito. Como é bastante comum que o sentenciado em regime aberto, pela ausência de vagas em casa de albergado, cumpra a pena na suave prisão albergue domiciliar, a conversão seria na maioria dos casos desvantajosa: sem dúvida as condições da prisão albergue domiciliar, na prática, são menos intensas do que a obrigação de prestar serviços gratuitos à comunidade.

Possível concluir que, ressalvadas as poucas comarcas nas quais há vaga para cumprimento regular de regime aberto em casa de albergado, o instituto foi abandonado.

19.13.6.4 Conversão da pena restritiva de direito em privativa de liberdade

O Código Penal trata da conversão das penas privativas de liberdade em restritiva de direitos nos §§ 4º e 5º, do art. 44. No § 4º, trata do descumprimento injustificado da restrição imposta e, no § 5º, da superveniência de condenação pela prática de outro crime.

A Lei de Execução Penal, além de equiparar ao descumprimento injustificado da restrição imposta outros comportamentos, como o retardamento injustificado no cumprimento da obrigação e o descumprimento de deveres do art. 39 da LEP, arrola como causa suficiente da conversão a hipótese de não ser encontrado o condenado para iniciar a prestação de serviços à comunidade.

1. Descumprimento injustificado da restrição imposta

Considerado injustificado o descumprimento, é obrigatória a conversão.

No entanto, se apenas o descumprimento injustificado tem o reflexo sancionatório, deve ser permitida a apresentação de justificativas, ou seja, é clara a necessidade de pleno respeito à ampla defesa, permitindo ao sentenciado alegar e demonstrar todas as justificativas cabíveis, sob pena de nulidade (STJ, HC 23.581).

No caso da prestação pecuniária, a absoluta falta de condições financeiras para adimplir o valor estabelecido pelo Estado deve ser considerada como justificativa suficiente, conforme entendimento jurisprudencial (STJ, RHC 16.317) e doutrinário: "Nucci entende que, se demonstrado que o indivíduo não cumpre a pena por impossibilidade financeira, não deve ser convertida a pena em privativa de liberdade, mas, sim, alterada sua espécie, por exemplo, para prestação de outra natureza. Se se demonstra que apesar de solvente não quer cumprir a sanção imposta, deve ser convertida em privativa de liberdade" (*Código Penal comentado*, p. 208).

Importante notar que a Lei de Execução Penal arrola o descumprimento injustificado como falta grave durante o cumprimento da pena restritiva de direitos, em seu art. 51, I. Também são arroladas como faltas graves e, assim, equiparadas ao descumprimento injustificado da restrição imposta as seguintes hipóteses que serão detalhadas a seguir:

> Art. 51. (...) II – retardar, injustificadamente, o cumprimento da obrigação imposta.

E ainda:

> Art. 51. (...) III – inobservar os deveres previstos nos incisos II e V do art. 39 desta Lei.

Retardamento injustificado no cumprimento da obrigação imposta

Além do peremptório descumprimento, também o retardamento pode levar à conversão da pena restritiva de direitos, nos termos do art. 51, II, da LEP.

Mais uma vez, como se trata de retardamento injustificado, deve ser aberta toda oportunidade para que o sentenciado motive as razões que não o permitem cumprir a obrigação imposta nos termos que constam da decisão judicial.

Inobservância dos deveres previstos no art. 39, II e V, da LEP

O inc. II do art. 39 trata da obediência ao servidor e respeito a qualquer pessoa com quem deva relacionar-se.

Justifica-se a preocupação do legislador, eis que em alguns casos o sentenciado comparece ao local em que deve prestar serviços embriagado ou de outra forma descontrolado, tratando de forma desrespeitosa ou violenta os funcionários, o que inviabiliza a continuidade da prestação do serviço. A atitude violenta demonstra inaptidão para a espécie sancionatória e ainda desestimula a própria instituição a continuar recebendo os referidos serviços.

Mais uma vez, para que seja permitida a conversão, devem ser respeitados o contraditório e a ampla defesa, para que possa o sentenciado justificar ou mesmo negar imputação de comportamento ilegal, produzir prova e buscar convencer o juízo sobre a viabilidade da manutenção da pena restritiva.

O inciso V trata da execução do trabalho, das tarefas e das ordens recebidas, e nos parece redundante com o descumprimento ou retardamento das obrigações impostas, enfatizando apenas seu conteúdo.

Condenação à pena privativa de liberdade por outro crime

Em primeiro, como lembra Bitencourt, a lei trata apenas da possibilidade de conversão da restritiva de direitos em privativa de liberdade em caso de superveniência de condenação à pena de reclusão ou detenção, ou seja, condenação pela prática de crime. A condenação superveniente à pena de prisão simples é incapaz de provocar a conversão da restritiva em privativa de liberdade por ausência de previsão legal (*Código Penal comentado*, p. 170).

Aqui, a lei é bem menos rigorosa sobre a necessidade de conversão. Os termos do art. 44, § 5º, são: "Sobrevindo condenação a pena privativa de liberdade, por outro crime, o juiz da execução penal decidirá sobre a conversão, podendo deixar de aplicá-la se for possível ao condenado cumprir a pena substitutiva anterior".

Uma primeira distinção a ser feita é se o réu foi condenado a pena restritiva de direitos e então sobreveio pena privativa de liberdade ou o inverso, ou seja, se estava cumprindo pena privativa de liberdade e sobreveio condenação à pena restritiva de direitos.

É que no segundo caso, ou seja, se cumpre pena privativa de liberdade e sobrevém condenação à pena restritiva de direitos, é vedada a conversão da pena restritiva de direitos em prisão, por falta de previsão legal. Perceba-se que a letra do art. 44, § 5º, do CP, supratranscrito, fala da conversão da restritiva em prisão quando sobrevém condenação à pena de prisão, e não quando a condenação à privação de liberdade já existia quando imposta pena restritiva de direitos. Sobre o tema, o STJ consolidou (Tema Repetitivo 1.106 – REsp 1.925.861) que:

> Sobrevindo condenação por pena privativa de liberdade no curso da execução de pena restritiva de direitos, as penas serão objeto de unificação, com a reconversão da pena alternativa em privativa de liberdade, ressalvada a possibilidade de cumprimento simultâneo aos apenados em regime aberto e vedada a unificação automática nos casos em que a condenação substituída por pena alternativa é superveniente.

Aqui, deverá o condenado cumprir, em primeiro, a pena privativa de liberdade e, depois, a pena restritiva de direitos, de acordo com o art. 76 do CP, que manda cumprir primeiro a pena mais grave, e depois a mais leve. No caso de cumprimento da pena privativa de liberdade em regime que permita o cumprimento da pena restritiva de direitos, as sanções deverão ser cumpridas simultaneamente. Enquanto cumprida a pena privativa de liberdade em circunstâncias incompatíveis com o cumprimento simultâneo, a pena restritiva de direitos está suspensa – e não corre prescrição, pois está preso ou outro motivo (art. 116, parágrafo único, do CP).

No primeiro caso, ou seja, quando no curso do cumprimento de pena restritiva de direitos sobrevém condenação à pena privativa de liberdade, será necessária a conversão da restritiva em prisão, se incompatível o cumprimento simultâneo das sanções, como no caso daquele que cumpre prestação de serviços à comunidade e é condenado ao regime fechado. Se for possível o cumprimento simultâneo, como no caso de condenação ao regime aberto àquele que cumpre prestação de serviços à comunidade, ou mesmo condenação ao regime fechado àquele que deve apenas pagar prestação pecuniária, a conversão da pena restritiva de direitos em prisão é faculdade do julgador, em decisão fundamentada sobre a necessidade de conversão para reprovar e prevenir o crime.

A condenação à pena privativa de liberdade suspensa (*sursis* – art. 77 do CP) também não impede o benefício, eis que possível o cumprimento concomitante.

Importante notar que a lei não prevê como causa de conversão da pena restritiva de direitos em privativa de liberdade a superveniência de condenação à pena restritiva de direitos, o que permite concluir que é vedada a conversão em tal situação. Se o sujeito está cumprindo pena restritiva de direitos e há superveniência de pena restritiva de direitos por outro crime, as penas devem ser cumpridas simultaneamente, se possível e razoável, ou sucessivamente, se inadequada a simultaneidade. Não há limite para o número de penas restritivas de direitos que podem ser cumuladas para cumprimento simultâneo ou sucessivo.

Sustentamos que, diante do "Estado de Coisas Inconstitucional" do sistema penitenciário brasileiro, já reconhecido pelo STF (ADPF 347), a conversão desnecessária deve ser proibida.

19.13.6.5 *Conversão da pena restritiva em razão de prisão processual*

A prisão processual também torna inviável, ao menos pelo tempo em que perdura, o cumprimento da pena restritiva de direitos. Daí a polêmica: a decretação de prisão processual justifica a conversão da restritiva em privativa de liberdade? Duas posições:

1ª posição: parte da doutrina entende que sim, pois, se inviável o cumprimento, a conversão é necessária, por interpretação extensiva do art. 44, § 5º, do CP.

A prática de crime configura falta grave e permite a regressão de cumprimento de pena privativa de liberdade, mesmo sem condenação definitiva. Se a prática de crime configura falta grave, e a falta grave impõe conversão da pena restritiva de direitos em privativa de liberdade (art. 181, § 1º, da LEP), a prisão processual decorrente da prática de crime também deve ter como consequência a referida conversão.

Se nem mesmo mediante a privação da liberdade é exigida decisão definitiva, com mais razão na restrição de direitos a conversão pode ocorrer com a mera prisão processual.

2ª posição: para a posição majoritária, no entanto, não é possível a conversão por falta de previsão legal, e a aplicação do art. 44, § 5º, do CP não seria interpretação extensiva, mas, sim, analogia *in malam partem*, vedada em Direito Penal.

No mais, o art. 181, § 1º, teria sido derrogado tacitamente sobre a possibilidade de conversão pela prática de falta grave, eis que a nova legislação (Lei n. 9.714/98) disciplinou a conversão da pena restritiva de direitos de forma completa.

É esse o entender da doutrina (Celso Delmanto *et al.*, *Código Penal comentado*, p. 247) e do Supremo Tribunal Federal: "No caso, já iniciada a execução da pena de prestação de serviço, o apenado foi preso em flagrante. Essa prisão impede, sem dúvida, a continuidade da execução da pena da prestação de serviço. Esta deverá, portanto, ser suspensa, com aplicação, relativamente à prescrição, do disposto no art. 116, parágrafo único, do Código Penal" (RE 412.514-5).

Nesse caso, o que deve fazer o juiz das execuções penais, já que a sanção restritiva deixa de ser cumprida durante o período em que persiste a prisão processual? Basta ao juiz suspender a execução da pena restritiva de direitos enquanto perdura a prisão processual, que não poderia mesmo ter duração exagerada, e com a condenação definitiva decidir sobre a manutenção ou não da pena restritiva de direitos. Vale lembrar que enquanto estiver preso não corre a prescrição executória.

Condenado não é encontrado para iniciar o cumprimento da prestação de serviços à comunidade ou limitação de final de semana: conforme art. 181 da LEP, a pena restritiva de direitos consistente na prestação de serviços à comunidade será convertida em privativa de liberdade se: "*a*) não for encontrado por estar em lugar incerto e não sabido, ou desatender a intimação por edital", o mesmo se aplica à limitação de final de semana. Nos termos do § 2º do mesmo artigo, também será convertida a limitação de final de semana se o condenado não for encontrado ou desatender intimação por edital.

Art. 181. A pena restritiva de direitos será convertida em privativa de liberdade nas hipóteses e na forma do art. 45 e seus incisos do Código Penal.

§ 1º A pena de prestação de serviços à comunidade será convertida quando o condenado:

a) não for encontrado por estar em lugar incerto e não sabido, ou desatender a intimação por edital;

b) não comparecer, injustificadamente, à entidade ou programa em que deva prestar serviço;

c) recusar-se, injustificadamente, a prestar o serviço que lhe foi imposto;

d) praticar falta grave;

e) sofrer condenação por outro crime à pena privativa de liberdade, cuja execução não tenha sido suspensa.

§ 2º A pena de limitação de fim de semana será convertida quando o condenado não comparecer ao estabelecimento designado para o cumprimento da pena, recusar-se a exercer a atividade determinada pelo juiz ou se ocorrer qualquer das hipóteses das letras *a*, *d* e *e* do parágrafo anterior.

§ 3º A pena de interdição temporária de direitos será convertida quando o condenado exercer, injustificadamente, o direito interditado ou se ocorrer qualquer das hipóteses das letras *a* e *e* do § 1º deste artigo.

Com o trânsito em julgado da sentença condenatória, o sentenciado é intimado a iniciar a prestação de serviços ou a limitação de fim de semana. Se não for encontrado e desatender a intimação por edital, está autorizada a conversão.

Subentende-se a sanção como frustração do dever do processado/condenado de manter o juízo ciente de seu paradeiro, para que, se for o caso, possa ser encontrado para as diversas comunicações cabíveis e, enfim, para que seja chamado a cumprir sua pena.

A disposição legal acaba por trazer indevidas consequências: o processado raramente é informado sobre o dever de manter o juízo informado sobre seu endereço, o que se acentua quando não tem residência fixa. Pela falta de informação ou compreensão, acaba surpreendido quando lançado às grades pela conversão da pena restritiva de direitos imposta.

19.13.6.6 Penas restritivas de direitos de natureza pecuniária e possibilidade de conversão em privativa de liberdade

As penas restritivas de direito de natureza pecuniária, como a prestação pecuniária e a perda de bens e valores, se descumpridas, podem ser convertidas em pena privativa de liberdade? Mais uma vez, duas correntes podem ser identificadas:

1ª) Bitencourt entende que não, pois não há literal descumprimento de restrição imposta, mas, sim, mero inadimplemento de dívida, e não seria possível deduzir na pena convertida tempo cumprido, ou melhor, parcela de pagamento realizado (*Código Penal comentado*, p. 170).

Acrescentamos a tais argumentos o fato de ser princípio constitucional a inviabilidade de prisão por dívida, e, partindo da premissa de que princípios são mandados de otimização, a maximização da força normativa do referido princípio impediria a conversão.

Se o condenado é solvente, basta executar a sanção pecuniária. Se insolvente, o adimplemento estaria justificado.

2ª) A posição majoritária na doutrina e pacífica na jurisprudência vai no sentido da possibilidade da conversão, pela expressa autorização legal: "É possível a conversão da prestação pecuniária em pena privativa de liberdade, nos termos do art. 44, § 4º, do Código Penal" (STJ, HC 92.441/RS, Rel. Min. Laurita Vaz, j. em 21-8-2008).

Outro entender, ainda que privilegie a liberdade individual, fomenta o descumprimento das sanções restritivas de direito de natureza pecuniária, o que as tornaria letra morta na codificação, além de propagar descrédito quanto às sanções restritivas de direito como um todo.

19.13.6.7 Desconto da pena restritiva de direitos cumprida no momento da conversão em pena privativa de liberdade

O tempo de cumprimento de pena restritiva será descontado (o que parte da doutrina chama também de princípio da detração), é claro, da pena privativa de liberdade a cumprir, ou seja, se o sujeito foi condenado à pena de 2 anos de prestação de serviços à comunidade e cumpriu 1 ano e 6 meses da restrição imposta, com o descumprimento injustificado terá que cumprir 6 meses de pena privativa de liberdade (Cezar Roberto Bitencourt, *Código Penal comentado*, p. 169; Julio Fabbrini Mirabete, *Curso de direito penal*, p. 273).

Observação importante: na hipótese de conversão pelo descumprimento injustificado, nos termos do art. 44, § 4º, do Código Penal, deve ser respeitado prazo mínimo de 30 dias de pena privativa de liberdade a cumprir, ou seja, se o sujeito foi condenado a 2 anos de prestação de serviços à comunidade e cumpriu 1 ano, 11 meses e 15 dias, o cálculo traria apenas 15 dias de pena privativa de liberdade a cumprir, mas pelo limite mínimo estabelecido no art. 44, § 4º, do CP terá que cumprir 30 dias de prisão.

Ao fixar o prazo mínimo de pena privativa de liberdade a cumprir no caso da conversão, buscou o legislador evitar situações extremas, por exemplo, a conversão de uma hora de serviço à comunidade em um dia de prisão, que poderia ser cumprido em poucos instantes (eis que desprezadas as frações de dia nos termos do art. 10 do CP), estimulando o descumprimento da pena e fomentando a impunidade. No mais, somente uma pena de prisão de no mínimo 30 dias é que teria, no presumido entender do legislador, potencial para o cumprimento das funções retributivo-preventivas esperadas.

No entanto, ao buscar evitar situações extremas, acabou o legislador por gerar novo problema, qual seja, a quebra de isonomia. É que ao fixar prazo mínimo de 30 dias para cumprimento de pena privativa de liberdade no caso de conversão da pena restritiva de direitos, o legislador acabou por equiparar aquele que deixa de cumprir 30 dias da sanção imposta e aquele que deixou de cumprir apenas um dia, tornando equivalentes situações evidentemente desiguais.

Além da quebra de isonomia, há ainda a imposição fática de uma pena com duração maior que aquela pensada pelo juiz, no momento da condenação, como suficiente e necessária para a reprovação e prevenção do delito. Se a condenação impõe 2 anos de reclusão, e após cumprimento de 1 ano, 11 meses e 25 dias o condenado deixa de cumprir a restrição de direitos imposta, a conversão obedeceria ao prazo mínimo de 1 mês e a pena efetiva seria de 2 anos e 25 dias, violando a pena imposta.

Assim, para parte da doutrina, a fixação de tal limite mínimo viola o princípio da isonomia e da individualização da pena, devendo ser desprezado. Como ensina Fernando Galvão: "Considerando que a Constituição Federal não permite a aplicação de pena para fato que não seja previsto como crime nem que o indivíduo seja considerado culpado antes do trânsito em julgado da decisão condenatória, é forçoso concluir que a conversão não pode impor pena superior àquela imposta na decisão condenatória. A imposição de um saldo mínimo de 30 (trinta) dias significa punir o condenado pelo fato do descumprimento, com o acréscimo de sua pena. Evidentemente, não se pode alterar a condenação, após o trânsito em julgado, para aumentar a pena" (*Direito penal*, p. 631).

Problema: fixadas duas penas restritivas de direitos com a mesma duração da pena privativa de liberdade substituída, como deve ser feita a conversão em pena privativa de liberdade?

Como visto, o cálculo é fácil se fixada apenas uma sanção restritiva de direitos, pois a pena privativa de liberdade a cumprir corresponderá à sanção restritiva de direitos ainda não cumprida (com a ressalva das penas não mensuráveis, como a prestação pecuniária, na qual o juiz deverá operar com equidade).

No entanto, ao substituir pena privativa de liberdade de 2 anos de reclusão por uma pena restritiva de direitos de prestação de serviços à comunidade e outra de limitação de final de semana, há que se considerar que ambas terão prazo de 2 anos (a pena restritiva de direitos terá a duração da pena substituída). Cumpridos 6 meses em ambas, quanto resta a cumprir? A solução aritmética parece ser 1 ano e 6 meses de prestação de serviços à comunidade e 1 ano e 6 meses de limitação de final de semana, que, somadas, resultariam em 3 anos de pena a cumprir, o que é absurdo: a pena original, de 2 anos de reclusão, não poderia ser parcialmente cumprida e ainda gerar saldo de 3 anos a cumprir.

O cálculo, aqui, deve valer-se das regras de proporção. Assim, se 2 anos de privação de liberdade equivalem a 2 anos de prestação de serviços + 2 anos de limitação de final de semana, é possível concluir que cada dois dias cumpridos de qualquer das penas restritivas de direitos imposta equivalem a um dia de cumprimento da pena privativa de liberdade, e essa seria a regra a ser seguida para o cálculo da pena a cumprir, no caso de conversão em pena privativa de liberdade.

Melhor seria, é verdade, se afastada a regra da possibilidade de conversão de pena privativa de liberdade por duas restritivas de direitos com a mesma duração, mas enquanto vigente a norma não há outro caminho a seguir.

19.14 PENA DE MULTA

Consiste no pagamento ao fundo penitenciário de quantia fixada na sentença, nos termos do art. 49 do Código Penal.

A busca de penas pecuniárias como "alternativas" à pena privativa de liberdade é movimento festejado nos anos 1990, pois poderia diminuir o superencarceramento. Não acreditamos que tenha gerado tal efeito e, na verdade, os que eram presos continuavam sendo presos, mas, com o acréscimo das penas pecuniárias, os que não recebiam pena alguma hoje tendem a receber penas pecuniárias.

A pena pecuniária é elogiada exatamente porque evitaria o encarceramento, permitindo que o condenado mantivesse o seu emprego e seus laços sociais, e custaria menos ao Estado. É criticada porque é seletiva e discriminatória, cobrando dos ricos menos do que poderiam pagar e exigindo dos miseráveis mais do que têm condições de arcar.

Em um país periférico e com grande parte da população pobre, como é o Brasil, acreditamos que a pena pecuniária deva ser imposta com grande cuidado, apenas quando constatada a capacidade econômica do sentenciado, sob pena de gerar efeitos estigmatizantes e criminógenos (Gustavo Junqueira e Lúcia Faleiros, *Penas Restritivas de Direitos como penas degradantes*). No mesmo sentido, o CNJ editou, em 2021, a Resolução n. 425, orientando em seu art. 29 que:

> Deverá ser observada a vulnerabilidade decorrente da situação de rua no momento de aplicação da pena, evitando-se a aplicação da pena secundária de multa.

A nova Parte Geral do Código Penal (1984) rompeu com o critério de fixação do valor da sanção pecuniária até então vigente, que trazia expresso o valor da multa. O antigo procedimento não permitia a correção/atualização monetária e, por isso, estava fadado ao insucesso.

O novo critério afastou o procedimento tradicional, alcançando a Parte Especial do Código Penal, a Lei de Contravenções Penais e todas as leis que tinham valores expressos em cruzeiros. As leis especiais que já traziam critérios próprios (como a Lei de Drogas, quer na antiga ou na atual redação), no entanto, não foram alcançadas pela nova sistemática, que só é aplicada subsidiariamente, eis que trazem formas e valores específicos.

Em procedimento bifásico, a lei manda fixar sucessivamente:

1) o número de dias-multa; e
2) o valor dos dias-multa.

Multiplicando um pelo outro, o resultado é o valor da multa a ser paga pelo condenado.

19.14.1 Quantidade de dias-multa

O Código Penal regula em seu art. 49 a imposição da quantidade de dias-multa, estabelecendo limites mínimo e máximo, respectivamente, de dez e de trezentos e sessenta.

Dentre tais critérios, não há previsão legal na lei específica sobre como proceder, restando à doutrina a tarefa de arrolar os critérios que parecem pertinentes, nos quais podem ser encontradas diversas propostas, dentre as quais se destacam:

a) **Deve ser adotado critério similar ao das penas privativas de liberdade, com especial atenção ao binômio gravidade do fato em concreto/culpabilidade do autor.**

Se nas duas fases o critério fosse o mesmo, ou seja, a capacidade econômica do condenado, nos termos do art. 60 do Código Penal, não haveria qualquer justificativa para o sistema bifásico com a fixação de número de dias (1ª fase) e posterior fixação do valor de cada dia-multa (segunda fase): bastaria fixar a pena diretamente, em uma só fase, com um critério único.

Se duas fases são previstas, os critérios devem ser diferentes: na primeira, as características concretas do crime e do infrator, e apenas na segunda surtiria efeito o art. 60 do CP, tomando em conta a fortuna do réu.

É o critério que prevalece na doutrina (Cezar Roberto Bitencourt, *Tratado de direito penal*, p. 592).

b) **Deve ser respeitado todo o sistema trifásico.**

Na ausência de previsão específica para a fixação do número de dias-multa, deve ser respeitado o mesmo sistema fixado para as penas privativas de liberdade, ou seja, o sistema trifásico previsto no art. 68 do Código Penal.

c) **Circunstâncias do art. 59 do CP.**

É o critério adotado pelos tribunais, que permite levar em conta características do fato e do autor, mas com as seguras balizas do art. 59 do Código Penal e toda sua construção doutrinária.

É nossa posição, e também a que prevalece nas Cortes Superiores: STF (HC 144.299) e STJ (HC 144.299 e HC 132.351).

Observação: as causas de aumento e diminuição, ressalvado o concurso de crimes (art. 72 do CP: "No concurso de crimes, as penas de multa são aplicadas distinta e integralmente"), interferem no cálculo da quantidade de dias-multa, na ausência de dispositivo legal em sentido contrário (Julio Fabbrini Mirabete, *Direito penal*, p. 277). Não interferem, no entanto, no valor de cada dia-multa.

19.14.2 Valor de cada dia-multa

O valor de cada dia-multa será fixado entre 1/30 do salário mínimo até 5 salários mínimos cada, nos termos do art. 49, § 1º, do Código Penal.

O valor do dia-multa é fixado de acordo com a capacidade econômica do condenado, em direta obediência ao art. 60 do CP.

Ao final da operação bifásica supradescrita (número de dias-multa e valor de cada dia-multa, multiplicando um pelo outro), se o magistrado entender que o valor alcançado não é capaz de cumprir a função retributivo-preventiva da pena, diante da excepcional fortuna do condenado, poderá até triplicar o valor final (art. 60, § 1º, do CP).

O valor da multa oscila, assim, entre 1/3 (10 x 1/30) do salário mínimo e 1800 (360 x 5) salários mínimos, que é o resultado das operações acima descritas. Se o juiz entender o valor insuficiente diante da pujança econômica do condenado, pode triplicá-lo, alcançando até 5400 (1800 x 3) salários mínimos.

Prevalece que o salário mínimo que deve ser levado em conta é aquele vigente na época do fato, pelo princípio da anterioridade da pena. Como o valor do salário mínimo integra a pena, não pode ter previsão posterior ao fato que pudesse prejudicar o condenado, pela irretroatividade da lei gravosa.

Correção monetária: a lei é clara em determinar a atualização monetária no momento da execução, para que a sanção aplicada não seja desvirtuada por eventuais perdas de valor da moeda: "Art. 49. (...) § 2º O valor da multa será atualizado, quando da execução, pelos índices de correção monetária".

Na AP 1.030, o STF entendeu que o índice de correção monetária a ser aplicado no cálculo da multa é o IPCA-E, mas, no caso de mora, o valor deve ser corrigido pela taxa Selic.

19.14.3 Espécies de multa

19.14.3.1 Quanto à previsão legal

A multa pode ser prevista na legislação de forma:

a) **isolada**, como nas contravenções penais;
b) pode ainda ser prevista de forma **alternativa**, ou seja, será imposta pena privativa de liberdade ou multa;
c) pode ser **cumulada**, ou seja, é imposta pena privativa de liberdade e multa.

19.14.3.2 Quanto à natureza

a) **Comum:** pode ser comum, quando diretamente prevista no preceito secundário do tipo, quer seja isolada, alternativa ou cumulada.
b) **Vicariante ou substitutiva:** aplicada pena privativa de liberdade, o juiz pode substituí-la tão somente por uma multa, que seria classificada como vicariante.

Na *multa vicariante ou substitutiva*, o juiz pode substituir, no momento da sentença condenatória, a pena privativa de liberdade por pena de multa.

Cumpre aqui apenas repetir o que já foi dito acerca da substituição da pena privativa de liberdade por multa ou restritiva de direitos:

A técnica de aplicação das penas restritivas de direitos combinadas ou não com a multa, nos termos da letra do Código Penal, pode ser resumida no seguinte quadro:

Pena ≤ 1 ano	1 pena restritiva de direitos
	ou
	1 Multa
Pena > 1 ano	1 pena restritiva de direitos + Multa
	ou
	2 penas restritivas de direitos

No entanto, surpreendentemente, a 2ª Turma do Supremo Tribunal Federal tem entendido ainda aplicável o art. 60, § 2º, do Código Penal, que prevaleceria sobre o disposto no art. 44, § 2º, que é posterior. Assim, ao julgar o HC 98.995, o STF fixou que: "este órgão julgador, em precedente firmado no HC 83.092/RJ (*DJU*

29-8-2003), já se pronunciara no sentido da impossibilidade de substituição da pena privativa de liberdade por multa nas hipóteses de condenação superior a 6 meses. Ademais, afirmara que: a) se a pena imposta ultrapassar 6 meses e for menor ou igual a 1 ano deverá ser aplicada uma restritiva de direitos; b) se superior a esse tempo, duas restritivas de direitos" (HC 98.995/RS, Rel. Min. Gilmar Mendes, j. em 19-10-2010).

Assim, para a 2ª Turma do STF, o quadro seria diverso, ou seja:

P ≤ 6 meses = pena restritiva de direitos ou multa
6 meses < P ≤ 1 ano = pena restritiva de direitos
P > 1 ano = 2 penas restritivas de direitos ou 1 pena restritiva de direitos + multa

A posição do STF espelhada no acórdão retrotranscrito não tem respaldo legal, pelo que merece nossa crítica, mas vem prevalecendo nas Cortes Superiores, desvalorizando a incidência da pena de multa.

19.14.3.3 Requisitos para conversão da pena privativa de liberdade em multa vicariante isolada

I Pena aplicada igual ou inferior a 1 ano, e, se doloso, desde que sem violência ou grave ameaça. Perceba-se que, no caso de infração com pena inferior a 1 ano, pode o magistrado substituir a pena por uma restritiva de direitos ou por uma multa.

Nesse caso, por ser mais gravosa a imposição da pena restritiva de direitos, apenas com fundamentação suficiente é que o magistrado pode afastar a multa em favor da restritiva de direitos, conforme uníssona orientação do Supremo Tribunal Federal:

> *Informativo* 314 do STF: Por falta de fundamentação, a Turma concedeu em parte *habeas corpus* para anular a substituição da pena privativa de liberdade imposta à paciente por pena restritiva de direitos, aplicada sem a manifestação do juízo de origem sobre a possibilidade de conversão daquela em pena de multa, mais favorável à ré. Considerou-se ser necessária a fundamentação da escolha feita pelo magistrado, mais gravosa à ré, já que possível a aplicação, em tese, das duas modalidades de substituição (tendo em conta que o descumprimento de pena restritiva de direitos poderá resultar na sua conversão em pena privativa de liberdade) (Precedentes citados: HC 74.161/RS (*DJU* 7-3-1997); HC 79.865/RS (*DJU* 6-4-2001); HC 81.875/RJ (*DJU* 13-9-2002) (HC 83.092, Rel. Min. Ellen Gracie, 2ª T., j. em 24-6-2003, *DJ* 29-8-2003).

Como já comentado (*vide* aplicação da pena restritiva de direitos), há precedente da 2ª Turma do STF entendendo que a multa vicariante só é possível se a pena privativa de liberdade que a substituir for inferior a 6 meses (HC 98.995).

II   Que o condenado não seja reincidente, ou, sendo, que não seja pelo mesmo delito e que a medida seja recomendável frente a culpabilidade, antecedentes, conduta social, personalidade do condenado, motivos e demais circunstâncias do fato.

Possível perceber que os requisitos são muito semelhantes aos necessários para a conversão em restritiva de direitos. A diferença é que a pena máxima substituída, no caso da multa isolada, não pode superar 1 ano.

Há também aqui a mesma polêmica sobre a possibilidade de substituição da pena privativa de liberdade por multa se o crime for praticado com violência e grave ameaça; o assunto já foi estudado no presente trabalho ao tratar dos requisitos para conversão da pena privativa de liberdade em restritiva de direitos, cuja leitura recomendamos. No entanto, em razão de peculiares discussões sobre possível conflito de leis no tempo, a matéria aqui merece especial atenção, ressaltando 4 (quatro) interpretações possíveis: a) é possível a conversão da pena privativa de liberdade em pena de multa nos crimes com violência ou grave ameaça com base no art. 44 do CP; b) não será possível jamais conversão da pena privativa de liberdade em pena de multa no crime com violência ou grave ameaça por força do art. 44 CP; c) será possível conversão de crime com violência ou grave ameaça em pena de multa com base no art. 60 do Código Penal; e d) não deve ser aplicada a previsão de multa vicariante do art. 44 do Código Penal, restando vigente apenas a previsão do art. 60 CP. As quatro posições serão analisadas, na ordem mencionada, valendo desde logo esclarecer que, nas duas primeiras posições, o art. 60 do CP teria sido revogado pela "nova" (1997) redação do art. 44 do Código Penal, e nas duas últimas o art. 60 estaria em vigor:

a)   Acreditamos que, em face das possibilidades consensuais de solução do conflito penal nos casos de penas inferiores a 1 ano (suspensão condicional do processo e, em muitos casos, transação penal), é proporcional e adequada a fixação da pena de multa substitutiva, mesmo nos casos de crimes dolosos com violência ou grave ameaça. Em outras palavras, se a pena aplicada foi igual ou inferior a um ano, era certa a possibilidade de suspensão condicional do processo e provável a possibilidade de transação penal, o que torna evidente a desnecessidade, a princípio, de pena mais grave que a multa para reprovar e prevenir o crime, lembrando que se as circunstâncias do caso concreto forem desfavoráveis não será possível a substituição.

Aliás, a nova redação do art. 44, § 2º, que regula a aplicação da pena de multa, não traz vedação expressa e específica aos crimes praticados com violência ou grave ameaça, permitindo a interpretação ora proposta.

Nesse sentido, ensina Boschi: "Os requisitos para a substituição da pena privativa de liberdade por multa são a não reincidência em crime doloso e a favorabilidade de circunstâncias judiciais (incisos II e III do art. 44 do CP)" (*Das penas e seus critérios de aplicação*, p. 357).

b) Não é possível conversão da pena privativa de liberdade em pena de multa no caso de crime doloso com violência ou grave ameaça, pois o § 2º do art. 44 do Código Penal deve guardar relação com o *caput* (que regula a conversão da pena privativa de liberdade em pena restritiva de direitos), e, se o *caput* exige que não haja violência ou grave ameaça, tal pressuposto também deve ser aceito para a conversão em pena de multa.

Nesse sentido, Bitencourt sintetiza: "A possibilidade de substituição está, ainda, condicionada à satisfação dos demais requisitos objetivos e subjetivos constantes dos incisos do art. 44 e de seu § 3º. Nesse sentido, é necessário que o crime não tenha sido praticado com violência ou grave ameaça à pessoa, que o réu não seja reincidente em crime doloso, que sua culpabilidade, seus antecedentes, sua conduta social e sua personalidade, bem como os motivos e circunstâncias de seu crime, indiquem que a substituição seja suficiente" (*Tratado de direito penal*, p. 607).

Possível ainda argumentar que, se não é possível sequer conversão em pena restritiva de direitos nos crimes com violência ou grave ameaça, sendo que a restrição de direitos é mais grave que a pena de multa, com mais razão (*a fortiori*) também não deve ser possível a conversão em pena de multa.

c) O art. 60, § 2º, que regulava a pena de multa antes da Lei n. 9.714/98 não foi revogado, e o advento do art. 44, § 2º, não teria regulado toda matéria referente à pena substitutiva exatamente porque não trata da substituição em caso de violência ou grave ameaça dolosa.

Assim, nos termos do art. 60, § 2º, seria possível converter a pena privativa de liberdade nos casos de violência ou grave ameaça dolosa desde que a pena aplicada não supere 6 meses.

Resumindo, para a posição ora tratada (c) teríamos duas regulações diferentes sobre a multa vicariante, uma no art. 44, § 2º, e outra no art. 60 do Código Penal, nos seguintes termos:

  i) no caso de crimes sem violência ou grave ameaça, seria possível a substituição por multa quando a pena privativa de liberdade não ultrapasse 1 ano, nos termos do art. 44, § 2º;
  ii) se há violência ou grave ameaça no crime doloso, apenas seria possível a substituição quando a pena não superasse 6 meses (redação do art. 60, § 2º, do CP).

d) Só é possível conversão da pena privativa de liberdade em pena de multa na hipótese do art. 60, § 2º, restando ineficaz a previsão do art. 44, § 2º, sobre a pena de multa. Assim, se a pena não superar 6 meses, pode ser convertida em multa independentemente de violência ou grave ameaça. Se superar 6 meses, mas não superar 1 ano, só pode ser convertida por uma pena restritiva de direitos.

A justificativa é que não seria razoável que penas de 1 ano possam ser convertidas em multa vicariante, restando possível por conta do art. 44, § 2º, apenas a conversão em uma pena restritiva de direitos (Guilherme de Souza Nucci, *Código Penal comentado*, p. 344). Discordamos veementemente de tal entendimento, pois não cabe ao julgador a avaliação política sobre a insuficiência da pena. Tal atribuição é exclusiva do legislador.

19.14.4 Cumulação de multas

A multa vicariante absorve a pena de multa cumulada prevista (PPL e multa, sendo que a PPL é substituída por pena de multa) ou com ela é cumulada? Há três posições:

1) As duas multas devem ser somadas, eis que têm origem diversa.

2) A aplicação de uma pena de multa absorve a outra.

Com a aplicação de tão somente uma multa, estarão alcançadas as finalidades da pena, e a dupla valoração da culpabilidade e da capacidade financeira do sujeito implicaria resultado exagerado e injustificável.

Ora, se o magistrado é livre para fixar a pena de multa com base na gravidade do fato, culpabilidade do agente e sua capacidade econômica, significa que a multa fixada é a "necessária e suficiente", adequada e proporcional à infração penal. Cumular essa pena com outra multa é o mesmo que admitir sanção que equivale ao dobro do correto, ou seja, que o resultado é desproporcional, desnecessário, inadequado por exagero, configurando confesso abuso do poder de punir. É nossa posição.

3) A polêmica não poderia existir, eis que em tais casos não é possível substituir a pena privativa de liberdade por multa. É que, se o legislador fez previsão da pena privativa de liberdade cumulada com a multa, significa que entendeu insuficiente a aplicação apenas da pena pecuniária, o que impede a referida substituição. A Súmula 171 do STJ diz que: "Cominadas cumulativamente, em lei especial, penas privativas de liberdade e pecuniária, é defeso a substituição da prisão por multa".

19.14.5 Conversão de multa em detenção

A Lei n. 9.268/96 alterou a original redação do art. 51 do CP e proibiu a conversão da pena de multa em detenção. Não importa qual a espécie de multa, ou seja, se é multa originariamente cominada ou se substitutiva da pena privativa de liberdade, nos termos do art. 44, § 2º, do CP (multa vicariante). É sempre proibida a conversão da pena de multa em prisão.

Os motivos são consagrados:

Na comunidade internacional é hoje repudiada a prisão por dívida; a tal possibilidade viola direitos humanos consagrados em instrumentos internacionais (art. 7º, 7, do Pacto de São José da Costa Rica).

O não pagamento da multa acabava sendo mais grave que o próprio crime, pois para o segundo a sanção era pecuniária, e para a ausência de pagamento era imposta prisão.

Hoje, o inadimplemento da pena de multa permite apenas que ela seja executada como dívida de valor, com a aplicação, ao final, da legislação relativa à execução da dívida ativa. A polêmica sobre a titularidade para sua execução (comentada ao final do presente capítulo) não repercute na já pacificada inviabilidade de conversão da pena em prisão.

O pagamento da pena de multa pode ser parcelado, conforme redação do art. 50 do CP.

Não deve incidir sobre os recursos indispensáveis para o sustento do condenado e de sua família (art. 50, § 2º, do CP).

Com a superveniência de doença mental, queda suspensa a execução da pena de multa (art. 52 do CP).

Transitada em julgado a sentença condenatória, o condenado é notificado para, em 10 dias, pagar integralmente a quantia ou pedir o parcelamento. A notificação é feita ainda pelo juízo da execução criminal.

A pena pode ser descontada diretamente da folha de pagamento do condenado, nos termos do art. 51 do CP.

Se, apesar de notificado, o condenado não adimplir sua obrigação, é que a multa será considerada dívida de valor com a aplicação das normas da legislação relativa a dívida ativa da Fazenda Pública, inclusive no que concerne às causas interruptivas e suspensivas da prescrição (Luiz Regis Prado, *Curso de direito penal brasileiro*, p. 525).

19.14.6 Execução da pena de multa

Histórico sobre a competência: a princípio, estabeleceu-se celeuma acerca da competência para a execução: persistiria na vara das execuções criminais, ainda que aplicável a legislação fiscal, ou a competência seria da vara da Fazenda Pública?

Até o final de 2018 a solução foi pacífica nos Tribunais, provocando a edição da Súmula 521 do STJ, segundo a qual "a legitimidade para a execução fiscal da multa pendente de pagamento imposta em sentença condenatória é exclusiva da Procuradoria da Fazenda Pública".

Inconformado, o Ministério Público (PGR) ofereceu a ADI 3.150, argumentando que a titularidade da ação penal é do Ministério Público, e tal titularidade não poderia ser violada na execução de qualquer espécie de pena, inclusive a multa. A ADI foi julgada procedente, e foi dada interpretação conforme o art. 51 do Código Penal, estabelecendo que

> a expressão "*aplicando-se-lhes as normas da legislação relativa à dívida ativa da Fazenda Pública, inclusive no que concerne às causas interruptivas e suspensivas da prescrição*", não exclui a legitimação prioritária do Ministério Público para a cobrança da multa na Vara de Execução Penal.

Nos termos do voto condutor do Ministro Roberto Barroso, o Ministério Público teria 90 dias de legitimação exclusiva para propor a execução da pena de multa, contado o prazo do trânsito em julgado da sentença. Se não proposta a execução no prazo de 90 dias, o juízo criminal comunicará a Procuradoria da Fazenda, para que realize, subsidiariamente, a execução do valor.

Crítica: não há estrutura nas varas criminais para a cobrança da multa, que exige recursos e técnicas voltadas ao constrangimento patrimonial, o que é próprio de uma vara de execuções fiscais, funcionalmente vocacionada para tanto. A gigantesca demanda exige especialização dos profissionais, recursos materiais e técnicas, e a retomada da competência para a execução de valores pela vara das execuções penais parece ser a glorificação da ineficiência. Além disso, não há parâmetros certos sobre quais multas serão executadas pelo Ministério Público e quais ficarão para a Procuradoria da Fazenda... O critério será o valor? A repercussão midiática do caso? A demanda de trabalho do órgão ministerial? Em qualquer caso, são grandes os riscos para os princípios da impessoalidade e igualdade.

A celeuma foi agravada com a vigência da Lei n. 13.964/2019, que trouxe nova redação para o art. 51 do Código Penal.

Antiga redação	Nova redação
Art. 51. Transitada em julgado a sentença condenatória, a multa será considerada dívida de valor, aplicando-se-lhes as normas da legislação relativa à dívida ativa da Fazenda Pública, inclusive no que concerne às causas interruptivas e suspensivas da prescrição.	Art. 51. Transitada em julgado a sentença condenatória, a multa será executada perante o juiz da execução penal e será considerada dívida de valor, aplicáveis as normas relativas à dívida ativa da Fazenda Pública, inclusive no que concerne às causas interruptivas e suspensivas da prescrição.

Competência para execução da multa

A mudança legislativa trata da competência para execução da pena de multa, mas sem deixar de tangenciar a polêmica sobre a natureza da multa após o trânsito em julgado da condenação.

A competência para execução está clara: o juízo das execuções criminais. Importante notar que a reforma legislativa colide, a princípio, com o resultado do julgamento da ADIn 3.150: no acórdão consta que a legitimação prioritária para a execução da pena de multa, após o trânsito em julgado da condenação, é do Ministério Público, perante o juízo das execuções criminais. No entanto, após 90 dias, a legitimação para a execução passaria a ser da Procuradoria da Fazenda (legitimação subsidiária, assim), e a competência para julgamento seria da Vara das Execuções Fiscais (competência subsidiária). Apesar da posterior alteração legislativa, a orientação da ADIn 3.150

(legitimação subsidiária da Procuradoria e competência subsidiária da Vara das Execuções Fiscais) prevaleceu.

Crítica: inevitável a crítica ao argumento analógico usado como base para a sustentação da legitimação subsidiária, que se vale da ação penal privada subsidiária da pública: não há analogia possível. O art. 5º, LIX, da CF trata de um direito fundamental (art. 5º da CF) do indivíduo de promover a ação penal no caso de inércia do (re)presentante do Estado, funcionando como último controle do indivíduo sobre aquela que pode ser uma arbitrária inércia estatal. Em nada se relaciona com a transferência da titularidade de um órgão estatal para outro. Aliás, interpretar uma garantia individual – que limita e controla o poder do Estado – como fonte para levar o poder de promover ação penal de um órgão estatal para outro, ou seja, do Ministério Público para a Procuradoria da Fazenda, é subverter todo e qualquer sentido de uma garantia individual fundamental. O público é diferente do privado, e a legitimidade subsidiária do particular não se assemelha à tomada de legitimidade por outro órgão público. Não há identidade de razões e fundamentos que permita a mesma solução jurídica, tornando o procedimento analógico, aqui, argumento vazio de sentido.

Em nosso entender, a única forma de sustentar tecnicamente a legitimação subsidiária da Fazenda Pública após 90 dias é reconhecer que, após o referido prazo, a multa perde a natureza penal, tornando-se dívida de valor, como consta, mais uma vez, na clara dicção da nova lei, assim como já constava da anterior. Nesse caso faria sentido a transferência de legitimidade para promover a ação penal do Ministério Público, titular da ação penal, para a Procuradoria da Fazenda, bem como a alteração da competência do juízo das execuções criminais, para o juízo das execuções fiscais.

O STJ já consolidou que é impossível a execução da pena de multa de ofício pelo magistrado, dada a inteligência dos arts. 164 e seguintes da LEP. A competência é prioritária do Ministério Público e subsidiária da Fazenda (AgRg no AREsp 2.222.146/GO, 5ª T., Rel. Min. Reynaldo Soares da Fonseca, por unanimidade, j. em 9-5-2023).

19.14.7 Natureza da pena de multa

Histórico: com o inadimplemento da multa, ela será inscrita na dívida ativa e cobrada como dívida de valor, ainda que o titular da ação seja o Ministério Público e a competência seja do Juízo das Execuções Criminais, tudo nos termos do art. 51 do CP, em sua nova redação. A nova questão proposta é: com a inscrição, ela perde sua natureza penal?

A discussão é muito importante, pois, se perder a sua essência penal, será possível a declaração da extinção da punibilidade do condenado, pelo cumprimento da pena, mesmo antes do pagamento ou prescrição da pena de multa. Em inúmeros casos, cumprida a pena privativa de liberdade, o reeducando retorna à vida em sociedade, mas não consegue eficiente (re)inserção, pois, enquanto não for paga a pena de multa, não cumpriu toda a pena e, assim, persiste com seus direitos políticos suspensos, bem como não é possível o sigilo das informações da execução e a reabilitação. Se considerada a alteração da natureza da multa com sua inscrição na dívida ativa, deixando de ser sanção penal e ganhando caráter de natureza civil, todos esses problemas seriam resolvidos.

Era majoritária a compreensão de que a multa não perdia sua natureza da sanção penal com a inscrição na dívida ativa, tanto que permanece com os prazos prescricionais dispostos no Código Penal. O fato de ser executada na Vara da Fazenda Pública, e seguindo o procedimento da Lei de Execução Fiscal, tem apenas índole instrumental, eis que o conjunto normativo é mais apto a lidar com questões patrimoniais.

> A nova redação do art. 51 do CP não apenas proibiu a conversão da pena de multa em detenção, no caso de inadimplemento, considerando-a dívida de valor, mas também determinou a aplicação da legislação pertinente à dívida ativa da Fazenda Pública. Não havendo o pagamento espontâneo, caberá à Fazenda Pública execução da multa, o que, todavia, não lhe retira o caráter punitivo (REsp 397.985/SP, Rel. Min. Felix Fischer, 5ª T., j. em 11-3-2003).

No entanto, o STJ mudou sua posição, pacificou, em 2015, compreensão sobre a viabilidade de extinção da punibilidade se, cumprida a pena privativa de liberdade, restar apenas a multa a ser paga, editando, em sua redação original, o Tema 931, de recursos repetitivos:

> Nos casos em que haja condenação a pena privativa de liberdade e multa, cumprida a primeira (ou a restritiva de direitos que eventualmente a tenha substituído), o inadimplemento da sanção pecuniária não obsta o reconhecimento da extinção da punibilidade (REsp 1.519.777 – Tema de recurso repetitivo 931).

A mudança deveria ser festejada. Em um país no qual a imensa maioria dos presos pertence à camada mais pobre da população, impedir o egresso de retomar seus direitos políticos e ter o sigilo das informações – essenciais para que tenha chances de emprego e mínima integração social – por não ter condições econômicas para saldar seu débito seria impor nova punição pela pobreza, sobrecarregando o mais vulnerável pela absoluta ausência de programas mínimos de assistência social ao egresso.

No entanto, com o julgamento da ADI 3.150 pelo STF, o argumento da perda de natureza penal, que permitia a extinção da punibilidade, perdeu força. É que o argumento para outorgar ao Ministério Público a atribuição para executar a multa é exatamente a sua natureza penal, que atrairia a incidência do art. 129, I, da Constituição Federal pois a execução seria "ação penal pública". A conclusão do argumento lançado no voto do Ministro Edson Fachin é que reconhecer a mudança da "natureza da multa" após o trânsito em julgado seria, assim, inconstitucional, por afronta do art. 5º, XLVI, da CF, que trata da individualização da pena, e arrola dentre as sanções penas cabíveis a pena de multa. Além disso, a manutenção do caráter penal da pena de multa, mesmo após o trânsito em julgado da condenação, foi expressamente reconhecida no voto condutor do Ministro Roberto Barroso, embora tenha o Ministro, estranhamente, admitido a execução subsidiária pela Procuradoria da Fazenda, o que seria, pela literalidade do art. 129, I, inconstitucional (Art. 129. São funções institucionais do Ministério Público: I – promover, *privativamente*, a ação penal pública, na forma da lei – grifo nosso).

O entendimento majoritário, hoje, é o de que a multa mantém sua natureza penal mesmo após o trânsito em julgado.

Crítica: acreditamos que o reconhecimento do caráter penal da multa, mesmo após o trânsito em julgado, é um equívoco sob o prisma legal, teórico-dogmático e, pior, político-criminal.

Sob o ponto de vista legal, é clara a redação do art. 51 do Código Penal ao estabelecer que "*Art. 51 – Transitada em julgado a sentença condenatória, a multa será considerada dívida de valor*", mesmo na redação imposta pela Lei n. 13.964/2019. A letra da lei é clara: a multa passa a ser mera dívida de valor, perdendo o caráter de suplício inerente à sanção penal. Acrescenta ainda a legislação que deve ser executada na forma da dívida ativa, esclarecendo que os estigmas do processo penal devem ser deixados para trás. Não há qualquer inconstitucionalidade na lei, uma vez que a Constituição não determina que a multa seja executada na forma da lei das execuções penais, tampouco impõe a Constituição que a multa mantenha seu caráter supliciante e estigmatizante após o trânsito em julgado. É evidente, aqui, o abuso do controle de constitucionalidade, o que infelizmente se tornou prática comum no STF, que parece querer esganar o legislador e retirar-lhe toda autonomia para legislar.

Sob o ponto de vista teórico-dogmático, o STF parece se curvar a uma natureza ôntica penal da multa que, com todo respeito, não existe. A multa não está na natureza como penal ou civil simplesmente porque não está na natureza e não existe fora do mundo jurídico. Não está no *ser*, mas sim no *dever ser*, é um crédito que terá as características que lhe forem outorgadas pela norma. É objeto cultural com qualidades atribuídas, e terá o efeito que lhe for outorgado pela legislação. Se o legislador atribui à determinada conduta uma sanção e a qualifica como civil ou penal, assim será compreendida, e não há problema algum – e muito menos inconstitucionalidade – em qualificar a sanção como penal até o momento do trânsito em julgado e extrapenal depois.

Ainda sob o ponto de vista teórico dogmático, o argumento de que a extinção da punibilidade quando restar apenas a multa a pagar seria inconstitucional, pois violaria a natureza penal da multa no art. 5º, XLVI, da CF não se sustenta: o art 5º, XLVI, da CF tem como objetivo impor a individualização das penas, indicando que a sanção deve ser adequada ao caso concreto e às circunstâncias do condenado, arrolando exemplificativamente 5 sanções e abrindo o rol com a expressão "dentre outras". Indica, assim, que além da pena privativa de liberdade (única prevista para os crimes no Código Penal vigente em 1988) outras sanções penais podem ser impostas, como interdição de direitos e multa. A interdição de direitos também está prevista como pena no mesmo inciso XLVI, o que não significa que toda interdição de direitos em razão de condenação criminal é efeito penal, valendo lembrar que a perda do direito de dirigir em razão de condenação criminal é interdição de direitos advinda de condenação criminal, mas não é pena, e sim efeito extrapenal. O que o STF chama, na ADIn 3.150, de alteração de natureza da multa, é na verdade declaração da extinção da punibilidade com manutenção da dívida de valor oriunda da condenação. Por amor à argumentação, ainda que se admita que uma dita "natureza penal" foi imposta pela Constituição, não há inconstitucionalidade na atribuição do legislador de definir marcos extintivos da punibilidade, tanto que no art. 107 do CP constam causas extintivas não lembradas na Constituição Federal, como o perdão judicial, e mesmo fora do art. 107 do CP constam a reparação do dano no peculato culposo (art. 302, § 3º, do CP) e a suspensão condicional do processo no art. 89 da Lei n. 9.099/95. Não há inconstitucionalidade possível na letra da lei que manda reconhecer a pena de multa, após o trânsito em julgado da condenação, apenas como dívida de valor, extinguindo a punibilidade e mantendo o valor como apto a ser executado na seara cível. Vale lembrar, por fim, que não é estranha à legislação brasileira a confusão entre o valor pago na sanção penal e o devido na seara cível, tanto que o valor da pena de prestação pecuniária é descontado do valor devido em face de futura indenização civil.

Por fim, sob o ponto de vista político-criminal, a manutenção da natureza penal da multa após o trânsito em julgado, impedindo a extinção da punibilidade enquanto não adimplida, levará centenas de milhares de condenados (especialmente nas condenações por tráfico de drogas) à cruel marginalização e à inevitável reincidência, pois não conseguirão o sigilo dos antecedentes (art. 202 da LEP) e, por consequência, não terão oportunidades de emprego, restando a reiteração delitiva como única ou ao menos mais provável forma de sobrevivência.

Nossa posição: entendemos equivocada a decisão do STF na ADI 3.150 pelos motivos expostos, mas, enquanto mantido o entendimento pela legitimidade do Ministério Público para execução da multa por 90 dias após o trânsito em julgado, sustentamos que apenas por tal prazo a multa mantém seu caráter penal, em todos os casos. Vencidos os 90 dias, deixa de ter caráter penal e permite a extinção da punibilidade independentemente de seu pagamento. Aliás, partindo da premissa da petição inicial da ADI 3.150 – que é a atribuição privativa do Ministério Público para promover a ação penal pública, que alcançaria também a execução da pena de multa –, só seria possível a execução pela Procuradoria da Fazenda se reconhecida a natureza extrapenal – dívida de valor – da multa após o referido prazo de 90 dias, pois de outra forma seria usurpada atribuição constitucional do Ministério Público.

19.14.8 A segunda e a terceira (e atual) redação do Tema de Recursos Repetitivos 931 do STJ

A execução da pena de multa pelo Ministério Público não se impõe de forma padronizada em todo o País, pois em algumas unidades da Federação foram estabelecidos critérios para a execução, como o valor da multa ou as condições econômicas do condenado, enquanto em outras a execução foi plena, independentemente de valor ou circunstâncias, instalando-se uma evidente "caça aos miseráveis". Valores ínfimos em conta-corrente são bloqueados, o nome do egresso é lançado nos órgãos de proteção ao crédito e até mesmo o pecúlio é atingido pela execução, com evidente efeito criminógeno: já é muito difícil, em um país com altos níveis de desemprego, que o egresso consiga ocupação lícita e rendimentos, restando apenas subempregos e vil remuneração para a subsistência: com o "nome sujo" e com seus pequenos rendimentos bloqueados, o acesso às vias lícitas de sobrevivência fica obstado, restando apenas o ilícito. Vale lembrar que o principal móvel para alteração da legitimidade para executar a multa na ADI 3.150 foi a execução de altos valores fixados nas penas pecuniárias do chamado "Mensalão" e da "Lava Jato", que cuidam de minúscula parcela de réus ricos condenados por crimes de colarinho-branco, pois a imensa maioria das multas pesa sobre réus miseráveis, que nunca tiveram patrimônio ou perderam o que tinham durante o processo penal e o cumprimento da pena.

Percebendo o equívoco político-criminal, o CNJ editou a Resolução n. 425/2021, que, em seu art. 29, parágrafo único, disciplina que, no curso da execução criminal, cumprida a pena privativa de liberdade e verificada a situação de rua da pessoa egressa, deve-se observar a possibilidade de extinção da punibilidade da pena de multa.

Sensível ao quadro, o STJ adaptou o Tema de Recursos Repetitivos 931, que passou a contar com a seguinte redação: "Na hipótese de condenação concomitante a pena privativa de liberdade e multa, o inadimplemento da sanção pecuniária, pelo condenado que comprovar impossibilidade de fazê-lo, não obsta o reconhecimento da extinção da punibilidade".

Voltou a ser viável, então, a extinção da punibilidade se restar apenas a multa a ser cumprida, com a condição de que o condenado comprove a impossibilidade de adimplir o débito. O problema era exatamente a prova de incapacidade financeira, que acabava resultando em prova diabólica, pois é impossível comprovar o que não se fez, ou o que não se tem. A partir de 2021 tivemos um show de horrores sobre o rigor do Judiciário para ter como suficiente a comprovação de incapacidade financeira do condenado, e não bastava não ter imóveis, dinheiro em conta-corrente, veículos ou testemunho de terceiros.

Na verdade, a presunção deveria ser contrária: se as estatísticas demonstram que o público-alvo do sistema penal é miserável, dada a estrutural seletividade aporofóbica, é necessário fixar os pés na realidade e ter como ponto de partida que o condenado é, a princípio, da maioria pobre que é alvo das sentenças condenatórias, salvo prova em contrário.

Foi precisamente o que fez o STJ, em 2023, o que merece grande louvor. Partindo da premissa argumentativa realista de que os pobres são a maioria da população encarcerada, a nova redação do Tema 931 presume a incapacidade financeira para pagar a multa, salvo prova em contrário a ser produzida pelo Ministério Público, acreditamos, em respeito ao sistema acusatório, que rege – ou deveria reger – também a execução penal.

> O inadimplemento da pena de multa, após cumprida a pena privativa de liberdade ou restritiva de direitos, não obsta a extinção da punibilidade, ante a alegada hipossuficiência do condenado, salvo se diversamente entender o juiz competente, em decisão suficientemente motivada, que indique concretamente a possibilidade de pagamento da sanção pecuniária.

19.14.9 Fundo penitenciário

Estabelecida a competência da vara da Fazenda Pública estadual para a execução da pena de multa (quando aplicada pela Justiça Estadual), diversas unidades da Federação, como São Paulo, criaram um fundo penitenciário estadual, para o qual os valores recolhidos são enviados (Guilherme de Souza Nucci, *Código Penal comentado*, p. 354). Ao fundo penitenciário nacional restam as multas aplicadas pela Justiça Federal (nesse sentido, Paulo Henrique Moura Leite, *O lapso prescricional e a legitimidade ativa para a execução da multa penal após o advento da Lei n. 9.268/96*, p. 32).

19.14.10 Peculiaridades

Só é possível executar a pena de multa após o trânsito em julgado da condenação. Não há possibilidade de execução provisória.

A precária situação econômica do sentenciado, no entender do STJ, não autoriza a isenção da pena de multa no momento da condenação (REsp 722.561).

É possível a penhora de até ¼ do valor do pecúlio para satisfação da pena de multa (REsp 2.113.000-SP). O pecúlio, direito do condenado, é formado em regra pelo valor da remuneração que resta ao condenado depois de satisfazer as obrigações do art. 29, § 1º, da LEP, como indenização à vítima, assistência à família e pequenas despesas pessoais.

Crítica: Não há previsão de satisfação do valor da multa ou custas processuais, razão pela qual acreditamos que não deveria ser autorizada a penhora nem sequer de ¼ do valor: o pecúlio, direito do condenado previsto no art. 41, IV, da LEP, deveria ser preservado para permitir condições mínimas de integração social no momento em que o sentenciado é colocado em liberdade sem qualquer fonte de renda, e precisa de quantia mínima para sobreviver.

No caso da Lei n. 11.340/2006 (Lei Maria da Penha), não pode ser aplicada a pena de multa vicariante, eis que restaria isolada, o que é vedado por seu art. 17: "É vedada a aplicação, nos casos de violência doméstica e familiar contra a mulher, de penas de cesta básica ou outras de prestação pecuniária, bem como a substituição de pena que implique o pagamento isolado de multa". No Tema 1.189 (REsp 2.049.327), o STJ consolidou que, por interpretação sistemática, o mesmo art. 17 da Lei Maria da Penha proíbe "a imposição, nos casos de violência doméstica e familiar contra a mulher, de pena de multa isoladamente, ainda que prevista de forma autônoma no preceito secundário do tipo penal imputado". Tal interpretação implica a compreensão de que a proibição legal também se aplica à hipótese de multa estabelecida como uma pena autônoma na parte secundária do tipo penal, como é o caso do crime de ameaça (art. 147 do Código Penal). Com efeito, a imposição desse tipo de penalidade (multa) em crimes cometidos de acordo com o art. 5º da Lei n. 11.340/2006 só pode ocorrer de forma cumulativa, nunca de maneira isolada.

FIXAÇÃO DA PENA

20.1 PRINCÍPIO

A fixação da quantidade, a espécie e, se pena privativa de liberdade, o regime inicial de cumprimento de pena devem observar sempre o princípio constitucional da individualização da pena.

Nos termos do art. 59 do CP, o juiz deve cotejar circunstâncias para fixar pena suficiente e necessária para reprovação e prevenção do crime. Sobre as ideias de reprovação e prevenção, remetemos à leitura do subitem 19.2, sobre as finalidades da pena. Interessante notar que a doutrina brasileira pouco discute a atividade de fixação da pena[1]. Há uma pena precisamente correta para cada fato criminoso em concreto? Os que defendem essa possibilidade sustentam a chamada **teoria da pena exata ou pontual**. Na **teoria do espaço do jogo ou margem de liberdade**, há uma moldura de culpabilidade dentro da qual teorias preventivas seriam cotejadas com certa liberdade pelo julgador. Na **teoria do limite da culpabilidade**, que acreditamos ser a mais interessante por sua capacidade redutora, as funções preventivas da pena não podem ultrapassar o limite máximo da culpabilidade, e não há limite mínimo: o julgador é livre para abrandar a punição em busca de finalidades preventivas, mas não poderá incrementar além do limite da culpabilidade.

Já comentamos a fixação de regime inicial de cumprimento da pena privativa de liberdade em tópico anterior, bem como a possibilidade de substituição entre as espécies de pena. O foco do presente capítulo é a quantidade da sanção imposta.

O Brasil adota um sistema com três fases para a fixação da pena, sendo que em cada uma delas determinada espécie de circunstância do crime interfere incrementando ou abrandando a sanção que se busca impor. Importante, assim, ter como premissa a classificação das circunstâncias:

---

[1] Sobre o tema, com destacada reflexão crítica, Rodrigo Hoig Duque-Estrada, *Aplicação da pena* – limites, princípios e novos parâmetros, p. 27 e seguintes.

20.2 CLASSIFICAÇÃO DAS CIRCUNSTÂNCIAS

Para compreender o processo de fixação da pena em cada caso concreto, é necessário entender o conceito e a classificação das circunstâncias.

Conceito de circunstância: as circunstâncias são dados acessórios da figura típica, que orbitam as elementares do tipo e tem a função de influir na dosagem da pena.

Podem ser classificadas em judiciais e legais. As legais podem ser classificadas a princípio em qualificadoras, agravantes, atenuantes, causas de aumento e diminuição de pena.

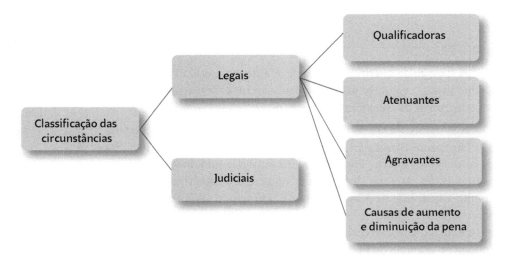

Antes de examinar cada uma das espécies mencionadas, vale lembrar que as circunstâncias legais também podem ser classificadas como genéricas, quando previstas na Parte Geral do Código Penal, ou especiais/específicas, quando previstas na Parte Especial do Código Penal ou em legislação extravagante.

20.3 ORDEM DE PREJUDICIALIDADE DAS CIRCUNSTÂNCIAS

O dado que configura elementar não poderá interferir como circunstância na dosagem da pena, pois seria *bis in idem*: no homicídio, é a especificidade de matar "alguém" que dá essência ao crime, e a consequência da "perda da vida humana" não poderia, assim, incrementar a pena acima do mínimo como circunstância judicial. O que é essencial à existência do crime não pode ser acessório na fixação da pena.

Cuidando das circunstâncias, é bastante comum que dados semelhantes possam constar como qualificadoras, causas de aumento, agravantes e mesmo circunstâncias judiciais desfavoráveis.

Para evitar o *bis in idem*, ou seja, que um mesmo dado possa interferir positiva ou negativamente mais de uma vez na determinação da quantidade de pena, há uma ordem de prejudicialidade nas circunstâncias, ou seja, se um dado serve como qualificadora e como agravante, deverá ser empregado apenas como qualificadora, e desprezado como agravante, e assim por diante. Em outras palavras, a qualificadora sempre prevalece sobre a majorante com idêntico conteúdo, que sempre prevalece sobre agravantes, que prevalecem sobre as circunstâncias judiciais.

Exemplo: a condenação anterior pela prática de infração penal já foi prevista como qualificadora, está prevista na legislação como possível reincidência e pode configurar mau antecedente. Se no caso concreto tem a função de qualificadora, ficará desprezada a possibilidade de influenciar como agravante de reincidência ou circunstância judicial de mau antecedente. Apenas se não configurar qualificadora, é que poderá ser lembrada como agravante da reincidência. E somente se não configurar reincidência, é que poderá gerar efeitos como mau antecedente.

A ordem de prejudicialidade é a seguinte:

1) qualificadora;
2) causa de aumento ou diminuição;

3) agravantes e atenuantes;
4) circunstâncias judiciais.

Repita-se: a ordem suprarreferida é a de prejudicialidade, e não a ordem em que as circunstâncias interferem na fixação da pena (sistema trifásico, que será visto no Capítulo 20).

Curioso notar que as ordens (prejudicialidade e sequência de interferência na fixação da pena) não coincidem e geram por isso dificuldades ao operador. Ainda que os antecedentes interfiram na primeira fase de fixação da pena, como será visto a seguir, é necessário saber se a condenação anterior gera reincidência (que interfere apenas na segunda fase), pois, se o fizer, deverá ser desprezado o dado enquanto mau antecedente e "guardado" para a fase seguinte, quando servirá como agravante de reincidência.

Vencida a questão da prejudicialidade, passaremos ao estudo específico das circunstâncias.

20.3.1 Qualificadoras

As qualificadoras são reconhecidas por determinarem novos limites mínimo e máximo expressos ao tipo incriminador. Assim, enquanto a pena do furto simples é de um a quatro anos de reclusão e multa, no caso do furto qualificado (§ 4º) a pena será de dois a oito anos de reclusão e multa.

Sempre que há novos limites mínimo e máximo para um crime em razão da verificação de determinado dado de sua realidade (rompimento de obstáculo, emprego de chave falsa), classificamos tal dado como qualificadora.

É controversa a natureza jurídica das qualificadoras:

1) para alguns, como são essenciais aos chamados tipos qualificados (derivados), devem ser classificadas como elementares;
2) para outros, como contêm características próprias de elementares, mas não têm a mesma natureza essencial, merecem classificação especial, ou seja, são "circunstâncias elementares";
3) a corrente majoritária classifica as qualificadoras como circunstâncias, eis que o tipo derivado, exatamente por derivar do tipo fundamental, não traz novas características essenciais, mas somente acessórias.

Como ensina Bitencourt: "Cumpre destacar, porém, que somente os tipos básicos contêm as elementares do crime, porquanto os chamados tipos derivados – qualificados – contêm circunstâncias especiais que, embora constituindo elementos específicos dessas figuras derivadas, não são elementares do crime básico, cuja existência ou inexistência não alteram a definição deste. Assim, as qualificadoras, como dados acidentais, servem apenas para definir a classificação do crime derivado, estabelecendo novos limites mínimo e máximo, cominados ao novo tipo" (*Tratado de direito penal*, 2010, p. 662).

Longe de ser cerebrina, a discussão é absolutamente relevante para diversos temas na tipificação de condutas e na aplicação da pena, dentre os quais se destaca a comunicabilidade dos dados típicos no caso de concurso de pessoas (*vide* tópico específico no presente trabalho): enquanto as elementares sempre se comunicam, as circunstâncias só se comunicam quando objetivas; ora, se é assim, considerando as qualificadoras como elementares, elas sempre se comunicariam e, se circunstâncias, apenas quando objetivas.

20.3.2 Circunstâncias judiciais

São as previstas no art. 59 do CP: "culpabilidade, antecedentes, conduta social, personalidade do agente, motivos, circunstâncias, consequências do crime e comportamento da vítima".

São chamadas judiciais, pois são, em sua maioria, termos abertos, que permitem interpretações muito pessoais por parte do juiz.

Como exemplo do referido grau de subjetividade, sem prejuízo de análise individualizada de cada circunstância que será feita a seguir, é possível desde logo questionar o que seria uma conduta social positiva ou negativa (?): é comum a hipótese de indivíduo que, ao sair do trabalho, três vezes por semana, ao invés de rumar para a casa em que reside com esposa e três filhos, vai até um bar e, na companhia de amigos, gasta pequena quantia se embriagando e jogando cartas até alta madrugada, mas não se atrasa no trabalho nem tem qualquer comportamento agressivo em casa. Trata-se de uma má conduta social (?), pois o sujeito se afasta da família e se embriaga regularmente, o que seria imoral, ou é uma boa conduta social, pois demonstra sociabilidade e responsabilidade para não permitir que momentos de lazer individual interfiram no trabalho ou mesmo na dinâmica da família? Ou não quer dizer nada? Possível encontrar decisões em todos os sentidos para casos com tais cores, restando demonstrada a intensidade do arbítrio da apreciação das referidas circunstâncias.

Como ensina Juarez Cirino dos Santos, as circunstâncias judiciais podem se referir ao agente, ao fato ou à vítima (*Direito penal*, cit.). Vamos ao exame detido de cada uma:

20.3.2.1 Culpabilidade

Era tradicionalmente interpretada como intensidade do dolo e grau da culpa. A intensidade do dolo era comumente interpretada a partir da atual consciência da ilicitude do fato, que era estrutura do dolo normativo, próprio do causalismo e do neokantismo, mas abandonado pelo finalismo.

Assim, diante do ora adotado dolo natural, queda desgastado o conceito de intensidade do dolo, que em seu sentido originário já não se justifica.

O grau da culpa também foi abandonado com o deslocamento de tal apreciação nas estruturas do crime. Antigamente, tal juízo era feito na culpabilidade, em que figuravam o dolo e a culpa, como era comum no causalismo e no neokantismo. No finalismo, a verificação da culpa é deslocada para a tipicidade, momento em que a apreciação do desvalor jurídico do comportamento em relação ao cuidado esperado é, ainda, algo superficial. A verificação "profunda" é feita, mais uma vez, apenas na culpabilidade. Por tal razão, o grau da culpa também não é hoje validado pela doutrina.

Assim, afastados pela doutrina atual os sentidos originários de intensidade do dolo e da culpa, e com a ausência de outro sentido que possa ser considerado paradigmático na construção dogmática atual, a culpabilidade só pode ser entendida como grau de reprovabilidade social da conduta concretamente considerada, levados em conta elementos não expressamente tratados como circunstâncias judiciais ou legais, para que se evite o *bis in idem* (nesse sentido, entre outros, Boschi, *Das penas e seus critérios de aplicação*, p. 191 e Greco, *Curso de direito penal*, v. 1, 2010, p. 536).

Para mensurar a reprovabilidade concreta, devem ser levadas em consideração todas as circunstâncias capazes de interferir na capacidade do sujeito de agir de outro modo, ou, como ora se prefere, na capacidade do sujeito de motivar suas escolhas de acordo com o ordenamento (capacidade de motivação). O homem a ser julgado deve ser aquele que praticou realmente o crime, e não um homem em abstrato. Como ensina Dometila de Carvalho: "O Estado Democrático de Direito está a serviço do homem concreto. A realidade deste homem, condicionado por suas circunstâncias econômico-sociais, não dispensa a concreção da culpabilidade na dependência, também, dessas circunstâncias sociais" (*Fundamento constitucional do direito penal*, p. 69).

Já consolidou o STJ que a culpabilidade, enquanto circunstância judicial, não considera a inexigibilidade de conduta diversa ou mesmo a potencial consciência da ilicitude, devendo considerar apenas a censurabilidade da conduta praticada:

A culpabilidade normativa, que engloba a consciência da ilicitude e a exigibilidade de conduta diversa e que constitui elementar do tipo penal, não se confunde com a circunstância judicial da culpabilidade (art. 59 do CP), que diz respeito à demonstração do grau de reprovabilidade ou censurabilidade da conduta praticada. HC 212.775/DF, Rel. Min. Rogerio Schietti Cruz, 6ª Turma, j. em 23-9-2014, DJe 9-10-2014; HC 216.776/TO, Rel. Min. Assusete Magalhães, 6ª Turma, j. em 14-5-2013, DJe 4-8-2014; REsp 1.269.173/TO.

Surge, aqui, uma polêmica: a história de vida do sujeito pode ser levada em consideração como circunstância apta a interferir em sua culpabilidade e, assim, na mensuração da pena? Assinalada a ressalva que, na legislação brasileira, a conduta social é arrolada especificamente como circunstância judicial, podemos encontrar duas posições:

I – Não, pois permitir que a pena seja influenciada pela história de vida do sujeito seria admitir o odioso direito penal do autor, ou seja, o sujeito passaria a ser punido pelo que é, e não pelo que fez. Apenas as características pessoais que se concretizam em circunstâncias do caso concreto, objeto da persecução penal, é que podem ser consideradas, sem investigação sobre a "história de vida".

II – Sim, pois não há como valorar a reprovabilidade concreta sem considerar as circunstâncias que, de alguma forma, influenciaram na capacidade do sujeito de se comportar de acordo com o direito, ou, ainda se motivar conforme ao ordenamento. Apenas com a apreciação das circunstâncias socioculturais será possível cumprir o mandamento constitucional da individualização da pena.

Além disso, argumentam os defensores da segunda posição que não se trata de punir o sujeito pelo que é, eis que as referidas características pessoais não compõem o fato típico, mas, sim, de adequar a sanção à reprovabilidade concreta. Se os dados da personalidade estivessem reproduzidos no tipo, seria merecida a crítica de aproximação ao direito penal do autor. Como se trata apenas de fixação da pena, a crítica perde sua força.

Partindo da premissa de que é possível a consideração das circunstâncias socioculturais do autor como capazes de influir na dosagem da pena, resta saber se tais circunstâncias podem ser utilizadas apenas em favor do acusado, ou também em seu desfavor. Aqui também encontramos duas posições:

Primeira, só é possível a consideração das circunstâncias socioculturais do sujeito, ou seja, de sua história de vida, para abrandar a pena, mas nunca para agravá-la. É que o sujeito não pode ser punido pelo que é, tampouco ter a sua pena agravada pelo mesmo motivo, sob pena de resgate do já criticado direito penal do autor. Segunda, o sujeito pode, no entanto, deixar de ser punido pelo que é, como, aliás, já ocorre no caso dos inimputáveis, sem resistência doutrinária ou jurisprudencial. Assim como é possível afastar a reprovabilidade no caso do inimputável, é viável o abrandamento da pena em razão da menor condição de se comportar de acordo com o direito, ou menor capacidade de se motivar de acordo com o ordenamento. Como ensina Dometila de Carvalho, com apoio em Muñoz Conde: "O processo de socialização alterado, afirma Muñoz Conde, exclui a culpabilidade, não havendo como negar que, na sociedade onde coexistam distintos sistemas de valores, haja indivíduos capazes de, teoricamente, conhecer a ilicitude de uma ação, não se motivando, embora, pela norma, por ser ação, por ela proibida, considerada normal no grupo social concreto, do qual faz parte" (Márcia Dometila de Carvalho, *Fundamento constitucional do direito penal*, p. 69).

Basta imaginar, aqui, o sujeito analfabeto, criado à margem dos chamados valores vigentes, que nunca teve nada seu (nunca experimentou a propriedade) nem qualquer acesso a estabelecimentos de saúde. Parece-nos razoável o abrandamento da pena, em crimes contra o patrimônio ou saúde pública, avaliadas as circunstâncias concretas, pela menor capacidade de se orientar de acordo com os valores do ordenamento, eis que o sujeito não teve as esperadas oportunidades de conhecê-los. Minoritária é nossa posição.

As circunstâncias socioculturais podem ser utilizadas tanto para abrandar a pena como para agravá-la, em nome do imperativo da individualização da pena.

Assim, já entendeu o STJ que o elevado grau de instrução do condenado configura circunstância apta ao especial gravame no juízo de culpabilidade, permitindo o agravamento da pena:

> *Informativo* 481 do STJ: A Turma decidiu que não há constrangimento ilegal em fixar a pena-base acima do mínimo legal, considerando-se mais elevada a culpabilidade do paciente, ocupante de cargo público relevante, com alto grau de instrução, por ter apresentado, em uma barreira de fiscalização policial, documento público falsificado, praticando, assim, o crime do art. 304 do CP. Para os ministros, ratificando acórdão do tribunal *a quo*, o grau de culpabilidade do denunciado seria superior ao ordinário, porque exercia, no momento da infração, entre outros, o cargo de secretário de Estado adjunto e era detentor de três cursos superiores. Por tanto, o paciente tinha maiores condições de entender o caráter ilícito do seu ato, razão pela qual não se mostra injustificada a decisão que considerou um pouco mais elevada a sua culpabilidade (HC 194.326/RS, Rel. Min. Jorge Mussi, j. em 18-8-2011).

A premeditação interfere também na culpabilidade, conforme já consolidado pelo STJ:

> A premeditação do crime evidencia maior culpabilidade do agente criminoso, autorizando a majoração da pena-base. Precedentes: AgRg no AREsp 288.922/SE, Rel. Min. Laurita Vaz, 5ª Turma, j. em 18-6-2014, *DJe* 1º-8-2014; AgRg no AREsp 235.526/SP, Rel. Min. Marco Aurélio Bellizze, 5ª Turma, j. em 27-8-2013, *DJe* 3-9-2013.

O STJ já entendeu também que, se o autor se aproveita da vulnerabilidade emocional da vítima para a prática do crime, deve ser reconhecida maior culpabilidade:

> O fato de o agente ter se aproveitado, para a prática do crime, da situação de vulnerabilidade emocional e psicológica da vítima decorrente da morte de seu filho em razão de erro médico pode constituir motivo idôneo para a valoração negativa de sua culpabilidade (AgRg no AREsp 781.997/PE, 6ª Turma, *DJe* 1º-2-2016) (HC 264.459/SP, Rel. Min. Reynaldo Soares da Fonseca, j. em 10-3-2016, *DJe* 16-3-2016).

A violência na frente dos filhos da vítima justifica, também, a valoração negativa da culpabilidade (STJ, AREsp 1.964.508, Rel. Min. Ribeiro Dantas, j. em 29-3-2022).

20.3.2.2 Antecedentes

20.3.2.2.1 Maus antecedentes e presunção de inocência

A posição tradicional traduz a previsão como a coleção de registros criminais em desfavor do sujeito (nesse sentido Bitencourt, *Código Penal comentado*, p. 213). Até a década de 1990, prevalecia que todo registro criminal poderia ser utilizado em desfavor do sujeito (STF, AI 604.041), incluídos inquérito em andamento ou mesmo arquivados, com base na máxima de que "onde há fumaça, há fogo".

Hoje, prevalece no STF (STF, AI 741.101 e RE 535.477) que apenas condenações transitadas em julgado podem significar maus antecedentes criminais. No STJ, foi editada súmula nesse sentido, como a questão parece estar pacificada:

> **Súmula 444 do STJ:** É vedada a utilização de inquéritos policiais e ações penais em curso para agravar a pena-base.

No mesmo sentido, processos penais extintos pelo reconhecimento da prescrição da pretensão punitiva não podem caracterizar maus antecedentes, por obediência à presunção de inocência:

> *Informativo* 444 do STJ: (...) a existência de processos judiciais sem trânsito em julgado, inquéritos arquivados, bem como processos extintos pela prescrição da pretensão punitiva, não podem ser considerados para a caracterização de maus antecedentes, de má conduta social e, muito menos, da personalidade voltada para o crime, pois prevalece o princípio da presunção de inocência. Precedentes citados do STF: (RHC 80.071/RS, *DJ* 2-4-2004, do STJ: HC 109.051/SC, *DJe* 15-6-2009; HC 39.030/SP, *DJ* 11-4-2005; HC 96.670/DF, *DJe* 8-2-2010; HC 104.071/MS, *DJe* 25-5-2009, e REsp 620.624/RS, *DJ* 29-11-2004 (RvCr 974/RS, Rel. Min. Maria Thereza de Assis Moura, j. em 25-8-2010).

ANPP e maus antecedentes: no AgRg no HC 895.165-SP, o STJ entendeu que o acordo de não persecução penal (ANPP), mesmo instruído com confissão, não configura maus antecedentes, não impede o reconhecimento do tráfico privilegiado.

20.3.2.2.2 Diferença entre reincidência e maus antecedentes

Se são necessárias condenações definitivas e estas geram reincidência, que é circunstância agravante e assim prevalece sobre os antecedentes, queda como letra morta a valoração dos antecedentes prevista no art. 59 do CP e ora examinada? Não.

É que nem toda condenação definitiva gera reincidência, pois é necessário que o fato "sub judice" tenha sido praticado após o trânsito em julgado de sentença condenatória pelo crime anterior, nos termos do art. 63 do CP, além da possível incidência do período depurador da reincidência (prescrição da reincidência), previsto no art. 64 do CP.

Assim, pela posição ora majoritária, geram maus antecedentes as condenações definitivas incapazes de gerar reincidência. Na prática, pelo entendimento majoritário, seriam duas as hipóteses hoje pacíficas:

1) Se o trânsito em julgado da condenação por outro crime é posterior à prática do fato que está sendo julgado.
2) Se a condenação definitiva anterior tratar de contravenção penal.
3) Se a reincidência estiver depurada em razão do prazo de 5 anos previsto no art. 64 do Código Penal.

Se a condenação anterior transitada em julgado já não é apta a gerar reincidência, pois vencido o período depurador de 5 anos previsto no art. 64 do Código Penal, o registro criminal passa a ter o efeito de mau antecedente.

Discordamos de tal entendimento, e acreditamos que o reconhecimento dos maus antecedentes após o período depurador da reincidência é inconstitucional. Vencido o período depurador do art. 64 do Código Penal a condenação anterior não poderia gerar efeitos penais gravosos, sob pena de ser uma consequência penal de caráter perpétuo, minimizando a intensidade do já comentado princípio constitucional da humanidade das penas, que proíbe qualquer pena eterna. Não há princípio de estigmatização eterna na constituição, mas sim de humanidade das penas, que deve orientar interpretação pela finitude dos efeitos da condenação. Foi esse o entendimento do STF por anos.

Infelizmente, em 2019, o plenário do STF revisitou o tema, e determinou que os maus antecedentes podem ser eternos (RE 593918), e cabe ao magistrado, em cada caso, analisar se deve ou não considerar a condenação já depurada (para fins de reincidência) como mau antecedente. A conclusão do STF, em nosso entendimento, não poderia ser pior: não apenas permite a estigmatização perpétua com o mau antecedente, como também permite ao juiz, de forma arbitrária e despida de critérios jurídicos, resolver se agrava a situação do condenado em razão da condenação anterior. A consagração do arbítrio pelo STF em nada contribui para um ambiente de segurança jurídica e controle dos poderes públicos, essencial para a consolidação de uma democracia.

20.3.2.2.3 Maus antecedentes e prática da infração após crime a ser julgado

A questão a ser respondida é: se a conduta objeto de condenação transitada em julgado (conduta X) foi posterior à conduta a ser julgada (conduta Y), poderá ser considerada maus antecedentes? Prevalece que não, pois (a) ao praticar o crime, o sujeito sequer havia praticado a segunda conduta (X), não se poderia intensificar a censura pela prática do crime (conduta Y) por infração futura e (b) outro entender faria com que a consideração dos maus antecedentes tivesse como critério principal não o comportamento do réu, mas sim a celeridade do sistema de justiça: a demora no julgamento poderia facilitar o reconhecimento dos maus antecedentes, lançando o sistema punitivo em aleatoriedade insuportável e incompatível com as finalidades da pena. É o pacífico entendimento das Cortes Superiores:

> STJ – 2014 – 5ª Turma – AgRg no HC 279.309. É imprescindível a manifestação, pelo Tribunal de origem, acerca da data de cometimento dos delitos utilizados para exasperação da pena-base, sob pena de se configurar constrangimento ilegal em desfavor do paciente, uma vez que, de acordo com a jurisprudência consolidada desta Corte, os delitos posteriores ao fato que se apura na ação penal não podem ser levados em consideração para agravar a reprimenda.
>
> STF – 2014 – Pleno. O Plenário asseverou que o transcurso do quinquênio previsto no art. 64, I, do CP não seria óbice ao acionamento do art. 59 do mesmo diploma. Por outro lado, conflitaria com a ordem jurídica considerar, para a majoração da pena-base, processos que tivessem resultado na aceitação de proposta de transação penal (Lei n. 9.099/1995, art. 76, § 6º); na concessão de remissão em procedimento judicial para apuração de ato infracional previsto no ECA, com aplicação de medida de caráter reeducacional; na extinção da punibilidade, entre outros, excetuados os resultantes em indulto individual, coletivo ou comutação de pena. Por fim, as condenações por fatos posteriores ao apurado, com trânsito em julgado, não seriam aptas a desabonar, na primeira fase da dosimetria, os antecedentes para efeito de exacerbação da pena-base. No ponto, a incidência penal só serviria para agravar a medida da pena quando ocorrida antes do cometimento do delito, independentemente de a decisão alusiva à prática haver transitado em julgado em momento prévio (RE 591.054/SC, Rel. Min. Marco Aurélio, 17-12-2014).

20.3.2.2.4 Atos infracionais e maus antecedentes

Prevalece que a prática de atos infracionais não pode ensejar o reconhecimento de maus antecedentes, sob pena de reconhecimento não apenas de uma responsabilidade especial do adolescente, mas sim de uma verdadeira responsabilidade penal camuflada em medida socioeducativa, que serviria mais para prejudicar o réu (com a perda de garantias processuais penais) do que protegê-lo. É o entendimento consolidado do STJ:

> Os atos infracionais não podem ser considerados maus antecedentes para a elevação da pena-base, tampouco para a reincidência. Precedentes: RHC 43.350/MS, Rel. Ministra Marilza Maynard (Desembargadora Convocada do TJ/SE), 6ª Turma, j. em 24-4-2014, *DJe* 17-9-2014; HC 289.098/SP, Rel. Min. Moura Ribeiro, 5ª Turma, j. em 20-5-2014, *DJe* 23-5-2014; RHC 44.207/DF, Rel. Min. Laurita Vaz, 5ª Turma, j. em 15-5-2014, *DJe* 23-5-2014.

No mesmo sentido, afastando o colorido penal do registro de práticas infracionais, o STJ já entendeu que tais registros não podem permitir a conclusão pela habitualidade criminosa, que afastaria o privilégio do tráfico – STJ, AREsp 1882353.

20.3.2.2.5 *Maus antecedentes e* bis in idem

Ainda sobre a diferença entre reincidência e maus antecedentes, registro criminal sobre o mesmo fato não pode ser duplamente valorado para ser considerado circunstância judicial desfavorável e, ao mesmo tempo, agravante da reincidência, pois afrontaria a regra do *no bis in idem*.

Nesse sentido a Súmula 241 do STJ: "A reincidência penal não pode ser considerada como circunstância agravante e, simultaneamente, como circunstância judicial".

No entanto, há entendimento na doutrina (Guilherme de Souza Nucci, *Individualização da pena*, p. 200) e nos tribunais que, se o sujeito conta com vários registros criminais, um deles poderá ser reconhecido como circunstância judicial desfavorável, e o outro poderá aperfeiçoar a agravante da reincidência. Nesse sentido o STJ: "Se Juiz aponta elementos diversos para a caracterização dos antecedentes do réu e para a majoração pela reincidência, não resta evidenciada a dupla valoração das mesmas circunstâncias para efeito de antecedentes e circunstância agravante" (REsp 822.258/SP, Rel. Min. Gilson Dipp, 5ª T., *DJ* 25-9-2006).

Em nosso entender, minoritário, a posição é equivocada, pois não escapa ao *bis in idem*, uma vez que o objeto de desvalor não é o registro criminal em si, mas sim a característica da construção da personalidade daquele que insiste na reiteração da prática ilícita, e tal característica da formação da personalidade não poderia ser desvalorada duas vezes (*vide* tópico "reincidência e maus antecedentes", nos comentários à fixação da pena intermediária no sistema trifásico).

Há entendimento tradicional no sentido de que a prova dos maus antecedentes, assim como da reincidência, deve ser feita por certidão. No entanto, há decisão do

STF de 2010 entendendo que basta a folha de antecedentes para a prova da reincidência (HC 103.969).

Ao elaborar a sentença condenatória em face de autor de crimes em concurso material, o juiz não pode considerar a condenação pelo primeiro crime como mau antecedente capaz de incrementar a pena do segundo, pois a primeira condenação, obviamente, não transitou em julgado. Nesse sentido o STJ:

> Tendo em vista que uma mesma sentença julgou dois processos conexos, mostra-se inadmissível a consideração da condenação oriunda de um desses para fins de exasperar a pena-base do outro processo, como maus antecedentes, seja porque julgados numa mesma oportunidade, englobada e indissociadamente, seja porque a condenação não cumpriu, até então, o requisito do prévio trânsito em julgado (HC 143.026/RJ, Rel. Min. Laurita Vaz, j. em 27-9-2011).

20.3.2.2.6 Prova dos maus antecedentes

Nos termos da Súmula 636 do STJ:

> A folha de antecedentes criminais é documento suficiente para comprovar os maus antecedentes e a reincidência.

20.3.2.2.7 Crítica: a técnica punitivista de diferenciar maus antecedentes e reincidência

Como já acentuado, é tecnicamente consolidada a distinção entre a reincidência e os maus antecedentes, restando claro o papel residual dos antecedentes: em primeiro, é verificada a agravante da reincidência, com maior prejuízo ao réu, e, após, os maus antecedentes, com menor gravame.

A distinção cuida, a nosso ver, de expediente técnico nefasto, punitivista e irracional, que deve ser afastado sempre que causar prejuízo ao sentenciado, e em muitos casos causa.

Tanto a reincidência como os maus antecedentes cuidam do mesmo objeto de desvalor, que é o passado criminoso do sentenciado, que poderia ser valorado de maneira mais ou menos intensa, de acordo com a natureza e o número de crimes praticados. No entanto, o que ocorre com a distinção entre a reincidência e os maus antecedentes é a revelação de uma técnica que tem como resultado – senão objetivo – permitir um exagerado incremento da pena, quer pelo duplo desvalor do mesmo objeto, que é o passado criminoso do sentenciado, quer por permitir uma operação aritmética de aumento sobre aumento – tal como os reprováveis juros sobre juros.

Se não houvesse a distinção entre reincidência e maus antecedentes, ou seja, se toda condenação definitiva gerasse reincidência, ou se toda condenação definitiva gerasse maus antecedentes, teríamos apenas uma circunstância a ser dosada desfavoravelmente na aplicação da pena, e não duas. A distinção multiplica o número de circunstâncias desfavoráveis e, assim, o passado criminoso do sentenciado é desvalorado duas vezes: na primeira fase de fixação da pena, porque já depurada a reincidência em uma condenação, e mais uma vez na segunda fase da fixação da pena, se ainda não decorrido o período depurador do art. 64 do CP.

Curioso notar que há uma ordem de preponderância nas circunstâncias: se reconhecida a agravante do motivo fútil, o motivo não será desvalorado como circunstância judicial negativa. Se reconhecida a agravante do meio cruel, o meio não será novamente desvalorado como circunstância judicial negativa. Apenas o passado criminoso do condenado passa pelo duplo desvalor: uma condenação anterior pode ser classificada como maus antecedentes, ou seja, circunstância judicial negativa, e outra como agravante da reincidência.

E não é só: há o aumento sobre a pena aumentada – juros sobre juros. Se pensamos em uma condenação por crime latrocínio, com pena-base mínima de vinte anos, é possível comparar: se são duas as condenações aptas a gerar reincidência, a agravante poderá ter maior intensidade, e há julgados no sentido de um incremento em 1/6, 1/5, 1/4 e até mesmo 1/3 da pena, sendo rechaçado maior incremento nos tribunais superiores. A pena-base seria fixada no máximo de 26 anos e 8 meses. No entanto, se reconhecidos os maus antecedentes e também a reincidência, a pena-base será fixada acima do mínimo em 1/6, resultando em 23 anos e 4 meses de pena. Na pena intermediária (2ª fase), a pena-base será aumentada em 1/6 pela reincidência, com resultado superior a 26 anos e 8 meses: 27 anos, 2 meses e 10 dias.

Proposta: os maus antecedentes, por sua natureza residual, só podem ser reconhecidos se não for afirmada a reincidência. Se reconhecida a reincidência, apenas a agravante deve ser reconhecida, absorvidos os maus antecedentes. Os maus antecedentes só podem ser reconhecidos, enfim, se ausente a reincidência.

20.3.2.3 Conduta social

Aqui manda a lei considerar todos os aspectos do cotidiano do sujeito, desde os lugares em que frequenta e demais hábitos até sua relação com o meio familiar e com sua comunidade.

Daí ser frequente a oitiva, em especial por pedido da defesa, de testemunhas que não conhecem o fato, mas são capazes de esclarecer sobre a conduta social do sujeito, buscando influenciar assim na fixação da pena-base.

O Superior Tribunal de Justiça entendeu que o fato de ser o acusado usuário de drogas não deve ser considerado má conduta social:

> Na hipótese, o juiz de primeiro grau fixou a pena-base acima do mínimo legal com o argumento de que o acusado seria usuário de drogas. Apresentado recurso da defesa, o Tribunal de origem manteve a decisão de primeiro grau e agregou novas fundamentações à decisão recorrida. Nesse contexto, a Turma reiterou o entendimento de que o uso de entorpecente pelo réu, por si só, não pode ser considerado como má-conduta social para o aumento da pena-base (HC 201.453/DF, Rel. Min. Sebastião Reis Júnior, j. em 2-2-2012).

O julgado referido é bom exemplo da indefinição sobre o conteúdo de expressões como "conduta social" e como será a "respectiva valoração": é certo que grande parte dos julgadores, e mesmo da sociedade, considera o uso de drogas como uma má conduta social, que permitiria o agravamento da pena, mas, diante do viés de integração social da Lei n. 11.343/2006, é justificável entendimento contrário, como o que consta do acórdão.

Se o crime foi praticado enquanto dirigente de empresa, essa qualidade não pode ser considerada circunstância judicial desfavorável, incrementando a pena-base, pois seria *bis in idem*, como já entendeu o STF:

> Pena. Dosimetria. Circunstância judicial. Crime societário. Dirigente. O fato de o acusado ser dirigente da pessoa jurídica atrai a responsabilidade penal, não podendo servir, a um só tempo, à exacerbação da pena presentes as circunstâncias judiciais (HC 106.380/SP, Rel. Min. Dias Toffoli, Rel. p/ acórdão: Min. Marco Aurélio, 1ª T., j. em 14-5-2013, *DJe* 1º-8-2013).

Na defesa da boa técnica, que busca evitar o *bis in idem*, foi consolidado entendimento de que o passado criminal do condenado pode ser valorado negativamente na agravante da reincidência ou nos maus antecedentes, mas não pode interferir na valoração da conduta social como circunstância judicial negativa: STJ, REsp 1.794.854, Rel. Laurita Vaz, 3ª Seção, j. em 23-6-2021. De forma contraditória, o STJ entendeu, no HC 807.513 (Rel. Ministro Reynaldo Soares da Fonseca, Quinta Turma, por unanimidade, julgado em 11-4-2023), que o "intenso envolvimento com o tráfico de drogas constitui fundamento idôneo para valorar negativamente a conduta social do agente na primeira fase da dosimetria da pena no crime de homicídio qualificado", ou seja, de forma reflexa, voltou a considerar o passado criminoso como indicativo de má conduta social, o que é criticável, pois, além de pouco técnico, abandona a coerência que se tentou estabelecer no julgamento da Seção.

20.3.2.4 Personalidade

Personalidade é o conjunto de características psíquicas que individualizam a pessoa diante de seus pares.

Assim, o magistrado deve considerar positiva ou negativamente os traços característicos da pessoa e valorá-los como desejados ou indesejados para o convívio social e, a partir das referidas características, mensurar a necessidade de pena e sua qualidade a partir das finalidades da pena.

Há na doutrina quem critique o juízo sobre a personalidade do sujeito como critério para mensuração da pena, pois: (Rogério Greco, *Curso de direito penal*, 2010, p. 566).

a) Em primeiro, reflete uma clara influência do indesejado "direito penal do autor", pois a pena deixa de se referir ao que o sujeito fez e passa a incidir sobre quem ele é.
b) Em segundo, pela evidente superficialidade de tal juízo, pois o processo não trará informações suficientes para uma suficiente apreciação sobre a personalidade e, ainda que o fizesse, o juiz de direito não é tecnicamente apto a interpretar tais informações, que só poderiam ser corretamente analisadas por um expert (psicólogo, psiquiatra...).

Concordamos com as críticas lançadas.

Infelizmente, apesar do evidente despreparo técnico dos operadores do Direito para compreender, avaliar e valorar a personalidade de terceiros, o STJ já pacificou a desnecessidade de laudo técnico a estear a valoração da personalidade:

> Para valoração da personalidade do agente é dispensável a existência de laudo técnico confeccionado por especialistas nos ramos da psiquiatria ou da psicologia. Precedentes: AgRg no REsp 1.301.226/PR, Rel. Min. Maria Thereza de Assis Moura, 6ª Turma, j. em 11-3-2014, DJe 28-3-2014; AgRg no REsp 1.198.076/PR, Rel. Min. Sebastião Reis Júnior, 6ª Turma, j. em 6-2-2014, DJe 27-2-2014.

Evitando o *bis in idem* o STJ considerou que se condenações anteriores foram usadas como maus antecedentes, não se admite incremento da pena-base pela personalidade voltada para a prática do crime pelo mesmo motivo:

> STJ – Havendo registros criminais já considerados na primeira e na segunda fase da fixação da pena (maus antecedentes e reincidência), essas mesmas condenações não podem ser valoradas para concluir que o agente possui personalidade voltada à criminalidade. A adoção de entendimento contrário caracteriza o indevido *bis in idem*. Precedentes citados: HC 235.496/SP, DJe 24-8-2012, e HC 184.027/MS, DJe 26-6-2012. HC 165.089/DF, Rel. Min. Laurita Vaz, j. em 16-10-2012.

É comum que os julgadores, com dificuldade para a caracterização dos maus antecedentes, busquem usar registros do passado criminoso do condenado como indícios de má personalidade ou má conduta social, incrementando a pena-base. O STJ, no Tema Repetitivo 1.077, consolidou que tal prática é proibida: "Condenações criminais transitadas em julgado, não utilizadas para caracterizar a reincidência, somente podem ser valoradas, na primeira fase da dosimetria, a título de antecedentes criminais, não se admitindo sua utilização também para desvalorar a personalidade ou a conduta social do agente".

O STF já decidiu que a mentira no interrogatório não indica personalidade destorcida, e não pode ser usada como justificativa para considerar a circunstância judicial "personalidade" desfavorável (HC 195.937). No HC 834.126, o STJ foi além e decidiu que a mentira no interrogatório judicial, imputando a prática criminosa a terceiro, não autoriza a majoração da pena-base:

> Ainda que se pudesse considerar provado que o réu atribuiu falsamente crime a terceiro no interrogatório, isso não diria respeito à sua culpabilidade, a qual relaciona-se ao grau de reprovabilidade pessoal da conduta imputada ao acusado. Isso porque o interrogatório constitui fato posterior à prática da infração penal, de modo que não pode ser usado retroativamente para incrementar o juízo de reprovabilidade de fato praticado no passado. Com efeito, o exame da sanção penal cabível deve ser realizado, em regra, com base somente em elementos existentes até o momento da prática do crime imputado, ressalvados, naturalmente: a) o exame das consequências do delito, que, embora posteriores, representam mero desdobramento causal direto dele, e não novas e futuras condutas do acusado retroativamente valoradas; b) o superveniente trânsito em julgado de condenação por fato praticado no passado, uma vez que representa a simples declaração jurídica da existência de evento pretérito (HC 834.126-RS, Rel. Ministro Rogerio Schietti Cruz, Sexta Turma, julgado em 5-9-2023, *DJe* 13-9-2023).

Casuística: o STJ já entendeu ter personalidade especialmente reprovável aquele que pratica crime com grave ameaça contra vítima portadora de necessidades especiais, outorgando a tal circunstância a possibilidade de incrementar a quantidade da pena e, também, a qualidade do regime inicial de cumprimento de pena:

> *Informativo* 470 do STJ: Desponta dos autos que as decisões das instâncias ordinárias de condenar o paciente ao cumprimento de pena de reclusão no regime inicial fechado pela prática de roubo circunstanciado (art. 157, § 2º, I, do CP) valeram-se de circunstâncias judiciais, especialmente da personalidade do paciente evidenciada nas circunstâncias do crime, que foi praticado com grave ameaça (mediante arma) contra pessoa portadora de necessidades especiais (limitações físicas que a impediram de qualquer tipo de defesa). Dessarte, embora a pena aplicada não alcance o patamar de oito anos de reclusão, veda-se a fixação do regime semiaberto diante da valoração negativa e fundamentada das circunstâncias judiciais (art. 33, § 3º, do CP) (HC 188.899/SP, Rel. Min. Og Fernandes, j. em 28-4-2011).

Interessante notar que, no caso Fernin Ramirez *vs.* Guatemala, a Corte Interamericana de Direitos Humanos decidiu que a avaliação da periculosidade do acusado é uma expressão das características pessoais do agente, e não do fato cometido, ou seja, substitui o Direito Penal do fato característico de um Estado Democrático por um Direito Penal do autor que abre a porta para o autoritarismo.

20.3.2.5 Motivos

São compreendidos como motivos todos os fatores que levam à prática da conduta penalmente relevante.

O respeito aos interesses alheios, aos bens jurídicos e à própria ordem normativa são motivos que devem impelir o sujeito a não praticar crimes. Se o sujeito pratica infração penal, entende-se possível presumir que concebeu outros motivos, ainda mais fortes, que subjugaram os primeiros.

É da análise e valoração de tais motivos que parte o juiz para, em análise valorativa, impor pena em qualidade e quantidade suficiente e necessária. Assim, deve o magistrado perceber se a motivação normativa era ou não comum no caso concreto, ou se era mais ou menos intensa que o comum, aplicando a pena pertinente.

Deve influir na operação judicial a valoração social dos motivos que determinaram a prática delitiva. Assim, o sujeito que age para saciar a fome ou dor de sua família tem motivo menos socialmente reprovável que aquele que age por pura cobiça ou preconceito.

O STF já entendeu que não se pode negativar os motivos do crime porque o réu pretendia vender a coisa furtada para sustentar seu vício, uma vez que o próprio vício em drogas não pode ser valorado de forma negativa na fixação da pena (STF, HC 217.782, Rel. Min Edson Fachin, j. em 17-8-2022).

O STJ já entendeu que o ciúme é motivo de especial reprovabilidade em situações de violência de gênero, pois reforça a estrutura de dominação e exterioriza a perspectiva de posse em relação à mulher, restando justificado o reconhecimento de circunstância judicial desfavorável (ARESP 1.441.372).

Há ainda julgado do STJ reconhecendo o motivo especialmente gravoso na ameaça que constrange a vítima a desistir de requerer divórcio e pensão alimentícia para os filhos (AgRg no HC 746.729).

20.3.2.6 Circunstâncias

São todas as características que circundam e permeiam a prática delitiva, ou seja, trata-se de um dado residual e de conteúdo genérico que permite ao juiz valorar o local do crime, o horário em que foi praticado, a intensidade da violência empregada e outros fatores que, ainda que não expressamente indicados na lei, possam ser tomados como objetos de especial valoração na prática criminosa.

Assim, é relevante a circunstância se o sujeito ataca a vítima durante o velório de seu pai, ou se aproveita de especial condição de fragilidade de uma mãe que está com seu filho recém-nascido nos braços, ou se a obscenidade é praticada nas ruas quando se festeja o Carnaval, e assim por diante.

Entendeu o Superior Tribunal de Justiça que a circunstância de ser o autor do crime prefeito municipal, mesmo em se tratando de crime próprio de funcionário público, é circunstância judicial desfavorável capaz de elevar a pena-base, sem incidir na vedação do *non bis in idem:*

> *Informativo* 488 do STJ: O fato de o paciente ser prefeito municipal na época da infração e ter-se conluiado com o presidente de autarquia municipal e com sujeito que teria sido diretor da empresa vítima do crime de concussão é suficiente para exasperar a pena-base além do mínimo legal, porque foi indicada uma forma particularizada pela qual a exigência de vantagem ilícita logrou maior efetividade. Ademais, para a Min. Rel., esses fatos indicam fundamento ligado a um maior poder de vulneração do bem jurídico: prestígio da administração pública. Não havendo dúvida de que a condição de servidor público é elementar do tipo penal descrito. Todavia, *in casu,* o cargo de prefeito, conjugado com poderosos e influentes comparsas, torna mais propício o sucesso delitivo. Em razão de a cobrança de propina mensal ter-se alongado por período superior a um ano, foi confirmada a aplicação da fração máxima da majorante da continuidade delitiva. Precedentes citados: HC 158.968/RJ, *DJe* 15-6-2011, e HC 116.437/SP, *DJe* 19-4-2010 (HC 117.514/SP, Rel. Min. Maria Thereza de Assis Moura, j. em 22-11-2011).

Também não é circunstância exógena apta a incrementar a pena-base o fato de ter sido o roubo praticado com motocicleta rápida, ou que a vítima seja estabelecimento comercial, pois são circunstâncias normais do crime em comento (STJ, HC 320.209). Da mesma forma, não justifica o incremento da pena pelas circunstâncias o fato de ter sido o roubo praticado em transporte coletivo vazio (STJ, AgRg no HC 693.887, Rel. Min Ribeiro Dantas, j. em 21-2-2022).

Já entendeu o STF que a importância do bem jurídico não é fundamento suficiente para incrementar a pena-base, pois já considerada na fixação da pena-base e na constituição do injusto:

> Pena. Dosimetria. Circunstâncias judiciais. Bem protegido pelo tipo. Descabe considerar como circunstância judicial negativa o bem protegido pelo próprio tipo penal (HC 106.380/SP, Rel. Min. Dias Toffoli, Rel. p/ acórdão Min. Marco Aurélio, 1ª T., j. em 14-5-2013, *DJe* 1º-8-2013).

Ainda sobre o tema, o STJ entendeu que a complexidade da organização criminosa é circunstância apta a incrementar a pena-base:

> Na fixação da pena do crime de evasão de divisas (art. 22, parágrafo único, da Lei n. 7.492/1986), o fato de o delito ter sido cometido por organização criminosa complexa e bem estruturada pode ser valorado de forma negativa a título de circunstâncias do crime (REsp 1.535.956/RS, Rel. Min. Maria Thereza de Assis Moura, j. em 1º-3-2016, *DJe* 9-3-2016).

20.3.2.7 Consequências do crime

Fatos provocados por condutas idênticas e análogos elementos subjetivos podem ter consequências díspares, que são capazes de despertar maior ou menor reprovabilidade social.

Assim, o furto de determinado objeto pode ser rapidamente esquecido pela vítima, ou pode levar uma família à ruína econômica ou mesmo induzir intensa depressão no proprietário. Uma pequena ofensa pode desencadear reação positiva na vítima, que intensifica seus esforços para vencer na vida e demonstrar que não merecia a maldosa adjetivação e, assim, provoca menor desconforto na comunidade, que não cobra intensa punição.

Consolidada orientação do STJ que o expressivo prejuízo autoriza o incremento da pena-base:

> O expressivo prejuízo causado à vítima justifica o aumento da pena-base, em razão das consequências do crime. Precedentes: HC 268.683/SP, Rel. Ministro Nefi Cordeiro, 6ª Turma, j. em 7-10-2014, *DJe* 21-10-2014; HC 274.734/RJ, Rel. Min. Maria Thereza de Assis Moura, 6ª Turma, j. em 2-10-2014, *DJe* 13-10-2014; HC 208.743/MG, Rel. Min. Rogerio Schietti Cruz, 6ª Turma, j. em 2-10-2014, *DJe* 14-10-2014; AgRg no AREsp 288.922/SE, Rel. Min. Laurita Vaz, 5ª Turma, j. em 18-6-2014, *DJe* 1º-8-2014.

O STJ já entendeu, ainda, que o trauma especialmente severo gerado pelo crime de estupro justifica o incremento da pena-base (HC 425403).

Afastando a circunstância judicial desfavorável, o STJ entendeu que o grande prejuízo no furto de carro forte é inerente ao negócio, que não pode exasperar a pena-base (AgRg no REsp 2.322.175, Rel. Min. Reynaldo Soares da Fonseca, 30-5-2023).

O STF já decidiu que, no caso de concurso de pessoas, não cabe valorar negativamente a circunstância judicial das consequências do crime para apenas um dos réus, pois seria ofensa à teoria monista (HC 212.596, Rel. Min André Mendonça, 26-1-2023).

Repercussão internacional: O STJ entendeu que "é idônea a mensuração da repercussão internacional do delito na majoração da pena-base pelas consequências do crime. Processo em segredo de justiça, Rel. Ministro Rogerio Schietti Cruz, Sexta Turma, por unanimidade, julgado em 22-8-2023, *DJe* 28-8-2023". *Nossa posição*: entendemos errada a decisão, pois aqui o aumento da pena a um indivíduo dependerá de fatores que escapam a seu controle, como o interesse ou proximidade da mídia internacional.

Possível contestar a legitimidade das consequências do crime como fator que possa influenciar na dosagem da pena ainda que fora do dolo ou mesmo da previsibilidade do sujeito, pela vedação à responsabilidade objetiva. No entanto, por não se tratar de uma questão de tipicidade, mas, sim, de mera individualização da pena, aceita-se como constitucional sua ponderação.

20.3.2.8 Comportamento da vítima

O legislador especifica que o especial estímulo ou desestímulo que a vítima possa trazer à prática criminosa deve ser considerado também na fixação da pena.

Assim, os exemplos mais comuns são, na prática de crimes contra o patrimônio, a ostentação ou descuido com o próprio patrimônio, que estimula a prática delitiva, como o sujeito que anda com a carteira aberta em movimentada praça popular. Ou ainda o pouco recato da vítima em crimes sexuais, que provocaria a prática delitiva (o exemplo é de Mirabete e Fabbrini, *Manual de direito penal*, p. 283).

A vitimologia, que é ramificação da criminologia merecedora, para alguns, de autonomia científica, tem como principal objeto de estudo a vítima das infrações e, sob o ponto de vista sociológico, tem como um de seus focos a análise de qual influência determinados comportamentos podem ter na prática delitiva. A utilização de tais dados pelo juiz na dosagem da pena, aceita pelo legislador, é contestada por setores da doutrina, sob o argumento de que o comportamento lícito da vítima não pode, a partir de juízos morais ou arbitrários do julgador, interferir positiva ou negativamente na dosagem da pena.

Assim, não se poderia considerar menos protegida, ou não merecedora da proteção jurídica, a jovem que prefere passear com roupas curtas – exercendo direito constitucional –, o que poderia redundar em raciocínio preconceituoso, machista e injusto.

O STJ consolidou orientação no sentido de que o comportamento da vítima não pode ser interpretado de forma a agravar a pena-base:

> O comportamento da vítima em contribuir ou não para a prática do delito não acarreta o aumento da pena-base, pois a circunstância judicial é neutra e não pode ser utilizada em prejuízo do réu. Precedentes: HC 297.988/AL, Rel. Min. Maria Thereza de Assis Moura, 6ª Turma, j. em 18-9-2014, DJe 2-10-2014; HC 261.544/ES, Rel. Min. Rogerio Schietti Cruz, 6ª Turma, j. em 12-8-2014, DJe 26-8-2014; HC 182.572/PR, Rel. Min. Nefi Cordeiro, 6ª Turma, j. em 3-6-2014, DJe 20-6-2014.

Importante lembrar que a legislação especial pode indicar outras circunstâncias judiciais que possam prevalecer sobre aquelas previstas no art. 59, como faz expressamente a Lei de Drogas (Lei n. 11.343/2006): "Art. 42. O juiz, na fixação das penas, considerará, com preponderância sobre o previsto no art. 59 do Código Penal, a natureza e a quantidade da substância ou do produto, a personalidade e a conduta social do agente".

20.3.3 Circunstâncias agravantes e atenuantes

São classificadas como circunstâncias legais, pois, ao contrário das judiciais, não há grande arbítrio judicial nas possíveis interpretações de seus significados. No Código Penal, as circunstâncias agravantes estão previstas nos arts. 61 e 62, embora na legislação especial seja possível encontrar outras agravantes, como no art. 298 do Código de Trânsito Brasileiro.

As circunstâncias atenuantes estão previstas no art. 65 do Código Penal, lembrada ainda a previsão de atenuante genérica do art. 66, como será estudado adiante.

Serão tratadas em primeiro, seguindo a ordem da legislação, as circunstâncias agravantes.

20.3.3.1 Agravantes

As circunstâncias previstas nos arts. 61 e 62 do Código Penal são chamadas agravantes genéricas, eis que previstas na Parte Geral de tal Código e, assim, aplicáveis a princípio a todos os crimes da Parte Especial e até mesmo da legislação extravagante, como manda o art. 12 do Código Penal.

Há apenas duas hipóteses em que a incidência das agravantes genéricas é ressalvada:

a) previsão em sentido contrário na legislação especial;
b) proibição de *bis in idem*, ou seja, da hipótese em que a circunstância agravante já estiver prevista como elementar ou qualificadora. Aliás, o art. 61 do CP é expresso ao indicar que as qualificadoras só incidem "(...) quando não constituem ou qualificam o crime".

Prevalece na doutrina que não se aplicam aos crimes culposos, mas tão somente aos dolosos, com o que concordamos, eis que não há sentido em incrementar a pena em uma lesão culposa praticada com prevalência de relação doméstica ou contra idoso, pois tais dados podem não ser sequer do conhecimento do sujeito, tampouco previstos. Bitencourt (*Código Penal comentado*, p. 220) discorda, pautando-se na interpretação literal do *caput* do art. 61 do CP, que só afasta a incidência no caso de *bis in idem*, sem excepcionar os crimes culposos.

Nos crimes preterdolosos, o STJ já admitiu a incidências de agravantes:

> É possível a aplicação da agravante genérica do art. 61, II, c, do CP nos crimes preterdolosos, como o delito de lesão corporal seguida de morte (art. 129, § 3º, do CP). De início, nos termos do art. 61, II, c, do CP, são circunstâncias que sempre agravam a pena, quando não constituem ou qualificam o crime, ter o agente cometido o crime à traição, de emboscada, ou mediante dissimulação, ou outro recurso que dificultou ou tornou impossível a defesa do ofendido. De fato, apesar da existência de controvérsia doutrinária e jurisprudencial, entende-se que não há óbice legal ou incompatibilidade qualquer na aplicação da citada agravante genérica aos crimes preterdolosos. Isso porque, nos crimes qualificados pelo resultado na modalidade preterdolosa, a conduta-base dolosa preenche autonomamente o tipo legal e o resultado culposo denota mera consequência que, assim sendo, constitui elemento relevante em sede de determinação da medida da pena. Ademais, o art. 129, § 3º, do CP descreve conduta dolosa que autonomamente preenche o tipo legal de lesões corporais, ainda que dessa conduta exsurja resultado diverso

mais grave a título de culpa, consistente na morte da vítima. Assim, no crime de lesão corporal seguida de morte, a ofensa intencional à integridade física da vítima constitui crime autônomo doloso, cuja natureza não se altera com a produção do resultado mais grave previsível mas não pretendido (morte), resolvendo-se a maior reprovabilidade do fato no campo da punibilidade. Além do mais, entende a doutrina que nos casos de lesões qualificadas pelo resultado, o tipo legal de crime é o mesmo (lesão corporal dolosa), não se alterando o tipo fundamental, apenas se lhe acrescentando um elemento de maior punibilidade (REsp 1.254.749/SC, Rel. Min. Maria Thereza de Assis Moura, j. em 6-5-2014).

O rol de circunstâncias agravantes do art. 61 é:

I – a reincidência; (*o tema será estudado no próximo capítulo*)
II – ter o agente cometido o crime:
a) por motivo fútil ou torpe:

Motivo fútil é aquele especialmente desproporcional, de pequena importância, e que gera maior reprovabilidade exatamente pela indignação causada pela inviabilidade de se justificar a conduta. É o caso daquele que incendeia o veículo do vizinho porque não foi convidado para festa de aniversário dele.

Motivo torpe é o abjeto, repugnante, que fere o senso moral com maior gravidade. Pode ser tida como exemplar a hipótese do sujeito que pratica uma lesão corporal por motivo racial, ou que agride o colega que não quer colaborar em empreitada criminosa.

b) para facilitar ou assegurar a execução, a ocultação, a impunidade ou vantagem de outro crime;

Facilitar ou assegurar a execução da prática de outro crime significa praticar uma infração para aumentar a viabilidade de outra, afastando eventuais obstáculos. Pode ser citado o exemplo daquele que lesiona a vítima para retirá-la de sua casa e, no instante em que ela busca as autoridades, aproveita para invadir o local e furtar os bens que o guarnecem.

Ocultação e impunidade são, na verdade, espécie e gênero, eis que ocultar é uma das formas de garantir a impunidade. No entanto, como o legislador usou as duas expressões, quando a maneira de garantir a impunidade for a ocultação, incidirá a agravante específica da ocultação. Nos demais casos, será classificada como agravante de impunidade. Vamos à diferença das expressões:

Ocultação significa inviabilizar que se saiba que a infração foi praticada, como no caso do sujeito que subtrai as fitas magnéticas da câmera de segurança de um local para encobrir falsificação ou sabotagem ali realizada.

Garantir a **impunidade** encobre toda infração praticada para garantir que o autor não seja punido por outro crime, ressalvada a hipótese da ocultação, já comentada e prevista especificamente na mesma alínea. Assim, a produção de dano que inviabiliza a coleta de digitais que poderiam permitir a descoberta da autoria de crime, cuja existência é conhecida, configura a agravante que busca garantir a impunidade.

Por fim, "garantir a vantagem" significa o propósito de fruir qualquer espécie de ganho, quer se tratar de vantagem patrimonial ou não, resultante de outro crime. Incide a agravante no crime daquele que danifica veículo utilizado por fiscal, evitando assim procedimento no qual bens de origem ilícita seriam apreendidos.

> c) à traição, de emboscada, ou mediante dissimulação, ou outro recurso que dificultou ou tornou impossível a defesa do ofendido;

Trair é aproveitar da especial confiança para a prática criminosa, como no caso do companheiro de longa data que aproveita a facilidade de aproximação, não despertando qualquer receio, e se aproveita para lesar a vítima.

Emboscada é a armadilha, a tocaia. Aqui, não é o vínculo de confiança anterior que traz a surpresa, mas, sim, as circunstâncias do fato, como na abordagem de veículo de transporte de valores que trafega em estrada deserta durante a noite e é obstado por outro veículo que, repentinamente, impede sua passagem, permitindo a ação imediata dos assaltantes.

Dissimulação consiste em esconder a verdadeira intenção agressiva, camuflar o objetivo criminoso. Exemplo é a gentil oferta para ajudar a segurar ou transportar documentos feita por aquele que, na verdade, quer danificá-los ou alterá-los.

"Outro recurso" (que dificultou ou tornou impossível a defesa do ofendido), por interpretação analógica, é aquele em que, como nos casos anteriores, o sujeito se aproveita do inesperado, da surpresa da vítima para a prática do crime.

Se desprezada a interpretação analógica, seria possível a incidência da agravante mediante qualquer recurso que dificulte a defesa do ofendido, tornando-a tão banal que dificilmente deixaria de ser aplicada em algum caso concreto, perdendo, assim, a sua função individualizadora.

> d) com emprego de veneno, fogo, explosivo, tortura ou outro meio insidioso ou cruel, ou de que podia resultar perigo comum;

Veneno é a substância tóxica capaz de lesar organismos vivos. Também em razão da interpretação analógica, prevalece que apenas o veneno ministrado de forma insidiosa é que permite a incidência da agravante, assim como na interpretação da qualificadora do homicídio.

A tortura, quando é meio para a prática de outro crime, configura agravante nos termos ora em estudo. Pode também configurar crime autônomo, previsto na Lei n. 9.455/97, quando restará afastada a agravante. Acreditamos que, com a previsão do tipo autônomo da tortura, apenas na remota hipótese de absorção da tortura por outro crime é que poderia figurar como agravante.

Meio insidioso é aquele escondido, camuflado, que impede a normal reação e, por tornar mais vulnerável o bem atacado e pela maior reprovação social, permite maior punição.

Cruel é o meio que impõe especial e desnecessário sofrimento, demonstrando maior frieza de caráter por parte do autor, que espelha com a prática do crime características de sadismo e desumanidade.

O meio capaz de gerar perigo comum é aquele que pode colocar em risco bens jurídicos de um número indeterminado de pessoas, como a subtração e o transporte de substância tóxica, desde que a conduta em si configure crime específico.

As agravantes até aqui estudadas, somadas à última das agravantes do art. 62, que se refere ao concurso de pessoas (e que será estudada no próximo item), são também qualificadoras do homicídio, o que significa que não poderiam ser cumuladas às qualificadoras, sob pena de *bis in idem*. Não por outro motivo o legislador, logo no *caput* do art. 61, esclarece que as circunstâncias arroladas no artigo sempre agravam o crime, desde que não sejam elementares ou qualificadoras.

e) contra ascendente, descendente, irmão ou cônjuge;

Se o crime for praticado contra ascendente ou descendente em qualquer grau, incide a agravante, desde que não configure elementar (como no infanticídio), qualificadora ou causa de aumento de outro crime.

A agravante incide quer se tratar de irmão unilateral ou bilateral, sem distinção.

A lei ainda trata apenas do cônjuge, e não do companheiro. Apesar da disposição constitucional que em muito equipara o casamento e a relação de companheirismo, outorgando grande proteção à última, prevalece que o princípio da legalidade penal impede a incidência da agravante aos companheiros. Assim, apenas no caso de cônjuge, e não no de companheiro, é que pode ser aplicada a agravante.

O STJ já entendeu que "A incidência da circunstância agravante do art. 61, inciso II, *e*, do Código Penal no crime de tortura, previsto no art. 1º, inciso II, da Lei n. 9.455/1997, não configura *bis in idem*. Processo em segredo de justiça, Rel. Ministro Ribeiro Dantas, Quinta Turma, por unanimidade, julgado em 12-12-2023".

f) com abuso de autoridade ou prevalecendo-se de relações domésticas, de coabitação ou de hospitalidade, ou com violência contra a mulher na forma da lei específica;

Autoridade poderia ser conceituada, nos termos da lei de abuso de autoridade (art. 5º da Lei n. 4.898/65), como "(...) quem exerce cargo, emprego ou função pública, de natureza civil, ou militar, ainda que transitoriamente e sem remuneração". No entanto, como a referida lei é expressa ao restringir o conceito apenas para os fins do controle penal do abuso da autoridade, prevalece que o conceito de autoridade da agravante ora estudada é mais amplo, abrangendo o uso ilegítimo, o usar mal, "da autoridade que possui, seja de natureza pública ou privada", como ensina Noronha (*Direito penal*, v. I, p. 249).

Relações domésticas são todas aquelas relacionadas ao cotidiano do lar, quer entre familiares ou não, atingindo, como ensina Costa Jr., as relações "que se estabelecem entre os membros da família, fâmulos, frequentadores habituais da casa, como amigos, assalariados, professores particulares" (*Curso de direito penal*, p. 205). O STJ consolidou no Tema 1.197 que não há *bis in idem* no reconhecimento da presente agravante em condenação pelo delito do art. 129, § 9º, do CP, pois a circunstância de violência doméstica merece maior punição quando o crime é praticado contra a mulher (REsp 2.027.794).

Coabitar significa dormir ou viver sob o mesmo teto, com alguma habitualidade. Se não há habitualidade, resta a vinculação de hospitalidade daquele que tem algum poder em relação ao local sobre o terceiro que lá dorme ou permanece sob sua autorização.

> g) com abuso de poder ou violação de dever inerente a cargo, ofício, ministério ou profissão.

A alínea trata do abuso da função pública, da profissão ou do ministério. Como ensina Costa Jr., o cargo, via de regra, é público. Ofício é a atividade especializada, remunerada, material ou manual, e a profissão, a atividade técnica especializada remunerada, intelectual (*Curso de direito penal*, p. 206).

A expressão ministério se refere ao abuso em relação de natureza religiosa.

O abuso de poder ou violação de dever inerente a cargo ou ofício, se configurarem crime específico ou forem elementares, afastam a agravante sob pena de *bis in idem*.

> h) contra criança, maior de 60 (sessenta) anos, enfermo ou mulher grávida;

Criança, nos termos do art. 2º da Lei n. 8.069/90, é "(...) a pessoa até doze anos de idade incompletos". Por se tratar de estado de pessoa, deve haver prova documental da idade da vítima nos autos, nos termos do art. 155, parágrafo único, do Código de Processo Penal:

> Art. 155. O juiz formará sua convicção pela livre apreciação da prova produzida em contraditório judicial, não podendo fundamentar sua decisão exclusivamente nos elementos informativos colhidos na investigação, ressalvadas as provas cautelares, não repetíveis e antecipadas.
>
> Parágrafo único. Somente quanto ao estado das pessoas serão observadas as restrições estabelecidas na lei civil.

A mesma prova será necessária para a constatação de que a vítima é maior de 60 anos. Considera-se vítima maior de 60 anos já no dia do aniversário, eis que desprezadas as frações de dia, nos termos do art. 10 do CP (Mirabete e Fabbrini, *Manual de direito penal*, t. 3, p. 289).

Enfermo é o doente, desde que a especial condição de saúde seja suficiente a incrementar sua vulnerabilidade. A doença pode ser física ou psíquica.

Mulher grávida é a gestante, assim considerada desde o momento da fecundação até o início do nascimento.

Há entendimento no STJ que a especial condição da vítima (idade, enfermidade ou gestação) é circunstância de caráter objetivo, razão pela qual é dispensável a consciência do autor sobre a peculiar característica. A agravante teria como justificativa a especial vulnerabilidade da vítima, que traria maior desvalor de resultado, sendo despiciendo valorar a conduta do autor ponderando se sabia ou não da circunstância:

> Por se tratar de agravante de natureza objetiva, a incidência do art. 61, II, *h*, do CP independe da prévia ciência pelo réu da idade da vítima, sendo, de igual modo, desnecessário perquirir se tal circunstância, de fato, facilitou ou concorreu para a prática delitiva, pois a maior vulnerabilidade do idoso é presumida (STJ HC 593219). No mesmo sentido, HC 582200.

Ousamos discordar do entendimento referido. A natureza objetiva da circunstância não permite o desprezo à aferição do dolo (ou culpa, quando o caso) do autor, dada a natureza constitucional da vedação de responsabilidade objetiva (princípio da culpabilidade), reiterada no art. 19 do CP. Desde a tipicidade finalista é clara a necessidade de desvalor da conduta e desvalor do resultado. A qualificadora do *fogo*, no homicídio (art. 121, § 2º, III, do CP), também tem natureza objetiva, e obviamente deve estar abrangida pelo dolo do autor para que o homicídio seja qualificado. A elementar *coisa*, no crime de dano (art. 163 do CP), também tem natureza objetiva, mas deve ser alcançada pelo dolo do autor para que a conduta tenha relevância penal.

Por outro lado, no mesmo HC 593219, o STJ entendeu que a *ratio* da agravante é a maior vulnerabilidade da vítima (pela idade, enfermidade ou condição de gestante), e se o crime em nada se relaciona com tal vulnerabilidade, como no caso de furto no qual o autor escolheu aleatoriamente a casa que seria invadida, sem a presença da vítima, a agravante deve ser afastada, pois despida de seu fundamento:

> Hipótese na qual não se verifica qualquer nexo entre a ação do paciente e a condição de vulnerabilidade da vítima, pois o furto qualificado pelo arrombamento à residência ocorreu quando os proprietários não se encontravam no imóvel, já que a residência foi escolhida de forma aleatória, sendo apenas um dos locais em que o agente praticou furto em continuidade delitiva. De fato, os bens subtraídos poderiam ser de propriedade de qualquer pessoa, nada indicando a condição de idoso do morador da casa invadida. 5. Configurada a excepcionalidade da situação, deve ser afastada a agravante relativa ao crime praticado contra idoso, prevista no art. 61, II, *h*, do Código Penal.

> *i*) quando o ofendido estava sob a imediata proteção da autoridade;

A qualificadora se justifica pela duplicidade de bens jurídicos violados ou, em outra abordagem, pela maior intensidade na ruptura das expectativas, pois aquele que conta com a proteção da autoridade deveria adquirir maior respeito e menor vulnerabilidade que os demais membros do corpo social, e não o contrário.

Há ainda demonstração de maior audácia por parte do agente que desafia o poder estatal diretamente incumbido de proteger a vítima.

Como lembram Mirabete e Fabbrini, "o crime praticado contra aqueles que estão recolhidos a estabelecimento público, ou estejam sendo conduzido ao recolhimento, é agravado na forma do dispositivo" (*Manual de direito penal*, p. 290).

> *j*) em ocasião de incêndio, naufrágio, inundação ou qualquer calamidade pública, ou de desgraça particular do ofendido;

A agravante incide nas hipóteses em que a calamidade torna mais vulnerável o ataque aos bens jurídicos, justificada a maior necessidade de proteção, bem como a necessidade de maior censura àquele que, com senso de mau oportunismo, vale-se do desastre para praticar crimes.

Além das calamidades públicas citadas na alínea, como o incêndio, o naufrágio e a inundação, outras calamidades públicas, como seca ou terremotos, podem ser consideradas, desde que compatíveis com a intensidade das hipóteses expressamente descritas. Nem todo desconforto público é considerado calamidade e tampouco pode justificar a agravação da pena.

A lei trata ainda da desgraça particular do ofendido, que o lança em especial situação de vulnerabilidade, como o velório de pessoa querida, a doença grave de um filho, um divórcio traumatizante, entre outras situações semelhantes.

> *k*) em estado de embriaguez preordenada.

A embriaguez é uma intoxicação de caráter agudo, gerada pela ingestão de substância alcoólica ou outra de efeitos análogos, capaz de gerar desde uma ligeira excitação até o estado comatoso. Pode ser classificada em preordenada, voluntária ou culposa, acidental e patológica, conforme já visto no estudo da "culpabilidade", no item sobre "imputabilidade", do Capítulo 16.

A embriaguez preordenada se caracteriza pela circunstância de que o sujeito se embriaga intencionalmente, buscando arrebanhar coragem para a prática do crime. Não basta que o sujeito se embriague e, em razão de seu quadro, tenha perdido freios inibitórios e se lançado à prática delitiva: a agravante só incide se, antes mesmo da autocolocação no estado de embriaguez, o sujeito tenha determinado que o torpor faria parte dos meios e modos utilizados na prática delitiva.

O incremento da pena se justifica pois, além de estampar a premeditação, a embriaguez preordenada demonstra a degradação do caráter do autor: o agente é tão vil que, ao invés de enfrentar sóbrio a conduta delitiva e suportar as consequências de seu ato, prefere se colocar intencionalmente em estado de descontrole por embriaguez, lançando-se assim como um instrumento desordenado da própria maldade.

20.3.3.2 Agravantes no concurso de pessoas

Além das agravantes já examinadas, que podem incidir sobre toda espécie delitiva, o legislador trouxe ainda agravantes aplicáveis apenas aos crimes praticados em concurso de pessoas, no art. 62 do CP. São elas:

> I – [agente que] promove, ou organiza a cooperação no crime ou dirige a atividade dos demais agentes;

O legislador de 1984 impôs o agravamento da pena ao "chefe" ou "cabeça" do grupo, que realiza atividade de induzir os demais ou utiliza sua liderança para organizar ou dirigir a conduta de cada colaborador na empreitada criminosa.

Assim, se um grupo pratica um roubo, deveria ser investigada a precisa colaboração de cada um, para que se descobrisse quem teve a iniciativa da prática delitiva, bem como aquele que indicou a cada colaborador qual seria seu papel.

Assim já entendeu o STF:

> (...) III – A autoria intelectual não só denota envolvimento na trama criminosa (art. 29 do CP), como também implica sanção penal mais severa (art. 62, I, do CP) (RHC 116.619/RJ, Rel. Min. Ricardo Lewandowski, 2ª T., j. em 11-6-2013, DJe 25-6-2013).

Não há *bis in idem* na responsabilização do sujeito por ser mandante e incidência da agravante ora estudada. Se o legislador entendeu cabível a agravante àquele que promove, organiza ou dirige a atividade criminosa, é evidente que maior rigor será imposto quer tenha participado diretamente da execução ou não, caso em que a imputação já será a título de mandante ou organizador. Nesse sentido o STJ:

> **Em princípio, não é incompatível a incidência da agravante do art. 62, I, do CP ao autor intelectual do delito (mandante).** (...) De acordo com a doutrina, a agravante em foco objetiva punir mais severamente aquele que tem a iniciativa da empreitada criminosa e exerce um papel de liderança ou destaque entre os coautores ou partícipes do delito, coordenando e dirigindo a atuação dos demais, fornecendo, por exemplos, dados relevantes sobre a vítima, determinando a for-

ma como o crime será perpetrado, emprestando os meios para a consecução do delito, independente de ser o mandante ou não ou de quantas pessoas estão envolvidas. (...) Entretanto, não obstante a inexistência de incompatibilidade entre a condenação por homicídio como mandante e a incidência da agravante do art. 62, I, do CP, deve-se apontar elementos concretos suficientes para caracterizar a referida circunstância agravadora. Isso porque, se o fato de ser o mandante do homicídio não exclui automaticamente a agravante do art. 62, I, do CP, também não obriga a sua incidência em todos os casos (REsp 1.563.169/DF, Rel. Min. Reynaldo Soares da Fonseca, j. em 10-3-2016, *DJe* 28-3-2016).

Curioso notar que na prática forense a agravante ora estudada, assim como todas as demais previstas no presente artigo, é sistematicamente desprezada, quer pela frágil instrução probatória que nunca investiga o crime com o necessário detalhamento, quer pelo efetivo descaso à individualização da pena, que é princípio constitucional.

II – [aquele que] coage ou induz outrem à execução material do crime.

Aqui, é agravada a conduta daquele que coage terceiro à prática do crime. A coação pode ser resistível ou irresistível, e a agravante a princípio incidiria nas duas hipóteses. No entanto, para evitar o *bis in idem*, é necessário fazer as seguintes reflexões:

Se irresistível, há que se lembrar de que, nos termos do art. 22 do CP, aquele que foi coagido será absolvido da prática delitiva pela inexigibilidade de conduta diversa. O coator, no entanto, responderá pelo fato com a agravante ora estudada.

Se a coação impõe sofrimento físico ou mental com uso de violência ou grave ameaça, pode configurar crime autônomo de tortura, que afastaria a agravante para evitar o *bis in idem*. Se a coação não configura tortura, mas é irresistível, o coator certamente responderá por crime de constrangimento ilegal, que também afasta a agravante.

Assim, resta como passível de incidência da agravante apenas a hipótese da coação resistível que não configura crime autônomo de tortura ou constrangimento ilegal.

Induzir significa despertar a ideia da infração, ou seja, fazer surgir o propósito delitivo na mente de terceiro. A pena será agravada para quem, no concurso de pessoas, inicia a formação da vontade ilícita no grupo.

III – instiga ou determina a cometer o crime alguém sujeito à sua autoridade ou não punível em virtude de condição ou qualidade pessoal;

Também é agravada a pena daquele que instiga terceiro à prática delitiva, bem como daquele que determina a cometer o crime alguém sujeito à sua autoridade ou não punível em virtude de característica pessoal.

Instigar significa fomentar, encorajar um propósito preexistente. Aqui, o terceiro tem a ideia criminosa, e o sujeito a estimula.

A lei também agrava a pena daquele que manda terceiro sujeito à sua autoridade, como um empregado ou inferior hierárquico, a praticar o delito. Assim, se o patrão manda o empregado praticar conduta criminosa, ou se o chefe em uma repartição pública determina que o inferior pratique o ilícito, incide a agravante.

Vale lembrar que, se a ordem for aparentemente legal e a relação de hierarquia tiver natureza pública, incide em favor do inferior a causa dirimente de culpabilidade da inexigibilidade de conduta diversa do art. 22 do CP, ou seja, apenas o superior responderá, como autor mediato, pela prática criminosa.

Por fim, a lei agrava a pena daquele que determina pessoa não punível à prática delitiva. São isentos de pena os inimputáveis, como o menor de 18 anos, o completamente embriagado, o indígena não adaptado e o portador de distúrbio psíquico. Se se tratar de menor de 18 anos, poderá configurar o crime de corrupção de menores previsto no art. 244-B da Lei n. 8.069/90 (ECA). Nos demais casos, fica agravada a pena pela agravante ora estudada.

> IV – [aquele que] executa o crime, ou nele participa, mediante paga ou promessa de recompensa.

Paga é o oferecimento imediato de vantagem.

Promessa de recompensa é o compromisso de entregar vantagem futura em troca da prática criminosa.

20.3.3.3 Circunstâncias atenuantes

Além das circunstâncias agravantes, o Código traz também elenco de circunstâncias atenuantes. O rol não é exaustivo, eis que possível reconhecimento de causa não expressa na lei, nos termos do art. 66 do CP.

Circunstâncias atenuantes: são circunstâncias que sempre atenuam a pena (sobre a impossibilidade de levar a pena aquém do mínimo, *vide* tópico sobre fixação da pena no art. 65 do CP):

> I – ser o agente menor de 21 (vinte e um), na data do fato, ou maior de 70 (setenta) anos, na data da sentença;

A circunstância de ser menor de 21 anos na data do fato é chamada menoridade relativa, para que se permita a diferenciação conceitual da menoridade absoluta ou penal (menor de 18 anos), que é causa de inimputabilidade, como já estudado.

A justificativa para a atenuação da pena é a incompleta formação da personalidade no período entre 18 e 21 anos, que promove bruscas alterações no comportamento do sujeito e, assim, pode, por um lado, gerar o desequilíbrio emocional que facilita o crime e, por outro, permitir maior eficiência na reinserção social do condenado.

A menoridade relativa é reconhecida pela jurisprudência como circunstância atenuante preponderante, ou seja, aquela que prevalece no concurso com outras circunstâncias agravantes e atenuantes, ainda que ao arrepio da letra do Código Penal (o art. 67 do CP, como será estudado, prevê que os motivos é que seriam predominantes).

> (...) A atenuante relativa à menoridade é circunstância legal de aplicação impositiva (art. 65, I, do CP). Ela deve ser analisada em observância ao método trifásico de fixação da pena. Especialmente, em caso no qual a sentença considera circunstâncias agravantes objetivas, em desfavor do PACIENTE. Ocorre que a atenuante prepondera sobre as agravantes objetivas. É caso de exame de ofício. *HABEAS* indeferido e concedido de ofício para, mantida a condenação do PACIENTE, anular a sentença na parte em que fixou a pena (HC 82.693/SP, Rel. Min. Nelson Jobim, 2ª T., j. em 10-2-2003, *DJ* 23-5-2003).

Conforme orientação jurisprudencial, a atenuante da menoridade deve preponderar sobre todas as circunstâncias, legais ou judiciais, desfavoráveis ao condenando, quando a pena-base for fixada acima do mínimo legal (STJ, HC 29.765, Rel. Min. Jorge Scartezzini, j. em 16-3-2004).

No caso do maior de 70 anos, a atenuante se justifica pela avançada idade que, em regra, diminui a capacidade de reincidência. A atenuante busca ainda evitar que penas longas impeçam o condenado de ter esperança e motivação para reconstruir seu caminho no retorno à liberdade.

II – o desconhecimento da lei;

Ainda prevalece na doutrina brasileira a interpretação literal do *ignorantia legis neminem excusat,* ou seja, a ninguém é permitido descumprir a lei alegando desconhecê-la, como também esclarece a primeira parte do art. 21 do CP.

O erro de proibição inevitável dirime a culpabilidade, e o evitável diminui a pena, nos termos do mesmo art. 21 do CP. Ora, como compatibilizar os efeitos do erro de proibição com a presunção de conhecimento pleno da lei por todos? A justificativa argumentativa que prevalece no Brasil é de que o sujeito sempre tem conhecimento presumido sobre a existência da lei, mas pode errar sobre o conteúdo proibitivo da norma. Assim, o sujeito sabe que existe uma lei que dispõe sobre a criminalização do aprisionamento de animais da fauna silvestre, mas não entende o alcance ou mesmo o sentido da proibição.

Mesmo a presunção de conhecimento da lei, no entanto, é relativa: no art. 65, II, do Código Penal há a previsão de circunstância atenuante pelo "desconhecimento da lei". Ora, se é assim, a presunção de conhecimento não é absoluta, admitindo prova em contrário.

Na maioria dos casos, a atenuante é utilizada em prol de estrangeiros que chegam ao território nacional e não têm tempo de se adaptar aos costumes e proibições locais.

Em nossa opinião, dada a terrível inflação legislativa penal e a imensa exclusão social e cultural evidentes no Brasil, a atenuante e mesmo o erro de proibição deveriam ser muito mais valorizados pela jurisprudência, também em prol dos nacionais.

> III – ter o agente:
> a) cometido o crime por motivo de relevante valor social ou moral;

Relevante valor moral é aquele aprovado pela moral prática, ou seja, o motivo que, apesar de proibido por lei, é aceito ou justificado por preceitos morais.

Tem motivo de relevante valor social a conduta praticada em face de um interesse comunitário, ou seja, o fato não é praticado para satisfazer interesse de seu autor, mas, sim, o interesse de uma coletividade. Nesse caso, ao contrário do gozo dos prazeres da infração, o agente se coloca na posição de sacrifício, eis que sofrerá as sanções da pena sem desfrutar de eventuais benefícios do ilícito, que restarão para a comunidade que ele quis beneficiar. Daí a atenuante.

> b) procurado, por sua espontânea vontade e com eficiência, logo após o crime, evitar-lhe ou minorar-lhe as consequências, ou ter, antes do julgamento, reparado o dano;

Aqui, a lei busca atenuar a pena daquele que tenta, pelos vários meios descritos, abrandar o resultado por intermédio da reparação das consequências.

Em primeiro, descreve a conduta daquele que, por espontânea vontade, logo após o crime, busca evitar ou diminuir suas consequências. A diferença da presente atenuante com o instituto previsto no art. 15 do Código Penal será examinada a seguir.

20.3.3.3.1 Atenuante do art. 65, III, b, versus desistência voluntária e arrependimento eficaz

Impossível confundir a presente figura com a desistência voluntária e o arrependimento eficaz, apesar de uma primeira impressão de semelhança. A semelhança se reduz ao fato de que em todas as situações o sujeito inicia conduta em busca de um resultado criminoso e depois muda o sentido de sua ação. As diferenças, no entanto, destacam-se:

1) na atenuante, a conduta deve ser espontânea, enquanto na desistência e no arrependimento basta que seja voluntária;
2) a grande diferença, no entanto, é que na desistência e no arrependimento a conduta deve ser eficiente para impedir a consumação, enquanto na atenuante a consumação já ocorreu, e a conduta é eficiente, apenas, para evitar ou minorar suas consequências.

20.3.3.3.2 Atenuante do art. 65, III, b, versus arrependimento posterior

A lei trata ainda daquele que repara o dano antes do julgamento. A semelhança quanto à reparação do dano prevista no arrependimento posterior (art. 16 do CP) é verdadeira, mas não esconde as diferenças:

1) no arrependimento posterior, a reparação deve ser anterior ao recebimento da denúncia ou queixa, enquanto na atenuante basta que anteceda ao julgamento;
2) o arrependimento posterior não incide em crimes com violência ou grave ameaça dolosa à pessoa, enquanto na atenuante não há tal restrição.

> c) cometido o crime sob coação a que podia resistir, ou em cumprimento de ordem de autoridade superior, ou sob a influência de violenta emoção, provocada por ato injusto da vítima;

Inicialmente, trata a lei da coação a que podia resistir. Prevalece que a atenuante trata tanto de coação psicológica como física, desde que resistível. Assim, incide a atenuante se terceiro obriga o réu a determinada ação ou movimento corpóreo valendo-se de ameaça ou mesmo força física, mas com intensidade insuficiente para vencer a resistência natural e esperada.

Importante lembrar que a coação física irresistível, normalmente chamada de força física irresistível, afasta a própria existência da conduta, eis que elide a voluntariedade do movimento corpóreo. Se não há sequer conduta, é claro que não haverá fato típico.

Também importa anotar que a coação moral irresistível é causa dirimente de culpabilidade, por ser espécie legal (art. 22 do CP) de inexigibilidade de conduta diversa.

> d) confessado espontaneamente, perante a autoridade, a autoria do crime;

A confissão espontânea é uma das mais consagradas circunstâncias atenuantes.

A primeira justificativa para a atenuação é a facilitação do trabalho do julgador, que, com a confissão, tem abrandada a angústia da possibilidade de condenar um inocente. Assim, ao confessar, o sujeito auxilia o Estado na tarefa de bem distribuir a justiça penal, com a retribuição justa das infrações.

A atenuante se justifica, ainda, pois a confissão costuma denotar arrependimento interior, com a angústia pelo mal praticado e o conformismo com o castigo merecido, tido por muitos como o primeiro passo para a reinserção social. A lógica do arrependimento que se conforma com o castigo, que por sua vez permite a redenção, é criticada por sua influência cristã. Vale notar, acentuando a noção religiosa do arrependimento, a característica da espontaneidade exigida pela lei.

A Súmula 545 do STJ esclareceu que o primeiro fundamento, ou seja, a colaboração para o deslinde do processo, é o grande norte para a atenuação:

> **Súmula 545:** Quando a confissão for utilizada para a formação do convencimento do julgador, o réu fará jus à atenuante prevista no art. 65, III, *d*, do Código Penal.

Com a edição da Súmula 545 pelo STJ, muitas polêmicas foram afastadas, e outras surgiram. A primeira é que muitos magistrados passaram a omitir a existência de confissão no interrogatório com o objetivo de afastar a atenuante, ou seja, a Súmula 545, que foi elaborada para garantir o reconhecimento da atenuante, passa a ser interpretada *a contrario sensu* para afastá-la. A reação do STJ foi rápida e eficiente, consolidando que, se existente confissão, deve atenuar a pena ainda que não seja expressamente usada na sentença para fundamentar a convencimento do julgador (REsp 1.972.098).

Entende-se majoritariamente, quer policial ou judicial, não afasta a atenuação. Não incidirá, no entanto, se a confissão foi obtida mediante violência ou ameaça, caso em que, de qualquer forma, a confissão não seria apta à formação da convicção do julgador, compatibilizando-se com a súmula.

É necessário o sincero arrependimento para a incidência da atenuante ou basta que confesse, ainda que em busca apenas da vantagem da atenuação da pena? Havia posição minoritária sobre a necessidade de identificação de arrependimento, mormente nos Tribunais Estaduais: "É necessário que seja espontânea e sincera, se meramente voluntária não se aplica a atenuante, posto que o interesse não é a confissão em si mesma, mas o motivo que a inspirou, capaz de revelar o arrependimento do réu" (TJSP, Apelação 990092138340, *DJ* 27-4-2010). Com a súmula, a exigência de arrependimento sincero fica afastada, o que merece elogio. Exigir arrependimento sincero pressupõe dogma religioso como base para o cálculo da pena, o que não pode ser admitido em um Estado laico. Se o arrependimento é virtuoso para algumas religiões, não é para outras, e o objetivo da pena (direito penal) não pode ser a purificação da alma por meio do arrependimento e a purgação, mas sim fins sociais descritos na lei e na Constituição.

Polêmica a incidência da atenuante se, na fase policial, há confissão, retratada, no entanto, perante o juízo. Prevalecia em tal hipótese que não incidirá a atenuante, salvo se a confissão na fase policial for arrolada pelo juiz como motivo de seu convencimento, pois em tal caso estaria justificado o abrandamento, eis que a confissão ajudou o magistrado na elaboração da sentença. Com a nova súmula, tal entendimento nos parece corroborado.

Se a confissão ocorre apenas em juízo, contradizendo a negativa do inquérito policial, prevalece que incide a atenuante, pois as duas justificativas (arrependimento e auxílio ao convencimento) estão presentes, mormente se a admissão da culpa foi utilizada como fundamento para a condenação.

A atenuante é incomunicável: é clara a intenção do ordenamento em premiar aquele que confessa, mas não há justificativa para beneficiar também seus colaboradores, pelo que a ora examinada atenuante é considerada "incomunicável" (STJ, REsp 805.921).

Se o sujeito confessa a prática do fato típico, mas alega descriminante ou exculpante, fica configurada a confissão qualificada. Parece-nos que com a nova súmula, se a confissão for utilizada como fundamento para a formação de convencimento sobre a culpa, a atenuante deverá incidir. Restará polêmica sobre a atenuação da pena se a confissão não constar como fundamento da sentença. Nesse caso, antes da edição da súmula, o STF já entendeu que a confissão qualificada também atenua a pena:

> *Informativo* 606 do STF: A defesa pretendia que fosse considerada, na reprimenda, a atenuante da confissão espontânea, que fora afastada por conter a tese defensiva da legítima defesa e configurar, portanto, confissão qualificada. Reputou-se que a simples postura de reconhecimento da prática do delito atrairia a observância da regra contida no art. 65, III, *d*, do CP ("São circunstâncias que sempre atenuam a pena: (...) III – ter o agente: (...) *d*) confessado espontaneamente, perante a autoridade, a autoria do crime"), que não possuiria qualquer ressalva no tocante à maneira como o agente pronuncia a confissão. Precedentes citados: HC 69.479/RJ, *DJU* 18-12-1992; HC 82.337/RJ, *DJU* 4-4-2003 (HC 99.436/RS, Rel. Min. Cármen Lúcia, j. em 26-10-2010).

No STJ, hoje, prevalece a mesma orientação, atribuindo efeito atenuante também à confissão qualificada:

> Incide a atenuante prevista no art. 65, inciso III, alínea *d*, do CP na chamada confissão qualificada, hipótese em que o autor confessa a autoria do crime, embora alegando causa excludente de ilicitude ou culpabilidade. Precedentes: HC 304.099/SP, HC 294.008/MS, EREsp 1.416.247/GO. No mesmo sentido, HC 419.781 (2017).

Prevalece que a confissão que nega apenas qualificadora, mas admite as elementares, é suficiente para atenuar a pena (STJ HC 328.021). No entanto, se negar elementar, considera-se que não houve verdadeiramente confissão, afastando a atenuante (STJ HC 301.063). Foi o entendimento consolidado na Súmula 630 do STJ:

A incidência da atenuante da confissão espontânea no crime de tráfico ilícito de entorpecentes exige o reconhecimento da traficância pelo acusado, não bastando a mera admissão da posse ou porte para uso próprio.

Por fim, por ser inútil ou desnecessária, muito compreendem a confissão espontânea inidônea a configurar a atenuante no caso de prisão em flagrante. É que em tais casos a culpa seria tão evidente que a confissão pouco ou nada acrescentaria. Nesse sentido, decisão do STF:

> (...) 3. A atenuante da confissão espontânea é inaplicável às hipóteses em que o agente é preso em flagrante, como no caso *sub judice*. Precedentes: HC 101.861/MS, Rel. Min. Marco Aurélio, 1ª T., *DJ* 9-5-2011; HC 108.148/MS, Rel. Min. Ricardo Lewandowski, 1ª T., *DJ* 1º-7-2011 (HC 102.002/RS, Rel. Min. Luiz Fux, 1ª T., j. em 22-11-2011, *DJe* 12-12-2011).

Com a nova súmula e sua interpretação ampliativa, parece-nos que, mesmo na prisão em flagrante, a confissão deve atenuar a pena.

e) cometido o crime sob a influência de multidão em tumulto, se não o provocou;

O crime multitudinário é estudado na criminologia, assim como o comportamento do indivíduo no seio das multidões é objeto de exame pelas mais variadas ciências. É unânime o convencimento de que na multidão o sujeito perde boa parcela dos freios inibitórios próprios de sua personalidade e se deixa levar pelo sentimento de onipotência próprio das multidões.

Daí que, ressalvado o líder da multidão que provoca a infração, aquele que participa de crime multitudinário merece atenuação de sua pena.

20.3.3.3.3 Atenuante genérica (art. 66 do CP)

Vale relembrar que o art. 66 traz hipótese de atenuante genérica, ou seja, permissão para que outra circunstância não arrolada possa incidir como atenuante, admitida assim a natural ineficiência do legislador em prever todas as situações merecedoras do abrandamento da pena em julgamento justo.

20.3.4 Causas de aumento (majorantes) e diminuição (minorantes) de pena

Além das circunstâncias judiciais e das legais agravantes e atenuantes, necessário conceituar as circunstâncias legais chamadas de causas de aumento e diminuição de pena e, ainda, as qualificadoras. Inicialmente, vamos cuidar das causas de aumento e diminuição.

São as circunstâncias que alteram a pena com o uso de frações, ou seja, aumentam em metade, diminuem em dois terços, de um sexto a dois terços etc. Assim, é possível definir a tentativa como uma causa geral (uma vez que prevista na Parte Geral do Código Penal) de diminuição de pena – e manda diminuir a pena de 1\3 a 2\3 – e o emprego de arma no roubo como causa especial (uma vez que prevista na Parte Especial do Código Penal) de aumento de pena, que resulta no aumento da pena em 2\3. A diminuição e o aumento são operados com o uso de frações.

São causas de aumento, entre outras, a previsibilidade de resultado mais grave na cooperação dolosamente distinta (1\6-1\2), o concurso formal (1\6-1\2) e o crime continuado (1\6-2\3), bem como a circunstância de ser a vítima menor de 18 anos ou maior de 60 nos crimes de homicídio e lesão corporal (1\3), bem como o repouso noturno, no furto (1\3).

Assim, também são causas de diminuição de pena (eis que abrandam a pena em fração) a participação de menor importância (1\6-1\2) e a semi-imputabilidade (1\3-2\3), bem como o privilégio dos crimes de homicídio (1\6-1\3), lesão corporal (1\6-1\3), furto (1\3-2\3), apropriação indébita, estelionato e receptação todos também 1\3-2\3.

As causas de aumento de pena são também chamadas de *majorantes*, e as causas de diminuição de pena, de *minorantes*.

20.3.5 Qualificadoras

Qualificadoras são circunstâncias que alteram expressamente os limites mínimo e máximo da pena-base. São facilmente identificadas exatamente porque trazem novos limites mínimo e máximo expressos para a pena-base, ou seja, alteram os limites do preceito secundário do tipo (homicídio simples: pena de 6 a 20 anos; homicídio qualificado: pena de 12 a 30 anos).

Há controvérsia sobre a sua natureza jurídica, sendo que alguns autores as tratam como **circunstâncias legais (majoritário)**, outros como **elementares**, e alguns como **"circunstâncias elementares"**, ou seja, uma espécie *sui generis* que tem caráter de elementar em alguns momentos e, em outros, traz características de circunstâncias.

Chamamos de tipos derivados aqueles com a pena influenciada por qualificadoras, causas de aumento ou diminuição.

APLICAÇÃO DA PENA

Conhecida a classificação das circunstâncias, o Código traz procedimento padronizado para a fixação da pena, em busca de uma maior segurança jurídica e isonomia na prolação das decisões. Na precisa lição colhida em acórdão do STF: "A dosimetria da pena exige do julgador uma cuidadosa ponderação dos efeitos ético-sociais da sanção e das garantias constitucionais, especialmente a garantia da individualização do castigo. Em matéria penal, a necessidade de fundamentação das decisões judiciais tem na fixação da pena um dos seus momentos culminantes" (RHC 95.778/RJ, Rel. Min. Carlos Britto).

Substituindo o antigo sistema bifásico de Roberto Lyra, o Código Penal, em seu art. 68 do CP, traz o chamado sistema trifásico de Nelson Hungria. Como insinua o nome, o sistema é composto de três fases.

21.1 SISTEMA TRIFÁSICO

Síntese das operações:

1ª **fase:** "fixação da pena-base" – circunstâncias judiciais, dentro dos limites previstos no tipo simples ou qualificado;
2ª **fase:** "pena intermediária" – agravantes e atenuantes genéricas;
3ª **fase:** "pena definitiva" – causas de aumento e diminuição.

A padronização na fixação da pena é importante na busca de segurança jurídica, pois, se cada julgador estabelecesse um proceder diverso, haveria sanções muito diferentes para casos semelhantes, quebrando a isonomia. Também é garantia do cidadão, pois a fixação de critérios certos torna a pena a ser aplicada mais previsível, compatibilizando a individualização com a legalidade das penas.

Além de imposição da isonomia e do direito à pena individualizada, a segurança sobre a pena aplicada permite à população fiscalizar e se manifestar sobre o trabalho do Poder Judiciário, conferindo a desejada transparência aos julgamentos e maximizando o controle democrático sobre as atividades públicas.

Compreendida a função do sistema trifásico, faremos uma detida análise das fases que o compõe.

1ª fase: a primeira providência é verificar se há qualificadoras, para que se conheçam os limites da pena-base. Se houver qualificadora, os limites serão estabelecidos pelo preceito secundário do tipo qualificado. Se não houver, os limites serão determinados pelo preceito secundário do tipo simples.

Assim, se o homicídio é qualificado, a pena-base será fixada dentro dos limites do preceito secundário da qualificadora, ou seja, de 12 a 30 anos. Se não for qualificado, deverá ser fixada a pena-base dentro do preceito secundário do homicídio simples, que é de 6 a 20 anos.

Dentro dos limites estabelecidos, a pena-base será influenciada pelo cotejo das circunstâncias judiciais (art. 59 do CP), que levará a quantidade de pena para mais próximo do mínimo ou máximo previstos na lei.

No entanto, para iniciar o cotejo das circunstâncias judiciais, o juiz deverá iniciar a dosagem da pena por que ponto: mínimo, máximo ou médio? A jurisprudência do STF é pacífica no sentido de que o juiz sempre parte (em homenagem ao *favor rei*) do mínimo e a partir daí fixa a pena.

Crítica: se o cálculo parte sempre do mínimo, o condenado com circunstâncias neutras (não são favoráveis nem desfavoráveis) terá o mesmo tratamento daquele cercado por circunstâncias favoráveis, rompendo com a individualização da pena. Para afastar a crítica, parte da doutrina (por todos Inácio de Carvalho Neto, *Aplicação da pena*, p. 72-74) sustenta que o ponto inicial não deveria ser o mínimo, mas sim o médio, ou seja, no furto simples (pena de 1-4 anos de reclusão) o ponto inicial para o cálculo não seria a pena mínima de 1 ano, mas sim a média entre a pena mínima e a pena máxima, ou seja, 2 anos e 6 meses (1 ano + 4 anos = 5 anos ÷ 2 = 2 anos e 6 meses). Apesar do argumento crítico, entendemos que a solução hoje adotada, segundo a qual o juiz parte da pena mínima, é a melhor, pois mais adequada à distribuição do ônus da prova: a defesa não é obrigada a demonstrar que as circunstâncias são favoráveis, pois a ausência de elementos de prova gera a dúvida, que deve ser interpretada *pro reo*. O uso do termo médio parece impor à defesa a tarefa de demonstrar uma a uma que as circunstâncias são favoráveis, comprovando a inexistência de mácula na conduta social, inexistência de antecedentes e tantas outras provas inviáveis ou diabólicas, sobrecarregando o réu com o dever de provar sua inocência e a adequação da pena, e em um direito penal democrático o ônus da prova é da acusação.

Na primeira fase, o juiz pode aplicar a pena-base no máximo previsto em lei? Prevalece que sim, pois não há vedação legal (STJ HC 611857). Boschi sustenta, no entanto, que a pena-base não pode ultrapassar o termo médio (soma da pena mínima com a pena máxima dividida por dois), por um princípio de contenção de excesso, e para permitir que na segunda fase as circunstâncias agravantes possam realmente influenciar na pena (Paganella Boschi, *Das penas e seus critérios de aplicação*, p. 225).

Em suma, prevalece que o juiz na primeira fase parte da pena mínima e pode chegar na pena máxima. Para parte minoritária da doutrina deveria partir do termo médio, e para outro setor minoritário da doutrina o teto na primeira fase é que seria o referido termo médio.

A lei não diz quanto a pena deve aumentar ou diminuir em razão de cada circunstância judicial. Na ausência de previsão legal expressa, são várias as posições adotadas:

1) No STJ há forte entendimento de que, apesar do silêncio da lei, que não estabelece critérios matemáticos para a fixação da pena, é proporcional o aumento em torno de 1/6 para cada vetorial negativa, obediente ao princípio da discricionariedade vinculada (AgRg no HC 48.8921 – 14-6-2019). O incremento incidiria sobre a pena mínima. Aumento maior exigiria fundamentação específica e excepcional.

2) Partindo ainda da premissa de que são 8 as circunstâncias judiciais, cada circunstância judicial desfavorável incrementaria em 1/8 a pena mínima, e não em 1/6.

3) Há ainda, no STJ, segundo entendimento partindo da premissa de que, como são 8 circunstâncias judiciais, o aumento deve ser em regra de 1/8, mas tendo como base o intervalo entre a pena mínima e a máxima, ou seja, no caso do furto qualificado pelo concurso de pessoas (pena de 2-8 anos de reclusão), o intervalo entre as penas é de 6 anos (8 anos – 2 anos = 6 anos), e cada circunstância judicial elevaria a pena em 1/8 de 6 anos, ou seja, 9 meses.

4) O entendimento tradicional na doutrina, ainda com grande respaldo nos Tribunais, é que o incremento da pena terá como critério o prudente arbítrio do juiz. Nesse sentido: *"a ponderação das circunstâncias judiciais não é uma operação aritmética, mas sim um exercício de discricionariedade vinculada, devendo o juízo competente eleger a sanção que melhor servirá para a prevenção e repressão do fato-crime praticado (STJ AgRg no HC 499.936 – 1º-7-2019)"*. Firme na defesa do prudente arbítrio, o STJ decidiu que seria possível até mesmo a fixação da pena-base no máximo em razão de uma circunstância judicial desfavorável, desde que fundamentada a decisão:

> *O art. 59 do Código Penal não atribui pesos igualitários para cada uma das circunstâncias judiciais ali previstas, de modo a requerer uma operação aritmética entre o mínimo e o máximo de pena cominado. Assim, é possível que seja fixada a pena-base no máximo legal, mesmo que haja apenas uma circunstância judicial desfavorável, desde que o magistrado adote fundamentação apta a justificar tal medida – (STJ – AgRg no HC 500.135 – 18-6-2019).*

Na mesma toada, no HC 616198, o STJ entendeu que "a análise das circunstâncias judiciais do art. 59 do Código Penal não atribui pesos absolutos para cada uma delas a ponto de ensejar uma operação aritmética dentro das penas máximas e mínimas cominadas ao delito".

Crítica: os critérios de 1/6 e 1/8 são aplicados nos casos em que o julgador da instância superior discorda do arbítrio do julgador da instância inferior, e então é proposta uma frágil e provisória sensação de objetividade com a fração. Nos casos em que o julgador da instância superior quer impor seu próprio arbítrio, as frações são descartadas em prol de "fundamentos excepcionais" que são facilmente desenvolvidos na argumentação. Infelizmente, contrariando a máxima de Ferrajoli, prevalece o arbítrio/vontade dos julgadores, e não uma desejável precisão na letra da lei.

Na ausência de disciplina legal expressa, caberá ao juiz, com seu prudente arbítrio, considerar satisfeita a circunstância e decidir qual a intensidade de sua influência na fixação da pena-base.

Crítica: entendemos que o incremento da pena não poderia ser superior a um sexto em cada circunstância judicial, por ser referencial imposto pelo próprio Código Penal no caso de concurso de crimes. No concurso formal perfeito, o incremento da pena pelo segundo crime será de um sexto. No crime continuado, o incremento da pena pelo segundo crime será, também, de um sexto. Ora, se um segundo crime praticado em concurso, ainda que da mesma espécie, incrementa a pena em um sexto, é evidente exagero erguer a pena além de tal patamar em razão da personalidade do autor ou mesmo dos antecedentes do réu. Aliás, no caso dos antecedentes, a comparação limitativa fica ainda mais evidente: se o acréscimo do crime continuado é de um sexto pelo segundo crime, não faz sentido que o incremento da pena por crime já punido e apto a gerar maus antecedentes possa incrementar a pena além do mesmo marco de um sexto da pena.

É tamanho o arbítrio reconhecido ao julgador para avaliar a influência que a circunstância judicial gera na pena que o STF já entendeu que ao julgar o recurso o Tribunal pode elevar a pena mesmo sem reconhecer nova circunstância, simplesmente por arbitrar que o aumento imposto na sentença de primeiro grau era modesto, como no HC 97.473/DF (Rel. orig. Min. Cármen Lúcia, Rel. p/ o acórdão Min. Dias Toffoli, j. em 10-11-2009).

Nessa fase a pena não pode sair dos limites mínimo e máximo estabelecidos pelo preceito secundário do tipo simples ou qualificado, pois de outra forma seria insuportável o já admitido arbítrio judicial inerente à fase inicial.

Consolidado entendimento do STJ de que o aumento da pena-base em virtude de circunstâncias judiciais desfavoráveis depende de fundamentação concreta e específica que extrapole os elementos inerentes ao tipo penal (HC 274.734, HC 261.544), ou seja, como já referido, as circunstâncias judiciais só podem interferir na pena quando exógenas, estranhas à essência e normalidade do crime. Assim, não pode ser fixada a pena-base acima do mínimo no homicídio pela grave consequência da morte da vítima, pois o resultado morte é elementar do homicídio, e sua gravidade inerente ao crime. Também não é possível fixar a pena do furto acima do mínimo pelo objetivo de lucro fácil, pois tal motivo é inerente ao crime, e não peculiar de um caso concreto.

Consolidado ainda o entendimento do STJ de que não há ilegalidade na análise conjunta das circunstâncias judiciais comuns aos corréus, desde que seja feita de forma fundamentada e com base nas semelhanças existentes (HC 208.626, REsp 1.266.758). Discordamos de tal entendimento, pois o réu não perde direito à análise individualizada de sua pena pelo fato de ter praticado o crime em concurso de pessoas, e a aceitação de análise coletiva de circunstâncias individuais fomenta a padronização de penas e o desprezo pela verificação de especificidades, contrariando o princípio constitucional da individualização.

2ª fase: incidem as agravantes (arts. 61 e 62 do CP) e atenuantes (arts. 65 e 66 do CP).

Também aqui a lei não diz quanto uma agravante aumenta ou quanto uma atenuante diminui, devendo o juiz decidir com seu prudente arbítrio. O critério de 1/6, já comentado na análise das circunstâncias judiciais, também é bastante adotado na aplicação de agravantes e atenuantes:

> (...) predomina nesta Corte o entendimento de que o aumento da pena em patamar superior a 1/6 (um sexto), em virtude da incidência de circunstância agravante, demanda fundamentação concreta e específica para justificar o incremento em maior extensão (STJ HC 511.526/SP – 18-6-2019).

As atenuantes podem reduzir a pena abaixo do mínimo previsto para a pena-base?

Na segunda fase a pena também não pode sair dos limites mínimo e máximo antes estabelecidos. O detalhe é que aqui o Código Penal não proíbe expressamente o extravasamento, e por isso há doutrina minoritária que apregoa a possibilidade de abrandamento abaixo do mínimo que limita a fixação da pena-base. As justificativas da doutrina minoritária, com a qual concordamos, são:

a) a compreensão literal da lei, que trata as atenuantes como circunstâncias que "sempre atenuam a pena". Ora, se a lei se vale da expressão sempre, significa que não admite exceção, e, assim, mesmo que a pena-base tenha sido fixada no mínimo, a atenuante teria que abrandar a sanção;

b) a incidência da atenuante reconhecida é instrumento de maximização do princípio constitucional da individualização da pena, pois não se pode admitir que, fixada a pena-base no mínimo, as atenuantes, que diferenciam uma infração da outra e a tornam singular (individual), quedem ineficazes.

Os críticos de tal possibilidade argumentam que, se fosse possível minorar a pena aquém do mínimo, também seria possível agravá-la além do máximo, o que traria insegurança jurídica incompatível com o princípio da legalidade das penas.

Argumentam ainda que se as atenuantes pudessem rebaixar a pena aquém do limite mínimo da pena-base, a função intimidativa da pena poderia ser perdida e, no limite, poderia ser fixada "pena-zero" por um juiz com influências libertárias.

A negação da possibilidade de atenuação da pena abaixo do limite da pena-base é compreensão pacífica na jurisprudência, reforçada inclusive por súmula do STJ:

> **Súmula 231:** A incidência da circunstância atenuante não pode conduzir à redução da pena abaixo do mínimo legal.

Com opinião francamente minoritária, discordamos respeitosamente da súmula e dos argumentos que a justificam. Se, para cumprir a individualização da pena, é necessário o abrandamento desta pela incidência das atenuantes, mesmo quando a pena-base foi fixada no mínimo, a operação deve ser permitida, e aqui não há problema na violação à legalidade, pois o objetivo do princípio da legalidade é a proteção do cidadão contra o poder punitivo do Estado, que não seria atingido com o rebaixamento da pena. Contudo, se o agravamento da pena além do máximo fere a segurança exigida pelo princípio da legalidade, deve ser proibido. Em ambas as hipóteses, a maximização de princípios constitucionais dá adequada (e constitucional) solução ao problema.

No mais, em nossa visão, não há perda de finalidade intimidativa na pena atenuada pelas peculiares circunstâncias do caso. Pelo contrário, há intimidação exagerada e punição desnecessária quando ignoradas as circunstâncias que deveriam atenuar a pena.

Reincidência e maus antecedentes: como já anotado, os maus antecedentes são circunstâncias judiciais, que interferem na fixação da pena-base. A reincidência é circunstância agravante, que interfere na pena intermediária. Se são duas condenações aptas e gerar reincidência, uma pode ser usada como agravante (reincidência) e outra como circunstância judicial (maus antecedentes). Entendemos que são vários os problemas na dinâmica de reconhecimento da reincidência e dos maus antecedentes, circunstâncias que, reunidas, consolidam uma técnica de hipertrofia da censura do passado criminoso do réu, em odiosa homenagem do Direito Penal do Autor. São duas as principais críticas:

A – A distinção técnica entre reincidência e maus antecedentes, que parte do sentido preciso da reincidência (art. 63 do CP) e residual dos maus antecedentes, disfarça um duplo desvalor sobre o mesmo objeto, que é o passado criminoso do réu. Perceba-se: se tivéssemos uma circunstância chamada "passado criminoso", ela incidiria uma única vez, em uma única fase, com um único incremento da pena. A distinção técnica entre reincidência e maus antecedentes, escolha dogmática que parece proteger o réu ao distinguir algo grave (reincidência) de algo menos grave (maus antecedentes), acoberta instrumento que permite o duplo desvalor, com o incremento da pena pelo passado criminoso do réu classificado como maus antecedentes, e novo desvalor sobre o mesmo objeto, que é o passado criminoso do réu a título de reincidência. É *bis in idem*, que deve ser repudiado.

B – Se não bastasse a distinção entre reincidência e maus antecedentes, que, a pretexto de proteger o condenado, legitima a dupla punição pelo passado criminoso, temos ainda que a distinção das fases de incidência – 1ª fase para os maus antecedentes e 2ª fase para a reincidência – permite o cálculo em uma lógica de juros sobre juros, pois o segundo aumento, na segunda fase, incidirá sobre a pena já incrementada na primeira fase. Se o juiz incrementa a pena pela reincidência (que é, em essência, desvalor sobre o passado criminoso) em 1/6 sobre a pena já aumentada em 1\6 em razão dos maus antecedentes, o segundo incremento em razão do passado criminoso é exponenciado. Se a lógica dos juros sobre juros faz sentido (se é que faz) no cálculo econômico, certamente não se justifica aqui, pois não há sentido em desvalorar pela vida pregressa uma pena que resulta da desvaloração pela vida pregressa. Basta imaginar um roubo simples, em que a pena mínima é de 4 anos, e será aumentada em 1/6 pelos maus antecedentes, em razão de condenação anterior. A pena-base será fixada em 4 anos e 8 meses. Se reconhecida a reincidência por outra condenação anterior, a pena será aumentada em mais 1\6, e a pena alcançará 5 anos, 5 meses e 10 dias. Em suma, a pena de 4 anos será aumentada em 1 ano, 5 meses e 10 dias – mais de 1\3 da pena – em razão do passado criminoso do réu, mas o incremento é disfarçado pela técnica de distinção entre maus antecedentes e reincidência e pelo cálculo que permite juros sobre juros.

Solução: entendemos que, reconhecida a reincidência, deve ser afastada a possibilidade de reconhecimento dos maus antecedentes, pois incidem sobre o mesmo objeto, que é o passado criminoso do réu, evitando o *bis in idem* e repudiando a técnica que – a pretexto de distinguir tecnicamente reincidência e maus antecedentes – permite o incremento exponenciado e injustificável da pena pela vida pregressa, maximizando o nefasto Direito Penal do autor.

3ª fase: incidem as causas de aumento e diminuição de pena, ou seja, aquelas em que a lei manda aumentar ou diminuir a pena em frações (um sexto, um sexto a um terço etc.).

Nessa fase, a lei é expressa sobre a intensidade do aumento ou diminuição, e a pena poderá sair dos limites mínimo e máximo fixados para a pena-base no preceito secundário do tipo simples ou qualificado.

A justificativa para a possibilidade de extravasamento está no menor arbítrio outorgado ao juiz na terceira fase: ao contrário do que ocorre nas circunstâncias judiciais, a interpretação das causas de aumento e diminuição é sensivelmente precisa, dado que a circunstância está detalhadamente narrada na lei. No mais, ao contrário do que ocorre com as circunstâncias judiciais e legais, agravantes e atenuantes, o *quantum* de abrandamento ou incremento na pena não fica a critério do juiz, vindo expressamente no texto de lei.

Assim, diminuído o arbítrio, não há problema em permitir que, na terceira fase do procedimento de fixação da pena, a sanção possa vir aquém ou ir além dos limites fixados pelo tipo simples ou qualificado.

Interessante perceber assim que o sistema trifásico é um sistema de controle de arbítrio, pois na primeira fase há arbítrio na atribuição de sentido às circunstâncias (judiciais) e à influência de cada circunstância na dosagem da pena (arbítrio máximo). Na segunda fase não há arbítrio na atribuição de sentido (as agravantes e atenuantes são circunstâncias legais, com sentido predefinido) mas persiste o arbítrio sobre a influência que cada circunstância terá na pena (arbítrio médio) e na terceira e última fase o arbítrio é mínimo, pois a lei esclarece o sentido da circunstância e estabelece em frações expressas a influência que terá na pena. Justifica-se assim a anulação de decisão que desobedece ao sistema trifásico, pois rompido o sofisticado sistema de controle do arbítrio.

21.1.1 Conflito entre circunstâncias

Muito comum que o fato seja cercado por diversas circunstâncias com relevância penal, provocando assim conflitos entre elas, motivando o legislador e a doutrina a criarem critérios para resolvê-los.

Importante fixar a premissa de que o conflito só é possível entre circunstâncias que incidem na mesma fase, ou seja, só será possível o conflito entre circunstâncias judiciais favoráveis e desfavoráveis, ou entre agravantes e atenuantes, ou ainda entre causas de aumento e diminuição.

Não há conflito possível entre uma circunstância judicial favorável e uma agravante, pois a primeira influenciará na fixação da pena-base, e a segunda incidirá na fase seguinte, incrementando a pena-base já fixada com a influência da primeira.

Daí também não existir impossibilidade jurídico-formal ao reconhecimento de crimes qualificados privilegiados, pois a qualificadora serve para a fixação da pena-base, enquanto o privilégio incide apenas na terceira fase e, assim, não gera conflito. Tanto é assim que o homicídio qualificado privilegiado é reconhecido há anos, desde que a qualificadora seja objetiva, e hoje o STF já pacificou a possibilidade do furto qualificado privilegiado.

21.1.1.1 *Concurso entre qualificadoras*

É possível que um crime tenha sido cercado por mais de uma circunstância considerada qualificadora: no homicídio triplamente qualificado, por exemplo, a presença de qualificadora aumenta os limites mínimo e máximo da pena, ou seja, havendo uma qualificadora, os limites de 6 a 20 anos passam para de 12 a 30 anos.

Se há mais de uma qualificadora, uma será utilizada para trazer os novos limites mínimo e máximo referidos; e as demais? Há duas posições:

a) Funcionam como circunstâncias judiciais desfavoráveis atuando na primeira fase da fixação da pena (majoritária).

É que o art. 61 do CP (agravantes) é explícito em seu *caput* ao dizer serem circunstâncias que sempre agravam a pena quando não qualificam o crime aquelas lá arroladas. Ora, se a circunstância é qualificadora de determinado crime, pela letra da lei, não pode incidir como agravante para o referido tipo. Também não pode deixar de incidir, ser ignorada, sob pena de perda de elementos para a individualização da pena, que é princípio constitucional. A única solução será incidir como circunstância judicial. Nesse sentido: "Existindo duas qualificadoras, uma pode servir para qualificar o delito e a outra como circunstância judicial desfavorável. Precedentes" (HC 140.442, Rel. Min. Celso Limongi, 25-5-2010; no mesmo sentido, HC 82.352).

b) Atuam como circunstâncias agravantes, desde que tenham correspondência nos arts. 61 e 62 do CP, na 2ª fase de fixação da pena.

Para os defensores dessa posição, o óbice levantado pela corrente anterior não convence, pois a ressalva legal "quando não constituem ou qualificam o crime" busca apenas evitar o *bis in idem*, ou seja, quer impedir que uma circunstância possa influenciar na existência da pena por ser elementar do crime ou elevando os limites da pena por ser qualificadora e, após, incidir mais uma vez, agravando a pena na segunda fase de fixação da sanção.

Ora, se há concurso de qualificadoras e só uma irá alterar os limites da pena-base, as demais não estão incidindo e, assim, podem agravar a pena sem risco de *bis in idem*. É entendimento hoje consolidado no STJ:

> Diante do reconhecimento de mais de uma qualificadora, somente uma enseja o tipo qualificado, enquanto as outras devem ser consideradas circunstâncias agravantes, na hipótese de previsão legal, ou, de forma residual, como circunstância judicial do art. 59 do Código Penal – Precedentes: AgRg no AREsp 400.825/SP, Rel. Min. Maria Thereza de Assis Moura, 6ª Turma, j. em 4-12-2014, *DJe* 17-12-2014; HC 166.674/RJ, Rel. Min. Sebastião Reis Júnior, Rel. p/ acórdão Min. Assusete Magalhães, 6ª Turma, j. em 15-8-2013, *DJe* 4-8-2014.

Inviabilidade de reconhecimento como circunstâncias judiciais qualificadoras não descritas na denúncia: se, ao descrever o fato, na denúncia ou queixa, a acusação deixa de mencionar circunstâncias que configuram qualificadoras, poderia o magistrado, ao sentenciar, valer-se de tais elementos como circunstâncias judiciais? Acreditamos que não, pois estaria usurpando do titular da ação penal o poder de imputar tais circunstâncias, tidas como suficientemente importantes para configurar qualificadoras, e, em consequência, estar necessariamente presente na exordial. Assim entende o Supremo Tribunal Federal:

No caso, a juíza-presidente do tribunal do júri evocara na primeira fase da dosimetria, a título de circunstâncias judiciais, dados que consubstanciariam qualificadoras como o motivo fútil, a premeditação e a surpresa da vítima. Ressaltou-se que a sentença não aludira a qualquer outra circunstância judicial. Concluiu-se que aqueles aspectos não poderiam ser considerados à luz do art. 59 do CP, porquanto não seria possível a magistrada substituir o Ministério Público, tampouco o corpo de jurados, já que o paciente não fora denunciado, pronunciado e julgado por homicídio qualificado. Vencidos os Ministros Cármen Lúcia, relatora, e Luiz Fux, que consignavam que a alteração da pena exigiria o revolvimento de prova, atividade incompatível com os limites do *habeas* (HC 107.501 ED/GO, Rel. orig. Min. Cármen Lúcia, Red. p/ o acórdão Min. Marco Aurélio, j. em 2-8-2011).

21.1.1.2 Conflito entre circunstâncias judiciais

Regra 1: as circunstâncias subjetivas prevalecem sobre as objetivas.

É consenso doutrinário que as circunstâncias subjetivas ou de caráter pessoal (culpabilidade, antecedentes, personalidade, conduta social e motivos) prevalecem sobre as objetivas (circunstâncias, consequências e comportamento da vítima), eis que o Direito Penal tem função primordial de orientar condutas, incidindo preferencialmente sobre os motivos e objetivos dos cidadãos.

Regra 2: se o conflito for entre circunstâncias subjetivas?

Dentre as subjetivas prevalecem os motivos, a personalidade e os antecedentes criminais, por aplicação analógica do art. 67 do CP, que *a priori* trata das circunstâncias agravantes e atenuantes.

Inviabilidade de compensação entre circunstâncias judiciais: partindo da premissa de que o cálculo da pena-base tem como ponto de partida o mínimo, o que poderia ter como fundamento a presunção de que as circunstâncias judiciais são favoráveis, é forte o entendimento pela inviabilidade de compensação entre circunstâncias judiciais desfavoráveis e favoráveis. A justificativa é que, se o ponto de partida é a pena mínima, as circunstâncias judiciais já foram tidas como favoráveis, e qualquer circunstância desfavorável deveria apenas incrementar a pena, por mais que a defesa comprove circunstâncias especialmente favoráveis.

Discordamos de tal entender. Acreditamos que a equivalência entre a circunstância judicial presumidamente favorável e a comprovadamente favorável viola a isonomia, e também o nosso sistema de distribuição do ônus da prova e presunção de inocência.

Entendemos que a comprovação de *circunstâncias especialmente favoráveis*, como uma conduta social exemplar ou culpabilidade especialmente atenuada, deve ser ponderada, compensando ou mesmo preponderando sobre circunstâncias judiciais desfavoráveis. A distribuição do ônus da prova e a presunção de inocência são assim trabalhadas em nosso sistema penal, tanto que a falta de provas de culpa permite a absolvição pela falta de provas, que é diferente da absolvição pela certeza da inexistência de fato ou comprovação da ausência de contribuição para a infração penal. Ambas são decisões absolutórias, mas têm efeitos diferentes simbólicos (dúvida x certeza da inocência) e práticos (efeitos civis). O mesmo, aqui, nas circunstâncias judiciais: na ausência de prova por parte da acusação de que determinada circunstância é desfavorável, a pena parte do mínimo, e a circunstância figura como neutra, incapaz de compensar ou preponderar sobre circunstância desfavorável. No entanto, se produzida prova de *circunstância especialmente favorável*, deve ser admitida a compensação e mesmo a preponderância sobre circunstâncias judiciais desfavoráveis.

21.1.1.3 Conflito entre agravantes e atenuantes (art. 67 do CP)

Prevalecem as de caráter subjetivo sobre as de caráter objetivo, como no conflito de circunstâncias judiciais, também por consenso doutrinário.

Dentre as agravantes ou atenuantes de caráter subjetivo, devem prevalecer as chamadas circunstâncias preponderantes arroladas no art. 67 do CP: os motivos, a personalidade e a reincidência. Assim, reconhecida circunstância preponderante, deve a pena se aproximar de sua orientação, quer seja favorável ou desfavorável.

Há no Brasil um costume exagerado de compensar agravantes e atenuantes, o que a princípio só seria possível na ausência dos critérios legais do art. 67 do CP. Infelizmente, a letra da lei costuma ser desprezada, mesmo sem qualquer controle de constitucionalidade. Sobre o tema, hoje, é pacífica a orientação da Terceira Seção do STJ – Tema 585 – sobre a possibilidade de compensação da reincidência com a confissão espontânea:

> É possível, na segunda fase da dosimetria da pena, a compensação da atenuante da confissão espontânea com a agravante da reincidência. Precedentes citados: EREsp 1.154.752/RS, Terceira Seção, *DJe* 4-9-2012; HC 217.249/RS, 5ª T., *DJe* 4-3-2013; e HC 130.797/SP, 6ª T., *DJe* 1º-2-2013 (REsp 1.341.370/MT, Rel. Min. Sebastião Reis Júnior, j. em 10-4-2013).

Voltando ao tema das circunstâncias preponderantes, acima de todas e inclusive das anteriores, prevalece a menoridade relativa (menor de 21 anos), conforme criação jurisprudencial, eis que pela letra da lei a menoridade, que interfere na personalidade, cederia lugar aos motivos (contra, Nucci, *Código Penal comentado*, p. 257). A prevalência da menoridade já foi consagrada pelos Tribunais Superiores em termos expressos, como no trecho do julgado que segue: "A atenuante da menoridade deve preponderar sobre todas as circunstâncias, legais ou judiciais, desfavoráveis ao condenando, devendo ser considerada para eliminar o acréscimo decorrente da reincidência do réu" (STJ, HC 37.064/SP (200401042057), 5ª T., Rel. Min. Paulo Medina, *DJU* 21-11-2005). No mesmo sentido, HC 401.764 (2017).

A atenuante da menoridade relativa não sofreu influência pela alteração da menoridade civil, eis que a maturidade para os negócios civis em nada interfere na percepção de que entre 18 e 21 anos há várias mudanças na personalidade que justificam a atenuante, como já referido nos comentários específicos à atenuante.

Peculiaridades:

1) A reincidência deve ser compensada com a confissão espontânea. No entanto, entende o STJ que a multirreincidência prevalece sobre a confissão (REsp 1.360.952, HC 280.498).
2) O STJ já entendeu que a confissão espontânea pode ser compensada com a agravante da promessa de recompensa (HC 318.594).
3) A confissão espontânea pode ser compensada com a agravante de ter sido o crime praticado com violência contra a mulher (REsp 689.064).
4) O STJ entendeu que a reincidência pode ser compensada com a menoridade relativa (HC 403.623).
5) O STJ consolidou, no Tema 1.172 (REsp 2.003.716), que "a reincidência específica como único fundamento só justifica o agravamento da pena em fração mais gravosa que 1/6 em casos excepcionais e mediante detalhada fundamentação baseada em dados concretos do caso".

21.1.1.4 Concurso entre causa de aumento (majorantes)/diminuição (minorantes) da Parte Geral e outra de aumento/diminuição da Parte Especial (privilégio)

Aplicam-se ambas: primeiro a da Parte Especial e, depois, a da Parte Geral.

A segunda causa incide sobre a pena-base ou sobre a pena diminuída/aumentada? Para que haja coerência no raciocínio, só pode ser sobre a pena diminuída/aumentada, sob pena de permitir que o sujeito tenha pena negativa ou crédito de pena ao final, ou ainda "pena-zero": supondo que seja a pena-base de 2 anos, menos 2/3, cairá para 8 meses. Se diminuídos 2/3 da pena-base de novo, serão 8 meses menos 16 meses, o que resultará em 8 meses negativos (-8 meses), e o agente terá crédito de pena. Diante de tal hipótese, praticamente pacífico que a segunda diminuição deve incidir sobre a pena diminuída, devendo ser o mesmo raciocínio aplicado para a dupla incidência de causa de aumento.

Concurso entre causas de aumento/diminuição da Parte Especial (art. 68, parágrafo único, do CP):

No concurso de causas de aumento e diminuição na Parte Especial, pode o juiz limitar-se a um só aumento ou diminuição, prevalecendo a que mais aumente ou mais diminua, nos termos do art. 68, parágrafo único, do Código Penal.

Embora a lei trate como faculdade, na prática a escolha de apenas uma causa de aumento ou diminuição é tida como regra/dever, para evitar exacerbação exagerada da pena ou, ainda, decréscimo tão intenso que torne a pena ineficaz.

21.1.1.5 Concurso ou conflito entre causas de aumento (majorantes) e diminuição (minorantes) na parte especial

Nos termos do art. 68, parágrafo único: no concurso de causas de aumento ou de diminuição previstas na parte especial, pode o juiz limitar-se a um só aumento ou a uma só diminuição, prevalecendo, todavia, a causa que mais aumente ou diminua

O dispositivo autoriza, no concurso de majorantes ou minorantes da parte especial – e tão somente da parte especial –, que o juiz aplique apenas uma, prevalecendo a que mais aumente ou diminua.

Trata-se de disposição importante do ponto de vista político-criminal, que busca impedir que circunstâncias interfiram de modo exagerado na punição. O uso "sequencial" de várias majorantes ou minorantes pode levar a penas exageradas, desproporcionais em relação ao desvalor do crime em si. Se as circunstâncias são, por definição, acidentais, a mera acumulação de circunstâncias não deveria levar a resultado que supera o concurso de crimes, provocando resultados evidentemente desproporcionais. Como exemplo, basta pensar em um roubo (art. 157 do CP) com duas majorantes (§ 2º do art. 157, que permite aumento de 1\3-1\2) aplicadas concomitantemente – emprego de arma branca e concurso de pessoas: se incrementada a pena duas vezes em metade, a pena poderia superar a sanção do latrocínio, o que seria evidentemente desproporcional. Quer do ponto de vista teórico-acadêmico, quer como percepção popular do que seria uma "pena justa" enquanto proporcionalidade ordinal, o latrocínio deve ter pena superior a um roubo praticado com emprego de arma branca e em concurso de pessoas.

É o parágrafo único do art. 68 do CP que justifica a Súmula 433 do STJ:

> *O aumento na terceira fase de aplicação da pena no crime de roubo circunstanciado exige fundamentação concreta, não sendo suficiente para a sua exasperação a mera indicação do número de majorantes.*

Explica-se: ainda que reconhecidas várias das majorantes no roubo (art. 157, § 2º, do CP), o incremento da pena entre 1\3 e 1\2 não deve ter como critério o número de majorantes, mas sim a gravidade da majorante no caso concreto. Em outras palavras, não devem ser consideradas todas as majorantes, mas apenas uma, qual seja, a mais grave, e a autorização legal para que seja reconhecida apenas uma vem exatamente do disposto no art. 68, parágrafo único, do Código Penal.

Esclarecido o sentido do referido parágrafo único, é importante definir se a escolha de apenas uma majorante ou minorante é uma opção ou um dever do julgador. Em outras palavras, na presença de mais de uma majorante ou minorante da parte especial, o julgador *deve* aplicar apenas uma, prevalecendo a que mais aumente ou diminua, ou *pode* aplicar apenas uma, tendo também a faculdade de aplicá-las sucessiva e cumulativamente?

Se durante décadas a possibilidade foi interpretada como dever – e foi essa a inspiração da Súmula 443 do STJ –, hoje é pacífica orientação nos tribunais superiores pelo segundo caminho, ou seja, pela possibilidade de aplicar apenas uma ou escolher a aplicação cumulativa de majorantes ou minorantes, valendo ressaltar que, na prática forense, temos apenas casos de aplicação cumulativa de majorantes. O caso mais repetido nos tribunais é a possibilidade de aplicação cumulativa das majorantes no crime de roubo, com destaque para a majorante do concurso de pessoas (§ 2º, II, do art. 157 do CP) e do emprego de arma de fogo (§ 2º-A, I, do mesmo art. 157 do CP), sendo curiosa a opção pela cumulação apenas no caso de pluralidade de dispositivos legais, lembrando que o art. 68 do CP não faz tal distinção. Assim, após o aumento da pena em 1/3-1/2 em razão do concurso de pessoas, o julgador majora a pena mais uma vez em 2/3, levando a pena máxima do crime de roubo com as referidas majorantes para 25 anos de reclusão. O "controle" exigido pelos tribunais superiores é o de que a cumulação de majorantes exige fundamentação específica, que justifique a necessidade da dupla majoração.

Crítica: a mudança de entendimento dos tribunais superiores, que impediam a cumulação de majorantes (ao menos na prática, ainda que sem consenso discursivo a respeito) e ora permitem e fomentam tal cumulação, contraria os ditames de um Direito Penal em um Estado de Direito, fomentam de forma inconsequente o superencarceramento e distorcem o equilíbrio entre as elementares e as circunstâncias, provocando penas desproporcionais. Em primeiro, entre duas possíveis interpretações do art. 68 do Código Penal, uma que limita o poder punitivo – interpretando a cumulação de majorantes como proibida – e outra que o expande, deve ser escolhida a interpretação que limita o arbítrio do julgador e restringe o poder punitivo, que são objetivos clássicos/iluministas insuperáveis da legalidade penal em um Estado de Direito. Em segundo, o incremento das penas pelo Poder Legislativo é uma tendência perceptível no Brasil e demonstrada nas reformas legislativas sobre o crime de roubo (um dos crimes mais frequentes no país, apesar das altas penas), e não há qualquer responsabilidade financeira – para não dizer humanista – com o reflexo no sistema carcerário, cuja superlotação é reiterada todos os dias pelos dados oficiais: não temos recursos financeiros para prender tanto, e é necessário interpretar a lei penal de forma responsável, otimizando os recursos escassos para prender quando e na medida estritamente necessária. Por fim, se o roubo tem pena-base máxima de 10 anos de reclusão, e majorantes ordinariamente percebidas no cotidiano forense – como o emprego de arma e o concurso de pessoas – levam a pena máxima para 25 anos, não estamos mais cuidando de dados acidentais, mas sim de elementos essenciais no desvalor do crime. Sob o prisma da proporcionalidade, a pena máxima do roubo com emprego de arma de fogo e concurso de pessoas supera a pena máxima do homicídio simples, ou mesmo da lesão corporal gravíssima, e equivale ao triplo da pena máxima da tortura, o que é desproporcional do ponto de vista jurídico e sob o prisma de um senso social de justiça. Nossa conclusão é que a aplicação do art. 68, parágrafo único, deve ser pela aplicação de apenas uma majorante ou minorante como *poder-dever* do julgador.

Majorantes sobejantes

São majorantes sobejantes as sobressalentes, ou seja, aquelas não usadas na terceira fase da aplicação da pena em razão do art. 68, parágrafo único, do Código Penal, que permite/orienta o juiz a aplicar apenas a que mais aumente ou diminua.

A majorante sobejante pode ser deslocada para a primeira ou segunda fase de aplicação da pena, como circunstância judicial ou mesmo agravante, se prevista expressamente nos arts. 61 e 62 do CP? Como exemplo, se o roubo foi praticado com emprego de arma branca e concurso de pessoas, e escolhido o emprego de arma branca como majorante na terceira fase de aplicação da pena, o concurso de pessoas pode ser empregado como circunstância judicial?

Prevalece a resposta positiva. Há uma ordem de prevalência na classificação dos dados típicos: Elementares – Qualificadoras – Majorantes e Minorantes – Agravantes e Atenuantes – Circunstâncias Judiciais. Se um dado (relação de parentesco) for descrito como elementar em um determinado tipo, deverá ser reconhecido como elementar para a certeza do fato típico, e não poderá servir como qualificadora, majorante/minorante, agravante/atenuante ou circunstância judicial. Se não for elementar, mas constar como qualificadora, não poderá servir como majorante/minorante, nem como agravante/atenuante, tampouco como circunstância judicial. Se não constar como elementar ou qualificadora, mas estiver descrita como majorante ou minorante, deverá ser assim reconhecida, não podendo servir como agravante/atenuante ou circunstância judicial. Se não prevista como elementar, tampouco como qualificadora ou majorante/minorante, mas descrita como agravante/atenuante, assim será considerada, e não circunstância judicial, que, enfim, só poderá ser considerada se o dado não se encaixar como elementar ou outra espécie de circunstância.

Se são duas as majorantes, mas apenas uma é usada nos termos do art. 68, parágrafo único, a outra – a sobejante – não foi reconhecida/usada como majorante, e, assim, poderia servir como agravante ou, ainda, como circunstância judicial desfavorável. Assim, no roubo duplamente majorado (art. 157, § 2º, II e VII), se a arma branca foi escolhida para figurar como majorante que mais aumenta (nos termos do art. 68, parágrafo único), o concurso de pessoas não foi reconhecido/usado como majorante, e poderia ser usado como circunstância judicial, uma vez que não previsto como agravante nos arts. 61 e 62 do Código Penal. É o entendimento que prevalece nos Tribunais Superiores:

> Quanto à possibilidade propriamente dita de deslocar a majorante sobejante para outra fase da dosimetria, considero que se trata de providência que, além de não contrariar o sistema trifásico, é a que melhor se coaduna com o princípio da individualização da pena. De fato, as causas de aumento (3ª fase), assim como algumas das agravantes, são, em regra, circunstâncias do crime (1ª fase) valoradas de forma mais gravosa pelo legislador. Assim, não sendo valoradas na terceira fase, nada impede sua valoração de forma residual na primeira ou na segunda fases. A desconsideração das majorantes so-

bressalentes na dosimetria acabaria por subverter a própria individualização da pena realizada pelo legislador, uma vez que as circunstâncias consideradas mais gravosas, a ponto de serem tratadas como causas de aumento, acabariam sendo desprezadas. Lado outro, se não tivessem sido previstas como majorantes, poderiam ser integralmente valoradas na primeira e na segunda fases da dosimetria (STJ, 3ª S., HC 463434., Rel. Min. Laurita Vaz).

O entendimento contrário, hoje minoritário, batia-se pela inviabilidade de reconhecer majorante sobejante fora da terceira fase da dosimetria da pena por respeito à legalidade: se a circunstância estava descrita como majorante, com índice limitado de interferência na pena – é a fração de aumento que caracteriza a circunstância como majorante –, não seria possível deslocá-la para outra fase da dosimetria, na qual sua interferência na pena depende do prudente arbítrio do juiz. Nesse sentido, STJ, 5ª T., AgRg no AREsp 455209/SP, Rel. Min. Marco Aurélio Bellizze.

Crítica: é correto concluir que, pela individualização da pena, todas as circunstâncias devem ser ponderadas, o que fortalece o argumento da primeira posição, hoje majoritária. No entanto, também é correto argumentar que, se a circunstância está prevista com patamar fixo de interferência na pena, que é fração que caracteriza a majorante, permitir sua consideração como circunstância judicial ou agravante de forma a permitir que sua interferência na pena seja "livre" atribui ao julgador arbítrio não admitido pelo legislador, violando as regras do jogo democrático de um Direito Penal democrático. Não há, aliás, colisão entre o direito fundamental à individualização da pena e o direito fundamental à legalidade penal, pois ambos estão previstos no art. 5º da CF, e são direitos individuais oponíveis ao Estado, limitando o poder punitivo. Assim, tanto a legalidade penal como a individualização devem ser compreendidas como maximizadoras dos limites punitivos do Estado, impondo a conclusão de que majorantes não devem ser usadas fora da terceira fase, pois tal proceder viola a legalidade e descaracteriza a própria majorante, que tem como ponto essencial o aumento em fração determinada (ainda que com limites mínimo e máximo), não podendo ser submetida aos "pedaços" (apenas a descrição da circunstância, sem a fração de incremento) ao processo de fixação da pena como circunstância judicial ou agravante.

21.1.1.6 Concurso ou conflito entre causas de aumento (majorantes) e diminuição de pena (minorantes) da parte geral

No concurso de majorantes e minorantes da parte geral todas devem ser aplicadas.

Não há, no caso, ordem legal para a aplicação, e, na divergência de resultados derivados de diferente ordem de incidência, deve ser escolhida a ordem que favoreça o réu.

Importante ressaltar que, no caso de aumentos ou diminuições sucessivas, o segundo aumento deve ser aplicado sobre a pena que resulta do primeiro aumento, e o mesmo raciocínio no caso das causas de diminuição de pena. É que, se a segunda diminuição tiver como base de cálculo a pena original, e não a pena já diminuída, seria possível ter como resultado a pena zero, ou mesmo uma pena negativa, que não é admitida em nosso sistema punitivo. Basta imaginar uma tentativa de furto simples na qual foi reconhecida participação de menor importância. Diminuída a pena mínima em 2/3, teríamos o resultado de 4 meses. Se a segunda diminuição tiver como base a pena original mínima de 1 ano, a diminuição em 1/3 resultaria em pena "zero". Se incidir sobre a pena diminuída, teríamos a pena de 2 meses e 20 dias, compatível com a visão majoritária de nosso sistema de penas.

21.1.1.7 Inviabilidade de compensação entre circunstâncias de fases diferentes

As fases da aplicação da pena servem exatamente para permitir a distinção na influência das diversas espécies de circunstância, com o objetivo perene de individualizar a pena.

Ora, se as diversas espécies de circunstâncias incidem em fases diversas da pena, é impossível compensar circunstâncias de uma fase com circunstâncias de outra. Assim, é impossível compensar circunstâncias judiciais com agravantes ou atenuantes, e da mesma forma tentar compensar agravantes ou atenuantes com causas de aumento ou diminuição de pena. Assim já entendeu o STF: "É firme a jurisprudência deste Supremo Tribunal Federal no sentido de ser inviável a compensação entre as circunstâncias atenuantes e as causas de aumento da pena (...)" (HC 102.618/SP).

21.1.1.8 Desobediência ao sistema trifásico

O respeito ao sistema trifásico não é um capricho formal do Código Penal, mas, sim, método que busca trazer transparência, racionalidade e previsibilidade para o importante processo de fixação da pena. O sistema trifásico é importante instrumento de controle do arbítrio judicial, como já anotado ao final da análise das fases.

Se cada magistrado resolver seguir um método de fixação, mormente diante das largas margens fixadas na lei brasileira para a fixação da pena, a quebra da isonomia nas condenações seria insuportável.

Para impor a obediência ao sistema trifásico, prevalece que a desatenção ao método gera nulidade do capítulo da fixação da pena, ou mesmo toda a sentença, como já entendeu o STF:

> Incorre em errônea dosimetria da pena a sentença que não observa corretamente a metodologia do sistema trifásico, deixando de fixar, primeiro, a pena-base referente ao art. 157, *caput*, de acordo com as diretrizes do art. 59, ambos do Código Penal, e, posteriormente, aplicar o aumento relativo ao par. 2. do mesmo art. 157. *Habeas corpus* deferido para, anulando-se o acórdão hostilizado e mantida a sanção decretada pelo juízo monocrático, ser efetuada a redução correspondente a atenuante legal da menoridade, no

quantum a ser estabelecido pelo Tribunal apontado como coator (HC 72.951/SP, Rel. Min. Maurício Corrêa, j. em 24-10-1995).

21.1.1.9 Inovação na fundamentação em grau recursal e decote de circunstâncias

É comum que a decisão condenatória tenha fundamentação equivocada sobre a fundamentação da pena, e, em julgamento de recurso exclusivo da defesa, o Tribunal mantenha a pena e inove a fundamentação, "corrigindo" a falha anterior. Assim, enquanto a sentença de primeiro grau fixa a pena-base do latrocínio acima do mínimo legal pela gravidade do resultado morte, o que é um erro, dado que o resultado morte é ínsito ao tipo, o Tribunal mantém a pena e aduz novo fundamento, como o intenso sofrimento provocado na vítima que sangrou lentamente até morrer. Questiona-se: é legal, em tal caso, o proceder do Tribunal? Duas posições podem ser defendidas:

1ª posição: não, pois o argumento do intenso sofrimento da vítima, que é outra circunstância do art. 59 do CP, escapou ao duplo grau de jurisdição, uma vez que pela primeira vez formulado no acórdão, sem chance de manifestação ou contra-argumentação da defesa. Pior: a inovação prejudicial ao réu vem em recurso exclusivo da defesa, violando o *tantum devolutum quantum appellatum* e o *non reformatio in pejus*, interpretado o último em sua plenitude. No STF a questão é controversa, mas há julgados no sentido da inviabilidade de inovação:

> A Primeira Turma, em conclusão de julgamento e por maioria, deu provimento a recurso ordinário em "habeas corpus" para determinar ao juízo de origem a aplicação da causa de diminuição de pena prevista no art. 33, § 4º, da Lei 11.343/2006, como entendesse de direito. No caso, o recorrente fora condenado à pena de cinco anos e dez meses de reclusão, no regime inicial fechado, pela prática do crime de tráfico de entorpecentes. Naquela oportunidade, o magistrado de primeiro grau ressaltara que, ante a reincidência, o réu não teria direito à causa de diminuição de pena prevista no art. 33, § 4º, da Lei 11.343/2006. Já em sede de apelação, o tribunal de justiça dera parcial provimento ao recurso defensivo, para, ao desconsiderar a reincidência, porquanto inexistente, redimensionar a pena para cinco anos de reclusão. Contudo, apesar de ter diminuído a pena aplicada, a Corte também afastara a minorante, mas com esteio em razão diversa, asseverando não ser possível a diminuição em razão da quantidade e do alto teor viciante da droga apreendida e pelas circunstâncias que teriam permeado o flagrante. Alegava o recorrente que o tribunal de origem teria promovido indevida inovação de fundamentação ao agregar motivos diversos daqueles invocados pelo juízo de piso para vedar a aplicação do privilégio legal, isso em recurso exclusivo da defesa, configurando-se, portanto, a "reformatio in pejus". Os Ministros Luiz Fux e Marco Aurélio, ao dar provimento ao recurso, entenderam confi-

gurada, na hipótese, a "reformatio in pejus", dado que o tribunal "a quo", apesar de afastar a reincidência, não dera o devido efeito a isso, fazendo a compensação com argumento próprio. Assim, a situação do recorrente fora piorada – apesar de a pena ter sido diminuída no julgamento da apelação –, porquanto tivesse sido feita a redução, ante a constatação da inexistência da reincidência, a pena seria ainda menor se não tivesse havido a compensação com outro argumento (...). Vencidos os Ministros Dias Toffoli (relator) e Rosa Weber, que entendiam não estar caracterizada na espécie, a "reformatio in pejus" (RHC 117.756/DF, Rel. Min. Dias Toffoli, Red. p/ o acórdão Min. Luiz Fux, 22-9-2015).

Em sentido semelhante, o STF já entendeu que a inovação é proibida, mas o Tribunal pode determinar a elaboração de nova decisão (RHC 118.625/SP).

2ª posição: sim, pois, se a defesa impugna a fixação da pena, devolve toda a matéria referente ao tema ao Tribunal, que pode reexaminar e realocar os devidos fundamentos, fixando novamente a pena, desde que o resultado não supere o impugnado, sob pena de violação ao *non reformatio in pejus*, que não pode ser considerado violado apenas porque novo fundamento foi aduzido, desde que a pena não se agrave. Há julgados no STF nesse sentido:

> No julgamento do recurso de apelação, embora reduzida a pena para 2 anos e 4 meses de reclusão, a defesa alegava que teriam sido consideradas circunstâncias judiciais alheias às mencionadas na sentença condenatória, o que vulneraria a voluntariedade recursal. Considerou-se que a sentença de 1º grau assentara a existência de três circunstâncias judiciais desfavoráveis à paciente: a culpabilidade, as circunstâncias e as consequências do crime. O acórdão de 2º grau, por sua vez, levara em conta apenas a culpabilidade e as circunstâncias do crime como desabonadoras, de modo a reduzir a pena. Em seguida, reputou-se que o grau de reprovabilidade da conduta, ínsito à culpabilidade, já fora ponderado pelo juízo monocrático, ainda que com outras palavras. Asseverou-se, ademais, que a decisão recursal considerara o efeito devolutivo da apelação, ainda que interposta unicamente pela defesa, e estaria autorizada a rever os critérios de individualização da pena, nos termos do art. 59 do CP, limitada, tão somente, pela prova produzida e pelas alegações das partes. Vencidos os Ministros Marco Aurélio e Luiz Fux, que deferiam a ordem por reputarem que, sendo a apelação interposta apenas pela defesa, o tribunal não poderia substituir as circunstâncias judiciais por outras não contempladas pelo juízo (HC 99.972/PR, Rel. Min. Cármen Lúcia, j. em 9-8-2011).

No julgamento do REsp 2.058.971, consagrado o Tema 1.214, o STJ consolidou que não configura *reformatio in pejus* na mera correção da classificação de um fato já valorado negativamente, ou seja, uma condenação anterior valorada equivocadamente como conduta social pode ser corrigida pelo Tribunal, mesmo sem recurso acusatório, passando a incrementar a pena como mau antecedente. Da mesma forma, não há *reformatio em pejus* no simples reforço de fundamentação, ou seja, se piorada a pena pelo prejuízo da vítima no homicídio, o que seria insuficiente circunstância endógena, o Tribunal poderia corrigir e reforçar a fundamentação para elencar que o encerramento do negócio familiar e decorrente miséria dos parentes da vítima justifica o incremento da pena-base, mesmo em recurso exclusivo da defesa que tenha como objeto demonstrar a insuficiência dos fundamentos que elevaram a pena.

Crítica: acreditamos que a inovação do Tribunal, que em recurso exclusivo da defesa corrige a classificação ou inova na fundamentação, além de configurar *reformatio in pejus* – pois antecedentes que eram bons podem ficar maus em recurso exclusivo da defesa, ou uma circunstância violenta não valorada na decisão impugnada pode ser invocada de ofício para justificar e manter o aumento de pena em recurso exclusivo da defesa – também viola o contraditório, pois surpreende e impede produção de prova e argumentação em contrário, lembrando que as regras processuais brasileiras impedem a valoração da prova em recurso especial ou extraordinário. Além disso, diante do já comentado arbítrio na fixação da pena, não há justifica racional para forçar uma pena mais alta como se fosse a correta, a essencial ou a justa e necessária para o crime: esse *quantum* correto não existe, o que torna irracional a busca de argumentos para manter, em recurso exclusivo da defesa, uma alta pena mal fundamentada e não impugnada pela acusação.

No mesmo Tema 1.214 o STJ consolida que é obrigatória a redução proporcional da pena-base quando o tribunal de segunda instância, em recurso exclusivo da defesa, afasta circunstância judicial negativa reconhecida na sentença. Assim, se a pena-base foi incrementada em 1/3 em razão do reconhecimento de duas circunstâncias judiciais negativas, mas uma foi decotada no julgamento de recurso exclusivo da defesa, é obrigatória a redução da pena em ao menos 1/6, sendo vedado o já referido reforço de argumentação sobre a intensidade da circunstância restante. Ainda no mesmo sentido, no REsp 2.037.387, o STJ decidiu que "na revisão criminal, por se tratar de ação exclusivamente defensiva, afastado o desvalor atribuído às circunstâncias judiciais ou às agravantes, a pena deverá ser reduzida".

21.2 REINCIDÊNCIA

Natureza jurídica: é uma circunstância agravante genérica. Nos termos do art. 63 do Código Penal, ocorre a reincidência quando o agente, após ter sido definitivamente condenado no Brasil ou no estrangeiro, pela prática de crime, comete novo crime. Vale frisar: reincidente não é simplesmente aquele que é condenado por vários crimes, mas sim aquele que pratica, comete novo crime após o trânsito em julgado de sentença condenatória por crime anterior.

A justificativa para o agravamento da pena é a insistência do sujeito em permanecer com a prática ilícita, mesmo após a comunicação definitiva do Estado (trânsito em julgado da sentença condenatória) sobre sua culpa em infração anterior. Ora, se o sujeito não se deixou intimidar pela sanção imposta na primeira sentença, seria necessária intensidade maior de sanção para que tal efeito seja alcançado.

Prevalece que não existe mais no Código Penal a categoria do tecnicamente primário, que seria aquele que conta com condenação definitiva incapaz de gerar reincidência por fatores temporais, como no caso da condenação que só se torna definitiva após a prática do novo crime, ou na hipótese de período depurador, que será estudado em seguida. Afastada no cenário atual a figura do "tecnicamente primário", o sujeito é primário ou é reincidente. É primário todo aquele que não é reincidente.

A Lei de Contravenções Penais não segue o conceito do Código Penal para a definição da reincidência, tendo previsão específica acerca do tema. Enquanto o Código Penal trata apenas da prática de crime após condenação definitiva por crime, a lei de contravenções trata também da combinação possível entre condenação anterior por crime e prática seguinte de contravenção. Da combinação entre o Código Penal e a Lei de Contravenções Penais é possível extrair o seguinte quadro:

Condenação definitiva transitada em julgado por prática de	Prática de novo(a)	Resultado	Previsão legal
Crime	Crime	Reincidência	Art. 63 CP
Crime	Contravenção	Reincidência	Art. 7º LCP
Contravenção	Contravenção	Reincidência	Art. 7º LCP
Contravenção	Crime	Não reincidente (primário)	Ausência de previsão legal

Importante frisar que a condenação anterior por contravenção com a prática de crime posterior por absoluta ausência de previsão legal, nos termos do art. 63 do Código Penal, exige condenação por crime anterior.

A leitura do quadro causa estranheza *a priori*, eis que a prática de contravenção após condenação por contravenção gera reincidência, enquanto a prática de crime após condenação por contravenção não teria o mesmo efeito. A contradição é, como dito, apenas aparente.

Para parte da doutrina, trata-se de um esquecimento do legislador. Discordamos. A justificativa para a omissão legal é que, quando o sujeito tem condenação anterior por uma contravenção e vem a praticar nova contravenção, o acréscimo na nova pena será razoável e proporcional à condenação anterior, pois o juiz agravará somente a pena de uma nova contravenção (basta imaginar o acréscimo na condenação pela contravenção de via de fato – art. 19 da LCP). Se o sujeito tem condenação anterior por uma contravenção e então pratica crime, a agravação da pena seria pouco razoável, eis que uma mera contravenção não justificaria a intensidade da agravação da pena de um crime (imagine-se a majoração da pena de um latrocínio – art. 157 do CP). Assim, não se trata de um esquecimento do legislador, mas, sim, de uma justificável busca por proporcionalidade e razoabilidade nas consequências da reincidência.

Condenação no estrangeiro pela prática de contravenção não gera reincidência. Entretanto, a condenação no estrangeiro pela prática de crime não precisa ser homologada pelo STF para induzir reincidência.

O fato de o crime ser doloso ou culposo não tem qualquer relevância na verificação da reincidência. Em alguns casos, no entanto, a lei exige a reincidência específica em crime doloso para determinada consequência (como causa que aumenta o lapso objetivo para livramento condicional – art. 83, II, do CP), ou então reincidência específica na prática do mesmo crime (como no art. 44, § 3º, que proíbe a conversão da prisão em restritiva de direitos), ou ainda reincidência específica em crimes da mesma natureza hedionda (como no art. 83, V, do CP). Não há, como é possível perceber, um sentido unívoco para a expressão "reincidência específica", pois a similitude entre o crime cuja condenação anterior gera reincidência e o novo crime praticado pode estar no elemento subjetivo (dois crimes dolosos, por exemplo), na natureza do crime (dois crimes hediondos, ou dois crimes de trânsito) ou na espécie de crime (dois crimes de furto).

No Tema 1.172, o STJ já consolidou que o mero fato de se tratar de reincidência específica na mesma espécie de crime não é suficiente para elevar a pena além de 1/6, detalhada fundamentação nas circunstâncias do caso concreto.

Além de agravar a pena por conta do art. 61 do CP, a reincidência tem muitas outras consequências, como impedir em regra o *sursis* e a conversão em pena restritiva de direitos, dificultar a concessão de livramento condicional, afastar o privilégio do furto, entre outras.

Como a condenação anterior à pena de multa não impede o *sursis* por expressa previsão legal (art. 77, § 1º, do CP), surgiu posição minoritária na jurisprudência no sentido de que a condenação anterior à pena de multa não gera sequer reincidência, o que não encontra respaldo legal. A posição seria justificada com o argumento de que a condenação anterior à pena de multa espelha a pouca relevância do fato e não deveria ter o condão de agravar a situação do sujeito.

21.2.1 Constitucionalidade da reincidência

Parcela da doutrina clama pelo reconhecimento da inconstitucionalidade dos gravames da reincidência, com base nos seguintes argumentos:

1) trata-se de dupla punição pelo mesmo fato. Se houve condenação anterior e o sujeito cumpriu a pena, não há justificativa para que novo mal seja imposto incrementando a pena pela prática do novo crime. Seria, assim, uma segunda punição

pela prática do fato cuja pena já foi fixada e ou/cumprida, configurando odioso *bis in idem*, ferindo o princípio da culpabilidade;

2) se, após passar pelo cumprimento da pena, o sujeito voltou a praticar infrações penais, é possível concluir que o sistema penal não colaborou para sua (re)inserção social, ou ainda que o estimulou à prática criminosa, com vetores dessocializantes. A culpa pela repetição do ilícito não seria, assim, do sujeito, que praticamente foi determinado a delinquir, mas, sim, da sociedade, que colaborou na formação do ambiente criminógeno. Assim, a agravação da pena pela reincidência não só seria ilegítima como deveria ser considerada atenuante, em razão da coculpabilidade;

3) o gravame da pena pela reincidência revela indisfarçável Direito Penal do autor, que não pode ser aceito em um Direito Penal democrático, eis que o sujeito só pode ser apenado pelo que fez, e nunca pelo que é.

Há julgados minoritários defendendo a inconstitucionalidade da reincidência: "Apelação crime. Agravante da reincidência: inconstitucional porque faz vigorar o não democrático direito penal do autor e implica indisfarçável *bis in idem*" (TJRS, Apelação Crime 70023568033, 5ª Câmara Criminal, Rel. Amilton Bueno de Carvalho, j. em 14-5-2008).

No entanto, prevalece nos Tribunais Estaduais, na doutrina e é pacífica orientação dos Tribunais Superiores a constitucionalidade da agravação da pena pela reincidência, eis que a prática de nova infração após a condenação definitiva demonstra maior carência de pena para intimidação pessoal e (re)inserção social do condenado. Pela constitucionalidade da reincidência decidiu o plenário do Supremo Tribunal Federal no RE 453.000/RS, Rel. Min. Marco Aurélio, 4-4-2013.

21.2.2 Condenações que não induzem reincidência

Não geram reincidência:

a) crime político;
b) crime militar próprio.

O **crime político** pode ser classificado como próprio e impróprio, e ainda como objetivamente político ou subjetivamente político.

Crime político próprio é aquele que só atenta contra a organização do Estado, enquanto impróprio é aquele que lesa também outro bem jurídico, como um sequestro de embaixador, que busca lesar a organização do Estado com a libertação de prisioneiros, mas também atinge a liberdade individual.

Crime objetivamente político é aquele que desde logo lesa ou expõe a risco a organização do Estado, e subjetivamente político é aquele que é praticado com intenção política, ainda que mediata.

Vale lembrar que crime eleitoral não é sinônimo de crime político (TSE, REsp 16.048/SP, Rel. Min. Eduardo Alckmin, *DJU* 14-4-2000, p. 96).

Crime militar próprio é aquele fato apenas capitulado como crime perante o Código Penal Militar, sem correspondente no Código Penal, ou seja, é a infração prevista exclusivamente na legislação militar, como a deserção.

Crime militar impróprio é aquele previsto tanto no Código Penal comum como no Código Penal Militar, como o furto.

Importante ressalvar que na legislação militar na condenação anterior por crime militar próprio gera-se reincidência.

21.2.3 Período depurador da reincidência ou prescrição da reincidência

Tal medida tem a intenção de diminuir os efeitos estigmatizantes da condenação, maximizando o princípio constitucional da humanidade das penas, que proíbe sanções penais de caráter perpétuo: é a prescrição quinquenal da reincidência: após 5 anos da extinção da pena anterior, a prática de nova infração penal não induz reincidência.

No caso do *sursis* e do livramento condicional, o período de prova é levado em consideração na contagem dos 5 anos. No *sursis*, o período de prova corresponde ao período em que a pena fica suspensa e o condenado sujeito às condições, buscando a extinção da pena. No livramento, o período de prova corresponde ao que resta de pena a cumprir no momento em que é concedido o benefício, durante o qual também devem ser cumpridas as condições (para mais detalhes, *vide* capítulo sobre *sursis* e livramento condicional).

21.2.4 A reincidência e o *bis in idem* na aplicação da pena

A condenação anterior que for utilizada pelo juiz, na fixação da pena, para permitir o reconhecimento da reincidência, não poderá ser utilizada também para atribuir maus antecedentes ao condenado, pois seria dupla valoração negativa do mesmo fato, ou seja, *bis in idem* (STJ, HC 13.896 e REsp 246.392).

No entanto, se são várias as condenações, prevalece que uma condenação poderá ser utilizada como reincidência, e as demais como maus antecedentes:

> A utilização de condenações distintas e com trânsito em julgado, para fins de aumento de pena por maus antecedentes e reincidência, não viola o princípio do *non bis in idem*. (...) reputou-se razoável que – no caso de diferentes condenações pretéritas com trânsito em julgado – uma delas fosse utilizada para caracterizar os maus antecedentes (art. 59 do CP), na fixação da pena-base, e outra, para considerar a reincidência, como agravante, na segunda fase da dosimetria penal (art. 61, I, do CP) (Precedentes citados: HC 99.044/SP, *DJe* 21-5-2010; HC 94.846/RS, *DJe* 24-10-2008. Também STF, HC 96.771).

Nossa posição: entendemos que o reconhecimento de reincidência e maus antecedentes no processo de dosimetria configura *bis in idem* e cria gravame desproporcional ao condenado pois, como já sustentamos: "A distinção entre maus antecedentes e reincidência acaba por autorizar o duplo desvalor do passado criminoso do condenado na fixação da pena: o que não servir como reincidência será usado como mau antecedente, permitindo o incremento da pena-base, e o que se encaixar no conceito do artigo 63 do Código Penal será usado como agravante, que incidirá sobre a pena-base já aumentada, em injustificável cálculo de juros compostos" (JUNQUEIRA, Gustavo; MARTINS, Rodrigo de Azevedo. Reincidência e Maus Antecedentes: o escamoteado "bis in idem" ao incrementar a punição do indivíduo em razão do seu passado. *Revista dos Tribunais*. Vol. 1.056, ano 112, p. 161-177. São Paulo: Revista dos Tribunais. Outubro de 2023).

21.2.5 Prova da reincidência

Havia entendimento tradicional no sentido de que apenas certidão pode fazer prova de reincidência e de maus antecedentes, pois os informes obtidos por meio eletrônico são, em sua maioria, apócrifos, e o pouco zelo sobre os dados gera insegurança incompatível com os gravames do tratamento que a lei dispensa ao reincidente.

Há, no entanto, recente posição das Cortes Superiores aceitando como suficiente folha de antecedentes para a demonstração da reincidência, eis que a legislação não exige especificidades para sua demonstração. A questão foi pacificada com a Súmula 636 do STJ.

> A folha de antecedentes é documento suficiente a comprovar os maus antecedentes e a reincidência.

Há ainda entendimento do Superior Tribunal de Justiça, do qual discordamos, dada a regra constitucional do ônus da prova, no sentido de que é dispensável a informação sobre o término do cumprimento da pena anterior, se das circunstâncias do caso concreto for possível concluir pela reincidência:

> A paciente, em razão do cometimento de estelionato, foi condenada, em anterior ação penal, à pena de um ano e três meses, sentença que foi exarada em 10-12-1997, sendo o mandado de prisão expedido no dia seguinte. Sucede que novos delitos foram praticados em 14-10-2002 e 14-1-2003. Nesse panorama, não há como afastar a incidência da circunstância agravante da reincidência visto o disposto no art. 63 do CP, apesar de não haver informações sobre o término do cumprimento da pena (STJ, HC 146.790/SP, Rel. Min. Gilson Dipp, j. em 16-12-2010).

21.2.6 A reincidência e o porte de drogas

Hoje prevalece no STJ que a condenação anterior por porte de drogas é inapta a gerar reincidência na condenação por crime posterior (HC 453437, HC 473194, REsp

1672654, REsp 1778346), salvo se se tratar de outro crime de porte de drogas. A justificativa é que o porte de drogas, apesar de formalmente classificado como crime, tem insuficiente gravidade para gerar as intensas consequências da reincidência em crime posterior.

Concordamos com tal entendimento, e sustentamos que o porte de drogas é contravenção penal. Partimos da premissa de que a intensidade do injusto tem como critério legal a intensidade da pena fixada. Não é outro o conteúdo do art. 1º da LICP (Lei de Introdução ao Código Penal), que traça:

> Art. 1º Considera-se crime a infração penal a que a lei comina pena de reclusão ou de detenção, quer isoladamente, quer alternativa ou cumulativamente com a pena de multa; contravenção, a infração penal a que a lei comina, isoladamente, pena de prisão simples ou de multa, ou ambas, alternativa ou cumulativamente.

É verdade que o antigo dispositivo legal em comento não disciplina todas as espécies de pena ora previstas na legislação brasileira, como a pena de advertência, mas ainda está em vigor e é referência (ainda que não exaustiva) na classificação entre crimes e contravenções.

Ora, a infração prevista no art. 28 da Lei de Drogas, ainda que configure injusto penal, tem como sanções previstas a advertência, a prestação de serviços à comunidade e a medida educativa. No caso de descumprimento, há a imposição de admoestação verbal e, como última e mais grave medida, a aplicação de uma multa.

Possível concluir que a mais grave sanção prevista ao injusto de porte de drogas é a multa. Como é pacífico na doutrina e na jurisprudência, a infração penal à qual é cominada pena de multa isolada deve ser classificada como contravenção penal, por força do referido art. 1º da LICP.

Estabelecidas tais premissas, parece-nos clara a conclusão de que o porte de drogas deve ser compreendido como contravenção penal, por ser essa a intensidade de seu injusto indicada em sua mais grave pena, que é a multa. E como contravenção, não deve gerar reincidência na posterior prática de crime, como já estudado.

Tal entendimento, além de privilegiar a legislação positiva e a coerência interna do ordenamento, permite o tratamento razoável de diversas situações práticas: é flagrantemente iníquo impor regime mais grave, afastar o privilégio no furto ou impor 1/5 a mais de cumprimento de pena com requisito para a progressão no caso de condenação posterior por crime hediondo em razão de uma singela condenação por porte de drogas. Os resultados devastadores do reconhecimento da reincidência não se coadunam com o pequeno peso do injusto do porte de drogas, indicado na própria legislação. Por fim, o reconhecimento de que o porte de drogas é mera contravenção penal explica a possibilidade de reincidência no caso de prática de nova infração de porte de drogas, uma vez que a condenação anterior por contravenção não gera reincidência em crime posterior, mas é apta a gerar reincidência se praticada nova contravenção penal (art. 7º da Lei das Contravenções Penais).

Com a descriminalização do porte de maconha para consumo pessoal (Tema 506 do STF), a condenação pela prática desse fato deve ser desprezada, e não pode gerar reincidência ou mau antecedente em relação a crime de porte de drogas posterior.

21.2.7. Momento do reconhecimento da reincidência

Se a reincidência não foi reconhecida na sentença condenatória transitada em julgado, pode ser reconhecida pelo juízo das execuções no momento do cumprimento da pena? O STJ pacificou que sim, no Tema 1.208 (AgRg no REsp 1.237.581).

Nossa posição: erra o STJ, pois parte da premissa de que a reincidência é um fato a ser reconhecido em qualquer instância ou momento por um novo observador mais atento. Não é verdade. A reincidência é uma qualidade atribuída a alguém no momento em que se profere sentença condenatória em relação a um fato. O indivíduo não é em si reincidente, mas sim reconhecido como reincidente no momento da condenação por fato determinado. Permitir ao juiz das execuções o reconhecimento de reincidência omitida ou expressamente negada pela decisão condenatória é clara abertura para escamoteada *reformatio in pejus*. Ora, se a reincidência foi omitida ou negada na sentença condenatória, caberia à acusação o ônus de recorrer, e, se não o fez, a pretensão punitiva deve sucumbir. Mais e ainda, é possível que o juízo do conhecimento abrace tese majoritária ou minoritária (por exemplo, que a condenação por porte de drogas não gera reincidência em crime de roubo posterior) e negue a reincidência, e, mesmo com sucessivas impugnações do Ministério Público, a decisão seja mantida nas instâncias ordinárias e extraordinárias. Se o juiz das execuções entender que tal situação gera reincidência, teremos nova discussão sobre o mesmo tema, o que não faz o menor sentido diante de princípios como economia processual, eficiência processual e mesmo a coisa julgada.

SURSIS E LIVRAMENTO CONDICIONAL

22.1 *SURSIS* SIMPLES

O instituto da suspensão condicional da pena tem o objetivo de impedir as mazelas da prisão de curta duração, facilitando a reintegração no meio social, evitando a promiscuidade e demais efeitos deletérios dos estabelecimentos carcerários.

Argumentava Ferri que, se é verdade que pouco tempo é suficiente para apresentar as mazelas do mundo carcerário ao condenado, apenas um período razoável de "tratamento" poderia alcançar a almejada reinserção social.

Controversa a natureza do *sursis*. Sustentamos que é espécie de pena, que suspende a pena privativa de liberdade, mas impõe restrições aos direitos do condenado. Ora, a restrição de direitos com objetivo repressivo e preventivo oriunda de condenação criminal pela prática de infração penal só pode ser uma pena. Em outras palavras, se é um sofrimento imposto pelo Estado em face de uma conduta praticada após um devido processo penal, com finalidades retributivas e preventivas, é conceitualmente pena. No entanto, o STF, com o objetivo de negar o cabimento de indulto para aquele que cumpre *sursis*, entendeu em decisão majoritária que não se trata da pena, mas sim de suspensão condicional da pena, pois se descumprido o período de prova a pena privativa de liberdade será cumprida integralmente (HC 123.698).

Consagrado nos arts. 77 e seguintes do Código Penal, o *sursis* pode ser classificado como simples, especial, etário e humanitário.

O *sursis* simples é a forma básica da suspensão condicional da pena, cuja estrutura é aplicada subsidiariamente às demais formas, se não disposto de forma diversa.

22.1.1 Requisitos para o *sursis* simples

Objetivos: dizem respeito à pena. São três:

1. Pena privativa de liberdade

Se o objetivo do *sursis* é evitar a prisão de curta duração, é claro que só tem sentido quando imposta pena privativa de liberdade. O art. 80 do Código Penal ratifica que a suspensão não se estende às penas restritivas de direito ou multa.

Aliás, há discussão se é pertinente a concessão de *sursis* quando imposto regime aberto que resulte em prisão-albergue domiciliar, pois, em tal hipótese, também não seriam sentidos efeitos deletérios da prisão de curta duração.

Além disso, no caso de prisão-albergue domiciliar, muitos argumentam que a sanção na prática é mais amena que a suspensão condicional da pena, pois, além da inexistência de restrição de direitos no primeiro ano do período de prova, as consequências da revogação do *sursis* são muito mais rigorosas: no *sursis*, a revogação faz retomar a integralidade da pena suspensa, enquanto no regime aberto a pena cumprida é considerada extinta e, assim, descontada da pena a cumprir no regime mais gravoso. Acreditamos que a solução não deve ser encontrada no mundo normativo, com a proibição de concessão de *sursis* quando imposto o regime aberto (domiciliar ou não), mas sim na consciente e orientada manifestação do condenado em audiência. Vale lembrar que o *sursis* só será implementado se suas condições forem aceitas pelo condenado na audiência admonitória. Se entender que o cumprimento da pena em regime aberto é opção mais amena, basta ao sentenciado recusar o *sursis* na referida audiência. Claro que para tanto é vital a necessidade de defesa técnica na audiência de advertência, para garantir ao condenado a correta orientação jurídica sobre suas opções, em especial sobre a liberdade de recusar o *sursis*.

2. Pena imposta não superior a 2 (dois) anos

O legislador entendeu como "prisão de curta duração" aquela que não ultrapassa 2 (dois) anos e, assim, ele permite o *sursis* até o referido *quantum*.

A pena a ser considerada é a pena efetivamente aplicada, em concreto, na sentença.

No caso de concurso material de crimes, prevalece que deve ser considerada a soma das penas para aferição do cabimento do *sursis*. Nesse sentido Mirabete (*Manual de direito penal*, v. 1, 24. ed., citando diversos julgados).

3. Impossibilidade de substituição por pena(s) restritiva(s) de direitos

Como já referido, se o objetivo é evitar a prisão de curta duração, o *sursis* é subsidiário em relação à(s) pena(s) restritiva(s) de direitos, ainda que os requisitos da restritiva sejam em alguns casos mais elásticos que os exigidos para o *sursis*. Nesse sentido o Superior Tribunal de Justiça: "A Turma reiterou que a substituição de pena privativa de liberdade por outra de prestação pecuniária é mais benéfica ao réu do que a aplicação da suspensão condicional da pena, pois aquela faz desaparecer a pena corporal e a imposição da pena pecuniária não poderá mais ser convertida em prisão" (STJ, RHC 15.429/RS, Rel. Min. Paulo Medina, *DJ* 31-8-2005).

Na verdade, quando a Lei n. 9.714/98 aumentou para 4 anos o limite de pena em que se permite a conversão para a restritiva de direitos, praticamente fez desaparecer o *sursis*, no dia a dia forense, que persiste *a priori* apenas para os crimes em que há violência ou grave ameaça, ou para o reincidente específico em crime doloso com condenação anterior à pena de multa, hipóteses em que, não sendo possível a conversão em restritiva de direitos, ficam abertas as portas para a concessão do *sursis*.

É discutível se a pedido do réu o juiz poderia conceder *sursis*, mesmo se cabível a restritiva de direitos (favoráveis: TJRJ, ACrim. 1.703/2000, 1ª C. Crim., Rel. Des. José Carlos Watzl, *DORJ* 25-4-2001; TRF2ª R., ACR 2.732, Proc 200102010052343/ES, 1ª T., Rel. Juíza Fed. Simone Schreiber, *DJU* 24-11-2003, p. 175 e contra: STJ, HC 21.435/MG, 5ª T., Rel. Min. Jorge Scartezzini, *DJU* 2-8-2004, p. 437). Entendemos que sim, pois de outra forma o sentenciado poderia "provocar" a revogação da pena restritiva de direitos com o seu descumprimento, gerando conflito desnecessário do condenado com o sistema de justiça e contrariando o objetivo de integração social insculpido no art. 1º da LEP.

Subjetivos: dizem respeito ao condenado. São dois:

1. Não reincidente em crime doloso

Reincidente em crime doloso significa doloso + doloso, ou seja, é aquele que, após sofrer condenação transitada em julgado por crime doloso, comete outro crime doloso.

A condenação anterior à pena de multa não impede o benefício por expressa disposição legal (art. 77, § 1º, do CP), gerando pacífica jurisprudência: "A condenação anterior à pena de multa não impede a concessão de *sursis* (art. 77, § 1º, do Código Penal). Ordem concedida para, afastando o óbice decorrente da anterior condenação à pena de multa, determinar que o Juiz de Execução Criminal examine os demais requisitos para a concessão do *sursis*, decidindo como entender de direito" (STJ, HC 17.423/SP, Rel. Min. Hamilton Carvalhido, 6ª T., unânime, *DJ* 12-3-2002).

2. Circunstâncias judiciais subjetivas favoráveis

Importa notar que nem todas as circunstâncias judiciais foram arroladas pelo legislador como critérios para a concessão do *sursis*, mas somente as subjetivas, ou seja, a culpabilidade, os antecedentes, a conduta social e a personalidade do agente, bem como os motivos e as circunstâncias. Foram descartadas, assim, as puramente objetivas, como o comportamento da vítima e as consequências do crime.

Para a concessão do *sursis* simples, a lei exige circunstâncias favoráveis, e não inteiramente favoráveis, pelo que é possível o reconhecimento do *sursis*, mesmo se reconhecida circunstância desfavorável, bastando que no cotejo das condicionantes subjetivas o balanço se incline a favor do condenado.

22.1.2 O período de prova

Preenchidos os requisitos, o juiz determinará a suspensão da execução da pena por um determinado período, chamado de período de prova, bastando, para que o condenado consiga a extinção da pena, que ele cumpra todas as condições durante o prazo determinado.

As condições do *sursis*, que induzem a própria nomenclatura de suspensão condicional da pena, variam de acordo com a espécie de *sursis*, como será examinado em seguida.

O período de prova é fixado pelo juiz e, no *sursis* simples, varia de 2 a 4 anos. No *sursis* etário e no humanitário o prazo é de 4 a 6 anos. Para fixar período de prova acima do mínimo, o magistrado deve justificar a necessidade com as circunstâncias do caso concreto.

22.1.3 Peculiaridades

O *sursis* não precisa ser requerido pela parte, podendo ser concedido de ofício, se presentes os requisitos.

Discutível se se trata de direito subjetivo do sentenciado, ou seja, se presentes os requisitos, deve o juiz concedê-lo de ofício, sob pena de ilegalidade da decisão.

Na doutrina prevalece que se trata de direito subjetivo do réu, e não mera faculdade do juiz: "(...) Tendo em conta, no entanto, a finalidade do instituto e os requisitos que a lei impõe à análise do juiz, não se pode admitir que a aplicação do *sursis* traduza apenas tão somente uma faculdade do julgador. Ao contrário, desde que presentes os seus pressupostos, a concessão é obrigatória" (Sebastião O. Feltrin e Patrícia C. Kuriki, *Código Penal e sua interpretação*, p. 415).

O Supremo Tribunal Federal, no entanto, já decidiu que não se trata de direito subjetivo do réu: "Muito embora os benefícios previstos nos arts. 44 e 77 do Código Penal não constituam direitos subjetivos do acusado, dependendo da satisfação dos requisitos subjetivos e objetivos que a lei prevê, o magistrado, para negá-los, deve proferir decisão suficientemente motivada" (STF, HC 84.985/MG, 1ª T., Rel. Min. Carlos Britto, *DJU* 5-5-2006).

O mesmo STF já decidiu que, se a pena-base é fixada no mínimo, com implícita apreciação das circunstâncias judiciais como favoráveis, não podem ser as mesmas circunstâncias judiciais consideradas como desfavoráveis à concessão do *sursis*. "Tendo-se aplicado a pena-base no mínimo legal previsto para o tipo, não se pode, na análise da suspensão condicional da pena, desprezar o enfoque, apontando-se circunstâncias judiciais negativas" (STF, HC 92.322, 1ª T., Rel. Min. Marco Aurélio, j. em 18-12-2007, *DJU* 12-6-2008).

O período de prova do *sursis* não pode ser contado como tempo de cumprimento de pena em regime aberto, pois a aceitação do benefício implica suspensão da pena, ou seja, a privação de liberdade (ainda que no regime aberto) não está sendo cumprida.

Como se trata de suspensão da efetivação da pena, no caso de revogação todo o período de prova cumprido será tido como perdido, mesmo se dentre as condições impostas constar pena restritiva de direitos, como ocorre no *sursis* simples.

Mesmo o réu revel ou foragido pode ser beneficiado com o *sursis*. No entanto, após o trânsito em julgado, se, apesar de intimado, o condenado injustificadamente não comparece à audiência admonitória, o *sursis* concedido restará sem efeito, sendo imediatamente executada a pena (art. 161 da LEP).

O STJ já decidiu que, se pela negativa do direito de recorrer em liberdade o condenado acaba por cumprir todo o tempo de pena aguardando o julgamento, é defeso ao Tribunal conceder *sursis*, pois a pena já está cumprida e não há nada a suspender, devendo ser reconhecida a extinção da sanção: "A concessão de *sursis*, pelo tribunal Estadual, quando já cumprida a integralidade da pena privativa de liberdade, bem assim, a fixação da pena pecuniária acima do mínimo legal, à falta de fundamentação qualquer, caracterizam constrangimento ilegal passível de correção de ofício. Agravo regimental improvido. *Habeas corpus* concedido de ofício" (STJ, AgRg no Ag 904.068, 6ª T., Rel. Jane Silva, j. em 30-10-2007, *DJU* 14-4-2008).

22.1.4 Aspectos processuais

Concessão de *sursis* em *habeas corpus*: controversa a possibilidade de concessão, em *habeas corpus*, de *sursis* negado pelo juízo *a quo*. O exame das circunstâncias judiciais subjetivas implica, necessariamente, exame de prova, inviável em sede de *habeas corpus*, como já entendeu o Supremo Tribunal Federal: "O acórdão se valeu dos antecedentes, da culpabilidade, da conduta social e da personalidade ao recusar ao condenado o benefício da suspensão condicional da pena. Não é possível em *habeas corpus* obter-se o exame dos pressupostos subjetivos, por envolver exame de prova" (STF, HC 72.779, Rel. Min. Ilmar Galvão, j. em 31-10-1995).

Por outro lado, se reconhecidas expressamente na sentença as circunstâncias judiciais favoráveis, por não haver necessidade de exame de prova, poderia o Tribunal *ad quem*, desde logo e no julgamento do remédio heroico, conceder o *sursis*: "Preenchidos os requisitos objetivos e subjetivos – CP, art. 77 – pode ser concedido o *sursis*. HC deferido" (STF, HC 77.619/RJ, 2ª T., Rel. Min. Carlos Velloso, *DJU* 18-12-1998).

Competência para fixação das condições do *sursis*: a fixação das condições deve ser feita na própria sentença que condena o réu e suspende a pena, pelo juízo da condenação. No caso de concessão de *sursis* por tribunal, este poderá conferir ao Juízo das Execuções a especificação das condições nos termos do art. 159, § 2º, da LEP, caso em que, sem dúvida, competirá ao segundo a realização da audiência admonitória.

Audiência admonitória é o nome que se dá ao ato em que o condenado é chamado em juízo para ser informado sobre as condições do *sursis* e, assim, assumir o compromisso de cumpri-las. Teoricamente, se não as aceitar, fica afastado o *sursis* e inicia-se o cumprimento da pena privativa de liberdade. Sustentamos que ao sentenciado deve ser garantido o direito de assistência jurídica ao aceitar o compromisso, ou seja, a audiência admonitória exige defesa técnica. Em alguns casos o *sursis* pode ser mais gravoso do que a pena suspensa, e apenas a orientação da defesa técnica permitirá ao sentenciado deliberar livre e conscientemente sobre a conveniência de aceitar as condições do *sursis*.

Há controvérsia sobre a competência para a audiência admonitória, ou seja, se deve ser realizada pelo juízo da condenação (posição majoritária) ou pelo juízo das execuções criminais. No sentido de que a competência é do juiz sentenciante, Renato Flávio Marcão, *Curso de execução penal*, p. 215. Contra, entendendo que a competência é do juiz das execuções penais: TJMG, *RT* 658/325. No sentido de que a legislação local deve estabelecer a competência (Julio Fabbrini Mirabete, *Execução penal*, p. 388). Acreditamos que a competência deveria ser do juízo das execuções criminais, quer pelo disposto no art. 159, § 2º, da LEP, que permite ao Tribunal conferir ao juízo das execuções tal responsabilidade, quer pela maior facilidade de adaptar as condições impostas ao caso concreto, nos termos do art. 158, § 2º, uma vez que será o juízo perante o qual as referidas condições serão cumpridas.

É a partir da audiência admonitória – e não do trânsito em julgado da sentença que concede o *sursis* – que começa a contar o período de prova e que também passam a vigorar as condições impostas ao condenado.

Enquanto não realizada a audiência admonitória, corre prescrição executória. Depois da audiência admonitória, o período de prova começa a transcorrer, independentemente da fiscalização sobre o cumprimento das condições.

Ainda que ausentes os requisitos, se o *sursis* é concedido pelo juiz no momento da sentença, é defeso ao juiz das execuções criminais alterar a decisão, o que transcenderia os limites de sua função, bem como resta defeso ao tribunal corrigir a ilegalidade em recurso exclusivo da defesa. Apenas em razão de fatos posteriores à sentença condenatória é que o juiz das execuções criminais poderá alterar ou revogar o *sursis*.

22.2 *SURSIS* NOS CRIMES HEDIONDOS

Cabe *sursis* nas condenações por crimes hediondos, se presentes os requisitos do art. 77 do CP? Há duas posições:

1ª) É possível, pois a lei de crimes hediondos não faz restrição à concessão do *sursis*, e não é possível analogia *in malam partem*. Há decisões do STF e do STJ permitindo o *sursis*, examinadas as peculiaridades do caso concreto: "A Lei de Crimes Hediondos apenas prevê que o cumprimento da pena seja integralmente em regime fechado, não contendo nenhuma norma explícita que exclua a possibilidade de aplicação do *sursis*. Destarte, sua observância é perfeitamente possível. Recurso provido, possibilitando-se a concessão de *sursis*" (STJ, REsp 260.735/SP, 5ª T., Rel. Min. Jorge Scartezzini, *DJU* 4-6-2001).

> De fato, tendo cometido um crime hediondo, não é razoável tenha o réu direito a exigir, sempre, a concessão do *sursis*, embora não se lhe possa negá-lo sistematicamente. (...). Mais adequado, portanto, é analisar caso a caso com maior rigor, concedendo *sursis* ao sentenciado que realmente merecer. A aplicação do *sursis* não é incompatível com os crimes hediondos, uma vez

que é regra primária de hermenêutica que as normas que restringem direitos individuais devem ser interpretadas restritivamente. Se a Lei n. 8.072/90 não vedou expressamente a suspensão condicional da pena, o hermeneuta não pode lançar mão de interpretação dilatória ou ampliativa, para fazer incluir no rol de proibições de direitos e garantias, elencadas no referido texto legal, mais esta restrição (STF, HC 84.414-6/SP, Rel. Min. Marco Aurélio).

2ª) Há posição no sentido da absoluta inviabilidade, pois seria incompatível com o tratamento mais gravoso imposto pela Constituição Federal.

A atual redação da Lei de Drogas proíbe expressamente o *sursis* para os crimes de tráfico de drogas e para as condutas equiparadas do art. 33, § 1º, da Lei n. 11.343/2006, bem como o fabrico e a posse de instrumentos de produção de drogas, a associação para o tráfico, o financiamento do tráfico e a colaboração como informante (arts. 34 a 37 da Lei n. 11.343/2006).

22.3 CONDIÇÕES DO *SURSIS*

As condições do *sursis* simples podem ser classificadas como legais e judiciais. Legais são as impostas pela lei para as diferentes espécies de *sursis*. Judiciais são as determinadas pelo juiz, de acordo com as peculiares circunstâncias do caso concreto.

22.3.1 Condições do *sursis* simples

O *sursis*, como suspensão *condicional* da pena, relaciona-se com o cumprimento de condições durante o período de prova.

No *sursis* simples, as condições legais impostas são o cumprimento no primeiro ano do período de prova, alternativamente:

a) prestação de serviços à comunidade; ou
b) limitação de final de semana.

O STJ já entende que é possível e razoável a fixação da condição do *sursis* simples (limitação de final de semana) apenas pelo prazo da pena corporal imposta, e não pelo período de 1 ano, pois "o texto do comando legal é claro no sentido de que, no curso do primeiro ano de prazo, deverá o condenado a prestar serviços à comunidade submeter-se à limitação de fim de semana, e não durante um ano" – Processo em segredo de justiça, Rel. Min. Sebastião Reis Júnior, Sexta Turma, por unanimidade, julgado em 11-3-2024.

O que dá ao *sursis* a classificação de simples são, exatamente, as condições impostas durante o primeiro ano de cumprimento, consideradas mais rigorosas que as arroladas para o *sursis* especial, que será estudado em seguida.

No *sursis* simples, além das condições legais, é facultado ao juiz fixar as condições especiais, nos termos do art. 79 do CP, visando maximizar os objetivos do instituto.

22.3.2 *Sursis* especial

É concedido se, além das condições do *sursis* simples, já estudadas, o sujeito ainda preenche as seguintes condições especiais:

a) A reparação do dano, salvo impossibilidade de fazê-lo

A ressalva "salvo impossibilidade de fazê-lo" favorece o condenado, pois não é difícil, nem rara, a prova da impossibilidade de reparar o dano, quer pela dificuldade em encontrar a vítima, quer pela precária situação financeira do condenado, quer por não haver dano a reparar, como no caso da tentativa ou de crimes sem vítima como o tráfico de drogas ou porte de arma.

b) As condições do art. 59 da LEP sejam **inteiramente** favoráveis

Assim, como dito, é possível *sursis* simples mesmo com condições desfavoráveis, desde que, no cotejo de todas as circunstâncias subjetivas, elas indiquem a viabilidade da suspensão. No *sursis* especial, diferentemente, é necessário que todas as circunstâncias sejam favoráveis.

O período de prova é, como no *sursis* simples, de 2 a 4 anos.

22.3.2.1 *Condições do* sursis *especial*

As condições legais impostas são, cumulativamente:

a) a proibição de frequentar determinados lugares,
b) não sair da comarca sem autorização do juízo; e
c) comparecimento mensal obrigatório.

O que caracteriza o *sursis* como especial são exatamente as condições, que, como é possível perceber, mesmo cumulativas, são muito mais brandas que as do *sursis* simples, e por isso o instituto exige dois requisitos (reparação do dano e condições do art. 59 do CP inteiramente favoráveis) além daqueles exigidos para a forma simples do *sursis*.

22.3.3 *Sursis* etário

No *sursis* etário é alterado o limite do requisito "quantidade da pena" e também o período de prova em razão da idade do agente.

Exige o *sursis* etário que o condenado conte com mais de 70 anos no momento da sentença e permite o benefício sempre que a pena máxima não supere 4 anos.

Para Juarez Cirino dos Santos, o Estatuto do Idoso reduziu a exigência etária para 60 anos (*Direito penal*, p. 610). Não é, no entanto, entendimento majoritário. Ainda que não tenha sido a intenção do legislador, concordamos com a redução do critério para 60 anos. Os estabelecimentos prisionais não são minimamente equipados para oferecer aos idosos o especial tratamento de saúde e demais aparelhos de acessibilidade peculiares à idade, e é inócuo argumentar que "basta criar estabelecimentos ideais", uma vez que diante da atual crise carcerária não há a menor perspectiva de tal realidade. O argumento pode ser até mesmo invertido, ou seja, quando providenciados tais estabelecimentos com condições ideais para idosos será possível concordar que a idade mínima do *sursis* etário volte a ser 70 anos.

Para compensar a maior elasticidade do requisito "quantidade da pena", o período de prova também é estendido: de 4 a 6 anos.

Prevalece que são aplicadas as demais condições gerais do *sursis*, pois o *sursis* etário está previsto no § 2º do art. 77, e as marcas excepcionais criadas pelos parágrafos devem, a princípio, seguir o sistema criado pela cabeça do artigo. Assim, se cumpridos apenas os demais requisitos do *sursis* simples, serão suas condições que irão prevalecer, e o mesmo se forem preenchidos os requisitos do *sursis* especial (nesse sentido Julio Mirabete Fabbrini, *Manual de direito penal*, v. 1, p. 328; Luiz Regis Prado, *Curso de direito penal brasileiro*, v. 1, p. 560).

22.3.4 *Sursis* humanitário

É aplicado nos casos em que razões de saúde justifiquem a suspensão, com período de prova de 4 a 6 anos, desde que a pena não seja também superior a 4 anos.

Deve haver prova da especial situação desfavorável de saúde do condenado.

Pelas mesmas razões do *sursis* etário, aqui também prevalece a aplicação das demais condições gerais do *sursis* simples, eis que o instituto também está previsto no art. 77, § 2º, do CP.

Para valorar as condições de saúde, Juarez Cirino dos Santos (*Direito penal*, p. 611) lembra a definição de saúde da OMS, qual seja: "completo estado de bem-estar físico, psíquico e social". É a partir de tal conceito que deve ser avaliado se a peculiar condição do sujeito recomenda ou não com especial intensidade a suspensão condicional da pena privativa de liberdade. Sustentamos que a situação carcerária deve interferir na análise do cabimento do *sursis* humanitário, ou seja, basta que o estabelecimento carcerário não tenha condição de oferecer digno tratamento de saúde para a doença do sentenciado para que esteja justificado o *sursis* humanitário. Condenar indivíduo doente a permanecer em estabelecimento prisional incapaz de fornecer o devido tratamento de saúde é impor pena cruel e desumana e contrariar o disposto no art. 3º da LEP, que garante ao condenado todos os direitos não atingidos pela sentença ou pela lei, dentre os quais figura o direito à saúde.

	Sursis Simples	*Sursis* Especial	*Sursis* Etário	*Sursis* Humanitário
Requisitos	1. Pena privativa de liberdade não supera 2 anos; 2. não reincidente em crime doloso, salvo condenação anterior a pena de multa; 3. circunstâncias favoráveis.	1. Pena privativa de liberdade não supera 2 anos; 2. não reincidente em crime doloso, salvo condenação anterior a pena de multa; 3. circunstâncias totalmente favoráveis; 4. reparação do dano.	1. Pena privativa de liberdade não supera 4 anos; 2. condenado maior de setenta anos de idade (demais condições do *sursis* simples (2 e 3) ou especial 2,3 e 4).	1. Pena privativa de liberdade não supera 4 anos; 2. Razões de saúde justificam a suspensão (demais condições do *sursis* simples (2 e 3) ou especial 2, 3 e 4).
Período de prova	2-4 anos	2-4 anos	4-6 anos	4-6 anos
Condições legais (em todas as espécies será possível a fixação de condições judiciais específicas)	No primeiro ano do prazo, deverá o condenado prestar serviços à comunidade (art. 46) ou submeter-se à limitação de fim de semana (art. 48).	a) proibição de frequentar determinados lugares; b) proibição de ausentar-se da comarca onde reside, sem autorização do juiz; c) comparecimento pessoal e obrigatório a juízo, mensalmente, para informar e justificar suas atividades.	Se cumpridos apenas os requisitos do *sursis* simples, as mesmas condições do *sursis* simples. Se cumpridos os requisitos do *sursis* especial, as condições do *sursis* especial.	Se cumpridos apenas os requisitos do *sursis* simples, as mesmas condições do *sursis* simples. Se cumpridos os requisitos do *sursis* especial, as condições do *sursis* especial.

22.4 LIMITES DAS CONDIÇÕES JUDICIAIS DO *SURSIS*

Como já visto, as condições podem ser classificadas em legais e judiciais. Legais quando previstas em lei, como as já referidas nos *sursis* simples e especial. Judiciais são aquelas que decorrem do poder discricionário do juiz, desde que não tenham caráter infamante ou violem a Constituição Federal.

Em todas as espécies de *sursis* o julgador pode impor condições judiciais, ou seja, não previstas expressamente na lei, conforme autorização prevista no art. 79 do CP: "A sentença poderá especificar outras condições a que fica subordinada a suspensão, desde que adequadas ao fato e à situação pessoal do condenado".

Nos termos do art. 158, § 2º, da LEP, é facultado ao juiz das execuções alterar as condições do *sursis* estabelecidas na sentença condenatória, ouvido o condenado. A faculdade é salutar, pois permite uma maior individualização da pena e a correta adequação da medida às mudanças na vida do condenado.

22.5 REVOGAÇÃO DO *SURSIS*

As causas de revogação do *sursis* podem ser classificadas como obrigatórias ou facultativas.

Presente causa de revogação obrigatória, a decisão do juiz é vinculada, não lhe restando outro caminho que não o da revogação.

Na facultativa, além de revogar, o juiz pode optar por outras medidas, alternativas ou cumulativas, como exacerbar as condições impostas, advertir novamente o sentenciado e prorrogar até o máximo (4 anos no *sursis* simples ou especial e 6 anos no *sursis* humanitário ou etário) o período de prova.

22.5.1 Causas da revogação obrigatória

1) Condenação transitada em julgado por prática de crime doloso

Não basta a prática (como prevalece no caso da regressão de regime de cumprimento de pena), sendo necessário o trânsito em julgado de sentença condenatória.

Nesse caso, a vinculação do juiz à determinação legal de revogar o *sursis* é tamanha que se entende desnecessária a oitiva do condenado, uma vez que não haveria o que justificar, e toda defesa possível sobre o outro crime deveria ser feita no juízo competente, ou seja, no qual tramita o processo em que houve condenação.

Vale lembrar que crime preterdoloso é crime doloso qualificado por resultado culposo, ou seja, gera revogação obrigatória.

Acreditamos exagerado o entendimento que cerceia a possibilidade de defesa, primeiro porque princípios constitucionais devem ser maximizados, e o único princípio em questão é o da ampla defesa; segundo porque pode ser aberta discussão sobre os efeitos da condenação por outro crime, ou mesmo eventual natureza controversa (se crime ou não) da outra infração penal, como ocorreu logo no início da vigência da Lei de Drogas, em que se tentou – sem sucesso – descartar a natureza jurídica de crime de porte de droga (art. 28 da Lei n. 11.343/2006).

2) Descumprimento injustificado das condições legais do *sursis* simples

As condições legais do *sursis* simples são, alternativamente, limitação de final de semana e prestação de serviços à comunidade, sempre no primeiro ano do período de prova.

Deve ser dada a oportunidade ao sentenciado para que justifique o descumprimento, devido à redação da lei que permite implicitamente a justificativa e a interpretação que maximiza o princípio constitucional do contraditório e da ampla defesa.

3) Não reparação do dano (salvo impossibilidade de fazê-lo)

Há uma aparente contradição entre a presente causa de revogação e o requisito do *sursis* especial, que é exatamente a reparação do dano. Na verdade, a contradição não existe. A premissa é que o *sursis* em todas as suas espécies exige a reparação do dano, salvo impossibilidade de fazê-lo. Se a reparação ocorre antes da condenação definitiva, pode ser concedido *sursis* especial. No entanto, ainda que concedido o *sursis* simples, será necessária a reparação do dano (salvo impossibilidade, sempre) até o final do período de prova, sob pena de revogação.

Mais uma vez, deve ser dada oportunidade ao condenado para que justifique a não reparação do dano, quer porque a lei lembra da hipótese em que é impossível a reparação, quer pela maximização dos princípios do contraditório e da ampla defesa.

4) Frustrar a execução da multa tendo condições para o adimplemento

Pela letra da lei, se o condenado tem condições para o pagamento da multa cumulativa, o inadimplemento resultaria em revogação obrigatória do *sursis*.

Prevalece na doutrina (por todos, Juarez Cirino dos Santos, *Direito penal*, p. 616) que a causa ora examinada é inconstitucional. A Constituição Federal repele a prisão por dívida, e tal orientação já foi seguida pelo Código Penal, com a reforma de 1996, ao proibir a conversão da pena de multa em prisão no caso de inadimplemento. Ora, permitir a revogação do *sursis* pelo não pagamento da pena de multa afrontaria, assim, o sentido político-criminal da reforma do Código Penal de 1996 e até mesmo a orientação constitucional suprarreferida.

Nos tribunais, no entanto, parece ser outra a tendência. Partindo da premissa de que o STF, no julgamento da Execução Penal n. 12 (mensalão), entendeu, sem expresso respaldo legal, que o inadimplemento da multa pelo réu solvente impede a progressão de regime de cumprimento de pena, é possível concluir que a expressa previsão de sanção de revogação do *sursis* para o não pagamento da multa é constitucional.

Vale frisar aqui que, se declarada carência econômica pelo condenado, a prova de solvência deve ser produzida pela acusação, pois é inviável ao réu a produção de prova de fato negativo (a chamada prova diabólica), ou seja, inexistência de recursos financeiros.

22.5.2 Causas da revogação facultativa

1) Condenação transitada em julgado por crime culposo ou contravenção penal

Mais uma vez, não basta a prática do fato, mas, sim, a condenação definitiva.

A condenação só poderá revogar o *sursis* se imposta pena privativa de liberdade ou restritiva de direitos, nos termos do art. 81, § 1º, que não menciona a pena de multa. Em outras palavras, a condenação a pena de multa por crime culposo ou contravenção não é causa de revogação facultativa.

2) Descumprimento de qualquer outra condição que não as legais do *sursis* simples (que causam revogação obrigatória), ou seja, condições legais do *sursis* especial e as judiciais

Para que seja válida a revogação facultativa, é sempre necessária a prévia oitiva do reeducando e da defesa técnica, pois o procedimento é jurisdicional, e, assim, deve ser aberta oportunidade para o contraditório e ampla defesa, uma vez que é possível convencer o juízo não só da inocorrência da causa, mas também influenciar a decisão na escolha entre a revogação e outras medidas possíveis, como mera advertência, gravame nas condições ou dilação do período de prova.

22.6 PRORROGAÇÃO AUTOMÁTICA

Após o trânsito em julgado da condenação, é realizada a audiência admonitória (art. 160 da LEP), a partir da qual começa a ser contado o período de prova.

Se após a audiência admonitória o acusado estiver sendo processado pela prática de crime ou contravenção, o período de prova será prorrogado até o trânsito em julgado desse processo. A mera existência de inquérito policial ou mesmo o indiciamento não autoriza a prorrogação.

Prevalece que a prorrogação é automática, ou seja, independe de pedido da parte ou decisão judicial:

> *SURSIS* – PRORROGAÇÃO DO PERÍODO DE PROVA – AUTOMATICIDADE. Tem-se como descabida a alegação de prescrição da pretensão executória, se o prazo de prova do *sursis* ficou automaticamente prorrogado, devido ao cometimento de crime no curso do período de prova (...). Inteligência do art. 81, § 2º, do CP (STJ, HC 9.487, Proc. 1999.00.43423-4/SP, 5ª T., Rel. Gilson Dipp, *DJ* 25-10-1999, p. 104).

A razão lógica da prorrogação é que apenas o trânsito em julgado de sentença condenatória pode autorizar (revogação facultativa) ou determinar (revogação obrigatória) a revogação do *sursis*. Para equilibrar a garantia individual de só ser prejudicado pela decisão definitiva com o poder do Estado de revogar o *sursis* pela condenação por outro crime ou contravenção, prevalece ser automática a prorrogação. Assim, será possível a revogação, mesmo depois da data previamente marcada para o fim do período de prova, pois o prazo é automaticamente prorrogado pela lei: se havia processo por outra infração, considera-se que o período de prova foi automaticamente prorrogado até a decisão definitiva.

Prorrogado o período de prova, com o trânsito em julgado da decisão, há três possibilidades (de acordo com a natureza da sentença):

1) **Absolvição:** extingue a pena.

Se o desate no processo que provocou a prorrogação do período de prova é absolutório, impõe-se a conclusão de que a prorrogação foi legal, mas injusta. Assim, deve ser reconhecida imediatamente a extinção da pena.

Defendemos, aqui, que os efeitos da extinção da pena devem retroagir à data inicialmente prevista para o fim do período de prova, eis que o sujeito não pode ser prejudicado por ter figurado como réu em processo no qual o Estado concluiu que era inocente. A retroação tem diversos efeitos, como a antecipação do período depurador da reincidência (art. 63 do CP) ou a possibilidade de pedir reabilitação (arts. 93 e 94 do CP).

2) **Condenação por crime doloso:** revoga o *sursis*.

A condenação por crime doloso é causa obrigatória de revogação do *sursis*.

Assim, se o *sursis* é prorrogado em virtude de processo em andamento por crime doloso, e o desate é condenatório, a consequência é necessariamente a revogação.

3) **Condenação por crime culposo ou contravenção:** pode ou não revogar (revogação facultativa).

Aqui a decisão exige especial sensibilidade do magistrado, pois, se o condenado cumpriu todo o período de prova e atendeu todas as condições do *sursis* imposto, será bastante rigorosa a decisão que mande desprezar o período e revogar o *sursis*.

Assim, deve ponderar o juiz e fundamentar cuidadosamente a decisão que lhe outorga tamanha margem de arbítrio, que, de outra forma, recairá em arbitrariedade.

No caso de revogação facultativa, se o juiz entender inadequada a revogação, poderá aumentar o período de prova até o máximo (art. 81, § 3º, do CP), e/ou incrementar as condições previamente fixadas (art. 158 da LEP).

22.6.1 Condições do *sursis* durante a prorrogação

Durante a prorrogação, que não tem prazo determinado, pois perdura até o trânsito em julgado da decisão no outro processo, não subsistem as condições impostas.

22.6.2 Término do período de prova

Nos termos do art. 82 do CP, "Expirado o prazo sem que tenha havido revogação, considera-se extinta a pena privativa de liberdade".

Como visto, a prorrogação do período de prova é automática e, assim, enquanto pendente processo por outra infração penal, não se considera expirado o período de prova.

Entretanto, se há apenas inquérito e o processo não se inicia antes do término do período de prova do *sursis*, incide o art. 82 do CP, e considera-se extinta a pena privativa de liberdade. Como já referido, o mero inquérito policial não prorroga o período de prova.

22.6.3 Sigilo das informações referentes ao *sursis*

Dispõe o art. 163 da LEP que:

> Art. 163. A sentença condenatória será registrada, com a nota de suspensão, em livro especial do juízo a que couber a execução da pena.
>
> § 1º Revogada a suspensão ou extinta a pena, será o fato averbado à margem do registro.
>
> § 2º O registro e a averbação serão sigilosos, salvo para efeito de informações requisitadas por órgão judiciário ou pelo Ministério Público, para instruir processo penal.

Diante da letra da lei, parece evidente que, enquanto durar o período de prova da suspensão condicional da pena, as informações sobre o processo e a condenação são sigilosas.

Apenas poderá haver informação sobre o *sursis* para instruir processo penal, quando requisitada pela autoridade judiciária ou pelo Ministério Público (no mesmo sentido, Julio Fabbrini Mirabete, *Execução penal*, p. 398).

É mais um momento em que a lei brasileira protege o condenado da estigmatização oriunda da condenação. Se nem o efeito principal da condenação, que é a pena privativa de liberdade, está se concretizando, com mais razão o efeito estigmatizante da total publicidade da sentença condenatória deve ser evitado. O objetivo é maximizar as possibilidades de reintegração social, pois uma folha de antecedentes maculada dificulta, quando não inviabiliza, ofertas de emprego e inserção em determinados ambientes sociais.

22.7 LIVRAMENTO CONDICIONAL

Antecipação da liberdade ao condenado que preenche os requisitos legais, visando facilitar a reintegração social e diminuir o risco da degeneração da personalidade pelo cárcere, além de estimular o bom comportamento do recluso.

Ao contrário do sistema progressivo, que permite a devolução progressiva da liberdade, mas sempre com o contato com o sistema carcerário (penitenciárias, colônias agrícolas ou casas de albergado), o livramento condicional permite ao sentenciado o imediato retorno para sua casa, em total contato com sua família e com a comunidade.

O livramento condicional se inspira em um presumido vínculo de confiança do Estado com o sentenciado, tanto que a cerimônia de concessão (art. 137 da LEP) é solene e o sentenciado deve ser chamado a aceitar as condições do livramento na presença dos demais condenados e de outras autoridades. A "quebra" da confiança será também importante na ponderação dos efeitos da revogação do livramento, que será estudada em seguida.

22.7.1 Requisitos para o livramento condicional

Os requisitos estão no Código Penal e têm índoles objetiva e subjetiva.

Objetivos:

1) **Pena privativa de liberdade** – não existe livramento condicional para pena de multa ou pena(s) restritiva(s) de direitos.

Se o objetivo é a antecipação da devolução da liberdade, não há sentido em se permitir livramento condicional em outras espécies de pena que não a privativa da liberdade.

Em tese é possível a concessão de livramento condicional em qualquer regime de cumprimento de pena. Como o regime aberto, hoje, é muitas vezes cumprido em prisão-albergue domiciliar em razão da ausência de vagas nas casas de albergado, é controversa a possibilidade de concessão de livramento condicional ao condenado que cumpre prisão-albergue domiciliar:

1ª **posição:** é possível, pois a lei não afasta a hipótese, e, livre, o sujeito não precisa mais se recolher em sua própria casa durante a noite e finais de semana. Formalmente, a solução proposta está correta.

Há entendimento do STJ de que se o magistrado percebe que não será possível o cumprimento da letra da lei sobre o regime aberto pela inexistência de casa de albergado na comarca, deve ser concedido o livramento condicional (STJ, HC 26.538, j. em 2004).

Vale ressaltar que, se respeitados os termos da Súmula Vinculante 56, o regime aberto domiciliar em razão da falta de vagas na casa de albergado poderia ser condicionado ao cumprimento de penas restritivas de direitos ou mesmo obrigação de estudo, como consta do Recurso Extraordinário 641.320. Nesse caso, o livramento condicional poderia ser menos rigoroso do que a necessidade de cumprimento de pena restritiva de direitos durante o regime aberto, tornando ainda mais interessante sua concessão.

2ª **posição:** é inviável, pois o livramento condicional acaba sendo mais rigoroso que o regime aberto domiciliar. É que, além das condições em regra mais rígidas impostas no caso de livramento condicional na comparação com as condições legais do regime aberto (art. 115 da LEP), a sua revogação pode gerar a perda de todo o tempo cumprido em período de prova, enquanto a pena cumprida no regime aberto será sempre contada para todos os fins, ainda que haja regressão.

Assim, para a segunda posição, por não ser interesse de o réu trocar a prisão-albergue domiciliar pelo livramento condicional, prevalece que este não deve ser imposto, lembrando que, para o início do período de prova, deve haver aceitação por parte do condenado das condições e termos do livramento na audiência admonitória.

Em nosso entender não deve ser inviabilizada *a priori* a concessão de livramento condicional ao sentenciado em regime aberto. Justificamos: como na audiência admonitória o reeducando precisa se comprometer com o cumprimento das condições e, obviamente, esse compromisso é uma faculdade, basta que o sentenciado opte por iniciar o livramento condicional ou permanecer em regime aberto. Claro que a decisão deve ser antecipada pela orientação jurídica, que é direito de todo cidadão, inclusive do condenado preso, como expresso na Lei de Execução Penal, no art. 41, VII.

2) Que a pena seja igual ou superior a 2 (dois) anos – o legislador entendeu que penas inferiores a dois anos não poderiam permitir a devolução antecipada da liberdade, pois, pela pequena duração, perderiam seu efeito retributivo-preventivo.

Curioso notar que para as penas inferiores a dois anos é possível *sursis*. Para as penas superiores a dois anos, é possível livramento condicional. E para as penas de exatos dois anos são possíveis tanto o *sursis* como o livramento condicional.

3) Reparação do dano, salvo impossibilidade de fazê-lo – no caso de livramento a possibilidade de reparação do dano é ainda mais improvável que no *sursis*, pois o condenado estava encarcerado e, assim, virtualmente impossibilitado de receber salários e manejar valores para efetuar o pagamento. Daí serem comuns julgados presumindo a impossibilidade de reparação, como: "I – Demonstrada a hipossuficiência do paciente, que foi representado por defensor público, não se justifica a exigência da reparação do dano para a concessão do livramento condicional, em decorrência da impossibilidade de sua realização (...)" (STJ, HC 47.492/SP (200501456790), 5ª T., Rel. Min. Felix Fischer, *DJU* 1º-8-2006).

Vale lembrar ainda que são muitos os crimes dos quais não resulta dano, como os crimes de perigo (tráfico de drogas, porte ilegal de arma de fogo) e crimes tentados. Em tais casos o requisito ora examinado é afastado.

4) Cumprimento de parte da pena. Quanto?

I – Um terço (1/3), se o condenado tiver bons antecedentes e não for reincidente em crime doloso.

A regra no livramento condicional é o lapso de 1/3 da pena, que, a princípio, poderia coincidir com a segunda progressão de regime de cumprimento de pena (1/6 + 1/6 = 1/3), que levaria o condenado ao regime aberto, o que pode trazer dúvidas sobre o que é mais benéfico para o condenado no caso concreto, conforme comentado em tópico anterior.

II – *Metade (1/2), se for reincidente em crime doloso.*

Aqui a lei se vale da chamada reincidência específica em crime doloso, ou seja, aquele que após condenado definitivamente por um crime doloso pratica novo crime doloso.

Por analogia *in bonam partem* com o art. 77 do CP, que regula o *sursis*, há posição minoritária no sentido da possibilidade de livramento com um terço da pena, mesmo ao reincidente em crime doloso, se a primeira condenação foi à pena de multa.

III – *Se tiver maus antecedentes, mas não for reincidente em crime doloso* (reincidente em crime culposo ou com condenações incapazes de gerar reincidência), duas posições:

a) por uma questão de proporcionalidade, terá que cumprir um período intermediário (2/5, por exemplo) entre 1/3, que é o fixado para o primário com bons antecedentes, e 1/2, que é o imposto por lei para o reincidente em crime doloso, sendo que a quantidade exata fica ao prudente arbítrio do juiz;

b) prevalece que deve cumprir apenas um terço da pena, assim como o primário com bons antecedentes, pois outra interpretação seria ampliar o sentido da lei em desfavor do indivíduo: se a lei só impõe requisito mais rigoroso para o reincidente em crime doloso, todo aquele não reincidente em crime doloso deve ter sua situação regulada pelo requisito padrão, que é 1/3 da pena.

Outro entender seria analogia *in malam partem*, ou, no limite, interpretação extensiva contra o condenado, o que seria de qualquer forma vedado para grande parte da doutrina (*favorabilia sunt amplianda, odiosa sunt restringenda*). Assim já entendeu o STJ:

> Ao condenado primário, com maus antecedentes, incide o inciso I do art. 83 do Código Penal, razão pela qual sobressai o direito do paciente ao livramento condicional simples, exigindo-se, além dos requisitos objetivos e subjetivos, o cumprimento de 1/3 da pena. II. A liberdade do cidadão deve vir sempre expressa em lei, não se podendo dar interpretação ampla às regras restritivas de direitos, em detrimento do réu (HC 23.300/RJ, Rel. Min. Gilson Dipp, j. em 24-11-2003).

IV – *Dois terços (2/3), se for condenado por qualquer dos crimes da Lei de Crimes Hediondos, equiparados ou tráfico de pessoas.*

Lembrar que além daqueles expressamente arrolados no art. 1º da Lei n. 8.072/90 também sofrem a maior restrição do cumprimento de 2/3 da pena os equiparados aos hediondos por preceito constitucional, quais sejam: tortura, tráfico de drogas e terrorismo (art. 5º, XLIII, da CF). A Lei n. 13.344/2016 acrescentou ao rol do inciso V do art. 83 do Código Penal o tráfico de pessoas.

Pela irretroatividade da lei gravosa, se o condenado é reincidente, mas o crime anterior foi praticado antes da vigência da Lei de Crimes Hediondos, será possível a concessão do livramento condicional nos termos do presente inciso, como já entendeu o Superior Tribunal de Justiça:

> Poder-se-á conceder livramento condicional ao réu condenado por crime hediondo, que houver cumprido mais de 2/3 (dois terços) da reprimenda corporal e não é reincidente específico em crimes da mesma natureza. Delitos cometidos antes da vigência da Lei n. 8.072/90 não servem à configuração da reincidência específica em crime hediondo, ante a irretroatividade da *lex gravior* (art. 5º, inciso XL, da Constituição Federal). Na espécie, os delitos que estão a impedir o livramento condicional foram praticados em 23 de março de 1989, ao tempo em que inexistia, no ordenamento jurídico pátrio, a Lei n. 8.072/90. Ordem concedida (STJ, HC 28.808, Rel. Min. Paulo Medina, j. em 13-10-2003).

No caso de condenação por crime hediondo ou equiparado e também por crime não hediondo, prevalece que deve ser cumprido inicialmente o prazo referente ao crime hediondo (2/3), e depois o referente ao crime comum (1/3 ou 1/2, se reincidente) para a concessão do livramento. A ordem de cumprimento das penas obedece ao critério de que as penas mais graves devem ser cumpridas antes das penas mais leves, pela clara letra do art. 76 do CP e pela aplicação analógica do art. 69 do CP.

O tráfico de pessoas não foi classificado como crime hediondo na lei, e a Constituição não o equipara a hediondo. Assim, é crime comum para o qual o legislador decidiu impor tratamento mais rigoroso para o livramento condicional. Não vislumbramos aqui inconstitucionalidade: se o legislador era livre para capitular o tráfico de pessoas como crime hediondo submetendo-o a todos os gravames da Lei n. 8.072/90, certamente é livre para selecionar apenas alguns dos gravames, como o especial lapso para o livramento condicional.

V – Se o condenado for reincidente em qualquer dos crimes da Lei de Crimes Hediondos (reincidente específico em crimes de natureza hedionda) ou tráfico de pessoas, não terá direito ao livramento condicional.

Prevalece que não precisa ser o mesmo crime, mas, sim, qualquer crime hediondo ou equiparado. Assim, se o sujeito foi condenado definitivamente por latrocínio e, antes do período depurador da reincidência, pratica novo crime de estupro ou mesmo ou latrocínio, será vedado o livramento condicional.

Como comentado no item anterior, se a primeira condenação se deu por crime praticado antes da vigência da Lei de Crimes Hediondos, não incide a vedação legal do presente inciso.

Polêmica: como já referido, o tráfico de pessoas não é crime hediondo ou equiparado, mas a lei impõe o mesmo regime jurídico dos crimes hediondos ao tratar do livramento condicional. No entanto, a lei não é clara sobre as condições nas quais será negado o livramento condicional ao reincidente condenado por tráfico de pessoas: será negado o livramento àquele condenado especificamente por tráfico de pessoas anterior ou será suficiente condenação anterior por qualquer crime hediondo ou equiparado? Acreditamos que apenas a condenação específica por crime anterior de tráfico de pessoas deve impedir a concessão de livramento condicional, pois a excepcional mitigação à individualização da pena na fase de execução deve ter interpretação restritiva, valendo lembrar que o legislador não quis classificar o tráfico de pessoas como crime hediondo, espécie que por força constitucional deve receber tratamento mais rigoroso.

O art. 44, parágrafo único da Lei n. 11343/2006 impõe o cumprimento de 2/3 da pena para o livramento condicional nos crimes dos arts. 33, *caput*, 33, § 1º, 34, 35, 36 e 37 da Lei de Drogas, e proíbe o livramento para o reincidente específico. Curioso notar que, no caso, o crime de associação para o tráfico de drogas, previsto no art. 35 da Lei n. 11.343/2006, exige para o livramento condicional o cumprimento de 2/3 da pena, mesmo sem ser equiparado a hediondo (STJ, HC 311.656). Ainda comentando o referido parágrafo único, o STJ consolidou que não há "reincidência específica" na condenação por tráfico privilegiado seguida de condenação por tráfico de drogas comum, ou seja, em tais casos é permitido o livramento condicional (HC 436.103).

Novos casos de inviabilidade de livramento condicional oriundos da Lei n. 13.964/2019:

Antiga redação	Nova redação do art. 112, VI da Lei n. 7.210/84
...	Art. 112. A pena privativa de liberdade será executada em forma progressiva com a transferência para regime menos rigoroso, a ser determinada pelo juiz, quando o preso tiver cumprido ao menos VI – 50% (cinquenta por cento) da pena, se o apenado for: a) condenado pela prática de crime hediondo ou equiparado, com resultado morte, se for primário, vedado o livramento condicional; .... VIII – 70% (setenta por cento) da pena, se o apenado for reincidente em crime hediondo ou equiparado com resultado morte, vedado o livramento condicional.

Em mais uma demonstração de péssima técnica legislativa, disposições sobre livramento condicional não foram abrigadas no capítulo correspondente no Código Penal (capítulo V), tampouco na seção corresponde da Lei das Execuções Penais (seção V do capítulo das penas privativas de liberdade), mas sim na seção II, que trata dos regimes de cumprimento de pena. A desorganização impera.

Mesmo fora de lugar, a lei é eficaz, e proíbe o livramento condicional para o condenado por crime hediondo com resultado morte, primário ou reincidente. Vale anotar que para o reincidente na prática de crime hediondo ou equiparado (mesmo sem resultado morte) a vedação já era prevista no art. 83, V do Código Penal. Assim, a inovação está apenas na vedação de livramento condicional para o primário condenado por crime hediondo com resultado morte.

A lei não discrimina se o resultado morte foi doloso ou culposo e, assim, a princípio, nos dois casos resta vedado o livramento.

Trata-se de nova lei gravosa, que só poderá ser aplicada para os crimes praticados a partir da vigência da lei.

Crítica: a lei elimina mais um mecanismo de individualização da pena, bem como instrumento de integração social, que deveria ser o objetivo da lei das Execuções Penais (art. 1º da LEP), decorrência do Princípio Constitucional da Humanidade das Penas.

Sabe-se que o objetivo do projeto era, a princípio, abolir a progressão para vários crimes. O regime integral fechado já constava, no entanto, da redação original da lei de crimes hediondos (Lei n. 8.072/90), e foi considerado inconstitucional pelo STF exatamente por violar a individualização das sanções e a humanidade das penas. O legislador preferiu, assim, manter a possibilidade de progressão em todos os crimes para não afrontar o STF, ainda que usando percentuais exagerados como 70%, e vedou o livramento condicional nos crimes hediondos com resultado morte, ainda que culposa. Resta saber se o STF irá admitir tal restrição, que parece violar os mesmos princípios.

Subjetivos:

Os chamados requisitos subjetivos foram alterados pela Lei n. 13.964/2019, pelo que é adequado o uso do quadro comparativo:

Antiga redação	Nova redação
Art.83, III – comprovado comportamento satisfatório durante a execução da pena, bom desempenho no trabalho que lhe foi atribuído e aptidão para prover à própria subsistência mediante trabalho honesto;	Art.83. III – comprovado: a) bom comportamento durante a execução da pena; b) não cometimento de falta grave nos últimos 12 (doze) meses; c) bom desempenho no trabalho que lhe foi atribuído; e d) aptidão para prover a própria subsistência mediante trabalho honesto;

A nova redação do inciso III do art. 83, que trata de requisitos tradicionalmente classificados como subjetivos no livramento condicional, traz 2 novidades: a) troca o comportamento satisfatório pelo bom comportamento; b) exige a ausência de falta disciplinar grave nos últimos 12 meses.

Em síntese, os requisitos subjetivos hoje em vigor são:

1) **Bom comportamento carcerário satisfatório** – a anterior redação falava em satisfatório comportamento carcerário, e a lei hoje exige bom comportamento.

Apesar da evidente diferença teórica entre um comportamento apenas satisfatório e o bom comportamento, na prática não será percebida grande diferença. O livramento condicional é benefício intenso, que devolve o condenado à sociedade, e sempre foi visto com especial cautela pelos julgadores, que em regra não se satisfaziam com o comportamento satisfatório. O bom comportamento antes exigido sem respaldo legal agora conta com estofo legislativo.

É compreensível que a lei exija bom comportamento carcerário para o livramento condicional, e a mudança, aqui, não merece crítica. Criticável é o comportamento dos julgadores que mesmo na vigência da lei antiga cobravam mais do que a lei, ou seja, tinham como necessário bom comportamento carcerário, quando era suficiente o satisfatório.

Hoje, o art. 112, § 7º, da LEP disciplina o bom comportamento carcerário, indicando que, após a prática de falta grave, o bom comportamento será recuperado após o prazo de doze meses ou quando cumprido o requisito temporal para a progressão, o que ocorrer em primeiro. Elogiamos a previsão legal não apenas por seu conteúdo, mas especialmente por indicar parâmetros objetivos para a depuração da falta grave, que, a princípio, era matéria regulada pela legislação local e, no extremo, dependia do (nem sempre) prudente arbítrio do juiz. Com a previsão de recuperação do comportamento após requisito temporal objetivo, o arbítrio deveria ser diminuído.

Infelizmente, não diminuiu. O STJ consolidou que

> A valoração do requisito subjetivo para concessão do livramento condicional – bom comportamento durante a execução da pena (art. 83, inciso III, alínea *a*, do Código Penal) – deve considerar todo o histórico prisional, não se limitando ao período de 12 meses referido na alínea *b* do mesmo inciso III do art. 83 do Código Penal (REsp 1.970.217/MG – Tema 1.161).

Ora, se todo o histórico prisional pode ser levado em conta, a ausência de falta grave nos últimos 12 meses e o bom comportamento acabam sendo letra morta, pois falta antiga ou mesmo infração leve ou média pode ser apontada pelo magistrado como motivo para negar o livramento condicional.

2) **Não cometimento de falta grave nos últimos 12 (doze) meses** – mais uma vez, a mudança não trará grande repercussão prática, pois a prática de falta grave nos últimos 12 meses dificilmente traria avaliação positiva sobre o mérito para o livramento condicional. A previsão é, assim, elogiável no sentido de estabelecer um marco para a influência da falta grave na análise do livramento condicional. A falta praticada nos 12 meses anteriores impede o livramento, mas a prática da falta grave no 13º mês anterior ao pleito não pode ser considerada impeditiva, por evidente interpretação *a contrario sensu*.

3) **Bom desempenho no trabalho que lhe foi atribuído e aptidão para obter ocupação lícita** – a lei não exige que o condenado tenha emprego certo, eis que tal requisito seria inviável diante da escassez de emprego no país, somada à cultura estigmatizante que pesa contra o condenado.

    Basta, assim, a prova de estar apto ao trabalho, como já entendeu o Superior Tribunal de Justiça: "O art. 83, inciso III, do CP não exige que o apenado se encontre efetivamente empregado para a concessão do livramento condicional, mas apenas a aptidão para prover à própria subsistência mediante trabalho honesto" (STJ, HC 47.492/SP (200501456790), 5ª T., Rel. Min. Felix Fischer, *DJU* 1º-8-2006).

4) **Nos crimes dolosos cometidos com violência ou grave ameaça à pessoa, exige-se mais um requisito: comprovação de condições pessoais que façam presumir que o condenado não voltará a delinquir** – antes da reforma da Lei de Execução Penal pela Lei n. 10.792/2003, prevalecia que tal comprovação seria feita pelo exame criminológico. Com a reforma e a alteração dos termos do art. 112 da LEP, em especial o § 2º, prevalece que o atestado de boa conduta carcerária satisfaz tal requisito, em evidente redundância ao "comportamento carcerário satisfatório", já comentado.

    A atual redação do art. 112, *caput*, da LEP, que trata de progressão de regime de cumprimento de pena, não exige mais exame criminológico, substituindo-o pelo atestado de conduta carcerária, no parágrafo 1º do mesmo art. 112 da LEP. Como o § 2º do mesmo artigo determina que o mesmo procedimento seja seguido para a concessão de livramento condicional, prevalece que o referido atestado é suficiente como prova de que o condenado não voltará a delinquir.

    Como já anotamos, ao comentar a progressão, o exame criminológico não foi proibido, mas, para que se legitime, o magistrado deve justificar, no caso concreto, a sua necessidade, nos termos da Súmula 439 do STJ, bem como providenciar sua efetivação em prazo razoável.

Para a concessão de livramento condicional, a princípio, não importa o regime de cumprimento de pena no qual se encontra o reeducando, ou seja, teoricamente seria possível no regime fechado, semiaberto ou mesmo o aberto, como já tratado.

22.7.2 Interrupção do período aquisitivo do livramento condicional pela prática de falta grave

A prática de falta grave interrompe o prazo para a concessão do livramento, ou seja, reinicia-se a contagem do período aquisitivo previsto no art. 83 após a falta grave? Duas posições:

1) sim, pois, quando o artigo fala em cumprimento da pena, com fim de beneficiar o acusado, é óbvio que trata de regular cumprimento da pena. Se irregular, com faltas graves e indisciplina, é necessário novo prazo equivalente para que seja possível aferir o requisito subjetivo. Além disso, se a prática de falta grave interrompe a contagem do prazo para a progressão (Súmula 534 STJ), deve interromper também para o livramento condicional;

2) não, pois não se pode transformar, nem confundir, o requisito objetivo do cumprimento da pena com o subjetivo. O cumprimento de parte da pena permite avaliar a totalidade do comportamento do condenado, com ou sem irregularidades ou faltas, e é a partir do contexto geral e dos fins de ressocialização ditados pela LEP (art. 1º) que deve ser decidida a viabilidade ou não do livramento.

O STJ sumulou o tema esclarecendo que: "A falta grave não interrompe o prazo para obtenção do livramento condicional" (Súmula 441).

Com todo respeito, não há sentido em comparar ou equiparar a interrupção da contagem do prazo na progressão pela prática de falta grave com o livramento condicional. Na progressão, a interrupção da contagem do prazo (Súmula 534 STJ) se justifica na busca de isonomia sobre os efeitos da falta grave ao condenado com regime fechado, semiaberto e aberto: se o condenado em regime aberto pratica falta grave, regride ao semiaberto ou fechado e terá que cumprir novo período aquisitivo (1/6, 2/5 ou 3/5 da pena) a partir da falta para nova progressão. A mesma consequência para o condenado em regime semiaberto, que regrediria ao fechado e teria de cumprir novo período aquisitivo. Daí a interrupção da contagem do período aquisitivo para o condenado em regime fechado: ainda que não regrida, pois não há regime mais grave que o fechado, deverá cumprir novo período a partir da falta, para que não seja rompida isonomia de tratamento com os condenados nos regimes mais amenos. No livramento condicional, o raciocínio é inaplicável: o sentenciado em livramento condicional não pratica falta grave, mas sim descumpre condições impostas. Se descumprida condição imposta e revogado o livramento, não terá direito a novo livramento, ou seja, não terá de cumprir novo lapso para ter novo direito ao "benefício". Percebe-se assim que as possibilidades e consequências de faltas disciplinares na progressão e no livramento condicional seguem lógicas distintas, não se justificando a busca por equiparação de tratamento.

22.7.3 Oitiva do Conselho Penitenciário

A redação do art. 131 da LEP manda que o Conselho Penitenciário seja ouvido antes da concessão. No entanto, como na progressão não há tal parecer, e o art. 112, § 2º, manda aplicar o mesmo procedimento ao livramento condicional, e como a redação do art. 70, I, da LEP foi alterada, retirando tal atribuição do Conselho Penitenciário, é possível questionar a vigência do ora comentado art. 131 da LEP.

Em nossa opinião, o art. 131 da LEP foi derrogado, pois, com a alteração dos outros dois artigos, o legislador retirou tal formalidade do rol de requisitos para a concessão do livramento, com o objetivo de diminuir a demora e burocracia no processamento dos benefícios. Bastam, hoje, o relatório do diretor do estabelecimento carcerário e demais informações constantes dos autos sobre o comportamento do condenado, adequando o procedimento à maximização do direito à decisão em prazo razoável. Nesse sentido a orientação do STJ:

> 1. Com o advento da Lei n. 10.792/03, dando nova redação ao art. 112, da LEP, restou prescindível, para a concessão do livramento condicional, a manifestação prévia do Conselho Penitenciário, ficando a critério do Juízo da Execução dispensar ou não a sua oitiva. 2. Ordem concedida para, cassado o acórdão, restabelecer o benefício do livramento condicional concedido pelo Juízo da 1ª Vara Judicial e Execuções Criminais da Comarca de Tupã/SP (STJ, HC 46.426/SP (2005/0126598-6), 5ª T., Rel. Min. Laurita Vaz, *DJ* 7-3-2006, p. 516).

22.7.4 Procedimento

Antes da decisão final do julgador sobre a concessão do livramento condicional, são necessárias as oitivas do Ministério Público e da defesa.

A falta de oitiva das partes provoca nulidade, embora não seja o juiz obrigado a acatar os respectivos requerimentos, de acordo com o princípio da livre convicção fundamentada.

22.7.5 Impugnação

Prevalece no STJ que não cabe mandado de segurança ministerial contra a decisão que concede livramento condicional, buscando dar efeito suspensivo ao agravo em execução interposto, até porque o remédio seria absolutamente inadequado, dada a ampla gama de questões subjetivas a serem avaliadas, sendo absolutamente inviável falar em direito líquido e certo. E mais, enquanto remédio constitucional para as liberdades individuais, seria subversão de suas finalidades utilizá-lo em prol do interesse social, e contra o indivíduo:

> AGRAVO EM EXECUÇÃO CONTRA LIVRAMENTO CONDICIONAL. O mandado de segurança não se presta para atribuir efeito suspensivo a agravo em execução interposto pelo Ministério Público (STJ, HC 32.088, Proc 200302174077/SP, 5ª T., Rel. Min. Gilson Dipp, DJU 7-6--2004, p. 252).

Negado o pedido, em decisão definitiva, pela ausência do requisito objetivo, deve então aguardar o prazo de cumprimento de pena necessário pela lei, nos termos da interpretação pretoriana, para novo pleito.

Se negado o pedido por ausência do requisito subjetivo, é possível a reiteração do pedido quantas vezes se entender necessário, uma vez que a conclusão sobre o mérito do reeducando muda de acordo com seu comportamento recente, e, no mais, prevalece que a decisão que denega o livramento não faz "coisa julgada", ou ao menos não faz "coisa julgada material", uma vez que não haverá imutabilidade de efeitos da relação material subjacente.

Preferimos entender que o tema nada tem a ver com espécie de coisa julgada, pois, em cada pedido, a causa de pedir (remota) é diversa quanto ao fundamento fático do pedido, qual seja, o comportamento recente do reeducando, uma vez que o lapso temporal objeto de análise sempre se atualiza, o que permite, da mesma maneira, a reiteração do pedido, pela ausência de identidade das ações.

22.7.6 Efetivação do livramento condicional – a audiência admonitória

Deferido o livramento condicional, é marcada a audiência de advertência (audiência admonitória), na qual o condenado será chamado a aceitar o compromisso de cumprir as condições do livramento. O art. 137 da LEP manda que a cerimônia na qual é concedido o livramento seja realizada na presença dos demais condenados, buscando incentivar a disciplina como meio para alcançar as recompensas.

Apenas com a audiência de advertência é que se aperfeiçoa o livramento. Assim, se há fuga após o deferimento, mas antes da audiência, não há que se falar sequer em revogação, eis que ainda não havia se aperfeiçoado, como já entendeu o STJ:

> Como se observa, o curso da concessão do benefício de livramento condicional é permeado de vários cuidados e detalhes e, de acordo com o art. 137, da Lei de Execução Penal, somente se aperfeiçoa quando cumprida cerimônia prevista neste dispositivo legal (será lida a sentença ao condenado, bem como

explicitadas as condições estabelecidas e, finalmente, será colhida a declaração do condenado aceitando as condições que lhe foram impostas). Tudo isso será transcrito em livro próprio, assinado pelo presidente da cerimônia e pelo liberando. (...) No caso, o réu, antes mesmo de ter conhecimento da concessão do livramento condicional, empreendeu fuga da unidade prisional em que se achava recolhido. Dessa forma, o ato não se aperfeiçoou, não havendo que se falar, sequer, em revogação. Ordem denegada (STJ, HC 11.278/SP, Rel. Min. Jorge Scartezzini, 5ª T., *DJ* 4-9-2000, p. 172).

O período de efetivo livramento, no qual o sujeito é obrigado a cumprir determinadas condições, que serão estudadas adiante, é chamado período de prova. A princípio, o período de prova tem a mesma duração da pena que restava a cumprir no momento da audiência admonitória.

22.7.7 Condições do livramento condicional

As condições podem ser classificadas como obrigatórias e facultativas.

Obrigatórias (art. 132 da LEP):

– *obrigação de arrumar uma ocupação lícita dentro de um prazo razoável, se for apto ao trabalho;*
– *comparecimento periódico em juízo para justificar suas atividades;*
– *não mudar do território da comarca sem autorização judicial.*

A comprovação de obtenção da possibilidade de ocupação lícita acaba por não ter comum aplicação, pela realidade social. Assim, entende-se que basta a aptidão para viver de forma honesta.

Se o condenado for inapto ao trabalho por especial condição pessoal (como deficiência geradora de invalidez), resta inexigível o cumprimento desse requisito.

O comparecimento periódico em juízo, para informar a ocupação, acaba por se limitar, na prática da maioria dos juízos, ao carimbo da "carteirinha" de controle do liberado.

O período de comparecimento é fixado pelo juiz na audiência admonitória de acordo com as circunstâncias pessoais do condenado e a estrutura do juízo. O comparecimento pode ter o período alterado durante o curso do livramento por circunstância excepcional, por exemplo, emprego que exija viagens ou outra semelhante.

A mera saída da comarca para determinada atividade não é proibida pela lei, que apenas exige autorização judicial para mudança da comarca. Assim, o liberado pode trabalhar com viagens e semelhantes, desde que cumpra as demais condições impostas.

Além das obrigatórias, o juiz pode acrescentar outras condições, por isso, classificadas como facultativas:

Facultativas (art. 132 da LEP):

Proibição de mudar de endereço sem prévia autorização do juiz:

Aqui a lei não trata da mudança de comarca, mas, sim, da mudança de endereço dentro da própria comarca. Mais uma vez, é praticamente impossível que a autorização seja denegada, mas a autorização prévia pode ser instrumento vital para que o Estado possa encontrar, quando necessário, o liberado.

Obrigação de se recolher em casa a partir de determinado horário:

Por se tratar de intenso gravame imposto ao liberado, que deixa de gozar a liberdade própria do instituto e é obrigado a se recolher como se se tratasse de regime aberto domiciliar, acreditamos que apenas fundamentação específica, calcada em peculiaridades do caso concreto, é que pode justificar a imposição.

No entanto, na prática forense, as condições facultativas são impostas como um padrão, constando de modelos e formulários que se repetem por tradição, tornando letra morta a necessidade de fundamentação das decisões jurisdicionais prevista no art. 93, IX, da Constituição Federal.

Proibição de frequentar determinados lugares:

Assim como a condição anteriormente comentada, a restrição se confunde com pena restritiva de direitos e, por ter tal intensidade, deve ser acompanhada de fundamentação específica. A crítica aqui também se repete, pois na prática a condição costuma ser regra nas atas das audiências admonitórias e, geralmente, vem desacompanhada de qualquer motivação.

Condições judiciais: em razão da letra do art. 132, § 2º, que dispõe: "Poderão ainda ser impostas ao liberado condicional, entre outras obrigações, as seguintes (...)", entende-se possível a imposição de condições facultativas outras que não as listadas, ou seja, o rol do art. 132, § 1º, seria meramente exemplificativo.

22.7.8 Revogação do livramento

A revogação pode ser obrigatória ou facultativa, caso em que o juiz poderá, além da revogação, exacerbar as condições impostas e advertir novamente o sentenciado.

Causa de revogação obrigatória:

Condenação transitada em julgado à pena privativa de liberdade por crime cometido antes ou durante a vigência do benefício.

Deve haver a certidão do trânsito em julgado. Não importa se o crime foi praticado antes ou durante o gozo do livramento, tampouco se o crime é doloso ou culposo, como no *sursis*.

A revogação será obrigatória se a pena imposta for privativa de liberdade.

Causas de revogação facultativa: o juiz pode ou não revogar o livramento e, se entender adequada a não revogação, poderá exacerbar as condições impostas ou advertir novamente o liberado. No julgamento do HC 127.709, entendeu o STF que:

antes de decidir pela revogação do livramento condicional nos respaldada no art. 87 do CP, é dever do juiz da execução, em observância ao art. 93, IX da CF, combinado com o art. 140, parágrafo único da LEP, a apresentação de fundamentação calcada em elementos concretos que justifiquem não ser o caso de apenas advertir ou então agravar as condições anteriormente fixadas.

Não há previsão de exacerbação do período de prova, ao contrário do *sursis*, pois lá o período é variável (de 2 a 4 anos para o *sursis* simples ou especial, e de 4 a 6 anos para o *sursis* etário ou humanitário), enquanto o livramento condicional tem período de prova com duração vinculada ao restante da pena a cumprir. As causas de revogação facultativa são:

1) Condenação transitada em julgado à pena não privativa de liberdade (PRD ou multa):

É necessária a certidão do trânsito em julgado. Não importa se o crime é doloso ou culposo: se a pena imposta não é privativa de liberdade, cabe ao juiz, atendendo às finalidades da Lei de Execução Penal e do próprio livramento condicional, decidir se irá revogar ou não o benefício.

2) Descumprimento das condições impostas:

Não importa se foram descumpridas condições obrigatórias ou facultativas: o descumprimento das condições gera sempre a possibilidade de o juiz apreciar a necessidade ou não da revogação do benefício. Indiferente se a condição descumprida era legal ou judicial.

22.7.8.1 Procedimento para revogação

Para que haja revogação do livramento condicional, é necessário que sejam respeitados os direitos ao contraditório e à ampla defesa, sob pena de nulidade, uma vez que a execução penal tem índole jurisdicional.

Enquanto alicerces da "ampla defesa", deve ser dada a oportunidade para a autodefesa e para a defesa técnica, sendo que, no caso de revogação por descumprimento de condições, ganha especial relevo a autodefesa, pois caberá ao reeducando justificar os motivos de sua conduta, como já entendeu o STJ: "Para a revogação do livramento condicional, pelo descumprimento de condições ao réu impostas, é imprescindível, quando possível, a prévia inquirição deste, possibilitando-se, assim, o contraditório e a ampla defesa (Precedentes do STJ). *Writ* concedido" (STJ, HC 17.228/PI (2001/0078132-3), 5ª T., Rel. Min. Felix Fischer, j. em 7-8-2001, v.u.).

A prática de infração penal após o final do período de prova do livramento condicional, ainda que não decretada a extinção da pena pelo juízo comum pelo atraso no trâmite dos procedimentos, não pode culminar na revogação do livramento. A redação cristalina da lei apenas faz relevante a condenação por infração penal praticada antes do período de prova ou a prática de fato criminoso durante o referido período, não tratando da conduta posterior ao término do livramento. No mais, a demora do Estado no reconhecimento da extinção da pena não poderia prejudicar o condenado.

22.7.8.2 Consequências da revogação por condenação

Com a audiência admonitória, inicia-se o período de prova, e o liberado permanece em liberdade. Com a revogação, o tempo em que permaneceu em liberdade durante o período de prova é desprezado ou é contado como tempo de cumprimento de pena? Depende.

A revogação pela condenação por crime cometido na vigência do benefício, assim como o descumprimento de condições impostas, tem consequências diversas da revogação pela condenação por crime praticado antes do período de prova, como será apontado a seguir.

Por crime cometido na vigência do benefício: o livramento baseia-se na confiança que o Estado deposita sobre o sujeito em busca de sua ressocialização.

Se o crime foi praticado durante o período de prova, há quebra da confiança, e por isso é desprezado o tempo em que esteve solto em gozo do período de prova, ou seja, todo o tempo em que permaneceu em período de prova terá que ser novamente cumprido como pena.

Além de perder o tempo em que permaneceu em período de prova, o liberado que provoca a revogação por quebra de confiança não terá direito a novo livramento enquanto cumpre a pena que teve o benefício revogado. Exemplo: sujeito tinha pena de 9 anos a cumprir. Cumpriu 3, teve deferido o livramento e permaneceu 4 anos em período de prova, quando veio condenação definitiva por crime praticado na vigência do benefício. Perderá os quatro anos do período de prova, que terão que ser cumpridos ora como pena. Além disso, nos 6 anos restantes (4 do período de prova perdidos somados aos dois restantes da pena), não terá direito a novo livramento. Apenas quando extinta a pena que sofreu a revogação do livramento, é que, no cumprimento de nova pena, poderá ser contado período aquisitivo para novo livramento.

Por crime anterior ao benefício: não houve qualquer quebra de confiança, e a situação é mais favorável ao sentenciado.

Aqui, será compreendido como cumprimento de pena o tempo em que permaneceu em liberdade durante o período de prova.

Poderá ainda somar o tempo que falta com a nova pena e calcular o prazo para novo benefício (novo livramento).

Nesse caso, em que é possível a soma da nova condenação com a pena em que foi concedido o livramento, a soma, para o cálculo do período aquisitivo do novo livramento condicional, deve ser feita com base na pena originária ou com base na pena a ser cumprida? Por exemplo: um réu foi condenado a 9 anos, cumpriu 3 e teve livramento condicional; então, após 4 anos, recebeu guia de recolhimento referente à condenação por crime anterior com 3 anos de "nova pena". A "nova pena" será somada com os 9 anos da pena originária ou com os 2 anos que restam a cumprir para fins de concessão de novo livramento? Perceba-se que a primeira posição é favorável ao réu, pois, sendo o resultado 12 anos, já cumpridos 7, poderá ser imediatamente concedido novo livramento (12 anos (pena total)/3 (um terço como requisito para o livramento) = 4 anos), e se já cumpridos 7, o livramento pode ser imediato. Se a base para o cálculo do período aquisitivo for a soma da nova pena com o tempo de pena que resta a cumprir, o resultado será 5 anos de pena a cumprir, tendo o condenado que cumprir 1 ano e 8 meses (1/3 de 5 anos, que são 60 meses) antes da concessão do novo livramento.

Sobre o tema, duas posições:

a) Deve ser somada com a pena originária, pois o condenado não pode ser sancionado pela demora do Estado em alcançar o trânsito em julgado. Assim, o cálculo deve ser feito como se as duas condenações tivessem atingido o trânsito em julgado no mesmo dia. Outro entendimento puniria o sujeito pelos transtornos burocráticos do processo penal, pois aquele que tivesse "sorte" de julgamento rápido teria mais facilidade ao livramento que aquele com menos "sorte".

Por fim, se o livramento condicional está cumprindo seu fim, e o sujeito não trai a confiança do juízo, o entendimento deve ser norteado pela busca de sua ressocialização, premiando seu bom comportamento, e não o contrário. É o nosso entendimento.

b) Deve ser apenas somada à pena que resta a cumprir, pois pena cumprida é pena extinta. No mais, se a lei impõe a revogação, é claro que não quer concessão imediata de novo livramento, e a prisão só fica garantida com o desprezo do tempo anterior para fins de período aquisitivo.

22.7.8.3 Consequências da revogação por descumprimento de condição imposta

A revogação é facultativa, conforme já estudado. No entanto, o descumprimento de condição durante o período de prova é quebra de confiança e, assim, merece o mesmo tratamento rigoroso dado à revogação em razão de condenação definitiva por crime praticado no decurso do período de prova (*vide* tópico anterior).

Assim, se revogado o livramento pelo descumprimento de condição imposta, será perdido todo o tempo cumprido no período de prova, bem como não será possível novo livramento durante o cumprimento da pena que teve o benefício frustrado. Exemplo: sujeito condenado a 9 anos, cumpre 3 e tem deferido livramento condicional. Passados 4 anos em período de prova, tem o livramento revogado pelo descumprimento de condição. Perderá o tempo do período de prova, que terá que ser cumprido como pena, somado ao que restava de pena a cumprir. Assim, terá que cumprir os 4 anos do período de prova somados aos 2 que restavam, totalizando 6 anos de pena a cumprir, sem direito a novo livramento durante o período.

Daí a grande importância da razoabilidade do julgador no momento da decisão sobre a revogação no caso de descumprimento de condição, pois a revogação é facultativa. O intenso rigor impõe especial responsabilidade e sensibilidade, para que com uma ou outra decisão não sejam frustrados os fins da execução penal.

22.8 PRORROGAÇÃO DO PERÍODO DE PROVA

O art. 89 do CP reza que o juiz não poderá declarar extinta a pena enquanto não transitar em julgado a sentença se o liberado estiver sendo processado por crime praticado durante o período de prova. Perceba-se que apenas o processo em trâmite é que prorroga o período de prova, e não a notícia de prática de crime, nem o inquérito policial.

Para que haja prorrogação, é necessário que o novo crime tenha sido praticado durante o período de prova, pois, se o novo crime é anterior ao benefício, mesmo com a revogação, o período de prova seria contado como pena (pela ausência de quebra de confiança), e o término do prazo do livramento sempre extinguirá a pena.

A prorrogação é automática ou depende de decisão judicial? A resposta, com a Súmula 617 do STJ, é que depende de decisão judicial, ou seja, não é automática, apesar da letra do art. 89 do CP. Exemplo: se após o decurso do período de prova o juiz, ao solicitar certidões sobre a situação processual do liberado, descobre que o reeducando está sendo processado por outro crime, pelo qual acaba sendo condenado, é possível a revogação? Resposta ora pacificada pelo STJ é não, dado o teor da Súmula 617 STJ:

> A ausência de suspensão ou revogação do livramento condicional antes do término do período de prova enseja a extinção da punibilidade pelo integral cumprimento da pena.

Durante prorrogação do período de prova, assim como no *sursis*, ficam suspensas as condições do livramento (nesse sentido Damásio Evangelista de Jesus, *Direito penal*, v. I, p. 638; Julio Fabbrini Mirabete, *Manual de direito penal*, v. 1, p. 353).

22.9 SUSTAÇÃO DO LIVRAMENTO CONDICIONAL

Dispõe o art. 145 da LEP que: "Praticada pelo liberado outra infração penal, o juiz poderá ordenar a sua prisão, ouvidos o Conselho Penitenciário e o Ministério Público, suspendendo o curso do livramento condicional, cuja revogação, entretanto, ficará dependendo da decisão final".

Assim, com a notícia ou prisão pela prática de outra infração penal, o juiz, após ouvir o MP e o Conselho Penitenciário, pode suspender o livramento, determinando o retorno do reeducando ao cárcere, até que haja decisão final condenatória ou absolutória sobre a infração referida.

Em razão da necessária celeridade da medida e da demora que poderia gerar a oitiva do Conselho Penitenciário, entende-se que a postergação da oitiva do Conselho para momento posterior à sustação, embora contrarie a letra da lei, não gera nulidade da decisão, como já entendeu o STJ:

> Nas hipóteses em que o condenado beneficiário do livramento condicional vem a cometer novo crime, tem a jurisprudência pátria admitido a possibilidade de suspensão provisória do benefício mesmo sem a oitiva prévia do Conselho Penitenciário, sem que isso constitua constrangimento ilegal. Precedentes do STF e desta Corte. Por outro lado, a oitiva do Conselho Penitenciário poderá ser feita posteriormente, antes da decisão acerca da revogação definitiva do benefício (STJ, HC 12.692/SP, Rel. Min. José Arnaldo da Fonseca, 5ª T., *DJ* 9-10-2000, p. 167).

Em nossa opinião, o dispositivo é inconstitucional, pois fere o princípio da presunção de inocência, na medida em que permite que alguém tenha sua liberdade tangenciada simplesmente porque foi acusado de praticar infração penal, sem possibilidade de exercício da ampla defesa. Se houver motivo cautelar para a custódia processual na persecução da outra infração, a prisão seria legítima, mas suspender o livramento condicional simplesmente pela existência de suspeita, a nosso ver, afronta os mais basilares ditames constitucionais.

Aliás, perceba-se que o artigo não fala de processo penal, ou seja, basta a suspeita ainda na fase de inquérito policial, com a formalização do indiciamento, o que torna ainda mais frágil, diante dos princípios constitucionais, o dispositivo ora examinado.

No entanto, como visto no aresto do STJ, o art. 145 da LEP continua sendo tido como eficaz pela jurisprudência brasileira.

A sustação não poderá ser mantida se, escoado o prazo do livramento (período de prova já cumprido em liberdade somado ao tempo que o sujeito permanece preso em razão da sustação), ainda não foi proposta ação penal contra o reeducando (mas apenas instaurado o inquérito policial), pois, nesse caso, não há que se falar em prorrogação do prazo para a revogação (Julio Fabbrini Mirabete, *Execução penal*, p. 351).

É que como apenas a existência de processo penal poderia prorrogar o período de prova, cumprido o prazo (somado ao tempo de prisão decorrente da sustação) sem a existência de processo, a pena deverá ser declarada extinta.

No caso de descumprimento de condições, também é possível a sustação do livramento? Duas posições:

a) Não, pois não há previsão legal. Assim, se o sujeito deixa de cumprir as condições, deve ser intimado a se justificar, devendo ser esgotadas todas as vias para que seja encontrado. Não comparecendo o liberado, o benefício deve ser revogado, expedindo-se mandado de prisão.

Possível defender que, ainda assim, se quando capturado o liberado vier a justificar de forma suficiente sua ausência, como uma doença que o incapacitou de comunicar o próprio paradeiro, o benefício pode ser excepcionalmente restabelecido, uma vez que a lei deve ser interpretada de acordo com suas finalidades, e, conforme art. 1º da LEP, a ressocialização é uma delas.

b) Sim, quando não encontrado o liberado para justificar o não cumprimento das condições. Apesar de não haver previsão legal, trata-se de analogia em favor, e não contra o acusado, pois de outra forma seria necessário revogar o benefício, o que lhe seria prejudicial. Sustado o benefício e detido o liberado, será imediatamente garantido o direito à autodefesa, para que então possa o juiz decidir de forma definitiva sobre a revogação do livramento.

22.10 PECULIARIDADES

Prevalece que a mudança de residência do liberado não resulta na alteração da competência para o processamento da execução. Entende-se que, no caso, deve o juiz apenas expedir carta precatória para fiscalização do cumprimento das condições. Assim entendeu o STJ: "Concedida a liberdade condicional, a mudança de domicílio do réu, que deve ser precedida de autorização, não opera a transferência da competência do Juízo da execução originário, mas cabe a este expedir carta precatória, devidamente instruída com cópia da sentença do livramento, ao Juízo da nova localidade para onde houver se transferido o réu, a fim de que lá seja fiscalizado o cumprimento das condições. Inteligência do art. 133 da LEP" (STJ, CC 38.175/SP, 3ª S., Rel. Min. Laurita Vaz, *DJU* 14-6-2004).

MEDIDA DE SEGURANÇA

23.1 CONCEITO E NATUREZA

A medida de segurança é sanção de caráter preventivo, aplicada ao sujeito que não tem plena capacidade de autodeterminação nos termos do art. 26 do CP (inimputável) ou conta apenas com parcial (semi-imputável) capacidade de culpabilidade (imputabilidade), em decorrência da prática de um injusto penal, com a finalidade de retirá-lo do convívio social e submetê-lo a tratamento para fazer cessar sua periculosidade.

O discurso legitimador da medida de segurança se equilibra, assim, na necessidade de medida para a segurança da sociedade, por um lado, e nas providências para o tratamento do sentenciado, buscando cuidar de sua saúde mental e controlar sua periculosidade.

Pena	Medida de Segurança
Caráter retributivo-preventivo	Natureza preventiva
Funda-se na culpabilidade	Funda-se na periculosidade
Por tempo determinado	Por tempo indeterminado, a princípio, embora limitada a duração pela Súmula 527 do STJ
Atinge imputáveis e semi-imputáveis	Atinge inimputáveis e semi-imputáveis

Crítica: no Brasil é pacífica a natureza de "sanção penal" outorgada à medida de segurança. Sustentamos que a medida de segurança deveria ter natureza extrapenal, ainda que sua aplicação na seara cível exija todas as garantias do devido processo legal, com respeito ao contraditório e à ampla defesa, dada a imensa invasão do Estado na esfera de direitos do cidadão.

A manutenção da medida de segurança como sanção penal não se justifica: partindo de um conceito de crime que engloba a culpabilidade, que impera no Brasil e nos principais sistemas europeus, não há sentido em aplicar sanção penal para aquele que não praticou crime, pois não basta a conduta típica e antijurídica. Além disso, a promiscuidade entre a pena e a medida de segurança faz com que muitas vezes a medida seja imposta com caráter retributivo, negando sua natureza e finalidade. Por fim, além do estigma de infrator que acompanhará o doente mental durante toda intervenção do Estado em sua vida, é evidente que o sistema penal não está preparado para lidar com questões de saúde mental. O sistema de saúde é o indicado, com profissionais especializados e ambiente propício. Basta refletir: qual será o grau de prioridade do gestor do sistema prisional – responsável pela custódia de centenas de milhares de detentos – para a questão de saúde mental? Diante da necessidade de vagas em presídios, escoltas, vigilância, armamento, alimentação... os específicos recursos para o doente mental são esquecidos.

Polêmica: a medida de segurança é um bem para o sentenciado, pois é um tratamento de saúde, ou é um mal, uma vez que restringe sua liberdade? Na doutrina tradicional prevalece que é um bem, pois consistiria em tratamento com o objetivo de provocar algum controle sobre a doença mental e, por consequência, sobre a dita periculosidade do sentenciado. Hoje, no entanto, é cada vez mais difícil sustentar tal teoria, que não passaria, de fato, de uma versão sem nenhum respaldo na realidade. A medida de segurança é considerada espécie de sanção penal, e impõe, na realidade, um grande suplício ao sentenciado. Sustentamos, assim, que a medida de segurança é um mal, e, assim, deve obedecer a todos os seculares princípios de direito penal, como subsidiariedade, humanidade, individualização da sanção, entre outros.

Nesse contexto, é hoje pacífica orientação de que a medida de segurança também se submete ao princípio da *non reformatio in pejus*, ou seja, em recurso exclusivo da acusação não pode ser imposta medida de segurança sem pedido expresso, e da mesma forma no recurso defensivo. Possível concluir, assim, que o STF admitiu que em alguns casos a pena pode ser sanção mais branda que a medida de segurança ao vedar a imposição da última mesmo que em substituição da primeira sem pedido da parte. Nesse sentido a Súmula 525 do STF: *A medida de segurança não será aplicada em segunda instância, quando só o réu tenha recorrido.*

É verdade que a referida súmula foi editada ainda sob a égide do sistema duplo-binário, e que queria evitar em recurso exclusivo da defesa a adição de "nova" medida de segurança àquele já condenado a uma pena. No entanto, a releitura da referida súmula em julgados posteriores à reforma da Parte Geral do Código Penal em 1984 permite concluir, como dito, que a medida de segurança pode ser mais gravosa que a pena e não poderá ser imposta em recurso exclusivo da defesa sem pleito específico:

> HC 111.769/SP Red. p/ o acórdão: Min. Cezar Peluso. Ação Penal. Condenação. Sentença condenatória. Pena restritiva de liberdade. Substituição por

medida de segurança. Determinação de exame de sanidade mental, determinada de ofício em recurso exclusivo do réu, que a não requereu. Inadmissibilidade. Coisa julgada sobre aplicação da pena. Decisão, ademais, viciada por disposição *ultra petita* e *reformatio in peius*. HC concedido. Aplicação da Súmula 525 do Supremo. Votos vencidos. Não é lícito aplicar medida de segurança em grau de recurso, quando só o réu tenha recorrido sem requerê-la.

Provida a apelação do acusado para absolvê-lo, impondo-se lhe, porém, medida de segurança, com internação em hospital psiquiátrico pelo prazo mínimo de três anos, considerando o acórdão inimputável o paciente. 4. Hipótese em que se caracteriza *reformatio in pejus*. Não houve recurso do Ministério Público (HC 74.874, Rel. Min. Néri da Silveira, 10-6-1997).

23.2 SISTEMAS DE APLICAÇÃO

Há dois sistemas de aplicação da medida de segurança:

Duplo binário: de acordo com esse sistema aplica-se a pena e a medida de segurança, cumulativamente. Poderia ser aplicada medida de segurança aos imputáveis, relacionada com a periculosidade diagnosticada em cada um.

Seria a solução para a velha indagação sobre o condenado que acaba de cumprir a pena, mas ainda não está "preparado" para a vida em sociedade. Seria assim aplicada medida de segurança até que aplacada sua periculosidade.

O sistema duplo binário foi afastado de nossa legislação penal na reforma de 1984.

Vicariante: de acordo com esse sistema aplica-se pena OU medida de segurança. Ou uma, ou outra, isto é, ou seja, a aplicação é alternativa.

É que a pena deve ser aplicada apenas àqueles capazes de compreender o caráter ilícito de fato e portar-se de acordo com tal entendimento ou, ainda, a pena só pode ser aplicada aos sujeitos capazes de compreender o caráter retributivo-preventivo da pena. Enfim, só há sentido que sofra as consequências da pena aquele que é capaz de receber a comunicação de censura e orientação de comportamento por parte do Estado.

Justificativa do sistema vicariante. Se o sujeito tem tal capacidade de compreensão ou, em outra abordagem, é um receptor válido da comunicação da sanção, será classificado como imputável, e receberá pena. Se não tem a referida capacidade ou, ainda, não é um receptor viável da comunicação da pena, será classificado como inimputável e receberá medida de segurança. Ao semi-imputável será aplicada ou pena, ou medida de segurança, variando a sanção de acordo com sua pertinência para as peculiaridades do caso.

O sistema adotado entre nós é o vicariante. Assim, hoje, é inviável que alguém possa ter em seu desfavor um título executivo que trate de pena e outro que cuide de medida de segurança ao mesmo tempo. Se isso ocorre, ou a pena deve ser convertida em medida de segurança, ou a medida de segurança deve ser extinta para que somente a pena seja cumprida.

No caso dos semi-imputáveis, o juiz deve fundamentar a escolha da pena ou da medida de segurança, baseando-se no laudo pericial, embora não esteja vinculado às conclusões do perito, eis que em nosso sistema o juiz é o *peritum peritorum*.

Obs.: há recente acórdão do STJ admitindo a coexistência de pena e medida de segurança em desfavor do mesmo sentenciado. O entendimento é minoritário, e tem como fundamento a inexistência de *bis in idem* se as diversas sanções – pena e medida de segurança – forem oriundas de processos diferentes:

> **Durante o cumprimento de pena privativa de liberdade, o fato de ter sido imposta ao réu, em outra ação penal, medida de segurança referente a fato diverso não impõe a conversão da pena privativa de liberdade que estava sendo executada em medida de segurança.** Inicialmente, convém apontar que o sistema vicariante afastou a imposição cumulativa ou sucessiva de pena e medida de segurança, uma vez que a aplicação conjunta ofenderia o princípio do *ne bis in idem*, já que o mesmo indivíduo suportaria duas consequências em razão do mesmo fato. No caso em análise, evidencia-se que cada reprimenda imposta corresponde a um fato distinto. Portanto, não há que se falar em ofensa ao sistema vicariante, porquanto a medida de segurança refere-se a um fato específico e a aplicação da pena privativa de liberdade correlaciona-se a outro fato e delito (HC 275.635/SP, Rel. Min. Nefi Cordeiro, j. em 8-3-2016, *DJe* 15-3-2016).

Crítica ao entendimento do STJ: a opção pelo sistema vicariante em detrimento do sistema duplo-binário não se lastreia na (in)ocorrência de *bis in idem*, mas sim na opção por não impor medida de segurança aos imputáveis. Como já referido, se o autor do crime for capaz de compreender a ilicitude de sua conduta e por consequência a respectiva sanção, receberá pena, e se incapaz deve ser submetido à medida de segurança. A decisão criticada parte de premissa diversa e equivocada, e acaba por admitir que um inimputável cumpra pena, ou que um imputável seja submetido desnecessariamente a uma medida de segurança, em irracional e inadequada distribuição de sanções.

23.3 MEDIDA DE SEGURANÇA E SENTENÇA

O inimputável recebe medida de segurança em uma sentença absolutória imprópria, que assim é chamada porque absolve, eis que não reconhece a culpabilidade, mas impõe sanção, e por isso absolve impropriamente. A possibilidade de imposição da medida de segurança, mesmo na decisão absolutória, está prevista no art. 386, parágrafo único, inciso III, do Código de Processo Penal.

O semi-imputável recebe a pena ou medida de segurança em uma sentença condenatória.

No momento da condenação, deverá o magistrado fixar a pena conforme o sistema trifásico, e, então, esta deve ser diminuída de um a dois terços nos termos do art. 26, parágrafo único, do CP. Se o juiz entender incabível a medida de segurança, manterá a pena reduzida.

No entanto, se o juiz pretender impor medida de segurança ao semi-imputável, deve primeiro fixar a pena e diminuí-la nos termos do art. 26, parágrafo único, do CP, e depois substituí-la por medida de segurança, como manda o art. 98 do CP. Entre outras consequências, a determinação da pena, antes da conversão em medida de segurança, será base para o cálculo da prescrição em concreto, ou mesmo da pretensão executória (o tema é controverso; sobre o assunto ver tópico prescrição).

Resumindo:

Sistema vicariante		Sentença
Imputáveis	Pena	Condenatória
Semi-imputáveis	Pena ou medida de segurança	Condenatória
Inimputáveis	Medida de segurança	Absolutória

Importante lembrar que o menor de 18 anos está sujeito à legislação especial (ECA), recebendo as sanções lá previstas (medidas de proteção e socioeducativas).

Nos termos do art. 171 da Lei das Execuções Penais, a expedição da guia de execução (internação ou tratamento) para o início da medida de segurança só ocorrerá após o trânsito em jugado da decisão que a impôs. Em outras palavras, não se admite início do cumprimento de medida de segurança antes do trânsito em julgado da decisão (condenatória ou absolutória imprópria) que a impõe. Nesse sentido o STJ:

> Destaque-se que a medida de segurança é uma espécie de sanção penal ao lado da pena, logo não é cabível, no ordenamento jurídico, sua execução provisória, pois a LEP (arts. 171 e 172) determina a expedição de guia pela autoridade judiciária para a internação em hospital psiquiátrico ou submissão a tratamento ambulatorial, o que só se mostra possível depois do trânsito em julgado da decisão. Precedentes citados do STF: HC 90.226/SP, *DJe* 14-5-2009; HC 84.078/MG, *DJe* 26-2-2010; HC 98.166, *DJe* 18-6-2009, e do STJ: HC 103.429/SP, *DJe* 23-3-2009 (HC 226.014/SP, Rel. Min. Laurita Vaz, j. em 19-4-2012).

Pressupostos para aplicação da medida de segurança: não basta ser considerado inimputável em um processo penal para que se afirme a necessidade de medida de segurança. Há necessidade de outros requisitos, como a prática de injusto penal. Em seguida, vamos organizar e analisar os pressupostos arrolados pela doutrina.

1) Prática de injusto penal: deve estar demonstrada a prática de fato típico e antijurídico.

Se não há injusto penal, não se impõe medida de segurança apenas pelo fato de ter doença mental ou desenvolvimento mental incompleto ou retardado, pois dessa forma o sujeito seria sancionado pelo que é, e não pelo que fez.

Ora, se o imputável pode praticar fatos atípicos ou mesmo típicos, desde que acobertados por excludentes de antijuridicidade, é claro que o inimputável também merece tal proteção. A inimputabilidade deve ser benéfica, e não maléfica, em seus efeitos penais. Assim, apenas na situação em que o imputável teria praticado fato típico e antijurídico (injusto penal), e por isso poderia ser punido, é que o inimputável poderá receber medida de segurança.

Na síntese de Paulo Queiroz: "em homenagem aos princípios constitucionais, em especial o princípio da igualdade, em nenhuma hipótese será cabível a medida se, na mesma situação, não couber, por qualquer motivo, a aplicação da pena" (*Introdução crítica ao direito penal*, p. 417).

2) Periculosidade: a periculosidade costuma ser entendida como a potencialidade para a prática de novos atos lesivos, ou probabilidade que o agente tem de praticar novas infrações.

A periculosidade é classificada na doutrina como legal (presumida) e judicial (real).

Ao inimputável que pratica injusto penal a periculosidade é presumida pela lei e, por isso, classificada como periculosidade legal.

No caso do semi-imputável que pratica injusto penal, a periculosidade deve ser avaliada caso a caso pelo perito e então valorada pelo juiz, motivo pelo qual é chamada de periculosidade judicial.

A não imputabilidade: incapacidade plena ou parcial para ser responsabilizado, ou seja, o sujeito deve ser portador de doença mental ou desenvolvimento incompleto ou retardado capaz de afastar ou diminuir a capacidade de compreender o caráter ilícito do que faz ou portar-se de acordo com tal entendimento no momento da prática da conduta, nos termos do art. 26 do CP.

Utiliza-se normalmente o termo periculosidade preferencialmente para os inimputáveis ou semi-imputáveis, eis que o conceito se consagra na Escola Positiva-determinista, com Garofalo, que acreditava ser possível o diagnóstico das causas do crime e a busca de um tratamento no futuro, raciocínio que se adaptaria mais facilmente hoje à doença mental ou ao desenvolvimento mental incompleto ou retardado.

Embora seja usual o emprego do termo também para qualificar imputáveis (principalmente nas discussões sobre progressão de regime), trata-se de imprecisão técnica bastante criticada na doutrina atual, pois confunde o problema da socialização com patologia, o que nem sempre (ou apenas na minoria das vezes) é correto. A expressão periculosidade deveria, a nosso ver, ser isolada para uso específico para os não imputáveis.

No caso do semi-imputável, a necessidade de medida de segurança vem apoiada pela demonstração (controversa) de que o sujeito, em decorrência de sua menor capacidade de autodeterminação, é perigoso. De outra forma, deverá ter somente a pena

reduzida. Esse é o critério eleito para permitir ao julgador escolher, no caso do semi-
-imputável, entre a pena reduzida e a medida de segurança.

A medida de segurança está vinculada à atualidade da periculosidade. Assim, se passado longo tempo desde a prática do injusto até o início do cumprimento da medida, há grande chance de estar cessada a periculosidade, e nova verificação da periculosidade deve ser realizada imediatamente, para que seja possível verificar se necessária e adequada a medida, bem como a espécie de medida de segurança adequada. Assim já entendeu o Superior Tribunal de Justiça:

> Não parece lógico internar uma pessoa – que, em princípio, não traz perigo à comunidade – cerca de 15 anos depois de ter cometido um crime, que se constituiu em episódio único na sua vida. Laudo médico assinalando que o caso reclama apenas tratamento ambulatorial, que não pode deixar de ser considerado. Ordem concedida para, cassando o acórdão impugnado, reformar a sentença monocrática, determinando a substituição da medida de segurança, imposta ao paciente, pela de tratamento ambulatorial pelo prazo de 01 ano, mediante condições a serem estabelecidas pelo juízo de 1º grau (STJ, HC 13.054/SP, 5ª T., Rel. Min. Gilson Dipp, *DJU* 14-10-2002).

23.4 PRAZOS

23.4.1 Prazo mínimo

Terá o prazo de duração mínima de 1 a 3 anos, após o qual será feito um exame de cessação da periculosidade.

Finda a periculosidade, o agente será liberado (tratamento ambulatorial) ou desinternado (internação). Se a conclusão da perícia for negativa, ou seja, se o sujeito persiste "perigoso", o exame renovar-se-á a cada ano, nos termos do art. 97, § 2º, do CP.

Entende-se que o prazo mínimo é relativo ou impróprio, pois, quando as evidências apontarem nesse sentido, o exame poderá ser antecipado a qualquer tempo, ou seja, o primeiro exame poderá ser realizado antes do prazo mínimo fixado na sentença, ou os exames seguintes poderão ser realizados antes do intervalo de 1 ano (art. 176, da LEP, e art. 97, § 2º, do CP).

Se o tratamento ambulatorial for convertido em internação, o prazo mínimo será de 1 ano, conforme art. 184 da LEP.

23.4.2 Prazo máximo

O prazo máximo da medida de segurança era um dos mais polêmicos assuntos do Direito Penal, pois coloca em questão a natureza jurídica da medida de segurança, suas finalidades e o cotejo com o princípio constitucional da humanidade das penas. Hoje, felizmente, a Súmula 527 do STJ parece ter encerrado a polêmica:

Súmula 527: O tempo de duração da medida de segurança não deve ultrapassar o limite máximo da pena abstratamente cominada ao delito praticado.

Sempre defendemos tal entendimento. Com efeito, o raciocínio, parte do caráter evidentemente sancionatório da medida de segurança, tanto que restringe direitos e só é imposta para quem pratica injusto penal, e, no Estado Democrático de Direito, toda espécie de sanção penal há de ser limitada à dignidade humana, à legalidade e à certeza.

Aliás, basta um pequeno olhar para a realidade dos hospitais de custódia e tratamento para perceber que a medida de segurança é sentida pelo sancionado como um mal, e o recurso demagógico às teorias e às boas intenções de um eventual tratamento de saúde não pode ser subterfúgio para minimizar o princípio da culpabilidade e a necessidade de uma sanção proporcional à infração praticada.

Ora, se a sanção penal no caso do sujeito culpável, que recebe pena, tem limite, aquela imposta ao inimputável deve, com mais razão, ter limite certo e inferior àquele estabelecido para a pena. Outro entender seria sancionar o sujeito por ser inimputável, ou seja, sancionar pelo que é, e não pelo que fez, tratando-se de discriminação odiosa e inaceitável em um Estado Democrático.

Antes mesmo da Súmula 527 do STJ no Supremo Tribunal Federal já prevalecia que a medida de segurança não poderia ser indeterminada ou perpétua, pois seria admitido prazo superior a trinta anos, dada a vedação constitucional para penas de caráter perpétuo (art. 5º, XLVII). Vale lembrar que na nova redação do art. 75 do Código Penal o limite é de 40 anos.

Ainda que não seja considerada pena, visto que realmente não busca retribuir o mal do crime, a medida de segurança também é uma restrição de direitos imposta pelo Estado em decorrência da prática de infração penal e, assim, também deve sofrer os efeitos do princípio da humanidade das penas, que deve ser sempre maximizado, como qualquer outro princípio constitucional, e impedir a medida de segurança sem prazo máximo, dada a proibição de pena (a Constituição fala em pena – art. 5º, XLVII) de caráter perpétuo.

Assim, se o art. 75 do Código Penal limitava o cumprimento da pena a trinta anos, a maximização do princípio constitucional impõe a adoção do mesmo limite temporal por analogia *in bonam partem*. Assim entendeu o STF: "A interpretação sistemática e teleológica dos arts. 75, 97 e 183, os dois primeiros do Código Penal e o último da Lei de Execuções Penais, deve fazer-se considerada a garantia constitucional abolidora das prisões perpétuas. A medida de segurança fica jungida ao período máximo de trinta anos" (HC 84.219/SP, Rel. Min. Marco Aurélio, j. em 16-8-2005).

Obs.: no caso dos semi-imputáveis, há setores da doutrina (Luiz Flávio Gomes, *Medida de segurança e seus limites*, p. 64 e ss.) defendendo que a medida de segurança deve ter como prazo máximo a pena substituída, pelos mesmos argumentos que hoje dão arrimo à Súmula 527 do STJ, ou seja: se a medida de segurança impõe maior sanção que a que seria cabível ao imputável, sanciona o sujeito pelo que é, e não pelo que ele fez, e o castiga por ser semi-imputável, o que evidentemente foge ao controle do indivíduo. Concordamos com tal entendimento.

Obs. 2: possível sustentar que a Súmula 527 é modesta no limite que fixa para a medida de segurança. Pacífico entendimento que a pena não pode ultrapassar o limite da culpabilidade, ou seja, ao fixar a pena dentro dos limites fixados na lei, o juiz não poderia ultrapassar a culpabilidade do condenado. Se o inimputável nem sequer é culpável, não se compreende a razão pela qual a pena a ser indicada como limite de cumprimento para a medida de segurança deve ser a máxima, e não a mínima. A pena máxima seria para condenados com máxima culpabilidade, e o inimputável não é culpável. Possível concluir que, diversamente do que indica a Súmula 527 do STJ (que com grandes méritos muito humanizou a medida de segurança), o prazo máximo da medida de segurança deveria ser a pena mínima cominada ao crime, e não a máxima.

Vale lembrar que o **entendimento tradicional, majoritário no Brasil por séculos, indicava a inexistência de prazo máximo**, ou seja, deveria perdurar a medida de segurança enquanto presente a periculosidade.

A primeira justificativa do presente entendimento é de que não há previsão legal de prazo máximo, ou seja, foi clara a intenção do legislador em estabelecer o prazo indeterminado, permitindo que a medida de segurança perdure até o controle da periculosidade do sentenciado.

Não confrontaria com o princípio da humanidade das penas e com a vedação de penas de caráter perpétuo, pois a medida de segurança não é pena, não tem sentido de mal que retribui o mal e por isso não precisa ser proporcional ao crime. Pelo contrário, a medida de segurança é um tratamento oferecido não só em nome da sociedade, mas também em favor do infrator, para que ele possa se curar, ou controlar seu mal, e reingressar à sociedade, ou seja, se a medida de segurança é um tratamento de saúde, não há como limitá-la temporalmente. Como qualquer outro tratamento médico, apenas as circunstâncias de cada caso é que poderão orientar a possibilidade de alta, ou seja, de liberação.

Nas palavras de Rogério Greco: "assim, da mesma forma que aquele que pratica um fato definido como crime de homicídio pode retornar ao convívio em sociedade com apenas, por exemplo, dois anos depois de ter sido internado em Hospital de Custódia e Tratamento Psiquiátrico, depois de ter sido verificada a cessação de sua periculosidade, aquele que após vinte anos de internação, se não estiver apto a deixar o tratamento a que vem sendo submetido, pois ainda não cessada a sua periculosidade, deverá nele permanecer" (*Curso de direito penal*, v. 1, p. 645).

Nesse sentido decidiam os tribunais: (STJ) "A medida de segurança prevista no Código Penal é aplicada ao inimputável, no processo de conhecimento e tem prazo indeterminado, perdurando enquanto não for averiguada a cessação da periculosidade" (STJ, HC 41.269/SP, Rel. Min. Gilson Dipp, *DJ* 29-8-2005).

23.5 MEDIDA DE SEGURANÇA DECORRENTE DE SUPERVENIÊNCIA DE DOENÇA MENTAL DURANTE O CURSO DA PENA

Se durante o cumprimento da pena o sujeito passa a sofrer de distúrbio psíquico, deve ser feita a pertinente avaliação de sua gravidade e, em especial, o prognóstico de seu tratamento. Se o tratamento é simples e temporário, o condenado será tratado no próprio estabelecimento carcerário ou mesmo em hospital apropriado, mas, vencido o tratamento, voltará ao curso normal do cumprimento da pena. No entanto, se o distúrbio é perene, e houver necessidade de tratamento prolongado e especial atenção, a pena deverá ser convertida em medida de segurança, nos termos do art. 183 da LEP.

No caso de medida de segurança imposta em razão de superveniência de doença mental durante o cumprimento da pena, prevalece que o limite da medida de segurança decorrente de conversão não pode ultrapassar a duração da pena substituída, como já decidiu o STJ:

> Se no curso da execução da pena privativa de liberdade sobrevier doença mental ou perturbação da saúde mental do condenado, o juiz poderá determinar a substituição da pena por medida de segurança, a teor do disposto no art. 183, da Lei de Execuções Penais. A duração dessa medida substitutiva não pode ser superior ao tempo restante para cumprimento da reprimenda. Precedentes do STJ. Assim, ao término do referido prazo, se o sentenciado, por suas condições mentais, não puder ser restituído ao convívio social, o juiz da execução o colocará à disposição do juízo cível competente para serem determinadas as medidas de proteção adequadas à sua enfermidade (art. 682, § 2º, do Código de Processo Penal) (STJ, HC 31.702/SP, 5ª T., Rel. Min. Laurita Vaz, *DJU* 5-4-2004, p. 297).

O raciocínio é que não se poderia permitir ao Estado se aproveitar da superveniência de doença mental, muitas vezes provocada ou estimulada pelas próprias condições do estabelecimento prisional, para manter a custódia do condenado por mais tempo, ou quiçá por tempo indeterminado.

Se o sujeito foi condenado a 8 anos de reclusão, esse é o tempo máximo de custódia estatal, ainda que haja conversão da pena em medida de segurança durante o cumprimento da sanção.

Há, no entanto, há posição em contrário, entendendo que deve ser aplicada a regra geral da medida de segurança com prazo indeterminado, eis que não há previsão legal excepcionando a hipótese. Nesse sentido o STJ:

> *HABEAS CORPUS*. MEDIDA DE SEGURANÇA. DOENÇA MENTAL SUPERVENIENTE. DENEGAÇÃO DA ORDEM. 1. O artigo 97, § 1º, do Código Penal, que trata, especificamente, da duração da internação ou do tratamento ambulatorial, impõe somente tempo mínimo de permanência em hospital de custódia e tratamento psiquiátrico, não precisando, como não precisa, qualquer prazo máximo da medida de segurança e, muito menos, que perdure tal medida até a data em que a pena antes imposta ao sentenciado seria cumprida. 2. Inexiste, advirta-se, disposição legal dando tratamento diferenciado à medida de segurança aplicada na sentença condenatória e aqueloutra imposta na execução penal. 3. Ordem denegada (STJ, HC 9.829/SP, 6ª T., Rel. Min. Hamilton Carvalhido, *DJU* 26-8-2002).

No caso de superveniência de doença mental durante o cumprimento da pena, com conversão da pena em medida de segurança, sustentamos que a cessação de periculosidade não pode resultar em "reconversão" da medida de segurança em pena, pois:

a) sob o prisma formal, não há previsão legal para tal operação. A lei regulamenta apenas a conversão da pena em medida de segurança, e não a conversão de medida de segurança em pena;

b) sob o prisma material, é necessário lembrar que a medida de segurança busca, em tese, cuidar da saúde mental daquele que é submetido à medida. O tratamento exige, sempre, disposição e adesão do próprio tratado ou internado, pois sua resistência é obstáculo (quase) intransponível para o sucesso de um tratamento de doença mental. Ora, se é assim, a conversão da medida de segurança em pena é irracional, pois não se imagina que o retorno à masmorra da prisão seja o "prêmio" ou objetivo a ser alcançado pelo internado, que se entregaria totalmente ao tratamento e empreenderia esforços para poder voltar... para a prisão.

O Superior Tribunal de Justiça, no entanto, já decidiu em sentido contrário, determinando a reconversão da medida de segurança em pena no caso de cessação da periculosidade na medida de segurança imposta em razão de superveniência de doença mental: STJ, AgRg no HC 519.917/SP, 5ª T., Rel. Min Ribeiro Dantas

23.6 DESTINO DO SENTENCIADO APÓS O PRAZO MÁXIMO DA MEDIDA DE SEGURANÇA

Aceito o prazo máximo, se alcançado, deve ser arquivada a execução penal respectiva, ou seja, não há mais sanção penal a cumprir.

No caso, se o internado não tem condição de se reintegrar à sociedade, devem ser tomadas as medidas civis que garantam a continuidade de seu tratamento. No caso, o STF já entendeu que a legitimidade para propor tal ação não é do Ministério Público, mas, sim, da Defensoria Pública:

> O Ministério Público não possui legitimidade para propor ação civil pública com o fim de obter internação compulsória, para tratamento de saúde, de portador de alcoolismo. Tendo em conta as peculiaridades do caso, entendeu-se que, nos termos do art. 127, *caput*, da CF, a situação dos autos não estaria incluída na competência do *parquet*, haja vista não se tratar de interesse social indisponível, de defesa da ordem pública ou do regime democrático. Enfatizou-se, ainda, a existência de defensoria pública na localidade, a qual competiria a tutela desse interesse. Vencido o Min. Marco Aurélio, relator, que, por reputar presente a proteção de direito individual indisponível, assentava a legitimação do órgão do Ministério Público para a ação intentada (RE 496.718/RS, Rel. orig. Min. Marco Aurélio, Rel. p/ o acórdão Min. Menezes Direito, j. em 12-8-2008).

23.7 MOMENTO DA APLICAÇÃO DA MEDIDA DE SEGURANÇA

Se ao tempo da prática delitiva o sujeito era inimputável, será absolvido de forma imprópria, e será aplicada a medida de segurança. Se era semi-imputável, será condenado, e a pena reduzida ou convertida em medida de segurança (sistema vicariante).

Se há superveniência de doença mental após a prática delitiva, mas antes da decisão definitiva, o processo deverá ser suspenso até que o sujeito se recupere (art. 152

do CPP), não sendo imposta medida de segurança, embora possível no caso a internação, se necessária (art. 152, § 1º, do CPP):

> Art. 152. Se se verificar que a doença mental sobreveio à infração o processo continuará suspenso até que o acusado se restabeleça, observado o § 2º do art. 149.
>
> § 1º O juiz poderá, nesse caso, ordenar a internação do acusado em manicômio judiciário ou em outro estabelecimento adequado.

Se a doença mental acomete o sujeito durante o cumprimento da pena, como visto, são viáveis duas providências:

1ª) Tratamento no próprio local de cumprimento de pena ou internação em estabelecimento adequado até a recuperação, o que deve ser feito no caso de perturbações com menor seriedade ou com caráter transitório. Nesse caso, o sentenciado continua cumprindo "pena", e retorna ao estabelecimento prisional com a melhora do quadro.

2ª) Conversão da pena em medida de segurança (art. 183 da LEP) – medida irreversível; a partir de então o sujeito ficaria submetido ao regime das medidas de segurança, com prazo mínimo de 1 ano.

23.8 ESPÉCIES DE MEDIDA DE SEGURANÇA

São duas:

Medida de segurança detentiva: consiste na internação em hospital de custódia e tratamento psiquiátrico.

Medida de segurança restritiva: é a submissão a tratamento ambulatorial.

A detentiva, pela letra do Código Penal, é obrigatória nos crimes apenados com reclusão, nos termos do art. 97 do CP.

Se o crime for apenado com detenção, pela letra do mesmo art. 97 do CP, o juiz escolhe entre a internação ou o tratamento ambulatorial, devendo ser reservada a internação apenas no caso de necessidade e adequação da medida.

Há posição doutrinária (Duek; Penteado, *Nova proposta para aplicação de medida de segurança aos inimputáveis*, p. 10) e jurisprudencial no sentido de afastar a referida imposição legal de internação, quando a infração é punida com reclusão, e escolha pela mais adequada, quando punida com detenção, com o que concordamos, pois, se suficiente o simples tratamento, a internação se torna ilegítima. É que não há qualquer relação entre a adequação do tratamento ao sujeito, e mesmo sua periculosidade, com a espécie de pena cominada ao crime praticado. O sujeito pode ter praticado infração punida com reclusão e ter tratamento adequado que não a internação. Aliás, dependendo das circunstâncias, a internação pode ser prejudicial. É clara a irracionalidade e inconsistência do dispositivo legal, que, por violar o direito humano do sentenciado portador de distúrbio psíquico ao tratamento adequado, deve ser afastado. Assim, o fato de o crime ser punido com reclusão não pode resultar em internação inadequada e desnecessária. A espécie de medida de segurança deve(ria) variar de acordo com a necessidade do sujeito.

Por fim, com a vigência da Lei n. 10.216/2001 (chamada lei antimanicomial), entendemos que tal imposição de internação no caso de crimes punidos com reclusão foi revogada pelo art. 4º da referida lei, que define: "A internação, em qualquer de suas modalidades, só será indicada quando os recursos extra-hospitalares se mostrarem insuficientes". Nesse sentido o STJ:

> Na fixação da **medida de segurança** – por não se vincular à gravidade do delito perpetrado, mas à periculosidade do agente –, cabível ao magistrado a opção por tratamento mais apropriado ao inimputável, independentemente de o fato ser punível com reclusão ou detenção, em homenagem aos princípios da adequação, da razoabilidade e da proporcionalidade (art. 26 e 97 do CP) (REsp 1.266.225. Contra: STJ HC 150.887).

Sobre a lei manicomial e seu reflexo na medida de segurança, foi aprovada tese no II Encontro Estadual de Defensores Públicos do Estado de São Paulo, apresentada pela Defensora Pública Maria Fernanda dos Santos Elias Maglio, defendendo que incumbe ao médico, e não ao magistrado, a definição sobre a necessidade da internação (www.defensoria.sp.gov.br).

Durante o cumprimento da medida de segurança detentiva, havendo avaliação no sentido da viabilidade e adequação da transferência do internado para simples tratamento ambulatorial, a transferência deve ser realizada. Pelas mesmas razões, se insuficiente o tratamento ambulatorial, é possível a conversão para internação (art. 97, § 4º, do CP).

É rotineira a adoção, em todo Brasil, do procedimento da desinternação progressiva, segundo o qual o sentenciado internado retorna gradativamente ao convívio social, em primeiro por poucos dias, até que a medida de segurança é transformada em tratamento ambulatorial e, enfim, quando ocorre a cessação da periculosidade – se não alcançado o prazo máximo hoje reconhecido – extinta.

23.8.1 A desinternação progressiva

A internação em instituição total, como é o hospital de custódia e tratamento (que substituiu o manicômio judiciário), provoca perda gradativa da autonomia e da personalidade, mediante institucionalização. O indivíduo perde a iniciativa, e passa a ser dependente da instituição mesmo para ações básicas, com a definição do horário para acordar, como comer e quando se higienizar. É claro que a institucionalização impede, por consequência, a inserção construtiva do sujeito na sociedade, gerando risco à saúde do egresso, sua capacidade de desenvolvimento e, em muitos casos, caracterizando-se como fator criminógeno.

Buscando evitar os efeitos deletérios da institucionalização, a Lei Antimanicomial traz o princípio da desinternação progressiva:

> (Lei n. 10.216/2001) Art. 5º O paciente há longo tempo hospitalizado ou para o qual se caracterize situação de grave dependência institucional, decorrente de seu quadro clínico ou de ausência de suporte social, será objeto de política específica de alta planejada e reabilitação psicossocial assistida, sob responsabilidade da autoridade sanitária competente e supervisão de instância a ser

definida pelo Poder Executivo, assegurada a continuidade do tratamento, quando necessário.

Consiste o regime de desinternação progressiva na autorização para sair do estabelecimento hospitalar para atividades junto aos familiares ou passeios ou visitas programadas, buscando minimizar os gravames da institucionalização. A periodicidade da saída será estabelecida pela equipe de saúde.

Partindo da previsão legal, entende-se que a desinternação progressiva é direito do interno, assim que presente a viabilidade médica:

> STF – A Turma deferiu, em parte, *habeas corpus* para determinar seja o paciente – portador de esquizofrenia paranoide, a quem imposta medida de segurança – transferido para hospital psiquiátrico que disponha de estrutura adequada para o regime de desinternação progressiva, nos termos da Lei 10.216/2001, a qual dispõe sobre a proteção e os direitos das pessoas portadoras de transtornos mentais. Na espécie, por ter atentado, em diversas ocasiões, contra a integridade física de sua mãe e de seu irmão (CP, art. 132), o paciente fora submetido a medida de segurança em 1977, sendo posto em liberdade, em 1991. Porém, em razão de haver ameaçado a integridade física de seus pais, fora novamente internado no ano seguinte. Observou-se que, na espécie, o último laudo psiquiátrico informara que, apesar de persistir a periculosidade do agente, esta se encontraria atenuada, de modo a indicar ser cabível a adoção da desinternação progressiva (HC 98.360/RS, Rel. Min. Ricardo Lewandowski, j. em 4-8-2009).

23.9 EXAME DE CESSAÇÃO DA PERICULOSIDADE

É regulado pelo art. 175 da LEP, que determina que um mês antes do período mínimo da medida de segurança a autoridade administrativa deve enviar ao juiz relatório instruído com laudo psiquiátrico para permitir o correto julgamento sobre a permanência ou não da medida.

Determina ainda o inc. III do mesmo art. 175 que deverão ser ouvidos, então, o Ministério Público e o curador ou defensor do sentenciado, sendo que, em nosso entender, dados os princípios do contraditório e da ampla defesa, a oitiva do curador é recomendável, mas não substitui a manifestação da defesa técnica.

Se o relatório não for suficiente a convencer o juiz sobre a correta decisão, poderá determinar diligências complementares.

Se o exame for pela cessação da periculosidade, e o juiz o acatar, será deferida a liberdade condicional.

23.10 LIBERAÇÃO CONDICIONAL E RESTAURAÇÃO DA MEDIDA

Liberado (ou desinternado) o agente, a medida de segurança poderá ser restaurada, se antes do decurso de 1 ano o agente praticar qualquer fato indicativo de sua periculosidade (não é necessária a prática de crime, bastando qualquer fato que indique que continua perigoso).

Muito comum que parentes do sentenciado toxicômano procurem as autoridades denunciando fatos que podem não configurar crime, ou ainda infrações isentas de pena (como furto de objetos de familiares cuja pena é afastada pelo art. 181 do CP), mas que são suficientes a ensejar a retomada da medida de segurança, com possível reinternação.

Nesse caso, é possível ao magistrado deixar de determinar a reinternação e fixar condições especiais para maior controle da situação do liberado, se entender que a medida é mais adequada para as circunstâncias do caso.

23.11 LIBERAÇÃO OU DESINTERNAÇÃO DEFINITIVA

Apenas com o término do período de liberação condicional é que o juiz decretará extinta a medida de segurança.

Prevalece que o agravo interposto contra a decisão que determina a liberação do submetido à medida de segurança detentiva ou de tratamento ambulatorial tem excepcional efeito suspensivo, pela redação do art. 179 da LEP, que condiciona o efeito ao trânsito em julgado.

Partindo da premissa de que o recurso de agravo ora comentado tem efeito suspensivo, o que ocorre se o recurso é improvido? Duas posições:

a) O lapso que permaneceu indevidamente sob medida de segurança será contado como de liberação condicional, não sendo necessário cumprir novo lapso de 1 ano. É que o sujeito não pode sofrer as consequências do inconformismo do Ministério Público (sem respaldo do Judiciário) com a liberação e não pode ser sancionado com a manutenção de ingerência estatal por maior tempo apenas porque foi interposto recurso.

b) Como não houve liberação condicional, o sujeito ainda não foi "testado" no normal convívio social e, assim, em prol da garantia do interesse social, deve ser submetido a novo "período de prova".

O juiz não pode condicionar a liberação à prova de condições materiais de subsistência. É que tal requisito não está na lei, e em nossa visão nem poderia, eis que grande parte da população brasileira trabalha no mercado informal e não tem como fazer prova de seu trabalho; ainda que desempregado e miserável, o indivíduo tem o direito de ter sua sanção penal extinta se alcançado seu objetivo, não sendo legítimo que a sanção perdure apenas em razão de sua condição econômica, o que seria equivalente a sancionar a pobreza.

Assim decidiu o STJ:

> PROCESSUAL PENAL. MEDIDA DE SEGURANÇA. RÉU QUE, NO CURSO DA EXECUÇÃO, E ACOMETIDO DE DOENÇA MENTAL. ACÓRDÃO QUE RECONHECEU O TÉRMINO DA MEDIDA DE SEGURANÇA, SUBSTITUTIVA DA PENA (ART. 183 DA LEP), CONDICIONANDO, PORÉM, A EXTINÇÃO DA MEDIDA A COMPROVAÇÃO DE QUE O RÉU TENHA CONDIÇÕES MATERIAIS PARA SER COLOCA-

DO EM LIBERDADE. Alternativa que, embora louvável, torna-se de difícil aceitação por impor restrição a liberdade, sem previsão legal. Conhecimento e provimento do recurso para declarar extinta a pena. Por unanimidade, conhecer do recurso e dar-lhe provimento (STJ, REsp 38.646, Proc. 1993.00.253484/SP, 5ª T., Rel. Min. Assis Toledo, *DJU* 21-3-1994, p. 5497).

23.12 FALTA DE VAGAS PARA INTERNAÇÃO

O art. 99 do CP é claro em estabelecer que "o internado será recolhido a estabelecimento dotado de características hospitalares e será submetido a tratamento".

O sujeito não pode permanecer em estabelecimento prisional pela falta de vagas em hospital de custódia, uma vez que não lhe foi imposta pena: "O inimputável submetido à medida de segurança de internação em hospital de custódia e tratamento psiquiátrico não poderá cumpri-la em estabelecimento prisional comum, ainda que sob a justificativa de ausência de vagas ou falta de recursos estatais. Isso porque não pode o paciente ser submetido a situação mais gravosa do que aquela definida judicialmente. Precedentes citados: HC 211.750/SP, 6ª T., *DJe* 26-10-2011; HC 207.019/SP, 5ª T., *DJe* 31-8-2011" (HC 231.124/SP, Rel. Min. Laurita Vaz, j. em 23-4-2013).

Aguardar o cumprimento da medida de segurança já imposta em estabelecimento prisional significa impor castigo a quem reconhecidamente não o merece, e sem amparo legal, o que tangencia com as figuras delitivas da tortura e do abuso de autoridade.

Tamanha a gravidade da questão que o STJ já entendeu que, se impossível a internação em local adequado, deve ser convertida a internação em tratamento ambulatorial: "Ordem parcialmente concedida para que seja determinada a imediata internação do sentenciado em hospital de custódia e tratamento psiquiátrico, ou, à falta de vagas, para que o Juízo da Execução, ajustando-a, à luz do art. 96, inciso I, do Código Penal, transfira-o para outro estabelecimento adequado, permitindo, inclusive, em caso de total impossibilidade, com as cautelas devidas, a substituição da internação por tratamento ambulatorial" (STJ, HC 18.803/SP, 6ª T., Rel. Min. Hamilton Carvalhido, *DJU* 24-6-2002).

É claro que é possível discordar do entendimento presente no acórdão colacionado, sob o argumento de que a segurança da sociedade não pode sucumbir diante de sujeitos perigosos, pagando o preço pela inércia do Estado.

23.13 MEDIDA DE SEGURANÇA E CAUSAS EXTINTIVAS DA PUNIBILIDADE

Nos termos do art. 96, parágrafo único, do Código Penal, extinta a punibilidade, não se impõe medida de segurança nem subsiste a que tenha sido imposta.

Assim, todas as causas extintivas da punibilidade que se referem às penas também podem ser aplicadas às medidas de segurança, inclusive, majoritariamente, a prescrição (sobre o tema, *vide* prescrição da medida de segurança, no capítulo sobre prescrição).

23.14 A RESOLUÇÃO N. 487/2023 DO CNJ

Em fevereiro de 2023, foi editada, pelo CNJ, a Resolução n. 487, que busca dar grande passo civilizatório para o tratamento penal dispensado às pessoas com transtornos mentais. A resolução busca concretizar – entre outras normas e compromissos internacionais – a Lei Antimanicomial (Lei 10216/01), a Convenção contra a Tortura e Outros Tratamentos ou Penas Cruéis, Desumanos e Degradantes (1984), o Ponto Resolutivo 8 da sentença da Corte Interamericana de Direitos Humanos proferida no caso Ximenes Lopes vs. Brasil, o Estatuto da Pessoa com Deficiência (Lei n. 13.146/2015) e o Relatório do Alto Comissariado para os Direitos Humanos das Nações Unidas, apresentado na 34ª Sessão da Assembleia Geral da ONU em janeiro de 2017.

A inspiração da resolução é antimanicomial, e, na medida de segurança, o objetivo primário é extinguir a internação em estabelecimento asilar estigmatizado, como são os manicômios e/ou hospitais de custódia, que, em um país periférico como o Brasil, resulta, invariavelmente, em tratamento degradante, pois não há investimento necessário no cuidado dos internos. Em busca de tal objetivo, a resolução impõe importantes ações, dentre as quais merecem destaque:

a) no prazo de 6 meses, a autoridade judicial competente deve determinar a interdição parcial de estabelecimentos, alas ou instituições congêneres de custódia e tratamento psiquiátrico, com proibição de novas internações em suas dependências. Em 12 meses, deverão ser declarados a interdição total e o fechamento dessas instituições (art. 17);

b) a modalidade de medida de segurança deve ser, sempre, a mais adequada ao tratamento de saúde da pessoa acusada (art. 11), não mais importando se a pena prevista para a infração penal é reclusão ou detenção, como já consolidou o STJ;

c) a medida de tratamento ambulatorial será priorizada em detrimento da internação (art. 12), como já mandava a lei antimanicomial (art. 4º da Lei n. 10.216/2001), e a internação ocorrerá em hipóteses absolutamente excepcionais (art. 13);

d) a internação será cumprida em leito de saúde mental em hospital geral, ou outro equipamento de saúde referenciado, cabendo ao Poder Judiciário atuar para que nenhuma pessoa com transtorno mental seja colocada em unidade prisional, ainda que enfermaria, ou seja submetida a internação em instituições asilares, como Hospitais de Custódia e Tratamento ou congêneres (art. 13, § 1º);

e) no caso de internação, a autoridade judicial deve manter interlocução constante com a equipe do estabelecimento de saúde, e devem ser realizadas avaliações biopsicossociais a cada 30 dias a fim de verificar a possibilidade de reversão do tratamento (art. 13, § 3º);

f) a internação cessará a critério da equipe de saúde multidisciplinar, caso em que será comunicada a alta hospitalar ao juízo (art. 13, § 2º);

g) não se deve impor ao sentenciado submetido a tratamento ambulatorial o ônus de comprovação do tratamento (art. 12), e eventuais interrupções no curso do tratamento devem ser compreendidas como parte do quadro de saúde mental, considerada a dinâmica do acompanhamento e circunstâncias locais (art. 12, § 2º).

Como é possível perceber, a resolução impõe imensa evolução à medida de segurança, que deixaria de ser prioritariamente privativa de liberdade e passaria a ser verdadeiro tratamento de saúde, sempre o menos invasivo possível, tendo como foco a saúde da pessoa e não a resposta ao anseio popular de resposta vingativa ao injusto. A pessoa com transtorno mental deixa de ser "varrida para debaixo do tapete", escondida e esquecida em estabelecimento asilar, pois o sistema de Justiça deve garantir, prioritariamente, sua dignidade e liberdade, e a custódia é lida como emergência, apenas em caso de "surto", com recomendação de revisão a cada 30 dias.

A extinção de hospitais de custódia e tratamento – que apenas renomearam os manicômios enquanto instituições asilares totais – é salutar e necessária, afastando o estigma necessariamente imposto aos internos, que são antes lembrados como infratores e apenas subsidiariamente como doentes. O tratamento de saúde mental deve ser realizado em instituições de saúde, e não em estabelecimentos penais.

O tratamento ambulatorial é, enfim, diferenciado das penas restritivas de liberdade/direitos, nas quais todo descumprimento de regra é castigado. Se a essência da medida é de tratamento, devem ser compreendidas as falhas do paciente como parte do processo, que exige maior atenção e cuidado por parte dos que prestam assistência à saúde, e não restrição de direitos e castigos ao doente.

Enfim, o cumprimento da resolução traria grande avanço civilizatório ao cuidado dos submetidos à medida de segurança. Infelizmente, há grande resistência à sua aplicação. O comodismo, o apego aos tabus que cercam a doença mental e até mesmo o poder de castigar, que é diminuído pela resolução, dificultam sua plena eficácia, ainda pouco lembrada no sistema de justiça.

CONCURSO DE CRIMES

Se há a prática de mais de um crime (*concursus delictorum*), para a aplicação das penas deverão ser seguidas as regras do concurso de crimes, e o cálculo da pena será regido pela espécie de concurso reconhecida. Na feliz expressão de Bitencourt: "O concurso de crimes dá origem ao concurso de penas" (*Tratado de direito penal*, v. 1, p. 605).

Há três espécies arroladas em nossa legislação: concurso material, concurso formal e crime continuado.

Não confundir: no crime habitual e no crime permanente não há concurso de crimes, mas apenas um crime. No crime permanente, o crime único tem consumação que perdura no tempo. No crime habitual, o crime único tem sua configuração condicionada à habitualidade da conduta descrita no tipo. Nos dois casos a dilação temporal não multiplica o número de figuras delitivas: há crime único, e não concurso de crimes.

No conflito aparente de normas, quando uma norma absorve a outra, o resultado é também apenas um crime.

Assim, afastada a possível confusão do tema com o crime continuado, o crime permanente e os casos de conflito aparente de normas, vale repisar: no presente tópico trataremos de concurso de crimes, ou seja, partiremos da premissa da existência de pluralidade de crimes.

24.1 CRITÉRIOS PARA APLICAÇÃO DAS PENAS

A aplicação das penas no concurso de crimes pode seguir quatro critérios:

1) **Cúmulo material:** as penas devem ser somadas. A princípio, é o critério intuitivo, e o que parece ser o mais justo. No entanto, frequentemente leva a resultados exagerados, com penas incompatíveis com os crimes praticados e inaptas a cumprirem os objetivos de ressocialização.

A crítica feita ao critério reside precisamente na imposição de penas dessocializadoras, que pela intensidade exagerada chegam a ferir o senso de justiça da comunidade.

2) **Cúmulo jurídico:** o cálculo da pena deveria observar o grau de intensidade de violação à norma jurídica. A pena resultante seria certamente maior que cada um dos crimes, mas menor que o resultado advindo do cúmulo material.

A crítica aponta para a imprecisão do critério, que tornaria insuportável o arbítrio judicial.

3) **Absorção:** a pena de um crime absorve a outra, sempre que a segunda for exagerada ou desnecessária para os fins do Direito Penal. No Brasil, a absorção de uma pena pela outra não é estudada no instituto do concurso de crimes, mas, sim, no conflito aparente de normas (sobre o tema, *vide* tópico específico no capítulo sobre teoria da lei penal).

A crítica denuncia a violação ao princípio da isonomia: absorvido, o crime menos grave é desprezado, e aquele que praticou o crime mais grave e também o menos grave (absorvido) terá a princípio a mesma condenação daquele só praticou o crime mais grave.

4) **Exasperação:** é aplicada a pena do crime mais grave aumentada em fração estipulada pela lei, para diferenciar a pena resultante do crime único daquela imposta pelo concurso de crimes.

O Brasil adota, a princípio, apenas os critérios de cúmulo material e de exasperação.

24.2 CONCURSO MATERIAL OU REAL

Nos termos do art. 69 do CP, o agente, mediante duas ou mais condutas, produz dois ou mais resultados, idênticos ou não.

Espécies:

a) homogêneo: os resultados são (crimes) idênticos, ou seja, mesmo tipo, como na prática de dois homicídios;
b) heterogêneo: os resultados são (crimes) diferentes, ou seja, tipos diferentes, como no exemplo da prática de um furto e de um estupro.

Se detectado o concurso material após a condenação definitiva em um dos delitos, o reconhecimento será feito em sede de execução penal, e então se fala em unificação das penas, e não mais em concurso de crimes.

Nos termos do art. 69, § 1º, do CP, se há concurso material de crimes e se para um deles foi imposta pena privativa de liberdade não suspensa, estará proibida a conversão da pena do outro crime em restritiva de direitos.

No concurso material entre dois crimes cujas penas aplicadas são restritivas de direitos, o condenado cumprirá simultaneamente as que forem compatíveis entre si e sucessivamente as demais, nos termos do art. 69, § 2º, do CP.

Aplicação da pena: sistema de cúmulo material – somam-se as penas.

É o método mais primitivo e intuitivo. Ao mal do crime o mal da pena, e se são vários os crimes, várias devem ser as penas, com repetição ilimitada.

Ao longo da História foi gradativamente criticado por permitir a imposição de penas intensas demais, mesmo quando os crimes eram pouco graves, mas em grande quantidade. Com isso, os cárceres ficavam cheios, impedia-se a ressocialização e o bom funcionamento do aparelho penitenciário. Ora, com a configuração de concurso material para o autor de 15 pequenos furtos em concurso de pessoas, a pena chegaria ao menos a 30 anos de reclusão, o que certamente acarretaria as consequências nefastas referidas.

Daí o reconhecimento das outras espécies de concurso de crimes, com hipóteses específicas, que sempre buscam abrandar a pena e, assim, alcançar uma sanção proporcional e adequada aos fins de prevenção do crime e reinserção social do condenado, como manda o art. 1º da LEP.

Assim, de início deve ser observado se há concurso formal ou concurso continuado entre os crimes. Com a resposta negativa, incidirá a regra (residual) do concurso material.

No caso de concurso entre crimes punidos com reclusão e detenção, diz a lei que será cumprida em primeiro a pena de reclusão (art. 69 do CP). Aliás, conforme art. 76 do CP, sempre que houver cumulação de penas, as sanções mais graves serão cumpridas antes das mais leves. Violando a clara letra da lei contra o réu (mais uma vez), o STJ tem decidido que é possível unificar, na execução penal, penas de reclusão e detenção, até mesmo para fixar regime inicial (AgRg no REsp 2.053.887).

24.3 CONCURSO FORMAL OU IDEAL

Quando o agente, mediante uma única conduta, produz dois ou mais crimes, idênticos ou não. O concurso formal pode ser classificado como próprio (perfeito) ou impróprio (imperfeito). A distinção, no entendimento consolidado do STJ, está no elemento subjetivo do agente, ou seja, na existência ou não de desígnios autônomos. Nesse sentido: HC 134.640/DF, AgRg no REsp 1.299.942/DF.

Espécies:

a) **Concurso formal perfeito:** os resultados derivam de um único desígnio.

E o que é desígnio? É o plano, o projeto, o propósito.

Desígnio é a representação que dá ensejo à conduta, é o objetivo principal do agente. Em uma interpretação precisa (nem sempre seguida), nos crimes dolosos é o chamado dolo direto de primeiro grau, ou seja, aquele que reflete o primeiro dos quatro momentos da ação finalista (ver teoria da conduta e teoria do dolo).

Assim, o motorista de ônibus que tem o desígnio de efetuar a ultrapassagem, mas escolhe meio equivocado, qual seja, o ingresso na pista contrária em local proibido, que resulta em choque com outro veículo e morte de dezenas de pessoas. Ora, como foi uma conduta com diversos resultados, há concurso formal. Como era único o desígnio (efetuar a ultrapassagem), que, aliás, não era enquanto fim ilícito, o concurso formal é perfeito.

Também se o sujeito planta uma bomba no carro de desafeto, imaginando que este sairá sozinho de casa, no entanto um terceiro lhe pede carona e, dentro do carro, também falece em decorrência da explosão: foram dois resultados com uma só conduta, e, assim, há concurso formal. Como havia apenas um desígnio, ou seja, a representação de um resultado motivava a ação, trata-se de concurso formal perfeito.

b) **Concurso formal imperfeito:** os resultados derivam de desígnios autônomos; deve sempre haver dolo.

Há controvérsia na doutrina sobre a necessidade de haver dolo direto ou se basta o dolo eventual para configurar o concurso formal imperfeito. Como já explanado, estão com a razão aqueles que impõem a necessidade de dolo direto, pois o dolo eventual não reflete o desígnio do sujeito, mas, sim, resultados colaterais previstos e tidos como possíveis ou prováveis e aceitos pelo sujeito (para mais detalhes, *vide* capítulo sobre o dolo).

Assim, imagine-se a hipótese: sujeito tem como representação de resultado querido a morte da vítima A, escolhe o meio X e prevê que o golpe possa ferir B. Se atingir A e B, deve responder pelo concurso formal perfeito, e não imperfeito, eis que não havia desígnio autônomo em relação a B.

No entanto, se o objetivo da ação é ferir A e B e o meio escolhido é X, alcançando os resultados, o sujeito deverá responder pelos crimes em concurso formal imperfeito, pois os resultados estavam autonomamente reconhecidos como objetivos que motivariam a ação, ainda que o meio escolhido X fosse comum.

Infelizmente, o STJ tem decidido que é suficiente para o reconhecimento do concurso formal imperfeito o dolo eventual (AgRg no AREsp 2.521.343-SP). Se adotada tal premissa, todo concurso formal entre crimes dolosos seria imperfeito. Só seria possível falar em concurso formal perfeito entre crimes culposos ou entre um crime doloso e outro(s) culposo(s).

Crítica(s): 1 – É um erro grave conceitual a aceitação do dolo eventual como caraterizador de desígnio. No dicionário, desígnio é a intenção, o propósito, a vontade, que é caracterizadora do dolo direto, e não assentimento ou consentimento, que caracterizam o dolo eventual. Tecnicamente, o desígnio é a representação de objetivo que orienta a conduta, que caracteriza o dolo direto (de 1º grau), e não o efeito colateral possível ou provável (e aceito) que tratamos como dolo eventual. 2 – Mais e ainda, a premissa geraria um superencarceramento insuportável até mesmo para os mais punitivistas, exponenciando a ineficiência do sistema punitivo: todos os furtos e roubos que atingissem dois ou mais patrimônios configurariam concurso formal imperfeito, e levariam à soma das penas, com resultados desproporcionais e insuportáveis para a oferta de vagas no sistema carcerário. Possível concluir que, quer pela melhor técnica, quer pela imposição dos limites da realidade carcerária (e a realidade deveria ser sempre importante limite para o sistema de justiça), o STJ deveria rever sua atual posição.

O concurso formal pode ser também classificado como homogêneo (resultados previstos no mesmo tipo) ou heterogêneo (tipos diversos).

Aplicação da pena:

a) **Concurso formal perfeito:** aplica-se a pena do mais grave ou qualquer delas, se idênticas, aumentando-a de um sexto (1/6) até a metade (1/2).

O sistema é chamado de exasperação da pena, no qual a pena do crime mais grave é tomada como base e há incremento em fração.

Prevalece que o aumento varia de acordo com o número de resultados. Para Fragoso, deve ser levada em conta a gravidade das infrações absorvidas.

b) **Concurso formal imperfeito:** somam-se as penas.

A justificativa para a menor pena no concurso formal perfeito vem exatamente do menor desvalor de conduta em face da unidade de desígnio, bem como da evidente intenção de abrandar o rigor do concurso material.

No caso do concurso formal imperfeito, a pluralidade de desígnios impõe um maior desvalor de conduta, que resulta em maior intensidade de pena.

Presente a pluralidade de desígnios, torna-se irrelevante que o resultado tenha sido atingido em uma ou várias ações, pois não seria razoável premiar o agente com uma pena mais branda simplesmente porque preferiu utilizar um instrumento capaz de atingir diversos objetivos lesivos (por exemplo, uma bomba), em vez de outro meio que exigisse várias condutas (por exemplo, uma faca).

24.4 CRIME CONTINUADO

Controversa a natureza jurídica do crime continuado, com ao menos três correntes doutrinárias digladiando-se sobre o tema:

1) Para alguns, trata-se de uma ficção jurídica por meio da qual uma série de condutas delitivas deve ser punida como se fosse uma só, desde que presentes

determinados requisitos, com o objetivo de buscar uma sanção proporcional, humana e compatível com objetivos ressocializadores.

2) Para uma segunda corrente, o crime continuado é uma realidade, ou seja, ele realmente existe no mundo fático, pois o sujeito imagina estar praticando um crime, tem um plano criminoso e apenas no plano objetivo é que, por inviabilidade prática, faz-se necessário um desdobramento de atos, como no exemplo do jovem que quer furtar 15 melancias, mas como não poderia carregá-las de uma só vez, divide a ação em 7 ou 8 momentos diferentes. Para essa corrente, o crime continuado é crime único, e só assim pode ser punido.

3) Bitencourt comenta a existência de uma terceira corrente, que reconhece no crime continuado não uma ficção jurídica nem uma realidade fática, mas, sim, uma realidade jurídica. Nos termos do referido autor, que critica a posição: "trata-se de uma figura própria e destina-se a fins determinados (...), não se cogita de unidade ou pluralidade de delitos, mas de um terceiro crime, que é o crime de concurso/crime continuado, cuja unidade delituosa decorre de lei" (*Tratado de direito penal*, v. 1, p. 608).

Prevalece no Brasil que o crime continuado é uma ficção.

Nos termos do art. 71 do CP, há continuidade delitiva quando o agente, mediante duas ou mais condutas, produz dois ou mais resultados da mesma espécie, os quais, pelas semelhantes condições de tempo, lugar e modo de execução podem ser tidos uns como continuação dos outros.

Requisitos:

a) **Crimes da mesma espécie:** são três as posições na doutrina, e curiosamente o STJ adota todas: uma como regra, e as demais em casos excepcionais:

1ª) Prevalece que são os previstos no mesmo tipo penal, não sendo suficiente a identidade de bens jurídicos. Não importa se na forma simples, qualificada ou privilegiada. É o entendimento consolidado, como regra, no STJ:

> Para a caracterização da continuidade delitiva, são considerados crimes da mesma espécie aqueles previstos no mesmo tipo penal. Precedentes: HC 240.630/RS, Rel. Min. Laurita Vaz, 5ª Turma, j. em 4-2-2014, *DJe* 17-2-2014; HC 162.672/MG, Rel. Min. Maria Thereza de Assis Moura, 6ª Turma, j. em 28-5-2013, *DJe* 6-6-2013; HC 224.395/MG, Rel. Min. Marco Aurélio Bellizze, 5ª Turma, j. em 15-12-2012, *DJe* 3-2-2012.

No mesmo sentido, consolidado entendimento pela inviabilidade de crime continuado entre o crime de roubo e o crime de extorsão:

STJ: Não há continuidade delitiva entre os crimes de roubo e extorsão, ainda que praticados em conjunto. Isso porque, nos termos da pacífica jurisprudência do STJ, os referidos crimes, conquanto de mesma natureza, são de espécies diversas, o que impossibilita a aplicação da regra do crime continuado, ainda quando praticados em conjunto. Precedentes citados: HC 281.130/SP, 5ª Turma, *DJe* 31-3-2014; e HC 222.128/MS, 6ª Turma, *DJe* 21-10-2013 (HC 77.467/SP, Rel. Min. Nefi Cordeiro, j. em 2-10-2014).

2ª) Necessário que esteja no mesmo capítulo e ofenda precisamente os mesmos bens jurídicos (roubo e extorsão, p. ex.). Roubo e latrocínio, pela diversidade de bens jurídicos, não poderiam configurar crime continuado. É também consolidado entendimento do STJ pela adoção de tal critério no específico caso da prática de crimes de roubo e latrocínio:

> Não é possível reconhecer a continuidade delitiva entre os crimes de roubo (art. 157 do CP) e de latrocínio (art. 157, § 3º, segunda parte, do CP) porque apesar de serem do mesmo gênero não são da mesma espécie. Precedentes: HC 240.630/RS, Rel. Min. Laurita Vaz, 5ª Turma, j. em 4-2-2014, *DJe* 17-2-2014; REsp 1.008.517/ RS, Rel. Min. Rogério Schietti Cruz, 6ª Turma, j. em 7-11-2013, *DJe* 26-11-2013; HC 223.711/SP, Rel. Min. Marilza Maynard (Desembargadora Convocada do TJ/SE), 6ª Turma, j. em 23-4-2013, *DJe* 25-4-2013.

3ª) Há posição minoritária (e benéfica ao réu) no sentido de que devem ser considerados da mesma espécie todos os que ofendem o mesmo bem jurídico, permitindo continuidade entre furto e roubo, aborto e homicídio etc. Galvão entende como da mesma espécie os constantes do mesmo capítulo na Parte Especial do Código Penal, o que acaba fazendo coincidir os bens jurídicos atingidos. Adotamos a presente posição. Curiosamente, é a posição consolidada pelo STJ apenas para determinados crimes contra a ordem tributária:

> É possível o reconhecimento de crime continuado entre os delitos de apropriação indébita previdenciária (art. 168-A do CP) e de sonegação de contribuição previdenciária (art. 337-A do CP). Precedentes: REsp 859.050/RS, Rel. Min. Rogerio Schietti Cruz, 6ª Turma, j. em 3-12-2013, *DJe* 13-12-2013; REsp 1.212.911/RS, Rel. Min. Sebastião Reis Júnior, 6ª Turma, j. em 20-3-2012, *DJe* 9-4-2012; REsp 1.339.222/RS (decisão monocrática), Rel. Min. Laurita Vaz, j. em 25-9-2013, *DJe* 2-10-2013.

b) **Condições semelhantes de lugar:** para a jurisprudência, são consideradas semelhantes condições de lugar bairros próximos e até cidades vizinhas. O STJ tem entendimento consolidado sobre o cabimento no caso de cidades vizinhas:

A continuidade delitiva pode ser reconhecida quando se tratar de delitos ocorridos em comarcas limítrofes ou próximas. Precedentes: HC 206.227/RS, Rel. Min. Gilson Dipp, 5ª Turma, j. em 6-10-2011, *DJe* 14-10-2011; HC 174.612/RS, Rel. Min. Laurita Vaz, 5ª Turma, j. em 31-5-2011, *DJe* 16-6-2011; HC 154.024/RS, Rel. Min. Celso Limongi (Desembargador Convocado do TJ/SP), 6ª Turma, j. em 31-8-2010, *DJe* 20-9-2010.

c) **Condições semelhantes de tempo:** o intervalo de até 30 dias entre um crime e outro é prazo consagrado pela jurisprudência. Assim, se o sujeito pratica um furto a cada 30 dias, a compreensão tradicional dos tribunais é pela possibilidade do crime continuado. É o entendimento consolidado no STJ:

A continuidade delitiva, em regra, não pode ser reconhecida quando se tratar de delitos praticados em período superior a 30 (trinta) dias. Precedentes: AgRg no AREsp 468.460/MG, Rel. Min. Sebastião Reis Júnior, 6ª Turma, j. em 8-5-2014, *DJe* 28-5-2014; HC 239.397/RS, Rel. Min. Laurita Vaz, 5ª Turma, j. em 8-4-2014, *DJe* 15-4-2014; RHC 38.675/SP, Rel. Min. Jorge Mussi, 5ª Turma, j. em 25-3-2014, *DJe* 2-4-2014.

Curioso observar que, se tardar mais de 30 dias para repetir a ação criminosa, o sujeito perde o benefício, o que pode causar estranheza, pois seria o castigo pela demora na prática de outra ação criminosa.

Os tribunais aceitam maior elasticidade no exame do caso concreto, como na hipótese de ações que não possíveis a cada 30 dias, mas apenas em intervalos maiores, como em determinados crimes tributários.

d) **Modo de execução semelhante:** deveria ser levada em consideração a mudança de comparsas, armas, qualificadoras etc.

O requisito não costuma ser examinado com rigor, salvo nos tribunais superiores. A continuidade delitiva acaba sendo buscada como forma de diminuir o rigor do concurso material e permitir mais rápida reintegração social, ou seja, o rigor da literalidade da lei acaba sendo minorado e adaptado às exigências da política criminal.

Polêmica: o requisito subjetivo do crime continuado. É necessário que na mente do agente um delito seja continuidade do outro? Em outras palavras, é exigida unidade subjetiva entre as várias condutas? Duas posições:

1ª) Pela letra do Código Penal, não.

Expressamente o Código Penal brasileiro adotou a teoria objetiva pura, ou seja, reconhecidos os requisitos objetivos expostos, deveria ser declarada a continuidade delitiva. É o que se extrai expressamente da exposição de motivos, que nos itens 58 e 59 trata do tema e no item 59 admite que foi adotada e mantida a teoria objetiva, apesar das críticas: "O critério da teoria puramente objetiva não revelou na prática maiores inconvenientes, a despeito das objeções formuladas pelos partidários da teoria objetivo-subjetiva".

Era esse também o entender tradicional do STJ: "O Código Penal sufragou a teoria objetiva (art. 71)" (STJ, REsp 54.834, 6ª T., Rel. Min. Luiz Vicente Cernicchiaro, *DJ* 15-5-1995).

2ª) Sim. Há posição jurisprudencial *contra legem* exigindo também o elemento subjetivo, sob o argumento de que de outra forma seria privilegiada a habitualidade delitiva. Nesse sentido a orientação consolidada do STJ:

> Para a caracterização da continuidade delitiva é imprescindível o preenchimento de requisitos de ordem objetiva – mesmas condições de tempo, lugar e forma de execução – e de ordem subjetiva – unidade de desígnios ou vínculo subjetivo entre os eventos (Teoria Mista ou Objetivo-subjetiva). RHC 43.601/DF, Rel. Min. Maria Thereza de Assis Moura, 6ª Turma, j. em 3-6-2014, *DJe* 18-6-2014; HC 292.875/AL, Rel. Min. Moura Ribeiro, 5ª Turma, j. em 10-6-2014, *DJe* 17-6-2014; HC 262.842/SP, Rel. Min. Laurita Vaz, 5ª Turma, j. em 8-5-2014, *DJe* 16-5-2014; HC 207.908/SP, Rel. Min. Regina Helena Costa, 5ª Turma, j. em 13-5-2014, *DJe* 19-5-2014.

O argumento tem especial sentido para os partidários da teoria retributiva da pena, que têm maior dificuldade em aceitar que várias lesões, ou seja, diversos males possam ser punidos como se fossem um só crime.

Há ainda na presente posição especial influência da teoria que compreende o crime continuado como uma realidade: ora, para que se possa tratar, no âmbito subjetivo, como um crime só, é clara a necessidade de que o plano criminoso seja realmente único.

De qualquer forma, partindo da relevância ou não do aspecto subjetivo para a caracterização da continuidade delitiva, nasce a necessidade do estudo das teorias sobre os requisitos que compõem o crime continuado.

24.4.1 Teorias sobre os requisitos do crime continuado

1) **Teoria objetiva:** apenas os dados objetivos devem ser considerados, como condições de tempo, lugar e modo de execução. É a teoria adotada pelo Código Penal brasileiro.

2) **Teoria subjetiva:** apenas o aspecto subjetivo deve ser considerado, ou seja, não importam as condições objetivas, mas tão somente que na mente do autor a sequência de atos fazia parte de um só crime globalmente considerado, um só plano criminoso.

3) **Teoria objetivo-subjetiva:** apenas a junção do dado subjetivo com as principais circunstâncias objetivas é capaz de configurar o crime continuado.

À revelia da lei, os tribunais têm empregado a segunda posição, com entendimento minoritário no sentido da terceira.

Para ilustrar a posição, vale apontar que é reconhecido o crime continuado se desde o início o plano criminoso tem um crime como continuação do outro, ou ainda se um crime tem relação de oportunidade com outro, pois facilita a sua prática, como no caso do ingresso forçado em uma casa para roubar, em que os roubadores aproveitam a localização da casa para ingressar em estabelecimento comercial vizinho com maior facilidade.

Nesse sentido, notícia publicada no STJ, em 14-9-2011,

> Reconhecimento de crime continuado reduz pena de condenado por roubo. A 6ª Turma do Superior Tribunal de Justiça (STJ) reconheceu a continuidade entre os crimes de roubo e tentativa de roubo e reduziu a pena de um condenado, de nove anos e cinco meses de reclusão, mais 30 dias-multa, para seis anos, sete meses e dez dias de reclusão, mais 19 dias-multa. O réu foi condenado por estar envolvido em roubo a uma residência, em Campina Grande (PB), onde os assaltantes, mediante ameaça com emprego de armas de fogo, renderam todos os moradores e lhes impuseram o uso de tranquilizantes, fazendo com que dormissem, após o que roubaram objetos pessoais e joias. Na sequência, segundo a denúncia, dirigiram-se ao prédio vizinho, pertencente a uma empresa especializada em segurança de valores, com o objetivo de assaltá-la, (...). Quanto à tese de continuidade delitiva, o relator destacou que tanto a denúncia quanto a sentença informam que, desde o início da arquitetura do crime, o objetivo era roubar a empresa, onde começaram a observar o movimento no estabelecimento (...) "o contexto fático leva à conclusão de que as infrações, da mesma espécie, e pelas condições de tempo, lugar e maneira de execução, foram cometidas de forma continuada, ou seja, a segunda infração (roubo tentado) nada mais constituiu do que o prolongamento da ação delitiva iniciada anteriormente na residência vizinha".

Aplicação da pena:

a) **Sistema de exasperação da pena:** aplica-se a pena do crime mais grave ou se idênticas qualquer uma delas, aumentada de 1/6 a 2/3. É o aplicado para o crime continuado comum, com os requisitos até aqui estudados. O critério de exasperação é o número de crimes, conforme entendimento sumulado no STJ:

> Súmula 659 – A fração de aumento em razão da prática de crime continuado deve ser fixada de acordo com o número de delitos cometidos, aplicando-se 1/6 pela prática de duas infrações, 1/5 para três, 1/4 para quatro, 1/3 para cinco, 1/2 para seis e 2/3 para sete ou mais infrações.

O STJ consolidou no Tema 1.202 (REsp 2.029.482) que, "no crime de estupro de vulnerável, é possível a aplicação da fração máxima de majoração prevista no art. 71, *caput*, do Código Penal, ainda que não haja a delimitação precisa do número de atos sexuais praticados, desde que o longo período de tempo e a recorrência das condutas permita concluir que houve 7 (sete) ou mais repetições".

b) **Crime continuado específico (qualificado):** é o crime continuado aplicado aos delitos dolosos cometidos com violência ou grave ameaça contra a pessoa em face de vítimas diferentes.

No crime continuado específico ou qualificado, aplica a mais grave das penas, ou qualquer delas, se idênticas, aumentando-a até o triplo. O critério para exasperação será não apenas o número de crimes, mas também as circunstâncias judiciais, conforme entendimento consolidado no STJ:

> Na continuidade delitiva específica, prevista no parágrafo único do art. 71 do CP, o aumento fundamenta-se no número de infrações cometidas e nas circunstâncias judiciais do art. 59 do CP. Precedentes: HC 277.283/SP, Rel. Min. Maria Thereza de Assis Moura, 6ª Turma, j. em 5-6-2014, *DJe* 24-6-2014; REsp 1.248.240/RS, Rel. Min. Sebastião Reis Junior, 6ª Turma, j. em 3-4-2014, *DJe* 15-4-2014; HC 265.960/SP, Rel. Min. Laurita Vaz, 5ª Turma, j. em 25-2-2014, *DJe* 12-3-2014; HC 127.463/MG, Rel. Min. Marilza Maynard, 6ª Turma, j. em 5-12-2013, *DJe* 16-12-2013.

Deve ser respeitado, nos termos do art. 71, parágrafo único, do Código Penal, o limite de 40 anos previsto no art. 75 do CP (30 anos se os crimes foram praticados antes de 23 de janeiro de 2020), para a exasperação da pena no crime continuado específico (ou qualificado).

Entende o STJ que não podem ser reconhecidos crime continuado comum e específico concomitantes. Assim, se reconhecida a continuidade específica entre estupros contra vítimas diferentes, deve ser aplicada exclusivamente a regra do art. 71, parágrafo único, do Código Penal, mesmo que em relação a cada uma das vítimas, especificamente, também tenha ocorrido a prática de crime continuado (REsp 1.471.651).

24.4.2 Prescrição e crime continuado

Para a contagem do prazo prescricional, também entra em evidência a discussão sobre a natureza jurídica do instituto.

Como já visto, discute-se se o reconhecimento da continuidade delitiva é uma ficção ou uma realidade. Parece-nos que a legislação brasileira se amolda melhor à postura da ficção, pois despreza a continuação em algumas situações: no caso de *novatio legis in pejus*, prevalece a aplicação da lei mais gravosa à continuidade, exatamente pelo fundamento de que as penas mais graves serão aquelas dos fatos praticados após a vigência da lei gravosa. O conteúdo da Súmula 711 do STF é: "A lei penal mais grave aplica-se ao crime continuado ou ao crime permanente, se a sua vigência é anterior à cessação da continuidade ou da permanência".

No caso de reconhecimento de prescrição, os fatos devem ser considerados de forma individualizada, cindindo a ficção (daí por que não poderia ser realidade) do crime continuado.

24.4.3 A Súmula 605 do STF e a continuidade delitiva nos crimes dolosos contra a vida

A Súmula 605 do STF reza que "não se admite continuidade delitiva nos crimes contra a vida".

Apesar de não ter sido formalmente "revogada", seus precedentes impõem ao intérprete sua inaplicabilidade. É que a súmula, editada no final de 1984, foi inspirada pela anterior redação da Parte Geral do Código Penal que, em sua letra original, não trazia conteúdo semelhante ao que hoje consta do parágrafo único do art. 71 do CP. Vale lembrar que a atual redação dos dispositivos, e em especial o art. 71, parágrafo único, permite o crime continuado mesmo nos crimes cometidos com violência ou grave ameaça à pessoa e contra vítimas diferentes.

Ora, após a mudança da lei, que regula o já estudado crime continuado específico (ou qualificado), não há fundamento jurídico para impedir o reconhecimento da continuidade delitiva também nos crimes contra a vida. Aliás, o próprio STF já afastou sua incidência no HC 77.786: "Com a reforma do Código Penal de 1984, ficou suplantada a jurisprudência do Supremo Tribunal Federal predominante até então, segundo a qual 'não se admite continuidade delitiva nos crimes contra a vida'" (Rel. Min. Marco Aurélio, j. em 27-10-1998). No mesmo sentido a consolidada orientação do STJ:

> O entendimento da Súmula 605 do STF – "não se admite continuidade delitiva nos crimes contra a vida" – encontra-se superado pelo parágrafo único do art. 71 do Código Penal, criado pela reforma de 1984. 6) Admite-se a continuidade delitiva nos crimes contra a vida. HC 214.421/RS, Rel. Min. Jorge Mussi, 5ª Turma, j. em 8-4-2014, DJe 23-4-2014; HC 127.463/MG, Rel. Min. Marilza Maynard (Desembargadora convocada do TJ/SE), 6ª Turma, j. em 5-12-2013, DJe 16-12-2013; HC 248.541/SP, Rel. Min. Laurita Vaz, 5ª Turma, j. em 12-11-2013, DJe 25-11-2013; HC 220.843/SP, Rel. Min. Maria Thereza de Assis Moura, 6ª Turma, j. em 24-9-2013, DJe 3-10-2013.

24.4.4 Fraude contra o INSS e crime continuado

A fraude contra a Previdência, que resulta em benefício de prestação continuada, já gerou muita controvérsia na doutrina e na jurisprudência sobre sua natureza de crime instantâneo, permanente ou continuado.

Para os defensores da tese do crime instantâneo, o crime se consuma no momento em que, em razão da fraude perpetrada, o sujeito recebe a primeira prestação. Daquele momento em diante, as novas prestações seriam apenas exaurimento do crime, e não continuidade ou permanência do momento consumativo do primeiro.

Para os que advogam a tese de crime permanente, enquanto a fraude continua a viciar e iludir a previdência propiciando o recebimento de prestações, a consumação está se protraindo no tempo, e, assim, há crime permanente.

Para os que classificam o fato como crime continuado, cada nova prestação recebida é um novo crime, que pelas circunstâncias de tempo, lugar e modo de execução deve ser considerado continuação dos anteriores.

É claro que as consequências de cada classificação têm intensas diferenças, como a pena aplicada e, principalmente, o início do prazo prescricional.

Importante observar: o STF, que já parecia ter se posicionado de forma unânime no sentido de se tratar de crime instantâneo, em 2010 veio esclarecer seu posicionamento: "De acordo com o voto do relator do caso, ministro Marco Aurélio, o STF distingue as duas situações da seguinte forma: o terceiro que pratica uma fraude visando proporcionar a aposentadoria de outro, comete crime instantâneo". No entanto, "o beneficiário acusado da fraude, enquanto mantém em erro o instituto, pratica crime" (HC 99.112, *Boletim Informativo do STF*).

Assim, em relação ao terceiro que pratica fraude em benefício de sujeito, o crime é instantâneo. Em relação ao próprio beneficiário, o crime é permanente.

24.4.5 Crime continuado e crimes contra a dignidade sexual

Antes das alterações nos crimes contra a dignidade sexual promovidas pela Lei n. 12.015/2009, era pacífico o entendimento dos Tribunais Superiores no sentido do concurso material entre o crime de estupro e o então vigente atentado violento ao pudor, que consistia na prática de ato libidinoso diverso da conjunção carnal mediante violência ou grave ameaça. Assim, ressalvadas as excepcionais hipóteses em que o ato libidinoso era considerado mera preparação do estupro, todos os demais eram considerados autonomamente, provocando o concurso material. Restava afastado o crime continuado, pois, diante do conceito restritivo de "crimes da mesma espécie", os dois crimes eram considerados de espécies diferentes.

Com a vigência da Lei n. 12.015/2009, não mais importa se a afronta à liberdade sexual se faz por conjunção carnal ou ato diverso: a ação configura crime de estupro, e, assim, a multiplicidade de ações pode configurar crime continuado, como ensina o STF:

> STF – Embora o acórdão atacado esteja em harmonia com a jurisprudência anteriormente prevalecente do Supremo Tribunal Federal, cujo Plenário, em 18.06.2009, no julgamento do HC 86.238 (Rel. Min. Cezar Peluso e Rel. p/ o acórdão Min. Ricardo Lewandowski), assentou a inadmissibilidade da continuidade delitiva entre o estupro e o atentado violento ao pudor, por tratar-se de espécies diversas de crimes, destaco que, após esse julgado, sobreveio a Lei n. 12.015/2009, que, dentre outras inovações, deu nova redação ao art. 213 do Código Penal, unindo em um só dispositivo os crimes de estupro e de atentado violento ao pudor. Com isso, desapareceu o óbice que impedia o

reconhecimento da regra do crime continuado no caso (HC 94.636, Rel. Min. Joaquim Barbosa, 31-8-2010).

Ademais, observaram-se recentes posicionamentos das Turmas no sentido de que, ante a nova redação do art. 213 do CP, teria desaparecido o óbice que impediria o reconhecimento da regra do crime continuado entre os antigos delitos de estupro e atentado violento ao pudor. Por fim, determinou-se que o juízo da execução enquadre a situação dos autos ao atual cenário jurídico, nos termos da Súmula 611 do STF: "Transitada em julgado a sentença condenatória, compete ao juízo das execuções a aplicação de lei mais benigna" (HC 103.404/SP, Rel. Min. Dias Toffoli, j. em 14-12-2010).

24.4.6 Crime continuado e habitualidade delitiva

Há forte entendimento jurisprudencial no sentido de que, se o sujeito não tem apenas uma sequência de crimes capazes de configurar crime continuado, mas, sim, toda uma trajetória de prática profissional de crimes, não deve ser beneficiado com as atenuações advindas do crime continuado, dado que o abrandamento não seria eficiente como instrumento para reinserção social.

Fica assim diferenciado o crime continuado da habitualidade delitiva, que desconfigura o primeiro, como já pontificou o STF:

> A prática reiterada e habitual do crime de roubo, por delinquentes contumazes que fazem de seu comportamento individual ou coletivo (reunidos, ou não, em quadrilha) uma atividade profissional ordinária, descaracteriza a noção de continuidade delitiva. O assaltante, que assim procede, não pode fazer jus ao benefício derivado do reconhecimento da ficção jurídica do crime continuado. A mera reiteração no crime que não se confunde, nem se reduz, por si só, à noção de delito continuado – traduz eloquente atestação do elevado grau de temibilidade social daquele que incide nesse gravíssimo comportamento delituoso (STF, HC 70.794/SP, Rel. Min. Celso de Mello, *DJU* 13-12-2002).

No sentido da inadequação do crime continuado ao criminoso habitual, vale citar o sempre lembrado julgado do Ministro Luiz Vicente Cernicchiaro:

> O código penal sufragou a teoria objetiva (art. 71) (levam-se em conta as condições de tempo, lugar, maneira de execução e outras semelhantes para os crimes subsequentes ser havidos como continuação do primeiro.) O instituto resultou do trabalho dos praxistas e glosadores que buscavam, conforme, mais tarde, passou a ser chamada "política criminal", evitar a aplicação da pena de morte, na reiteração do crime de furto de pequeno valor. Os códigos, concomitantemente, disciplinam a habitualidade criminosa. A habitualidade é incompatível com a continuidade. A primeira recrudesce, a segunda ameniza o tratamento penal. Em outras palavras, a culpabilidade (no sentido de reprovabilidade) é mais intensa na habitualidade do que na continuidade em sendo

assim, jurídico-penalmente, são situações distintas. Não podem, outrossim, conduzir ao mesmo tratamento. O crime continuado favorece o delinquente. A habitualidade impõe reprovação maior, de que a pena e expressão, finalidade (C.P., art. 59 *in fine*) estabelecida segundo seja necessária e suficiente para reprovação e prevenção do crime. Na continuidade, há sucessão circunstancial de crimes. Na habitualidade, sucessão planejada, indiciária do *modus vivendi* do agente. Seria contraditório, instituto que recomenda pena menor ser aplicada a hipótese que reclama sanção mais severa. Conclusão coerente com interpretação sistemática das normas do código penal (STJ, REsp 54.834/SP, 6ª T., Rel. Min. Luiz Vicente Cernicchiaro, *DJ* 15-5-1995, p. 13449).

Possível notar que o afastamento do crime continuado nos casos de habitualidade criminosa se relaciona com temibilidade social, com a culpabilidade e com a adequação da sanção.

Crítica: entendemos descabido o entendimento, ressalvada a homenagem aos brilhantes julgadores citados. Em primeiro, ao contrário da premissa esposada no referido julgado, não há definição legal no Código Penal comum sobre a habitualidade criminosa. O conceito é encontrado na legislação militar (art. 78 do CPM), mas evidentemente sua aplicação no direito penal comum para obstar o reconhecimento da continuidade delitiva seria analogia *in malam partem*, vedada pelo princípio da legalidade. Resta assim, para descobrir quem seria o criminoso habitual, o uso da classificação dos criminosos de Ferri, para quem o criminoso habitual seria aquele que faz do crime seu modo de vida. Ainda que incontestável o brilhantismo de Ferri e sua importância na história, as premissas deterministas da escola positiva italiana são obsoletas e absolutamente incompatíveis com todo o sistema penal brasileiro, construído sob a premissa clássica do livre-arbítrio. O uso do conceito positivo de criminoso habitual é anacrônico, assistemático e inconstitucional, por se lastrear em um direito penal do autor.

As mesmas críticas atingem o conceito de temibilidade social, desenvolvido por Garofalo na terceira fase da escola positiva italiana, e a culpabilidade pelo modo de vida, que encontra seu embrião na mesma escola positiva, mas ganha molde definitivo na construção de Mezger, tantas vezes atrelada ao direito penal nazista por privilegiar um direito penal do autor.

Concluímos assim que, quer pela inexistência de um conceito legal e seguro sobre o criminoso habitual no direito penal comum, quer pelo anacronismo dos argumentos da temibilidade social e culpabilidade pelo modo de vida, a habitualidade criminosa não pode ser obstáculo para o crime continuado. Além disso, o objetivo do reconhecimento do crime continuado é impedir penas que eliminem as chances de integração social, e para tanto pouco importa se o autor planejou se dedicar ao crime de forma perene ou se os desvios foram eventuais e coincidentemente próximos. O importante é permitir que a quantidade da pena seja suficiente para reprovar os crimes praticados e prevenir novas infrações (art. 59 do CP) mas não impeça o retorno construtivo ao convívio social, maximizando o princípio constitucional da humanidade das penas e concretizando os objetivos do art. 1º da LEP.

24.4.7 Possibilidade de unificação das penas na fase de execução, para o reconhecimento tardio de crime continuado e concurso formal

A existência de crime continuado pode não resultar na conexão necessária das ações penais, ou seja, é possível que crimes nos quais possa ser reconhecida a continuidade delitiva corram em juízos diversos, sendo aliás impossível a reunião se um deles já contar com decisão definitiva. Como já decidiu o STJ: "Estando os processos em fases distintas, um deles já julgado em grau de apelação, deve ser aplicada a parte final do art. 82 do Código de Processo Penal, segundo a qual, se um dos processos já estiver sentenciado, a reunião dos feitos somente se dará posteriormente, para o efeito de soma ou de unificação de penas" (STJ, HC 43.189/SC, 5ª T., Rel. Min. Gilson Dipp, *DJU* 1º-8-2005, p. 502).

É claro que o juiz não poderá levar em consideração fato não descrito na inicial acusatória para o reconhecimento de continuidade delitiva em relação ao crime que julga, e assim o acusado será condenado pelos diversos crimes nos juízos diversos a várias penas, que a princípio seriam somadas com a aplicação da regra do concurso material na fase de execução.

Ocorre que, para corrigir a comum falha da multiplicidade de feitos envolvendo fatos que permitem a continuidade delitiva, surge a possibilidade da unificação das penas (art. 66, III, *a*, da Lei de Execução Penal) na fase de execução, que significa a possibilidade de o juízo das execuções reconhecer o crime continuado (e o concurso formal) não reconhecido na fase de conhecimento, dada a pluralidade de processos em que eram investigados os fatos.

Assim, com base nas informações constantes da guia (de recolhimento, no caso de pena privativa de liberdade e de execução no caso de outra espécie punitiva) e dos documentos que a instruem, o juiz poderá reconhecer a existência dos requisitos do crime continuado (ou do concurso formal), unificando as penas e aplicando a regra da exasperação constante do art. 71 (ou art. 70) do Código Penal.

O pedido de unificação de penas deve ser feito diretamente ao juiz das execuções, sendo possível ainda que seu reconhecimento seja feito de ofício.

24.4.8 Crime continuado e concurso formal

Se dentre os crimes integrantes do crime continuado há um concurso formal, os dois aumentos devem ser aplicados sucessivamente, ou apenas uma exasperação da pena é suficiente?

Prevalece que deve incidir apenas o aumento do crime continuado, na famosa lição de Mirabete, para quem "a solução mais razoável é a de que o aumento deve incidir sobre a pena mais severa dos crimes componentes, excluído o aumento decorrente do concurso formal, servindo os resultados diversos deste apenas para a contagem do número de ilícitos praticados. Do contrário, o reconhecimento do concurso formal, cujo tratamento é mais benigno que o do crime continuado, trará uma aplicação mais severa da pena ao final aplicada do que se reconhecesse, na conduta com vários resultados, uma continuidade delitiva" (*Manual de direito penal*, v. 1, p. 307). O mesmo sentido a consolidada orientação do STJ:

> Caracterizado o concurso formal e a continuidade delitiva entre infrações penais, aplica-se somente o aumento relativo à continuidade, sob pena de *bis in idem*. Precedentes: HC 162.987/DF, Rel. Min. Jorge Mussi, 5ª Turma, j. em 1º-10-2013, *DJe* 8-10-2013; HC 178.499/MT, Rel. Min. Laurita Vaz, 5ª Turma, j. em 28-6-2011, *DJe* 1º-8-2011; REsp 1.459.401/MG (decisão monocrática), Rel. Min. Moura Ribeiro, j. em 1º-8-2014, *DJe* 13-8-2014.

24.4.9 Crime contínuo: questões processuais

Prevalece no STJ que é inviável o reconhecimento de crime continuado em *habeas corpus*, pois o reconhecimento dos pressupostos do crime continuado, notadamente as condições de tempo, lugar e maneira de execução, demanda dilação probatória, incabível na via estreita do remédio constitucional. Nesse sentido AgRg no RHC 39.593/DF, HC 292.875/AL, RHC 40.282/SP, RHC 41.336/RJ.

24.5 CONCURSO MATERIAL BENÉFICO

Partindo da premissa de que a exasperação da pena do crime continuado e a do concurso formal perfeito foram criadas para beneficiar o réu, justifica-se o instituto do concurso material benéfico.

Se a exasperação da pena advinda da aplicação da regra do crime continuado ou do concurso formal perfeito tornar a pena maior do que a que seria hipoteticamente resultante da soma, deve ser desprezada a exasperação e terá aplicação a regra do concurso material, com a soma das sanções em benefício do agente. É que, como já anotamos, os institutos foram criados para amenizar os efeitos do concurso material, o que torna eventual resultado agravador injustificável.

Assim, se o sujeito busca matar alguém com uma bomba e atinge seu objetivo, mas também lesa, sem dolo, terceiro que estava próximo, deverá responder pelo homicídio e pela lesão em concurso de crimes. Que espécie de concurso de crimes? Ora, como se trata de uma ação e dois resultados, concurso formal. Próprio ou impróprio? Como o objetivo – desígnio – era um só, concurso formal perfeito: deve ser aplicada a pena do crime mais grave acrescida de 1/6 e 1/2. O crime mais grave seria o homicídio qualificado pelo emprego de explosivo, com pena mínima de 12 anos de reclusão. Aumentada em 1/6 pelo concurso formal, a pena chegaria a 14 anos. Ora, a soma das penas, aqui, seria benéfica, pois a pena do homicídio qualificado (12 anos) somada à da lesão corporal culposa (2 meses) resultaria em 12 anos e 2 meses. Se a soma é benéfica ante a exasperação, a regra do concurso material benéfico deve incidir.

24.6 PENA DE MULTA NO CONCURSO DE CRIMES

Conforme o art. 72 do CP: "no concurso de crimes, as penas de multa são aplicadas distinta e integralmente", ou seja, devem sempre ser somadas, e nunca exasperadas.

Muitos dos adeptos da corrente de que o crime continuado é uma realidade, e não uma ficção, não aceitam a adoção da cumulação das penas de multa no caso de crime continuado, uma vez que, para tal posição, não se trata de concurso de crimes, mas, sim, de crime único. O art. 72 do CP não seria, assim, aplicável à hipótese de crime continuado, sendo a pena de multa também calculada com base na exasperação.

No STJ, a questão é bastante controversa. Há vários julgados sustentando a aplicação do art. 72 do Código Penal, reconhecendo no crime continuado uma espécie de concurso de crimes, uma ficção, e não uma realidade:

> No crime continuado, as penas de multa devem ser somadas, nos termos do art. 72 do CP. Precedentes: HC 155.278/PB, Rel. Min. Jorge Mussi, 5ª Turma, j. em 14-8-2012, *DJe* 24-8-2012; HC 267.808/SP (decisão monocrática), Rel. Min. Rogério Schietti Cruz, 6ª Turma, j. em 10-6-2014, *DJe* 18-6-2014; REsp 1.355.463/MG (decisão monocrática), Rel. Min. Marco Aurélio Bellizze, 5ª Turma, j. em 16-9-2013, *DJe* 8-10-2013; HC 211.528/RJ (decisão monocrática), Rel. Min. Moura Ribeiro, 5ª Turma, j. em 10-9-2013, *DJe* 12-9-2013; HC 245.640/MT (decisão monocrática), Rel. Min. Marilza Maynard (Desembargadora convocada do TJ/SE), 5ª Turma, j. em 20-5-2013, *DJe* 28-5-2013.

São também vários os julgados sustentando que não deve ser aplicado o art. 72 do Código Penal ao crime continuado:

> No crime continuado, a pena de multa deve ser aplicada mediante o critério da exasperação, tendo em vista a inaplicabilidade do art. 72 do CP Precedentes: HC 221.782/RJ, Rel. Min. Vasco Della Giustina (Desembargador convocado do TJ/RS), 6ª Turma, j. em 20-3-2012, *DJe* 11-4-2012; REsp 909.327/PR, Rel. Min. Maria Thereza de Assis Moura, 6ª Turma, j. em 7-10-2010, *DJe* 3-11-2010; REsp 858.741/PR, Rel. Min. Laurita Vaz, 5ª Turma, j. em 10-8-2010, *DJe* 13-9-2010; HC 124.398/SP, Rel. Min. Arnaldo Esteves Lima, 5ª Turma, j. em 14-4-2009, *DJe* 18-5-2009; HC 120.522/MG, Rel. Min. Napoleão Nunes Maia Filho, 5ª Turma, j. em 3-2-2009, *DJe* 9-3-2009; REsp 1.206.768/PR (decisão monocrática), Rel. Min. Jorge Mussi, 5ª Turma, j. em 1º-8-2013, *DJe* 9-8-2013.

Acreditamos que deve ser aplicado o art. 72 do Código Penal, pois é evidente a construção do crime continuado como uma ficção em nosso ordenamento, com o objetivo de alcançar a pena adequada. Forçar a compreensão do instituto como uma realidade significa distanciá-lo ainda mais das demandas político-criminais, ou seja, seria mais um problema a contornar em busca da pena adequada, e não um instrumento para facilitar, como se pretende.

24.7 CONCURSO DE CRIMES E SUSPENSÃO CONDICIONAL DO PROCESSO

Nos termos do art. 89 da Lei n. 9.099/95, é possível suspensão condicional do processo desde que a pena mínima prevista para a infração penal não ultrapasse 1 ano.

No caso de concurso de crimes, muita polêmica foi instaurada para responder se a pena mínima considerada para permitir a suspensão condicional do processo deveria se referir a cada crime ou ao mínimo previsto para o concurso das penas.

O STJ, buscando pacificar a questão, editou a Súmula 243, segundo a qual "O benefício da suspensão do processo não é aplicável em relação às infrações penais cometidas em concurso material, concurso formal ou continuidade delitiva, quando a pena mínima cominada, seja pelo somatório, seja pela incidência da majorante, ultrapassar o limite de 1 (um) ano".

24.8 FIXAÇÃO E CUMPRIMENTO DE PENAS DE RECLUSÃO E DETENÇÃO

24.8.1 Fixação de regime inicial na condenação à reclusão e detenção, no mesmo processo

Como já comentado no Capítulo 18, ao condenar pela prática de crimes punidos com reclusão e detenção, o magistrado deve, na sentença, fixar regime inicial autônomo para cada espécie. Assim, se as penas de reclusão superam 8 anos, deverá ser fixado regime inicial fechado, e se as penas de detenção superam 4 anos, será fixado regime semiaberto, lembrando que é inviável a fixação de regime inicial fechado nos crimes punidos com detenção.

Não é demais lembrar que são espécies diferentes de pena privativa. Nesse sentido:

> A pena de reclusão é cumprida inicialmente no regime fechado, semiaberto e aberto, enquanto que a detenção, em princípio, só pode ter início nos regimes semiaberto ou aberto. Para a fixação do regime, o juiz deve estabelecer o regime compatível com a reclusão, e, depois, o compatível para a detenção (STJ, REsp 1.807.188 – 28-5-2019).

24.8.2 Cumprimento de penas de reclusão e detenção

Dispõe o art. 69 do Código Penal que, se aplicadas cumulativamente penas de reclusão e detenção, a reclusão deverá ser executada em primeiro lugar.

Sobre a interpretação do referido dispositivo em conjunto com o art. 33 do Código Penal e ainda o art. 111 da Lei das Execuções Penais, são possíveis três interpretações:

1. As penas devem ser cumpridas de forma absolutamente autônoma, ou seja, independentemente do regime fixado deve ser cumprido o mandamento legal e executada em primeiro lugar a de reclusão, até o final, e depois a pena de detenção. Não nos parece o melhor entendimento, pois, se deferidas as regulares progressões à pena de detenção, após terminar o cumprimento da pena em regime aberto seria possível ao sentenciado retornar ao regime semiaberto para cumprir a pena de detenção, se for esse o regime fixado. Tal procedimento colidiria com os objetivos de integração social da execução penal e com a lógica de *bonus and marks* que orienta a execução da pena.

2. Deve ser ignorado o art. 69 do Código Penal e, desde logo, unificadas todas as penas e os regimes, independentemente da aplicação de penas de reclusão ou detenção. Justifica-se o raciocínio nas insignificantes diferenças entre as espécies de pena, que não seriam suficientes a impedir a unificação. Não nos parece a melhor solução, pois a distinção legal não pode ser ignorada, e nos parece significativo que a detenção não admita regime inicial fechado a reclusão admita tal gravame. É premissa de um Estado de Direito que a lei deve ser cumprida, salvo se declarada inconstitucional. A diferença entre o regime fechado e o semiaberto nos parece estrondosa, e a experiência com a questão penitenciária reaviva todos os dias tal convicção. Infelizmente, o STF já decidiu assim, interpretando o art. 111 da LEP de forma a considerá-lo incompatível com a letra do art. 69 do CP:

> O art. 111 da LEP estabelece que, em condenação por mais de um crime, para a determinação do regime inicial de cumprimento, considera-se o resultado da soma ou unificação das penas, **independentemente de serem de detenção ou reclusão** (RHC 118.626) (grifo nosso).

Crítica: além do inevitável lamento pelo desprezo à letra do art. 69 do Código Penal sem menção a inconstitucionalidade – como se fosse possível escolher qual lei deve ser aplicada e qual pode ser simplesmente ignorada –, anotamos que o art. 111 da LEP não menciona a distinção entre reclusão e detenção, ao contrário do que insinua o acórdão. Melhor seria a interpretação harmônica dos mencionados dispositivos legais, tendo o art. 111 da LEP como regra e o art. 69 do CP como exceção, nos casos em que fixadas penas de reclusão e detenção.

3. As penas devem ser executadas de forma independente, a princípio, e só unificadas (nos termos do art. 111 da LEP) quando compatíveis. A detenção, como já visto, não permite regime inicial fechado. Assim, se imposta pena de reclusão com regime inicial fechado e outra de detenção, com regime inicial semiaberto, deverá ser executada a reclusão em primeiro lugar, até que se alcance o regime semiaberto. Alcançado, deverá ser somada a pena de reclusão à pena de detenção e unificado o regime semiaberto para o cumprimento do restante da pena. O cumprimento obedece-

rá à forma do art. 76 do Código Penal, ou seja, as penas mais graves (reclusão) serão cumpridas antes das penas mais leves. As penas de reclusão e detenção serão somadas, apenas, quando coincidentes os regimes, quer pela coincidente fixação do mesmo regime logo na sentença, quer pela progressão da pena com regime mais grave ou causa legal que determine a regressão da pena com regime mais ameno. Exemplo: se fixada pena de nove anos de reclusão em regime fechado e três anos de detenção em regime aberto, a soma será possível apenas com a progressão da pena de reclusão até que alcançado o regime aberto ou, ainda, se ocorrer causa legal que determine a regressão da pena de detenção.

No sentido do cumprimento independente das sanções e da possibilidade de soma das penas para unificar regime já se manifestou o STJ:

> 1. A existência de várias condenações a penas privativas de liberdade determinam a soma ou a unificação das penas para o fim do estabelecimento do regime inicial de cumprimento de pena. 2. A Lei das Execuções Penais não trata especificamente da hipótese da soma de penas privativas de liberdade de modalidades distintas. 3. De acordo com os arts. 69 e 76 do Código Penal e 681 do Código de Processo Penal, no concurso de infrações, executar-se-á primeiramente a mais grave, devendo a pena de reclusão ser cumprida antes da pena de detenção. 4. Concorrendo penas de reclusão e detenção, ambas com regime inicial aberto, se do somatório ultrapassar quatro anos, há a possibilidade de fixação do regime inicial semiaberto (RHC 18.664, j. em 6-3-2007).

EFEITOS SECUNDÁRIOS DA CONDENAÇÃO

Os efeitos da condenação podem ser classificados como primários e secundários.

Efeito primário é a pena, ou seja, a consequência principal da prática delitiva e o instrumento utilizado pelo Estado para cumprir os fins do Direito Penal.

Efeito secundário, no sentido jurídico, é todo aquele que, previsto em lei, atinge a esfera de direitos do réu, mas é diverso da pena, com fins não necessariamente atrelados aos objetivos repressivo-preventivos do Direito Penal. A condenação criminal impõe a certeza da prática do fato, da realização das elementares do tipo, o que pode ter reflexos na seara cível e na administrativa. Vale lembrar que nem todo ilícito civil é ilícito penal, mas todo ilícito penal é, também, um ilícito civil.

Há que se considerarem ainda os importantes efeitos extrajurídicos, ou seja, aqueles não previstos em lei, mas sentidos pelo condenado, como a estigmatização social, a exclusão familiar...

Voltando aos efeitos jurídicos secundários, poderão ainda ser classificados em penais e extrapenais. Os efeitos secundários penais são aqueles que buscam intensificar o efeito repressivo-preventivo da pena, por exemplo, penas acessórias (teoricamente abolidas na legislação brasileira) e consequências penais estigmatizantes, como a pecha da reincidência e dos maus antecedentes.

Extrapenais são aqueles que transbordam as fronteiras penais e atingem o sujeito em seus direitos políticos, patrimoniais e familiares. Estão previstos na Constituição e no Código Penal.

As consequências extrapenais ora examinadas são oriundas de sentença penal condenatória, ou seja, não incidem no caso de mera transação penal, como já decidiu o STF:

> As consequências jurídicas extrapenais, previstas no art. 91 do CP, são decorrentes de sentença penal condenatória. Isso não ocorre,

portanto, quando há transação penal, cuja sentença tem natureza meramente homologatória, sem qualquer juízo sobre a responsabilidade criminal do aceitante. As consequências geradas pela transação penal são essencialmente aquelas estipuladas por modo consensual no respectivo instrumento de acordo. Com base nesse entendimento, o Plenário proveu recurso extraordinário em que se discutia a possibilidade de imposição de efeitos extrapenais acessórios de sentença penal condenatória à transação penal prevista na Lei n. 9.099/1995. (...) O recorrente sustentava que somente a sentença condenatória seria capaz de produzir o confisco de bens como efeito automático. Além disso, alegava: a) ofensa ao direito de propriedade, porquanto não observado o devido processo legal; e b) afronta ao princípio da presunção de inocência, uma vez que teriam sido aplicados à transação os efeitos equivalentes ao ato de confissão (...) a lei teria relativizado, de um lado, o princípio da obrigatoriedade da instauração da persecução penal em crimes de ação penal pública de menor ofensividade e, de outro, teria autorizado ao investigado dispor das garantias processuais penais que o ordenamento lhe conferisse. Por sua vez, as consequências geradas pela transação penal seriam apenas as definidas no instrumento do acordo. Além delas, o único efeito acessório gerado pela homologação do ato estaria previsto no § 4º do art. 76 da Lei n. 9.099/1995 ("... registrada apenas para impedir novamente o mesmo benefício no prazo de cinco anos"). Os demais efeitos penais e civis decorrentes das condenações penais não seriam constituídos (art. 76, § 6º). Outrossim, a sanção imposta com o acolhimento da transação não decorreria de qualquer juízo estatal a respeito da culpabilidade do investigado, tratando-se de ato judicial homologatório (RE 795.567/PR, Rel. Min. Teori Zavascki, 28-5-2015).

25.1 EFEITO SECUNDÁRIO EXTRAPENAL PREVISTO NA CONSTITUIÇÃO

Suspensão dos Direitos Políticos – o art. 15, III, da Constituição Federal prevê:

> Art. 15. É vedada a cassação de direitos políticos, cuja perda ou suspensão só se dará nos casos de: (...)
> III – condenação criminal transitada em julgado, enquanto durarem seus efeitos;

Assim, desde o dia em que a condenação transita em julgado até o dia em que é extinta a pena, resta suspenso o direito político.

No julgamento do RE 601.182, o Supremo Tribunal Federal entendeu que a condenação a pena restritiva de direitos é suficiente para suspender os direitos políticos, sendo desnecessária imposição de pena privativa de liberdade. Prevaleceu, enfim, a interpretação literal da Constituição, que não discrimina a espécie de pena imposta, bastando para a suspensão dos direitos políticos a condenação criminal transitada em julgado.

Crítica: é perigoso o uso do Direito Penal para mutilar direitos políticos. A expansão do Direito Penal, diagnóstico já reconhecido, pode levar (ou já leva) a um número de condenações apto a surtir reflexos dramáticos em pleitos eleitorais. Diante do vetor de consolidação de uma democracia de direito, seria interessante uma interpretação restritiva do art. 15 da Constituição, restringindo a suspensão aos casos de pena privativa de liberdade.

No entanto, insta observar que apenas a decisão condenatória definitiva pode suspender o direito político, ou seja, pela letra da constituição, o preso provisório tem pleno direito ao voto, o que apenas recentemente começou a se tornar tímida realidade no Brasil.

25.2 EFEITOS EXTRAPENAIS PREVISTOS NO CÓDIGO PENAL

Estão previstos nos arts. 91 e 92 do Código Penal e podem ser classificados em genéricos e específicos.

25.2.1 Efeitos genéricos da condenação

Os efeitos secundários genéricos da condenação estão previstos no art. 91 do Código Penal e são:

> I – tornar certa a obrigação de indenizar o dano causado pelo crime;

Dado o caráter seletivo do Direito Penal, o ilícito penal será sempre, também, ilícito civil. Assim, a sentença condenatória penal definitiva faz coisa julgada no cível. Importante lembrar que, hoje, na sentença condenatória o juiz deve fazer constar, nos termos do art. 387, IV, do CPP, a fixação de valor mínimo para a reparação dos danos causados pela infração, considerando os prejuízos sofridos pelo ofendido.

Assim, com o trânsito em julgado da sentença condenatória, será possível à vítima ou seus sucessores a execução, direta do valor fixado na sentença. Como a fixação é de valor mínimo, se pretendido valor maior que o fixado na sentença, a busca pelo complemento da quantia será feita em procedimento próprio para a liquidação dos danos (*quantum debeatur*) na seara cível, pois o dever de reparar o dano (*an debeatur*) é efeito automático da sentença condenatória.

A execução só poderá ser promovida contra quem foi réu na ação criminal. Eventuais solidariedades só poderão ser reconhecidas em ação específica na seara cível.

> *Excursus:* **Efeitos civis da sentença absolutória**
>
> Antes da reforma legislativa, a sentença absolutória criminal definitiva só fazia coisa julgada no cível nos casos de inexistência do fato (inc. I) e excludentes de antijuridicidade não agressivas, ou seja, aquelas nas quais não é atingido bem juridicamente protegido no caso concreto, como a lesão ao real agressor na legítima defesa ou a lesão a bem de quem provocou o perigo no estado de necessidade (hipóteses da antiga redação do inc. V, atual inc. VI).

> Após a edição da Lei n. 11.690/2008, que alterou a redação dos incisos do art. 386, há mais uma hipótese impeditiva de ação civil, como ensina Antônio Magalhães Gomes Filho: "daí o acerto da Lei n. 11.690/2008 ao incluir novo inciso, estabelecendo, como motivo de absolvição, estar provado que o réu não concorreu para a infração penal". Assim, se o juiz absolve o réu e declara no dispositivo da sentença que há prova positiva de que o réu não é autor, coautor ou partícipe do fato delituoso, impedida estará também a propositura de ação civil para reparação do dano (*As reformas no processo penal*, p. 293).
>
> Também no caso das excludentes de antijuridicidade não agressivas, é necessária certeza de sua incidência, lembrando que com a nova redação do inc. VI do art. 386 resta clara a possibilidade de absolvição, mesmo na hipótese de fundada dúvida, e, nesse último caso, não há efeito civil.
>
> Em suma, é possível falar em efeito civil da sentença absolutória nos seguintes casos:
>
> a) art. 386: "I – prova da inexistência do fato";
> b) art. 386: "IV – prova que o réu não concorreu para a infração penal";
> c) art. 386: "VI – nas hipóteses de certeza de incidência de excludente de antijuridicidade não agressiva".

II – a perda em favor da União, ressalvado o direito do lesado ou de terceiro de boa-fé:

Aqui a lei prevê o confisco, que, na lição de Costa Jr., é "a perda dos bens do particular em favor do Estado" (*Comentários ao Código Penal*, p. 252). O confisco pode recair sobre o instrumento ou produto do crime, nos termos seguintes:

a) dos instrumentos do crime, desde que consistam em coisas cujo fabrico, alienação, uso, porte ou detenção constitua fato ilícito;

Nem todo instrumento do crime será perdido, mas apenas aqueles cujo fabrico, alienação, uso, porte ou detenção constitua em si fato ilícito. Assim, como exemplifica Greco, não perderá sua arma o agente que vier a utilizá-la na prática de crime, desde que possua autorização para seu porte (*Comentários ao Código Penal*, p. 195).

Assim, nos termos do art. 91 do Código Penal, serão perdidos objetos, como armas de uso proibido ou produtos tóxicos cuja circulação é proibida no Brasil.

Costa Jr. lembra que apenas os produtos do crime serão perdidos, e não da prática contravencional (*Comentários ao Código Penal*, p. 287).

Importa lembrar que os instrumentos do crime apreendidos pela autoridade policial não poderão ser restituídos a seus titulares enquanto interessarem à ação penal e enquanto durar sua tramitação (ressalvada a hipótese de nomeação do titular como depositário).

Há previsão específica sobre a perda de instrumentos do crime em legislação específica, como na Lei de Drogas, que regula a matéria nos arts. 60 e seguintes (Lei n. 11.343/2006).

> **b)** do produto do crime ou de qualquer bem ou valor que constitua proveito auferido pelo agente com a prática do fato criminoso.

Como ensina Roberto Lyra, produto e proveito do crime: "são coisas adquiridas diretamente com o delito (coisa roubada) ou mediante sucessiva especificação (joia feita com o ouro roubado) ou criadas com o crime (moeda falsa). Também se inclui no confisco qualquer outro bem ou valor que importe proveito, desde que haja sido auferido pelo agente, e não por terceiros, com a prática do crime. Assim, o preço deste, os bens economicamente apreciáveis dados ou prometidos ao agente para que cometa o crime, a contraprestação que corresponde à prestação da atividade criminosa, a retribuição desta" (*Comentários ao Código Penal*, v. III, p. 554).

Trata-se de efeito automático da condenação, mas, como adverte Rogério Greco, sua natureza automática não rompe o dever do juiz de fundamentar suas decisões, mormente quando restringe direitos: "Embora tratado como efeito automático da sentença penal condenatória transitada em julgado, entendemos que o julgador deverá, na sua decisão, fundamentá-la adequadamente ao fato, apontando, por exemplo, os motivos que o levaram a presumir que o apartamento adquirido pelo agente fora fruto da subtração dos valores por ele levada a efeito (...)" (*Comentários ao Código Penal*, 2012, p. 197). Ausente fundamentação que demonstre ser o bem produto ou proveito do crime, a decisão é nula.

Com a Lei n. 12.694/2012, a redação do art. 91 foi alterada para permitir a decretação da perda de bens ou valores equivalentes ao produto ou proveito do crime em duas hipóteses:

a) se o produto ou proveito do crime não for encontrado; e
b) se o produto ou proveito do crime estiver no exterior.

Em tais hipóteses, entendeu o legislador que se justifica a decretação da perda de bens equivalentes (também chamada de sequestro subsidiário) ao produto/proveito para facilitar a atuação estatal diante dos inúmeros subterfúgios hoje criados para esconder/lavar valores provenientes de ilícitos. É mais uma reação legislativa à incapacidade estatal de reagir ordinariamente contra o crime: se não mais se consegue alcançar o produto do crime como manda(va) a lei, altera-se a legislação para permitir a ação estatal. Ainda que compreensível a manobra legislativa, trata-se de perigosa tendência ampliativa dos poderes estatais que fragiliza os princípios e valores do Estado Democrático de Direito, demandando cuidadosa aplicação. Há ainda que se ponderar sobre a aproximação do instituto ao confisco, proibido pela Constituição.

Na primeira hipótese (*a*) é necessária demonstração de que o produto/proveito existe, mas não foi encontrado, apesar de ordinária procura. Entendemos ser necessário ainda que tenha o acusado oportunidade de revelar onde está o produto ou proveito do crime antes da decretação da perda de bens equivalentes. Na segunda (*b*), faz-se necessária a prova de que o produto ou proveito se localiza no exterior.

Possível até mesmo a decretação da perda de bens ou valores "equivalentes", será também viável que as medidas assecuratórias da legislação processual incidam sobre eles, nos termos da nova redação do art. 91, § 2º, do Código Penal.

25.2.2 Presunção de origem dos bens e perda dos instrumentos do crime no art. 91-A – os novos efeitos genéricos da condenação

A Lei n. 13.964/2019 acrescentou o art. 91-A, que disciplina presunção de origem ilícita do patrimônio do condenado em determinadas circunstâncias, e ainda permite a perda dos instrumentos do crime no caso de condenação por crime de organização criminosa e formação de milícia. Dado o caráter inovador, é o caso de transcrever o novo dispositivo legal:

Antiga redação	Nova redação
...	Art. 91-A. Na hipótese de condenação por infrações às quais a lei comine pena máxima superior a 6 (seis) anos de reclusão, poderá ser decretada a perda, como produto ou proveito do crime, dos bens correspondentes à diferença entre o valor do patrimônio do condenado e aquele que seja compatível com o seu rendimento lícito. § 1º Para efeito da perda prevista no *caput* deste artigo, entende-se por patrimônio do condenado todos os bens: I – de sua titularidade, ou em relação aos quais ele tenha o domínio e o benefício direto ou indireto, na data da infração penal ou recebidos posteriormente; e II – transferidos a terceiros a título gratuito ou mediante contraprestação irrisória, a partir do início da atividade criminal. § 2º O condenado poderá demonstrar a inexistência da incompatibilidade ou a procedência lícita do patrimônio. § 3º A perda prevista neste artigo deverá ser requerida expressamente pelo Ministério Público, por ocasião do oferecimento da denúncia, com indicação da diferença apurada.

> § 4º Na sentença condenatória, o juiz deve declarar o valor da diferença apurada e especificar os bens cuja perda for decretada.
> § 5º Os instrumentos utilizados para a prática de crimes por organizações criminosas e milícias deverão ser declarados perdidos em favor da União ou do Estado, dependendo da Justiça onde tramita a ação penal, ainda que não ponham em perigo a segurança das pessoas, a moral ou a ordem pública, nem ofereçam sério risco de ser utilizados para o cometimento de novos crimes."

A presunção de origem ilícita dos bens do condenado

A nova lei acrescenta o art. 91-A, com várias novidades sobre efeitos extrapenais da condenação nos crimes com pena máxima superior a 6 anos de reclusão.

Em primeiro, o art. 91-A, *caput*, estabelece uma presunção relativa de que é produto ou proveito do crime o bem correspondente à diferença entre o valor do patrimônio do condenado e aquele que seja compatível com o seu rendimento lícito. Trata-se de inovadora presunção de ilicitude, que terá sua constitucionalidade discutida diante do princípio da proibição do confisco, da presunção de inocência e da regra do ônus da prova da acusação.

Outros problemas são perceptíveis da redação: o que pode ser considerado "patrimônio compatível com seu rendimento lícito"? A mera soma dos vencimentos declarados, descontado um gasto padrão com a subsistência? Qual seria o gasto padrão? A ausência de critério objetivo certamente levará a uma hipertrofia do arbítrio judicial, que não é recomendado, e talvez seja insuportável. Seria razoável considerar, por presunção, produto do crime X o lucro obtido com o ilícito civil Y, ainda que a conduta Y seja irrelevante penal? Nesse caso, o patrimônio seria incompatível com os rendimentos lícitos, mas em nada relacionados com o ilícito X, mas pela literalidade da lei tal patrimônio poderia ser perdido. Em uma interpretação literal, parece que todos os condenados por crimes com penas máximas previstas superiores a 6 anos teriam que demonstrar a origem lícita de seus bens, sob pena de perda, não sendo suficiente a comprovação de ausência de nexo entre a prática do crime e a posse do bem, ou mesmo a outra origem (se ilícita) dos valores.

Entendemos que não é a melhor interpretação. Diante dos princípios constitucionais da proibição de confisco, da presunção de inocência e ônus da prova da acusação, a melhor interpretação permite que se tenha como suficiente a demonstração da ausência de causalidade entre o bem ou valor indicado para a perda e o crime, desfazendo assim a presunção de que os valores seriam produto ou proveito do crime, mesmo que não demonstrada sua origem lícita. O condenado poderia, por exemplo, demonstrar o verdadeiro paradeiro dos valores, que pode ter sido consumido com serviços por exemplo. Assim, bens cuja origem não poderia ser facilmente demonstrada (é incomum que sejam guardadas notas fiscais e comprovantes de mobiliário e eletrodomésticos por muito tempo, por exemplo) não podem ser perdidos (como produto do crime) se perfeitamente identificável o destino dos valores arrebanhados com o delito, eliminando a restrição estatal a bens e valores totalmente desatrelados dos ganhos espúrios. Vale destacar que a perda do produto do crime é efeito extrapenal secundário diverso da obrigação de reparar o dano, que obviamente pode alcançar o patrimonio lícito.

Nos termos do 91-A § 1º, I, fica afastada a presunção de ilicitude se o bem foi adquirido antes da infração penal.

O art. 91-A, § 1º, prevê que será considerado patrimônio do condenado tanto o bem de sua titularidade como aquele sobre o qual exercer o domínio, ou seja, os poderes imediatos de uso, gozo e disposição, mesmo que sem a formal titularidade, desde que demonstrado benefício direto ou indireto, no momento da infração ou após. O dispositivo expande a possibilidade de decretação de perda ao desprezar a prova formal de titularidade, bastando, assim, a demonstração de que o condenado usava e fruía da coisa como se fosse dono, tornando presumidamente fraudulenta eventual alegação de comodato, por exemplo.

Crítica: o § 1º persiste abusando das presunções contra o réu, aproximando-se do inconstitucional confisco, que poderia atingir aqui o terceiro de boa-fé. Em primeiro, permite a decretação da perda do bem que, mesmo sem ser formalmente propriedade do condenado, esteja sob seu domínio.

É possível compreender a previsão legal, que tenta atingir os bens ocultados em nome de "laranjas", prática hoje comum como mecanismo de branqueamento de capitais. O melhor caminho, no entanto, seria em primeiro demonstrar a fraude do título de propriedade do terceiro "laranja", declarando o condenado como dono do bem, para então impor sua perda. A demora com o procedimento seria preço a pagar contra a temeridade, sem olvidar que o processo é conquista civilizatória contra o arbítrio do Estado, e não um mal a ser evitado com decisões antecipadas.

Outro problema a ser enfrentado é que o processo penal tem como objeto a comprovação da culpa do condenado, e não a origem de bens, e é na culpa o foco da produção de prova da acusação e, principalmente, da defesa. A certeza da culpa não necessariamente virá no mesmo momento da certeza sobre a origem dos bens, e a açodada declaração de perdimento tende a levar a uma flexibilização da comprovação do domínio no juízo criminal, fomentando iniquidades e permitindo situações paradoxais e insustentáveis: seria possível que o imóvel em nome de A seja perdido pela condenação criminal de B, mesmo enquanto A tem o bem penhorado e leiloado na seara cível, pois em momento algum foi reconhecido que o verdadeiro dono do imóvel seria A, e não B? Qual será a decisão válida? A cível, a criminal ou a que for proferida em primeiro? Quem arca com os prejuízos do arrematante? Como a sociedade poderá suportar tamanha imprecisão do sistema de Justiça?

Entendemos que a discussão da licitude ou ilicitude dos bens não pode prejudicar o andamento da discussão sobre a culpa do réu, e, assim, se insuficientemente madura a discussão sobre a origem dos bens indicados, a decisão condenatória ou absolutória deve ser proferida e cindido o processo para que se discuta em momento posterior o pedido de perda de bens.

Presunção de fraude na doação ou transferência gratuita

O art. 91-A, § 2º, do Código Penal presume fraude no caso de doação ou qualquer transferência gratuita do bem, ou venda por valor irrisório após o início da atividade criminal. Assim, todo patrimônio doado ou vendido por valor irrisório pode ser declarado perdido. A dúvida sobre a data do início da atividade criminal deve ser interpretada a favor do réu.

Pedido de decretação de perda de bens – ônus da acusação

O § 3º do art. 91-A do Código Penal, obediente ao princípio acusatório, determina que o Ministério Público indique, já na denúncia, o valor da diferença referida no caput, acompanhado do pedido de perda dos bens. Trata-se de decorrência do princípio acusatório, que impede o juiz de tomar medidas sancionatórias de ofício, exigindo pleito acusatório. Aliás, mais do que o simples pedido, este deve ser específico, de forma a permitir a ampla defesa.

Crítica: a previsão é elogiável. O pedido feito já no oferecimento da denúncia permite à defesa o amplo exercício de suas faculdades, ainda que criticável a inconveniência de cumular a discussão sobre a origem dos bens com a crucial disputa sobre a culpa do condenado.

Como o *caput* e o § 1º do art. 91-A tratam de bens específicos, acreditamos que os bens cuja perda é requerida devem ser também desde logo indicados na inicial acusatória. A lei silencia a respeito, e infelizmente só trata da especificação dos bens do § 4º que trata de decisão condenatória, que deverá declarar a diferença apurada e então fazer o arrolamento dos bens.

Perda dos instrumentos do crime

A legislação brasileira tem uma regra sobre a perda do instrumento do crime, que só ocorreria quando a posse for ato ilícito (art. 92, II, a do Código Penal). No tráfico de drogas, há havia previsão especial para a perda, que despreza a ilicitude da posse (art. 61 da Lei n. 11.343/2006). O § 5º do art. 91-A traz nova previsão específica sobre o tema, que também despreza a regra sobre a ilicitude da posse, ora nos casos de organização criminosa e milícia privada.

A lei afasta expressamente argumentos de defesa como a inexistência de perigo para a segurança, moral e ordem pública ou mesmo risco de reiteração criminosa com os mesmos instrumentos. A perda deve ocorrer independentemente de tais circunstâncias.

O destinatário da perda será o Estado ou a União, dependendo da Justiça perante a qual tramita a ação.

Crítica: a regra que exige a ilicitude da posse como condição para a perda (art. 91, II, *a* do Código Penal) é salutar, pois evita que o Estado tenha interesse financeiro da condenação do condenado, em busca de instrumentos de origem lícita cuja posse seja regular. Pior ainda quando se consolida o costume de deixar à disposição do juízo da condenação ou da equipe policial responsável pela investigação os bens apreendidos. É verdade que apenas em crimes excepcionais como tráfico de drogas, organização criminosa e milícia privada é dispensada a ilicitude da posse como requisito para a perda dos instrumentos do crime, mas a ampliação das exceções já é perigosa, e tende a ser transformada em regra.

Mais uma vez, a perda de instrumentos cuja posse é lícita parece se aproximar do confisco, inconstitucional, tema que certamente será novamente apreciado pelo STF.

Conflito de leis penais no tempo: Possível sustentar que por se tratar de efeito extrapenal, e não penal, a eficácia da lei poderia ser imediata, atingindo condutas anteriores à vigência da lei.

A melhor orientação, no entanto, reza que ainda que sejam efeitos extrapenais da condenação criminal, devem ser submetidos à anterioridade penal. O tema permite controvérsia, e é possível argumentar que a Constituição Federal (art. 5º, XXXIX), repetida pelo Código Penal (art. 1), trata da necessidade de lei anterior à pena, e não ao reflexo extrapenal.

A solução deve ser pela maximização dos efeitos da legalidade penal. Além de alicerce do Estado de Direito, devemos ponderar que não há conflito de direitos fundamentais, no caso, mas simples irradiação de efeitos do direito à legalidade penal, sem antagonismo. Se a letra da lei permite duas interpretações, deve ser preferida aquela que maximiza o direito fundamental a não sofrer consequências da prática de ato definido como crime sem prévia disposição legal.

25.2.3 Efeitos específicos da condenação

São chamados efeitos específicos, pois tinham como regra a exigência, na redação original do Código, de relação entre o crime praticado e o efeito secundário previsto na lei. Com as reformas, tal relação não é mais essencial aos casos do art. 92 do CP, pois é possível a perda de cargo, função pública ou mandato nas condenações superiores a quatro anos mesmo em crimes não praticados no exercício do cargo, função ou mandato, ou mesmo nos casos de crimes contra a mulher por razões da condição do sexo feminino, ainda que ausente qualquer relação com o cargo, emprego ou função.

Os ainda assim chamados efeitos específicos estão previstos no art. 92 do Código Penal e são os seguintes:

> **I – a perda de cargo, função pública ou mandato eletivo:**
>
> **a) quando aplicada pena privativa de liberdade por tempo igual ou superior a 1 (um) ano, nos crimes praticados com abuso de poder ou violação de dever para com a Administração Pública;**

Na alínea (a) temos um genuíno efeito específico da condenação, eis que é exigida relação entre a prática da infração, que deve envolver o abuso de poder ou violação de dever funcional, e o efeito secundário da perda do cargo, função pública ou mandato eletivo.

Desnecessário que a pena imposta seja privativa de liberdade. O STJ já decidiu que: Não há incompatibilidade entre o efeito de perda do cargo previsto no art. 92, I, do Código Penal e a substituição da pena privativa de liberdade por restritiva de direitos. AgRg no REsp 2.060.059-MG, Rel. Ministro Joel Ilan Paciornik, Quinta Turma, por unanimidade, julgado em 30-11-2023, *DJe* 6-12-2023.

Como explica Bitencourt, o efeito secundário ora estudado não é aplicado exclusivamente aos chamados crimes funcionais, mas, sim, a qualquer crime em que o funcionário tenha agido com abuso de poder ou violação de deveres funcionais (*Manual de direito penal*, p. 630).

Se a pena for inferior a 1 ano, não é possível a decretação da perda do cargo, função ou mandado na sentença penal com base na alínea (a). No entanto, restarão abertas as vias cíveis e administrativas, que poderão culminar no mesmo efeito.

> É hoje entendimento pacífico no STJ que a perda do cargo público só alcança o cargo ocupado na época do delito, e não outro cargo eventualmente ocupado no momento da condenação, salvo se o magistrado entender, em decisão fundamentada, que o novo cargo ou função guarda correlação com as atribuições anteriores: pena de perdimento deve ser restrita ao cargo ocupado ou função pública exercida no momento do delito, à exceção da hipótese em que o magistrado, motivadamente, entender que o novo cargo ou função guarda correlação com as atribuições anteriores (REsp 1.452.935/PE).

b) quando for aplicada pena privativa de liberdade por tempo superior a 4 (quatro) anos nos demais casos. (Incluído pela Lei n. 9.268, de 1º-4-1996.)

Se a pena aplicada for superior a quatro anos, não se exige sequer relação entre a infração praticada e o efeito secundário. O legislador permitiu ao juiz compreender que, em tais casos, o condenado é inapto para o exercício de cargo, função pública ou mandato eletivo, e, assim, a perda poderá ser decretada desde logo, ainda na seara penal.

Não é coincidência a quantidade da pena: é que, nas penas superiores a quatro anos, o regime inicial de cumprimento de pena será necessariamente o semiaberto ou o fechado, o que tornaria o exercício de cargo, função ou mandado, *a priori*, impossível.

Importa lembrar que, na Lei de Tortura (Lei n. 9.455/97), no art. 1º, § 5º, há previsão de efeito extrapenal da perda de cargo, emprego ou função pública, e que o Superior Tribunal de Justiça já entendeu que tal perda é automática (HC 92.247).

O STJ já entendeu que o ora analisado efeito secundário não atinge o inativo, por ausência de previsão legal:

> O efeito da condenação relativo à perda de cargo público, previsto no art. 92, inciso I, alínea b, do Código Penal, não se aplica ao servidor público inativo, uma vez que ele não ocupa cargo e nem exerce função pública. 2. O rol do art. 92 do Código Penal é taxativo, não sendo possível a ampliação ou flexibilização da norma, em evidente prejuízo do réu, restando vedada qualquer interpretação extensiva ou analógica dos efeitos da condenação nele previstos. 3. Configurando a aposentadoria ato jurídico perfeito, com preenchimento dos requisitos legais, é descabida sua desconstituição, desde logo, como efeito extrapenal específico da sentença condenatória; não se excluindo, todavia, a possibilidade de cassação da aposentadoria nas vias administrativas, em procedimento próprio, conforme estabelecido em lei. Recurso especial desprovido (REsp 1.317.487/MT, Rel. Min. Laurita Vaz, 5ª Turma, j. em 7-8-2014, DJe 22-8-2014).

> II – a incapacidade para o exercício do poder familiar, da tutela ou da curatela nos crimes dolosos sujeitos à pena de reclusão cometidos contra outrem igualmente titular do mesmo poder familiar, contra filho, filha ou outro descendente, tutelado ou curatelado, bem como nos crimes cometidos contra a mulher por razões da condição do sexo feminino, nos termos do § 1º do art. 121-A deste Código;

Nas infrações dolosas, punidas com reclusão, praticadas contra filho, tutelado ou curatelado, o juiz pode entender, já na sentença condenatória, que o condenado é inapto para o exercício do poder familiar, da tutela ou da curatela, e, assim, declarar desde logo a perda de tais "poderes". Da mesma forma se a condenação tratar de crime praticado contra a mulher por razões da condição do sexo feminino, caso em que a literalidade da lei impõe a incapacidade como efeito automático da condenação.

A nova redação do dispositivo, dada pela Lei n. 13.715/2018, baniu a ultrapassada expressão "pátrio poder" do art. 92 do Código Penal e a substituiu pela correta terminologia "poder familiar".

Na redação original, tratava-se apenas do crime praticado contra o filho, tutelado ou curatelado. Agora, alcança também o crime praticado contra outrem igualmente titular do mesmo poder familiar e contra outro descendente, bem como, pela literalidade do acréscimo da Lei n. 14.994/24, qualquer crime praticado contra a mulher por razões da condição do sexo feminino.

Nos novos casos, ou seja, a perda de poder familiar no caso de crime contra a mulher por razões da condição do sexo feminino, temos novos efeitos sancionatórios decorrentes da prática de crime e, assim, ainda que a sanção seja extrapenal, sustentamos que só poderão ser aplicados aos fatos praticados a partir de sua vigência. Em um

Estado de Direito – Estado que respeita seus próprios limites – devem ser consagrados os limites ao poder de sancionar o cidadão, e uma nova sanção criada após a conduta penalmente relevante não pode retroagir para alcançar o autor, restringindo ainda mais seus direitos pela prática do ilícito penal (ainda que este seja necessariamente também um ilícito civil, como ressaltado na análise da fragmentariedade penal). É a necessária obediência à função de garantia da legalidade penal, que deve ser compreendida de forma ampla, permitindo ao indivíduo conhecer as possíveis consequências de sua conduta antes de sua prática.

Não há exigência de determinada quantidade da pena, bastando que a condenação se dê por crime doloso contra as vítimas arroladas (terceiro igualmente titular do poder familiar, contra filho, filha...), e aplicada pena de reclusão. Também não há distinção sobre a gravidade do crime contra a mulher por razões da condição do sexo feminino, sendo prevista a perda em todos os casos de sentença condenatória.

Crítica: entendemos que há, aqui, inconstitucionalidade na redação acrescida pela Lei n. 14.994/24, por evidente desproporcionalidade, e até mesmo por possível lesão aos interesses da criança e adolescente, que são prioritários na Constituição Federal. A literalidade do dispositivo permite que qualquer condenação por crime contra a mulher por razões da condição do sexo feminino traga como consequência necessária a perda do poder familiar, ou seja, mesmo a injúria praticada pelo sujeito contra a irmã em um churrasco de família ou a difamação contra colega de trabalho podem levar à incapacidade para o poder familiar, o que é desproporcional, por mais que não se queira banalizar o crime contra a honra em tais circunstâncias. Além da desproporcionalidade, não parece atender à prioridade de proteção da criança e do adolescente a perda do vínculo de poder familiar em razão de delitos de menor gravidade. Acreditamos que deverá caber ao julgador, em controle de constitucionalidade, avaliar em que casos a gravidade do crime justifica a incapacidade para o poder familiar, deixando assim a incapacidade de ser automática, e desvinculada da gravidade concreta do crime.

Havia ainda na doutrina alguma controvérsia se o referido efeito se dirige apenas ao filho que foi vítima do crime ou se atinge o poder familiar enquanto parcela da personalidade do condenado, prevalecendo a segunda orientação. Assim, o condenado poderá se tornar incapaz de exercer poder familiar, quer em relação aos filhos que já gerou, bem como em relação àqueles que gerará, ressalvada a hipótese de reabilitação, que será estudada em seguida. Acreditamos que, com a mudança da redação do dispositivo, a discussão está encerrada, pois a lei indica a possibilidade de perda de poder familiar no caso de crime praticado contra descendente que não o filho, ou seja, no crime praticado contra neto ou bisneto, por exemplo. Se é assim, evidentemente o efeito secundário atinge o poder familiar exercido sobre aqueles que não foram vítimas do crime, uma vez que não há relação de poder familiar entre avós e netos.

Importante ressaltar que, nos casos de crime contra a mulher por razões da condição do sexo feminino, o efeito é, pela lei, automático, o que enfatiza a desproporcionalidade nos crimes de menor gravidade, atraindo o controle de constitucionalidade defendido nos comentários anteriores. Nos demais casos, a perda do poder familiar é efeito secundário que deve ser declarado e fundamentado expressamente na sentença, nos termos do art. 92, parágrafo único. Acreditamos que o rol descrito no Código Civil (art. 1.638, parágrafo único) servirá como importante critério para a decisão sobre a perda do poder familiar em razão da condenação criminal.

> III – a inabilitação para dirigir veículo, quando utilizado como meio para a prática de crime doloso.

Não confundir o efeito secundário da condenação ora estudado com a pena restritiva de direitos da suspensão do direito de dirigir. Na pena restritiva de direitos, a suspensão é temporária e perdura o mesmo prazo da pena privativa de liberdade substituída, sendo aplicável aos crimes culposos de trânsito. Na perda do direito de dirigir, a duração é indeterminada (poderá ser suspensa pela reabilitação, como será estudado adiante), e a sanção poderá ser aplicada nos crimes dolosos, desde que o veículo tenha sido utilizado como instrumento para a prática da infração.

Acreditamos que apenas aquele que se colocava na condição de condutor do veículo é que pode sofrer o ora examinado efeito secundário da perda do direito de dirigir. Não se trata de efeito automático da condenação.

> § 1º Os efeitos de que trata este artigo não são automáticos, devendo ser motivadamente declarados na sentença pelo juiz, mas independem de pedido expresso da acusação, observado o disposto no inciso III do § 2º deste artigo.
>
> § 2º Ao condenado por crime praticado contra a mulher por razões da condição do sexo feminino, nos termos do § 1º do art. 121-A deste Código serão:
>
> I – aplicados os efeitos previstos nos incisos I e II do *caput* deste artigo;
>
> II – vedadas a sua nomeação, designação ou diplomação em qualquer cargo, função pública ou mandato eletivo entre o trânsito em julgado da condenação até o efetivo cumprimento da pena;
>
> III – automáticos os efeitos dos incisos I e II do *caput* e do inciso II do § 2º deste artigo.

Nos termos do parágrafo primeiro (§ 1º) do art. 92 do Código Penal, os chamados efeitos "específicos" da condenação previstos nos seus incisos não serão automáticos, devendo ser expressamente declarados na sentença condenatória, salvo nos casos de crimes praticados contra a mulher por razões da condição do sexo feminino.

Assim, ressalvados os casos do inc. III, se a sentença omite a indicação dos efeitos específicos, não incidirão os efeitos do art. 92 do Código, ao contrário do que ocorre com os efeitos genéricos do art. 91 do Código, que são automáticos.

Em tais casos, é controversa a necessidade de fundamentação, ou seja, se basta a referência na sentença sobre a incidência do efeito ou se devem ser fundamentadas sua pertinência e necessidade. Opinamos pela necessidade de fundamentação, pois a melhor interpretação é sempre a constitucional, e a necessidade de fundamentação maximiza os efeitos do art. 93, IX, da Constituição Federal.

Como antecipado, por força do inc. III, ressalvado no parágrafo primeiro do art. 92 do CP, no caso de crime contra a mulher por razões da condição do sexo feminino, a perda de cargo, função ou mandato, e a incapacidade para o exercício do poder familiar serão automáticas, e independentes de comprovada relação entre a prática do crime e o exercício da função, cargo, mandato ou exercício do poder familiar.

Crítica: entendemos equivocado e inconstitucional o efeito automático da condenação, que deve ser balanceado em juízo de proporcionalidade. Como antecipado nos comentários ao inciso II, a literalidade do dispositivo impõe a perda automática de cargo, função ou mandato e a incapacidade para exercício de poder familiar em qualquer crime praticado contra a mulher em razão da condição do sexo feminino, permitindo, a princípio, que tais gravíssimos efeitos incidam mesmo em crimes contra a honra alcançados pelo art. 141, III, do CP, o que seria um exagero. Imagine-se que um governador perca o mandato por um crime de difamação majorada, ou que o pai de quatro crianças fique incapacitado para o poder familiar em razão de uma injúria majorada, sem que o juiz possa controlar a adequação de tais efeitos, que seriam sempre "automáticos". Entendemos, assim, que a qualidade cogente (automática) do efeito secundário deve ser considerada inconstitucional, permitindo ao juiz afastá-la, fundamentadamente, no caso concreto.

No caso de perda de cargo, função ou mandato eletivo em razão de condenação por crime praticado contra a mulher por razões da condição do sexo feminino, fica vedada a nomeação, designação ou diplomação para qualquer cargo, emprego ou mandato público desde o trânsito em julgado da condenação até a extinção da pena, que reconhece o término do cumprimento. Acreditamos que, no silêncio da lei sobre outras formas de extinção do poder punitivo, todas as causas extintivas da punibilidade afastam a inabilitação, ainda que a lei tenha se valido da expressão "efetivo cumprimento da pena".

Pela letra do ora comentado inciso II do § 3º, além de perder o cargo, emprego ou mandato que exerce no momento do crime, o condenado fica inabilitado para novo cargo, emprego ou mandato enquanto não extinta a pena.

O caráter automático dos efeitos secundários nos casos de crimes praticados contra a mulher por razões da condição do sexo feminino foi inserido pela Lei n. 14.994/24. Ainda que sejam efeitos extrapenais da condenação, sustentamos que tal "automaticidade" só pode ser reconhecida para crimes praticados a partir da vigência da Lei n. 14.994/24, em obediência ao princípio da legalidade penal, pois são consequências de uma infração penal, e a função de garantia da legalidade penal deve permitir ao indivíduo conhecer as possíveis consequências sancionatórias de uma condenação criminal antes da prática da conduta criminosa.

25.3 REABILITAÇÃO

Passados dois anos da extinção da pena, se tiver bom comportamento público e privado e tiver reparado o dano, o condenado pode pedir a reabilitação.

Deve ser requerida ao juízo da condenação, prevalecendo caber apelação da decisão que a aprecia.

A reabilitação busca afastar alguns efeitos secundários da sentença condenatória, especialmente determinando o sigilo das certidões, salvo por requisição judicial.

Dentre os efeitos secundários atingidos pela reabilitação, nos termos da legislação em vigor, destacam-se:

a) a possibilidade de que o sujeito volte a se habilitar para dirigir veículos, no caso do efeito secundário previsto no art. 92, III, do CP;
b) possibilidade de voltar a exercer o pátrio poder (poder familiar), tutela, curatela, salvo em relação à vítima do crime pelo qual foi condenado.

No caso de perda de cargo público, a reabilitação não implicará a reintegração do cargo. O único efeito será afastar óbices ao acesso a novo cargo, função ou mandato eletivo.

A reabilitação não afasta a reincidência, o que só ocorre com a prescrição quinquenal. Por seu turno, a depuração da reincidência também não interfere na reabilitação.

Os requisitos para a concessão da reabilitação são cumulativamente:

a) dois anos da extinção da pena, contado o período de prova do *sursis* e do livramento condicional;
b) reparação do dano, salvo impossibilidade de fazê-lo;
c) residência no país e bom comportamento público e privado nos últimos dois anos.

Prevalece que a celebração de ANPP, que exige confissão, pode ser demonstração de ausência de bom comportamento público e privado, como já entendeu o STJ:

> O fato de o acordo de não persecução penal não gerar reincidência ou maus antecedentes não necessariamente implica o reconhecimento de "bom comportamento público e privado", para fins de reabilitação criminal, conforme estabelecido no art. 94, II, do Código Penal. No caso, apesar dos efeitos do ANPP decorrentes de suposto crime previsto no art. 171, § 3º, do CP pelo recebimento indevido do benefício de auxílio emergencial, a avaliação do "bom comportamento" deve ser feita com base nas ações cotidianas do indivíduo. Logo, a ausência de bom comportamento devido ao seu indiciamento pelo crime de estelionato majorado por fraude eletrônica pode ser considerada como justificativa para negar o pedido de reabilitação. REsp 2.059.742-RS, Rel. Ministro Ribeiro Dantas, Quinta Turma, por unanimidade, julgado em 28-11-2023.

Nossa posição: entendemos que o ANPP não deveria afastar a presunção de bom comportamento público e privado, pois é espaço de negociação, em que o sujeito "troca" seus direitos e garantias processuais ordinários pela prestação devida no ANPP, e é claro que o indivíduo que aceita participar de um ANPP pode ser inocente: diante da onda punitivista, mesmo inocentes podem não acreditar que serão indevidamente condenados, ou mesmo que os suplícios do processo são muitos e insuportáveis, confessando ilícito não praticado em busca do ANPP. Se inocente (e o ANPP não constitui certeza jurídica da culpa), o mal comportamento seria participar de uma negociação com o Estado?

Nos termos do art. 95, a reabilitação será revogada, de ofício ou a requerimento do Ministério Público, se o reabilitado for condenado – como reincidente, por decisão definitiva – a pena que não seja de multa.

25.3.1 Reabilitação e sigilo das informações

É verdade que o art. 93 do Código Penal assegura "ao condenado o sigilo dos registros sobre o seu processo e condenação". Em razão de tal dispositivo, a maioria dos condenados que busca a reabilitação o fazem não em busca da cessação dos efeitos secundários da condenação, mas, sim, para conseguir o sigilo das informações referentes ao processo.

Ocorre que, se o objetivo for somente o segredo das informações, já não é necessária a reabilitação, pois o referido sigilo já é garantido, com muito menos esforço e burocracia, pelo art. 202 da LEP.

O art. 202 da LEP garante o sigilo das informações desde que extinta a pena, nos seguintes termos:

> **Art. 202. Cumprida ou extinta a pena, não constarão da folha corrida, atestados ou certidões fornecidas por autoridade policial ou por auxiliares da Justiça, qualquer notícia ou referência à condenação, salvo para instruir processo pela prática de nova infração penal ou outros casos expressos em lei.**

A medida busca garantir a reintegração social daquele que, condenado, já cumpriu sua pena, de forma inteiramente coerente com o princípio ressocializador que dá conteúdo ao art. 1º da LEP.

Sabe-se que a condenação criminal, além dos efeitos principais e secundários previstos na legislação, acarreta inúmeras consequências no convívio social do condenado, que passa a ser visto como "anormal", "pessoa naturalmente má", mormente em uma sociedade maniqueísta, que, a despeito de conviver com a prática criminosa diariamente (crimes de difamação, omissão de socorro e falsidade ideológica são praticados a todo momento, inclusive pelas autoridades), acredita que os eleitos pelo aparelho persecutório são "diferentes" (sobre o tema, Sérgio Salomão Shecaira, *A lei e o outro*, *Boletim do IBCCRIM* n. 99, fev. 2001) e merecedores de repulsa (sobre a normalidade do crime e do criminoso, não sob prisma axiológico, mas estatístico e dinâmico-social, Antonio García-Pablos de Molina, *Criminologia*, p. 70 e ss.).

O efeito da referida marginalização (colocação forçada do sujeito à margem da sociedade) acaba por provocar, no âmbito íntimo do egresso, o convencimento de que ele realmente é um delinquente, conformando sua expectativa sobre suas próprias potencialidades direcionadas à nova prática delitiva, como uma profecia que se autorrealiza (sobre o autoetiquetamento de Payne, Lola Anyar de Castro, *Criminologia da reação social*, p. 104).

No entanto, no âmbito das relações sociais, o sujeito não consegue emprego, pois, se em um mercado competitivo e esgotado como o brasileiro sequer aquele com reputação ilibada e capacitado tecnicamente consegue rápidas oportunidades, jamais o ex-presidiário terá tal sorte se pública sua condição.

Por todo o exposto, a medida do art. 202 se mostra absolutamente a nosso ver pertinente frente aos objetivos da Lei de Execução Penal e, até mesmo, frente ao fundamento de preservação da dignidade humana previsto na Constituição Federal, permitindo assim ao condenado que já cumpriu a pena uma mínima oportunidade de integração social com menores obstáculos e saudável construção de sua personalidade.

Nos termos da lei, a medida do art. 202 da LEP deve ser tomada de ofício, pelo próprio juízo das execuções, comunicando aos órgãos competentes quando declarada a extinção da punibilidade. Se não for tomada a providência, pode ser requerida pelo próprio egresso, seu defensor ou pelo Ministério Público, que atua como fiscal da lei.

Muitos apontam confronto entre o disposto no art. 202 e a reabilitação, que é o instituto ora em estudo. O confronto não existe, ou ao menos não de forma a esvaziar a reabilitação. É que como visto a reabilitação tem outras consequências além do sigilo das informações, referentes efeitos secundários específicos da sentença condenatória.

Por fim, é óbvio que, se tal direito é garantido aos réus condenados quando a pena já foi extinta, o direito ao sigilo também deve ser assegurado nos casos em que o inquérito é arquivado; há causa extintiva da punibilidade antes do trânsito em julgado da sentença condenatória ou se o acusado é absolvido.

É que a simples presença de mácula nos antecedentes criminais de alguém já é suficiente a produzir muito do efeito estigmatizante próprio das sentenças condenatórias e já comentado, ou não será esperada reação negativa frente ao sujeito que foi processado por um crime de estupro, ou homicídio, ainda que absolvido? Será que ele teria as mesmas oportunidades de trabalho (integração/aceitação social) daquele que nada carrega em seus antecedentes, porque jamais foi processado ou, (paradoxo evidente) processado e condenado, já teve reconhecido seu direito ao sigilo? É claro que não. Na doutrina, é possível encontrar Mirabete (*Execução penal*, p. 467) defendendo a posição ora adotada, que há muitos anos é amplamente adotada nos Tribunais:

> O registro de processos criminais, na sociedade, até evidente prova em contrário, gera presunção de a pessoa ser de comportamento duvidoso. Em se tratando de absolvição por falta de provas, persiste a suspeita, sendo voz comum não haver demonstrado a inocência. As máximas da experiência evi-

denciam as restrições, quando a pessoa deseja participar de concurso público, ou concorre a um emprego. O juiz precisa estar atento à repercussão das suas decisões. O réu absolvido (não se distingue a fundamentação) tem o direito de o fato não ser objeto de conhecimento de terceiro, salvo com autorização judicial. Aplicação analógica do disposto no art. 93, do Código Penal: "a reabilitação alcança quaisquer penas aplicadas em sentença definitiva, assegurado ao condenado o sigilo dos registros sobre seu processo e condenação". Se assim é quanto ao condenado, porque não conferir ao réu absolvido o mesmo tratamento. O ordenamento jurídico não evidencia contradição lógica (STJ, ROMS 6.761/SP, 6ª T., Min. Luiz Vicente Cernicchiaro, *DJ* 10-6-1996).

Dada a nocividade de tais registros sociais para a convivência social daquele que já foi indiciado, processado ou condenado, entendemos que o acesso a tais informações deve ser, sempre, restrito e justificado. No já referido caso de extinção da pena ou reabilitação, as informações devem ser excluídas de bancos de dados públicos, restando acessíveis apenas aos órgãos judiciais mediante requisição justificada. No sentido da exclusão dos dados de institutos de identificação e similares, já se manifestou o STJ:

> É indevida a manutenção na folha de antecedentes criminais de dados referentes a processos nos quais foi reconhecida a extinção da pretensão punitiva estatal. Não há por que serem mantidos os registros do investigado ou processado no banco de dados do instituto de identificação nos casos de arquivamento do inquérito policial, absolvição, reabilitação ou extinção da punibilidade pelo advento da prescrição, porquanto as referidas informações passam a ser de interesse meramente eventual do juízo criminal. A manutenção dos dados na folha de antecedentes criminais nessas circunstâncias constitui ofensa ao direito à preservação da intimidade de quem foi investigado ou processado. Assim, os dados deverão ficar apenas registrados no âmbito do Poder Judiciário e disponibilizados para consultas justificadas de juízes criminais. Precedentes citados: RMS 32.886/SP, *DJe* 1º-12-2011; RMS 35.945/SP, *DJe* 3-4-2012; RMS 25.096/SP, *DJe* 7-4-2008; Pet 5.948/SP, *DJe* 7-4-2008 (RMS 29.273/SP, Rel. Min. Maria Thereza de Assis Moura, j. em 20-9-2012).

Como já comentado no "princípio da reinserção social", a Lei n. 15.035, de 27 de novembro de 2024, criou o Cadastro Nacional de Pedófilos e Predadores Sexuais, desenvolvido a partir do Cadastro Nacional de Pessoas Condenadas por Crimes de Estupro, já criado em 2020. O novo cadastro permitirá a consulta pública de condenados por crimes sexuais, sem prazo para sigilo. No silêncio da lei sobre o prazo de publicidade, e sob os efeitos dos princípios constitucionais da Humanidade das Penas, e especificamente da vedação de penas de caráter perpétuo e da necessária busca pela integração social do condenado, acreditamos que a publicidade do cadastro deve ser obstada pela reabilitação, valendo lembrar que, no sistema jurídico brasileiro, no conflito entre o interesse público por conhecer o passado criminoso das pessoas e o interesse no sigilo para erradicar a marginalização e fomentar a integração social dos egressos, o segundo orienta nossa legislação, como já demonstrado nos ora estudados arts. 93 do CP e 202 da LEP, entre outros dispositivos em vigor.

CAUSAS EXTINTIVAS DA PUNIBILIDADE

São causas que extinguem o poder de punir do Estado. Mesmo nas ações penais de iniciativa privada, o poder de punir é do Estado, e não do particular. O Estado apenas delegou ao particular a titularidade da ação penal.

O poder de punir, que a princípio é abstrato, volta-se contra o infrator no momento da prática delitiva. Há, no entanto, eventos posteriores ao fato delitivo que excluem ao Estado tal poder, por razões de política criminal.

Normalmente o poder de punir se extingue com a total satisfação da pretensão, ou seja, quando o Estado consegue a condenação e o cumprimento da pena. Esta pode também ser chamada de extinção natural. Não naturais seriam os eventos comentados a seguir, chamados causas extintivas da punibilidade. O rol de causas extintivas está no art. 107 do CP, mas não é taxativo. Há causas extintivas dispersas também em outros dispositivos da legislação (ex.: art. 89, § 5º, da Lei n. 9.099/95 – satisfeitos os requisitos da suspensão condicional do processo).

As causas extintivas da punibilidade devem ser reconhecidas de ofício pelo juiz. Se não o fizer, seu reconhecimento poderá ser pedido pelas partes.

A natureza processual da decisão que reconhece a extinção da punibilidade varia de acordo com o momento da *persecutio*. Durante o inquérito policial, ensina Rogério Greco (*Curso de direito penal*, 2010, p. 669) que o reconhecimento da extinção da punibilidade deve culminar no arquivamento do inquérito. Durante a ação penal, se o reconhecimento ocorre após a resposta da acusação, na fase do art. 397 do CPP, a extinção da punibilidade culmina em uma sentença de absolvição sumária (art. 397, IV, do CPP), que desafia apelação (art. 593, I, do CPP). Em qualquer outra fase do processo, a sentença que reconhece a extinção da punibilidade é terminativa de mérito, ou seja, não condena nem absolve e desafia recurso em sentido estrito (art. 581, VIII, do CPP).

Discordamos de tal entendimento. De fato, não há sentido na índole absolutória da decisão que reconhece a extinção de a punibilidade estar vinculada ao momento de seu reconhecimento. É que a força comunicativa da sentença absolutória sempre interessa ao indivíduo, e, se a extinção da punibilidade após a resposta à acusação permite a absolvição, em qualquer outro momento do processo deveria, a nosso ver, ter o mesmo efeito, ou seja, a extinção da punibilidade anterior à condenação definitiva deveria ser sempre compreendida como absolvição, pois o Estado não conseguiu em tempo hábil processar e formar conjunto probatório sobre a certeza da culpa. No entanto, prevalece a posição tradicional, colocada no parágrafo anterior.

Não confundir causa extintiva da punibilidade com causa de isenção de pena. Nas causas extintivas da punibilidade, o fato nasce típico, antijurídico, culpável e punível, bem como é evento posterior, previsto em lei, que fulmina o poder de punir do Estado. Nas causas de isenção de pena (como as escusas absolutórias do art. 181 do CP), o fato nasce típico, antijurídico e culpável, mas impunível, o que torna ilegítima, desde logo, qualquer persecução estatal.

Prevalece não ser possível revisão criminal para rescindir decisão extintiva da punibilidade, eis que a referida ação impugnativa só seria viável em caso de sentença condenatória, nos termos do art. 621 do CPP (ressalvada a absolvição imprópria, que gera polêmica na doutrina).

26.1 MORTE DO AGENTE

A expressão "agente" foi utilizada aqui pelo legislador no sentido de indiciado, réu ou sentenciado, uma vez que a morte pode ocorrer em qualquer momento da persecução penal. Se a morte ocorre durante o processo, deve ser extinto imediatamente.

Se a morte ocorrer antes do trânsito em julgado da condenação, todos os efeitos são afastados. Se ocorrer após o trânsito, alguns efeitos extrapenais subsistem, como a obrigação de reparar o dano no juízo cível, que pode ser transmitida aos herdeiros até as forças da herança.

Como se prova a morte do agente? Certidão de óbito, conforme art. 155, parágrafo único, do CPP, que exige para a prova de estado de pessoa a mesma fórmula (as mesmas restrições) exigida pela lei civil.

E é reconhecida a extinção da punibilidade pela morte do agente com base em documento inidôneo, como uma certidão falsa ou recorte de jornal? Há três posições:

a) **A sentença é válida**, pois houve apenas equívoco quanto ao valor de prova, devendo ser impugnada na via recursal. Se houver trânsito em julgado, no entanto, não será possível rescindir, pois não há em nosso arcabouço legal revisão criminal *pro societate*, em respeito ao direito humano de não ser julgado duas vezes pelo mesmo fato. Se o Estado julgou mal, perde o poder de julgar novamente.

b) **A sentença extintiva padecerá do vício da nulidade absoluta por desobediência à fórmula processual, podendo ser reconhecida até o trânsito em julgado.** Após o trânsito em julgado, nada mais poderá ser feito, a não ser processar os autores do falso documental, se o caso, já que não existe revisão *pro societate*. Em suma, a decisão é nula, mas não há instrumento processual hábil que permita ao Estado-Jurisdição o reconhecimento do vício, e por isso o ato nulo persistirá gerando efeitos indeterminadamente.

c) A **sentença é inexistente**, ou seja, basta que seja desconsiderada e que seja proferida outra em seu lugar, pois o ato inexistente é o "nada", e não gera nenhum efeito, bastando ao magistrado ignorá-lo e prosseguir o processo.

A terceira posição é a adotada pelos Tribunais Superiores, embora em nossa opinião não tenha respaldo técnico: "O desfazimento da decisão que, admitindo por equívoco a morte do agente, declarou a punibilidade, não constitui ofensa à coisa julgada" (STF, HC 60.095/RJ. No mesmo sentido, HC 104.998, entre outros).

26.2 ABOLITIO CRIMINIS

É uma lei penal revogadora de um tipo incriminador. A *abolitio criminis*, por força do princípio constitucional constante do art. 5º, XL, da CF e do disposto no art. 2º, *caput*, do CP, retroage para alcançar todos os fatos anteriores a ela. Haverá retroação ainda que o fato tenha sido decidido por sentença transitada em julgado.

A justificativa para o efeito retroativo da *abolitio criminis* está em seu sentido político-criminal. Partindo da premissa do princípio da necessidade da pena, que só permite a imposição de sanção se estritamente necessária, a lei que revoga tipo incriminador certifica que a sociedade entende desnecessária a pena como instrumento de controle de determinada conduta. Ora, se já reconhecida sua desnecessidade, não há fundamento racional para que condutas passadas continuem a ter relevância penal, quer direta, com a manutenção da pena em caso de condenação, quer indireta, com a manutenção da persecução penal ou efeitos secundários penais, como a reincidência ou maus antecedentes.

Qual o juízo competente para aplicação da *abolitio criminis*? A resposta depende da fase processual:

1) Será o juiz da causa, caso ainda não tenha proferido a sentença.
2) Prevalece que será o tribunal competente, se o processo estiver em grau de recurso.
3) Após o trânsito em julgado, o juiz das execuções criminais (Súmula 611 do STF).

No caso de a sentença já ter transitado em julgado, quais os efeitos que seriam atingidos pela *abolitio criminis*? Todos os efeitos penais, primários e secundários.

Os efeitos extrapenais não são alcançados, uma vez que a redação do art. 2º especifica os efeitos penais.

Para outros comentários sobre o tema *abolitio criminis*, *vide* o capítulo "Lei penal no tempo".

Observação: os Tribunais Superiores reconheceram/criaram o instituto da *abolitio criminis* temporária, que consiste na lei que suspende a eficácia de uma norma incriminadora, como no caso do art. 12 da Lei n. 10.826/2003 (sobre posse de arma no Estatuto do Desarmamento). No caso, como a suspensão da eficácia é temporária, não há crime enquanto a eficácia da lei está suspensa, mas tal estado de não incriminação da conduta não tem efeitos retroativos, ou seja, não há crime durante a suspensão, mas os fatos anteriores não perdem o colorido penal.

A justificativa está na não incidência do referido sentido político-criminal: é que, se o Estado não abriu mão da punição, mas apenas a suspendeu temporariamente em razão de alguma estratégia de controle (no caso das armas de fogo, a possibilidade de registro de armas não cadastradas), a necessidade da pena continua presente, e por isso não devem retroagir os efeitos da *abolitio criminis*, quando temporária. "O prazo estabelecido nos referidos dispositivos expressa, por si próprio, o caráter transitório da atipicidade por ele criada indiretamente. Trata-se de norma que, por não ter ânimo definitivo, não tem, igualmente, força retroativa. Não pode, por isso, configurar *abolitio criminis* em relação aos ilícitos cometidos em data anterior" (STF, HC 90.995).

26.3 ANISTIA

Anistia, graça e indulto são formas de clemência estatal.

A anistia é uma lei penal de efeitos retroativos que promove o esquecimento jurídico penal de uma infração já praticada.

Qual a diferença entre anistia e *abolitio criminis*? A *abolitio criminis* revoga o tipo penal, a lei, sem se referir aos fatos. Refere-se ao mundo normativo penal, revogando uma norma incriminadora. Como não existe mais o tipo penal, não só serão descriminalizados os fatos anteriores (que terão extinta sua punibilidade) como também serão havidos como atípicos os fatos posteriores.

A anistia, em contrapartida, não atinge o tipo penal, mas, sim, o fato. A anistia promove o esquecimento de fato determinados, precisamente destacados pela legislação, restando intocado o sistema normativo incriminador.

Apenas os efeitos penais, primários e secundários, são atingidos pela anistia. Os efeitos extrapenais (civis e administrativos) serão mantidos.

A lei concessiva da anistia pode ser revogada? A lei que concede anistia tem efeitos retroativos, logo, atinge situações anteriores, crimes já cometidos, beneficiando seus autores. Não teria qualquer eficácia sua revogação, pois não poderia retroagir para prejudicar o réu.

A competência exclusiva para conceder anistia é da União, pelo Congresso Nacional, por meio da Lei Federal da Anistia.

Pode ser concedida antes ou depois da sentença e pode ser condicionada ou incondicionada, total ou parcial.

Os crimes hediondos e equiparados (tortura, tráfico e terrorismo) são insuscetíveis de anistia por imperativo constitucional (art. 5º, XLIII, da CF).

26.4 GRAÇA E INDULTO

26.4.1 Conceito e justificativa

São formas de indulgência soberana, já encontradas nas sociedades antigas, que permitiam ao soberano demonstrar seu poder e sua bondade, perdoando os criminosos, atraindo bons reflexos à sua imagem e apaziguando ânimos mais exaltados da população.

Atualmente, os institutos costumam ter como objetivo alcançar finalidades mais próximas aos problemas penitenciários, como a superpopulação carcerária, a incapacidade de separar os presos de acordo com a gravidade dos crimes e de prestar assistência aos detentos.

As mais reconhecidas justificativas históricas do indulto são: a) a ruptura com o Governo anterior e, como consequência, o desprezo aos seus atos punitivos; e b) busca por equidade da relação "sofrimento previsto como pena x sofrimento efetivamente sentido pelo condenado".

Na justificativa da ruptura com o governo anterior, lembramos que a imposição de sanção penal é uma das mais fortes e marcantes demonstrações de poder estatal. O novo governo, ao tomar o poder, demonstra seu desacordo com as decisões anteriores ao desfazê-las, ao torná-las inócuas, anulando atos e perdoando os condenados. Na Revolução Francesa, a "Queda da Bastilha" é famoso marco, e trata da libertação dos encarcerados na fortaleza, ou seja, da anulação (perdão) das prisões e condenações do antigo regime.

Na justificativa da busca da equidade, partimos da premissa de que o cumprimento da pena, na "vida vivida", impõe suplício muito maior do que o previsto na lei, uma vez que a prática traz a superlotação, a ausência de cuidados básicos de saúde, alimentação, assistência, relações violentas de poder nas celas e nos grupos, entre outras...

Muitos criticam a concessão de indulto com o argumento de que é uma indevida ingerência do Poder Executivo na eficácia das decisões do Poder Judiciário, que afrontaria a separação de poderes/funções. Muito pelo contrário, o indulto é instrumento de equilíbrio da consagrada tripartição.

É que o Poder Judiciário, em muitos casos, aplica a fria letra da lei entorpecido pela perfeição do raciocínio abstrato e da lógica da subsunção, sem a devida atenção às consequências reais, concretas da decisão. Vale imaginar a seguinte situação: um indivíduo era condenado a permanecer dois dias amarrado em praça pública. No entanto, no primeiro dia, inesperadamente a cidade é assolada por uma tempestade com pedras de granizo, que dilaceram a pele do condenado, que passa a ser vitimado por insetos e abutres. Ora, ao impor pena de dois dias de exposição em praça pública, o julgador apenas aplicou a letra da lei, mas não poderia controlar o real sofrimento que adviria, dadas as circunstâncias concretas. Assim, a população pedia ao líder da comunidade (prefeito, governador...) que perdoasse o condenado, abreviando a duração de sua pena, eis que o intenso sofrimento durante o pequeno lapso de tempo já teria satisfeito os objetivos da sentença. O indulto, assim, cumpria um imperativo de equidade, abreviando a duração do sofrimento, eis que sua intensidade teria sido maior que a prevista pelo legislador e pelo julgador.

A hipótese antiga é perfeitamente cabível no Brasil e na atualidade. Ao condenar alguém à pena de reclusão, o julgador impõe a pena prevista em uma legislação que prevê cumprimento de pena em regime fechado em uma cela individual, com instalações sanitárias e direito ao lazer, à assistência médica eficiente... Ora, se as terríveis condições penitenciárias elevam a intensidade do sofrimento, é razoável que a duração da pena seja abreviada, por imperativo de equidade, e o instrumento para que o Poder Executivo possa fazer tal controle é justamente o indulto.

Acreditamos que é descabido qualquer controle do Poder Judiciário ou do Poder Legislativo sobre o poder discricionário do Presidente da República de exercer a clemência soberana. Trata-se de um desdobramento da divisão de funções arquitetada na Constituição. A única limitação para o poder de clemência está na própria Constituição, que afasta o perdão presidencial para os crimes hediondos ou equiparados. Não cabe ao Poder Legislativo criar procedimentos ou obstáculos ao poder que a Constituição atribui ao Presidente, tampouco seria legítimo ao Poder Judiciário questionar as razões do perdão. No poder de perdoar, o líder da nação (chefe do Poder Executivo) deve satisfações apenas ao povo, e não aos ocupantes de cargos de outros poderes.

Foi assim que entendeu o STF na ADI 5.874, estabelecendo que cabe exclusivamente ao Presidente da República decidir quais condições devem ser adimplidas para o recebimento do perdão. Nas palavras do Ministro Alexandre de Moraes: *"não pode o subjetivismo do chefe do Poder Executivo ser trocado pelo subjetivismo do Poder Judiciário"*.

Lamentavelmente, em julgamento sobre graça (indulto individual), o mesmo STF, afastando-se de outros problemas técnicos do decreto impugnado, anulou o perdão por entender que havia desvio de finalidade (ADPF 964). O erro é grave, pois a Constituição não define quais as justificativas, motivações ou finalidades legitimadoras do indulto, tratando-se de fração de poder penal atribuído pela Constituição ao Presidente da República, limitada apenas pela proibição constitucional de perdoar condenações por crimes hediondos e equiparados. Vale ressaltar que dois votos vencidos sustentaram que não caberia ao Judiciário a avaliação do mérito do perdão.

26.4.2 Técnica legislativa

Os institutos da graça e do indulto são semelhantes, ganhando maior importância a classificação/diferenciação na doutrina que na legislação.

O art. 187 da LEP não faz uso do termo graça, preferindo indulto individual. Muitos julgados assinalam que, quando a Constituição Federal se referiu ao termo graça (art. 5º, XLIII, da CF), vedando a concessão do benefício aos crimes hediondos e equiparados, utilizou o termo como gênero que englobaria as espécies indulto coletivo e indulto individual (aqui, graça, em sentido estrito). Nesse sentido, a ADI 2975.

26.4.3 Características da graça e do indulto

A **graça** é uma medida de caráter individual. Beneficia tão somente o agraciado. O indulto, ao contrário, é uma medida coletiva que beneficia um grupo de sentenciados.

O indulto é concedido espontaneamente, enquanto a graça deve ser requerida, provocada.

Enquanto a anistia é concedida mediante lei federal (emanada do Congresso), a graça e o indulto são concedidos mediante decreto do Presidente da República (art. 84, XII, da CF), que pode delegar tal poder a determinadas autoridades, como Ministro de Estado, Advogado-Geral da União e Procurador-Geral da República (art. 84, parágrafo único, da CF).

Enquanto a anistia promove o esquecimento jurídico penal do fato, atingindo também os efeitos secundários penais, indulto/graça apenas atingem o efeito principal da sentença condenatória, que é a pena. Assim, na graça/indulto os efeitos secundários persistem. A Súmula 631 do STJ pacificou o tema:

> O indulto extingue os efeitos primários da condenação (pretensão executória), mas não atinge os efeitos secundários, penais ou extrapenais.

É tradicional a posição da doutrina de que só podem ser concedidos graça e indulto após o trânsito em julgado da sentença condenatória (Magalhães Noronha, *Direito penal*, v. 1, p. 337. No mesmo sentido Regis Prado, *Curso de direito penal brasileiro*, 2002, p. 633).

Qual o procedimento para o indulto e a graça? Como dito, o indulto é concedido espontaneamente pelo Presidente da República.

A graça (indulto individual) depende de requerimento, que deve ser encaminhado ao Conselho Penitenciário, que se manifestará e o remeterá ao Ministério da Justiça, chegando então ao Presidente da República ou autoridade por ele indicada em delegação, que irá decretar ou não a graça.

Nos termos do art. 188 da LEP, a graça (indulto individual) **poderá ser provocada por petição do condenado, por iniciativa do Ministério Público, do Conselho Penitenciário, ou da autoridade administrativa**.

O indulto pode ser parcial, ou seja, pode resultar apenas redução da pena (comutação).

26.4.4 Condições da graça e do indulto

A graça e o indulto podem ser condicionais ou incondicionais. As condições devem ser estabelecidas no decreto concessivo do perdão, e não podem ser alterados pelo Poder Judiciário, sob pena de indevida interferência de uma função (poder) na outra. Não cabe ao Poder Judiciário restringir ou interferir em decisões de cunho político do poder constitucional de perdoar da Presidência da República. Ressalvada a hipótese dos crimes hediondos e equiparados (limite ao poder de perdoar) cabe ao Presidente, no exercício de seus poderes conferidos democraticamente, decidir em que situação o sentenciado merece o perdão.

Dentre muitas indevidas interferências do Poder Judiciário no Poder Presidencial de indultar, destaca-se a criação de condições não previstas no decreto, mas compreendidas como politicamente adequadas pelo juiz sentenciante. Os Tribunais Superiores são unânimes na correção de tais equívocos, dentre os quais ganhou especial relevo a compreensão de que a prática de faltas graves interromperia a contagem do prazo (eventualmente) previsto no decreto de indulto como condição para o perdão. Diante do grande número de equívocos, o STJ editou a Súmula 535:

> **Súmula 535 do STJ:** A prática de falta grave não interrompe o prazo para fim de comutação de pena ou indulto.

É polêmica a possibilidade de estabelecer condições futuras para o aperfeiçoamento do indulto, ou seja, se é possível ao Presidente, por exemplo, condicionar a extinção da punibilidade ao bom comportamento durante determinado período. Para parte da doutrina, a resposta é positiva, pois, se se trata de ato discricionário da Presidência da República, as condições podem se referir ao passado ou ao futuro. Para outro setor doutrinário (nesse sentido: Cármen Sílvia de Moraes Barros. Indulto condicional: triste equívoco. *Boletim do IBCCRIM*, nov. 2004, p. 6), entre os quais nos incluímos, não é possível o estabelecimento de condições futuras por dois motivos:

1º) O indulto se orienta por um imperativo de equidade, e não como ferramenta de reinserção social pelo bom comportamento, e, assim, não há relação de pertinência entre a essência do instituto e o bom ou mau comportamento futuro.

2º) O instituto penal que antecipa a devolução de liberdade pela promessa de bom comportamento é o livramento condicional, que se distancia do indulto. O livramento condicional é matéria de execução penal, cuja regulamentação legal é de competência do Poder Legislativo. A criação de forma anômala de livramento condicional pelo Poder Executivo, ainda que o nomeando como indulto, seria invasão de competência legislativa e, assim, formalmente inconstitucional.

26.4.5 Graça e indulto nos crimes hediondos

A Constituição veda a anistia e a graça em caso de crimes hediondos e equiparados (art. 5º, XLIII), e a proibição é repetida pela Lei de Crimes Hediondos (Lei n. 8.072/90, art. 2º, I).

A Lei de Crimes Hediondos, no mesmo art. 2º, I, proíbe também o indulto. Discutível, no entanto, se lei ordinária poderia restringir poderes constitucionais da Presidência da República, pois seria uma invasão do Poder Legislativo nos poderes outorgados pela Constituição ao Poder Executivo.

Partindo de tal premissa, há posição minoritária no sentido de que o indulto seria possível mesmo aos crimes hediondos ou equiparados, sendo a vedação da Lei de Crimes Hediondos ao indulto inconstitucional. O argumento é de que, se o constituinte restringiu a possibilidade apenas para a anistia e para a graça, quis permitir o benefício do indulto, e não seria permitido ao legislador ordinário restringir tais poderes da Presidência da República:

> TJSP – De outra parte, não há falar em inconstitucionalidade do disposto no artigo 1º, VIII, do Decreto n. 7.420/2010. O artigo 5º, XLIII, da Constituição Federal proíbe a concessão de graça ou anistia, em se tratando de tráfico ilícito de entorpecentes e drogas afins, entre outros crimes. Por representar garantia constitucional, que assegura direitos fundamentais, o comando constitucional, previsto no artigo 5º, XLIII, da Constituição Federal, não comporta interpretação ampliada. Por conseguinte, ao tráfico de entorpecentes está vedada a concessão de graça por expressa disposição constitucional. Instituto que não se confunde com o indulto. A vedação do indulto a condenado por crime hediondo ou equiparado, não pode ser extraída do artigo 2º, I, da Lei 8.072/90, posto que lei ordinária não pode restringir exercício de um poder constitucional, assegurado ao Presidente da República, nos termos do artigo 84, XII, da Constituição Federal. Agravo em Execução n. 0123882-82.2012.8.26.0000 – São Paulo. Em vista disso, o Presidente da República pode conceder indulto coletivo para crimes hediondos, posto que a vedação expressa refere-se à graça.

No entanto, quanto ao indulto, prevalece, com o respaldo de recentes decisões do Supremo Tribunal Federal, que é vedado aos crimes hediondos e equiparados por força de compreensão teleológica da Constituição Federal e pela letra da Lei de Crimes Hediondos. Sobre a letra da Constituição, apregoa-se que, se foi proibida a indulgência soberana individual e provocada, que é a graça, com mais razão o perdão coletivo e espontâneo também seria vedado. Assim, ao proibir expressamente a graça, o constituinte teria usado a expressão (graça) em seu sentido amplo, abarcando tanto a graça em sentido estrito como o indulto. A Lei de Crimes Hediondos, assim, não inovaria ao proibir o indulto, mas apenas expressaria o comando implícito na Constituição:

> O inciso I do art. 2º da Lei n. 8.072/90 retira seu fundamento de validade diretamente do art. 5º, [XLIII], da Constituição Federal. III – O art. 5º, XLIII,

da Constituição, que proíbe a graça, gênero do qual o indulto é espécie, nos crimes hediondos definidos em lei, não conflita com o art. 84, XII, da Lei Maior. IV – O decreto presidencial que concede o indulto configura ato de governo, caracterizado pela ampla discricionariedade. V – *Habeas corpus* não conhecido (HC 90.364, Rel. Min. Ricardo Lewandowski, Plenário, *DJe* 30-11-2007).

Na verdade, se a norma do inc. XLIII do art. 5º da Constituição Federal vedou a concessão do benefício da graça, que é indulto individual, e até o da anistia, que depende de lei, nas hipóteses de crimes hediondos como tal definidos, não há de ter pretendido, com o disposto no art. 84, XII, deixar ao Presidente da República a possibilidade de, mediante indulto coletivo, contemplar os praticantes de tais delitos. Em outras palavras: se a Constituição não tolera que qualquer indivíduo que haja praticado crime legalmente considerado hediondo seja contemplado com a graça (indulto individual), não há de tolerar que o mesmo indivíduo seja beneficiado mediante o expediente do indulto coletivo. Aliás, o termo indulto é usado no art. 84, XII, da Constituição Federal, no sentido amplo, de modo a abranger o indulto individual (graça) e o coletivo (HC 77.528, Rel. Sydney Sanches).

O perdão presidencial restaria, assim, obstado aos crimes hediondos e equiparados por previsão constitucional, dada a gravidade do ato praticado. E o chamado "indulto humanitário", ou seja, aquele concedido por razões de saúde? Também estaria proibido? O STJ entendeu que não, por imperativo de humanidade:

> HC 291.275 – 1. Nos termos do art. 1º, inciso X, alínea *a*, do Decreto Presidencial n. 7.648/11, foi concedido indulto aos apenados acometidos com paraplegia, tetraplegia ou cegueira, desde que tais condições não sejam anteriores à prática do delito e se comprovem por laudo médico oficial ou, na falta deste, por médico designado pelo juízo da execução. 2. A restrição contida no art. 8º do mencionado Decreto, que afasta a possibilidade de se conceder indulto aos condenados pela prática de tráfico de drogas, não atinge aqueles que, assim como a paciente, se enquadram na hipótese do art. 1º, inciso X, conforme ressalva contida no próprio art. 8º, § 1º. 3. *Habeas corpus* concedido de ofício para cassar o acórdão impugnado e deferir à paciente o benefício do indulto humanitário, nos termos do Decreto Presidencial n. 7.648/11.

26.4.6 Indulto e medida de segurança

Negando o caráter sancionatório da medida de segurança, parte da doutrina nega a possibilidade de concessão de perdão, pois não teria sentido afastar um tratamento médico como clemência. O perdão é dado em face do castigo, e não do tratamento.

Entendemos que é totalmente cabível o indulto na medida de segurança. A medida de segurança é espécie de sanção penal, atribuída ao autor de injusto penal e causa gravame ao sentenciado, podendo, inclusive, ser mais supliciante que a própria pena (sobre o tema, *vide* tópico sobre a medida de segurança). Por não perder sua natureza de suplício, de castigo, enfim (ainda que sua finalidade primordial e teórica não seja essa), a medida de segurança pode ser objeto de indulto. Foi o entendimento do STF no RE 628.658.

26.4.7 Indulto e *sursis*

Se compreendido o *sursis* como espécie de pena restritiva de liberdade, caberia indulto. No entanto, no julgamento do RHC 128.515, o STF entendeu que o *sursis* não é espécie de pena, mas sim alternativa à pena, que fica suspensa (suspensão condicional da pena).

Acreditamos que o *sursis* não é pena privativa de liberdade, e, assim, o STF acertou ao negar a ordem de *habeas corpus* que partia da premissa de que o tempo de prova do *sursis* corresponderia a tempo de pena privativa de liberdade. No entanto, sustentamos que o *sursis* é espécie de pena restritiva de liberdade, pois suas condições limitam as escolhas do indivíduo na disposição de seu tempo e de sua locomoção. Assim, não haveria óbice para a concessão do indulto, desde que expressamente indicado no decreto presidencial.

26.4.8 A natureza declaratória do indulto e a detração

O indulto, como dito, é poder de perdoar outorgado pela Constituição à Presidência da República. No Brasil, é tradicional – mas não necessário – que as condições do indulto sejam verificadas pela autoridade judiciária caso a caso, e então o indulto é aperfeiçoado. O procedimento pode ser explicado como reminiscência da época em que cabia ao juiz, no exercício de função atípica administrativa, interferir na atividade cotidiana do estabelecimento prisional.

De qualquer forma, o poder é do Executivo, e cabe ao Judiciário apenas declarar o indulto. É assustador que a declaração, em tantas oportunidades, tarde meses ou anos. A experiência mostra que é muito comum que o indulto seja reconhecido anos depois de ter sido concedido, o que é injusto, violador de direitos (uma vez que o sujeito permanece preso com a pena já perdoada) e ainda contribui para a caótica superpopulação carcerária, provocadora do já comentado reconhecimento do estado de coisas inconstitucional. A demora causa dano, e, salvo mínimo e razoável prazo para processamento dos dados, deveria ser indenizável.

A natureza declaratória pode trazer efeitos banais, como a contagem do prazo para a reabilitação, que deve ter como termo *a quo* a data fixada no decreto como marco de extinção da punibilidade, e não a aleatória data em que o Poder Judiciário teve estrutura para declarar o indulto.

Questão polêmica: o sujeito é indultado pelo crime A, mas o indulto tarda 18 meses para ser declarado. Em tal interregno, chega nova condenação por crime praticado B antes da edição do decreto de indulto. Os 18 meses podem ser descontados (detraídos) da pena a cumprir? Perceba-se que no caso não há risco da famigerada "conta corrente de pena", pois o crime foi anterior ao decreto de indulto, em lógica semelhante com a detração em processos diferentes (sobre o tema, *vide* o tópico na presente obra sobre a detração).

Entendemos que é plenamente possível a detração no caso. Os 18 meses de pena foram cumpridos irregularmente e foram danosos ao preso, que deveria ser indenizado. O desconto na nova pena traria equilíbrio à situação. Mais e ainda, tais 18 meses cumpridos após a prática do crime B serão eficientes para reprovar e prevenir sua prática, da mesma forma que seria a pena executada em razão do título condenatório do crime B. No mundo fático, é o mesmo suplício.

No entanto, não foi esse o entendimento do STJ no julgamento do REsp 1.557.408, no qual definiu a inviabilidade de detração na hipótese comentada. Curioso notar que a decisão admite o caráter declaratório da decisão e lembra da possibilidade de detração em processos diferentes. Nega, no entanto, argumentando que, no caso, não seria detração de uma prisão processual na prisão-pena, mas sim de uma prisão-pena em outra prisão-pena, o que seria impossível. Com todo respeito, o argumento é insustentável na teoria e na prática. Na teoria, porque o mesmo raciocínio que admite, por analogia, favorável ao réu a detração em processos diferentes seria perfeitamente adequado aqui: o importante não é natureza jurídica da prisão, mas sim a prisão indevida, o sofrimento injustificado, que impõe o desconto para não incidir em *bis in idem*. Na prática, porque é absolutamente comum que a pena cumprida por um crime passe a ser contabilizada como cumprida por outro. É o que ocorre sempre que o sujeito cumpre pena por um crime A e chega a condenação pelo crime B, mais grave e praticado antes do início da pena. Nesse caso, nos termos do art. 76 do CP, considerar-se-á que todo o tempo já cumprido será descontado da pena do crime mais grave B, embora toda a documentação anterior indique o cumprimento da pena do crime A. Trata-se de operação cotidiana na execução penal.

26.4.9 Indulto e anulação em busca da absolvição

Antes do trânsito em julgado da condenação, prevalece descaber recurso da decisão que extingue a punibilidade em busca de desate absolutório, pois o recorrente não teria sucumbência. A extinção da punibilidade, no caso, afasta todos os eventuais efeitos de sentença condenatória, e não haveria razão para recorrer. É verdade que se faz notória a contradição com a possibilidade de recorrer da decisão absolutória em busca da mudança de fundamento que poderia trazer efeitos civis, mas trata-se de entendimento consolidado.

No caso do indulto, que só afasta o efeito principal da condenação, que é a pena, mas não afasta os efeitos secundários, como o dever de reparar o dano, perda de cargo e outros, prevalece a possibilidade de recurso contra a decisão extintiva da punibilidade em busca da absolvição. Foi o que entendeu o STF no HC 121.907.

26.5 RENÚNCIA AO DIREITO DE QUEIXA

Renúncia ao direito de queixa é a abdicação do direito de promover a ação penal privada pelo ofendido ou por seu representante legal.

Momento: sempre antes do oferecimento da queixa. Após, não será mais compreendida como renúncia, mas sim como perdão, que depende de aceitação do acusado (*vide* próximo tópico), como já entendeu o Superior Tribunal de Justiça:

A renúncia a que alude o art. 104 do CP diz respeito ao direito de queixa, não influindo no prosseguimento da ação penal já promovida. Então, oferecida a queixa-crime, não é mais cabível a renúncia, porque não há mais nada a renunciar. A pretensão do querelante de obstar o prosseguimento da ação penal pode ser acolhida pelo perdão do ofendido (arts. 105 e 106 do CP), a depender, contudo, da aceitação do querelado (APn 600/MS, Rel. Min. Teori Albino Zavascki, j. em 18-8-2010).

Cabimento: somente nas ações penais exclusivamente privadas.

Fora do sistema dos Juizados Especiais Criminais, não é possível renúncia ao direito de representação (na ação penal pública condicionada).

Controversa a possibilidade de renúncia no caso de ação penal privada subsidiária da pública. Incontroverso, no entanto, que, mesmo se possível tal ato, o único efeito seria a extinção da possibilidade de oferecimento de queixa, mas não resultaria extinta a punibilidade, pois o Ministério Público poderia, de qualquer forma, oferecer a denúncia.

Formas de renúncia: expressa ou tácita. Expressa quando há manifestação explícita da vontade de não processar.

Há renúncia tácita quando existe a prática de ato incompatível com a vontade de processar (ex.: chamar para almoçar em casa).

O casamento da vítima com o autor do crime, que antes extinguia a punibilidade nos crimes contra os costumes, continua com tal força quando se tratar de crime de ação penal privada, pois o casamento é, obviamente, prática de ato incompatível com a vontade de processar.

O recebimento da indenização pelo dano resultante do crime não importa em renúncia tácita ao direito de oferecer queixa (art. 104, parágrafo único, do CP) fora dos Juizados Especiais Criminais.

Diversamente do sistema do Código Penal, no Juizado Especial Criminal o acordo cível homologado na audiência preliminar significa renúncia tácita ao direito de oferecer queixa, nos termos do art. 74, parágrafo único, da Lei n. 9.099/95.

No caso de crime praticado em concurso de pessoas, a renúncia em relação a um dos ofensores se comunica a todos, restando extinta a punibilidade em relação ao fato. Nesse sentido o STJ: "A renúncia ao exercício do direito de queixa, em relação a alguns autores do crime, posto tratar-se de uma Chapa Eleitoral, composta por quase 70 (setenta) membros, a todos se estenderá, em razão do princípio da indivisibilidade da ação penal privada. Inteligência do art. 49, do Código de Processo Penal" (STF, Inq 3526/DF, Min. Roberto Barroso, 2-2-2016).

Não há mais a polêmica sobre a legitimidade concorrente do ofendido menor de 21 anos de idade e seu representante legal. Com o novo Código Civil, não há mais representante legal ao maior de 18 anos de idade, e com isso a doutrina já se manifestou no sentido da plena capacidade processual penal do ofendido entre 18 e 21 anos de idade.

Queixa-crime oferecida contra apenas um dos ofensores (conhecidos): prevalece que, ante o princípio da indivisibilidade da ação penal privada, o não oferecimento de queixa contra todos implica renúncia tácita ao direito de oferecer queixa em relação aos que não foram acusados. Como a renúncia se comunica a todos os colaboradores, estaria extinta a punibilidade de todos. Assim entendeu o STF:

Não oferecida a queixa-crime contra todos os supostos autores ou partícipes da prática delituosa, há afronta ao princípio da indivisibilidade da ação penal, a implicar renúncia tácita ao direito de querela, cuja eficácia extintiva da punibilidade estende-se a todos quantos alegadamente hajam intervindo no cometimento da infração penal. Com base nesse entendimento, a Primeira Turma rejeitou queixa-crime oferecida em face de senador a quem fora imputada a prática dos delitos de calúnia e difamação. Na espécie, o parlamentar teria alegadamente imputado ao querelante, mediante ampla divulgação (internet), o cometimento de crimes e atos, tudo com a nítida e deliberada intenção de ferir a honra deste. A Turma ressaltou que as supostas difamação e calúnia teriam sido veiculadas por outros meios além do imputado ao querelado, e que a notícia supostamente vexatória fora reencaminhada por outras pessoas. Destacou que a responsabilização penal se daria por todas as pessoas que veicularam a notícia caluniadora e difamatória e que, portanto, fora violado o princípio da indivisibilidade da ação penal (Inq. 3.526/DF, Rel. Min. Roberto Barroso, 2-2-2016).

Importante notar que a indivisibilidade só se manifesta com o efeito de extinção da punibilidade no caso de concurso de pessoas. O STJ decidiu, em 27-8-2024, que "se não configurada a coautoria ou participação nos crimes contra a honra, mas delitos autônomos, a ausência de oferecimento de queixa-crime contra todos os ofensores não afronta o princípio da indivisibilidade" (Rel. Min. Messod Azulay Neto).

Em caso de crime com dupla subjetividade passiva, a renúncia de um não impede que o outro proponha a ação.

26.6 PERDÃO DO OFENDIDO

Perdão do ofendido é o ato pelo qual, iniciada a ação penal exclusivamente privada, o ofendido (ou seu representante legal) desiste de seu procedimento. Tem sentido de desistência e, por isso, é sempre posterior à propositura da queixa.

Cabimento: apenas na ação exclusivamente privada. Pode ser oferecido até o trânsito em julgado da sentença condenatória, mesmo se interposto recurso extraordinário (Mirabete, *Manual de direito penal*, 2012, p. 386).

Diferenças entre o perdão do ofendido e o perdão judicial: o perdão judicial é concedido pelo juiz, e não pelo ofendido, e incide nos casos previstos em lei, seja a ação pública ou privada. No perdão do ofendido, não há casos previstos expressamente em lei, mas tão somente a previsão genérica do art. 105 e ss. do CP, e assim sempre será possível desde que se trate de ação penal privada.

Formas de perdão: processual ou extraprocessual conforme seja oferecido nos autos do processo ou fora. Pode, como a renúncia, ser expresso ou tácito.

Aceitação do perdão: o perdão é um ato jurídico bilateral, o que significa que para produzir efeitos depende da aceitação do querelado.

A aceitação do perdão pode ser tácita ou expressa: oferecido o perdão, o querelado será intimado para se manifestar e, no silêncio, será considerado aceito o perdão, declarando-se extinta a punibilidade (art. 58 do CPP).

O perdão é uma causa, por força do princípio da indivisibilidade, comunicável (o querelante não pode escolher quem vai perdoar; ou perdoa todos ou não perdoa ninguém). Se perdoar um dos ofensores, o juiz oferecerá a todos a aceitação. Se apenas um aceitar, o processo continuará em relação aos outros, ou seja, a aceitação do perdão não se comunica.

No caso de dupla subjetividade passiva, o oferecimento do perdão só vincula aquele que ofereceu o perdão.

26.7 RETRATAÇÃO

Retratar-se é desdizer-se, retirar o que disse. A extinção da punibilidade, no caso, tem incidência nos crimes de calúnia e difamação e também no falso testemunho e falsa perícia.

Importante destacar que na injúria não é possível retratação.

Momento: em todos os casos, a retratação deve ser feita até o momento da sentença. Que sentença? No caso da calúnia e difamação, até a sentença condenatória recorrível pelo respectivo crime contra a honra. Na hipótese de falso testemunho ou falsa perícia, até a sentença do processo em que estes ocorreram.

Prevalece que a retratação nos crimes contra a honra é incomunicável, mas comunicável no falso testemunho. Assim, se foram vários os caluniadores, a retratação de um não aproveitará aos demais. No entanto, todos aqueles que colaboraram no falso testemunho serão beneficiados com a retratação.

A justificativa para o tratamento diferenciado nas hipóteses está na letra da lei. O art. 143 do Código Penal, que trata da retratação nos crimes de calúnia e difamação, tem a seguinte redação: "Art. 143. O **querelado** que, antes da sentença, se retrata cabalmente da calúnia ou da difamação, fica isento de pena" (grifo nosso). Ora, se a lei expressamente se refere ao querelado, significa que a retratação não se comunica.

Outra disciplina legal é encontrada no art. 342, § 2º, do Código Penal, que tem a seguinte redação: "§ 2º O **fato** deixa de ser punível se, antes da sentença no processo em que ocorreu o ilícito, o agente se retrata ou declara a verdade". Ora, se é o fato que deixa de ser punível, possível concluir que a retratação, no caso, comunica-se.

A retratação, em qualquer hipótese, é unilateral, ou seja, independe da aceitação do querelante, nos crimes contra a honra, ou de qualquer juízo de conveniência do juiz, na hipótese de falso testemunho.

26.8 PEREMPÇÃO

Sanção jurídica imposta ao querelante desidioso que deixa de promover o devido andamento à ação penal.

Possível somente na ação penal exclusivamente privada. Na subsidiária, a desídia apenas resulta na retomada da ação pelo Ministério Público, não havendo extinção da punibilidade.

Só tem cabimento após o recebimento da queixa, uma vez que pressupõe a existência do processo. No caso de mais de um querelante (litisconsórcio ativo), só se aplica ao querelante desidioso.

Causas que levam à perempção (art. 60 do CPP):

a) Querelante que deixa de dar o devido andamento ao processo por mais de 30 dias seguidos.

Prevalece que não é necessária a intimação do querelante para que se inicie a contagem do prazo.

b) Morte ou interdição do querelante, sem que apareça sucessor no prazo de 60 dias.

Sucessores são: cônjuge, ascendente, descendente e irmão. Se a ação penal for personalíssima, a morte do querelante acarreta de imediato a perempção. Também o desaparecimento da pessoa jurídica sem sucessor.

c) Não comparecimento do querelante a ato do processo ao qual deveria estar presente.

Ao oferecer a queixa-crime, o querelante assume ônus de colaborar para a persecução penal, comparecendo a todos os atos do processo aos quais for chamado. O descumprimento de tal ônus gera a extinção da punibilidade.

O STJ já decidiu que há perempção pela ausência do querelante na audiência de conciliação do art. 520 do CPP (REsp 605.871). Entendemos equivocada a decisão: se a lei impõe a tentativa de conciliação como dever do Estado e ônus das partes, o desinteresse da parte acusadora em participar do ato conciliatório deve ser sancionado, como previsto em lei. É possível argumentar, aliás, que a ausência do querelante na audiência de conciliação gera dúvidas sobre a necessidade da ação penal, que poderia ser evitada com o mínimo empenho na busca de solução conciliatória. O sistema de justiça penal busca, também, solucionar conflitos, e o art. 520 do CPP traça etapa necessária para a solução de determinados conflitos, que não pode ser desprezada pela parte.

Por fim, o argumento de que a perempção exige processo em curso e a fase conciliatória é pré-processual é um preciosismo facilmente vencido: como se trata de causa extintiva da punibilidade, a literalidade do dispositivo é vencida pela analogia *in bonam partem*, sendo evidente que há, no caso, identidade de razões que levam à mesma solução (*ubi eadem ratio ibi eadem legis dispositio*), pois o suposto querelante também suporta vários ônus antes do início do processo (como o oferecimento da acusação em tempo hábil, representação suficiente com procuração que obedeça ao art. 44 do CPP, entre outros).

d) Não formular pedido de condenação nas alegações finais.

É controverso se o pedido pode ser tácito ou se deve ser expresso. Para Delmanto, basta "pedir justiça, se o teor das alegações revela que o querelante desejava a condenação" (STF, *RT* 575/451; Celso Delmanto *et al.*, *Código Penal comentado*, p. 306). Para Rogério Greco, o pedido de condenação expresso é "formalismo legal que deve ser obedecido, evidenciando-se o propósito do querelante de perseguir o seu pedido formulado em sua peça inicial de acusação. Caso o querelante peça, em alegações finais, que se faça justiça, deverá ser declarada a perempção, porque a justiça importa tanto na condenação como na absolvição" (*Curso de direito penal*, 2010, p. 676).

26.9 DECADÊNCIA

Há decadência do direito de queixa ou de representação.

É a perda do direito de oferecer queixa ou de representar.

No eixo da decadência está o transcurso do tempo. No fundo, é uma sanção processual àquele que se mantém inerte, que perde a oportunidade de exercer a ação ou de fornecer a condição objetiva de procedibilidade da representação no prazo determinado em lei.

Decadência só existe em ação penal privada ou pública condicionada.

Qual o prazo que tem a vítima para representar ou para oferecer queixa? Salvo disposição em contrário, 6 meses contados do conhecimento da autoria nos termos dos arts. 103 do Código Penal e 38 do Código de Processo Penal.

É prazo penal, pois extingue a punibilidade.

A representação pode ser endereçada ao Delegado de Polícia, ao Ministério Público e ao Juiz. Óbvio que a queixa-crime, petição inicial da ação penal privada, só pode ser endereçada ao Juiz.

A representação dispensa formalidades, bastando a inequívoca vontade de ver o autor processado criminalmente. O STJ já decidiu que o mero comparecimento da vítima na delegacia, cumprindo intimação expedida pela autoridade policial, sem que seja colhida manifestação expressa sobre a representação, não é suficiente (REsp 2.097.134) como condição de procedibilidade e, assim, não obsta o fluxo do prazo decadencial.

26.10 PERDÃO JUDICIAL

É a possibilidade de o juiz deixar de aplicar a pena, reconhecendo na sentença a extinção da punibilidade, nas hipóteses previstas em lei.

Pressuposto básico: reconhecimento da culpabilidade do acusado. Em primeiro, deve ser reconhecida a prática de conduta típica, ilícita e culpável, e depois o juiz perdoa. No Brasil, dada a redação do art. 107, VI, não se aceita o perdão judicial como cláusula genérica, ou seja, prevalece que não se admite sem emprego por analogia *in bonam partem* e, assim, só pode ocorrer quando o texto legal autorizar, como nos casos do art. 121, § 5º; art. 129, § 8º; art. 149, § 1º; e art. 180, § 3º, do CP. Também na legislação especial, como no art. 13 da Lei n. 9.807/99 (Lei de Proteção à Testemunha). Acreditamos equivocada a restrição, e entendemos que deve ser admitido o emprego do perdão judicial por analogia sempre que a pena se mostrar desnecessária em virtude de evento posterior à prática da conduta. Se a sanção não oferece probabilidade de prevenção de crimes ou diminuição de violência social, sua aplicação se fundamenta apenas em um irracional sentimento de vingança ou no metafísico argumento da (ou de alguma) justiça, o que apenas reforça a pertinência do perdão como medida de humanidade e racionalidade. Há entendimento de que o emprego do perdão por analogia já é admitido nos tribunais, uma vez que, ainda que não expressamente previsto no código de trânsito, é amplamente aplicado nos crimes dos arts. 302 e 303 do CTB.

Se previsto expressamente em lei, prevalece que é direito subjetivo do acusado, presentes os requisitos.

É possível quer nas ações penais públicas, quer nas privadas.

Por muito tempo, foi debatida a natureza da decisão que reconhece o perdão judicial. Para alguns, é condenatória, eis que o juiz reconhece a prática de crime, e só se pode perdoar quem foi condenado. Para outro setor doutrinário, a decisão seria absolutória, pois não gera nenhum efeito penal primário ou secundário, lembrando que o art. 120 do Código Penal é expresso ao determinar que a concessão de perdão judicial não gera reincidência.

O STJ findou a polêmica ao editar a Súmula 18, segundo a qual a decisão que reconhece o perdão judicial tem caráter terminativo de mérito, ou seja, não condena nem absolve, mas apenas extingue a punibilidade.

Casuística: o STJ já entendeu que para a concessão do perdão judicial no homicídio culposo não basta o ordinário sofrimento do réu, uma vez que o sentimento de culpa e remorso são comuns e ordinários a todos os que provocaram, por descuido, a morte de alguém. É necessário assim um especial vínculo entre o autor e a vítima ou sequelas que indiquem um peculiar sofrimento e, assim, justifiquem o perdão judicial:

> O perdão judicial não pode ser concedido ao agente de homicídio culposo na direção de veículo automotor (art. 302 do CTB) que, embora atingido moralmente de forma grave pelas consequências do acidente, não tinha vínculo afetivo com a vítima nem sofreu sequelas físicas gravíssimas e permanentes. (...) A interpretação dada, na maior parte das vezes, é no sentido de que só sofre intensamente o réu que, de forma culposa, matou alguém conhecido e com quem mantinha laços afetivos. O exemplo mais comumente lançado é o caso de um pai que mata culposamente o filho. Essa interpretação desdobra-se em um norte que ampara o julgador. Entender pela desnecessidade do vínculo seria abrir uma fenda na lei, não desejada pelo legislador. Isso porque, além de ser de difícil aferição o "tão grave" sofrimento, o argumento da desnecessidade do vínculo serviria para todo e qualquer caso de delito de trânsito com vítima fatal. Isso não significa dizer o que a lei não disse, mas apenas conferir-lhe interpretação mais razoável e humana, sem perder de vista o desgaste emocional que possa sofrer o acusado dessa espécie de delito, mesmo que não conhecendo a vítima. A solidarização com o choque psicológico do agente não pode conduzir a uma eventual banalização do instituto do perdão judicial, o que seria no mínimo temerário no atual cenário de violência no trânsito, que tanto se tenta combater. Como conclusão, conforme entendimento doutrinário, a desnecessidade da pena que esteja o perdão judicial deve, a partir da nova ótica penal e constitucional, referir-se à comunicação para a comunidade de que o intenso e perene sofrimento do infrator não justifica o reforço de vigência da norma por meio da sanção penal (REsp 1.455.178/DF, Rel. Min. Rogerio Schietti Cruz, j. em 5-6-2014).

Discordamos de tal orientação, pois o perdão judicial, mormente no homicídio culposo, lastreia-se expressamente na desnecessidade de pena, e se os efeitos do crime afastaram toda carência da pena para fins preventivos, ainda que o sofrimento não seja peculiar, deve ser reconhecido o perdão, salvo se admitida como suficiente justificativa da pena a necessidade de vingança social.

26.11 PRESCRIÇÃO

O Estado tem o poder de punir, visando diminuir/controlar a violência. No momento em que uma infração penal é praticada, o poder de punir em abstrato se dirige contra o infrator.

No momento em que ocorre a infração penal, começa para o Estado a possibilidade da punição, ou seja, o dever de subordinar o interesse alheio de liberdade a seu poder punitivo. Daí a propalada ideia da pretensão punitiva e pretensão executória, de que se vale a doutrina para caracterizar espécies de prescrição. No caso da pretensão punitiva, o Estado tem a obrigação de demonstrar que seu poder existe e pode ser exercido contra determinado indivíduo em espaço de tempo limitado, em prol de exigências de ordem política e mesmo processual:

1) **Política criminal:** diz-se desde Beccaria que a pena só é justa se célere. De fato, sob a ótica do interesse social, a demora na punição provoca o enfraquecimento das finalidades da pena, a descrença no ordenamento, a sensação de legitimação da reação informal da sociedade (linchamentos, vinganças).
2) **Regularidade do Estado:** contudo, sob a ótica de controle do Estado, como a imposição da pena é demonstração de poder, quando o Estado tarda no exercício de seu mister é sancionado com a perda de tal poder.
3) **Inserção social do condenado/humanidade da pena:** há que se considerar ainda que o longo passar do tempo permite ao infrator sua reconstrução pessoal, e nesse caso a pena tem grande chance de ter apenas efeito deletério sobre sua personalidade.
4) **Instrumental/processual:** por fim, sob enfoque processual, as provas já teriam se esvaído com o passar do tempo. A absolvição de um culpado pela falta de provas idôneas em razão do passar do tempo ou a condenação temerária de alguém para compensar a tibieza probatória pela demora do processo são resultados igualmente indesejáveis.

Partindo das razões expostas, resta justificada a existência do instituto da prescrição. Trata-se de sanção ao Estado pela demora em seu proceder.

26.11.1 Prescritibilidade

A regra no Brasil é a prescritibilidade; e a exceção, a imprescritibilidade.

Crimes hediondos e equiparados não são imprescritíveis.

A Constituição, em seu art. 5º, arrola duas hipóteses de imprescritibilidade: racismo e ação de grupos armados contra a ordem constitucional e o Estado Democrático, nos seguintes termos:

> XLII – a prática do racismo constitui crime inafiançável e imprescritível, sujeito à pena de reclusão, nos termos da lei; (...)
> XLIV – constitui crime inafiançável e imprescritível a ação de grupos armados, civis ou militares, contra a ordem constitucional e o Estado Democrático;

A imprescritibilidade do racismo já foi reafirmada em mais de uma oportunidade pelo STF, como no seguinte voto: "Jamais podem se apagar da memória dos povos que se pretendam justos os atos repulsivos do passado que permitiram e incentivaram o ódio entre iguais por motivos raciais de torpeza inominável. 16. A ausência de prescrição nos crimes de racismo justifica-se como alerta grave para as gerações de hoje e de amanhã, para que se impeça a reinstauração de velhos e ultrapassados conceitos que a consciência jurídica e histórica não mais admitem. Ordem denegada" (STF, HC 82.424/RS, Plenário, Rel. p/o Ac. Min. Maurício Corrêa, *DJU* 19-3-2004).

O acima transcrito rol constitucional é taxativo ou exemplificativo? Duas posições se destacam:

1) No STF a 1ª Turma já entendeu que o rol é exemplificativo, no julgamento do Recurso Extraordinário 460.971, nos seguintes termos: "Ademais, a Constituição Federal se limita, no art. 5º, XLII e XLIV, a excluir os crimes que enumera da incidência material das regras da prescrição, sem proibir, em tese, que a legislação ordinária criasse outras hipóteses" (STF, RE 460.971, Rel. Min. Sepúlveda Pertence, 13-2-2007).

Assim, o rol constitucional seria meramente exemplificativo, e o legislador ordinário estaria autorizado a criar novas hipóteses de imprescritibilidade.

2) O STJ, no entanto, exatamente para evitar a criação de uma nova hipótese de imprescritibilidade pelo legislador ordinário, editou a Súmula 415, limitando o período de suspensão do fluxo do prazo prescricional: "o período de suspensão do prazo prescricional é regulado pelo máximo da pena cominada".

O fundamento para edição de súmula, que justifica a necessidade de fixação de um limite para a suspensão da prescrição, é que de outra forma a lei estaria criando uma nova hipótese de imprescritibilidade, o que seria proibido pela Constituição.

Entendemos correta a posição do Superior Tribunal de Justiça. As exceções à prescritibilidade estão previstas no art. 5º da Constituição Federal e merecem interpretação que amplie direitos e garantias individuais frente ao Estado. A única interpretação possível nesse contexto é a que restringe o poder penal, com a compreensão de que o rol constitucional, exaustivo, não pode ser ampliado. Outro entender ampliaria o poder do Estado contra o indivíduo, o que não justificaria introdução das exceções no art. 5º da CF.

26.11.2 Classificação da prescrição

A prescrição pode ser classificada como prescrição da pretensão punitiva e prescrição da pretensão executória:

Há **prescrição da pretensão punitiva** se o Estado não providencia, no limite temporal fixado pela lei, a certeza da culpa (com o trânsito em julgado da sentença condenatória).

Há **prescrição da pretensão executória** se o Estado não providencia, no lapso temporal determinado em lei, a efetivação da sanção já certa (ao menos para a acusação). Entenda-se efetivação da sanção como o início do cumprimento da pena.

26.11.3 Prazos prescricionais

Prescrição é matéria de natureza penal, uma vez que altera ou extingue o poder de punir do Estado. Assim, possível concluir que os prazos prescricionais são penais, e devem ser contados de acordo com a regra dos arts. 10 e 11 do Código Penal:

> Art. 10. O dia do começo inclui-se no cômputo do prazo. Contam-se os dias, os meses e os anos pelo calendário comum.
>
> Art. 11. Desprezam-se, nas penas privativas de liberdade e nas restritivas de direitos, as frações de dia, e, na pena de multa, as frações de cruzeiro.

Critério para o cálculo do prazo prescricional – pena em abstrato *versus* pena em concreto.

Os prazos são verificados no art. 109 do CP, que traz tabela relacionando a pena a ser aplicada com o prazo prescricional. Os prazos são penais (utiliza-se a regra do art. 10 do CP), uma vez que a prescrição trata diretamente da alteração ou extinção do poder de punir do Estado.

O art. 155 *caput* do Código Penal (furto simples) tem pena de 1 a 4 anos. Que pena deve ser tomada como critério para o cálculo do prazo prescricional nos termos da tabela do art. 109 do mesmo *Codex*?

1) até o trânsito em julgado para a acusação, deverá ser considerada a **pena máxima em abstrato**, pois ainda não é possível delimitar qual será a maior pena aplicável ao caso concreto. No cálculo da pena máxima, incidem as qualificadoras, as causas de aumento (com aumento máximo) e as causas de diminuição (com diminuição mínima);

2) após o trânsito em julgado para a acusação, a prescrição será calculada a partir da **pena concretamente fixada** na sentença. É que, com o esgotamento das vias recursais da acusação, o recurso exclusivo da defesa não poderá provocar piora da situação do condenado, em razão do princípio do *non reformatio in pejus*, direta ou indiretamente (indireta quando mesmo a decisão anulada não poderá ser novamente proferida, piorando a situação do condenado).

Como é possível perceber, após a reforma penal de 1984, a pena em concreto pode ser utilizada tanto para o cálculo da prescrição da pretensão punitiva como para buscar a prescrição da pretensão executória, restando hoje inaplicável a ultrapassada Súmula 604 do STF, segundo a qual: "A prescrição pela pena em concreto é somente da pretensão executória da pena privativa de liberdade".

Passaremos ao estudo das duas grandes espécies de prescrição, com suas peculiaridades, e depois voltaremos aos comentários gerais:

26.11.4 Prescrição da Pretensão Punitiva (PPP)

Como já antecipado, é a perda do poder de punir do Estado, que não consegue no prazo legal a certeza da culpa (trânsito em julgado de condenação).

Se o Estado deve conseguir a certeza da culpa no prazo imposto pela lei, o normal seria que o lapso prescricional se iniciasse na data da prática do fato e terminasse exatamente com a certeza da culpa. Em termos superficiais, é o que ocorre.

26.11.4.1 Efeitos

A ocorrência da prescrição da pretensão punitiva, em qualquer de suas modalidades, teoricamente afasta todos os efeitos de eventual sentença condenatória.

Condenações prescritas não podem gerar reincidência ou maus antecedentes, por desobediência ao princípio da presunção de inocência:

> (...) a existência de processos judiciais sem trânsito em julgado, inquéritos arquivados, bem como processos extintos pela prescrição da pretensão punitiva, não podem ser considerados para a caracterização de maus antecedentes, de má conduta social e, muito menos, da personalidade voltada para o crime, pois prevalece o princípio da presunção de inocência. Precedentes citados do STF: RHC 80.071/RS, *DJ* 2-4-2004, do STJ: HC 109.051/SC, *DJe* 15-6-2009; HC 39.030/SP, *DJ* 11-4-2005; HC 96.670/DF, *DJe* 8-2-2010; HC 104.071/MS, *DJe* 25-5-2009, e REsp 620.624/RS, *DJ* 29-11-2004 (RvCr 974/RS, Rel. Min. Maria Thereza de Assis Moura, j. em 25-8-2010).

Também os efeitos civis devem ser afastados, pois apenas a sentença condenatória transitada em julgado pode gerar consequências extrapenais. Como ensina Bitencourt: "A prescrição da pretensão punitiva só poderá ocorrer antes de a sentença transitar em julgado e tem como consequência a eliminação de todos os efeitos do crime: é como se este nunca tivesse existido" (Cezar Roberto Bitencourt, *Tratado de direito penal*, 2012, v. 1, p. 871).

Assim já entendeu o STJ sobre o efeito secundário de tornar certa a obrigação de indenizar o dano causado pelo crime:

> A extinção da punibilidade, em função da prescrição retroativa, não vincula o juízo cível na apreciação de pedido de indenização decorrente do ato delituoso. No caso, após o atropelamento, foram ajuizadas uma ação penal por lesão corporal culposa na direção de veículo automotor (art. 303 do CTB) e uma ação de reparação de danos materiais e morais pela vítima. A ação cível ficou suspensa até a conclusão da penal. Quanto a esta, a sentença reconheceu a autoria e materialidade do fato e aplicou a pena. Na apelação, o tribunal acolheu a preliminar de prescrição, na forma retroativa, da pretensão punitiva do Estado. Retomado o julgamento

da ação indenizatória, a sentença julgou improcedente o pedido, reconhecendo a culpa exclusiva da vítima, fundamentando-se nas provas produzidas nos autos. Na apelação, o tribunal reformou a sentença com base exclusiva no reconhecimento da autoria e materialidade presentes na sentença criminal, condenando a motorista ao pagamento de indenização por danos materiais e morais. Dessa decisão foi interposto o recurso especial. O Min. Relator afirmou ser excepcional a hipótese de comunicação das esferas cível e penal, conforme interpretação do art. 1.525 do CC/1916 (art. 935 do CC/2002) e do art. 65 do CPP. Ressaltou, ainda, que o art. 63 do CPP condiciona a execução cível da sentença penal condenatória à formação da coisa julgada no juízo criminal. **No caso, não houve reconhecimento definitivo da autoria e materialidade delitiva, pois o acórdão, ao reconhecer a prescrição da pretensão punitiva, rescindiu a sentença penal condenatória e extinguiu todos os seus efeitos, incluindo o efeito civil previsto no art. 91, I, do CP.** Com esses e outros argumentos, a Turma deu provimento ao recurso para anular o acórdão do Tribunal de origem e determinar novo julgamento da apelação, com base nos elementos de prova do processo cível, podendo, ainda, ser utilizados os elementos probatórios produzidos no juízo penal, a título de prova emprestada, observado o contraditório (REsp 678.143/MG, Rel. Min. Raul Araújo, j. em 22-5-2012 – grifo nosso).

O STJ também já se pronunciou sobre o efeito específico da perda de cargo:

1. Prescrita a pena privativa de liberdade e, por consequência, a pecuniária, deve ser declarada também a extinção da punibilidade, pela prescrição da pretensão punitiva, quanto à perda do cargo público. Com efeito, a Lei de Abuso de Autoridade não estabelece normas acerca da prescrição para a pena funcional nela cominada, assim, em benefício do Réu, impõe-se aplicar o mesmo prazo utilizado para a pena de detenção e/ou multa, isto é, 2 (dois) anos. 3. Quanto à inabilitação para o exercício de qualquer outra função pública, deve-se ter em conta o comando do art. 118 do Código Penal, que determina que as penas mais leves prescrevem com as mais graves. E não há dúvida que, no caso, a pena mais rigorosa é a de detenção, não podendo o prazo prescricional dessa pena exceder a prescrição prevista para a restritiva de direitos (STJ, Ag Rg no REsp 982.271).

No mesmo sentido o STF:

Ato contínuo, consignou-se que – considerado o disposto no § 2º do art. 1º do referido decreto ["Art. 1º São crimes de responsabilidade dos Prefeitos

Municipal (sic), sujeitos ao julgamento do Poder Judiciário, independentemente do pronunciamento da Câmara dos Vereadores: (...) § 2º A condenação definitiva em qualquer dos crimes definidos neste artigo, acarreta a perda de cargo e a inabilitação, pelo prazo de cinco anos, para o exercício de cargo ou função pública, eletivo ou de nomeação, sem prejuízo da reparação civil do dano causado ao patrimônio público ou particular"] – seria necessário, presente a mencionada inabilitação, o trânsito em julgado do pronunciamento condenatório, sob pena de firmar-se precocemente a culpa. Verificou-se a ausência de trânsito em julgado de agravo de instrumento, interposto para a subida do recurso extraordinário da defesa. Ao fim, assinalou-se que, fixada pena restritiva de liberdade em 2 anos – em virtude de condenação como incurso no art. 1º, I, do Decreto-Lei 201/67 –, ante a passagem do tempo, incidira a prescrição da pretensão punitiva, a afastar a base da inabilitação (HC 106.962/SP, Rel. Min. Marco Aurélio, j. em 20-11-2012).

Se a prescrição da pretensão punitiva afasta tanto os efeitos penais como os extrapenais, entendeu o STF que não há interesse processual em discutir a espécie de pretensão punitiva:

Em conclusão de julgamento, a Primeira Turma, por maioria, rejeitou embargos de declaração em que se discutia a existência de omissão e contradição no julgado, uma vez que, ao desclassificar a conduta descrita na denúncia, essa Corte deveria, por ser supostamente mais favorável ao acusado, ter reconhecido, de imediato, a prescrição da pretensão punitiva com base na pena cominada em abstrato, e não ter prosseguido no julgamento do feito, proferindo decreto condenatório, para, só então, reconhecer a prescrição com base na pena aplicada em concreto – v. *Informativo* 789. A Turma ressaltou que não haveria utilidade ou necessidade na prestação jurisdicional, na medida em que o Colegiado teria efetivamente declarado a prescrição da pretensão punitiva estatal, sendo irrelevante se com fundamento na pena em concreto ou em abstrato, pois o resultado prático seria o mesmo. Vencidos os Ministros Roberto Barroso (relator) e Luiz Fux, que acolhiam os embargos (AP 530 ED-segundos/MS, Rel. Min. Roberto Barroso, Red. p/ o acórdão Min. Marco Aurélio, 30-6-2015).

No entanto, há entendimento do Superior Tribunal de Justiça, que a nosso juízo se funda em superficial justificativa de economia processual, permitindo o efeito civil da sentença condenatória na qual foi reconhecida prescrição retroativa, desde que o reconhecimento da prescrição, por falha dos atores do processo, só tenha sido percebida após o (supostamente nulo) trânsito em julgado da condenação:

EXECUÇÃO. SENTENÇA CRIMINAL. PRESCRIÇÃO RETROATIVA – O recorrente foi condenado em razão da prática de lesões corporais de natureza grave perpetrada contra o recorrido; porém, após o trânsito em julgado, viu declarar-se extinta a punibilidade em razão da prescrição retroativa regulada pela pena *in concreto*. O recorrido, então, ajuizou ação de liquidação daquela sentença, que foi julgada procedente, condenando o recorrido ao pagamento de indenização pelos danos emergentes e moral. Porém, ao extrair carta de sentença e requerer a execução, surpreendeu-se com sua extinção por falta, justamente, de título executivo. Frente a isso, a Turma entendeu que o reconhecimento da prescrição nesses moldes não descaracteriza a sentença condenatória penal como título executivo no âmbito cível (art. 584, II, do CPC), a ensejar a pretendida reparação dos danos, pois é certo que, por aquele motivo, não desapareceram o fato, a autoria e a culpa já reconhecidos. Precedentes citados: REsp 163.786/SP, *DJ* 29-6-1998, e REsp 166.107/MG, *DJ* 17-11-2003 (STJ, REsp 722.429/RS, 4ª T., Rel. Min. Jorge Scartezzini, j. em 13-9-2005).

Não há como concordar com tal entendimento. De fato, se o Estado tardou para reconhecer a prescrição retroativa, que deveria ter sido reconhecida de ofício, o reconhecimento tardio, que redunda na invalidade de todos os atos posteriores, não pode gerar consequências penais ou extrapenais, sob pena de fomentar/estimular o erro ou demora no reconhecimento da prescrição, o que não se pode admitir. Aliás, inválido o trânsito em julgado da condenação pela ocorrência de prescrição anterior tardiamente reconhecida, não poderia, a nosso ver, gerar consequências penais ou extrapenais. No entanto, como visto, é a posição que prevalece no Superior Tribunal de Justiça.

26.11.4.2 *Termo inicial*

O CP, em seu art. 4º, adotou a teoria da atividade para efeito do tempo do crime. Contrariando tal premissa, para considerar o termo inicial da prescrição, foi adotada outra teoria: a do resultado. O marco inicial de prescrição da pretensão punitiva pode ser assinalado, assim, de acordo com cinco regras:

1) Em regra, começa a fluir o prazo prescricional do dia da consumação. Para Cirino dos Santos (*Direito penal*, 2007), minoritário, deve ser levada em conta a por ele chamada "consumação material", ou seja, nos crimes formais, só se iniciaria a prescrição com o exaurimento do crime.

2) E nos crimes tentados? Como não há consumação, a prescrição começa a correr do último ato da execução.

3) E nos crimes permanentes? No crime permanente, o momento consumativo perdura no tempo. A prescrição começa a correr da cessação da permanência (quando ocorreu o último momento consumativo).

Há interessante distinção no STF quanto ao estelionato previdenciário que, em alguns casos, configura crime permanente, mas em outros crimes instantâneo de efeitos permanentes. O funcionário que, em determinado momento, auxilia na manobra fraudulenta de forma a permitir o pagamento do benefício de prestação continuada pratica crime instantâneo de efeitos permanentes, e, assim, a prescrição começa a correr do exato momento da consumação, ou seja, da obtenção da primeira vantagem. O fraudador beneficiário, no entanto, pratica aos olhos do STF crime permanente, e, assim, a prescrição só inicia seu curso com o fim da permanência, ou seja, quando cessa o recebimento do benefício.

Nesse sentido:

> A Turma indeferiu *habeas corpus* no qual se pretendia fosse declarada a extinção da punibilidade de condenado pelo delito descrito no art. 251 do CPM ('Obter, para si ou para outrem, vantagem ilícita, em prejuízo alheio, induzindo ou mantendo alguém em erro, mediante artifício, ardil ou qualquer outro meio fraudulento'). Na espécie, o paciente sacara, entre janeiro de 2000 e maio de 2005, os valores depositados, a título de pensão, na conta corrente de um parente falecido. Consignou-se que, em tema de estelionato previdenciário, o Supremo tem jurisprudência consolidada quanto à natureza binária, ou dual, da infração. Reafirmou-se que a situação de quem comete uma falsidade para permitir a outrem obter vantagem indevida distingue-se da conduta daquele que, em interesse próprio, recebe o benefício ilicitamente. No primeiro caso, a conduta, a despeito de produzir efeitos permanentes em prol do beneficiário da indevida vantagem, materializa os elementos do tipo instantaneamente. No ponto, evidenciou-se não haver que se cogitar da possibilidade de o agente fraudador sustar, a qualquer tempo, a sua conduta delituosa. Observou-se que, na segunda hipótese – que seria a situação dos autos –, em que a conduta é cometida pelo próprio beneficiário e renovada mensalmente, tem-se entendido que o crime assume a natureza permanente. Neste ponto, ressaltou-se que o agente tem o poder de, a qualquer tempo, fazer cessar a ação delitiva. Por derradeiro, registrou-se que a mencionada distinção estaria estampada em vários julgados das Turmas do STF (STF, HC 104.880/RJ, Rel. Min. Ayres Britto, j. em 14-9-2010. No mesmo sentido STJ, HC 181.250).

No STJ, no entanto, há entendimento de que o estelionato previdenciário seria sempre crime permanente, pois no crime instantâneo de efeitos permanentes o sujeito não teria a possibilidade de, por sua própria vontade, fazer cessar os efeitos do delito. Tal característica, presente no estelionato previdenciário determinaria o crime permanente:

A Seção, por maioria, fixou o entendimento de que é crime permanente o estelionato praticado contra a Previdência Social. Portanto, inicia-se a contagem do prazo prescricional no momento em que cessa o pagamento indevido do benefício, e não quando recebida a primeira parcela da prestação previdenciária, ou seja, a conduta delituosa é reiterada com cada pagamento efetuado, pois gera nova lesão à Previdência. Assim, não é necessário que o meio fraudulento empregado seja renovado a cada mês para verificar a permanência do delito. Ademais, nos crimes instantâneos de efeitos permanentes, o agente não possui o poder de cessar os efeitos da sua conduta; já nos crimes permanentes, pode interromper a fraude a qualquer momento. Precedentes citados do STF: RHC 105.761/PA, DJe 1º-2-2011, e HC 102.774/RS, DJe 7-2-2011; do STJ: HC 139.737/ES, DJe 6-12-2010 (REsp 1.206.105/RJ, Rel. Min. Gilson Dipp, j. em 27-6-2012).

Importante lembrar também que o STF entendeu que a lavagem de dinheiro é crime permanente (AP 863/SP).

Embora não haja previsão legal sobre peculiar início do prazo prescricional aos crimes habituais, é entendimento majoritário no STF que deve ser empregada, por analogia, a norma que regula os crimes permanentes, ou seja, o art. 111, III, do CP.

Nesses termos: "1. (...) Cuidando-se de crime habitual, conta-se o prazo da prescrição da data da prática do último ato delituoso (art. 111, III, do CP). 2. Embora a reiteração se tenha iniciado e, assim, configurado o delito habitual em junho de 1994, os atos posteriores não constituem mero exaurimento, mas também atos executórios que, juntamente com os demais, formam delito único" (STF, HC 87.987).

A ocultação de bens na lavagem de dinheiro também foi considerada espécie de crime permanente pelo STF, impedindo o fluxo do prazo prescricional:

A Turma entendeu não estar extinta a punibilidade pela prescrição quanto ao quarto fato imputado ao acusado e condenou-o pela prática das condutas descritas no art. 1º, V e § 1º, II (4), da Lei n. 9.613/1998 (redação anterior à Lei n. 12.683/2012). Pontuou que o crime de lavagem de bens, direitos ou valores praticado na modalidade de ocultação tem natureza de crime permanente. A característica básica dos delitos permanentes está na circunstância de que a execução desses crimes não se dá em um momento definido e específico, mas em um alongar temporal. Quem oculta e mantém oculto algo prolonga a ação até que o fato se torne conhecido (AP 863/SP, Rel. Min. Edson Fachin, j. em 23-5-2017).

4) Existem crimes em que é difícil a elucidação de sua existência, como a falsificação e a alteração de assentamento de registro civil (art. 242 do CP) e a bigamia (art. 235 do CP): nestes dois, é a partir do momento em que o fato "se torna conhecido", pois de outra forma certamente tais crimes restariam sempre impunes.

Prevalece que o fato se torna público quando chega ao conhecimento de um número indeterminado de pessoas.

5) Nos crimes contra a dignidade sexual ou que envolvam violência contra a criança e o adolescente, previstos nesse Código ou em legislação especial, da data em que a vítima completar 18 anos, salvo se a esse tempo já houver sido proposta a ação penal.

A Lei n. 12.650/2012, com o intuito de incrementar a proteção à dignidade sexual de crianças e adolescentes, criou novo termo inicial para prescrição, específico para tal espécie criminosa. O novo marco vale para os crimes contra a dignidade sexual assim claramente identificados na parte especial do Código Penal e também para aqueles previstos em legislação especial, como no ECA. A Lei n. 14.344/2022, preocupada com a violência contra a criança e o adolescente, acrescentou tal espécie delitiva aos casos em que a prescrição tem termo inicial específico.

O objetivo da lei é claro. Dada a dificuldade de persecução da espécie delitiva, marcada pela clandestinidade e, em muitos casos, com o abuso do poder familiar e correlatos, o legislador entendeu necessário impedir o início da prescrição até que a vítima complete 18 anos, presumindo que, com tal idade, os óbices à persecução serão menores. É fato que tal presunção, no mundo fático, nem sempre se realiza, pois não são poucos os casos em que o temor reverencial impede a vítima de delatar seu algoz até idades mais avançadas. A presunção relacionada à idade faz, assim, opção pela segurança jurídica, ainda que não atinja, em muitos casos, seu objetivo.

Há, no entanto, ressalva ao início da prescrição apenas com a chegada dos 18 anos da vítima. É a propositura da ação penal que, a princípio, daria início à prescrição. Considera-se proposta a ação penal com o oferecimento de denúncia ou queixa.

Possível criticar o dispositivo ao exigir a propositura da ação penal. É que se a justificativa para a prorrogação do início do prazo prescricional é a clandestinidade do fato, que já fundamenta o inc. IV, seria coerente que o início da prescrição se desse no mesmo momento, ou seja, da publicidade do fato ou, ainda, da instauração do inquérito policial ou, no limite, do indiciamento.

No caso de crime previsto em legislação especial, parece-nos que, na ausência de título ou capítulo específico, deve ser claramente caracterizada a afronta à dignidade sexual, ou seja, o dispositivo merece interpretação restritiva, dado que, ao diminuir a possibilidade de prescrição, minimiza a garantia constitucional de processo em prazo razoável (art. 5º, LXXVIII, da CF). O mesmo para a violência, que deve ser interpretada restritivamente, atingindo apenas a *vis corporalis*, e não a ameaça ou o mero abuso do temor reverencial.

Por se tratar de lei gravosa ao réu, que restringe a possibilidade de prescrição, só será aplicável aos crimes praticados a partir de sua vigência (17 de maio de 2012).

26.11.4.3 Causas suspensivas e interruptivas

O prazo, no entanto, não flui livremente. Há causas suspensivas e interruptivas.

Suspensivas são aquelas que obstam o prosseguimento da contagem enquanto perduram. Cessando o evento suspensivo, a contagem é retomada do ponto de parada.

Interruptivos são os marcos que implicam o reinício (do zero) da contagem.

26.11.4.3.1 Causas suspensivas

Nem todas as causas suspensivas estão previstas no Código Penal.

São causas suspensivas, entre outras:

a) *enquanto não reconhecida, em outro processo, questão de que dependa o reconhecimento de existência de crime;*

Não corre prescrição, assim, enquanto queda suspenso o processo penal pelo crime de bigamia, aguardando decisão em outro processo, civil, sobre a validade do primeiro casamento, eis que, se o primeiro casamento for nulo, não existe o crime de bigamia.

Essa hipótese está prevista no art. 116, I, do Código Penal, que a trata como causa impeditiva.

O STF entendeu, em polêmica decisão, que a suspensão do processamento prevista no art. 1.035, § 5º, do CPC se aplica aos processos de natureza penal, e, nesse caso, restará suspenso o fluxo da prescrição da pretensão punitiva em relação aos crimes que forem objeto das ações penais sobrestadas, em uma interpretação (dita) conforme do art. 116, I, do Código Penal:

> (...) neste contexto, em sendo determinado o sobrestamento de processos de natureza penal, opera-se, automaticamente, a suspensão da prescrição da pretensão punitiva relativa aos crimes que forem objeto das ações penais sobrestadas, a partir de interpretação conforme a Constituição do art. 116, I (2), do Código Penal (CP); (...) e) em nenhuma hipótese, o sobrestamento de processos penais determinado com fundamento no art. 1.035, § 5º, do CPC abrangerá ações penais em que haja réu preso provisoriamente; f) em qualquer caso de sobrestamento de ação penal determinado com fundamento no art. 1.035, § 5º, do CPC, poderá o juízo de piso, no curso da suspensão, proceder, conforme a necessidade, à produção de provas de natureza urgente.

Entendemos equivocado o entendimento do STF. Não há possível "interpretação conforme" do dispositivo, pois a Constituição nada indica sobre a matéria, mas sim a criação de nova causa suspensiva da prescrição pelo Poder Judiciário, sem nenhum respaldo legal. Quando o Estado-Jurisdição não aceita o limite (aqui, temporal) de seu poder e burla a letra da lei para expandi-lo, os diques do Estado de Direito foram rompidos e resta caracterizado o que Ferrajoli bem nominou "poder selvagem", ilegítimo. Reiteramos que apenas a lei pode criar causas suspensivas da prescrição, e o Poder Judiciário também deve se curvar aos limites impostos pela lei em prol da manutenção de um direito penal minimamente democrático.

b) *enquanto o agente cumpre pena no exterior;*

As dificuldades para conseguir processar regularmente, no Brasil, alguém que cumpre pena no estrangeiro justificam que fique suspensa a prescrição, pois não seria razoável que o Estado fosse sancionado com a perda de seu poder de punir se tal obstáculo o impedisse de agir.

Essa causa suspensiva está prevista no art. 116, II, do Código Penal, que também a nomeia causa impeditiva.

A antiga redação do dispositivo trazia "enquanto cumpre pena no estrangeiro". A expressão "estrangeiro" foi trocada por "exterior", mais adequada, pela Lei n. 13.964/2019.

c) *pendência de embargos de declaração ou de recursos aos Tribunais Superiores, quando inadmissíveis;*

É nova causa suspensiva da prescrição, inserida no inciso III do art. 116 por força da Lei n. 13.964/2019.

São, na verdade, duas causas suspensivas: a primeira trata dos embargos de declaração, e a segunda dos recursos aos tribunais superiores. Diante das possíveis peculiaridades, as duas causas suspensivas serão tratadas em separado:

Embargos de Declaração: pela letra da lei, assim que opostos os embargos, restará suspensa a contagem da prescrição, até que a decisão seja proferida. Assim que proferida a decisão (e na ausência de esclarecimento por parte do legislador entre a data em que proferida a decisão e a data da publicação deve prevalecer a primeira, pois o uso de analogia com o art. 107, IV seria analogia in malam partem) volta a correr o prazo prescricional.

Na ausência de discriminação legal, a suspensão vale tanto para os Embargos de Declaração opostos contra a decisão de 1º grau (chamados embarguinhos do art. 382 do CPP) como para os Embargos de Declaração propriamente ditos e previstos no art. 619 do CPP, contra decisão proferida pelos Tribunais.

A má-redação não permite clara compreensão sobre o condicionamento da suspensão da prescrição aos embargos não admitidos, ou se a não admissão apenas condiciona a suspensão da prescrição nos recursos dirigidos aos tribunais superiores. Prevalecerá, certamente, entendimento de que apenas os embargos de declaração não admitidos suspendem a prescrição, sob a presunção de que seriam procrastinatórios. Se admitidos, ainda que não declarada a decisão, a prescrição persistirá fluindo, pois os embargos seriam vitais para a regularização do processo, que é interesse do Estado-Jurisdição, e não poderiam justificar sanção ao réu.

O primeiro dia de suspensão do prazo prescricional será a data em que oposto o recurso, e a prescrição correrá (ou permanecerá fluindo, se admitidos os embargos) a partir do dia em que proferida a decisão, não importando se acolhidos os embargos ou não.

Crítica: sob o prisma teórico, não se justifica a suspensão do prazo no caso de embargos regularmente opostos, sendo possível pensar em vários casos nos quais a ora prevista sustação do prazo prescricional é, sob o ângulo teleológico, indefensável: a) os embargos de declaração são exigidos pelos Tribunais Superiores com o objetivo de prequestionamento, que é medida não provocada pela parte, mas sim pelo obstrucionismo do Estado-Jurisdição. Se a demora não pode ser imputada à parte, mas ao Estado, não se justifica a suspensão do prazo prescricional; b) Não se compreende a razão da suspensão do prazo prescricional se os embargos foram opostos pelo próprio Estado-Acusação, hipótese em que o causador da demora é o próprio Estado, e não há razão para castigar o acusado; c) se o embargos foram acolhidos, o causador da demora foi o próprio Estado-Jurisdição ao usar de pouca técnica na fundamentação e explicitação da decisão embargada, e não há razão para a suspensão da prescrição.

Entendemos, assim, que apenas os embargos não admitidos pela ausência de pressupostos recursais, opostos pela defesa e despidos do caráter de prequestionamento podem ter o efeito suspensivo previsto na lei.

Recursos aos Tribunais Superiores: Trata da interposição de recurso especial, recurso extraordinário e sucedâneos, como agravos, nos próprios Tribunais Superiores.

A suspensão da prescrição, sujeita à cláusula resolutiva, teria como dia inicial a interposição do recurso, e dia final o julgamento sobre a admissibilidade do recurso.

A suspensão só ocorrerá se não admitido o recurso. Assim, se possível o reconhecimento da prescrição desde que computado o prazo fluente desde a interposição, a análise sobre a prescrição deve ser suspensa até que julgado o cabimento do recurso. Se admitido, o prazo prescricional será reconhecido como fluente desde a interposição, e poderá ser reconhecida a prescrição. Se não admitido, o período não será contado na análise da prescrição, que teria ficado suspensa.

Crítica: no atual entendimento dos Tribunais, quando o recurso ao tribunal superior não é admitido, "antecipa-se" o reconhecimento do trânsito em julgado para a data em que escoado o prazo para a sua interposição. A dita "antecipação" do trânsito em julgado, despida de qualquer respaldo legal, buscava evitar o fluxo do prazo prescricional desde a interposição do recurso – presumidamente procrastinatório em razão de seu não recebimento – até a decisão sobre sua inadmissibilidade. Possível perceber, assim, que a reforma apenas traz respaldo legal para entendimento já usual nos Tribunais Superiores. Lamenta-se, apenas, que durante tanto tempo tenha prevalecido o referido entendimento sem respaldo legal. O Judiciário não deveria usurpar a prerrogativa de uma decisão política sobre a prescrição, mas sim aguardar a decisão política para então julgar de acordo com a norma.

Possível criticar a atual redação no caso de recurso interposto pela acusação que, pela literalidade da lei, também causaria suspensão do prazo prescricional, mesmo que a demora tenha como causador o Estado. Vale repetir que não faz sentido sancionar o acusado pela demora causada exclusivamente pelo Estado. Assim, entendemos que a melhor interpretação é restritiva, e só deve ser considerado suspenso o prazo prescricional se interposto o recurso ao tribunal superior pela defesa. Se interposto pela acusação, o acusado não pode ser sancionado pela demora causada exclusivamente pelo Estado, e deve persistir fluindo o prazo prescricional.

Conflito de Leis no tempo: o inciso III do art. 116 do Código Penal é nova lei gravosa, que só poderá ser aplicada para condutas praticadas a partir de sua vigência. Ainda que tenha como referência a interposição de recurso, é lei penal, que trata diretamente da extinção do poder de punir do Estado – prescrição, e sofre os efeitos da irretroatividade do art. 5º, XL da Constituição, bem como do art. 1º do Código Penal

d) *enquanto não cumprido ou não rescindido o acordo de não persecução penal;*

Nos termos da Lei n. 13.964/2019, que inseriu o inciso IV no art. 116 do Código Penal, desde o dia da celebração do acordo até seu cumprimento, ou sua rescisão, será considerado suspenso o fluxo do prazo prescricional.

A prescrição já fica suspensa, hoje, enquanto pendente o período de prova da suspensão condicional do processo (art. 89 da Lei n. 9.099/95), mas não há previsão semelhante sobre a transação penal do Juizado Especial Criminal (art. 76 da Lei n. 9.099/95).

No caso do acordo de não persecução, fruto da nova lei, resta suspensa a prescrição até que cumprido ou se, por qualquer forma, rescindido o acordo.

Não há conflito de leis no tempo, pois o acordo de não persecução só poderá ocorrer na vigência da nova lei.

Crítica: é justificável a suspensão da prescrição diante do princípio da *actio nata*. No entanto, no caso de rescisão, entendemos que o termo final da suspensão deve ser a conduta que dá causa à rescisão, quando suficientemente identificada, e não a decisão que formaliza a rescisão. De outra forma, bastará ao Estado procrastinar a decisão que formaliza a rescisão para não permitir que flua o prazo prescricional. Aliás, de acordo com o mesmo princípio de *actio nata*, se já dada causa à rescisão, mas o Estado não atua para que seja formalizada, resta desidioso, e deve ser reiniciado o fluxo do prazo prescricional, que tem entre suas justificativas exatamente a demora estatal.

e) *citado por edital, não comparece, nem nomeia advogado (art. 366 do CPP);*

A maximização dos princípios constitucionais do contraditório e da ampla defesa obrigou o legislador brasileiro a prever a suspensão do processo em caso de réu citado por edital que não comparece e não constitui advogado. É que a ampla defesa tem como premissa a ciência real da acusação, o que a forma ficta da citação por edital não produz. Logo, sem certeza de que o acusado conhece a citação, o processo deve ser paralisado, até que seja possível sua real configuração (que exige a participação do réu).

O mesmo art. 366 do CPP impõe, no entanto, a suspensão do fluxo do prazo prescricional enquanto perdurar a suspensão do processo. O raciocínio é o mesmo: se o Estado não pode processar, não pode ser sancionado com a perda do poder de punir.

O grande número de casos de suspensão do processo gerou uma imensa pilha de autos que aguardam em cartório ou arquivo até que os respectivos réus fossem encontrados; com isso, surgiu a indagação: por quanto tempo pode ficar suspenso o fluxo do prazo prescricional? Duas posições surgiram:

1ª) No julgamento do já referido (no item prescritibilidade) RE 460.971, o STF decidiu que o fluxo do prazo prescricional deveria ficar suspenso indefinidamente sem afrontar eventual argumento de vedação de imprescritibilidade, pois: "A indeterminação do prazo da suspensão não constitui, a rigor, hipótese de imprescritibilidade: não impede a retomada do curso da prescrição, apenas a condiciona a um evento futuro e incerto, situação substancialmente diversa da imprescritibilidade" (STF, RE 460.971, Rel. Min. Sepúlveda Pertence, j. em 13-2-2007).

2ª) O STJ parte da premissa de que não é possível a suspensão indeterminada do fluxo do prazo prescricional, pois tal raciocínio levaria à criação de inconstitucional hipótese de imprescritibilidade (*vide* prescritibilidade). Como a lei não traz limite de suspensão expresso, seria necessário criação jurisprudencial. Foi cristalizada, então, a utilização do prazo prescricional calculado a partir da pena máxima em abstrato, nos termos do art. 109 do CP:

> **Súmula 415 do STJ:** O período de suspensão do prazo prescricional é regulado pelo máximo da pena cominada.

Assim, em um furto simples, cuja pena é de 1 a 4 anos, ocorre prescrição em abstrato em 8 anos. Supondo que está correndo prescrição há 3 anos quando é determinada a suspensão do processo e do prazo prescricional, tal suspensão poderá perdurar no máximo por 8 anos, e voltará a correr por mais 5 anos, até que ocorra a prescrição.

No julgamento do RE 600851, o STF alterou seu entendimento anterior e seguiu a orientação da Súmula 415 do STJ, reforçando que é razoável o prazo de suspensão fixado, e, ainda, partindo da mesma premissa de que "A Constituição Federal estipula ser a prescritibilidade das pretensões penais a regra e, salvo opção constitucional expressa, não autorizou que o legislador ordinário crie hipóteses de imprescritibilidade não previstas no texto constitucional". Foi assim fixado o Tema 438, com a seguinte tese:

> Em caso de inatividade processual decorrente de citação por edital, ressalvados os crimes previstos na Constituição Federal como imprescritíveis, é constitucional limitar o período de suspensão do prazo prescricional ao tempo de prescrição da pena máxima em abstrato cominada ao crime, a despeito de o processo permanecer suspenso.

Partindo da Súmula 415 do STJ, entendemos plenamente aplicável a redução imposta pelo art. 115 do CP também ao cálculo da suspensão do prazo prescricional. Assim, se o réu for menor de 21 anos na data do fato, tanto o prazo prescricional como o prazo máximo de suspensão do fluxo do prazo prescricional devem ser reduzidos pela metade. Consagra-se, assim, a proporcionalidade com o mesmo critério usado pelo STJ na Súmula 415, ou seja, o prazo de suspensão do fluxo da prescrição está vinculado ao prazo da prescrição em abstrato. A conclusão é referendada, ainda, por imperativo de isonomia consagrado na analogia favorável ao réu, amplamente admitida em Direito Penal: as mesmas razões que justificam a diminuição do prazo prescricional para os menores de 21 e maiores de 70 anos recomendam a diminuição, também, do prazo de suspensão do fluxo do prazo prescricional: *ubi eadem ratio, ibi eadem jus.*

f) *período de prova da suspensão condicional do processo;*

Nos termos do art. 89, § 6º, da Lei n. 9.099/95, não corre prescrição durante o período de prova da suspensão condicional do processo.

g) *expedição de carta rogatória para citação do réu (art. 368 do CPP), até seu cumprimento;*

A lei não é clara se a suspensão termina com a efetiva citação do réu ou com a devolução da carta rogatória.

No REsp 1882330, o STJ entendeu que a suspensão se encerra com a efetiva citação, voltando a contar dessa data o fluxo do prazo prescricional.

h) *suspensão de processo contra parlamentar;*

Quando recebida denúncia contra Senador ou Deputado Federal, por crime ocorrido após a diplomação, o STF manda dar ciência à Casa respectiva. Esta, pelo voto da maioria de seus membros, pode deliberar a suspensão do processo. Pelo art. 53, § 4º, da CF, a sustação do processo suspende a prescrição enquanto durar o mandato.

i) *suspensão da persecução penal em razão de parcelamento de débito tributário;*

O art. 6º da Lei n. 12.382/2011 alterou a redação do art. 83 da Lei n. 9.430/86, que regulamenta a suspensão da pretensão punitiva do Estado nos crimes dos arts. 1º e 2º da Lei n. 8.137/90, e também dos crimes previstos nos arts. 168-A e 337-A do Código Penal.

Dispõe a nova redação do art. 83, § 3º, que a prescrição criminal não corre durante o período de suspensão da pretensão punitiva.

Há quem apregoe a ineficácia do dispositivo acima citado, por impor proibida repristinação da Lei n. 9.430/96. Ainda que vingue tal posição, a causa suspensiva da prescrição continua válida, eis que o art. 68, parágrafo único, da Lei n. 11.941/2009 tem idêntica redação.

j) *suspensão do processo se reconhecida a repercussão geral;*

Reconhecida a repercussão geral da matéria no julgamento de Recurso Extraordinário pelo STF, é possível o sobrestamento de todos os processos em curso que tratem da mesma questão, nos termos do art. 1035, § 5º, do CPC:

> § 5º Reconhecida a repercussão geral, o relator no Supremo Tribunal Federal determinará a suspensão do processamento de todos os processos pendentes, individuais ou coletivos, que versem sobre a questão e tramitem no território nacional.

Sobrestados processos penais, o STF entendeu, na QO 966177, que deve ser imediatamente considerado suspenso o fluxo do prazo prescricional, em razão de suposta interpretação conforme do art. 116, I, do Código Penal:

> (...) neste contexto, em sendo determinado o sobrestamento de processos de natureza penal, opera-se, automaticamente, a suspensão da prescrição da pretensão punitiva relativa aos crimes que forem objeto das ações penais sobrestadas, a partir de interpretação conforme a Constituição do art. 116, I, do Código Penal.

Entendemos equivocado o STF ao reconhecer a suspensão da prescrição em razão do sobrestamento do processo em razão do reconhecimento de questão de repercussão geral em recurso extraordinário. Trata-se de evidente analogia *in malam partem* disfarçada de interpretação conforme, uma vez que o referido inciso I do art. 116 trata de questão prejudicial da qual dependa a existência do crime, e não há dispositivo na Constituição, ou mesmo princípio constitucional minimamente consagrado, que determine ou aconselhe interpretação mais ampla da referida norma. O "álibi" argumentativo da interpretação conforme não pode ser usado pelo STF como pretexto para substituir-se ao legislador na ausência de inconstitucionalidade, ou pior, como no caso, para "legislar" criando nova causa suspensiva contra a clara letra da Constituição, uma vez que mesmo o Pretório Excelso está preso à legalidade penal, insculpida no art. 5º, XIXX, da Constituição Federal, que, por inquestionável construção dogmática (*nullum crimen, nulla poena sin lege stricta*), proíbe analogia penal gravosa ao réu.

Observação: importante lembrar que, por ausência de previsão legal, a suspensão do processo para incidente de insanidade mental não suspende a prescrição.

k) *suspensão do prazo prescricional na colaboração premiada.*

Nos termos do art. 4º, § 3º, da Lei n. 12.830/2013, o oferecimento da denúncia poderá ser suspenso por até seis meses, prorrogáveis por igual período, até que sejam cumpridas as medidas de colaboração, e, em tal prazo, restará também suspenso o prazo prescricional.

A lei dá limite à suspensão do prazo prescricional, razão pela qual não poderia ser objeto de acordo ou transação entre as partes. É inválida a cláusula de acordo de colaboração premiada que indicar período maior de suspensão do prazo prescricional, pois a vontade das partes, no Direito Penal – que é, evidentemente, matéria de ordem pública –, não pode se sobrepor à lei, mormente quando se trata dos limites do poder punitivo estatal, como é o caso. A liberdade individual, fora dos estritos limites traçados pela lei, é essencial à dignidade da pessoa humana e, por isso, indisponível.

26.11.4.3.2 Causas interruptivas da prescrição (art. 117 do CP)

São aquelas que zeram o prazo prescricional. Elas obstam o curso da prescrição e fazem com que a contagem do prazo seja reiniciada.

1) **Recebimento da denúncia ou queixa:** não confundir com o oferecimento da queixa, que faz cessar o prazo decadencial.

É majoritário que é o momento da publicação do despacho (decisão) que recebe a inicial.

Prevalece, ainda, que o recebimento do aditamento à denúncia ou queixa apenas interrompe a prescrição quando traz novo fato.

O recebimento nulo, obviamente, não interrompe a prescrição. Assim, se recebida por juiz absolutamente incompetente, não interrompe a prescrição, pois só tem tal efeito o recebimento pelo juiz natural, como já decidiram o STF e o STJ: "O recebimento da denúncia por magistrado absolutamente incompetente não interrompe a prescrição penal (art. 117, I, do CP)" (STF, HC 104.907). "O recebimento da denúncia por Juízo incompetente não serve como causa interruptiva da prescrição" (STJ, HC 123.859/DF 2008/0277447-7, Rel. Min. Napoleão Nunes Maia Filho, j. em 19-8-2009). No mesmo sentido APn 295-RR.

Prevalece que o recebimento por magistrado relativamente incompetente interrompe a prescrição.

A rejeição da denúncia também não interrompe a prescrição.

Diante da confusa previsão legislativa do Código de Processo Penal, que prevê dois momentos diversos de recebimento da denúncia (arts. 396 e 399), tem prevalecido que a interrupção da prescrição ocorre no "primeiro recebimento", ou seja, aquele previsto no art. 396 do CPP, que seria o "verdadeiro" recebimento da denúncia: "Neste ponto, acompanho a doutrina majoritária que afirma ser o momento adequado ao recebimento da denúncia o previsto no art. 396 do CPP, portanto, tão logo oferecida a acusação, e antes da citação do acusado, ante a previsão expressa, recebê-la-á, inserta no dispositivo" (STJ, HC 138.089).

Minoritários, ousamos discordar, pois apenas após a argumentação da defesa na resposta à acusação é que o Estado terá realmente cumprido o ônus de permitir uma primeira reação defensiva para alcançar a próxima fase processual, justificando a interrupção da prescrição.

2) **Sentença de pronúncia (publicação da sentença):** a pronúncia interrompe a prescrição também com relação aos crimes conexos.

Impronúncia e absolvição sumária não interrompem.

A pronúncia proferida em grau de recurso, pelo tribunal, reformando decisão de primeira instância, interrompe.

Se no recurso interposto contra a decisão de pronúncia há reforma, pelo tribunal, desclassificando o fato, prevalece que mesmo a pronúncia deixa de ter o efeito interruptivo.

Majoritário que, mesmo se desclassificada a infração em plenário para crime que não seja doloso contra a vida, a pronúncia continua interrompendo a prescrição.

Acreditamos (minoritário) que nesse caso não deveria ser considerada interrompida a prescrição, pois, se houve equívoco na capitulação do fato, que não deveria ser objeto de pronúncia, e como tal erro não pode ser imputado ao indivíduo, não pode ser ele prejudicado com a majoração dos prazos prescricionais gerada pela interrupção.

Considera-se que a prescrição se interrompe com a entrega (publicação) da sentença em cartório.

3) **Decisão confirmatória da pronúncia:** interposto recurso em sentido estrito contra a decisão de pronúncia, o acórdão que nega provimento ao recurso, confirmando a pronúncia, também interrompe a prescrição.

O STJ já entendeu que "as decisões proferidas pelo Superior Tribunal Justiça, em recurso interposto contra o acórdão confirmatório da pronúncia, não se inserem no conceito do art. 117, inciso III, do Código Penal como causa interruptiva da prescrição. HC 826.977-SP".

4) **Pela publicação da sentença ou acórdão condenatórios recorríveis:** da interpretação da referida causa interruptiva suas polêmicas sobressaem: a primeira diz respeito à data da publicação, e a segunda é sobre eventual efeito interruptivo do acórdão condenatório que apenas "confirma" a sentença condenatória.

4.1 Data da publicação: na antiga redação do dispositivo, era conhecida a polêmica sobre o exato momento da interrupção, ou seja, se da prolação da sentença ou de sua publicação. A nova redação dá termo a tal discussão, eis que é expressa sobre o momento da publicação, que é entrega dos autos em cartório pelo juiz.

No entanto, outras polêmicas surgem: e se não foi registrado o momento da entrega em cartório? Deve ser considerada marco interruptivo a data da prolação que consta da sentença ou a data do primeiro ato que demonstra a publicidade da decisão? O STJ entendeu pela segunda posição, ou seja, se é falho o recebimento da sentença em cartório, tanto que não registrado pela serventia, apenas com o primeiro ato efetivamente público é que pode ser reconhecida interrompida a prescrição, e, dependendo do caso, tal ato pode ser a ciência pelo Ministério Público:

> Trata-se de recurso em *habeas corpus* que tem por objeto ser declarada a extinção da punibilidade do paciente pela prescrição retroativa. Inicialmente, ressaltou o Min. Relator que, *in casu*, embora a sentença seja datada de 3-6-2009, último dia antes da consumação do prazo prescricional, não se sabe, ao certo, a data em que houve a sua entrega em mão do escrivão, uma vez que esse, em descumprimento ao disposto no art. 389 do CPP, não lavrou o respectivo termo de recebimento. Nem as informações complementares prestadas pelo juízo *a quo* esclareceram tal fato. Assim, entendeu que, sendo o primeiro ato que demonstrou, de maneira inequívoca, a publicidade da sentença, a ciência que o MP nela apôs, em 8-6-2009, deve ser considerada como a efetiva publicação. Observou, ademais, não se poder admitir que, na solução da dúvida decorrente da omissão cartorária, adote-se o entendimento mais prejudicial ao réu, ou seja, presumir que a publicação da sentença em mão do escrivão ocorreu na mesma data da sua prolação, segundo fez o acórdão recorrido. Diante disso, a Turma, por maioria, deu provimento ao recurso para declarar extinta a punibilidade do paciente pela prescrição da pretensão punitiva, nos termos do art. 107, IV, c/c o art. 110, *caput*, ambos do CP (Precedente citado do STF: HC 73.242/GO, DJ 24-5-1996. RHC 28.822/AL, Rel. Min. Sebastião Reis Júnior, j. em 22-8-2011, *Info STJ*).

Para a publicação do acórdão, basta sua leitura na sessão pública de julgamento, sendo irrelevante a data de sua veiculação no diário oficial:

> **Para efeito de configuração do marco interruptivo do prazo prescricional a que se refere o art. 117, IV, do CP, considera-se como publicado o "acórdão condenatório recorrível" na data da sessão pública de julgamento, e não na data de sua veiculação no *Diário da Justiça* ou em meio de comunicação congênere.** Conforme entendimento do STJ e do STF, a publicação do acórdão nos veículos de comunicação oficial deflagra o prazo recursal, mas não influencia na contagem do prazo da prescrição. Precedentes citados do STJ: EDcl no REsp 962.044/SP, 5ª T., *DJe* 7-11-2011; e AgRg no Ag 1.325.925/SP, 6ª T., *DJe* 25-10-2010. Precedentes citados do STF: AI-AgR

539.301/DF, 2ª T., *DJ* 3-2-2006; e HC 70.180/SP, 1ª T., *DJ* 1º-12-2006 (HC 233.594/SP, Rel. Min. Alderita Ramos de Oliveira, j. em 16-4-2013). No mesmo sentido: STF, RHC 125.078.

4.2 Acórdão que apenas confirma os termos da sentença condenatória: da atual redação do inc. IV do art. 117 do Código Penal, ora estudado, é possível afirmar que:

a) a sentença condenatória recorrível interrompe a prescrição, desde que válida;
b) o acórdão condenatório recorrível, que reforma sentença absolutória, interrompe a prescrição, desde que válido;
c) a sentença absolutória não interrompe a prescrição, tampouco a decisão que extingue a punibilidade, ainda que em razão de perdão judicial;
d) o acórdão que modifica a sentença condenatória alterando a pena interrompe a prescrição;
e) O plenário do STF, no julgamento do HC 176.473, pacificou que o acórdão condenatório sempre interrompe a prescrição, inclusive quando confirmatório da sentença de primeiro grau, seja mantendo, reduzindo ou aumentando a pena anteriormente imposta. No mesmo sentido o Tema Repetitivo 1.100 no STJ.

Crítica: entendemos que o acórdão que apenas reduz a pena imposta não deveria interromper a prescrição, pois a demora, no caso, foi causada por erro do Estado-Jurisdição ao prolatar a decisão reconhecidamente errada, tanto que retificada na instância superior. Se foi o erro do Estado o único causador do recurso e da maior duração do processo, não faz sentido premiar o Estado com mais um marco interruptivo da prescrição, renovando os prazos para que consiga decisão transitada em julgado.

Da mesma forma, não deveria interromper a prescrição o acórdão que confirma a sentença condenatória em razão de recurso exclusivo da acusação que, em razão de pleito reconhecidamente infundado causa terrível prejuízo ao acusado, ampliando desnecessariamente a duração do processo, o que apenas se agrava se já imposta prisão cautelar, tão banalizada na atualidade. O acusado tem direito à duração razoável do processo e meios que garantam a celeridade da tramitação (art. 5º, LXXVIII, da CF), e a prescrição é a sanção que recebe o Estado por não cumprir seu ônus e violar a referida garantia constitucional. Não faz sentido renovar o prazo prescricional do Estado, incrementando o sofrimento do acusado e mitigando a referida garantia, em razão de recurso acusatório reconhecidamente infundado.

Importante notar, no entanto, que o inc. IV trata apenas da prescrição punitiva, e não da prescrição executória, que não é atingida pelo ora consolidado entendimento dos Tribunais Superiores. No julgamento do REsp 1.920.091, recurso representativo da controvérsia que consolidou o Tema Repetitivo 1.100 no STJ ("O acórdão condenatório de que trata o inciso IV do art. 117 do Código Penal interrompe a prescrição, inclusive quando confirmatório de sentença condenatória, seja mantendo, reduzindo ou aumentando a pena anteriormente imposta"), a decisão é expressa ao estabelecer que a causa interruptiva deve ser reconhecida na prescrição superveniente ou intercorrente, que é espécie de prescrição da pretensão punitiva.

4.3. Absolvição imprópria: não interrompe o fluxo do prazo da prescrição, por falta de previsão legal, e outro entendimento seria analogia *in malam partem*:

> A medida de segurança, seja de internação ou de tratamento ambulatorial, pode ser extinta pela prescrição, e a sentença de absolvição por inimputabilidade não interrompe o prazo (STJ, HC 172.179).

26.11.4.4 Comunicabilidade da interrupção

As causas ora analisadas (art. 117, I a IV, do CP) interrompem a prescrição de todos os coautores e partícipes, mesmo que ainda não denunciados, pronunciados ou condenados, nos termos do art. 117, § 1º, do Código Penal. Como já decidiu o STF: "O fato de os pacientes haverem sido condenados pelo Juízo implica a interrupção da prescrição quanto aos absolvidos" (STF, HC 71.605-9, Rel. Marco Aurélio, *DJU* 9-2-1996, p. 2.074).

Crimes conexos: conforme art. 117, § 1º, do CP, *in fine*, no caso de crimes conexos, objetos de um mesmo processo, a interrupção da prescrição em relação a um dos crimes irá gerar efeitos em relação aos demais.

Como já decidiu o STJ:

> **No caso de crimes conexos que sejam objeto do mesmo processo, havendo sentença condenatória para um dos crimes e acórdão condenatório para o outro delito, tem-se que a prescrição da pretensão punitiva de ambos é interrompida a cada provimento jurisdicional (art. 117, § 1º, do CP).** De antemão, salienta-se que o art. 117, IV, do CP enuncia que: "O curso da prescrição interrompe-se: IV – pela publicação da sentença ou acórdão condenatórios recorríveis". Nesse contexto, é importante ressaltar que, se a sentença é condenatória, o acórdão só poderá ser confirmatório ou absolutório, assim como só haverá acórdão condenatório no caso de prévia sentença absolutória. Na hipótese, contudo, os crimes são conexos, o que viabilizou a ocorrência, no mesmo processo, tanto de uma sentença condenatória quanto de um acórdão condenatório. Isso porque a sentença condenou por um crime e absolveu por outro, e o acórdão reformou a absolvição. Ressaltado isso, enfatiza-se que a prescrição não é contada separadamente nos casos de crimes conexos que sejam objeto do mesmo processo. Ademais, para efeito de prescrição, o art. 117, § 1º, do CP dispõe que: "[...] Nos crimes conexos, que sejam objeto do mesmo processo, estende-se aos demais a interrupção relativa a qualquer deles". Portanto, observa-se que, a despeito de a sentença ter sido em parte condenatória e em parte absolutória, ela interrompeu o prazo prescricional de ambos os crimes julgados.

Outrossim, o acórdão, em que pese ter confirmado a condenação perpetrada pelo Juiz singular, também condenou o agente – que, até então, tinha sido absolvido – pelo outro crime, de sorte que interrompeu, novamente, a prescrição de ambos os delitos conexos. Precedente citado do STF: HC 71.983/SP, 2ª Turma, *DJ* 31-5-1996 (RHC 40.177/PR, Rel. Min. Reynaldo Soares da Fonseca, j. em 25-8-2015, *DJe* 1º-9-2015).

26.11.4.5 Termo final

A prescrição da pretensão punitiva deixa de fluir com o trânsito em julgado para as partes.

Se mesmo após o trânsito em julgado da condenação para as partes há alteração da pena em razão de impetração de *habeas corpus*, não é possível considerar como fluente o prazo prescricional até o julgamento do *habeas corpus*, pois de outra forma bastaria à parte aguardar o prazo prescricional para, valendo-se do remédio heroico, conseguir a prescrição:

> Reputou-se que o redimensionamento da pena, em sede de *habeas corpus*, não influiria na contagem da prescrição, porquanto inexistente, dentre os marcos interruptivos desta (art. 117 do CP), decisão proferida na via mandamental. Ao salientar que medida de igual natureza a presente somente fora distribuída ao STJ mais de 9 anos após o trânsito em julgado do acórdão da Corte estadual, concluiu-se que entender de outra forma possibilitaria que todos os condenados aguardassem o período que bem pretendessem para tentar obter, por meio de *habeas corpus*, redução da pena e a consequente prescrição retroativa (HC 92.717/RJ, Rel. Min. Gilmar Mendes, j. em 19-10-2010).

É pacífica orientação do STF de que a interposição de Recurso Extraordinário e Especial só interfere no termo final da prescrição da pretensão punitiva se admitidos os recursos. Se negado o conhecimento, entende-se que a data do trânsito em julgado deverá retroagir, alcançando a data em que o trânsito ocorreria mesmo se não interpostos tais recursos. Nesse sentido:

> *Habeas Corpus*. 2. Militar. Furto de celular. Condenação. Apelação. 3. Interposição de recurso extraordinário, que não foi admitido na origem, ante a ausência dos pressupostos de admissibilidade (não demonstrados repercussão geral e prequestionamento das questões discutidas). Certificação do trânsito em julgado para a defesa. 4. Pedido da defesa de reconhecimento da prescrição da pretensão punitiva. 5. Segundo precedente firmado com o julgamento do HC 86.125/SP, Rel. Min. Ellen Gracie, *DJ* 2-9-2005, os recursos especial e extraordinário só obstam a formação da coisa julgada quando admissíveis. 6. Reconhecido que o recurso extraordinário não preenchia minimamente os pressupostos especiais de admissibilidade, os efeitos desse reconhecimento

devem retroagir. Início da fase da prescrição executória. 6. Ordem denegada (HC 113.559/PE, Rel. Min. Gilmar Mendes). No mesmo sentido RvC 5.474.

26.11.5 Espécies de prescrição da pretensão punitiva

26.11.5.1 *Prescrição em abstrato, tradicional ou propriamente dita*

Denominamos prescrição em abstrato aquela que toma como critério para o cálculo do prazo prescricional o máximo da pena em abstrato.

Pode ocorrer a qualquer momento, ou seja, antes do recebimento da denúncia, antes ou depois da pronúncia (quando procedimento do júri), antes ou após a condenação, até o trânsito em julgado da sentença condenatória. O que importa para caracterizar a prescrição como prescrição em abstrato é que o prazo prescricional seja calculado com base na pena máxima em abstrato.

26.11.5.2 *Prescrição retroativa (prescrição da pretensão punitiva com base na pena em concreto retroativa)*

Se há decisão condenatória com trânsito em julgado para a acusação e se não se concretizou a prescrição em abstrato, o operador deve passar a verificar a ocorrência da prescrição com base na pena em concreto.

Sabemos que com o trânsito em julgado para a acusação da sentença condenatória a sanção não poderá ser agravada, em razão do princípio da *non reformatio in pejus* (direto ou indireto).

Assim, com o trânsito em julgado para a acusação, é correto afirmar que conhecemos o máximo da pena em concreto a ser aplicada para a infração. Também é possível saber o máximo em concreto da pena se houver recurso da acusação que não visa o aumento da pena (mas apenas a mudança do regime de cumprimento, por exemplo).

Se a acusação recorrer buscando o aumento da pena, não há como se ter certeza do máximo da pena, e o operador só poderá persistir calculando a prescrição em abstrato, até que finde o trâmite do recurso acusatório.

Sabemos que a igualdade é mandamento constitucional e manda que cada qual seja tratado de acordo com seus méritos e deméritos. Também a especificação da individualização da pena, e a própria dignidade humana, que garante a cada indivíduo o direito a ter sua situação cuidada de forma individualizada, para que seja respeitado como pessoa.

Quando lidamos com a pena em abstrato, estamos cuidando de um sujeito em abstrato que praticou um fato criminoso também abstrato. É claro que, antes do trânsito em julgado da condenação, para a acusação não é possível outro tratamento, mas, assim que tal preclusão ocorre, é necessário que o sujeito passe a ter sua situação cuidada de forma individualizada, em respeito à necessidade de individualização própria da isonomia.

Assim, com o trânsito em julgado para a acusação, passamos a lidar não mais com a pena em abstrato (máxima), mas, sim, com a pena efetivamente fixada. Será ela o novo critério para que seja avaliado o prazo prescricional, de acordo com o art. 109 do CP.

Tratamos aqui da prescrição da pretensão punitiva com base na pena em concreto. Assim, havendo trânsito em julgado para a acusação, o prazo que foi interrompido com a sentença condenatória recorrível (e daí reinicia) será apreciado não mais com base na pena em abstrato, mas na pena em concreto.

Uma questão se impõe: após a sentença condenatória com trânsito em julgado para a acusação, já vimos que é possível falar em prescrição com base na pena em concreto, para que seja dada a devida aplicação à igualdade e individualização da pena. Mas e antes da sentença, quando cuidamos apenas da prescrição com base na pena em abstrato, sem levar em consideração as peculiaridades e circunstâncias do fato e do sujeito em concreto? O que fazer para devolver ao sujeito o direito de ser tratado individualmente, que lhe foi subtraído na apreciação da prescrição em abstrato?

Em relação aos fatos praticados até o advento da Lei n. 12.234, de 5-5-2010, a solução era simples: bastava retomar o exame nos prazos já percorridos, mas desta vez não mais com base no prazo da prescrição da pena em abstrato, mas em concreto. Seria verificado, então, o prazo entre o fato e o recebimento da inicial acusatória e entre esta e a sentença condenatória recorrível (se for o caso de pronúncia, do recebimento da denúncia até a pronúncia, daí até sua confirmação e daí à sentença).

Se verificada prescrição, está extinta a punibilidade. Como ainda não alcançada a certeza da culpa, estamos falando de pretensão punitiva. Como estamos cuidando da pena em concreto, e o prazo verificado ocorreu antes da sentença, classificamos como prescrição da pretensão punitiva com base na pena em concreto retroativa.

São, assim, duas as características da prescrição retroativa:

a) o prazo prescricional é calculado a partir da pena em concreto;
b) o lapso temporal em que é reconhecida a prescrição é anterior à decisão condenatória.

26.11.6 Mudanças da Lei n. 12.234/2010 na prescrição retroativa

No entanto, em 5-5-2010 entrou em vigor a infeliz (em nossa opinião) Lei n. 12.234/2010, que, além de ampliar o prazo mínimo de prescrição (que era de dois anos para as infrações com pena máxima inferiores a 1 ano, e hoje é de três anos), alterou o art. 110, § 1º, para estabelecer a seguinte redação:

> § 1º A prescrição, depois da sentença condenatória com trânsito em julgado para a acusação ou depois de improvido seu recurso, regula-se pela pena aplicada, não podendo, em nenhuma hipótese, ter por termo inicial data anterior à da denúncia ou queixa.

Com isso, persiste a prescrição retroativa em nosso ordenamento, mas para os fatos praticados a partir de 5-5-2010 não será possível o reconhecimento de prescrição retroativa entre a data do fato e a denúncia ou queixa. As demais hipóteses (entre o recebimento da denúncia e a sentença, ou entre o recebimento da denúncia e a pronúncia, entre a pronúncia e o acórdão que a confirma, entre o acórdão que a confirma e a sentença final no caso júri) continuam plenamente cabíveis.

Minoritários, entendemos inconstitucional a comentada alteração legislativa que extingue a prescrição retroativa no lapso entre o fato e a denúncia ou queixa. É que a possibilidade de prescrição retroativa não é uma mera opção política do legislador, mas a concretização do princípio constitucional da isonomia, com seu consectário da individualização da pena, bem como da própria duração razoável do processo. Ora, não se pode ter o mesmo prazo prescricional, sempre calculado a partir da pena máxima em abstrato, para hipóteses flagrantemente diversas, como daquele que recebe pena mínima e o condenado, em concreto, à pena máxima. Se o sistema penal brasileiro se vale da quantidade da pena como critério para o cálculo da prescrição, o uso da pena máxima em abstrato só se justifica enquanto não é possível individualizar a pena do sujeito, ou seja, antes da condenação com trânsito em julgado para a acusação. Após, os princípios constitucionais referidos, a nosso ver, impõem o reconhecimento da prescrição retroativa em todos os casos previstos na antiga legislação. No limite, a nova legislação fere também a vedação de retrocesso em matéria de direitos e garantias individuais, pois "retrocede" minimizando todos os já citados princípios.

O STF, no entanto, julgou que a ora comentada limitação legal à prescrição retroativa é constitucional:

> O Tribunal mencionou a existência de corrente doutrinária defensora da inconstitucionalidade dessa alteração legislativa, por supostamente violar a proporcionalidade e os princípios da dignidade humana, da humanidade da pena, da culpabilidade, da individualização da pena, da isonomia e da razoável duração do processo. Outra corrente afirmaria a extinção da prescrição na modalidade retroativa pela Lei n. 12.234/2010. A Corte aduziu, entretanto, que essa inovação estaria inserta na liberdade de conformação do legislador, que teria legitimidade democrática para, ao restringir direitos, escolher os meios que reputasse adequados para a consecução de determinados objetivos, desde que não lhe fosse vedado pela Constituição e nem violasse a proporcionalidade, a fim de realizar uma tarefa de concordância prática justificada pela defesa de outros bens ou direitos constitucionalmente protegidos. (...) Demais disso, essa modalidade de prescrição, calculada a partir da pena aplicada na sentença, constituiria peculiaridade da lei brasileira, que não encontraria similar no direito comparado. Nas legislações alienígenas, a prescrição da pretensão punitiva seria regulada pela pena máxima em abstrato, e nunca pela pena aplicada, a qual regularia apenas a pres-

crição da pretensão executória. Isso demonstraria que, embora a pena justa para o crime fosse a imposta na sentença, seria questão de política criminal, a cargo do legislador, estabelecer se a prescrição, enquanto não ocorrido o trânsito em julgado, deveria ser regulada pela pena abstrata ou concreta, bem como, nesta hipótese, definir a expansão dos efeitos "*ex tunc*". Vencido o Ministro Marco Aurélio, que concedia a ordem e assentava a inconstitucionalidade do art. 110, § 1º, do CP. Assinalava que não se poderia chancelar a possibilidade de o Ministério Público ou o titular de ação penal privada não ter prazo para atuar, ainda que houvesse dados suficientes para a propositura de ação penal, independentemente de investigação (HC 122.694/SP, Rel. Min. Dias Toffoli, 10-12-2014).

26.11.7 Prescrição superveniente ou intercorrente

Já apurada a inexistência de prescrição em abstrato e em concreto retroativa, deverá ser verificada a ocorrência de prescrição superveniente.

A prescrição superveniente também é calculada com base na pena em concreto, e assim depende do trânsito em julgado da condenação para a acusação.

Se ocorrer prescrição entre a decisão condenatória recorrível e o trânsito em julgado final (para as duas partes), será classificada como prescrição da pretensão punitiva com base na pena em concreto superveniente (alguns chamam de subsequente, e prevalece que é a mesma coisa que dizer intercorrente).

As características da chamada prescrição superveniente são:

a) o prazo prescricional é calculado tendo como critério a pena em concreto;
b) o lapso temporal em que é reconhecida a prescrição é posterior à decisão condenatória recorrível.

Importante notar que o trânsito em julgado para a acusação não suspende nem interrompe o prazo da prescrição da pretensão punitiva. Trata-se de simples condição para que se possa trabalhar com a pena em concreto.

Prevalece no STF que, se o recurso extraordinário ou especial não for admitido, a data do trânsito em julgado retroagirá para efeito do cálculo de prescrição superveniente, ou seja, será a data em que teria transitado em julgado a condenação se não interposto recurso. Nesse sentido:

> Para efeito de cálculo da prescrição da pretensão punitiva estatal, que, segundo orientação do STF, os recursos especial e extraordinário somente obstariam a formação da coisa julgada quando admissíveis (*v.g.* HC 86.125/SP, Rel. Ellen Gracie). Na oportunidade, sem se aprofundar na discussão da controvérsia, o colegiado assentou que o recurso de natureza extraordinária inadmitido pelo tribunal de origem, em decisão confirmada pelo respectivo

tribunal superior, equiparar-se-ia à situação de não interposição de recurso. Dentre os julgados que reafirmaram essa tese: ARE 791825 AgR-EDv-ED, Rel. Min. Luiz Fux, Tribunal Pleno, *DJe*-188 5-9-2016; HC 130.509/CE, Rel. Min. Cármen Lúcia, *DJe* 15-10-2015; ARE 723.590 AgR/RS, Rel. Min. Ricardo Lewandowski, 2ª Turma, *DJe* 13-11-2013; HC 113.559/PE, Rel. Min. Gilmar Mendes, *DJe* 5-2-2013; AI 788.612 AgR/SP, Rel. Min. Dias Toffoli, 1ª Turma, *DJe* 16-11-2012).

26.11.8 Prescrição virtual, antecipada, projetada ou em perspectiva

Não é prevista na lei de forma expressa, mas, sim, resultado de criação jurisprudencial e doutrinária.

Conceitualmente é a antecipação do reconhecimento da prescrição retroativa, antes mesmo da sentença condenatória, tendo como critério para o cálculo do prazo prescricional a perspectiva da pena que será aplicada.

Para a configuração da prescrição virtual, parte-se da premissa de que as circunstâncias do caso concreto permitem concluir que a pena será aplicada no mínimo, ou que a acusação não conseguirá nada acima disso, e conclui-se que calculando o prazo prescricional com a pena mínima já teria ocorrido a prescrição.

Faz-se a perspectiva da pena que seria aplicada e, com base na perspectiva do que serão (ou seriam) a pena em concreto e o respectivo prazo prescricional, decreta-se a prescrição.

Quanto à sua natureza, há quem diga que é instituto puramente penal, verdadeira espécie de prescrição, não adotada expressa, mas, sim, implicitamente pela legislação. Prevalece, no entanto, que é instituto de natureza predominantemente processual, pois se trata de fato do reconhecimento de falta de interesse de agir na espécie utilidade: qual a utilidade de buscar um provimento jurisdicional condenatório se a pena querida pelo titular da ação será declarada prescrita, sem qualquer efeito no mundo jurídico ou fático?

Assim, para seus defensores, ainda que não haja previsão legal, a prescrição virtual pode ser declarada e, em seu nome, trancada a ação penal, em razão da falta de interesse de agir, que é condição da ação.

A prescrição virtual subsiste apenas nas instâncias inferiores. As Cortes Superiores repelem veementemente seu reconhecimento, tanto que o Superior Tribunal de Justiça editou súmula proibindo o reconhecimento da prescrição virtual:

> **Súmula 438**: É inadmissível a extinção da punibilidade pela prescrição da pretensão punitiva com fundamento em pena hipotética, independentemente da existência ou sorte do processo penal.

O STF, em sede de repercussão geral, acompanhou a Súmula 438 do STJ (RE 602.527 QO-RG).

26.11.9 Reconhecimento da prescrição no momento do recebimento do recurso pelo juízo *a quo*

Controversa a possibilidade de reconhecimento da prescrição pelo juízo *a quo* no juízo prévio de admissibilidade de outro recurso. É que, em tese, esgotou sua jurisdição ao prolatar a decisão recorrida e, assim, não poderia julgar o mérito da ação com o reconhecimento da prescrição.

Entendeu o Superior Tribunal de Justiça, no entanto, que é possível o reconhecimento da prescrição pelo juízo *a quo*, eis que ao apreciar os requisitos para o cabimento de recurso deve o juízo *a quo* apreciar ao menos as condições recursais, inexistentes se já extinta a punibilidade, que poderia ser reconhecida a qualquer tempo:

> A seção julgou improcedente a reclamação em que o MPF buscava anular o *decisum* do tribunal "a quo" que, em juízo de admissibilidade do recurso especial e do extraordinário, declarou extinta a punibilidade dos réus ante a ocorrência da prescrição intercorrente. O *Parquet* sustentou ser descabida a análise da pretensão punitiva por aquele órgão julgador, pois sua jurisdição já estava exaurida, competindo-lhe examinar apenas a admissibilidade dos recursos. Entretanto, para a Min. Relatora, a prescrição é matéria prejudicial ao exame do mérito por constituir fato impeditivo do direito estatal de punir e extintivo da punibilidade do réu, podendo ser, inclusive, analisada de ofício em qualquer fase do processo. Por essa razão, consignou que sua declaração caracterizou-se como devida análise dos pressupostos gerais do recurso especial, e não incursão em seu conteúdo, o que permite seja realizada pelo tribunal de origem, ainda que ele não esteja revestido de jurisdição (Rcl 4.515/SP, Rel. Min. Maria Thereza de Assis Moura, j. em 27-4-2011).

26.11.10 Prescrição da Pretensão Executória (PPE)

Como já definimos, prescrição da pretensão executória é a perda do poder de punir do Estado, que não consegue, no prazo determinado em lei, tornar efetiva a pena já certa para a acusação.

Após a certeza da culpa, o Estado tem prazo para tornar efetiva a pena, sob pena de perder o poder de punir.

Assim, o intuitivo seria que o prazo se iniciasse com a certeza da culpa e apenas cessasse com o início do cumprimento da pena. No entanto, e aqui certamente reside a maior dificuldade da matéria, a lei dispõe de forma diversa quanto ao marco inicial da PPE.

Perceberam os tribunais, antes da reforma de 1984, que a partir do momento em que havia trânsito em julgado da sentença condenatória para a acusação, apenas não corria o prazo da PPE em razão do recurso da defesa (pois a PPE só começaria a correr após o trânsito em julgado final para as duas partes). Concluíram então os tribunais que o prazo da PPE não corria, prejudicando o sujeito, apenas porque ele havia recorrido, ou seja, porque teria exercido direito garantido.

Partindo do pressuposto de que ninguém poderia ser prejudicado por exercer direito, ainda que contrariando a lógica da PPE, o marco inicial foi antecipado: ao invés de se iniciar com o trânsito em julgado final, inicia-se com o trânsito em julgado para a acusação. O prazo da PPE corre, ainda que pendente recurso para a defesa, desde que já transitada em julgado a decisão para a acusação.

Assim, a partir do trânsito em julgado para a acusação, o Estado tem prazo determinado em lei para fazer efetiva a pena, sob pena de perder seu poder, restando extinta a punibilidade.

26.11.10.1 Consequências

A prescrição da pretensão executória – ao contrário da que ataca a pretensão punitiva – só atinge o efeito principal da condenação, ou seja, a pena imposta. Os efeitos penais e extrapenais secundários persistem, como a reincidência, a obrigação de reparar o dano etc.

26.11.10.2 Prazo prescricional

Como só é possível o reconhecimento da prescrição executória após o trânsito em julgado da condenação, o prazo prescricional será calculado com base na tabela do art. 109 do Código Penal e terá como critério, sempre, a pena efetivamente ficada para o caso concreto.

26.11.10.2.1 Termo inicial

1) Trânsito em julgado para as partes (foi declarada a inconstitucionalidade da expressão "para a acusação", expressa no art. 112, I, do CP).

O Supremo Tribunal Federal, no julgamento do ARE 848.107 (Tema 788 – repercussão geral), consolidou que o termo inicial da prescrição executória deve ser o trânsito em julgado para as partes, e não apenas para a acusação, como determina a letra da lei (art. 112, I, do CP). Fundamentou sua conclusão na presunção de inocência, argumentando que, se antes do trânsito em julgado para as partes é impossível a execução da pena, não se pode considerar fluente a prescrição executória: o Estado não pode ser sancionado pela inércia ou demora em executar a pena, pois o próprio ordenamento o impede, em razão da presunção de inocência, que exige o trânsito em julgado da condenação para acusação e defesa para que se comprove a culpabilidade necessária para a punição (ADCs 43, 44 e 54).

A tese de repercussão geral (788) fixada foi

> o prazo para a prescrição da execução da pena concretamente aplicada somente começa a correr do dia em que a sentença condenatória transita em

julgado para ambas as partes, momento em que nasce para o Estado a pretensão executória da pena, conforme interpretação dada pelo Supremo Tribunal Federal ao princípio da presunção de inocência (art. 5º, inciso LVII, da Constituição Federal) nas ADC 43, 44 e 54.

Modulando os efeitos da decisão sobre a constitucionalidade, que teria, a princípio, efeitos *ex tunc*, o STF determinou que a tese não se aplica aos casos em que:

a) a prescrição executória já tenha sido reconhecida;
b) o trânsito em julgado para a acusação tenha ocorrido antes de 11-11-2020 (data do julgamento das ADCs).

Em nossa visão, errou o STF. Primeiramente, é básica a lição que proíbe o uso de um direito individual fundamental em prejuízo de seu titular, ou seja, a presunção de inocência não poderia ser argumento para dificultar a prescrição, que está diretamente relacionada com outro direito individual fundamental, que é o julgamento em prazo razoável. Os dois direitos são compatíveis, e estavam harmonicamente conjugados na aplicação literal do art. 112, I, do CP, que em nada antagonizava com a inviabilidade de se tratar alguém como culpado antes do trânsito em julgado de sentença condenatória. Quem criou o conflito e restringiu direitos fundamentais foi o STF, ao dificultar a prescrição e, por consequência, enfraquecer o direito a um julgamento em prazo razoável, além de fomentar irracional tolerância da demora do julgamento de recursos.

A opção legislativa era justificável e, acima de tudo, constitucional. Se, a princípio, o marco inicial intuitivo para a prescrição executória parece ser o trânsito em julgado para acusação e defesa, ou seja, o aperfeiçoamento da chamada pretensão executória, é certo que construção pretoriana, ainda na década de 1980, impôs outro raciocínio: se é o recurso exclusivo da defesa que impede o trânsito em julgado para as partes, e se o recurso é exercício de direito constitucional, partindo da premissa de que ninguém pode ser prejudicado pelo exercício de direito, a conclusão necessária é de que o acusado não pode ser prejudicado com a suspensão do fluxo da prescrição executória apenas por ter interposto recurso. Assim, fluiria a prescrição executória desde o trânsito em julgado para a acusação, ainda que pendente recurso exclusivo da defesa.

É compreensível que o sistema persecutório, responsável pela impunidade advinda da prescrição – por sua incapacidade de operar todos os casos que lhe são submetidos – busque alternativas para afastar a perda do poder punitivo. No entanto, a busca deve ser limitada pelos contornos do Estado de Direito e não pode desprezar comando restritivo do poder de punir. Infelizmente, confunde-se, aqui, eficiência com punição. Nem toda punição é eficiente, mas apenas aquela que obedece aos ditames legais é rápida e capaz de cumprir seus fins. Em geral, a punição tardia é ineficiente e se transforma, nos dizeres de Beccaria (*Dos delitos e das penas*, p. 104), em uma injustificada violência do Estado contra o cidadão.

Não seria inconstitucional legislação que indicasse expressamente o trânsito em julgado para as partes como termo inicial da prescrição executória, privilegiando o poder de punir do Estado no conflito com o direito a um julgamento em prazo razoável e a preservação das finalidades racionais da pena, que desaparecem com o tempo (*vide* justificativas para a prescrição). Também não nos parece inconstitucional a previsão do art. 112, I, do CP, que indica o trânsito em julgado para acusação como termo inicial, privilegiando os direitos individuais referidos no conflito com a sanha punitiva do Estado. As duas são opções político-criminais legítimas, e, por isso, concluímos que o STF errou ao declarar a inconstitucionalidade da literalidade do art. 112, I, do CP. A discordância pessoal do julgador com a opção política do legislador não torna o texto inconstitucional, e o poder legítimo para as escolhas políticas que atendem a vontade da coletividade é o Legislativo, e não o Judiciário. Infelizmente, como antecipado, o STF já reconheceu a inconstitucionalidade do art. 112, I, e a prescrição executória só começa a correr com o trânsito em julgado para as partes.

2) A lei indica como marco inicial também a revogação do *sursis* e do livramento condicional, o que nos parece muito mais um reinício após a interrupção do que um marco inicial (art. 112, I, *in fine*).

3) Por fim, a lei indica no art. 112, II, do Código Penal o dia em que se interrompe a execução, salvo quando o tempo da interrupção deva computar-se na pena, o que também está muito mais próximo do reinício após a interrupção do que propriamente de um marco inicial.

De qualquer forma, inicia-se a contagem da prescrição executória, por exemplo, com a fuga, que interrompe a execução. No entanto, a concessão de livramento condicional, que também interrompe a execução, não faz iniciar a contagem da prescrição, eis que, a princípio, o período de prova do livramento condicional será computado na pena.

26.11.10.2.2 Causas suspensivas

Fica suspenso o prazo da PPE quando o sujeito está preso por outro motivo (art. 116, parágrafo único, do CP).

Prevalece a compreensão de que tanto a prisão processual como a prisão-pena suspendem o curso da PPE. Enquanto preso por motivo A, não será possível o cumprimento de outras penas de prisão, ou mesmo restritivas de direito, e por tal razão queda suspenso o curso da prescrição executória.

A prisão albergue domiciliar suspende a PPE? Sim. O STJ, no AgRg RHC 123.523, entendeu que o cumprimento de pena imposta em outro processo, ainda que em regime aberto ou prisão domiciliar, impede o curso da prescrição executória.

O *sursis* suspende a ocorrência da PPE, pois a própria pena está suspensa:

> STF: no cômputo do prazo prescricional seria necessário, porém, observar a suspensão da pena – de sua concessão até sua revogação –, período em que a

prescrição também estaria suspensa (Ext. 1.254/Romênia, Rel. Min. Teori Zavascki, 29-4-2014).

No caso da multa, as causas suspensivas da prescrição executória estão previstas na legislação tributária.

Por falta de previsão legal, a internação provisória do inimputável ou semi-imputável ou mesmo a internação decorrente de medida de segurança não suspendem a prescrição executória, pois nesse caso o sujeito não está "preso".

Sustentamos que, se deferida prisão albergue domiciliar, não há suspensão da prescrição executória das penas restritivas de direitos, pois despido o dispositivo legal de sua *ratio*. É que a prisão albergue domiciliar não inviabiliza o cumprimento das penas restritivas de direitos, e, assim, a desídia estatal em executar tais penas deve ter como efeito o fluxo da prescrição executória.

26.11.10.2.3 Causas interruptivas

São duas as causas interruptivas da prescrição executória: a) o início ou continuação do cumprimento da pena; e b) a reincidência.

a) Início ou continuação do cumprimento da pena: vale consignar que fica interrompida somente a pena cujo cumprimento se iniciou ou foi continuado. Conforme examinado anteriormente, se a pena for de prisão, resta suspenso o fluxo da prescrição executória de outras eventuais penas aplicadas ao sujeito.

Início do cumprimento da pena e multa: é comum que, fixada pena restritiva de direitos e multa, o condenado não seja encontrado quando intimado para iniciar o cumprimento da sanção. Nesse momento, são realizadas diligências para encontrar o sentenciado e, também, verificar se foi recolhida fiança que possa ser aproveitada como pagamento para a pena pecuniária. Se a resposta for positiva, o valor recolhido como fiança é recolhido ao fundo penitenciário. O momento de tal recolhimento é "início do cumprimento da pena" apto a interromper a prescrição? Entendemos que não. Em primeiro, porque não se trata de ação praticada por ou contra o sentenciado, uma vez que os valores já estão ao dispor do Estado e poderiam – deveriam, de fato – ser revertidos para o pagamento da pena pecuniária desde o trânsito em julgado da condenação. Não é autêntico início de execução da pena, mas apenas desconto na pena pecuniária a cumprir, se ainda sobrar valor a saldar. Além disso, se entendido que a transferência dos valores configura início da execução, seria dada ao Estado arma para manipular o prazo prescricional de forma aleatória, descontrolada. Bastaria aguardar, sem obediência a qualquer prazo legal, que se aproximasse o momento da prescrição executória, e apenas então seria determinado o reconhecimento dos valores como causa interruptiva. Não se pode admitir tamanho arbítrio e aleatoriedade no trato dos limites temporais ao poder punitivo do Estado.

b) reincidência: da mesma forma, dá-se a interrupção da PPE com a reincidência, nos termos do art. 117, V, do CP.

Há, ainda, três posições sobre o momento em que se considera interrompida a prescrição no caso de reincidência:

a) no momento da prática do fato, ainda sem sentença condenatória irrecorrível; Nesse sentido já entendeu o STJ:

> À luz do disposto no inciso VI do artigo 117 do Código Penal, a reincidência interrompe o prazo da prescrição da pretensão executória, devendo ser considerado como marco interruptivo a data do cometimento do novo delito, e não a data do trânsito em julgado da nova condenação (5ª Turma) (HC 239.348/RJ, j. em 2-8-2013).

b) no momento da prática do fato, mas condicionada a interrupção à existência de sentença condenatória irrecorrível pela nova infração. É a posição que prevalece na doutrina;

c) no momento do trânsito em julgado da sentença que condena o sujeito pela nova infração.

26.11.10.2.4 Prescrição executória em caso de fuga (art. 113 do CP)

No caso de fuga, o cálculo do prazo prescricional será feito com base na pena que resta a cumprir. Assim, o julgador deve ter como critério a pena concreta que resta a cumprir e usar a tabela do art. 109 do Código Penal para o cálculo do lapso prescricional.

Da mesma forma quando revogados o *sursis* e o livramento condicional.

Apesar da omissão legal, pacífica orientação que abandonado cumprimento da pena restritiva de direitos o prazo da prescrição executória também deverá ser calculado com base na pena que resta a cumprir. Nesse sentido o STJ:

> Se o sentenciado foragido ou que tem o livramento condicional revogado tem direito à contagem do prazo prescricional descontado o período efetivamente cumprido da pena, assim também deve acontecer com aquele que abandona o cumprimento da pena restritiva de direitos antes de seu término, fazendo jus ao desconto do tempo de pena cumprida para fins de contagem de prescrição do restante da pena (HC 232.764, 6ª T., j. em 25-6-2012).

Polêmica: sujeito fica em prisão processual e é ao final condenado. O prazo prescricional da pretensão executória terá como base a pena aplicada (sem levar em conta a detração) ou a pena que resta a cumprir, descontando-se o tempo de prisão processual? Duas posições:

a) Leva-se em conta a pena aplicada, pois o art. 113 apenas determina que se conte a PPE com base no tempo que resta da pena no caso de fuga ou revogação do livramento condicional. Assim, se não houve fuga ou revogação de *sursis* ou livramento, não se leva em conta o tempo de pena que resta a cumprir, mas, sim, a pena aplicada.

Também porque a detração apenas é computada no processo de execução, que só se inicia após a prisão do sujeito.

b) Deve ser descontado o prazo da prisão processual, pois a prescrição da pretensão executória incide em razão da ineficácia do Estado em fazer cumprir seu poder de punir já concretizado.

Ora, se houve prisão processual, a intensidade do poder de punir do Estado já diminuiu no momento de executar a sentença, pois a lei manda que haja desconto em razão de detração. É, assim, da essência do sistema que a prescrição da pretensão executória (PPE) seja calculada sempre com base no tempo de pena que resta a cumprir.

Aliás, é no mínimo insensato que tal "vantagem" (do cálculo sobre a pena que resta a cumprir) seja atribuída apenas àquele que foge ou que pratica falta suficiente à revogação do livramento condicional: é que seria premiada a fuga, e castigado aquele que deixou a custódia com alvará de soltura (liberdade provisória, direito de apelar em liberdade...). O primeiro teria sua prescrição da pretensão executória (PPE) com base no tempo de pena que resta a cumprir (menor), e o segundo com base na pena aplicada (maior).

Acreditamos que nem é necessário recorrer à analogia, amplamente possível *in bonam partem*, bastando uma interpretação extensiva, pois é claro que, se a legislação prevê que a PPE é calculada pelo restante da pena "até" no caso de fuga, com mais razão (*a fortiori*), é possível quando a liberdade é concedida pelo Estado. O raciocínio analógico levaria, sem dúvida, à mesma conclusão. Por fim, nem sempre a execução se inicia com a prisão, pois também há execução nas penas restritivas de direitos, e nesse caso o processo de execução não se inicia com a prisão, e é possível cálculo de detração antes do início do cumprimento da pena. É nossa posição.

Além disso, hoje é possível o desconto da prisão processual pelo juízo de origem ao proferir a sentença condenatória, na fase de fixação do regime inicial de cumprimento de pena, nos termos do art. 387, § 2º, do CPP. Tal desconto, que muitos identificam com a detração, fortalece o entendimento de que, ao transitar em julgado para a acusação, a pena a ser tomada como critério para o cálculo da prescrição executória (como ora se faz para escolha do regime inicial adequado) é a que resta a cumprir. É nossa posição.

No STF e no STJ é pacífica a adoção da primeira posição, ou seja, o art. 113 do CP tem interpretação restritiva, e só é aplicável nos casos de fuga ou revogação de *sursis* e livramento condicional, não permitindo o cálculo da prescrição da pretensão executória (PPE) com base na detração: "O tempo de prisão provisória não pode ser computado para efeito da prescrição, mas tão somente para o cálculo de liquidação da pena. O art. 113 do Código Penal, por não comportar interpretação extensiva nem analógica, restringe-se aos casos de evasão e de revogação do livramento condicional. Ordem denegada" (STF, RHC 85.026/SP, Min. Eros Roberto Grau, j. em 26-42005). "A norma prescrita no art. 113, do Código Penal é de aplicação restrita aos casos de revogação do livramento condicional ou de evasão do condenado, não admitindo interpretação analógica ou extensiva. Assim, o período em que o réu permanece preso provisoriamente, em razão de flagrante, serve apenas para desconto da reprimenda a ser cumprida, não se empregando a detração para fins prescricionais. – Precedentes STJ e STF – Ordem denegada" (STJ, HC 22.484/SP, 5ª T., Rel. Min. Jorge Scartezzini, *DJU* 2-6-2003).

26.11.10.3 Aumento do prazo da PPE no caso de reincidência

Nos termos do art. 110 do Código Penal, ao condenado reincidente é acrescido 1/3 ao prazo prescricional estabelecido no art. 109 do CP, se já transitada em julgado a sentença condenatória.

Só será acrescido 1/3 ao prazo prescricional referente ao crime em que o sujeito é considerado reincidente, e não aos demais.

O prazo prescricional da pena de multa isoladamente aplicada não recebe o aumento de 1/3 no caso da reincidência, pois o art. 110 do CP é claro ao se referir aos prazos do art. 109 (artigo anterior), e o prazo prescricional da pena de multa está expresso no art. 114 do CP.

Pacífico no STF que o acréscimo só é aplicável para a prescrição executória, pois o artigo exige que já tenha transitado em julgado a sentença condenatória: "O acréscimo de 1/3 de que cuida o art. 110, *caput*, do CP aplica-se tão somente à prescrição da pretensão executória" (STF, HC 87.716/SP, 1ª T., Rel. Min. Cezar Peluso, j. em 6-3-2006).

No mesmo sentido a Súmula 220 do STJ: "A reincidência não influi no prazo da prescrição da pretensão punitiva".

Em sentido contrário, Fernando Galvão (*Direito Penal*, p. 973) sustenta que também a prescrição retroativa sofre tal aumento, pois já transitada em julgado a sentença condenatória, ainda que apenas para a acusação, devendo ser aplicado o art. 110, *caput*, do Código Penal. Ousamos criticar o argumento. O art. 110, *caput*, do Código Penal trata da prescrição executória apenas, pois exige o trânsito em julgado da condenação, e então dispõe do aumento de 1/3. O art. 110, § 1º, trata da prescrição punitiva com base na pena em concreto (superveniente e retroativa), especifica o trânsito em julgado para a acusação e não traz aumento algum.

26.11.10.4 Concorrência de causas que alteram o prazo prescricional

É possível que concorram duas causas aptas a alterar a duração do prazo prescricional no mesmo caso concreto, como na hipótese de autor reincidente que praticou o crime quando contava, ainda, com 19 anos de idade. Nesse caso, o prazo da prescrição executória seria reduzido pela metade em razão da idade, e aumentado em 1/3 pela reincidência.

Em tais raras hipóteses, há possível controvérsia sobre o método a ser empregado para o cálculo: as frações devem ser calculadas sempre sobre a pena original, isoladamente, ou a segunda fração deve ser empregada sobre o resultado da primeira, sucessivamente? Galvão (*Direito Penal*, p. 975) responde que deve ser empregado o método sucessivo, mais favorável ao réu. Assim, sobre o lapso já aumentado em 1/3 deve ser feita a segunda operação, diminuindo o prazo pela metade em razão da idade. Concordamos com o autor, orientados pelos princípios de racionalidade da pena e segurança jurídica que seguem o instituto da prescrição.

26.11.11 Observações gerais sobre a prescrição (referem-se tanto à prescrição da pretensão punitiva como à prescrição da pretensão executória)

26.11.11.1 Prescrição e pena restritiva de direitos

Para a pena restritiva de direitos, o prazo é o mesmo que para a pena privativa de liberdade substituída.

Lembrar que nos termos do art. 118 do Código Penal, as penas mais leves prescrevem com as mais graves e, assim, se a pena restritiva de direitos for aplicada cumulada com uma pena privativa de liberdade, pelo mesmo crime, prescreverá no prazo da privativa de liberdade. Sobre o tema já decidiu o STF:

> A Turma indeferiu *habeas corpus* em que alegada a prescrição da pena de suspensão de habilitação para dirigir – imposta cumulativamente com pena privativa de liberdade – a condenado pela prática do crime de homicídio culposo na direção de veículo automotor (CTB, art. 302). Afirmou-se que a prescrição da pretensão punitiva, após o trânsito em julgado da condenação, regular-se-ia pela pena aplicada (CP, art. 109) e que não se teria operado o lapso prescricional. Reputou-se, ademais, que à pena restritiva de direitos seria aplicável o mesmo prazo previsto para a pena privativa de liberdade a ela cumulada, nos termos do art. 109, parágrafo único, do referido Código. Por fim, enfatizou-se que penas mais leves prescrevem com as mais graves (CP, art. 118), de modo que o cálculo da prescrição de ambas as sanções seria feito com base na privativa de liberdade (HC 104.234/SP, Rel. Min. Ricardo Lewandowski, j. em 28-9-2010).

26.11.11.2 Prescrição e pena de multa

A pena de multa, quando alternativamente prevista ou cumulativamente prevista ou aplicada, prescreve no mesmo prazo que aquela que acompanha, nos termos dos arts. 114, II, e 118 do Código Penal.

Quando isoladamente prevista ou aplicada, quer seja originária ou substitutiva, prescreve em 2 anos.

Após o trânsito em julgado da condenação, ou seja, na prescrição executória, incidem as causas suspensivas e interruptivas da legislação tributária (art. 51 do CP).

Polêmica: com a inscrição da multa na dívida ativa, é certo que as causas suspensivas e interruptivas da prescrição serão as previstas na legislação tributária, como visto alhures. E o prazo prescricional? Passa a ser também o da legislação tributária, ou continua sendo o previsto no Código Penal?

Prevalece que será o previsto no Código Penal, como já entendeu o Superior Tribunal de Justiça: "1. É firme nesta Corte o entendimento segundo o qual o advento da Lei n. 9.268/96, que alterou o art. 51 do Código Penal, convertendo a pena de multa em dívida de valor, não lhe retirou o caráter penal, atribuído pela própria Constituição Federal (art. 5º, XLVI, c, da CF). 2. A Lei n. 9.268/96 alterou também o art. 114 do Código Penal para determinar os lapsos prescricionais da pena de multa. Assim, aplicam-se as causas suspensivas da prescrição previstas na Lei n. 6.830/80 e as causas interruptivas disciplinadas no art. 174 do Código Tributário Nacional. No entanto, o prazo prescricional continua sendo regido pelo Código Penal (...)" (REsp 1.111.584).

26.11.11.3 Prescrição e concurso de crimes

E no caso de concurso de crimes (concurso material, formal e crime continuado)? Despreza-se a existência do concurso de crimes para o cálculo da prescrição.

A prescrição começará a correr isoladamente a partir de cada consumação, como se os crimes não tivessem qualquer relação (art. 119 do CP).

Assim, no caso de concurso formal e crime continuado, em que a pena do crime mais grave é exasperada, deve ser desprezada a exasperação.

Nesse sentido foi editada súmula do STF, com a seguinte redação:

> Súmula 497. Quando se tratar de crime continuado, a prescrição regula-se pela pena imposta na sentença, não se computando o acréscimo decorrente da continuação.

Apesar de a súmula se referir apenas ao crime continuado, o mesmo raciocínio deve ser empregado em relação ao concurso formal.

No caso de concurso material, em que as penas são cumuladas, e não exasperadas, basta considerar cada pena individualmente.

26.11.11.4 Redução do prazo prescricional pela idade

Ao menor de 21 anos de idade na data do fato e maior de 70 anos de idade na data da decisão definitiva, o prazo prescricional é reduzido pela metade, nos termos do art. 115 do Código Penal.

Quanto ao menor de 21 anos, não houve qualquer alteração na regra após a entrada em vigor do novo Código Civil, ou seja, a diminuição persiste em vigor.

Sobre o maior de 70 anos na data da sentença, havia entendimento jurisprudencial (*RT* 614/282) no sentido de que se tratava da decisão definitiva, mas recentemente as Cortes Superiores alteraram seu entendimento. No julgamento do HC 86.320, o STF fixou as novas bases para compreender a data limite em que o agente deve contar com 70 anos:

> (...) II – A redução do prazo prescricional é aplicada, analogicamente, quando a idade avançada é verificada na data em que proferida decisão colegiada condenatória de agente que possui foro especial por prerrogativa de função, quando há reforma da sentença absolutória ou, ainda, quando a reforma é apenas parcial da sentença condenatória em sede de recurso. III – Não cabe aplicar o benefício do art. 115 do Código Penal quando o agente conta com mais de 70 (setenta) anos na data do acórdão que se limita a confirmar a sentença condenatória. IV – Hipótese dos autos em que o agente apenas completou a idade necessária à redução do prazo prescricional quando estava pendente de julgamento agravo de instrumento interposto de decisão que inadmitiu recurso extraordinário. V – Ordem denegada (STF, HC 86.320/SP, 1ª T., Rel. Min. Ricardo Lewandowski, *DJ* 24-11-2006).

Interpretando o acórdão acima transcrito, podemos concluir que:

1) a idade de 70 anos deve ser verificada, a princípio, na data da sentença (STF, HC 129.696);
2) poderá ser verificada, por analogia, na data do acórdão, nos seguintes casos:
   a) foro privilegiado por prerrogativa de função;
   b) reforma de decisão absolutória;
   c) reforma parcial de decisão condenatória;
3) na hipótese de acórdão que apenas confirma condenação, a data a ser considerada é a da sentença condenatória.

No caso de oposição de embargos de declaração, o STJ já entendeu que

> É cabível a redução do prazo prescricional pela metade (art. 115 do CP) se, entre a sentença condenatória e o julgamento dos embargos de declaração, o réu atinge a idade superior a 70 anos, tendo em vista que a decisão que julga os embargos integra a própria sentença condenatória (EDcl no AgRg no REsp 1.877.388/CE, 6ª T., Rel. Min. Antonio Saldanha Palheiro, por unanimidade, j. em 2-5-2023, *DJe* 5-5-2023).

26.11.11.5 *Prescrição e medida de segurança*

Prevalece que, como sanção penal, a medida de segurança também se sujeita à prescrição, com o que concordamos. É necessário aceitar a prescrição também na medida de segurança, eis que a relação fato *versus* sanção e a necessidade de segurança jurídica transbordam a finalidade curativa ou repressiva da sanção, bem como os fins secundários da prescrição, como o fomento à celeridade estatal e sua instrumentalização adequada (com o passar do tempo, as provas e perícias perdem conexão com a realidade).

Assim já entendeu o STJ: "A medida de segurança se insere no gênero sanção penal, do qual figura como espécie, ao lado da pena. Por tal razão, o Código Penal não necessita dispor especificadamente sobre a prescrição no caso de aplicação exclusiva de medida de segurança ao acusado inimputável, aplicando-se, assim, nestes casos, a regra inserta no art. 109, do Código Penal" (HC 41.744, Laurita Vaz, j. em 2-6-2005).

Para a prescrição da pretensão punitiva com base na pena em abstrato, a solução é simples, pois se pauta no máximo da pena prevista, em abstrato, para o crime. Assim já entendeu o STJ:

> A prescrição da medida de segurança imposta em sentença absolutória imprópria é regulada pela pena máxima abstratamente prevista para o delito (REsp 39.920/RJ, Rel. Min. Jorge Mussi, j. em 6-2-2014).

Para os semi-imputáveis, há também consenso sobre a prescrição da pretensão punitiva com base na pena em concreto e até mesmo sobre a prescrição da pretensão executória, que deve ter como critério a pena diminuída fixada na sentença, e depois substituída pela medida de segurança.

Nesse sentido o STJ: "Como a medida de segurança na hipótese vertente não é autônoma, mas substitutiva da sanção corporal, o prazo prescricional deve ser regido pelo tempo desta" (HC 121.726).

O problema surge na fixação de critérios para o cálculo da prescrição no caso de prescrição com base na pena em concreto e prescrição executória para os inimputáveis, eis que não há pena fixada.

Quatro posições podem ser defendidas:

1) Não há prescrição da medida de segurança. Como não se trata de castigo, mas, sim, de medida curativa, não há necessidade da prescrição. A medida de segurança protege o sentenciado e deve ser aplicada até que cesse a periculosidade. Já entendeu assim o STJ: "O art. 175 da Lei de Execução Penal dispõe que 'a cessação da periculosidade será averiguada no fim do prazo mínimo de duração da medida de segurança, pelo exame das condições pessoais do agente...'. – Se o paciente não iniciou o tratamento ambulatorial e não houve perícia para averiguar a cessação de sua periculosidade, inviável a ocorrência da prescrição. *Habeas corpus* denegado" (STJ, HC 13.687/SP, 6ª T., Rel. Min. Vicente Leal, *DJU* 15-10-2001).

2) Deve ser levado em conta o máximo da pena em abstrato. Na ausência de critério específico previsto em lei, utiliza-se o mesmo da pretensão punitiva em abstrato, ou

seja, o máximo de pena prevista, por analogia. É a posição que prevalece, com orientação do STF e do STJ: "Ressalte-se, ademais, que no tocante à contagem do prazo prescricional, não há como igualar os semi-imputáveis aos inimputáveis, uma vez que aqueles sofrem uma condenação e têm uma reprimenda devidamente cominada, devendo, pois, o prazo ser regulado pela pena aplicada em concreto. Já em relação aos inimputáveis, é prolatada sentença absolutória, razão pela qual se deve observar a pena máxima cominada em abstrato ao delito para fins de contagem do lapso prescricional" (RHC 86.888/SP, Rel. Min. Eros Grau, j. em 8-11-2005).

E também a 5ª Turma do STJ: "Tratando-se de sentença absolutória, em razão da inimputabilidade do réu, o prazo da prescrição é regulado pelo máximo da pena prevista *in abstrato* para o delito, pois, sendo o réu absolvido, não tem pena concretizada em sentença. Precedentes" (HC 56.980, Gilson Dipp, j. em 19-9-2006).

E a 6ª Turma, acrescentando que incide a diminuição do prazo prescricional pela metade nas hipóteses do art. 115 do Código Penal:

> a prescrição da pretensão executória alcança não só os imputáveis, mas também aqueles submetidos ao regime de medida de segurança. Citando precedentes da Quinta Turma, ele reiterou que o Código Penal não necessita dispor especificamente sobre a prescrição no caso de aplicação exclusiva de medida de segurança ao acusado inimputável, aplicando-se, nesses casos, a regra inserta no art. 109 do Código Penal. Assim, considerando a presença da atenuante da menoridade relativa, o disposto no art. 115 do Código Penal – "são reduzidos de metade os prazos de prescrição quando o criminoso era, ao tempo do crime, menor de 21 anos, ou, na data da sentença, maior de 70 anos" – e a data em que se reconheceu a extinção da punibilidade (12-5-2005), a Turma decidiu restabelecer a decisão do juízo das execuções. "Pelo exposto, concedo a ordem com o intuito de restabelecer a decisão do Juízo da Vara de Execuções Criminais de São Paulo, mediante a qual se julgou extinta a punibilidade por força do reconhecimento da prescrição da pretensão executória", ressaltou o relator em seu voto (*Info STJ*, HC 59.764).

3) A prescrição deve ser calculada a partir da pena mínima em abstrato prevista para o crime.
É que a medida de segurança indica ausência ou diminuição de culpabilidade, o que a distancia da pena máxima, que exige máxima culpabilidade. Pelo contrário, estando afastada ou atenuada a culpabilidade, o marco sancionatório mínimo resta mais próximo da realidade, e deve ser adotado.

4) Deve ser considerada a duração máxima da medida de segurança como critério para o cálculo prescricional, lembrando que para o STF o prazo máximo seria 30 anos (pela nova redação do art. 75 do Código Penal, 40 anos, se as condutas foram praticadas após 23 de janeiro de 2020):

As medidas de segurança se submetem ao regime ordinariamente normatizado da prescrição penal. Prescrição a ser calculada com base na pena máxima cominada ao tipo penal debitado ao agente (no caso da prescrição da pretensão punitiva) ou com base na duração máxima da medida de segurança, trinta anos (no caso da prescrição da pretensão executória). Prazos prescricionais, esses, aos quais se aplicam, por lógico, os termos iniciais e marcos interruptivos e suspensivos dispostos no Código Penal (HC 107.157/RS, Rel. Min. Ayres Britto).

26.11.11.6 *Momento para o reconhecimento da prescrição*

A prescrição é matéria de ordem pública e pode ser reconhecida a qualquer tempo, como toda causa extintiva da punibilidade, nos termos do art. 61 do Código de Processo Penal.

Pelo mesmo motivo pode e deve ser reconhecida de ofício, como já entendeu o Supremo Tribunal Federal: "A prescrição é matéria de ordem pública e, por isso mesmo, pode ser declarada por qualquer juiz ou tribunal, independentemente de arguição do interessado" (STF, HC 87.898/BA, 2ª T., Rel. Min. Eros Grau, *DJU* 28-4-2006) e também: "(...) Verificada a prescrição, ainda que o recurso seja intempestivo, cabe deferimento de *habeas corpus* de ofício" (STF, AI 544.607 QO/SP, 1ª T., Rel. Min. Sepúlveda Pertence, j. em 24-5-2005).

Pode ser reconhecida mesmo após o trânsito em julgado, como já entendeu o STJ:

> A Turma concedeu a ordem de *habeas corpus* para reconhecer a prescrição da pretensão punitiva em processo no qual o paciente foi condenado pela prática da conduta descrita no art. 139 do CP (difamação). Nesses autos, declarou-se extinta a punibilidade em razão do cumprimento integral da pena. Contudo, sustenta o impetrante ser necessário o reconhecimento da prescrição, porquanto a referida condenação teria influenciado no cálculo da pena fixada em outro processo, em que o paciente responde pelo suposto cometimento do delito do art. 312 do CP (peculato). De acordo com o Min. Relator, ainda que o tribunal *a quo* não tenha analisado o assunto, a matéria prescricional é de ordem pública, reconhecível mesmo após o trânsito em julgado do *decisum* condenatório e em *habeas corpus* (HC 41.228/SP, DJ 29--8-2005; REsp 303.157/RJ, DJ 14-2-2005, e REsp 573.397/PR, DJe 5-5-2008; HC 162.084/MG, Rel. Min. Og Fernandes, j. em 10-8-2010).

26.12 EXTINÇÃO DA PUNIBILIDADE DO CRIME-MEIO E DO CRIME-FIM

Como visto, destaca-se a consunção como instrumento arrolado pela doutrina para resolver situações de conflito aparente de normas. Na visão da maioria dos autores brasileiros, a consunção explica a absorção do crime-meio (*antefactum*) pelo crime-fim, assim como do mero exaurimento (*postfactum*) pelo crime principal.

A justificativa para a consunção, para muitos, parte da premissa de que duas normas parecem regular o mesmo fato ao mesmo tempo. Partindo do dogma da harmonia interna do ordenamento jurídico, não seria viável o reconhecimento da aparente contradição (que será por tal razão imperativo dogmático sempre aparente, e nunca real), exigindo assim que a aplicação de apenas uma das normas prevaleça, absorvendo (ou consumindo) a outra.

Partindo de tal premissa, entende o STF que a consunção provoca a absoluta perda de autonomia da norma absorvida, ou seja, reconhecida a consunção, a norma absorvida "desaparece" para o mundo jurídico, restando apenas a norma que prevaleceu. Assim, se o furto absorve a invasão de domicílio, a norma relacionada à invasão de domicílio deixa de surtir efeito nos casos de furto. Assim, extinta a punibilidade do crime do crime-fim, fica necessariamente extinta a punibilidade do crime-meio:

> No caso em que a falsidade ideológica tenha sido praticada com o fim exclusivo de proporcionar a realização do crime de descaminho, a extinção da punibilidade quanto a este – diante do pagamento do tributo devido – impede que, em razão daquela primeira conduta, considerada de forma autônoma, proceda-se à persecução penal do agente. Isso porque, nesse contexto, exaurindo-se o crime-meio na prática do crime-fim, cuja punibilidade não mais persista, falta justa causa para a persecução pelo crime de falso, porquanto carente de autonomia (RHC 31.321/PR, Rel. Min. Marco Aurélio Bellizze, j. em 16-5-2013).

ARAÚJO, João Vieira de. *Código Penal comentado*. Rio de Janeiro: Laemmert, 1896.

ASSIS TOLEDO, Francisco de. *Ilicitude penal e causas de sua exclusão*. Rio de Janeiro: Forense, 1894.

ASSIS TOLEDO, Francisco de. *O erro no direito penal*. São Paulo: Saraiva, 1977.

ASSIS TOLEDO, Francisco de. *Princípios básicos de direito penal*. São Paulo: Saraiva, 2001.

ASÚA, Luiz Jiménez de. *Tratado de derecho penal*. 5. ed. Buenos Aires: Losada. t. II.

AVENA, Roberto. *Processo penal esquematizado*. 5. ed. São Paulo: Método, 2013.

BARROS, Carmem Sílvia de Moraes. *A individualização da pena na execução penal*. São Paulo: Revista dos Tribunais, 2001.

BARROS, Flávio Monteiro de. *Direito penal*: parte geral. São Paulo: Saraiva, 2003.

BASILEU GARCIA. *Instituições de direito penal*. 5. ed. São Paulo: Max Limonad, 1980. v. 1, t. 1.

BATISTA, Nilo. *Introdução crítica ao direito penal brasileiro*. 4. ed. Rio de Janeiro: Revan, 1996.

BECCARIA, Cesare. *Dos delitos e das penas*. Tradução de Alexis Augusto Couto de Brito. São Paulo: Quartier Latin, 2005.

BEM, Leonardo Schmitt de. *Direito penal de trânsito*. 2. ed. São Paulo: Saraiva, 2013.

BETTIOL, Giuseppe. *Direito penal*. Campinas: Red Livros, 2000.

BIERRENBACH, Sheila de Albuquerque. *Crimes omissivos impróprios*. Belo Horizonte: Del Rey, 1996.

BITENCOURT, Cezar Roberto. *Código Penal comentado*. São Paulo: Saraiva, 2002.

BITENCOURT, Cezar Roberto. *Erro de tipo e erro de proibição*: uma análise comparativa. São Paulo: Saraiva, 2007.

BITENCOURT, Cezar Roberto. *Tratado de direito penal*. 17. ed. São Paulo: Saraiva, 2012. v. 1.

BITENCOURT, Cezar Roberto. *Tratado de direito penal*. 15. ed. São Paulo: Saraiva, 2010. v. 1.

BITENCOURT, Cezar Roberto. *Tratado de direito penal*: parte geral. 13. ed. São Paulo: Saraiva, 2008. v. 1.

BOBBIO, Norberto. *Teoria da norma jurídica*. Turim: Giappichelli, 1958.

BOSCHI, José Antônio Paganella. *Das penas e seus critérios de aplicação*. 2. ed. rev. e ampl. Porto Alegre: Livraria do Advogado, 2002.

BRANDÃO, Cláudio. *Curso de direito penal*: parte geral. Rio de Janeiro: Forense, 2008.

BRUNO, Aníbal. *Direito penal*: parte geral. 5. ed. Rio de Janeiro: Forense. t. I.

BUSATO, Paulo. *Fatos e mitos sobre a imputação objetiva*. Rio de Janeiro: Lumen Juris, 2008.

CANTERO, Sainz. *La ciencia del derecho penal y su evolución*. Barcelona: Bosch, 1975.

CAPEZ, Fernando. *Curso de direito penal*: parte geral. 11. ed. São Paulo: Saraiva, 2007. v. 1.

CAPEZ, Fernando. *Curso de direito penal*: parte geral. 12. ed. São Paulo: Saraiva, 2008. v. 1.

CARNELUTTI, Francesco. *O problema da pena*. Belo Horizonte: Líder, 2008.

CARRARA, Francesco. *Programa di diritto criminale*. 8. ed. Ed. Firenze. v. 1.

CHRISTIE, Nils. *Uma razoável quantidade de crime*. Ed. Revan. Col. Pensamento Criminológico, v. 17.

COSTA, Álvaro Mayrink da. *Direito penal*: parte geral. Rio de Janeiro: Forense, 1992.

COSTA JR., Paulo José da. *Comentários ao Código Penal*: parte geral. São Paulo: Saraiva, 1989.

COSTA JR., Paulo José da. *Curso de direito penal*. 2. ed. São Paulo: Saraiva, 1992.

CUNHA, Antônio Geraldo da. *Dicionário etimológico da língua portuguesa*. Rio de Janeiro: Lexikon, 2007.

DAHRENDORF, Ralf. *A lei e a ordem*. Rio de Janeiro: Instituto Liberal, 1997.

DELMANTO, Celso et al. *Código Penal comentado*. 6. ed. Rio de Janeiro: Renovar, 2002.

DEZEM, Guilherme Madeira. Medidas cautelares pessoais: primeiras impressões. *Boletim IBCCRIM*, n. 223, jun. 2011.

DIAS, Jorge de Figueiredo. *Direito penal*: parte geral. São Paulo: Revista dos Tribunais; Coimbra: Editora Coimbra, 2007. t. I.

DIAS, Jorge de Figueiredo. *Manual de direito penal*. 7. ed. São Paulo: Revista dos Tribunais, 2007. v. 1.

DIAS, Jorge de Figueiredo. *Questões fundamentais de direito penal revisitadas*. São Paulo: Revista dos Tribunais, 1999.

DONNA, Edgardo Alberto. *La autoría y la participación criminal*. Granada: Comares Editorial.

DOTTI, René Ariel. *Curso de direito penal*: parte geral. 2. ed. Rio de Janeiro: Forense, 2004.

DUEK MARQUES, Oswaldo Henrique; PENTEADO, Jaques de Camargo. Nova proposta para aplicação de medida de segurança aos inimputáveis. *Boletim do IBCCRIM*, n. 58, p. 10, set. 1997.

DUQUE-ESTRADA, Rodrigo Hoig. *Aplicação da pena*: limites, princípios e novos parâmetros. São Paulo: Saraiva, 2013.

FALCÓN Y TELLA, Maria José; FALCÓN Y TELLA, Fernando. *Fundamento e finalidade da sanção*. Tradução de Cláudia de Miranda Avena. São Paulo: RT, 2009.

FELTRIN, Sebastião O.; KURIKI, Patrícia C. *Código Penal e sua interpretação*. 8. ed. São Paulo: Revista dos Tribunais, 2002.

FERRAJOLI, Luigi. *Derecho y razón*. 5. ed. Madrid: Trotta, 2001.

FOUCAULT, Michel. *Vigiar e punir*. Tradução de Raquel Ramalhete. 35. ed. São Paulo: Vozes, 2008.

FRAGOSO, Heleno Cláudio. *Lições de direito penal*: parte geral. São Paulo: Bushatsky, 1977.

GALVÃO, Fernando. *Direito penal*: parte geral. 2. ed. Belo Horizonte: Del Rey, 2007.

GARCÍA-PABLOS DE MOLINA, Antonio. Sobre el principio de intervención mínima en el derecho penal como límite del *ius puniendi*. In: GONZALEZ RUS, Juan José (coord.). *Estudios penales y jurídicos, homenaje al Prof. Dr. Enrique Casas Baquero*. Córdoba: Ed. Secretariado de Publicaciones Universitarias de Córdoba, 1996.

GOMES, Luis Flávio. *Direito penal*: parte geral. São Paulo: Revista dos Tribunais, 2003.

GOMES, Luis Flávio. *Direito penal*: parte geral. São Paulo: Revista dos Tribunais, 2007. v. 2.

GOMES, Luis Flávio. *Erro de tipo e erro de proibição*. São Paulo: Revista dos Tribunais, 1996.

GOMES, Luis Flávio. Medida de segurança e seus limites. *RBCCr*, São Paulo, Revista dos Tribunais, n. 2, 1993.

GOMES, Luis Flávio. *Penas e medidas alternativas à prisão*. São Paulo: Revista dos Tribunais, 1999.

GRECO, Luís. *Cumplicidade através de ações neutras*. Rio de Janeiro: Renovar, 2004.

GRECO, Luís. *Um panorama da teoria da imputação objetiva*. Rio de Janeiro: Lumen Juris, 2005.

GRECO, Luís; LEITE, Alaor. O que é e o que não é a teoria do domínio do fato. Sobre a distinção entre autor e partícipe no direito penal. *RT*, v. 933, 2013, p. 13-35.

GRECO, Rogério. *Curso de direito penal*. 6. ed. Rio de Janeiro: Impetus, 2006. v. 1.

GRECO, Rogério. *Curso de direito penal*: parte geral. 7. ed. Niterói: Impetus, 2007. v. 1.

GRECO, Rogério. *Curso de direito penal*: parte geral. 12. ed. Niterói: Impetus, 2010. v. 1.

GRECO, Rogério. *Comentários ao Código Penal*. 6. ed. Niterói: Impetus, 2012.

GUARAGNI, Fábio André. *As teorias da conduta em direito penal*. São Paulo: Revista dos Tribunais, 2005.

HASSEMER, Winfried. Linhas gerais de uma teoria pessoal do bem jurídico. In: GRECO, Luíz; TÓRTIMA, Fernanda Lara (orgs.). *O bem jurídico como limitação do poder estatal de incriminar?* Rio de Janeiro: Lumen Juris, 2011.

HASSEMER, Winfried. *Persona, mundo y responsabilidad*: bases para una teoría de la imputación en derecho penal. Valencia: Tirant lo Blanch, 1999.

HEGEL, G. W. F. *Princípios da filosofia do direito*. Barcelona: Edhasa, 2009.

HULSMAN, Louk. *Penas perdidas*. Tradução de Maria Lúcia Karan. Rio de Janeiro: Luam, 1997.

HUNGRIA, Nelson. *Comentários ao Código Penal*. 4. ed. Rio de Janeiro: Forense, 1958. v. I, t. II.

HUNGRIA, Nelson; FRAGOSO, Heleno Cláudio. *Comentários ao Código Penal*. Rio de Janeiro: Forense, 1983. v. I e II.

JAKOBS, Günther. *Derecho penal*: parte general. 2. ed. Madrid: Marcial Pons, 1997.

JAKOBS, Günther. *Direito penal do inimigo*. 2. ed. Porto Alegre: Livraria do Advogado, 2007.

JESCHECK, Hans-Heinrich. *Tratado de derecho penal*: parte general. Tradução de Miguel Olmedo Cardenete. 5. ed. Granada: Comares, 2002.

JESUS, Damásio Evangelista de. *Direito penal*: parte geral. 27. ed. São Paulo: Saraiva, 2005.

JESUS, Damásio Evangelista de. *Direito penal*: parte geral. 31. ed. São Paulo: Saraiva, 2010.

JUNQUEIRA, Gustavo Octaviano Diniz. A necessária revalorização da culpabilidade no concurso de pessoas. *Revista de Direito*, [s. l.], v. 10, n. 2, p. 239-264, 2019. Disponível em: https://periodicos.ufv.br/revistadir/article/view/1582. Acesso em: 15 set. 2023.

JUNQUEIRA, Gustavo Octaviano Diniz; ABISSAMRA FILHO, José Carlos. Pena pecuniária: avanço civilizatório do sistema penal? *Revista dos Tribunais*, v. 1.041, p. 261-278, jul. 2022.

JUNQUEIRA, Gustavo Octaviano Diniz; FALLEIROS, Lúcia Alonso. Penas Restritivas de Direitos como penas degradantes: o problema da idealização das penas restritivas de direitos no Brasil. *Revista Magister de Direito Penal e Processual Penal*, Porto Alegre, v. 117, p. 30.

JUNQUEIRA, Gustavo Octaviano Diniz; GARCIA, Daniel Avilla Vega. A Lei 14.834/24 (PL 2.253/22) e a Saída Temporária à Luz da Constituição. *Revista Magister de Direito Penal e Processual Penal*, Porto Alegre, v. 119, p. 33.

JUNQUEIRA, Gustavo Octaviano Diniz; KUMAGAI, Maria Fumiko Sampaio. A constitucionalidade do art. 112, § 3º, da Lei de Execução Penal. *Revista Magister de Direito Penal e Processual Penal*, Porto Alegre, v. 113, p. 7-25, abr.-maio 2023.

KANT, Emmanuel. *A doutrina do direito*. São Paulo: Ícone, 1993.

KELSEN, Hans. *Teoria pura do direito*. São Paulo: Martins Fontes, 1998.

LEITE, Paulo Henrique Moura. O lapso prescricional e a legitimidade ativa para a execução da multa penal após o advento da Lei n. 9.268/96. *Revista Jurídica Datadez*, n. 267.

LESCH, Heiko. *La función de la pena*. Tradução de Javier Sánchez-Vera Gómez-Trelles. Madrid: Dykinson, 1999.

LISZT, Franz von. *A ideia de fim em Direito Penal*. Tradução de Hiltomar Martins Oliveira. São Paulo: Rideel, 2005.

LISZT, Franz von. *Tratado de direito penal*. Tradução de José Hygino Duarte Pereira. Campinas: Russel, 2003.

LUISI, Luiz. *Os princípios constitucionais penais*. Porto Alegre: Safe, 2003.

LYRA, Roberto. *Comentários ao Código Penal*. 2. ed. Rio de Janeiro: Forense, 1955. v. II.

MAÑAS, Carlos Vico. *O princípio da insignificância como excludente da tipicidade penal*. São Paulo: Saraiva, 1994.

MANTOVANI, Ferrando. *Diritto penale*. Padova: Cedam, 1988.

MARCÃO, Renato Flávio. *Curso de execução penal*. São Paulo: Saraiva, 2010.

MARQUES, Frederico. *Tratado de direito penal*. Campinas: Millennium, 1997. v. I.

MARQUES, Frederico. *Tratado de direito penal*. Campinas: Millennium, 1997. v. II.

MARQUES, Oswaldo Henrique Duek. *Fundamentos da pena*. São Paulo: Martins Fontes, 2008.

MELLO, Celso de Albuquerque. *Direito penal e direito internacional*. Rio de Janeiro: Freitas Bastos, 1978.

MELLO, Sebastian Borges Albuquerque de. A matriz constitucional, e não axiomática, dos princípios implícitos de direito penal. *Revista da Associação Brasileira de Professores de Ciências Penais*, jul./dez. 2005.

MESTIERI, João. *Teoria elementar do direito penal*. Rio de Janeiro: Edição do Autor, 1990.

MIR PUIG, Santiago. *Derecho penal*: parte general. 5. ed. Barcelona: Corregrafic, 1998.

MIR PUIG, Santiago. *El derecho penal en el estado social e democrático de derecho*. Barcelona: Ariel, 1996.

MIR PUIG, Santiago. *Introducción a las bases del derecho penal*. 2. ed. Montevidéu: B de F, 2002.

MIRABETE, Julio Fabbrini. *Execução penal*. São Paulo: Atlas, 1994.

MIRABETE, Julio Fabbrini. *Manual de direito penal*: parte geral. São Paulo: Atlas, 2012. v. 1.

MIRABETE, Julio Fabbrini; FABBRINI, Renato N. *Manual de direito penal*: parte geral. 25. ed. São Paulo: Atlas, 2009. v. 1.

MORAES, Carmem Sílvia de. Indulto condicional: triste equívoco. *Boletim do IBCCRIM*, nov. 2004.

MOTTA, Ivan Martins. *Erro de proibição e bem jurídico penal*. São Paulo: Revista dos Tribunais, 2009.

MOURULLO, Gonzalo Rodriguez. *La omisión de socorro en el Código Penal*. Madrid: Tecnos, 1966.

MUNHOZ NETTO, Alcides. *A ignorância da antijuridicidade em matéria penal*. Rio de Janeiro: Forense, 1978.

MUÑOZ CONDE, Francisco; ARÁN, Mercedes García. *Derecho penal*: parte general. Valencia: Tirant lo Blanch, 2004.

NIETZSCHE, Friederich. *Genealogia da moral*. Tradução de P. C. L. Souza. São Paulo: Companhia das Letras, 1998.

NORONHA, Magalhães. *Direito penal*. São Paulo: Saraiva, 2003. v. 1.

NORONHA, Magalhães. *Direito penal*: parte geral. 21. ed. São Paulo: Saraiva, 1982.

NUCCI, Guilherme de Souza. *Manual de direito penal*. 3. ed. São Paulo: Revista dos Tribunais, 2007.

NUCCI, Guilherme de Souza. *Código Penal comentado*. 7. ed. São Paulo: Revista dos Tribunais, 2007.

NUCCI, Guilherme de Souza. *Código Penal comentado*. São Paulo: Revista dos Tribunais, 2010.

NUCCI, Guilherme de Souza. *Individualização da pena*. São Paulo: Revista dos Tribunais, 2005.

OLIVÉ, Juan Carlos Ferré; PAZ, Miguel Ángel Núñez. *Direito penal brasileiro*. São Paulo: Revista dos Tribunais.

OLIVEIRA, Ricardo Rachid de. *Introdução à aplicação da norma penal no tempo*. Rio de Janeiro: Lumen Juris, 2011.

PASQUIM, Luiz Eduardo. *Menoridade penal*. Curitiba: Juruá, 2006.

PLATÃO. *Diálogos*. Belém: UFPA, 1980.

PRADO, Luiz Regis. *Curso de direito penal brasileiro*. São Paulo: Revista dos Tribunais, 2002. v. 1.

PRADO, Luiz Regis. *Curso de direito penal brasileiro*: parte geral. 7. ed. São Paulo: Revista dos Tribunais, 2007.

PRADO, Luiz Regis. *Manual de direito penal*. 7. ed. São Paulo: Revista dos Tribunais, 2007. v. 1.

QUEIROZ, Paulo de Souza. Direito penal e liberdade. *Boletim do IBCCRIM*, São Paulo, v. 8, n. 90, maio 2000.

QUEIROZ, Paulo de Souza. *Funções do direito penal*. São Paulo: Revista dos Tribunais, 2005.

QUEIROZ, Paulo. *Direito penal*: parte geral. 3. ed. São Paulo: Saraiva, 2006.

QUEIROZ, Paulo. *Direito penal*: parte geral. Rio de Janeiro: Lumen Juris, 2009.

QUEIROZ, Paulo. *Introdução crítica ao direito penal*. São Paulo: Saraiva, 2001.

RAGUÉS I VALLÉS, Ramón. Realmente un día en prisión preventiva equivale a un día de pena de prisión? *InDret Penal*. Revista para el Análisis del Derecho, n. 3, 2020. Disponível em: https://indret.com/Derechopenal/?edicion=3.20.

RAMACCI, Fabrizio. *Corso di diritto penale*. Torino: Giappichelli, 2001.

REALE JÚNIOR, Miguel. *Instituições de direito penal*: parte geral. Rio de Janeiro: Forense, 2002. v. I.

RODRIGUES, Anabela Miranda. *A determinação da pena privativa de liberdade*. Coimbra: Editora Coimbra, 1995.

RODRIGUES, Marta Felino. *A teoria penal da omissão e a revisão crítica de Jakobs*. Coimbra: Almedina, 2000.

ROMAGNOSI, Giandomenico. *Génesis del derecho penal*. Bogotá: Temis.

ROXIN, Claus. A culpabilidade e sua exclusão no direito penal. In: *Estudo de direito penal*: a teoria da imputação objetiva. Rio de Janeiro: Renovar, 2006a.

ROXIN, Claus. *Derecho penal*: parte general. Madrid: Civitas, 1997. t. I.

ROXIN, Claus. *Estudos de direito penal*: a teoria da imputação objetiva. Rio de Janeiro: Renovar, 2006b.

ROXIN, Claus. *Funcionalismo e imputação objetiva no direito penal*. Rio de Janeiro: Renovar, 2002.

ROXIN, Claus. *La teoría del delicto en la discusión actual*. Tradução de Manuel Abanto Vásquez. Lima: Grijley, 2007.

ROXIN, Claus. *Política criminal e sistema jurídico-penal*. Rio de Janeiro: Renovar, 2000.

ROXIN, Claus. *Problemas fundamentais de direito penal*. Lisboa: Vega, 1998.

ROXIN, Claus. *Autoría y dominio del hecho en derecho penal*. Madrid: Marcial Pons.

SÁNCHEZ, Jesús-María Silva. *A expansão do direito penal*. São Paulo: Revista dos Tribunais, 2011.

SÁNCHEZ, Jesús-María Silva. *Aproximación al derecho penal contemporáneo*. Buenos Aires: B de F, 2010.

SÁNCHEZ, Jesús-María Silva. *El delito de omisión*: concepto y sistema. Buenos Aires: B de F, 2003.

SÁNCHEZ, Jesús-María Silva. Sentido e limites da pena estatal. In: *Problemas fundamentais de direito penal*. Lisboa: Vega, 1998.

SANTOS, Juarez Cirino dos. *Direito penal*: parte geral. 2. ed. Rio de Janeiro: Lumen Juris, 2007.

SHECAIRA, Sérgio Salomão. A lei e o outro. *Boletim do IBCCRIM*, n. 99, fev. 2001.

TAVARES, Juarez. *Direito penal da negligência*. 2. ed. Rio de Janeiro: Lumen Juris, 2003.

TAVARES, Juarez. *Teorias do delito*. São Paulo: Revista dos Tribunais, 1980.

TELES, Ney Moura. *Direito penal*: parte geral I. São Paulo: Atlas, 2006.

WELZEL, Hans. *Derecho penal alemán*. Santiago: Ed. Jurídica de Chile, 1997.

WELZEL, Hans. *O novo sistema jurídico-penal*. São Paulo: Revista dos Tribunais, 2001.

WILSON, James Q. *Thinking about crime*. Nova York: Basic Books, 2013.

ZAFFARONI, Eugenio Raúl. *Manual de direito penal*. 7. ed. São Paulo: Revista dos Tribunais, 2007. v. 1.

ZAFFARONI, Eugenio Raúl. *Direito penal brasileiro I*. Rio de Janeiro: Revan, 2003.

ZAFFARONI, Eugenio Raúl. *Direito penal brasileiro II*. Rio de Janeiro: Revan, 2010.

ZAFFARONI, Eugenio Raúl. *Tratado de derecho penal*. Buenos Aires: Ediar, 1980.

ZAFFARONI, Eugenio Raúl; PIERANGELI, José Henrique. *Manual de direito penal brasileiro*: parte geral. 5. ed. São Paulo: Revista dos Tribunais, 2004.